COUTUMES
GÉNÉRALES ET LOCALES
DU PAYS ET DUCHÉ
DE
BOURBONNOIS,
AVEC
LE COMMENTAIRE,

DANS LEQUEL CES COUTUMES SONT EXPLIQUÉES

Suivant les Observations manuscrites & Sentimens des plus savans Magistrats, & plus habiles Avocats de la Province, qui ont vécu depuis la rédaction de ces Coutumes, jusqu'à présent; les Sentences contradictoires de la Sénéchaussée & Siége Présidial de Moulins, rendues sur les contestations formées touchant l'explication de ces Coutumes; les Arrêts qui sont intervenus sur ces Sentences; l'Usage qui s'observe dans la Province: A quoi on a joint les Notes de M. Charles Dumoulin, les Décisions tirées des Commentaires imprimés de M. Jean Papon, Jean Duret, Jacques Potier, & la conformité de ces Coutumes, avec l'ancienne Coutume de cette Province, le Droit Écrit, & les autres Coutumes du Royaume.

Par Messire MATTHIEU AUROUX DES POMMIERS, *Prêtre, Docteur en Théologie, Conseiller-Clerc en la Sénéchaussée de Bourbonnois & Siége Présidial de Moulins.*

PREMIERE PARTIE.

SECONDE ÉDITION.

A RIOM,
Chez MARTIN DÉGOUTTE, Imprimeur-Libraire, près la Fontaine des Lignes.

M. DCC. LXXX.
AVEC APPROBATION ET PERMISSION.

PRÉFACE.

1. Es anciens habitans du Bourbonnois, qui faisoient une partie des Boïes, ou Boïens, n'étoient, selon quelques-uns, qu'une colonie venue des environs de Bavière, laquelle étant sortie de leur pays, vint s'établir dans les endroits les plus foibles & les plus découverts de cette province, que l'on conjecture être les environs de Mont-Luçon, Neris, & autres lieux circonvoisins : car le restant du pays consistant en bruyeres, bois & forêts, n'étoit pas habitable.

* D'autres, d'un sentiment contraire, & c'est l'opinion la plus commune, estiment que les Boïens, qui anciennement occupoient le pays, où est maintenant le Bourbonnois, étoient des anciens peuples de la Gaule Celtique, renommés par les colonies qu'ils conduisirent en Allemagne & en Asie, & que ce sont eux qui ont donné le nom au pays d'Allemagne, appellé Bohême, Boïemie, ou Bojohemie, ce qui veut dire demeure des Boïens. César en parle dans ses commentaires.

2. La véritable étymologie du nom de Bourbonnois, est celui de *Bourbon*, qui étoit un bourg fort considérable, par l'assiette de son château, appellé pour cet effet *Burgum Bonum*, qui est constamment Bourbon-l'Archambaut.

3. De ce lieu appellé *Burgum Bonum*, il en est fait mention dans les Annales de Pepin-le-Bref, de l'an 762, où il est dit : *Pipinus Aquitaniam ingressus, quædam oppida & castella manu cepit, in quibus præcipua fuere Burbonium, Cantella, Clarus-mons.*

4. La province du Bourbonnois étoit anciennement possédée par plusieurs Seigneurs particuliers, dont les plus considérables étoient les Seigneurs de Bourbon.

5. Ces Seigneurs de Bourbon sont si anciens, qu'on croit qu'ils descendent d'Aimard, qui fonda le prieuré de Souvigny, l'an 921, & qui y fut inhumé. Aimard avoit beaucoup de piété & fut pere d'Aimon, I du nom, Sire de Bourbon.

6. Ses descendans prirent le titre & qualité de Barons. Dans les lettres d'Archambaut VII, de l'an 1145, concernant les usages par lui accordés à la ville de Charroux, il est qualifié de Baron ; ces lettres finissent par ces mots, *in nostra Baronia de Borboneio* : dans celles d'Agnés, dame de Bourbon, des années 1257 & 1268, le mot de *Baronie de Bourbon* y est répété plusieurs fois. Dans la suite, cette Baronie ayant été érigée en duché, par les lettres patentes de Charles-le-Bel, du mois de décembre de l'an 1327, en faveur de Louis, fils de Robert, comte de Clermont ; tous les Seigneurs de Bourbon, dans les actes publics & domestiques ont toujours pris le nom & la qualité de ducs de Bourbonnois. Ce duché ayant été confisqué après la révolte de Charles III, connétable, & réuni à la couronne, il fut donné en 1651 à Louis II de Bourbon, prince de Condé, en échange du duché d'Albret, pour en jouir lui & ses descendans issus en légitime mariage.

7. Chaque territoire dans l'étendue de la province du Bourbonnois avoit anciennement ses usages & ses Coutumes. Les Seigneurs en donnoient à leurs vassaux, par les traités qu'ils faisoient avec eux, & confirmoient celles qu'ils avoient. Dans la suite les terres & seigneuries, que les seigneurs particuliers possédoient, ayant été pour la plupart jointes & réunies en faveur & au profit des seigneurs de Bourbon, ces usages & Coutumes différentes furent recueillis & compilés, pour ne faire & composer qu'une loi & Coutume générale pour toute la province.

8. Le 26 mars de l'an 1493, Pierre, II du nom, duc de Bourbonnois & d'Auvergne, comte de Clermont, de Forests & de la Marche, &c. suivant la permission qui lui fut accordée par Louis XII, par lettres patentes de l'an 1490, choisit & nomma des commissaires, qui se transporterent dans les différentes châtellenies, qui composent le duché de Bourbonnois ; où étant, après avoir assemblé les ecclésiastiques, nobles & les plus notables praticiens des lieux, ils prirent leurs avis touchant leurs Coutumes, usages, styles qui étoient pratiqués en chacune châtellenie, & en dresserent leur procès-vérbal, qui fut signé & attesté par tous ceux qui furent appellés.

Part. I.

PRÉFACE.

9. Sur le rapport de ce procès-verbal & de l'avis des principaux des trois états de la province, convoqués & assemblés en la ville de Moulins, fut rédigée par écrit l'ancienne Coutume du Bourbonnois, & accordée par M. le Duc, & en sa présence par les commissaires nommés, élus & députés tant par M. le Duc, que par les gens des trois états du pays du Bourbonnois.

10. Cette ancienne Coutume, rédigée en plusieurs articles, sous des titres différens, au nombre de vingt-un, telle qu'elle est insérée dans le nouveau Coutumier général de l'édition de l'année 1724, fut lue & publiée en l'auditoire de la Sénéchaussée du Bourbonnois, en cette ville de Moulins, un vendredi dix-neuf de septembre 1500.

11. Mais n'ayant pas été trouvée parfaite, pour n'avoir pas eû toute l'étendue qui lui étoit nécessaire, & d'ailleurs n'ayant pas été enregistrée au greffe de la cour, qui est une formalité essentielle pour la validité & autorisation des Coutumes, on fut obligé de faire procéder à une nouvelle, qui est celle que l'on suit à présent.

12. Pour cet effet, madame Anne de France, duchesse & douairiere de Bourbonnois, que M. Charles Dumoulin, sur la Coutume de la Marche, appelle *la sage Princesse*, & Charles, duc de Bourbonnois, son gendre, connétable de France, qui avoit épousé Susanne, fille unique & heritiere de Pierre II, obtinrent de nouvelles lettres du roi François I, en 1520, touchant la rédaction & publication des Coutumes & usances du Bourbonnois, & comté de la Marche, par lesquelles le roi commit M. Roger de Barme, président, & M. Nicole Brachet, conseiller en la cour du parlement, pour y procéder.

13. Le dix-huitieme jour de mars 1520, les gens des trois états ayant comparu en la grande salle du château en la ville de Moulins, du consentement des trois états fut rédigée la nouvelle Coutume, & lecture en fut faite le 15 avril 1520; & par autres patentes du roi François I, du 13 mars 1521, cette Coutume fut confirmée & autorisée; & il fut dit en icelles, que dorénavant les procès seront jugés suivant ladite Coutume, ou par la disposition du droit, ès cas auxquels les gens des trois états ont voulu disposition de droit avoir lieu; & en cas de doute & de difficulté desdits articles, la connoissance en est attribuée à la cour : l'enregistrement s'en fit au greffe de la cour, le 20 mars audit an 1521. L'acte en est écrit à la fin du procès verbal.

14. Cette nouvelle Coutume, ainsi qu'il paroît par le procès verbal, fut composée de trois sortes d'articles. 1°. D'articles d'anciennes Coutumes de tout temps gardées au pays du Bourbonnois, & qui avoient été mis & insérés dans l'ancienne Coutume. 2°. De plusieurs autres articles aussi d'anciennes Coutumes de tout temps observées dans cette province du Bourbonnois, mais qui avoient été omis dans l'ancienne Coutume. 3°. D'autres articles qui furent de nouveau ajoutés du consentement des trois états, parce qu'ils les jugerent utiles & profitables.

15. Elle est qualifiée du nom de Coutume générale du pays & duché du Bourbonnois, pour marquer son étendue dans toute la province, à la réserve de certains cas particuliers, conservés par forme de privilege & exemptions, aux quatre Coutumes locales insérées dans le coutumier, qui sont les chatellenies de Verneuil, Billy, Germigny & Saint-Pourçain, pour les cas particuliers qui y sont exprimés.

16. La rédaction en ayant été faite, ainsi qu'il vient d'être dit, en vertu des lettres patentes du roi, sous bon plaisir & son autorité, en présence & du consentement des trois états, qui représentoient la province; c'est un contrat qui se peut appeller *communis Reipublicæ sponsio*, contrat fait entre les peuples qui s'y sont soumis, & qui se sont obligés réciproquement les uns aux autres de l'observer; de façon que l'engagement des uns, & leur soumission à la Coutume, fait le fondement de l'engagement des autres; c'est enfin un droit volontaire, ou la loi que les trois ordres de la province se sont volontairement imposée.

17. La Coutume étant un contrat, & une convention publique, on est obligé de l'exécuter & observer, même en conscience; & on ne peut en éluder l'effet sous quelque prétexte que ce soit, directement ni indirectement, de maniere que tout ce qui se fait contre sa prohibition, est injuste.

18. Elle affecte toutes sortes de personnes, & les biens assis & situés dans toute l'étendue de son ressort & de son territoire.

19. Elle lie les ecclésiastiques comme les laïcs, parce que c'est un contrat fait entre les trois ordres de la province, qui les oblige les uns aux autres. *Hoc generale est quod consuetudinibus Regni, etiam municipalibus, ecclesiæ ligantur, nisi quatenùs apparent expressim exceptæ. Molin. in Conf. Parif. ad tit. de Conf. n.* 144.

20. Elle a lieu contre le roi, comme contre les autres seigneurs, sauf dans les choses qui sont de droit public; c'est la distinction marquée par Chopin, dans la préface de son commentaire sur la Coutume d'Anjou, n. 6 & 7.

21. Les mineurs enfin y sont soumis.

22. La Coutume soumettant, comme il vient d'être dit, les personnes qui y sont domiciliées, & les héritages qui y sont situés, il s'ensuit de-là qu'elle renferme deux sortes de dispositions; des dispositions personnelles, & des dispositions réelles.

PRÉFACE.

23. Les dispositions personnelles de la Coutume concernent les personnes, elles réglent leur état, leur capacité, condition & qualité; & les dispositions réelles concernent les choses & droits immobiliaires.

24. Le statut personnel, selon M. Dargentré, est celui qui se rapporte directement à la personne, qui en régle universellement l'état, sans parler des biens, & abstraction faite de toute matiere réelle. *Denique*, dit M. Dargentré sur l'article 218 de la Coutume de Bretagne, gl. 6, n. 8, *ut* (Statuta) *personalia sint purè de personarum statu, agi oportet citrà rerum immobilium mixturam, & abstractè ab omni materia reali.*

25. Le statut réel est celui qui parle des biens, & qui en régle les dispositions. *Statuta realia sunt*, dit M. Dargentré, *ibid. quæ de modo dividendarum hæreditatum constituuntur... Item de modo rerum donandarum, & quotâ donationum.*

26. Le statut est mixte, lorsqu'il ne se rapporte pas à la personne directement, purement & simplement, mais indirectement, & par rapport à certains biens ou à certaines personnes; qu'il n'en régle l'état & capacité, que par rapport à ces biens ou à ces personnes. *Si ita statuas*, dit M. Dargentré, *ibid. minor est quod intra viginti annos natus est, personale est; si ita minor, ne immobile alienet, quod intra Statuti territorium sit, mixtum sit de re & persona.* Et plus bas, au nombre 24, il dit, suivant ces principes : *Sed nos, præter vulgares scholasticorum hominum sententias, personam aliter affici Statuto negamus, quàm cùm de universali personæ statu disponit.... Non item si particulari aliquâ de causâ potentia agendi impediatur, circumscriptivè ad aliquem actum.*

27. Il y a de cette maniere trois sortes de statuts : des statuts purement personnels, qui regardent l'état ou l'habilité de la personne; des statuts purement réels, qui concernent les choses, & qui s'appliquent aux immeubles; & des statuts mixtes, qui sont à la vérité dirigés à la personne, mais qui s'appliquent néanmoins à la chose.

28. On met au rang des statuts purement personnels, ceux qui réglent la légitimation, l'émancipation, l'interdiction : Dargentré, *ibid*. n. 16; & il en est de même de ceux qui réglent la tutelle, la puissance paternelle; car la légitimation, la soumission à la puissance du pere, ou du tuteur, la majorité, l'interdiction, réglent universellement l'état de la personne.

29. On compte au nombre des statuts purement réels ceux qui réglent les successions, les partages, la légitime, le droit d'aînesse, le retrait, les servitudes réelles, &c.

30. Enfin on regarde comme statuts mixtes, les statuts qui défendent aux conjoints par mariage de s'avantager. *Finis prohibendarum donationum conjugalium*, dit M. Dargentré, *ibid*, n. 14, *habet personales quasdam considerationes.... Sed consuetudinariæ causæ de prohibendis his, sumuntur potiùs à rebus, gentili pecuniâ, successione & propagatione familiarum, quæ reales potiùs sunt.*

31. Dans les droits purement personnels, & lorsqu'il s'agit d'établir universellement la capacité d'une personne, il faut suivre la loi du domicile, parce que c'est la loi du domicile qui soumet les personnes qui font leur domicile dans son district.

32. Mais dans les matieres réelles, & dans celles qui font mixtes, qui participent de la réalité & de la personnalité, il faut suivre la Coutume du lieu où les héritages sont situés : *Quæ realia aut mixta sunt,* dit Dargentré, *ibid*. n. 9, *haud dubiè locorum & rerum situm sic spectant, ut aliis Legibus quàm territorii judicari non possint.*

33. L'effet du statut personnel est que réglant universellement l'état de la personne, il régle aussi indirectement toute sa fortune, & tous ses biens, parce qu'ils sont attachés à sa personne : *Ita ut indè concludat,* dit M. Dargentré, *ibid.* n. 16, en parlant de Bartole, *tale Statutum valiturum extrà territorium, quæ est conditio Statutorum personalium.*

34. L'effet du statut réel est qu'il ne s'exécute pas hors la Coutume : *Alibi non agunt,* dit M. Dargentré, *ibid*. n. 18, *extrà territorium non porrigitur*, dit-il encore, n. 16.

35. On peut déroger à la Coutume par des conventions particulieres, quand elle n'est pas prohibitive, ni irritante : c'est le cas, où on dit que la disposition de l'homme dans les choses permises, fait cesser celle de la loi : *Tollit in permissis dispositio hominis Legis provisionem.*

36. Mais lorsque l'article de la Coutume est prohibitif, négatif, ou irritant, toutes les stipulations contraires sont inutiles.

37. Sur quoi toutefois il faut observer qu'une disposition de Coutume simplement réelle, quoique prohibitive, n'annulle pas les actes, mais qu'elle leur ôte simplement leur effet dans l'étendue de son ressort; & il en est de même du statut mixte. Ainsi la disposition d'une Coutume qui défend aux conjoints par mariage de s'avantager autrement que par don mutuel, n'annulle pas absolument la donation, mais ôte simplement l'effet de cette donation, par rapport aux biens qui sont situés dans l'étendue de son ressort, n'empêchant point que la même donation ne s'exécute sur les biens qui sont situés ailleurs, ainsi qu'il a été jugé par arrêts, dit Lebrun dans son traité de *la Communauté*, liv. 2, ch. 3, sect. 5, n. 33 & 38.

38. Autre chose est du statut personnel, qui réglant universellement l'état & la capacité de la personne, forme par-tout une égale incapacité.

39. Au reste, il est de maxime que chaque Coutume est bornée dans l'étendue de la

PRÉFACE.

province ou du lieu où elle est observée, & qu'elle n'a d'autorité que pour ceux qui, sous l'autorité du roi, y ont consenti & s'y sont soumis; & que comme chaque Coutume n'a pour fondement que la volonté des peuples qui sont dans son détroit, elle ne peut servir de loi à ceux qui sont domiciliés ailleurs : de maniere qu'au défaut de la Coutume, & dans les cas où elle ne s'explique pas, la Coutume de Paris ni les voisines n'ont pas l'autorité des loix, & ne peuvent servir que de raison.

40. Il y a des auteurs toutefois qui exceptent les articles ajoutés à la Coutume de Paris lors de la réformation, lesquels, disent-ils, doivent avoir lieu dans les Coutumes qui ne contiennent pas une disposition contraire, comme ayant été pris des arrêts de la cour, & fondés sur une jurisprudence générale.

41. Quand la Coutume s'explique, il faut s'y arrêter, s'attacher aux termes qui sont tous essentiels, & expliquer autant qu'on le peut un article par un autre. Il ne faut pourtant pas croire que nos Coutumes soient d'un droit plus rigoureux que les loix romaines; puisque nos Coutumes sont dans nos provinces, ce que les loix étoient dans l'empire romain : d'où l'on doit tirer cette conséquence, qu'elles reçoivent toutes les applications que la raison & l'équité permettent de leur donner; que l'on peut, & que l'on doit raisonner afin de les étendre des cas exprimés à ceux qui ne le sont pas, quand il y a parité de raison ; parce qu'elles ne peuvent pas comprendre tous les cas qui peuvent se présenter sur une même matiere; & que ce n'est pas proprement étendre la Coutume, que d'appliquer sa disposition par-tout où il y a parité de raison. *Quando*, dit Dumoulin, *Statutum interpretatur ex identitate rationis, non fit extensio ; sed sicut genus comprehendit suas species, sic ratio Statuti diversas comprehendit species casuum emergentium : hoc enim non est extensio sed comprehensio. Molin. in Conf. Paris.* §. 21 ; gl. 5, n. 47.

42. Il faut excepter les dispositions exhorbitantes du droit commun, & les dispositions pénales, lesquelles ne reçoivent pas d'extension d'un cas exprimé à celui qui ne l'est pas, ou de la chose à une autre, ni d'une personne à une autre. *L.* 141, *de reg. Jur. L.* 14 ; *ff. de Legib.*

FIN.

PRÉFACE

DE Mᵉ. AUROUX DES POMMIERS,

Lors de son Édition de 1732.

IL est assez surprenant qu'il n'y ait aucune Coutume sur laquelle il y ait un plus grand nombre d'Ouvrages & Commentaires manuscrits, que celle de cette Province de Bourbonnois, & si peu de Commentaires imprimés. Mʳˢ. les Officiers & Avocats de la Sénéchaussée & Siége Présidial de cette ville de Moulins, ont été de tout temps très-soigneux de faire des remarques sur les différens articles de leur Coutume ; mais leurs Écrits sont restés dans leurs cabinets.

M. André Dubuisson, M. Jean Roussel, M. Jacques Bergier, M. Jacques Duret, M. Antoine Berthomier, M. Ploton, M. Jacques Hérois, M. Jean Genin & M. le président Genin, son fils, ont fait des observations sur notre Coutume, qui sont citées dans plusieurs manuscrits.

M. Jean Decullant, célébre Avocat, a aussi fait des remarques sur la Coutume, écrites de sa main, dans un exemplaire de Papon, relié avec du papier blanc ; lequel exemplaire est signé de Jean Decullant, reçu Avocat à Moulins en 1607.

M. Guillaume Duret, Président, que nos Anciens appellent M. notre Président, un des plus savans hommes de son siécle, a fait un Commentaire entier sur tous les articles de la Coutume, dont on a fait différens extraits.

M. Louis Semin, Conseiller & Assesseur en cette Sénéchaussée & Siége Présidial, M. Louis Vincent, Avocat, & M. François Menudel, qui est mort doyen des Avocats de cette ville de Moulins, en ont fait des extraits auxquels ils ont joint leurs remarques particulieres.

M. François Decullant, Conseiller en cette Sénéchaussée & Siége Présidial, a fait un Commentaire sur tous les articles de la Coutume, composé des remarques de M. le Président Duret, de M. Jean Decullant, son pere, de celles de M. Louis Semin, & des siennes propres. Ce manuscrit, & celui de M. Jean Cordier, fameux Avocat, en trois volumes in-folio, sont les Commentaires manuscrits les plus étendus que nous ayons sur notre Coutume.

Nous avons encore le Commentaire manuscrit de M. Bordel, Professeur de droit en cette ville, en un petit volume in-quarto ; celui de M. Etienne Baugy, en un volume in-folio, dans lequel se trouvent des remarques de Mʳˢ. Genin, pere & fils ; & enfin celui de M. Jean Fauconnier, Avocat du Roi en cette Sénéchaussée & Siége Présidial, en un volume in-folio, qui contient les observations de M. Jean Decullant, & qui est plein de savantes recherches faites par l'auteur.

Outre ces différens Commentaires manuscrits, on a dans cette ville des recueils de sentences qui ont été rendues en ce Siége, en interprétation des articles de la Coutume.

M. Rougnon, Conseiller de ce Siége, en a fait un recueil depuis l'année 1584, jusqu'à son décès ; il y en a un autre qu'on attribue à M. Vincent ; & Mʳˢ. les Conseillers & Avocats, dont on a les écrits, ont eu grand soin de citer celles qui ont été rendues de leur temps, & les Arrêts qui sont intervenus sur icelles.

On a encore des manuscrits sur différentes matieres, traitées par ordre alphabétique, de M. Beraut, M. Menudel & de M. Jean Cordier.

Tous ces différens manuscrits m'ayant été communiqués, j'ai cru que ce seroit rendre service au Public, que de lui en faire part. Le peu de secours que l'on tire des Commentaires imprimés, pour l'intelligence de notre Coutume, n'a pas peu contribué à me faire prendre cette résolution. Mais pour cela il m'a paru qu'il n'y avoit qu'un seul parti à prendre, qui étoit de refondre tous ces écrits dans un seul & même ouvrage, sans confusion pourtant, & ayant soin de distinguer les mémoires & observations de chaque Auteur, de les rapporter fidélement, telles qu'elles se lisent dans leurs manuscrits, & de donner de cette façon un nouveau Commentaire sur notre Coutume, dans lequel on feroit entrer toutes ces observations différentes.

Ma premiere vue avoit été de commenter notre Coutume par ordre de matieres ; parce qu'en prenant ce parti, on est le maître de sa matiere, on la traite avec toute l'étendue qu'il plaît, on en instruit parfaitement son lecteur, & on le conduit insensiblement à l'intelligence de chaque article de Coutume : En prenant ce parti, les questions se discutent avec ordre & par principe ; une décision sert souvent de principe à une autre, & elles se soutiennent & s'éclaircissent les unes par les autres. Chaque article de la Coutume se présentant dans l'ordre de la matiere à un lecteur déja instruit, il est facile de le faire entrer dans le véritable sens de la Coutume.

Mais ayant communiqué mon dessein à une personne savante & éclairée, qui se connoît parfaitement en ces sortes d'ouvrages, elle m'a fait comprendre qu'il étoit plus à propos de commenter la Coutume par ordre d'articles ; qu'un tel commentaire seroit beaucoup mieux reçu & plus goûté, & j'ai déferé à son avis. Pour l'intelligence de chaque titre, j'ai mis à la tête une courte préface, par rapport à la matiere qui y est traitée, avec une analyse des articles qui le composent : cela fait, j'ai passé aux articles, & sur chaque article, j'ai fait un commentaire lié & suivi dans toutes ses parties, dans lequel j'ai expliqué l'article ; j'ai rendu raison de ses dispositions ; j'ai proposé les doutes & les difficultés qui se sont présentés depuis la rédaction de la Coutume jusqu'à présent ; j'ai rapporté à ce sujet les décisions des plus célèbres Jurisconsultes, & des plus habiles Avocats de la Province qui ont vécu & se sont succédés pendant tout ce temps-là ; les sentences de cette Sénéchaussée & Siége Présidial de cette ville de Moulins, & les arrêts de la Cour intervenus sur ces sentences.

Je me suis beaucoup étendu sur les articles les plus importans & susceptibles de difficultés ; j'ai passé plus légèrement sur les autres ; mais il n'en est aucun que je n'aye commenté : & quoiqu'il y ait quelques articles de Coutume qui ne sont plus en usage, je n'ai pas laissé de les commenter pour rendre raison de leur disposition, & exposer celle pour laquelle ils ne sont plus en vigueur. Je me suis attaché à raisonner toutes mes décisions, persuadé qu'on ne doit rien avancer sans en donner la raison ; & j'ai employé souvent les raisons dont nos Anciens se sont servis pour former leurs décisions : Je ne les ai pourtant pas suivis aveuglément, j'ai même quelquefois abandonné leurs sentimens, mais je ne l'ai jamais fait, sans dire en même temps les raisons qui m'ont obligé à prendre un sentiment contraire ; quand l'article m'a paru obscur & difficile, j'ai consulté M^{rs}. de la Chambre, & les plus habiles Avocats du Siége.

La Jurisprudence & les loix mêmes étant sujettes au changement, selon la disposition des mœurs & du temps, j'ai eu soin de marquer ces changemens, & j'ai établi, autant qu'il m'a été possible, dans tout cet ouvrage, les maximes les plus saines du droit civil & coutumier, & les plus conformes à la nouvelle Jurisprudence.

Je ne me suis pas contenté de pénétrer, autant que j'ai pu, le sens & l'esprit de notre Coutume, & la raison sur laquelle chaque article est fondé ; d'expliquer la maniere dont elle doit être entendue ; comment les jugemens l'ont interprétée, nos Anciens l'ont expliquée ; & comment on l'observe aujourd'hui. J'ai ajouté à tout cela la relation qu'elle a avec l'ancienne Coutume de cette Province, avec les autres Coutumes du Royaume & le droit civil.

De cette maniere, les décisions contenues dans ce commentaire, sont établies & appuyées sur quatre autorités différentes.

La premiere, est celle tirée des dispositions de la Coutume, de celles du droit civil & des différentes Coutumes du Royaume.

La seconde, est celle des choses jugées par sentences contradictoires rendues en cette Sénéchaussée & Siége Présidial de Moulins, intervenues sur les contestations qui ont été formées touchant l'explication de notre Coutume, & les arrêts de la Cour qui ont été rendus sur ces sentences, lorsque les contestations ont été portées par appel au Parlement.

La troisieme est fondée sur les observations & commentaires manuscrits de nos Anciens qui ont été les plus belles lumieres & le principal ornement de la Province, & ce depuis la rédaction de la Coutume jusqu'à présent ; & en outre sur les notes de M. Charles Dumoulin, & les commentaires imprimés de M. Jean Papon, Jean Duret & Jacques Potier.

Et la quatrieme & derniere est celle qui est tirée de l'avis & sentiment de M^{rs}. les Officiers vivans de cette Sénéchaussée & Siége Présidial, & des plus célèbres Avocats plaidans & consultans de cette ville de Moulins.

Il eût été à souhaiter pour l'utilité du Public que des personnes plus éclairées eussent voulu se donner le soin de commenter notre Coutume, l'une des plus étendues, des plus savantes & des mieux rédigées du Royaume. Tota illa Consuetudo, dit Mornac, en parlant de notre Coutume, lib. 3, Cod. tit. 1, de judiciis, L. 11, §. ult. singularem exerit eorum à quibus conscripta est peritiam : mais personne n'ayant voulu se donner cette peine, je me suis déterminé à l'entreprendre ; & je l'ai fait. Je souhaite que mon ouvrage soit utile au Public, si cela est, je croirai mon travail bien employé ; si je me suis trompé en quelques endroits, comme il est assez difficile que cela soit autrement, & qu'on veuille m'envoyer des mémoires pour me faire connoître ce que j'ai mal dit, ou ce que je n'ai pas assez ou trop étendu, j'en saurai très-bon gré, je le dis de bonne foi, à ceux qui en prendront la peine, & je leur en marquerai ma reconnoissance.

Comme nous n'avons fait que réimprimer littéralement l'édition de 1732, à laquelle nous avons ajouté les Additions de 1742, refondues dans le corps de l'Ouvrage, nous nous contentons de faire part au Lecteur, de la Préface intéressante de M. Auroux.

F I N.

DISSERTATION
SUR LES STATUTS.

NOUS avons parlé dans la Préface du présent Commentaire, du Statut, de ses différentes especes & de ses effets, après M. Dargentré; mais comme M^{rs}. Froland & Boullenois, dans les traités concernans les Statuts, qu'ils ont donnés nouvellement au public, s'expliquent différemment, j'ai cru faire plaisir au lecteur d'exposer par extrait leur sentiment, & de marquer en quoi il différe de celui de M. Dargentré.

M^{rs}. Froland & Boullenois n'admettent que deux sortes de Statuts, le personnel & le réel; & tous les deux s'accordent à rejetter le Statut mixte, dans le sens de M. Dargentré, & voici quelles sont leurs raisons.

Le Statut mixte, disent-ils, devroit être un composé du Statut personnel & du Statut réel, & devroit en même temps régler la personne & les choses; comme personnel, il doit affecter la personne, & comme réel, il doit affecter les choses; & comme un composé de deux Statuts, il doit participer aux qualités du Statut personnel & du Statut réel; & de-là ils concluent que l'on doit rejetter le Statut mixte, dans le sens de M. Dargentré, qui, en l'admettant ne lui donne pas plus de force, ni de pouvoir d'une plus grande étendue qu'au Statut purement réel, qui ne sort point de son territoire; car il n'est plus mixte, ajoutent-ils, & on ne peut le regarder comme tel, dès qu'il ne participe pas des deux natures.

Un Statut véritablement mixte, dit M. Boullenois, n'est pas un seul Statut, mais deux Statuts, renfermés dans une même loi, & on ne l'appelle mixte, que pour ne pas confondre deux dispositions, ce qui est personnel avec ce qui est réel; or un Statut de cette espece, dans la partie qu'il est personnel, a tous les effets du Statut personnel, & dans la partie qu'il est réel, tous les effets du Statut réel; autrement, & si les Statuts véritablement mixtes n'étoient régis que par les loix du territoire de la situation des biens, que deviendroit donc le Statut personnel, qui agit par la force de la loi du domicile?

Tout Statut, suivant M^{rs}. Boullenois & Froland, est donc personnel ou réel.

Le Statut personnel est celui qui détermine l'état & la condition d'une personne, en mettant en elle une capacité ou incapacité d'état, & sa qualité ne change point, sous prétexte que la permission qu'il donne, ou la prohibition qu'il porte, tombe sur les biens de la personne, lorsque cela ne se fait que *secundariò*, & que le Statut qui défend, ou permet la disposition des biens, ne le fait que par la suite, & en conséquence de l'état & condition de la personne; parce qu'autrement il n'y auroit point de disposition qui ne fût réelle, puisque tout ce qui est ordonné par les Coutumes, a toujours relation aux biens.

Le Statut réel, au contraire, est celui qui régle les biens sans parler de la personne, ou qui dispose des choses directement & principalement, quoiqu'en vue, & par considération de la personne.

C'est ainsi que s'expliquent M^{rs}. Froland & Boullenois, & tous les deux conviennent que le Statut qui régle les biens ne sort point de son territoire: de-là vient, dit M. Froland, que dans le cas où il s'agit de successions, de la maniere de les partager, de la quotité des biens dont on peut disposer entre-vifs ou par testament, d'aliénations d'immeubles, de douaires de femmes ou d'enfans, de légitime, de retrait lignager, de droit de viduité, & autres choses semblables, il faut s'attacher aux Coutumes des lieux où les biens sont situés.

Quant au Statut personnel, ils conviennent également qu'il n'exerce pas seulement son autorité dans le lieu du domicile de la personne, mais qu'il influe sur tous ses biens, sous quelques Coutumes qu'ils soient assis.

Et c'est, dit M. Froland, sur ce principe qu'une femme, qui, suivant la loi de son domicile, ne peut agir valablement sans l'autorisation expresse de son mari, repand l'effet de son incapacité sur tous ses immeubles, encore bien qu'ils soient situés dans des Coutumes qui n'ont pas des dispositions si rigoureuses.

Cette capacité ou incapacité du domicile, affectant la personne, & le constituant ce qu'elle est civilement, elle est par-tout, & en tel endroit que soit situé le bien; & pour régler le domicile, auquel on doit avoir égard par rapport à cette capacité ou incapacité, il faut, selon M^{rs}. Froland & Boullenois, distinguer entre l'état & la faculté.

Quand il s'agit de l'état universel de la personne, de sa majorité ou minorité, par exemple, il faut avoir recours à la loi de son origine; en ce cas, dit M. Froland, le Statut qui a commencé à fixer sa condition, conserve sa force & son autorité; & la suit par-tout en quelqu'endroit qu'elle aille.

Mais quand il est question de faculté, d'habileté ou inhabileté de la personne à faire une certaine chose, alors le Statut, dit toujours M. Froland, qui avoit réglé son pouvoir, tombe entièrement par le changement de domicile, & cede tout son empire à celui dans le territoire duquel elle va demeurer.

Ainsi, une femme domiciliée sous une Coutume qui ne permet pas de tester sans le consentement & l'autorité de son mari, choisissant pour nouvel établissement un endroit, dont la Coutume n'a point de disposition semblable, acquiert une pleine & entiere liberté de disposer de ses biens par testament, sans la participation de son mari, *& vice versâ*.

Quant à la question, si on peut déroger à la Coutume par des conventions particulieres, M. Boullenois distingue à ce sujet deux sortes de Statuts réels négatifs; les uns qui sont purement négatifs, & les autres négatifs prohibitifs.

Cette distinction ainsi faite, il dit que quand le Statut est purement négatif, la disposition de l'homme peut faire cesser celle de la loi; mais quand il est négatif prohibitif, l'homme ne peut contrevenir à la loi, à cause de la défense qu'elle prononce.

Mais il paroît embarrassé à distinguer les Satuts purement négatifs d'avec ceux qui sont négatifs prohibitifs; car après avoir dit que le Statut purement négatif est celui qui contient une négation seulement, sans prohibition de convenir autrement, & que le négatif prohibitif est celui qui ajoute au terme négatif une prohibition de contrevenir à la disposition; il convient dans la suite, qu'il y a des Statuts où la prohibition ne paroît pas marquée, qui ne laissent pas d'être des Statuts négatifs & prohibitifs, & il ajoute que quand le Statut s'explique par ces termes (*ne peut*) il faut dire que le Statut est négatif prohibitif, ce qu'il avance comme une maxime générale; & tout de suite, par forme d'exception, il dit qu'un Statut peut néanmoins être négatif & prohibitif, *& excludere potentiam, juris & facti*, encore qu'il ne contienne pas ces termes, *ne peut*; sçavoir, quand la disposition contient une négative, qui empêche le fait de l'homme ou la convention; & telle est, selon lui, la disposition de la Coutume de Poitou, art. 266, qui ne contient pas les termes, *ne peut*, ni des défenses expresses, mais se contente de dire que la femme se tenant au don à elle fait par son mari, ne jouira de don & du douaire ensemble, laquelle disposition est mise au rang de celles qui sont prohibitives, n'étant pas permis dans cette Coutume de stipuler don & douaire par aucune convention que ce soit.

Telle est la doctrine de M^{rs}. Froland & Boullenois, concernant les Statuts, avec cette différence toutefois, que M. Boullenois admet deux sortes de Statuts réels, ce que ne fait pas M. Froland; car après avoir dit, avec M. Froland, que le Statut réel est celui qui régle directement & principalement les biens, il ajoute, ou qui met dans la personne une capacité ou incapacité particuliere, contraire à son état général; de maniere que, selon lui, le Statut qui, par rapport aux biens, donne à l'homme une capacité ou incapacité, qui n'est pas celle de son état, est un Statut réel, & il en donne un exemple dans la faculté de tester.

La faculté de tester, selon M. Boullenois, accordée à un mineur de 14, 18 ou 20 ans, dans les Coutumes qui fixent sa majorité à 25 ans, est une faculté réelle, par la raison que cette faculté particuliere est accordée contre l'état général de l'homme, telle est sa doctrine dans ses dissertations sur les questions qui naissent de la contrariété des loix & des Coutumes, question premiere.

M. Froland, d'un sentiment contraire dans ses mémoires concernant les nature & qualité des Statuts, estime que le Statut qui fixe l'âge pour la disposition testamentaire, est un Statut personnel; desorte que, quand la Coutume du domicile a une fois reconnu une personne capable de tester à un certain âge, & qu'elle l'autorise de faire un testament à l'âge de 14 ans, il peut, pour ce regard, disposer de ses biens, en quelque lieu qu'ils soient situés, quoique les Coutumes de la situation des biens requierent un plus grand âge; tel est son sentiment, tom. 2, ch. 18, pag. 845 & 846; & ch. 33, pag. 1593 & suiv. édit. 1729, qu'il appuye de différens arrêts.

TABLE DES TITRES, &c.

TABLE
DES TITRES ET ARTICLES
Contenus en cette premiere Partie.

TITRE PREMIER.

De Jurisdiction & Justice, page 1
Article Premier, 2
Art. II. 3
Art. III. 7
Art. IV. ibid.
Art. V. 8
Art. VI. 9
Art. VII. 10
Art. VIII. 11
Art. IX. 12
Art. X. ibid.

TITRE SECOND.

Des Renvois, 13
Art. XI. 14
Art. XII. ibid.

TITRE TROISIEME.

Des Prescriptions, 15
Art. XIII. 17
Art. XIV. 21
Art. XV. 26
Art. XVI. 27
Art. XVII. ibid.
Art. XVIII. ibid.
Art. XIX. 32
Art. XX. 34
Art. XXI. 37
Art. XXII. 53
Art. XXIII. 60
Art. XXIV. 73
Art. XXV. 74
Art. XXVI. ibid.
Art. XXVII. 76
Art. XXVIII. 77
Art. XXIX. 79
Art. XXX. 80
Art. XXXI. 81
Art. XXXII. 82
Art. XXXIII. 85

Art. XXXIV. 87
Art. XXXV. 90

TITRE QUATRIEME.

Des Exceptions, 92
Art. XXXVI. 93
Art. XXXVII. 94
Art. XXXVIII. 97

TITRE CINQUIEME.

Des Reproches, 98
Art. XXXIX. 99
Art. XL. 100
Art. XLI. ibid.
Art. XLII. 101
Art. XLIII. ibid.
Art. XLIV. 102
Art. XLV. ibid.
Art. XLVI. 103
Art. XLVII. ibid.

TITRE SIXIEME.

Des Délations de Serment, ibid.
Art. XLVIII. 104
Art. XLIX. 107
Art. L. 108

TITRE SEPTIEME.

Des Assuremens, ibid.
Art. LI. 109
Art. LII. 110
Art. LIII. ibid.
Art. LIV. ibid.
Art. LV. ibid.
Art. LVI. 111
Art. LVII. ibid.
Art. LVIII. 112
Art. LIX. ibid.
Art. LX. ibid.
Art. LXI. ibid.

TITRE HUITIEME.

Des Crimes,	113
Art. LXII.	114
Art. LXIII.	115
Art. LXIV.	116
Art. LXV.	ibid.
Art. LXVI.	117
Art. LXVII.	118

TITRE NEUVIEME.

Des Répis & Quinquenelles,	119
Art. LXVIII.	120
Art. LXIX.	121
Art. LXX.	ibid.

TITRE DIXIEME.

Des Cessions de Biens,	123
Art. LXXI.	124
Art. LXXII.	ibid.
Art. LXXIII.	126

TITRE ONZIEME.

Des Notaires,	131
Art. LXXIV.	132
Art. LXXV.	134
Art. LXXVI.	ibid.
Art. LXXVII.	135
Art. LXXVIII.	136
Art. LXXIX.	137
Art. LXXX.	138
Art. LXXXI.	139
Art. LXXXII.	141
Art. LXXXIII.	ibid.
Art. LXXXIV.	142
Art. LXXXV.	ibid.

TITRE DOUZIEME.

Des Lettres, Contrats de vente, revente, & où est tenu le débiteur porter ce qu'il doit; des cas de saisine & de nouvelleté, & simple saisine & matiere possessoire,	143
Art. LXXXVI.	144
Art. LXXXVII.	146
Art. LXXXVIII.	147
Art. LXXXIX.	ibid.
Art. XC.	149
Art. XCI.	150
Art. XCII.	151
Art. XCIII.	153
Art. XCIV.	ibid.
Art. XCV.	154

TITRE TREIZIEME.

Des Exécutions,	155
Art. XCVI.	156
Art. XCVII.	157
Art. XCVIII.	158
Art. XCIX.	159
Art. C.	161
Art. CI.	162
Art. CII.	163
Art. CIII.	ibid.
Art. CIV.	165
Art. CV.	ibid.
Art. CVI.	166
Art. CVII.	168
Art. CVIII.	170
Art. CIX.	172
Art. CX.	ibid.
Art. CXI.	173
Art. CXII.	176
Art. CXIII.	177
Art. CXIV.	ibid.
Art. CXV.	181
Art. CXVI.	183
Art. CXVII.	186
Art. CXVIII.	187
Art. CXIX.	188
Art. CXX.	190
Art. CXXI.	191
Art. CXXII.	193
Art. CXXIII.	194
Art. CXXIV.	ibid.
Art. CXXV.	196
Art. CXXVI.	199
Art. CXXVII.	ibid.
Art. CXXVIII.	207
Art. CXXIX.	208
Art. CXXX.	ibid.
Art. CXXXI.	209
Art. CXXXII.	210
Art. CXXXIII.	ibid.
Art. CXXXIV.	212
Art. CXXXV.	ibid.
Art. CXXXVI.	213
Art. CXXXVII.	ibid.
Art. CXXXVIII.	216
Art. CXXXIX.	ibid.
Art. CXL.	218
Art. CXLI.	ibid.
Art. CXLII.	219
Art. CXLIII.	220
Art. CXLIV.	223
Art. CXLV.	225
Art. CXLVI.	226
Art. CXLVII.	227
Art. CXLVIII.	228
Art. CXLIX.	229
Art. CL.	ibid.
Art. CLI.	232
Art. CLII.	233
Art. CLIII.	235
Art. CLIV.	ibid.

TITRE QUATORZIEME.

De la taxe de Dépens & Amendes,	ibid.
Art. CLV.	236
Art. CLVI.	237
Art. CLVII.	ibid.
Art. CLVIII.	ibid.
Art. CLIX.	238
Art. CLX.	239

Art. CLXI.	239
Art. CLXII.	240
Art. CLXIII.	ibid.
Art. CLXIV.	ibid.
Art. CLXV.	241

TITRE QUINZIEME.

Du Droit & Etat des Personnes,	242
Art. CLXVI.	243
Art. CLXVII.	245
Art. CLXVIII.	ibid.
Art. CLXIX.	247
Art. CLXX.	249
Art. CLXXI.	251
Art. CLXXII.	254
Art. CLXXIII.	255

TITRE SEIZIEME.

Des Tutelles,	257
Art. CLXXIV.	258
Art. CLXXV.	263
Art. CLXXVI.	264
Art. CLXXVII.	267
Art. CLXXVIII.	ibid.
Art. CLXXIX.	269
Art. CLXXX.	ibid.
Art. CLXXXI.	271
Art. CLXXXII.	272
Art. CLXXXIII.	274

TITRE DIX-SEPTIEME.

Des Bâtards & Aubains,	277
Art. CLXXXIV.	ibid.
Art. CLXXXV.	278
Art. CLXXXVI.	279
Art. CLXXXVII.	280
Art. CLXXXVIII.	281

TITRE DIX-HUITIEME.

Des Tailles personnelles,	282
Art. CLXXXIX.	283
Art. CXC.	ibid.
Art. CXCI.	284
Art. CXCII.	ibid.
Art. CXCIII.	ibid.
Art. CXCIV.	285
Art. CXCV.	ibid.
Art. CXCVI.	286
Art. CXCVII.	ibid.
Art. CXCVIII.	287
Art. CXCIX.	ibid.
Art. CC.	ibid.
Art. CCI.	288
Art. CCII.	ibid.
Art. CCIII.	ibid.
Art. CCIV.	289
Art. CCV.	ibid.
Art. CCVI.	ibid.
Art. CCVII.	ibid.
Art. CCVIII.	290

TITRE DIX-NEUVIEME.

Des Donations,	290
Art. CCIX.	291
Art. CCX.	295
Art. CCXI.	297
Art. CCXII.	298
Art. CCXIII.	300
Art. CCXIV.	301
Art. CCXV.	302
Art. CCXVI.	303
Art. CCXVII.	308
Art. CCXVIII.	310

TITRE VINGTIEME.

Des Donations, Dons mutuels, & autres conventions faites en contrat de mariage & constant icelui,	313
Art. CCXIX.	314
Art. CCXX.	332
Art. CCXXI.	334
Art. CCXXII.	337
Art. CCXXIII.	338
Art. CCXXIV.	340
Art. CCXXV.	343
Art. CCXXVI.	348
Art. CCXXVII.	354
Art. CCXXVIII.	361
Art. CCXXIX.	362
Art. CCXXX.	364
Art. CCXXXI.	366

TITRE VINGT-UNIEME.

Des Gens mariés, Dots & Douaires,	367
Art. CCXXXII.	368
Art. CCXXXIII.	369
Art. CCXXXIV.	375
Art. CCXXXV.	378
Art. CCXXXVI.	382
Art. CCXXXVII.	384
Art. CCXXXVIII.	385
Art. CCXXXIX.	389
Art. CCXL.	392
Art. CCXLI.	393
Art. CCXLII.	397
Art. CCXLIII.	400
Art. CCXLIV.	401
Art. CCXLV.	402
Art. CCXLVI.	406
Art. CCXLVII.	409
Art. CCXLVIII.	412
Art. CCXLIX.	415
Art. CCL.	417
Art. CCLI.	420
Art. CCLII.	421
Art. CCLIII.	423
Art. CCLIV.	ibid.
Art. CCLV.	424
Art. CCLVI.	427
Art. CCLVII.	428
Art. CCLVIII.	ibid.
Art. CCLIX.	429

Art. CCLX.	430	Art. CCLXXV.	461
Art. CCLXI.	ibid.	Art. CCLXXVI.	468
Art. CCLXII.	431	Art. CCLXXVII.	471
Art. CCLXIII.	ibid.	Art. CCLXXVIII.	472
Art. CCLXIV.	434	Art. CCLXXIX.	ibid.
Art. CCLXV.	435	Art. CCLXXX.	474
Art. CCLXVI.	438		

TITRE VINGT-DEUXIEME.

TITRE VINGT-TROISIEME.

Des Communautés,	439	*Des choses réputées Meubles, Conquêts, ou Héritages,*	475
Art. CCLXVII.	440	Art. CCLXXXI.	476
Art. CCLXVIII.	442	Art. CCLXXXII.	477
Art. CCLXIX.	444	Art. CCLXXXIII.	478
Art. CCLXX.	445	Art. CCLXXXIV.	480
Art. CCLXXI.	455	Art. CCLXXXV.	482
Art. CCLXXII.	456	Art. CCLXXXVI.	483
Art. CCLXXIII.	457	Art. CCLXXXVII.	484
Art. CCLXXIV.	459	Art. CCLXXXVIII.	ibid.

Fin de la Table des Titres & Articles de la premiere Partie.

ÉTENDUE

ÉTENDUE
DE LA COUTUME
DU BOURBONNOIS.

LA Coutume du Bourbonnois s'étend fur tout le pays compris dans la province & duché du même nom; tout ce qui eſt du reſſort de la Sénéchauſſée du Bourbonnois, les différentes châtellenies & juſtices qui y reſſortiſſent, ſe régiſſent & gouvernent par cette Coutume.

Mais auſſi l'empire de cette Coutume eſt borné par les limites de la province; elle ne s'étend point dans les provinces voiſines, à l'exception de celle d'Auvergne; enſorte que des cinq provinces qui confinent celle du Bourbonnois, qui ſont le Berry, le Nivernois, la Bourgogne, l'Auvergne & la Marche, l'Auvergne eſt la ſeule, dont certains pays, bailliages, châtellenies & juſtices, quoique du reſſort de la Sénéchauſſée de Riom, ſe régiſſent pourtant par la Coutume du Bourbonnois, comme le bailliage de Montaigut-les-Combrailles, la juſtice de Saint-Pourçain, & quelques autres châtellenies & juſtices, ainſi qu'il ſera ci-après expliqué.

Châtellenies royales de la province du Bourbonnois, qui reſſortiſſent en la Sénéchauſſée de cette province, & ſe gouvernent par la Coutume du Bourbonnois.

Les châtellenies royales de la province du Bourbonnois ſont au nombre de dix-ſept.
La châtellenie de Moulins, Beſſay & Baſſes-Marches.
La châtellenie de Souvigny.
La châtellenie de Belle-Perche.
La châtellenie de Chaveroche.
La châtellenie de Billy.
La châtellenie de Vichy.
La châtellenie de Gannat.
La châtellenie d'Uſſel.
La châtellenie de Chantelle.
La châtellenie de Verneuil.
La châtellenie de Murat.
La châtellenie de Mont-Luçon.
La châtellenie de Bourbon.
La châtellenie d'Heriçon.
La chételnie de la Chauſſiere.
La châtellenie d'Ainay.
La châtellenie de la Bruyere-l'Aubeſpin à Cerilly.

* Il eſt à obſerver que les châtellenies de Moulins, Beſſay & Baſſes-Marches, ſont trois châtellenies diſtinctes & ſéparées; & qu'outre les châtellenies royales ci-deſſus énoncées, il y a dans la province & duché de Bourbonnois, deux autres petites châtellenies royales; ſavoir, la châtellenie royale de Tiſon, & celle de Riouſſes.

A la vérité M^{rs}. les officiers du bailliage & préſidial de Saint-Pierre prétendent que la châtellenie de Riouſſes eſt dans le reſſort de Saint-Pierre, mais mal-à-propos; car cette châtellenie appartient à ſon Alteſſe Séréniſſime Monſeigneur le Duc Prince du Sang, & elle ſe trouve compriſe dans le contrat de délaiſſement du duché de Bourbonnois, en échange de celui d'Albret, fait à Louis de Bourbon, II du nom, prince de Condé, le 26 février 1661; & j'ai vu un certificat du ſieur Pierre de Lafont, châtelain de la châtellenie royale de Riouſſes, qui atteſte que cette châtellenie eſt dépendante du duché de Bourbonnois, & qu'elle ſe régit ſuivant la Coutume du Bourbonnois; ledit certificat ſous la date du 13 février 1740.

C'eſt dans ces châtellenies qu'en l'année 1493, M^{rs}. les commiſſaires choiſis & nommés par Pierre, II du nom, ſeptieme duc de Bourbonnois, ſe tranſporterent pour y aſſembler les eccléſiaſtiques, nobles, & les plus notables praticiens des lieux, pour prendre leurs avis touchant les coutumes, uſages, ſtyles qui s'y pratiquoient, & en dreſſer des procès-verbaux, qui ſervirent à la rédaction de l'ancienne Coutume, leſquels procès-verbaux ſont rapportés dans le nouveau coutumier général, à la ſuite de l'ancienne Coutume de cette province.

Outre ces dix-ſept châtellenies royales, il y a des juſtices ſeigneuriales au nombre de plus de deux cents quarante, dans l'étendue de la province de Bourbonnois, qui ſe régiſſent toutes par la Coutume de cette province; de ces juſtices ſeigneuriales, la plus conſidérable eſt celle de Saint-Amand ſous Monrond.

Ce bailliage a pour annexes deux autres juſtices, qui ſont l'une le bailliage de Bruere, & l'autre celui d'Epineuil, tous les trois relevent du duché de Bourbonnois.

Du bailliage de Saint-Amand dépendent en pleine juſtice la ville du même nom, les paroiſſes d'Orval, Noziere, Bouzais, Soye, la Celette, avec les hameaux de Lagoutte, la Perche, Bord & Beauchezal. Il y a la juſtice du vieil château, ſituée dans un des faux-bourgs, de laquelle dépend ledit fauxbourg.

Du bailliage de Bruere dépend la petite ville du même nom, partie de la paroisse de la Selle, celles d'Alichant, le Venon, le Uzez, Saint-Loup & Chavannes.

De ce bailliage releve par appel la justice seigneuriale de Coudron, & quatre autres.

D'Epineuil dépend la paroisse de ce nom, celles de Valin & Saint-Vicq, en pleine justice; & de ce même bailliage relevent par appel onze petites justices.

Toutes ces différentes châtellenies & justices, qui ressortissent en la Sénéchaussée de Bourbonnois & siége présidial de Moulins, ne sont pas les seules, comme il a été observé, qui se régissent par la Coutume du Bourbonnois.

Le bailliage royal de Montaigut, de la généralité de Riom, qui ressortit au présidial de Riom, au premier & au second chef de l'édit des présidiaux, & nuement à la cour dans les autres cas, qui ne sont de la compétence des présidiaux, se régit par la Coutume du Bourbonnois.

Ce bailliage est composé de la ville de Montaigut, de la franchise, & des paroisses de Coulombier, Ard, la Croussille, Saint-Eloy, Moreuil, Virelet; toutes lesquelles paroisses sont entiérement de la justice du bailliage de Montaigut, & se régissent par la Coutume du Bourbonnois.

Les paroisses d'Yds & Beaulne sont en partie du bailliage de Montaigut, & en partie de la châtellenie de Murat; la partie qui est du bailliage de Montaigut, s'appelle *Baillie Grangeaise*. Ces deux paroisses se régissent par la Coutume du Bourbonnois.

La paroisse d'Youx est divisée en deux collectes, la collecte d'Youx-la-Doux, qui est du bailliage de Montaigut, & la collecte d'Youx-la-Bouble, qui est de la châtellenie de Menat. La collecte d'Youx-la-Doux se régit par la Coutume du Bourbonnois, & la collecte d'Youx-la-Bouble par celle d'Auvergne.

La paroisse de Durdat est encore divisée en deux collectes, l'une appellée *Lalesbois*, de l'élection & généralité de Riom, & justiciable du bailliage de Montaigut; l'autre de l'élection de Mont-Luçon, justiciable de la châtellenie de Mont-Luçon; mais ces deux collectes, quoique de différentes généralités & élections, composent la même paroisse & se régissent toutes les deux par la Coutume du Bourbonnois.

Il n'y a pas d'autres paroisses du bailliage de Montaigut en premiere instance, mais il y a quelques petites justices seigneuriales, qui relevent par appel dudit bailliage, & se régissent suivant la Coutume du Bourbonnois, qui sont les justices de Moncloux, Lesternes, Bussiere, à la part du commandeur, & d'Armignat.

Echassiere, limitrophe du bailliage de Montaigut, est une paroisse composée de deux collectes, l'une d'Auvergne, & l'autre du Bourbonnois; ni l'une ni l'autre ne sont de la justice de Montaigut; mais toutes les deux de la châtellenie de Beauvoir-Echassiere, & se régissent par la Coutume du Bourbonnois.

La paroisse du Peroufe est de la châtellenie de Beauvoir-Echassiere, releve par appel en la Sénéchaussée & siége présidial de Moulins, se régit par la Coutume du Bourbonnois, quoique de la généralité & élection de Riom.

La ville de Saint-Pourçain, l'une des treize villes du bas pays d'Auvergne, dont la justice est seigneuriale, & ressortit en la Sénéchaussée d'Auvergne, se régit par la Coutume du Bourbonnois, excepté en matiere de retrait, pourquoi elle a Coutume locale, & en matiere d'assuremens, en laquelle matiere elle se gouverne selon la Coutume d'Auvergne; le tout ainsi qu'il est porté au procès-verbal de la Coutume du Bourbonnois.

Les justices de Martilly, Bayet & Ambon, communes avec le roi à cause de la châtellenie de Chantelle, & les prêtres de la congrégation de S. Lazare, à cause du prieuré de Saint-Pourçain. Celles de Montort, la Feline, & la Roche-Branzat, aussi communes avec le roi à cause de la châtellenie de Verneuil, & les mêmes prêtres de S. Lazare, à cause du même prieuré, se régissent par la Coutume du Bourbonnois, même pour ce qui est en Auvergne, & ressortissent en la Sénéchaussée de Riom.

Les justices de Soüitte, Neully-le-Réal & Venteuil, appartenantes au prieur de Saint-Pourçain, & ressortissantes en la Sénéchaussée d'Auvergne; celle de Courtioux, autrement Rozier, dans la paroisse de Chareil, dépendante aussi du prieur de Saint-Pourçain, se régissent par la Coutume du Bourbonnois.

Loriges & Parai sous Brialles, dont partie est de la justice du seigneur de Brialles & de celle du prieur de Saint-Pourçain, & l'autre partie de la châtellenie de Billy, & de la justice de Cordebœuf, se régissent par la Coutume du Bourbonnois.

La prévôté de Paluet, dans le fauxbourg de Saint-Pourçain, proche la riviere de Sioule, ressortissant en Auvergne par appel, se régit par la Coutume du Bourbonnois. Cette justice qui appartient au roi comprend les villages de Buschecartal & Loberies; elle comprend aussi sept maisons dans le bas du village de Chazeul, paroisse de Vouroux, & le village de Courtans, paroisse de Treteaux.

F I N.

COUTUMES
GÉNÉRALES ET LOCALES
DU
PAYS ET DUCHÉ
DE BOURBONNOIS.

PREMIERE PARTIE.

TITRE PREMIER.
De Jurisdiction & Justice.

A Justice est le lien de la société civile ; c'est elle qui maintient un chacun dans son devoir, qui arrête les entreprises des puissans, qui protege les foibles, qui rend à un chacun ce qui lui appartient, & qui fait qu'un chacun jouit du fruit de ses travaux & de son industrie : c'est pourquoi un des devoirs des plus essentiels de ceux qui ont le gouvernement souverain, est celui de l'administration de la justice, soit qu'ils la rendent par eux-mêmes, ou qu'ils la fassent rendre par ceux à qui ils ont donné ce droit.

2. Sous la premiere race de nos Rois, comme tous les Français faisoient profession de porter les armes, & qu'on ne connoissoit pas les gens de robe, la justice se rendoit par les gens d'épée, & les principaux magistrats avoient tout ensemble la charge des armes & de la justice.

3. C'étoient les comtes qui rendoient la justice aux sujets du roi, dans les provinces & dans le ressort de leurs comtés. Chaque comte étoit le juge de tout le pays, *totius pagi* : ils étoient juges & gouverneurs, parce que, comme j'ai dit, la justice n'étoit pas en ces temps-là séparée du gouvernement.

4. Ils avoient sous eux des lieutenans, qui étoient appellés, tantôt vicomtes, *quasi*

Comitum vicem gerentes ; tantôt prévôts, *quasi Præpositi juri dicendo*, tantôt viguiers, *quasi Vicarii* ; & tantôt châtelains, *quasi castrorum Custodes*.

5. Sous le déclin de la race des Carliens & du regne de Charles le Simple, vers la fin du neuvieme siecle, dans le trouble & la confusion des affaires de l'état, les comtes rendirent leurs comtés héréditaires, possederent leurs dignités en patrimoines, & les partagerent entre leurs enfans.

6. A l'exemple des comtes, une partie de leurs lieutenans & officiers usurperent la propriété de leurs charges, & notamment la plupart des vicomtes & des châtelains de villages, qui avoient la charge tant des armes que de la justice ; & par ce moyen, les offices personnels furent changés & convertis en justices & seigneuries héréditaires, à la charge de la foi & hommage envers les ducs ou les comtes, qui de leur part relevoient pour leurs duchés & comtés du roi. De-là tant de seigneuries, & de justices grandes & petites.

7. Mais en convertissant de la sorte leurs offices en seigneuries, il ont tellement perdu la qualité d'officiers, qu'ils ne sont plus aujourd'hui admis à faire eux-mêmes l'exercice de la charge, dont la nue propriété leur appartient ; tellement que chaque seigneur n'ayant droit aujourd'hui de rendre la justice

Part. I.

en personne, il est tenu de commettre un juge, & quoiqu'originairement les seigneurs eussent l'administration de la justice comme officiers, c'est à présent tout le contraire; car ils n'en ont que la propriété, & en ont laissé l'administration aux officiers qu'ils y préposent.

8. Cette propriété de la justice, qu'ont présentement les seigneurs justiciers, consiste en trois choses; la premiere, au droit qu'ils ont de commettre & pourvoir des officiers pour l'exercice & administration de leur justice, & en ce que les sentences s'expédient en leur nom; la seconde, en ce qu'ils jouissent de tous les droits honorifiques dépendans de leurs seigneuries; & la troisieme, en ce qu'ils ont tous les profits & émolumens qui procédent de leur justice, comme les amendes, confiscations, déshérences, biens vacans, revenus des greffes, corvées, &c.

Les seigneurs justiciers ont droit de créer des officiers pour exercer la justice dans leur territoire, comme prévôt ou baillif, ou autre, avec procureur fiscal & sergens; car le droit de justice emporte de plein droit la faculté de créer des officiers nécessaires pour l'exercer.

9. Comme ils ont le droit de créer des officiers, ils ont le pouvoir de les destituer, à leur volonté, quand ils sont pourvus gratuitement, mais non s'ils sont pourvus à titre onéreux, comme pour récompense de services ou pour finances. C'est la disposition de l'ordonnance de Roussillon, art. 27, & ainsi a été jugé par arrêt rapporté par Dufresne, liv. 1, chap. 56. Mais le seigneur doit en ce cas, dit Bacquet, mettre la cause de la destitution; & il faut que la cause soit honnête, à savoir qu'il se contente du service qu'il lui a ci-devant fait: car s'il y avoit cause infamante, il lui faudroit faire faire son procès; parce qu'autrement le seigneur ôteroit à son officier plus qu'il ne lui auroit donné, en lui ôtant l'honneur & la réputation. Bacquet, *des droits de justice*, chap. 17, n. 17.

10. Notre Coutume, dans ce titre qui est composé de dix articles, parle de ces différentes seigneuries & justices, des juges, & jurisdictions. Elle commence par distinguer dans l'article 1 la jurisdiction, le ressort d'icelle, & le fief; descend ensuite aux trois degrés de justice, haute, moyenne & basse, & propose dans les articles 2, 3 & 4, de quoi chaque justicier connoît, & ce qu'ils peuvent & doivent retenir, ou renvoyer; traite de la compétence & incompétence des juges, & de la maniere de les recuser, aux articles 7 & 8; parle du temps & du lieu de rendre la justice, & établit la subordination des seigneurs & juges inférieurs à l'égard des supérieurs, en l'article 6; donne pouvoir aux seigneurs justiciers de permettre, ou désavouer les assemblées populaires, aux articles 9 & 10; & leur défend de contraindre leurs sujets à la garde de leurs prisons, en l'article 4.

11. Il n'y a point de titre sur cette matiere dans l'ancienne Coutume.

ARTICLE PREMIER.

Jurisdiction, Ressort & Fief n'ont rien de commun. JURISDICTION, Ressort d'icelle, & Fief, n'ont rien commun; & peut être Jurisdiction & Ressort à un, & le Fief à un autre.

1. Quoique toutes les justices soient tenues du roi en fiefs, ou arriere-fiefs, de maniere qu'il n'y a pas en France de justices allodiales, il ne faut pourtant pas confondre le fief avec la justice; car le fief & la justice, pris chacun dans leur signification propre, sont choses différentes, comme ayant différentes causes & différens effets: ce qui a donné lieu à la maxime, *fief & justice n'ont rien de commun*.

2. Les fiefs sont dans leur origine, des concessions que les rois ont faites des terres de leur domaine à leurs sujets, à la charge de la foi & hommage; & les justices ont été accordées ou délaissées à des particuliers, pour rendre la justice dans l'étendue d'un certain territoire.

3. Les droits des seigneurs de fiefs, & ceux des seigneurs justiciers, sont très-différens: les droits des premiers consistent dans des prestations de foi & hommage, si ce sont fiefs dominans, & dans des redevances de cens & autres profits; & ceux des seigneurs justiciers, à créer (comme il a été dit) des officiers, pour exercer leur justice, & en la jouissance des droits honorifiques & profits qui procédent de leur justice.

4. Les seigneurs justiciers ont droit de se dire & qualifier seigneurs des lieux auxquels ils ont leur justice; & les habitans de ces lieux doivent être considérés comme leurs sujets, puisqu'ils sont tenus d'obéir à leurs mandemens, c'est-à-dire à ceux de leurs juges, qui s'exécutent sous le nom & autorité du seigneur, à qui appartient la propriété du commandement.

5. Mais les simples seigneurs, ou féodaux ou censiers, ne sont pas de véritables seigneurs; & c'est improprement qu'ils appellent sujets leurs censitaires & vassaux; parce que la sujétion simplement énoncée se réfere aux personnes, comme est celle de la justice: au lieu que la redevance de cens étant tout-à-fait réelle, & celle de fief mixte, il est vrai de dire

que ni l'une ni l'autre n'emporte sujétion de la personne ; car, quant au cens, il ne gît qu'en profit, & le fief en profit & honneur, non en sujétion.

6. Il est si vrai que le fief & la justice n'ont rien de commun, qu'un seigneur féodal n'est pas pour cela fondé d'avoir justice ; & que, *vice versâ*, le seigneur justicier n'est point fondé, à cause de sa justice, de se dire seigneur féodal des choses situées en icelle, & qu'on peut avoir la justice d'un lieu sans en avoir le fief. C'est ce que veut dire notre coutume, par ces termes : *Et peut être Jurisdiction & Ressort à un, & Fief à un autre*. Et c'est aussi ce que disent les Coutumes d'Auvergne, ch. 2, art. 4 & 5 : de la Marche, art. 5 : de Berry, tit. 5, art. 57 : les Coutumes locales de Tours, Buzançay, S. Genoux, l'Isle Savary, & autres.

7. Il y a plus ; c'est que, quoique la justice d'un lieu & le principal fief d'icelui soient unis ensemble, on peut toutefois les séparer, & le propriétaire peut vendre l'un sans l'autre, ou des cohéritiers les peuvent séparer entr'eux. Et encore plus ; c'est que, qui vend le fief sans parler de la justice, n'est pas censé avoir vendu la justice : ce qui a été jugé par plusieurs arrêts, & passe pour maxime ; & même il y en a un édit de Philippe le Bel qui ordonne que sous prétexte de quelque concession de fief, quelle qu'elle soit, même faite à l'église, on ne pourroit s'attribuer droit de justice, si par exprès la justice n'étoit concédée.

8. Dans le cas où on sépare la justice d'un château, ou d'un fief, ce qui étoit seigneurie n'est plus que fief, & celui à qui on vend la justice devient simplement seigneur justicier du territoire auquel la justice est liée ; car la justice est toujours attachée à un territoire, & ne peut être sans territoire ; tellement que si partie du territoire est attribuée à une autre justice, celle dont il est ôté, diminue d'autant.

9. Dans une terre tenue en fief & en justice, il faut donc y distinguer le domaine ou la propriété utile, le fief ou seigneurie directe, & la justice.

10. Et en fait de justice, il faut encore distinguer le territoire, la justice, la jurisdiction, & le ressort.

11 Le territoire est une étendue de pays dans les limites ou le détroit d'une justice ou seigneurie.

12. Par la justice on entend ordinairement la propriété de la justice, qui appartient au roi ou aux seigneurs, & à cause de laquelle ils sont appellés bas, moyens ou hauts justiciers.

Par la jurisdiction on entend l'administration & l'exercice de la justice, qui se fait par les officiers du roi ou des seigneurs : & la jurisdiction est définie, la puissance publique de juger les différends mus entre les particuliers, dans un certain territoire, ou détroit de pays.

13. Le ressort est un droit de supériorité. *Ressortus est præeminentia jurisdictionis, seu jus primarium appellationum*, dit Guy Pape, & après lui Papon, sur le présent article.

14. Le ressort peut être pris, ou pour le lieu dont un ou plusieurs territoires dépendent, ou pour le lieu où les appellations des juges inférieurs sont portées, & ressortissent.

15. Tel qui a la justice & la jurisdiction, n'a pas droit de ressort. Les seigneurs hauts justiciers n'ont point droit de ressort ; car à l'égard des causes d'appel, dit Loyseau, les hauts justiciers n'en doivent aucunement connoître ;ne pouvant, quelque justice que ce soit, fût-ce une basse justice, ressortir ailleurs, qu'à un vrai bailliage, & non à une simple justice ordinaire. Loyseau, *des seigneuries*, chap. 8, n. 75.

16. La justice peut relever d'un seigneur, & ressortir ailleurs, comme l'a remarqué Dumoulin dans son apostille sur le présent article : *Imò*, dit-il, *etiam jurisdictio quandoque movetur in Feudum ab uno, & tamen superior cognitio, seu jus appellationum (quod ressortum vocant) spectat ad alium ; latè scripsi in Consf. Parisf. §. 1, gl. 5, num. 45, cum seq.* C. M.

17. Cette remarque de Dumoulin se vérifie par deux exemples qui sont de notoriété dans la province.

Le premier se tire de la terre & seigneurie de Châteaumorand, qui a sa justice particuliere, qui est un fief mouvant du duché de Bourbonnois, & ressortit par appel au bailliage de Monbrison en forêts.

L'autre, de la terre & seigneurie du Reray, qui est de la justice de la châtellenie de Bourbon, du ressort de la sénéchaussée de Bourbonnois, & releve en fief de la baronie de la Ferté-Chauderon, qui est dans la province de Nivernois.

ARTICLE II.

CELUI qui a haute Justice, a connoissance des cas à mort, incision de membres, & autres peines corporelles, comme de fustiger, piloriser, écheler, marquer, bannir hors de sa Terre & Jurisdiction, & autres semblables. *De quoi connoît le haut Justicier.*

1. IL y a trois especes de justices seigneuriales : la haute, la moyenne, & la basse. Cette division est marquée par le présent article & par les deux suivans, & par l'article 1 de la Coutume de Valois.

2. Il y a des seigneurs qui n'ont que la basse

justice : mais quiconque a la moyenne, a aussi la basse ; & quand on a la haute, on a toutes les trois : c'est ce qui est porté dans l'article 16 de la Coutume de Nivernois, ch. 1.

3. Qui a les trois justices ensemble, ne les peut démembrer, & les donner à ses vassaux, ou les transférer ailleurs, par la raison qu'il n'appartient qu'au roi à donner des justices, ou à en établir aux lieux où il n'y en avoit pas auparavant ; & quand il les a données ou délaissées aux ducs, aux comtes, & aux autres seigneurs, ce n'a été que pour les faire exercer en l'état qu'il les leur avoit données, & non pour les démembrer & départir à leurs vassaux : ainsi a été jugé par arrêt du 3 juillet 1625, rapporté par Dufresne, liv. 1, ch. 61, contre Claude Lebret, seigneur de Soisy, à qui M. de Montmorenci avoit donné la moyenne & basse justice dans l'étendue de son fief.

4. Bien plus, le seigneur justicier ne peut pas établir des officiers nouveaux ; un lieutenant, par exemple, en titre d'office, des assesseurs ou conseillers, ainsi qu'il a été jugé par les arrêts, & en ce siege le dernier février 1646, selon M. François Decullant. Le fait est rapporté à la fin de cet Ouvrage, sur le présent article ; & tel est le sentiment de Loyseau, *traité des seigneuries*, ch. 10, n. 70.

5. Notre Coutume a réglé les différens pouvoirs de ces justices subalternes ; mais comme aucun seigneur justicier, selon qu'il a été dit, n'a droit de rendre la justice en personne, il est à observer que, quand la Coutume parle du seigneur justicier par rapport à l'exercice de la justice, elle entend parler du juge qui est préposé pour la rendre.

6. Le seigneur haut justicier connoît de tous les crimes & délits communs, pour lesquels il y a peine de mort, incision, ou mutilation de membres, & autres peines corporelles, comme fustiger, pilorifer, écheler, marquer & bannir. Telle est la disposition de notre Coutume au présent article, & celle de Nivernois, ch. 1, art. 15 : de Sens, tit. 1, art. 1 : d'Auxerre, tit. 1, art. 1 : de Melun, ch. 1, art. 1 : de Senlis, art. 98, 106, & autres.

7. Pilorifer, c'est mettre au poteau & carcan ; écheler, est aussi une peine du même genre, qui tend à exposer l'infamie, & la personne du condamné, à la vue de tout le monde. C'est ce qu'on appelle *mitrer*, qui est lorsqu'on fait passer le col & les bras du criminel par les trous d'un ais, pour l'exposer à la risée du peuple, comme l'on voit à l'échelle du temple à Paris. *Hæc duo*, dit Papon, *licèt varié infligantur, tamen eòdem tendunt, scilicet ad infamiam reis sorditatis irrogandam, publico spectaculo, & traductione ignominiosâ.* Papon, *hic*.

8. Marquer, ou flétrir, c'est quand l'exécuteur de la haute justice imprime sur la peau du criminel, la marque de la fleur-de-lys, ou quelqu'autre marque, en signe de ce qu'il a été atteint & convaincu du crime.

9. Le mot de *bannissement* est retenu d'une ancienne coutume qu'on avoit en France, qui étoit de publier le banni au lieu de sa condamnation ; & *bannir*, dit M. Bornier, sur l'ordonnance de 1670, tit. 25, art. 13, *signifie proprement* publier, dénoncer & proclamer à temps.

10. Le juge royal peut bannir hors le royaume, & le juge du seigneur ne le peut que hors de sa jurisdiction. Mornac, *ad l. ult. de Jurisdict.* Brodeau sur Loüet, lett. S.somm.15.* C'est l'observation de M. Bornier sur l'ordonnance de 1670, tit. 25, art. 13, sur le mot *bannissement perpétuel* ; mais il y a des auteurs qui estiment que nul juge, même royal, ne peut bannir plus avant que de son territoire ; que le juge royal ne le peut que de son bailliage ; tel est le sentiment de Coquille sur la Coutume de Nivernois, tit. 1, art. 15.

11. Dans le temps de la rédaction de la Coutume, dans les cahiers qui furent présentés à MM. Les commissaires, on avoit mis dans le présent article le mot de *bannir* tout court : mais MM. les commissaires ayant remontré que le mot *bannir* étoit trop général, & que ceux qui ont haute justice, ne pouvoient bannir que hors les limites de leur jurisdiction ; les trois états accorderent que ce mot fût limité, & qu'il fût mis, *bannir hors de sa terre & jurisdiction.* C'est ce qui paroît par le procès verbal de la Coutume.

12. Outre ces peines dont nous venons de parler, énoncées au présent article, la Coutume donne à connoître, que le seigneur haut justicier peut en imposer d'autres, & qu'il connoît par conséquent d'autres crimes ; c'est ce qui résulte de ces termes, *& autres semblables.*

13. Mais il ne peut pas connoître des cas royaux, ainsi qu'il est dit dans l'article 11 du titre 1 de l'ordonnance de 1670. Les cas royaux sont ceux qui sont articulés audit article 11 ; sur quoi il est à observer, qu'encore que le seigneur haut justicier ne connoisse pas des cas royaux, la confiscation n'appartient pas pour cela au roi, mais bien au seigneur haut justicier, parce que la confiscation ne suit pas la justice, mais le territoire.

14. Le seigneur haut justicier ne connoît pas non plus des crimes commis par les ecclésiastiques, nobles, & officiers royaux ; un inférieur n'ayant aucun droit d'animadversion sur ceux qui sont au-dessus de lui, par le caractere dont l'église, ou le souverain les a distingués.

15. Le seigneur haut justicier ne connoît que des crimes commis dans l'étendue de sa justice ; parce que c'est une regle confirmée par le titre premier de l'ordonnance de 1670, que la connoissance des crimes appartient aux juges des lieux, où ils ont été commis.

16. La Coutume ne parle dans cet article, que des crimes, dont le seigneur haut justicier connoît, & ne dit rien des matieres civiles : toutefois les seigneurs hauts justiciers ou plutôt ceux qui ont l'exercice de la haute justice, jugent communément toutes les matieres civiles, personnelles, réelles & mixtes, entre

leurs

Tit. I. DE JURISDICTION ET JUSTICE. Art. II.

leurs justiciables, à la réserve de certaines dont la connoissance appartient au juge royal, privativement à eux. C'est la disposition précise de quelques Coutumes, comme celles de Valois, art. 2; du grand Perche, art. 9.

17. Les Juges des seigneurs hauts justiciers jugent les causes des nobles, qui sont leurs justiciables, comme celles des roturiers; c'est la disposition de la déclaration du roi du 24 février 1537, régistrée au parlement & rendue en interprétation de l'édit de Crémieux. * Et telle est la jurisprudence des arrêts; ainsi a été jugé conformément à cette déclaration, par arrêt du 7 mars 1563, rapporté par M. Pierre Neron, en son recueil d'édits & ordonnances; par autre arrêt de 1701, en faveur du sieur de Ligneville & Dautricour, & par autre du 28 avril 1713, rendu contre les officiers de la sénéchauffée de Poitiers, en faveur du sieur de la Goupilliere, qui avoit demandé son renvoi pardevant le juge de la baronie des Essards; l'arrêt renvoya les parties en la justice des Essards, sur la révendication qui en fut faite par madame royale de Savoie, baronne des Essards. On pratique toutefois autrement en cette province, & les causes des nobles y sont portées indistinctement pardevant le sénéchal, & non pardevant les seigneurs hauts justiciers. Il n'en est pas de même des complaintes & adjudications par décret.

18. Ils font des adjudications par décret, connoissent des complaintes & des réintégrandes en matieres profanes, & jamais en matiere bénéficiale, encore que le bénéfice fût dans le détroit de la haute justice, & que le haut justicier en fût collateur. C'est la disposition de l'article 4 du titre 15 de l'ordonnance de 1667.

* Par l'ancienne pratique de la cour de parlement, la connoissance de toute complainte, même prophane, en cas de saisine & de nouvelleté, appartenoit, selon que l'a observé M. Brodeau, au parlement, en premiere instance, & non aux juges des lieux; ce qui fut depuis laissé aux baillifs & sénéchaux, & qui a été renouvellé par l'article 19 de l'édit de Crémieux, qui donne la connoissance des complaintes aux baillifs & sénéchaux, par prévention sur les prévôts & châtelains royaux; mais par la déclaration d'Henri II, du mois de juin 1559, art. 2, interprétative de l'article 19 de l'édit de Crémieux, le droit de connoître des complaintes, en matiere prophane, a été attribué aux juges subalternes, *inter subditos*, sinon en cas de prévention du juge royal; à présent, dit le même auteur, la jurisprudence du palais, est que les juges subalternes sont compétens pour connoître des complaintes entre leurs justiciables, en matiere prophane. Mais quant aux complaintes en matieres bénéficiales, on a toujours tenu que la connoissance en appartient aux juges royaux, privativement aux subalternes, même entre leurs justiciables, sans qu'il y ait lieu de prévention pour ce regard; parce que c'est au roi, & à ses officiers de maintenir ses sujets en la possession des bénéfices de son royaume. Brodeau, sur Louet, lettre B, som. 11, édit. de 1678.

19. Les juges des seigneurs hauts justiciers connoissent de ce qui concerne les domaines, droits & revenus ordinaires & casuels de la seigneurie, même des baux, sous-baux, & de toutes les circonstances & dépendances, conformément à l'article 11 du titre 24 de l'ordonnance de 1667, soit que l'affaire soit poursuivie sous le nom du seigneur, ou du procureur fiscal.

20. Mais ils ne peuvent connoître des autres actions où le seigneur a intérêt, comme pour promesses, ou obligations, causées pour une matiere qui ne concerne pas les droits & dépendances de la seigneurie : car il est très-dangereux pour ceux qui ont procès avec les seigneurs, de plaider devant leurs juges, parce que c'est plaider devant les seigneurs mêmes, à cause du pouvoir & de l'autorité qu'ils ont sur leurs juges.

21. Si la qualité du vassal est controversée, ou que le fond du devoir soit contesté, en ce cas le seigneur n'a pas droit de plaider en sa justice : cela est expressément décidé par M. Dargentré sur la Coutume de Bretagne, art. 30, num. 5, & art. 45, num. 9; par Berault sur la Coutume de Normandie, art. 53; & par Coquille en son institution du droit français, titre du droit de royauté, où il dit que le sujet peut décliner la jurisdiction de son seigneur, lorsque la propriété de la chose est contentieuse entre le seigneur & son sujet. Bornier, *sur l'ordonnance de 1667*, tit. 24, art. 11.

22. Il n'appartient pas aux juges des seigneurs, de juger des causes où le roi est intéressé, ni celles qui regardent les officiers royaux, les églises cathédrales, & les autres églises qui sont de fondation royale, ou qui ont des priviléges portant attribution à d'autres jurisdictions qu'en la justice ordinaire.

23. Tout ce qui regarde les dîmes inféodées & insolites, est de la compétence des juges laïcs royaux; les hauts justiciers n'en peuvent pas connoître. Il y en a toutefois qui exceptent les dîmes inféodées, tenues en fief du seigneur haut justicier; & encore conviennent-ils que la prévention appartient pour ce sujet aux baillifs & sénéchaux.

24. Il n'est pas permis aux juges des seigneurs justiciers, de donner des tuteurs, ni des curateurs aux nobles, de procéder à leur émancipation, ni de faire aucun acte qui concerne cette espece de tutelle & curatelle; c'est ce qui résulte de l'article 6 de l'ordonnance de Crémieux, & de l'article 18 du réglement de la cour du 10 décembre 1665. * Et quoique la Coutume, dans l'article suivant, accorde au moyen justicier le droit de donner tuteur, apposer scellé, & faire inventaire; & que selon l'usage de France, ces actes soient de moyenne justice, toutefois par le droit romain, ce droit appartenoit aux magistrats supérieurs; ce qui

ne se pratique parmi nous, qu'à l'égard de la tutelle des nobles, ainsi que l'ont remarqué Fontanon dans ses annotations sur Masuer, tit. 6, des juges & de leurs jurisdictions, n. 18, & l'auteur des nouvelles observations sur la Coutume de Senlis, art. 112. C'est ce qui s'observe dans cette province ; & s'il y a arrêt contraire, c'est pour les lieux où l'on est dans un usage opposé. Aussi dans la contestation pendante dans la grande chambre du parlement de Paris, entre les officiers de cette sénéchaussée, & ceux de la justice d'Huriel, touchant la jurisdiction, au sujet de l'apposition de scellé, & tutelle des enfans mineurs de défunt sieur Legroin de Monroi, demeurant dans l'étendue de la justice d'Huriel, sur ce qu'il fut allégué par les officiers de cette sénéchaussée, qu'ils étoient en possession d'apposer le scellé chez les nobles, & de faire la tutelle de leurs enfans mineurs, dans toute l'étendue du ressort de la sénéchaussée, est intervenu arrêt, au rapport de M. Pinon, le 17 janvier 1735, par lequel la cour ordonne commission être délivrée à la suppliante (mere des enfans mineurs) pour faire assigner en la cour les officiers de la sénéchaussée de Moulins, & ceux de la justice d'Huriel, pour être réglé entr'eux au sujet de la jurisdiction, & cependant, sans préjudice de ladite jurisdiction desdits officiers, renvoit les demandes que la suppliante a formées, pour la liquidation de ses droits, & le bail des biens des mineurs de la suppliante, pardevant le lieutenant général, & officiers de ladite sénéchaussée de Moulins, pour y être statué, ainsi qu'il appartiendra.

** Par arrêt du 6 août 1716, rendu au rapport de M. Mainguy, contre les officiers du bailliage & siége présidial de Soissons, au profit des officiers de la justice de Sallongne, ces derniers ont été maintenus dans le droit de justice, haute, moyenne & basse, sur tous les sujets de ladite terre & justice, & dans le droit d'apposition & levée des scellés, & confection d'inventaires : défenses y sont faites aux officiers du bailliage de Soissons, de les y troubler, & cet arrêt condamne les officiers du bailliage de Soissons, à rendre aux officiers de Sallongne, les droits & émolumens qu'ils ont perçus du sieur Leroy, pour la levée des scellés & inventaires faits après le décès de Magdelaine Delfaut son épouse. J'ai vu l'arrêt.

25. Le juge du seigneur haut justicier peut connoître des contrats & obligations passés sous le scel royal ; parce qu'en France le scel royal n'est point attributif de jurisdiction, à l'exception du scel de Paris, d'Orléans & de Montpellier.

26. Bien plus, quand même par le contrat ou obligation, le sujet du haut justicier se seroit soumis à la jurisdiction du juge royal, telle soumission ne peut préjudicier à la jurisdiction des seigneurs, qui est patrimoniale : mais comme telle soumission à une jurisdiction est volontaire & permise de droit, & qu'en cela il y va plutôt de l'intérêt public, que du particulier, il est nécessaire que le procureur fiscal du seigneur requiere que les parties soient renvoyées pardevant leurs juges ordinaires ; car sans cette réquisition, les parties ne sont recevables à demander leur renvoi, après s'être volontairement soumises à la jurisdiction d'un autre juge.

27. Cette révendication du procureur fiscal du seigneur est tellement nécessaire pour le renvoi de la cause, que sans cette révendication, la partie seule n'obtiendroit pas son renvoi, quoiqu'il n'y eût point eu de soumission de sa part à la jurisdiction royale ; je l'ai vu ainsi juger en cette sénéchaussée, toutes les fois que la question s'est présentée : j'ai même vu & lu plusieurs arrêts confirmatifs desdites sentences, sur les appellations qui en avoient été interjetées. La raison, c'est que tous les sujets des seigneurs hauts justiciers étant sujets du roi, le juge royal dans le ressort duquel ils demeurent, peut connoître de leurs différends, s'ils ne sont révendiqués par leurs seigneurs, qui ont seuls intérêt au renvoi, pour la conservation de leurs justices : mais aussi, quand il y a révendication de la part du seigneur, le renvoi ne lui est pas refusé ; ainsi s'observe dans cette sénéchaussée.

* Et il est à observer que cette décision regarde les justices royales & subalternes, également que les baillifs & sénéchaux, tellement que quand la justice seigneuriale est enclavée dans l'étendue de la justice royale subalterne, & que les sujets de la justice seigneuriale sont poursuivis pardevant les châtelains & prévôts royaux, ou les baillifs & sénéchaux, & ne sont requis par les seigneurs hauts justiciers, en ce cas la prévention aura lieu, & ne se pourront plaindre, ni les baillifs, ni les prévôts & châtelains, ni les seigneurs hauts justiciers, s'ils n'ont demandé le renvoi : C'est la disposition de l'arrêt de réglement du parlement de Paris du 15 novembre 1654, rapporté dans Chenu, & dans le recueil de Neron, édition de 1656, p. 9 ; & ainsi a été jugé, moi présent, en qualité de juge, en faveur du châtelain royal de Verneuil, sur un délibéré à la chambre, le 2 mars 1737.

28. Les appellations des sentences rendues par le juge de la haute justice, se relevent en matiere civile pardevant les baillifs & sénéchaux des provinces, lorsque le haut justicier releve immédiatement du roi ; mais s'il releve d'un seigneur suzerain, qui ait droit de ressort, elles se relevent pardevant le juge de ce seigneur suzerain.

29. En matiere criminelle, les appellations sont immédiatement portées au parlement, lorsqu'il y a peine afflictive.

30. Les jugemens des hauts justiciers s'exécutent nonobstant l'appel, aux termes & suivant les limitations du titre 17 de l'ordonnance de 1667, & suivant les édits & déclarations du roi.

ARTICLE III.

AU MOYEN JUSTICIER appartient bailler & décerner Tuteurs, Curateurs, faire main-mise, inventaires, subhastations, interpositions de Décret & émancipations.

De l'attente du moyen Justicier.

1. LE pouvoir des juges de la moyenne justice, comme celui des juges de la basse, est réglé par la Coutume, & il faut s'y arrêter. Notre Coutume, au présent article, attribue à celui qui a la moyenne justice, ce qui semble n'appartenir qu'à la haute, comme les tutelles & décrets : mais, comme l'a remarqué M. Coquille sur la Coutume de Nivernois, ch. 1, art. 14, qui contient semblable disposition que la nôtre au présent article, nous ne sommes pas pour corriger la Coutume; notre droit est tel, & il faut l'observer.

2. Le moyen justicier peut créer & bailler tuteurs & curateurs, & pour cet effet faire apposer scellé & faire inventaire des biens des mineurs, auxquels il aura fait pourvoir de tuteurs; il peut aussi faire émancipation : c'est la disposition du présent article, & celle de la Coutume de Nivernois, ch. 1, art. 14; de Sens, art. 14 & 15 ; d'Auxerre, art 16 & autres.

3. Il peut faire main-mise, c'est-à-dire, faire mettre sous la main de la justice les biens des particuliers; car, comme l'a remarqué Coquille sur l'article 14 du chapitre premier de la Coutume de Nivernois, *Main-mise* s'entend quand une chose est saisie & mise sous l'autorité de la justice, pour être gardée ou gouvernée par celui que le juge, ou autres officiers de justice y établissent gardien ou commissaire; auquel mot de *main-mise*, celui de *main-levée* est corrélatif.

4. La Coutume au présent article dit simplement, qu'au seigneur moyen justicier appartient faire main-mise : celle de Nivernois, audit article 14, ch. 1, en dit autant; celle de Sens, tit. 2, art. 14, de même : celle de Tours, tit. 2, art. 44, dit que le moyen justicier peut saisir par sa justice les biens meubles du décédé, jusqu'à ce qu'il soit apparu d'héritier.

5. Le moyen justicier peut encore faire subhastations, & interpositions de décret ; c'est la disposition du présent article, & de la Coutume de Nivernois, ch. 1, art. 14 ; de celle de Sens, tit. 2, art. 15 ; d'Auxerre, art. 16, & de plusieurs autres.

Subhastation, est la vente publique qui se fait par autorité de justice au plus offrant & dernier enchérisseur. Ce mot vient de *sub*, qui signifie *dessous*, & de *hasta*, qui est une espece de *pique*, que le crieur, (que l'on appelloit chez les Romains *Præco*) enfonçoit en terre au lieu où il faisoit la vente.

6. Le moyen justicier, suivant le droit commun de France, connoît en premiere instance, de toutes actions civiles, réelles, personnelles & mixtes, & des délits esquels l'amende n'excede, envers justice, soixante sols : c'est la disposition de l'article 39 du titre 2 de la Coutume de Tours ; c'étoit aussi celle de l'art. 12 du nombre de ceux qui, dans le temps de la rédaction de la nouvelle Coutume de Paris, furent dressés dans l'assemblée des trois états, & que quelques auteurs ont conservé, comme renfermant l'usage & commune observance gardée de tout temps en cette matiere, en la prévôté & vicomté de Paris. C'est aussi l'esprit de notre Coutume, car en attribuant en l'article suivant, cette connoissance au bas justicier, elle la donne par conséquent au moyen justicier; puisque, comme il a été dit, la moyenne justice renferme la basse.

ARTICLE IV.

LE BAS JUSTICIER peut connoître en matiere civile, indifféremment des Causes de ses Sujets ès terres de sa Jurisdiction ; mais des matieres criminelles ne peut connoître de chose dont l'amende excede soixante sols tournois : aussi y a autres bas Justiciers, qui n'ont connoissance criminelle, ni civile, que jusqu'à sept sols d'amende : Tous lesquels bas & moyens Justiciers, s'ils ont un Prisonnier, dont ils ne doivent avoir connoissance, le doivent signifier à leur Supérieur dedans vingt-quatre heures, pour le venir querir, en payant les frais raisonnables, & si le Supérieur est délayant, dedans deux jours après ladite notification faite, lesdits Seigneurs bas & moyens Justiciers ne sont plus tenus de la Garde ; & l'on pourra avoir recours au Supérieur dudit haut Justicier, audit refus.

1. LE bas justicier, selon le présent article, peut connoître en matiere civile de toutes causes indifféremment, des sujets des terres de sa jurisdiction, & par conséquent de toutes actions civiles, réelles, personnelles & mixtes, ainsi que le dit la Coutume de Sens, titre 3, article 18.

2. Quelques-uns estiment qu'il faut restrain-

dre le pouvoir que les Coutumes donnent en matieres civiles au bas justicier, jusqu'à soixante sols seulement, selon qu'il est porté dans l'article 13 du chapitre premier de la Coutume de Nivernois, & dans l'article 20 de celle de Melun; mais il semble que notre Coutume étend davantage son pouvoir, en lui donnant la connoissance des causes de ses sujets, sans restriction.

3. Et ce n'est qu'en matiere criminelle, qu'elle restreint le pouvoir du bas justicier, au cas où les amendes n'excedent 60 sols.

4. Le bas justicier peut faire prendre en sa terre tous délinquans, comme il est dit dans l'article 21 de la Coutume de Melun, dans l'article 31 de celle de Blois, & dans le dix-neuvieme article du nombre de ceux qui furent dressés dans le temps de la rédaction de la nouvelle Coutume de Paris.

5. Mais si la connoissance du prisonnier ne lui appartient pas, il doit en avertir le supérieur dans les vingt-quatre heures, selon le présent article. Dumoulin avoit lu *quatorze heures*, au lieu de *vingt-quatre heures*; & c'est avec ce tempérament, qu'il faut entendre sa note sur cet article.

6. C'est ainsi que l'a réglé notre Coutume; mais l'ordonnance de 1670 y ayant pourvu, on suit l'ordonnance préférablement à la Coutume, comme y ayant dérogé. Cette ordonnance, tit. 1, art. 4, fixe le temps auquel les premiers juges sont tenus de renvoyer les procès & les accusés qui ne sont pas de leur compétence, pardevant les juges qui en doivent connoître, à trois jours après qu'ils en auront été requis, & ce à peine de nullité de procédures faites depuis la réquisition, d'interdiction de leurs charges, & des dommages intérêts des parties qui en auront demandé le renvoi.

7. Le seigneur justicier supérieur doit envoyer quérir le prisonnier, en payant les frais raisonnables, dit la Coutume en notre article: celle de la Marche art. 337, & de Nivernois, ch. 1, art. 17, en disent de même, & n'expliquent pas quels sont ces frais. Mais l'ordonnance de 1670, tit. 1, art. 6, en parlant des frais qui sont à la charge du seigneur de la jurisdiction, qui doit connoître du crime de l'accusé, dit que ce sont les frais de la translation du prisonnier, & du port des informations & procédures.

8. Le seigneur de la jurisdiction, qui doit connoître du crime, n'est tenu des frais de la translation du prisonnier, que dans le cas où il n'y a pas de partie civile; car s'il y a une partie civile, le prisonnier est transféré à ses frais: c'est la disposition de la même ordonnance, tit. 1, art. 1 & 6.

ARTICLE V.

Le Seigneur qui a haute Justice, ne peut contraindre ses hommes & sujets à garder les Prisonniers en ses prisons.

1. Les seigneurs justiciers, pour l'exécution de la justice, doivent avoir prisons bonnes, sûres & raisonnables, de hauteur & largeur compétentes, & non infectées. L'ordonnance d'Orléans de 1560, art. 55, enjoint à tous hauts justiciers d'avoir prisons sûres, lesquelles ne doivent être faites plus basses que le rez-de-chaussée, c'est-à-dire le sol de l'étage; & l'ordonnance de 1670, tit. 13, art. 1, veut que les prisons soient non-seulement sûres, mais disposées ensorte que la santé des prisonniers n'en puisse être incommodée.

2. Si les prisonniers venoient à s'évader par le défaut de la prison, pour n'être pas assez forte, ni bien réparée, les seigneurs justiciers en seroient responsables, soit en matiere civile ou criminelle, comme il a été jugé par arrêt rapporté par Papon en ses arrêts, liv. 24, tit. 4, arrêt dernier.

3. Le seigneur justicier, suivant le présent article & l'article 15 de la Coutume de Poitou, ne peut contraindre ses hommes & ses sujets à garder les prisonniers en ses prisons; ce qui doit s'entendre, suivant la note de Dumoulin, par forme de *Corvées*, ou de servitude: *Scilicèt*, dit-il, *angariando per modum servitutis*. Dumoulin, *hic*.

4. Mais doit le seigneur justicier avoir & entretenir un géolier pour la garde de ses prisons, ainsi qu'il lui est enjoint par l'arrêt des grands jours de Moulins, du 16 octobre 1550; & pour ce qui regarde le devoir & les fonctions des géoliers, ce qu'ils sont tenus d'exécuter, & les peines contr'eux portées, faute d'exécuter ce qui leur est enjoint, voyez le titre 13 de l'ordonnance de 1670.

TIT. I. DE JURISDICTION ET JUSTICE. ART. VI.

ARTICLE VI.

LES SEIGNEURS Justiciers, leurs Châtelains, Lieutenans, ni autres Officiers, ne peuvent tenir leurs jours ou assises pendant l'Audience que le Senéchal de Bourbonnois, ou son Lieutenant, tient en leurs Justices & Châtellenies ; & aussi pendant les assises des Vassaux Seigneurs Justiciers, les inférieurs Seigneurs Justiciers, leurs Châtelains, ou Lieutenans ressortissans esdites assises desdits Vassaux, ne peuvent tenir leurs jours & assises.

1. Le mot d'*Assises*, dont il est parlé dans le présent article, est connu dans les capitulaires, sous le nom de *mallum*, & celui de *pleds* ou *plaids* sous celui de *placitum*. *Mallum autem à placito distinguitur, ut illud sit publicus majorum causarum conventus, placitum sit minorum*. Ainsi les assises sont grands plaids, ou assemblées solemnelles, où se vuidoient les grandes causes ; & les plaids, les audiences où se décidoient les causes ordinaires, & de moindre importance.

2. Les comtes qui anciennement, comme il a été dit ci-dessus, rendoient la justice aux peuples, se réservoient la connoissance des grandes causes, & laissoient le jugement des petites & médiocres, aux vicomtes, prévôts, viguiers & châtelains, d'où il suit 1°. qu'ils avoient deux séances dans leurs justices ; savoir l'ordinaire, que tenoient leurs juges, & celle des assises, qu'ils tenoient du commencement eux-mêmes, & à laquelle étoient réservées les causes d'importance : 2°. Que les prévôts, châtelains & autres lieutenans n'avoient dans leur premiere origine, en fait de justice, que la moyenne justice, & non la haute.

3. Dans la suite, les comtes s'étant rendus seigneurs héréditaires, & fait leurs justices patrimoniales, ne voulurent plus s'assujettir à tenir leurs assises en personne, & mirent en leur place des officiers qu'ils appellerent baillifs ; lesquels baillifs trouverent moyen dans la suite d'en faire une justice ordinaire & continuelle, ayant fait venir en icelle les appellations des vicomtes, prévôts, viguiers & châtelains, comme il paroit par ce qui est dit dans l'article dernier du style de cette sénéchauffée, tit. 5.

4. Les vicomtes & châtelains s'étant rendus de leur côté, aussi-bien que les comtes, seigneurs héréditaires, voulurent avoir, à l'exemple des comtes, deux degrés de jurisdictions. Ils mirent en premier lieu des prévôts pour exercer leur ancienne justice, qu'ils avoient usurpée ; & comme ils avoient l'œil sur eux, & qu'ils y venoient présider eux-mêmes quelquefois, ils s'arrogerent le droit de tenir assises comme les comtes, & occuperent de cette façon le nom & la place des hautes justices ; au lieu que, dans leur origine, ils n'étoient que des lieutenans des comtes, & moyens justiciers.

5. Ces baillifs & hauts justiciers alloient donc tenir quelquefois l'année leurs assises, dans l'étendue de leurs bailliages, ou justices, ainsi qu'il paroît par ce qui est dit dans nos Coutumes. Nul seigneur, dit la Coutume de Clermont en Beauvoisis, art. 199, n'a assise ni ressort, sinon le comte, qui la fait tenir par son baillif d'un an à l'autre. Tout seigneur, dit la Coutume d'Angoumois, article 7, qui a châtellenie, doit tenir sa grande assise quatre fois l'an ; autrement ses obéissances lui peuvent être déniées. La Coutume de Poitou porte également, art. 19, que tout seigneur qui a droit de châtellenie, peut & doit faire tenir sa grande assise quatre fois l'an, & non plus. La Coutume de Tours, art. 1 ; de Lodunois, ch. 1, art. 1, & plusieurs autres en disent autant. Le style de cette sénéchaussée de Bourbonnois, tit. 5, au dernier article, porte que le sénéchal du Bourbonnois alloit tenir ses assises sur les lieux & châtellenies du pays, deux fois l'an seulement.

6. Aux grandes assises, ainsi qu'il est dit en la Coutume de Clermont en Beauvoisis, art. 208, 209 & 210, on réformoit les juges vassaux, les juges officiers & sujets, de tous abus commis pour le fait de leurs justices, ou autrement ; tous styles, usages & abus étoient corrigés, tant sur la justice, que sur les métiers & marchandises regardant le bien public.

7. Pendant que les assises se tenoient, la justice ordinaire du lieu cessoit, & les causes d'icelle, qui se trouvoient pour lors en état d'être jugées, pouvoient l'être par le baillif, ou celui qui tenoit les assises : c'est ce qui se pratiquoit autrefois, & qui s'observoit dans le temps de la rédaction de la Coutume, comme il paroît par ce qui est dit dans le présent article ; mais cela ne s'observe plus. Le juge supérieur, dans cette province, ne va plus tenir assises dans les sieges inférieurs ; quoiqu'en quelques provinces, les baillifs & sénéchaux tiennent encore leurs assises, & que l'arrêt du parlement, portant réglement entre les officiers de cette sénéchaussée, présidial, & châtellenie de Moulins, ait maintenu & conservé les officiers de la sénéchaussée dans le droit de tenir les assises dans les justices inférieures. « Pourront (dit cet arrêt) les officiers de la sénéchauffée de Moulins tenir leurs assises générales, une fois tous les ans, & à cette fin se transporter sur les lieux des châtellenies

Part. I.

» dépandantes de la fénéchauffée; & après que les affifes auront été tenues aux châtellenies qui font hors de la ville de Moulins, pourront être tenues dans ladite ville de Moulins pour la châtellenie de Moulins, pendant trois jours: auxquelles affifes feront tenus les officiers defd. châtellenies, de fe trouver, & comparoir : & pendant le temps defdites affifes, pourront les officiers de ladite fénéchauffée vifiter & juger en premiere inftance les procès pendans en chacune des châtellenies, qui fe trouveront en état d'être jugés. » Cet arrêt de réglement eft du 30 juillet 1678.

ARTICLE VII.

Des caufes de récufation. SI contre Juge ordinaire ou délégué font propofées Caufes de recufation, qui foient évidemment frivoles, ledit Juge fe peut déclarer Juge competant, & proceder; autrement doit faire élire & nommer Arbitres de droit en nombre impair, par les Parties, pour connoître lefdites caufes de recufation: aufquels ordonnera d'en connoître, & les vuider dedans le délai, qui par lui fera préfix & baillé; & au cas que lefdits Arbitres n'auront vuidé lefdites Caufes de recufation dedans ledit délai, par la faute ou négligence du recufant, audit cas ledit Juge peut connoître de ladite Caufe fans autre affignation.

1. LA récufation eft une efpece de déclinatoire pour éviter la jurifdiction du juge qui eft fufpect à une partie, & pour l'empêcher de prendre connoiffance de la caufe; car comme les juges ne doivent pas avoir de motifs, qui les faffent pancher d'un côté plus que de l'autre, que ceux qui font tirés du mérite du fond, il eft permis à une partie, qui a des caufes légitimes de fufpicion contre un juge, de le récufer: & même un juge, qui fait qu'il y a en fa perfonne caufe valable de récufation, eft tenu, fans attendre qu'elle foit propofée, d'en faire la déclaration; parce qu'encore qu'un juge puiffe être au-deffus de la foibleffe de fe laiffer corrompre, & affez ferme pour rendre la juftice dans les cas où l'on peut récufer les juges, il doit néanmoins fe défier de lui-même, & ne pas s'attirer le reproche d'une témérité qui pourroit être regardée comme malverfation.

2. Notre Coutume, dans le préfent article & le fuivant, celle d'Auvergne, tit. 5, art. 1 & 2; & de la Marche, art. 56, parlent des caufes de récufations; mais leur difpofition eft hors d'ufage. L'ordonnance de 1667, au titre 24, beaucoup plus étendue que ces Coutumes, a réglé la maniere de propofer & juger les récufations, & elle eft entiérement obfervée.

3. Suivant cette ordonnance, en matiere civile on peut récufer un juge qui eft parent ou allié de l'une des parties, jufqu'au quatrieme degré inclufivement, en fuivant la maniere de compter les degrés felon le droit canonique; ce qui a lieu même, en cas que le juge fût parent ou allié des deux parties : mais en matiere civile, le parent ou allié peut demeurer juge, fi les parties y confentent par écrit.

4. Autre chofe eft en matiere criminelle, dans laquelle matiere le juge ne peut connoître d'une affaire, même du confentement des parties & des gens du roi, ou procureurs fifcaux des feigneurs, s'il eft parent ou allié de l'accufateur, ou de l'accufé, jufqu'au cinquieme degré inclufivement, & même dans des degrés plus éloignés, s'il porte le nom & les armes de l'accufé.

5. Ce qui eft dit des parens ou alliés du juge, tant en matiere civile, que criminelle, doit s'appliquer aux parens & alliés de la femme, fi elle eft vivante, ou fi elle en a des enfans; & en cas que la femme foit décédée, & qu'il n'y ait point d'enfans de leur mariage, le beau-pere, le gendre, ni les beaux-freres, ne peuvent être juges. C'eft la difpofition des articles 1, 2, 3 & 4 de l'ordonnance de 1667, tit. 24.

6. Les autres motifs de récufation propofés par l'ordonnance, font contenus dans les articles 5, 6, 7, 8, 9 & 10 du même titre.

7. L'ordonnance en propofant ces motifs de récufation, n'a point exclu les autres caufes de récufation exprimées dans le droit, ou établies par la jurifprudence des arrêts; l'article 12 dudit titre 24 le dit expreffément : ainfi comme les matieres de récufation font arbitraires, toutes les caufes qui peuvent y donner lieu, n'ayant pu être marquées par nos légiflateurs, il eft de l'office du juge d'en décider, quand il s'en préfente quelques-unes qui n'ont pas été prévues.

8. C'eft un moyen par exemple de récufation, fi la partie eft locataire du juge; ainfi qu'il a été, dit M. Bornier, jugé par arrêt du 15 février 1564, cité par Bergeron fur Papon, liv. 7, tit. 9, arrêt 19. Bornier, fur l'article 12 du tit 24 de l'ordonnance de 1667.

9. C'en eft un autre par conféquent fi la partie eft fon métayer; mais fi le juge eft cenfitaire de l'une des parties, il n'eft pas pour cela récufable. *Arrêt rapporté au journal du palais, part. 3 de l'édition in-4°. p. 216.* Bornier, *ibid.*

10. Il en eft autrement quand un juge a un procès contre l'une des parties; il peut être en ce cas récufé : mais il ne faut pas que ce procès

ait été recherché dans la vue d'avoir un moyen de récufation ; c'eſt pourquoi il eſt défendu aux parties de prendre des tranſports ſur leurs juges, depuis le jour que leur cauſe, inſtance ou procès auront été portés devant eux, juſqu'au jugement définitif. C'eſt la diſpoſition de la déclaration du 27 mai 1705, qui déclare toutes les ceſſions qui feront faites en ce cas pendant ledit temps, nulles & de nul effet, ſans que les juges puiſſent y avoir aucun égard, ſoit en ſtatuant ſur des récuſations fondées ſur de pareils tranſports, ou autrement. Cette déclaration eſt rapportée par M. Bornier, ſur l'article 12 du titre 24 de l'ordonnance de 1667.

11. Il eſt dit dans le préſent article, que quand les cauſes de récuſation données contre un juge, font évidemment frivoles, le juge peut en ce cas ſe déclarer compétent, & procéder ; mais qu'autrement il doit faire juger les cauſes de récuſations par arbitres nommés en nombre impair. L'article 10 de l'ordonnance de 1539 porte pareillement, que quand les récuſations propoſées font frivoles & non-recevables, le juge récuſé les pourra déclarer telles, & ordonner que non-obſtant icelles, il ſera paſſé outre : mais cela ne s'obſerve pas ; l'ordonnance de 1667, tit. 24, art. 24, ne donne d'autre pouvoir au juge récuſé, que de faire ſa déclaration ſur la vérité des récuſations, après quoi les autres juges procédent au jugement des cauſes de récuſation.

12. Pour récuſer un juge, il faut, ſuivant la même ordonnance, préſenter une requête dans laquelle on explique les moyens de récuſation : cette requête doit être ſignée par la partie, ou par le procureur fondé d'une procuration ſpéciale attachée à la requête, & on communique au juge la requête de récuſation, ſur laquelle il déclare ſi les faits ſont véritables, ou non ; après quoi on procéde au jugement de la récuſation, ſans que celui contre lequel on la demande, puiſſe y aſſiſter ; & dans les juriſdictions où il y a ſix juges, ou plus grand nombre, y compris celui qui eſt récuſé, les récuſations doivent être jugées au nombre de cinq au moins : & s'il y en a moins de ſix, ou même ſi le juge étoit ſeul, elles ſeront jugées au nombre de trois ; & en l'un & l'autre cas, le nombre doit être rempli, en prenant, s'il eſt beſoin, des Avocats du ſiége, ou des praticiens, ſuivant l'ordre du tableau. C'eſt la diſpoſition de l'ordonnance de 1667, tit. 24, art. 23, 24 & 25.

ARTICLE VIII.

Et où leſdites Cauſes ſeroient trouvées non légitimes ou non valables par leſdits Arbitres de droit, celui qui les a propoſées, doit être par eux condamné aux dépens, dommages & intérêts de Partie ; & ſi leſdites Cauſes font déclarées légitimes ou vraies, ledit Juge recuſé du conſentement des Parties, doit commettre le négoce à perſonne idoine pour en connoître au lieu.

1. Lorſque la récuſation n'eſt pas admiſe, ſoit parce que les moyens ne ſont pas ſuffiſans, ſoit parce que les faits ne ſont pas prouvés, en ce cas la partie qui a récuſé doit être condamnée à l'amende qui eſt réglée par l'ordonnance, art. 29, ſuivant la juriſdiction, & qui ne peut être remiſe ni modérée ; & le juge récuſé peut, outre l'amende, ſuivant l'article 30 de la même ordonnance, demander réparation : mais, quand il a formé une pareille demande, il ne peut plus être juge.

2. Quand la récuſation eſt jugée valable, le juge ne peut pas, pour quelque cauſe & ſous quelque prétexte que ce ſoit, aſſiſter en la chambre, ou auditoire, pendant le rapport du procès ; & ſi c'eſt à l'audience, il eſt tenu de ſe retirer, à peine de ſuſpenſion pour trois mois ; ſauf après la prononciation, à reprendre la place. C'eſt l'art. 15 du tit. 24 de l'ordon. de 1667.

Mais aucun juge, dit l'article 18 du même titre, ne peut ſe déporter du rapport & jugement des procès, qu'après avoir déclaré en la chambre les cauſes pour leſquelles il ne peut demeurer juge, & que ſur ſa déclaration il n'ait été ordonné qu'il s'abſtiendra.

3. Le préſent article porte, que quand le juge eſt récuſé, il doit, du conſentement des parties, commettre perſonne idoine pour en connoître ; mais cela ne ſe pratique pas ; parce que quand un juge eſt récuſé, ce ſont les autres juges du ſiége qui procédent au jugement de la conteſtation, à moins que tous les officiers d'un ſiége ne fuſſent récuſés. Car comme on peut récuſer les juges en particulier, on peut auſſi récuſer en général tous les juges d'une compagnie ; ce qui ſe fait par l'évocation, qui eſt une eſpece de récuſation qui eſt propoſée, non contre un juge en particulier, mais en général contre tous les juges d'une compagnie d'une juriſdiction.

4. L'évocation eſt un remede accordé par les ordonnances à ceux qui ont pour ſuſpects tous les officers d'une juriſdiction ; pour en tirer le procès qui y eſt pendant, & le faire renvoyer en une autre juriſdiction ; & les cauſes qui peuvent légitimement rendre ſuſpecte une juriſdiction à l'une ou l'autre des parties, c'eſt quand l'une ou l'autre des parties eſt officier en la juriſdiction, ou qu'il y a beaucoup de parens ou alliés.

5. L'ordonnance du mois d'août 1669, art. 2, 3, 4 & ſuivans, marque juſqu'à quel degré

on peut évoquer du chef des parens & alliés en ligne directe ou collatérale, & du chef des autres collatéraux: mais ce qui est à observer, c'est que suivant la déclaration du 14 août 1701, l'évocation ne peut être demandée par une partie, du chef de ses propres parens ou alliés, mais seulement du chef de ceux de sa partie adverse ; & la raison qu'en donne cette déclaration, c'est que la partie qui a des parens au degré prohibé dans une jurisdiction, n'ayant rien à craindre de leur crédit, n'a pas besoin du secours de la loi, de maniere qu'elle ne pourroit demander l'évocation que pour une mauvaise fin ; pour éviter, par exemple, un jugement prêt à rendre, ou pour faire du moins naître de nouvelles chicanes dans le cours du procès. M. Bornier, dans ses *annotations sur l'ordonnance de 1669*, de l'édition de 1719, rapporte cette déclaration sur le titre 1, art. 9 de ladite ordonnance de 1669.

* Cette déclaration est mal observée en ce siége, j'ai vu différentes fois pratiquer le contraire de ce qu'elle prescrit ; mais on l'a toujours fait contre mon opinion.

ARTICLE IX.

Quels gens ne se peuvent assembler, & du remede.

LES HABITANS d'aucunes Justices, qui n'ont Corps commun ni Consulat, ne se doivent assembler pour leurs affaires communs, sans congé de leur Seigneur Justicier, ou de ses Juges, sur peine d'amende arbitraire.

1. Corps commun & consulat, dont il est parlé dans le présent article, ce sont des droits accordés à plusieurs particuliers par les seigneurs, de s'assembler pour leurs affaires communes, de se choisir des consuls, maires, ou échevins, & syndics ; de former entr'eux un corps & une communauté, & de faire sur eux-mêmes des assietes & levées de deniers pour leurs affaires communes.

2. Sur la fin de la seconde race de nos rois, & vers le commencement de la troisieme, les servitudes eurent une si grande étendue dans plusieurs provinces du royaume, que la plupart des villes n'en furent pas exemptes ; & cette servitude étoit si grande, que les particuliers ne pouvoient pas s'assembler même pour leurs affaires communes, sans la permission du seigneur justicier, ou de ses juges.

3. Mais sur la fin de l'onzieme siecle, & dans le douzieme, les rois jugerent à propos d'établir des communes dans les villes qui leur appartenoient, & cela leur produisit de grands avantages : car, outre que les habitans des villes donnerent des grosses sommes aux rois pour obtenir d'eux le droit de communes, c'est que les rois s'acquirent par-là les peuples des grandes villes, qui se défendoient eux-mêmes contre les entreprises des seigneurs ; & qu'enfin ces communes dépeupleient les terres des seigneurs, parce que les sujets des seigneurs tâchoient de se réfugier dans les lieux de franchise.

4. De ces avantages il s'en forma un autre, qui fut que les seigneurs qui se trouverent les plus foibles, & qui virent leurs terres abandonnées, furent obligés eux-mêmes d'affranchir leurs sujets pour les conserver, & de leur accorder droit de corps commun & consulat, pour pouvoir s'assembler & délibérer de leurs affaires communes, & à cet effet le droit de se choisir parmi eux leurs consuls, maires, ou échevins.

5. Mais comme les seigneurs justiciers n'ont accordé ces droits & priviléges de communes, qu'à certaines villes ou bourgades ; ceux à qui on n'a accordé ni corps commun, ni consulat, par une suite & effet de leur servitude & asservissement, & de la puissance & autorité des seigneurs, ne peuvent, aux termes du présent article, s'assembler, même pour leurs affaires communes, sans congé de leur seigneur justicier ou de ses juges, sur peine d'amende arbitraire. Telle est aussi la disposition de la Coutume d'Auvergne, ch. 2, art. 6, & de celle de Nivernois, ch. 1, art. 7.

ARTICLE X.

AUCUNS qui n'ont Corps commun, ni Consulat, ne peuvent faire assemblées, pour faire impôts ni collecte sur eux, sans congé de leur Seigneur haut Justicier, ou de ses Juges, sinon qu'ils en ayent privilege : mais au refus dudit haut Justicier, peuvent recourir à leur Supérieur immédiat, & ainsi conséquemment.

1. LE présent article est une suite & une explication du précédent. Dans le précedent il est défendu aux habitans d'une justice de s'assembler pour leurs affaires communes, sans le congé de leur seigneur justicier : dans celui-ci on fait l'application de cette défense, aux assemblées pour faire faire impôts ou collectes de deniers, quelque légers & petits que soient

foient ces impôts ; comme pour la conduite de quelques procès, ainsi qu'il est dit dans le procès verbal de la Coutume sur cet article.

2. Toutefois, comme telles assemblées n'ont pour fins que de justes causes, & qu'il y auroit de la dureté & de la rigueur de la part du seigneur haut justicier de s'y opposer ; la Coutume au présent article, conforme en cela à celle de Nivernois, chap. 1, art. 7, permet aux justiciables, sur le refus du seigneur haut justicier, de recourir au supérieur immédiat, & ainsi conséquemment : mais comme il faut employer du temps pour recourir au supérieur, & que les affaires des habitans peuvent empirer pendant ce temps-là, la Coutume d'Auvergne, tit. 2, art. 7, & celle de la Marche, art. 6, contiennent une disposition plus favorable aux habitans, en ce que ces Coutumes permettent l'assemblée non-obstant le refus, en déclarant la justice & la cause de l'assemblée, sans les obliger d'aller au supérieur immédiat.

3. Ces dispositions de la Coutume, dans ces deux articles 9 & 10, ne sont pas à présent d'un grand usage ; car les rois ont défendu très-étroitement les impositions & assietes de deniers, ne souffrent point d'assemblées que dans les formes prescrites par les ordonnances, & veulent que la délibération des habitans soit autorisée d'une permission par écrit de l'intendant de la province, selon qu'il est porté dans une déclaration du 2 octobre 1703 ; jusque-là même qu'il n'est pas permis aux marguilliers des fabriques, paroisses & confrairies, d'emprunter de l'argent, pour réparer, augmenter des églises, ou faire de nouveaux bâtimens, même du consentement de la communauté, à moins que le roi n'ait accordé des lettres patentes pour autoriser l'emprunt, & que les lettres n'ayent été enrégistrées au parlement. C'est la disposition d'une déclaration du 31 janvier 1690.

TITRE SECOND.

Des Renvois.

1. LE renvoi peut être considéré, soit par rapport aux matieres criminelles, soit par rapport aux matieres civiles : il est parlé de l'un & de l'autre dans ce titre ; mais il est parlé plus particuliérement du renvoi en matiere criminelle dans le titre 8, où nous remettons d'en traiter ; & nous allons dire un mot du renvoi en matiere civile, d'autant que nous n'aurons plus occasion d'en parler.

2. Le renvoi en matiere civile est une exception déclinatoire, par laquelle le défendeur decline la jurisdiction du juge pardevant lequel il est appelé, & demande son renvoi pardevant un autre juge.

3. En matiere déclinatoire il y a deux juges : celui duquel on décline, pardevant qui l'instance est pendante, ce qu'on appelle proprement *déclinatoire* ; & celui pardevant qui on veut procéder, ce qu'on appelle *renvoi*.

4. Les fins déclinatoires se réduisent à trois chefs principaux, qui sont, l'incompétence du juge, la litispendance, & les motifs légitimes de récusation.

5. L'incompétence du juge se tire du domicile du défendeur, quand il est appelé devant un autre juge que celui de son domicile ; ou de sa qualité & de son privilege, quand il a ses causes commises pardevant un autre juge que celui de son domicile ; ou enfin de la nature de l'affaire, quand le juge n'est pas compétent pour connoître de la matiere pour laquelle le défendeur est appelé devant lui. Ainsi, quand le pouvoir du juge limité dans son institution, ne s'étend pas sur la matiere de la contestation, ou sur la personne du défendeur ; c'est ce qui le rend incompétent, & il y a lieu au renvoi.

6. La litispendance, c'est lorsqu'on est assigné pardevant un juge, dans le temps que le même différend est pendant en une autre jurisdiction : pour lors, ce second différend qui survient, doit être renvoyé & joint au premier pardevant le juge qui en est saisi ; n'étant pas raisonnable qu'une cause en premiere instance soit en même temps portée & jugée en deux différentes jurisdictions. S'il y a donc quelque fait qui soit connexe & dépendant, il ne peut être traité que pardevant le juge qui est saisi du différend principal ; autrement on feroit deux procès pour un, s'il étoit permis de démembrer un fait, d'en porter une partie pardevant le juge, & les autres parties dépendantes pardevant d'autres juges.

7. Trois choses doivent concourir pour établir la litispendance ; que ce soit *inter easdem personas, pro eâdem re, & ex eâdem causâ* : & alors on ne peut pas recourir à un autre juge ; *ubi enim cœptum est judicium, ibi finem accipere debet.* L. 30. ff. *de jud.* & L. *Nulli* 10, Cod. *eod. tit.* Et cela, *ne continentia causæ dividatur.*

8. La récusation d'un juge est encore une exception déclinatoire, qui a ses régles particulieres, dont il a été parlé ci-dessus, sur les art. 7 & 8.

9. Les exceptions déclinatoires doivent être avant toute autre exception ; parce qu'autrement, & après avoir reconnu le juge pardevant lequel on est appelé, on n'est plus recevable à décliner la jurisdiction.

10. Les exceptions déclinatoires ont encore cela de particulier, que le juge est obligé de renvoyer sur le champ la cause, ou la retenir, sans appointer sur le déclinatoire ; parce qu'il doit savoir ce qui est de sa compétence, & ne pas l'apprendre aux dépens des parties. C'est la

Part. I.

disposition de l'art. 3 du tit. 6 de l'ordonnance de 1667.

11. Il y a néanmoins quelquefois des fins de non procéder, dans lesquelles les juges peuvent régler les parties, comme en cause ordinaire ; comme si les parties ne sont pas d'accord du domicile du défendeur, le juge en ce cas admet les parties à prouver le domicile, tant par témoins, que par titres : je l'ai vu juger de la sorte plusieurs fois en ce siége.

12. L'article premier du même titre 6 de l'ordonnance de 1667, défend à tous juges de retenir aucune cause, instance ou procès, dont la connoissance ne leur appartient pas, & veut qu'en cas de contravention ils puissent être intimés & pris à partie.

13. Notre Coutume, dans le présent titre qui ne contient que deux articles, ne dit qu'un mot du renvoi, soit en matiere criminelle, soit en matiere civile. En matiere criminelle, elle refuse le renvoi à l'accusé, s'il n'est avoué de son seigneur, & si le seigneur ne requiert le renvoi, art. 11 ; & en matiere civile, elle veut qu'on réponde sur le lieu, quand il est question de dépense, art. 12 : le surplus est en l'article 62.

14. Il n'y a point de titre sur cette matiere dans l'ancienne Coutume.

ARTICLE XI.

De Renvoi en matiere criminelle. EN matiere criminelle, ne se fait renvoi, que le Seigneur ne fasse l'aveu & requiere ledit renvoi ; pourvu, quant esdites Causes criminelles, que la Justice de laquelle il s'avoue, soit audit Païs & Duché de Bourbonnois, & l'aura, quant au criminel, *in quâcunque parte litis*, en payant les frais.

1. La regle générale est que tous crimes doivent être jugés & punis aux lieux où ils ont été commis, & que la connoissance en appartient aux juges de ces lieux ; c'est la disposition de l'art. 1 du tit. 1 de l'ordonnance de 1670. Ainsi le présent article ne s'observe pas.

2. Suivant icelui, en matiere criminelle, quand le seigneur reconnoît son justiciable, & qu'il en requiert le renvoi, il l'obtient *in quâcunque parte litis*, en payant les frais ; pourvu que la justice de laquelle est le criminel, soit au Pays & Duché de Bourbonnois ; de maniere que, selon cet article, ce seroit le juge du domicile à qui la connoissance du crime appartiendroit : au lieu que, suivant l'ordonnance de 1670, qui déroge à la Coutume, le lieu du délit est considéré comme attributif de jurisdiction, & qu'il n'est accordé aucun renvoi devant le juge de l'accusé, qui est jugé en la jurisdiction en laquelle il a commis le crime.

ARTICLE XII.

Quand Renvoi n'a lieu en matiere civile. QUI est convenu promptement au lieu où il fait dépense, pardevant le Juge dudit lieu, pour icelle payer, il est tenu d'y répondre, & ne lui est octroyé aucun renvoi.

1. Cet article ne doit être entendu, non plus que le 134e. que des passans & étrangers ; & sa disposition a lieu à leur égard, soit pour obvier aux frais, soit parce que le juge du lieu a plus de connoissance de la valeur des denrées, qui est souvent différente par rapport aux lieux. C'est l'observation de Papon, & après lui de M. le président Duret, sur le présent article, sur ces mots : EST TENU D'Y RÉPONDRE. *Ob difficultatem*, dit-il, *adeundi longinquum judicem, vel ob modicitatem rerum, ne homines magnas attritiones sustineant; tum etiam quia judex loci meliùs arbitratur pretia, quorum varietatem sæpè loca & tempora afferunt.* Papon, & le président Duret, *hìc*.

2. Mais afin que la disposition de cet article ait lieu, & soit suivie, il faut que l'étranger qui a fait la dépense, soit assigné promptement devant le juge du lieu ; c'est ce que marquent ces termes : *Qui est convenu promptement.* Ainsi l'hôte, ou tavernier, qui a délivré son pain, son vin & sa viande aux passans, doit sur le champ leur faire action pardevant le juge du lieu où la dépense a été faite, pour en avoir le paiement ; autrement, & s'il differe d'intenter son action dans un autre temps, il sera tenu de se pourvoir pardevant le juge du domicile de celui qui a fait la dépense. *Quod si Caupo*, dit Papon, *distulerit intrà tempus hoc statuto sibi datum, judicem suum optare, electionis jus ab eo elabitur, potestque tantummodò adire judicem rei. L. Juris ordinem, Cod. de Jurisd. omn. Jud.* Papon, *hìc*.

TITRE TROISIEME.

Des Prescriptions.

1. La prescription est un moyen d'acquérir par une possession continuée sans interruption, pendant le temps requis par la Coutume, la propriété des choses, & tous droits mobiliers & immobiliers.

2. Elle sert aussi à éteindre toutes actions & droits mobiliers & immobiliers, & à assurer les acquéreurs & possesseurs dans leurs acquisitions & possessions.

3. Ainsi on peut indifféremment prendre la prescription pour une action, ou pour une exception. Pour une action, quand il s'agit du possessoire, & de révendiquer la chose ; & pour une exception, quand il s'agit de se défendre de l'hypoteque que l'on a prescrite, ou de la propriété que l'on prétend avoir acquise.

4. Il y a de cette maniere deux effets, ou plutôt deux sortes de prescriptions : l'une qui acquiere au possesseur le droit de propriété de ce qu'il possede, & se nomme *Prescription pour acquérir* ; l'autre qui fait perdre un droit faute de l'exiger dans le temps, & en décharge le débiteur, & s'appelle *Prescription pour se libérer.*

Et par rapport à ces deux sortes de prescriptions, la prescription considérée en général peut se définir : *la maniere d'acquérir ou de perdre la propriété d'une chose, ou tout autre droit, par l'effet du temps.*

5. Ces sortes de prescriptions qui font acquérir ou perdre des droits, ont leur fondement dans l'utilité publique, qui demande que la propriété des biens, & les droits des particuliers, ne demeurent pas toujours dans l'incertitude, & qu'après un certain temps on assure aux possesseurs un droit incontestable sur ce qu'ils tiennent ; qu'on arrête le cours des contestations ; & que pour cet effet, il y ait pour chacune action un certain temps limité & prescrit, dans lequel on puisse agir & se faire payer, après lequel on n'y soit plus recevable : & c'est en effet dans cette vue, & en considération de ce bien public, que les prescriptions ont été introduites. *Bono publico*, dit la Loi premiere, *ff. de usurp. & usuc. usucapio introducta est, ne scilicet quarumdam rerum diu & ferè semper incerta dominia essent, cùm sufficeret dominis ad inquirendas res suas statuit temporis spatium. Usucapio rerum*, dit la Loi derniere, *ff. pro suo, etiam ex aliis causis concessa, interim propter ea quæ nostra existimantes possideremus, constituta est, ut aliquis litium finis esset.*

6. La prescription est un titre légitime & juste, même pour la conscience ; desorte que l'on peut retenir en conscience un bien qu'on a possédé sans interruption, & avec les conditions requises par le droit canonique pour prescrire, pendant tout le temps marqué par la Coutume pour la prescription, quoique dans la suite on vienne à reconnoître celui qui en étoit le véritable propriétaire : cette nouvelle connnoissance survenue, après que le temps marqué pour la prescription par la Coutume est expiré, ne nuit point, même dans le for intérieur de la conscience, à un possesseur qui a été jusque-là dans la bonne foi ; la prescription ayant été légitime, & suivant toutes les régles marquées par le droit, il peut jouir du bénéfice de la loi, qui dépouille pour lors le véritable propriétaire de son bien à cause de sa négligence, & l'adjuge à celui qui l'a possédé paisiblement pendant tout le temps qu'elle a marqué. Sylvester cite quelques Sommistes, qui disent qu'il y a des Théologiens de contraire sentiment ; mais il ajoute : *sed contrarium clamant penè omnes alii, dicentes indistinctè, quòd non tenetur restituere in conscientiâ, si occurrunt omnia de jure requisita ad præscriptionem ; & ita,* conclut-il, *indubitanter tenendum est.*

7. Toutefois, comme il est permis à un chacun de renoncer à un droit établi en sa faveur, un particulier peut renoncer une prescription légitimement acquise, & reconnoître une dette duement prescrite ; mais il ne peut pas par sa reconnoissance faire préjudice à un tiers ; faire, par exemple, revivre une hypotéque éteinte au préjudice d'autres créanciers, qui ont été libérés, à la faveur de la prescription, d'hypotéques antérieures ; *Verùm*, dit M. Jean Decullant, *non putarem valere hanc renuntiationem contrà tertium detentorem bonorum debitoris, contrà quem si ageretur rei vendicatione, vel hypotecariâ actione, posset se tueri præscriptione :* c'est la remarque de Jean Decullant, sur l'art. 13 de cette Coutume ; & tel est le sentiment de l'auteur des *nouvelles observations sur la Coutume de Senlis*, tit 8, art. 188 ; & ainsi a été jugé en cette sénéchaussée, le 11 août 1724.

* Il a été jugé en cette sénéchaussée, au raport de M. Perrotin l'aîné, le 11 août 1724, entre demoiselle Marthe du Breuil, intimée, & M. Jean-Baptiste Voiret, & autres, appellans, par sentence confirmative de celle du châtelain de Gannat, du 12 janvier 1715, qu'on ne pouvoit pas renoncer à une prescription acquise au préjudice d'un tiers créancier, que ni la reconnoissance du débiteur, ni la sentence intervenue en conséquence, ne pouvoit faire revivre une hypotheque éteinte par la prescription, au préjudice de celle d'un tiers créancier.

Dans le fait, François Baudet, prêtre communaliste de Gannat, avoit deux sortes de créanciers ; savoir, les héritiers d'Antoine Voiret, créanciers pour réliquat de compte de tutelle de l'année 1638, & demoiselle du Breuil créanciere dudit François Baudet, pour cause de donation par lui faite à Anne Baudet sa niece, par son contrat de mariage du 21 février 1642.

Depuis l'année 1638, temps de la clôture du compte de tutelle, il n'y avoit rien qui pût interrompre la prescription de la dette dont François Baudet s'étoit reconnu débiteur envers Antoine & Magdelaine Voiret, jusqu'au 8 février 1677, temps auquel on lui forma la demande de 1300 liv. pour réliquat de compte.

François Baudet, dans un âge fort avancé, & malade, écrivit une lettre à Antoine Voiret en 1678, pour lui demander du temps; & étant décédé en 1679, intervint Sentence en 1683 contre les héritiers dudit Baudet en faveur des héritiers dudit Antoine Voiret, qui condamna lesdits héritiers Baudet à payer à ceux de Voiret la somme de 650 liv. pour la moitié de celle de 1300 liv. car la part revenante à Magdelaine Voiret avoit été acquittée.

Quant à ce qui regarde la Dlle. du Breuil, la créance de la somme de 300 liv. contenue en la donation de 1642, étant passée en sa personne, elle fit, après le décès dudit François Baudet, arrivé en 1679, déclarer cette donation exécutoire contre les héritiers Baudet, par sentences des années 1679 & 1686; & ces héritiers poursuivis par action hypothécaire sur cinq septerées de terre, en firent le délaissement à ladite du Breuil, qui les vendit à un nommé Chevarier.

Jean-Baptiste Voiret, & autres cohéritiers d'Antoine Voiret, ayant formé une action hypothécaire audit Chévarier sur les cinq septerées de terre par lui acquises, il se forma une contestation entre lesdits Voiret & ladite du Breuil pour la priorité d'hypotheque.

Les Voiret, créanciers des sommes adjugées par la sentence de 1683, prétendoient en faire remonter l'hypotheque à l'année 1638, temps de la clôture du compte; mais on leur objectoit de la part de la du Breuil, que la créance dont François Baudet avoit été déclaré débiteur par la clôture de son compte, étant prescrite contre Antoine Voiret au 8 février 1677, temps de la demande, la reconnoissance dudit Baudet, par sa lettre de l'année 1678, & la sentence intervenue en 1683, n'avoient pû faire revivre cette hypotheque éteinte en 1677, au préjudice de la créance de ladite du Breuil; & ainsi fut jugé par sentence du châtelain de Gannat, qui avoit pris pour conseil M. Fevrier de Messalier, ancien avocat de ce siége, ce qui fut confirmé par notre sentence du 11 août 1724 : J'étois des juges.

8. De ce qu'il est permis à un chacun de renoncer à une prescription acquise, il s'ensuit que la prescription doit être opposée, & que le juge ne la peut suppléer; c'est le sentiment de M. de la Thaumassiere sur la Coutume de Berry, tit. 12, en sa préface, où il cite pour ce sentiment Boërius & Guy-Pape; & telle est encore la remarque de M. Jean Decullant, sur l'art. 13 de notre Coutume. *Præscriptionis exceptio*, dit-il, *licèt de jure & de consuetudine introducta, opponi tamen debet, & à judice suppleri non potest; quia facti est & in facto consistit, an debitor eam opponere velit, vel quid aliud sit quod eam impediat.* M. Louis Semin, sur le même art. a fait la même observation.

9. Pour décider par quelle Coutume doit se régler la prescription, il faut distinguer, entre la prescription contre les actions personnelles, & celle contre les actions hypothécaires.

10. A l'égard de la prescription contre les actions hypothécaires, nul doute quelles se reglent suivant la Coutume de la situation des héritages; parce que le statut qui a réglé la maniere de prescrire contre les hypotheques, ou d'acquérir la propriété d'un héritage, est réel, & qu'il statue de la chose & non de la personne: d'où il s'ensuit que cette prescription doit être réglée par la Coutume de la situation des héritages.

11. Mais quant à la prescription contre les actions personnelles, il y a plus de difficulté; car il y en a qui tiennent qu'il faut suivre la Coutume du créancier; & d'autres, celle du débiteur, si cependant il y a lieu de croire que la derniere opinion est la plus sûre; parce qu'enfin l'action doit être intentée au domicile du débiteur, suivant la Coutume: desorte que, quand il n'est point inquiété, il prescrit cette action suivant sa Coutume, & sa personne est libérée aux termes de sa Coutume, qui est la seule qui puisse statuer sur sa personne; d'où il suit qu'il faut tenir que la prescription contre les actions personnelles doit être réglée par la Coutume du débiteur, & non point par celle du créancier. C'est le raisonnement de l'auteur des notes sur Duplessis, traité *des prescriptions*, liv. 1, ch. 1.

12. Notre Coutume admet différentes especes de prescriptions : elle commence par traiter dans ce titre des prescriptions d'un an, art. 13 & 15, pour façons, ventes d'ouvrages, nourritures & instructions, salaires, journées, louages de chevaux & autres bêtes, & injures verbales; passe ensuite à celles de trois ans, art. 14, 16 & 17, pour les émolumens d'actes de la cour, défauts, clames, & deniers d'impôts; à celles de cinq ans, pour arrérages de rentes à prix d'argent, art. 18; de dix ans, pour rescisions de contrats, arrérages de devoirs seigneuriaux, & de taille ès quatre cas, art. 18, 19, 30; de trente ans, pour faculté de rachat, pour le cens, & généralement toutes choses prescriptibles, art. 20, 22 & 23, & finalement de quarante ans, contre l'église, pour la maniere de lever les dîmes & la quotité, art. 21 & 23. Elle expose encore dans le même titre, ce qui n'est pas sujet à prescription, comme les biens des mineurs quoique communs avec majeurs, dont la part est prescriptible, art. 24; & quoique la prescription fût commencée, contre le prédécesseur majeur, art. 33; la franchise & liberté, art. 25; les biens des associés, & communs entr'eux

Tit. III. DES PRESCRIPTIONS. Art. XIII. 17

entr'eux durant l'association, art. 26; les biens dotaux possédés par un tiers, art. 27; ceux qui sont aliénés par le mari, art. 28; les droits de taille ès quatre cas avant contradiction, art. 29; droit de fief par le vassal sur le seigneur, mais il y a prescription de seigneur à seigneur, art. 31; & enfin lorsque le vendeur continue de payer les devoirs de l'héritage vendu, art. 32. Elle parle en choses prescriptibles, de la maniere d'interrompre la prescription, art. 34 & 35. Tous ces différens articles sont au nombre de vingt-trois, depuis le 13 inclusivement jusqu'au 36 exclusivement.

13. Il y a dans l'ancienne Coutume un titre des prescriptions; c'est le titre 15, qui ne contient que deux articles.

ARTICLE XIII.

Deniers, & choses dues pour façons & ventes d'ouvrages, labourages, façons de vignes, voitures, salaires, & journées d'Avocats, Procureurs & Sergens, de Serviteurs, Chirurgiens, Barbiers, Orfévres, Massons, Charpentiers, & autres Ouvriers, nourritures & instructions d'enfans, denrées & marchandises vendues en détail, par le menu & par partie, louages de chevaux & autres bêtes, se prescrivent par un an; & après ledit an passé, ne se peuvent demander, sinon qu'il y eût obligation, reconnoissance, ou action intentée judiciairement dedans ledit an.

1. LA disposition de cette Coutume, en ce qui concerne les avocats, n'est pas d'un grand usage; car on peut dire à leur gloire, qu'ils se sont beaucoup distinguer, en ce qu'il est très-rare qu'on les voye plaider pour leurs honoraires.

2. Il n'en est pas de même des procureurs, qui ont souvent des procès en leurs noms pour leurs salaires & vacations; mais qui, suivant l'arrêté du parlement, du 28 mars 1692, ne peuvent demander leur paiement deux ans après qu'ils ont été révoqués, ou que les parties sont décédées, quoiqu'ils aient continué d'occuper pour les mêmes parties ou pour leurs héritiers, en d'autres affaires. Ils ne sont pas même, selon le même arrêté, dans les affaires non-jugées, reçus à demander leurs frais, salaires & vacations, pour les procédures faites au-delà des six années précédentes immédiatement, encore qu'ils aient toujours continué d'occuper; à moins qu'ils ne les aient fait arrêter ou reconnoître par leurs parties, & ce avec le calcul de la somme à laquelle ils montent, lorsqu'ils excéderont celle de 2000 livres; c'est ce que porte l'arrêté. Notre Coutume, au présent article, régle la prescription pour les salaires d'avocats & procureurs, à un an: mais l'arrêté du parlement est une loi que l'on suit dans l'étendue du ressort.

3. Les procureurs peuvent toutefois, même après les six années, demander par exception leurs salaires & vacations, lorsque les parties les ont fait assigner pour rendre les procédures qu'ils ont en leurs mains: mais autre chose est des titres, qu'ils ne peuvent retenir sous quelque prétexte que ce soit, suivant la disposition des ordonnances rapportées par Guenois dans sa *grande Conférence*, tome 1, liv. 2, tit. 4, p. 444, édit. 1678.

4. Les procureurs doivent pour cet effet avoir des registres en bonne forme, contenant les sommes qu'ils reçoivent de leurs parties, ou par leurs ordres, les représenter & affirmer véritables s'ils en sont requis, sinon ils sont non-recevables en leurs demandes & prétentions de leurs frais, salaires & vacations : c'est l'article 3 de l'arrêté du parlement, du 28 mars 1692.

5. Les huissiers & sergens ne peuvent demander leurs salaires & vacations après l'an, aux termes du présent article; sur quoi il est à observer, dit M. François Decullant, qu'il a été jugé *in supremâ Molinensi curiâ*, le 21 avril 1646, au rapport de M. le conseiller Gravier, *pro Notario* Cluzel *& Apparitore* Alix, *contra* N. Baleron, *salaria pro saisinâ & subhastationibus factis, posse peti post annum elapsum, si certificatio non facta fuerit, à cujus die tantùm currit præscriptio; cùm non possint petere sua salaria, nisi actus firmatus fuerit.* M. François Decullant, *hic*.

L'ordonnance d'Orléans, art. 91, enjoint aux sergens de donner récépissé des pieces, & leur défend de les garder, ni l'argent par eux reçu, plus de huit jours, à peine de prison & amende arbitraire.

6. Et un sergent ne peut, non plus qu'un procureur, retenir les titres des parties, sous prétexte du défaut de paiement de ses salaires, ainsi qu'il a été jugé par sentence & arrêt cités par M. de la Thaumassiere sur la Coutume de Berry, tit. 2, art. 28.

7. Quant aux serviteurs & domestiques, ils sont tenus de demander leurs loyers, salaires ou gages, dans l'année, à compter du jour qu'ils sont sortis de service; & ledit temps passé ils n'y sont plus reçus, suivant l'ordonnance de 1510, art. 67, la disposition de cette Coutume au présent article, & de celle de Paris, art. 127.

8. La même ordonnance de Louis XII, de 1510, art. 67, porte qu'ils ne peuvent demander dedans ledit an, que les loyers & gages

Part. I. E

des trois dernieres années qu'ils auront servi, si ce n'est qu'il n'y eût convenance ou obligation par écrit des années précédentes, interpellation ou sommation suffisante ; & ainsi a été jugé par sentence présidiale de l'année 1689, au procès de la Mercy pour ses salaires de plusieurs années contre la dame de Ris, & fut jugé qu'elle n'en pouvoit demander que les trois dernieres années, conformément a l'ordonnance de Louis XII, de 1510, art. 67 : c'est la remarque de M. Jean Cordier, *hic*.

9. Mais il faut prendre garde, dit l'auteur des notes sur Duplessis, que si la demande des trois années du service se fait du vivant du maître, le serment lui est toujours déféré. L'auteur des notes sur Duplessis, traité *des Prescriptions*, liv. 2, ch. 1, sect. 2, page 513, édit. 1709.

10. Le même temps d'un an, dans lequel les serviteurs doivent demander leurs gages, est prescrit pour l'action des chirurgiens & barbiers, par la disposition du présent article ; & la Coutume de Paris, art. 125, y comprend les médecins & apothicaires : disposition qui doit être suivie dans celle-ci ; *Ubi enim eadem est ratio, & idem jus*. Mais l'an court, disent M. Duplessis & de Ferriere, que du jour de la derniere assistance, ou fourniture des médicamens. L'on ne doit pas compter, dit M. de Ferriere, du jour de la premiere délivrance, comme au cas de l'article suivant, (qui est le 126 de la Coutume de Paris,) lequel est particulier pour les artisans & gens de métier ; mais du jour de la derniere assistance, ou fourniture de médicamens, la premiere se référant à la derniere, à l'effet que le tout ne soit réputé qu'une seule livraison. Duplessis sur la Coutume de Paris, traité *des Prescriptions*, liv. 2, ch. 1, sect. 2, page 513. De Ferriere, sur l'article 125 de la Coutume de Paris.

11. Quand il y a plusieurs assistances, dit encore le même M. de Ferriere au même endroit, pour différentes maladies, tout ce qui aura été fourni hors l'intervalle d'un an, est prescrit, comme il a été jugé par sentence rendue à l'audience du châtelet, au mois d'août 1684. Un médecin, par exemple, a traité un malade pendant l'année entiere 1682, jusqu'au commencement du mois de janvier 1683 ; il traite encore la même personne aux mois de juin, juillet & août 1683, d'une autre maladie ; au mois de décembre suivant, il forme sa demande pour les salaires & assistances pendant l'année 1682, & les mois de juin, juillet & août 1683. Il y est bien fondé, & on ne peut pas lui opposer la prescription de ses assistances pendant l'année 1682 ; parce que, comme il a été dit, la derniere assistance de cette maladie, qui a fini au mois de janvier 1683, se rapporte à la premiere, & la premiere à la derniere ; desorte qu'encore qu'il y ait près de deux ans, à compter du jour de la premiere assistance de cette premiere maladie, jusqu'au jour de la demande, il n'y a pas néanmoins de prescription : mais si la derniere assistance de la premiere maladie avoit été faite au mois de décembre 1682, & que la demande eût été faite au mois de juin 1684, des assistances & salaires de cette maladie, avec ceux dus pour les assistances faites en l'année 1683, il y auroit prescription pour ceux de la premiere maladie. M. de Ferriere, sur l'article 125 de la Coutume de Paris.

12. Le même temps d'un an borne l'action des marchands en gros, comme drapiers, merciers, épiciers, orfévres & autres de pareille qualité ; lesquels sont tenus de demander paiement dans l'an, à compter du jour de la délivrance de leurs marchandises, après lequel temps ils n'y sont plus reçus. C'est la disposition de la Coutume de Paris, art. 127, qui est confirmée par l'ordonnance de 1673, tit. 1, art. 7 : & c'est aussi l'esprit de notre Coutume au présent article.

13. L'action des gros artisans & mercenaires, comme maçons, charpentiers, couvreurs, barbiers & laboureurs, pour leurs salaires, doit aussi être intentée dans un an, à compter du jour de leur ouvrage, ou vacation, ainsi qu'il y est dit au présent article, & que le portent l'ordonnance de 1673, tit. 1, art. 7, & la Coutume de Paris, art. 127.

14. Mais, quant à l'action des marchands de petites denrées en détail, & gens de métier, pour marchandises & denrées par eux vendues en détail, comme boulangers, pâtissiers, bouchers, rotisseurs, cuisiniers, couturiers, passementiers, selliers, bourreliers, & autres semblables ; l'action en doit être intentée dans les six mois, à compter du jour de la délivrance, & il y a fin de non-recevoir après ce temps-là. C'est la disposition de la même ordonnance de 1673, tit. 1, art. 8, & de l'article 126 de la Coutume de Paris. Ainsi l'ordonnance fait différence entre les ouvrages des artisans & gens de métier pour lesquels elle donne un an, & les marchandises & denrées par eux vendues en détail, pour lesquelles elle ne donne que six mois pour en demander le paiement : distinction que le présent article ne fait pas, à laquelle même ceux qui assisterent à la rédaction de la Coutume, s'opposerent en quelque façon, comme il paroit par le procès-verbal de la Coutume sur ledit article : distinction pourtant qu'il est nécessaire de faire, pour se conformer à l'ordonnance de 1673, attendu qu'elle est postérieure à la Coutume, & qu'elle porte dérogation expresse à toutes Coutumes contraires.

15. Cette fin de non-recevoir, à l'égard des marchands, artisans & gens de métier, pour le paiement des denrées, ouvrages & marchandises vendus, commence au jour de la premiere délivrance de leur marchandise ou denrée, ouvrage fait & livré, encore qu'il y eût continuation de fourniture ou d'ouvrage. C'est la disposition de l'ordonnance de 1673, art. 4, & de la Coutume de Paris, art. 126.

16. On peut enfin encore opposer la fin de

non-recevoir, selon le présent article, à la demande des nourritures & instructions d'enfans, après un an.

17. Sur la question, si celui qui allégue la fin de non-recevoir, portée par cette Coutume au présent article, & par les autres Coutumes & ordonnances, est obligé d'affirmer avoir payé, les sentimens étoient autrefois partagés, selon que l'a observé Guenois dans ses notes sur l'ordonnance de 1510, de Louis XII. Le sentiment toutefois le plus suivi, étoit celui qui obligeoit d'affirmer; & ainsi se pratiquoit & se jugeoit en ce siége, selon que nous l'assurent M. Fr. Menudel & Decullant.

Mais aujourd'hui cette question ne souffre point de difficulté, vu la disposition précise de l'ordonnance de 1673, tit. 1, art. 10; suivant lequel article, le défendeur, après la fin de non-recevoir acquise, est tenu affirmer avoir payé, s'il en est requis; sa veuve, le tuteur de ses enfans, ses héritiers & ayans cause, déclarer qu'ils n'ont aucune connoissance que la chose soit due.

18. Avant l'ordonnance, la raison de douter se tiroit de ce qu'en obligeant le débiteur à se purger par serment, s'il avoit payé ce qui lui étoit demandé, c'étoit couvrir la fin de non-recevoir, & rendre illusoire la disposition de l'ordonnance & de la Coutume; que le débiteur ne pouvant être contraint à défendre, il n'étoit pas tenu de jurer; & qu'enfin par le droit, celui qui est libéré par la prescription, ne différe en rien de celui qui est libéré par le paiement.

19. La raison de décider, a été que ces sortes de prescriptions ne sont que de simples fins de non-recevoir, fondées sur la présomption de paiement, & introduites *in favorem debitorum, qui sine pretio & testibus, ut fit, solverunt, & præcipuè hæredum eorum;* d'où il suit que le défendeur ne peut pas refuser d'affirmer qu'il a payé, ou son héritier, qu'il n'a aucune connoissance que la chose soit due: autrement ce seroit une présomption qui le feroit condamner à payer.

20. Cette fin de non-recevoir cesse quand il y a arrêté de compte, promesse, ou reconnoissance par écrit; auquel cas l'action dure trente ans; ou bien quand il y a une demande en justice avant l'année expirée. C'est la disposition de cette Coutume au présent article; de celle de Paris, art. 126 & 127, & de l'ordonnance de 1673, tit. 1, art. 9.

21. Cette Coutume, aussi-bien que celle de Paris & l'ordonnance de 1673, requiert une interpellation judiciaire: d'où il résulte, dit Duplessis, qu'un simple commandement ne sert de rien. Duplessis, traité *des Prescriptions*, liv. 2, ch. 1, sect. 2, p. 513, édit. 1709.

22. La reconnoissance doit être aussi par écrit, & le fait d'une simple promesse de payer n'est recevable à prouver par témoins, ainsi qu'il a été jugé par arrêt de 1593, cité par Labbé sur la Coutume de Paris, art. 126, & par sentence de ce présidial, du mois de juin 1691, au rapport de M. le conseiller Vigier de Pringy, en réformant le châtelain de S. Germain des Fossez, qui avoit réglé les parties sur le fait posé par l'intimé, qu'il y avoit eu promesse de paiement vérifiée par son enquête. M. Jean Cordier avoit écrit pour l'intimé; & M. Fauconnier, avocat du roi, pour l'appellant. M. Jean Cordier, *hic*.

23. Mais ce qui ne laisse sur cela aucun lieu de douter, c'est la disposition précise de l'ordonnance de Louis XII, de 1510, art. 67, qui requiert une convenance, ou obligation par écrit; à quoi s'accordent l'ordonnance de 1673, tit. 1, art. 9, & la Coutume de Paris, art. 127, qui demandent de même, cédule, obligation ou contrat, ou arrêté de compte par écrit, comme dit la Coutume de Paris.

24. Les livres des marchands, quoique bien conditionnés, ne sont pas suffisans pour relever la fin de non-recevoir; il faut des parties arrêtées, comme parle l'ordonnance de 1673, tit. 1, art. 9. Les nommés Bourrets, dit M. Jean Cordier, marchands de S. Pourçain, firent instance en 1691, à un particulier, en ce présidial, pour être payés des marchandises à lui livrées, suivant qu'elles étoient écrites en leur livre, qui étoit en papier timbré & bien conditionné, & qu'ils soutenoient suffisant pour faire cesser la prescription qui leur étoit opposée: mais on n'y eut point d'égard. M. Jean Cordier, *hic*.

25. Cette fin de non-recevoir n'a lieu qu'à l'égard des particuliers qui prennent des marchandises pour leur usage, & non de marchand à marchand, ou artisan, pour fait du commerce, ou métier, dont il se mêle: car dans les jurisdictions consulaires on n'admet point les fins de non-recevoir, entre marchands, & même souvent entre les artisans, lorsqu'il y a des registres de bonne foi: jugé par arrêt du grand conseil, entre la veuve d'Edme Martin, célebre imprimeur, & les enfans de Sebastien Cramoisy. L'arrêt est du 12 juillet 1673, rapporté au tome premier du journal du palais. Les Coutumes de Troyes, art. 201; de Sedan, art. 317; de Bretagne, art. 292; de Vitry, art. 148, & de Chaumont en Bassigny, art. 120, établissent cette exception, de marchand à marchand, & la restreignent à ce cas. La raison est qu'entre marchands, ou entre marchands & ouvriers, ils ont chacun de leur côté, ou doivent avoir leurs livres journaux, qui font preuve réciproquement des sommes ou choses demandées, concernant leur commerce; que la bonne foi doit principalement régner entre marchands, & qu'ils sont en tout temps tenus de venir à compte & de représenter leurs livres journaux, qui empêchent la prescription, à cause de la continuité de ce qui est fourni & reçu de part & d'autre; ce qui rend leur condition égale: au lieu que les bourgeois poursuivis par des marchands & ouvriers, n'ont rien pardevers eux; de maniere qu'il est juste qu'ils puissent opposer la fin de non-recevoir, fondée sur la présomption de

paiement, après le temps établi par la Coutume. M. Bornier, sur l'ordonnance de 1673, tit. 1, art. 6, & M. Charles Bourdot de Richebourg, sur les art. 125 & 127 de la Coutume de Paris, dans le nouveau Coutumier général.

26 Lorsque la fin de non-recevoir n'est pas acquise au bourgeois, en ce cas les livres des marchands, des tailleurs, & des ouvriers fournissans, font preuve avec le serment supplétif du créancier, en faveur de celui à qui les livres appartiennent, en ce qui concerne les fournitures par lui faites. M. Bornier, *ibid.*

27. On a étendu la fin de non-recevoir, portée par le présent article, pour les honoraires des avocats, aux honoraires des ecclésiastiques; & on a jugé, dit M. François Menudel, contre M. Guyot, prêtre de Gannat, qu'il ne pouvoit demander après l'an la rétribution de ses messes, par jugement présidial du 13 août 1644. M. Menudel, *hic.*

28. Quant aux ouvrages parfaits, dit le même François Menudel, les ouvriers après l'an se peuvent défendre par la fin de non-recevoir, si on leur oppose qu'ils ne sont pas bien faits : autre chose est, si on leur oppose qu'ils n'ont pas été parachevés ; car alors, à proprement parler, ce ne sont pas ouvrages, & la convention se peut expliquer jusqu'à trente ans. M. Menudel, *hic.*

29. Au reste, celui qui a payé sans opposer la fin de non-recevoir, ne peut pas répéter ce qu'il a payé. *Solvens*, dit Menudel, *non oppositâ exceptione Præscriptionis, quâ uti poterat, non repetit.* Il y a plus : c'est que, comme il a été dit, la fin de non-recevoir doit être opposée; de manière que la Coutume, par ces termes du présent article, *& après ledit temps passé ne le peuvent demander*, ne veut dire autre chose, sinon qu'ils ne le peuvent demander valablement, *si reus excipiat.*

30. Il en est enfin de cette fin de non-recevoir, comme de toute autre prescription ; elle n'a pas de lieu entre gens qui sont réciproquement créanciers & débiteurs l'un de l'autre : c'est la remarque de M. Jean Decullant. *Hujus paragraphi præscriptio*, dit-il, *impeditur, si sit invicem hinc inde debitum ; quo casu alterius debitum, non uno anno, vel triginta aut quadraginta, præscriberetur, quia tunc admitteretur ipso jure compensatio: ita ut, si mihi debeas quidpiam ex salario, tibi verò ex mutuo, non præscribatur anno salarium, saltem ad quantitatem tui mutui, argumento Leg. Si constat, Cod. de comp.* M. Jean Decullant, *hic.*

31. Ce sentiment, qui est fondé sur la regle tirée du droit, si triviale au palais, *Quæ sunt temporalia ad agendum, sunt perpetua ad excipiendum*; n'est point du goût d'Henrys : il prétend que toutes les exceptions ne sont pas perpétuelles ; & il distingue entre les exceptions qui procédent de la chose même, & celles qui lui sont étrangeres : cette distinction faite, il convient que les premieres étant attachées à la chose même, & en étant inséparables, on peut toujours les opposer ; parce qu'elles paroissent à l'instant même de l'action.

32. Mais pour les exceptions étrangeres, détachées de l'action, qui n'ont point de nécessité ni de dépendance, & qui tiennent de la réconvention, il soutient qu'elles ne sont pas comprises dans la regle ; parce que, dit-il, ce sont plutôt des actions, que des exceptions; que ce sont des demandes accumulées, & que le défendeur tend plutôt par ces exceptions à une compensation, qu'à détruire la demande principale.

33. Ainsi, ajoute-t-il, si Titius fait demande à un journalier, ou à un laboureur, du paiement d'une obligation, & que ce journalier excipe de quelques salaires, ou de quelques journées : comme cette exception n'est point viscérale, & que c'est plutôt une nouvelle action qu'une exception, si ce qu'on oppose, & qu'on voudroit compenser, est hors le temps d'en faire la demande, cette exception n'est pas recevable ; car on ne peut, soit pour agir, soit pour défendre, excéder le terme prescrit pour l'action;& comme le mercenaire, ou le laboureur, a dû demander ses salaires, ou ses labourages, dans le temps prescrit, il se doit imputer la faute, s'il ne l'a pas fait ; & ce qu'il ne peut plus demander par action, il ne peut plus l'opposer par exception. Tel est le raisonnement de M. Henrys, tome 2, liv. 4, qu. 64.

34. Mais quelque chose qu'il puisse dire, je ne saurois être de son avis, & je tiens pour le sentiment de M. Decullant, par la raison par lui alléguée ; car la compensation se faisant de plein droit, dès que Titius est devenu débiteur du journalier pour raison de ses salaires, la créance s'est éteinte jusqu'à concurrence de ses salaires, & réciproquement la somme due à ce mercenaire pour ses salaires, a été compensée avec la créance de Titius : d'où il résulte deux choses ; la premiere, que la créance du journalier ayant été compensée, elle ne peut plus se prescrire, mais qu'elle demeure compensée, & que quoiqu'après l'année il ne puisse la demander par action, il peut toujours l'opposer par compensation ; la seconde, que la créance de Titius étant éteinte par compensation, il n'a pas dû en former la demande ; & que s'il l'a formée, l'exception du journalier a dû paroître dans l'instant même de l'action ; puisque les deux créances réciproques s'étant réciproquement compensées & anéanties, on ne peut pas faire revivre l'une sans l'autre.

ARTICLE XIV.

ARTICLE XIV.

Par discontinuation de poursuivre un Procès, soit par faute de procéder, ou défaut obtenu par l'une des Parties, par trois ans, l'Instance est périe.

1. La péremption dont il est parlé dans le présent article, est l'anéantissement de la cause, instance, ou procès.

2. Les causes, les instances & les procès périssent suivant cet article, quand on a passé trois années sans faire aucune procédure. C'est aussi la disposition de l'ordonnance de Roussillon, de 1563, art. 15, qui porte que « l'in- » stance intentée, ores qu'elle soit contestée, » si par le laps de trois ans elle est disconti- » nuée, n'aura aucun effet de perpétuer ou » proroger l'action, ains aura la prescription » son cours, comme si ladite instance n'avoit » été formée, ni introduite, & sans qu'on » puisse prétendre ladite prescription avoir été » interrompue.

3. De ces termes, *ores qu'elle soit contestée*, plusieurs ont prétendu que l'instance non contestée ne tombe point en péremption. Cette question, qui faisoit autrefois de la difficulté, a été décidée par l'arrêté du parlement, du 28 mars 1692, qui rend la jurisprudence certaine sur le fait des péremptions.

4. Le premier article de cet arrêté porte, que « les instances intentées, bien qu'elles ne » soient contestées, ni les assignations suivies » de constitutions & de présentations de pro- » cureurs par aucunes des parties, seront dé- » clarées péries, en cas que l'on ait cessé & dis- » continué les procédures pendant trois ans. »

5. Et selon le second article, les appellations tombent en péremption, & emportent de plein droit la confirmation des sentences.

6. Par la péremption de l'instance principale, l'action du demandeur n'est pas éteinte si elle n'est prescrite; par la raison que la péremption n'éteint que la procédure, comme si l'action n'avoit pas été formée: ainsi on peut faire donner une nouvelle assignation, quand on est encore dans le temps d'agir, & que la prescription n'est pas acquise; & *ex integro litigari potest.*

7. Les enquêtes, & autres actes légitimes faits pour justifier le droit des parties, durent aussi après la péremption, & les parties peuvent s'en servir dans l'instruction de la nouvelle action. La raison est que les preuves se tirent de toutes sortes d'actes; ainsi on peut tirer des inductions qui peuvent servir à la nouvelle action, des enquêtes, & autres actes faits pendant l'instance tombée en péremption. Telle est la jurisprudence des arrêts rapportés par M. Louet, & son commentateur, lett. P. somm. 38; & c'est l'observation de M. Jean Decullant, sur le présent article. *Instantiâ peremptâ*, dit-il, *actus probatorii remanent, putà confessiones, testium depositiones, & similia,*

quibus actor si denuò actionem reintegret, uti potest.... debebunt tamen testes repeti ... si vivant. M. Jean Decullant, *hic.*

8. Quant aux dépens adjugés au demandeur par sentence interlocutoire, & non définitive pendant l'instance, ils ne peuvent point être ni liquidés ni demandés, après que l'instance est tombée en péremption : par la raison que cette sentence interlocutoire, qui fait partie de l'instance, étant tombée en péremption, elle emporte la péremption de l'accessoire; & ainsi a été jugé en cette sénéchaussée. Autre chose seroit, dit M. Jean Decullant, si ces dépens avoient été taxés, & qu'on eût obtenu exécutoire; parce que l'exécutoire est définitif, dont l'action dure trente ans. *Peremptâ Instantiâ*, dit-il, *sumptus adjudicati actori per Sententiam interlocutoriam, non possunt ampliùs liquidari nec peti; quia perempto principali, putà hujusmodi Sententiâ, accessorium perimitur: & sic anno 1614 judicatum à Domino Senescallo Molinis, contrà quemdam Clientem Claudii Perret Procuratoris, qui convenerat alium ad nominandum Procuratorem, cum quo taxarentur sumptus, pro quâdam Sententiâ interlocutoriâ, putà d'un défaut portant contre le défendeur, débouté d'exceptions & défenses, & condamné aux dépens du défaut; quo reus objiciebat Instantiæ peremptionem. Major autem difficultas esset, si sumptus essent taxati, & quorum post Instantiam peremptam solutio peteretur contrà quam opponeretur hæc litis peremptio; puto quòd in hoc casu deberentur, quia executorium est definitivum, & effectus est 30 annorum.* M. Jean Decullant, *hic.*

9. Quant à la question, si le défendeur en péremption d'instance, qui succombe, doit être simplement condamné aux dépens de la péremption, & non à ceux de l'instance qui a été déclarée périe & éteinte; il y a sur cela variété de sentimens & de jugemens en cette sénéchaussée.

10. Cette question s'étant présentée en cette sénéchaussée, le 19 août 1605, il fut jugé, au rapport de M. le conseiller Genebrard, la chambre assemblée, que les seuls dépens de la péremption de l'instance, & du débat d'icelle, sont dus au demandeur en péremption, & non ceux de l'instance principale; par la raison tirée de la loi *Cum lite mortua 2, ff. judicatum solvi*, qu'une instance éteinte est comme une instance non avenue, qui ne peut rien opérer, & ne peut pas par conséquent produire une condamnation de dépens; que si l'instance est périe, c'est la faute égale des deux parties; que si l'une étoit intéressée à obtenir

les dépens de cette instance, elle ne devoit pas laisser périr ; & que le défendeur en péremption, qui succombe dans la demande en péremption, auroit pu gagner en l'instance principale, si elle n'étoit pas périe : en un mot, que l'instance étoit périe pour les deux parties également, & ne pouvoit rien opérer pour l'une ni pour l'autre. C'est la remarque de M. Louis Vincent, *hic*.

11. Dans la suite on s'est écarté de cette jurisprudence ; & du temps de M. Louis Semin & de M. François Decullant, on jugeoit autrement. En péremption d'instance, dit M. Louis Semin, *apud nos actor expensas debet reo Instantiæ peremptæ ; nos dicimus Instantiam perire actori, qui etiam damnatur in impensas, contrà jus commune, L. 2, ff. judicat. solvi.* M. Louis Semin, *hic*.

12. *Ita nos comparamus*, dit M. Decullant, *in impendiis peremptæ Instantiæ, ut actor in pænam negligentiæ, litis mortuæ expensas, fugitivo teneatur sarcire, & de perempta Instantia contumax possit excipere.* Molin, *in Alexand. Consil. 23, ad verb. Quamvis tamen*. Grimaudet, *de retract. lib.* 10, *cap.* 11, *contrà consfet ; quia ait litem mortuam nihil producere, L.* 2, *judicat. solvi.* M. François Decullant, *hic*.

13. Telle est la jurisprudence aujourd'hui en ce siége, & je l'ai vu juger plusieurs fois conformément à cette derniere jurisprudence, qui étoit suivie du temps de M. Semin & de M. Decullant.

14. Il n'est pas de l'appel péri comme de l'instance périe ; dans le cas de l'instance périe, l'action subsiste, selon qu'il vient d'être dit, & il est permis au demandeur de recommencer une nouvelle instance : mais quand un appel est une fois déclaré péri, il n'est plus permis d'appeller une seconde fois ; la péremption d'appel fait périr l'action, & la sentence dont est appel demeure confirmée. C'est la disposition de l'article 2 de l'arrêté de la cour, la jurisprudence des arrêts, & le sentiment des docteurs.

15. L'instance d'appel ne se forme proprement que quand le juge en est saisi, soit par relief d'appel, ou lettres d'anticipation, ou arrêt qui reçoit l'appel ; & il y a cette différence entre l'appel relevé, & celui qui ne l'est pas ; que l'appel relevé tombe en péremption par discontinuation de procédures pendant trois ans, & que l'appel non relevé ne tombe point en péremption, mais en défertion, n'étant point relevé dans le temps.

16. La péremption emporte la confirmation de la sentence : mais il n'en est pas de même de la défertion ; & quoiqu'un appel ait été déclaré désert, ce faisant ordonné que la sentence dont est appel seroit exécutée, on peut appeller de nouveau, en résondant les dépens si on est encore dans le temps ; & l'effet de la désertion n'est que l'exécution de la sentence par provision, au cas que l'appellant veuille de rechef appeller, ainsi qu'il a été jugé par arrêt rendu en l'audience de la grand'chambre le 31 mai 1672, rapporté en la seconde partie du journal du palais : par lequel arrêt il se voit qu'un appel ayant été déclaré désert par un arrêt précédent, ce faisant ordonné que la sentence dont est appel seroit exécutée, & que l'appellant s'y étant opposé, il fut débouté de son opposition, sauf à lui à appeller de nouveau. Brodeau sur Louet, lett. P. som. 14. Lange, *Prat. Franç.* liv. 4, ch. 24. Couchot, *Prat. Univ.* tome 1, liv. 3, ch. 3, premiere édition.

17. Les appellations tombées en péremption n'emportent la confirmation de la sentence, que quand elle est définitive ; car si l'appel est d'une sentence interlocutoire, l'appel interjeté d'icelle étant péri, la sentence est pareillement périe ; & il se peut faire que le principal soit aussi péri, la péremption ayant couru pendant l'appel, même contre l'intimé, lequel devoit faire ses diligences de faire vuider l'appel. Ainsi jugé par arrêts rapportés par Brodeau sur Louet, lett. P. somm. 14, n. 5 & 6.

18. Il ne faut pas faire l'application de ceci à une sentence de provision : car une sentence de provision, bien que non exécutée dans les trois ans, ne périt point, nonobstant que l'instance principale soit sujette à péremption ; la raison est que par le moyen de cette sentence, l'instance de provision qui n'a rien de commun avec l'instance principale, est terminée, comme il a été jugé par arrêt rapporté par Brodeau, *ibid.* somm. 15, n. 3.

19. Quand un procès par écrit, pendant au parlement, l'appointement de conclusion est pris, il n'est point sujet à péremption ; parce qu'on ne peut pas appeller pardevant un autre juge, du déni de justice, & que l'on présume que le retardement ne vient point du fait des parties, mais du rapporteur qui peut juger ; & que s'il ne le fait pas, c'est la quantité d'affaires qui cause ce retardement.

20. Mais le procès appointé & mis en état de juger pardevant les juges inférieurs, même pardevant les présidiaux, au second chef de l'édit, tombe en péremption ; parce que les parties peuvent obliger ces juges de juger, leur faire des sommations, & en cas de refus appeller de déni de justice, suivant l'ordonnance de 1667, tit. 25, art. 2, 3 & 4. De ceci on n'en a jamais douté.

21. Ce qui forme un doute, ce sont les causes pendantes pardevant les présidiaux en jugement dernier. Il y a des auteurs qui soutiennent qu'elles tombent en péremption : mais la jurisprudence en ce siége est contraire. *In Curia Parlamenti suprema*, dit M. Jean Decullant, *Instantia conclusa, seu in consilium missa, in qua nihil aliud requiritur ex parte litigantium, non perit... Hanc prærogativam supremæ Curiæ nostri Judices Præsidiatûs Molinensis sibi vindicant, quamvis* Maynard *&* Chenu, *notab. quæst. cap. 90 & 94, dicant contrarium multis Arrestis fuisse judicatum.* Jean Decullant, *hic.*

Quand ci-deſſus a été dit que la péremption d'inſtance avoit lieu ès préſidiaux, dit M. Louis Semin, s'entend au ſecond chef de l'édit, & non pas au premier, où le procès étant de tout point inſtruit, il n'échet aucune péremption ; parce qu'au premier chef les juges étant ſouverains, on ne les peut pas contraindre à rapporter le procès ; mais au ſecond, on peut appeller comme de déni de juſtice. Telle eſt la remarque de M. Semin, *hìc*, & ainſi s'obſerve aujourd'hui en ce ſiége. * Mais M. Berroyer, ancien avocat au parlement de Paris, dans ſes notes manuſcrites, qu'il a faites ſur le préſent commentaire, & qui m'ont été envoyées & remiſes, traite cette pratique d'erreur.

22. Les inſtances pendantes pardevant les arbitres ſont ſujettes à péremption, parce qu'ils ſont obligés de juger ſuivant l'ordonnance, & il en eſt de même, pour la même raiſon, de celles qui ſont pendantes aux officialités : car les officiaux ſont obligés de juger conformément aux ordonnances, ainſi qu'il eſt porté expreſſément par l'article 1 du tit. 1 de l'ordonnance de 1667.

23. La péremption n'a point de lieu, dit Brodeau, aux cauſes & procès du domaine, & autres où le roi eſt partie : en un mot, les cauſes fiſcales ne périſſent pas ; ce qui a lieu même contre la partie principale, en une cauſe commune, où M. le procureur général eſt auſſi partie : car quand M. le procureur général eſt partie dans l'inſtance, il n'y a point de péremption entre toutes les parties. Arrêt du 17 février 1635, qui l'a ainſi jugé. Brodeau ſur Louet, lett. P. ſomm. 16, n. 4.

24. Toutefois, s'il ne s'agiſſoit au domaine que des arrérages de devoirs, (ce qui n'intéreſſe que le fermier,) il y en a qui eſtiment que la péremption a lieu ; & ainſi a été jugé, dit M. François Decullant. *Hæc peremptio inſtantiæ*, dit-il, *locum non habet in juriſdictione domanii regii, etiamſi fermarius ſeu conductor agat pro ſolis arreragiis cenſûs*, Chop. de mor. Pariſ. lib. 2, tit. ult. num. 7 ; *quod idem ſentiunt alii quidam Cauſidici Molinenſes, qui tamen aiunt noviſſimè contrà judicatum fuiſſe, & meliùs*. M. François Decullant, *hìc*.

25. En matieres criminelles, intentées extraordinairement, par information, recollement & confrontation, la péremption d'inſtance n'a pas de lieu ; mais ſi l'inſtance a été civiliſée, & qu'elle ait été diſcontinuée pendant trois ans, il y a péremption. Ainſi jugé par arrêt rapporté par M. Louet, lett. P. ſom. 37.

26. Les ſaiſies réelles, les inſtances de criées de terres & héritages, & autres immeubles, ne tombent point en péremption, lorſqu'il y a établiſſement de commiſſaire, & baux faits en conſéquence. C'eſt la diſpoſition de l'arrêté du 28 mars 1692.

27. Sur la queſtion, ſi dans les actions annales, comme complainte, & celles qui regardent les choſes contenues en l'art. 13 de cette Coutume, l'inſtance périt par trois ans, comme dans les autres actions, ou par un moindre temps : on diſtingue, quand l'action n'eſt point conteſtée, elle périt par diſcontinuation de pourſuites pendant un an ; mais ſi elle eſt conteſtée, la conteſtation a l'effet de proroger l'action juſqu'à trois ans, enſorte qu'elle ne peut périr que par trois ans. Ainſi jugé par arrêts rapportés par M. Brodeau ſur Louet, lett. I. ſomm. 2, & tel eſt ſon ſentiment ; & c'eſt une des remarques de M. Semin, *hic*.

28. *Nota*, dit M. Semin, *quòd ubi actio annalis eſt, cujuſmodi ſunt actiones ex præcedenti articulo emergentes, earum Inſtantia ante litis conteſtationem, paris temporis ſilentio, id eſt ceſſatione per annum proceſſus, perit, exemplo poſſeſſoriæ actionis*, art. 90.

29. Sur quoi M. Jean Decullant obſerve qu'en fait de retrait, comme par notre Coutume l'action en doit être intentée dans les trois mois, ou ſix mois, ſelon la diſpoſition de l'art. 422 ; ſi l'inſtance de retrait demeure ce temps-là ſans être conteſtée, elle périt. *Unde*, dit M. Decullant, *cùm in noſtro Statuto ea actio præſcribatur, trimeſtri, vel ſemeſtri, ut infrà, art, 422, eodem tempore ejus Inſtantia debet perire ante litis conteſtationem. Vide* Chenu en ſes Queſt. notab. cap. 96, *ubi refert Arreſtum in Conſ. Bitur. quo actio retractûs cenſualis diſcontinuata per 60 jours, ante litis conteſtationem fuit perempta etiam contrà Tutorem ; quia, dictâ Conſuetudine, talis actio intentari debet intrà 60 dies ; idem* Chenu ſur Papon, lib. 12, tit. 3, *de Præſcript. Arreſto* 27. M. Jean Decullant, *hic*.

30. M. de la Thaumaſſiere ſur la Coutume de Berry, tit. 14, art. 1, cite les arrêts qui l'ont ainſi jugé dans cette Coutume. La Coutume d'Anjou, art. 461, en contient une diſpoſition préciſe : En matiere de retrait, porte cet article, quand le demandeur laiſſe la pourſuite de ſa demande de retrait, par an & par jour, (qui eſt le temps marqué par cette Coutume pour former ſa demande en retrait,) il y a perte de droit de cauſe & de querelle, contre le demandeur ; ſur quoi M. Julien Brodeau ajoute, *pourvu que l'Inſtance n'ait été conteſtée*. M. Julien Brodeau, ſur l'art. 461 de la Coutume d'Anjou, nouv. Coutum. général. * Et ſur M. Louet, lettre I, ſom. 2, où il cite les auteurs qui ſont de ce ſentiment, les différens arrêts qui l'ont ainſi jugé, & ſa raiſon, c'eſt que l'inſtance étant comme la fille de l'action, elle ne doit pas, lorſqu'elle n'eſt pas conteſtée, plus durer que l'action ; la préſomption étant que le demandeur, qui après un ſimple ajournement ne fait aucune pourſuite, *ab actione deſiſtere voluit*....... un ſimple ajournement n'ayant pas le pouvoir de proroger l'action annale, comme la conteſtation ; c'eſt le raiſonnement de M. Brodeau ſur M. Louet, au lieu cité.

31. La péremption ne peut être oppoſée valablement, lorſque l'une des parties, ou le procureur de l'une des parties, ſont décédés dans les trois ans, ou lorſqu'une fille s'eſt mariée, ou qu'une veuve a paſſé à ſecondes noces ;

dans tous ces cas, le cours de la péremption est arrêté : parce qu'au premier cas, la partie qui oppose la péremption, doit s'imputer la faute de n'avoir pas fait assigner en reprise l'héritier de la partie décédée ; au second, de n'avoir pas sommé la partie adverse de constituer un nouveau procureur ; au troisieme, de n'avoir pas fait assigner le mari pour reprendre avec sa femme, & pour l'autoriser : & n'importe de quel côté procéde l'empêchement, le cours de la péremption est toujours arrêté ; parce qu'en matiere de péremption d'instance, la loi est égale. Telle est la jurisprudence des arrêts. M. Louet & son commentateur, lett. I. somm. 13.

32. Quant à ce qui concerne le rapporteur, si son décès interrompt le cours de la péremption, c'est une question qui partage les sentimens. M. Lange, dans son praticien français, liv. 4, ch. 24; M. Couchot, dans son praticien universel, liv. 3, ch. 4; M. de Ferriere, inst. Cout. liv. 3, tit. 1, art. 128, sont de sentiment, que le décès d'un rapporteur interrompt le cours de la péremption : en ce cas, la partie qui oppose la péremption se doit imputer la faute, dit M. Couchot, de n'avoir pas fait distribuer l'affaire à un autre rapporteur. L'auteur des notes sur Duplessis, traité *de la Prescription*, liv. 2, chap. 2, sect. 2, page 511; M. Dhéricourt, *loix ecclésiast.* part. 1, ch. 20, art. 114, sont de sentiment contraire; & il a été jugé par arrêt rendu en la grand'chambre, sur les conclusions de M. Chauvelin, que la mort du rapporteur signifiée, ou non signifiée, n'empêchoit pas le cours de la péremption. Toutefois dans un procès, au rapport de M. Perrotin de la Serré, l'an 1722, il fut jugé en cette sénéchauffée conformément au premier sentiment, que la mort du rapporteur empêchoit le cours de la péremption : j'étois des juges.

33. Quand un mineur sort de tutelle, ou quand on lui donne un autre tuteur, la péremption d'instance n'est pas interrompue : ainsi ayant commencé contre le tuteur, elle court contre le mineur parvenu en majorité ; parce que le tuteur & le mineur ne passent que pour une seule & même personne, & que le fait du tuteur est celui du mineur ; desorte que, dit M. Brodeau, n'y ayant point de changement de personnes, la péremption continue son cours, & n'est point arrêtée. M. Brodeau sur M. Louet, lett. I. somm. 13.

34. Mais la péremption est interrompue par le compromis des parties, & ne court la péremption durant le temps qu'a duré le compromis, si par l'événement il n'avoit pas été exécuté, & qu'il fallût retourner pardevant le juge ordinaire : c'est la remarque de M. François Decullant, *hic*, & le sentiment de M. Lange, dans son praticien français, après Grimaudet, traité *du retrait lign.* liv. 10, chap. 7. *Item deducitur*, dit M. Decullant, *tempus quo litigantes remanserunt apud Arbitros; pendente enim compromisso fatalia non currunt... potest tamen Instantia perire triennio coram Arbitris, sicut coram Judice.* M. François Decullant, *hic*.

35. Au surplus toutes sortes de procédures & actes faits en la cause, empêchent le cours de la péremption, pourvu qu'ils ne soient pas inutiles & frustratoires; tellement qu'un simple acte par lequel un procureur déclare que l'ancien est révoqué, & qu'il a charge d'occuper, suffit pour empêcher la péremption, selon que l'a observé M. Brodeau sur M. Louet, lett. P. somm. 14, & après lui M. Lange, en son praticien français.

36. Mais autre chose est d'un acte inutile, & qui ne sert pas à l'instruction de l'instance, tel qu'est une sommation pour venir plaider, faite avant qu'on ait consigné l'amende, & qu'on ait signifié copie de la quittance. Il fut jugé à mon rapport, en ce présidial, au premier chef de l'édit par sentence rendue le 26 mars 1726, entre Charles Bonnavaud, appellant de sentence du juge de la Motte-Morgond, & Claude Perronnet, intimé, demandeur en péremption d'appel; qu'un tel acte, comme acte inutile & frustratoire, aux termes de l'édit du mois d'août 1669, n'avoit pas empêché le cours de la péremption de l'instance d'appel.

* Par sentence rendue à mon rapport en ce présidial, au premier chef de l'édit, entre Charles Bonnavaud, appellant de sentence du juge de la Motte-Morgond, & Claude Perronnet, intimé, & demandeur en péremption d'appel, il a été jugé qu'une sommation pour venir plaider, faite avant qu'on eût payé l'amende, & qu'on eût signifié copie de la quittance, comme acte inutile & frustratoire, aux termes de l'édit du mois d'août 1669, n'avoit pas empêché le cours de la péremption de l'instance d'appel.

Le fait étoit que Claude Perronnet avoit fait assigner Charles Bonnavaud, comme héritier & bien tenant de Marie Desbatisses, pour lui payer une somme de dix livres d'une part, & de trente livres d'autre; que sur cette assignation il obtint sentence par défaut, faute de comparoître, qui lui adjugea ses conclusions; que Charles Bonnavaud en ayant appellé, prit un relief le 5 avril 1720, & intima, en vertu de ce relief, Claude Perronnet le 11 du même mois : ledit Perronnet comparut, donna copie de la sentence dont étoit appel, & somma ledit Bonnavaud de fournir ses moyens d'appel, & cela le 25 mai 1720; depuis lequel temps il y eut trois sommations pour venir plaider ; deux de la part du procureur de Perronnet; savoir, les 29 & 31 mai 1721, & une autre de la part de celui de l'appellant, le 5 mai 1723, sans qu'on eût payé l'amende; laquelle ne fut payée que le 17 janvier 1725 par l'intimé, qui fit signifier copie de la quittance, &, le même jour 17 janvier, forma sa demande en péremption d'appel.

La question consistoit uniquement au procès; savoir, si la sommation faite par le procureur de l'appellant, le 5 mai 1723, étoit

un

Tit. III. DES PRESCRIPTIONS. Art XIV.

un acte suffisant pour empêcher le cours de la péremption. L'intimé le soutenoit insuffisant, comme étant un acte inutile pour l'instruction, & purement frustratoire, l'amende n'ayant pas été payée ; & il fut jugé tel, & ce, suivant l'ordonnance du mois d'août 1669, qui fut lue à la chambre, & qui porte qu'aucun ne puisse être reçu appellant, qu'il n'ait consigné l'amende de douze livres en nos cours, & de six livres aux siéges présidiaux, ès cas esquels ils jugent présidialement, & en dernier ressort.......... Que les appellans seront tenus de donner copie de la quittance du receveur des amendes au procureur de leurs parties adverses, avant qu'ils puissent être reçus à faire aucunes procédures sur les appellations soit verbales ou par écrit, principales ou incidentes, sauf à l'égard de celles qui seront interjettées sur le bureau en plaidant........ Et en conséquence fait défense à tous procureurs des cours & siéges présidiaux, de faire mettre aucune appellation verbale au rôle, & d'en poursuivre l'audience sur placet, ou de conclure en aucun procès par écrit, qu'ils n'ayent donné & fait signifier copie de la quittance du receveur des amendes au procureur de la partie adverse, à peine de nullité des procédures, arrêts, jugemens & sentences.

37. Les trois ans pour la péremption doivent être continus depuis le dernier errement ; & si le dernier errement contient quelque délai, de huit ou quinze jours, par exemple, ou quelqu'autre, les trois ans ne se comptent pas de l'expiration du délai, mais du dernier errement précisément ; & ainsi a été jugé en cette Sénéchaussée. C'est l'observation de M. Jean Decullant : *Hoc triennium*, dit-il, *computatur à die ultimi actûs, licèt contineat aliquam dilationem, putà 8 vel 15 dierum, aut aliam similem aliquid faciendi ; quo casu sunt qui putent hoc tempus tantùm currere à die finitæ dilationis : tamen prior sententia prædicatur Molinis, scilicet hoc triennium currere à die actûs, non à die finitæ dilationis ; & ita judicatum patrocinante Joanne Decullant, anno 1611, pro cliente quodam Gilberti* Peronnin, *procuratoris*. M. Decullant, *hìc*.

38. La péremption de l'instance court contre toutes sortes de personnes, mineurs ayant tuteurs ou curateurs, & femmes mariées, sans espérance de restitution ; sauf aux mineurs leur recours contre leurs tuteurs ou curateurs. L'article 120 de l'ordonnance de 1539 porte défense d'expédier aucune lettre de restitution contre la péremption.

39. Autre chose est des mineurs dépourvus de tuteurs & curateurs, parce qu'ils sont sans défenses ; & que n'étant pas capables d'ester en jugement, la péremption ne peut pas courir contr'eux. *Hæc Instantiæ peremptio*, dit M. Jean Decullant, *non habet locum contrà minores 25 annis, non habentes Tutorem vel Curatorem, alioquin, si Tutorem vel Curatorem habeant, potest Instantia perire, salvo illorum recursu contrà Tutores vel Curatores, si sint, solvendo*. Jean Decullant, *hic* ; & tel est le sentiment commun.

40. Bien plus, il y en a qui estiment que si les tuteurs ne sont pas solvables, il n'y a pas de péremption. Tel est le sentiment de M. Lepreftre, & autres ; & il y en a arrêt de 1587, rapporté par Chenu, qu. 93.

41. Quant à ce qui regarde les églises, hôpitaux & fabriques, on distingue : si l'instance ou procès n'étoit que pour des fruits, ou des jouissances qui regardent seulement l'intérêt du bénéficier, nul doute en ce cas que la péremption n'ait son cours contre ce bénéficier ; mais si en l'instance ou procès il s'agissoit de la perte du fonds d'un bien d'église, d'un hôpital, ou d'une fabrique, il semble, dit M. Lange après M. Brodeau, que la péremption ne devroit pas avoir lieu ; n'étant pas raisonnable que la négligence des administrateurs, ou marguilliers, fasse perdre à l'église, aux hôpitaux & aux fabriques, leurs fonds & leurs domaines : ainsi jugé par arrêt du 13 avril 1518, & par un autre du 23 décembre 1630, rapportés par Brodeau sur M. Louet, lett. P. somm. 14.

42 La péremption est couverte, si la partie qui a acquis la péremption, reprend l'instance, si elle forme quelque demande, fournit de défenses, ou fait quelqu'autre procédure ; s'il intervient quelqu'appointement ou arrêt interlocutoire, ou définitif, pourvu que les procédures soient connues de la partie, & faites par son ordre. C'est la disposition de l'article 4 de l'arrêté du 28 mars 1692. La raison est que cette partie est réputée avoir renoncé au droit qu'elle avoit acquis par la péremption.

43. Mais pour cela il faut, comme il a été dit, que la procédure ait été connue de la partie, ou faite par son ordre : car si le procureur avoit fait de son mouvement des procédures qui couvrissent la péremption, sa partie pourroit le désavouer, & présenter requête pour demander que l'instance ou l'appel soit déclaré péri, de même que s'il n'y avoit point eu de procédures depuis la péremption acquise.

* La péremption est encore couverte, si le demandeur contre lequel la péremption est acquise, & à qui on est en droit de l'opposer, prévient la demande en péremption par quelque poursuite & procédure de sa part, ainsi qu'il a été jugé différentes fois en cette Sénéchaussée, moi présent, en qualité de juge, & ce conformément à un arrêt d'audience de la grand'chambre du parlement de Paris, du   1736, rendu au profit d'Antoine Dupreux, contre Jean Venet, plaidans Pecouleau pour Jean Venet, & Rigauld pour Antoine Dupreux ; à la vérité on prétend que le contraire a été jugé par un arrêt des enquêtes, rendu au profit de M. Imber de la Cour, conseiller en ce siége, postérieurement à l'arrêt de la grand'chambre ; mais ce dernier n'a pas fait changer la jurisprudence de ce siége.

Part. I.   G

& j'ai appris que tel est l'usage au parlement, depuis quelque temps, en conformité de la grand'chambre.

44. Il reste une question à décider; savoir, si une sentence par défaut tombe en péremption : M. Lange, en son praticien français, répond affirmativement, lorsqu'il y a eu un jugement qui reçoit opposant; & il semble, dit-il, qu'il en soit de même, lorsque sans jugement on a procédé.

45. Lorsque la sentence par défaut a été signifiée, qu'on n'y a pas formé opposition, & procédé sur cette opposition, cette sentence ne tombe pas en péremption. C'est l'esprit de la Coutume au présent article, lorsqu'elle dit, que l'instance est périe par trois ans, par discontinuation de poursuites, soit par faute de procéder, ou (d'avoir) obtenu défaut par l'une des parties : d'où il reste à conclure, que quand on a obtenu défaut, il n'y a pas lieu à la péremption.

46. Mais, lorsque la sentence par défaut n'a pas été signifiée, c'est une question qui a été jugée le 5 avril 1724 en cette sénéchaussée, au rapport de M. Pierre de Saint Cy, dans le procès d'entre Marie & Jacques Pinel, appellans, contre François & Jean Aubergier, intimés : il y fut décidé qu'une sentence par défaut, obtenue en 1680, & signifiée à l'héritier de la partie en 1701, n'étoit pas tombée en péremption, quoiqu'elle eût demeuré vingt ans sans avoir été signifiée : j'étois des juges.

* Mais il y a sentiment contraire, & on cite pour ce sentiment les consultations de plusieurs avocats, & entr'autres celles de M^{rs}. Begon, Nivelle, Blaru & Chevalier, célèbres avocats du parlement de Paris, & un arrêt rendu en la quatrieme chambre des enquêtes, au mois d'août 1730, entre Palabot, habitant de la ville de Cusset, & les héritiers Bauni; par lequel arrêt il a été décidé qu'une sentence par défaut, non signifiée, tomboit en péremption.

ARTICLE XV.

Si l'on n'agit pour injures verbales, dedans l'an qu'elles sont dites, l'on n'en peut après faire action, & sont abolies.

1. L'Injure est tout ce qui se fait au mépris du prochain, & pour l'offenser; ce qui se fait en trois manieres : savoir, par paroles, par écrit & par effet. Par paroles, en usant de termes outrageans : Par écrit, en faisant des libelles diffamatoires : Par effet, quand on porte, par exemple, la main sur quelqu'un pour le battre, même sans frapper, comme si on leve le bâton sur lui & l'injure est plus ou moins grave, selon le mérite des personnes, selon les circonstances, le temps, ou le lieu.

2. Dans le présent article il ne s'agit que d'injures commises par paroles.

Quand l'injure, quoique verbale, est atroce, eu égard au mérite des personnes injuriées, des circonstances, ou du lieu ; en ce cas, celui qui est offensé peut poursuivre extraordinairement sa partie, c'est-à-dire par une plainte suivie d'informations. Mais, quand il ne s'agit que de simples injures verbales, il est défendu aux juges d'en informer, ni pour raison d'icelles instruire des procès criminels ; & il leur est enjoint au contraire très-expressément de vuider ces sortes de différends, sommairement & à l'audience ; parce qu'on ne veut pas que pour de simples injures verbales, les parties se consomment en frais. On y doit donc procéder seulement par aveu ou désaveu ; & il suffit, pour finir l'instance, que le défendeur reconnoisse le demandeur, partie offensée, d'autre qualité que les injures proférées : auquel cas, le juge le condamne aux dépens de l'instance, lui fait défenses de plus proférer de semblables injures, & permet au demandeur, pour réparation, de faire publier le jugement au lieu où l'injure a été proférée ; & selon la remarque de M. François Menudel, sur le présent article, pour injures verbales, on ne condamne jamais aux dommages-intérêts.

3. Quand les injures sont réciproques, on les compense, ainsi qu'il a été jugé en cette Sénéchaussée, au mois d'août 1691, selon que l'a observé M. Jean Cordier sur le présent article ; & telle est la disposition précise de la Coutume de Bretagne, en l'article 673, qui porte, qu'en injures verbales il y a compensation, si l'une injure est aussi grande que l'autre.

4. L'action d'injures est annale, & après l'an, elle n'est plus recevable, dit le présent article : c'est aussi la disposition de la Coutume d'Auvergne, tit. 29, art. 8, & de la Marche, art. 334 ; lesquels articles portent que l'action d'injures verbales est éteinte par an & jour, sinon que la cause & l'action fût dedans l'an intentée ; & telle est, dit M. Brodeau dans sa note sur le présent article 15 de notre Coutume, la doctrine constante des arrêts. Brodeau, hic, dans le nouv. coutumier général.

5. Il y a plus ; c'est que cette action est éteinte même avant l'an, s'il y a preuves que les parties se soient reconciliées. Charondas, en ses mémorables observations, rapporte un arrêt rendu en la Tournelle, le 24 mai 1561, par lequel sur une action d'injures les parties furent mises hors de cour & de procès ; parce qu'il étoit justifié que depuis les injures dites & proférées, les parties étant en compagnie, avoient bû à la santé l'une de l'autre.

ARTICLE XVI.

DENIERS de collectes & autres impôts, clames, amendes, défauts & Exploits de Justice, se prescrivent par trois ans, s'il y a innovation.

<small>Quelles choses sont prescrites par trois ans.</small>

CLAME, ou *Clain*, se prend ici pour l'amende qui est due par celui qui succombe en justice par sa confession, avant contestation, comme il paroît par l'indice de Rageau, *in verbo* Clain. Telles amendes se prescrivent par trois ans, s'il n'y a novation, aux termes de cet article: mais autre chose est des amendes adjugées pour crimes, délits & malversations, par sentences, ou arrêts, dont l'exécution dure trente ans. M. Brodeau, *hic*, nouv. Coutumier général.

ARTICLE XVII.

ÉMOLUMENS d'actes de Cour, défauts, grosses de Sentences, & autres actes, se prescrivent par trois ans, sinon qu'il y eût innovation, ou procès intenté.

1. L'usage étoit autrefois que l'on contraignoit les parties de lever les actes de la cause; & quand le juge avoit rendu sa sentence, y eût-il appel, ou non, le greffier contraignoit les parties de la lever, & le juge décernoit en son nom, ou au nom de son greffier, un exécutoire pour le paiement de ses épices: & quelques remontrances que purent faire M^{rs}. les Commissaires sur cela, dans le temps de la rédaction de la Coutume, les gens d'église, les nobles & les praticiens n'y eurent point d'égard; ils dirent que les juridictions étoient patrimoniales, & qu'ainsi de tout temps & d'ancienneté avoit été usé au pays du Bourbonnois. C'est ce qui paroît par le procès-verbal de la Coutume sur le présent article.

2. Mais ces sortes de droits, profits & émolumens provenans de ces actes de cour, & l'action pour s'en faire payer, se prescrivoient par trois ans, aux termes du présent article, si ce n'est qu'il y eût innovation, ou procès intentés pour raison d'iceux.

3. Les choses ont bien changé depuis ce temps-là; car il est présentement défendu à tous juges, même ceux des seigneurs, de décerner en leurs noms, ni de leurs greffiers ou receveurs, aucuns exécutoires pour le paiement de leurs épices & vacations, à peine de concussion.

4. Bien plus, il ne leur est pas permis de refuser aux parties la communication des arrêts, jugemens & sentences mises aux greffes, à peine d'amende contre les greffiers, faute par eux de satisfaire dans la huitaine à la premiere sommation qui leur aura été faite, ou à leurs clercs ou commis. Ce sont les articles 6 & 7 de l'édit du mois de mars 1673.

5. Toutefois, comme il n'est pas juste que l'expédition des arrêts, jugemens & sentences, soit faite & délivrée avant que les épices soient payées, on ne les expédie pas, que les épices ne soient payées ou consignées; & le greffier ne délivre pas d'expédition, qu'il ne soit payé de ses droits. Ainsi le présent article n'est pas aujourd'hui d'un grand usage.

ARTICLE XVIII.

ARRÉRAGES de rentes constituées à prix d'argent, se prescrivent par cinq ans, en ensuivant l'Ordonnance; & arrérages de cens & autres devoirs, portans directe Seigneurie, par dix ans.

<small>Prescription d'arrérages de rentes & cens.</small>

1. LE présent article a été rédigé en conformité de l'ordonnance de Louis XII, de 1510, art. 71; & c'est de cette ordonnance dont la Coutume entend parler par ces termes, *en suivant l'ordonnance*.

2. Comme l'ordonnance & la Coutume ne parlent que des rentes constituées à prix d'argent, c'est une question si les rentes qui ne commencent point *à numeratione nummi*, & qui ont une autre origine, sont sujettes à la prescription de cinq ans pour les arrérages. Plusieurs estiment que, pour rentes constitutives, créées, par exemple, pour le prix d'un héritage vendu, on en peut demander vingt-neuf années d'arrérages, à cause que l'acheteur jouit des fruits de l'héritage: & d'autres au contraire soutiennent, que telles rentes sont véritablement constituées, & partant sujettes aux régles établies par l'ordonnance & par la Coutume; & ainsi fut jugé par arrêt du 13 juin 1679, en la troisieme des enquêtes, cité par l'auteur des nouvelles observations sur la Coutume de

Sénlis, art. 197, & rapporté dans le journal du palais. Mais on a toujours réclamé contre cet arrêt : & par un autre, rendu en la quatrieme des enquêtes, au rapport de M. Dumas, le jeudi 21 juin 1703, sur un appel du bailliage d'Orléans, entre Etienne & Anne Privé, appellans, Etienne & Elisabeth Geuffroneau, intimés; la cour, en confirmant la sentence, a jugé qu'il étoit dû 29 années de la rente constituée pour le prix d'une maison : Et tel est le sentiment de l'auteur des notes sur Duplessis, traité *des Prescriptions*, liv. 2, ch. 1, sect. 2; de M. Couchot, *Prat. Univ.* tome 4, liv. 1, ch. 1; de M. Lange, *Pratic. Franç.* liv. 3, chap. 13 : & tel est aussi le sentiment de M. François Menudel sur le présent article. *Nota*, dit-il, *quòd dicit paragraphus noster*, constituées à prix d'argent; *secùs*, si j'avois vendu ma chose, & que pour paiement d'icelle, rente m'eût été constituée : *tunc enim usuræ debentur usque ad trigesimum annum*..... M. Menudel, *hic*.

* Il y a des avocats de cette ville de Moulins, qui, reconnoissant que ces sortes de rentes ne sont point sujettes à la prescription de cinq ans, les assujettissent dans cette Coutume à celle de dix ans, par la raison que la prescription de dix ans est établie dans notre Coutume par le présent article pour les arrérages de rentes foncieres, comme il sera dit ci-après en parlant des rentes foncieres; que cette même prescription de dix ans a lieu pour les arrérages de rentes dues à l'église pour fondations de services, & de celles créées pour don & legs ; mais la jurisprudence de ce siége est contraire à leur sentiment. On y a considéré que la prescription de dix ans dans notre Coutume ne concernoit que les rentes foncieres & autres especes de rentes qui participoient de leur nature; que la vente d'un fonds produisant des interets, *ipso jure*, & que le demandeur pouvant dans cette Coutume en demander 29 années, si la vente étoit pure & simple, sa condition ne devoit pas être moins avantageuse pour avoir fait grace à l'acquéreur, & s'être privé de la liberté qu'il avoit de le contraindre à lui payer le prix de la vente : qu'autrement il arriveroit que le bon office que le vendeur a rendu à l'acquéreur, lui seroit préjudiciable, ce qui choque l'équité & la raison ; & on a jugé que le créancier d'une rente constituée pour le prix d'une vente d'héritage, en pouvoit demander 29 années, de même que si la vente avoit été faite purement & simplement.

3. Cela fut ainsi jugé, dit M. Etienne Baugi, au rapport de M. de Fougeroles, le dernier juin 1645 ; sçavoir, que l'on pouvoit demander vingt-neuf années d'une rente rachetable constituée pour vente de fonds, en confirmant la sentence du châtelain de Moulins, pour Jean Morauc, conseiller, intimé, contre Jean Lepied, appellant.

4. La même chose, dit encore M. Baugi, a été jugée en ce présidial au rapport de M. Rouher, le 26 juin 1704, en confirmant la sentence du châtelain de Billy : les parties étoient Marc Billard, intimé, & Marguerite Chesne, appellante. M. Baugi, sur l'article 414, *infra*.

* C'est ce qui fut encore décidé, dans le cas d'une dot mobiliaire, convertie en contrat de constitution de rente, à la conférence des avocats, qui a été imprimée avec plusieurs autres, sous le titre de consultation 61, au second volume de M. Duplessis, de l'édition de 1728. Il fut décidé que les dots mobiliaires, converties en contrats de constitution, ne sont pas comprises dans la disposition de l'ordonnance de 1510, & que les arrérages qui en naissent, ne sont pas sujets à la prescription de cinq années, La raison de décider fut que la dot, quoique mobiliaire, étant pour la femme un fonds privilégié, qui lui tient lieu de légitime, & de portion héréditaire, & qui produit des intérêts, sans qu'ils aient été stipulés, il paroît contre toute raison, de ne vouloir pas donner à la dot, quand elle devenoit immobiliaire, par la conversion que le pere en a fait en contrat de constitution sur lui, la même faveur qu'elle avoit, lorsqu'elle étoit purement mobiliaire. Elle produisoit, disent M^{rs}. les avocats, avant cette conversion, des intérêts de plein droit, le mari en pouvoit demander vingt-neuf années. Quel changement y a-t-il depuis ? La dot est laissée au pere à constitution, il acquiert l'avantage de ne pouvoir plus être contraint au paiement du principal ; mais le contrat n'ôte au mari aucun des droits qu'il avoit : la rente tient lieu du fonds de la dot, & les arrérages qui en naissent, sont des fruits non sujets à la prescription de cinq années, tel est le raisonnement de M^{rs}. les avocats dans leur délibération.

La même chose fut enfin jugée en ce présidial, sur un appointement à mettre, au rapport de M. Peret du Coudrai, le 3 septembre 1733, & sentence fut publiée le 5, qui étoit un samedi ; les parties au procès étoient madame de Rochevert, & le nommé Tortet; voici quel étoit le fait.

M. Devilaine, vivant, trésorier de France, avoit vendu une maison au prédécesseur de Tortet; une partie du prix fut payée comptant, & l'acquéreur consentit pour le paiement du restant, une rente de 600 liv. de principal, au profit du vendeur. M. Devilaine étant décédé, cette rente arriva au lot de M. Dévilaine, son neveu, & des dames Heron & de Rochevert, ses sœurs, héritieres dudit sieur Devilaine ; le débiteur de la rente paya en 1720 au sieur Devilaine la somme de 200 l. pour son tiers du principal, avec le tiers des cinq années d'arrérages pour lors échus ; il en fit autant à M. Heron, époux de la dame Heron ; le sieur de Rochevert ne voulut recevoir, pour la dame de Rochevert, son épouse, que la somme de 100 l. & les arrérages de ladite somme qui étoient échus ; tellement que du principal de ladite rente, il resta à payer la somme de 100 l.

avec

avec les cinq années d'arrérages échus en 1720. Cette somme de 100 l. fut payée au sieur Semin, héritier de la femme dudit sieur Devilaine, vendeur, par Tortet, possesseur de la maison, au mois de novembre 1732, avec cinq années d'arrérages. Les choses en cet état, la dame de Rochevert forma une demande à Tortet en action hypothécaire, pour la somme de 200 liv. en principal, & les arrérages échus depuis la derniere quittance du sieur Devilaine, défunt ; sur quoi Tortet ayant rapporté la quittance du sieur de Rochevert, son mari, de l'année 1720, & celle du sieur Semin, de l'année 1732, il fut déchargé de l'action hypothécaire, pour la somme de 200 liv. en principal, mais il fut condamné de payer en deniers ou quittances, les cinq années d'arrérages de la somme de 100 l. payée au sieur Semin, échus en 1720, & ceux qui étoient échus depuis, jusqu'au paiement fait audit sieur Semin en 1732. Le motif de cette décision fut que la rente avoit été constituée pour vente de fonds, & que d'une telle rente on en pouvoit demander vingt-neuf années d'arrérages ; tel fut le sentiment de M. Perrotin, l'aîné, qui présidoit, & de M^{rs}. les conseillers qui assisterent au jugement du procès ; j'étois du nombre. Il est à observer qu'on ne rapportoit au procès aucune poursuite, ni demande, qui eût conservé les arrérages & empêché le cours de la prescription.

Cela a encore été jugé en ce présidial sur un appointement à mettre, au rapport de M. Pierre de S. Cy, le 31 août 1734, & la sentence fut publiée le 2 septembre suivant ; les parties au procès étoient Jean Lombart, écuyer, intimé, & incidemment appellant, contre Michel Augonnet, vigneron, appellant & intimé : il fut dit en réformant le juge de S. Amand, qu'il avoit été mal jugé au chef qui condamne ledit Augonnet à payer seulement dix années d'arrérages de ladite rente, créée & consentie pour vente d'héritages ; émendant & réformant quant à ce, ledit Augonnet fut condamné à payer vingt-neuf années de ladite rente en deniers ou quittances valables ; j'étois des juges. La sentence quant à ce chef n'eut point de contradicteurs.

Je l'ai vu juger de même plusieurs fois, & telle est certainement aujourd'hui la jurisprudence de ce siége.

5. Il en est de même des rentes dues à l'église pour fondation de service divin ; elles ne sont point sujettes à la prescription de cinq ans, portée par l'ordonnance de Louis XII, & par notre Coutume : laquelle prescription ne regarde, selon qu'il a été dit, que les rentes constituées à prix d'argent, comme le texte d'icelles le porte expressément, & que les raisons contenues en la préface de l'ordonnance le démontrent. Aussi y a-t-il une grande différence entre les rentes constituées à prix d'argent, & celles qui sont dues pour fondation : dans celles-ci la cause est beaucoup plus favorable ; ce n'est point pour intérêt ou revenu que la rente se paye, c'est pour récompense de divin service qu'elle est due ; c'est un honoraire, dont l'action se renouvelle autant de fois qu'on fait le service. Tel est le sentiment commun des auteurs, de M. Henrys, tome 1, liv. 4, ch. 6, qu. 71 ; de M. Brétonnier, ibid. de Loyseau, du Déguerp. liv. 1, chap. 7 ; de M. Dolive, liv. 1, chap. 6 ; de M. Dhericourt, Loix eccl. part. 4, ch. 4, art. 16 ; d'Automne sur la Coutume de Bourdeaux, art. 90 ; de M. Duplessis sur celle de Paris, traité des Rentes, liv. 1, chap. 3 ; de M. Catelan, conseiller au parlement de Toulouse, dans son recueil d'arrêts, tom. 1, liv. 1, ch. 7.

6. Tous ces auteurs soutiennent que l'église est en droit de demander vingt-neuf années d'arrérages d'une rente pour des obits, ou pour quelque fondation que ce soit, dont elle a acquitté le service : mais comme ils ont écrit pour des lieux dans lesquels les arrérages de cens & rentes foncieres ne se prescrivent que par trente ans, cette décision peut souffrir difficulté dans cette Coutume ; & la raison de douter, c'est que notre Coutume réduit les arrérages même de cens à dix ans, & qu'il y a été jugé, comme nous le dirons ci-après, par sentence confirmée par arrêt, qu'on ne peut demander que dix années d'arrérages de pension viagere : c'est ce qui donne lieu de croire qu'on doit dans notre Coutume fixer à dix ans les arrérages dus pour fondation. Cela n'est pourtant pas sans difficulté ; puisqu'on peut demander 29 années d'arrérages de douaire, comme nous le dirons en son lieu.

7. Par les ordonnances de 1510 & de 1539, en fait d'arrérages de rentes constituées, il falloit une demande judiciaire des arrérages échus, pour empêcher le cours de la prescription : mais l'usage a introduit contre ces ordonnances, qu'un simple commandement suffit, & on le renouvelle tous les cinq ans pour empêcher la fin de non-recevoir ; tellement qu'il suffit de rapporter des exploits de commandement de cinq en cinq ans, pour se défendre de la prescription que voudroit opposer le débiteur. Cela est conforme à la jurisprudence des arrêts ; & il est à observer que ces commandemens, pour le paiement des arrérages de rentes, ne sont pas sujets à péremption, parce qu'ils ne sont introduits que pour avertir le débiteur. M. Bretonnier sur Henrys, tome 1, liv. 4, ch. 6, qu. 74.

8. Au défaut de ce commandement, le créancier n'est point en droit de déférer le serment à son débiteur, pour déclarer & affirmer s'il ne lui doit que cinq années d'arrérages ; car, quand il seroit constant qu'il ne les auroit pas payées, & qu'il en demeureroit d'accord, il ne laisseroit pas de demeurer quitte & déchargé purement & simplement des arrérages du passé, en payant les cinq dernieres années ; ainsi qu'il a été jugé par plusieurs arrêts, dit M. Dernusson. La raison est que l'ordonnance & la Coutume qui ont réduit les

arrérages de rentes aux cinq dernieres années, l'ont ainsi ordonné, *in odium usurarum*, pour empêcher qu'il ne s'accumulât trop d'intérêts ensemble, qui accableroient les débiteurs, & causeroient leur ruine, & encore pour punir la négligence des créanciers; de maniere qu'il ne s'agit pas en ce cas d'une présomption de paiement, mais d'une prescription que le bien public & le soulagement des débiteurs ont introduite. Tel est le sentiment de M. Henrys & Bretonnier, tome 1, liv. 4, ch. 6, qu. 74; de M. Dernusson, traité *des Propres*, ch. 5, sect. 2; & de Ferriere, *science des notaires*, art. 22.

9. Mais il n'en est pas de même, si le débiteur avoit promis de payer; le serment peut être déféré en ce cas, sur le fait de la promesse, quoique la preuve n'en soit pas recevable, pour ne point éluder l'ordonnance. La raison est que dans le premier cas il est indifférent de savoir si le débiteur a payé ou non; l'ordonnance & la Coutume le liberent: mais s'il a promis de payer, & a retenu le créancier d'agir au moyen de cette promesse, cette promesse produit une action qui sert de fondement pour déférer le serment. Henrys, *ibid.*
* Ainsi a été jugé en l'audience de cette Sénéchaussée, le 5 août 1739, en la cause du sieur Dubuisson de Douzon, demandeur de vingt-cinq années d'arrérages de rente constituée, contre le sieur Hatier, défendeur, plaidans Amonin des Granges pour le sieur de Douzon, & Heuillard pour le sieur Hatier; le sieur Hatier fut condamné de son consentement, & suivant ses offres, à payer cinq années d'arrérages, & à reconnoître, déchargé du surplus en affirmant à l'audience, qu'il n'avoit pas promis de payer tous les arrérages demandés; des Granges, avocat, soutenoit pour sa partie, que le sieur Hatier étoit tenu d'affirmer, & déclarer, s'il n'étoit dû que cinq années d'arrérages, & s'il avoit payé le surplus; Heuillard, avocat, soutenoit au contraire pour sa partie, qu'on n'étoit pas en droit de lui déférer le serment sur cela, & qu'il lui suffisoit d'affirmer qu'il n'avoit pas promis de payer; & ainsi fut jugé, *nemine contradicente*, par M^{rs}. Berger, lieutenant général, Peret du Coudrai, Perrotin de Laferrée, moi Auroux des Pommiers, Heuillard de Laporte, & Perrotin de Chevagne, conseillers.

10. Que si le débiteur est convenu avec le créancier de payer les arrérages de la rente, nonobstant la prescription de cinq ans; cet accord, dit M. Duplessis, ne nuit qu'au débiteur seul, & non aux créanciers, à l'égard desquels l'hypotheque de ces arrérages prescrits n'a lieu que du jour de l'accord. Duplessis, sur Paris, traité *des droits incorporels*, tit. 3, liv. 1, ch. 2, page 161.

Cette prescription de cinq ans, pour les arrérages des rentes constituées, court contre les mineurs, contre les églises & contre les communautés, sauf leur recours contre les tuteurs, les marguilliers ou syndics, & autres administrateurs.

11. Notre Coutume, au présent article, met une différence, quant à la prescription, entre les arrérages des rentes constituées à prix d'argent, & les arrérages de cens portant directe seigneurie: ces derniers, aux termes de notre article, ne se prescrivent que par dix ans; de maniere qu'on ne peut demander que dix années; les arrérages des années précédentes, qui n'ont pas été demandées, étant prescrits, suivant le présent article & les articles 414 & 415, *infrà*. Et la disposition du présent article, depuis ces mots, & *arrérages de cens*, est Coutume nouvelle, ainsi qu'il est dit au procès verbal de la Coutume.

12. Mais comme la Coutume dans les articles qu'on vient de citer, ne regle & ne fixe à dix ans la prescription des arrérages de rentes foncieres, que pour les rentes foncieres seigneuriales, *portant directes seigneuries*, ce sont ses termes; qu'elle n'a pas fixé le temps de la prescription des arrérages des simples rentes foncieres: c'est une question, si dans notre Coutume, les arrérages de ces dernieres rentes se prescrivent par cinq ans, comme ceux des rentes constituées, ou par dix ans, comme les arrérages de cens, ou par un plus long-temps.

13. Il y en a qui prétendent que les arrérages des simples rentes foncieres se prescrivent par cinq ans, & ils tirent leur preuve des articles 414 & 415, où la Coutume distinguant les cens & rentes seigneuriales portant directe, d'avec les simples rentes roturieres, dit que le détenteur d'aucun héritage peut être convenu personnellement pour dix années d'arrérages des premieres, & pour cinq années des secondes: mais le contraire a été décidé par arrêt; & il y a eu en cette Coutume, disent M. Louis Vincent & M. Jean Cordier, dans leurs manuscrits, arrêt pour les héritiers Senaut, contre feu Nicolas Goin, par lequel les arrérages des rentes foncieres ont été réglés aux années des arrérages des cens: & cela avec raison; car, quand la Coutume parle de la prescription de cinq ans pour arrérages de rentes, elle ne parle, ou n'entend parler, que des rentes constituées à prix d'argent; & si les articles 414 & 415 renferment quelques obscurités, on doit les expliquer par le présent article, où la Coutume traite expressément de l'une & de l'autre prescription, de cinq ans & de dix ans, & borne précisément la prescription de cinq ans, aux arrérages des rentes constituées.

14. La même chose a été jugée, dit M. Genin, pere, le 24 juillet 1618, M. Genebrard, rapporteur pour M. Pierre & Fr. Dubuisson, opposans au péremptoire poursuivi sur Jacques Bobier par Catherine Creuzette; savoir, que pour rente fonciere non emportant directe, on pourroit demander dix années, aussi bien que pour la rente directe. Genin, pere, *apud* Etienne Baugi, sur l'article 414, *infrà*.

15. La chose a été nouvellement jugée en cette Sénéchaussée au rapport de M. Troche-

reau, le 9 juin 1727, dans le procès d'entre Antoine Gilbert de Combes, sieur de Morelles, demandeur, contre Jean Belavoine, défendeur. Voyez l'article 414, infrà, & ce qui y est dit.

* On peut demander dix années d'arrérages d'une simple rente foncière : Cela a été ainsi jugé en cette Sénéchaussée au rapport de M. Trochereau, le 9 juin 1727, dans le procès d'entre Antoine Gilbert de Combes, sieur de Morelles, demandeur, contre Jean Belavoine, défendeur. Ledit Belavoine possédoit différens héritages chargés de cens envers le sieur de Morelles, & deux entr'autres, qui outre le cens étoient chargés de deux rentes foncieres, l'une de 4 liv. & l'autre de 6 liv. toutes les deux créées par la concession des héritages ; la premiere stipulée non rachetable, & la seconde stipulée rachetable. Le sieur de Morelles demandoit dix années desdites rentes qui avoient précédé un commandement, & neuf autres postérieures au commandement, prétendant qu'on pouvoit demander dix années d'arrérages de telles rentes & la courante. Belavoine soutenoit au contraire, qu'on n'en pouvoit demander que cinq années. Il fut jugé contre ledit Belavoine, & on adjugea au sieur de Combes de Morelles les années par lui demandées ; les sentimens ne furent point partagés : J'étois du nombre des juges.

16. Il en est des rentes créées par don & legs, comme des rentes foncieres ; les arrérages ne s'en prescrivent que par dix ans : car ces rentes forment une espece de rente assez irréguliere, qui approchant des rentes foncieres, en ont en partie les effets.

17. Les rentes de don & legs n'ont point comme les rentes constituées par principe, une somme de deniers donnée par le créancier à qui la rente a été constituée : elles n'ont pour cause que la libéralité & la volonté de celui qui dispose ; elles peuvent être créées en bled ou autres especes de fruits, aussi-bien que les rentes de bail d'héritages, & ne sont pas réductibles, parce qu'il n'est pas raisonnable que l'intention du donateur & testateur soit frustrée. Toutefois comme elles ne sont pas créées par l'aliénation d'aucun fonds, par maniere de retenue & de reserve sur icelui, on ne peut pas dire que ce soit de véritables rentes foncieres, & elles sont seulement regardées comme une espece assez irréguliere de rentes foncieres.

18. Les auteurs qui ont traité de ces sortes de rentes, soutiennent qu'elles ne sont pas sujettes à la prescription de cinq années, comme les rentes constituées à prix d'argent ; que la prescription de cinq ans portée par l'ordonnance de Louis XII, ne regarde que les arrérages des rentes constituées à prix d'argent, qui étoient encore odieuses du temps de ce roi ; parce qu'elles tiennent en quelque façon de l'usure, & qu'elles ont pour principes les deniers donnés ; au lieu que les rentes créées par don & legs, ont une autre cause. Tel est le sentiment de Loyseau, traité *du Déguerpissement*, liv. 1, ch. 7, de M. Duplessis, & de plusieurs autres.

19. Ces auteurs prétendent qu'on en peut demander 29 années, comme des rentes de bail d'héritages : mais ce n'est que pour les Coutumes où la prescription de dix ans n'est pas établie pour les arrérages des rentes foncieres, & il en faut raisonner autrement dans cette Coutume, qui réduit à dix ans même les arrérages de cens : c'est ce qui se trouve jugé par sentence de cette Sénéchaussée, confirmée par arrêt au sujet d'une pension viagere.

* Dame Diane de Coligny, de l'illustre maison de Coligny, ayant été mise en religion par son pere à Cuffet, il lui constitua une pension annuelle & viagere de cent livres. Après la mort du pere, plusieurs années s'étant écoulées, pendant lesquelles la pension n'avoit pas été payée, sur la demande qui en fut faite en cette Sénéchaussée, on offrit cinq années : sentence étant intervenue le 10 juin 1655, par laquelle les héritiers du pere furent condamnés à en payer dix ans, & à continuer la pension à l'avenir, les parties en interjetterent appel respectivement ; & la cour, par son arrêt du 7 sept. 1657, confirma la sentence dont étoit appel. Henrys, tome 2, liv. 4, quest. 70.

20. La même chose a été jugée en l'audience présidiale, plaidans M. Duris, avocat, & Maria, procureur en la cause des dames religieuses Carmélites de cette ville de Moulins, contre le sieur Poncet, avocat, le 6 juillet 1726. Les religieuses Carmélites demandoient trente années de pension viagere de vingt liv. chacun an : il fut ordonné qu'on en délibéreroit sur le registre ; & à l'issue de l'audience, la chose mise en délibération, il passa tout d'une voix à ordonner le paiement des dix années seulement : j'étois des juges.

21. Revenant à la prescription des arrérages de cens, la prescription de dix ans pour ces arrérages est si fort de rigueur, que quoique le devoir de cens soit dû solidairement pour chacun des codétenteurs d'un même max, toutefois la demande faite par le seigneur de tout le devoir contre l'un des détenteurs, suivie de condamnation, n'interrompt point cette prescription de dix ans contre les autres. C'est l'observation de M. Jean Decullant ; & ainsi a été jugé en cette Sénéchaussée, le 17 août 1616. *Hæc censuum arreragia*, dit M. Decullant, *ita decennio præscribuntur, ut licèt Dominus censualis interruperit horum Præscriptionem, contrà unum ex detentoribus partis fundi censualis, putà obtentâ condemnatione ; non ideò tamen censetur interrupta Præscriptio contrà alios codetentores, quamvis horum arreragiorum præstatio sit solida, quia codetentores non sunt correi personaliter obligati, in quibus sufficit interrumpere adversùs unum, de quibus loquitur Lex fin. de duob. reis stipul. & promitt. Et sic judicatum coram Seneschallo Molin.* 17

Augusti anni 1616, *ubi patrocinabatur D. Ad. Semin*, *pro Nicolao* Planchard, *appellante à Castellano Molin. contrà* Marguerite Ploton, *viduam de Monformois*, *pro quâ orabat D. Ludov.* Vincent ; *quæ Causa cecidit : sin autem plures debitores possederint pro indiviso*, *contrà putarem*, *ex articulo* 35, *infrà.* M. Jean Decullant, *hic*.

22. Il y a plus ; c'est que si l'un des détenteurs d'un même max, ou tenement, a payé au seigneur direct tous les arrérages du devoir, il ne pourra poursuivre les autres codétenteurs pour le paiement de leur portion, que pour dix années ; & ainsi fut jugé en cette Sénéchaussée en 1610, & au mois de février 1616. *Sin autem*, dit encore M. Jean Decullant, *unus ex detentoribus solverit omnia arreragia Domino censuali*, *non poterit agere contrà suum detentorem*, *ut sibi de suâ portione satisfaciat*, *nisi pro decem annis immediatè præcedentibus* ; & *sic ego vidi judicari Molinis anno* 1610, & *mense Februario anni* 1616, *relatore Domino* Dubuisson. M. Jean Decullant, *hic*. Tel est aussi le sentiment de M. Louis Semin, *hic*.

23. Cette décision ne souffre pas de difficulté, quand le détenteur a payé volontairement ; car en ce cas il n'a pas plus de droit que le seigneur, & il n'a pas pû empirer la condition de son codétenteur, & le charger au-delà de ce que le seigneur pourroit exiger de lui ; mais s'il avoit payé forcément, après lui avoir dénoncé les poursuites du seigneur, il y en a qui veulent qu'en ce cas, son action pour le remboursement de ce qu'il se trouvera avoir payé pour son codétenteur, dure trente ans ; & c'est mon sentiment.

24. Il en est de la prescription de dix ans pour arrérages de cens, comme de celle de cinq ans pour arrérages de rentes constituées ; le serment ne peut être demandé au débiteur pour le surplus : la Coutume n'obligeant à payer que dix ans, décharge le tenancier des années précédentes ; il n'est pas obligé d'affirmer s'il a payé, le créancier doit s'imputer sa négligence ; & quand il avoueroit de n'avoir rien payé, il ne laisseroit pas pour cela, dit Henrys, de se servir de la décharge introduite par la cour, pour le repos des familles : il suffit que la Coutume en ait réglé le cours ; & c'est envain qu'on demande le serment, où l'aveu ne peut servir. Henrys & Bretonnier, tome 1, liv. 4, ch. 6, qu. 74. Prohet, sur la Coutume d'Auvergne, tit. 17, art. 8.

25. Mais si le seigneur censier soutient que le censitaire lui a promis à différentes fois de le payer, en ce cas il faut raisonner comme nous avons fait touchant la prescription de cinq ans, pour arrérages de rentes constituées : la preuve par témoins n'est pas reçue, parce que ce seroit éluder la disposition de la Coutume ; mais le créancier ne peut refuser le serment, parce qu'il ne s'agit pas d'une chose qui dépende du ministere de la Coutume, mais bien de celle qui regarde le fait du censitaire ; & il y a bien de la différence d'un cas à l'autre : dans le premier il n'y a plus d'action, la Coutume la faisant cesser ; dans le second, la promesse en produit une nouvelle, qui du moins sert de fondement pour déférer le serment. Henrys & Prohet, *ibid*.

ARTICLE XIX.

ACTIONS de rescision de Contrats par déception d'outre moitié de juste prix, ou d'autres Contrats quelconques, fondés sur dol, fraude, circonvention, crainte ou violence, se prescrivent par le laps & espace de dix ans continuels, à compter du jour que lesdits Contrats ont été faits entre majeurs & capables, en ensuivant l'Ordonnance.

1. Quoique le mot de *rescision* se rapporte particuliérement à l'acte qui est cassé & annullé pour quelque vice, comme si c'est une obligation consentie par force, ou par quelqu'erreur & quelque surprise qui puisse l'annuller, & que celui de *restitution en entier* se rapporte particuliérement aux personnes qui, à cause de quelque qualité, sont relevées de leurs engagemens, comme les mineurs ; cette distinction n'empêche pas que dans l'usage on ne confonde ces termes de *rescision & restitution en entier*, & qu'on ne les employe souvent pour signifier une même chose.

2. La *rescision* ou *restitution en entier*, est un bénéfice que les loix accordent à ceux qui se plaignent de quelque lésion, dol, erreur, surprise dans les actes où ils ont été parties, pour les remettre au même état où ils étoient avant ces actes.

3. Les restitutions & rescisions de contrats, pour lésion d'outre moitié de juste prix, dol, fraude, circonvention, crainte, ou violence, doivent être demandées dans les dix ans, à compter du jour des contrats, s'ils ont été faits entre majeurs. C'est la disposition de cette Coutume, au présent article, de celle de Bretagne, art. 297 ; & telle est aussi celle de l'ordonnance de Louis, en 1510, art. 46. C'est pourquoi M[rs]. les Commissaires remontrerent aux états, dans le temps de la rédaction de la Coutume, que cet article étoit inutile, puisque l'ordonnance du feu roi y avoit pourvu : mais les trois états voulurent que le présent

présent article restât comme il avoit été rédigé, afin que ceux du pays en eussent connoissance ; & pour faire voir la conformité de l'article avec l'ordonnance, on mit ces mots, *en ensuivant l'ordonnance ;* c'est ce qui paroit par le procès verbal.

4. Cette ordonnance de Louis XII, non plus que le présent article, ne parle que de rescisions de contrats faits entre majeurs : mais l'ordonnance de 1539, art. 134, parle des rescisions de contrats faits par les mineurs ; & le temps des dix ans pour faire casser & annuller ces contrats, suivant cette ordonnance, ne court que du jour de leur majorité de vingt-cinq ans accomplis : ensorte qu'après l'âge de trente-cinq ans faits & accomplis, dit cette ordonnance, ne se pourra pour cause de minorité poursuivre la cassation desdits contrats, en demandant ou défendant, par lettres de restitution ou autrement, soit par voie de nullité, (pour aliénation des biens immeubles, faite sans decret ni autorité de justice,) ou pour lésion, déception, circonvention ; sinon, ainsi qu'en semblables contrats seroit permis aux majeurs d'en faire poursuite par reliévement, ou autre voie permise de droit. Telle est aussi la disposition de la Coutume de Bretagne, art 296.

Cette prescription de dix ans court contre les mineurs, à compter de leur majorité, pour toutes sortes d'actes, même pour transactions passées avec leurs tuteurs, ou quittances par eux données à leurs tuteurs, du réliqua de leur compte, *non visis neque dispunctis rationibus.* Telle est la jurisprudence du parlement de Paris, suivant les arrêts rapportés par M. Brodeau sur M. Louet, lett. T. somm. 3 ; par M. Bouguier, lett. R. ch. 14, & cités par M. Bretonnier sur Henrys, tome 2, liv. 4, qu. 74 ; de maniere que les mineurs doivent se pourvoir contre ces actes dans les dix ans de leur majorité.

5. Ainsi s'observe en cette Coutume, selon la remarque de M. François Decullant sur l'article 176, *infrà. Transactio*, dit-il, *super administrationem tutelæ, non visis neque discussis rationibus, non valet respectu minoris, licèt tempore transactionis foret major ; quia is transigit de rebus sibi non cognitis, sed soli Tutori, vel illius hæredibus.... Et hujusmodi transactio rescinditur, non inquisitâ læsione, quia dolum continet, Litteris tamen regiis impetratis, & oportet intrà decennium præfixum restitutione, impetratis regiis Litteris, Tutorem, vel successorem illius in jus vocare : ita communiter practicatur.* M. François Decullant.

L'autorité paternelle & le respect que les enfans doivent à leur pere, ne sont pas, dit le même M. François Decullant après Jean Decullant, des causes & moyens suffisans pour arrêter le cours de cette prescription. *Reverentia paterna*, dit M. François Decullant, *non excusaret liberos qui intrà decennium non reclamassent contrà hujusmodi transactionem*

Part. I.

habitam cum parente, ut pluries judicatum fuit Molinis, afferente D. Decullant. . . . M. Fr. Decullant, sur l'article 176, *infrà.*

6. Quoique l'église & les communautés jouissent du privilége des mineurs, néanmoins à leur égard les dix ans courent du jour du contrat, dit M. Bretonnier sur Henrys, tome 2, plaidoyé 7.

Il faut que l'action soit intentée, & les lettres de rescision obtenues avant les dix ans expirés. Arrêt du 31 janvier 1615, rapporté par M. Brodeau sur M. Louet, lett. D. somm. 25, & arrêt du 12 mai 1650, rapporté par Ricard sur Senlis, art. 189, qui l'ont ainsi jugé.

7. Les lettres peuvent néanmoins être reçues, & l'action intentée après les dix ans, dans les cas, par exemple, de la crainte, du dol personnel & de la violence, car on ne compte le temps de la prescription, que du jour que le dol personnel a été découvert, *à die detectæ fraudis*, ou que la juste crainte, la violence ou autre cause qui empêchoit d'agir, a cessé, ainsi qu'il résulte de l'ordonnance de Louis XII, & qu'il est porté dans l'article 286 de la Coutume de Bretagne : c'est l'observation de M. Jean Decullant. *Animadvertendum est*, dit-il, *quòd hic articulus desumitur ex Constitutione Ludovici Regis XII, art.* 44, *cujus hæc sunt verba :* A compter du jour.... que la cause de crainte, violence, ou autre cause légitime de droit ou de fait, empêchant la poursuite desdites rescisions, cessera, nonobstant statuts, Coutumes, ou usances au contraire ; auxquels, quant à ce, nous avons dérogé & dérogeons. *Quæ verba*, ajoute Decullant, *possunt addi huic nostro articulo, cùm appareat id expressè ex postremis verbis*, ensuivant l'ordonnance ; *idem enim statuit quod anteà erat constitutum eâdem constitutione D. Ludovici XII.* M. Jean Decullant, *hic.*

8. Quand la rescision est fondée sur l'usure du contrat, la demande en est toujours reçue ; parce que, comme nous le dirons ci-après, l'usure ne se couvre pas.

9. S'il s'agit d'un contrat de vente sous faculté de réméré, les dix ans ne courent que du jour de la faculté de réméré expirée ; & la raison, selon M. le président Duret, c'est que le vendeur ayant une action ordinaire pour rentrer dans son héritage, il eût été contre le bon sens d'agir par une action extraordinaire : d'où il suit, dit M. Duret, qu'il n'a pas été en état d'intenter l'action que depuis la faculté expirée ; & que par la regle, *Contrà non valentem agere non currit Præscriptio*, la prescription n'a pas couru contre lui. *Sed & decennium*, dit M. Duret, *non currit nisi à die elapsæ facultatis redimendi in vendendo datæ ; quia talis facultas facit cessare Præscriptionem remedii extraordinarii, restitutionis impetrandæ à principe, & Præscriptione conventionali durante, cessat legalis ; facultas enim conventionalis redimendi favorabilior est legali, quæ dat optionem reo supplendi justum pretium, vel*

I

recipiendi pecuniam datam : & *ita placuisse Curiæ nobis retulit Andræas* Feydeau, & *hoc nunc in usu in Arresto Loëtii, litt. R. n.* 46, & *notatis à* Brodeau. Le président Duret, *hic.*

10. M. Jean Decullant en donne une autre raison, qui est que, tant que la faculté dure, il n'y a point de lésion ; puisque le vendeur a la liberté d'anéantir la vente, en rendant ce qu'il a reçu, & que n'y ayant point de lésion, il n'y a point d'action pour se plaindre, & pour se faire restituer. *Pariter*, dit-il, *in contractu venditionis factæ sub facultate redimendi, non currit decennium, nisi à die finitæ facultatis, quia ipsa erat legitima causa juris impediens rescisionem contractûs, nam, quandiu potuit venditor reddito pretio, ea quæ dedit emptori redimere, frustrà conqueretur minoris se vendidisse, vel se dolo aut simili causâ inductum, quibus casibus semper debuisset pretium receptum reddere.... Et sic judicatum Molinis, mense Maio an.* 1614. M. Jean Decullant, *hic.*

Tel est encore le sentiment de M. François Menudel, qui remarque que cela n'est pas contraire à l'ordonnance de 1510, art. 46, parce qu'elle porte, *s'il n'y a empêchement de fait ou de droit*, & que la faculté de réméré est un empêchement de droit. Ainsi jugé par arrêt du 26 juillet 1674, M. Lepreftre, Cent. 1, chap. 34 ; & par autre arrêt du 21 juillet 1601, Louet, lettre R. somm. 46. M. Menudel, *hic.*

11. Il n'en est pas de même des créanciers du vendeur : l'acquéreur, sous faculté de rachat, commence à prescrire l'hypothèque contr'eux du jour du contrat, parce que les créanciers du vendeur ont la liberté d'agir contre l'acquéreur, du jour du contrat ; joint que la vente sous faculté de rachat est une véritable vente, mais qui peut se résoudre sous une condition ; laquelle ne regarde que le vendeur, les créanciers ne pouvant pas s'en prévaloir. Ainsi jugé. Henrys & Bretonnier, tom 1, liv. 4, ch. 6, qu. 76.

12. Quand un contrat est passé à la charge d'une ratification, pour savoir si la prescription de dix ans court du temps du contrat, ou de la ratification, il faut distinguer : Ou le contrat peut subsister sans la ratification, comme il arrive quand la ratification n'est requise que pour la sûreté de l'un des contractans : ou il ne peut subsister sans la ratification, dans le cas, par exemple, où une personne a vendu le bien d'autrui sans le consentement du propriétaire, mais avec promesse de le faire ratifier. Dans le premier cas, les dix ans courent du jour du contrat ; & dans le second, de celui de la ratification.

13. *Quæritur*, dit M. Jean Decullant, *in contractu, quis promisit alterius ratificationem, an currat decennium à die contractûs, vel ratificationis factæ ? Sic autem distinguitur : aut contractus per se subsistit sine ratificatione, quæ tantùm adhibetur ad majorem securitatem ; aut non subsistit sine ratificatione, putà quia contrahens vendit fundum alienum, & promisit illius ratificationem : hoc casu decennium currit solùm à die ratificationis ; sed superiori, à die contractûs....* Jean Decullant, *hic.*

14. Outre la prescription de dix ans, pour rescisions de contrats & arrérages de cens, dont il est parlé dans le présent article & le précédent ; l'usage a encore autorisé la prescription de dix ans contre le paiement de la dot : après lequel temps, le mari qui n'en a pas formé la demande dans les dix ans, n'est plus recevable à la former, comme nous le dirons ci-après sur l'article 23.

ARTICLE XX.

Faculté de racheter, *toties quoties*, est prescriptible par le laps & espace de trente ans.

1. La *faculté* dont il est parlé dans le présent article, n'est pas une faculté qui naisse de la nature & de l'essence du contrat, mais une faculté de réméré ou rachat, stipulée dans un contrat de vente ; & ce pouvoir de racheter, accordé par le contrat de vente, n'est pas proprement une faculté, ou droit de faculté, comme le prouve M. Dargentré, sur la Coutume de Bretagne, art. 266, ch. 8, n. 5. Mais c'est un droit établi par une convention.

2. Quand la faculté de rachat est de l'essence du contrat, comme en contrat de constitution de rente, elle ne se prescrit point par aucun temps. C'est la disposition de l'article 418, *infrà* ; & c'est ce que nous établirons en commentant cet article.

3. Les droits de pure faculté sont encore imprescriptibles, tant qu'il n'est rien fait au contraire, & ne sont sujets à prescription qu'après contradiction, comme nous le prouverons sur l'article 29, *infrà.*

4. Mais pour la faculté stipulée dans un contrat de vente, de racheter l'héritage vendu, elle est sujette à prescription.

5. Cette faculté de rachat peut être accordée ou indéfiniment, toutes fois & quantes que le vendeur voudra perpétuellement & à toujours, (ce qu'on appelle, *toties quoties*) ou pour un certain temps ; lequel temps est fixé & limité en faveur de l'acquéreur : & comme l'acquéreur peut avoir un double intérêt, l'un qu'il ne soit pas obligé de rendre en trop peu de temps la chose vendue, & l'autre qu'il puisse être un jour assuré d'en avoir la possession perpétuelle & irrévocable ; le temps peut être

Tit. III. DES PRESCRIPTIONS. Art. XX.

limité de deux façons, ou comme un terme d'où l'on commencera à avoir la liberté de racheter la chose vendue, ou comme un terme au-delà duquel on n'aura plus la faculté de rachat; & ce temps est arbitraire, & dépend absolument de la volonté des parties.

6. Quand la faculté de rachat est accordée indéfiniment, toutes fois & quantes que le vendeur voudra, & à toujours, elle ne dure que jusqu'au temps de la prescription, qui est dans cette Coutume celui de trente ans; (si ce n'est qu'il y eût quelque condition qui eût suspendu la faculté.) C'est la disposition de cette Coutume, au présent article; de celle de Paris, art. 120; d'Auvergne, tit. 17, art. 11; de la Marche, art. 92; de Nivernois, ch. 36, art. 3; de Berry, tit. 12, art. 11; & de Bretagne, art. 287. La raison est que cette clause ne vient pas de la nature du contrat, mais de la convention sujette à prescription, comme tout le contrat: ainsi ces mots, *toutes fois & quantes*, *perpétuellement & à toujours*, apposés en faculté de rachat d'un héritage, ne peuvent pas proroger l'action au-delà du terme ordinaire, qui est celui de trente ans.

7. La convention apposée dans le contrat, par laquelle on auroit stipulé que cette faculté ne pourroit pas se prescrire, seroit inutile; car inutilement renonce-t-on à la prescription; parce qu'une convention entre deux particuliers, de ne pas se servir de la prescription, ne produit qu'une action, laquelle se prescrit par trente ans; de maniere que l'action étant éteinte, il n'y a plus lieu de se servir de la convention, laquelle devient inutile pour n'en pouvoir demander l'exécution.

8. Ce qui vient d'être dit, n'a lieu que lorsqu'il n'y a rien à redire dans le contrat de vente; car s'il y avoit de l'usure, & que le contrat fût pignoratif, dont la faculté de réméré est l'une des marques, la prescription telle qu'elle fût de trente, de quarante, de soixante, même de cent ans, n'auroit pas lieu. C'est la remarque de M. Barthelemy Jabely, sur l'article 92 de la Coutume de la Marche; celle de M. Jean Decullant, sur le présent article, & de M. Duplessis, sur Paris, traité *des Prescriptions*, liv. 2, ch. 1, sect. 3, p. 515, édit. 1709.

9. *In contractibus pignoratitiis, sive in anthicresi*, dit M. Jean Decullant, *hic articulus locum non habet; in his enim potest venditor, etiam post 30 vel 40 annos, offerre emptori pretium acceptum, quia tales contractus non sunt propriè venditiones, & emptiones, sed hypothecæ. Creditor enim qui fundum debitoris detinet, non propriè possidet, sed nomine alieno, ideoque non præscribit, quia titulus quo possidet, non est translativus proprietatis, nec per fruitionis longum tempus potest causam suæ possessionis mutare.* Jean Decullant, *hic*. Voyez sur l'article 421, les marques d'un contrat pignoratif.

10. Lorsqu'il y a un temps limité pour exercer le réméré, il est certain que dans les regles le vendeur ne devroit plus être reçu au retrait, lorsque le terme est expiré. *In lapsu temporis*, dit M. Jean Decullant, *venditor excluditur à facultate redimendi, nec opus est interpellatione : quia hæc facultas præscribitur per tempus conventum & præfixum, non obstante quâlibet difficultate & impedimento .... quia in stipulationibus quæ præfixo tempore continentur, dies interpellat pro homine, sine ullâ aliâ admonitione.* C'est aussi le sentiment de M. Jabely, qui soutient que la véritable jurisprudence est, qu'après le temps passé on n'y peut plus revenir, non pas même les mineurs *per tempus*, par la raison que le pacte du réméré, & le temps y apposé, font partie du contrat de vente; & ainsi il est jugé, dit-il, par les arrêts de Bourdeaux, dans la Perere, lett. R. décis. 13. Jean Decullant, sur l'art. 33 de notre Coutume; & Jabely, sur l'article 92 de la Coutume de la Marche.

11. Toutefois, suivant la jurisprudence des arrêts rapportés par M. Brodeau sur M. Louet, lettre V, somm. 10, l'acquéreur ne devient propriétaire incommutable, que lorsqu'il a fait ordonner en justice, partie présente ou duement appellée, que faute par le vendeur d'avoir remboursé le prix dans le temps porté par le contrat, l'héritage lui demeurera incommutablement; de maniere que, quoique la faculté de réméré soit restreinte à un an par le contrat, elle dure néanmoins trente ans, si l'acquéreur n'a fait déclarer en justice le vendeur déchu du retrait.

12. Cet usage de proroger la faculté de rachat jusqu'à trente ans, lorsqu'elle n'a pas été purifiée par un jugement, a été introduit sur deux considérations : l'une, que la faculté de rachat a également son fondement sur la nécessité où l'acheteur a été de l'accorder, sans quoi le vendeur n'auroit pas vendu, & sur le dessein du vendeur de ne vendre qu'à cette condition; l'autre, que le contrat de vente sous faculté de réméré, contient toujours un soupçon d'usure déguisée, & de contrat pignoratif.

13. Mais, comme ces deux considérations cessent dans le cas où la faculté de rachat est accordée après le contrat de vente consommé, & que le vendeur a été dépossédé; parce qu'alors la faculté de rachat est purement de la grace de l'acheteur, & uniquement en faveur du vendeur; & qu'il est de maxime, que ce qui est accordé par pure grace, *nullo jure cogente*, ne souffre point d'extension, & doit être pris à la lettre, parce que *unusquisque est rei suæ moderator & arbiter* : il y auroit de l'injustice & de la dureté, d'étendre la faculté contre l'intention de celui qui l'a accordée libéralement, & de tourner sa libéralité en dommage contre lui.

14. Quand la faculté de rachat est accordée après le contrat, ou c'est par une convention pardevant notaire, ou sous signature privée : si c'est sous signature privée, la faculté sera bien exécutée contre l'acquéreur & son héritier, parce qu'un chacun peut disposer de ses

biens, comme il lui plaît; mais le vendeur ne pourroit pas s'en servir contre le seigneur féodal, ou contre le parent lignager, pour exclure l'un & l'autre du retrait par préférence, ni même contre un tiers acquéreur, à cause de la présomption de l'antidate.

15. Il n'en est pas de la faculté réservée par le vendeur, d'être préféré en la chose en cas que l'acheteur vienne à la revendre, comme de la faculté stipulée par le vendeur de racheter *toties quoties*, dont il est parlé dans le présent article. Quand le vendeur s'est réservé la faculté de racheter l'héritage quand bon lui semblera, l'exécution dépend de lui, il peut toujours s'en servir; rien ne l'empêche d'agir, n'ayant qu'à rendre le prix : ainsi rien n'arrête le cours de la prescription. Mais dans le cas où le vendeur s'est seulement réservé la faculté de rentrer dans l'héritage, si l'acheteur vient à le revendre, il ne dépend pas de lui de retirer la terre vendue ; il ne le peut que dans le cas qu'elle soit revendue, & il répugne qu'il puisse agir avant la condition avenue ; de maniere que la prescription n'a pu courir contre lui, tant que la chose vendue est demeurée en la possession de l'acquéreur & de ses successeurs, par la regle vulgaire, *Contrà non valentem agere non currit Præscriptio*.

16. Toutefois, nonobstant ces raisons qui paroissent assez fortes, & qui établissent une grande différence entre l'une & l'autre faculté, M. Henrys, qui s'est proposé cette question, estime que la faculté stipulée par le vendeur de rentrer dans l'héritage par lui vendu, au cas que l'acquéreur aliéne l'héritage, est sujette à la prescription de 30 ans, qui commence à courir du jour du contrat, & non de l'aliénation seulement. A la vérité il dit que la question est difficile; mais il se rend à la décision d'un arrêt du 7 juillet 1644, par lui rapporté : mais cet arrêt, comme l'a observé M. Bretonnier, a été rendu sur plusieurs circonstances particulieres, qui ont pu déterminer la cour. Henrys, tome 1, liv. 4, chap. 6, quest. 77 ; & Bretonnier, *ibid*.

* La faculté de rachat est cessible à la volonté du vendeur, tel est le sentiment commun; c'est celui des rédacteurs de notre Coutume; ainsi le penserent dans le temps de la rédaction, les trois états de la province, selon qu'il apparoît par l'article 484, *infrà*, dans lequel il est parlé du cas où le vendeur auroit cédé ou vendu la faculté de réméré à un tiers; & ainsi a été jugé différentes fois en ce siége, moi présent en qualité de juge.

Elle passe aussi aux héritiers du vendeur, & contre les héritiers de l'acheteur, quoiqu'il n'en soit pas fait mention; parce que les droits qui sont fondés sur les contrats, passent aux héritiers, & contre les héritiers, à moins que la faculté de rachat ne fût expressément restreinte en la personne du vendeur.

Cette faculté de rachat, ou retrait conventionnel, ne s'exécute pas par partie, il faut retirer le tout, & offrir le remboursement de tout le prix, autrement on n'y est pas recevable. La raison est que la vente étant un acte individu, il est juste que la résolution, qui est le retrait conventionnel, ne puisse pas se diviser, au préjudice & contre le consentement de l'acquéreur, qui seroit grévé par cette division, son intention n'ayant pas été d'acquérir partie de l'héritage, mais le tout; & tel est le sentiment commun ; c'est celui de Tiraqueau, traité du retrait conventionnel, tit. 55, gl. 6, n. 30; de Lhommeau, maximes du droit français, liv. 3, art. 228; de Papon sur l'art. 447, *infrà*, & autres. Ainsi, si un particulier a vendu son héritage, sous faculté de rachat dans un certain temps, un des héritiers ne le peut retirer en partie, & pour sa portion, obliger l'acquéreur de consentir le rachat pour une partie seulement, & diviser ainsi son contrat.

Mais aussi un héritier seul peut & est en droit d'exercer le retrait conventionnel pour le tout, en payant tout le prix, sauf, comme il sera dit ci-après, à en faire part à ses cohéritiers. Tel est le sentiment de Tiraqueau dans l'endroit cité, traité du ret. conv. gl. 6, n. 33, & suivans, où il propose la question, si le retrait conventionnel s'exécute pour le tout par l'un des héritiers, & où, après avoir rapporté les sentimens de plusieurs docteurs, dont les uns tiennent l'affirmative, d'autres la négative, il prend le parti de ceux qui tiennent l'affirmative : *Postremi*, dit-il, *in eâ re sunt optimi, ut simpliciter emptor cogatur integram rem revendere uni heredum offerenti integrum pretium, sive alter repudiet, sive minus : nam si repudiet, integrum jus manet apud alterum, jure accrescendi, si non repudiet, ei servatur jus illæsum, quia potest cogere socium, qui totum redemit, ut ei partem suam revendat, restituto pro portione pretio*; tel est le raisonnement de Tiraqueau : & ainsi fut jugé au rapport de M. Bourgougnon du Verger, le 15 janvier 1734, au procès d'entre François Courraud, appellant de la sentence du châtelain d'Huriel, contre François Thomas, intimé.

Jean Bodinat vendit quelques héritages sous faculté de rachat, à Toussaint Thomas; Gilbert Bodinat, l'un des héritiers de Jean, céda tous ses droits à Léonard Prugnat, qui, en vertu de cette cession, forma demande en retrait à François Thomas, héritier de Toussaint, son oncle, de tous les héritages qui avoient été vendus sous faculté de réméré ; il en fut débouté par sentence du châtelain d'Huriel, mais Toussaint Courraud, à qui il céda ses droits, fit infirmer cette sentence en cette Sénéchauffée, & il fut dit que François Thomas lui laisseroit les héritages conformément à la clause de faculté de réméré, apposée au contrat, en lui remboursant le prix de la vente, frais & loyaux coûts. J'étois des juges.

Le retrait conventionnel fait par l'un des héritiers, est communicable à tous les autres héritiers, en rendant leurs parts du prix du contrat,

contrat, & frais, parce que tous les droits du défunt sont communs & appartiennent à tous les héritiers, & qu'ils ne se transferent pas en la personne d'un seul à l'exclusion des autres; c'est, comme l'on voit, le sentiment de Tiraqueau en l'endroit cité, & l'observation de Lhommeau en ses maximes du droit français, l. 3, art. 225.

17. Voyez sur l'article 421, *infrà*, où il est parlé de la vente sous faculté de rachat.

ARTICLE XXI.

LA MANIERE de lever & payer dixmes, & aussi la quote d'iceux, se prescrivent par le laps & espace de quarante ans, sans que le Curé, ou autre Dîmier, en puisse quereller autre quotité, que celle qui a été accoutumée.

Prescription de la façon & quotité des dîmes.

1. DAns l'ancienne Coutume, il y a un titre des dîmes, qui est le titre 20; mais ce titre ne contient qu'un article, où il n'est parlé que du droit de regle & de suite. Toutefois, encore que le présent article, tel qu'il est conçu & qu'il a été mis dans la nouvelle Coutume, ne se trouve pas en la Coutume ancienne, il ne laisse pas d'être article d'ancienne Coutume, de tout temps observé dans cette province, mais qu'on avoit omis comme plusieurs autres dans la Coutume ancienne. C'est ce qui paroit par le procès verbal de la Coutume sur cet article.

2. La dîme dont il est parlé dans cet article, est une portion des fruits de la terre & des troupeaux, que les fideles sont obligés de donner à l'église pour l'entretien des ministres ecclésiastiques.

3. Quoique les dîmes, selon l'opinion que l'on suit au palais, & que je crois la véritable, soient dans leur origine ecclésiastiques, nous reconnoissons cependant en ce royaume des dimes laïques & inféodées; & nous tenons pour maxime certaine, contre la disposition canonique, que les personnes laïques peuvent tenir & posséder des dîmes inféodées, qu'ils ont droit de les vendre, aliéner & engager à quelque personne que ce soit, laïque ou ecclésiastique; ce qui se trouve décidé par quelques-unes de nos Coutumes; par celle de Nivernois, ch. 12, art. 8; de Berry, tit. 10, art. 16; & de Blois, art. 63; sur lesquels lieux M. Dumoulin, en ses apostilles, dit que cette Coutume est générale dans tout le royaume.

4. Ainsi nous distinguons deux sortes de dîmes, les unes *ecclésiastiques*, appartenantes à l'église, & les autres *laïques* & *seculieres*, appartenantes aux laïcs: dîmes qui sont appellées *inféodées*, à cause que ceux qui les possédent, les tiennent en fief d'un seigneur suzerain, ou supérieur, à qui ils en rendent la foi & hommage; & c'est-là la premiere division de la dîme.

5. La seconde division des dîmes est en grosses & menues dîmes. Les grosses dîmes sont celles qui se perçoivent sur les gros fruits que produit le territoire d'une paroisse, tels que sont ordinairement le blé, le vin, l'orge, l'avoine; & les menues, autrement appellées *vertes dîmes*, sont celles qui se payent sur les fruits qui ne font pas une partie considérable du produit des terres, comme les pois, féves, raves, oignons, & autres pareils.

6. La question de savoir si la dîme de certains fruits doit être regardée comme grosse ou comme menue dîme, dépend, selon que l'a observé M. Dhericourt, de l'usage du lieu; car la dîme du foin qui ne se paye point dans de certaines paroisses, & qu'on regarde dans d'autres comme une partie des menues dîmes, est mise en quelques autres endroits au rang des grosses dîmes, parce que le foin est la partie la plus considérable des revenus de la paroisse.

7. La troisieme division des dîmes est en dîmes anciennes, & dîmes novales: les anciennes sont celles qui de tout temps sont dues, ou du moins de si long-temps qu'il n'est mémoire du contraire: les novales sont celles qui sont dues à cause des terres de nouveau mises en culture, qui de temps immémorial n'avoient pas été cultivées, & esquelles il n'y a apparence de sillon. C'est la définition que le pape Innocent III donne de la novale, *cap. Quid per 21, extrà, de verb. significat.*

8. Les canonistes, en interprétant & étendant la définition que ce pape donne de la novale, reconnoissent une autre espece de novale; savoir, celle qui se perçoit sur les terres nouvellement chargées de fruits décimables; ensorte que, selon eux, il y a deux sortes de novales; savoir, les terres qu'on défriche, & qui de temps immémorial n'avoient pas été cultivées, & les terres qui n'ont pas porté de fruits décimables de temps immémorial, & sur lesquelles on seme des grains sujets à la dîme; & il me paroit que l'usage a reçu ces deux sortes de novales: sur quoi il est à observer, que lorsqu'une terre novale a été une fois reconnue pour telle, elle est toujours novale; *quod enim novale, semper novale est.*

* Cette distinction de deux sortes de novales, se trouve autorisée d'un arrêt du parlement de Paris, rendu en la premiere chambre des enquêtes, au rapport de M. l'abbé Farjonel d'Autrive, le 5 juin 1739, entre les chanoines du chapitre de l'église de notre-Dame d'Aigues-Perse, curés primitifs de la même église, & Me. Jean Gaston, curé, vicaire perpétuel de la même église, ledit arrêt est confirmatif d'une sentence de la sénéchaussée de Riom.

Mais comme il y a des terres qui n'ont pas

été cultivées depuis cent ans, ou de temps immémorial, qui l'ont été anciennement dans des temps plus reculés, & qui ont produit des fruits décimables, postérieurement à la concession faite aux gros décimateurs; c'est une question à l'égard de ces terres, si elles doivent être réputées novales, ou non, & sur cette difficulté, il y a variété de sentimens & d'arrêts.

Il y a des auteurs qui prétendent que deux choses suffisent, pour qu'une terre soit réputée novale: la premiere qu'elle soit nouvellement défrichée, & la seconde qu'on ne se souvienne pas de l'avoir vue en terre, & porter des fruits décimables, ce qui paroit conforme au chap. 21, *extrà de verb. sign.* & sur ces principes, ils soutiennent que quoique, par des déclarations anciennes, qui soient avant cent ans, on distingue une terre, des prés, paturages, bois ou bruyeres, par un nom qui semble prouver que la terre étoit labourable, & que quand même les gros décimateurs feroient voir, par l'évidence du fait, que c'est un champ, où il y a eu quelqu'apparence ou figure de sillons, si toutefois il n'y a pas de preuve que depuis cent ans, ou de mémoire d'homme, on y ait labouré, la terre sera réputée novale, & comme telle, la dîme en appartiendra au curé ou vicaire perpétuel: tel est le sentiment de M^e. Michel du Perray, traité des dîmes, liv. 2, ch. 4, & c'est une des questions, dit-il, jugées par l'arrêt rendu au rapport de M. de Vienne, lorsqu'il étoit conseiller à la premiere des enquêtes, pour M. Cognet, curé de S. Roch, contre le chapitre de S. Germain l'Auxerrois, du 18 avril 1643, qui infirma en ce chef la sentence des requêtes du palais, du 14 décembre 1690, qui avoit débouté le sieur Cognet de sa demande pour les novales.

D'autres, d'un sentiment contraire, disent que dans l'espece présente, le curé, ou vicaire perpétuel, ne doit point avoir la dîme sur cette terre comme novale, parce qu'on ne peut pas dire qu'il n'y ait point de mémoire de culture de cette terre, quand on prouve par des actes authentiques, qu'elle a été cultivée; que le gros décimateur ayant une fois eu un droit acquis de percevoir la dîme sur cette terre, dont les prédécesseurs ont joui, ce droit n'a été que suspendu par le défaut de culture des terres, ou pour n'avoir pas été cultivées en fruits décimables, & n'a pas cessé absolument; que pour l'en dépouiller, il auroit fallu une possession contraire, ce qui ne peut être dans l'espece qui est proposée; de maniere que par la nouvelle culture, le droit du gros décimateur qui avoit dormi, ressuscite en sa faveur, & les choses reviennent en leur premier & ancien état, avec d'autant plus de raison, que le décimateur ne peut pas gêner la liberté du propriétaire, qui a la faculté de changer à son gré la superficie de la terre. Mais ce changement n'anéantit pas le droit du décimateur, il revit toujours, lorsque la terre, par un retour à sa premiere nature, produit des fruits décimables, autrement il seroit au pouvoir du propriétaire de changer la personne du décimateur, en cessant ou variant la culture de sa terre; ce qui répugne aux principes & à la raison; ainsi & suivant ces principes a été jugé pour le prieur de Cayeux, contre M. Sulpi, prêtre, curé de Cayeux, diocese d'Amiens, par arrêt du parlement de Paris, du 16 mai 1614, infirmatif de la sentence du baillif d'Amiens, rapporté par du Perray, traité de la portion congrue, c. 30, édit. de 1720, & il paroit que c'est l'esprit & la décision de l'Arrêt qu'on vient de citer, rendu au rapport de M. l'abbé Farjonel, le 5 juin 1739.

** La contestation qui a donné lieu à l'arrêt rendu entre les chanoines du chapitre d'Aigues-Perse, & le sieur Gaston, curé de la même église, le 5 juin 1739, consistoit à savoir si des prés francs, dont la production est le fruit du travail & de l'industrie, forment des novales, lorsque les propriétaires les convertissent en terres labourables, portant des fruits décimables; les chanoines gros décimateurs soutenoient deux choses au procès. La premiere, que la novale est un terrein neuf, qui n'a pas encore éprouvé le soc, comme une forêt qu'on défriche, un étang qu'on desséche & qu'on réduit pour la premiere fois en culture; d'où ils concluoient que les prés francs convertis en labour, ne sont pas des novales, puisqu'il a fallu les cultiver pour en retirer du produit, leur donner des façons, des labours, & y jetter de la semence, du sain-foin mêlé avec de l'orge, pour les faire rapporter.

La seconde chose que soutenoient les chanoines, étoit que les terres qui formoient le sujet de la contestation, avoient été autrefois des vignes ou terres labourables, dont la dîme avoit été payée au chapitre, ce qu'ils tâchoient d'établir par des titres; & delà ils concluoient que les mêmes terres ayant été converties en prés francs, pour l'utilité du propriétaire, la réversion de ces terres en labour n'étoit qu'un retour à leur état primitif, qui par conséquent n'avoit pû rien changer au droit des gros décimateurs.

Le sieur Gaston soutenoit de son côté que, pour qu'une terre fût réputée novale, il suffisoit qu'elle n'eût point rapporté, de mémoire d'hommes, de fruits décimables, & opposoit aux chanoines trois arrêts qui accordent aux curés la dîme des prés convertis en terres labourables.

Les chanoines répondoient que cette définition de la novale étoit contraire à celle que les loix nous ont donnée, que l'usage & les préjugés y étoient également opposés; qu'une cheneviére & un jardin, qui n'ont jamais produit de fruits décimables, ne forment pas des novales lorsqu'on les convertit en terres labourables; que dès qu'on les seme en blé, la dîme en appartient aux gros décimateurs, suivant deux arrêts rapportés par Tournet, & non pas au curé à titre de novales, quoique de mé-

Tit. III. DES PRESCRIPTIONS. Art. XXI.

moire d'hommes ces terres ayent été cheneviéres ou jardins, & par conséquent exemptes de dîmes : & ils disoient que ce n'étoit pas la conversion *de superficie* qui opéroit la novale, mais le défrichement seul, & que jamais les curés ne percevoient la dîme à titre de novale sur des terres accoutumées à éprouver le soc & la culture.

Quant aux arrêts opposés par le sieur Gaston, ils prétendoient que ces arrêts avoient été rendus pour raison de prés, de montagnes ou de marais, où la charrue n'avoit jamais passé, où l'herbe croissoit sans culture, & où la conversion étoit un véritable défrichement.

Sur ces contestations intervint, le 16 juillet 1728, sentence, au rapport du lieutenant général en la sénéchaussée d'Auvergne, par laquelle il fut dit qu'avant faire droit définitif, les chanoines feroient preuve, tant par titres que par témoins, dans les délais de l'ordonnance, que les terres & héritages spécifiés & confinés dans les demandes & requêtes du sieur Gaston, avoient produit, avant la déclaration du 29 janvier 1686, des fruits sujets à la dîme, telle qu'elle est due & perçue dans la paroisse d'Aigues-Perse ; permis au sieur Gaston de faire preuve du contraire, si bon lui semble ; pour ce fait, ou faute de ce faire, être dit & statué ce qu'il appartiendra.

Les chanoines appellerent de cette sentence, & leurs griefs consistoient à dire que la preuve ordonnée étoit déja faite ; que le chapitre avoit produit tous les titres qui pouvoient assurer la vérité des faits qu'il avoit avancés ; que les titres produits donnoient des indications bien plus sûres que celles qu'on devoit attendre de la preuve testimoniale, puisqu'il se trouveroit très-peu de témoins qui soient en état d'administrer aucune lumière sur des faits si reculés ; que l'interlocutoire étoit donc totalement inutile. Ils disoient plus, car ils soutenoient que s'agissant au procès d'une question de droit, & nullement d'une question de fait, les premiers juges, au lieu de décider la question véritable, avoient chargé le chapitre du soin d'une preuve aussi inutile qu'impraticable.

Arrêt est intervenu en la première chambre des enquêtes le 5 juin 1739, au rapport de M. Farjonel d'Aubigny, qui a confirmé la sentence de Riom.

C'est aussi la jurisprudence de ce siége ; & ainsi fut jugé en cette Sénéchaussée par sentence rendue au rapport de M. Berger, lieutenant général, le 19 mars 1736, entre M. Jean Ferrier, prêtre, curé de la paroisse de S. Loup, & M. Philibert Orry, conseiller d'Etat, contrôleur général des finances ; & par autre sentence du 18 avril 1738, rendue au rapport de M. Farjonel d'Aubigny, entre M. Nicolas Defaut, marquis de Tavanne, & M. Claude Pontenier, prêtre, curé du Mayet ; & tel est mon sentiment.

Mais que penser des hayes qui renferment un champ, d'un chemin qui joint un héritage, d'une petite parcelle d'une terre labourable,

qu'on laisse sans culture, parce qu'elle est mouillée, & propre à porter du foin ? Considérera-t-on la terre qui sera labourée dans ces lieux-là comme novales ? Il est à présumer que comme ces lieux sont de même nature, que ceux qu'ils séparent, qu'ils touchent, ou dont ils sont partie, ils ne doivent pas être considérés comme novales ; toutefois M. du Perray estime que ce sont des novales, parce qu'il n'y a point de preuves que de mémoire d'homme, les lieux où étoient ces hayes, ces chemins ou mouliéres, ayent été labourés ; & telle est, ce semble, la jurisprudence de ce siége. *Du Perray, traité des dîmes, tom.* 1, *liv.* 2, *ch.* 9, *sur la fin, édit. de* 1724.

9. La quatrieme division est en dîmes prédiales, & dîmes domestiques : les unes sont appellées PRÉDIALES, *quia in prædio nascuntur*, comme sont toutes sortes de grains : les autres *domestiques*, parce qu'elles proviennent audedans de la maison ; telles sont celles qu'on appelle *charnage*, comme des agneaux, cochons, & semblables.

10. On peut faire une cinquieme division des dîmes, en solites & insolites. Les dîmes solites, sont les dîmes de fruits qu'on a accoutumé de payer dans une paroisse ; & les dîmes insolites, sont les dîmes des fruits qui n'ont pas coutume d'être levées dans une paroisse.

11. Le curé est fondé de droit commun à percevoir toutes sortes de dîmes dans sa paroisse, & il ne lui faut point d'autre titre que son clocher ; il les peut demander comme la récompense de son travail : *Pretium pro ministerio Sacerdotum, qui deserviunt in Tabernaculo Domini*. Loysel en a fait une regle, liv. 2, art. 36.

12. Sous le nom de *curé*, le vicaire perpétuel est compris ; puisqu'il est titulaire, & que l'église destine la dîme à celui qui est chargé de la conduite des ames & qui fait les fonctions curiales : joint à cela, qu'aux termes de l'article second de la déclaration du 5 octobre 1726, les vicaires perpétuels peuvent prendre la qualité de *curé* de leurs paroisses, & qu'ils doivent être reconnus en cette qualité par tous les fideles consiés à leurs soins.

13. Les dîmes novales appartiennent à ceux qui sont chargés de la conduite des ames, à l'exclusion des ecclésiastiques, ou des laïcs qui possédent les anciennes dîmes dans les paroisses, à moins qu'ils n'aient un titre, ou une possession contraire : ainsi l'ont décidé Innocent III & Alexandre IV ; le premier, *in cap.* 29, *extrà, de decimis* ; & le second, *in cap.* 2, §. *fin. de decimis, in* 6°. Le principe, c'est que ces dîmes qui n'étoient pas encore en nature au temps de l'inféodation, ou donation, ne peuvent pas être comprises dans le privilege, qui doit être bien plutôt diminué qu'étendu, étant une loi particuliere contre le droit commun ; & telle est la jurisprudence des arrêts.

14. Ne peuvent même les curés primitifs percevoir les novales au préjudice des vicaires perpétuels, qui sont chargés de la conduite

des ames & de l'administration des sacremens. M. Lepreſtre, en ſes queſtions de droit, cent. 2, chap. 15, s'eſt propoſé cette queſtion, & répond que l'on tient au palais, que le vicaire perpétuel eſt fondé au droit de novales. Fevret, dans ſon traité *de l'Abus*, liv. 6, chap. 1, n. 10, ſe propoſe la même queſtion, & répond de même; ce qui a été, dit-il, confirmé, & autoriſé par pluſieurs arrêts.

15. Mais ce qui a été jugé par ces arrêts, a été de nouveau réglé & fixé par la déclaration de 1686, touchant les portions congrues; laquelle déclaration, en obligeant les curés ou vicaires perpétuels, qui ont fait l'option de la portion congrue, d'abandonner aux ſeigneurs décimateurs tous les fruits de leurs cures, & par conſéquent les novales dont ils étoient en poſſeſſion, leur conſerve le droit de percevoir la dîme des terres défrichées, depuis qu'ils ont fait leur option, ſans que ce nouveau profit puiſſe faire diminuer la portion congrue.

16. Il en eſt des dîmes vertes & menues comme des dîmes novales; elles ſont affectées d'une maniere particuliere à ceux qui ſont chargés de la conduite des ames de la paroiſſe, comme il a été jugé par pluſieurs arrêts au profit des curés & vicaires perpétuels, contre les chapitres, monaſteres & communautés: leſdits arrêts cités par M. de la Thaumaſſiere ſur la Coutume de Berry, tit. 10, art. 17, & rapportés par M. Julien Brodeau ſur M. Louet, lett. D. ſomm. 53, n. 6; par M. Henrys, tome 1, liv. 1, ch. 3, qu. 30; dans les journaux des audiences, & dans les recueils d'arrêts rendus en faveur des curés; & tel eſt le ſentiment commun des docteurs.

17. Quoique de droit commun, toutes ſortes de dîmes dans une paroiſſe appartiennent au curé, cette régle, ou maxime du droit commun, ſouffre toutefois un grand nombre d'exceptions; parce que les évêques & les ſouverains pontifes ont donné autrefois des paroiſſes à des monaſteres, de l'un & de l'autre ſexe, ou que les évêques les ont données en fiefs à des ſeigneurs, à condition qu'ils deviendroient les protecteurs de l'égliſe: ce qui fait qu'aujourd'hui la plus grande partie des dîmes d'une paroiſſe ſe trouve poſſédée par d'autres que par le curé; & qu'il y a même des curés, ou vicaires perpétuels, qui ne jouiſſent d'aucune dîme dans l'étendue de leurs paroiſſes.

18. Dans l'état où ſont les choſes préſentement, il eſt certain que ces différens décimateurs peuvent preſcrire les dîmes, les uns contre les autres; qu'une égliſe contre une egliſe, un curé dans la paroiſſe d'un autre curé, peut, par une poſſeſſion paiſible de quarante ans, acquérir le droit de percevoir la dîme, ſoit qu'il ait joui de ce droit ſur toute la paroiſſe, ſoit qu'il n'ait perçu les dîmes que ſur un canton. C'eſt la doctrine du chapitre *Ad aures* 6, *extrà*, *de Pæſcript*.

19. Comme l'égliſe peut acquérir le droit de percevoir la dîme, par preſcription, contre une autre égliſe, même contre le curé de la paroiſſe, elle le peut à plus forte raiſon contre les ſeigneurs qui poſſédent des dîmes inféodées, contre leſquels l'égliſe peut preſcrire par une poſſeſſion de trente années; car l'égliſe jouit contre les laïcs, des priviléges ordinaires de la poſſeſſion.

20. L'égliſe, ou le curé qui a preſcrit le droit de percevoir la dîme dans l'étendue d'une paroiſſe qui ne lui appartient pas, ne peut étendre ſon droit au-delà de ſa poſſeſſion; & il faut régler ſur la poſſeſſion, le droit de l'égliſe qui prétend avoir preſcrit la dîme, par la régle ordinaire, *Tantum præſcriptum, quantum poſſeſſum*.

21. Bien plus, un curé qui a preſcrit le droit de lever la dîme dans l'étendue d'une autre paroiſſe, ne peut étendre ſa poſſeſſion aux novales, quand même la novale ſeroit dans l'enceinte du lieu où il a coutume de prendre la dîme; & cela, ſoit par la régle *Tantum præſcriptum, quantum poſſeſſum*, ſoit parce que *Præſcriptio ad futura non extenditur etiam ſimilis*.

22. Cette déciſion ne regarde que les novales des terres nouvellement défrichées; car à l'égard des terres défrichées quarante ans avant la demande, deſquelles ce curé auroit joui au lieu du curé de la paroiſſe, elles lui appartiennent par droit de preſcription: car la dîme des novales peut être preſcrite contre le curé de la paroiſſe, ou vicaire perpétuel, par un tiers eccléſiaſtique poſſédant partie de la dîme dans la paroiſſe. Tel eſt le ſentiment commun des auteurs; de M. Brodeau ſur M. Louet, lett. D. ſomm. 55; de M. Henrys, tome 1, liv. 3, qu. 43; de Fevret, traité *de l'Abus*, liv. 6, chap. 1, n. 10, & autres.

23. Il en faut raiſonner de même des décimateurs laïcs. Les ſeigneurs qui ſont fondés en titres pour prendre les dîmes inféodées dans un certain territoire, peuvent preſcrire les novales par l'eſpace de 40 ans, c'eſt-à-dire, qu'ils peuvent continuer à jouir des dîmes des terres défrichées, avant quarante ans, pourvu qu'ils les aient poſſédées tranquilement pendant ce temps-là, ainſi qu'il a été jugé en la cinquieme des enquêtes, au rapport de M. Lepreſtre, par arrêt rapporté par M. Louet, lett. D. ſomm. 53: mais ils ne peuvent pas preſcrire le droit de percevoir les novales ſur les terres qui ſeront défrichées à l'avenir; parce que, comme il vient d'être dit, en matiere de preſcription, on ne preſcrit qu'autant que l'on poſſéde, *Tantum præſcriptum, quantum poſſeſſum*; & que ces ſeigneurs n'ont pu jouir du droit de dîme, ſur des terres qui ont toujours été incultes. Tel eſt le ſentiment des auteurs qu'on vient de nommer, de M. Julien Brodeau, Henrys, Fevret & pluſieurs autres, qui conviennent tous que la preſcription a lieu auſſi-bien pour le ſeigneur laïc qu'en faveur du ſeigneur eccléſiaſtique. Il y a à la vérité arrêts & ſentimens contraires; mais le premier ſentiment eſt le plus ſuivi, & eſt auſſi le plus ſûr pour établir la paix & la concorde entre

les

les décimateurs, étant difficile après quarante ans de distinguer une novale de l'ancienne dîme, possédée dans l'étendue du fief.

24. Quant aux menues dîmes, au rang desquelles on met ordinairement celles de charnage, il en est à peu près de même que des novales; quoiqu'elles soient affectées d'une maniere particuliere à celui qui est chargé de la conduite des ames; toutefois, quand les laïcs possédent ces sortes de dîmes à titre de fief, qu'il en est fait mention par leurs aveux & dénombremens, ils en jouissent à l'exclusion des curés, & sont maintenus en la possession de les percevoir conformément à leurs anciens dénombremens. Telle est la jurisprudence des arrêts, attestée par les commentateurs de la Coutume de Poitou, art. 100; & ainsi a été jugé par arrêt du 15 juin 1671, rapporté dans le recueil des arrêts rendus en faveur des curés, & par autre du 22 décembre 1672, rapporté par Brodeau sur M. Louet, lett. D. somm. 53, n. 12; & tel est le sentiment de M. de la Thaumassiere, sur la Coutume de Berry, tit. 10, art. 17; & de M. Dhericourt, *Loix Ecclés.* part. 4, ch. 1, art. 43.

25. On accorde aussi ces sortes de dîmes aux gros décimateurs ecclésiastiques, quand ils ont un titre particulier, ou une possession immémoriale jointe à d'anciennes preuves par écrit, qui fassent présumer qu'il y a eu en leur faveur un titre légitime: mais, selon M. Dhericourt, la seule possession ne suffit par pour enlever les menues dîmes aux curés; & ce n'est, dit-il, qu'en appliquant cette distinction aux arrêts qui sont rapportés sur ce sujet, qu'on en peut concilier les dispositions. M. Dhericourt, *ibid.*

* Il est toutefois à propos d'observer, par rapport aux curés à portions congrues, que les déclarations de 1686 & 1690, les ont restreints aux seules dîmes novales sur les terres qui seront défrichées depuis leur option; que ces déclarations ne leur reservent que ces sortes de dîmes, & veulent qu'ils abandonnent toutes les autres.

26. Voilà jusqu'ici pour ce qui concerne la prescription de la dîme entre seigneurs décimateurs; & suivant ce qui a été dit, non seulement les églises entr'elles peuvent acquérir & prescrire les dîmes les unes contre les autres, mais les seigneurs laïcs, possesseurs des dîmes inféodées, peuvent encore prescrire les novales dans l'étendue de leur dîmerie: je dis, dans l'étendue de leur dîmerie; car les seigneurs laïcs ne peuvent prescrire, non-seulement les novales mais même les grosses dîmes, hors de leurs fiefs & au-delà des confins de leur dénombrement, contre les ecclésiastiques; parce que hors de l'étendue de leur dénombrement, la dîme n'est plus réputée inféodée, mais ecclésiastique.

27. Il n'en est pas de même de simples particuliers; ils ne peuvent pas acquérir par prescription les dîmes ecclésiastiques, parce qu'ils sont incapables de les posséder: car il est à observer que les dîmes étant, dans leur origine, ecclésiastiques, il s'ensuit de-là.

28. 1°. Que les laïcs sont incapables de posséder les dîmes autrement que par l'inféodation, qui en change la nature & la qualité.

29. 2°. que la dîme ne pouvant être possédée comme ecclésiastique par des laïcs, quand ils ne rapportent pas des preuves de l'inféodation, ils ne peuvent pas demander d'être maintenus dans leur possession; parce qu'en ce cas la dîme étant réputée ecclésiastique, il y a incapacité en leurs personnes pour la posséder, & leur possession précédente doit être regardée comme usurpation, ou tout au plus comme une simple détention ou occupation, & non comme une possession de droit, n'ayant pas de capacité pour posséder de droit.

30. 3°. Qu'étant incapables de posséder la dîme ecclésiastique, ils sont incapables de la prescrire; parce que la possession est le fondement de la prescription, & qu'en ce cas un laïc demanderoit inutilement à faire preuve de sa possession, par la raison que *frustrà probatur, quod probatum non relevat*. Ainsi un laïc, quelque longue que soit sa possession, ne peut prescrire le droit de percevoir la dîme sur les terres d'une paroisse, ni être maintenu dans ce droit, que quand, pour le justifier, il joint à une possession immémoriale d'anciens aveux & dénombremens, qui font présumer que la dîme a été inféodée en faveur de ses auteurs.

31. Comme les particuliers ne peuvent acquérir par prescription le droit de percevoir la dîme sur les terres d'une paroisse, ils ne peuvent non plus acquérir par le temps l'affranchissement de la dîme ecclésiastique; tous les héritages sont assujettis au paiement de la dîme, & les propriétaires ou leurs fermiers la doivent payer: c'est la décision d'Alexandre III, rapportée dans le chapitre *de terris* 16, *extrà, de decimis.* Et quelque longue que soit la possession de ne point payer la dîme ecclésiastique, cette possession n'est pas suffisante pour acquérir l'exemption d'icelle. Cette doctrine est soutenue & autorisée des ordonnances, des arrêts des cours souveraines, & du consentement universel des peuples; & c'est l'esprit de notre Coutume, au présent article, suivant lequel il n'y a que la maniere de lever la dîme ecclésiastique, & la quotité d'icelle, qui soit sujette à prescription.

32. Il n'en est pas tout-à-fait de même de la dîme laïque & inféodée; car étant patrimoniale & dans le commerce, elle se peut prescrire par trente ans, non seulement pour la quotité, mais encore pour le principal de la dîme, tant par les laïcs que par l'église; par la raison que tout ce qui est aliénable est prescriptible. Ainsi, l'église ayant perçu la dîme d'une paroisse pendant trente années, a acquis une prescription légitime contre le seigneur laïc, qui tenoit auparavant cette dîme comme inféodée, selon qu'il a été dit

ci-devant; & il en est de même d'un laïc, qui peut aussi prescrire la dime inféodée contre un autre laïc, par l'espace de trente ans. Ces décisions ne souffrent point de difficulté : & tel est le sentiment commun.

33. Ce qui fait la difficulté, c'est l'exemption passive de la dîme. On convient bien, ainsi qu'il vient d'être dit, de la prescriptibilité d'une dimerie, ou de partie d'icelle, par la possession d'un droit actif. Mais en est-il de même d'un simple affranchissement, d'une simple exemption passive ? & un particulier, possesseur de quelques héritages dans l'étendue d'une dimerie laïque, peut-il objecter au décimateur laïc, qu'il est en possession immémoriale de ne point payer la dime des fruits sur ses héritages ? Le sentiment commun est qu'il ne le peut pas. Tel est le sentiment de M. Duperray, traité *des dîmes*, ch. 6, n. 6 & 7 ; de M. Bretonnier sur Henrys, tome 1, liv. 1, ch. 3, qu. 25. Tel paroît être aussi celui de M. Claude Henrys, *ibid*. Tel est encore le sentiment de M. Nouet, dans ses éclaircissemens & additions au troisieme tome des conférences ecclésiastiques de Paris, sur *l'usure & la restitution* ; & de M. Dhericourt, *Loix Ecclés*. part. 4, ch. 1, art. 46, seconde édition de 1721.

34. On cite pour ce sentiment un arrêt du 30 avril 1644, & un autre du 18 juin 1681, rapportés dans le second volume du journal du palais, & cités par M. Dhericourt ; & deux autres rapportés par M. Bretonnier : le premier rendu en la troisieme des enquêtes au rapport de M. Mainguy, le 20 mars 1702 ; & le second rendu en la cinquieme des enquêtes au rapport de M. le Rebours, le 11 juillet 1703, au profit des sieur & dame de Chavagnac, seigneurs de la terre de S. Marcellin.

35. Les raisons sur lesquelles on appuye ce sentiment, sont que tous les fonds étant assujettis à la dîme, quand on supposeroit pour un moment que le tenancier de l'héritage en eût prescrit la dime contre le seigneur laïc, il ne pourroit pas s'exempter de la payer au curé de la paroisse : car, comme le curé est fondé de droit commun, & par une attribution commune attachée à son clocher, de demander la dime, le possesseur de l'héritage ne peut pas s'exempter par la Coutume de ne rien payer, puisqu'il ne peut pas lui dire, *Quoad te fundum liberum habeo*.

36. Il ne peut pas exciper du droit du seigneur, dans ce présent, où le seigneur n'ayant pas vendu l'héritage exempt de la dîme, n'est pas tenu de faire subsister cette exemption ; car, outre que ce seroit exciper du droit d'un tiers, c'est que ce seroit opposer un droit imaginaire, le tenancier n'ayant pas accoutumé de lui payer la dîme, & prétendant ne la devoir pas & en avoir acquis la libération par la prescription : c'est envain, dans cette supposition, qu'il voudroit se servir d'un droit que ce seigneur n'a pas, qui est éteint par la prescription, & que le seigneur même qui interviendroit en l'instance, ne pourroit valablement faire valoir. Ainsi le tenancier n'avanceroit rien, en se prévalant de la prescription contre le seigneur, puisqu'il n'échapperoit de ses mains que pour retomber en d'autres ; car en ce cas, le curé auroit le même droit contre lui pour cette dîme prescrite, qu'il a pour les terres défrichées & les novales d'icelles, auxquelles l'inféodation ne peut faire obstacle.

37. On ajoute à tout ceci, que la dîme laïque & inféodée provenant originairement de l'église, & pouvant lui revenir, elle a les mêmes priviléges que la dîme ecclésiastique ; qu'on ne peut point en acquérir l'exemption par prescription, non plus que de la dîme ecclésiastique.

38. On dit en faveur de la prescription, & pour le sentiment contraire, qu'il en doit être d'un laïc à un autre laïc, en fait de dîmes inféodées, comme il en est en fait de dîmes ecclésiastiques, d'un ecclésiastique à un autre, à l'exception du curé. Or, dit-on, à l'exception du curé, un ecclésiastique peut prescrire contre l'autre, non seulement le droit de dîme, mais encore l'affranchissement & l'exemption de n'en point payer, de ses héritages : car si un chapitre a un domaine dans la dimerie d'un autre, & que des héritages de ce domaine il n'ait point payé de dîme, & soit dans cette possession, il est certain que cette possession lui acquiert l'exemption & qu'il en prescrit le droit ; parce qu'ils sont de condition égale, qu'ils n'ont pas plus de privilege l'un que l'autre, & que *in pari causa melior est conditio possidentis*. La cour l'a jugé plusieurs fois en faveur des monasteres.

39. Cela étant, reprend-on, un laïc peut donc prescrire & acquérir l'exemption de la dîme contre un autre laïc, ainsi qu'un monastere le peut contre un chapitre ; car il y a identité de raison ; & la conséquence paroît juste.

40. On convient, dit-on encore, & c'est une seconde raison, que si un gros décimateur laïc vendoit un fonds dans l'étendue de sa dimerie, en le déclarant exempt de dîme, en ce cas l'acquéreur jouiroit de l'exemption, attendu que le gros décimateur, qui est garand de ses faits & de sa promesse, ne peut exiger la dîme après en avoir fait la remise, & que le curé pourroit en ce cas exiger la dîme de l'acquéreur, qui exerçant les droits de son garand, seroit bien fondé à faire valoir contre le curé le droit du seigneur décimateur laïc, son vendeur.

41. Or, reprend-on, si un seigneur décimateur laïc peut vendre l'exemption & l'affranchissement de la dîme sur quelqu'héritage sis & situé dans l'étendue de sa dimerie, il s'ensuit que cette exemption peut s'acquérir par prescription : car la regle la plus assurée que nous ayons pour les prescriptions, c'est que, *quæ cadunt in commercium, præscribi possunt* ; la prescription n'étant autre chose que *præsumptus titulus, ex tacitâ partium volun-*

Tit. III. DES PRESCRIPTIONS. Art. XXI.

tate, & longo temporis intervallo procedens: le long-temps que le possesseur d'un héritage a demeuré sans payer la dîme au seigneur laïc, donnant lieu de présumer qu'il y en a eu une remise de sa part, ou une vente de l'exemption & affranchissement d'icelle.

* Si le curé, ajoute-t-on, a droit de lever la dîme sans autre titre que son clocher, ce n'est que quand il n'est point justifié qu'il y ait un autre décimateur que lui; parce qu'alors la présomption de droit est, que c'est à lui que la dîme a toujours appartenu; mais quand les propriétaires établissent que la dîme de leurs héritages a été inféodée, & n'appartenoit pas à la cure, qu'elle appartenoit à un seigneur laïc, qui les affranchit par une concession d'affranchissement, ou par la vente qu'il leur en a faite, ce qui se présume par le long-temps qu'ils ne l'ont pas payée, alors le curé n'a pas droit de réclamer cette dîme, & ne peut pas faire revivre au profit de la cure, un droit de dîme éteint, qui ne lui appartenoit pas.

42. Tel est le sentiment de M^{rs}. les officiers & avocats de ce siége, qui citent pour ce sentiment un arrêt rendu au rapport de M. Gluc, en la cinquieme des enquêtes, le 7 septembre 1713, infirmatif d'une sentence rendue en cette Sénéchaussée, au rapport de M. de Vilaine, le 10 juin 1712, entre Jean-Gilbert Loyon, prêtre, curé de Bresolles, demandeur, & Claude Montagudel, & Marguerite Jardillet, sa femme, défendeurs. * Ce fut encore ainsi jugé en cette Sénéchaussée le 1 avril 1740, au rapport de M. Berger, lieutenant général, pour le sieur Jaladon de la Barre, contre le sieur Dechamp, & il n'y eut point de contradicteur.

Pour dire ce que je pense sur cette question, ce dernier sentiment me paroît le mieux fondé en raisons, sur-tout dans cette Coutume, qui admet la prescription du cens & autres droits seigneuriaux; mais le sentiment contraire est le plus autorisé & le plus suivi. M^{rs}. les avocats dans la consultation vingt-cinquieme, rapportée dans le second tome de Duplessis, se sont déclarés pour le sentiment qui rejette la prescription.

** Le fait sur lequel est intervenu l'arrêt rendu au rapport de M. Gluc, en la cinquieme des enquêtes, le 7 septembre 1713, est tel: Montagudel avoit acquis de M. Semin, seigneur décimateur, quelque héritage dans l'étendue de sa dîmerie, & n'en payoit point la dîme au seigneur décimateur laïc depuis plus de 30 ans, soit qu'il y eût remise ou pure négligence du seigneur décimateur laïc; ce que je ne sais pas, sachant seulement, ainsi que l'on me l'a assuré, que le seigneur décimateur ne réclamoit point la dîme. La chose en cet état, le sieur curé de Brezolles crut que, Montagudel ne payant point la dîme au seigneur décimateur laïc, il ne pouvoit se dispenser de la lui payer; il lui en forma la demande, & le défendeur Montagudel fut condamné à la lui payer par sentence de cette Sénéchaussée du 10 juin 1712, au rapport de M. de Vilaine, laquelle fut infirmée par arrêt du parlement rendu au rapport de M. Gluc, en la cinquieme des enquêtes, le 7 septembre 1713.

43. Ce qui a été dit jusqu'ici touchant la prescription de la dîme, ne regarde que le fond de la dîme, le droit de la percevoir, l'affranchissement & l'exemption d'icelle: passons présentement à la maniere de lever & payer la dîme, & sa quotité.

44. Je dis qu'il est de principe & de maxime certaine, que la dîme, soit ecclésiastique, soit laïque & inféodée, ne doit se lever que suivant l'usage du pays; que la façon & maniere de lever & payer la dîme, & aussi la quotité d'icelle, ou ce qu'on a accoutumé de payer pour raison de la dîme, se prescrivent par quarante ans contre l'église, & par trente ans contre le décimateur laïc, sans que le curé, ou autre décimateur, puisse exiger autre chose ni autre quotité, que celle qui est accoutumée. C'est la décision du chapitre 31 *in aliquibus*, §. *illæ*, *extrà*, *de decimis*; de l'ordonnance de Charles IX, à S. Germain en Laye, le 25 octobre 1561; du même à Dieppe le 10 août 1563; de Blois, art. 50; de Melun, art. 29: & telle est la disposition de cette Coutume, au présent article; de celle d'Auvergne, tit. 17, art. 18; de la Marche, art. 96; de Nivernois, ch. 36, art. 4; de Berry, tit. 10, art. 17.

45. C'est la coutume & l'usage d'une paroisse, qui régle les especes de fruits sur lesquels la dîme doit être levée, qui fait la distinction des dîmes solites, & insolites; & il n'est point permis d'exiger la dîme des fruits dont on n'a pas coutume de la payer. Pour ce sujet a été faite l'ordonnance de Philippes IV, de l'an 1303, vulgairement appellée *la Philippine*; par laquelle il a été enjoint aux baillifs & sénéchaux d'empêcher que les prélats & gens d'église fassent nouvelle exaction des dîmes, en la maniere accoutumée, & les perçussent de choses insolites & dont il n'y a coutume de lever dîme; ce qui a été renouvellé par l'édit de Blois, art. 50.

46. Si un propriétaire étoit seul dans toute la paroisse, en possession de ne point payer la dîme d'une certaine espece de fruits, & qu'elle fût constamment payée par tous ou par la plupart des habitans de la paroisse, il ne seroit pas recevable à soutenir que cette dîme est insolite à son égard, sous prétexte qu'il seroit en possession de ne la point payer. La raison est que ce n'est pas la possession d'un particulier, mais l'usage d'une paroisse, qui fait la distinction des dîmes solites, & insolites; car l'article 50 de l'ordonnance de Blois veut que les dîmes se levent selon la Coutume des lieux. Or la Coutume s'acquiert & se fait par le public, & non par un particulier; joint que si on admettoit la preuve d'une pareille possession de la part des particuliers, cela donneroit lieu à une infinité de procès. Tel est le sentiment de M.

Dhericourt, *Loix Ecclef.* part. 4, ch. 1, art. 24; & de M. Lange, *Pratic. Franç.* part. 1, ch. 1.

47. Mais le feigneur décimateur ne peut empêcher que le propriétaire ne change la nature de fon fonds comme il lui plaît, qu'il ne faffe de fa terre décimable un bois, ou un pré, puifqu'il n'a pas de droit au fonds, mais feulement aux fruits qui font affectés à la dîme, & qu'un chacun peut ufer de fon bien en toute liberté, *cùm fit quifque rei fuæ moderator & arbiter.* Tel eft, dit M. Fevret, le fentiment commun des canoniftes, auffi-bien que des interpretes du droit civil. Fevret, traité *de l'Abus*, liv. 6, ch. 1, n. 4.

48. La difficulté en ce cas eft de favoir, fi on doit affujettir à la dîme les terres fur lefquelles on avoit accoutumé de femer des grains fujets à ce droit, lorfqu'on leur fait porter des grains non décimables. Fevret, en l'endroit qu'on vient de citer, traite la queftion, & dit que le fentiment commun de tous les canoniftes & juriftes, eft que du fruit femé auxdites terres, quel qu'il foit, la dîme en eft due; que c'eft *onus rei*, qui paffe avec la chofe; que le changement de la qualité du fruit ne change & n'altere point la force de l'obligation primitive...... que celui qui eft fondé au droit de dîmer, continue fa poffeffion *ad omnem fructuum fpeciem*...qu'autrement ce feroit ouvrir la porte aux fraudes, & donner moyen aux propriétaires de fruftrer les curés de leur droit de dîme, en changeant la qualité du fruit; & il cite plufieurs auteurs & plufieurs arrêts pour ce fentiment.

49. M. Bretonnier fur Henrys, tome 1, liv. 1, ch. 3, qu. 29, dit que cela eft fans difficulté; parce que le changement de culture & de femence ne peut faire aucun préjudice aux décimateurs, & qu'autrement il feroit facile à un homme mal intentionné de fruftrer la dîme: & il cite un arrêt du parlement, du 4 mars 1679, par lequel il a été ordonné que les particuliers qui mettent leurs terres en prés, payeront la dîme du foin de la même maniere qu'ils avoient accoutumé de payer la dîme des blés. Cet arrêt eft rapporté dans le recueil des édits, déclarations, & arrêts rendus en faveur des curés.

50. M. de la Thaumaffiere, fur la Coutume de Berry, tit. 10, art. 17, d'un fentiment contraire, foutient que ce qui eft prefcrit par les ordonnances fur les dîmes infolites, eft fi étroitement obfervé, que fi une terre labourable, fur laquelle le curé prenoit la dîme, vient à être changée en pré ou étang, le curé ne peut prendre la dîme de foin ni de poiffon, comme il a été jugé (dit-il) par arrêt du 29 février 1539, rapporté par Papon, liv. 1, tit 12, art. 5; & depuis, par autre arrêt rendu en l'audience le 8 avril 1622, par lequel le curé de Porc-Aupec fut débouté de fa demande de la dîme de fain-foin nouvellement femé en la terre labourable, lors fujette à la dîme.

51. Grimaudet, traité *des dîmes*, liv. 3, ch. 3, eft de ce fentiment; & fes raifons font, 1°. que comme le feigneur décimateur ne peut pas contraindre le poffeffeur à cultiver fa terre, puifqu'il n'a aucune part au fonds, il ne peut pas non plus l'empêcher qu'il ne difpofe à fa volonté de fa terre, & qu'il ne change fon fonds accoutumé d'être femé en grains defquels fe paye la dîme, en une autre forme de culture de laquelle ne fe paye aucune dîme, comme en pré, en bois, en étang; & en l'un & l'autre cas, le feigneur décimateur ne peut rien demander, puifqu'il n'a droit que fur les fruits affectés à la dîme : 2°. Que fi les héritages portant fruits dont la dîme n'a coutume d'être payée, font mis en culture, foit de terre labourable, ou vigne, du fruit defquelles on paye la dîme, la dîme fera due au curé fans confidérer la nature de la terre, avant qu'elle fût cultivée de cette façon; parce que le curé eft en poffeffion de prendre la dîme de tels fruits : que par la même raifon, quand on feme dans un fonds qui avoit coutume de produire des fruits fujets à la dîme, des grains qui n'y font pas fujets, on ne doit point confidérer la nature de cette terre avant cette nouvelle culture, pour l'affujettir à la dîme, quoique les fruits qu'elle porte ne foient pas décimables.

52. Entre ces deux fentimens directement oppofés, il me paroît qu'il y a certain milieu à prendre.

53. Premiérement, fi la terre labourable qu'on a convertie en pré, étoit originairement un pré, on ne doit point la dîme, fi la dîme de foin eft infolite; c'eft un retour à l'ancien état & qualité de la terre, qui n'étant pas fujette à la dîme originairement, étant en pré, ne doit pas être chargée de celle qui eft infolite. C'eft le fentiment de M. Duperray, traité *des dîmes*, liv. 2, ch. 9, n. 6.

54. Secondement, quand le changement de furface eft peu confidérable, il n'eft rien dû au feigneur décimateur, qui n'a pas droit en ce cas de prendre la dîme des fruits & revenus nouveaux, s'ils ne font pas fujets à la dîme, fuivant l'ufage des lieux; & ainfi s'obferve dans cette province : & c'eft l'obfervation de M. Jean Duret, dans fon commentaire imprimé fur notre Coutume, fur le préfent article.

55. Mais fi le changement de furface eft confidérable; comme en ce cas les particuliers pourroient réduire à peu de chofe, dans certaines paroiffes, cette portion de fruits qui eft deftinée pour l'entretien des miniftres, s'ils pouvoient faire ces changemens fans indemnifer les décimateurs; pour lors il eft jufte que la dîme des fruits & revenus nouveaux, qui ne font pas fujets à la dîme fuivant l'ufage des lieux, foient payés à raifon des anciens, qui fe recueilloient aux héritages, dont on a changé la furface. C'eft encore l'obfervation de M. Jean Duret, en l'endroit cité; car encore, dit-il, que la liberté foit à chacun de faire à fon héritage ce que bon lui femble, voire avec le dommage d'autrui,

cela

Tit. III. DES PRESCRIPTIONS. Art. XXI.

cela est entendu si le dommage n'est pas trop excessif.

56. Si l'édit de 1657 avoit été enrégistré, il faudroit indemniser les décimateurs pour tous les changemens de surface, quelque peu considérables qu'ils puissent être, la disposition de l'édit étant conçue en termes généraux : mais comme on avoit déjà fait un assez grand avantage aux décimateurs, en leur accordant une récompense quand ce changement est considérable, c'est une des raisons pour lesquelles l'édit qui poussoit ce privilége plus loin, n'a pas été enrégistré : on laisse à l'équité des juges de décider sur les différentes circonstances, quel est le changement de surface qui doit passer pour considérable. C'est l'observation de M. Dhericourt, *Loix ecclés.* part. 4, ch. 1, art. 25.

57. La dîme n'est point due des herbages d'un jardin destiné pour le ménage.

58. Nous avons aussi rejetté toutes dîmes personnelles pour le travail & l'industrie, & de toutes marchandises : quant aux autres choses il se pratique différemment, selon les coutumes des provinces, & quelquefois des paroisses ; ce qui fait qu'on ne peut rien avancer de certain en cette matiere. Ce qu'il y a à remarquer, c'est que quand la coutume des lieux est obscure & incertaine, il faut suivre l'usage des lieux circonvoisins, suivant l'article 29 de l'édit de 1579.

59. On paye la dîme des enclos ; & quoiqu'on ait fermé de murs une terre labourable ou une vigne, on ne laisse pas d'être obligé à en payer la dîme.

60. La quotité de la dîme n'est pas uniforme dans cette province ; il y a des paroisses, & même des hameaux, où on la paye à la dixieme, d'autres à la onzieme, d'autres à la douzieme, treizieme, quinzieme, vingtieme. Quand il y a quelque contestation sur ce sujet, c'est par l'usage qu'il faut se régler ; car la quotité se prescrit, comme il a été dit, & le tenancier se peut affranchir, sinon *à toto*, *saltem à tanto*.

61. Il y a des auteurs qui prétendent que cette prescription n'a lieu, que quand la quotité de la dîme n'a pas été réglée par titres ; que les possesseurs des héritages ont beau alléguer qu'ils ont payé moins que le seigneur ne demande ; que quelque preuve qu'ils puissent faire de cette coutume, si le seigneur rapporte un titre valable qui régle la quotité, l'usage ne le peut détruire ; que le titre détruit la coutume, mais que la coutume ne détruit pas le titre ; parce que l'obligation étant une fois acquise, le droit en est imprescriptible, aussi bien pour une partie, que pour le tout ; & que c'est en ce cas que l'on dit, que *à primordio tituli formatur omnis eventus*; que c'est la distinction qui a été faite par les arrêts de la cour, que M. Duval, conseiller au parlement, a remarqué en son traité *de rebus dubiis*, aussi bien que M. Maynard, conseiller au parlement de Toulouse, au livre 4, chap. 47 de ses questions notables, & après lui le docte Mornac sur la loi 8, cod. *de usuris*. Henrys, tome 1, liv. 1, ch. 3, qu. 37.

62. Quelques spécieuses que soient ces raisons, ce n'est point mon sentiment. Il suffit que la Coutume en dispose autrement ; sa disposition est précise pour la prescription de la quotité, sans aucune distinction, ni restriction : or, *ubi lex non distinguit, nec nos distinguere debemus ;* & ce fut un des chefs décidés par la sentence rendue au rapport de M. Bolacre, lieutenant général en cette Sénéchaussée, le 18 juillet 1721, sur la contestation formée par les peres Chartreux de cette ville de Moulins, demandeurs, contre Blaise Sarro, Guillaume Avignon, & le sieur Prévost Deroche, défendeurs.

* Les peres Chartreux de cette ville de Moulins possédent une dîme dans la paroisse de Bagneux, appellée *la dîme de la Franchise de Bagneux* : Cette dîme est perceptible à la dixieme aire ou sillon, suivant le titre & dénombrement qu'ils rapportoient. Le sieur Prévost Deroche, doyen des avocats de cette ville de Moulins, & les nommés Blaise Sarro & Guillaume Avignon, propriétaires dans l'étendue de cette dîmerie, ne contestoient pas aux religieux leur dîme, & leur droit, suivant leur titre, de la percevoir à la dixieme aire ; mais ils soutenoient que l'usage dans la paroisse étoit de compter dans chaque champ une dîme à la treizieme aire, qu'on appelloit *la grande dîmée ;* & c'étoit-là un des chefs du procès sur lequel intervint la sentence rendue au rapport de M. Bolacre, lieutenant général en ce siége, le 18 juillet 1721, entre les peres Chartreux, demandeurs, contre Blaise Sarro, Guillaume Avignon & le sieur Prévost Deroche, défendeurs ; & l'on jugea, quant à ce chef, que si l'usage étoit tel que les défendeurs l'alléguoient, les demandeurs devoient s'y conformer ; & pour cet effet il fut décidé, qu'avant que de faire droit sur ce chef, les demandeurs contesteroient le fait allégué par les défendeurs dans un temps précis, lequel temps passé, le fait tenu pour contesté, & les parties reglées : J'étois des juges.

63. La possession nécessaire pour la prescription de la quotité de la dîme, n'est pas celle d'un simple particulier, possesseur de quelques héritages, mais celle de toute la paroisse, ou du moins d'un certain canton. Ainsi le détenteur d'une piece de terre ne peut alléguer sa possession pour payer moins de dîme que les détenteurs des terres voisines ; mais on est admis à prouver que depuis quarante ans on a payé la dîme dans un certain canton, comme dans les dépendances d'un hameau, sur un pied moins haut que dans le reste de la paroisse. Ainsi a été jugé en cette Coutume par arrêt du 23 décembre 1637, en infirmant la sentence de M. le sénéchal du 27 août 1636 ; ledit arrêt cité par M. Genin, & tel est son sentiment : sa raison est que la dîme ne se prescrit point,

Part. I. M

& que fi la quotité eſt preſcriptible, ce ne peut être que par une poſſeſſion de bonne foi, équipollente à titre ; & que la poſſeſſion d'un particulier qui paye la dîme, autrement qu'elle ne ſe paye dans le territoire, n'eſt pas une poſſeſſion de bonne foi, mais une uſurpation, parce que pour être fondée ſur la bonne foi, elle doit être fondée ſur la commune opinion, ou le droit commun du territoire. M. Genin, le fils, *hìc*.

* Voici comment s'explique M. Genin, fils, ſur l'article 21 de cette Coutume, ſur ces mots, LA MANIERE DE LEVER ET PAYER LA DIME, ET AUSSI LA QUOTITÉ. *Intellige*, dit-il, *de poſſeſſione univerſalis territorii, ſecundùm quam agricolæ & prædiales Domini poſſunt in univerſum præſcribere quotam ; & modum decimandi in territorio univerſali, uniformiter poſſidentes ; non autem de poſſeſſore ſingulari cujuſque prædii, ita ut ſi poſſideat ſingulariter, & ſolvat pro una quota, & alius pro altera, poſſit uterque circa ſe præſcribere quotam decimæ in prædio ſuo, v. g. unus ex his ſolvendo undecimam, alter vero duodecimam tantùm, vel alius etiam decimam-quartam, etſi in toto territorio decima debeatur, nullus ex his tribus præſcribit pro ſingulari ſua poſſeſſione in tantum ut dici poſſit, tantum eſſe præſcriptum quantum poſſeſſum : imò ab his debetur ſolvi decima, ſecundùm loci Conſuetudinem, & eo modo quo uti & ſolvi ſolet in toto territorio ; & ſi præſcribi poteſt quota vel modus ſolvendi decimas, non aliter poteſt hæc acquiri præſcriptio, quàm pro poſſeſſione totius territorii..... Et ſic judicatum in hac Provincia Arreſto ſupremæ Curiæ Pariſienſis dato die 23 Decembris, anno 1637*, en infirmant la ſentence de M. le Sénéchal du 17 août 1636, entre M. Amable Tavernier, notaire à Gannat, propriétaire, demandeur en complainte, d'une part ; & Noël Caillot, Jean Pinaud, & François Baudet, prêtres, défendeurs, & les vénérables prêtres de la communauté de Sainte Croix de Gannat, intervenans & joints, d'autre ; & Jacques & Gaſpard de Bagard, écuyer, ſieur de Lauglade, ayant pris le fait & cauſe pour Pourſaint Bourgeois, & autres leurs fermiers & dîmiers du dîme de Lauglade. Il s'agiſſoit de la dîme de deux piéces de terre, ſituées partie dans la dîmerie de l'abbaye de Cluny, à cauſe du doyenné d'Ecurolles, dans leſquelles Tavernier demandoit d'être maintenu à ne payer la dîme qu'à raiſon du vingtieme, au-lieu qu'en toute la dîmerie elle ſe payoit à la onzieme. Le fait de poſſeſſion prouvé de part & d'autre, de la part de Tavernier qu'il étoit en poſſeſſion de ne payer qu'à la vingtieme, & de la part des ſieurs de Bagard en poſſeſſion de la percevoir en tout le territoire à la onzieme..... M. Genin, fils.

64. Il en eſt de même d'un particulier qui auroit un fief, & qui payeroit moins de dîme ; il doit être condamné de payer comme les autres, la preſcription d'un ſeul n'étant pas aſſez conſidérable pour le tirer de la regle.

Arrêt du 29 novembre 1667, entre le curé de Goupilliere & un habitant. Duperray, traité *des Dîmes*, liv. 2, ch. 8, n. 6.

65. Pour réduire le ſeigneur à une moindre quantité, il faut que l'uſage de la paroiſſe, ou du canton, ſoit uniforme, d'une preſtation fixée & égale : qu'on propoſe, par exemple, qu'on a accoutumé de tout temps, ou du moins depuis quarante ans, de ne payer la dîme qu'à raiſon de vingt gerbes l'une : car ſi la forme de payer n'a pas toujours été égale, & que la dîme ait été payée tantôt à moindre quantité, tantôt à plus haute, cet uſage ne peut pas établir une regle, & la preuve en ſeroit inutile. M. René Chopin ſur la Coutume de Paris, liv. 2, tit. 8, n. 6, le décide ainſi : *Quota decimæ à Laicis præſcribitur, quando uniformiter ſolvere conſueverunt ; ſecùs ſi difformiter, quia uno anno plùs, altero minùs*. Et M. Antoine Mornac, ſur la loi 5 & 8, Cod. *de uſuris*, dit pareillement : *Hodiè in decimis ſpectatur ſemper, quæ ſolita, perpetua, nec variata unquam à longis annis præſtatio*, ſuivant le chapitre *In aliquibus*, §. *ult, de decimis*. Henrys, t. 1, liv. 1, ch. 3, qu. 38.

66. La dîme ſe leve auſſi-tôt que les fruits ſont recueillis, ſans aucune déduction des dépenſes néceſſaires pour cultiver les terres, pour les enſemencer, & pour la récolte. C'eſt la diſpoſition des chapitres 7 *Cùm homines*, & 22 *Non eſt, extrà, de decimis*.

67. Il y a des endroits où le ſeigneur décimateur donne à dîner aux laboureurs ; ce qui a été confirmé, dit Potier *hìc*, en ce préſidial en l'année 1631, pour dame Alix Oligier, contre les doyen & chanoines d'Huriel : mais cela eſt contraire à l'édit de Melun, art. 29, & de Blois, art. 50, qui font très-expreſſes inhibitions & défenſes à tous les redevables ſujets à champart, dîmes & autres droits, d'exiger aucuns banquets, bavetes, frais & dépenſes de bouche, des eccléſiaſtiques, & auxdits eccléſiaſtiques de les faire.

68. On laiſſe la dîme ſur pied, en certains endroits ; en d'autres, on la coupe & lie : de quelque maniere que la choſe ſe pratique, la dîme doit être payée, non pas au choix du curé ni du paroiſſien, mais fidéllement comme la gerbe échet. Dans le procès dont il a été parlé ci-deſſus, qui fut jugé au rapport de M. Bolacre le 18 juillet 1721, entre les peres Chartreux de cette ville de Moulins, demandeurs, contre Blaiſe Sarro, Guillaume Avignon & le ſieur Prévoſt Deroche, défendeurs. Les défendeurs, qui ne nioient pas que les demandeurs ne fuſſent en droit de percevoir la dîme à la dixieme aire, comptoient cette dixieme aire non pas de ſuite, par continuité & ſans interruption, en commençant par la premiere aire, & laiſſant la dixieme comme elle ſe rapportoit ; mais tantôt ils laiſſoient la neuvieme, enſuite la onzieme ; tantôt la huitieme, & enſuite la douzieme ; & cela afin, diſoient les peres Chartreux, de ſe conſerver les meilleures aires & les plus fournies, & de

faire tomber les plus méchantes à la dîme. Ils soutenoient que leurs prédécesseurs en avoient toujours agi de cette maniere, prétendoient n'avoir rien innové, & demandoient à en faire preuve : mais il fut décidé que cet usage étoit un abus qui ne devoit pas être autorisé, & qui ne pouvoit pas former un droit prescriptible ; & on les condamna à laisser dorénavant pour la dîme la dixieme aire, à compter par la premiere & à continuer de suite sans interruption ; & pour avoir intervertis cet ordre, à leur fantaisie, ils furent condamnés aux dommages-intérêts des parties.

69. Il en doit être de même de la dîme d'agneaux ; cette dîme se doit prendre à la verge, sans choix, ainsi que les bestiaux sortent de la bergerie.

70. Cette dîme d'agneaux se doit demander dans le mois de mai pour le plus tard ; & la dîme de cochons, six semaines à compter du temps qu'ils sont nés ; & faute de ce, il faut prendre l'estimation. Par jugement de M. le sénéchal du 18 avril 1641, dit M. Menudel, il fut jugé entre M. Charles Meillet & Jean Favardin, que le seigneur dîmier percevroit la dîme d'agneaux au premier jour de mai, faute de cela la dîme réglée à douze sols ; & pour le regard des cochons, ordonné qu'il les percevroit six semaines après qu'ils seroient nés, & qu'à cet effet le propriétaire avertiroit le seigneur dîmier, & qu'à faute de les aller prendre dans ce temps-là, la dîme seroit réglée à dix sols. M. Menudel, *hic*.

71. Forget, traité *des choses décimables*, ch. 3, n. 5, rapporte un arrêt du parlement de Paris du 27 mai 1559, qui porte « que les
» dîmeurs sont tenus compter, marquer &
» lever le jeudi ou autre jour de la semaine
» sainte, par chacun an, la dîme d'agneaux ;
» & que ledit temps passé, le propriétaire, ou
» fermier, pourront compter & marquer,
» pour, en cas de mort sans fraude, en repré-
» senter & rendre les peaux à ladite marque,
» dont ils seront crus à leur serment ; & que si
» la dîme des agneaux étoit levée après la-
» dite semaine sainte, les dimeurs seront tenus
» de payer le salaire raisonnable pour raison
» de la garde d'iceux agneaux. »

72. Si le nombre d'agneaux requis pour la dîme n'est pas complet, & qu'il ne se trouve, par exemple, que six ou sept agneaux, ou qu'il y en ait six ou sept après la dîme levée, le seigneur décimateur ne peut en l'un & l'autre cas mettre les agneaux en compte pour faire le nombre sur l'année suivante, & il ne peut joindre le nombre de plusieurs années pour en prendre la dime ; parce que *tot sunt decimationes, quot sunt anni ; & quot sunt decimationes, tot sunt numerationes*, qui est aussi la raison pour laquelle la dîme ne tombe pas en arrérages, comme nous le dirons ci-après. Tel est le sentiment de M. de la Thaumassiere, sur Berry, tit. 10, art. 17.

73. Mais en ce cas il faut payer du plus plus, du moins moins, suivant l'estimation & à proportion ; & il en doit être de même en fait de dîmes prédiales, des gerbes surnuméraires. Un gros décimateur prend la dîme dans un canton, à la dixieme ou à la onzieme ; il reste dans un champ encore sept à huit gerbes, lesquelles se joignent avec celles d'un autre champ, quand c'est le même propriétaire ou fermier : ou s'il ne reste plus de champ à dîmer, le seigneur décimateur prend du plus plus, du moins moins, des nombres non parfaits. Tel est le sentiment de M. Duperray, traité *des Dîmes*, liv. 2, ch. 10, n. 7, où il rapporte deux arrêts qui l'ont ainsi jugé, l'un du 7 juillet 1702, & l'autre du 13 août 1703. Fevret, qui se propose cette question au sujet des dîmes prédiales, dans son traité *de l'Abus*, liv. 6, ch. 1, n. 5, vers la fin, est encore de ce sentiment, qu'il appuye de toutes ses forces ; & tel est enfin le sentiment de M. Jean Duret, dans son commentaire imprimé sur notre Coutume, *hic*.

74. Cette décision, dit M. Duperray, ne devroit pas être arbitraire ; & la raison est que n'y ayant point d'exemption des dîmes ordinaires, & qu'étant payées à une quotité certaine, le surplus excédant le nombre fixé pour la dîme, n'est pas moins décimable que les autres gerbes. Il y a, dit-il, un principe d'équité, qui ne doit pas être rallenti par la mauvaise coutume de quelques habitans ; & dans le doute, il faut prendre le certain. Si cela, dit cet auteur, doit avoir lieu pour les grosses dîmes, à plus forte raison pour les menues ; & on doit faire raison des cochons, ou des agneaux, qui ne vont pas jusqu'à la quotité pendant une année.

75. Dans les lieux où on laisse la dîme sur pied, l'usage pour l'ordinaire est que le seigneur décimateur ne prend pas la dîme des ceintres que le laboureur laisse dans chaque champ : mais c'est souvent une maniere de dispute, ainsi que je l'ai vu ; en ce que les décimateurs se plaignent que les laboureurs font ces ceintres trop larges, ou qu'ils en laissent une trop grande quantité. On dit qu'il y a eu un réglement pour cela fait en cette Sénéchaussée, mais je ne l'ai pas vu.

76. Il y a des lieux où la dîme de fuite est établie, qui consiste en ce que le seigneur décimateur du laboureur, qui demeure dans l'étendue de sa dîmerie, suit ce laboureur lorsqu'il va cultiver des terres hors sa dimerie, en lieu sujet à la dîme, & qu'il prend la moitié de la dîme des fruits que son laboureur cultive hors la dimerie ; le seigneur décimateur de la dîmerie, en laquelle le fonds est situé, prenant l'autre moitié.

77. Ce droit est extraordinaire & contre le droit commun ; parce que, suivant le droit commun, la dîme des fruits qui naissent sur la terre appartient au gros décimateur du territoire. Toutefois ce droit a lieu, & on doit s'y soumettre dans les Coutumes où il est établi, comme dans celles de Berry, Nivernois & la Marche, & même dans les lieux où

les seigneurs décimateurs sont en possession de suivre leur laboureur, & de prendre par droit de suite la moitié de la dîme de son labourage : car le chapitre *cùm sint homines, extrà, de decimis*, renvoie ceux qui veulent suivre leur laboureur, à l'usage ; *in hujusmodi disputatione, ad consuetudinem duximus esse recurrendum.* Et au chap. *Ad Apostolicam*, du même titre, il est dit : *Super decimis verò messium, vel fructuum, si qui coluerint in aliâ parochiâ, quàm in quâ habitant ; quoniam à diversis diversa colitur consuetudo, tu eligas in hoc casu quod per consuetudinem diu obtentam noveris observatum.*

78. Dans l'ancienne Coutume de cette province le droit de suite, qu'elle appelle autrement *droit de regle*, est établi dans les châtellenies d'Ainay, Murat & la Bruyere, pour les dîmes tant entre laïcs qu'ecclésiastiques : c'est ce qui est porté expressément au titre 20 de l'ancienne Coutume, article unique, & dans le procès verbal fait dans les châtellenies d'Ainay, Murat & la Bruyere ; & quant aux autres châtellenies, ledit article du titre 20 de l'ancienne Coutume porte qu'il n'y a point de coutume, ni usance générale & commune, mais qu'il y a coutumes & usances diverses & particulieres ès paroisses particulieres d'icelles châtellenies, lesquelles paroisses d'icelles autres châtellenies, autres que Murat, Ainay & la Bruyere, se gouvernent selon leurs anciennes usances & coutumes, ainsi que les dîmes se payent audit pays, en diverses façons & qualités.

79. La nouvelle Coutume ne parle pas de ce droit de suite, & elle l'a laissé sans en faire aucune mention ; mais l'usage est qu'il se régle suivant la possession, conformément à l'ancienne Coutume. *Nota*, dit M. Jean Cordier, *quod nostrum Statutum non loquitur de hoc jure, ideóque non observatur nisi in locis particularibus hujus Provinciæ, ubi hic mos invaluit de communi observantiâ.* M. Jean Cordier, *hic*.

80. La Coutume de Berry, tit. 10, art. 18 ; celle de Nivernois, chap. 12, art. 2, & de la Marche, art. 332, accordent le droit de suite à l'hébergement des bœufs seulement : tellement que le seigneur de la dîmerie où les bœufs sont tenus, nourris & hivernés, doit avoir le droit de suite, & non celui où le laboureur fait sa demeure, supposé que les bœufs aient été nourris & hivernés en une dîmerie, & que le laboureur ait demeuré dans une autre. C'est la disposition précise de la Coutume de Nivernois, audit article.

81. M. Jacques Potier, sur le présent article, prétend que le droit de suite dans cette province se prend sans distinguer si c'est avec bœufs nourris & hivernés en ladite dîmerie, ou non, comme il est requis (dit-il) en Nivernois, la Marche & Berry. Et M. Fr. Menudel, d'un sentiment différent, dit que notre ancienne Coutume donne ce droit, tant pour raison de la demeure du laboureur, que de l'hébergement des bêtes : d'où il s'ensuit, selon lui, que si le laboureur demeuroit dans une dîmerie,

que les bêtes couchassent dans une autre, & que le labourage se fît dans une troisieme, il faudroit partager par moitié le droit de suite, entre le seigneur décimateur de la demeure du laboureur, & le seigneur décimateur de l'hébergement des bêtes ; & que par la même raison, si le laboureur demeure en la dîmerie où il laboure, & les bêtes dans une autre dîmerie, le seigneur décimateur où les bêtes couchent ne peut prétendre que la moitié du droit de suite : c'est son observation sur le présent article.

82. Mais il me paroît que, tant M. Potier, que M. Menudel, n'ont pas lû notre ancienne Coutume, ou que s'ils l'ont lue, ils ne l'ont pas entendue : car l'ancienne Coutume de cette province, conforme en cela aux Coutumes voisines, de Berry, Nivernois & la Marche, n'accorde le droit de suite qu'au seul hébergement des bœufs ; tellement que, selon l'ancienne Coutume, il n'y a que le seigneur décimateur de la dîmerie, soit ecclésiastique, ou laïque, où demeurent, couchent & paissent les bœufs, qui soit en droit de prendre la moitié de la dîme des fruits crus sur la terre qu'ils ont été labourer dans une autre dîmerie. « L'on tient (porte » l'article unique du titre 20 de l'ancienne » Coutume) en la châtellenie d'Ainay & la » Bruyere, que quand un laboureur laboure » en une autre dîmerie qu'en celle où il de- » meure, le seigneur dîmier, riere qui il de- » meure, prendra par droit de regle & de » suite la moitié du dîme des terres que sondit » laboureur laboure ; & s'entend (ajoute cet » article) quand les bêtes desquelles il la- » boure, sont couchans riere ledit seigneur, » riere lequel il demeure. »

83. Le procès verbal fait en la châtellenie de Murat, en dit autant. « Et s'entend (y est-il » dit) ladite Coutume, quand les bêtes des- » quelles sont faits les labourages, sont nour- » ries riere le seigneur, en la dîmerie duquel » ledit laboureur demeure. » Celui fait en la châtellenie de Verneuil dit la même chose : mais dans celui qui fut fait en la châtellenie d'Ainay, la question y est décidée de maniere à n'y laisser aucun doute. « Plus ont dit & dé- » posé (porte le procès verbal) que par la » coutume tenue & gardée en ladite châtel- » lenie d'Ainay, quand un laboureur laboure, » en une autre dîmerie qu'en celle où il de- » meure, le seigneur de la dîmerie, soit laï, » ou d'église, en laquelle le laboureur de- » meure, prendra la moitié de dîmes des ter- » res que led. laboureur aura labourées hors » lad. dîmerie par droit de reilhe & de suite ; » & dit ledit lieutenant, qu'il s'entend quand » les bêtes desquelles est fait le labourage, » sont nourries riere ledit seigneur : autre- » ment, celui riere qui elles sont nourries & » hivernées, prendra ledit droit de suite, & » non pas le seigneur riere qui led. labou- » reur demeure. »

84. Et ainsi a été jugé en ce siége conformément à l'ancienne Coutume, le 6 juin 1727,

par

par sentence rendue au rapport de M. Vigier de Pringy ; & par cette sentence on a adjugé au sieur Lelong, curé de Givrette, la dîme entière d'un héritage situé dans l'étendue de sa dîmerie, quoique celui qui en percevoit les fruits demeurât dans la dîmerie de la Crosse ; & cela parce qu'il n'avoit pas cultivé l'héritage par lui-même & avec ses bœufs, & que c'étoit un laboureur de la dîmerie du sieur curé, qui l'avoit cultivé & avec ses propres bœufs, nourris & hébergés dans la dîmerie du curé : J'étois des juges.

* Gilbert Lelong, curé de Givrette, demandeur, contre Denis Moreau, défendeur ; demoiselle Marie Goyard, veuve & commune du sieur Martinet, seigneur de la Crosse, partie intervenante. *Fait.* Un nommé Labaudre, vigneron, demeurant dans l'étendue de la dîmerie de la Crosse, jouissoit d'un héritage situé dans l'étendue de la dîmerie du curé de Givrette ; ce Labaudre n'ayant point de bœufs, faisoit cultiver ledit héritage par un nommé Bouillaud, laboureur, demeurant dans l'étendue de la dîmerie du sieur curé, lequel Bouillaud le cultivoit avec ses bœufs, qui étoient nourris & hébergés dans cette même dîmerie. Moreau, fermier de la dîmerie de la Crosse, laquelle dîme avoit de tout temps droit de suite dans la dîmerie du sieur curé, prit & enleva la moitié de la dîme dans l'héritage en question, par droit de suite, fondé sur ce que le colon demeuroit dans l'étendue de sa dîmerie ; car il soutenoit, suivant le sentiment de Coquille sur l'article 4 du titre 12 de la Coutume de Nivernois, que Bouillaud n'ayant cultivé qu'à prix d'argent, il n'avoit labouré que pour Labaudre, qui devoit être regardé comme le véritable colon & laboureur, & censé avoir fait par lui-même ce qui avoit été fait par le laboureur qu'il avoit loué, & qui avoit labouré pour lui. Le sieur curé de Givrette prétendoit au-contraire, que l'héritage ayant été cultivé par un laboureur de sa dîmerie, & avec des bœufs nourris & hébergés dans sa dîmerie, il n'y avoit pas lieu au droit de suite ; & ainsi fut jugé pour ledit sieur curé, au rapport de M. de Pringy, le 16 juin 1727, en conséquence de ce que le champ avoit été cultivé avec des bœufs nourris & hébergés dans la dîmerie dudit sieur curé, conformément à ce qui est dit dans l'ancienne Coutume, laquelle fut apportée & lue en la chambre ; & l'on jugea que le droit de suite étant un droit insolite & exorbitant, il n'étoit dû que dans les cas exprimés par les Coutumes & autorisés par l'usage, lesquels ne devoient pas être étendus, mais au contraire renfermés dans les termes qu'ils étoient conçus.

85. Toutefois, si l'usage dans une paroisse, ou un canton, étoit de prendre le droit de suite par rapport à la demeure du laboureur dans une dîmerie, sans distinguer si les labours ont été faits avec bœufs nourris & hivernés en la dîmerie, ou non, & que les seigneurs décimateurs de ce canton fussent dans cette possession de long-temps, il faudroit s'y conformer ; parce que le droit de suite, comme il a été dit, se régle suivant la possession, conformément à l'ancien usage.

86. Au reste, de ce que l'ancienne Coutume n'attribue le droit de suite qu'au travail des bœufs, il s'ensuit que ce droit n'a pas lieu quand le labourage est fait avec la bêche, fessouer ou autre instrument, par le travail de l'homme qui fait le labourage en une dîmerie, & demeure en une autre. C'est la remarque de M. de la Thaumassiere sur la Coutume de Berry, tit. 10, art. 18, où il dit que cet usage est constant dans la Coutume de Berry.

87. la suite de dîme n'a point encore de lieu, si le laboureur laboure pour autrui, qu'il ne cultive point la terre à son profit, mais qu'on lui donne une somme d'argent pour récompense de son travail, & pour les journées de ses bœufs. C'est la disposition de la Coutume de Nivernois, ch. 12, art. 4. La raison est, parce que le fruit & profit du labourage, qui est le blé, n'appartient point au laboureur qui loue seulement ses journées & celles de ses bœufs.

88. Si la maniere de lever la dîme est différente dans les deux dimeries, en celle où demeure le laboureur avec ses bœufs, & en celle où les fruits sont perçus ; l'usage est que la dîme se partage par moitié entre les deux seigneurs, à la raison & quotité que la dîme se paye en la dîmerie dans laquelle les blés sont recueillis : & cela est juste, parce que la dîme se paye selon l'usage & la coutume de la dîmerie dans laquelle les fruits se perçoivent ; & il n'est pas juste que la condition de celui qui a la suite, soit meilleure que celle du seigneur de la dîme fonciere ; puisque la dîme entiere lui appartiendroit de droit, si l'usage & la possession contre les regles ordinaires ne donnoit la moitié par droit de suite, au seigneur de la dîmerie dans laquelle le laboureur & les bœufs demeurent.

89. Le droit de suite est sujet à prescription, & on y peut déroger par convention, ainsi que le dit la Coutume de Nivernois, ch. 12, art. 1, à la fin ; & dans l'un & l'autre cas, savoir, quand il est prescrit, ou qu'il y a titre contraire, la dîme reste toute entiere au décimateur du territoire où le fonds est situé.

90. Dans les lieux où le droit de suite a lieu, & qu'on n'y a pas dérogé ou par titre, ou par usage contraire, toutes les dîmes, tant profanes qu'ecclésiastiques, y sont sujettes, ainsi qu'il a été dit. C'est la disposition de la Coutume de Nivernois, ch. 12, art. 1 ; de celle la Marche, art. 332, & de notre ancienne Coutume ; & ainsi s'observe dans cette Coutume, de maniere que nous ne suivons pas ce que dit Loysel, liv. 2, tit. 2, regle 39, que coutumiérement en dîme d'église il n'y a pas de suite.

91. Il faut toutefois excepter les dîmes novales, lesquelles ne sont point sujettes au droit de suite, & qui appartiennent au curé de la paroisse où sont situées les terres novales, à l'exclusion de tous autres décimateurs.

Coquille fur la Coutume de Nivernois, chap. 12, art. 6, vers la fin, regarde d'abord cette question comme douteufe; mais il femble fe déterminer pour la négative, parce que (dit-il) ce droit de dîme de novale fe rapporte à l'ancien & premier état des dîmes, auquel temps il n'étoit point parlé du droit de fuite; & tel eft l'ufage dans la châtellenie de Murat, où le droit de fuite a lieu. Et ainfi fut jugé, dit M. Jean Decullant, le 11 avril 1646 en cette Sénéchauffée de Bourbonnois, M. Dubuiffon de Lacave fiégeant; favoir, *jus fequelæ in decimis non poffe percipi, in terrâ novali, in præjudicium curati*, pour le curé de Givrette, contre le fieur de Paffat; *ex eo quod terra erat novalis, fecùs fi novalis non fuiffet*. M. Jean Decullant, *hic*.

92. Quant à dîme d'animaux, d'agneaux & de cochons, c'eft une difficulté où elle fe doit payer. Selon la Coutume de Boulenois, art. 145, la dîme d'agneaux eft due à celui au dîmage duquel les bêtes gifent & pernoctent. Tel eft le fentiment de M. Dhericourt, & de Charloteau dans fon traité *des Dîmes*, où il dit que felon l'opinion la plus commune la dîme d'agneaux eft due au curé du lieu où ils naiffent. Il a été pourtant jugé en cette Coutume, que la dîme eft plutôt due pour les héritages où les animaux paiffent, que pour les lieux où ils fe retirent; & nous apprenons de Chopin, *lib*. 1, *tit*. 1, *de Morib. Parif. n*. 17, que par arrêt célébre, donné aux enquêtes le 3 mai 1597, au profit de M. Jacques Heuillard, curé de Deuxchaifes, intimé, contre Guillaume Dangereft, appellant du fénéchal de Bourbonnois, ledit fieur curé fut maintenu en poffeffion des dîmes d'agneaux, beftiaux paiffans & cultivans les terres de fa paroiffe, encore qu'ils fuffent hébergés en une bergerie d'autre paroiffe. Voyez M. Henrys, tome 1, liv. 1, ch. 3, qu. 32 : * Et M. Michel Duperray, traité *des Dîmes*, tome 2, liv. 3, ch. 5, n. 7, & chap. 21, maxime 18, où il donne pour maxime, que les dîmes de lainage & charnage appartiennent au curé de la paroiffe, où demeurent & couchent les troupeaux.

93. Les ordonnances obligent les détenteurs des fonds fujets à la dîme, de faire publier à la porte de l'églife paroiffiale où les fonds font fitués, le jour qu'ils ont pris pour commencer la moiffon ou la vendange, afin que les gros décimateurs y faffent trouver ceux qui doivent recueillir la dîme : mais l'ufage n'eft pas tel. A l'égard des lieux où l'on coupe la dîme, & qu'on la lie, les laboureurs le plus fouvent ne favent pas les jours qu'ils pourront lier & ferrer : cela dépend du beau temps : & en ce qui concerne la dîme de vin, les bannées qui fe donnent à la pluralité des voix des habitans, avertiffent fuffifamment les décimateurs. Ord. de Blois, art. 49; édit de Melun de l'an 1579, art. 28.

94. Il n'en eft pas de même des défenfes portées par les mêmes ordonnances, *ib*. d'enlever les grains avant qu'on ait payé la dîme; ou en cas que ceux qui font chargés de la percevoir, foient abfens, qu'on ait laiffé fur le champ le nombre de gerbes qui eft dû, fuivant l'ufage du lieu : ces défenfes font en vigueur.

95. Il n'eft pas permis d'enlever les grains pendant la nuit, en laiffant la dîme fur le champ. En quelques endroits, l'ufage eft de faire appeller les gros décimateurs, ou leurs receveurs, par trois cris différens, & de ne faire enlever les grains qu'une heure après le dernier cri : il faut fe conformer à cet ufage, dans les lieux où il eft établi.

96. Quand la dîme a été laiffée fur le champ, on ne peut faire pâturer les troupeaux en icelui, que le décimateur à qui appartient la dîme ne l'ait faite enlever; fous peine, contre les contrevenans, d'être condamnés à la reftitution de la dîme & aux dommages-intérêts des décimateurs : On doit attendre les trois jours, après lefquels, fi le décimateur n'a pas fait enlever les gerbes, on peut conduire les beftiaux dans le champ, pour les y faire pâturer fans craindre la condamnation de la reftitution de la dîme & les dommages-intérêts. C'eft la difpofition de la Coutume de Boulenois, art. 36, laquelle étant fondée fur des principes d'équité, doit être fuivie par-tout.

La dîme n'eft due que des fruits qui fe cueillent dans le champ, & ce font les fruits & non les fonds qui doivent la dîme. Ainfi, quand une terre demeure inculte, il n'eft rien dû au feigneur décimateur, lequel ne peut contraindre le poffeffeur à cultiver la terre, ainfi qu'il a été touché ci-deffus après Grimaudet, *des Dîmes*, liv. 3, ch. 3.

97. La dîme étant la premiere charge des fruits qui croiffent fur la terre, elle fe leve avant le champart & autres droits feigneuriaux de cette nature : c'eft la difpofition du concile de Latran fous Innocent III, contenue au chapitre *Cùm non fit, extrâ de decimis*. La raifon, outre celle rapportée, eft qu'autrement on ne payeroit pas la dîme de tous les fruits.

98. Cette décifion eft conftante à l'égard des dîmes eccléfiaftiques; nous avons deux Coutumes qui le décident expreffément : celle de Berry, ch. 10, art. 25; & celle de Mantes, art. 55. S'il y avoit quelque difficulté, elle ne pourroit regarder que les dîmes inféodées, qui étant patrimoniales femblent n'être qu'une redevance réelle, qui ne doit être levée qu'après le cens & le champart : cependant comme elles font dans leur origine eccléfiaftiques, & qu'elles peuvent retourner à l'églife, elles confervent toujours leur nature & leur privilége. Cela a été ainfi jugé par un arrêt du 13 mars 1625, rapporté par Dufrefne, liv. 1, ch. 43; & ce même arrêt eft cité par Lalande dans la Coutume d'Orléans, dans la préface, fur le titre *des Champarts*, fur la fin, où il en cite encore un autre du 23 février 1608. M. Bretonnier fur Henrys, tom. 1, ch. 3, qu. 34.

99. La dîme, foit eccléfiaftique, ou inféodée, fe doit lever avant le champart, non-obf-

tant qu'on allégue poſſeſſion immémoriale contraire, ſuivant l'arrêt du 9 avril 1615, rendu au profit des religieux de S. Sulpice de Bourges, cité par M. de la Thaumaſſiere ſur la Coutume de Berry, ch. 10, art. 25; & ainſi, dit-il, s'obſerve dans les autres Coutumes. Et c'eſt auſſi ainſi que l'a décidé M. François Menudel, dans notre Coutume, en faveur du ſieur Deſchamps, élu de Mont-Luçon, ſeigneur décimateur d'une dîme; dans l'enceinte de laquelle le propriétaire de quelques terres les avoit données à titre de champart, & par l'eſpace de 30 ans & plus s'étoit fait payer du champart, avant que le ſeigneur décimateur eût pris & levé la dîme: le ſieur Deſchamps ayant voulu percevoir la dîme, avant ledit champart, M. Menudel fut conſulté, qui répondit que le ſeigneur du champart n'étoit pas fondé en preſcription, par vertu de l'article 21 de la Coutume; & que le ſieur Deſchamps, nonobſtant les 30 ans, pouvoit lever ſa dîme avant le champart: par la raiſon que la dîme eſt la premiere redevance due ſur les fruits de l'héritage, & qu'il ne s'agit pas ici d'une maniere de lever, mais d'une preſcription contre la nature d'une dîme, reconnue & non diſputée; & que ſi cela avoit lieu, partie des fruits de l'héritage ſeroit déchargée du droit de dîme; ce qui ne ſe peut, parce que la dîme doit ſe prendre ſur tous les fruits décimables de l'héritage. M. Menudel, hic.

100. L'action pour le paiement de la dîme eſt annale; & c'eſt une des maximes les plus conſtantes de notre juriſprudence, que la dîme ne tombe pas en arrérages, que le ſeigneur décimateur ne peut demander la dîme quand l'année de la récolte eſt révolue, & que le poſſeſſeur de l'héritage n'eſt tenu des années précédentes, ni perſonnellement ni hypothécairement: ainſi jugé par arrêt du 13 décembre 1672, au rapport de M. Lefevre de la Faluere, en la ſeconde chambre des enquêtes. M. Brodeau ſur M. Louet, lettre D, ſomm. 9. * La raiſon eſt qu'on n'eſt point tenu de porter la dîme aux curés, qu'ils ſont obligés de la venir demander, & de la faire lever ſur le champ, lors de la récolte, & que quand ils manquent à la demander, pro derelictâ habetur, qu'ils doivent en imputer la perte à leur négligence.

101. Mais celui qui a perçu la dîme ſans y avoir droit, peut être condamné à en reſtituer pluſieurs années au gros décimateur. M. Dhéricourt, Loix eccleſ. part. 4, ch. 1, art. 29.

* La cour l'a ainſi jugé, ſuivant la diſtinction marquée dans les deux nombres précédens, par ſon arrêt qu'on vient de citer du 13 décembre 1672, rendu entre M. Guillaume Aupepin, prêtre, curé de Chaumont, demandeur d'une part, & dame Michelle Bergere, veuve de Jean Pagani, ſeigneur de la Chaiſe, défendereſſe, de l'autre; le curé fut débouté avec dépens de ſa requête tendante à ce que l'arrêt du 22 décembre 1668, rendu à ſon profit, contre Guillaume Pagani, ſeigneur d'Eugny, fût déclaré commun avec ladite dame défendereſſe, ce faiſant qu'elle fût condamnée à reſtituer les fruits des dîmes de trente-neuf années, tout ainſi que ledit Guillaume Pagani y avoit été condamné par cet arrêt. Journal du palais, tome 1, page 322, édition de 1713.

102. S'il y avoit un abonnement en blé, d'une certaine quantité chacun an, on pourroit encore en demander pluſieurs années: la raiſon eſt que l'abonnement eſt une compoſition entre le ſeigneur & les poſſeſſeurs des héritages, une convention par conſéquent qui produit une action perſonnelle qui dure 30 ans. Tel eſt le ſentiment d'Henrys, tome 1, liv. 1, ch. 3, qu. 36; de M. Bretonnier, ibid. & de M. Duperray, traité de la portion congrue, ch. 20, n. 11: & ainſi a été jugé au rapport de M. Berault, le 16 janvier 1727, par ſentence préſidiale, entre les héritiers du ſieur Couperi, curé d'Autry, & ceux de M. Auberi, procureur du roi en ce ſiége: ſa veuve avoit traité des novales dues au ſieur curé à 4 boiſſeaux par an, le curé ou ſes héritiers en demandoient pluſieurs années; on oppoſoit la maxime, que la dîme ne s'arrérage pas; mais comme il s'agiſſoit d'un abonnement, on adjugea aux héritiers les années qu'ils demandoient, & ce fut un des chefs de la ſentence: J'étois des juges.

103. L'abonnement étant au profit ou perte du poſſeſſeur, il eſt tenu de payer, ſelon Grimaudet, ſoit qu'il cultive, ou non. Grimaudet, traité des Dîmes, liv. 3, ch. 3.

104. Les abonnemens faits entre les gros décimateurs & les habitans d'une paroiſſe, de payer tous les ans, par arpent, une certaine ſomme ou une certaine quantité de grains, ſont faits ou par tranſaction & compoſition perſonnelle, & pour la vie ſeulement de ceux qui traitent, ou à perpétuité & par tranſaction réelle.

105. Dans le premier cas, la compoſition ou abonnement oblige ſeulement ceux qui le font, & finit par leur mort: dans le ſecond cas, comme l'abonnement de la dîme eſt une eſpece d'aliénation, laquelle ne ſe peut faire ſans cauſe & ſans formalités, & que ce n'eſt que par l'autorité des ſupérieurs qu'il doit recevoir ſa perfection; quand ces choſes ne ſe trouvent pas dans un abonnement fait entre particuliers qui ſont inférieurs, & que ces abonnemens ne ſont pas faits avec les formalités preſcrites pour les aliénations des biens eccléſiaſtiques, il eſt à craindre qu'ils ne ſoient caſſés & ne ſubſiſtent plus.

106. Ce qui eſt certain, c'eſt que les abonnemens en argent, faits même avec les habitans d'une paroiſſe ou d'un canton, ſont défendus, 1°. parce qu'il n'eſt pas permis à un particulier, qui n'eſt qu'uſufruitier, de faire cette aliénation; 2°. parce que la dîme étant due en eſpece & en nature, & non pas en argent, & donnée à un eccléſiaſtique à cauſe du ſervice

qu'il fait, il ne peut en altérer le revenu, & en changer la destination & la nature, au préjudice de ses successeurs; & il a été jugé par plusieurs arrêts que l'usage de payer la dîme en argent ne se peut prescrire par possession immémoriale, & que les détenteurs des héritages doivent la payer en espèce, nonobstant toute possession immémoriale de la payer en argent, fondée sur transactions. Ces arrêts sont rapportés par Brodeau sur M. Louet, lett. D, somm. 9, n. 15; par Tournet, lett. D, ch. 73 & 82; & par Duperray, traité *des Dîmes*, liv. 2, ch. 11, & traité *des portions congrues*, ch. 21. Ainsi, si un particulier poursuivi pour le paiement de la dîme en espèce, soutient qu'il ne la doit qu'en argent, & qu'il offre d'en faire la preuve, il ne doit pas être admis à cette preuve, puisque la possession en est abusive; & si les premiers juges rendoient un appointement à faire preuve, il en faut interjetter appel, parce qu'il feroit préjudice pour la définitive, & que ce seroit un préjugé.

107. Mais quand l'abonnement est fait en espèce & en grains, au desir des arrêts, & qu'il se trouve suivi d'une prestation uniforme de temps immémorial, pour lors c'est une question s'il doit subsister : pour moi j'estime qu'il le doit; & la raison est que la maniere de payer la dîme, & la quotité, se prescrivent, & que les habitans ayant acquis leur libération, non pas *à toto, sed à tanto*, il répugne qu'on le puisse obliger à une prestation plus grande. A la vérité, l'abonnement fait par un curé avec un seul paroissien, peut bien être déclaré nul, par le principe de la qualité & maniere de payer la dîme, qui ne sont prescriptibles que par une prestation uniforme des habitans d'une paroisse ou d'un canton: mais il n'en est pas de même des abonnemens faits par les curés, avec les habitans d'une paroisse ou d'un canton.

108. Les capitulaires de Charles-Magne, & les ordonnances des rois Charles IX & Henri III, autorisent ces sortes de transactions & compositions faites avec les habitans, & les docteurs les estiment irrévocables lorsqu'elles sont suivies de prestations pendant long-temps. La difficulté en ce cas est si les curés doivent avoir les novales; mais les arrêts, dit M. Duperray, ont condamné les habitans de payer les novales : ces arrêts sont du 7 février 1634 & 3 septembre 1716. M. Duperray, traité *de la portion congrue*, édit. 1720, liv. 2, ch. 30, n. 16.

109. Les curés primitifs ne peuvent même disputer les abonnemens des dîmes, faits par les vicaires perpétuels dans un temps non suspect & dans les formes prescrites, lorsque ces vicaires leur abandonnent les dîmes pour avoir la portion congrue : Ainsi jugé par arrêt du 13 juin 1654, rapporté par M. Claude Henrys, tome 2, liv. 1, qu. 12 : & il faut dire la même chose des abonnemens faits par les curés, lorsqu'ils abandonnent les dîmes aux gros décimateurs; & quoique le curé abandonne les dîmes, le prieur ne peut pas plus innover que feroit le même curé, ensorte que si le curé pouvoit débattre l'abonnement pour y avoir quelque défaut, le prieur le peut aussi, & non autrement. Henrys & Bretonnier, tome 2, l. 1, qu. 12.

110. Il y auroit encore bien des questions à décider touchant les dîmes, tant ecclésiastiques que laïques; mais elles ne regardent pas ce commentaire. Il me suffit d'avoir traité tout ce qui concerne la prescription de la dîme, la maniere de la lever & payer, & la quotité d'icelle, dont il est parlé dans le présent article 21 de la Coutume : si j'en disois davantage, je passerois les bornes que je me suis prescrites; & je crains même de m'être trop étendu.

* Il faut pourtant avant que de finir sur le fait de la dîme, dire encore un mot d'une question célèbre, & fortement agitée entre les docteurs, qui consiste à savoir, si la dîme inféodée, vendue ou cédée à l'église, retient sa nature de dîme inféodée, ne prend point la qualité de dîme ecclésiastique, & si elle demeure chargée des devoirs féodaux, & sujette au retrait féodal, ou lignager. Sur laquelle question il y a diversité d'arrêts & de sentimens; mais le sentiment qui me paroît le plus conforme aux principes, est celui qui veut, que soit que la dîme inféodée retourne à l'église paroissiale, ou à une autre église, qu'elle soit vendue, ou cédée, seule ou séparément, *aut cum universitate castri*; elle ne devient point ecclésiastique, qu'elle conserve sa qualité de prophane, & demeure chargée des droits & devoirs féodaux, avec quelques distinctions néanmoins.

Lorsqu'elle est cédée à l'église purement, & sans charge de fiefs par un laïc, qui releve immédiatement du roi, pour lors, si l'église obtient des lettres d'amortissement, où il y ait clause de suppression de fief, & de renonciation à tous droits féodaux de la part du roi, en ce cas il est vrai de dire que la dîme passe à l'église sans charge de fief.

Mais si celui qui transporte la dîme à l'église, la tient d'un seigneur immédiat, elle restera toujours assujettie au seigneur immédiat, quoique cédée sans charge de fief par le vassal; & la raison qu'on en donne, c'est que le vassal n'a pu par son fait & son traité, faire préjudice au seigneur suzerain, éteindre & lui faire perdre cette mouvance, qui par conséquent demeure toujours conservée au seigneur, à moins qu'il n'ait consenti à la suppression du fief. Le roi même par ses lettres d'amortissement, n'entend nullement préjudicier aux seigneurs particuliers de son royaume, & c'est pour cela qu'on insere dans ces lettres, sauf le droit d'autrui en tout, ou une autre clause équipolente. (Il faut toutefois convenir que ce raisonnement n'est pas sans replique.)

Dans ce sentiment, & dès que l'on convient que les dîmes inféodées, sont des biens temporels & prophanes, ce principe entraîne la nécessité de les assujettir au retrait féodal & lignager,

lignager, comme tous les autres biens féculiers & patrimoniaux ; & de dire que l'un & l'autre retrait peut être exercé contre l'église, même dans le cas où il feroit à préfumer qu'elle auroit autrefois poffédé ces dîmes, puifqu'étant une fois forties de fes mains, elles font devenues des biens temporels, affujetties à toutes les loix du royaume, & aux difpofitions des Coutumes, fans pouvoir jamais reprendre leur premiere nature, qu'il n'y ait une fuppreffion totale du fief ; & ce avec d'autant plus de raifon, que celui qui exerce le retrait, empêche le retour à l'église, fait que la dîme ne lui parvient pas, & qu'elle conferve par ce moyen, fans contredit, la qualité de bien patrimonial & purement prophane. Tel eft le fentiment de M^{rs}. les avocats de Paris dans la confultation 35, imprimée dans le 2 tome de Dupleffis, édit. de 1728.

L'arrêt du 4 août 1695, qui a débouté M. le préfident de Bailleul du retrait féodal qu'il prétendoit exercer fur la dîme de la paroiffe d'Aviré, a été rendu fur des circonftances particulieres ; M. le préfident de Bailleul avoit demandé les droits de lods & ventes, & par-là confommé fon option ; il avoit même obtenu fentence en 1690, qui lui adjugeoit ces droits, & il n'avoit formé fa demande en retrait, que le 7 février 1691. Il y avoit encore d'autres raifons contre lui, qui font déduites dans la confultation qu'on vient de citer, & qu'on peut voir dans les factums.

ARTICLE XXII.

CENS portans directe Seigneurie, & autres devoirs annuels, font prefcriptibles par l'efpace de trente ans contre gens laïz, & contre l'Eglife par l'efpace de quarante ans ; fors & excepté celui qui aura reconnu, ou qui auroit été condamné iceux payer : car celui qui les auroit reconnu, ou qui auroit été condamné iceux payer, ne les peut prefcrire de fon temps ; mais fon héritier qui n'auroit paffé titre nouveau, pourroit commencer à prefcrire & ufer de ladite Prefcription de trente ou quarante ans.

De Prefcription de cens en directe Seigneurie.

1. La prefcription du cens eft reçue en cette province, fuivant le préfent article, & en celle d'Auvergne, tit. 17, art. 2 ; de la Marche, art. 91; de Tours, art. 209 ; de Lodunois, ch. 20, art. 3, & autres. Et comme notre Coutume eft une Coutume allodiale, & que les héritages y font préfumés francs, & tenus pour tels, s'il n'appert du contraire ; c'eft pour cela que la prefcription du cens y a été favorablement reçue.

2. Notre article admet avec la prefcription du cens, celle des autres devoirs annuels ; & ces devoirs annuels, qu'il ne fpécifie pas, font par exemple les rentes foncieres & conftituées à prix d'argent, lefquelles font fans contredit fujettes à prefcription, puifqu'elles font moins favorables que le cens, qui n'eft pas tant une charge & une fervitude établie fur le fonds, qu'une condition de la jouiffance du cenfitaire.

3. La prefcription dont il eft parlé dans le préfent article, eft la prefcription paffive & pour fe libérer, par laquelle le cens & autre devoir annuels s'éteint & fe perd par une ceffation de paiement pendant trente ans contre laïcs, & de quarante ans contre l'églife : mais, outre cette prefcription, il y a une prefcription active & pour acquérir, par laquelle le feigneur acquiert un devoir de cens, par une perception dudit cens pendant le temps marqué par la Coutume pour prefcrire. Il eft parlé de l'une & de l'autre prefcription, pour acquérir & fe libérer, dans l'article 2 du titre 17 de la Coutume d'Auvergne, & dans l'article 91 de la Coutume de la Marche. La Coutume de Dunois, art. 85, parle de la prefcription active de la rente & autre droit incorporel ; & celle de Paris en parle auffi, art. 118. Et il eft encore parlé de cette même prefcription active de la rente, dans l'article 399 de notre Coutume, dans lequel la rente duement prefcrite eft comparée à la rente duement conftituée.

4. Conformément à ces difpofitions, nous tenons dans cette province que la rente & le cens fe prefcrivent, *tam activè quàm paffivè. Activè & paffivè cenfus præfcribitur*, dit M. Louis Semin ; *paffivè quidem à Cenfuario contrà Dominum, activè autem à Domino in Cenfuarium, cùm fcilicèt per folutionem uniformem 30 annorum factam Domino, jus cenfûs quod non habebat, acquirit in Cenfuarium.* M. Louis Semin, *hic*.

5. Mais il faut, comme l'obferve M. le préfident Duret, pour la prefcription active, que la preftation de cens, ou de la rente, foit continue, uniforme pendant trente ans, & avec expreffion de caufe. *Verumtamen Doctores tenent,* dit-il, *quòd præftatio cenfûs, feu reditûs, facta uniformiter per 30 annos, titulo æquiparatur, & habere vim tituli, L. Cùm de in rem verfo, ff. de ufuris... Barthol. in L. Solent. ff. de offic. Procur. hanc quæftionem tractat, & dicit talem præftationem non aliter habere vim tituli, nifi talis præftatio fuerit continua, uniformis, facta ex certâ caufâ & per longum tempus. Idem ait Molin. tract. de Ufuris, qu. 20 ; adeò ut hæc quatuor fupradicta requirat, nempe 1°. ut fit facta continuò præftatio quotannis non interrup-*

ta ; ut sit uniformis, id est, factâ semper eâdem specie, qualitate & quantitate, secùs si probaretur uno anno pro reditu pecuniam, altero frumentum datum fuisse; 3°. *sit facta pro certâ causâ, id est ratione hujus fundi aut talis reditûs pecuniâ constituti*; 4°. *facta per longum tempus, id est*, 30 aut 40 annorum, *ex mente Baldi, in D. L. Solent. n.* 60. *Nam non minus, inquit, nec majus tempus requiri debet, in aliquo obligando, quàm in liberando; idem volunt DD. in L. Si certis annis, Cod. de pactis, nempe quòd tanti temporis observatio habeat vim tituli.* M. le président Duret, *hìc*.

6. Il suffit, selon M. Jean Decullant, que le paiement de la rente ait été fait pendant 30 ans, comme de chose due & pour raison de rente constituée, sans déclarer le titre de la rente, & pour quoi elle est due, & sans que même il soit nécessaire que la cause & raison du paiement ait été déclarée & répétée dans chaque paiement : *Adverte tamen*, dit-il, *quòd licèt dicta causa non appareat expressim specificata & repetita in singulis præstationibus ; verùm, si ex verisimilibus & validis conjecturis colligi possit debitorem ex illâ dumtaxat causâ semper solvisse, & eamdem causam tacitè repetitam fuisse, satis est, quia sufficit causam cujuscunque obligationis ex legitimis conjecturis probari : hæc autem causa non intelligitur de titulo, quæ est causa remota, sed de propinqua & substantiali ipsius obligationis, scilicet quando illa præstatio est facta & continuata expressim jure obligationis perpetuæ, sive tanquam reditus annuus & perpetuus, licèt nunquam dicatur quo titulo, sive donationis, legati, venditionis, emphiteuseos, aut alio debeatur.* M. Jean Decullant, sur l'article 392 de la Coutume.

7. Autre chose seroit, selon M. Charles Dumoulin, *tract. de Usur. qu.* 20, *n.* 205 & 206, si la prestation de la rente avoit été faite sans expression de cause en aucune maniere, & sans déclarer que ce fût pour paiement de rente : pour lors cela n'induiroit pas, ni ne feroit pas présumer aucune obligation pour l'avenir ; & la raison est que la prestation ou autre acte ne prouve l'avenir, si ce n'est quand il paroît par cet acte que la prestation a été nécessaire, par l'expression de la cause en général : car, quand la prestation a été faite sans exprimer aucune cause, elle peut avoir été faite par libéralité, par charité, ou en vertu d'un titre qui n'obligeoit que pour un temps, & non pour toujours. Ainsi cette longue prestation n'établit pas un titre pour l'avenir, si ce n'est que la prestation ait été faite pendant cent ans ; car alors un si long-temps est un titre perpétuel.

8. Ce qui vient d'être dit de la prescription active du cens, ou autre devoir annuel, par une prestation de 30 ou 40 ans, se trouve autorisé en faveur de l'église, par édits de nos rois ; car par l'article 26 de l'édit de Melun, & l'article 49 de l'édit de 1675, il est porté que les ecclésiastiques doivent être maintenus dans la jouissance de tous les droits appartenans à leurs bénéfices, quand même ils ne rapporteroient que des titres & preuves de possession ; & que les détenteurs & propriétaires des héritages sont tenus de passer titre nouveau, & iceux droits payer & continuer, en faisant apparoir par lesdits ecclésiastiques, par l'exhibition des anciens baux, redditions de comptes & autres documens, & informations sommairement faites, les parties appellées, iceux droits leur être dus, & sans que les détenteurs puissent alléguer d'autre prescription que celle de droit.

9. Comme on peut acquérir par prescription un devoir de cens, ou une rente, par une prestation uniforme & continuée pendant 30 ou 40 ans, le débiteur du cens, ou de la rente, peut également en prescrire l'affranchissement par une cessation de paiement & défaut de reconnoissance pendant le même temps ; & c'est la disposition du présent article.

10. Mais, selon qu'il est dit dans cet article, en matiere de cens portans directe seigneurie, & autres devoirs annuels, celui qui les a reconnus ou qui a été condamné de les payer, ne les peut prescrire de son temps ; *vel quòd ad observationem recognitorum fidem suam adstrinxerit, vel quòd ex malâ fide procedit*, dit le président Duret : mais peut son héritier, qui n'a passé titre nouvel, commencer à prescrire ; *quia*, dit encore le même président Duret, *hæres incipit esse in bonâ fide, & justam habet causam ignorantiæ an census debeatur.*

11. Cette prescription de l'héritier ne commence donc que du jour du décès de celui dont il est héritier ; & encore n'est-ce, selon l'apostille de M. Charles Dumoulin sur le présent article, que dans le cas où il n'est pas prouvé *habuisse titulos, & veram scientiam.*

12. Et comme d'un côté l'on suppose que les cent années sont les bornes de la vie de l'homme, & d'un autre côté, que celui qui a reconnu, ne l'a pas fait avant l'âge de vingt-cinq ans, qui est le temps où il a pu valablement s'obliger ; dans le cas où l'on ne justifie pas du décès de celui qui a reconnu, ni de son âge au temps de la reconnoissance, on prétend qu'il faut déduire d'une prescription opposée contre un devoir de cens, le temps de soixante & quinze ans, pour le temps que celui qui a reconnu n'a pas pu prescrire ; & telle est aujourd'hui la jurisprudence, on le siége : je l'ai vu juger de la sorte plusieurs fois.

13. Quand on dit que la prescription de l'héritier en matiere de cens ne commence que du jour du décès de celui qui a reconnu, on suppose que l'héritier n'a jamais payé le devoir ; car, s'il a payé le devoir, la prescription ne commence que du temps qu'il a cessé de payer ; mais aussi dès ce temps-là il peut commencer à prescrire, selon l'observation de M. le président Duret, sur ces mots de notre article, POURROIT COMMENCER A PRESCRIRE, *à die cessationis*, dit-il, *etiam contrà futuras præs-*

Tit. III. DES PRESCRIPTIONS. Art. XXII.

tationes. * Ainsi la prescription a son cours à compter du dernier reçu interruptif de prescription ; telle est la jurisprudence de ce siége, & cela ne souffre point de difficulté, par rapport aux paiemens qui ne sont constatés que par de simples reçus, rapportés dans les liéves des seigneurs en bonne & due forme.

Mais quand le paiement, conformément à l'art. 420, *infrà*, est signé du débiteur d'une telle quotité de cens, pour raison d'une telle terre, dont il se déclare détenteur, & pour raison de laquelle il paye une telle somme, ou telle quantité de grains ; pour lors c'est une question, si un tel paiement n'équipolle pas à une reconnoissance, & n'empêche pas par conséquent le cours de la prescription pendant la vie de celui qui a payé, conformément à la disposition du présent article.

La raison de douter se tire de ce que le présent article ne dit pas que celui qui a payé ne peut pas prescrire de son vivant, mais bien celui qui a reconnu & passé titre nouvel ; & qu'il y a de la différence entre un simple paiement, & une reconnoissance ou titre nouvel ; en ce que celui qui paye seulement des arrérages ne se lie pas pour l'avenir, & n'assujettit pas son héritage de nouveau, & par un nouvel engagement ; au lieu que celui qui reconnoît, & passe titre nouvel, consent que son héritage demeure affecté à la redevance, qu'il l'assujettit, pour ainsi dire, de rechef, & qu'il promet & s'oblige d'en faire le paiement à l'avenir, tant qu'il sera détenteur ; ce qui fait qu'il ne peut pas prescrire pendant sa vie, *Quòd ad observationem recognitorum fidem suam obstrinxerit*.

On a jugé cependant en cette Sénéchaussée le contraire, au rapport de M. Maquin, le 3 août 1734, en faveur de dame Louise Mignot, veuve d'Etienne, sieur de Chamfolet, & ses enfans, contre Antoine Martin des Michards. La raison qui détermina, fut que les paiemens rapportés au procès, étoient constatés par actes authentiques, passés pardevant notaires ; qu'il paroissoit que ces paiemens avoient été faits avec connoissance de cause ; qu'on y énonçoit la quotité du devoir, qu'on y déclaroit, & confinoit les héritages sur lesquels il étoit dû ; qu'on se reconnoissoit détenteurs de ces héritages, & débiteurs du devoir, & qu'on s'obligeoit pour raison de la détention à payer les arrérages échus. On jugea que tels paiemens équipolloient à des reconnoissances, & tel étoit le sentiment de M^{rs}. Berroyer, Gillet & Rousseau, avocats de Paris, dont les consultations rapportées au procès, furent lues à la chambre ; on convint dans les opinions, ce qu'il est à propos d'observer, qu'il en est autrement de simples reçus contenus dans une liéve, & que suivant la jurisprudence du siége, la prescription se comptoit à commencer du dernier reçu.

** Les parties au procès étoient dame Louise Mignot, veuve de M. Etienne, sieur de Chamfolet, & ses enfans, demandeurs ; contre Antoine-Martin des Michards, défendeur.

L'objet du procès étoit un devoir de dix coupes froment, mesure censale ; une coupe & demie froment, mesure vendant ; une coupe & demie orge, aussi mesure vendant ; une coupe & demie avoine, & quatre deniers argent.

Ce devoir fut vendu le 13 mai 1615, par Jean Lapelain à Claude de Champfeu ; le vendeur déclara dans le contrat qu'Antoine Auberger avoit reconnu le devoir pardevant Chatard Quesson, notaire, il se réserva l'arrérage du devoir pour l'année qui devoit écheoir à la saint Michel prochain ; mais il est à observer que ce terrier, ou la copie collationnée, nonplus que la reconnoissance d'Auberger, n'étoient rapportées ni produites au procès.

Le 28 juillet 1685, Claude de Champfeu & son épouse vendirent le devoir à Claude Morelle, sieur de la Garenne, & promirent de lui délivrer des titres suffisans pour parvenir à la nouvelle reconnoissance. Il ne paroissoit pas au procès qu'en exécution de cette clause, les titres eussent été remis audit Morelle ; mais il y avoit preuve que Claude Morelle & Gilbert, son fils, avoient été reconnus propriétaires du devoir, par ceux qui possédoient l'héritage sur lequel il étoit assis. Plusieurs piéces l'établissoient.

La premiere étoit une obligation du 20 janvier 1653, consentie au profit de Claude Morelle par Claudine Talliere, en qualité de veuve & commune de Gilbert Martin, & de tutrice de leurs enfans mineurs, solidairement avec Antoine Martin, son fils, de la somme de 75 liv. & il étoit dit dans l'obligation, que la somme de 40 liv. faisant partie de ladite somme de 75 livres, étoit due pour quatre années du devoir en question, échues en 1652.

La seconde piéce étoit une sentence du 20 octobre 1653, qui condamne Claudine Talliere & son fils, de leur consentement au paiement des intérêts de la somme de 75 l. contenue en ladite obligation, au profit de Gilbert Morelle, seul héritier de Claude Morelle, son pere.

La troisieme étoit un compte fait le 9 décembre 1664, entre Gilbert Morelle & Antoine Martin, d'onze années d'intérêts adjugés par ladite sentence de 1653, & d'onze années d'arrérages du devoir en question ; d'une année de marciage, due par le décès de Claude Morelle, conformément à la Coutume locale de Billy, par l'issue duquel compte, déduction faite des paiemens, Antoine Martin restoit redevable de 106 livres 10 sols ; pour le paiement de laquelle somme, il fait cession d'une créance de 78 livres, & consent obligation pour le surplus, le tout, tant le compte, que la cession & obligation étoient passés & consentis pardevant notaires.

La quatrieme & derniere piéce étoit une liéve non affirmée, dans laquelle étoit contenu un reçu, signé Jeudy, du devoir en question, payé par le sieur des Michards, pour les années 1701, 1702, 1703 & 1704.

C'étoit toutes les piéces produites au procès pour l'établissement du devoir, mais il est à observer que dans les actes des 20 janvier 1653 & 9 décembre 1664, non seulement on y énonce le devoir, mais qu'on y déclare en outre que les arrérages dudit devoir dont on se reconnoît débiteur, sont dus sur & pour raison de tels héritages, lesquels on confine par confins des quatre régions solaires, & desquels on se dit détenteur.

En 1704, le sieur de Morelle vendit la terre de Chamfolet à Jean Etienne, avec les devoirs qui en dépendoient, dans lesquels on prétendoit que le devoir en question étoit compris, & ce nouvel acquéreur, en sa qualité de propriétaire & seigneur de Chamfolet, en forma la demande à Antoine Martin, sieur des Michards, comme propriétaire d'une piéce de terre de la continence de quatre journées de bœufs, sur laquelle le devoir étoit assis. Etienne étant décédé, Louise Mignot, sa veuve, reprit l'instance, tant en qualité de commune, que de tutrice de leurs enfans.

Le défendeur opposoit trois choses au demandeur; le défaut de qualité en sa personne de seigneur direct, & de propriétaire de la censive en question; l'insuffisance du titre, & la prescription.

Aux opinions, le défaut de qualité ne fit pas de difficulté; on regarda le demandeur, propriétaire de Chamfolet, comme seigneur du cens, & on jugea que sa qualité étoit suffisamment établie par les contrats de vente de la censive en question, & par les reconnoissances des débiteurs du cens qui avoient reconnu les propriétaires de la terre de Chamfolet, comme seigneurs directs, & qui leur avoient payé le cens en cette qualité.

L'insuffisance du titre ne fit pas non-plus de contestation; il parut à M^{rs}. les opinans que les contrats de vente dont nous venons de parler, des 13 mars 1615 & 28 juillet 1635, formoient une présomption forte que le devoir appartenoit à Jean Lapelain, qui l'avoit transféré à Claude de Champfeu, & ledit de Champfeu à Claude Morelle, & que si la reconnoissance d'Antoine Auberger, énoncée dans le contrat de 1615, ni le terrier dont le vendeur avoit promis d'aider l'acquéreur, n'étoient pas rapportés, l'ancienneté de l'acte, de plus de cent ans, faisoit présumer la vérité de l'énonciation d'une reconnoissance de la part du propriétaire de l'héritage sujet aux redevances; & ce, par la maxime que *in antiquis enuntiativa probant*.

On jugea que ces présomptions se tournoient en certitude à la vue des actes des 20 octobre 1653 & 9 décembre 1664, par lesquels il étoit constaté que les détenteurs des héritages sujets au devoir, en avoient payé les arrérages à Claude & Gilbert Morelle. Ces actes furent regardés comme des reconnoissances du devoir, & on décida que ces piéces provenantes de la part des débiteurs de la redevance, jointes aux titres énonciatifs, formoient une preuve entière & complette du devoir, & l'établissoient suffisamment, sur-tout dans cette Coutume, dans laquelle le cens se prescrit activement, où il n'est pas nécessaire de rapporter le titre primordial, & où il suffit de rapporter des reconnoissances, & des actes qui puissent le faire présumer.

Ce qui fit de la difficulté, fut le troisième chef, concernant la prescription opposée; on disoit que l'article 22 de notre Coutume, parloit d'une reconnoissance, & d'une reconnoissance personnelle, à celui pendant la vie duquel il déclare que la prescription a pu courir, d'où l'on concluoit que les actes des 20 janvier 1653 & 9 décembre 1664, n'étant que de simples paiemens, & non des reconnoissances, & que la Talliere ayant payé en sa qualité de tutrice pour ses mineurs, tels paiemens n'avoient pu empêcher que la prescription n'eût eu son cours, depuis le 9 décembre 1664, pendant la vie des mineurs devenus majeurs, à compter de leur majorité de droit. Mais deux choses déterminerent à rejetter la prescription; la premiere, fut la maniere dont les paiemens avoient été faits, qui les fit regarder comme des reconnoissances équipolentes; la seconde, la maxime reçue, que le fait du tuteur est celui du mineur, sur-tout quand le mineur ne réclame pas dans les dix années de sa majorité, comme dans l'espece présente, dans laquelle il est vrai de dire que les mineurs n'ayant jamais réclamé contre l'engagement de leur mere tutrice, cet engagement est devenu leur engagement propre, qu'ils sont censés par conséquent avoir reconnu le devoir dont il s'agit, & que la prescription n'a pu commencer à courir tant qu'ils ont vécu.

Ainsi, par sentence rendue en cette Sénéchaussée, au rapport de M. Maquin, le 3 août 1734, ayant égard aux titres rapportés par les demandeurs, & sans s'arrêter à la prescription opposée par Martin, défendeur; ledit Martin fut condamné à payer aux demandeurs le devoir en question, à reconnoître, & aux dépens. Les juges étoient M^{rs}. Vernoi, doyen, Desbouis, lieutenant particulier, Perrotin de la Serrée, Maquin, rapporteur, moi Auroux, Imbert, Berault, Farjonel d'Aubigny, & Heuillard.

M^{rs}. Berroyer, Gillet & Rousseau, avocats de Paris, qui avoient été consultés, dont les consultations furent lues à la chambre, étoient dans leurs consultations de l'avis qui fut suivi & prévalut.

14. Pour empêcher le cours de cette prescription, il suffit, de la part du propriétaire du devoir de cens ou de la rente, de justifier de reçus; & l'on tient pour constant en ce siége, que les reçus d'un défunt affirmés en justice sont interruptifs de la prescription. Le 13 octobre 1617 il fut jugé en cette Sénéchaussée, dit M. Cordier après M. Rougnon,

pour

Tit. III. DES PRESCRIPTIONS. Art. XXII.

pour Denis Manceau, demandeur en paiement de cens & exhibition de contrat d'acquisition, contre demoiselle Anne de Laloëre, que les simples reçus d'un défunt sont interruptifs de la prescription : c'est ce qui se trouve attesté par M. le conseiller Rougnon, & après lui par M. Jean Cordier, *hic*.

15. Le 7 juillet 1721 il fut jugé pareillement en cette Sénéchauffée, entre le sieur Blanchard, curé de Montmerault & les sieurs de S. Mesmin & Chacaton de Lagarde, au rapport de défunt M. Saillant, que la prestation d'une rente constituée, payable en argent, due à l'église pour cause de fondation justifiée par un journal en bonne forme, d'un défunt, empêchoit la prescription, encore que le titre n'eût pas été renouvellé dans les quarante années. On produisoit contre le sieur de S. Mesmin une missive, & contre le sieur Chacaton des reçus, tant du sieur Joffet, prédécesseur dudit sieur Blanchard, que dudit sieur Blanchard : J'étois des juges.

16. La même chose avoit été jugée au rapport du même M. Saillant, le 28 mars 1721, entre M. Jean Ferrier, curé de S. Loup, demandeur, & Jean Perreau, défendeur : j'étois encore des juges. Et telle est la jurisprudence à Beauvais, selon l'auteur des nouvelles observations sur la Coutume de Senlis, tit. 8, art. 188.

Cela a encore été jugé le 26 février 1729, au rapport de M. Berger, lieutenant général, au profit du chapitre d'Herisson, contre François Tourret de Laprelle & Marie Dualet, sa femme, défendeurs, & demandeurs en recours contre François Avenier & Marguerite...... Il s'agissoit d'une rente constituée de 300 liv. de principal, au denier 18, constituée en 1619, reconnue en 1633, depuis lequel temps jusqu'en 1718, le chapitre, pour interrompre la prescription, n'employoit que des comptes & partages faits entre les chanoines, des lettres, reçus, & quelques quittances retirées par compulsoire de quelques particuliers débiteurs : J'étois des juges.

17. Mais si de simples reçus affirmés en justice sont interruptifs de prescription, ils ne font pas, au défaut de titres, suffisans pour établir un devoir de cens, dans cette Coutume, où le cens se prescrit tant *activè* que *passivè*, & où il s'acquiert par une prestation continue & uniforme de 30 ans. Cette prestation doit être prouvée autrement que par de simples reçus, dénués de titres constitutifs ; par la raison que *nemo sibi ipsi adscribere potest*, qu'on ne peut point se faire un débiteur à son gré, & que rien ne seroit plus aisé que de se faire seigneur censier ; & ce fut un des motifs de l'arrêt rendu le 6 septembre 1713, en la cinquieme des enquêtes, au rapport de M. Nau, entre M. Vernoi de Monjournal, demandeur en censive, contre les demoiselles Cunat, défenderesses, infirmatif d'une sentence de cette Sénéchauffée, du 27 juin 1710.

*M. François de Monjournal, seigneur de Saulcet, au mois de mai 1706, fit assigner Marie & Catherine Cunat, pour reconnoître la redevance de plusieurs droits seigneuriaux, & en payer les arrérages de neuf articles, dont M. de Monjournal forma sa demande. Les demoiselles Cunat en reconnurent cinq ; le sieur de Monjournal se désista de deux, où en fut débouté par sentence de cette Sénéchauffée de Bourbonnois, du 27 juin 1710 ; de maniere qu'il n'y en eut que deux, le 6 & le 8, qui firent le sujet de la contestation en cause d'appel. Les demoiselles de Cunat, appellantes, objectoient deux choses au sieur de Monjournal, intimé : la premiere, qu'il étoit sans titre ; que la reconnoissance de 1593 n'étant pas rapportée, mais énoncée, l'allégation en étoit inutile, parce que l'énonciation n'en pouvoit pas suppléer l'existance. La seconde, qu'il n'y avoit nulle preuve de paiement avant 1612 ; que depuis 1612 la preuve rapportée par l'intimé n'étoit pas recevable, la prestation n'en étant prouvée que par des liéves, qui étant des écritures privées, ne suffisoient pas pour prouver le paiement de la redevance ; à quoi elles ajoutoient que le paiement n'étoit pas uniforme, & qu'il y avoit eu discontinuation de paiement.

Par arrêt du 6 septembre 1713, au rapport de M. Nau, en la troisieme chambre des enquêtes, l'appellation, & ce dont est appel, a été mis au néant ; émendant, les appellantes furent déchargées de la demande du sieur de Monjournal, intimé.

18. Il y a plus ; c'est que les simples reçus d'un fermier, affirmés en justice, qui sont suffisans pour interrompre une prescription, ne le font pas pour relever une prescription acquise ; parce que le paiement se présume plus facilement en faveur d'un seigneur qui est en pouvoir & en droit de poursuivre le paiement d'un devoir non prescrit, qu'en faveur d'un seigneur qui, au moyen de la prescription acquise, n'est plus en état de demander son paiement, & de faire des poursuites en justice : joint que quand le cens est une fois éteint par la prescription, il ne faut pas un moindre consentement de la part du propriétaire de l'héritage, & moins constaté, pour renouveller le cens, que pour l'établir ; qu'il faut par conséquent une convention en forme probante, entre le seigneur du cens & le propriétaire de l'héritage, ou une confession expresse de la part du propriétaire de l'héritage, par un acte signé de lui, s'il sait signer, sinon une confession pardevant notaire : d'où il suit qu'un simple reçu ne pouvant pas avoir la force d'un tel acte, puisqu'il n'est pas signé du possesseur de l'héritage, il est insuffisant pour renouveller un cens éteint par une prescription.

19. Ainsi fut jugé le 3 avril 1724, au rapport de M. Cantat, entre dame Françoise de Quatrebarbe, demanderesse à cause de son terrier de Boucé, contre Antoine de Laire, défendeur : J'étois des juges, & il passa tout

Part. I.   P

d'une voix, que de simples reçus d'un fermier ne pouvoient pas faire revivre un devoir éteint; qu'il falloit de la part du détenteur quelque chose de plus fort, qui marquât davantage une reconnoissance de sa part, & une renonciation à une prescription acquise ; qu'autrement il seroit très-aisé de faire revivre des devoirs éteints, par des reçus prétendus.

* Le fait sur lequel est intervenue la sentence rendue au rapport de M. Cantat, le 3 avril 1724, contre la dame Françoise de Quatrebarbe, est tel ; savoir, que la dame de Quatrebarbe, comme tutrice de ses enfans, avoit formé demande à Antoine de Laire, d'un devoir de cens en vertu d'une reconnoissance de 1539 : reconnoissance simple, qui n'en rappelloit point d'autres, & qui ne paroissoit pas avoir été suivie de prestations, jusqu'en l'année 1677 ; depuis lequel temps jusqu'en l'année 1689 on rapportoit des reçus d'un nommé Leclerc, fermier du terrier de Boucé, affirmés en justice, & depuis 1689 il ne paroissoit plus de reçus du devoir demandé. De Laire n'attaquoit pas la suffisance du titre, il se défendoit sur la seule prescription acquise depuis 1637 jusqu'en 1677, & soutenoit que les prétendus reçus de Leclerc, fermier, n'étoient pas suffisans pour relever une prescription acquise, & faire renaître un devoir éteint par la prescription ; & ainsi fut jugé. Ledit François de Laire fut renvoyé de la demande de la dame de Quatrebarbe, faute par elle d'avoir rapporté titres suffisans pour relever la prescription opposée.

20. La même chose a été jugée au rapport de M. Perrotin, l'aîné, en infirmant la sentence du châtelain de Mont-Luçon, entre le sieur Verrouquier de Fez, intimé, & Aunet de la Bouesse, appellant, demoiselle Jeanne Soulaud, défenderesse en recours, & M. Louis Robinet Dutheil, intervenant ; le 4 juin 1726 ; j'étois des juges de l'une & l'autre sentence.

* La difficulté est de savoir si un simple & seul paiement, fait par le débiteur, après la prescription acquise, & constaté par sa signature, ou par quittance donnée pardevant notaire, dont est resté minute, suffit pour relever la prescription ; sur quoi il me paroît que les sentimens sont partagés.

Mais le sentiment le plus commun, est de ceux qui distinguant le paiement fait avec connoissance de la prescription, d'avec celui qui a été fait de bonne foi, & sans savoir de la prescription fût acquise, soutiennent que celui qui paye, sachant qu'il pouvoit opposer la prescription, est présumé avoir renoncé à la prescription acquise, *etiam semel solvendo, nisi cum protestatione solverit*; mais qu'il n'en est pas de même de celui qui paye, ne sachant pas que le devoir fût prescrit ; qu'un tel paiement fait dans une telle circonstance, ne peut pas être regardé comme une reconnoissance du devoir, & une renonciation à une prescription acquise, *tunc non cognoscit debitum*, disent Mrs. les avocats de Paris, cités par M. le président Duret, *nec renuntiat præscriptioni, imò solutum potest repetere*, suivant la loi 26, §. 3, *ff. de cond. indeb. Indebitum autem*, dit la loi, *solutum accipimus, non solùm si omninò non debeatur, sed etsi per aliquam præscriptionem perpetuam peti non poterat, quare hoc quoque repeti poterit, nisi sciens se tutum exceptione solvit*. M. Duret, *hîc*.

Pour dire mon sentiment sur cette difficulté, j'estime que quoique la contre-quittance, appellée dans le droit *antapocha*, ne contienne pas promesse de continuer la rente à l'avenir, comme le titre nouvel, toutefois comme elle ne se fait, & ne se donne à autre fin, que pour empêcher la prescription ; cette prescription est suffisamment relevée par une contre-quittance, qui contient une reconnoissance de l'arrérage payé par le censitaire, & qui fait présumer que le censitaire, en donnant cette contre-quittance, a volontairement renoncé à la prescription ; de maniere que le cens est conservé au profit du seigneur, quand en recevant le paiement du cens, & en donnant quittance, il a eu la précaution de retirer du censitaire, une copie de cette quittance signée de sa main, ou passée pardevant notaire, ainsi qu'il le peut, suivant l'art. 420, *infrà*. Voyez *Loyseau, traité du déguerpissement, liv.* 3, *c.* 5 *& suiv*.

21. Si le cens entier se prescrit par trente ans, comme il vient d'être dit, à plus forte raison la quotité & partie d'icelui se prescrit-elle par un paiement uniforme, égal, & déterminé pendant 30 ans contre les laïcs, & 40 ans contre l'église, ainsi qu'il est porté en l'article 6 du titre 17 de la Coutume d'Auvergne ; dans l'article 124 de celle de Paris ; dans l'article 2 du chapitre 36 de celle de Nivernois ; dans l'article 12 du titre 12 de celle de Berry ; & dans l'article 3 du chapitre 17 de celle de Montargis. *Solutione partis censûs uniformiter factâ*, dit Dumoulin, *per triginta annos, residuum ejusdem census præscribitur, scilicet quando solvitur nomine totius, tanquam non plus debens ; secus si sub commemoratione majoris censûs, quia tunc totum conservatur*. Molinæus *in Arvern. tit.* 7, *art.* 6.

* Ainsi pour la prescription de quotité du cens, deux choses sont nécessaires ; la premiere, que le censitaire ait payé pendant trente ans uniformément une quantité moindre que celle portée par la reconnoissance ; la seconde, que cette prestation ait été faite purement & simplement, sans réserve de la part du seigneur, & non à compte & à décharge ; car si la prestation n'a pas été uniforme, & qu'il ait payé une année plus qu'une autre, pour lors, comme l'a observé M. de la Thaumassiere sur la Coutume de Berry, tit. 12, art. 12, il faut avoir recours au titre & corriger les liéves & les acquits, comme faits par erreur, ou inadvertance ; ou si les quittances ne font que qu'à compte & sans préjudice de plus, pour lors, comme l'a remarqué M. Bamaison sur l'art. 6 du tit. 17 de la Cout. d'Auv. bien loin que la quotité

Tit. III. DES PRESCRIPTIONS. Art. XXII.

du cens soit prescrite, le cens est au contraire conservé en entier; & la raison en est sensible, car comme celui qui paye, reconnoît devoir, de même & par la même raison, celui qui paye à compte, ou sous la réserve du plus, reconnoît qu'il doit plus qu'il ne paye.

C'est au censitaire qui oppose la prescription de quotité, à rapporter ses quittances pour faire voir qu'il a payé pendant trente ans une quantité moindre que celle portée par le titre; car il faut bien distinguer le cas, où le censitaire prétendant n'avoir rien payé pendant trente ans, soutient le titre prescrit, & ne rien devoir, d'avec celui, où il soutient seulement ne devoir qu'une moindre quantité pour avoir prescrit le surplus: dans le premier cas, comme on soutient le fond du devoir entièrement & totalement éteint par la prescription, c'est au seigneur à relever la prescription opposée par des paiemens & reçus en bonne & due forme; & le titre n'est conservé que jusqu'à concurrence, & pour la quotité du devoir qu'il établira avoir été payée. Mais dans le second cas, comme le censitaire reconnoît le titre, qu'il confesse avoir payé, qu'il oppose seulement la prescription de la quotité, & qu'il prétend ne devoir qu'une partie du cens, & avoir prescrit l'autre, le seigneur qui a le titre pour lui, est en droit de lui demander tout le devoir, & c'est au censitaire qui excipe de la prescription de partie du devoir, à établir son exception, ce qu'il ne peut faire, comme il a été dit, qu'en justifiant d'un paiement uniforme & sans réserve pendant trente ans; ainsi a été jugé par sentence rendue à mon rapport, entre M. le comte de Montgeorge, & la dame de Biotiere, & ce fut un des chefs décidés par la sentence.

M. le comte de Montgeorge avoit formé demande à la dame de Biotiere, de dix années de devoir de cens portés en différentes reconnoissances, sous la déduction de quatorze coupes avoine, qu'il reconnoissoit avoir reçues. La dame de Biotiere acceptant sa déclaration d'avoir reçu ces quatorze coupes avoine, soutint, sans pourtant justifier d'aucunes quittances, n'avoir jamais payé davantage, avoir prescrit par conséquent le surplus du devoir demandé, & disoit que si le sieur comte de Montgeorge prétendoit qu'elle eût payé davantage, c'étoit à lui à le prouver; ou que s'il vouloit soutenir que les paiemens par elle faits, ou par Louis de Murat, son défunt mari, n'eussent été faits qu'à compte, & sous réserve de plus, c'étoit encore à lui à l'établir. Mais sans s'arrêter à la prescription de quotité de cens par elle opposée, & faute par elle d'avoir justifié par des quittances, sans réserve, de l'uniformité du paiement du devoir, relativement à chaque reconnoissance pendant trente ans, elle fut condamnée, en sa qualité de tutrice, à payer sa serue du devoir porté en chaque reconnoissance, à raison de sa détention, & proportionnément à icelle; le seigneur de Montgeorge fut débouté de la solidité qu'il demandoit,

parce qu'il étoit codétenteur, comme il sera dit sur l'art. 409, *infrà*. Ainsi un censitaire qui oppose la prescription de quotité, doit donc établir par quittances qu'il a payé uniformément, & sans réserve, une moindre quotité que celle portée par le titre; auquel cas la prescription se trouvera bien opposée, s'il n'a payé que la même quotité pendant le temps nécessaire pour prescrire.

22. Mais il n'en est pas de même du paiement fait par le censitaire, d'une plus grande quantité qu'il n'est porté par le titre; & le seigneur censier à qui le censitaire a payé pendant 30 ou 40 ans, par une prestation continuée, uniforme & avec expression de cause, un cens plus fort que celui qui est porté par le titre, n'acquiert pas par prescription le droit de se faire payer à l'avenir cette quantité de cens, plus forte que celle qui est portée par son terrier; par la raison que le titre fait un obstacle à la prescription. *Dictum est*, dit M. Francois Decullant, *quotâ census factâ sub minori solutione per* 30 *annos præscribi; sed contrà quæri potest, si quis titulo census decem obligatus, duodecim, aut quindecim solvit per* 30 *annos, an Dominus censualis cogere possit debitorem census ad solutionem census duodecim, aut quindecim, quasi majorem censum contrà Vassallum præscripserit? Et respondetur quòd non, sed census ad quotam tituli reducetur, quia Dominus censualis non potuit præscribere contrà titulum suum & veram scientiam.* Valla, §. 5, *de reb. dubiis*; Bacquet, *des droits d'Aubaine*, chap. 28. *Molin. consil.* 10, *num.* 14. M. François Decullant, *hic*.

23. Ce que nous venons de dire de la prescriptibilité du cens, suivant la disposition du présent article, n'a lieu que pour les cens dus aux seigneurs particuliers, & non pour les cens dus au roi, qui ne souffrent de prescription que pour les arrérages dont on ne peut demander que dix années & la courante, comme il a été dit ci-dessus. C'est l'observation de M. Jean Decullant: *Nota*, dit-il, *hunc paragraphum* 22 *habere locum tantùm in censibus Privatorum, non in his qui debentur Regi, in quibus nulla admittitur Præscriptio, nedum centenaria, ut quotidiè practicatur Molinis in jurisdictione Domanii Regis, quamvis Bacquet in tit. des déshérences, contrarium teneat; ubi distinguit ea quæ sunt de Regalibus ut impræscriptibilia, alia non: tamen benè admittitur Præscriptio decennalis, in arreragiis,* §. 18. M. Jean Decullant, *hic*.

* De ce que le cens dû au roi ne se prescrit point, il en faut conclure que le détenteur qui ne paye pas sa serue du devoir, ne prescrit point, même contre son codétenteur, ou du moins qu'il ne peut que très-difficilement se servir contre lui de la prescription, pour l'obliger à payer la totalité du devoir; car comme l'héritage de celui qui n'a pas payé sa serue, demeure néanmoins par le défaut de prescriptibilité du cens, toujours assujetti au devoir, & que le roi peut & est toujours en état de s'en faire payer par le détenteur ; il s'enfuit de-là que le détenteur qui a payé la totalité du cens, & qui au moyen du paiement qu'il en a fait, est subrogé au droit du roi, ou qui peut s'y faire subroger, peut, en exerçant les droits du roi, poursuivre son codétenteur, & l'obliger de payer sa serue du devoir, dont son héritage est chargé envers le roi ; & inutilement le codétenteur opposera-t-il qu'il n'a point payé de cens pendant trente ans ; que n'en ayant pas payé, il a prescrit contre son codétenteur, & qu'il y a lieu de présumer que ses auteurs ont été déchargés de leur serue, par convention avec leurs codétenteurs, qui se sont chargés de la totalité du cens ; parce que dès que l'héritage dont il est détenteur, n'est pas affranchi envers le roi, du cens dont il est originairement chargé, & que y étant toujours assujetti, on a un titre contre lui, qui est en vigueur, & non prescrit ; s'il prétend exciper de la prescription de sa serue, par rapport à son codétenteur, c'est à lui à établir son exception, & à prouver qu'il n'a rien payé pendant plus de trente ans : or comment peut-il l'établir, puisqu'on ne prouve pas une négative, & qu'il ne peut le faire, qu'en justifiant que son codétenteur a payé pendant tout ce temps la totalité du cens, ce qu'il ne peut prouver que par des quittances qui doivent être entre les mains du codétenteur, qui auroit payé, lequel n'étant pas obligé de les lui communiquer, par la maxime que, *nemo tenetur edere contra se*, il ne les rapportera vraisemblablement pas ; les simples reçus du fermier du roi ne suffiroient pas ; la raison c'est que dès qu'il s'agit de faire payer à un codétenteur, la serue de son codétenteur, & de lui imposer une surcharge, il faut qu'il paroisse de quelque convention, acte, ou confession de sa part, ou de celle de ses auteurs, par un acte authentique, ou signé d'eux, par lequel il soit constaté qu'ils ont consenti ou reconnu cette surcharge, & s'y sont assujettis : car il ne faut pas un moindre consentement de la part du propriétaire de l'héritage, & moins constant, pour lui imposer cette surcharge, que pour établir le cens.

24. Il faut aussi observer que ce qui a été dit suivant le présent article, que celui qui a reconnu le cens, ou qui a été condamné de le payer, ne le peut prescrire de son temps, ne peut pas être étendu aux promesses, obligations, ni même aux constitutions de rente. Il avoit été jugé, dit M. Menudel, que cet article devoit être étendu aux constitutions de rente ; & cela au profit de M. Alexandre, chanoine de Mont-Luçon, pour lequel j'avois écrit, contre demoiselle Jeannot de Laloue, tutrice de son fils, neveu dudit Alexandre : la sentence est du 25 novembre 1632, qui porte que la rente constituée en 1585, par l'ayeul dudit mineur, frere dudit chanoine décédé en 1626, n'étoit point prescrite ; mais depuis, ce jugement a été réformé par les avocats de ce pays, juges compromissaires, M. François Menudel, *hic*.

25. Ainsi la prescription court du vivant de celui qui a consenti la rente constituée, ou qui l'a reconnue, à commencer du jour de la passation de l'acte ; & la raison de la différence, c'est que les rentes étant rachetables, il y a présomption qu'elles ont été rachetées, le silence d'un si long-temps le faisant ainsi présumer : ce qui ne se peut dire à l'égard du cens, ou de celui qui a consenti une rente fonciere non-rachetable. La même raison militant avec bien plus de fondement pour une promesse ou obligation, il en faut conclure avec le même M. Menudel, que le débiteur vivant, convenu de sa promesse ou obligation après 30 ans, peut opposer prescription. M. Menudel, *hic*.

ARTICLE XXIII.

Prescription de toutes choses en général. TOUTES autres choses prescriptibles se prescrivent par le laps & espace de trente ans contre toutes personnes, excepté contre l'Eglise où il y a quarante ans ; & a lieu ladite coutume seulement contre ceux qui ont pouvoir & faculté de poursuivre leurs droits en Jugement contradictoire.

1. L'Article premier du titre 15 de l'ancienne Coutume est conforme à celui-ci, jusqu'à ces mots, *& a lieu*, &c. qui ne se lisent pas dans l'ancienne Coutume.

2. La prescription dont il est parlé dans le présent article, est tant la prescription pour acquérir, que la prescription pour se libérer ; de maniere que si aucun, comme s'explique la Coutume de Paris, art 118, a joui, usé & possédé un héritage ou rente, ou autre chose prescriptible, par l'espace de 30 ans continuellement, franchement, publiquement & sans aucune inquiétation, il a acquis prescription, quoiqu'il ne fasse apparoître aucun titre ; & c'est pour cela que l'on dit, que possession de trente ans vaut titre.

3. Toute obligation, soit de rente, somme de deniers ou autres choses, se prescrit pareillement par trente ans de cessation, sans être demandée, payée, ni reconnoissance d'icelle passée ; & après ce temps-là, la libération en est acquise, sans que le débiteur qui a prescrit la dette, ait besoin de quittance pour être déchargé de la demande de son créancier.

4. Mais il y a, aux termes du présent article, plusieurs conditions requises pour acquérir
valablement

valablement cette prescription de trente ou quarante ans.

5. La premiere condition est que la chose dont est question soit prescriptible; c'est ce qui résulte de ces termes de notre article, *toutes autres choses prescriptibles*: & la raison est que la prescription n'ayant été introduite que par la loi, dès que la loi a déclaré certaines choses imprescriptibles, il n'y a aucune prescription en faveur de ceux qui en jouissent, même de bonne foi, à l'insçu des propriétaires.

6. La seconde est une possession continuée & paisible pendant tout le temps marqué par la Coutume, savoir, celui de 30 ans contre laïcs, & de quarante contre l'église. *Sine possessione Præscriptio non procedit*, dit le droit canonique & civil; le droit canonique, *reg. 3, in 6°.* & le droit civil, *L. 26, de usucap.*

7. La troisieme condition est la capacité des personnes contre qui on prescrit; car c'est une regle, que *Contrà non valentem agere non currit Præscriptio*. Aussi est-il dit dans le présent article, que la prescription a lieu seulement contre ceux qui ont pouvoir & faculté de poursuivre leurs droits en jugement contradictoire.

8. De ces trois conditions requises pour la prescription, il n'y a que la premiere & la troisieme dont nous traiterons ici; car pour la seconde, nous la renvoyons à l'article 34, ci-après.

La prescriptibilité d'une chose, qui fait la premiere condition, se connoît par le détail des choses non sujettes à prescription; puisqu'aux termes du présent article, à l'exception de ces sortes de choses, toutes choses se prescrivent par trente ou quarante ans.

9. Or les choses non sujettes à prescription, marquées par la Coutume, sont la franchise & liberté, art. 25; le droit de servitude sur un héritage, art. 519; le droit de fief sur le seigneur, art. 31; les droits de pure faculté, art. 29; la faculté de racheter les rentes constituées à prix d'argent, art. 418; les choses communes, tenues & possédées en commun & par indivis, qui sont sujettes perpétuellement à partage, art. 26. Telles sont les choses que la Coutume déclare imprescriptibles, & dont nous parlerons en leurs lieux, sur ces différens articles de la Coutume que nous venons d'indiquer.

10. Mais outre ces choses-là, il y en a plusieurs autres reconnues pour imprescriptibles: les choses, par exemple, qui ne sont pas dans le commerce, comme les choses sacrées, les chemins publics, les murs & fossés des villes, les rivages nécessaires pour la navigation, les fleuves & autres choses semblables sont imprescriptibles; parce que leur nature ou le droit public les destinant à un usage public & commun, elles ne peuvent être légitimement possédées par des particuliers au préjudice du public; & c'est une maxime certaine, qu'on ne prescrit point contre le droit public: *Jus publicum est cui nemo præscribere potest, non spa-*

Part. I.

tia temporum, non patrocinia personarum, non privilegia regionum.

11. Les biens du domaine ou qui y sont incorporés, & dont les receveurs du domaine ont fait recette pendant dix ans en la chambre des comptes, sont encore imprescriptibles; c'est la disposition de l'ordonnance de François I, de 1539, & de Charles IX, en 1566: la raison est que les biens du domaine sont réputés inaliénables, & par conséquent imprescriptibles; puisqu'ils seroient aliénés, si on pouvoit les acquérir par prescription. Ainsi aucun particulier ne peut s'en rendre le maitre, par le simple effet d'une longue possession; car outre la conséquence de la conservation du domaine pour le bien de l'état, la qualité du souverain lui rendant impossible la vigilance à la conservation des biens de son domaine, la prescription ne doit pas courir contre lui, même par 100 ans.

12. Les biens casuels qui échéent au roi par droit d'aubaine, de bâtardise, de déshérence, ou de confiscation, sont sujets à la prescription de trente ans, s'ils ne sont unis & incorporés au domaine expressément ou tacitement; expressément, par lettres patentes du roi; tacitement, quand les receveurs ou les officiers du roi les ont tenus & administrés pendant l'espace de dix ans, & qu'ils sont entrés en ligne de compte dans les comptes du domaine, comme il est porté par l'article 2 de l'ordonnance faite à Moulins en 1566, pour la réunion & conservation du domaine. La raison est que ce sont simples profits casuels, qui ne sont réputés faire partie du domaine jusqu'à leur union & incorporation. Bacquet, traité *des Déshér.* ch. 7, n. 20. Dargentré sur la Coutume de Bretagne, art. 266, n. 5.

13. Mais le rachat des biens du domaine, tant de ceux qui ont été nouvellement unis & incorporés, que de ceux qui sont du domaine ancien & originaire, aliénés pour les urgentes nécessités de l'état, est imprescriptible par quelque temps que ce soit, quoique dans l'aliénation il n'en soit pas fait mention. Telle est la disposition de l'article premier de l'ordonnance de février 1566. La raison est que le domaine du roi étant réputé inaliénable, les aliénations qui s'en font pour les besoins pressans de l'état, ne se font jamais qu'à la charge d'une faculté perpétuelle de rachat; ce qui fait qu'on ne considere les acquéreurs que comme des engagistes, & comme des créanciers détenteurs & possesseurs des biens qui leur sont affectés & hypothéqués, & qu'ils sont obligés de conserver ces biens & ces droits dans leur bon état.

14. Les laïcs, comme il a été dit sur l'article 21, ne peuvent acquérir par prescription, ni le droit de percevoir la dime ecclésiastique, ni l'exemption & affranchissement d'icelle.

15. Les biens substitués après publication faite selon l'ordonnance, sont imprescriptibles, si ce n'est du jour de la substitution ouverte;

Q

car outre qu'après la publication ils sont réputés inaliénables, c'est qu'avant l'ouverture de la substitution les substitués ne peuvent point agir, & que leur droit est en suspens jusqu'à la mort de celui qui est chargé de la restitution : il ne leur est point permis d'agir avant ce temps ; une action prématurée *induceret votum captandæ mortis*. D'ailleurs le plus souvent les substitués ne sont pas nés, ou ils sont en bas âge ou sous la puissance de leurs parens : or il est de maxime, que *contrà non valentem agere non currit Præscriptio*. Ainsi les biens substitués ne sont pas sujets à la prescription avant l'ouverture de la substitution, non seulement en la personne du premier substitué, mais aussi jusqu'à ce qu'ils aient passé à la personne du dernier substitué, suivant l'opinion du plus grand nombre des docteurs, & la jurisprudence des arrêts cités par l'auteur des observations sur Henrys, tome 1, liv. 4, ch. 6, qu. 19.

16. Mais aussi, après l'ouverture de la substitution, la prescription de 30 ans est reçue en faveur des acquéreurs, suivant la commune opinion des docteurs & la jurisprudence des arrêts cités dans les observations sur Henrys, *ibid*.

17. Bien plus, si la prescription a commencé du vivant du substituant, elle continue pendant la vie de l'héritier, selon le sentiment des auteurs. Observations sur Henrys, *ibid*.

18. L'action de recours & de garantie est en quelque façon perpétuelle, & ne se prescrit point ; parce qu'elle ne peut être exercée que lors du trouble & de l'éviction. Ainsi la promesse du vendeur, par exemple, & de tout autre qui s'oblige à garantir ce qu'il vend, céde ou donne, l'engage à maintenir l'acquéreur dans une possession paisible, qui ne puisse jamais être troublée par aucun droit précédant l'aliénation ; de maniere qu'en quelque temps que l'acquéreur soit évincé, les héritiers de son auteur sont tenus de le garantir. *Empti actio*, dit le droit, *longi temporis Præscriptione non submoveyur, licèt post multa spatia rem evictam emptori fuerit comprobatum*, L. 21, Cod. de evict. M. Daumat, Loix Civ. tome 2, liv. 3, tit. 7, sect. 5, art. 8.

19. Mais si le tiers acquéreur d'un héritage hypothéqué à une garantie avoit joui paisiblement durant 30 ans, il auroit prescrit contre cette hypothéque ; parce que, quand on dit qu'en matiere de garantie la prescription ne commence à courir que du jour du trouble, cela s'entend à l'égard seulement de ceux qui sont personnellement obligés à la garantie, comme un copartageant, un vendeur ; parce qu'avant cela le copartageant, ou l'acquéreur, qui ne sont pas évincés, n'ont aucune action contre leur copartageant, ou vendeur ; & que, suivant la maxime générale, *contrà non valentem agere non currit Præscriptio* : mais à l'égard d'un tiers détenteur, comme le copartageant peut agir contre lui *ad declarationem juris* seulement, sans qu'il soit troublé, & qu'il peut par précaution demander que l'héritage par lui acquis soit déclaré hypothéqué à la garantie du partage, au cas qu'il soit évincé de son lot ; s'il ne le fait pas, le détenteur prescrit contre l'hypothéque, ainsi qu'il a été jugé par arrêt du grand conseil, du 30 mars 1673, rapporté en la seconde partie du journal du palais.

20. L'usure ne se prescrit point ; elle ne se peut couvrir, ni par le temps, ni par aucun consentement exprès, pas même par des transactions, ni par arrêt rendu du consentement des parties, ni être déguisée & palliée par quelque contrat que ce soit : Ainsi jugé par arrêts rapportés par M. Louet & son commentateur, sur la lettre A. somm. 14, n. 4 & 6, & sur la lettre T. somm. 6 : & tel est le sentiment des auteurs, de M. Charles Dumoulin, *tract. de usur*. qu. 17, n. 190 ; de M. Dargentré, sur l'article 266 de la Coutume de Bretagne, ch. 6 ; de Delhommeau, *Max. du Dr. Franç*. liv. 3, art. 283. La raison en est rendue par M. Dargentré, en ces termes : *Quia contractus usurarii successivo & quotidiè renascente vitio laborant, & perpetuas habent inexistentes interruptionum causas & acquisitionis prohibitivas ; ideoque, cùm possessionem bonæ fidei non habeant, non possunt producere Præscriptionem*.

21. Ainsi, si les arrérages usuraires ont été payés pendant cinquante ans & plus, il s'est fait à l'égard des premieres années, après la constitution, une compensation avec le principal ; & à l'égard des années suivantes, dont on ne peut plus faire de compensation avec le principal, il faut distinguer : si c'est le créancier ou l'auteur du contrat, il ne peut jamais prescrire, mais à l'égard d'un tiers il peut prescrire par 30 années ; ensorte que le débiteur ne pourra répéter contre lui que les 30 années dernieres, pourvu qu'il soit de bonne foi, & qu'il ne sache pas la qualité du contrat : car à l'égard d'une tierce personne, cela se peut prescrire comme le vol, & la répétition de ce qui a été payé quoique non dû. Dumoulin, *ibid*. & M. Dargentré sur l'article 266, *mox cit. in fine*.

22. Que si le débiteur d'un contrat usuraire paye les arrérages & le sort principal, sans faire aucune imputation, il a, selon M. Charles Dumoulin, *ibid*. n. 119, sa répétition & la condiction *indebiti* ; mais elle se prescrit par trente ans, pourvu que celui qui a reçu ne sache pas de mauvaise foi, & ne sache pas la qualité du contrat, car alors il n'y a pas de prescription. L'auteur des notes sur Duplessis, traité *de la Prescription*, liv. 2, sect. 3, chap. 3, page 523.

23. Les choses volées ou dérobées ne se pouvoient jamais prescrire par le droit Romain ; c'étoit pour empêcher les violences & les invasions : mais en France elles se peuvent prescrire, non par celui qui les a volées, parce qu'il est toujours de mauvaise foi, mais par un tiers qui les posséde de bonne foi ; par exemple, lorsqu'on les a achetées de celui

qui les a volées & qu'on en croit le maître, l'action pour les répéter se prescrit par trente ans.

24. Voilà pour ce qui regarde les choses non-sujettes à prescription. Quant à ce qui concerne les personnes contre lesquelles on ne peut point prescrire :

25. On ne prescrit point contre les mineurs pendant leur minorité ; la prescription ne commence à courir contr'eux que du jour de leur majorité ; & celle qui a commencé contre le majeur, cesse contre le mineur, sans interruption néanmoins : de maniere que, suivant l'article 33, *infrà*, on déduit de la prescription le temps qui a couru pendant la minorité ; & cette déduction faite, on joint les temps qui ont couru après, pour l'accomplissement de la prescription. *Fit dormitio*, selon M. Dargentré, *seu interquiescentia possessionis, non interruptio.... Interruptio priorem temporis cursum in irritum deducit, ita ut jam indè in temporis cursu computationem nullam habeat, sed volenti præscribere necessaria sit totius temporis redintegratio.... Dormitio cursum quidem Præscriptionis sistit ; sed ita ne tempora jam elapsa pereant, sic ut dormitionis causis cessantibus tempora cum posterioribus conjungantur, & de duobus una fiat Præscriptio.* M. Dargentré sur la Coutume de Bretagne, *art. 266, verbo interruption, cap. 1, num. 3.*

26. Cette décision, qui est formée sur la disposition de l'article 33 de cette Coutume, *infrà* ; de l'art. 443 de celle d'Anjou ; de l'art. 66 de celle de Chauny, &c. a pour fondement ce qui est dit dans le présent article 23 de la Coutume ; savoir, que la prescription a lieu seulement contre ceux qui ont pouvoir de poursuivre leurs droits en jugemens contradictoires ; qui est autant que s'il étoit dit, contre ceux-là seulement qui sont d'eux-mêmes capables d'ester & comparoir en jugement, d'y déduire & soutenir leurs droits, selon que l'a observé M. Bamaison dans son commentaire, sur l'article 3 du titre 17 de la Coutume d'Auvergne.

27. Par cette même raison, la prescription ne court point durant le mariage, contre femme mariée, quoique majeure, pour ses biens dotaux, aliénés par son mari sans son consentement, ainsi qu'il est porté dans l'article 28, *infrà*, & que nous le dirons sur cet article : car à l'égard des actions dont le mari est garand, il est vrai de dire que la femme n'a pu agir valablement.

28. La prescription ne court point aussi contre les interdits, par la raison qu'ils n'ont pas l'administration de leurs biens & l'exercice de leurs droits ; & comme les interdits, soit pour cause de dissipation, soit pour cause de démence ou de fureur, ne sont pas capables d'aliéner leurs biens ; la prescription, qui est une espece d'aliénation, ne peut leur nuire.

* Par arrêt du grand conseil, du 14 septembre 1718, rendu dans cette Coutume, il a bien été jugé que la prescription avoit lieu contre les chevaliers de Malte, pour les droits appartenans à l'ordre ; mais la partie qui obtint à ses fins, étoit un tiers acquéreur, qui opposoit une prescription beaucoup plus que centenaire.

Les parties au procès étoient M. Pierre Imbert, conseiller du roi, grenetier au grenier à sel de Moulins, intimé, anticipant & défendeur, contre frere Leon de Dreuille, chevalier de l'ordre de S. Jean de Jérusalem, commandeur de la commanderie de la Racherie, située dans cette province de Bourbonnois, appellant ; & encore contre frere Amable de Theange, chevalier de l'ordre, & receveur du commun trésor d'icelui, au grand-prieuré d'Auvergne, partie intervenante, & évoquant l'appel au conseil. Il s'agissoit de plusieurs devoirs de cens demandés & prétendus par le sieur commandeur de la Racherie, sur la terre de la Cour, qui appartenoit au sieur Imbert. Les reconnoissances qui servoient de fondement à la demande, étoient très-anciennes ; les plus récentes montoient à près de deux siecles. Par sentence de cette Sénéchaussée du 12 avril 1717, ces reconnoissances furent déclarées prescrites, & en conséquence le sieur Imbert fut renvoyé de la demande contre lui formée par le sieur de Dreuille, en paiement des devoirs compris dans lesdites reconnoissances, & cette sentence fut confirmée par arrêt du grand conseil, du 14 septembre 1718.

29. La prescription des demandes pour dettes ou autres choses qui sont dues sous quelque condition, & qu'on ne peut demander qu'après que la condition est arrivée, ne commence de courir que du jour de l'événement de cette condition ; & il en est de même de la prescription des dettes dont il y a un terme pour le paiement, elle ne commence à courir qu'après le terme échu : *Illud plusquam manifestum est*, dit le droit, *in omnibus contractibus, in quibus sub aliquâ conditione, vel sub die certâ vel incertâ, stipulationes & promissiones, vel pacta ponuntur ; post conditionis exitum, vel post institutæ diei certæ vel incertæ lapsum, præscriptiones triginta vel quadraginta annorum, quæ personalibus vel hypothecariis actionibus opponuntur, initium accipiunt, l. 7, §. 4, cod. de Præscript. 30 vel 40 ann.* M. Daumat, *Loix civ.* tome 2, liv. 3, tit. 7, sect. 5, art. 3.

30. Mais si le débiteur de cette dette conditionnelle vend l'héritage qui lui est affecté & hypothéqué, en ce cas l'acquéreur pourra prescrire l'hypothéque, à compter du jour de son acquisition, contre le créancier. *Debitum conditionale*, dit M. Jean Decullant, *non præscribitur ante conditionem executam ; sed si debitor interim alienet prædia sua, tertius detentor potest præscribere actionem hypothecariam, incipiendo à die suæ detentionis contrà illum creditorem conditionalem, ante conditionem executam ; quia pendente die vel conditione, creditor hypothecæ conditionalis incertæ potest agere contrà tertium detentorem, ad cautionem*

interponendam ut fundus declaretur hypothecatus ad tale onus, si contingat, & hæc simplex cautio, recognitio, seu declaratio hypothecæ interrumpit Præscriptionem. M. Jean Decullant, *hic*.

31. La prescription ne court point contre l'héritier bénéficiaire qui se trouve créancier du défunt, soit parce qu'il ne peut pas agir contre lui-même, soit parce qu'il est en possession des effets & biens de la succession sur lesquels il prétend se venger, que cela dépend d'un compte; qu'il suffit qu'il jouisse des biens de la succession, pour n'être point sujet à une prescription, & que jouissant au nom de tous les créanciers, il est présumé jouir aussi pour lui-même & pour ses propres créances, parce qu'il ne confond point; de maniere que cette jouissance est une interruption perpétuelle en sa faveur. M. Denis Lebrun, *des Succ.* liv. 3, chap. 4, n. 25, sur la fin. M. Bretonnier sur Henrys, tome 1, liv. 6, ch. 5, qu. 11.

32. En ce qui regarde l'ordre de S. Jean de Jérusalem, la jurisprudence sur le privilége de cet ordre est assez incertaine, & très-différente suivant la diversité des tribunaux ; & ce qui rend la jurisprudence sur cela incertaine, c'est la faveur de l'ordre de Malte, qui est opposée à la faveur de la prescription.

33. Quant à ce qui concerne l'église en général, on prescrit contr'elle par quarante ans, mais non plutôt, ainsi qu'il est dit dans le présent article, & dans les chapitres 8 & 9, *extrà de Præscript.* de maniere que la prescription de quarante ans a lieu, même en faveur des laïcs contre les bénéficiers, pour biens & droits dépendans de leurs bénéfices, monasteres, commanderies, communautés séculieres & régulieres, ecclésiastiques, hôpitaux, fabriques, & autres corps ecclésiastiques.

34. A l'égard des corps & communautés laïques, que l'on nomme confrairies, ils ne jouissent pas de la prescription de 40 ans ; & l'on ne doit pas étendre ce privilége en leur faveur sans autorité, attendu qu'il déroge au droit commun: c'est le sentiment de M. le président Duret, & après lui de M. François Menudel, sur ces mots du présent article, CONTRE L'ÉGLISE. *Et hospitalia*, dit Duret, *quæ iis & majoribus privilegiis gaudent.... non item fraternitates.... Equidem fraternitates laïcorum quæ sunt collegia profana, ecclesiæ nomine non continentur... & fratres pro animi sententia discedere possunt à fraternitate..... coram sæculari judice conveniri debent, & iis res suas alienare, & de iis disponere licet.* M. le président Duret, *hic*.

35. Sur la question si l'église doit jouir du privilége de la prescription de 40 ans, pour droits dans lesquels elle succéde à quelque particulier, les sentimens sont partagés.

36. Pour l'affirmative on dit, que comme un mineur qui succéde à un majeur, jouit du privilége accordé aux mineurs, de même l'église jouit de la prescription de 40 ans pour droits appartenans à un particulier, dans lesquels elle a succédé.

37. D'autres, d'un sentiment contraire, soutiennent que la prescription peut s'accomplir contr'elle, de même & par le même temps que contre le particulier aux droits duquel elle est entrée, soit par un legs, ou autrement: Et ainsi a été jugé au parlement d'Aix le 15 janvier 1680; savoir, que le tiers détenteur d'un héritage avoit prescrit par une possession paisible de dix années, l'hypothéque que les religieuses de sainte Catherine de Fréjus avoient sur cet héritage, pour la dot d'une religieuse de ce monastere. M. de S. Martin, avocat général, qui porta la parole dans cette affaire, cita deux arrêts dans lesquels on avoit suivi la même jurisprudence : l'un du dernier juin 1666, contre l'économe de l'église de Toulon; l'autre du 16 mars 1678, contre l'économe des peres de l'oratoire de la ville d'Hyeres: & ces arrêts sont fondés sur la maxime établie par Barbosa, par Covarruvias, & par plusieurs autres auteurs, que l'église jouit de la prescription de 40 années, par rapport à la prescription des fonds qui sont de son véritable patrimoine ; mais qu'elle est sujette aux prescriptions ordinaires, quand elle veut exercer une hypothéque sur un fonds dont elle n'a pas eu la propriété. Dhericourt, *Loix Ecclés.* part. 4, ch. 8, art. 18, seconde édition.

38. L'usage de cette province est pour la premiere opinion ; suivant laquelle, quand l'église succéde aux droits d'un particulier, contre lequel la prescription a commencé de courir, elle n'use que du droit du laïc, pour le temps de la prescription qui a couru contre le laïc ; mais elle use de son privilége pour le temps qui reste à courir contr'elle : au lieu que, suivant la seconde opinion, la prescription peut s'accomplir contr'elle, de même & pour le même temps que contre ce particulier, aux droits duquel elle est entrée.

39. Dans le cas contraire, quand c'est un particulier qui est subrogé aux droits de l'église, il ne doit point avoir le privilége de 40 ans de prescription ; & si la prescription a commencé contre l'église, il se sert du privilége de l'église pour le temps que la prescription a couru contr'elle, mais non pour le temps qui reste à courir contre lui pour achever la prescrition. L'auteur des notes sur Duplessis ; traité *de la Prescription*, liv. 1, ch. 4.

40. Il y en a qui tiennent que la prescription pour se libérer est bien acquise contre l'église, mais non celle pour acquérir, & que le domaine de l'église est imprescriptible ; mais comme l'a observé M. Duplessis, les arrêts sont contraires.

41. Les principes en cette matiere sont, que l'aliénation des biens de l'église, faite pour cause légitime & avec les solemnités requises, assure l'acquéreur dans sa possession ; mais que le défaut de cause légitime & de formalités ne se couvre point, par quelque temps que ce soit, par l'acquéreur & ses héritiers. La raison est

est qu'un possesseur de cette qualité, en vertu d'un titre primordial dont le vice est manifeste & apparent, ne peut être présumé dans la bonne foi, mais au contraire dans une mauvaise foi apparente par la défectuosité de l'aliénation ; ce qui empêche la prescription : Ainsi jugé par arrêt du 19 février 1658, rapporté par Henrys, tome 2, liv. 1, qu. 24 ; & par autre du 20 mars 1674, rapporté dans le journal du palais, part. 4. Et tel est le sentiment commun.

42 La prescription, dit Delhommeau après M. Dargentré, est empêchée *per defectum subftantialium ab initio* ; parce que c'est une regle très-constante, que *ad primordium tituli pofterior formatur eventus*. De-là vient que si le possesseur qui se veut prévaloir de la prescription, se sert d'un titre vicieux, il détruit, dit Delhommeau, sa possession, comme il a été jugé par une infinité d'arrêts, dont Fortin sur l'article 118 de la Coutume de Paris fait mention. Ainsi, continue Delhommeau, quand le titre est défectueux *in subftantialibus*, pour user des termes de M. Dargentré, il faut bien se donner garde de le mettre en évidence ; parce qu'en produisant le titre, on découvre le vice & la nullité de l'aliénation.

43 Au lieu que quand l'acquéreur allégue simplement contre l'église une possession suffisante pour la prescription, & qu'il en justifie sans rapporter aucun titre, & sans qu'il paroisse rien, en sorte que l'on ne puisse pas connoître s'il y a du vice dans l'aliénation & si le titre étoit défectueux, en ce cas on juge en faveur du possesseur ; parce que le long temps fait présumer un titre légitime, la longue possession faisant présumer qu'elle n'a pu procéder qu'avec un titre valable. C'est aussi le raisonnement d'Henrys, au lieu cité.

44. Ceci ne regarde que l'acquéreur, ses héritiers & successeurs à titre universel : car le tiers détenteur peut prescrire par 40 ans les biens de l'église, aliénés sans les solemnités ; par la raison que les biens de l'église sont, ainsi qu'il vient d'être dit, sujets à la prescription de 40 ans, tant par les constitutions civiles & canoniques, que par les ordonnances & la disposition de nos Coutumes ; & que la mauvaise foi de l'acquéreur ne peut pas nuire à son successeur à titre particulier, lequel peut commencer de son chef & accomplir la prescription.

45. A la vérité il y en a qui, sans distinguer entre l'acquéreur & le tiers détenteur, disent que la faveur de l'église est si grande, qu'il y a lieu de croire, même à l'égard d'un tiers détenteur, que le défaut de formalités seroit capable d'empêcher le possesseur de jouir du bénéfice de la loi ; & c'est à celui, disent-ils, qui se charge d'un bien si difficile à acquérir, à examiner si dans la premiere aliénation qui en a été faite, toutes les formalités ont été bien observées : & on cite pour ce sentiment, l'arrêt du grand conseil du 20 mars 1674. Mais si cela étoit, il ne faudroit plus parler de prescription contre l'église ; puisque, comme il a

été dit, l'aliénation des biens d'église, faite pour cause légitime & avec solemnités requises, assure l'acquéreur dans sa possession, sans le cours de la prescription : joint que quand l'héritage acquis de l'église a passé entre les mains du tiers détenteur, qui a ignoré le vice du titre de ses auteurs, pour lors la prescription doit avoir lieu à cause de la bonne foi de ce tiers détenteur.

46. Ce qui est favorable à l'église, c'est que dans tous les cas où la prescription est reçue contre l'église, on déduit le temps qui a couru du vivant du mauvais administrateur, conformément au canon, *Si Sacerdotes*, cauf. 16, qu. 3, dont la disposition a été confirmée par plusieurs arrêts du parlement de Paris. M. Louet, lett. P, somm. 1, en rapporte trois des années 1531, 1543 & 1594. Ainsi les quarante années pour acquérir la prescription contre l'église, ne courent que du jour que le mauvais administrateur, qui a fait l'aliénation, a cessé d'être titulaire du bénéfice : la raison est qu'il n'est pas juste que l'église soit privée du bénéfice de la loi, par la fausse honte qui empêcheroit celui qui a fait l'aliénation de revenir contre son propre fait ; joint qu'on ne présume pas que l'église pendant ce temps puisse agir pour interrompre la prescription.

47. Il faut aussi retrancher du temps de la prescription, le temps que l'église a vaqué, & le temps des troubles & des hostilités qui ont mis l'église hors d'état d'agir pour la défense de ses droits.

48. Au reste la prescription de 40 ans, en faveur de l'église, ne regarde que les droits de propriété appartenans à l'église, dont le titulaire n'a que l'usufruit, & non les choses qui appartiennent au titulaire plutôt qu'à l'église, comme tous les droits qui sont *in fructu* ; par exemple, les arrérages de cens, rentes foncieres & constituées, &c. qui appartiennent en pleine propriété au titulaire, étant des fruits qu'il applique à son profit en qualité d'usufruitier : toutes lesquelles choses se prescrivent de la même maniere & par la même prescription, contre les bénéficiers, que contre les laïcs. *Enim verò, cùm bona Ecclesiarum dicimus*, dit M. Dargentré, *de his intelligimus quæ in Dominio sunt Ecclesiarum : nam quæ Prælatorum, au Clericorum, jure Privatorum sunt propria, ea non eodem jure habentur ; sed in his regulares Præscriptiones servantur, quæ inter privatos sunt constitutæ*. M. Dargentré sur la Coutume de Bretagne, art. 266, ch. 20, n. 8.

49. La raison est que le privilége de 40 ans n'a été donné à l'église, qu'à cause qu'il seroit injuste qu'elle souffrit, & vint à perdre, par la faute & par la négligence d'un administrateur & d'un titulaire, ce qui lui appartient par la libéralité des personnes pieuses ; & comme la plupart des bénéficiers, qui n'ont qu'un simple usufruit, ne veulent pas souvent se donner beaucoup de peine, & ne sont pas assez soigneux pour rechercher les droits de leurs églises, pourvu qu'ils en ayent suffisamment

pour fournir à leur dépense, on a étendu pour cette raison la prescription contre l'église : mais comme ces raisons cessent dans les choses qui appartiennent en propriété au titulaire, comme fruits de son bénéfice & droits échus, que l'église n'y a plus rien; que ces choses regardent uniquement le titulaire, qui n'agissant alors que pour lui, & non point pour conserver les biens de son église, ne doit être considéré que comme un particulier, & ne doit point jouir de son privilége; qu'il n'y a pas enfin d'inconvénient que ce titulaire souffre & reçoive du dommage par sa négligence; la prescription à l'égard de ces sortes de choses, de tous les droits d'une église qui sont échus, est la même que contre les laïcs. C'est le raisonnement de l'auteur des notes sur Duplessis, tr. *de la Prescript.* liv. 1, ch. 4 ; & ainsi a été jugé par arrêt rapporté par Chopin, *de Dom. lib.* 3, *cap.* 9, *num.* 8, & Bacquet *de desher.* ch. 7, n. 22.

50. Dans les prescriptions de 30 & 40 ans, dont nous venons de parler, la bonne foi du possesseur est toujours présumée, s'il n'est prouvé qu'il ait possédé de mauvaise foi ; & dans ces sortes de prescriptions on n'oblige pas le possesseur à déclarer l'origine de la possession, & de prouver sa bonne foi par un titre, lui suffisant d'alléguer sa possession seule de 30 ans sans inquiétation, & de dire : *possideo*, *quia possideo* ; ce qui est fondé sur la présomption que le possesseur a perdu les titres de son acquisition, & qu'il n'est pas à croire que le propriétaire ait souffert pendant un si long-temps ses biens en la possession d'un autre ; & dans la prescription contre les actions personnelles, qu'il y a eu paiement, & que la quittance a été perdue ou qu'il n'en a pas été donné. *In hac Præscriptione 30 vel 40 annorum*, dit M. Jean Decullant, *silentium tanti temporis facit præsumere titulum, vel apocham & nunc perditam; ideoque qui hâc Præscriptione tuentur, debent allegare titulum, vel apocham ; & pro probatione hoc silentium 30 vel 40 annorum*..... M. Jean Decullant, *hic.*

51. Desorte que si un possesseur a joui pendant trente ans sans savoir l'origine & la cause de sa possession, ou qu'ayant eu un titre il ne puisse plus en justifier, il sera maintenu, contre l'ancien propriétaire qui produiroit un titre; & il en est de même d'un débiteur, qui a prescrit par trente ans contre unse titre : il n'a pas besoin de quittance pour être déchargé de la demande de son créancier; la prescription de 30 ans anéantit alors les titres des propriétaires & des créanciers, & ils doivent s'imputer d'avoir négligé leurs droits pendant si long-temps.

52. Mais s'il y a un titre, & qu'il se trouve vicieux & contraire à la prescription, s'il se trouve dans le possesseur une mauvaise foi formelle, avec une mauvaise conscience sans excuse, alors on juge que la prescription n'a pas lieu : de-là vient la maxime, *melius est non habere titulum, quàm habere vitiosum.* La raison est qu'un possesseur qui oppose une prescription de trente ans sans titre, & néanmoins réputé en avoir eu un, ou du moins avoir toujours possédé *animo domini*, comme maître : mais quand une personne a un titre contraire, & qu'il paroît qu'elle n'a pas possédé *animo domini*, parce que son titre y résistoit ; comme quand elle a un titre qui justifie qu'elle jouissoit de l'héritage à titre précaire, de gage, d'usufruit, de louage, ainsi d'autres titres qui ne transférent pas la propriété, alors la présomption cesse ; on juge que la possession a été conforme au titre, que le possesseur n'ayant pas possédé comme maître, *animo domini*, il n'a pas acquis de prescription, & que tenant la chose à ce titre, il n'a pu sans mauvaise foi s'en prétendre propriétaire, changer sa condition & sa maniere de posséder, au préjudice du propriétaire. *Illud à veteribus præceptum est*, dit le droit, *neminem sibi ipsi causam possessionis mutare posse. Illud indubitatum est*, dit M. Jean Decullant, après Dumoulin, *quòd contrà proprios titulos nunquam quis possit aliquam temporis Præscriptionem inchoare .... scriptura enim semper vigilat, semper loquitur, & sic semper adhuc hodie sumus in initio.* Arrêt du 4 septembre 1691, en la troisieme des enquêtes, au rapport de M. Delpech, par lequel il a été jugé que par cent ans & plus on ne peut pas prescrire contre son titre, cité par M. de Ferriere, *Inst. Cout.* liv. 3, tit. 1, art. 46.

53. De-là ces conséquences, que le fermier, le dépositaire, le commodataire, l'usufruitier, le créancier à qui la chose a été donnée en gage, & tous autres qui possédent au nom d'autrui, ne peuvent jamais prescrire ; parce qu'ils ne peuvent pas changer la cause de leur possession, à moins qu'il n'intervienne quelqu'acte extérieur qui marque ce changement de possession.

54. Les véritables propriétaires sont donc recevables en tout temps d'opposer le vice du titre & la mauvaise foi du possesseur, pourvu qu'ils soient en état de la prouver : mais il faut que ce soit, ainsi qu'il a été dit, une mauvaise foi formelle, avec mauvaise conscience sans excuse ; & une ignorance de droit, ou négligence, n'empêcheroit pas, dit Coquille sur la Coutume de Nivernois, chap. 36, art. 1, la prescription de 30 ans, ainsi qu'il a été jugé par l'arrêt qu'il rapporte ; & la raison qu'il en donne, c'est que l'ignorance du droit excuse du dol & de la mauvaise foi.

55. La bonne foi, nécessaire pour acquérir la prescription, ne se considére que dans la personne de celui qui a possédé, & la mauvaise foi de son auteur ne doit pas lui nuire : c'est pourquoi celui qui croit que son vendeur est le maître de ce qu'il lui vend, ne laisse pas de prescrire quoique ce vendeur fût un usurpateur. Il en est ainsi de tous ceux qui acquiérent à titre onéreux.

56. A l'égard des légataires & donataires particuliers d'une certaine chose, comme ils acquiérent par un titre lucratif (ce qui distin-

TIT. III. DES PRESCRIPTIONS. ART. XXIII.

gue leur condition de celle d'un acheteur, ou autre qui acquiert à titre onéreux,) on peut douter si la mauvaise foi de leur auteur ne leur est pas nuisible : cependant comme ils ne sont pas tenus, de même que l'héritier, du fait du testateur & du donateur, s'ils ont reçu de bonne foi ce qui leur a été légué ou donné, quoique le testateur ou le donateur fût dans une possession de mauvaise foi, ils ne laisseront pas de pouvoir prescrire, s'ils possèdent paisiblement pendant le temps réglé par la loi : ainsi le décide le droit *An vitium auctoris, vel donatoris, ejusve qui mihi rem legaverit, mihi noceat, si fortè auctor meus justum initium possidendi non habuit, videndum est*, dit Ulpien; *& puto*, répond-il, *neque nocere neque prodesse: nam denique,* ajoute-t-il, *& usucapere possum quod auctor meus usucapere non potuit, L. 5, ff. de divers. temp. Præscr. Quamvis (possessor) malâ fide possideat, quia intelligit se alienum fundum occupasse; tamen si alii bonâ fide accipienti tradiderit, poterit ei longâ possessione res acquiri,* dit l'empereur Justinien, §. 7, *Inst. de usucap. & long. temp. Præscript.*

57. Il n'en est pas de même de l'héritier qui entre de bonne foi en possession des biens de la succession; car comme il est censé la même personne avec le défunt, qu'il entre dans tous ses droits & dans toutes ses obligations, & qu'il est tenu de ses faits, la bonne ou mauvaise foi de son auteur passe en sa personne : ainsi, quoiqu'il ignore le vice de la possession du défunt, qui avoit possédé de mauvaise foi, il ne pourra prescrire ce que le défunt avoit usurpé; & si le véritable propriétaire lui fait voir évidemment la mauvaise foi de son auteur, quand il ne seroit qu'après le temps de la prescription écoulé, il sera toujours en droit de le répéter. *Cùm hæres*, dit la loi, *in jus omne defuncti succedit, ignoratione suâ defuncti vitia non excludit,....usucapere non poterit quod defunctus non potuit, idem juris est cùm de longâ possessione quæritur ; neque enim rectè defendetur, cùm exordium ei bonæ fidei ratio non tueatur. L.* 11, *ff. de divers. temp. Præscript.* Tel est le sentiment de Coquille, sur la Coutume de Nivernois, tit. 36, art. 1, *in fine.*

58. Que si l'acquéreur, & tout autre successeur, à titre singulier, quoiqu'onéreux, veut joindre sa possession qui n'a pas été continuée assez long-temps pour prescrire, avec celle de son auteur ; dans ce cas, la bonne foi de l'auteur est requise aussi-bien que celle de l'acquéreur : la raison est que le successeur, quoiqu'à titre onéreux, ne peut joindre la possession de son auteur & prédécesseur avec la sienne, qu'en l'employant avec ses vices. *Cùm quis utitur adminiculo ex personâ auctoris,* dit le droit, *uti debet cum suâ causâ suîsque vitiis. L.* 13, §. 1, ff. *de acquir. poss.* Et tel est encore le sentiment de Coquille, *ibid.*

59. La prescription de dix ans entre présens, & de vingt ans entre absens, pour les immeubles, de trois ans pour les meubles & de 40 ans pour les actions hypothécaires, introduites & admises par le droit civil, n'ont pas lieu dans cette Coutume, & y sont réduites, comme il a été dit, à 30 ans contre les laïcs & 40 ans contre l'église, ainsi qu'il est porté dans le présent article 23, & encore plus expressément dans l'article 2 du titre 15 de l'ancienne Coutume ; à quoi sont conformes les Coutumes d'Auvergne, tit. 17, art. 1 ; de Nivernois, chap. 36, art. 1, & de Berry, ch. 12, art. 10.

60. C'est ce qui a été observé par ceux qui ont écrit sur notre Coutume. *Itaque*, dit Papon, *abrogatæ sunt atque in desuetudinem abierunt, tot Legibus repetitæ rerum immobilium Præscriptiones, longi ac longissimi temporis, quæ olim decem annis inter præsentes, & viginti contrà absentes, consummabantur... Obsolevit item rerum mobilium usucapio atque etiam actionum pro his competentium, quæ antiquo jure anno, novo verò triennio, complebatur ; hodiè verò exæquata sunt hæc omnia, atque ita & res mobiles, & immobiles, & actiones. Quæ pro his dantur, triginta dumtaxat annorum Præscriptione depereunt.* Papon, *hic.*

61. M. Dumoulin, & après lui M. le président Duret, le disent également sur ces mots du présent article, ESPACE DE TRENTE ANS: *Etiam hypothecaria*, dit Dumoulin; *nec datur alia Præscriptio*, dit Duret, *quo jure utimur.*

62. *Nota*, dit M Semin sur le présent article, *in Boiis nullâ aliâ uti Præscriptione, quàm triginta annorum inter Laïcos, & quadraginta quoad Ecclesiasticos spectat.* Telle est encore l'observation de M. Jacques Potier, *hic.*

63. Mais quoique la Coutume ait réduit les prescriptions du droit civil, pour les immeubles & meubles, à la seule prescription de 30 ans contre les laïcs, & de 40 ans contre l'église, ainsi que nous venons de le dire, elle n'exclud pas pour cela les fins de non-recevoir, introduites par les ordonnances, & ne laisse pas d'admettre des prescriptions de dix ans & au-dessous, introduites par des articles particuliers de la Coutume, comme il a été dit.

64. L'usage a même autorisé, dans cette Coutume, la prescription de dix ans contre la demande en paiement de la dot ; après lequel temps, le mari qui n'en a pas formé de demande dans les dix ans, n'est plus recevable à en faire la demande. *Ambigitur*, dit M. François Decullant, *an hic paragraphus noster locum habeat in petitione dotis, quam decennio præscribi Placita curiæ voluerunt, secundùm Authent. Quod locum, Cod. de dote cauta & non numerata.... & pro Præscriptione judicatum in Curiâ Præsidiali Molin. die* 3 Junii 1628, *D. Lud. Semin contrà nitente.* M. Fr. Decullant, *hic.*

65. Cette jurisprudence, qui ne faisoit que commencer du temps de M. Decullant, est certaine aujourd'hui, & je l'ai vu ainsi juger différentes fois : elle a son fondement sur la présomption du paiement, n'ayant pas lieu de

croire qu'un mari ait laiffé paffer dix ans fans exiger le paiement de la fomme promife en dot, & qui lui eft donnée pour foutenir les charges du mariage : * Principalement quand n'ayant point intenté d'action contre fon beau-pere ou fa belle-mere, qui a promis la dot, il s'avife de la demander à leurs héritiers.

66. Deforte que, dès que cette préfomption ceffe, foit parce que le mari en a formé la demande dans les dix ans, foit pour quelqu'autre raifon, la prefcription de dix ans n'a plus lieu.

67. Les dix ans requis par cette prefcription, lorfqu'il y a par le contrat de mariage terme de payer la dot, ne courent que du jour du terme échu ; parce que quand il y a terme préfix pour le paiement, l'action ne pouvant être intentée que du jour du terme échu, la prefcription ne peut commencer que de ce jour, & non auparavant, par la regle *Contrà non valentem agere non currit Præfcriptio*. Et il en eft en ce cas, de la dot, comme de toutes les dettes où il y a terme pour le paiement, à l'égard defquelles la prefcription ne commence à courir qu'après l'expiration du terme.

68. Si le mariage dure moins de dix ans, la prefcription de dix ans n'a plus lieu ; & pour lors la femme ou fes héritiers, contre lefquels cette prefcription de dix ans n'a point été établie, ont toujours celle de trente ans. Brodeau fur M. Louet, lett. D. fomm. 19, n. 2. Lebrun, *de la Comm.* liv. 3, chap. 2, dift. 3, n. 45.

69. Cette prefcription n'a pas encore lieu lorfqu'une fille majeure fe marie elle-même, & qu'elle promet apporter en dot une fomme à fon mari ; parce que le mari en ce cas n'a perfonne contre qui il puiffe agir ; fa femme étant commune avec lui, il faudroit qu'il l'autorisât à l'effet de foutenir un procès contre lui, ce qui ne fe peut pas : au lieu qu'il peut agir contre le pere ou l'étranger qui a promis la dot. Ainfi les dix ans ne font pas préfumer le paiement de la dot, fans quittance. Brodeau & Lebrun, *ibid*.

70. Quand le pere, la mere, ou un étranger, ne dote point fa fille *de fuo*, & que la dot eft compofée de droits échus par le décès, par exemple, ou teftament de mere, oncle, &c. le mari & la femme font en ce cas bien fondés à demander, même après dix ans, ce qui leur appartient par titre de fucceffion, ou de don ; ou la fomme qui a été donnée en dot, en équivalent, au lieu & place des droits échus. La raifon eft que l'action pour le paiement de la dot eft fubrogée au lieu de celle que la fille avoit pour le paiement des droits qui lui étoient acquis, & qui ne pouvoient fe prefcrire que par trente ans ; que la conftitution de dot n'a rien innové, & n'a pu altérer le droit de la fille à fon préjudice & au profit de fon débiteur : Ainfi jugé par arrêt du 7 juin 1636, rapporté par M. Julien Brodeau, *ibid.* & autre du 19 janvier 1684, rapporté dans le journal des audiences, tome 4, liv. 7, ch. 1. C'eft donc une regle générale, que la prefcription de dix ans ne fert point à ceux qui conftituent en dot une fomme qu'ils doivent ; parce que le contrat de mariage ne détruit point le titre de la créance, qui fubfifte comme auparavant.

71. Il en eft de même, quand le pere a conftitué pour dot à fa fille une fomme due par un étranger ; le gendre en ce cas a 30 ans pour exiger cette dette de cet étranger, à compter de la date de l'obligation, quoiqu'il la pofféde à titre de dot : la raifon eft celle que nous venons d'alléguer, que le contrat de mariage ne change point le titre de créance, qui fubfifte comme auparavant. Lebrun, *ibid*.

72. Cette prefcription de dix ans contre la demande en paiement de la dot, n'a lieu que pour la dot promife à la femme & préfumée reçue par le mari, qui fupporte les charges du mariage, & non contre le mari pour la dot qui lui a été promife par fes pere & mere, qu'il peut pourfuivre durant 30 ans. La raifon eft qu'autrement le mari, d'intelligence avec ceux qui lui auroient promis les deniers portés par fon contrat, pourroit fruftrer fa femme, lui faire perdre l'affurance de fa dot & autres conventions matrimoniales, & diminuer le fonds de la communauté ; & que la femme n'ayant pas eu la liberté d'agir pendant le mariage, il feroit injufte que la négligence du mari lui fît aucun préjudice. Brodeau & Lebrun, *ibid*.

73. Mais quant à la dot promife à la femme, comme le mari eft le maître de s'en faire payer, & qu'en qualité d'adminiftrateur il eft tenu d'intenter les actions néceffaires pour la confervation de la dot ; s'il a négligé pendant dix années de fon mariage de s'en faire payer, non-feulement il n'a plus d'action pour la demander, mais il en eft encore garand & refponfable envers fa femme & fes héritiers, & obligé de la reftituer après la diffolution du mariage.

74. Que fi le pere de la femme a reconnu après les dix ans que la dot n'a pas été payée, cette reconnoiffance n'eft pas cenfée un avantage indirect au profit de la fille, mais on s'y doit tenir comme à un acte de bonne foi, parce que, lors de la reconnoiffance, la prefcription ordinaire & de droit commun, qui eft celle de trente ans, n'étoit pas acquife. Lebrun, *de la Comm.* liv. 3, ch. 2, dift. 3, n. 45, vers la fin. * Dans l'arrêt du 10 janvier 1640, rapporté par M. Pierre Bardet, on n'eut point égard à la déclaration faite par la mere, que la dot n'étoit pas payée ; mais c'eft parce que depuis le contrat de mariage, & la conftitution de dot, jufqu'à cette déclaration, il y avoit plus de trente années écoulées.

Comme plufieurs perfonnes fe font élevées contre ce que j'ai dit dans le préfent article, en faveur de la prefcription de dix ans contre le paiement de la dot, j'ai cru qu'il étoit à propos de rapporter les différentes opinions des docteurs

Tit. III. DES PRESCRIPTIONS. Art. XXIII.

docteurs fur cette prescription, avec les raisons dont ils se servent pour les établir, afin de mettre le lecteur plus en état de décider & prendre son parti.

L'opinion qui refuse au mari l'action pour le paiement de la dot après les dix ans de mariage, a son fondement dans l'authentique, *Quod locum*, Cod. *de dote cauta non numerata*, tirée de la novelle 100 de Justinien. Suivant cette authentique, quand le mariage avoit duré dix ans, le mari n'étoit plus recevable à opposer l'exception, *non numeratæ pecuniæ*, contre la quittance qu'il avoit donnée de la dot; parce qu'il n'étoit pas à présumer qu'il eût demeuré si long-temps à se plaindre de cette quittance, si elle n'eût pas été véritable, & qu'il eût attendu pendant tout ce temps le paiement d'une dette destinée à lui aider à porter les charges du mariage. De même & par la même raison, on a présumé qu'un mari demeurant dix ans dans le silence, & sans aucune poursuite, a été payé de la dot, qui a été promise à la femme; desorte que la même raison qui a servi dans l'authentique pour faire rejetter l'exception contre la quittance de la dot, sert aujourd'hui pour refuser au mari son action pour le paiement de cette même dot.

Le parlement de Paris a admis cette présomption de paiement de la dot après dix ans de mariage, & l'a autorisée par ses arrêts. M. Louet, lettre D, som. 19, en cite deux, qui sont l'arrêt de la trésoriere du Lac, & un autre du mois de juillet 1584. Son commentateur M. Julien Brodeau, en cite quatre autres des 26 mai 1611, 9 décembre 1641, 14 février 1619, & 6 septembre 1614.

Cette maxime ainsi établie par l'autorité des arrêts, a été reçue par nos docteurs français & auteurs très-respectables; elle l'a été par M^{rs}. Louet & Brodeau en l'endroit cité par Bacquet, dans son traité des droits de justice, ch. 15, n. 65. Vrevin sur la Coutume de Chauny, par M^{rs}. Leprêtre, Mornac, Tronçon, Ricard, le Brun, & plusieurs autres.

L'usage s'en est introduit même dans les Coutumes qui n'admettent que la prescription de trente ans, comme celle de Berry, contre le sentiment à la vérité des anciens, & la regle générale que les actions personnelles ne se prescrivent que par trente ans; c'est ce qui nous est attesté par M. de la Thaumassiere sur la Coutume de Berry, dans la préface du tit. 12, où il dit qu'il a été jugé contre le sentiment des anciens, pour cette prescription de dix ans des deniers dotaux, par plusieurs sentences du présidial de Bourges; ce qui contrarie ce qu'il avoit avancé en ses décisions, liv. 3, ch. 42, imprimées long-temps avant son commentaire; M. François Decullant a pareillement observé, comme il a été dit ci-dessus, qu'il avoit été jugé dans notre Coutume en faveur de cette prescription le 3 juin 1628, & que la sentence avoit été rendue contre le sentiment de M. Louis Semin. D. *Lud. Semin contranitente*.

Part. I.

On oppose contre cette prescription de dix ans, l'arrêt rendu dans la famille des Fayes, habitans de cette ville de Moulins; mais cet arrêt a laissé la question indécise, voici le fait.

Gabriel Faye, & Marie Guyon, sa femme, eurent plusieurs enfans; ils eurent Jeanne, Antoine, Pierre, & autres enfans. Jeanne Faye fut mariée en premieres noces à Toussaint Bontant, qui acheta la charge de greffier en chef au grenier à sel, & ses pere & mere lui constituerent en dot la somme de trois mille livres. Bontant, après plus de dix années de mariage, décéda, & sa veuve épousa Pierre Desfruisseau; après le décès de Gabriel Faye & de Marie Guyon, ses pere & mere, elle demanda aux héritiers Faye, ses freres, le paiement de sa dot; on lui soutint qu'elle avoit été payée à Bontant, son premier mari, qui en avoit donné quittance; mais comme on ne rapportoit pas cette quittance, parce que Bontant, disoit-on, avoit eu l'adresse de la retirer, on eut recours à la prescription de dix ans; & on soutint qu'il n'étoit pas à présumer que Bontant, très-mal dans ses affaires, eût demeuré si long-temps dans le silence, s'il n'eût été payé. On répondoit qu'il y avoit eu des poursuites de faites dans les dix ans, sans en justifier.

Les choses en cet état, intervint sentence arbitrale, rendue par deux avocats & un procureur; les deux avocats étoient M^{rs}. Brirot & Amonin, & le procureur M. de la Chaise, & par la sentence Jeanne Faye fut déboutée de sa demande en paiement de dot. Appel au parlement, & parce que sur cet appel, on produisit un commandement fait dans la neuvieme année à Gabriel Faye, pour le paiement de la dot, par Foucher, huissier, & contrôlé à Souvigny; par arrêt la sentence fut infirmée, au chef seulement qui concernoit le paiement de la dot.

Voilà pour la prescription de dix ans contre le paiement de la dot; passons présentement aux raisons de ceux qui se déclarerent contre cette prescription, qui sont celles qui suivent.

La promesse de la dot est une promesse solemnelle, disent-ils, écrite dans le contrat, de tous le plus authentique; cette promesse produit une action personnelle, qui ne peut point s'éteindre que par le laps de trente années, comme toutes les actions personnelles, & si cette action méritoit d'être distinguée des autres, ce devroit être par l'étendue qu'on lui donneroit, à cause de la faveur des contrats de mariage.

Suivant la disposition du droit romain, l'action pour le paiement d'une somme promise en dot, ne se prescrit, & ne s'éteint pas par un temps moindre de trente ans; & il y auroit de l'absurdité de prétendre que la jurisprudence romaine, qui favorise la dot au-delà de tout ce qu'on peut dire, eût néanmoins voulu que l'action pour le paiement d'icelle se prescrivît par dix ans, à compter du mariage, tandis que l'action pour le paiement de toute autre somme due pour prêt, ou quelqu'autre cause, ne se prescrit que par trente ans. Aussi tous les parlemens de droit écrit se sont élevés contre cette prescription, & on ne trouve aucun arrêt de ces parlemens qui l'autorise.

Cette prescription est une pure invention du droit français, qui ne s'est introduite que par une mauvaise intelligence de l'authentique & de la novelle, dont elle est tirée ; lesquelles n'ont été faites que pour fixer l'étendue de l'exception de la dot non nombrée, & non pour restreindre la durée de l'action de la dot, & qui ne rendent prescriptible par dix ans, que cette exception contre la quittance donnée, & non l'action pour le paiement des deniers dotaux. Ensorte qu'il est évident que ceux qui ont pris de-là occasion d'introduire la prescription de la dot par dix ans, se sont trompés, puisqu'ils ont donné à l'action de la dot, des bornes qui n'avoient été introduites que pour l'exception, & qu'ils se sont servis d'un privilege accordé à la dot, pour restreindre la durée de son action, & pour introduire une prescription qui est inconnue dans le droit, qui détruit non-seulement la force du contrat de mariage, & la faveur des mariés, & de leurs descendans ; mais qui produit de plus des inconvéniens très-grands ; puisqu'elle expose la femme à demeurer sans dot, au cas que son mari soit insolvable ; qu'elle impose la nécessité à un gendre de se dépouiller de toute la tendresse, le respect & la complaisance que les loix naturelles & civiles inspirent envers un beau-pere, de le poursuivre en justice, de découvrir le secret des familles, & de mettre la désordre dans ses affaires.

On se recrie dans ce sentiment, sur la facilité qu'on a eue à se laisser entraîner par des arrêts singuliers, dont on ne voit ni les faits, ni les moyens ; arrêts qui n'étant pas des arrêts de réglement, ne peuvent servir de loix, arrêts rendus sur des faits particuliers, qui ne peuvent pas fixer la jurisprudence, ni même servir d'un préjugé bien précis.

On cite des arrêts contraires, qui ont jugé que l'action du mari, contre celui qui a promis la dot, doit durer trente ans.

Maichin, commentateur de la Coutume de S. Jean d'Angely, dit dans un petit ouvrage qu'il a intitulé *Summa Juris civilis*, qu'il en a vu plusieurs. Il en rapporte un entr'autres, de l'année 1629, au profit de M. René, juif, élu à Paris.

Il y en a un du 7 juin 1636, mais c'étoit le cas d'une dot constituée à la fille, sur les biens qui lui étoient acquis. Un autre du 19 janvier 1684, pour le pays de droit écrit d'Auvergne, dans le cas d'un mariage qui n'a duré que cinq à six années.

On a si bien reconnu, disent les partisans de ce sentiment, que cette prescription par dix ans, étoit un droit nouveau & exorbitant, qu'on l'a modéré par différentes exceptions, qui seules détruisent cette prescription prétendue, qui ne peut se concilier avec ses exceptions. Car si l'action pour exiger la dot, dure trente ans, comme on en convient, lorsque celui qui a doté, ne l'a pas constituée sur ses propres biens, elle ne doit pas, dit-on, être de différente nature, quand il l'a promise *de suo*; puisque dans ces deux cas, la dot promise est donnée au gendre pour soutenir les charges du mariage, qui servent de fondement à la prétendue prescription, & qu'il y a moins de raison de presser & poursuivre un donateur qu'un débiteur.

On ajoute que suivant cette limitation & exception, il n'est pas difficile d'anéantir la prescription de dix ans, toutes les fois que le pere aura promis la dot ; parce qu'où il l'aura constituée sur les biens maternels échus, dans lequel cas on convient indistinctement que l'action dure trente ans, ou sur les propres biens & successions à écheoir, & alors le mari ne manquera jamais de dire que la dot tient lieu, ou fait partie de la légitime ; ce qui est une raison & un fondement suffisant, selon M. le Brun, pour ne pas priver une fille de ce qui lui tient lieu de la succession de ses parens, & de ses droits les plus légitimes, à cause de la négligence d'un mari durant dix années.

On dit finalement que c'est un principe constant dans notre droit français, que nous n'admettons aucunes prescriptions mineures, toujours odieuses, & de droit étroit, si elles ne sont reçues dans un texte précis de l'ordonnance, de Coutume, ou de droit romain ; ce qui ne se rencontre point à l'égard des dix ans contre l'action de la dot : de maniere qu'il faut nécessairement déterminer la prescription, par la nature de l'action, & ne l'admettre que de trente ans, si elle est personnelle ; ce qui doit avoir d'autant plus de lieu dans cette Coutume de Bourbonnois, que l'ordre des rédacteurs d'icelle a été de faire un détail des prescriptions mineures, & ensuite d'inférer un article général, qui est le 23, portant que *toutes autres choses prescriptibles se prescrivent par trente ans*.

Telles sont les raisons qu'on allégue pour & contre la prescription de dix ans, contre l'action & paiement de la dot.

Pour dire présentement mon sentiment touchant cette prescription, voici ce que je pense.

Il est certain qu'il n'y a pas dans le droit de décision précise, qui autorise cette prescription ; que la novelle 100 de Justinien, & l'authentique *quod locum*, qui en est tirée, ne s'entendent que de celui qui a reconnu avoir reçu les deniers promis en dot à sa femme, qui nonobstant sa confession, soutient n'avoir pas été payé, & oppose l'exception des deniers non nombrés, reçue dans le droit romain ; laquelle exception est rejettée par l'authentique après dix ans de mariage, sur ce qu'elle présume que le mari n'eût pas attendu si long-temps à se plaindre, si la quittance n'eût pas été véritable, de maniere que c'est la

Tit. III. DES PRESCRIPTIONS. Art. XXIII.

raison de l'authentique, & non pas sa décision qui a servi à fonder la prescription dont il s'agit.

Il est vrai aussi que, suivant notre Coutume, art. 23, l'action pour le paiement de la dot, ne doit se prescrire que par trente ans.

Mais il n'est pas moins vrai que cet article & les semblables des autres Coutumes, peuvent recevoir des limitations, non-seulement par les ordonnances du royaume, mais encore par l'usage autorisé des arrêts de la cour.

C'est ce qui se vérifie par l'art. 137, *suprà*, dont la disposition générale a été limitée, & restreinte par l'usage autorisé par les arrêts, à l'hypothéque spéciale privilégiée, ainsi qu'il a été dit sur cet art. n. 10 & suiv. La disposition indéfinie de l'art. 314, *infrà*, en faveur des peres & meres, souffre encore une limitation dans le cas de la continuation de communauté, selon qu'il a été remarqué sur ledit art. n. 13 ; & quoique cette limitation ait son fondement dans l'art. 270, ce sont particuliérement les arrêts de la cour, qui l'ont introduite dans cette Coutume, en conformité de l'art. 243 de celle de Paris ; c'est enfin l'usage, qui, nonobstant la disposition de l'art. 33, *suprà*, a fixé dans cette Coutume à vingt-cinq ans la minorité, qui arrête le cours de la prescription.

La question se réduit donc, selon moi, à deux chefs.

Le premier, si la prescription de dix ans contre l'action en paiement de la dot, est établie sur un usage constant, & autorisé par les arrêts.

Le second, si cet usage est véritablement reçu dans notre Coutume.

Mornac, sur la loi, *Si extraneus*, ff. *De Jure dotium*, donne cette jurisprudence pour constante, & en rend cette raison, que si l'on étendoit la prescription de l'action pour la dot à trente ans, ce seroit donner une ouverture à des fraudes; & à troubler le repos des familles; *ea est hodie*, dit-il, *peritorum Fori sententia, quia si ad 30 annos proferretur hæc actio, herbare quietem, & fortunas cujusque familiæ liceret perfidis, ac vitiligatoribus quibuslibet;* on sait que c'est un des auteurs qui enseigne avec plus de fidélité & de certitude les maximes du palais.

M. Jean-Marie Ricard, dans les remarques qu'il a faites dans sa continuation de la conférence de la Coutume de Paris, art. 114, & sur l'art. 184 de celle de Senlis, dit que les deniers dotaux sont présumés payés après dix ans de mariage, & qu'on ne doute plus de cette maxime au palais, quoiqu'elle ait été introduite, contre la regle de la disposition de droit, qui veut que les actions personnelles ne se prescrivent que par trente ans.

M. l'avocat général Bignon, portant la parole dans la cause qui fut jugée par l'arrêt du 10 janvier 1640, rapporté par Bardet, convient de cette maxime, comme étant autorisée par les arrêts de la cour rendus en pleine connoissance de cause ; il dit qu'avant que la cour, par l'autorité de ses arrêts, eût établi la maxime, que l'action pour le paiement de la dot se prescrit par dix ans, la question étoit susceptible de beaucoup de difficultés ; mais il ajoute, en même-temps, que la cour ayant admis cette prescription, la maxime devoit demeurer pour constante, ce sont ses termes.

Quant au second chef, je ne croyois pas qu'il dût souffrir de doute, après différentes sentences rendues en ce siége ; mais comme beaucoup de personnes, qui conviennent de cet usage dans notre Coutume, prétendent qu'il n'a été admis, qu'en faveur des tiers détenteurs, & des créanciers, dans un ordre dans la crainte de la collusion entre parens ; je ferai sur cela quatre observations.

PREMIERE OBSERVATION. C'étoit bien, à la vérité, le sentiment de M. Louis Semin en 1628, que la prescription de dix ans contre l'action en paiement de dot, ne devoit être admise qu'en faveur des créanciers & tiers détenteurs ; mais il fut jugé en ce siége contre son sentiment. *Tenent nostri*, dit M. Semin, qu'en matiere de criées, *locum esse præscriptioni decennii, sive in petitione, sive in restitutione dotis, idque in favorem creditorum, & tertii detentoris, ut fraudibus obviam eatur, eo casu Arresta quæ proferuntur data sunt, non verò in favorem constituentis dotem, vel hæredum ejus, qui apocham exhibere debent, qui nisi post triginta annos præscribunt.* C'est ainsi qu'il s'explique sur notre article ; mais comme l'a remarqué M. François Decullant, il fut jugé contre son sentiment en ce présidial le 3 juin 1628.

SECONDE OBSERVATION. La prescription de deniers dotaux par dix ans, doit avoir également lieu, en faveur des héritiers du pere qui a promis la dot, que des créanciers ou tiers détenteurs : 1°. parce que la raison, sur laquelle les arrêts ont établi cette fin de non-recevoir, est commune à tous ceux à qui on demande la dot, ou qui ont intérêt qu'elle soit payée. La raison de ces arrêts, est que le mari, s'il n'avoit pas été payé, n'auroit pas demeuré si long-temps dans le silence, & sans aucunes poursuites. Or cette raison est commune à tous ; car la vérité n'étant qu'une & toujours la même, elle ne souffre pas de division, & doit avoir lieu par conséquent également pour tous. 2°. Parce que la cause d'un héritier est également favorable, que celle d'un créancier, pour empêcher qu'un gendre ne soit payé deux fois de sa même créance, quand n'ayant pas intenté d'action, contre son beau-pere, ou sa belle-mere, qui a promis la dot, il s'avise de la demander à leurs héritiers.

TROISIEME OBSERVATION. C'est principalement en faveur des héritiers du pere qui a promis la dot, que cette prescription a été introduite par les arrêts. Telle est la remarque de M. Brodeau ; & c'est, selon lui, l'espece de l'arrêt du 9 décembre 1641.

QUATRIEME ET DERNIERE OBSERVATION. Les auteurs du second sentiment, qui ont le mieux traité la question de la prescription par dix ans, contre l'action en paiement de dot, n'ont pas fait cette distinction des héritiers du pere qui a promis la dot, d'avec les créanciers & tiers détenteurs ; & ils ont rejetté indistinctement cette fin de non-recevoir, par des raisons qui sont communes aux uns & aux autres.

Ces observations, avec ce que j'ai rapporté de M. l'avocat général Bignon, & de M^{rs}. Mornac & Ricard, font juger que mon avis seroit d'admettre la prescription de dix ans contre l'action en paiement de la dot, & tel étoit effectivement mon sentiment avant que j'eusse vu la note de M. Berroyer sur le présent article de mon commentaire, par laquelle il paroît que la jurisprudence d'aujourd'hui varie sur cette prescription, & que le plus grand nombre des avocats se déclarent contre.

Quelques années, dit M. Berroyer dans sa note, après que ma dissertation pour montrer que l'action pour le paiement de la dot, doit durer trente ans, rapportée dans les additions aux notes du recueil de M. Bardet, eût été imprimée, la question s'étant présentée sur le bureau en la grand'chambre, elle y fut lue, & il intervint un arrêt conforme, dont M. Colansel̃e, avocat qui avoit écrit pour cet parti, me promit une copie ; mais il mourut dans la huitaine ; & j'ai à me reprocher d'avoir oublié de marquer la date de l'année & du mois, peut-être trop prévenu que personne ne douteroit plus à l'avenir.

Dans la suite, la question fut agitée à la conférence de la bibliothéque commune des avocats, où M^{rs}. les gens du roi assistoient l'un après l'autre, M. le chancelier, alors procureur général, y présidant ce jour-là. Il fut chargé d'en faire le rapport, & au nombre d'environ trente opinions, quatre seulement furent d'avis opposé au mien. Cette conférence avec plusieurs autres furent imprimées sous le titre de consultation, au second volume de M. Duplessis, de la derniere édition. C'est celle de 1728.

On nous proposa encore la même question en consultation au palais, à M^{rs}. Arrault, Ducornet, Froland & moi, & elle fut décidée d'une voix unanime.

Enfin par arrêt du 5 mai 1728, en la premiere chambre de la cour des aides, au rapport de M. Boyetet, elle fut jugée de même, après avoir vu ma dissertation, & la conférence. C'est M. Berroyer qui parle jusqu'ici, dans sa note manuscrite sur le présent article de mon commentaire ; & comme il paroît par ce qu'il dit, qu'on commence à abandonner la jurisprudence qui avoit introduit la prescription de dix ans, contre l'action en paiement de dot, pour se conformer aux regles établies touchant la prescription par le droit civil & nos Coutumes ; je me rangerai d'autant plus volontiers à ce parti, qu'il rétablit en ce point la pureté des dispositions de notre Coutume, qui après avoir fait un détail des prescriptions mineures, n'admet, comme il a été dit, qu'une prescription uniforme de trente ans, des actions personnelles ou hypothécaires, jointes ou séparées.

Sur la question, si le terme de dix ans suffit pour rendre le mari responsable de la dot envers sa femme, encore qu'il ne paroisse pas qu'il l'ait reçue, les sentimens sont partagés comme sur la précédente, quoiqu'elle ne dépende pas toutefois des mêmes principes.

Tous les auteurs conviennent que le mari doit être regardé comme le tuteur & l'administrateur des biens de sa femme ; que cette qualité l'engage à veiller avec soin à la conservation de son bien, & recherche de ses droits, & le rend par conséquent responsable de ses fautes, ou négligence à cet égard. Mais la difficulté est de savoir si cette négligence doit se déterminer par un certain nombre d'années, pendant lesquelles il n'aura pas eu le soin de se faire payer, ou si elle doit uniquement dépendre de l'examen des circonstances.

Il y a des auteurs qui estiment que si le mari a demeuré dans le silence pendant dix ans, à compter du mariage, ou du terme du paiement, sans faire aucune demande pour le paiement de la dot promise à sa femme, cette trop longue patience tourne en négligence, & le charge de la dot, comme s'il l'avoit reçue, ainsi qu'il a été jugé par arrêt, rapporté par M. Julien Brodeau sur M. Louet, lettre D, som. 19, du 6 septembre 1614.

Mais d'autres tiennent qu'on ne doit pas se fixer à dix ans, ni même à un autre nombre d'années déterminé ; que ce n'est pas non plus la présomption du paiement qui oblige le mari à cette garantie ; qu'il n'est responsable, qu'à cause de sa négligence, & que pour charger un mari de la restitution d'une dot envers sa femme, quand il ne l'a pas reçue, il faut qu'il y ait des preuves ou de fraude, ou d'une négligence condamnable, qui donne lieu à cette peine, laquelle ne peut être prononcée que par forme de dommages-intérêts. Ainsi fut délibéré dans la consultation 18, rapportée à la fin du second tome de Duplessis, de l'édition de 1728.

ARTICLE XXIV.

ARTICLE XXIV.

QUAND aucune chose corporelle & divisible est commune entre plusieurs mineurs ensemble, & l'un d'iceux est majeur avant les autres, la Prescription commence à avoir lieu contre ledit majeur pour sa portion tant seulement, depuis qu'il est fait majeur, & autre chose est quant ès choses incorporelles & non-divisibles, comme servitudes, & autres semblables, esquelles la minorité de l'un des communs empêche que durant icelle ne coure Prescription alencontre des majeurs.

Quand le mineur empêche la Prescription pour autrui, & quand non.

1. NUlle difficulté qu'en chose commune & divisible, le privilége du mineur commun ne profite pas au majeur, comme le privilége de l'église ne sert de rien à ceux qui ont quelque chose de commun avec elle; & il en est en cela de la restitution, comme de la prescription : car comme, suivant le présent article, en chose commune & divisible, la minorité d'un des communs n'empêche pas le cours de la prescription contre le majeur commun; de même, & par la même raison, le mineur en ce cas ne releve pas le majeur.

2. Ainsi, si deux freres, dont l'un est mineur & l'autre majeur, vendent une métairie comme héritiers de leur pere, & qu'ensuite ils se pourvoient contre la vente, le mineur sera restitué pour sa moitié seulement, comme il a été jugé par arrêt du parlement de Toulouse, du 7 février 1657, rapporté par M. Catelan, tome 2, liv. 5, ch. 12.

3. Autre chose est en choses communes & indivisibles, esquelles le mineur fait cesser la prescription pour le majeur, comme il est dit dans le présent article, & releve le majeur; par la raison qu'en ces fortes de choses l'intérêt du mineur ne peut pas se séparer de celui du majeur. Ainsi, si une servitude d'un passage est due à un majeur & à un mineur pour un fonds qui leur est commun, l'un & l'autre ayant cessé d'user de ce droit pendant le temps suffisant pour prescrire, la servitude que le mineur n'aura pu perdre par la prescription, sera conservée aussi pour le majeur : car elle étoit due pour tout le fonds, & le mineur ayant son droit indivis sur le total, il n'y avoit aucune partie du fonds où il n'eût son droit; mais si le fonds avoit été partagé, la servitude qui seroit conservée pour la portion du mineur, seroit perdue pour celle du majeur, parce qu'en ce cas leur cause n'auroit pas été commune.

4. La minorité en choses communes & indivisibles avec un majeur, est un tel obstacle à la prescription, qu'elle en empêche absolument le cours; ensorte qu'il est vrai de dire qu'elle n'a pas couru contre le majeur, quand même le mineur ne voudroit pas se servir de son privilége. C'est ce qui résulte des termes du présent article, *ne court* ; & c'est l'observation de M. le président Duret : *Etiamsi*, dit-il, *minor uti nolit privilegio, attentis his verbis*, ne court, *quæ impediunt, & non tantùm restitutionis auxilio Præscriptionem elidunt.... nec enim in nostrâ specie minoris facto beneficium majori tribuitur ; sed lege & ipso jure defertur*...... M. le président Duret, *hic*.

5. La difficulté souvent est de régler quand le droit commun à un mineur & un majeur est divisible, ou non. Plusieurs ont voulu que la prescription contre une rente active, par exemple, qui appartient en même temps à un mineur & à un majeur, étoit empêchée par la minorité de l'un, à cause de l'individuité de l'hypothéque : néanmoins Brodeau sur M. Louet, lett. H, somm. 20, n. 4, & Henrys, tome 2, liv. 4, quest. 19, reconnoissans que cette question reçoit beaucoup de difficulté, se déterminent enfin pour la négative, & décident que le majeur ne peut profiter de la restitution & du privilége du mineur, à cause que la rente consiste en quantité qui se divise; & quoique l'hypothéque soit d'elle-même indivisible, elle est cependant divisible à l'égard du créancier; & un héritier qui n'est que créancier de mille livres, n'a hypothéque que de cette somme, & non pour pareille somme due à son cohéritier. Ainsi les dettes actives de la succession étant divisées entre les héritiers, le fonds entier de leur débiteur est bien hypothéqué pour toute la dette; mais il ne l'est à l'égard de chacun d'eux, qu'à l'égard de leur part & portion : telle est la jurisprudence des derniers arrêts. Brodeau & Henrys, aux lieux cités; l'auteur des observations sur Henrys, *ibid*. M. de Ferriere sur la Coutume de Paris, art. 113, gl. 7, nomb. 11 & suivans.

ARTICLE XXV.

L'homme de main-morte ne preſcrit franchiſe.

L'HOMME de main-morte ne peut preſcrire franchiſe ou liberté, par quelque laps de tems qu'il faſſe demeurance hors du lieu de main-morte, quelque part que ce ſoit, s'il n'y a privilege au contraire.

1. LE mot de *main-morte* ſe peut appliquer à deux ſortes de perſonnes.

2. Il ſe dit en premier lieu des bénéficiers, communautés eccléſiaſtiques, ſéculieres & régulieres, & des communautés laiques, qui ſont appellés *Gens de main-morte*, ſoit parce qu'ils ne peuvent jamais mourir, ſoit parce que les droits ſeigneuriaux dus ſur les héritages qui tombent en leur puiſſance, ſe perdent & périſſent en leurs mains.

3. Il ſe dit en ſecond lieu des perſonnes de condition ſervile, & ſerfs de Coutume, que les ſeigneurs appellent leurs hommes, & qui ſont ſujets à différens droits & devoirs; ſavoir, au droit de mort-taille, droit de pourſuite, droit de taille, &c. qui ſont appellés *Gens de main-morte*; parce que le ſeigneur met en ſa main leurs biens meubles & immeubles, lorſqu'ils décédent ſans enfans ou parens lignagers de même condition, communs & demeurans avec eux. Leſdits hommes, dit l'article 7 du chapitre 8 de la Coutume de Nivernois, ſont main-mortables; & au moyen du droit de main-morte, s'ils décédent ſans hoirs communs, leur ſucceſſion appartient à leur ſeigneur.

4. Le préſent article ne parle pas des gens de main-morte de la premiere ſorte, mais bien de ceux de la ſeconde.

5. Ces gens de main-morte dont parle notre article, ne peuvent transférer leur domicile hors la terre de leur ſeigneur; autrement ils ſont réputés fugitifs, & peuvent leurs ſeigneurs les réclamer & faire réclamer, ſi bon leur ſemble. C'eſt la diſpoſition de la Coutume de Nivernois, ch. 8, art. 6, & de celle de Vitry, art. 145; & la raiſon qu'en donne cette derniere Coutume audit article 145, c'eſt parce que tels gens ſont cenſés & réputés faire partie de la terre, & ſe baillent en aveux & dénombremens par les vaſſaux, avec leurs autres terres. Il eſt parlé en l'art. 203, *infrà*, de notre Coutume, de ces ſerfs de pourſuite & main-morte.

6. Il y a plus, c'eſt que ſuivant le préſent article l'homme de main-morte ne peut preſcrire franchiſe & liberté, par quelque laps de temps qu'il faſſe ſa demeure hors du lieu de main-morte, quelque part que ce ſoit; & c'eſt auſſi la diſpoſition de la Coutume du duché de Bourgogne, ch. 9, art. 2.

7. Il faut excepter toutefois le lieu de franchiſe & exemption, où il y auroit privilége contraire; car dans le temps de la rédaction de la Coutume, les conſuls des villes de Gannat, de Montaigut en Combraille, Chantelle & Mont-Luçon, s'étant oppoſés à la publication du préſent article; ſoutenans les uns avoir privilége, les autres Coutumes locales, que depuis qu'un homme de main-morte avoit demeuré an & jour eſdites châtellenies, il pouvoit preſcrire franchiſe & liberté: on ajouta à l'article ces mots, *s'il n'y a privilege au contraire*. C'eſt ce qui paroît par le procès verbal de la Coutume, ſur le préſent article.

8. Quant aux enfans iſſus d'un homme de main-morte, qui ayant transféré ſon domicile hors la terre de ſon ſeigneur, ſe ſeroit marié en pays de franchiſe & liberté; Coquille eſtime qu'ils peuvent preſcrire la liberté, s'ils ſont nourris & élevés comme francs. Coquille ſur la Coutume de Nivernois, ch. 8, art. 6, *in fine*.

9. Au reſte ce qui vient d'être dit de l'homme de main-morte, qu'il ne peut acquerir par droit de preſcription, franchiſe & liberté contre ſon ſeigneur, doit s'entendre ſuivant l'article 29 ci-après, c'eſt-à-dire avant la contradiction; car après contradiction la preſcription peut courir, ſelon qu'il ſera expliqué ſur ledit article 29.

Voyez le titre 18, *infrà*, des Tailles perſonnelles.

ARTICLE XXVI.

Quels gens ne preſcrivent l'un contre l'autre.

QUAND aucunes choſes ſont tenues & poſſédées en commun & par indivis, l'on ne peut acquérir ne preſcrire le droit l'un de l'autre en pétitoire ou poſſeſſoire, par quelque laps ou eſpace de tems que ce ſoit.

1. LE préſent article, de la maniere qu'il eſt conçu, ne ſouffre pas de difficulté: car il eſt certain que choſes communes, tenues & poſſédées en commun & par indivis, ſont ſujettes perpétuellement à partage; que l'on ne peut preſcrire le droit l'un de l'autre au pétitoire, ou poſſeſſoire, par quelque temps que ce ſoit, & que le droit de les partager ſubſiſte toujours entre cohéritiers ou copropriétaires; & la raiſon c'eſt que qui reconnoît

posséder une chose commune, soit par succession ou autrement, reconnoît par conséquent le droit de ses communs, & que l'on ne prescrit point contre son titre, mais uniquement ce que l'on possède *animo domini*. C'est le raisonnement de M. le président Duret, sur ces mots de notre article, EN PÉTITOIRE OU POSSESSOIRE : *Socius, enim*, dit-il, *rem communem ex suâ parte tantùm nomine suo possidere, & pro reliquis partibus uti nomine sociorum præsumitur..... Ergò consequens est ut partes sociorum præscribere non intelligatur, cùm sine possessione & animo possidendi non possit esse Præscriptio.....* Le président Duret, *hic*.

2. Mais pour faire une application sûre de notre article, il faut que la chose commune soit reconnue pour telle par celui qui la possède. *Hunc paragraphum*, dit M. Semin, *intellige de sociis scientibus rem indivisam, quorum unus quantovis temporis spatio possideat socii partem indivisam, non præscribit : nec enim contrà propriam scientiam quis præscribere potest; secùs de his qui habent justam ignorantiæ causam, hi enim præscribunt.* M. Louis Semin, *hic*.

3. La disposition du présent article, cela étant, a son application sûre par rapport à des héritiers qui se sont déclarés tels; car dans ce cas, celui d'entr'eux qui est en possession & qui jouit ayant connoissance de l'adition d'hérédité faite par ses cohéritiers, est réputé jouir tant pour lui que pour eux ; & pour lors il est vrai de dire, que *Possessio unius hæredis conservat possessionem aliorum*, & qu'ainsi il ne peut jamais acquérir de prescription contre les autres : c'est ce que porte l'article 80 de la Coutume de Bourdeaux. S'ils sont plusieurs freres, dit cet article, cousins germains ou remués de germains, ayant leurs biens en commun entr'eux, & un d'entreux possède tous lesdits biens, les autres possèdent & sont censés posséder par le moyen de celui qui tient & possède, & n'en peut alléguer possession ni prescription, contre celui ou ceux qui ne tiennent.

4. Mais comme dans notre droit nous n'avons pas d'héritiers nécessaires, que l'adition d'hérédité est un acte de volonté, & que c'est une regle généralement reçue, que *nul n'est héritier qui ne veut ;* on demande si un majeur héritier présomptif, qui aura gardé le silence pendant 30 ans & n'aura fait aucun acte d'héritier, ne laisse pas d'être réputé héritier après ce temps-là ; & si dans notre Coutume, après trente ans de silence, il est en droit de former sa demande en partage contre son cohéritier, qui pendant tout ce temps-là a joui seul du total des biens de l'hérédité : & cela fondé sur l'article 299 de cette Coutume, suivant lequel le mort saisit le vif ; & sur le présent article, qui veut que quand aucunes choses sont tenues & possédées en commun & par indivis, l'on ne peut acquérir ni prescrire le droit l'un de l'autre en pétitoire ou possessoire, par quelque laps & espace de temps que ce soit

5. M. le président Duret se forme cette question, sur le présent article, & ne la résout que sur l'article 299. *Quid igitur*, dit-il, *si patre defuncto, duobus filiis superstibus, alter tantùm realem possessionem rerum hæreditariarum apprehenderit, & in eâ solus per tricennium steterit, à patris obitu, utrùm alter posteà quasi per fratrem cohæredem jus suum retinuerit, paternæ successioni poterit se immiscere, eo præsertim quod paragraphus hujus Consuetudinis 299 suam possessionem defendat... Ex nostris quidam hoc non negant..... alii diversæ sententiæ reperiuntur. Quid in hac controversiâ mihi videatur habes infrà, in dictum paragraphum 299, in verb.* SAISIT. M. le président Duret, *hic*.

6. Sur l'article 299, sur le mot *Saisit*, il décide la question, & se déclare pour la prescription. *Hoc jus*, dit-il en parlant du droit d'hérédité, *ipso facto ab ignorante & in ignorantem transmittitur, & cohæres ejusdem lineæ possidens, potior non est, interdicto uti possidetis ; quia communi nomine possidere præsumitur, nisi* (ajoute-t-il) *per triginta annos pacificè pro suo detinuisset ; hoc enim casu præscribit, tam in possessorio quàm in petitorio : cæterùm quod hic dicitur*, le mort saisit le vif, *intelligendum si velit, quia non ut in Jure civili, hæres in Galliâ est necessarius, ut nec emere nec donatum assequi, ita nec hæreditatem adire quis compellitur . . . .* Le président Duret, sur l'article 299 de cette Coutume.

7. M. Louis Semin, sur le même article, est de même sentiment, & telle est la disposition des Coutumes du Maine, art. 449, & Anjou, art. 434, qui portent que les freres & cohéritiers ne peuvent acquérir ni prescrire le droit l'un de l'autre en la succession, par tenement, possession, ou prescription moindre que de trente ans, eu égard au temps d'icelle succession avenue : Et ainsi a été jugé en cette Sénéchaussée, dit M. Baugy, lui plaidant, le 19 janvier 1701. Quand l'un des communs, dit-il, a joui seul de la chose commune, par trente ou quarante ans, il prescrit contre l'autre, parce que l'action en partage se prescrit par trente ans ; & suivant cela, il a été jugé (ajoute-t-il) en l'ordinaire de M. le Sénéchal le 19 janvier 1701, moi plaidant contre M. Crozet : les parties étoient Vincent Jacob, contre un nommé Minard. M. Baugy, *hic*.

La demande en fait de partage, suivant ce sentiment que je crois véritable, se prescrit donc, non point contre ceux qui ont fait actes d'héritiers & qui ont joui par indivis, car ils sont toujours reçus à demander partage ; mais contre celui qui a gardé le silence, n'a fait aucun acte d'héritier, & n'a point du tout joui, ni par indivis ni autrement ; lequel n'est plus recevable après ce temps-là à se porter héritier, & à former sa demande à fin de partage, parce qu'autrement la prescription de la pétition d'hérédité seroit abolie.

8. Ce qui a lieu, soit que les autres cohéritiers ayent fait un partage entr'eux, soit qu'ils ayent joui par indivis ; car l'indivis n'est une reconnoissance de la nécessité qu'il y a de faire partage, qu'au respect de ceux qui jouissent par indivis, & non à l'égard d'un cohéritier, lequel n'a aucune possession. C'est pourquoi, si on suppose que de quatre cohéritiers il y en ait un qui ait gardé le silence pendant 30 ans, & que les trois autres ayent joui par indivis pendant 30 ans de toute la succession ; celui qui a gardé le silence, ne sera plus recevable après 30 ans à demander sa part. M. Denis Lebrun, *des Succeff.* liv. 4, ch. 1, n. 82 & 84.

9. Que si le cohéritier ou copropriétaire, qui possède la chose commune, en commun & par indivis, la vend, ou en dispose autrement en faveur d'une tierce personne, il n'y a nulle difficulté que cette tierce personne ne puisse prescrire ; puisqu'il ne possède pas la chose en commun & par indivis, mais pour lui & en son propre. C'est l'observation de M. Jean Decullant : *Nota*, dit-il, *quòd si quis socius fundum communem vendiderit, vel alio modo transtulerit alii cuipiam, is poterit rectè præscribere ; quia non tanquam communem & indivisum, sed ut proprium possidet…. salvo aliis sociis recursu contrà socium qui alienaverit*. M. Jean Decullant, *hic*.

* De même & par la même raison, quoiqu'il paroisse que la chose ait été autrefois & anciennement commune, si toutefois il paroit que l'un des descendans des anciens copropriétaires ou communs, ait possédé de bonne foi, & avec un titre coloré, la chose, non en commun, & par indivis, mais pour lui seul, & en son nom, cette personne aura pu prescrire, tant au pétitoire, qu'au possessoire ; c'est ce qui a été jugé par sentence rendue à mon rapport le   du mois d'août 1736, en faveur du sieur Gabriel Feydeau, seigneur de Chapeau, contre Jean Beugnon ; ledit sieur de Chapeau soutenoit au procès, qu'il étoit en possession, non-seulement d'an & jour, mais encore d'un très-long-temps, du bois & tenement de Diou, & qu'il en avoit joui pour lui seul, & en son nom, conformément à un acte d'intrage du 16 avril 1703, fait en faveur de l'un de ses auteurs ; & Beugnon lui opposoit que ce tenement appartenoit en commun aux deux domaines Perreau & Beugnon ; le premier appartenant au sieur Feydeau, & le second à lui Beugnon, & ce suivant l'acte du 25 juillet 1598, & que cette communauté & indivision, une fois prouvée, on ne devoit avoir aucun égard à la possession articulée du sieur Feydeau ; lequel n'avoit pu acquérir à son préjudice aucun droit, ni au pétitoire ni au possessoire, suivant l'article 26 de notre Coutume ; mais parce que Beugnon, sans se départir de ce moyen de droit, soutenoit subsidiairement que le sieur Feydeau n'avoit pas joui seul & en son nom, mais qu'il avoit joui du tenement en question conjointement avec lui, les parties furent réglées sur ces faits de possession soutenue & opposée de part & d'autre.

ARTICLE XXVII.

De la Prescription des biens dotaux. PROPRIÉTÉ de biens dotaux immeubles ne se prescrit par un tiers détenteur, constant le mariage : autre chose est des arrérages & fruits, provenans desdits biens dotaux & meubles, qui se prescrivent par trente ans.

1. LE présent article souffre deux exceptions ; & même, selon M. Genin, fils, il ne peut s'entendre que conformément à l'article 28 qui suit, & de cette façon devient superflu & inutile, au moyen de l'article suivant.

2. La premiere exception que souffre cet article, c'est quand la prescription a commencé avant le mariage ; car en ce cas, selon que l'a observé M. le président Duret, la disposition n'a pas lieu. *Quod si ante matrimonium Præscriptio incæpta est*, dit-il, *magis est ut constante matrimonio impleatur ; itaque si Mævius possideat fundum quem temporis Præscriptione potest sibi acquirere, & hunc mulier ut suum marito in dotem dederit, constituto tempore transacto, Mævius Præscriptione tutus est. Licèt enim Lex quæ vetat fundum dotalem alienari, pertineat ad ejusmodi acquisitionem, & alienationis verbum Præscriptionem comprehendat ; non tamen interpellat hanc Præscriptionem, quæ* antequam constitueretur fundus dotalis jam esse incæperat. M. le président Duret, *hic*.

3. Tel est aussi le sentiment de Papon & Menudel. *Tunc enim dotis qualitas superveniens, Præscriptionem nihil interpellat*, disent Papon & Menudel dans leurs observations sur cet article.

4. La seconde exception que souffre cet article, c'est quand l'héritage a été estimé & donné en dot ; de maniere que le mari ait le choix ou de rendre la dot, ou le prix. Papon, *ibid.* & M. Jean Duret, comm. imprimé, *hic*.

5. Mais cet article 27 ne peut s'entendre, dit M. Genin, que des biens dotaux immeubles, aliénés par le mari sans le consentement de la femme, suivant l'article qui suit ; car autrement, dit-il, on ne peut concilier l'article 237, qui dit que la femme, conjointe par mariage, peut suivre ses actions de l'autorité de son mari ; & au refus de l'autoriser sans cause légitime, qu'elle se peut faire autoriser par

par juftice : deforte que fi elle eft capable d'agir pendant fon mariage, & qu'elle le puiffe fans fon mari, il s'enfuit que la prefcription court contr'elle. L'article fuivant 238, continue encore M. Genin, ne pourroit auffi fe concilier avec le préfent article, parce qu'il dit que la femme, de l'autorité de fon mari, peut vendre, donner, échanger, & autrement aliéner fon propre héritage, fans être aucunement récompenfée : or fi un tiers peut acquérir d'elle durant le mariage, *modò fit auctor maritus*, un tiers peut donc prefcrire contr'elle l'héritage par elle aliéné.... *& ita videtur hic paragraphus propter fequentem effe fuperfluus.* M. Genin, fils, rapporté dans le manufcrit de M. Baugy, *hic*.

6. Quant à ce qui eft dit dans le préfent article, des arrérages & fruits provenans des biens dotaux, qu'ils fe prefcrivent par 30 ans, cela ne peut être entendu que du tiers détenteur, lequel ne peut être contraint de reftituer les fruits perçus durant le mariage : car s'il pofféde avant que l'héritage foit rendu dotal, il prefcrit; & eft de bonne foi; & s'il a acquis du mari, il aura les fruits que le mari devoit prendre; pour les fuivans, il eft tenu de les reftituer dans le cas énoncé dans l'article fuivant.

ARTICLE XXVIII.

PRESCRIPTION ne court durant le mariage contre la femme, de fes biens dotaux ou paraphernaux, alienez par fon mari, fans fon confentement.

1. LEs biens dotaux, ou la dot, c'eft ce que la femme, ou un autre pour elle, donne au mari pour foutenir les charges du mariage. Dans le pays de droit écrit, tous les biens de la femme qui fe marie ne deviennent pas biens dotaux; il n'y a que ceux qu'elle-même ou fes parens conftituent en dot dans fon contrat de mariage, ou lui donnent durant le cours du mariage à cette condition : les autres biens de la femme font appellés *paraphernaux*, qui eft un mot compofé de deux mots grecs, qui fignifie *hors de la dot*, & demeurent en la pleine difpofition de la femme, fans que le mari en ait aucune jouiffance ni adminiftration : mais en pays Coutumier, tous les biens de la femme, foit ceux qu'elle a au temps du mariage, foit ceux qui lui échéent durant le mariage, font biens dotaux, & tombent fous l'adminiftration du mari, qui en jouit & fait les fruits fiens durant le mariage : auffi le préfent article ne diftingue-t-il pas les biens dotaux, des paraphernaux.

2. Et fuivant notre texte, la prefcription ne court point durant le mariage contre la femme mariée, quoique majeure, pour fes biens dotaux ou paraphernaux, (car c'eft la même chofe) aliénés par fon mari fans fon confentement. Telle eft auffi la difpofition de la Coutume de Berry, ch. 12, art. 16; du Maine, art. 457; de Lodunois, ch. 20, art. 7; du Grand-Perche, art. 215, & d'Anjou, art. 445 : & la raifon eft qu'autrement ce feroit obliger la femme à pourfuivre les acquéreurs, qui auroient un recours de garantie contre fon mari; ce qui pourroit troubler l'union du mariage, & caufer des diffentions entre le mari & la femme, ce qu'il eft jufte d'empêcher. Ainfi, fi pendant le mariage le mari vend ou aliéne les propres de fa femme, ou fouffre qu'un tiers en jouiffe; fa femme, après fon décès, aux termes des Coutumes qu'on vient de citer, peut en demander le défiftement, fans que celui qui les aura acquis, ou qui s'en fera mis en poffeffion, par la négligence ou tolérance du mari, puiffe objecter à la femme qu'il en a joui pendant 30 ans, & acquis la prefcription; je dis après le décès du mari : car durant le mariage, l'effet du contrat tiendra, comme il eft dit dans ledit article 435 de la Coutume d'Anjou.

3. *Maritus, irrequifitâ uxore*, dit M. Jean Decullant, *& non confentiente, fundum ejus alienare non poteft,* §. 235, *infrà..... tamen factâ alienatione fundi dotalis, per folum virum, emptor manebit in poffeffione, & fructus percipiet pendente matrimonio, & nullâ feparatione factâ inter conjuges; quia fructus funt mariti, ut docetur in dicto* §. 235 .... *& vendendo fundum cenfetur vendere jus actuale quod habet in fundum ....ideòque uxor fundum fuum, à viro fuo folùm venditum, non poterit pendente focietate & matrimonio avocare ab emptore, fed non ei imputabitur quòd paffa fit uxor 30 annis emptorem poffediffe fundum tanquam fuum, nullâ ei factâ denuntiatione, quòd effet dotalis, & fibi proprius, & non viro; quandoquidem actiones fuas reales quæ ei competunt fine viro poffit perfequi, & ei auctoramentum denegantẹ, poffit à judice autorifari,* §. 237, *infrà, nufquam quia hoc facere non poteft quin virum fuum offendat: nam ab emptore is vocatus in judicium, criminefellionatûs accufaretur, & ad intereffe & fumptus condemnaretur; quapropter timendum foret, ne in uxorem fæviret, & pari paffu ambulant impoffibilitas facti & juris, quæ contingit quandò quod fieri non poteft fine offenfâ illius cui honor & reverentia debetur ....& ad hanc rationem perfpexerunt ftatuentes noftri in hoc* §. *Poffet & alia ratio adduci, à fimili, fcilicèt quòd Præfcriptio rei ecclefiafticæ alienatæ non currit tempore Prælati malè alienantis, fed dumtaxat poft ejus obitum. Can. Si Sacerdos, quæft. 3. Pariter conftante matrimonio & focietate conjugum non currit Præfcr. quia maritus ficut Prælatus habet folam adminiftrationem, & folum ufum-fructum fundi dotalis.* M. J. Decullant, *hic.*

Part. I. V

4. Mais si la femme est séparée & autorisée à la poursuite de ses droits, c'est une question si la prescription commence son cours contr'elle pour ses biens aliénés par son mari sans son consentement ; la raison de douter est que dans le cas même de la séparation, l'action de la femme réjalissant sur le mari, expose la femme qui contredit, aux effets de son ressentiment ; ce qui donne lieu de juger que son silence ne doit pas lui préjudicier durant le mariage. Néanmoins le sentiment contraire est suivi ; les Coutumes de Berry, esdits tit. 12, art. 16 ; du Grand-Perche, art. 215, y sont précises. Et tel est le sentiment de M. Dumoulin, dans son apostille sur le présent article, Secùs, dit-il, *à tempore quo est bonis separata, vel forté data curatrix viro, ut quandoque vidi*. C'est encore le sentiment de M. Brodeau sur M. Louet, lett. P, somm. 1, n. 5 ; de M. Denis Lebrun, traité *de la Comm.* liv. 3, chap. 2, sect. 1, dist. 1, n. 12 ; & de M. Jean Decullant sur l'art. 73, *infrà. Unus est effectus separationis*, dit-il, *est quod uxori à quo tempore est bonis separata, currant Præscriptiones, quæ anteà interrumpebantur, ex §. 27 & 28, quia tunc valet liberè agere*.

5. Par la même raison, dès le décès du mari, la prescription commence son cours contre la femme majeure, pour les biens aliénés sans son consentement par son mari, comme il est dit dans ledit article 245 de la Coutume du Grand-Perche ; & elle n'est point interrompue par ses secondes noces ; parce que la prescription n'a lieu principalement qu'à cause du recours de garantie contre le mari qui a fait l'aliénation ; laquelle action cesse à l'égard du second mari auquel la femme ne peut rien imputer, n'ayant point fait l'aliénation.

6. Que si la femme étant majeure a parlé à la vente de ses propres, & qu'elle ait vendu conjointement avec son mari, la prescription de dix ans, résultante de l'article 46 de l'ordonnance de Louis XII, de l'an 1510 ; de François I, en 1535, ch. 8, de 1539, art. 134, & de l'art. 19 de notre Coutume, court durant le mariage contre la femme qui se prétend lésée, laquelle doit indubitablement venir dans les dix ans prescrits par l'ordonnance & la Coutume : la raison est que dans ce cas la crainte maritale ne l'empêche pas d'agir, puisqu'elle ne peut être relevée que pour lésion d'outre moitié, ou pour quelqu'autre cause de droit, qui militeroit également pour son mari & pour elle ; de manière que la restitution étant égale pour le mari & pour la femme, le mari profitant en ce que sa femme fait casser un mauvais marché, elle n'a rien à craindre ; & que dans les cas où il n'y a pas lieu à la crainte maritale, l'action de la femme ne réfléchissant point contre son mari, la prescription court contr'elle durant le mariage. M. Denis Lebrun, traité *de la Comm.* liv. 3, chap. 2, sect. 1, dist. 1, n. 15.

7. Par cette même raison la prescription court contre la femme pendant son mariage, pour les actions qui lui appartiennent contre une tierce personne, lesquelles se prescrivent par trente ans, si elle cesse pendant ce temps-là de les exercer : car quand le mari, dit M. Brodeau, n'est point garand ni intéressé en son nom dans la poursuite de l'action, la prescription court contre la femme majeure durant le mariage. M. Brodeau sur M. Louet, lett. P, somm. 1, n. 6, & M. de la Thaumassiere sur la Coutume de Berry, ch. 12, art. 16.

8. Mais il est à observer que quant aux biens & aux droits de la femme prescrits durant le mariage, la femme a hypothéque sur ceux de son mari du jour du contrat de mariage : car le mari étant l'administrateur légitime des biens de sa femme, il est garand de sa faute dans son administration, & comme la prescription est une espèce d'aliénation qui est causée par sa négligence, il en doit être responsable envers elle ou ses héritiers.

9. Pour ce qui regarde les propres de la femme mineure, quoiqu'ils ayent été vendus de son consentement, & conjointement avec son mari, la prescription de dix ans, du jour de sa majorité pour se faire relever de cette vente, ne court point contr'elle durant le mariage : parce que le mari étant garand de la vente, l'action réfléchiroit contre lui, & qu'il seroit condamné aux dommages-intérêts de l'acheteur ; car le mari covendeur, avec sa femme mineure, bien loin de profiter de la restitution de sa femme, est obligé au contraire de suppléer à la fragilité de l'obligation de sa femme, & la garantie est ouverte contre lui : ainsi l'action de la femme produisant garantie contre son mari, c'est un sujet juste & légitime pour l'empêcher d'agir, pendant qu'elle est en sa puissance, & par conséquent cette prescription ne court point contr'elle. Lebrun, *de la Comm. ibid.*

10. Autre chose seroit si le mari n'étoit intervenu au contrat que pour autoriser sa femme mineure ; en ce cas il n'y a pas de difficulté, dit Lebrun, que comme il n'est point garand de la vente, & que la restitution ne produit point d'action contre lui ; la crainte maritale ne doit point empêcher la femme d'agir, & qu'ainsi la prescription de 35 ans court contr'elle. M. Denis Lebrun, *ibid.*

11. Quant aux obligations & contrats de constitution que la femme a contractés en minorité, solidairement avec son mari ; si le mari souffre de la restitution, en ce cas le temps de la restitution ne court pas contre la femme pendant la vie du mari, si elle n'est séparée ; parce que le mari étant intéressé en la restitution, cela forme un obstacle légitime, qui suspend son action & demande en restitution ; & si au contraire le mari n'est point intéressé, sa femme se doit faire relever dans le temps de l'ordonnance ; & si elle le laisse expirer, elle n'y est plus recevable : ainsi quand la femme mineure consent un contrat de constitution, solidairement avec son mari, comme l'action, si elle se faisoit relever, réfléchiroit contre le

mari, parce qu'il feroit obligé au rachat de la rente; la prefcription ne court point contr'elle durant le mariage, & elle courroit au contraire, fi c'étoit une obligation pure & fimple, parce que la dette eft toujours exigible. Ainfi jugé au châtelet par fentence rendue au mois de janvier 1689, fur les conclufions de M. Pafquier, lors avocat du roi, & depuis par arrêt au rapport de M. le Nain. L'auteur des notes fur Dupleffis, traité *des Prefcript.* liv. 1, ch. 2.

12. Si le mari a vendu l'héritage qui lui appartenoit de fon propre ou de fon acquêt, & qui étoit hypothéqué à la reftitution des biens de fa femme, paiement de fes conventions matrimoniales, la prefcription ne court point contr'elle durant le mariage, en faveur des acquereurs & détenteurs de l'héritage ; parce que l'action de la femme contre l'acquereur ou détenteur réfléchiroit contre le mari : car cet acquereur ne manqueroit pas d'agir en recours de garantie contre le mari, & cela pourroit troubler l'union du mariage. L'auteur des notes fur Dupleffis, *ibid.* pag. 494, édition de 1709.

ARTICLE XXIX.

DROIT de taille ès quatre cas, de charrois & manœuvres, & de tailles perfonnelles, ne fe prefcrivent, finon depuis la contradiction, après laquelle contradiction Prefcription commence.

Quelles chofes ne fe prefcrivent avant contradiction.

1. Les droits dont il eft parlé dans le préfent article, font les mêmes que ceux énoncés aux articles 339, 344 & 495, *infrà*, où nous refervons d'en traiter amplement; & il fuffit de remarquer ici, que ce que cet article appelle *manœuvre*, eft appellé *corvée* dans les articles 339 & 495.

2. Suivant le préfent article, ces droits ne fe prefcrivent que depuis la contradiction; après laquelle (& du jour d'icelle) la prefcription commence : c'eft auffi la difpofition de la Coutume d'Auvergne, tit. 17, art. 9, & de celle de la Marche, art. 133; & la raifon eft que ces fortes de droits font des droits qui ne confiftent pas dans un ufage & exercice actuel, des droits qui ne fe perçoivent que dans de certains cas, quand le feigneur en a befoin, ou qu'il lui plaît d'en ufer : en un mot, que ce font des droits de pure faculté, dont l'ufage eft libre & indéfini. Comme le feigneur ne peut pas toujours ufer de ces fortes de droits, qu'il ne le fait que lorfqu'il en a befoin, & qu'il lui plaît; il fuffit, pour en conferver la poffeffion, qu'il ait la volonté & la liberté d'en ufer ; ainfi la poffeffion s'en conferve par l'intention feule, fuivant la loi 4, Cod. *de acqu. vel amitt. poff. Quamvis*, dit cette loi, *poffeffio folo animo acquiri non poffit, tamen folo arimo retineri poteft*: d'où il fuit qu'il ne fe peut rencontrer de poffeffion formée contre de tels droits, que par un fait contraire ; que la preuve de la liberté contre ces droits ne fe peut pas faire par une fimple négative; qu'il faut quelque fait pofitif, quelque refus ou contradiction de la part des redevables; qu'en un mot, ces fortes de droits ne fe prefcrivent point par une fimple non-jouiffance; & que le défaut de perception, procédant ou de la grace du feigneur, ou de la non-échéance des cas, ne lui doit pas nuire, s'il n'y a eu contradiction, & depuis cette contradiction, temps fuffifant pour prefcrire. C'eft ce qui eft trèsbien expliqué par Papon, & après lui par M. le préfident Duret & M. François Menudel, *hic.*

3. *Sufficere enim debet*, dit Papon, *ad retinendum ufum-fructum effe affectum retinere volentis, horum enim jurium, quæ facultatis Doctores vocant, fola poffeffio civilis Præfcriptionem impedit, neque non utendo pereunt, nec contraria debitorum poffeffio quicquam obeft : Præfumptio enim eft illos nihil recufaturos fuiffe fi ab eis peteretur... , quod fi cùm ab eis effet petitum recufaverint, aut aliquid contrà nitantur, incipiunt ipfius Domini poffeffionem interturbare, novamque fibi affumere, fcilicèt libertatis, quâ haud dubio Præfcriptio compleri poteft.* Papon, *hic.* Le préfident Duret & Menudel ne font que répéter la même chofe.

4. Ainfi a été jugé en cette Sénéchauffée par fentence rendue au rapport de M. Cantat, le 7 février 1717, confirmée par arrêt du mois d'avril 1721, & par autre fentence rendue au rapport de M. Perrotin, l'ainé, le 19 janvier 1725, confirmée par arrêt rendu en la quatrieme des enquêtes, au rapport de M. Dupré, le 30 juillet 1726.

* La queftion qui confifte à favoir fi les droits de corvées font prefcriptibles, s'eft préfentée en cette Sénéchauffée, & y a été décidée au rapport de M. Perrotin, l'ainé, le 19 janvier 1725, par fentence rendue entre M. de Vry, intendant pour lors de cette généralité, en fa qualité de feigneur haut jufticier de la Paliffe, & le nommé Mercier, propriétaire du domaine Lubié, dont le métayer avoit fon habitation, & étoit jufticiable de la juftice de la Paliffe.

Le feigneur de Vry avoit formé une demande pour dix corvées à bœuf, audit Mercier, pour fon métayer du domaine Lubié, & avoit conclu contre lui à ce qu'il feroit tenu de faire par fon métayer lefdites corvées; & ce qui avoit donné lieu à cette demande, étoit l'empêchement que Mercier avoit apporté à ce que lefdites corvées fuffent faites par fon métayer.

Le seigneur de la Palisse établissoit sa demande sur une transaction de l'année 1418, passée entre le seigneur de Cullant, époux de la dame de Chatillon, dame de la Palisse, ledit seigneur de Cullant faisant pour la dame son épouse, d'une part, & les habitans de la Palisse, d'autre part ; par laquelle transaction il paroissoit que les seigneurs de la Palisse étoient en procès avec les justiciables de la Palisse pour plusieurs chefs, dont l'un regardoit les corvées que les seigneurs de la Palisse prétendoient leur être dues à merci & volonté ; les habitans soutenant du contraire : par cette transaction passée avec la majeure & plus saine partie des habitans, on transigea sur tous les différends ; & les corvées qui en faisoient un chef, furent fixées à dix par chacun an, & il fut dit qu'elles ne s'arrérageroient point.

Mercier employoit en défense à la demande qui lui avoit été formée plusieurs moyens, dont le principal consistoit à dire que les propriétaires du domaine Lubié avoient prescrit contre cette transaction, pour ce qui concerne la quantité des corvées fixée au nombre de dix. Il convenoit bien que le droit de corvée, fondé sur la disposition de la Coutume, étoit imprescriptible ; mais il soutenoit fortement que le nombre des corvées demandées par le seigneur de la Palisse, en ce qu'il excédoit celui fixé par la Cout. art. 339, n'ayant son fondement que sur la transaction & convention des parties, il étoit sujet à prescription, & qu'il étoit prescrit, à l'égard sur-tout des colons du domaine Lubié, à qui on n'avoit jamais demandé, & qui n'avoient jamais fait plus de trois corvées.

Le seigneur de la Palisse répondoit, 1°. Que l'article 339 de la Coutume, qui fixoit les corvées de justice à trois, reservoit par une clause expresse les droits des seigneurs auxquels il en étoit plus dû, par sentence, contrat, ou composition, aussi-bien que ceux des justiciables qui en devoient moins ; de maniere qu'il étoit vrai de dire que les seigneurs hauts justiciers de la Palisse étoient fondés dans la disposition de la Coutume, à demander, en vertu de leur transaction, dix corvées. 2°. Que le droit de corvée est imprescriptible, aux termes de l'article 29 de cette Coutume, du-moins que la prescription ne court contre ce droit, que depuis la contradiction, & que ne paroissant pas qu'il y eût eu aucune contradiction de la part des corvéables, la possession contraire opposée ne pouvoit pas servir à établir une prescription contre le droit des seigneurs de la Palisse.

Et ainsi fut jugé, & Mercier fut condamné à faire faire à son métayer dix corvées à bœuf chacun an, quand il en seroit requis par le seigneur haut justicier de la Palisse ; & cette sentence a été confirmée par arrêt rendu en la quatrieme des enquêtes, au rapport de M. Dupré, le 30 juillet 1726 : J'étois des juges de la sentence de cette Sénéchaussée.

La même chose avoit été décidée le 7 février 1717, au rapport de M. Cantat, en faveur du seigneur de Chasseul, contre ses justiciables ; & la sentence fut confirmée par arrêt du mois d'avril 1721. Le fait étoit que M. Clément, seigneur haut justicier de Chasseul, avoit formé une demande à ses justiciables de 12 corvées, conformément à une transaction du 21 octobre 1444, contre laquelle on opposoit la prescription. Ce qu'il y avoit de particulier, c'est que cette transaction étoit soutenue de dénombremens, dont le dernier étoit de 1674 ; mais depuis ce dénombrement jusqu'à la demande, qui étoit de l'année 1715, il s'étoit écoulé quarante un ans, temps plus que suffisant pour la transaction.

ARTICLE XXX.

Arrérages de taille ès quatre cas, se prescrivent par le laps & espace de dix ans.

1. Cet article est Coutume nouvelle ; car l'ancienne Coutume, conforme à celle d'Auvergne, tit. 17, art. 10, portoit qu'arrérages de taille ès quatre cas se prescrivent par le laps & espace de trente ans ; mais M^{rs}. les commissaires ayant remontré que ladite Coutume étoit trop onéreuse pour ses sujets, & que quand le cas de la taille aux quatre cas arrive, si les seigneurs ne la demandent aux sujets dans cinq ou six ans, il est à présumer que pour cette fois ils en ont fait remise à leurs sujets. Du consentement des états, la prescription de 30 ans fut réduite à 10, comme il est dit dans le procès verbal sur le présent article.

2. Ainsi, si le seigneur néglige de se faire payer dans les dix ans, lorsqu'un des cas est arrivé, il ne peut plus demander le profit pour cette fois, sauf à l'exiger pour ceux qui échéront après. *Et ideò*, dit Papon, *datâ occasione exigendi munus debitum in uno quatuor casuum, si Dominus nolit petere, & cesset decem annos, id tantùm quod obligerat, & poterat levari, illi est perditum, cœteris casibus futuris, & jure ipso principali sibi salvis.*

ARTICLE XXXI.

ARTICLE XXXI.

DROIT de Fief ne se peut prescrire par le Vassal contre le Seigneur Féodal ; mais un Seigneur peut prescrire droit de Fief contre autre Seigneur, & aussi se prescrivent les profits échus des Fiefs, par le Vassal contre le Seigneur Féodal, par l'espace de 30 ans.

De Prescription en matiere féodale.

1. LE droit de fief consiste dans la foi & hommage, & le dénombrement que le vassal doit à son seigneur ; car les fiefs dans cette Coutume, comme nous le dirons en son lieu, sont simplement d'honneur, & ne produisent aucuns profits.

2. Le droit de fief ne pouvant, suivant le présent article, se prescrire, il s'ensuit que le vassal ne peut prescrire contre son seigneur l'obligation dans laquelle il est de lui rendre la foi & hommage, & la mouvance féodale ; qu'il ne peut pas l'éteindre & s'en libérer par quelque cessation que ce soit, & quelque temps qu'il ait tenu son fief sans hommage ; c'est ce qui se trouve répété dans l'art. 387, *infrà* ; & telle est la disposition de la Coutume de Paris, art. 12 ; de celle d'Auvergne, tit. 17, art. 12 ; de la Marche, art. 95 ; de Berry, chap. 12, art. 3 ; d'Auxerre, art. 77 ; d'Orléans, art. 86 ; de Senlis, art. 195 ; de Blois, art. 35, & autres. La raison est qu'à l'égard de ces sortes de droits, qui ne consistent pas dans un exercice & un usage actuel, la possession s'en conserve de la part du seigneur, comme il a été dit sur l'art. 29, par l'intention seule, par la volonté & la liberté qu'il a d'en user quand il lui plaira : que cette possession ne se perd que par un fait contraire, que par un refus & un trouble de la part du vassal ; & que comme le vassal, par la seule cessation de faire la foi & hommage, n'entreprend rien contre le seigneur féodal, qu'il ne fait rien de nouveau pour se former une possession de liberté contre son seigneur, il ne prive pas par conséquent par cette seule cessation le seigneur de la possession où il est de la féodalité, la simple cessation ne causant point de trouble. C'est le raisonnement de Coquille sur la Coutume de Nivernois, ch. *des Fiefs*, art. 15.

3. Autre chose est quand il y a contradiction de la part du vassal, & que cette contradiction est suivie d'une jouissance & paisible possession de 30 ans, sans prestation de foi & hommage, & quant à l'église de 40 ans. Car la contradiction suivie d'une possession paisible de 30 années, donne un titre à celui qui la fait, qui anéantit la seigneurie, le seigneur étant présumé avoir reconnu la liberté de celui qu'il prétendoit son vassal. C'est la disposition précise de l'article 387, *infrà*, & de l'article 14 du ch. 4 de la Coutume de Nivernois.

4. Coquille, sur la Coutume de Nivernois, en l'endroit cité, & après lui M. Jacques Potier, *hic*, estiment qu'un tiers acquéreur, qui auroit acquis à titre singulier, sans charge de fief, pourroit prescrire le droit de fief contre le seigneur, si lui & ses successeurs avoient possédé allodialement un temps considérable. Mais je ne peux pas me rendre à ce sentiment, soit parce que dans cette province, où les fiefs sont simplement d'honneur & sans aucun profit, à peine dans l'espace d'un siecle trouve-t-on un acte de foi & hommage : soit parce que, comme il vient d'être dit, la simple cessation de faire la foi & hommage ne fait pas perdre au seigneur sa possession de féodalité ; que pour commencer une possession contraire à la sienne, il faut qu'il soit intervenu avec lui quelque acte contraire à cette possession ; & que tant que cela n'arrive pas, la possession du seigneur est censée durer & se continuer : & ainsi a été jugé, dit M. Jean Decullant, en cette *Sénéchaussée*, pour Philippe de Biraque, prieur de Souvigny, contre Nicolas Bernu, apothicaire de cette ville de Moulins, pour le fief de Vigier, l'an 1613. *Et fuit Sententia confirmata Arresto* 1615, *ducenti anni erant elapsi, quibus nulla investitura, nulla fides præstita.* M. Jean Decullant, *hic*.

5. Mais, si le fief avoit été chargé par convention de quelque redevance, cette redevance seroit prescriptible, & pourroit le possesseur du fief la prescrire par cessation de paiement pendant trente ans : car comme par notre Coutume, il n'est dû aucune chose pour le fief, les prestations qui y sont ajoutées, n'étant point de la nature & de la substance du fief, elles sont sujettes à prescription, quoique le fief de foi & de sa nature ne le soit point.

6. Au reste, un seigneur de fief, comme il est dit dans le présent article, peut prescrire contre un autre seigneur le droit de fief ; c'est la disposition de la Coutume de la Marche, art. 95 ; de Blois, art. 36 ; d'Auvergne, tit. 17, art. 13, & autres.

7. Il y a plus, c'est qu'un particulier qui n'est point seigneur féodal, peut acquérir par prescription le droit de fief, c'est-à-dire, la mouvance féodale & seigneurie sur un héritage qui n'étoit point tenu de lui en fief, & la prescription commence à courir du moment qu'il a saisi & exploité l'héritage comme féodal ; qu'il a reçu la foi & hommage & dénombrement du fief, & depuis continué de s'en dire & qualifier seigneur féodal : c'est la disposition de la Coutume de Berry, chap. 12, art. 4 ; la doctrine de M. Charles Dumoulin sur la Coutume de Paris, §. 7, n. 23, & le

Part. I.

sentiment de M. le président Duret & de M. Jean Decullant. *Si Mævius*, dit le président Duret, *ob suum prædium aliàs liberum, in quo Sempronius aliquod jus non habebat, jura feudalia per 30 annos præstiterit, tunc enim magis est ut de cœtero prædium suum pro cliente possideat, & Sempronius jure patronatûs in eo fruatur, & è contrà, si Mævius fundum Semproniii tanquam feudale, tanto tempore possederit, Sempronio jura feudalia præstans, propius est ut cliens efficiatur Sempronii, & exindè fundum ejus in feudum retineat.* M. le président Duret, *hic, quod & idem censet ibid.* Joannes Decullant.

8. La difficulté est de fixer le temps nécessaire dans ces cas pour prescrire la mouvance féodale. La Coutume de Nivernois, chap. 12, art. 5, pour qu'un tiers puisse acquérir par prescription le droit de fief contre le seigneur féodal, par jouissance & possession de ce droit pendant 30 ans, exige & requiert que durant lesdites 30 années, il y ait eu deux ouvertures de fief, avec saisies réelles duement notifiées : c'est aussi la disposition de celle de Berry, ch. 12, art. 9 ; ce qui est raisonnable, parce que la possession du seigneur féodal ne se reconnoît proprement, & n'est publique, que lorsque le fief est ouvert, & que le seigneur l'exploite ; & sans l'ouverture du fief, la possession pourroit passer pour clandestine, & le véritable seigneur la pourroit véritablement ignorer. M. de la Thaumassiere sur la Coutume de Berry, ch. 12, art. 9.

9. Quant à ce qui concerne les profits échus des fiefs dans les lieux où ils sont dûs, ils se prescrivent par 30 ans, suivant notre article ; & la raison est qu'il n'y a, comme il a été dit, que la fidélité & l'hommage qui soient de l'essence du fief, & qui par conséquent soient imprescriptibles.

ARTICLE XXXII.

Si aucun vend ou transporte héritages ou choses immeubles tenus à cens, rentes ou autres devoirs d'aucuns Seigneurs ; & l'aliénant paye au Seigneur direct la charge de l'héritage ainsi vendu ; en ce cas ne court Prescription dudit cens, au profit de l'acquéreur dudit héritage, ou autre de lui ayant cause, pour quelque laps de tems qu'il le possede.

1. LA Coutume de Nivernois, ch. 36, art. 6, contient une même disposition que le présent article : telle est aussi la disposition de celle de Berry, chap. 12, art. 14, & d'Auxerre, art. 187 ; & cette disposition a lieu, suivant la note de Dumoulin sur notre article, non-obstant que l'héritage ait été vendu franc & quitte ; *etiamsi emerit allodium.* La raison de cet article est 1°. Que le seigneur direct ou rentier, conserve sa possession qu'il a d'être & se dire seigneur direct, ou seigneur & propriétaire de la rente foncière, en percevant sa redevance, & cela, suivant ce qui est porté en l'art. 92, *infrà.* 2°. Que la possession occulte & non apparente de l'acquéreur, ne peut pas lui préjudicier, ne sachant pas l'entreprise nouvelle.

2. Ainsi la prescription ne commence contre le seigneur direct ou rentier, que du jour que l'ancien seigneur utile de l'héritage, chargé de la rente ou cens, qui l'a vendu, aura cessé de faire ou continuer le paiement du cens ou de la rente, ou que le seigneur direct ou rentier aura été duement averti de l'aliénation & possession de l'acquéreur : c'est la disposition précise des Coutumes de Nivernois & Berry aux articles cités ; & c'est aussi l'observation de M. le président Duret & de M. Jean Decullant. *Dummodo*, dit M. Duret, *Dominus alienationem ignoraverit ; aliàs si sciverit, currit præscriptio. Limitatio*, dit M. Jean Decullant ; *Conf. Niv. tit. de Præscript. §. 6 ; Bitur. §. 14, eod. tit. debet addi huic paragrapho nostræ Consuetudinis, ut mihi videtur.* M. le président Duret, & M. Jean Decullant *hìc*.

3. Telle étoit, dit M. Brodeau sur M. Louet, lett. P, som. 2, l'ancienne jurisprudence, laquelle a été changée par la nouvelle Coutume de Paris, art. 115, qui porte que la prescription contre toutes rentes, a lieu au profit du tiers détenteur encore que la rente soit payée par celui qui l'a constituée, ou autre, à l'insçu du tiers détenteur : mais cette disposition de la Coutume de Paris, & cette jurisprudence des arrêts rendus en conformité, ne peuvent avoir lieu que dans les Coutumes qui ne renferment pas une disposition contraire ; tellement que dans cette Coutume, aussi bien que dans celles de Nivernois & Berry, cette jurisprudence n'a lieu que par rapport aux rentes constituées, ou plutôt aux hypothéques constituées que le tiers acquéreur prescrit, selon M. de la Thaumassiere & Ragueau sur la Coutume de Berry, *ibid*, quoique le vendeur ou l'obligé personnellement, en paye les arrérages : mais elle n'a pas lieu par rapport aux cens & rentes foncières, vu la disposition précise & contraire de ces Coutumes à cet égard. Ainsi dans ces Coutumes, l'acquéreur d'un héritage, ni aucun autre de lui ayant cause, ne peuvent prescrire contre le seigneur direct le cens dû par l'héritage, tant que le cens est payé au seigneur par le vendeur : le paiement qui lui en est fait par le vendeur lui conserve son droit, & les changemens occultes de l'acquéreur ne peuvent lui préjudicier.

4. Par cette raison, il y a lieu, à ce qu'il semble, de conclure que la censive & directe d'un seigneur sur un certain max & tenement, est conservée en son uniformité sur la totalité du tenement par le paiement fait de tout le cens, par un seul censitaire, propriétaire de la moindre partie du tenement, sans que les codétenteurs qui n'ont rien payé par 30 ans, puissent alléguer & opposer prescription contre le seigneur direct qui a reçu le paiement de tout le devoir de l'un des détenteurs, lequel paiement conserve le cens sur tout le max; de maniere que le paiement fait de tout le cens ou devoir, par partie des propriétaires, ou détenteurs d'un max ou tenement, circonscript, borné & limité, nuit & préjudicie aux autres codétenteurs, qui n'ont ni payé ni reconnu, dont le seigneur peut avoir ignoré la détention, & qu'il empêche qu'ils ne prescrivent contre le seigneur. Tel est le sentiment de quelques commentateurs.

5. Mais comme chaque détenteur n'est tenu de payer le devoir, qu'à cause de sa détention, & non point pour celle de son codétenteur, que quand l'un des codétenteurs d'une portion divisée paye tout le devoir, il ne le fait pas au nom de ses codétenteurs & pour les acquitter, comme ayant charge, pouvoir & mandement de tous ses codétenteurs, mais seulement en son nom, comme obligé à tout le cens à cause de sa détention ; & que c'est uniquement pour se libérer de ce dont il est tenu à cause de sa détention, & pour se conserver la portion des héritages qu'il possede, qu'il paye tout le devoir : il s'ensuit de-là que le paiement de tout le devoir, par l'un des détenteurs, n'assure la totalité du devoir que contre ce codétenteur, & sur la portion qu'il possede ; qu'il n'empêche point que les autres codétenteurs des portions divisées, qui ne sont point inquiétés pendant trente ans & ne font aucun paiement, ne prescrivent l'affranchissement du devoir à leur égard, & pour les portions des héritages qu'ils possedent, qui demeurent au moyen de la prescription affranchis du cens & exempts du droit de lods & ventes ; d'autant qu'aux termes de l'article 22 de la Coutume, le cens portant directe seigneurie & autres devoirs annuels sont prescriptibles.

6. Ce qui n'empêche pourtant pas que le seigneur du cens ne continue à se faire payer de la totalité du devoir, par celui des codétenteurs qui l'a toujours servi, sans que ce détenteur puisse se prévaloir de la prescription de ses codétenteurs, pour se dispenser de payer la part & portion du devoir dont ils étoient tenus ; par la raison que ce détenteur peut déguerpir, & par ce moyen se libérer du devoir, & que c'est sa faute d'avoir payé la totalité du devoir pendant 30 ans, sans aucune répétition ni recours exercé contre ses codétenteurs.

7. Cette décision n'a son application, & ne doit être entendue que dans le cas où le seigneur a toujours été servi de la totalité du devoir : car autre chose seroit si le détenteur n'avoit payé pendant les 30 ans que sa portion, & qu'il n'eût rien payé de la portion de ses codétenteurs ; en ce cas, quelque réserve que le seigneur eût faite dans les quittances données au détenteur qui a payé sa portion, il ne pourroit pas l'obliger à payer la totalité du devoir à pure perte pour lui, & sans pouvoir exercer aucun recours contre ses codétenteurs qui ont prescrit. Car comme le détenteur qui ne payoit que sa portion, n'avoit pas droit, ou du moins un grand intérêt de poursuivre ses codétenteurs pour le paiement de leur portion, c'étoit au seigneur à se faire payer, à veiller à la conservation de son cens, & à en empêcher la prescription ; tellement que s'il en a laissé prescrire une partie, il doit se l'imputer : c'est une acquisition au profit des détenteurs qui ont prescrit, & une aliénation & une perte pour le seigneur, qui ne doit pas être à la charge du codétenteur qui a toujours payé sa sérue. Tel est le sentiment de nos M^{rs}. de la chambre, à qui j'ai proposé la question.

8. Tel est aussi celui de M. le président Duret, selon qu'il est rapporté dans le manuscrit de M. François Menudel, sur l'article 410 de cette Coutume, sur ces mots, ET LES CONTRAINDRE. *Quid tamen*, dit M. Duret, *si instent forté negantes debitum, vel de Præscriptione vel remissione, vel aliàs excipientes, tametsi compossessores prædii Domini libello comprehensi se agnoscant, benignius videtur ut Dominus hac gratiâ, per conventum laudatus, eos peragere teneatur; & hoc non præstito intrà tempora ei à Judice prædefinita, detrectantium partes Domini periculo cedant, adeò ut deinceps quousque Dominus superior evaserit, qui laudavit facere cogi non possit, sed eâtenus idem Dominus exceptione repellatur.* Le président Duret, sur l'article 410 de cette Coutume.

* Mais dans le cas où l'un des détenteurs reste seul tenu, sur sa portion, du paiement de tout le devoir, les autres codétenteurs ayant affranchi chacun leur portion, par la force de la prescription, c'est une question si le détenteur tenu seul de tout le devoir, ayant acquis les portions de ses codétenteurs, ces portions acquises se réunissant à l'hypotheque assujettie au devoir, reprennent leur ancienne nature de rotures.

Cette question s'est présentée en cette Sénéchaussée, & y a été décidée par sentence rendue au rapport de M. Vernin, l'asseseur, le 16 juin 1733. Par cette sentence il fut décidé, 1°. Que le paiement de la totalité du devoir, fait par l'un des codétenteurs, n'avoit pas empêché les autres codétenteurs, qui n'avoient pas payé, de prescrire le devoir. 2°. Que les portions de ces codétenteurs nouvellement acquises par le détenteur tenu seul du devoir, n'avoient pas repris entre ses mains, leur ancienne qualité de rotures.

Les parties au procès étoient le sieur de Montgeorge, seigneur de Pomai, demandeur, contre les religieuses Bernardines de cette ville de Moulins, défenderesses. Il s'agissoit au procès d'une rente fonciere & seigneuriale de vingt-cinq sols, due sur plusieurs corps d'héritages, possédés par différens détenteurs; les religieuses Bernardines, qui en possédoient depuis un très-long-temps, six œuvres de vignes, acquirent en 1723 & 1730, les portions de leurs codétenteurs, qui les leur vendirent franches & exemptes de cens & rente, pour n'en avoir pas payés.

Le sieur de Montgeorge, en sa qualité de seigneur de Pomai, fit assigner les religieuses Bernardines en 1722, pour payer la totalité du devoir & reconnoître; elles opposerent la prescription; mais cette prescription ayant été relevée, de la part du seigneur de Pomai, & y ayant preuve au procès qu'elles avoient payé pendant plusieurs années tout le devoir, elles firent offres de payer les arrérages échus, d'en continuer le paiement, & de reconnoître la totalité de la rente ou cens, sur les six œuvres seulement, leur portion ancienne, laquelle faisoit partie des hypothéques de ladite rente, & soutinrent les portions de leurs codétenteurs, par elles nouvellement acquises, exemptes du devoir de ladite rente ou cens, comme en ayant été affranchies par la prescription.

Les choses en cet état, il fut question de savoir si les codétenteurs, qui avoient vendu leurs portions aux religieuses, avoient prescrit à leur égard le devoir, & comme le seigneur de Pomai ne rapportoit aucun titre, ni aucune piece, qui pût relever la prescription à leur respect; la contestation fut réduite à deux chefs; le premier, qui consistoit à savoir si le paiement de tout le devoir, fait par les religieuses, avoit empêché les autres codétenteurs de prescrire le devoir à leur égard; le second, si les portions des codétenteurs nouvellement acquises par les religieuses, tenues de tout le devoir, n'avoient pas repris leur ancienne nature de rotures, par leur réunion à la portion assujettie au devoir.

Ces deux chefs furent décidés contre le seigneur de Pomai; les offres des religieuses furent déclarées suffisantes, l'hypothéque du devoir de vingt-cinq sols, réduite aux six œuvres de vignes, & les portions des codétenteurs nouvellement acquises, déclarées exemptes & affranchies du devoir par la prescription. J'étois des juges.

Dans le cas de plusieurs détenteurs où il n'y a qu'un seul qui ait affranchi sa portion par la prescription, le restant du cens dû par les autres codétenteurs qui demeure conservé, est solidaire & indivisible comme auparavant, & peut le seigneur contraindre par la force de cette solidité, un des détenteurs, à lui en faire le paiement de la totalité, sauf son recours contre les autres codétenteurs, qui n'ont pas prescrit. Ainsi fut jugé en cette Sénéchaussée le 15 juillet 1737, au rapport du même rapporteur, M. Vernin, assesseur; dans le procès d'entre le sieur de Renguy, mari & maître des droits de dame Hugon de Fourchaud, poursuite & diligence de François Rasier, & Michel Garandeau, demandeurs, contre Michel Boulard, défendeur & demandeur, contre Henri Baudrut, Jean Bourdier & Pierre Marjaud, défendeurs. J'étois des juges.

De ce qui vient d'être dit au sujet de l'extinction de partie du cens dû sur un max, il en faut tirer deux conclusions. La premiere, que le cens une fois éteint ne renaît pas, si ce n'est par une nouvelle reconnoissance, & ce suivant la maxime, que, *servitus semel extincta non revivicit*. La seconde, que dans le cas de l'acquisition faite par le codétenteur de la partie du max restée en roture, de celle qui a été affranchie, il ne se fait pas de réunion, parce que la réunion ne se fait que lorsque le fief & la roture se trouvent en une main, & d'une partie dépendante à celle dont elle dépend, de maniere que la partie du max affranchie, est devenue allodiale. *Voyez*, infrà, tit. 27, art. 388, *in fine*.

** Au reste, la disposition de notre Coutume au présent article, celles des Coutumes de Nivernois, Berry & Auxerre, aux articles cottés, en ce qui concerne l'acquéreur de l'héritage vendu, dont le vendeur après l'aliénation paye le cens dû au seigneur, n'a sa juste & véritable application, qu'au cas auquel avant l'aliénation le cens se payoit régulierement au seigneur, ce qui se déduit de ces mots de l'article de la Coutume de Nivernois : *Et l'aliénant continue le paiement*; ainsi, si dans le temps que le paiement du cens se feroit par le vendeur après l'aliénation, il y avoit un si long-temps qu'il n'eût été payé, que la prescription en fût acquise, en ce cas ce paiement fait par une personne qui ne seroit plus propriétaire de l'héritage, ne pourroit nuire à l'acquéreur, & relever à son préjudice une prescription acquise.

ARTICLE XXXIII.

ARTICLE XXXIII.

PRESCRIPTION ne court contre les mineurs; c'est à savoir contre le mâle avant vingt ans, & contre la femelle avant seize ans, combien que par ci-devant le mâle âgé de quatorze ans fût réputé d'âge parfait, & la fille de douze, & ledit tems de minorité est distrait de ladite Prescription, soit qu'elle soit commencée contre le mineur, ou autre son prédécesseur majeur. Toutefois le tems & faculté de réméré ou de rachat, par vertu de faculté de réméré, court & a lieu contre lesdits mineurs, sauf leur recours contre les Tuteurs.

Quand Prescription commence contre mineurs, & en quel cas Prescription a lieu contr'eux, & du réméré.

1. Selon le droit romain, on distinguoit entre les impuberes & les adultes jusqu'à l'âge de 25 ans, pour les prescriptions; & cette distinction consistoit en ce que la prescription de 30 ans couroit contre les mineurs, dès qu'ils avoient acquis l'âge de puberté, qu'ils n'étoient plus en tutelle, mais sous des curateurs, & qu'elle ne couroit pas contre les impuberes: c'est ce qui est formellement décidé par la loi 3, *cod. de Præscr. 30 vel 40 annorum.* Mais le mineur qui avoit laissé courir contre lui cette prescription, pouvoit se faire restituer, ainsi qu'il paroît par la loi 5, *cod. in quibus causis in integrum restit.* Cette loi supposant que la restitution avoit lieu dans les deux especes de prescription; savoir, contre celle de dix ans & vingt ans, & contre celle de 30 ans; elle abroge la nécessité de la restitution à l'égard de la prescription de dix & de vingt ans, en ordonnant que toutes les prescriptions moindres de trente ans ne courront point contre les mineurs, & conserve l'usage de cette restitution pour la prescription de 30 & 40 ans, selon qu'il résulte des termes de cette loi, *videlicèt exceptionibus, triginta vel quadraginta annorum, in suo statu remanentibus.* Et telle est la jurisprudence des parlemens de Toulouse, de Bordeaux & de Provence, suivant laquelle la prescription de trente ans, dort en pupillarité & court en minorité, mais avec le bénéfice de la restitution. M. Bretonnier sur Henrys, tome 2, liv. 4, quest. 21.

2. L'ancienne Coutume de cette province, dont il est parlé dans le présent article, étoit en cela conforme au droit romain, selon que l'a observé Papon. *Antiqua,* dit-il, *Consuetudo Borboniorum, cujus hoc Statuto fit mentio (ibi)* combien que par ci-devant, &c. *Juri communi circà usucapionem triginta annorum consentiit, ut post annos pupillares adversùs minores Præscriptio, quæ cum defuncto majore fuerat inchoata, compleri posset....* Mais, par la disposition de notre article, la prescription ne court ni contre les pupilles ni contre les mineurs. C'est encore l'observation du même Papon: *Hoc verò Statuto,* ajoute-t-il, *minores, sive sint pupilli, sive sint adulti, neque longi temporis Præscriptione, neque aliâ breviori, gravari possunt.* Papon, *hic.*

3. Ce qu'il y a, c'est que selon la disposition du présent article, il semble que la prescription doive courir contre les adultes, après 20 ans. *Prescription,* dit notre article, *ne court contre les mineurs, c'est à savoir contre le mâle avant vingt ans, & contre la femelle avant seize ans;* d'où l'on doit, à ce qu'il paroît, conclure, par une conséquence tirée *à sensu contrario,* que la prescription court contre le mâle après vingt ans, & contre la femelle après seize ans.

4. Tel étoit le sentiment de nos anciens, de M. Louis Semin, de M. Jean Decullant, & de M. François Decullant; & telle étoit la jurisprudence de leur temps, suivant laquelle les prescriptions moindres de 30 ans ne couroient pas contre les mineurs avant l'âge de 25 ans; mais à l'égard de la prescription de 30 à 40 ans, elle couroit contre les mâles majeurs de vingt ans, & contre les filles majeures de seize ans. Voici l'observation de M. François Decullant sur notre article, sur le mot PRESCRIPTION: *Quod intellige,* dit-il, *de majori Præscriptione, quæ est 30 annorum, quæ currit contra majores 20 annis, non autem de minori Præscriptione decem annorum, de quâ suprà, §. 19. Quæ decem annorum Præscriptio non currit contrà majores 20 annis, sed tantùm incipit currere contrà majores 25 annis; ad quod faciunt postrema verba dicti paragr. 19, entre majeurs & capables suivant l'ordonnance, quæ fuit lata anno 1510. Unde D. Advocatus Semin ait distinguendum esse de Præscriptione tricenaria, aut decennaria, nam si de Præscriptione tricenaria agatur, vera est regula hujus paragraphi nostri, quòd currit talis Præscriptio contra majores 20 annis; si autem de decennaria incipit tantùm currere à vigesimo quinto ætatis anno.* M. François Decullant, *hic.*

5. Suivant M. Jean Decullant, la prescription de trente ans avoit son cours contre les majeurs de coutume, sans espérance de restitution; & telle étoit, dit-il, la jurisprudence de son temps. *In hoc nostro Statuto (* ce sont ses paroles *) Præscriptio, sive incœpta, sive jam incipiatur, currit contrà masculum majorem 20 annis, & fœmellam 16 annis, sine spe restitutionis: sic praticamus Molinis; quia quotiescumque Lex seu Statutum facit expressam, sive specialem mentionem de minore vel aliâ personâ, cui jure civili subvenitur restitutione, nunquam adversùs Statuti dispositionem conceditur dicta restitutio... Cùm enim Statutum eos comprehendat expressim, verba illius non debent esse*

otiosa & superflua, ut forent si eorum tenor elideretur restitutione, sed ita debent accipi quasi hoc denuo addant juri communi. . . . . . . Itaque effectus eorum verborum erit exclusio pura & simplex . . . . . M. Jean Decullant, *hic*.

6. Mais il me paroît que nos anciens ne raisonnoient pas conséquemment, & qu'ils s'écartoient en cela de l'esprit de notre Coutume: car la prescription étant une espece d'aliénation, & les majeurs de 20 ans & les filles majeures de 16 ans ayant à la vérité, suivant cette Coutume, la faculté d'aliéner leurs biens, mais aussi celle de se servir après cela du bénéfice de restitution, ainsi qu'il est dit en l'article 173, *infrà*, & qu'ils en conviennent eux-mêmes sur cet article; il s'ensuit de-là que la prescription doit avoir son cours contr'eux, mais qu'ils doivent être restitués contre cette prescription, conformément au droit romain.

7. Et comme, dans ce cas, inutilement la prescription de 30 ans courroit-elle contre les mineurs de 25 ans ; puisque, dès qu'ils souffrent par cette prescription, ils ont la liberté de se faire restituer contre, suivant l'esprit de cette Coutume, art. 173 ; pour retrancher la nécessité de cette restitution, on a abandonné l'ancienne jurisprudence, & on juge aujourd'hui dans ce siége, que la prescription de trente ans ne court point contre les mineurs de vingt-cinq ans, même en fait de droits purement mobiliers : Je l'ai vu ainsi juger plusieurs fois ; & entr'autres, il a été ainsi jugé en cette Sénéchaussée le 7 décembre 1725, au rapport de M. Perrotin, l'aîné, dans le procès d'entre Sebastien Charbonnier, tuteur de demoiselle Anne Charbonnier, sa fille, demandeur, & Jean Douet, défendeur. Il s'agissoit d'un devoir de cens : le défendeur opposoit la prescription, le demandeur la relevoit par le moyen de la minorité de droit de sa femme & de sa fille, à qui appartenoit le devoir ; & il fut jugé que la prescription n'avoit pas couru du temps de leur minorité de droit, même après leur majorité coutumiere. La même chose fut jugée en fait de droits purement mobiliers, le 4 septembre 1723, par sentence présidiale au premier chef de l'édit, rendue au rapport de M. Perrotin de la Serré, entre Gilbert Barde, demandeur, contre Simon Barde & autres, défendeurs. J'étois des juges dans l'une & l'autre sentences ; & ainsi s'observe, dit M. Bretonnier au lieu cité, dans les pays de droit écrit du parlement de Paris.

8. Toutefois la prescription conventionnelle, commencée contre un majeur, court contre un mineur, même au-dessous de l'âge de puberté, sauf son recours contre son tuteur. Ainsi, si une personne majeure a vendu un héritage sous faculté de le racheter pendant six ans, & que cette prescription conventionnelle ayant commencé contre le vendeur, tombe en la personne d'un mineur, héritier du majeur, la prescription court contre lui, sauf son recours contre son tuteur. C'est la disposition de notre article, lequel doit être entendu de la faculté de rachat, stipulée par un majeur, dont le temps court contre le mineur, héritier du majeur, selon qu'il a été observé par M. Jean Decullant sur le présent article: *Intellige*, dit-il, *facultatem concessam ei venditori, cui minor successit*. Et ainsi a été jugé par les arrêts rapportés par M. Brodeau sur M. Louet, lett. P, somm. 36 ; & en cette Sénéchaussée, le 10 juillet 1721, au rapport de M. Perrotin de la Serré, en infirmant la sentence du châtelain d'Herisson, entre Jean-Gilbert Besson, appellant, & Jean Durez & Gilbert Aufauvre, intimés. Il s'agissoit au procès d'une faculté de rachat pour quatre ans, stipulée par un majeur décédé, qui avoit laissé des enfans mineurs ; & il fut jugé que la faculté de rachat n'ayant pas été purgée, avoit duré 30 ans, mais qu'elle étoit prescrite par 30 ans, nonobstant la minorité des enfans du vendeur : J'étois des juges.

9. La raison est que l'on n'a point contracté avec le mineur, mais avec le majeur dont il est héritier ; que c'est une clause stipulée dans un contrat, une faculté que le défunt s'est stipulée pendant un certain temps, & que le temps faisant partie de la convention, il ne doit pas être suspendu, sous prétexte de minorité, ni étendu pour quelque cause que ce soit, au préjudice de l'acquéreur, les contrats étant de droit étroit, & cela avec d'autant plus de raison & de fondement, que le mineur héritier d'un majeur est tenu d'exécuter & entretenir tout ce qui a été fait par le défunt, sa minorité ne lui apportant en cela aucun privilége. Tel est le sentiment de M. Brodeau, au lieu cité ; de M. Dargentré sur l'art. 266 de la Cout. de Bretagne, chap. *de Præscript. adv. min. 12*, n. 2 ; de Coquille sur Niv. chap. 4, *des Fiefs*, art. 23.

10. M. Charles Dumoulin, sur cet article 33 de notre Coutume, observe que le mineur peut être relevé contre le laps de la prescription conventionnelle, dans deux cas: si le mineur n'a point de tuteur, ou si son tuteur n'est point solvable ; c'est son observation sur ces mots : SAUF LEUR RECOURS CONTRE LES TUTEURS. *Scilicèt*, dit-il, *si habuerint Tutores & sint solvendo, aliàs restituuntur.* * Mais ces deux exceptions de Dumoulin, sont presque universellement rejettées, dit M. Espiard par les autres auteurs, & par les arrêts. M. Espiard, Addition 122, *sur le Traité des Successions de Brun*, édit. quatrieme.

11. Il y en a qui ajoutent un troisieme cas ; savoir, si le mineur souffre une lésion énorme approchante de la moitié de juste prix, auquel cas ils veulent qu'il y ait lieu à la restitution à cause de la trop grande lésion, ainsi qu'il a été jugé par arrêts rapportés par M. Louet, lett. P, somm. 36. M. Jean Decullant rejette cette troisieme exception, & prétend qu'elle ne doit pas avoir lieu dans notre Coutume ; mais je ne saurois être de son sentiment. *Nota*, dit-il, *ex hoc nostro paragra-*

pho minorem habere recursum contrà Tutorem, undè possumus dicere nostrum statutum non subvenire minoribus, nisi per recursum contrà Tutores, non autem per restitutionem, quia expressio unius est exclusio alterius. Facit etiam, quod ait Molin. hic in sua apost. in verbo Tuteurs: *si habuerint, inquit, Tutores & sint solvendo, aliàs restituuntur: ergo non restituuntur minores adversùs hanc Præscriptionem, nisi duobus casibus, cùm non habuerint Tutores, vel non fuerint solvendo; itaque Arresta relata à* D. Louet, *in l.* P, *quibus minores restituuntur contrà Præscriptionem retractûs conventionalis, propter eorum damnum, quod non longè absit à læsione dimidii justi prætii, debent observari ubi Statutum non disponit.* Tel est le sentiment de M. Decullant, *hic*, auquel je ne puis adhérer, le trouvant trop dur & trop rigoureux pour les mineurs. * Tel étoit mon premier sentiment; mais ayant depuis fait attention que la raison générale, pour laquelle la prescription conventionnelle, commencée contre le prédécesseur majeur, court & a lieu contre le mineur, c'est, (pour me servir des termes de Brodeau) que, *nihil cum minore gestum est, que, factum defuncti majoris non retractatur ex persona heredis minoris, qui omninò debet jure defuncti uti, contrà quem majorem præscriptio inchoata est; ex ejusque persona contractûs descendit.* Je change de sentiment, & j'estime que le mineur ne peut être relevé, que dans le cas que le majeur pourroit l'être; ergo, dit Brodeau, *nulla ei datur restitutio, nisi fortè communi jure, & ex causa quâ defunctus restitui potuit.* Tel est le sentiment de Brodeau, en quoi il est suivi, dit M.

Espiard, par un très-grand nombre d'auteurs; & tel est le mien. *Voyez l'Addition* 122 *de* M. Espiard *sur le Traité des Successions de le Brun, de l'édit.* 4e.

12. Ce qui vient d'être dit de la prescription conventionnelle, qu'elle court contre le mineur, héritier du majeur, avec qui elle a été consentie, n'a son application que par rapport à la faculté de racheter, limitée à un certain temps, & non à la faculté de racheter, accordée indéfiniment, *toties quoties*; & la différence entre ces deux facultés, consiste en ce que, dans le premier cas, le temps étant limité en faveur de l'acquéreur, & faisant partie de la convention, il ne doit pas être suspendu sous prétexte de minorité, ni étendu pour quelque cause que ce soit, au préjudice de l'acquéreur, comme il vient d'être dit, les contrats étant de droit étroit; au lieu que dans le second cas, la faculté de rachat ayant été stipulée à perpétuité, *toties quoties*, en faveur du vendeur, & faisant partie de la convention, cette faculté est un droit acquis au vendeur, qui passe à ses héritiers, & qui se conserve & ne se prescrit point pendant leur minorité, non plus que leurs autres droits: en quoi l'acquéreur ne souffre rien, puisqu'il a consenti à la perpétuité de la faculté du rachat, & que comme il a été dit, c'est une clause du contrat; ce qui n'empêche pourtant pas que cette faculté accordée indéfiniment & à perpétuité, ne se prescrive par trente ans contre le vendeur ou ses héritiers majeurs, comme il a été dit sur l'article 20, *suprà*, & qu'il est porté en l'article 120 de la Coutume de Paris.

ARTICLE XXXIV.

TOUTES Prescriptions sont interrompues par innovation, obligation ou autre promesse, aussi par ajournemens libellez, exploits formels déclaratifs de la chose querellée, ou par demande judiciaire; & ont effet lesdites interruptions, combien que les exploits dessusdits ne soient poursuivis, ou que l'instance sur ce commencée, soit périe.

Interruption de Prescription.

1. UNe des conditions requises pour la prescription, est une possession continuée & paisible pendant tout le temps marqué par la Coutume; & cette possession doit être naturelle & civile tout ensemble, publique & connue.

2. La prescription étant fondée sur la durée de la possession pendant le temps réglé par la Coutume, elle n'est acquise qu'après que ce temps se trouve expiré; & par notre usage, contre la disposition du droit romain, dit M. Daumat, elle n'est acquise qu'au dernier moment du jour; desorte qu'une demande faite dans le dernier jour, interromproit la prescription; car ce qui peut empêcher la prescription, avant qu'elle soit acquise, doit, dit-il, être reçu favorablement pour rétablir le maître dans son droit. Daumat, *Loix civ.* tom. 2, liv. 3, tit. 7, sect. 4, art. 3.

3. L'interruption a cet effet, que non-seulement elle arrête le cours de la prescription, mais qu'elle anéantit la possession précédente. Elle fait que cette possession ne peut plus servir pour la prescription; que le temps qui a précédé l'interruption ne peut plus être compté & employé dans le nombre des années requis pour prescrire. *Effectus interruptionis est*, dit M. Dargentré, *quòd per eam Præscriptionis cursus, non solùm sistitur, & impeditur currere, sed etiam quòd ante interruptionem lapsum est ad initia revolvitur, & in irritum recidit sine ullo effectu, ac si nunquam cœpisset, nec ullum gradum aut numerum in computatione annorum facit ad inchoandam vel perficiendam Præscrip-*

tionem. M. Dargentré sur l'article 266 de la Coutume de Bretagne, *cap.* 2, *de Interruptione, num.* 10. Il dit la même chose, n. 6.

4. Il y a deux sortes d'interruptions, l'une naturelle, & l'autre civile : la naturelle, c'est quand on dépossédé une personne, & qu'elle souffre qu'un autre jouisse ; la civile, quand on poursuit une personne pour raison de l'héritage dont il jouit, ou de la chose qu'il doit.

5. L'interruption naturelle a autant de force, & même plus, pour interrompre la prescription, que l'interruption civile. *Possessionis quoque apprehensio*, dit M. le président Duret, *habet vim contestationis & actionem perpetuat..... & hac detentione interruptio fit præteriti temporis, si minus effluxerit quàm 30 ann. & multò magis quòd si per conventionem interruptio esset introducta....* M. le président Duret, *hìc*.

6. L'interruption civile ne regarde que celui qui l'a faite, un autre ne peut pas s'en servir ; parce que celui qui jouit, ayant toujours possédé naturellement & civilement en vertu d'un juste titre & de bonne foi, rien ne l'a empêché de prescrire à l'égard de cet autre : mais l'interruption naturelle sert à tous ceux qui prétendent à la chose ; parce que celui à qui la possession est ôtée, *definit possidere*. M. Leprestre, Cent. 1, qu. 38 ; M. Dargentré sur l'art. 266 de la Cout. de Bretagne, *cap*. 4, *de Interrupt. nat.* n. 1 & 2, & M. François Menudel, *hìc*.

7. Si celui qui jouit est dépossédé par voie de fait, qu'ayant intenté son action en complainte, il soit maintenu & gardé, & que la possession lui soit restituée, il ne laissera pas de prescrire, comme s'il n'y avoit point eu d'interruption naturelle : la raison est qu'ayant été réintégré, cette dépossession est déclarée nulle, considérée comme non faite & avenue ; & que la sentence a un effet rétroactif au jour de l'action, & en fait restituer les fruits, si aucuns ont été perçus par celui qui a causé le trouble ; desorte que celui qui a été troublé, est réputé ne l'avoir jamais été, mais avoir été au contraire toujours en possession ; puisque la possession emportant la jouissance & la perception des fruits, on lui a restitué ceux qui ont été recueillis : ainsi la prescription continue nonobstant cette dépossession. *Si quis,* dit le Droit, *vi de possessione dejectus, perindè haberi debet ac si possideret, cùm interdicto de vi recuperandæ possessionis facultatem habeat ;* loi 17, §. *de acqu. vel amitt. poss.* Mais il faut, en ce cas, que celui qui a été dépossédé, intente son action en complainte & réintégrande dans l'an & jour du trouble, faute de quoi il perdroit sa possession, & ne pourroit plus prescrire.

8. Il y a des intervalles où le possesseur cesse volontairement d'exercer sa possession, qui ne l'interrompent pas non plus, & qui n'empêchent pas qu'il ne continue sa prescription. Lorsqu'un possesseur, par exemple, absent ou négligent, cesse pendant quelques années d'entrer dans son héritage & de le cultiver, il ne laisse pas de conserver sa possession ; & non-seulement il joint le temps de l'exercice actuel qu'il en a fait, mais il ajoute aussi l'intervalle où il avoit cessé de l'exercer. *Licèt possessio,* dit le Droit, *nudo animo acquiri non possit, tamen solo animo retineri potest ; si ergo prædiorum desertam possessionem, non derelinquendi affectione, transacto tempore non coluisti, sed metûs necessitate culturam eorum distulisti, præjudicium tibi ex transmissi temporis injuriâ generari non potest.* L. 4, Cod. *de acquir. & retin. possess.*

9. Il peut même arriver qu'il y ait un intervalle sans possesseur, qui n'interrompe pas la prescription ; & cela arrive, lorsqu'un héritier absent, ou qui ignoroit son droit, n'entre en possession des biens que quelque temps après l'ouverture de la succession : car cet héritier ne laissera pas de joindre à sa possession celle du défunt, & même le temps de cet intervalle, qui est entre l'ouverture de l'hérédité & la possession naturelle. *Vacuum tempus quod ante aditam hæreditatem, vel post aditam intercessit, ad usucapionem hæredi procedit.* L. 31, §. 2, ff. *de usurp. & usucap.*

10. La saisie réelle avec établissement de commissaire, n'est pas regardée comme une possession qui interrompe la prescription contre le propriétaire saisi, & qui l'empêche de prescrire : par la raison que, quoique la chose saisie soit sous la main de justice, le saisi ne laisse pas d'être toujours considéré comme possesseur à l'effet de la prescription ; cette dépossession ne se faisant que pour ôter au saisi la jouissance de la chose, & la perception des fruits au profit de ses créanciers ; de maniere qu'il la peut vendre, à la charge par l'acheteur d'en payer le prix aux créanciers.

11. Mais cette dépossession du propriétaire saisi, qui se fait par établissement de commissaire, & bail judiciaire, empêche qu'on ne prescrive contre lui, parce qu'elle lui lie les mains, le met hors d'état de poursuivre & d'agir, & que *contrà non valentem agere non currit Præscriptio.*

12. Il y a deux sortes d'interruptions civiles : l'une extrajudiciaire, qui est celle qui est faite hors jugement, par reconnoissance ou titre nouvel ; & l'autre judiciaire, qui est celle qui se fait avec assignation devant le juge, portant demande précise, ou bien celle qui se fait *coram Judice,* les parties y ayant déja été traduites.

13. Quant à ce qui concerne l'interruption civile extrajudiciaire, il est certain que toutes prescriptions sont interrompues par innovation, lorsque le débiteur renouvelle la dette par une reconnoissance, par obligation ou autre promesse ; c'est la disposition du présent article.

14. Le paiement d'une partie de la dette est encore une interruption civile extrajudiciaire, qui empêche le cours de la prescription ;

ensorte

enforte que la prescription ne commence désormais à courir que du jour de ce paiement. La raison est que ce paiement est une reconnoissance nouvelle de la dette. C'est l'observation de M. le président Duret. *Nota*, dit-il, *solutionem partis debiti alicujus per obligationem firmati, obligationem renovare, & Præscriptionem interrumpere, adeo ut deinceps non currat, nisi à die quo pars debiti fuit soluta, quia talis solutio est agnitio nova debiti, quæ solutio debiti potest probari, aut per testes, si summa non excedat*, ou bien par un endossement sur l'obligation, pourvu que cet endossement soit écrit par le débiteur, ou par lui accepté. M. le président Duret, *hic*. Mais pour savoir si au défaut de reçus signés & acceptés par le débiteur, de simples reçus justifiés par une lettre ou par un journal en bonne forme, sont suffisans pour empêcher le cours de la prescription en matiere de cens ou de rentes, voyez ce qui a été dit sur l'article 22, *suprà*.

15. Quant à la réserve générale faite par un créancier dans une obligation postérieure des autres sommes à lui dues par le débiteur, si elle est suffisante pour empêcher la prescription à l'égard des obligations précédentes, c'est une question. Il a été jugé par arrêt du parlement de Toulouse de l'année 1698, rapporté par M. Catelan, tome 2, liv. 7, chap. dernier, qu'elle étoit suffisante : la même chose a été jugée par un autre arrêt du parlement de Paris, cité par Henrys, tome 1, liv. 4, chap. 6, qu. 102; & la raison qu'on apporte pour appuyer cette doctrine, est qu'une telle réserve insérée dans une derniere obligation, est une reconnoissance expresse que les précédentes étoient pour lors dues, & par conséquent que la derniere avoit renouvellé le droit & l'action des autres ; que ces termes ne pouvoient pas être inutiles, & qu'il falloit qu'ils opérassent quelque chose.

16. Mais cette doctrine, selon que l'a observé M. Bretonnier, n'est pas assez certaine pour s'y fier ; il faut faire une réserve expresse des autres obligations, & il est même à propos de les spécifier, ou du moins de faire mention de la date ; car une clause vague & générale, & qui est de style, telle que celle-ci, *sans préjudice d'autres dûs, droits & actions*, n'est pas suffisante, selon lui, pour empêcher la prescription contre d'autres obligations. M. Bretonnier sur Henrys, tome 1, liv. 4, chap. 6, qu. 102.

17. Quand une personne est obligée ou condamnée, on a toujours tenu qu'à son égard un simple commandement interrompoit la prescription même de trente ans, parce qu'il se fait en vertu de pieces authentiques, & qu'il n'est pas nécessaire d'obtenir de nouvelles condamnations ; & c'est sur ce principe qu'on juge qu'un simple commandement suffit pour arrêter le cours de la prescription des arrérages de rentes, comme il a été dit sur l'article 18.

18. J'ai dit un commandement ; car un simple à savoir, tels que sont ceux des seigneurs censiers, n'est pas suffisant pour empêcher la prescription. *Proclamatio*, dit M. Jean Decullant, *quâ Domini faciunt proclamare, ut omnes eorum Censuarii tali die & tali loco afferant debitos census, non interrumpunt Præscriptionem.* M. Jean Decullant, *hic*.

19. A l'égard des personnes qui ne sont obligées ni condamnées, il faut une citation & demande judiciaire ; c'est-à-dire, une assignation devant le juge, portant demande, ou bien une demande *coram Judice*, lorsque les parties y ont déja été introduites : c'est ce que marque notre Coutume, par ces mots de notre article, *ajournemens ou demande judiciaire* : & pour lors la prescription, comme il est dit dans le présent article, est interrompue : mais il faut que l'exploit soit libellé, c'est-à-dire, qu'il contienne les conclusions, & sommairement les moyens de la demande. Car par l'ordonnance de 1667, tit. 2, art. 1, toutes demandes doivent être libellées à peine de nullité de l'exploit : ce qui avoit déja été ordonné par les ordonnances de 1539, art. 16, & de Roussillon, de l'an 1563, art. 1.

20. Mais si la demande a été suivie de procédures ; qu'il y ait eu une instance formée, & que l'instance soit périe, cette instance n'aura effet pour interrompre la prescription, laquelle aura son cours, comme si l'instance n'avoit jamais été formée. L'ordon. de Roussillon de 1563 y est précise ; voici ce qu'elle porte : « L'instance intentée, ores qu'elle soit
» contestée, si par le laps de trois ans elle est
» discontinuée, n'aura aucun effet de perpé-
» tuer ou proroger l'action ; mais aura la pres-
» cription son cours, comme si ladite instan-
» ce n'avoit été formée ni introduite, & sans
» qu'on puisse prétendre ladite prescription
» avoir été interrompue. »

21. Quand la demande n'a pas été suivie de procédures, qu'il n'y a pas eu de présentation ou constitution de procureur, c'est une question qui a fait autrefois beaucoup de difficulté : si une telle instance intentée, qui n'a été contestée, ou assignation qui n'a pas été suivie de constitution ou présentation de procureur, tomboit en péremption, & n'avoit par conséquent aucun effet pour perpétuer l'action, & interrompre la prescription. C'est ce qui n'étoit pas bien résolu au palais avant l'arrêté du parlement, du 28 mars 1692, qui rend la jurisprudence certaine sur ce point-là.

22. Cet arrêté contient plusieurs articles dont le premier porte que les instances intentées, bien qu'elles ne soient contestées, ni les assignations suivies de constitution & de présentation de procureur, par aucune des parties, seront déclarées péries, en cas que l'on ait cessé & discontinué les procédures pendant trois ans, & qu'elles n'auront aucun effet de perpétuer ni de proroger l'action, ni d'interrompre la prescription.

23. Notre Coutume y est contraire, au présent article ; puisqu'elle porte que toutes pres-

criptions font interrompues par ajournemens, combien qu'ils ne foient pourfuivis, ou que l'inftance fur ce commencée foit périe. Mais la difpofition de cet article, en ce qui regarde l'inftance commencée, tombée en péremption, eft abolie par l'ordonnance de Rouffillon, art. 15, ainfi qu'il vient d'être dit ; & quant à ce qui regarde les ajournemens non fuivis de comparution ni de conftitution de procureur, l'arrêté du parlement fait une loi dans le reffort, qu'il faut obferver.

24. Ce qui peut faire le fujet d'une queftion après l'arrêté du parlement, de favoir fi un fimple commandement fans affignation, tel qu'on le fait, par exemple, pour paiement des arrérages de rentes, eft fujet à péremption, faute de pourfuites pendant trois ans ; fur quoi M. Bretonnier fur Henrys, & l'auteur des notes fur Dupleffis, eftiment que tels commandemens ne font pas fujets à péremption, parce qu'ils ne font introduits que pour avertir le débiteur. Il faut remarquer, dit l'auteur des notes fur Dupleffis, que tout exploit portant affignation périt par trois ans ; parce que c'eft le commencement d'une inftance, & que toute inftance périt par trois ans ; qu'au contraire un commandement ou une faifie-arrêt dure 30 ans. M. Bretonnier fur Henrys, tome 1, liv. 4, ch. 6, qu. 74 ; & l'auteur des notes fur Dupleffis, traité *des Droits incorporels*, tit. 3, liv. 1, chap. 2, à la fin.

25. Il faut raifonner d'une affignation donnée à un mineur non-autorifé de fon tuteur ou curateur, & d'une fentence par défaut obtenue contre lui fur cette affignation, contre laquelle il forme oppofition, comme d'une affignation tombée en péremption ; elle n'a aucun effet pour interrompre la prefcription contre le mineur, qui devenu majeur, s'étant pourvu contre cette fentence par défaut, a été déchargé de l'effet d'icelle. La raifon eft que l'affignation donnée à un mineur, fans affigner fon tuteur ou curateur pour l'autorifer, étant nulle, & la fentence par défaut, intervenue fur cette affignation, ne pouvant par conféquent fe foutenir, elles ne peuvent rien opérer contre le mineur qui s'eft pourvu contre par la voie d'oppofition ; parce que *Quod nullum eft, nullum producit effectum*, & qu'on les doit regarder comme non-avenues. Ayant été confulté fur cette queftion le 16 avril 1724, je la propofai à deux confeillers de la chambre, qui comme moi furent de cet avis.

26. Il en eft de même, felon l'auteur des nouvelles obfervations fur la Coutume de Senlis, d'une affignation donnée pardevant un juge notoirement incompétent, & qui n'eft fondé dans aucun droit pour connoître de la matiere ; elle n'empêche pas la prefcription. *Nouvelles obfervations fur la Coutume de Senlis*, tit. 8, art. 188.

27. Mais il faut raifonner autrement de la demande en juftice, faite par un mineur fans l'autorité de fon curateur ; elle a l'effet d'interrompre la prefcription en faveur du mineur, felon M. le préfident Duret après M. Dargentré. C'eft l'obfervation de M. Duret fur ces mots, PAR DEMANDE JUDICIAIRE : *Etfi*, dit-il, *talis petitio fiat à filiofamilias, muliere conjugatâ, vel minore, fine auctoritate patris, mariti, Tutoris aut Curatoris*. La raifon qu'en donne M. Dargentré, c'eft que *intercedere poffunt ad confervationem rei fuæ.... & que tales actus judiciales, cùm utiles funt, fuftinentur, multòque magis, fi res peritura eft (defectu interruptionis) ...... Quam fententiam*, dit M. Dargentré, *Jus, æquitas, & aperta ratio fuftinet*. Dargentré fur la Coutume de Bretagne, art. 104, gl. 2, n 3 & 4 ; & le préfident Duret, *hic*.

ARTICLE XXXV.

Exécution d'Interruption. INTERRUPTION de Prefcription faite contre l'un des freres ou communs poffédans par indivis aucune chofe, fert & profite, comme fi elle étoit faite contre les autres communs perfonniers en ladite chofe.

1. LA Coutume de Nivernois, titre *des Prefcript*. art. 5 ; celles de Berry, tit. 12, art. 13, & d'Anjou, art. 435, contiennent une difpofition femblable ; & fuivant ces Coutumes & la nôtre au préfent article, quand plufieurs perfonnes, plufieurs freres, ou autres communs poffédent un fonds ou aucune chofe en commun & par indivis, l'interruption de prefcription faite contre l'un, pour raifon de la chofe commune & indivife, nuit aux autres, & fert à perpétuer l'obligation & l'action, & à empêcher la prefcription contre tous. La raifon eft, dit Coquille, que l'action étant *potiùs in rem, quàm in perfonam*, elle nuit à tous ceux qui y ont part. Autre chofe feroit s'ils poffédoient divifément & féparément ; car, en ce cas, l'interruption faite à l'égard de l'un (dit M. de la Thaumaffiere) ne nuit pas aux autres.

2. Notre Coutume, dans notre article, ne s'explique pas de quelle interruption elle entend parler ; fi c'eft de la naturelle, ou de la civile : mais comme elle parle en général, elle doit être entendue tant de l'une que de l'autre. *Verùm hic cenfeo*, dit M. Jean Decullant, *non diftinguendum, cùm hic paragraphus nofter non diftinguat..... Adde paragraphum 13 Statuti Bitur. tit. des prefcriptions, qui ait difertis verbis, interruptionem civilem, per libelli citationem in Judicium factam contrà unum ex detentoribus fundi indivifi, nocere cæteris : facit item paragraphus 34 hujus Sta-*

tuti, *qui tantùm loquitur de interruptione civili. Quapropter in hoc paragrapho* 35 *censendum est nostros Statuentes loqui non solùm de interruptione naturali, sed etiam de civili, continuando materiam paragraphi præcedentis.* M. Jean Decullant, *hic.*

3. Mais l'interruption civile faite par assignation, ou autres poursuites judiciaires, contre un codétenteur, ne nuit & ne préjudicie aux autres codétenteurs du même héritage, ou autre immeuble qu'ils possedent par indivis, & n'empêche la prescription contre tous, que quand l'interruption & les poursuites se font pour tout l'héritage ou immeuble. C'est l'observation de M. Charles Dumoulin, & après lui de M. le président Duret, sur ces mots, EN LADITE CHOSE. *Scilicèt*, dit M. Duret, *quando reus convenitur super totâ, & super totâ proceditur ; aliter si actor conveniat aliquem ex possessoribus, pro sua parte tantùm, & sic actio limitata sit ad partem indivisam,* ut notat Molin. hoc paragrapho 35, & ad Statutum Bitur. tit. eod. §. 13. M. le président Duret, *hic.*

4. Il en est des personnes qui sont obligées solidairement & personnellement, comme de celles qui possedent quelque chose en commun & par indivis ; l'interruption faite à l'un des coobligés, pour raison de la chose qui fait la matiere de l'obligation, nuit aux autres & sert à empêcher la prescription. La raison, du côté du créancier, est que la demande est faite pour le droit entier ; & de la part des coobligés, que l'un d'eux les représente tous ; que quand plusieurs personnes se sont obligées personnellement & solidairement, c'est une espece de société qu'elles contractent entr'elles ; que s'obligeant toutes réciproquement les unes pour les autres, & l'une d'elles pouvant être poursuivie pour le tout, c'est une même & unique affaire qui les regarde toutes : de maniere que, quand l'une reconnoît la dette, ou fait quelqu'autre chose concernant la dette commune, elle est réputée la faire au nom de toutes, *procuratorio nomine*, comme ayant charge, pouvoir & mandement de tous ses coobligés ; ce qui interrompt la prescription à leur égard. La loi derniere, au code *de duob. reis stipul.* le porte précisément ; & il y a arrêt du 5 mai 1625, qui l'a ainsi jugé, cité par M. Brodeau sur M. Louet, & rapporté par Dufresne, liv. 1, ch. 53.

De-là M. Brodeau tire deux conclusions :

5. La premiere, que tant & si longuement qu'un des coobligés personnellement & solidairement reconnoît la rente, & paye les arrérages, l'autre ne peut prescrire, encore que pendant 30 & 40 années il soit demeuré en repos, sans être poursuivi ni inquiété.

6. La seconde, que les interruptions, exploits de commandement, exécutions & autres poursuites faites contre un des coobligés personnellement & solidairement, au paiement & continuation d'une rente, interrompent le cours de la prescription de cinq ans, pour les arrérages, à l'égard des autres coobligés. M. Brodeau sur M. Louet, lett. P, somm. 2, n. 5 & 6.

7. Il n'en est pas de même des cohéritiers ; l'interruption faite à l'un des cohéritiers, ne nuit pas aux autres : la raison est qu'ils ne sont obligés chacun personnellement que pour leur part & portion, & non pour le tout ; de maniere qu'ils ne sont point *socii vel correi debendi*, associés ni coobligés, & que quand l'un reconnoît la dette, il ne le fait que pour sa part & non pour ses cohéritiers ; & comme on ne peut demander à l'un que sa portion civile ; on ne peut pas dire qu'il interrompt la prescription des autres, auxquels il faut demander leur part & portion. Tel est le sentiment commun.

8. Il y a plus ; c'est que, quand bien même l'héritier d'un débiteur seroit poursuivi personnellement pour sa part & portion, & hypothécairement pour le tout, à cause qu'il possede des biens immeubles de la succession, le créancier, par cette demande de toute la dette, n'interromproit pas pour cela la prescription à l'égard des autres cohéritiers ; car, à moins que les cohéritiers ne possedent par indivis les immeubles de la succession, l'interruption faite à l'un ne nuit pas aux autres ; & après le partage, l'action hypothécaire dont ils sont tenus comme bien-tenans, se peut prescrire par ceux qui ne sont pas poursuivis, aussi bien que la personnelle ; & ce sentiment est fondé sur la disposition du présent article, qui porte que l'interruption faite contre l'un des freres possédans par indivis aucune chose, nuit & préjudicie aux autres : D'où il s'ensuit par une conséquence tirée à sens contraire que quand les freres ou cohéritiers ne la possedent pas en commun & par indivis, en ce cas, l'interruption faite contre l'un ne nuit pas aux autres.

Il en est de même, quand un seigneur direct d'un max ou tenement circonscrit, borné & limité, forme la demande de la totalité du devoir à l'un des détenteurs ; cette poursuite contre ce détenteur, ce paiement, ou la reconnoissance de tout le cens par ce détenteur, n'interrompt point la prescription à l'égard des autres codétenteurs, comme il a été dit sur l'article 32, *suprà.*

* Ainsi il faut faire une différence entre les coobligés personnellement & solidairement, & ceux qui n'étant obligés solidairement qu'à cause de l'hypothéque & de la détention, ne sont pas véritables coobligés, & ne le sont qu'improprement. La maxime qui veut qu'un paiement fait par un coobligé, & les poursuites faites contre lui, interrompent la prescription contre les autres coobligés, n'a lieu qu'entre coobligés personnellement, & ne peut être appliquée contre un cohéritier (ou codétenteur) tenu hypothécairement pour le tout, qui ne laisse pas de prescrire, nonobstant l'interruption faite contre son cohéritier (ou codétenteur.) C'est l'observation de M. Berroyer

dans ses notes sur les arrêts de Bardet, tom. 1, liv. 2, chap. 42.

9. Pour ce qui est des poursuites que le créancier fait contre tous les héritiers de la succession de l'un des coobligés solidairement, c'est une question si elles servent contre les successions des autres coobligés, à l'effet d'empêcher la prescription.

10. Il y a des auteurs qui veulent que quand l'un des coobligés vient à décéder, à la vérité ses héritiers ne sont obligés que pour leurs parts & portions héréditaires, mais qu'alors la solidité subsiste à l'égard des autres coobligés, & que s'ils décèdent tous, la solidité demeure contre chaque succession ; d'où ils concluent que les poursuites que le créancier fait contre une succession nuisent aux autres, & qu'elles militent contr'elles à l'effet d'empêcher la prescription ; & qu'au contraire les poursuites qu'il fait contre un des cohéritiers ne nuisent pas aux autres cohéritiers de la même succession, & même qu'elles ne lui servent pour conserver son droit contre les autres successions, que jusqu'à la concurrence de la portion de ce cohéritier qui a été poursuivi.

11. D'autres, comme M. Dernusson dans son traité *de la Subrogation*, ch. 7, somm. 31 & 32, d'un sentiment différent, prétendent que la solidité entre plusieurs coobligés perd sa force à l'égard de leurs héritiers, & que *hæres unius ex correis, non est verus correus*. L'obligation solidaire, dit M. Dernusson, que deux ou plusieurs contractent, est une espèce d'obligation particulière qu'ils font ensemble ; & par cette raison, le fait de l'un est le fait de l'autre, & ce qui est fait contre l'un est censé fait contre les autres, pour ce qui regarde cette obligation commune qu'ils ont contractée ensemble : s'étant obligés solidairement tous les uns pour les autres, ils sont considérés comme mandataires les uns des autres ; le paiement fait par l'un, est censé fait par tous, la poursuite faite contre l'un est censée faite contre tous. Mais autre chose est, dit-il, quand l'un des coobligés solidairement vient à décéder ; car leur société est dissoute, *morte solvitur societas* : l'héritier est *nova persona*, qui ignore le plus souvent les obligations contractées par son prédécesseur ; tellement qu'il y a changement par la mort de l'un des coobligés : & comme l'héritier du décédé est *nova persona*, ce qui est fait contre l'un des obligés, n'est pas censé fait & continué contre l'héritier de l'autre obligé qui est décédé ; c'est au créancier qui voit que l'un des débiteurs obligés solidairement est décédé, d'agir contre ses héritiers ; autrement s'ils ne sont poursuivis, conclut-il, ils pourront acquérir prescription. Et ainsi fut jugé, selon ce sentiment, le 6 mars 1722, en la chambre du conseil en cette Sénéchaussée, dans le procès des héritiers de François Chartier, contre ceux de Joseph Goyard ; mais les opinions furent partagées, & le sentiment du président prévalut : J'étois des juges.

12. Que si un même droit d'hypothèque, de propriété ou autre, appartient à plusieurs personnes en commun, la demande faite par un seul interrompt la prescription pour tous les autres : car c'est le droit entier qui est demandé, & chacun conserve par cette demande ce qui lui revient. M. Daumat, *Loix civ.* tome 2, liv. 3, tit. 7, sect. 5, art. 16.

13. Mais si celui qui a formé la demande, ne l'a formée que pour lui seul, en son nom & pour ce qui lui revient, sa demande ne lui profite qu'à lui seul : c'est l'observation de M. Jean Decullant, après M. Charles Dumoulin. *Sic è contrà*, dit Decullant, *si unus plurium creditorum, vel dominorum rei indivisæ agat, non nomine communi, sed proprio, & pro parte sua, sibi soli vigilat*, Molin. in Paris. §. 52, *veter. Consf. gl.* 1, n. 14. M. Jean Decullant, *hic*.

TITRE QUATRIEME.

Des Exceptions.

1. Exception, c'est ce que le défendeur allègue contre l'action intentée contre lui, soit pour en empêcher ou pour en différer l'effet. Ainsi le mot d'*Exception* comprend généralement toutes sortes de défenses.

2. On distingue trois sortes d'exceptions : les exceptions déclinatoires, les dilatoires, & les péremptoires.

3. Les exceptions déclinatoires sont celles par lesquelles le défendeur décline la juridiction du juge pardevant lequel il est appelé.

4. Les exceptions dilatoires, celles que le défendeur oppose pour remettre, éloigner ou retarder le jugement de l'instance.

5. Enfin les exceptions péremptoires, sont celles qui sont proposées pour anéantir & éteindre l'action, & dont l'effet est de faire renvoyer le défendeur absous de la demande : ce sont celles qu'en pratique on appelle proprement *défenses*.

6. Il a été parlé des exceptions déclinatoires au titre 2, *suprà*, des renvois. Reste à dire un mot des exceptions dilatoires & péremptoires.

7. Les exceptions dilatoires, qui ne vont pas à l'exclusion de l'action, mais seulement à en différer & retarder l'exécution, sont de tant de sortes, qu'il seroit difficile d'en faire une exacte énumération.

8. Ce qu'il y a à observer touchant ces exceptions en général,

9. C'est, 1°. Que les exceptions dilatoires doivent être, pour le plus sûr, proposées avant la contestation en cause, *quia sunt exceptiones de judicio constituendo*.

10. 2°. Que, suivant l'article 1 du titre 9 de

de l'ordonnance de 1667, celui qui a plusieurs exceptions dilatoires, est tenu de les proposer toutes par un même acte.

11. Si ce n'est toutefois un héritier présomptif qui auroit été assigné en qualité d'héritier, ou une veuve, en qualité de commune, lesquels ne sont pas tenus, suivant l'article 2 du même titre 9, de proposer les autres exceptions dilatoires en demandant le terme pour délibérer; parce qu'avant que ce délai soit expiré, il est incertain, à l'égard de l'héritier, s'il sera héritier ou non; & que s'il n'est point héritier, le demandeur n'aura pas d'action, contre laquelle il puisse être obligé de fournir des exceptions ou des défenses: on doit raisonner de même de la veuve.

12. Il est des exceptions péremptoires, qui tendent à éteindre l'action du demandeur, & à faire renvoyer le défendeur absous de la demande, comme des exceptions dilatoires; elles ne se peuvent nombrer, parce que, contre chacune action en particulier, il peut y avoir plusieurs exceptions péremptoires: mais il y en a de certaines qui sont générales, comme les rescisions, les compensations, les quittances, les transactions, le dol, la minorité, la crainte, le serment déféré & la chose jugée.

13. De ces différentes sortes d'exceptions, il n'y a que celle de la compensation dont il soit parlé dans ce titre, art. 37, & celle de la chose jugée, art. 38; car pour l'exception, dont il est parlé en l'article 36, elle n'est pas en usage, comme il est dit dans cet article.

14. Il n'y a pas de titre sur cette matiere dans l'ancienne Coutume.

ARTICLE XXXVI.

Exception de deniers non-nombrez, n'a point de lieu en Cour laye, sinon que la Partie s'en veuille rapporter au serment du créancier.

Exception de pecune non-nombrée, n'a lieu.

1. Anciennement, & suivant le droit romain, l'exception de deniers non-nombrés avoit lieu; tant contre les obligations, cédules & instrument qui portoient simple confession d'avoir reçu, que contre les obligations & cédules qui contenoient & faisoient mention de la réelle numération de deniers ou délivrance d'autres choses, consistant en nombre, poids ou mesure. Le débiteur qui prétendoit s'être obligé pour chose qu'il n'avoit point reçue, pouvoit dans cinq ans du jour de l'obligation ou cédule, proposer l'exception de l'argent non-nombré & délivré, & le créancier étoit tenu de prouver qu'il avoit été donné & délivré au débiteur; mais Justinien restreignit ce temps de cinq ans à deux ans. L. *In contractibus*, 14, Cod. *de non num. pecun.*

2. Quelques-unes de nos Coutumes rejettent cette exception, en ce qu'elle charge le créancier de la preuve du contenu en son obligation & cédule: mais elles reçoivent le débiteur à faire preuve qu'il n'a pas été fait de numération, ni délivrance réelle de ce qui est porté & énoncé en ladite obligation ou cédule. Telle est la disposition de la Coutume de Berry, chap. 2, art. 31; de la Marche, art. 98; d'Auvergne, tit. 18, art. 3 & 4; & tel est le sentiment de Dumoulin dans sa note sur le présent article: *Hic paragraphus*, dit-il, *intelligitur ad effectum onerandi creditorem probatione, sed non à nullo genere probationis reus excluditur.*

3. D'autres Coutumes rejettent cette exception purement & simplement, comme la nôtre au présent article; celle de Montargis, chap. 21, art. 11, & de Blois, art. 269. A la vérité, notre Coutume & celle de Montargis ne parlent de cette exception que pour ce qui concerne la jurisdiction séculiere: mais, comme l'a observé Dumoulin dans sa note, *hic*, il n'y a point de différence à faire quant à ce, entre le for ecclésiastico & laïc. *Idem dico*, dit-il, *in foro ecclesiastico; diversitas enim fori non debet meritum causæ variare.*

4. La seule question que l'on peut former sur le présent article de notre Coutume, c'est si, suivant le sentiment de M. Dumoulin dans sa note sur cet article, & conformément aux Coutumes de Berry, d'Auvergne & de la Marche, on doit recevoir le débiteur à la preuve que les deniers n'ont point été nombrés & délivrés: mais cette question ne doit pas souffrir de difficulté depuis l'ordonnance de Moulins; puisque, par l'article 54 de cette ordonnance, renouvellé par l'article 2 du titre 20 de l'ordonnance de 1667, l'on n'est pas reçu à faire preuve par témoins, contre & outre ce qui est écrit dans les actes. Ainsi la preuve par témoins n'est aucunement recevable, même de la part du débiteur, comme l'ont observé M. Julien Brodeau dans sa note rapportée sur le nouveau Cout. gén. sur l'article 98 de la Coutume de la Marche, & M. Prohet sur l'article 4 du titre 18 de la Coutume d'Auvergne.

5. De cette maniere, le débiteur n'a pour tout recours que la faculté de faire interroger sa partie, ou de lui déférer le serment; lequel serment lui est réservé par notre article, & par l'article 31 du titre 2 de celle de Berry.

6. Autre chose seroit, si l'instrument ne contenoit pas la confession d'avoir reçu; comme dans le cas où Pierre écrit à Jean, son ami, de lui prêter une certaine somme d'argent, & lui marque de garder sa missive pour sûreté de son prêt: en ce cas, si Jean retient la lettre sans envoyer l'argent, nulle difficulté que Pierre ne soit reçu à prouver que

Part. I.

Aa

l'argent ne lui a pas été envoyé, & qu'il ne l'a pas reçu.

* Il faut encore excepter de la disposition du précédent article, les billets & promesses sous signature privée, causés pour valeur en argent, écrits d'une main étrangere, & qui ne sont pas revêtus de l'approbation requise par la déclaration du 22 septembre 1733, contre lesquels on est recevable aux termes de ladite déclaration, à opposer l'exception de l'argent non nombré, & à affirmer qu'on n'en a pas reçu la valeur ; voici la teneur de la déclaration.

« Pour éviter les fraudes & les infidélités » qui se commettent par différens particu- » liers, qui trouvent le moyen de se procurer, » par artifice ou autrement, des signatures » vraies de plusieurs personnes, en écrivant » ou faisant écrire par des mains étrangeres, » une promesse, ou un billet supposé, dans » le blanc qui étoit au-dessus des signatures, » après avoir plié, ou coupé le papier, pour » lui donner la forme convenable, ou même » après avoir enlevé l'écriture, qui pouvoit » faire obstacle à l'exécution de leurs des- » seins ; pour prévenir & arrêter dans leur » source ces faussetés, qui intéressent la foi » publique, & qui troublent l'ordre de l'Etat : » A ces causes, & autres à ce nous mou- » vans, de l'avis de notre Conseil, de notre » certaine science, pleine puissance, & auto- » rité Royale, Nous avons dit, déclaré & » ordonné, & par ces Présentes, signées de no- » tre main, disons, déclarons & ordonnons, » voulons & Nous plaît : Que tous billets » sous signature privée, au porteur, à ordre » ou autrement, causés pour valeur en ar- » gent, autres néanmoins que ceux qui seront » faits par des banquiers, négocians, mar- » chands, manufacturiers, artisans, fermiers, » laboureurs, vignerons, manouvriers & au- » tres de pareille qualité, seront de nul effet » & valeur, si le corps du billet n'est écrit » de la main de celui qui l'aura signé, ou du » moins si la somme portée audit billet, n'est » reconnue par une approbation écrite en » toutes lettres aussi de sa main ; faute de » quoi le paiement n'en pourra être ordonné » en justice. Voulons néanmoins que celui » qui refusera de payer le contenu auxdits » billets, ou promesses, soit tenu d'affirmer » qu'il n'en a point reçu la valeur ; & à l'é- » gard de ses héritiers ou représentans, ils » seront seulement tenus d'affirmer qu'ils n'ont » aucune connoissance que lesdits billets ou » promesses soient dus. Ordonnons pareille- » ment que tous les billets ou promesses, sous » simple signature privée, faits antérieure- » ment à la datte des présentes, par autres » que ceux de la profession, ou qualité ci- » dessus marquées, & qui ne seront pas con- » formes à la présente disposition, soient re- » nouvellés dans l'espace de deux ans, ou que » pour les faire valider, la demande à fin de » renouvellement, ou de paiement en soit » faite dans le même délai ; à défaut de quoi, » & ledit temps passé, lesdits billets ou pro- » messes seront & demeureront nuls & de nul » effet ; défendons à tous juges d'en ordon- » ner le paiement, à la charge pareillement » de l'affirmation, suivant & ainsi qu'elle est » ci-devant prescrite, & ordonnée, soit par » celui qui aura signé lesdits billets, soit par » ses héritiers ou représentans, après sa mort. » Si donnons en Mandement, &c. »

La présente déclaration donnée à Versailles le 22 septembre 1733. Registrée au parlement le 14 octobre 1733, & le 20 janvier 1734 ; publiée en l'audience de cette Sénéchaussée le 3 février 1734.

ARTICLE XXXVII.

COMPENSATION a lieu *liquidi ad liquidum*, en faisant apparoir promptement par celui qui demande compensation de sa dette.

1. Par l'ancienne Coutume, la compensation n'avoit point de lieu, *etiam liquidi ad liquidum*; mais M^{rs}. les commissaires ayant remontré que tel article étoit contre la disposition de droit & l'intérêt public, il fut corrigé d'un commun accord, & il fut dit que la compensation avoit lieu d'une dette liquide à autre dette liquide : & telle est la disposition de la Coutume de Paris, art. 105 ; de celle de la Marche, art. 100 ; d'Auvergne, tit. 18, art. 6 ; de Tours, art. 219 ; de Melun, art. 326 ; de Mantes, art. 66 ; de Reims, art. 397, & autres.

2. La compensation est l'acquit réciproque de deux personnes qui se trouvent débiteurs l'un de l'autre. *Compensatio*, dit la loi, *est debiti & crediti inter se contributio*, L. 1, ff. de compens.

3. L'usage des compensations est nécessaire pour éviter le circuit de deux paiemens réciproques, & par l'intérêt que l'on a de plutôt compenser, & ne point payer, que de répéter après ce qu'on auroit payé : car comme il faudroit qu'un débiteur payât à l'autre ce qu'il lui doit, & qu'il reçût ensuite ce qui lui est dû, il est naturel que pour éviter ce circuit de paiemens, & pour faciliter aux parties le moyen de s'acquitter, un chacun retienne en paiement de ce qui lui est dû, ce qu'il doit à l'autre, soit pour le total, si les sommes sont égales, ou jusqu'à concurrence de la moindre dette sur la plus grande. *Compensatio necessaria est*, dit le droit, *quia interest nostra potiùs non solvere quàm solutum petere*, L. 3, ff. de compens.

Tit. IV. DES EXCEPTIONS. Art. XXXVII.

4. La compensation se fait de plein droit, elle a d'elle-même son effet, quoique ceux qui peuvent compenser ne s'en avisent pas ; & c'est une espece de paiement qui a un effet rétroactif, au jour que les créances réciproques se sont rencontrées : car la justice & l'équité font que deux personnes étant en même temps & créancier & débiteur l'un de l'autre, ces qualités se confondent & s'anéantissent. *Placuit inter omnes, id quod invicem debetur ipso jure compensari*, dit le droit. L. 21, ff. *de compens.* L. *ult.* Cod. *ibid. Si constat*, dit la Loi 4, Cod. *ibid. pecuniam invicem deberi, ipso jure pro soluto compensationem haberi oportet ex eo tempore ex quo ab utraque parte debetur*.

5. Ainsi, entre deux personnes qui se doivent réciproquement, si l'un se trouve débiteur d'une somme qui produise des intérêts, & l'autre d'une somme qui n'en produise point, ces intérêts cessent de courir, ou en tout, si les dettes sont égales, ou jusqu'à concurrence de la moindre dette ; & les compensations & déductions s'en doivent faire dans le temps où les sommes se trouvent concourir pour les compenser : & quoique le créancier de la somme qui produit intérêt, soit aussi créancier de sommes qui n'en produisent pas, la compensation s'en fera sur celle qui produit intérêt ; par la raison que quand un débiteur de différentes dettes en paye une partie, sans déclarer sur quelle somme il veut que le paiement soit imputé, l'imputation se fait sur celle qui est le plus à charge au débiteur, & que la compensation étant une espece de paiement, elle doit être faite dans le même ordre que le paiement réel. Tel est pour toutes ces décisions le sentiment d'Henrys, *Quest. posth.* Consult. 6, & de Bretonnier, *ibid.* & ainsi a été jugé par arrêt rendu en la seconde chambre des enquêtes le 4 mars 1707, rapporté par M. Bretonnier, *ibid.*

6. Si un débiteur refusoit la compensation, son débiteur qui se trouve son créancier réciproque, en est en droit de la faire ordonner ; & il est même au pouvoir du juge, & de son devoir dans les cas des demandes respectives entre les parties, de compenser d'office les dettes réciproques, dont il y a lieu de faire la compensation. * Telle est l'observation de Domat dans son traité des loix civ. tom. 2, liv. 4, tit. 2, sect. 1, art. 6, édit. de 1697, mais cela ne s'observe pas, & la compensation doit être demandée ; car quoique la compensation se fasse, *ipso jure*, dès le moment que les parties se doivent réciproquement, & que les dettes de part & d'autre y sont disposées, comme il a été dit au nombre précédent ; néanmoins comme il dépend des parties de s'en servir, ou non, la compensation ne produit son effet, qu'en cas que le défendeur, poursuivi pour le paiement d'une dette, veuille se servir de la compensation, *unusquisque creditorem suum, eumdemque debitorem petentem, summovet, si paratus est compensare*, dit la L. 2, ff. de *compens.* mais aussi dès que la compensation est opposée, elle produit son effet, du temps que les parties ont commencé de se devoir l'une à l'autre, & non pas seulement du temps de l'opposition, ou que le juge l'a ordonné. La compensation peut être opposée en tout état de cause, même après la condamnation ; car le défendeur n'est pas obligé d'avoir recours à ce moyen avant sa condamnation, parce qu'il blesseroit les autres qu'il pourroit avoir, si d'abord il se reconnoissoit débiteur en demandant de compenser. Ainsi, après le jugement, il est recevable à demander que déduction lui soit faite sur ce qu'il doit, de ce que le demandeur lui doit lui-même.

7. La compensation n'a lieu qu'entre ceux qui sont réciproquement débiteurs & créanciers l'un de l'autre, en leur nom & de leur chef ; & si un débiteur exerce contre son créancier un droit qui ne soit pas à lui, il ne se fera pas de compensation de ce que ce débiteur, qui poursuit au nom d'un autre, peut devoir en son nom.

8. Ainsi, si un procureur constitué poursuit le débiteur de celui qui l'a préposé, il ne se fera pas de compensation de ce que ce procureur pourroit devoir en son nom à ce débiteur : car de ce que l'on est chargé des affaires de quelqu'un, il ne s'ensuit pas que l'on puisse regarder ses biens comme nôtres, & en acquitter nos dettes.

9. Il n'est pas non plus permis au débiteur d'un mineur de compenser sa dette avec ce que lui doit le tuteur, ni à celui-ci de s'acquitter par telle compensation. *Id quod pupillorum nomine debetur, si Tutor petat, non posse compensationem objici, ejus pecuniæ, quam ipse Tutor suo nomine adversario debet*, dit la Loi 23, ff. *de compens.*

10. Un particulier cotisé au rôle des tailles, ne peut encore compenser avec sa cotisation, ce qui lui est dû par le collecteur ; ni un receveur des tailles compenser avec les deniers de sa recette, ce que le receveur général pourroit lui devoir.

11. Mais l'héritier pur & simple peut demander la compensation de ce qu'il doit de son chef, avec ce qui lui est dû, en qualité d'héritier ; parce que l'héritier pur & simple est réputé une même personne avec le défunt auquel il succede : ainsi, si je dois à l'héritier de mon débiteur, autant que le défunt me devoit ; ou si au contraire le créancier de celui dont je recueille la succession, me doit autant que le défunt lui devoit, en l'un & l'autre cas la compensation a lieu.

12. Il n'en est pas de même de l'héritier par bénéfice d'inventaire, parce qu'il ne se fait aucune confusion des biens & droits de la succession bénéficiaire avec les siens : car comme il lui est libre de renoncer en rendant compte, il ne peut pas payer son créancier, de ce qui ne lui est pas certainement acquis, & de ce qui ne lui peut appartenir, qu'en acceptant la succession.

13. Une caution, pour le paiement de ce dont elle a répondu, peut opposer la compensation, non-seulement de ce que le créancier lui doit, mais encore de ce qu'il doit au débiteur principal, quand même celui-ci, ou n'en sauroit rien, ou n'y consentiroit pas. La raison c'est que tous les moyens du débiteur contre le créancier sont communs au fidéjusseur. Telle est la disposition du droit. *Ex persona rei, & quidem invito reo, exceptio & cœtera rei commoda fidejussori, cœterisque accessionibus competere potest.* L. 32, ff. *de fidejuss.* L. 19, ff. *de Except. Si quid*, dit la loi 5, ff. *de compens. à fidejussore petatur, æquissimum est eligere fidejussorem; quod ipsi, an quod reo debetur, compensare malit, sed & si utrumque compensare velit audiendus est.*

14. Comme le cessionnaire représente le cédant, d'où est venue la maxime si triviale au palais, que le cessionnaire n'a pas plus de droit que son cédant, il s'ensuit par une conséquence nécessaire que la compensation a lieu contre lui, comme elle avoit lieu contre le cédant; & qu'elle lui peut être objectée, quoiqu'elle n'ait point été demandée contre le cédant avant le transport: car la créance & la dette sont censées confuses en la personne de celui qui accepte le transport, comme elles l'étoient en la personne de celui qui l'a passé, & la compensation est cohérente & attachée à la dette cédée; c'est une exception réelle qui suit l'action. *Verum est*, dit Faber dans ses conjectures, liv. 12, chap. 9, *perinde cessionario, ac ipsi cedenti posse objici compensationem, cùm in rem sit, non in personam, ideoque afficit procul dubio actionem.* Ainsi jugé par arrêts cités par M. Julien Brodeau sur l'article 105 de la Coutume de Paris, nomb. 7; & tel est le sentiment commun.

15. Mais il est nécessaire que le droit soit acquis au débiteur contre le cédant, avant la signification du transport; car régulièrement un droit postérieur, & postérieurement acquis, ne peut empêcher l'effet d'un transport signifié auparavant: sur quoi voyez Henrys, tome 2, consultation 6, & Bretonnier, *ibid.*

16. La compensation a lieu régulièrement en matieres de choses susceptibles de remplacement, qui se trouvent de même nature; il arrive même quelquefois que des choses de différente nature sont estimées à prix d'argent, & que la compensation s'en fait ensuite de l'une avec l'autre par leur valeur; & celui qui doit une somme d'argent, peut opposer par manière de compensation ce qui lui est dû en espèces, & demander que l'estimation en soit faite; ainsi, si un débiteur doit 100 liv. à un particulier qui lui doit du blé, du vin ou d'autres espèces, c'est une juste cause de compensation.

17. Par cette même raison, on peut compenser des dépens, dommages-intérêts adjugés, avec d'autres sommes liquides, ainsi qu'il a été jugé par deux arrêts, l'un de la grand'chambre de 1677, au rapport de M. Besnard; l'autre de la troisieme chambre des enquêtes, à l'audience, le   août 1687; tous les deux cités par Jabely sur l'article 98 de la Coutume de la Marche.

18. Toutefois, si le censitaire est créancier du seigneur direct, la compensation ne se fait pas de plein droit, selon M. Charles Dumoulin, & après lui M. François Decullant: par la raison que la dette & la créance ne sont de même nature; le cens ne consistant pas seulement *in solutione pecuniæ*, mais *in recognitione dominii*. Il y a plus, c'est que selon M. Dumoulin, *mutuus census etiamsi sit ejusdem naturæ compensari non potest, ne monumenta censûs conturbentur*. Molin. sur l'article 62 veter. *Conf. Paris.* n. 19 & suiv. & M. François Decullant, *hic.*

19. Le débiteur d'une rente constituée, qui devient créancier de son créancier, a bien la faculté de lui offrir la compensation; mais le créancier de la rente n'a pas le même avantage: il ne peut obliger son débiteur, auquel il doit une somme exigible, de compenser cette somme avec le principal de la rente; parce que le sort principal est aliéné, & que ce qui est dû par le créancier de la rente est exigible. Ainsi le débiteur de la rente a droit de se faire payer de la somme exigible, pourvu qu'il paye bien les arrérages de la rente, & qu'il n'en doive rien. Telle est la jurisprudence des derniers arrêts; il y en a un du 22 mai 1680, & un autre du 24 janvier 1682, cités par M. Bretonnier sur Henrys, tome 2, *Quest. posth.* Consult. 6, *in fine*, page 895.

20. Il n'y a pas non plus de compensation à faire en matiere de dépôt, & le dépositaire ne peut retenir la chose mise en dépôt, par compensation de ce que pourroit lui devoir celui qui l'a déposée, quand ce seroit même un autre dépôt, mais chaque dépositaire seroit obligé de rendre le sien. C'est la disposition de la loi 11, cod. *de pos.* & de la loi derniere, cod. *de compens. in fine.* La raison est que celui qui a fait le dépôt, n'a pas voulu payer; qu'il a voulu que la chose déposée lui fût rendue, & que le créancier qui a reçu le dépôt à cette condition manqueroit de bonne-foi, s'il refusoit de le rendre, sous prétexte de ce qui lui est dû.

21. Il en est de même de celui qui doit fournir des alimens, ou une somme destinée à la nourriture & entretien; il ne peut demander la compensation que de ceux du temps passé, qui ne lui ont pas été demandés par celui à qui ils sont dus; parce qu'il faut que la personne à qui ils sont dus, en soit nourrie & alimentée, sans quoi elle ne pourroit subsister.

22. Dans les crimes & délits, on ne compense ni les accusations ni les peines; & quoique deux personnes ayent commis un crime égal l'une envers l'autre, le magistrat ne laisse pas pour cela d'avoir droit de les punir toutes deux. *Non est ejusmodi compensatio admissa*, dit la loi 2, §. 4, ff. *ad Leg. Jul. de adult.* Mais quand il ne s'agit que de dommages-intérêts,

intérêts, ou de l'intérêt civil de la partie, si l'accusé se trouve son créancier, il pourra compenser. *Quoties ex maleficio oritur actio, ut puta ex causa furtiva, cæterorumque maleficiorum, si de ea pecuniariè agitur, compensatio locum habet.* L. 10, §. 2, ff. *de compensatione.*

23. Quand il ne s'agit que d'injures verbales, & qu'elles sont réciproques & légéres, on les compense, ainsi qu'il a été dit sur l'article 15, *supra.*

24. La compensation ne se faisant, selon notre article & les Coutumes citées, que de liquide à liquide, on ne peut pas compenser avec une dette claire & liquide, une dette litigieuse ou douteuse, qui dépend d'un événement incertain, ni une prétention qui ne soit pas réglée.

25. Quant aux dettes respectivement litigieuses, dont les parties se font demande l'une à l'autre, tant s'en faut que la compensation y puisse avoir lieu, qu'au contraire la Coutume dans l'article 88, comme nous le dirons sur cet article, rejette la réconvention, qui n'est autre chose que la demande incidente.

26. Celui qui a obtenu une condamnation par provision seulement, n'en peut pas demander la compensation avec une dette certaine portée par un contrat, ou par une sentence définitive ; parce que ce qui est jugé par provision, ne laisse pas d'être litigieux, & que la provision peut être réformée en définitive : mais la compensation est reçue pour dépens obtenus réciproquement.

27. Que si la dette qu'on offre en compensation avec une dette certaine & liquide, étoit également certaine & liquide, mais que le terme du paiement n'en fût pas encore échu, la compensation n'en seroit pas recevable. *Quod in diem debetur*, dit la loi 7, ff. *de compens. non compensabitur antequam dies venit, quanquam dari oporteat.*

28. Si toutefois un créancier avoit par pure grace accordé un délai à son débiteur, lequel seroit devenu quelque temps après son créancier, il pourroit en ce cas lui donner en compensation la dette, pour laquelle il lui auroit accordé ce délai ; parce que le délai que le créancier a accordé à son débiteur, est une grace dont le débiteur ne doit pas abuser envers son créancier, ni le poursuivre & le molester pendant qu'il jouit de cette grace, selon qu'il est décidé par la loi 16, §. 1, ff. *de compens.*

29. Ainsi, si Pierre doit par promesse ou obligation une somme de 300 liv. à un particulier, qui lui a accordé, ou le juge pour lui, terme pour payer ; & que deux jours après il ait des droits à exercer contre son créancier, ensorte que ce particulier se trouve son débiteur pour une somme qui soit exigible dans le moment, il est juste que ce que Pierre doit soit compensé ; au lieu que si Pierre a fait un billet payable à ordre dans trois mois, celui au nom duquel l'ordre est rempli, peut le contraindre à payer dans le temps de l'échéance, quoique Pierre ait à recevoir sur lui un mois après. La raison de la différence est, qu'au premier cas, le terme qui a été accordé au débiteur pour lui faire plaisir, ne doit pas être préjudiciable au créancier, au lieu qu'au second cas on présume que le temps est une condition du contrat dont le porteur du billet est récompensé par quelque remise, ou par l'augmentation du prix des marchandises. Tel est l'usage des consuls, où le mystere du commerce est mieux connu qu'ailleurs ; ce qui fait sentir la différence qu'il faut faire des affaires du négoce d'avec les autres.

30. Il faut mettre au nombre des dettes qui n'entrent pas en compensation, celles qui, quoique claires & liquides, peuvent être annullées par quelque exception que le débiteur peut y opposer. *Quæcumque per exceptionem perimi possunt, in compensationem non veniunt,* dit la loi 14, ff. *de compens.* Ainsi celui qui doit à un mineur, ne compensera pas ce que ce mineur lui devra par une obligation, dont il pourra être relevé.

ARTICLE XXXVIII.

AUCUN n'est reçu à proposer appointement, accord, arbitrage, ou département de Procès, en quelque maniere que ce soit, pour empêcher la procédure d'une Cause, s'il n'en justifie suffisamment, incontinent & sur le champ.

1. L'Esprit de la Coutume, dans le présent article, n'est pas de rejetter & défendre les compromis & arbitrages, mais uniquement d'empêcher que l'ordre de la procédure ne soit retardé, sous le prétexte d'un compromis & arbitrage faux & supposé ; car quoiqu'il y ait des juges établis pour régler tous les différends, & qu'une partie ne puisse obliger l'autre de plaider ailleurs que devant son juge, il est toutefois naturel qu'il soit libre aux deux parties de choisir d'autres personnes pour être leurs juges ; sur-tout, parce qu'il y a tant de danger d'avoir des procès, & qu'il en coûte tant pour avoir justice ; que les frais sont si gros, les fatigues si grandes, les mortifications si fréquentes, & l'événement si douteux. Ainsi ceux qui ne voulant pas plaider, ne peuvent toutefois convenir entr'eux de leur accommodement, peuvent s'en remettre à des arbitres. La Coutume de Bretagne, art. 17, en contient

une disposition expresse; les parties, porte cet article, peuvent librement composer de leurs différends en telles personnes que bon leur semble, fors & excepté en leurs juges ordinaires, qui ne peuvent être arbitres entre leurs sujets.

2. Il y a plus, c'est que les ordonnances obligent à nommer des arbitres pour de certaines affaires: car comme le motif de conserver la paix entre les parties, est singuliérement favorable entre personnes proches, & dans les affaires de famille, les ordonnances obligent ceux qui ont des différends pour des partages de successions entre proches, pour des comptes de tutelle, & autres administrations, restitution de dot & douaire, à nommer des arbitres; & elles ordonnent qu'au refus d'une des parties, il en soit nommé par le juge: c'est la disposition de l'ordonnance de François II, en 1560, confirmée par celle de Moulins, art. 83.

3. La même ordonnance de 1560 contient la même chose à l'égard des marchands; elle veut qu'on fasse juger par arbitres les différends entre marchands pour leurs commerces; & celle de 1673, tit. 4, *des Sociétés*, art. 9, porte que toute société doit contenir la clause de se soumettre aux arbitres; & en cas que la clause soit omise, que l'un des associés en puisse nommer, ce que les autres seront tenus de faire, sinon qu'il en sera nommé par le juge, pour ceux qui en feront refus: ce qui donne aux arbitres, nommés pour toutes ces sortes de différends, le droit de les terminer avec toute la diligence possible, pour éviter les longueurs des instructions qui se font en justice, & aussi droit d'apporter dans les jugemens de ces sortes d'affaires les tempéramens que la qualité des faits & les circonstances peuvent rendre justes.

4. De ceci il résulte qu'il y a deux sortes d'arbitres; qu'il y en a que les parties choisissent elles-mêmes & dont elles conviennent, & d'autres qui sont nommés par les juges ordinaires, & donnés aux parties pour juger leurs différends.

5. Mais l'usage le plus commun, & qui est ordinaire, c'est que les parties se choisissent elles-mêmes leurs arbitres : desorte que les arbitres sont des personnes choisies par les parties pour terminer leurs contestations, en vertu d'un compromis qu'elles passent entr'elles; & ce compromis est une convention par laquelle ceux qui veulent terminer ou prévenir des procès entr'eux, donnent pouvoir à des personnes qu'ils choisissent, d'examiner leurs prétentions & de les juger, s'obligeant à exécuter ce qui sera réglé par ceux qu'ils prennent pour juges.

6. Quoique ces arbitres ne soient pas juges par un titre qui leur donne absolument cette qualité, & qu'ils ne soient juges que des parties qui les ont nommés pour juger ce qui est remis à leur décision par le compromis, ils exercent toutefois les mêmes fonctions que feroient les juges, si les parties plaidoient en justice. Ils peuvent instruire les procès qu'ils ont à juger, rendre des sentences interlocutoires, donner du temps, ouir des témoins, & après l'instruction rendre une sentence définitive qui termine les différends dont ils étoient juges. *Compromissum ad similitudinem judiciorum redigitur*, dit la loi 1, ff. *de recept*.

7. Ainsi une partie ne pouvant pas plaider en deux endroits différens pour une même chose, & être jugée en ces deux endroits en même temps; quand pour la même chose qu'elle a compromis, elle est traduite, ou qu'elle est en instance pardevant un autre juge, elle est bien en droit d'opposer le compromis, mais elle en doit justifier sur le champ, au desir de notre article, si elle veut empêcher la continuation de la procédure.

TITRE CINQUIEME.

Des Reproches.

1. Dans toutes les affaires civiles & criminelles, il faut que celui qui agit, ait des preuves qui fassent connoître que son action est bien fondée; & il faut aussi que celui qui est poursuivi, prouve les moyens sur lesquels il établit sa défense; & c'est toujours celui qui avance un fait, qui doit le prouver : c'est-pourquoi, comme ceux qui font des demandes, sont obligés de faire la preuve des faits qu'ils alléguent pour les fonder ; de même, si les défendeurs, de leur part, alléguent des faits, dont ils se servent pour le fondement de leurs défenses, ils doivent les prouver.

2. Ces preuves peuvent être de deux sortes : preuves par écrit, & preuves par témoins.

3. La preuve par témoins, est celle qui se tire de la déposition des personnes qu'on fait appeller en justice pour déclarer ce qu'elles savent de la vérité des faits contestés entre les parties ; & la déclaration qu'elles en font, est leur témoignage.

4. Ces preuves peuvent être considérées par rapport aux matieres civiles, & par rapport aux matieres criminelles.

5. La preuve par témoins en matiere civile doit être faite par une enquête, qui est ordonnée par le juge, & qui est toujours respective; c'est-à-dire, que les deux parties ont la faculté de faire entendre des témoins : & en matiere criminelle, cette preuve par témoins se fait par information, en vertu de l'ordonnance du juge, rendue sur la plainte de la partie civile, ou sur la requête du procureur du roi ou du procureur fiscal.

Tit. V. DES REPROCHES. Art. XXXIX.

6. Il y a cette différence entre les témoins qui sont appellés aux contrats pour confirmer la vérité de ce qui s'y passe, & ceux qui déposent dans les enquêtes & informations, que les premiers étant des personnes qu'on a la liberté de choisir, ils doivent être au nombre réglé par les loix, & de la qualité qu'elles prescrivent; au lieu que les seconds sont les personnes qui se rencontrent avoir connoissance des faits dont on veut faire la preuve, sans qu'ils ayent été choisis & appellés pour voir ce qui s'est passé, & pour en conserver le souvenir : ce qui fait que dans les informations pour des crimes, & dans les enquêtes pour des matieres civiles, on reçoit des dépositions de témoins, dont on ne pourroit se servir pour être présens à des actes. Ainsi, par exemple, les femmes, qui ne peuvent être témoins dans un testament ni dans un contrat, peuvent être témoins dans une information & dans une enquête.

7. Mais il faut que les témoins pour faire preuve soient des témoins sans reproche, que ce soient gens de probité, & dans des sentimens d'une telle indifférence par rapport aux parties, qu'on n'ait pas lieu de craindre qu'ils sacrifient leur conscience à la faveur, la haine à un desir de vengeance, ou à quelqu'autre passion.

8. Et comme le juge ne peut pas connoître si le témoin est reprochable, ou s'il ne l'est pas, on permet aux parties de fournir des reproches contre les témoins : mais ces reproches doivent être pertinens & bien circonstanciés.

9. Dans le présent titre, composé de neuf articles, il est traité de la preuve par témoins, & des enquêtes : il y est dit que les reproches doivent être donnés contre les personnes, & non contre les dépositions, article 40; que les reproches généraux ne sont pas reçus, qu'il faut qu'ils soient spécifiés, art. 44; qu'en matieres provisionnelles & incidens non-décisifs du principal, publication d'enquête & reproches de témoins, n'ont lieu, art. 41; que les reproches d'être larron, parjure, infâme, & autres crimes, ne sont recevables s'ils ne sont justifiés, art. 42; que ceux de familiarité & amitié ne sont pas non plus reçus, ni aussi celui de service, si le témoin n'est domestique, art. 43; que les avocats ne doivent articuler aucuns reproches, s'ils ne sont recevables, art. 45; que les juges ne doivent ordonner la preuve des reproches, si ce n'est contre les témoins dont la déposition sert à la décision du procès, & après avoir vu le procès, art. 46; qu'il n'y a reproche contre témoins entendus sur le fait des reproches, art. 47; qu'enfin publication d'enquête a lieu en toutes cours & en toutes causes, art. 39. Il n'y a point dans l'ancienne Coutume de titre sur cette matiere.

ARTICLE XXXIX.

COMBIEN que par ci-devant publication d'enquête n'ait eu lieu au Païs & Duché de Bourbonnois ; toutefois, pour le bien du Païs, & pour obvier aux inconvéniens qui par ci-devant se sont ensuivis & pourroient par ci-après avenir, a été avisé par les Etats dudit Païs ladite Coutume devoir être abrogée, & que dorénavant publication d'enquête aura lieu audit Païs, & que pour ladite publication, lecture sera faite des enquêtes par le Greffier aux Parties ou leurs Procureurs : Et pour faire ladite lecture, le Greffier ne prendra aucun salaire; & néanmoins si les Parties veulent avoir le double de leur enquête, ou de celle de leurs Parties adverses, ou de partie d'icelles, le Greffier sera tenu de les bailler aux dépens du requérant, & n'aura pour feuillet que dix deniers tournois.

Publication d'enquête a lieu.

1. CEt article a été accordé, du consentement des trois états, pour nouvelle Coutume : c'est ce qui paroît par le texte même de l'article.

2. La Coutume de la Marche, art. 63, contient une disposition semblable : mais ces dispositions ne sont pas suivies ; car les publications d'enquêtes ne sont plus en usage. L'ordonnance de 1667, tit. 22, art. 26, a abrogé toutes publications & réceptions d'enquêtes, & tous jugemens & appointemens, sentences & arrêts, portans que la partie donnera moyens de nullité de reproches.

3. La même ordonnance, en l'article 27 du même titre, veut qu'après la confection de l'enquête, celui à la requête de qui elle aura été faite, donne copie du procès verbal, pour fournir par sa partie, dans la huitaine, des moyens de reproches, si bon lui semble. Et il est dit dans l'article suivant, que si celui qui a fait faire l'enquête, néglige de faire signifier le procès verbal, la partie adverse, sur une sommation d'y satisfaire dans trois jours, en peut lever une expédition, dont sera délivré exécutoire contre la partie qui en devoit donner copie.

4. Selon la même ordonnance, aux articles 29, 30 & 31 du même titre, après que la partie, contre laquelle l'enquête a été faite, a fourni ses reproches, ou a déclaré qu'elle

n'en a point à fournir, elle peut demander une copie de l'enquête; & en cas de refus, elle est en droit de la lever aux dépens de sa partie adverse, en laissant copie au greffe de la signification de ses reproches, ou de l'acte de sa renonciation d'en donner; ou poursuivre, sans lever l'enquête, le jugement du procès dont l'enquête doit être rejettée.

5. Lorsque la permission de faire l'enquête a été donnée à l'audience, & que les parties n'ont pas été appointées sur le fond, l'ordonnance au même titre 22, art. 35, veut que l'enquête soit portée à l'audience pour y être lue, & le fond de la contestation décidé sur le champ, sans autres procédures : mais l'usage n'est pas tel ; on ordonne en ce cas que les pièces mises & vues en la chambre du conseil, sera fait droit ; & cela pour décharger l'audience, & expédier un plus grand nombre de causes.

ARTICLE XL.

Du temps de bailler Reproches de témoins, & des salvations.

L'ON peut bailler Reproches contre les personnes des témoins seulement, & non contre les dits & dépositions, & se doivent bailler avant publication ; mais l'on peut bailler salvations contre les Reproches, si bon semble.

1. Les reproches ne regardent que les personnes des témoins ; aussi ne se donnent-ils que contr'elles : car le reproche est un blâme donné contre le témoin pour annuller ou affoiblir sa déposition.

2. Quand on a eu connoissance de l'enquête, on n'est plus recevable à fournir des reproches contre les témoins ; c'est-pourquoi dans le temps que la publication des enquêtes avoit lieu, les reproches se devoient fournir avant la publication. C'est la disposition du présent article, & c'est aussi celle de la Coutume d'Auvergne, titre 8, art. 1 ; & de celle de la Marche, art. 57 ; & aujourd'hui que la publication d'enquête a été abrogée, les reproches se doivent donner avant qu'on ait eu copie de l'enquête : c'est la disposition de l'article 34 du titre 22 de l'ordonnance de 1667, qui porte que celui auquel aura été donnée copie de l'enquête faite contre lui, ne peut, en cause principale ou d'appel, faire ouïr à sa requête aucun témoin, ni donner aucun moyen de reproche contre les témoins ouïs en l'enquête de la partie.

3. Mais lorsqu'avant d'avoir pris connoissance de l'enquête, on a fourni des reproches contre les témoins, celui qui aura fait faire l'enquête, peut, si bon lui semble, donner des réponses aux reproches, lesquelles réponses doivent être signifiées à la partie, sans quoi on n'y auroit aucun égard. C'est la disposition de l'art. 3 du tit. 23 de l'ordonnance de 1667. Notre Coutume, au présent article, appelle ces réponses *salvations* : c'est aussi ainsi qu'on les appelle en pratique ; parce que c'est pour appuyer les dépositions des témoins qui ont été reprochés, soutenir l'enquête, la garantir, & sauver de l'orage des reproches, qu'on les fournit.

ARTICLE XLI.

Quand il n'y a publication d'enquête.

ÈS MATIÈRES provisionales, comme ès matieres de fournissemens, surséance de sequestre, d'alimens, médicamens, de douaires, dation de tutelles ; & aussi en autres incidens qui ne sont décisifs de la matiere principale, publication d'enquête n'a lieu, ni aussi Reproches de témoins : mais si l'enquête faite esdites Instances & matieres, est employée en la matiere principale, les témoins desdites enquêtes pourront être reprochez audit principal, & seront lesdites enquêtes publiées.

1. Le présent article est conforme à l'article 63 de la Coutume de la Marche. Les matieres dont il est parlé dans ces articles, sont des matieres provisoires & sommaires qui requiérent célérité, pouvant y avoir péril dans la demeure, & qui par conséquent doivent être jugées sommairement à l'audience : c'est-pourquoi il est dit que dans ces sortes de matieres, la publication d'enquête n'a lieu.

2. Ces matieres sont les mêmes que celles dont il est traité dans le titre 17 de l'ordonn. de 1667, & notamment dans l'article 5 de ce titre. Ces sortes de matieres, selon qu'il est dit dans l'article 7 de ce titre, doivent être jugées en l'audience, en toutes cours & jurisdictions, incontinent après les délais échus, sans autre procédure ni formalité.

3. Que si dans ces matieres les parties se trouvent contraires en faits, & que la preuve par témoins en soit reçue, les articles 8 & 9 du même titre portent qu'en ces cas les témoins seront ouïs en la prochaine audience,

en

en la préfence des parties, fi elles y comparent, finon en l'abfence des défaillans; & que les reproches feront propofés à l'audience avant que les témoins foient entendus, fi la partie eft préfente; & en cas d'abfence, qu'il fera paffé outre à l'audition, & qu'il fera fait mention fur le plumitif, ou par le procès verbal, fi c'eft au greffe, des reproches & de la dépofition des témoins.

4. Sur quoi M. Bornier obferve que fi les témoins ouis fur le champ, tant de la part du demandeur que du défendeur, fe trouvent contraires en leur dépofition, le juge pourra prendre d'office pour fupplément de preuve, le ferment de celle des parties qui aura le plus vraifemblablement prouvé fon fait, fuivant la loi *Admonendi, de jurejurando.*

ARTICLE XLII.

REPROCHES d'être larron, parjure, infâme, ravifleur, & d'autres crimes & délits, ne font reçus, s'il n'y a Sentence ou compofition faite à Partie. _{Quels Reproches ne font reçus.}

1. LEs reproches font de droit, ou de fait.

Les reproches de droit, font l'inimitié capitale, la parenté ou alliance, l'amitié & familiarité, la domefticité, l'infamie, la fubornation, la démence, le bas âge, l'extrême pauvreté, l'intérêt perfonnel dans l'affaire, le défaut de connoiffance du fait, l'yvreffe au temps de la dépofition, le défaut d'ajournement, &c.

2. Les reproches de fait font, 1°. Que le témoin eft vacillant, 2°. contraire en fa dépofition. 3°. Qu'il eft fingulier. 4°. Qu'il ne rend pas raifon de fa dépofition & connoiffance. 5°. Qu'il ne dépofe que par oui-dire. 6°. Qu'il dépofe de chofes impertinentes.

3. Quant à ce qui concerne les reproches qui touchent l'honneur & la réputation du prochain, tels que font les reproches d'être larron, infâme, parjure, ravifleur, ou autres crimes & délits, ils ne font reçus, s'ils ne font juftifiés par fentence, ou compofition : c'eft la difpofition de cette Coutume au préfent article; de celle d'Auvergne, chap. 8, art. 5, & de la Marche, art. 59. Notre Coutume & celles d'Auvergne & la Marche, difent par *compofition*; parce que, fuivant l'article 66 ci-après, & l'article 15 du titre 29 de celle d'Auvergne, celui qui appointe & donne profit, eft tenu pour convaincu ; & par la loi *Tranfigere*, Cod. *de tranfact*. celui qui tranfige eft cenfé avouer & reconnoître.

4. L'ordonnance de 1667, titre 23, art. 2, contient une difpofition à-peu-près femblable à celle contenue au préfent article : elle dit que s'il eft avancé dans les reproches que les témoins ont été emprifonnés, mis en décret, condamnés ou repris de juftice, les faits feront réputés calomnieux, s'ils ne font juftifiés avant le jugement des procès, par des écroues d'emprifonnement, décrets, condamnations ou autres actes.

5. Un témoin condamné & exécuté en peine corporelle, ou mort civile, peut être valablement reproché, nonobftant fa réhabilitation : *nam princeps, quos abfolvit, notat*. M. Bornier, fur l'art. 2 du tit. 23 de l'ordonnance de 1667.

6. Au refte, les reproches font perfonnels & *ftricti Juris*, & ils ne paffent point de la femme au mari, ni du mari à la femme, fi ce n'eft pour parenté & alliance dans le dégré,

ARTICLE XLIII.

REPROCHE de familiarité & amitié n'eft reçu, ni auffi de fervice, s'il n'eft domeftique ordinaire.

1. LA difpofition du préfent article doit être entendue du reproche de fimple familiarité & amitié ; car autre chofe eft d'une très-grande familiarité & amitié, parce que les liaifons que font les amitiés étroites ou les engagemens de familiarité, quand elle eft grande, peuvent rendre fufpect le témoignage d'un ami dans la caufe de fon ami. Loi 3, ff. *de teftib*. ce qui dépend de la prudence du juge, felon la qualité de la liaifon, & celle des faits & des circonftances.

2. Les inimitiés entre les témoins & les perfonnes contre qui ils dépofent, font auffi de juftes caufes de douter de la fidélité de leur témoignage, felon la même loi 3, ff. *de teftib*. car on doit fe défier que leur paffion ne les porte à une déclaration qui bleffe l'intérêt de leurs ennemis; ainfi on doit juger par les circonftances, de la qualité des perfonnes, des caufes & des fuites de l'inimitié, quel égard on doit avoir au témoignage de celui à qui on reproche l'inimitié.

3. Quant aux perfonnes qui font dans la dépendance de celui qui veut fe fervir de leur témoignage, comme font les domeftiques, étant légitimement fufpects de favorifer

l'intérêt de leur maître, & de ne déclarer que ce qu'il désire, leur témoignage doit être rejetté, ainsi que le décide notre Coutume au présent article, & le droit civil, L. 6 & 24, ff. de testib. & L. 3, Cod. eod. tit.

4. L'ordonnance de 1667, titre 22, art. 14, veut qu'au commencement de la déposition du témoin il soit fait mention s'il est serviteur ou domestique de l'une ou de l'autre des parties : ce ne sont point, dit M. Bornier, termes synonymes ; & c'est aujourd'hui une maxime constante, que l'omission de l'un ou de l'autre, emporte nullité de la déposition. Serviteur s'entend, dit-il, de ceux *qui famulantur*, & domestique *de commorantibus in eadem domo*; à quoi il faut ajouter, *& qui sunt ad potum & ollam*.

5. Le même article porte pareillement qu'il sera fait mention au commencement de la déposition du témoin, s'il est parent ou allié de l'une ou de l'autre des parties, & en quel degré ; & il est dit dans l'article 11 du même titre, que les parens & alliés des parties, jusqu'aux enfans des cousins issus de germains inclusivement, ne pourront être ouis en matière civile, en leur faveur, ou contr'eux, & que leurs dépositions seront rejettées.

6. Il y a toutefois plusieurs cas, comme l'observe M. Bornier sur cet article, dans lesquels les parens peuvent être entendus comme témoins ; quand, par exemple, ils sont témoins nécessaires, ou qu'on fait des enquêtes de parenté & alliance, dans lesquelles on fait signer les parens pour déclarer les degrés de parenté : & il en est de même des domestiques ; leur témoignage est admis dans les affaires domestiques, quand on ne peut avoir d'autres témoins.

ARTICLE XLIV.

Objets & Reproches généraux ne sont admis & reçus ; mais faut qu'ils soient spécifiez & déclarez.

1. Les docteurs font une différence entre objets & reproches ; les objets, selon eux, ne regardent pas la turpitude du témoin, mais regardent seulement quelque cause de suspicion & de récusation, comme la parenté, alliance, affinité ou dépendance du témoin ; au lieu que les reproches touchent à la réputation du témoin, & le notent de quelque crime : ce sont des soupçons fondés sur la turpitude du témoin, procédans des crimes par lui commis, larcin, parjure & autres.

2. Il ne suffit pas que les reproches soient pertinens, ils doivent de plus être circonstanciés, & non en termes vagues & généraux : c'est la disposition du présent article, & celle de la Coutume d'Auvergne, tit. 8, art. 6 ; de la Marche, art. 62, & de l'ordonnance de 1667, tit. 33, art. 1. Ainsi ce n'est pas assez de reprocher à un témoin qu'il est larron, il faut spécifier le larcin par lui commis : ou qu'il est un homicide, il faut exprimer, ou la personne qu'il a tuée, ou le temps & le lieu du délit, ou la sentence sur ce intervenue. En un mot, il est nécessaire de particulariser le reproche, afin que celui qui produit le témoin, soit en état d'y répondre, & de le détruire, s'il est calomnieux.

ARTICLE XLV.

De l'Avocat qui articule faits de Reproches. **Les Avocats ne doivent, sur peine d'amende & suspension de postulation à tems, ou privation à l'arbitrage du Juge, articuler aucuns faits de Reproches, sinon qu'ils soient recevables, & qu'ils ayent charge des Parties; ce qu'ils sont tenus d'affirmer par serment, s'ils en sont requis.**

1. L'Ordonnance de 1667, tit. 23, art. 6, contient une disposition à-peu-près semblable ; les procureurs, selon qu'il est porté en cet article, ne doivent fournir aucun reproche contre les témoins, (ce qui s'entend des reproches contre l'honneur & la réputation) si les reproches ne sont signés de la partie, ou s'ils ne font apparoir d'un pouvoir spécial par écrit à eux donné pour les proposer.

2. Notre Coutume porte simplement que les avocats postulans, c'est-à-dire, qui font fonctions de procureurs, qui proposent ces reproches, sont tenus d'affirmer par serment, s'ils en sont requis, qu'ils en ont charge des parties : mais l'ordonnance veut qu'ils soient tenus de faire apparoir d'un pouvoir spécial par écrit ; ce qui s'entend, au cas qu'ils en soient requis.

ARTICLE XLVI.

Les Parties ne doivent être appointées à informer sur les faits des Reproches & salvations des témoins, sans voir lesdits Reproches & salvations avec les Procès principaux; & ne sont reçus en preuve desdits faits, sinon qu'ils fussent concluans, & contre témoins sans la déposition desquels lesdits Procès ne se pourroient juger.

1. Quand les reproches sont pertinens, mais qu'ils sont contredits, & ne sont pas suffisamment justifiés, les juges peuvent en ce cas appointer les parties à informer sur les faits des reproches & salvations; mais ils ne peuvent le faire qu'en voyant le procès, & au cas que les moyens de reproches soient pertinens & admissibles, comme parle l'ordonnance, ou, comme dit notre Coutume, concluans contre les témoins. C'est la disposition de l'ordonnance de 1667, tit. 23, art. 4; de notre Coutume, au présent article; de celle d'Auvergne, tit. 8, art. 3, & de la Marche, art. 58; & cela est conforme aux anciennes ordonnances citées par M Bornier, sur ledit article de l'ordonnance de 1667, tit. 23.

2. Si le procès toutefois se pouvoit juger par la déposition des témoins non-reprochés, & qu'il en restât un nombre suffisant, le juge devroit passer outre, sans interloquer sur la preuve des reproches: c'est ce qui résulte de ces termes du présent article, *sans la déposition desquels ledit Procès ne se pourroit juger*; & tel est l'usage.

ARTICLE XLVII.

Et ne sont les Parties reçues à bailler Reproches contre les témoins examinez sur les faits contenus ès premiers Reproches, sinon que le Juge en voyant le Procès, le fît pour urgente cause.

1. Telle est la disposition de la Coutume d'Auvergne, tit. 8, art. 2, & de celle de la Marche, art. 61; & suivant ces Coutumes & la nôtre, on n'est pas reçu à reprocher les témoins qui sont entendus sur les faits contenus aux premiers reproches, si ce n'est que le juge, en jugeant le procès, le fît pour cause urgente: ainsi a été jugé par arrêt du 21 juin 1531, rapporté par M. Louet, lett. R, som. 5.

2. On ne peut donc pas donner reproches sur reproches, sur-tout en matière civile; ou plutôt, on ne peut pas reprocher les témoins qui sont ouis en l'enquête faite sur le fait des reproches; *idque propter infinitatem vitandam in judiciis*: de manière qu'on ne suit pas la disposition du chapitre *Licèt*, 49, *extr. de testi* qui admet *reprobatoria reprobatoriorum*.

TITRE SIXIEME.

Des Délations de Serment.

1. Le serment est un acte de religion, par lequel on affirme une chose en prenant Dieu à témoin, & en déclarant qu'on le prend pour juge & vengeur de son mensonge, en cas qu'on ne dise pas la vérité; ou de son infidélité, en cas qu'on n'exécute pas sa promesse.

2. Le serment peut être employé pour deux fins, ou pour une plus grande assurance des engagemens où l'on entre, ou pour décider un fait qui n'est pas constaté; & il y a ainsi deux sortes de sermens: les uns par lesquels on s'engage à faire ou à ne pas faire certaines choses, & les autres par lesquels on assure simplement qu'une chose est ou n'est pas.

3. Le serment des officiers, des tuteurs, des curateurs & autres de qui on prend le serment de bien exercer leurs fonctions, & celui que les experts prêtent, sont des sermens de la premiere sorte, qui servent à affermir leurs engagemens de s'acquitter de leurs charges, de leurs fonctions, de faire un rapport fidele, & tous ces sermens regardent des devoirs à venir.

4. Quand les sermens se font pour décider un différend que l'on ne peut terminer par d'autres voies, où celui qui jure est un tiers; ou c'est la personne même intéressée; si c'est un tiers qui certifie avec serment une action d'autrui, il est appelé témoin, & sa déposition passe avec raison pour être d'un grand

poids, lorsqu'il n'y a rien qui la rende véritablement suspecte : car on ne sauroit légitimement présumer qu'un homme de bien & craignant Dieu veuille, pour l'intérêt d'autrui, s'exposer lui-même à la vengeance divine.

5. Il n'en est pas tout-à-fait de même, quand c'est la personne même intéressée qui jure au sujet de son différend propre ; ce qui se fait, ou par l'ordre du juge, ou parce que sa partie lui défère le serment ; car son intérêt la rend légitimement suspecte, & donne lieu de craindre que le serment qui lui est déféré, ne soit une mauvaise ressource pour sa partie ; mais aussi on n'a recours au serment de celui qui dénie, que lorsqu'on manque de preuves.

6. Cette derniere sorte de sermens fait la matiere du présent titre, & des trois articles qui le composent, qui sont les 48, 49 & 50 de la Coutume.

7. Il n'y a pas de titre sur cette matiere dans l'ancienne Coutume.

ARTICLE XLVIII.

De jurer & déférer. CELUI à qui est déféré le Serment, n'est tenu jurer ni référer, si le déférant ne le veut croire, tant sur la délation, que sur ses exceptions & défenses péremptoires, lesquelles il est tenu proposer & bailler promptement, afin que le déférant déclare s'il veut persister à sadite délation ou s'en retirer.

1. ON distingue trois sortes de sermens ; le volontaire, qui se prête sans être requis ni ordonné, & qui ne sert de rien ; le judiciaire, qui est déféré par le juge ; & le nécessaire, quand la partie le défère, ou quand la partie à laquelle il est déféré, le réfère à celui qui le lui avoit déféré.

2. Quoique la partie qui n'a pas de preuves, ou qui n'en a pas de suffisantes, ne déclare pas qu'elle s'en remet au serment de sa partie, le juge peut d'office ordonner le serment. Ainsi, si un débiteur à qui un créancier demande une somme due par obligation, dont il justifie, dit qu'il a payé, mais sans le prouver que par des circonstances qui ne forment pas une preuve complette ; le juge peut, en le condamnant, ajouter que le créancier jurera qu'il n'a reçu aucun paiement.

3. La partie qui reconnoît n'avoir point de preuves, ou n'en avoir pas qui soient suffisantes, peut de son côté déférer le serment à sa partie, c'est-à-dire, s'en remettre à ce qu'il déclarera par serment ; & ces deux sortes de sermens, savoir, tant celui que le juge ordonne, que celui qui est déféré par la partie, sont d'un usage fréquent, & très-utiles pour finir les procès L. 1, ff. *de jurejur.*

4. Si le fait, dont une partie défère le serment à l'autre, est de la connoissance de tous les deux, celui à qui le serment a été déféré, a la liberté, ou de jurer, ou de référer le serment à celui qui le lui avoit déféré.

5. On ne peut pas refuser le serment, quand il est déféré. *Manifestæ turpitudinis est nolle jurare, vel jusjurandum non deferre,* dit la loi 38, ff. *de jurejur.* Il faut donc l'accepter ou le référer. La raison est qu'on ne fait pas tort à une personne, quand on s'en rapporte à sa conscience, & qu'on la rend juge de sa cause ; le juge en ce cas a raison de tenir pour convaincu celui qui n'ose ni jurer qu'il ne doit rien, ni exiger de sa partie qu'elle jure elle-même, que ce qu'elle demande lui est véritablement dû ; le refus ne peut être regardé alors que comme une marque claire que le défendeur est persuadé en sa conscience qu'il doit ce qu'on lui demande ; car s'il fait scrupule de jurer pour peu de chose, il n'a qu'à référer le serment ; & s'il craint que le demandeur ne se parjure, que ne jure-t-il lui-même ?

6. Quand on est fondé en contrat, contre lequel il n'y a pas d'inscription de faux, c'est une question si on est obligé de jurer de la vérité du contenu en icelui. Dufresne en son journal, liv. 1, chap. 32, rapporte deux arrêts qui ont jugé qu'on n'y étoit pas tenu ; l'un du 14 janvier 1625, & l'autre du 13 mars 1637. Mais Brodeau sur M. Louet, lettre S, somm. 4, en cite deux autres du parlement de Toulouse, qui ont jugé que le serment peut être déféré sur un fait soutenu contre le contrat, & Henrys, tome 2, liv. 4, chap. 6, quest. 21, est de ce sentiment, & prétend que les arrêts rapportés par Dufresne, rendus sur des circonstances particulieres, ne forment pas une jurisprudence contraire ; & tel est mon sentiment, car on ne doit jamais favoriser la mauvaise foi.

7. Celui à qui on défère le serment n'est pas tenu de jurer, ni de le référer, s'il n'est décisif, & que le déférant ne le veuille croire : c'est la disposition de notre Coutume, au présent article ; de celle de la Marche, art. 8, & de celle d'Auvergne, tit. 3, art 1. Ainsi le serment qui a été déféré & reçu dans la forme prescrite par le jugement, est décisif, & a plus de force qu'une chose jugée ; c'est une espece de transaction, & il tient lieu de remise de la dette, ou de quittance & de paiement. L. 2, ff. *de jurejur.* & L. 5, §. 2, *eod. tit.*

8. L'affirmation de celui à qui le serment est déféré, doit être prise intégralement ; & il n'est pas tenu de jurer, si on ne veut le croire, tant

TIT. VI. DES DÉLATIONS DE SERMENT. ART. XLVIII.

tant sur la délation ou demande, que sur les exceptions & défenses péremptoires : c'est encore la disposition de notre Coutume au présent article, & de celles de la Marche & d'Auvergne, aux articles cités. Ainsi, si le défendeur à qui le serment est déféré, reconnoit la dette, mais par la même affirmation déclare l'avoir payée, & en être quitte, son affirmation ne peut pas être divisée ; & il ne peut pas être condamné, suivant sa reconnoissance, sans avoir égard à l'exception contenue dans son affirmation, bien que le serment ne lui ait été déféré que sur la vérité du prêt, & non sur la vérité du paiement par lui prétendu fait.

9. Notre Coutume au présent article, celles d'Auvergne & de la Marche, aux articles cités, portent que celui à qui le serment est déféré, est tenu de proposer & bailler promptement ses exceptions & défenses péremptoires, afin que le déférant déclare s'il veut persister à sa délation, ou s'en retirer ; tellement que celui à qui on défère le serment sur la vérité d'un prêt, doit, aux termes de ces Coutumes, avant que de jurer, reconnoître le prêt, déclarer qu'il l'a payé, & s'offrir de l'affirmer par serment ; auquel cas la reconnoissance libre & de bonne foi qu'il en fait, ne peut pas se diviser avant le serment non plus qu'après, & il faut prendre sa confession dans tout ce qu'elle contient. La raison est que, comme on ne tire la preuve du prêt que de la seule confession du débiteur, il seroit injuste de rejetter sa confession du paiement : on doit présumer qu'il y a autant de bonne foi dans la seconde partie de sa déclaration, que dans la premiere ; & si on ne veut pas croire sa confession en un point, elle ne doit avoir aucun effet en l'autre qu'il auroit pu désavouer. *Si enim, ad propositi tui fidem meo juramento credendum putas, cur non ad meæ exceptionis confirmationem ei standum judicabis ?* dit M. le président Duret, *hic*.

10. Celui qui a déféré le serment, peut révoquer le consentement ; c'est ce qui résulte des termes du présent article, *afin que le déférant déclare s'il veut persister à sadite délation ;* & la raison est, parce qu'il se peut faire qu'il ait eu de nouvelles preuves, ou qu'il ait sujet de craindre un faux serment : mais il faut pour cela que les choses soient entieres, & que celui à qui le serment a été déféré, n'ait pas juré & affirmé.

11. Que si celui à qui le serment étoit déféré, étant prêt de jurer, la partie qui le lui avoit déféré l'en décharge, il en sera en ce cas de même que si le serment avoit été fait. *Remittit jusjurandum, qui deferente se, cùm paratus esset adversarius jurare, gratiam ei fecit, contentus voluntate suscepti jurisjurandi*, dit la loi 6, ff. *de jurejur.*

12. Quand celui auquel le serment étoit déféré, le réfère à sa partie adverse, & se rapporte à son serment ; cette partie adverse en ce cas, si elle a de justes causes pour ne pas

Part. I.

jurer, comme si le fait n'étoit pas de sa connoissance, ne doit pas y être contrainte ; mais si le fait est de sa connoissance, elle est obligée de jurer, étant tenue de subir la loi qu'elle veut imposer : tellement que si elle refuse de le prêter, son refus doit emporter gain de cause au profit de celui qui le lui a référé.

13. Le serment doit être prêté en la forme en laquelle il est référé. Ainsi, si le serment avoit été déféré au mari & à la femme, le juge ne peut décider sur le serment du mari seul, si la femme ne le prête pareillement, quoiqu'elle ne soit pas partie en la cause ; & en cas de refus par la femme, la cause doit être décidée par le mérite des titres & piéces des parties : ainsi jugé par arrêt rapporté par M. Brodeau sur M. Louet, lettre S, sommaire 4.

14. Il en est de même, si Pierre fait assigner Jean pour cause de prêt, & que Jean lui défère le serment décisif, s'il est vrai qu'il lui ait prêté cette somme ; en ce cas Pierre doit affirmer précisément sur la vérité du prêt, sans quoi son serment n'est pas décisoire : c'est ce qui a été jugé par arrêt. On demandoit à un particulier une certaine somme d'argent pour cause de prêt, il défére à sa partie le serment décisif ; savoir, s'il étoit vrai qu'il lui eût prêté cette somme : la partie affirme ne lui avoir prêté, mais que la somme lui étoit due à cause de quelqu'autre chose, & cette autre chose étoit la faveur & l'assistance qu'il avoit prêtée à son débiteur pour parvenir à son mariage. Là-dessus le débiteur est condamné, dont il appelle, & dit que l'intimé avoit mal affirmé, & qu'il n'avoit pas suivi la forme par lui prescrite, sans laquelle le serment n'est pas décisoire. Par arrêt du 10 février 1605, il fut dit qu'il avoit été mal affirmé & mal condamné : l'arrêt est rapporté par Peleus, quest. 95. M. Vincent, *hic*.

15. Suivant ce principe, si la partie qui défére le serment demande qu'il soit prêté en l'audience & publiquement, afin que la présence des juges & le respect du lieu impriment quelque terreur, il doit être prêté de la forte, s'il n'y a une impossibilité notoire, ainsi qu'il a été jugé par arrêt cité par Henrys, tome 2, liv. 4, ch. 6, qu. 21, & tel est son sentiment.

16. Quand une fois on s'est rapporté au serment de sa partie, & qu'elle a affirmé, on n'est plus recevable à vérifier le contraire, comme il a été jugé par les arrêts rapportés par M. Louet & Brodeau, lett. S, somm. 4, & qu'il résulte de ce qui a été dit ci-dessus, n. 7 ; à moins que par des piéces recouvrées, le contraire de ce qui a été faussement affirmé ne fût évidemment prouvé ; auquel cas la qualité du fait & l'évidence de la preuve, peuvent faire que la preuve soit reçue ; comme si un débiteur déféroit le serment à un créancier sur une quittance qu'il dit avoir perdue ou égarée : il est certain en ce cas, que si la quittance se trouve après le serment du créancier, le serment

D d

perd toute l'autorité que les loix lui avoient donnée; parce que l'apparence de la vérité, ou ce qui en tient lieu, ne peut nuire à la vérité même, & le créancier ne peut pas opposer pour exception le serment qu'il a fait; il ne peut, tout au plus, pour colorer son parjure, que s'excuser sur le défaut de sa mémoire. Ainsi le débiteur ayant payé une chose qu'il ne devoit pas, pourra recouvrer ce qu'il aura payé sur ce faux serment.

17. Le serment n'est décisif, que lorsqu'il est déféré par la partie adverse, pour s'y tenir & s'y rapporter; les autres sermens ne le font point, & on est reçu à vérifier le contraire de ce qui a été affirmé. Si le débiteur d'un débiteur, par exemple, entre les mains duquel on a saisi & arrêté, assigné pour affirmer ce qu'il doit, affirme qu'il ne doit rien, ou peu de chose, ce serment n'est point décisif; & le saisissant, contre lequel il se fait, est bien recevable à vérifier le contraire du contenu en l'affirmation: sçavoir, que ce débiteur doit, ou qu'il doit plus qu'il n'a affirmé.

18. Il y a plus, c'est que le serment prêté par une partie interrogée sur faits & articles, n'est point décisif; de maniere que si la partie interrogée a dénié par ses réponses, des faits qui soient véritables, la partie adverse n'est point exclufe de faire preuve du contraire, si elle a de bons moyens. Ainsi celui qui a eu la fermeté de répondre d'une maniere à ne fournir contre lui aucune preuve, n'est pas déchargé, s'il y a des preuves qui servent d'ailleurs à découvrir la vérité. C'est l'observation de Lange, en son *Praticien français*, liv. 4, ch. 18; de Couchot, *Prat. univ.* tome 5, premiere édit. de 1701; & c'est aussi la remarque de M. Bornier sur l'art. 7 du titre 10 de l'ordonnance de 1667, sur ces mots, *les réponses sur chacun fait*. Il y a, dit-il, cette différence entre le témoignage & les réponses catégoriques, qu'en celui-là on s'arrête à la déposition du témoin; & en celles-ci, en cas de déni, on est admis à prouver le contraire. Cependant on a jugé le contraire en l'audience de cette Sénéchauffée le 9 février 1729, mais contre mon avis.

* Car il faut bien distinguer le serment décisoire, dont il est parlé dans le présent article, d'avec les interrogatoires & confessions des parties sur faits & articles; c'est l'observation de M. Domat, dans son traité des loix civ. tom. 2, liv. 3, tit. 6, sect. 5, p. 393 & 397, art. 9, édit. de 1697, in-4°. Il ne faut pas confondre, dit-il, le serment décisoire d'une partie à qui il a été déféré, & les réponses de celui dont on a ordonné l'interrogatoire sur des faits allégués par sa partie. Car le serment de celui à qui il est déféré, décide pour lui, mais les réponses sur ces interrogatoires ne décident pas en faveur de celui qui répond; ce qu'il répond ne tient pas lieu de preuve pour lui, n'empêche pas l'effet des preuves contraires, & sert seulement pour tirer de ses réponses des conséquences qui puissent servir à la preuve du fait contesté.

C'est le raisonnement de M. Domat, d'où il faut conclure avec M. Louis Lafferé, conseiller au parlement, dans son traité de l'art de procéder en justice, premiere partie, ch. 47, page 357 & 360, édit. de 1692, in-8°. que le serment qui est déféré au défendeur par le juge au commencement de l'interrogatoire, a un effet bien différent de celui qui est déféré par la partie.

La suite de l'interrogatoire, dit M. Lafferé, est ordinairement le serment décisoire, ou l'enquête; car lorsque le défendeur interrogé a dénié le fait principal, & ses circonstances; ou le demandeur qui poursuit a des preuves d'ailleurs pour le convaincre, auquel cas il peut requérir qu'il lui soit permis de faire preuve par enquête, ce qui ne lui doit pas être refusé; ou il n'a que le témoignage de la conscience du défendeur, & alors il peut pour derniere ressource s'en rapporter à son serment décisoire.... ainsi le serment est déféré au défendeur par le juge & par la partie adverse avec un effet bien différent. Le juge, au commencement de l'interrogatoire, oblige celui qu'il interroge, soit partie, ou témoin, de jurer, pour l'engager à confesser la vérité, par la vénération de la Majesté de Dieu. Ce jurement ne décide rien, c'est un acte préparatoire efficace, pour tirer la vérité, & la faire éclater. Le demandeur défère le serment au défendeur après l'interrogatoire, sur un principal qu'il a dénié, à l'effet de décider entièrement la contestation; pourquoi il est litisdécisoire; en vertu de ce jurement, de quelque maniere que soit la chose au fond, le défendeur est renvoyé absous, & réputé innocent devant les hommes, mais non devant Dieu, s'il a juré contre la vérité; C'est ainsi que s'explique M. Louis Lafferé.

19. La décision que fait le serment ne regarde que les parties, entre qui le serment a été ordonné, ou ceux de qui le droit étoit entre leurs mains, & les personnes qui les représentent; & elle ne peut pas nuire à un tiers, si ce n'est en cas de cohéritiers & de coobligés solidairement: *Jusjurandum alteri neque prodest, neque nocet*, est-il dit dans la loi 3, §. 3, *in fine*, ff. *de jurejur*.

20. Mais si le serment a été déféré par l'un des héritiers à un prétendu débiteur de la succession, ce serment peut être opposé aux autres cohéritiers, ainsi qu'il a été jugé par arrêt du 2 mai 1610, rapporté par M. Julien Brodeau sur M. Louet, lett. S, somm. 4. Il en est de même des coobligés; la délation du serment, faite par l'un des coobligés, nuit à tous les autres, suivant la disposition du droit, en la loi 28 *In duobus*, ff. *de jurejurando*; & réciproquement le serment prêté par l'un de coobligés, profite aux autres, suivant la même loi, §. 3.

21. Il n'y a que les personnes intéressées qui puissent déférer le serment, & ceux qui ont droit de le déférer pour d'autres; ou par la loi, comme un tuteur, lorsqu'il n'est pas possible

Tit. VI. DES DÉLATIONS DE SERMENT. Art. XLIX.

d'établir la dette du mineur, & ne peut y avoir que cette ressource; ou par leur volonté, comme un procureur constitué.

ARTICLE XLIX.

HÔTELIERS, Taverniers & Revendeurs publics sont crus par leur Serment des vivres & marchandises prises en leurs maisons, comme pain, vin, huile, chandelle, épicerie & autres denrées vendues à détail, jusqu'à cinq sols, dedans trois mois, à compter du jour qu'elles ont été baillées ; pourvu que le Marchand qui les aura baillées soit de bonne renommée ; & ne sont pour ce condamnez les Défendeurs ès dépens : & avant ledit Serment fait, peut le Défendeur alléguer & prouver payement, si bon lui semble, par un seul délai seulement.

Quels gens sont crus jusqu'à cinq sols.

1. CEs mots du présent article, *dedans trois mois, & ne sont pour ce condamnés les défendeurs ès dépens*, ont été accordés pour Coutume nouvelle.

2. Dans les affaires sommaires, pour des sommes modiques, le demandeur qui n'a point de preuves, est souvent cru à son serment, à moins que le défendeur n'offre de prouver le contraire ; le juge adjuge en ce cas-là au demandeur la somme qu'il demande, en, par lui, jurant & affirmant que la chose lui est bien & légitimement due ; & ce serment est appellé *supplétif*. Mais quand la demande est importante, & qu'elle n'est pas prouvée, le défendeur est alors juge de sa cause ; il en est quitte en affirmant qu'il ne doit rien, suivant la maxime, *Adore non probante reus absolvitur.*

3. Les hôteliers, taverniers & revendeurs publics, suivant la disposition d'une partie de nos Coutumes, & conformément à cette maxime, sont crus à leur serment, des vivres & marchandises prises en leurs maisons, comme pain, vin, huile, chandelle, épiceries & autres denrées vendues en détail : c'est la disposition de cette Coutume au présent article ; de celle d'Auvergne, tit. 3, art. 2 ; de la Marche, art. 9 ; de Nivernois, chap. 28, art. 1 ; de Blois, art. 243 ; de Montargis, chap. 18, art. 6 & 7 ; de la Rue-d'Yndre, art. 24, & autres.

4. Mais pour qu'ils soient reçus à ce serment décisif, les Coutumes demandent certaines conditions ; sçavoir, notre Coutume & celle de Nivernois, que les taverniers, hôteliers & revendeurs, soient taverniers & revendeurs publics & de bonne renommée : celle de la Rue-d'Yndre en dit autant.

5. Celle d'Auvergne veut que ceux à qui les vivres & marchandises sont demandées ayent accoutumé de fréquenter les maisons desdits hôteliers & revendeurs publics, & prendre vivres d'eux ; à quoi s'accordent celle de la Marche & celle de Poitou, art. 79.

6. Notre Coutume requiert une autre condition, qui est que la demande en soit faite dans trois mois ; celle de la Marche & d'Auvergne en disent autant ; celle de la Rue-d'Yndre dit, dans l'an & jour de la dépense, & celle de Blois dit, dans quarante jours ; & cela, parce que la mémoire en est récente : ce qui n'exclud pourtant pas le demandeur de former sa demande dans le temps marqué par l'ordonnance de 1673, tit. 1, art. 8, ainsi qu'il a été dit sur l'article 13, ci-dessus.

7. Toutes ces Coutumes ne reçoivent le serment supplétif des hôteliers & revendeurs publics, que jusqu'à cinq sols, & au-dessous : mais comme cinq sols au temps de la rédaction de la Coutume valoient cent sols d'aujourd'hui, selon que cela paroît par la prisée qui est faite des espèces, au chapitre 36 de l'assiette, j'estime que ce serment doit être reçu jusqu'à cette somme.

8. Ce qui n'empêche pas, comme le porte expressément le présent article, qu'avant le serment prêté le défendeur ne puisse alléguer & prouver le paiement. *Cùm Statutum aliquid conscientiæ committit, non vetat quin adversarius ad contrarium probandum audiatur.* Zaz. §. *Sed istæ*, n. 23, *de actionibus.*

9. Notre article porte qu'encore que le demandeur obtienne à ses fins, le défendeur ne doit pas pour cela être condamné aux dépens ; mais l'ordonnance de 1667 y résiste, au titre 31, art. 1 ; qui porte que toute partie qui succombe, sera condamnée aux dépens, sans que sous prétexte d'équité, ou pour quelqu'autre cause que ce soit, elle en puisse être déchargée. Et ainsi s'observe & se pratique.

10 Quand une somme de deniers a été adjugée à la charge du serment supplétif, si celui qui devoit le prêter ne l'a pas prêté pendant sa vie, il est censé pour non prêté, ainsi qu'il a été jugé par arrêt du parlement de Provence, du 22 décembre 1656, rapporté par M. Julien Brodeau sur M. Louet, lettre S ; somm. 4.

ARTICLE L.

Tuteurs, Curateurs, Procureurs de Fabriques, Marguilliers, Exécuteurs de testamens, & autres sujets à rendre compte, sont crus par leurs Sermens de leurs mises jusques à cinq sols en chacun article, sans quittance des choses concernant leurs administrations, quand il est vraisemblable qu'ils les ont baillez sans fraude, sinon que la Partie voulût prouver le contraire.

1. La Coutume d'Orléans, article 299, contient une disposition semblable. La raison, c'est que quoique tous les comptables, quand ils font quelque paiement ou quelqu'emploi, doivent pour leur sûreté se faire remettre les obligations endossées de leurs deniers, ou prendre des quittances & reçus, qu'ils doivent représenter dans le temps de leur compte ; cette obligation toutefois n'a pas lieu, quand la partie est si petite que l'instrument coûteroit plus que le contenu en l'article. Ajoutez à cela qu'il y a beaucoup d'emplois dont on ne peut pas avoir de reçus ; & en tous ces cas *propter modicitatem præjudicii, & difficultatem, & majorem sumptum statur juramento*.

2. Les mises sont censées petites & légeres, aux termes de notre Coutume, & telles qu'on doit s'en rapporter au serment du comptable, quand elles ne passent pas cinq sols : mais cette fixation doit être étendue ; parce que, comme il a été dit sur le précédent article, cinq sols, au temps de la rédaction de la Coutume, valoient plus de cent sols d'aujourd'hui. Après tout, cela dépend de la prudence & de l'arbitrage du juge, lequel doit juger selon les circonstances tirées *ex rei, actûs & personæ qualitate*, si on doit s'en rapporter au serment de celui qui rend compte.

3. Lequel serment ne doit être admis & déféré, que quand les mises du comptable sont vraisemblables, ainsi que s'expliquent la Coutume d'Orléans & la nôtre ; & afin qu'on soit en état de juger de la vraisemblance requise par les Coutumes, le comptable doit marquer les causes & occasions de l'emploi.

TITRE SEPTIEME.

Des Assuremens.

1. Le mot d'*Assurement* signifie *sûreté & assurance* ; & l'assurement se définit, *la sûreté & la protection donnée par la Justice contre les menaces d'un ennemi qu'on appréhende*, laquelle est accordée sous peine de punition corporelle.

2. L'assurement a son fondement dans la justice qu'il y a, que les foibles ne soient pas opprimés par la puissance & l'insolence des méchans, & dans la protection que le prince doit à ses sujets : car, comme les sujets doivent obéissance à leur prince, le prince doit réciproquement à ses sujets garde & protection ; desorte que si les plus foibles sont menacés par les plus puissans, le prince les doit mettre en sa protection & sauve-garde : & c'est pour cela que le roi commet à l'autorité du magistrat, la défense & la protection des foibles.

3. On distingue deux sortes d'assuremens : l'un par rapport aux biens, & l'autre par rapport à la personne. L'action de sûreté, dit la Coutume de Bretagne, art. 669, est requérir paix à soi, & à ses choses, & autres pour lesquelles on la demande.

4. L'assurement, par rapport aux biens & à la personne, est général ou spécial. Le premier est conçu en termes généraux, sans particulariser les ennemis ni les causes de crainte ; & le second se fait avec désignation de personnes & de causes. Le premier, qu'on appelle proprement *sauve-garde*, appartient au roi, qui seul peut donner des sauve-gardes générales & par-tout le royaume, comme il résulte de l'article 15 de l'édit de Crémieu, & que l'a observé Chopin, liv. 2, *du Dom.* tit. 8, n. 11. Quant à l'assurement spécial & particulier, les juges royaux le peuvent donner, & même ceux des seigneurs, dedans leurs territoires, avec connoissance de cause, comme l'a observé Chopin au même endroit, & qu'il est porté en l'article 59, *infrà*.

5. Mais ce ne peut être que le seigneur haut justicier, comme il est dit dans la Coutume de Sens, art. 171, en celle de Troyes, art. 124, & en celle du Grand-Perche, art. 9 ; & la raison qu'en donne Coquille sur la Coutume de Nivernois, ch. 1, art. 15, c'est que l'ancien usage de France portoit la peine de la hart, qui est celle de la corde, pour l'assurement enfreint.

6. C'est de cet assurement spécial dont il est parlé dans ce titre, lequel contient onze articles, depuis & y compris l'article 51, jusques & y compris l'article 61 ; & suivant ce qui est porté dans ces articles, l'ajournement pour assûrer ne vaut pardevant le sénéchal ou autre justicier de cette Province, sinon en cas d'excès,

TIT. VII. DES ASSUREMENS. ART. LI.   109

d'excès, information & décret préalable, art. 51. En matiere d'assurement, l'ajourné doit comparoir en personne, art. 52 ; mais l'assurement donné une fois, ne peut être réiteré pour le cas pour lequel il a été donné, art. 53. L'assurement spécial peut être donné par le haut justicier, art. 59 ; & si celui qui est ajourné en assurement, refuse de le bailler, il y est contraint par emprisonnement de sa personne, art. 54. L'assurement est enfreint pour battre ou frapper induement celui qui l'a obtenu, ou autre de sa famille, & non pour injures verbales, art. 56 & 61 ; & l'infracteur est puni corporellement & arbitrairement, art. 57. En concurrence du haut justicier, & du supérieur, l'amende de l'infraction appartient au supérieur, art. 60 ; & ne peuvent les sujets en justice user d'assurement contre leur seigneur justicier, art. 58.

7. Il y a un titre des assuremens dans l'ancienne Coutume, qui est le titre 16, qui contient cinq articles.

ARTICLE LI.

L'ON ne peut faire ajourner en Assurement pardevant le Sénéchal de Bourbonnois à Moulins, ou autre Justicier du Païs & Duché de Bourbonnois, sinon que ce soit pour transport abusif de Jurisdiction, ou pour excès, information & Décret de Juge préalable, ou que les ajournez fussent vagabonds & non-domiciliez dudit Païs & Duché: Et si aucun est ajourné en Assurement en autre cas que les dessus-dits, il n'est tenu de comparoir personnellement ; & est tenu celui qui l'aura fait ajourner, des dépens, dommages & intérêts dudit ajourné.

Des ajournemens en cas d'Assurement.

1. SElon Masuer, au titre 12, *des Assuremens*, celui qui demande assurement, doit prouver qu'il a été blessé & atrocement excédé, ou l'un des deux, ou que son adversaire l'a récemment menacé de lui porter dommage en sa personne & biens ; & font, ajoute-t-il, les menaces atroces suffisantes pour l'obtenir : de maniere que, pour obtenir assurement, il faut alléguer juste crainte, & la prouver ; & suivant Dumoulin, dit M. Jean Duret, avocat, les assuremens sont donnés contre les voies de fait, & non contre les exploits de justice. Toutefois le présent article parle de transport abusif de jurisdiction : ce qui a paru si obscur à commentateur de notre Coutume, que dans son commentaire imprimé, sur cet article, il confesse & avoue qu'il n'y comprend rien.

2. Pour obtenir assurement, on peut se pourvoir par simple requête, tendante à permission de faire assigner la personne de laquelle on se plaint, & à laquelle on demande assurement, ou par requête tendante à information préalable. Dans le premier cas, la personne assignée n'est pas tenue de comparoître en personne, mais bien par procureur : mais dans le second cas, quand il y a une information précédente, & sur icelle un ajournement personnel, il faut alors comparoître en personne. C'est la distinction que fait M. Charles Dumoulin, sur l'article suivant.

3. Suivant l'ancienne Coutume, l'ajournement personnel, en matiere d'assurement, se pouvoit donner sur le serment de celui qui le demandoit, s'il ne pouvoit autrement prouver l'excès, ou menaces qu'il prétendoit lui avoir été faites, pourvu qu'il apparût par informations précédentes de la prud'hommie de sa personne, ou qu'il y eût d'autres conjectures qui pussent à ce mouvoir le juge : mais si l'excès, batture ou menaces se pouvoient prouver, en ce cas l'ajournement personnel ne se donnoit pas sans information précédente ; de maniere que l'ajournement personnel devoit toujours être précédé de l'information de prud'hommie, joint le serment, ou de l'information du fait. Mais cette ancienne Coutume a été corrigée ; & par la nouvelle, l'ajournement, en matiere d'assurement, ne se donne plus sur le serment, mais en vertu d'une information & du décret du juge préalable : c'est ce qui paroît par le procès verbal de la Coutume, sur le présent article, & par l'article premier du titre 16 de l'ancienne.

Part. I.   E e

ARTICLE LII.

Ajournés en cas d'Asseurement comparent en personnes, & n'ont renvoi.

EN matiere d'Asseurement, les Parties ès cas susdits sont tenues de comparoir en personnes, jusqu'à ce que par le Juge autrement en soit ordonné; & pour icelui prêter, n'a lieu renvoi. Mais si après l'Asseurement fait, les Parties, ou aucune d'icelles requierent la doléance faite être renvoyée pardevant leurs Juges ordinaires, être le doivent si la matiere y est sujette.

1. Quand sur information précédente il y a ajournement personnel, en ce cas l'ajourné est tenu de comparoir en personne, selon qu'il est dit au présent article; & si la partie ajournée, en cas d'asseurement, fait défaut, le juge par vertu d'icelui peut ordonner prise de corps, si l'ajournement a été fait à sa personne, & qu'il y ait eu délai compétent pour comparoir. C'est ce que porte l'article 36 de la Coutume de la Marche, à quoi est conforme l'article 4 du titre 10 de l'ordonnance de 1670.

2. En matiere d'asseurement, & pour icelui prêter, il n'y a pas lieu au renvoi, selon que le porte notre article, si ce n'est que l'ajourné ne fût clerc ou prêtre, lequel peut demander son renvoi pardevant le juge d'église, comme il est dit en l'article 125 de la Coutume de Troyes, lequel est le seul juge des ecclésiastiques, dans le cas du délit commun, mais non dans le cas privilégié : distinction qui fut faite dans le temps de la rédaction de la Coutume, & qui est rapportée au procès verbal sur le présent article.

ARTICLE LIII.

Quand le Demandeur est condamné aux dépens, dommages & intérêts.

ASSUREMENT baillé une fois ne peut être réitéré pour le cas pour lequel a été baillé, en faisant apparoir promptement qu'il a été baillé; auquel cas l'ajourné doit avoir dépens, dommages & intérêts.

L'Asseurement une fois donné, ne doit pas être réitéré pour le cas pour lequel il a été donné, suivant le présent article; ce qui a été ainsi établi pour obvier aux vexations, & ce qui fait connoître que l'asseurement est perpétuel, sinon que l'on s'en soit départi, comme le porte l'article 35 de la Coutume de la Marche.

ARTICLE LIV.

Contrainte de bailler Asseurement.

SI celui qui est ajourné en Asseurement, refuse de le bailler, il y est contraint par emprisonnement de sa personne, & sans lui bailler aucun délai.

1. La Coutume de Bretagne, art. 670, contient une disposition semblable, & la raison qu'en donne M. Dargentré sur cet article, qui est le 625 dans son commentaire, c'est que *nec habet causam recusandi, nec habere potest; nec enim quis recusare potest, integro pudore, quod & naturâ & omni jure alteri debet* : de maniere qu'il doit être contraint de bailler ledit asseurement, promettre & jurer de le tenir & garder par lui & les siens, sur peine d'être puni rigoureusement par le juge, comme il est dit en l'art. 100 de la Coutume de Chaumont en Bassigny.

ARTICLE LV.

De l'âge d'être ajourné, ou faire ajourner en cas d'Asseurement.

FILS de famille âgé de vingt ans, & fille de famille âgée de seize ans, & femmes mariées, peuvent être ès cas dessus-dits ajournez, & faire faire ajournement en cas d'Asseurement, *activè & passivè*, sans autorité de leurs peres, ou maris.

CEt article est une branche de l'article 169, *infrà*, qui porte que les fils de famille & femmes mariées peuvent, sans autorité de leurs peres, tuteurs, ou maris, poursuivre en défendant ou demandant toutes actions criminelles.

ARTICLE LVI.

ASSUREMENT est enfreint, pour battre & frapper induement celui à qui est donné ledit Assurement, par lui ou autre à son aveu & poursuite, ou autre de sa famille ou Maison; & non pour injures verbales. Toutefois, si celui qui donne ledit Assurement, injurie verbalement celui à qui il aura été donné, il est puni plus grièvement de peine pécuniaire à l'arbitrage du Juge; & est réputé l'Assurement enfreint, si celui qui a fait faire ledit ajournement, a été outragé par l'ajourné depuis l'ajournement posé.

D'Assurement enfreint.

1. L'Assurement est enfreint, aux termes du présent article, pour battre & frapper induement par celui qui a donné l'assurement, ou autre par son aveu, celui à qui l'assurement a été donné, ou autre de sa famille & maison. Tel est le véritable sens de l'article; car ces mots, *ou autre de sa famille*, se rapportent à ceux-ci, *celui à qui est donné ledit Assurement*, ainsi qu'il se lit dans l'article 173 de la Coutume de Sens, qui a été rédigé d'une maniere plus claire que le nôtre, & dans les mêmes termes que je viens de dire.

2. Et à cause de ces termes, *ou autre de sa famille*, nous tenons (dit M. Jean Duret), que le pere de famille assuré communique son assurance à sa femme, enfans, serviteurs, & autres faisans ordinaire demeurance avec lui, & non aux associés. M. Jean Duret, *hic*. Comm. imprimé.

3. L'assurement n'est pas seulement enfreint, selon le même Jean Duret, pour avoir battu & frappé, mais encore par les menaces, comme quand on leve la main pour frapper; mais non pas par simples injures verbales, conformément à ce qui est porté au présent article, en l'article 61, *infrà*, & aux articles 173 & 179 de la Coutume de Sens. Toutefois, dit notre Coutume & celle de Sens, l'injure verbale sera punie plus grièvement de peine pécuniaire, à cause de l'assurement, & cela à l'arbitrage du juge.

4. Quoique l'assignation ou l'ajournement ne fasse pas l'assurement, qui consiste proprement dans la sûreté que celui qui est ajourné promet par serment à celui qui est menacé, & en l'ordonnance du juge qui met en protection & sauve-garde; & qu'où il n'y a pas d'assurement, il n'y a pas d'infraction. Toutefois notre Coutume, au présent article, conforme en cela à l'ancienne, tit. 16, art. 5; celle d'Auvergne, tit. 10, art. 5; celle de la Marche, art. 34, & de Lodunois, ch. 39, art. 3, veulent que l'assurement soit réputé enfreint, si celui qui a fait faire ledit ajournement a été outragé par l'ajourné, depuis l'ajournement posé.

5. Quand celui qui a fait ajourner sa partie en matiere d'assurement, ou qui a obtenu assurement par sentence, est trouvé blessé, battu ou mort, il est à présumer que l'ajourné ou celui contre qui il a obtenu sentence d'assurement, a enfreint ledit assurement, s'il ne fait apparoir de son innocence : c'est l'article 6 du titre de la Coutume d'Auvergne, à quoi sont conformes la Coutume de Bretagne, art. 671; celle d'Anjou, art. 152, & du Maine, art. 167. Cette présomption est toute naturelle; car le sens commun fait présumer que celui qui a menacé, & duquel on a témoigné craindre les insultes, est celui qui a commis l'action qui est arrivée; & l'effet de cette présomption, est de rejetter la charge de la preuve sur celui contre lequel est la présomption. Mafuer dit qu'il faut que cette preuve de l'innocence soit faite au moins par des indices apparens. Prohet, sur la Coutume d'Auvergne, tit. 10, art. 6.

ARTICLE LVII.

INFRACTION d'Assurement emporte punition corporelle ou pécuniaire, à l'arbitrage du Juge, selon la qualité des personnes & exigence des cas : Et en appartient la connoissance au Juge, pardevant lequel a été posé l'ajournement en Assurement.

Punition d'infraction d'Assurement.

Suivant la disposition de quelques Coutumes, la peine de l'infraction de l'assurement est capitale; ainsi le disposent la Coutume d'Auvergne, tit. 10, art. 4; & celle de Sens, art. 172, qui porte que telle est la Coutume de France; parce que le juge, en donnant ledit assurement, fait défense de l'enfreindre sous ladite peine; & que la justice par conséquent est outragée dans l'infraction de l'assurement qu'elle a donné : toutefois, comme il y auroit trop de rigueur de condamner à mort pour toutes sortes d'infractions, notre ancienne Coutume, titre 16, art 4, distinguoit l'infraction où il y avoit mutilation de membre, & dont la punition étoit corporelle, d'avec les autres où il n'y échéoit qu'amende pécuniaire ; & la Coutume nouvelle au présent article, aussi-bien que celle de Bretagne, art. 668, remettent la peine de l'infraction corporelle ou pécuniaire à l'arbitrage du juge, suivant la qualité des personnes & l'exigence des cas. Ainsi la peine de l'infraction de l'assurement est arbitraire, comme le sont toutes les peines en France.

ARTICLE LVIII.

De l'Assurement des Sujets contre leur Seigneur. LES SUJETS en Justice ne peuvent user d'Assurement contre leur Seigneur Justicier: toutefois ils se peuvent assurer pardevant le Supérieur.

1. LE sujet en justice ne peut user d'assurement contre son seigneur justicier, selon cette Coutume au présent article, & celle d'Auvergne, tit. 10, art. 7 ; & la raison qu'en donne M. Prohet, c'est que l'assurement porte quelque note à celui contre lequel il est requis, & qu'il marque un sujet de crainte & d'appréhension de sa part : ce qui n'est pas présumé à l'égard du seigneur justicier.

2. Toutefois, s'il étoit vérifié que le seigneur abuse de son autorité ; en ce cas notre Coutume au présent article, permet de se pouvoir assurer pardevant le supérieur : sur quoi M. Charles Dumoulin, dans sa note, *hic*, rapporte la décision 489, *Capel. Tolos.* & la 34 de Boerius ; à quoi est conforme la Coutume de Sens, art. 175, qui permet la sauve-garde contre le seigneur, quand il y a cause raisonnable & apparente.

ARTICLE LIX.

Qui peut bailler Assurement. ASSUREMENT spécial peut être baillé par le Seigneur haut Justicier ou son Juge à ses Sujets ; & qui enfreint Assurement, il échet envers le Seigneur & la Partie injuriée, en amende arbitraire, qui sera taxée selon la qualité des personnes & du délit.

1. NOus avons expliqué dans la préface du présent titre, ce que c'étoit que l'assurement général & l'assurement spécial ; la différence qu'il y avoit de l'un à l'autre, & à qui appartenoit de donner l'assurement spécial & particulier. Il faut y avoir recours, pour ne point user ici de redite.

2. En ce qui touche l'amende arbitraire, eu égard aux qualités des personnes & du délit dont il est parlé dans le présent article, nous en avons dit un mot sur l'article 57, où il faut pareillement avoir recours.

ARTICLE LX.

Concurrence d'Assurement. QUAND l'Assurement du haut Justicier & de son Supérieur concourent ensemble, celui du Supérieur est préféré, & lui appartient l'amende pour l'infraction d'icelui.

CE texte ne parle point de l'assurement donné par le haut & bas justicier concurremment ; parce que, comme il a été dit ci-dessus, il n'y a que les juges royaux & ceux des seigneurs hauts justiciers qui puissent donner assurement ; mais quand deux assuremens donnés par deux juges, à qui il appartient d'en donner, concourent ensemble, l'assurement donné par le juge supérieur est préféré, & l'amende pour l'infraction d'icelui lui appartient, aux termes de notre article. Ainsi, si aucun étant en la sauve-garde d'un seigneur haut justicier, se fait mettre & comprendre en la sauve-garde du roi, la sauve-garde du roi sera préférée à la sauve-garde du haut justicier, comme il est dit en l'article 178 de la Coutume de Sens.

ARTICLE LXI.

ASSUREMENT est enfreint pour batture & voye de fait commis à la personne de celui qui est en Assurement, & non point pour injures verbales.

CEci n'est qu'une répétition de partie du contenu en l'article 50, *suprà*.

TITRE HUITIEME.

TITRE HUITIEME.
Des Crimes.

1. Crime, c'est tout ce qui se commet contre la défense des loix, & pour raison de quoi les hommes sont sujets à quelque punition. Car l'effet de la loi n'est pas seulement de commander, ou de défendre, mais encore de punir ceux qui ne font pas ce qu'elle commande, ou qui font ce qu'elle défend.

2. Les jurisconsultes font des distinctions considérables entre le délit & le crime; mais parmi nous ces mots signifient la même chose, ainsi qu'il paroît par l'article 9 du titre 10 de l'ordonnance de 1670. Toutefois nous nous servons plus ordinairement du mot de *délits* pour exprimer les moindres crimes, & du mot de *Crimes* pour exprimer les plus atroces.

3. Quoique les crimes & les délits, selon qu'ils regardent l'honneur, la personne & les biens, soient infinis, on ne laisse pas toutefois de les distinguer; & la premiere division est de ceux qui, sans faire aucun tort à personne en particulier, offensent la Majesté divine; comme le blasphême, l'hérésie, le schisme, l'apostasie, &c. Et de ceux qui offensent Dieu & le prochain: comme l'homicide, l'adultére, le faux, le rapt, l'inceste, le larcin, l'usure, &c.

4. La seconde division, est des crimes capitaux, qui sont punis par la mort naturelle ou civile des délinquans, & d'autres qui méritent des peines moins grandes.

5. La troisieme division des crimes, est de ceux qu'on appelle *cas royaux*, dont ne peuvent connoître les premiers juges ou juges ordinaires, c'est-à-dire, les châtelains ou prévôts royaux, & les juges des seigneurs; & d'autres qui peuvent être appellés *communs*, dont la connoissance appartient aux uns & aux autres.

6. Les crimes, dont les premiers juges ne peuvent connoître, sont encore de deux especes; les uns qui sont appellés proprement *cas royaux*, & les autres qui sont nommés *cas prévôtaux*.

7. Le dénombrement des cas royaux, dont la connoissance est attribuée aux baillifs, sénéchaux & juges présidiaux, privativement aux juges royaux & ceux des seigneurs, est fait en l'art. 11 du tit. 1 de l'ordonnance de 1670; & les crimes appellés *prévôtaux*, dont la connoissance est attribuée aux prévôts des maréchaux de France, aux lieutenans criminels de robe-courte, aux vice-baillifs & aux vice-sénéchaux, sont expliqués en l'article 12 du même titre.

8. La quatrieme division que l'on fait des crimes & des délits, par rapport aux clercs ou personnes ecclésiastiques, est en délits communs & délits privilégiés. Les délits communs sont ceux dont la connoissance appartient aux officiaux seuls; parce qu'ils peuvent être suffisamment réparés par les peines canoniques, sans avoir recours à celles du droit civil & des ordonnances royaux: les crimes ou délits privilégiés sont especes de cas royaux, qui, à cause de leur atrocité, ne peuvent être assez sévérement punis par les peines canoniques; l'intérêt public exige des punitions exemplaires, de mort, de galeres, de bannissement perpétuel, qui n'appartiennent pas aux juges d'église *quæ non novit sanguinem*, & dont la connoissance appartient par conséquent aux officiaux & juges royaux conjointement, lesquels instruisent ensemble le procès, & rendent chacun une sentence séparée.

9. On appelle ces crimes *privilégiés*, à cause du privilége qu'ont les juges royaux d'en connoître, par l'autorité que le roi a sur les ecclésiastiques de son royaume, qui sont ses sujets comme les autres, pour les faire vivre selon les loix publiques, & maintenir l'état & le repos du royaume, & de la république, dont l'église fait une partie, & une partie fort considérable. *Ipsa enim est in Republica*.

10. Les crimes qui, sans faire aucun tort à personne en particulier, blessent l'ordre public & troublent la société, ne méritent qu'une simple peine, qui venge le public du crime, & qui châtie le criminel: mais ceux qui, outre qu'ils blessent l'ordre public, font tort à quelques personnes, méritent, outre cette vengeance & ce châtiment, une réparation du dommage causé par le crime. Ainsi, dans ces sortes de crimes, il y a deux intérêts différens à considérer: l'un particulier, qui consiste à la réparation due à celui qui a été offensé, & à qui le tort a été fait; & l'autre public, qui consiste en la punition du criminel; & par rapport à ces deux intérêts, il y a deux sortes de peines: celle du crime sans rapport au dommage, par la simple vue du châtiment qu'il peut mériter, & celle du dédommagement du mal causé par le crime.

11. Les loix, dans les peines qu'elles ont ordonnées pour les crimes, ont quatre différentes vues. La premiere, est de punir & venger le crime par la satisfaction publique imposée au criminel; la seconde, de retenir, par l'exemple des châtimens, ceux qui n'ont pas de meilleurs motifs pour s'abstenir des crimes; la troisieme, qui ne convient qu'à quelques sortes de peines, est celle de la correction des criminels; & la quatrieme, qui ne convient pareillement qu'à quelques peines, telle que la peine de la mort, est celle de mettre les criminels hors d'état de commettre de nouveaux crimes.

Part. I. Ff

12. La Coutume, dans ce titre, traite en six articles de la connoissance des crimes, de ceux qui en doivent connoître, & qui sont en droit de les punir; ensemble de ceux qui en peuvent & doivent poursuivre la vengeance; de la peine des faux dénonciateurs, & du pardon & rémission des crimes. Les délits doivent être châtiés au lieu où ils ont été commis, plutôt qu'au domicile des accusés, article 62. Le procureur royal ou fiscal en fait les poursuites avec la jonction des parties offensées, quand elles se rendent parties, article 63. Les faux dénonciateurs sont condamnés aux dommages & intérêts de l'accusé, aussi-bien que ceux qui ne poursuivent leur délation dans les délais, art. 64 & 65. Qui compose durant le procès sans en retirer profit, se soumet à l'amende, art. 66. Si un accusé enfin obtient pardon ou rémission de son crime, sa grace ne l'exempte pas de payer les frais de justice, art. 67.

Il n'y a pas de titre sur cette matiere dans l'ancienne Coutume.

ARTICLE LXII.

De la connoissance des Crimes. LE SEIGNEUR en la Justice duquel le délit a été commis, peut connoître dudit délit, & punir le délinquant; & n'est tenu icelui rendre au Seigneur du domicile, si ledit délinquant a été pris en présent méfait, ou pour la poursuite faite incontinent après ledit délit.

1. Tous les crimes, comme nous avons dit sur l'article 11, *suprà*, doivent être jugés & punis aux lieux où ils ont été commis, & la connoissance en appartient aux juges de ces lieux, conformément à la disposition de l'ordonnance de 1670, tit. 1, article 1; laquelle ordonnance, en l'article 7 du même titre, veut que les sénéchaux & baillifs royaux n'ayent aucune prévention sur les juges ordinaires, qui sont les châtelains ou prévôts royaux, bien qu'ils leur soient inférieurs; pourvu que dans les trois jours après le crime commis, ces juges ordinaires & inférieurs ayent informé & décrété; & en l'article 8, que la même chose soit observée entre les juges des seigneurs; que les juges des pairies par conséquent, & autres seigneurs qui ressortissent immédiatement au parlement, ne puissent pareillement prévenir les juges inférieurs des hautes justices qui ressortissent par appel devant eux, si ces juges inférieurs ont informé & décreté devant eux. Et il en est de même, suivant la même ordonnance, art. 9 du même titre, des baillifs & sénéchaux; à l'égard de ces juges subalternes & non royaux de leur ressort, ils ne peuvent les prévenir, s'ils ont informé & décrété dans les vingt-quatre heures après le crime commis. La raison de tout ceci, c'est que si l'accusé étoit jugé & puni ailleurs qu'où le crime est commis, outre que la jurisdiction seroit violée, c'est que ce seroit rendre les preuves plus difficiles & de plus grands frais, & priver le lieu où le délit a été commis, de l'exemple public qu'il recevroit de la punition qui en sera faite.

2. Notre Coutume, en cet article, dit bien que le seigneur, en la justice duquel le délit a été commis, peut connoître dudit délit, & punir le délinquant, sans être tenu de le renvoyer au seigneur du domicile: toutefois c'est sous une condition; savoir, que le délinquant ait été pris dans le lieu du délit, à quoi est conforme l'ordonnance de Roussilon, art. 19; mais l'ordonnance de Moulins, art. 35, rejette cette condition, & veut que la connoissance appartienne aux juges des lieux où le délit a été commis, quoique le délinquant n'ait pas été pris au lieu du flagrant délit; ce qui a été suivi par l'ordonnance de 1670, tit. 1, art. 1, qui porte, sans aucune condition, que la connoissance des crimes appartiendra aux juges des lieux où ils auront été commis; d'où il s'ensuit:

3. 1°. Que si l'accusé est pris & emprisonné en un autre lieu que celui où le crime aura été commis, il y doit être renvoyé, si le renvoi en est requis, ainsi qu'il est dit dans l'article 1 du titre 1 de l'ordonnance de 1670.

4. 2°. Que s'il n'y a pas de partie civile pour payer les frais du transport, le prisonnier sera transféré aux frais du seigneur où le crime aura été commis, ou bien aux frais du roi, s'il a été commis dans l'étendue d'une justice royale.

5. Et il est à observer que le renvoi ne peut être requis que par l'accusé, ou par le substitut de M. le procureur général, ou par le procureur d'office du seigneur du lieu où le délit a été commis; la preuve s'en tire de ce que, par l'article 2 du titre 1 de l'ordonnance de 1670, celui qui a rendu la plainte devant un juge, n'en peut demander le renvoi devant un autre, encore qu'il soit juge du lieu du délit.

6. Cette regle générale, que la connoissance des crimes appartient aux juges des lieux où il a été commis, souffre deux exceptions; l'une par la qualité du délit, & l'autre par la qualité du délinquant.

7. Elle souffre une exception par la qualité du délit; car il y a des crimes, dont il n'y a que certains juges royaux qui en puissent connoître, comme il a été dit ci-dessus, tels que sont les cas royaux & prévôtaux: elle souffre une seconde exception par la qualité du délinquant; car il y a des personnes privilégiées,

Tit. VIII. DES CRIMES. Art. LXIII.

comme les nobles & les officiers de judicature, qui ne sont point soumis à la jurisdiction des simples prévôts ou châtelains royaux, conformément à l'article 10 du titre 1 de l'ordonnance de 1670.

* Voyez la déclaration du 5 février 1731, sur les cas prévôtaux ou présidiaux; elle contient plusieurs dispositions nouvelles, soit pour expliquer plus exactement, & la qualité des personnes, & la nature des crimes qui sont de la compétence des prévôts des maréchaux, soit pour décider les questions qui se sont souvent présentées sur le concours du cas prévôtal, & du cas ordinaire, ou sur d'autres points importans.

8. Il y a plus, c'est qu'on peut dire qu'il y a une troisième exception à cette regle générale, & qu'il y a un crime dont la compétence ne se regle, ni par le lieu du délit, ni par la qualité du délit, ni par celle du délinquant, qui est le faux incident, dont la connoissance appartient & est attribuée, par l'article 20 du titre 1 de l'ordonnance de 1670, au juge du procès principal; tellement que l'accusé, contre lequel l'inscription de faux est formée, ne peut demander son renvoi, ni pardevant le juge de son domicile, ni pardevant le juge de son privilége, ni pardevant celui du lieu où l'on prétend que la piéce fausse a été fabriquée. Et il en est de même des rebellions commises à l'exécution des jugemens; le juge qui a rendu le jugement, contre l'exécution duquel la rebellion a été commise, peut en connoître, selon le même article 20 du même titre.

9. Les premiers juges sont tenus de renvoyer les procès & les accusés qui ne sont pas de leur compétence, pardevant les juges qui doivent en connoître, dans trois jours après qu'ils en auront été requis, à peine de nullité de procédures faites depuis la réquisition, d'interdiction de leurs charges, & des dommages & intérêts des parties qui en auront demandé le renvoi; c'est l'art. 4 du tit. 1 de l'ordonnance de 1670.

10. Lequel article, dit M. Bornier, sert à établir la maxime, qu'encore que tous juges ne soient pas compétens pour juger certains crimes, ils le sont pourtant pour informer en matiere de crimes; & que, quoique l'affaire soit renvoyée devant les juges qui en doivent connoître, les actes probatoires doivent toujours être conservés, afin que la preuve du crime ne dépérisse pas, & que le crime ne demeure pas impuni.

11. Quand on n'agit pas criminellement, mais civilement, comme en réparation d'injures, en ce cas le juge du lieu n'en peut pas prendre connoissance, mais bien le juge du domicile du délinquant, suivant la regle par laquelle *Actor sequitur forum rei.*

ARTICLE LXIII.

LE PROCUREUR d'office peut poursuivre les délinquans, avec information précédente décrétée par le Juge, soit qu'il y ait plaintif & dénonciateur, ou non: & quand il y a Partie, se peut ledit Procureur joindre avec ladite Partie.

Du Procureur Fiscal.

1. LA punition du crime & la vengeance publique, ne peut être poursuivie que par les officiers publics; car quoiqu'un particulier se trouve offensé en son honneur ou en ses biens, par le crime d'un autre, il ne lui est pas néanmoins permis de poursuivre la punition du crime, parce que la vengeance est défendue aux hommes; de maniere que la punition du criminel ne peut être requise & poursuivie que par le procureur du roi, ou procureur fiscal, en la personne duquel réside l'intérêt public. Notre Coutume ne parle que du procureur fiscal; parce que dans le temps de la rédaction de la Coutume, il n'y avoit (comme l'a remarqué Dumoulin) dans l'étendue de cette province, que des justices seigneuriales, & par conséquent des juges de seigneur, & des procureurs fiscaux ou d'office. *Tempore harum Consuet. nulli erant in hac Provincia judices Regii,* dit Dumoulin dans son apostille sur l'article 11, *suprà.*

2. Le particulier offensé peut bien donner sa plainte au juge; il peut même se rendre partie civile, & demander une réparation ou des intérêts civils: il peut plus, il peut requérir la jonction du procureur du roi ou du procureur fiscal; mais il ne peut pas conclure à la peine qui est due au crime: ainsi la seule conclusion qu'il peut prendre, c'est à la réparation civile, avec cette clause: *Sauf à M. le procureur du roi, ou M. le procureur fiscal, à prendre pour la vengeance publique telles conclusions qu'il jugera à propos.*

3. Le procureur du roi, ou celui du seigneur se joint alors à la partie civile, comme il est dit dans notre article: ces deux accusateurs, dit M. Bornier, sont ordinairement joints ensemble, dont l'un est l'accusateur public, qui conclud à la punition du crime, selon l'exigence du cas; & l'autre, l'accusateur privé, qui demande la réparation de l'intérêt civil qu'il a souffert en sa personne ou en ses biens. M. Bornier, sur l'ordonnance de 1670, titre 3, art. 8.

4. Le juge même d'église ne peut pas prononcer de peine extraordinaire contre un accusé, sur la simple requête de la partie civile, & sans qu'il y ait une partie publique. Arrêt à

l'audience de la tournelle, le samedi 7 janvier 1708, qui a déclaré sur ce fondement, qu'il y avoit abus dans le jugement de l'official de Poitiers. M. Bornier, *ibid.* sur l'article 8 du titre 3 de l'ordonnance de 1670, à la fin, édit. 1719.

5. Quand il n'y a point de partie civile, mais seulement un dénonciateur, ou quand la partie civile s'est désistée dans les 24 heures, & qu'elle est restée simple dénonciateur; c'est en ce cas au procureur du roi, ou au procureur fiscal, à faire les poursuites, comme il est dit en l'article 8 du titre 3 de l'ordonnance de 1670.

6. Que s'il n'y a ni partie civile, ni dénonciateur, & que le crime soit capital, ou de nature à mériter une peine afflictive, le procureur du roi ou fiscal, sur un simple avis, peut faire la poursuite à sa diligence & sous son nom. Car il est constant, dit M. Bornier sur l'article 6 du titre 3 de l'ordonnance de 1670, que les procureurs généraux, & leurs substituts sur les lieux, peuvent agir sans dénonciateurs; parce qu'ils sont *rei & disciplinæ publicæ vindices & assertores*: ce qui est soutenu de l'ordonnance de 1539, art. 145; de celle de Blois, art. 184, & de la disposition de cette Coutume au présent article, ainsi qu'il résulte de ces termes: *soit qu'il y ait plaintif & dénonciateur, ou non*; & parce qu'ils sont obligés d'agir par la nécessité de leur office, quoique l'accusé soit renvoyé absous, ils ne sont pas pour cela condamnés aux dépens, de même qu'ils n'en obtiennent pas. *Qui jure publico utitur, non videtur iniuriæ faciendæ causâ id facere, & ideò à pœna calumniæ excusatur, deficiente probatione; juris enim executio non habet injuriam.*

7. Ils ne doivent pas néanmoins, comme l'observe M. Bornier sur l'article 8 du même titre, employer leur ministere, *nisi aliquibus præcedentibus indiciis, aut saltem famâ*; & même l'usage de ce royaume est que les procureurs du roi, & ceux des justices seigneuriales, ne poursuivent pas, qu'ils n'aient quelque particulier instigateur, suivant l'ordonnance d'Orléans de 1560, art. 73; & la loi 5, *Post Legatum*, §. *Advocatum Fisci*, ff. *de his quæ ut indignis.*

8. Quand on pourroit, comme le remarque M. Decombes dans son recueil *des procédures criminelles*, informer d'un fait contre une personne sans conséquence; ce qui est sûr, c'est qu'on ne doit pas décreter contre les accusés, ni les faire arrêter sans preuves suffisantes: c'est-pourquoi notre Coutume dit que le procureur d'office peut poursuivre le délinquant, avec information précédente décrétée; & la raison est qu'il faut, avant que de poursuivre la peine, qu'il y ait preuve du crime, ce qui ne peut être que par l'information.

ARTICLE LXIV.

Des faux Dénonciateurs. SI le dénonciateur ou plaintif a faussement dénoncé, il est tenu en l'amende & ès intérêts & dommages des Parties; & s'il est Partie au Procès, & ne poursuit son accusation ou dénonciation dedans les délais à lui donnez, il doit être condamné en amende envers Justice, & ès dépens, dommages & intérêts de Partie, si elle le requiert.

ARTICLE LXV.

COMBIEN que le plaintif ou dénonciateur ne soit en Procès, si le Défendeur accusé est absous, ledit dénonciateur ou plaintif sur ce appellé, sera condamné en amende envers le Seigneur, & aussi ès dépens, dommages & intérêts de Cause envers l'Accusé, s'il le requiert.

1. Les accusateurs & dénonciateurs, qui se trouvent mal fondés, doivent être condamnés aux dépens, dommages & intérêts de l'accusé, & à plus grande peine, s'il y écheoit; ce qui a lieu à l'égard de ceux qui ne se sont point rendus parties, ou qui s'étant rendus parties, se sont désistés, si leurs plaintes sont jugées calomnieuses: c'est l'article 7 du titre 3 de l'ordonnance de 1670; la disposition de cette Coutume aux deux articles ci-dessus, 64 & 65; de celle d'Auvergne, tit. 29, art. 12 & 14; de la Marche, art. 336, & autres; ce qui est juste, parce que c'est la peine de la calomnie.

2. Notre Coutume, audit article 64; celle d'Auvergne en l'article 13 du titre 29, & celle de la Marche, audit article 336, disent que l'accusateur ou partie civile doit être encore condamné aux dépens, dommages & intérêts de l'accusé, s'il ne poursuit pas son accusation dans les délais à lui donnés: mais, selon que l'a observé M. Prohet sur ledit article 13 du titre 29 de la Coutume d'Auvergne, il est difficile que cela puisse arriver; parce que, comme il a été dit ci-dessus sur l'article 63, le procureur du roi, ou le procureur d'office, est toujours partie jointe; que la punition du crime & la vengeance publique ne peut être poursuivie que par lui, & que c'est à lui par conséquent que les délais sont donnés,

donnés, comme étant la partie publique.

3. Mais le procureur du roi ou du seigneur justicier, selon l'observation de M. Bornier sur ledit article 7 du titre 3 de l'ordonnance de 1670, peut bien être pris à partie, & être responsable des dommages & intérêts de l'accusé, s'il paroît qu'il n'ait pas procédé sincérement, & avec l'intégrité requise à un bon accusateur; qu'il y ait de l'animosité de sa part, & un esprit de vengeance.

4. L'ordonnance d'Orléans, art. 73, veut que les procureurs du roi, & ceux des seigneurs, soient tenus de nommer les dénonciateurs, s'ils en sont requis, après que l'accusé aura obtenu jugement & arrêt d'absolution; à fin de recours des dépens, dommages & intérêts contre qui il appartiendra; sur quoi M. Bornier observe que l'ordonnance dit simplement, *seront tenus de nommer*, & qu'elle n'établit pas de peine contre ceux qui ne les nomment pas: mais le sentiment des docteurs, ajoute-t-il, & la décision des loix & des arrêts est telle, qu'ils sont obligés sous les mêmes peines que les dénonciateurs. M. Bornier, sur l'article 6 du titre 3 de l'ordonnance de 1670.

5. C'est-pourquoi les procureurs du roi & les procureurs fiscaux doivent avoir soin, aux termes de l'article 6 du titre 3 de l'ordonnance de 1670, que les dénonciations qu'ils reçoivent, soient bien circonstanciées, écrites sur leur régistre, & signées par le dénonciateur, s'il fait signer; & ils doivent prendre garde de ne pas recevoir les dénonciations de vagabonds, personnes mal famées & gens de néant; & même, selon M. Décombes, dans son recueil *des Procédures criminelles*, un promoteur fait le dû de sa charge, quand avec un dénonciateur il prend certificateur & caution.

ARTICLE LXVI.

Si le Dénonciateur ou Accusateur compose ou appointe, pendant le Procès, avec l'Accusé, & rapporte profit d'icelui appointement, l'Accusé est tenu en l'amende envers le Seigneur Justicier; & si l'Accusé ne rapporte profit d'icelui appointement, ou ne baille aucune chose à l'accusant ou dénonçant, ledit accusant ou dénonçant est tenu en l'amende: Et sera tenu celui au profit duquel est fait ledit appointement, se justifier d'icelui au Procureur d'office du lieu où pend le Procès, dedans quinze jours, après ledit appointement fait, pour faire retenir l'autre Partie en l'amende, & à faute de ce est condamné en l'amende.

De l'Accusateur qui compose.

1. Il est permis à la partie civile de composer du crime quel qu'il soit, de se désister de sa poursuite, ou de céder ses droits à un tiers, pour ce qui concerne l'intérêt civil; car en France *nemo agere cogitur*, n'y ayant que le procureur du roi, ou le procureur fiscal, qui soit tenu de poursuivre la punition du crime: c'est ce qui résulte de l'article 19 du titre 25 de l'ordonnance de 1670.

2. Mais si le crime étoit capital, ou de ceux auxquels il échet peine afflictive, le procureur du roi, ou le procureur fiscal, non-seulement peut, mais même est tenu & obligé d'en poursuivre la punition, nonobstant les transactions & cessions de droits faites entre les parties, cela leur étant expressément enjoint par le même article 19.

3. C'est-pourquoi il faut bien prendre garde que par les accords & transactions sur crimes, l'accusé ne confesse le délit, & ne donne argent pour icelui: car, si par la transaction la partie civile s'étoit désistée de la poursuite moyennant une somme d'argent qui lui auroit été donnée par l'accusé; le procureur du roi, ou fiscal, pourroit s'en prévaloir pour la conviction de l'accusé, comme étant cette transaction une confession tacite de son crime.

4. Que si le crime ou délit, sur lequel la transaction aura été faite, n'est point de ceux auxquels il échet condamnation de peine afflictive, la transaction assoupit & éteint entiérement le procès, sans que le procureur du roi, ou le procureur fiscal, en puisse faire aucune poursuite, cela leur étant défendu par le même article 19, qui veut qu'en ce cas les transactions faites entre les parties soient exécutées.

5. L'action de la partie civile pour cause & raison de crime, est tellement éteinte à son égard par la transaction, qu'elle ne peut jamais revivre par la voie du bénéfice de la restitution, que les loix refusent dans ces matieres, n'étant question que d'un intérêt pécuniaire & incertain, ainsi qu'il a été jugé par arrêt du parlement de Paris, du 2 décembre 1591, cité par Delhommeau, *Max. du Droit Franç.* liv. 3, art. 6.

6. Au reste il n'est permis qu'à la partie civile de transiger avec l'accusé, pour ce qui concerne son intérêt civil; cela n'est point permis aux procureurs du roi, ni à ceux des seigneurs, encore moins aux juges, à qui il est expressément défendu par les ordonnances de composer des crimes avec les criminels; savoir, par celle de Charles VII, de l'an 1456, & de François I, à Ys sur Thille, en octobre 1535,

Part. I.

ch. 13, art. 51. M. Bornier, sur ledit article 19 du titre 25 de l'ordonnance de 1670.

7. Quant à ce qui est porté au présent article de notre Coutume, & aux articles 15 & 16 du titre 29 de celle d'Auvergne, que quand l'accusé compose & transige avec l'accusateur, & qu'il donne quelque chose, il est tenu de l'amende envers le seigneur, & que s'il ne donne rien, c'est l'accusateur qui en est tenu; cela n'est pas d'usage: on s'en tient à la disposition de l'ordonnance de 1670, tit. 25, art. 19, qui ne permet pas, comme il vient d'être dit, au procureur d'office, de contrevenir aux transactions que les parties ont faites, lorsqu'il n'échet point de peine afflictive; & qui leur enjoint, dans le cas où il échet peine afflictive, de poursuivre la partie accusée, nonobstant toutes transactions & cessions de droits faites par les parties: car l'ordonnance de 1670 est une loi générale pour tout le royaume, qui déroge aux Coutumes contraires aux dispositions qu'elle renferme.

ARTICLE LXVII.

Des frais que paye le porteur de rémission. Si aucun délinquant obtient rémission, pardon, ou autre provision de grace, il est tenu payer tous les frais faits pour la poursuite en laquelle aura été procédé contre lui, mais pour raison d'iceux n'aura le haut Justicier retention du Prisonnier.

1. Cet article, depuis ces mots, *Mais pour raison*, &c. est Coutume nouvelle; car Mrs. les commissaires ayant représenté aux états que pour raison des frais la rémission & pardon ne devoit être différée, mais que les lettres de rémission ayant été exhibées aux seigneurs, ils devoient renvoyer le prisonnier pardevant le juge ordinaire, auquel les lettres de rémission s'adressent; du consentement des trois états, à la fin de cet article on ajouta ces mots: *Mais pour raison d'iceux n'aura le haut Justicier rétention du Prisonnier.*

2. Quand l'accusé se reconnoît coupable, & qu'il ne peut être sauvé que par la grace du prince, il a souvent recours aux lettres du prince, qui les lui accorde suivant la qualité du crime.

3. Si le crime, pour lequel l'accusé est poursuivi, est rémissible; que ce soit, par exemple, un homicide involontaire, commis par cas fortuit ou dans la nécessité d'une légitime défense de sa vie, les lettres que le roi lui accorde sont appellées *Lettres de grace & de rémission*: Et ces lettres de rémission, selon l'ordonnance de 1670, tit. 16, art. 2, & la déclaration donnée à Versailles le 22 novembre 1683, régistrée au parlement le 3 décembre suivant, sont accordées pour les homicides involontaires seulement, ou qui seront commis dans la nécessité d'une légitime défense.

4. Si l'accusé n'est point poursuivi comme le principal auteur de l'homicide, mais pour s'être trouvé dans une querelle où un homme a été tué, bien qu'il n'ait pas frappé, mais sans s'être mis en devoir de l'empêcher, ensorte néanmoins qu'il soit inexcusable, & qu'il n'y échet pourtant pas peine de mort; en ce cas, les lettres qui lui sont accordées sont appellées *Lettres de pardon*. Et suivant l'article 3 du titre 16 de l'ordonnance de 1670, ces lettres de pardon seront scellées pour les cas auxquels il n'échet peine de mort, & qui néanmoins ne peuvent être excusés.

5. Mais si l'accusé est prévenu du crime qui ne soit pas rémissible dans les regles de la justice, il a besoin de lettres d'abolition, par lesquelles le roi pardonne, éteint & abolit le crime, de pleine puissance & autorité royale.

6. Pour savoir la forme en laquelle ces lettres doivent être obtenues, présentées & entérinées, il faut avoir recours au titre 16 de l'ordonnance de 1670; duquel titre l'article 19 porte que ces lettres seront signifiées à la partie civile, & copie baillée avec assignation en vertu de l'ordonnance du juge, pour fournir ses moyens d'opposition & procéder à l'entérinement; & la raison, dit M. Bornier sur cet article, c'est parce que telles lettres sont octroyées à la charge de satisfaire la partie civile, si fait n'a été: & ainsi les lettres de rémission, par lesquelles le roi remet la peine due au public, ne font jamais de préjudice aux intérêts de la partie civile; au contraire elles contiennent toujours cette clause, *Satisfaction préalablement faite à la partie, si fait n'a été*: d'où il suit que le porteur des lettres de grace doit payer les frais de la partie civile.

7. Mais elles font préjudice au seigneur haut justicier, à qui la confiscation appartiendroit, si l'accusé étoit condamné; 1°. parce que le seigneur haut justicier n'est pas recevable à s'opposer à l'entérinement des lettres de rémission ou abolition, sous prétexte de son intérêt, la cour ayant condamné cette prétention comme injurieuse à la pleine puissance du roi: nous en avons des arrêts rapportés par Bacquet, en son traité *des Droits de Justice*, ch. 16; par Brodeau, sur l'article 183 de la Coutume de Paris, & cités par M. Bretonnier sur Henrys, tome 2, consultation 7. 2°. Parce qu'il ne peut rien prendre pour l'entérinement des lettres, ni composer avec l'impétrant, comme il est observé par M. Bornier, sur l'article premier du titre 16 de l'ordonnance de 1670. 3°. Enfin parce qu'il ne peut rien prendre non plus pour les frais faits pour la poursuite, par la raison que les seigneurs doivent la justice à leurs propres frais, sans récompense;

ce qui fait que l'accusé n'est jamais condamné aux dépens envers le procureur d'office, & qu'il ne l'est jamais quand le procureur d'office est seul partie : ce qui s'observe pareillement dans les officialités; les clercs accusés, quand le promoteur seul est partie, ne pouvant être condamnés aux dépens envers le promoteur, ou l'évêque qui fait les avances de la procédure; ainsi qu'il a été jugé par les arrêts cités par M. Dhericourt, *Loix ecclés.* part. 1, ch. 21, art. 42, prem. édition. Et de-là se suit que le présent article de notre Coutume, en ce qui concerne les frais du procès par rapport au seigneur haut justicier, n'est pas en usage.

TITRE NEUVIEME.

Des Répis & Quinquenelles.

1. SI un débiteur accablé de créanciers, est réduit à demander un délai pour payer, une surséance qui lui donne le temps de respirer, de disposer de ses effets & de recouvrer ce qui lui est dû; l'équité & l'humanité veulent qu'on lui donne du temps, afin qu'il puisse chercher les moyens de s'acquitter; & ce temps ou délai s'accorde par des lettres du prince, ou volontairement par les créanciers.

2. Il y a deux sortes de lettres, par lesquelles on obtient du prince une surséance pour le paiement de ses dettes : les premieres s'appellent *Lettres d'état,* & les secondes *Lett. de répi.*

3. Les lettres d'état sont des lettres que le roi accorde aux officiers de ses troupes, tant de terre que de mer, qui servent actuellement, ou aux personnes qui sont employées hors de leur résidence ordinaire, pour affaires importantes à son service; par lesquelles le roi fait défenses d'attenter à la personne & aux biens de l'exposant, pendant six mois, & de faire aucunes poursuites contre cette personne pour ses dettes, parce qu'elle est obligée de s'absenter pour le service du roi & le bien de l'état.

4. Elles sont appellées *Lettres d'état,* parce qu'elles contiennent durant le temps par elles porté, une surséance aux poursuites, qui demeurent au même état qu'elles étoient lorsque l'impétrant les a obtenues. On ne les accorde que pour six mois, mais on peut les faire renouveller.

5. Il n'appartient qu'au roi à donner des lettres d'état, & ce droit lui est réservé comme un droit de souveraineté, parce qu'il n'y a que lui qui puisse arrêter le cours de la justice.

6. L'emploi dans les affaires importantes au service du roi, ou auprès de sa personne, ne permettant pas à ceux qui le servent actuellement, de vaquer à la poursuite de leurs procès & au paiement de leurs dettes, il est juste de les tenir en état & en surséance pendant quelque temps, afin que leurs parties ne puissent pas se prévaloir de leur absence; ce qui a son fondement dans la regle de droit 140, *Absentia ejus qui Reipublicæ causâ abest, neque ei neque alii damnosa esse debet.*

7. Louis XIV, pour empêcher l'abus qu'on pouvoit faire des lettres d'état, a donné, dans la déclaration du 23 décembre 1702, régistrée au parlement le 5 janvier 1703, un réglement qui sert de loi générale sur ce sujet.

8. Quant aux lettres de répi, ce sont des lettres par lesquelles on accorde aux débiteurs qui ont fait des pertes considérables, un délai & une surséance pendant laquelle étant à couvert des contraintes par corps & des exécutions, à l'exception de certains cas, ils peuvent se faire payer de ce qui leur est dû, & vendre leurs effets pour payer leurs créanciers, durant ou à la fin des délais qui leur sont accordés.

9. C'est de ces lettres de répi, dont il est parlé dans ce tit. qui n'est composé que de trois art. qui sont les 68, 69 & 70 de la Coutume.

Qui veut jouir des lettres de répi, doit appeller ses créanciers pour les voir entériner, suivant l'article 70 : mais il y a beaucoup de dettes pour lesquelles on ne peut obtenir lettres de répi, ainsi qu'il est dit en l'article 68; & ces lettres n'ont point de lieu contre le mari poursuivant le paiement de la dot de sa femme, ni contre la veuve & ses enfans qui en poursuivent le paiement & restitution, comme il est porté en l'article 69.

10. Il n'y a point de titre sur cette matiere dans l'ancienne Coutume.

ARTICLE LXVIII.

Quand Répis & Quinquenelles n'ont lieu.

RÉPIS d'un, deux, trois, quatre ans, Quinquenelles, ou autres délais de ne payer dettes, n'ont lieu contre la dette adjugée par Sentence, louages de maisons, arrérages de cens, rentes ou autres devoirs annuels emportant directe Seigneurie; bail à ferme & accenses d'héritages, fruits & revenus d'iceux, devoirs de recette, apprentissage, pension pour nourriture & entretenement de personnes, dettes de prodigues, insensez, de mineurs contractées avec eux, ou avec leurs Tuteurs ou Curateurs durant leur tutelle ou curatelle; biens & deniers baillez en dépôt, reliqua d'administrations & gouvernemens que les débiteurs ont eu des biens de l'Eglise & choses publiques, acheteurs de vivres & victuailles, ne pareillement de sommes provenans de crimes & délits, & exploits de Justice, ne de salaire de ceux qui ont besogné & servi pour les débiteurs.

1. Tous les débiteurs ne sont pas reçus indistinctement au bénéfice des lettres de répi, & plusieurs causes empêchent, tant de la part du débiteur qui s'en trouve indigne, que de la part du créancier à qui on ne peut faire préjudice, soit à cause du privilége de la créance, ou pour d'autres causes.

2. L'article onzième du titre 6 de l'ordonnance de 1669, contient l'énumération des cas dans lesquels on ne peut obtenir des lettres de répi; il est assez conforme au présent art. lequel s'observe presque dans toute la France.

3. Notre article porte que le répi n'a point de lieu contre la dette adjugée par sentence: telle est aussi la disposition de la Coutume d'Auvergne, tit. 19, art. 1; de celle de la Marche, art. 66; de Vermandois, art. 279; de Reims, art. 392, & autres. Ce cas ne se trouve pas exprimé au nombre de ceux pour lesquels l'ordonnance de 1669 veut que les lettres de répi n'aient pas lieu. Il ne faut pourtant pas douter pour cela, dit M. Bornier sur l'article 11 du titre 6 de lad. ordonnance, que la disposition des Coutumes ne doive s'exécuter, l'ordonnance n'y ayant pas dérogé quant à ce.

4. Mais la dette adjugée par sentence contre laquelle le répi n'a point de lieu, est une dette adjugée par sentence contradictoire, comme dit la Coutume de Paris, art. 111; celle de Senlis, art. 290; de Clermont en Beauvoisis, art. 248; de Sens, art. 259, & autres: & il n'importe pas que la sentence contradictoire soit définitive ou provisionnelle, selon M. Dumoulin dans sa note sur le présent article, sur le mot SENTENCE. *Verbum hoc*, dit-il, *habet emphasim, significat enim contradictoriam Sententiam; & hoc est justum, ut is qui non litigat, sed statim bonam fidem agnoscens subit condemnationem voluntariam, non excludatur beneficiis miserationum. Contradictoriam autem intelligo, non solùm definitivam, sed etiam provisionalem.* Tel est aussi le sentiment de Tournet, sur l'article 111 de la Coutume de Paris: & de-là vient que les débiteurs qui prévoient qu'ils auront besoin du secours des lettres, ne répondent point aux assignations, & laissent obtenir contr'eux les condamnations qu'ils ne peuvent empêcher.

5. Quant aux rentes, pour lesquelles notre texte porte que le répi n'a pas lieu, cela ne s'entend que des arrérages de cens & rentes foncières, & non des rentes constituées. Car M^{rs}. les commissaires ayant demandé aux états dans le temps de la rédaction de la Coutume, s'ils entendoient qu'en rentes constituées, répis ou quinquenelles n'aient point de lieu, ils répondirent unanimement qu'ils entendoient ledit répi n'avoir lieu en rentes & devoirs annuels portant directe seigneurie, & non ès autres rentes: c'est ce qui paroît par le procès verbal de la Coutume, sur cet article.

6. Le répi n'a pas lieu pour les arrérages de cens, rentes foncières, ou autres devoirs annuels emportant directe seigneurie, bail à ferme, accenses d'héritages, fruits & revenus d'iceux, & louages de maisons; parce que ce sont dettes privilégiées, & que le créancier ou propriétaire se nourrit de ces revenus annuels; qu'il n'est pas juste qu'il souffre, tandis que son censitaire, emphytéote, fermier ou locataire, mange son bien; & qu'il y a de la mauvaise foi de lui en refuser le paiement, après avoir perçu les fruits & joui de son bien.

7. Et cela a lieu, quand même il auroit été fait compte, transaction & nouvelle obligation de ces arrérages: car, quoique par la nouvelle obligation, la réelle & ancienne soit innovée, néanmoins le privilége du revenu réel demeure toujours, d'autant que la même cause subsiste, comme il a été jugé par arrêt remarqué par Papon, liv. 10, tit. 9, art. 14. C'est l'observation de M. Bornier sur l'ordonnance de 1669, tit. 6, art. 11.

8. Il n'en est pas de même des dettes créées pour vivres & victuailles, comme parle notre texte, ou bien pour marchandises prises sur l'étape, foires, marchés, halles & ports publics, comme dit l'ordonnance de 1669: car
la

la raison pour laquelle le répi n'a pas lieu pour ces sortes de dettes, c'est que le prix de ces sortes de choses doit être promptement payé; ceux qui les vendent ayant ordinairement intention d'en recevoir le prix dans le même temps qu'ils délivrent leurs marchandises : de maniere que pour jouir de ce privilége, il est absolument nécessaire que le vendeur n'ait point donné terme & pris d'obligation, ainsi qu'il résulte de l'article 132, *infrà*; de l'article 22 du titre 9 de la Coutume de Berry; & qu'il a été jugé par arrêt du parlement de Paris, du 18 janvier 1656, rapporté par Dufresne, en son journal des audiences, liv. 8, chap. 28 : sur ce fondement que le privilége de la dette avoit été changé par la nouvelle assurance que le vendeur avoit prise; & qu'au moyen de l'obligation qu'il avoit tirée des acheteurs, *res abierat in creditum*.

9. Notre texte, en parlant du dépôt, porte que le répi n'a pas lieu pour biens & deniers baillés en dépôt, sans expliquer le dépôt; si c'est en dépôt volontaire, ou si c'est simplement en dépôt nécessaire & forcé. La Coutume de Sens, art. 259; celle de Melun, art. 322; de Montargis, chap. 18, art. 10, & autres qui contiennent semblable disposition, ne s'expliquent pas davantage, & ne spécifient pas le dépôt. L'ordonnance de 1669, tit. 6, art. 11, semble restreindre le privilége du dépôt aux dépôts nécessaires, qui sont ceux que l'on fait en cas d'incendie, ruine, tumulte ou naufrage; ou en cas d'accidens imprévus, comme il est dit en l'article 3 du titre 20 de l'ordonnance de 1667 : mais la déclaration du 23 décembre 1699, veut expressément, en l'article 10, qu'il ne soit accordé aucunes lettres de répi pour restitution de dépôts volontaires.

ARTICLE LXIX.

Répis n'ont lieu contre le mari poursuivant la dot de sa femme, ne contre la veuve & ses enfans poursuivans le payement & restitution de son dot, ou partie d'icelui.

1. Les lettres de répi, aux termes du présent article, n'ont pas lieu contre le mari qui poursuit le paiement de la dot de sa femme, par la raison que c'est une dette privilégiée; & il n'importe contre qui le paiement soit demandé, ou contre le pere & la mere qui ont doté leur fille, ou contre le frere qui a constitué la dot, au moyen de la rénonciation que sa sœur a faite aux biens héréditaires qu'elle avoit communs avec lui. Masuer, tit. *de solut.* & M. Jean Duret, *hic*, commentaire imprimé.

2. La Coutume d'Auvergne, tit. 19, art. 3, & celle de la Marche, art. 66, conformes à celle-ci, entendent ce privilege de la dot, non - seulement par rapport au mari qui en poursuit le paiement, mais encore par rapport à la veuve qui en poursuit la restitution contre les héritiers du mari qui a reçu la dot; & notre Coutume, ajoutant aux deux autres, fait mention des enfans de la femme, d'autant que la faveur de la dot est réelle & passe à l'héritier.

3. Mais outre les matieres exprimées dans cet article & le précédent, pour lesquelles les lettres de répi ne peuvent être accordées, nous avons encore les dettes comprises dans l'article 10 de la déclaration du 23 décembre 1699, portant réglement pour les lettres de répi; & quelques-unes de celles énoncées dans l'article 11 du titre 6 de l'ordonnance de 1669, dont il n'est pas fait mention dans nos deux articles.

4. Telles sont, par exemple, les dettes dues pour médicamens & frais funéraires dont il est parlé dans ledit article 11 du titre 6 de l'ordonnance de 1669; & le stellionat, pour lequel, selon ledit article 10 de ladite déclaration de 1699, il ne doit être accordé aucunes lettres de répi, non plus que pour les poursuites des cautions extrajudiciaires, & des coobligés qui peuvent, nonobstant les lettres de répi, agir contre ceux qui les auront obtenues, par les mêmes voies qu'ils seront poursuivis.

5. On peut ajouter à toutes ces dettes les sommes dues pour vente d'héritages, ainsi qu'il a été jugé en cette Sénéchaussée, en l'année 1612, dit M. Jean Decullant, plaidant M. Jean Dubuisson pour le sieur de Mentaslegier : *quâ Sententiâ*, dit-il, *emptor prædio empto fruens hoc beneficio fuit exclusus*. C'est ce qui se trouve rapporté dans le commentaire manuscrit de M. François Decullant, *hic*.

ARTICLE LXX.

Répis à un ou à cinq ans ne sont entérinez, sans appeller les créanciers.

1. Par l'ordonnance du mois d'août 1669, tit. 6, *des Répis*, art. 1; il est défendu à tous juges de donner aucun terme, atermoyement, répi ni délai de payer, qu'en conséquence des lettres du prince qui leur sont adressées, appellées *Lettres de Répi*.

2. Les juges peuvent pourtant, suivant la même ordonnance, *ibid.* en condamnant une partie à une certaine somme, ordonner qu'il sera sursis à l'exécution du jugement ou arrêt pendant un certain délai, qui ne pourra être que de trois mois au plus. C'est un atermoyement ou délai que les juges accordent de grace aux pauvres débiteurs, pour les mettre à couvert de leurs créanciers; & tel est l'usage.

3. Par la déclaration du 23 décembre 1699, dont il a été déja parlé, concernant les lettres de répi, regiftrée au parlement le 18 janvier 1700, & l'ordonnance de 1673, tit. 9, art. 1, les débiteurs, avant que d'obtenir des lettres de répi, doivent donner au sceau un état de leurs biens & de leurs dettes, & le certifier véritable; & après les avoir obtenues, remettre cet état au greffe de la justice, donner connoissance de ces lettres, & les faire signifier à tous les créanciers.

4. L'ordonnance oblige les débiteurs de donner un état certifié de tous leurs effets, afin que pendant le délai qui leur est accordé par les lettres de répi, ils ne puissent pas les receler, ni en détourner aucuns; & si l'état se trouve frauduleux, ceux qui auront obtenu des lettres, en seront déchus, encore qu'elles aient été entérinées ou accordées contradictoirement. C'est la disposition de l'article 2 du titre 9 de l'ordonnance de 1673.

5. Les lettres de répi se doivent entériner avec connoissance de cause, les créanciers appellés. C'est la disposition de notre Coutume, au présent article; de celle d'Auvergne, tit. 19, art. 2; de l'ordonnance de 1669, tit. 6, art. 4, & de celle de 1673, tit. 9, art 3: les créanciers sont appellés pour déduire leurs moyens & causes d'oppositions contre ces lettres, en cas qu'ils en ayent quelques-uns à proposer, ou qu'ils puissent être reçus à la preuve des faits du dol & de la fraude de leur débiteur.

6. Le juge devant lequel les créanciers sont appellés, doit donner surséance de six mois pour poursuivre l'entérinement des lettres, pendant lequel temps il est défendu à tous huissiers & sergens, d'attenter à la personne du débiteur, & de saisir les meubles meublans qui servent à son usage; & les six mois courent du jour de la signification des lettres, pourvu qu'elle contienne assignation pour procéder. C'est la disposition de l'ordonnance de 1669, tit. 6, art. 4 & 5.

7. Les lettres de répi portent mandement au juge à qui elles sont adressées, qu'en procédant à l'entérinement, il donne à celui qui les a btenues, tel délai qu'il jugera raisonnable pour payer ses dettes; mais ce délai ne peut être de plus de cinq ans, si ce n'est du consentement des deux tiers des créanciers hypothécaires, ainsi qu'il est porté par l'article 4 de l'ordonnance de 1669, tit. 6.

8. Les jugemens ou ordonnances préparatoires ou définitives du juge qui connoît de l'entérinement des lettres, s'exécutent par provision, nonobstant oppositions ou appellations; & les appellations sont immédiatement, & sans moyen, portées au parlement du ressort. C'est la disposition de l'ordonnance de 1669, tit. 6, art. 7 & 9.

9. Les créanciers peuvent toutefois, pour la sûreté de leur dû, faire arrêter d'autres meubles de leur débiteur, que les meubles meublans; même saisir réellement leurs immeubles, les mettre en criées, & procéder au bail judiciaire, nonobstant l'obtention & entérinement des lettres de répi; sans toutefois que pendant le terme accordé par les lettres, ou par le juge auquel elles auront été présentées, il puisse être procédé à la vente & adjudication des choses saisies, que du consentement du débiteur & des créanciers, si ce n'est des meubles qui pourroient dépérir pendant la saisie. C'est l'article 6 du titre 6 de l'ordonnance de 1669.

Et le débiteur, en cas de saisie de tous ses biens, ou de la principale partie, peut faire ordonner avec ses créanciers, qu'il aura une provision sur les fruits & revenus de ses immeubles, ou sur ses meubles.

10. Les lettres de répi n'empêchent pas le cours des intérêts. *Licèt per tales inducias*, dit M. François Decullant, *sortis solutio retardetur, non tamen usurarum cursus impeditur.*

11. On peut bien renoncer aux lettres de répi qu'on a obtenues; mais la renonciation à la faculté d'en obtenir, est nulle de plein droit, & ne sert de rien au créancier contre le débiteur. C'est la disposition de l'ordonnance de 1669, tit. 6, art. 12.

12. Il n'est pas facile à celui qui a obtenu de premieres lettres, d'en obtenir de secondes; il faut qu'il ait de nouvelles causes, & un commencement de preuve de ce qu'il expose. C'est l'article 13 du titre 6 de l'ordonnance de 1669.

13. Au reste, les coobligés, cautions & certificateurs, ne jouissent point du bénéfice des lettres de répi: c'est l'article 10 du tit. 6 de l'ordonnance de 1669; si ce n'est toutefois que les lettres portent expressément qu'ils en jouiront.

TITRE DIXIEME.
Des Cessions de Biens.

LA cession de biens est un bénéfice que les loix civiles accordent aux débiteurs, pour se délivrer seulement de la contrainte par corps; car les créanciers qui ont droit de les tenir en prison jusqu'à ce qu'ils les aient payés entiérement, n'ont plus ce pouvoir, quand ils leur cédent & abandonnent tous leurs biens.

1. Autrefois, parmi les anciens Romains, il étoit permis par la loi des douze tables, à un créancier de tenir dans sa maison, son débiteur enchaîné pendant soixante jours, après lesquels il le pouvoit exposer en vente par trois jours de marché, ou le faire mourir; & au cas qu'il y eût plusieurs créanciers, il leur étoit permis, si on en croit Aulugelle, *Noct. attic. lib.* 20, *cap.* 1, & Tertull. *Apologet. cap.* 4, de le déchirer en piéces, pour en prendre chacun leur part. Cela ne s'est pourtant jamais pratiqué, soit parce qu'il ne se trouvoit point de créancier si dur que la loi, soit parce que préférant l'intérêt à la cruauté, ils aimoient mieux retirer le prix de la vente qu'ils pouvoient faire de sa personne, comme d'un esclave, que de tout perdre par sa mort.

2. Mais comme il étoit toujours dangereux de laisser à la volonté des particuliers, le pouvoir de disposer de la vie & de la liberté des personnes libres, on abrogea dans la suite cet ancien droit, & on introduisit à Rome le bénéfice de cession; ensorte qu'il suffisoit au débiteur, en observant quelques solemnités, d'abandonner tous ses biens à ses créanciers pour éviter la rigueur de la prison.

3. Parmi nous, on accorde les loix de l'humanité & de la charité, avec celles de la politique; & comme on ne veut pas que les malheureux débiteurs soient exposés à la rigueur de leurs créanciers impitoyables, aussi les ordonnances ne permettent pas que la justice reçoive aucune atteinte par l'impunité de ceux qui m'abandonnent leurs effets, que pour s'ouvrir un chemin à la fraude & à la tromperie.

4. C'est-pourquoi, aussitôt qu'une banqueroute est ouverte, les créanciers sont en droit d'examiner si la conduite du débiteur est innocente, ou criminelle : Si elle est criminelle, & que la fraude soit bien justifiée, comme s'il a diverti ses effets, supposé des créanciers, ou déclaré plus qu'il n'étoit dû aux véritables créanciers, l'ordonnance de 1673, tit. 11, art. 12, leur permet de le poursuivre extraordinairement; & le crime ne pouvant plus alors s'expier que par la peine, la cession n'est pas en ce cas un remede contre la fraude. Que si la conduite du débiteur est exempte de fraude, ses créanciers ne peuvent pas le poursuivre extraordinairement, mais uniquement obtenir des contraintes par corps contre lui, & le constituer prisonnier, jusqu'à ce qu'il satisfasse, ou demande à être admis au bénéfice de cession.

5. Il y a deux sortes de cessions & abandonnemens de biens, comme l'a observé M. Bornier; l'une volontaire, & l'autre forcée, qui est la judiciaire.

6. La volontaire, c'est lorsque les créanciers ayant conçu quelque soupçon de la mauvaise foi de leur débiteur, pour ne leur avoir pas justifié au vrai les pertes & disgraces qui lui sont arrivées, ou pour quelqu'autre raison, & refusant pour ce sujet de le remettre en ses biens, & de lui accorder quelque remise ou atermoyement, l'obligent par ce procédé, pour éviter la contrainte par corps, à leur faire l'abandonnement de ses biens, qui est consenti & accepté par la pluralité des voix de la plus grande partie des créanciers, eu égard aux sommes qui leur sont dues.

7. La judiciaire, est celle qui se fait par l'ordonnance du juge, nonobstant l'opposition des créanciers, lorsqu'un débiteur est détenu prisonnier, & que se trouvant dans l'impuissance de les satisfaire, par les pertes & les malheurs qui lui sont arrivés, il demande, pour n'être pas réduit à finir misérablement sa vie dans la prison, d'être reçu à leur faire cession & abandonnement de ses biens. M. Bornier sur l'ordonnance de 1673, tit. 10, art. 1.

8. C'est de la cession judiciaire & forcée, dont il est parlé dans le présent titre. Suivant notre Coutume, qui cherche sa liberté par la cession, doit faire appeller ses créanciers pardevant le juge ordinaire ou le supérieur, s'ils sont de différentes jurisdictions, art. 71; se présenter en personne, déclarer qu'il n'a caché ses biens en fraude, qu'il payera ses dettes s'il vient en meilleure fortune, art. 72; & cette cession ne peut sortir effet, sans qu'elle ne soit insinuée & publiée en jugement, article 73.

9. Et parce que la séparation de biens entre mari & femme (lorsque le mari est suspect de pauvreté) suit de près les cessions, ce titre touche les formalités qu'il faut observer pour parvenir à ces séparations : il veut que la cause soit portée à l'audience, & demande l'insinuation & publication en jugement, avec l'enrégistrement, délaissant aux ecclésiastiques la connoissance des divorces & séparations qui en dépendent, art. 73.

10. Il n'y a point de titre sur cette matiere dans l'ancienne Coutume.

ARTICLE LXXI.

Quand & où Ceſſion ſe doit faire.

Qui veut faire Ceſſion de biens, il eſt tenu de faire appeller tous ſes créanciers demeurans au Païs, pardevant le Juge pardevant lequel il veut faire ladite Ceſſion; & s'ils ſont en diverſes Juriſdictions & Châtelenies audit Duché, ils ſont appellez pardevant le Senéchal de Bourbonnois, ou ſon Lieutenant.

ARTICLE LXXII.

Ceux qui veulent faire Ceſſion de Biens, doivent comparoir & la faire en perſonne, & n'y ſont reçus par Procureur; & ſont tenus faire ſerment ſolemnel devant ledit Juge, de ne faire ladite Ceſſion pour frauder leurs créanciers, & qu'ils n'ont fait aucune aliénation de leurs Biens par fraude, & qu'ils déclareront leurs biens, ſi aucuns en ont; & ſont tenus eux deſceindre & jetter leurs ceintures à terre, pour démontrer qu'ils délaiſſent leurſdits Biens : Auſſi feront ſerment, que s'ils viennent à plus grande fortune de Biens, ils ſatisferont à leurs créanciers.

1. Un débiteur qui, n'ayant pu adoucir la rigueur de ſes créanciers, ſe trouve réduit à une priſon perpétuelle, doit, pour ſe délivrer de cette priſon, & être reçu au bénéfice de ceſſion, faire aſſigner tous ſes créanciers qui ſont dans le pays, & conclure par ſon exploit à ce qu'il lui ſoit donné acte de l'abandonnement qu'il fait à ſes créanciers de tous ſes biens, tant meubles qu'immeubles; & en conſéquence qu'il ſera reçu au bénéfice de ceſſion, aux offres qu'il fait de garder les formalités preſcrites par l'ordonnance & la Coutume.

2. Ces formalités, ſuivant les ordonnances & les Coutumes, ſont que le ceſſionnaire comparoîtra à l'audience en perſonne, & non par procureur, pour y déclarer qu'il fait ceſſion & abandonnement de biens, & prêter ſerment qu'il la fait ſans fraude; qu'il ne recelle point ſes biens pour en retenir une partie au préjudice de ſes créanciers; & que s'il revient à meilleure fortune, il payera ſes dettes & ſatisfera entiérement ſes créanciers. C'eſt la diſpoſition du préſent article 72, & celle de la Coutume d'Auvergne, tit. 20, art. 1, 2, 3 & 4; de celle de la Marche, art. 64; de l'ordonnance de Louis XII, en juin 1510, art. 70, & d'Abeville, art. 260; d'Henry III, 1585; de Charles VIII, 1496, art. 34, & de Louis XIV, 1673, tit. 10, art. 1.

3. La peine du bonnet verd & du pilori n'eſt plus d'uſage. L'ordonnance de 1673, qui, ſelon qu'il a été dit, prononce la peine de mort contre les banqueroutiers frauduleux, ne prononçant aucune peine contre les ceſſionnaires malheureux, & l'eſprit des anciennes ordonnances qui ont impoſé des peines, n'étant que de punir la fraude, le ceſſionnaire qui eſt innocent & dans la bonne foi, en doit être quitte pour la confuſion qu'il reçoit, en déclarant tout haut & tête nue, qu'il fait ceſſion & abandonnement de biens.

4. Notre Coutume, au préſent article 72; celle d'Auvergne, tit. 20, art. 4, & de la Marche, art. 64, veulent que ceux qui font ceſſion de biens ſoient tenus de ſe déceindre & jetter leur ceinture à terre, pour montrer qu'ils quittent & abandonnent tous leurs biens à leurs créanciers : Formalité qui s'obſervoit anciennement, quand une veuve renonçoit à la communauté de ſon mari, ſur la foſſe duquel elle laiſſoit ſa ceinture, ſa bourſe & ſes clefs, comme le rapporte Coquille ſur la Coutume de Nivernois, chap. 23, art. 14, & pluſieurs autres auteurs; mais formalité qui ne s'obſerve plus, *& in deſuetudinem abiit per non uſum*; & l'omiſſion de laquelle ne pourroit être alléguée, comme une nullité contre la ceſſion de biens.

5. Les ceſſions de biens volontaires doivent être publiées à l'audience, auſſi-bien que les judiciaires, & les noms de ceux qui les ont faites inſérés dans le tableau public; par la raiſon qu'elles opérent la même choſe, & qu'il importe qu'elles ſoient connues du public de même que les autres : pour quoi les ordonnances parlent en termes généraux, & renferment dans leurs diſpoſitions toutes ſortes de ceſſions. C'eſt la remarque de M. Bornier, ſur l'article premier du titre 10 de l'ordonnance de 1673.

6. Tous les débiteurs, ſelon les ordonnances & les anciens arrêts, ne doivent pas être reçus indiſtinctement, & dans tous les cas, au bénéfice de ceſſion; & il y a des dettes privilégiées, auxquelles on ne peut oppoſer les ceſſions, non plus que les répis, ſoit parce qu'elles procédent du crime ou de la fraude, ou que l'intérêt public y eſt engagé; & même, ſi nous en croyons M. Bourdot de Richebourg, qui parle après Ricard, il eſt preſque toujours vrai de dire, qu'en tous les cas où le répi ne peut avoir lieu, la ceſſion n'y eſt pas non plus admiſe.

Tit. X. DES CESSIONS DE BIENS. Art. LXXII.

admife. C'eft fa remarque fur l'article 111 de la Coutume de Paris.

7. Mais cela ne s'obferve pas à la rigueur ; & fans s'arrêter à ce qui eft prefcrit par les ordonnances & les anciens arrêts, on fuit plutôt dans le nouvel ufage les raifons qui les animent, que leurs menaçantes difpofitions : deforte que, fi les juges s'apperçoivent que la mauvaife fortune a contraint le débiteur de céder à la néceffité, ils le reçoivent au bénéfice de ceffion dans la plupart des cas réfervés.

8. La ceffion que le débiteur fait de fes biens, comprend non-feulement les biens dont il étoit en poffeffion lors de la ceffion, mais tous ceux-là fur lefquels il avoit un droit acquis ; & les créanciers peuvent exercer fur ces biens le droit de leur débiteur. *Si qua ipfi jura Lex, vel ex hæreditate, vel cognatorum donatione in rebus mobilibus, præftet, in quarum poffeffione nondum conftitutus fit, competere tamen ipfi videantur, poffintque creditores vel partem ex iis, vel etiam totum colligere.* Nov. 135, ch. 1.

9. On laiffe feulement au débiteur qui fait ceffion, fon lit, fes vêtemens & fes outils. *Non debet expoliari veftibus, nec lecto & aliis quibus operatur*, dit Mafuer, *de obligat. num. 6.*

10. Dans la ceffion judiciaire & forcée, le débiteur n'eft pas d'abord dépouillé de la propriété de fes biens qu'il abandonne à fes créanciers, & il en refte propriétaire jufqu'à ce qu'ils ayent été actuellement vendus. Ainfi, fi avant qu'ils ayent été vendus, il fe trouvoit en état de payer fes créanciers, ou d'alléguer de juftes exceptions contre leurs créances, il pourroit par-là reprendre fes biens. C'eft la décifion du droit, L. 3, ff. *de Ceff. bon.* L. 5, ibid. & L. 4, Cod. *qui bon. ced. poff.*

11. Il en eft en cela, dit Loyfeau, de la ceffion de biens, comme du délaiffement par hypothéque : le délaiffement par hypothéque ne dépouille pas d'abord celui qui le fait de la propriété du bien qu'il abandonne ; & ce droit de propriété, détaché de la poffeffion & de la détention des fruits utiles, lui refte jufqu'à l'adjudication par décret : de maniere que, fi après le délaiffement, & pendant tout le cours de l'inftance de criées, il veut payer les créanciers, il en a la liberté, & n'a pas befoin d'un nouveau titre de propriété pour entrer de plein droit dans la poffeffion de la chofe. Tel eft le fentiment de Loyfeau, Traité *du Déguerpiff.* liv. 6, ch. 7, n. 3 : c'eft auffi l'obfervation de M. le préfident Duret, fur le préfent article 72. *Et fi pœniteat ceffiffe,* dit-il, *admittendus erit ut folvat, ne bona veneant.*

12. Après la ceffion de biens, on fait créer un curateur aux biens vacans, ainfi qu'il eft porté en l'article 65 de la Coutume de la Marche, fur lequel on fait vendre & décreter, comme on fait dans le délaiffement par hypothéque, pour les créanciers privilégiés & hypothécaires être payés felon la préférence de leurs priviléges & l'ordre de leurs hypothéques, fur les biens fufceptibles de priviléges

& hypothéques ; & les créanciers qui n'ont ni priviléges, ni hypothéques, être payés par contribution au fol la livre, à raifon de leur dû. *Plane factâ,* dit M. Duret, *bonorum ceffione creditores non poffunt autoritate propriâ ceffa intercipere ; fed Curatore dato ceffis, remedio publicæ venditionis eis confulitur.* M. Duret, *hic.*

13. Dans la ceffion volontaire, après qu'un débiteur a fait affembler fes créanciers, & qu'il leur a fait un abandonnement général de tous fes biens fous les conditions dont ils font convenus enfemble, les créanciers nomment alors des directeurs qui vendent les biens à l'amiable, & qui font un ordre & une diftribution du prix auffi à l'amiable : mais fi ceux qui ont acquis des inmeubles de la direction, en veulent faire faire un décret volontaire, il faut que tous les créanciers s'oppofent au décret, pour la confervation de leurs hypothéques, ou du moins que les directeurs s'oppofent, en qualité de directeurs, pour tous les autres créanciers ; autrement ceux qui fe feroient oppofés, feroient préférés aux autres, nonobftant l'ordre fait à l'amiable.

14. Les créanciers qui, dans une ceffion de biens judiciaire & forcée ne font pas payés de tout leur dû, confervent leur droit pour le reftant contre le débiteur : car la ceffion judiciaire des biens n'acquitte le débiteur que jufqu'à concurrence de la valeur des biens qu'il abandonne, & n'empêche pas qu'il ne demeure débiteur du furplus. Ainfi, fi dans la fuite du temps il acquiert du bien par fon travail, ou recueille une fucceffion, le droit de fes créanciers, qui fubfifte toujours, demande qu'il leur paye alors le refte qu'il leur doit. C'eft la décifion de Gregoire IX, chap. 3, *de folutionibus : Si ad pinguiorem fortunam devenerit,* dit ce pape, *debita prædicta perfolvat* ; & de Juftinien, liv. 1, Cod. *qui bonis cedere poffunt : Qui bonis cefferint,* dit cet empereur, *nifi folidum creditor receperit, non funt liberati ; in eo enim folummodò hoc beneficium eis prodeft, ne judicati detrahantur in carcerem.* La raifon eft que dans une ceffion judiciaire, les créanciers font forcés par la loi qui leur eft impofée par le juge, à recevoir la ceffion & abandonnement des biens de leur débiteur, & qu'ils ne la reçoivent que fous le ferment qu'il fait de les payer entiérement, s'il vient à meilleure fortune, felon que le porte expreffément notre article 72 ; l'article 64 de la Coutume de la Marche, & l'article 3 du titre 20 de la Coutume d'Auvergne.

15. Si donc le débiteur, après la ceffion de biens qu'il a faite en juftice, acquiert de nouveaux biens, fes créanciers les peuvent faire faifir pour être payés ; mais ils font obligés de lui laiffer de quoi vivre, & ne peuvent exercer de contrainte par corps pour les dettes précédentes à la ceffion. C'eft la difpofition des loix 4 & 6, ff. *de Ceff. bon.* & la remarque de M. Menudel fur le préfent article 72, après Loyfeau. La ceffion de biens, dit Menudel,

Part. I.

n'éteint pas la dette ; mais elle modére seulement & adoucit l'exaction en deux façons : l'une, que le cessionnaire ne peut plus être emprisonné pour la dette ; l'autre, que sur les biens acquis depuis la cession il ne peut plus être poursuivi, sinon en tant qu'il a plus de biens qu'il ne lui en faut pour vivre. Loyseau, *du Déguerp.* liv. 4, ch. 1, n. 6 & 7. M. François Menudel, *hic.*

16. Dans le cas d'une cession volontaire, comme pour lors la cession est consentie par le débiteur & acceptée par les créanciers, & que dans ce cas il se fait ordinairement une transaction entre le débiteur & les créanciers, par laquelle les créanciers conviennent de quitter & décharger entiérement le débiteur, à condition de prendre sur les biens qu'il leur cede, ce qui pourra leur revenir, suivant l'ordre, le privilége & la qualité de leurs dettes ; cette transaction éteint le droit des créanciers pour le surplus de leurs créances, & le débiteur demeure quitte & déchargé envers les créanciers, sans qu'ils puissent avoir recours sur les biens qu'il pourroit acquérir depuis la cession.

17. La cession de biens judiciaire, comme l'a observé M. le président Duret, ne libére point les cautions. *Cæterùm*, dit-il, *hujusmodi Cessio fidejussoribus non prodest ; quamvis enim possessio rerum creditoris data sit creditori, æquò dicendum est fidejussorem manere obligatum.* L. *Hæres*, 21, §. 3 ,*si stipulator.* ff. *de fidejuss.* M. le président Duret, *hic*, sur l'article 72.

ARTICLE LXXIII.

<small>Quand cession & séparation fortissent effet.</small> SÉPARATIONS de Biens d'entre mari & femme, & aussi les Cessions de Biens ne sortiront effet, & ne seront dites valables jusqu'à ce qu'elles soient insinuées & publiées en Jugement, & enrégistrées en la Jurisdiction du Juge où sont demeurans ceux qui font ladite séparation & Cession. Et doivent être faites telles séparations & Cessions de Biens, pardevant les Juges séans judiciairement à jour ordinaire ou d'Assise : Et s'entendent lesdites séparations, de celles qui se font & intentent principalement devant lesdits Juges, sans toucher aux séparations qui accessoirement, en cas de divorce, se demandent devant les Juges Ecclésiastiques.

IL y a deux sortes de séparations des conjoints par mariage : séparation de corps, & séparation de biens.

2. La séparation de corps peut être simple *quoad thorum*, ou authentique *quoad thorum & habitationem.* La premiere ne regarde que le for intérieur de la conscience, & ne concerne point notre article.

3. La séparation de corps authentique, *quoad thorum & habitationem*, dont il est parlé dans le présent article sous le nom de *divorce*, est celle qui donne droit à un époux de refuser à l'autre le devoir du mariage, & de ne plus demeurer avec lui, & elle ne se peut faire sans sentence du juge ; car comme leur mariage a été contracté par un acte public, il faut aussi que ce soit par un jugement public que leur séparation soit ordonnée.

4. Les juges ne l'accordent qu'après avoir ordonné une enquête très-exacte, parce qu'elle dépend absolument de la déposition des témoins, & de la certitude des raisons que les parties alléguent pour la demander.

5. Cette demande en séparation de couche & d'habitation doit être traitée civilement, ainsi qu'il a été jugé par différens arrêts. Bardet, tom 2, en rapporte un du 21 février 1636, dans lequel M. Bignon, avocat général, plaida que l'action en séparation d'habitation, aussi-bien que celle en séparation de biens, ne pouvoit s'intenter que par voies civiles, *in honorem matrimonii*, & sur ses conclusions la cour fit défenses au lieutenant criminel de Tours, qui avoit reçu plainte, informé & décreté, de plus user de pareilles voies, à peine de tous dépens, dommages & intérêts. Soëfve en rapporte un autre du premier mars 1664, rendu sur les conclusions de M. l'avocat général Talon, qui jugea pareillement que cette action devoit être traitée civilement.

6. Cette séparation des personnes mariées, de lit & d'habitation, qu'on appelle autrement du nom de *divorce*, les dispensant de la loi qui leur est imposée par le sacrement, on estimoit autrefois qu'elle devoit appartenir au juge d'église ; & ainsi s'observoit dans cette province au temps de la rédaction de la Coutume : auquel temps le juge d'église, en conséquence de la séparation de corps qui se traitoit devant lui, connoissoit même de celle des biens, comme nous le dirons ci-après, & qu'il résulte du présent article à la fin, & du procès verbal de la Coutume, sur cet article.

7. Mais la jurisprudence a réduit les juges ecclésiastiques à la seule connoissance du point de droit, à ce qui est *purè, nudè & simpliciter de fœdere matrimonii*, & veut que celle de fait soit examinée & instruite dans les tribunaux séculiers ; & comme d'ailleurs la séparation d'habitation emporte avec soi presque toujours des questions de fait, sur lesquelles il faut enquêter, les juges royaux connoissent

Tit. X. DES CESSIONS DE BIENS. Art. LXXIII.

de ces séparations d'habitation, d'où s'ensuit la séparation *à thoro*.

8. Dans le cas de la séparation d'habitation, ordonnée par la faute du mari, sur la demande de la femme, le mari doit rendre les biens à la femme avec le partage de la communauté si elle l'accepte ; car quand la séparation de biens vient seulement en conséquence de celle de corps, la femme peut accepter la communauté, ou y renoncer. On lui donne, dit Lebrun, une jouissance séparée de ses revenus & on dissoud la communauté pour l'avenir : mais elle ne laisse pas, selon ce même auteur, de la partager en l'état qu'elle est, & d'en profiter si elle est avantageuse ; parce qu'on ne peut pas lui imputer en ce cas qu'elle reconnoît que son mari est de bonne conduite en demandant le partage des effets de la communauté, & qu'ainsi qu'il n'y a pas lieu à la séparation de biens, d'autant qu'elle ne demande pas la séparation de biens directement & principalement, mais indirectement & incidemment, & en tant seulement que c'est une suite nécessaire de la séparation d'habitation, qui est la principale demande ; l'économie du mari n'excusant pas, par exemple, ses violences ou les autres causes de la séparation d'habitation. M. Denis Lebrun, *de la comm.* liv. 3, ch. 1, n. 23 ; M. Claude de Ferriere, *Instit. Cout.* liv. 1, tit. 2, art. 38, M. Argou, *Instit. au Droit Franc.* l. 3, c. 20.

9. Ainsi la séparation d'habitation emporte 1°. la séparation de biens, quoiqu'il n'y ait pas de dissipation ; parce qu'il n'est pas juste que le mari jouisse des biens de la femme, lorsqu'il ne la traite pas maritalement. 2°. Le partage de la communauté, au cas que la femme l'accepte ; ce partage faisant partie des biens de la femme.

10. Il peut y avoir encore entre le mari & la femme, une simple séparation de biens ordonnée en justice, & exécutée sans une séparation de corps & d'habitation ; & pour lors cette séparation de biens ne produit d'effets que par rapport aux intérêts civils, & ne change rien entre les conjoints, par rapport au devoir conjugal.

11. Cette séparation de biens est ordonnée, lorsque le mari, par sa mauvaise conduite, ou par des malheurs qui lui arrivent sans sa faute, fait mal ses affaires ; car comme il n'est pas juste que les biens de sa femme périssent avec les siens, & que sa ruine entraîne celle de sa famille, la femme est pour lors en droit de retirer ses biens des mains de son mari, pour en reprendre l'administration & la jouissance ; & cette séparation emporte avec elle la dissolution de la communauté. La loi, les Coutumes & les arrêts autorisent la femme en cela ; & c'est ce qui résulte de la disposition du présent article.

12. Il y a même des cas extraordinaires où le mari est en droit de demander la séparation de biens ; savoir, par exemple, quand les affaires de la femme sont si embrouillées, que l'application & la fortune du mari n'y suffisent pas. Il y a un arrêt du 27 février 1602, qui autorise la séparation de biens que demanda un mari, parce que sa femme avoit cent quatorze procès indécis contre un seul homme ; cet arrêt est rapporté par Peleus, liv. 5 *des actions forenses*, action 25. M. Denis Lebrun a remarqué deux autres cas, auxquels le mari peut demander la séparation de biens, dans son traité *de la comm.* liv. 3, chap. 1, n. 9.

13. Mais quelques raisons, quelque droit que le mari ait de demander la séparation de biens, il faut avouer toutefois que cela ne se pratique point dans cette province, ainsi que l'a observé M. François Decullant. *Potest etiam*, dit-il, *separatio bonorum peti à marito contrà uxorem, ob multitudinem litium & debitorum*, Peleus, *lib.* 5, *act.* 25 ; *quæ tamen regulariter apud nos non admittitur.* M. François Decullant, *hic*.

14. Nous ne connoissons donc proprement & régulièrement que la séparation de biens demandée par la femme, qui est de deux sortes ; savoir, celle qui est une suite & une accessoire de la séparation d'habitation, & l'autre qui est une simple séparation de biens, ordonnée, comme il a été déja dit, & exécutée, sans une séparation de corps & d'habitation.

15. L'une & l'autre doit être demandée pardevant le juge laïc, auquel seul la connoissance en appartient (à l'exclusion du juge d'église) comme il est dit dans l'article 48 du titre 1 de la Coutume de Berry. A l'égard de la seconde, cela ne souffre point de difficulté, & où il pourroit y avoir quelque difficulté, c'est à l'occasion de la première, à cause de ces termes de notre article : *Sans toucher aux séparations, qui accessoirement, en cas de divorce, se demandent devant les juges ecclésiastiques.* Mais la disposition de notre Coutume, quant à ce, n'est point suivie, non plus que le chap. *significavit*, & le ch. *de prudentia, extr. de donatione inter virum, &c.* qui veulent que le juge d'église connoisse *accessoriè de bonis conjugum, & de dote post divortum restituenda* ; lesquels n'ont point de lieu en France, aussi-bien que l'opinion des canonistes, qui est fondée sur ces deux chapitres, & qui a eu autrefois tant de cours, qu'elle a été suivie par les rédacteurs de notre Coutume au présent article ; mais dont la disposition, quant à ce, n'est pas observée, selon la remarque de M. Charles Dumoulin, dans sa note sur cet article, & celle de Fevret, traité *de l'Abus*, liv. 5, chap. 4, à la fin. *Hic est abusus*, dit M. Dumoulin en parlant de la disposition de notre article, en ce qui touche ces sortes de séparations ; *quia nec accessoriè quidem possunt ecclesiastici cognoscere de separatione bonorum, sicut nec de restitutione dotis ; & tanquam ab abusu appellari potest : & quamvis tempore descriptionis hujus consuetudinis ab anno* 1500, *Duces Borbonii hoc permitterent, tamen non potuerunt præjudicare Regi, nec ecclesiastici contra ejus jurisdictionem præscribere.* Et telle est la doctrine des arrêts, dit M. Julien Brodeau, dans sa note sur le présent article, rapportée dans le nouveau coutumier général.

16. La femme doit se faire autoriser pour poursuivre sa séparation ; parce que tant qu'elle est sous la puissance de son mari, elle ne peut ester en jugement, sans être autorisée par lui ou par justice ; & pour obtenir cette séparation, il ne suffit pas d'exposer une dissipation ou un péril de perdre de sa dot, en tout ou en partie : elle est obligée d'en faire preuve, comme il a été jugé, dit M. Fauconnier, vivant avocat du roi en ce Siége, par arrêt contradictoire du parlement, dont il ne marque pas l'année, en réformant une sentence des requêtes du palais, par laquelle dame Estiennette Chrétien avoit été séparée, quant aux biens, de Philippe Bardon, son époux, trésorier de France en cette généralité. M. Fauconnier, hìc.

17. Sur la demande que la femme forme en séparation de biens, le juge doit donc appointer les parties à enquêter, c'est-à-dire, ordonner que la femme fera preuve des faits qu'elle a articulés, sauf au mari à faire preuve du contraire, si bon lui semble. L'enquête faite doit être communiquée au mari pour contredire, s'il le juge à propos ; & sur le tout mis par-devers le juge, il rendra sentence, par laquelle il ordonnera que la femme demeurera séparée de son mari, quant aux biens ; lui permettra de gouverner & administrer ses biens, sans l'autorité de son mari ; auquel toutefois elle sera tenue de porter honneur & respect ; & ordonnera que sa sentence sera duement insinuée, lue & publiée en jugement, & enrégistrée ; le mari condamné aux dépens.

18. Cette enquête est nécessaire, & la séparation ne peut être ordonnée, comme il est dit dans la Coutume de Berry, tit. 1, art. 49, sans connoissance de cause & inquisition, bien que le mari & la femme la voulussent accorder volontairement ; & les séparations purement volontaires, faites par une transaction ou consenties en justice, sont réprouvées, comme de véritables contre-lettres contre la communauté légale ou conventionnelle, qui est la clause la plus importante des contrats de mariage ; & encore comme contraires à l'honnêteté publique & à la sûreté du commerce. C'est l'observation de M. le président Duret, sur ces mots de notre article, PARDEVANT LES JUGES. Causâ, dit-il, summariè cognitâ, nec movet aliàs, viri & uxoris consensus, ut fraudibus obvietur, quas in creditorum necem fabricare possent, Conf. Bitur. cap. 1, art. 48 & 49.... M. le président Duret.

M. Menudel fait la même observation. Non valent, dit-il, separationes factæ sine inquisitione, nullâque disceptatione factâ inter conjuges, quæcumque Partium voluntas interveniat..... M. Menudel, hìc.

19. Il faut donc, encore un coup, pour la validité de la séparation de biens, qu'elle soit ordonnée après due information, laquelle information ou enquête est si nécessaire, que l'un des époux pourroit dans la suite revenir contre une sentence de séparation rendue sans connoissance de cause & sans enquête, quoiqu'il y eût consenti dans le temps. C'est la décision de l'arrêt du 7 mars 1608, & de celui du 4 mai 1677, rapportés par M. Julien Brodeau sur M. Louet, lett. S, sommaire 16.

20. On se dispense néanmoins quelquefois de faire cette enquête : 1°. Quand il y a des preuves par écrit de la dissipation du mari ; M. Brodeau, ibid. dit que cela a été autorisé par deux arrêts. 2°. Quand le mari dans une faillite publique a abandonné ses biens à ses créanciers. 3°. Quand les biens du mari sont en décret. M. Denis Lebrun, de la Comm. liv. 3, chap. 1, n. 5 & 7.

21. Il y a plus, c'est qu'une séparation de biens faite volontairement entre un mari & une femme, sans enquête & sentence de juge, ne laisse pas de subsister quand elle a été exécutée long-temps, & on n'y donne pas atteinte sous prétexte du défaut de ces formalités ; le mari & la femme, ni leurs héritiers, ni même leurs créanciers, ne peuvent dans ce cas demander aucun droit de communauté. M. Charles Dumoulin sur Paris, §. 104, propose cette espece de séparation, & résoud que, ex quo diu separati fuerint, dissoluta est communio, & diuturnitas idem operatur quod Sententia. Les arrêts ont suivi le sentiment de ce docteur, quand il y a habitation séparée. Arrêt du 1 décembre 1626 qui l'a ainsi jugé, rapporté par Dufresne en son journal des audiences, liv. 1, chap. 122 ; autre du 6 mars 1631, qui est dans le même journal, liv. 2, chap. 92, & autre du 20 janvier 1672, aussi dans le même journal, tome 3, liv. 6, chap. 1. La raison est qu'après plusieurs années d'exécution d'une séparation, on ne la peut pas présumer frauduleuse ; & tel est le sentiment des docteurs, de M. Julien Brodeau sur M. Louet, lett. S, somm. 16 ; de M. Leprestre, cent. 1, chap. 98 ; de M. Denis Lebrun, de la Comm. liv. 3, chap. 1, n. 5 ; de M. de la Thaumassiere sur la Coutume de Berry, tit. 1, art. 49 ; de M. François Menudel dans son commentaire manuscrit sur le présent article ; de M. Claude de Ferriere ; de l'auteur des notes sur Duplessis, & autres.

La sentence de séparation doit être exécutée, & il faut que cette séparation s'exécute sans fraude ; l'article 198 de la Coutume d'Orléans le porte expressément.

22. Cette exécution se fait par le partage actuel, si la femme veut suivre la communauté, ou par sa rénonciation à icelle & adjudication de ses droits ; auquel cas la femme a accoutumé de se faire vendre & adjuger les meubles par une vente judiciaire, dans les formes ordinaires, sur & en tant moins de ce qui lui est dû par son mari : mais cette vente n'est nécessaire, que quand la femme se veut assurer les meubles qu'elle prend en paiement ; car si elle n'en veut pas, elle n'a besoin ni d'inventaire, ni de vente pour faire exécuter la sentence de séparation : il suffit qu'elle se fasse autoriser en justice pour avoir la jouissance de ses droits ; qu'il paroisse par des poursuites effectives que la séparation est sérieuse, comme par la rénonciation

TIT. X. DES CESSIONS DE BIENS. ART. LXXIII.

ciation à la communauté, la restitution de sa dot & adjudication de ses droits. C'est l'observation de M. François Menudel. La séparation, dit-il, est exécutée, quand il y a inventaire & partage de biens d'icelle faits sans fraude, ou quand il y a rénonciation à la communauté. M. François Menudel, *hic*. * M. Berroyer, dans sa note manuscrite sur le présent commentaire, *hic*, requiert la vente des meubles, comme une formalité nécessaire pour la validité de la séparation.

Mais M. Denis Lebrun, en son traité de la communauté, liv. 3, chap. 1, n. 12 & 13, est d'avis contraire ; & comme mon sentiment est parfaitement conforme au sien, j'y ai persisté d'autant plus volontiers, que notre Coutume, ni les autres, n'exigent pas cette vente judiciaire.

23. Quand la sentence de séparation est demeurée sans exécution, il n'y a point de difficulté que ce défaut d'exécution peut être allégué & proposé par forme de nullité de la part des créanciers. Tel est le sentiment commun.

24. Ce qui forme du doute, c'est s'il peut être allégué & proposé de la part de la femme ou de ses héritiers, pour prendre part en la communauté, au préjudice de la séparation ordonnée avec connoissance de cause. Brodeau sur M. Louet, let. S, somm. 16, n. 7, tient pour la négative, avec ce tempérament toutefois ; savoir, si l'on ne montroit depuis icelle, que les conjoints s'en fussent départis & réintégré leur communauté : ce qui peut se faire, dit-il, par simple acte, sans aucune connoissance de cause, même *ipso facto*, ou que le mari eût empêché l'exécution par un appel de la sentence de séparation, qui est suspensif, jusqu'à la décision & jugement duquel la communauté dure, si bon semble à la femme.

25. Mais d'autres auteurs, d'un sentiment contraire, soutiennent que quand la sentence de séparation est demeurée sans exécution, la femme ou ses héritiers peuvent, s'ils veulent, demander part en la communauté. La raison qu'ils en donnent, c'est que la sentence de séparation ayant été rendue en faveur de la femme, elle ou ses héritiers peuvent s'y tenir, s'ils veulent, ou accepter la communauté, attendu que la sentence étant demeurée sans exécution, le mari, ou ses héritiers ne peuvent pas s'en prévaloir. Tel est mon sentiment.

26. Ce n'est pas assez de la sentence de séparation ait été ordonnée en justice avec connoissance de cause, & qu'elle ait été exécutée, il faut encore, ainsi qu'il a été dit, qu'elle soit lue & publiée en jugement, c'est-à-dire à l'audience, & enrégistrée en la jurisdiction du juge, où sont demeurans ceux qui font la séparation. Telle est la disposition de notre Coutume, au présent article ; de celle de Berry, tit. 1, art. 48 ; d'Orléans, art. 198, & de Montargis, ch. 9, art. 6. La Coutume de Blois, art. 3, & celle de Dunois, art. 58, veulent que telle séparation soit publiée au prône de la paroisse ; mais cela n'est pas nécessaire dans notre Coutume,

Part. I.

& même ne suffiroit pas au défaut de la publication en l'audience. Par sentence, dit M. François Menudel, rendue le 13 décembre 1635 en l'audience, sur un appel du châtelain d'Uffel, plaidant M. Louis Semin, il fut dit que la solemnité requise par la Coutume, ne se pouvoit suppléer par équipolence, & par une séparation publiée à l'issue de grand'messe. M. Menudel, *hic*.

27. Le premier effet de la séparation de biens d'entre mari & femme, est de rendre la femme séparée maîtresse de disposer de ses meubles & revenus de ses immeubles, mais non pas d'aliéner, engager & hypothéquer ses immeubles, sans l'autorité de son mari ; de maniere que, comme nous le dirons sur l'article 232, *infrà*, la séparation de biens ne fait pas que la femme soit *sui juris*, & entièrement hors la puissance de son mari, & qu'elle ait le libre disposition de son bien ; parce que c'est le mariage qui donne cette puissance au mari, qui dure autant de temps que le mariage ; mais elle rend simplement la femme, ainsi que nous venons de le dire, maîtresse de ses meubles & des revenus de ses immeubles, & fait qu'elle peut, sans le consentement & autorité de son mari, faire baux à ferme & donner quittance : ce qui s'entend, au cas qu'elle soit majeure ; car si elle est mineure, elle doit être pourvue d'un curateur, sous l'autorité duquel elle gouvernera son bien, & disposera de ses meubles & fruits de ses immeubles, comme l'a observé M. Jacques Potier sur le présent article.

28. La femme séparée peut encore ester en jugement, tant en demandant que défendant, sans aucune autorisation de son mari ni de justice, aux termes de l'article 224 de la Coutume de Paris, si elle est majeure ; autrement il lui faudroit un curateur. C'est l'observation de M. François Decullant sur l'article 170, *infrà*. *Potest tamen*, dit-il, *mulier bonis à marito separata in judicio sistere, sine viri auctoritate, si major sit 25 annis, juxtà paragraphum 224, Stat. Parif. Secùs si minor esset, nam non posset procedere nisi cùm auctoritate viri aut curatoris ; nec indè consequens est quòd mulier bonis separata licèt major, possit sine auctoritate, aut contrahere, aut vendere ; nam minor est suspicio in sistendo in judicio, quàm in contrahendo, cùm omne judicium pro veritate habeatur.* M. François Decullant, sur l'article 170, *infrà*.

19. Quant à la question, si la femme séparée de biens peut recevoir le rachat de ses rentes sans être autorisée, d'autant que c'est une aliénation nécessaire, elle partage les sentimens. M. Denis Lebrun, traité *de la Comm.* liv. 2, chap. 1, sect. 1, n. 9, tient qu'elle ne le peut ; c'est-pourquoi le créancier pour sa sûreté doit la faire autoriser, ou le faire ordonner par justice. Cette question, dit l'auteur des notes sur Duplessis, s'est présentée au châtelet le 17 novembre 1699 ; & par sentence dudit jour, il fut ordonné que la femme recevroit ce remboursement, & à cet effet se feroit autoriser par son mari,

K k

sinon par justice; quoi faisant, le débiteur demeureroit bien & valablement déchargé: & attendu que le mari étoit absent, & qu'il avoit l'original dudit contrat, que mention seroit faire dans la sentence d'adjudication du remboursement de ladite rente. L'auteur des notes sur Duplessis, page 400, à la fin, édition 1709.

30. La femme séparée doit nourrir ses enfans jusqu'à deux ans, & depuis cet âge ils doivent être nourris & entretenus par le pere: mais si l'état & l'infirmité de la mere ne lui permettoit pas de donner à ses enfans cette premiere nourriture, & qu'elle n'eût pas de biens pour y suppléer, le devoir naturel de l'éducation des enfans se réunit tout entier en la personne du pere; & si au contraire les enfans sont nés d'un pere pauvre & d'une mere riche, la femme séparée de biens ne laisse pas en ce cas d'être obligée d'employer ses revenus à l'entretien & l'éducation des enfans communs, & même de fournir les alimens à son mari, s'il n'a pas d'ailleurs de quoi vivre. M. Lebrun, *de la Comm.* liv. 3, chap. 1, n. 38; de la Thaumassiere sur la Coutume de Berry, tit. 1, art. 49; Argout, *Instit. au Droit Français*, liv. 3, chap. 20; M. François Menudel, sur le présent article.

31. Quoique la séparation ait été faite dans les formes, & qu'elle ait été exécutée, le mari & la femme peuvent la résilier quand bon leur semble; ainsi ils peuvent se remettre ensemble, & même en communauté, comme ils étoient auparavant : & il n'en est pas de cette réconciliation, comme de la séparation; puisque la séparation ne se peut faire que par une sentence du juge, & que les personnes mariées peuvent se remettre ensemble sans aucun jugement.

32. Pour la maniere dont se doit faire ce rétablissement, M. Denis Lebrun distingue le cas où ils sont demeurés ensemble, d'avec celui où ils ont vécu séparément. Dans ce dernier cas, le retour & le nouveau mêlange de biens suffit; car il ne faut pas d'acte authentique, lorsque leur réunion est publique : c'est ce que dit la Coutume d'Orléans, art. 199. Lebrun, *de la Comm.* liv. 3, chap. 1, n. 18.

33. Dans le premier cas, savoir, quand les conjoints ont toujours resté ensemble, pour faire cesser leur séparation de biens, il faut qu'il y en ait un acte par écrit précis & formel, dont il y ait minute. Car quand la femme, après la séparation exécutée, auroit laissé l'administration de ses revenus à son mari durant un très-long temps, cela ne suffiroit pas pour en induire un retour à la communauté; parce qu'on suppose, en ce cas, que le mari a agi comme procureur de sa femme, & non comme associé; ainsi jugé par arrêts du 12 février 1621, & du 30 mars 1623, rapportés par M. Julien Brodeau sur M. Louet, lett. S, somm. 16, & tel est son sentiment; & M. Lebrun enchérissant, veut que cet acte soit fait au greffe du siége où la sentence de séparation a été rendue; ou si l'acte est fait pardevant notaires, qu'il soit enrégistré dans le même greffe : jusques-là, dit-il, qu'une acquisition que le mari & la femme auroient faite conjointement, ne suffiroit pas pour prouver le rétablissement de leur communauté; qu'on en pourroit seulement induire, qu'ils posséderoient quelque chose par indivis : tellement qu'en ce cas les deux conjoints acquiérent, comme deux étrangers pourroient faire, achetant ensemble ce qu'ils veulent leur appartenir par moitié. Lebrun, *ibid.*

34. Quand bien même ce rétablissement de communauté se feroit à l'occasion du plus heureux progrès qu'on apperçoit dans les affaires du mari, il ne passe pas pour cela pour un avantage indirect ; parce que c'est un retour au droit commun, que le droit a traité favorablement en la loi 19, ff. *solut. matrim.* & en la loi 3, ff. *de divortiis.* Ainsi il n'en est pas de la séparation de biens ordonnée par justice, comme de la séparation contractuelle. *Conjuges*, dit M. Louis Semin, *mutuò separati, possunt mutuo consensu societatem statuariam denuò coire; quod non possunt, si per contractum matrimonii conventum esset nullam fore societatem...* M. Louis Semin, *hic.*

35. Le rétablissement de la femme en la communauté, la rend commune du jour de la célébration du mariage, par la raison que les choses reviennent facilement en leur premier & ancien état, & que la communauté est un acte individu qui ne se peut diviser par le temps: de maniere que, ou elle est entièrement dissoute par des voies légitimes, ou elle a lieu du jour de la célébration du mariage, par lequel elle est établie de plein droit. Et de-là se suit que tous les meubles & conquêts immeubles, qui ont été acquis pendant la séparation, rentrent & forment la masse de l'ancienne communauté. Il y en a une décision précise dans l'article 199 de la Coutume d'Orléans, en ces termes : *Cessera l'effet de ladite séparation,& rentreront en lad. communauté les meubles & acquêts immeubles, même ceux qui sont échus & acquis pendant la séparation* ; & il y en a un arrêt du 4 février 1611, rapporté par Fortin & Ricard sur la Coutume de Paris, article 220. Lebrun, *de la Comm.* liv. 3, chap. 1, n. 17.

36. Tout ce que les deux époux ont fait séparément, suivant les regles & la disposition de la Coutume, pendant cette séparation, ne laisse pas de subsister, & demeure bon & valable, après le rétablissement de la communauté; & cela avec beaucoup de raison, puisque ces actes intermédiaires ont été faits sur le fondement d'une séparation légitime qui subsistoit alors. Lebrun, *ibid.* n. 19.

TITRE ONZIEME.
Des Notaires.

1. Les notaires sont des officiers publics, créés pour recevoir les actes & conventions des particuliers, & pour donner à ces actes qui se passent devant eux le caractere de la forme publique, & de l'autorité de justice.

2. Les fonctions des notaires renferment deux caracteres d'une jurisdiction volontaire. Le premier consiste en ce que leur présence & leur seing servent de preuve de la vérité des actes qui se passent devant eux : car au lieu que dans les écritures privées, les seings des parties étant inconnus en justice, il faut les vérifier s'ils sont contestés; le seing des notaires, officiers publics porte la preuve de la vérité des actes qu'ils signent. Le second de ces caracteres consiste en ce que les actes qui contiennent quelque obligation d'une partie envers l'autre, étant signés par des notaires, donnent hypothéque sur les biens de celui qui est obligé, & qu'ils peuvent être mis en exécution sur ses biens, sans qu'il soit besoin d'ordonnance ou permission du juge : de maniere que les actes passés pardevant notaires, ont autant de force que les sentences, & que les notaires ont une espece de jurisdiction.

3. On distinguoit autrefois les notaires, des tabellions; & cette distinction consistoit en ce que le notaire étoit celui qui passoit les brevets ou minutes des actes, & que le tabellion étoit celui qui mettoit en grosse authentique, les actes dont les notaires avoient passé les minutes. Cette distinction est marquée dans l'ordonnance de Charles IX, donnée à Fontainebleau le 11 juillet 1543, suivant laquelle, les notaires, après avoir passé les actes, étoient obligés de les renvoyer aux tabellions pour les grossoyer.

4. Dans la suite, les offices de notaires, tabellions & gardes-notes, ont été unis & incorporés par les ordonnances, & entr'autres par celle d'Henry IV, du mois de mai 1597; desorte qu'aujourd'hui il n'y a plus de différence entre tabellion & notaire, que dans le nom.

5. Le droit de créer des notaires publics, est un droit royal & de souveraineté, suivant l'ordonnance de Philippe le Bel, du mois de mars 1302, art. 19; ce qui est conforme au droit romain, & confirmé par M. Charles Dumoulin, sur la Coutume de Paris, §. 1, gl. 5, *in verbo* Fief : *Cùm jus creandi Notarios publicos*, dit-il, *de regalibus sit, & juribus Principi reservatis*.

6. Toutefois, selon Bacquet, dans son traité *des Droits de Justice*, chap. 25, cette même ordonnance de Philippe le Bel, de 1302, qui se trouve écrite en latin dans les régistres de la chambre des comptes, a conservé les barons, châtelains & autres hauts justiciers, dans le droit de créer des notaires lorsqu'ils ont ce droit par Coutume ou longue possession. *Nolumus autem*, est-il dit à la fin de cette ordonnance, *quòd præfatis Baronibus, & aliis subditis nostris, qui de antiqua consuetudine in terris suis possunt Notarios facere, per hoc præjudicium generetur*; ce qui a été autorisé par les ordonnances qui ont suivi, & qui se trouve d'abondant confirmé par plusieurs Coutumes, comme par celle de Blois, art. 17, qui porte que le seigneur châtelain a scel, a contrats & droit de tabellionage; de Senlis, qui a la même disposition, art. 93; de Touraine, qui porte en l'art. 75 que le seigneur comte, & aussi les barons, peuvent avoir douze notaires en chacune comté & baronie, & non plus, & les seigneurs châtelains six.

7. Les seigneurs châtelains, ou autres plus grands seigneurs, & même les simples seigneurs hauts justiciers, peuvent donc avoir des notaires & tabellions ; mais il ne faut pas confondre ce droit de tabellionage avec le droit de justice, car il n'a rien de commun avec le droit de justice, & n'est point une dépendance d'icelui : Et quoiqu'il semble que les seigneurs hauts justiciers, qui ont la justice contentieuse, dussent aussi avoir la justice volontaire, & par conséquent le droit d'avoir des notaires ; néanmoins ils ne l'ont pas, s'ils ne sont fondés en titres exprès, possession immémoriale, ou Coutume locale.

De cette maniere, il y a deux sortes de notaires : savoir, les notaires royaux, & les notaires des seigneurs. Le présent titre parle de ces deux sortes de notaires, mais principalement de ceux des seigneurs, & il en explique les devoirs & les fonctions en 12 articles, depuis le 74 inclusivement, jusqu'au 85, aussi inclusivement.

8. Les notaires doivent obtenir lettres de provision, & ne sont révoqués par la mort & mutation du seigneur qui les a créés, art. 83 : il faut qu'ils soient deux aux actes qu'ils expédient, ou qu'un seul prenne deux témoins pour le moins, art. 74. Ces témoins doivent être connus, mâles, majeurs de vingt-cinq ans, & il est nécessaire qu'il soit fait mention dans le contrat de leur demeure & qualité, art. 65 ; il faut aussi que le notaire fasse mention du lieu où le contrat est passé, art. 76 ; qu'il exprime la qualité des choses vendues, aliénées, si elles sont tenues en fief, cens ou autres deniers, & quel en est le seigneur, art. 79 ; qu'il déclare les rentes & hypothéques spéciales, art. 80. Car qui vend chose auparavant vendue & aliénée, est punissable, art. 82. De tout cela (fidélement rédigé par écrit) le notaire en doit faire

lecture à haute & intelligible voix aux parties & témoins, art. 77. Son ouvrage fait & accompli, il a le salaire que le juge ordinaire, ou garde des sceaux lui taxe, art. 81. Il est tenu de faire protocole de toutes les lettres perpétuelles par lui reçues, art. 78; afin d'y avoir recours durant sa vie, & après son trépas ceux qui seront chargés de les grossoyer par retulit, art. 84 & 85.

9. Il n'y a pas de titre sur cette matiere dans l'ancienne Coutume.

ARTICLE LXXIV.

Des Notaires & Tabellions. Un Notaire ou Tabellion ne peut recevoir aucun contrat, s'il n'y a deux témoins, ou qu'ils soient deux Notaires.

1. Le pouvoir des notaires est limité dans l'étendue de la jurisdiction où ils ont été reçus, à moins que le titre de leur concession ne s'étende au-delà, comme celui des notaires de Paris, d'Orléans & de Montpellier.

2. Cette décision ne souffre pas de difficulté à l'égard des notaires des seigneurs, dont le pouvoir est borné à certains territoires. Ces notaires des seigneurs ne sont pas notaires, hors ce territoire ou détroit, & ne doivent être considérés que comme personnes privées & sans caractere : tel est le sentiment commun.

3. La difficulté est pour les notaires royaux de différens bailliages : savoir, si les contrats qu'ils reçoivent hors le ressort, sont valables; la raison de douter est, qu'il y a grande différence entre les notaires subalternes & les notaires royaux, à cause de la puissance & autorité publique que ces derniers tiennent du roi, qui s'étend de soi par tout l'état.

4. Il y a beaucoup d'auteurs, comme Loyseau, Bacquet, Pontanus, Basnage & autres, qui prétendent que les contrats passés par les notaires royaux hors leur ressort sont valables, à cause du caractere qu'ils ont de personnes publiques, & que ces contrats sont munis du sceel royal; & ils soutiennent que tels actes sont assez autorisés pour avoir force en tous les pays : ils veulent que les ordonnances de François I & d'Henry II, qui défendent aux notaires d'entreprendre sur les limites les uns des autres, à peine de nullité, ne sont comminatoires en ce qui concerne la nullité; parce qu'il seroit trop rigoureux qu'un contrat d'importance fût déclaré nul, sous prétexte que les contractans n'auroient pas sû la séparation de différens bailliages. Ce seroit, disent ces auteurs, établir le fondement de la justice, qui gît en la foi des contrats, sur une formalité & subtilité de chicanne, plutôt que sur l'équité & la bonne foi. Au surplus ils conviennent que les notaires qui ont instrumenté hors le ressort, doivent être condamnés aux peines portées par ces ordonnances, envers les notaires dans le ressort desquels ils ont fait leurs fonctions. Loyseau, traité *des off.* liv. 1, chap. 6, n. 97. Bacquet, *des droits de justice*, liv 3, chap. 25, n. 35 & suiv. Pontanus, sur l'article 17 de la Coutume de Blois; Basnage, *des Hypothéques*, part. 1, ch. 12.

5. D'autres auteurs, comme Monarc, Ricard, de Ferriere, confondant à cet égard les notaires royaux avec les subalternes, soutiennent que l'autorité des uns & des autres est bornée suivant les termes de leurs commissions, & que ces commissions étant limitées dans de certains territoires & ressorts, ils ne sont hors ces limites que personnes privées, & qu'ils ne peuvent par conséquent instrumenter hors leurs territoires en qualité de notaires. Ils se fondent, ces auteurs, sur l'ordonnance d'Henry II, ci-dessus citée, du 21 décembre 1543, qui défend à tous notaires d'entreprendre sur le ressort des uns des autres, sur peine de nullité des contrats; & sur la disposition de la Coutume de Poitou, article 378, qui porte aussi que les notaires ne peuvent passer aucuns contrats hors les limites du lieu où ils ont été institués notaires, sur peine de nullité, & de répondre des dommages & intérêts des parties intéressées. Mornac, sur la loi derniere, *de jurisdict.* Ricard, *des donat.* part. 1, ch. 5, sect. 8, n. 1578; de Ferriere, *Science parfaite des notaires.*

6. Ces auteurs conviennent bien que l'ordonnance d'Henry II, en ce qu'elle déclare nuls tous les contrats passés par un notaire, hors son ressort; ne se doit pas entendre par rapport aux contractans; parce qu'il seroit absurde de vouloir qu'un contrat signé par les parties, fût nul, & ne produisît aucun effet, pour n'avoir pas été passé par un notaire dans son ressort, puisqu'il auroit été valable sans l'intervention & l'autorité du notaire; & que cette autorité ne donne pas la validité aux actes qui sont passés pardevant notaires, mais qu'elle leur donne une exécution parée, & qu'elle produit une hypothéque sur tous les biens de l'obligé, en quelqu'endroit qu'ils soient situés dans le royaume. Ils disent donc seulement, que les notaires ne peuvent passer aucun acte, hors leur ressort; & que ceux qui feroient passés hors le ressort, ne produiroient qu'une simple action, de même qu'une cédule ou promesse, même contre l'obligé; & qu'ils ne donneroient point d'hypothéque, & que celui au profit duquel un tel acte auroit été passé, ne pourroit être regardé que comme un simple créancier chirographaire. Tel est le raisonnement

nement de M. de Ferriere, dans sa *science parfaite des notaires*, & de M. Julien Brodeau sur M. Louet, lett. N, somm. 10.

7. Et encore cela ne se doit pas entendre de toutes sortes d'actes indifféremment ; car il faut, selon eux, distinguer entre les différens actes. Les contrats sont valables, disent-ils, quoiqu'ils n'emportent point d'hypothéque ; mais pour les testamens & autres actes, à cause de mort, ils sont nuls & de nul effet pour ce qu'ils contiennent, quand ils sont faits par un notaire hors son ressort, suivant la jurisprudence des arrêts. Car si un testament, passé pardevant une personne privée, est nul, il en doit être de même de celui qui est passé pardevant un notaire hors son ressort ; puisqu'un notaire, hors son ressort, est une personne privée. M. de Ferriere & Brodeau, *ibid.* l'auteur des observations sur Henrys, tom. 1, liv. 2, chap. 4, quest. 28, & tel est mon sentiment.

8. Mais ce qu'il faut observer, c'est que ce qui a été dit de la validité des contrats passés par les notaires hors leur ressort, ne peut s'entendre que des contrats dans lesquels les parties ont signé avec les notaires, lesquels contrats, s'ils n'ont force *in vim instrumenti publici*, doivent valoir *in vim instrumenti privati*, après la reconnoissance du seing des parties ; parce que le consentement des parties fait le contrat : mais si les parties n'ont point signé, le contrat est nul, *ex defectu potestatis Notarii, quæ non extenditur extrà territorium*. C'est l'observation de Delhommeau, *maxim. du droit Français*, liv. 2, art. 35.

9. Quant aux contrats & obligations passés pardevant les notaires royaux dans l'étendue de leur territoire, entre personnes qui ne sont point de leur ressort, on ne doute point que tels contrats ne soient valables, & ne donnent hypothéque ; parce que leur autorité qui est émanée du prince, s'étend, quant à leur ministere, sur tous les sujets du roi. M. Louet & Brodeau, lett. N, somm. 10 ; Loyseau, *des off.* liv. 1, chap. 6, n. 104.

10. A l'égard des contrats passés, pardevant les notaires & tabellions des seigneurs, dans leur détroit, entre personnes qui ne sont point justiciables de leurs seigneurs, ni demeurans dans leur territoire ; c'est une question s'ils emportent hypothéque, sur laquelle il y a diversité dans les opinions, dans les arrêts & diversité de raisons ; mais nous avons à ce sujet la déclaration du 17 septembre 1697, rapportée dans les observations sur Henrys, tome 1, liv. 2, chap. 4, quest. 25, qui fait défenses aux notaires & tabellions des seigneurs, tant ecclésiastiques que laïcs, de passer à l'avenir aucun contrat ou acte entre des particuliers demeurans hors de leurs jurisdictions, ni pour raison d'immeubles ou choses situées hors desdites jurisdictions, à peine de nullité des actes & contrats qui seront par eux passés : Fait aussi défenses à tous juges d'admettre aucune hypothéque ni privilége en vertu des actes & contrats passés par lesdits notaires subalter-nes, sur des immeubles situés hors de leurs jurisdictions. Observations sur Henrys, tome 1, liv. 2, chap. 4, quest. 25 & 28. * M. Berroyer, dans sa note manuscrite sur le présent commentaire, *hic*, remarque que la déclaration du 17 septembre 1697 n'est pas suivie, comme il a été jugé par arrêt de la grand'chambre, du mardi de relevée, le 3 février 1711, suivant les conclusions de feu M. l'avocat général Chauvelin, qui lui avoit demandé son avis par écrit pour l'hypothéque.

11. En ce qui est des actes que les notaires royaux peuvent passer dans l'étendue de leur territoire, ils peuvent passer & recevoir toutes sortes d'actes, excepté ceux qui sont expressément défendus par les ordonnances, ou qui sont contre les bonnes mœurs.

12. Ils peuvent recevoir contrats de mariage, testamens, donations, associations, ventes, échanges, louages, baux, transactions, compromis, obligations, procurations, transports, délégations, quittances, offres réelles de deniers & tous autres actes. Ils peuvent faire aussi des inventaires des biens des successions, dont les héritiers sont mineurs, ou pour des bénéfices d'inventaires, ou dans les cas des successions abandonnées, de banqueroutes ou autres, selon qu'ils peuvent être appellés à ces fonctions par les parties intéressées, ou qu'ils y sont commis en justice, comme pourroient l'être les greffiers.

13. Mais ils ne peuvent recevoir aucun contrat, s'il n'y a deux témoins, ou s'ils ne sont deux notaires, ainsi qu'il est dit dans le présent article, & comme le dit la Coutume de Sens, art. 245 ; celle d'Auxerre, art. 134, & autres, & que le porte l'ordonnance de Louis XII, art. 66, & celle de Blois, art. 166 : laquelle ordonnance de Blois, aud. article 166, veut que l'un des témoins sache signer & signe en effet, si celui qui s'oblige ne sait signer ; & si la promesse est passée pardevant deux notaires, elle doit être signée des deux ; autrement il y auroit nullité, comme l'a observé M. le président Duret sur ces mots de notre article, DEUX NOTAIRES : *Et tunc*, dit-il, *necesse est utriusque signo instrumentum subscribi*. Mais un d'eux peut expédier la grosse, quand la minute est signée des deux ; & tel est l'usage.

14. Que si le contrat reçu par deux notaires royaux, a été passé au territoire de l'un des notaires, & hors les limites & ressort de l'autre ; pour lors c'est un acte imparfait, le notaire qui a instrumenté hors ses limites, ne pouvant servir que de témoin : de maniere que tel contrat ne peut subsister que comme acte privé. C'est la remarque de M. François Menudel, sur l'article suivant.

15. Papon & Guenois, & après eux Jean Decullant, disent avoir été ordonné par arrêt du 22 mai 1550, que le frere avec le frere, l'oncle avec le neveu, & le beau-pere avec le gendre, ne peuvent recevoir des contrats ensemble. C'est l'observation de Papon, liv. 14, tit. 4, *des Notaires* ; de Guenois, en sa

conférence des ordonnances, liv. 12, tit. 14, des Notaires, §. 1 ; & de M. Jean Decullant sur le présent article, sur ces mots, DEUX NOTAIRES : *Modò*, dit-il, *non sint pater & filius, duo fratres, avunculus cum nepote, socer cum genero, quibus personis, etiamsi sint Notarii, vetitum fuit Arresto Parisi. dato 22 maii 1550, contractus recipere sine testibus.*

ARTICLE LXXV.

Des Témoins instrumentaires. LES TÉMOINS nommez en l'instrument du Notaire, doivent être mâles & majeurs de vingt ans, & doit ledit Notaire mettre leur demeurance ; & s'ils sont valets servans, doit mettre le nom des maitres qu'ils servent : & doivent les Notaires connoître les témoins.

1. LE premier devoir des notaires, dans la passation des actes, est de connoître les personnes qui contractent, ou du moins d'être certifiés que ceux qui contractent, sont tels qu'ils se disent ; & cela, afin d'éviter les faussetés qui peuvent se commettre par l'interposition de personnes supposées : c'est ce qui leur est enjoint par l'ordonnance de Louis XII, à Blois, en mars 1498, art. 65.

2. Ils doivent aussi, selon qu'il est porté au présent article & en l'article 40 de la Coutume de la Marche, connoître les témoins qu'ils inférent présens en leurs actes ; & ce sur peine d'amende arbitraire, dit la Coutume de la Marche.

3. Ces témoins, suivant notre article, doivent être mâles & majeurs de vingt ans ; sur quoi M. le président Duret observe que les vingt ans doivent être complets : *Eosque completos*, dit-il, *quia non videtur major 20 annis, qui annum agit vigesimum, L. Majores, 70, ff. de jur. immunit....* Le président Duret, *hìc*.

4. Les notaires ne doivent pas prendre pour témoins les parens ou domestiques des parties : sur quoi il est à observer, après M. Jacques Potier, dans ses remarques sur l'article précédent 74, que ceux qui ne peuvent pas servir de témoins en jugement, ne peuvent pas l'être dans les actes reçus par les notaires, y ayant beaucoup plus de raison de ne les pas admettre dans les actes, que dans les témoignages qui se rendent pardevant les juges.

5. Les notaires sont obligés non-seulement de marquer dans l'acte la demeure & qualité des témoins, comme il est dit dans le présent article, mais encore la demeure & paroisse des contractans, suivant la disposition de l'ordonnance de Blois, art. 167.

ARTICLE LXXVI.

LESDITS NOTAIRES doivent insérer & mettre en leurs notes & lettres qu'ils reçoivent, le lieu auquel ils les reçoivent ; autrement lesdites lettres seront réputées écritures privées, & le Notaire condamné en amende : Et auront les Parties intéressées leur recours contre lesdits Notaires, pour leurs dommages & intérêts.

1. LA Coutume de la Marche, art. 39, contient une disposition semblable. Les notaires sont non-seulement tenus, suivant ces Coutumes, de marquer le lieu où l'acte est passé : ils doivent de plus, suivant l'ordonnance de Blois, art. 167, mettre & déclarer le temps qu'il a été passé, savoir, l'année, le mois & le jour, & même si c'est devant ou après midi ; & la raison de cette ordonnance est pour la priorité & postériorité des hypothéques.

2. Notre Coutume, au présent article, & celle de la Marche en l'article 39 cité, portent qu'à défaut par le notaire de marquer le lieu où l'acte a été passé, il sera réputé écriture privée, & que les parties auront leur recours contre le notaire pour leurs dommages & intérêts : mais les arrêts ont toujours jugé que les notaires ne sont pas responsables des fautes qu'ils commettent dans les contrats, & qu'ils ne sont pas tenus des dommages & intérêts des parties, pour avoir commis des nullités dans les actes par eux reçus. Ces arrêts sont rapportés par M. Louet & son commentateur, lett. N, somm. 9, & par M. Bouguier, lett. N, ch. 3.

3. A la vérité les docteurs estiment qu'il seroit juste, sur-tout quand les fautes sont grossieres, de les en rendre responsables, *Imperitiæ culpæ annumeratur, L. Contractus, ff. de Reg. jur.* Et de-là il résulte que dans les lieux où les notaires sont moins habiles, & dans les affaires où les difficultés demandent un conseil d'avocats, il est du devoir des notaires de ne pas s'ingérer à ce qui passe leur capacité, & de donner au moins avis aux parties des difficultés qu'il est nécessaire de régler.

ARTICLE LXXVII.

Et sont lesdits Notaires tenus d'écrire les contrats, avant que les recevoir, & après en faire la lecture haute & claire en la présence des Parties & témoins.

1. Les notaires doivent mettre & rédiger pleinement & entiérement par écrit les contrats & actes qui sont passés devant eux, & ils ne doivent mettre dans les actes aucunes clauses dont les parties ne soient convenues, aucunes choses qui n'aient été dites, proférées, ou déclarées par lesdites parties, ou le notaire en présence des témoins, suivant l'ordonnance de François I, en octobre de l'an 1535, art. 3.

2. Après que les contrats ou actes sont écrits, ils en doivent faire la lecture haute & claire, en la présence des parties & des témoins, ainsi qu'il est dit au présent article, en l'art. 1 du tit. 3 de la Coutume de Berry, & que le porte l'ordonnance de François I, en octobre 1535, chap. 19, art. 4; & cette lecture ne se fait qu'afin que les parties entendent si tout ce qui est contenu en l'acte est conforme à leur intention. C'est-pourquoi il est dit dans l'article 381 de la Coutume de Poitou, que les notaires doivent donner à entendre les contrats aux parties, si ce sont gens simples & non lettrés.

3. Il n'est pas nécessaire que l'acte soit tout écrit de la main du notaire qui l'a reçu, & il suffit qu'il l'ait signé ; tel est l'usage. *Attamen*, dit M. le président Duret, *hoc jure utimur, ut subscriptio Tabellionis sufficiat, quamvis de suo impedimento, & speciali nomine scriptoris, in subscriptione non attestetur.* M. le président Duret, *hic*.

4. L'acte doit être signé, non-seulement du notaire, mais encore des parties & des témoins, s'ils savent signer, dont le notaire doit faire mention en la minute & grosse, comme aussi de la réquisition faite aux parties & témoins de signer, & de leur réponse, à peine de nullité. C'est la disposition de l'ordonnance d'Orléans, art. 84, & de celle de Blois, art. 165.

Quand le contrat est une fois signé des parties, témoins & notaire, il n'y a plus lieu au repentir, & l'on ne peut plus en résilier, sinon du mutuel consentement des contractans: *Contractus enim sunt ab initio voluntatis, & ex postfacto necessitatis.*

5. Mais c'est une question, si l'acte passé pardevant notaire n'est censé parfait, qu'après que tout est écrit, & que ceux qui doivent signer y ont mis leurs seings, & les notaires les leurs ; ensorte que jusqu'à ce qu'il soit signé du notaire, il y ait toujours lieu au repentir ; sur quoi il y a des auteurs qui soutiennent qu'un tel acte n'est censé parfait & accompli, qu'après que tout est écrit & signé même des notaires. Leur raison est que, quoiqu'un contrat soit valable sous signature privée, néanmoins si les parties ont voulu le passer pardevant notaires, il est nul, si les notaires n'ont point signé l'acte ; & telle est la disposition précise des loix, L. 17, Cod. *de fid. instr.* & L. 15, Cod. *de contr. empt. & vendit.* (*Contractus quos*) *in instrumento recipi convenit, non aliter vires habere sancimus, nisi instrumenta in mundum recepta, subscriptionibusque Partium confirmata, & si per Tabellionem conscribantur, etiam ab ipso completa, & postremo à Partibus absoluta sint,* dit la loi 17, Cod. *de fid. instr.*

6. Tel est le sentiment de M. le président Duret, dans ses remarques sur le présent article, sur ces mots, DES PARTIES. *Subsignatione* (dit-il) *Partium, testium & Notarii subsecutâ, quo infecto adhuc pœnitentiæ locus est,* L. *Contractus,* Cod. *de fide instrum. Nam licèt conventiones possint esse sine scripturâ, postquam contrahentes de Notario convenerunt, totius contractûs substantiam in scripturæ tempus distulisse videntur ex sententia Baldi ; & hæc Baldi opinio in Boïa usu recepta est. Et sanè generale est, ut ex imperfecto nihil adferatur, quod probavit Senatus, etiamsi venditio à Partibus subsignata esset : aliud tamen esset, si conventum fuerit pœnitentiæ locum non dari.* M. le président Duret, *hic*.

7. D'autres auteurs, d'un sentiment contraire, soutiennent que, quoiqu'un acte passé pardevant notaire ne soit pas signé de lui, si toutefois il est signé des contractans, il vaut en ce cas comme acte sous signature privée ; & que s'il n'a force *in vim instrumenti publici*, il vaut du moins *in vim instrumenti privati*. Et ainsi a été jugé en cette Sénéchaussée, moi présent, en qualité de juge.

8. Pour dire mon sentiment sur cette question, je crois qu'il faut faire distinction des actes, & que cela dépend de la nature & de la qualité de l'acte : qu'il y a certains actes, qui, signés des parties, & non signés du notaire, valent comme actes sous seing privé ; & qu'il y en a d'autres au contraire, qui ne se trouvant pas signés du notaire, sont nuls & ne peuvent rien opérer : sur quoi voyez ce qui a été dit sur l'article 74, *suprà.*

9. Quand l'acte n'est signé, ni du notaire, ni des parties, il ne peut passer que comme un projet ; & il est même absolument nécessaire que tous les renvois, s'il y en a, soient paraphés & approuvés des parties ; car si le paraphe de l'une des parties manque, on juge que c'est par le refus d'accorder la convention ajoutée, & que l'acte a été résolu sur ce refus : en un mot l'acte est imparfait ; & s'il est passé pardevant notaire, le notaire ne peut pas en délivrer une grosse, sans ordonnance de justice ; & il n'en peut tout au plus que délivrer une copie figurée qui ne souffre pas le sceau, &

qui ne peut être exécutoire. Tel est le sentiment de M. Couchot, qui assure que dans un procès au châtelet il a vu rejetter un acte important, sur ce seul défaut, qui paroissoit pourtant ne venir que d'une omission.

10. Dans le procès d'entre les sieurs Gaumin, demandeurs, contre les sieurs de Genetou, défendeurs, qui fut jugé au rapport de M. Perrotin de la Serré, le 13 juin 1724, en cette Sénéchaussée, on rejetta un renvoi d'un traité fait double entre le sieur Gaumin, trésorier de France, & le sieur de Genetou & la dame Coisier, son épouse ; parce que ce renvoi qui étoit en marge, n'avoit pas été paraphé & approuvé d'aucune des parties, quoiqu'il fût écrit de la main du sieur de Genetou, qui avoit écrit le corps du traité, & qu'il n'y eût que le sieur de Genetou & sa femme qui eussent intérêt de le rejetter ; parce que ce renvoi étoit contr'eux, en faveur des sieurs Gaumin : J'étois des juges.

* Mais la sentence fut infirmée par arrêt du mois d'août 1731, par lequel en émendant, il fut ordonné que l'écriture du renvoi seroit vérifiée par des maîtres écrivains-jurés de la ville de Paris, dont les parties conviendroient pardevant le conseiller-rapporteur, en la cour du parlement. Sur l'exécution de cet arrêt, les parties ayant passé compromis, & choisi pour juges arbitres, le sieur Griffet, greffier en chef au bureau des finances, & le sieur Beraud Desrondars, avocat du roi en la châtellenie de Moulins, l'écriture du renvoi fut reconnue & vérifiée, & les juges arbitres rendirent leur sentence arbitrale le 13 février 1733, qui contenoit plusieurs chefs de décision, dont il y eut appel ; sur lequel appel intervint arrêt définitif en la grand chambre, au mois d'août 1738. C'est ce qui m'a été rapporté par ledit sieur Desrondars, avocat du roi en la châtellenie de cette ville de Moulins, d'un mérite connu.

11. Les notaires sur-tout ne doivent laisser aucun blanc dans les minutes : s'il y a quelque chose à ajouter au contrat en quelqu'endroit, on l'écrit à la marge, & on le fait, comme il vient d'être dit, parapher par les parties, & les notaires le signent. Si c'étoit quelque clause qui fût trop longue, on en fait un renvoi à la fin de l'acte ; & si dans le corps du contrat il a été nécessaire de faire quelque rature de quelques mots, ou de quelques lignes, il faut faire mention que les parties ont approuvé la rature de telles lignes ou mots, avant que de faire signer les parties ; & à l'égard de la signature, elle doit être mise si près de la lettre, qu'on n'y puisse rien ajouter, ainsi qu'il est dit en l'article 8 de l'ordonnance de 1535.

ARTICLE LXXVIII.

Et pareillement sont tenus de faire Protocoles & Registres des lettres perpétuelles par eux reçues.

1. Protocole ou registre, est un livre non imprimé, qui contient les actes d'un notaire.

2. Il est enjoint aux notaires par les ordonnances de faire bons & suffisans registres & protocoles des contrats & autres actes par eux reçus & passés, & de les mettre par ordre, selon la priorité & postériorité ; afin que si on en avoit besoin, on pût avoir recours au protocole ou registre. C'est la disposition de l'ordonnance de Louis XII, du mois de juin 1510 ; de celles de François I, au mois d'octobre 1535, chap. 29, art. 6, & du mois d'août 1539, art. 173, 174; & l'article 175 de la même ordonnance, porte que s'il y a deux notaires pour la réception d'un contrat, il sera écrit au bas le nom de celui ès livres duquel aura été enregistré le contrat.

3. La Coutume de Poitou, article 380, conforme aux ordonnances que l'on vient de citer, porte que les notaires doivent faire protocole de tous contrats & instrumens qu'ils reçoivent, & garder les minutes originales, pour y avoir recours quand il sera besoin. Notre Coutume, au présent article, & celle de la Marche, art. 38, obligent seulement les notaires de faire protocoles & registres de lettres perpétuelles par eux reçues ; & M^{rs}. les commissaires, dans le temps de la rédaction de notre Coutume, ayant demandé aux états ce qu'ils entendoient par ces mots, *Lettres perpétuelles*, ils répondirent que par les lettres perpétuelles, ils entendoient, testamens, contrats de mariage, constitutions de rentes & hypothéques, ventes, donations, échanges & autres contrats translatifs de propriété & seigneurie ; & qu'ils n'entendoient qu'obligations, quittances, louages & autres contrats semblables, fussent dits *Lettres perpétuelles*. C'est ce qui paroît par le procès verbal de la Coutume sur le présent article 78.

4. A présent les notaires ne font point de registres de leurs minutes, comme autrefois, mais ils en font des liasses pour y avoir recours quand on en a besoin, & afin de produire les minutes séparées en justice, soit en cas d'inscription de faux, ou pour autre cause.

5. Il y a plus, c'est que les notaires ne gardent les minutes que des contrats réciproquement obligatoires. Ils n'en gardent pas des quittances, par exemple, parce qu'il n'y a que l'obligé qui en ait besoin pour justifier son paiement. A l'égard des obligations, il n'est pas non plus nécessaire qu'on en garde une minute ; & même il est à propos qu'il n'y en ait point de minute, afin que le débiteur s'étant acquitté,

acquitté, & l'obligation lui ayant été rendue par celui à qui il devoit, on ne puisse plus lever de grosse de l'obligation : auquel cas l'obligation étant passée & signée par les parties & par les notaires, elle doit être délivrée au créancier, & mention en doit être faite à la fin de l'acte.

Autre chose est quand l'obligation est respectivement obligatoire, & que les parties ont des intérêts particuliers & réciproques dans l'obligation. Cependant, quoique les baux à chetel soient obligatoires de part & d'autre, néanmoins l'usage est d'en délivrer la minute au bailleur.

6. L'ordonnance de 1539, article 177, défend aux notaires de communiquer leurs minutes à d'autres qu'aux contractans, à leurs héritiers, successeurs ou autres qu'on connoîtroit y avoir intérêt, à moins qu'il ne fût ordonné par justice.

7. Et la même ordonnance, article 178, porte que depuis que les notaires ont une fois délivré à chacune des parties la grosse des contrats, ils ne la peuvent plus bailler, à moins qu'il ne soit ordonné par justice, parties ouies; & par le mot de *contrats*, dont se sert l'ordonnance, elle entend les contrats, obligations, & non les autres, comme partages, inventaires.

8. Ainsi, si la grosse d'un contrat obligatoire étoit perdue, le créancier ne peut en lever une seconde sur la minute, & le notaire la délivrer, à moins que le créancier ne l'y fasse contraindre par sentence du juge; & pour cela, il faut qu'il fasse assigner son débiteur pardevant le juge qui en doit connoître : & si le débiteur s'y oppose, & qu'il allègue pour moyens, qu'il a payé le contenu dans l'obligation ou contrat, à la grosse duquel il se rapporte, en ce cas le juge doit ordonner que le créancier fera preuve de la perte de son contrat; & le débiteur, des paiemens par lui faits, ainsi qu'il a été jugé par arrêt du 20 juillet 1564, cité par Guenois, en la conférence des ordonnances.

9. Et au cas qu'une seconde grosse soit délivrée, soit du consentement du débiteur, soit par ordonnance du juge, le créancier n'aura son hypothéque sur les biens de son débiteur que du jour de la délivrance de cette seconde grosse, quoiqu'il justifiât par des témoins dignes de foi que la première est perdue, brûlée, prise ou autrement adhirée. La raison est qu'il pourroit arriver que le contenu au contrat auroit été acquitté par le débiteur, les paiemens endossés par le créancier, & que par intelligence entre le créancier & le débiteur, le créancier supposeroit que le contrat auroit été perdu, pour, par ce moyen, venir du jour de la passation d'icelui, & être préféré à tous autres créanciers postérieurs; ce qui seroit une fraude contre les créanciers postérieurs, à quoi il a été trouvé équitable de remédier, au préjudice des créanciers qui auroient perdu la première grosse de leur contrat, lesquels doivent s'imputer à eux-mêmes leur faute & leur négligence. Car encore qu'il se puisse faire que la dette soit sérieuse, il est toutefois dans le doute plus raisonnable que la négligence d'un particulier soit punie, que de laisser aux débiteurs aucune occasion de tromper leurs créanciers.

ARTICLE LXXIX.

EN tous contrats de vente, échange, permutation, & autres aliénations & dispositions d'héritages & choses immeubles, les Notaires doivent insérer & faire mention esdits contrats, des cens, rentes & autres devoirs dûs, à cause desdites choses immeubles, & à qui ils sont dûs; & pour ce faire, interroger les Parties. Et si lesdites Parties sur ce interrogées, disent & affirment n'en sçavoir aucune chose, lesdits Notaires sont tenus faire mention en leursdits contrats, de leurs affirmations & interrogations, sur peine d'amende arbitraire.

De l'interrogation que font les Notaires.

1. L'Ordonnance de François I, au mois d'août 1536, contient une disposition semblable. Suivant cette ordonnance, chap. 3, art. 4, les notaires doivent déclarer la situation des héritages, avec les cens, rentes &autres devoirs dus sur lesdites choses : C'est aussi la disposition de l'ordonnance de 1539, art. 180 & 181, qui y appose des peines rigoureuses, en cas de contravention, contre les notaires & contractans, lesquelles ont été adoucies & modifiées par l'ordonnance d'Henry II, du mois de février 1544, publiée en parlement le 4 mars suivant. C'est enfin la disposition de la Coutume de Nivernois, chap. 5, art. 24 & 25; de celle de Berry, tit. 6, art. 25, & de Bourdeaux, art. 91.

2. Mais ces ordonnances & dispositions de Coutumes ne sont pas exécutées à la rigueur ; & assez souvent on se contente de mettre dans les contrats cette clause générale : « A la char- » ge de payer par l'acquéreur les cens qui se » trouveront dus sur lesdits héritages, aux sei- » gneurs dont les héritages sont tenus, que le » vendeur n'a sû dire ni déclarer » ; & on en est quitte au moyen de cette déclaration, de laquelle les notaires sont tenus de faire mention, suivant qu'il est porté au présent article.

ARTICLE LXXX.

Quelles déclarations les contractans doivent faire. AUSSI tous contractans sont tenus de déclarer les rentes, charges & hipoteques spéciales, & assignations sur les héritages & choses immeubles qu'ils vendent, échangent ou aliénent entr'eux à titre onéreux, autrement ils sont griévement punis; & s'ils les vendent franchement, & elles sont trouvées chargées de leur fait, ou d'autres dont ils sont duement avertis, ils sont punis comme faussaires.

1. Les ordonnances de François I, & d'Henry II, ne parlent que des rentes fonciéres qu'on est tenu de déclarer, ainsi que s'en explique l'arrêt de vérification du 4 mars 1549. Mais notre Coutume, au présent article, veut que les contractans soient tenus de déclarer en outre les rentes, charges & hypothéques spéciales, & assignations sur les héritages : tellement que la disposition de la Coutume est plus étendue que celle des ordonnances ; & pour comprendre sa disposition :

2. Il faut observer qu'anciennement il y avoit deux sortes de rentes constituées à prix d'argent ; les unes constituées nommément sur certain héritage, comme parle la Coutume de Montfort, art. 54, & l'ancienne Coutume de Paris, art. 57 & 58 : lesquelles rentes sont appellées *rentes d'héritages*, en la Coutume de Bar, tit. 5, art. 59 ; *rentes spéciales*, en celle de Montargis, tit. 2, art. 25, 33 & 37 ; en quelques Coutumes, *rentes réelles* ou *réalisées*, & finalement *assignats*, comme en cette Coutume, au présent article. La seconde espece de rentes constituées, étoit de celles qui étoient constituées sans assignations, & qui s'appelloient *rentes volantes*, parce qu'elles sont assignées en l'air, sans destination particuliere, *rentes courantes*, parce qu'elles courent sur tout le patrimoine du débiteur : elles sont aussi appellées *rentes personnelles*, *rentes hypothéques*, ou *hypothécaires*, parce qu'elles consistent en simples hypothéques sans assignat. Or ce sont les rentes de la premiere espece & d'assignat, dont parle notre article, & dont il veut qu'on fasse déclaration. Mais, comme ces rentes, quoique constituées par forme d'assignat, n'ont pas plus de prérogative, selon que l'a observé Loyseau, que les autres rentes d'hypothéque générale ou spéciale, dont la déclaration n'est pas requise & d'usage, le présent article n'est pas en vigueur, quant à la déclaration qu'il requiert pour les rentes constituées ; & ce qui s'observe, c'est que quand l'héritage vendu se trouve chargé, ou plutôt hypothéqué à quelque rente constituée, l'acquéreur qui est recherché & inquiété pour raison de cette rente, peut obliger le vendeur à racheter la rente & faire lever l'hypothéque. Voyez Loyseau, traité *du Déguerpiss.* liv. 1, chap. 9.

3. La déclaration que fait le vendeur dans le contrat de vente des cens & devoirs dus sur les héritages vendus, profite au seigneur, encore qu'elle soit faite en son absence, & oblige l'acquéreur. Car inutilement les ordonnances & les Coutumes commanderoient-elles si exactement cette déclaration, si elle ne devoit servir de quelque chose au seigneur direct. Tel est le sentiment de Coquille sur la Coutume de Nivernois, chapitre *des Cens*, article 25, qui cite un arrêt qui l'a ainsi jugé ; & tel est aussi le sentiment de M. le président Duret, qui assure que cela s'observe ainsi dans cette Coutume. *Et hæc declaratio*, dit-il, *vigore instrumenti publici, fidem facit pro iis quibus res alienata obligatæ dicuntur. . . . quod sine quæstione à nostris receptum est ; aliud esset si generaliter, tamen sine specificatione convenerint. . . . & hæc generalis declaratio sufficit in assuetis, nam ex more regionis assueta pro expressis habentur.* M. le président Duret, *hîc.*

4. Toutefois, si le vendeur avoit par erreur déclaré par le contrat une plus grande charge que ne doit la chose vendue, cela ne peut point profiter au seigneur direct, qui ne peut pas demander un devoir plus fort que celui qui lui est dû ; autrement ce seroit une exaction de sa part : & il en est de même, si le vendeur déclare une charge moindre que celle qui est due ; une telle déclaration ne nuit point au seigneur qui est absent ; le paiement du devoir doit se régler selon la création & constitution d'icelui, & il faut toujours avoir recours *ad primordium tituli.* Delhommeau, *Maximes du Droit Français*, liv. 2, art. 25.

5. Si le vendeur vend l'héritage franc & libre de toutes charges & hypothéques, & qu'il ne le soit pas, c'est le cas du stellionat, dont il sera parlé sur l'article suivant.

6. Mais, si l'héritage est vendu simplement comme il se comporte, ou ainsi que le vendeur en a bien & duement joui, ou avec ses droits & conditions ; ces expressions ou autres semblables, dit M. Daumat, n'empêchent pas que le vendeur ne demeure garand des servitudes cachées, & des charges inconnues, comme seroit une rente fonciére, à laquelle l'héritage seroit asservi ; & ainsi le décide la loi derniere, §. *ult.* ff. *de contrah. empt.* La raison est que le vendeur est obligé de déclarer clairement & nettement les charges & rentes fonciéres auxquelles l'héritage qu'il vend est assujetti : en sorte que s'il ne s'explique que d'une maniere vague, & qu'il y ait dans son expression de l'ambiguité & de l'obscurité, l'inter-

prétation s'en fait contre lui. Daumat, *Loix Civ.* tome 1, liv. 1, tit. 2, sect. 11, article 13.

7. Il y a plus ; c'est que quoique le vendeur charge l'acquéreur de payer les cens & devoirs qui se trouveront dus sur les immeubles vendus, si toutefois il déclare n'en avoir jamais payé, ni savoir qu'il en ait été payé, il demeure garand de sa déclaration : tellement que si l'acquéreur est recherché pour raison de quelque devoir de cens, & qu'il oppose la prescription, il est bien fondé à mettre en cause son vendeur, pour faire valoir sa déclaration. C'est ce qui s'est présenté en cette Sénéchaussée le 4 juin 1726, dans un procès, au rapport de M. Perrotin, l'aîné.

*Quoique le vendeur charge l'acquéreur de payer les cens & devoirs qui se trouveront dus sur les immeubles vendus, si toutefois il déclare n'en avoir jamais payé, ni savoir qu'il en ait été payé, il demeure garand de sa déclaration : c'est ce qui s'est présenté le 4 juin 1726, en cette Sénéchaussée, dans un procès au rapport de M. Perrotin, l'aîné. Le fait étoit, que le 22 octobre 1722, Antoine Guillin, sieur des Mousseaux, & demoiselle Jeanne Soulaud, sa femme, vendent à M. Antoine de la Bouesse, huissier royal, un petit domaine, appellé *le domaine Paiot*, situé en la paroisse de Mazirat, la somme de 1600 liv. à la charge des cens dus au roi à cause de son château de Mont-Luçon, sur certains héritages énoncés au contrat ; sous la déclaration que font les vendeurs, qu'à l'égard des autres héritages qui composent le domaine vendu, ils n'en ont jamais payés, & qu'ils ne savent qu'ils en ayent été payés.

Cette vente ne fut pas plutôt faite, que le sieur Verrouquier de Fez fait assigner la Bouesse, acquéreur, en exhibition de son titre d'acquisition, & lui demande, comme acquéreur, propriétaire & détenteur dudit domaine Paiot, sa portion d'un devoir de 20 deniers argent, & 16 quartons raz avoine, de cens dus en vertu d'une reconnoissance de 1675. La Bouesse attaque la reconnoissance de prescription ; & sur ce que le sieur Verrouquier prétendit relever la prescription opposée, au moyen d'une lieve affirmée, qui contient deux reçus dudit Antoine Guillin, pour les années 1696 & 1697, ledit Antoine Guillin étant décédé, la Bouesse mit en cause la demoiselle Soulaud, sa veuve, pour faire valoir la déclaration faite par elle & son mari, de n'avoir jamais payé cens pour lesdits héritages ; & M. Antoine Bolinet, héritier dudit Antoine Guillin, intervint en cause d'appel, qui a pris le fait & cause dudit la Bouesse, & a soutenu le devoir prescrit ; & ainsi fut jugé en infirmant la sentence du châtelain de Mont-Luçon ; en conséquence ladite Soulaud renvoyée de la demande en recours contr'elle expliquée ; sans quoi, de l'avis des juges opinans, elle eût été condamnée. J'étois des juges.

ARTICLE LXXXI.

Aussi sont punissables, comme faussaires, ceux qui vendent ou autrement aliénent chose à autre par eux auparavant vendue ou aliénée. Des faussaires.

1. LE cas dont il est parlé dans le présent article, est le stellionat, qui est une espece de dol, dont use celui qui cède, vend ou engage la même chose qu'il avoit déja cédée, vendue ou engagée ailleurs, & qui dissimule cet engagement ; ce qui fait un caractere de dol, qui va jusqu'au crime, & qui est reprimé par des peines, selon les circonstances. Le stellionataire, suivant notre Coutume, au présent article, est punissable comme faussaire, & suivant l'ordonnance de 1667, peut être condamné par corps à restituer le prix qu'il a touché de l'héritage d'autrui qu'il a vendu. C'est ce qui résulte de l'article 4 du tit. 34 de ladite ordonnance.

2. Quand par un contrat de constitution de rente, le débiteur a déclaré l'héritage qu'il oblige être libre, franc, quitte & déchargé de toutes hypothéques, & qu'il ne l'est pas ; ou bien, quand entre plusieurs héritages il en oblige un qui ne lui appartient plus : en ce cas, quoique le débiteur, *amplum habeat patrimonium*, & que ses biens soient plus que suffisans pour le paiement de l'une & l'autre dette ou rente, néanmoins il peut être contraint, comme stellionataire, à racheter, à cause de l'imposture, du dol & de la fausse déclaration, qui trouble la société civile & le commerce des contrats. Car il n'est pas défendu aux créanciers d'assurer leurs deniers, & les débiteurs ne doivent pas faire telles déclarations contre la vérité ; s'ils ont un ample patrimoine, ils peuvent racheter. C'est la jurisprudence des arrêts rapportés par M. Louet & Brodeau, lett. S, somm. 18 ; & tel est le sentiment de Brodeau, au lieu cité.

3. Que si le créancier avoit connoissance de l'hypothéque, ou de la vente précédente, il ne pourroit en ce cas accuser son débiteur du crime de stellionat. *Non videtur enim deceptus, qui credidit assertioni, quam sciebat esse falsam*, L. *de tutela* 7, cod. *de int. rest.* c'est l'observation de Brodeau, *ibid.* & celle de M. le président Duret, sur ces mots de notre article, CEUX QUI VENDENT. *Ignoranti*, dit-il, *non etiam scienti ; hic enim nec ex empto actionem habet, nisi expressâ conventione aliter sibi consuluerit ...... imaginaria enim venditio, pro non factâ est, & ideo nec alienatio intelligitur*. M. le président Duret.

4. Un créancier ne peut pas non plus accuser son débiteur de stellionat, pour avoir omis simplement de déclarer les rentes qu'il doit, & avoir obligé un bien qui l'étoit déja à d'autres créanciers; le créancier doit s'imputer de ne l'avoir pas demandé, & il suffit au débiteur, que *amplum habeat patrimonium*, lequel il peut en ce cas obliger plusieurs fois, étant suffisant pour le paiement de toutes ces créances. *Hoc enim jure utimur*, dit M. le président Duret, *ut generales hypothecæ non sint in consideratione.... si quis sciens prudensque rem alicui obligatam, alteri ignoranti obligaverit, nec de hoc eum certioraverit, stellionatûs nomine plecti non obtinet, cùm res ampla ad modicum æris est obligata, quâ in specie cessat stellionatûs crimen.* C'est la remarque de M. le président Duret, sur le présent article; & M. Jean Decullant fait la même observation. *Alioquin*, dit-il, *cùm ferè sit nemo, qui non aliquam generalem hypothecam contraxerit, omnes penè creditores in stellionatûs crimen inciderent.*

5. Autre chose est, quand le débiteur se trouve insolvable dès le temps de la constitution de la rente, au moyen de plusieurs dettes & hypothéques qu'il auroit contractées auparavant, en ce cas, quoiqu'il ne déclare pas ses héritages francs & quittes, il commet toutefois le stellionat, en obligeant ses biens qui le sont déja à d'autres créanciers qui les absorbent. Ainsi jugé par arrêts cités par M. Julien Brodeau sur M. Louet, lett. S, somm. 18; mais cela ne s'observe pas à la rigueur.

6. Le débiteur qui n'a que l'usufruit d'une terre, & qui s'en dit seigneur, & contracte en cette qualité, encore qu'il ne s'oblige pas spécialement & nommément, tombe dans le crime de stellionat, à cause que c'est une espece de piége qui donne lieu au contrat; le créancier qui donne les deniers, s'assurant sur la qualité que prend le débiteur. M. Brodeau sur M. Louet, *ibid.*

7. Il en est de même, si par le contrat de constitution de rente il obligeoit une terre qui seroit substituée. Car un bien substitué, *dicitur æs alienum*, & par conséquent ne peut être vendu ni hypothéqué, sans commettre le crime de stellionat. Brodeau, *ibid.* Henrys, tome 1, liv. 4, chap. 6, quest. 39.

Quand à la question, auquel des deux acheteurs, dans le cas du stellionat, appartient & doit être délivrée la chose vendue; je réponds que quand la même chose est vendue à deux différens acheteurs, qui sont tous les deux dans la bonne foi, le premier a droit d'en demander la délivrance.

8. Mais, si la chose ayant été vendue à deux différentes personnes, elle a été livrée au second acheteur; la cause de celui qui est en possession, sans avoir participé à la fraude, est jugée la meilleure. Ainsi, si après avoir vendu mon cheval à Jacques, sans le lui avoir livré, je vends & livre ce même cheval à Pierre, c'est Pierre qui en est le véritable propriétaire, & Jacques n'a contre moi qu'une action en dommages & intérêts, faute de lui pouvoir livrer la chose vendue.

9. Cette décision ne souffre point de difficulté en matiere de meubles, mais bien en matiere d'immeubles. Toutefois, si le premier acquéreur n'a pour lui aucune possession, ni réelle, ni feinte, & que le second se trouve en possession actuelle & réelle de l'immeuble, il sera préféré au premier acquéreur. C'est la disposition de la loi 15, *Quotiens duobus*, cod. *de rei vendic.* qui s'observe au palais, ainsi qu'il a été jugé par arrêt rapporté par M. Louet, lett. V, somm. 1 : c'est aussi la disposition de quelques-unes de nos Coutumes, comme l'a observé M. Julien Brodeau sur M. Louet, *ibid.* de celle de Senlis, art. 216; d'Anjou, art. 335; du Maine, art. 347; de Vermandois, art. 128 & 129; de Reims, art. 166 & 167; & tel est le sentiment des commentateurs de notre Coutume, dans leurs observations manuscrites sur le présent article.

10. *Si duobus eadem res alienetur*, dit M. Semin, *qui prior erit in traditione & possessione reali, præferendus erit : prior tamen emptor potest agere hypothecariè adversùs posteriorem, ob non impletum primum contractum.* M. Louis Semin, *hic.* M. Jacques Potier a fait la même remarque; & ainsi a été jugé en cette Sénéchaussée le 8 mai 1724, au rapport de M. Imbert, en la cause d'Edme de Richard & sa femme, intimés, & Gilbert de Richard, Gabrielle Goutayer, sa femme, appellans.

11. Autre chose seroit, si le premier acquéreur avoit en sa faveur la possession, quoique feinte, comme s'il étoit dit dans le contrat que le vendeur s'est dépouillé & démis de la propriété & possession de la chose vendue pour en faveur l'acquéreur, reconnoissant que s'il possède encore, ce n'est plus que précairement. C'est l'observation de M. Decullant, ainsi que le rapporte M. François Decullant. *Vidisse testatur, D. Joannes* Decullant, dit M. François Decullant, *pluries Molinis, sive judicando, sive consulendo,* L. *Quotiens, de rei vendic. limitari & locum non habere, quum primus emptor clausulam in suo contractu stipulatus est, quâ se venditor constituit, & recognovit à die contractûs rem titulo precarii possidere; itâ ut potior sit secundo emptore, qui realem & corporalem possessionem apprehenderit, & pro præsenti quæstione facit.* L. 6, §. 2, ff. *de precario.* M. François Decullant, *hic.*

12. C'est aussi le sentiment de M. le président Duret. *Si diversis contractibus*, dit-il, *eadem res duobus in solidum vendita est, potior est is cujus priùs traditio, vel constituto, vel precario, vel retentione ususfructûs facta; denique id generaliter tenendum est, ubi duo requiruntur ad consummationem unius actûs, hunc potiorem esse, in cujus persona duo requisita priùs reperiuntur, aliter atque si unum tantùm sufficeret....* M. le président Duret, *hic.*

13. Que s'il ne paroît pas lequel des deux acquéreurs a le premier pris possession, (comme quand

quand ils ont pris tous les deux possession le même jour) en ce cas le premier acquéreur doit être préféré : *Sed in supradictâ quæstione,* dit M. le président Duret, *re duobus venditâ,* *si de prioritate traditionis, seu possessionis non constet, quasi ambo emptores eodem die possessionem acceperint, prior in venditione præfertur.* M. le président Duret, *hic.*

ARTICLE LXXXII.

De la taxe ou salaire des Notaires.

LA TAXE requise des contrats reçus par Notaires, se fait par le Juge ordinaire, ou Garde des Sceaux, ou l'un d'eux, & se peut faire en l'absence des Parties; & ne peuvent lesdits Notaires exiger pour chacune peau de grosse plus de vingt sols, & de plus, plus; & de moins, moins; & doit contenir chacune peau soixante lignes, & chacune ligne soixante mots ou syllabes.

1. La taxe requise des contrats reçus par les notaires, en cas de contestation, doit se faire par le juge, selon qu'il est dit dans le présent article, & dans l'article 85 de l'ordonnance d'Orléans.

2. Cette taxe doit être faite par rapport au travail du notaire, & au mérite ou qualité de l'acte. Les notaires, dit la Coutume de la Rue-d'Yndre, art. 29, sont salariés selon l'écriture & labeur qu'ils ont à la minute & grosse du contrat qu'ils reçoivent, au taux & arbitre du garde du scel.

3. Quant à la question, si les notaires peuvent obliger les parties contractantes à prendre & payer l'expédition de l'acte qu'elles ont passé pardevant lui; M. Menudel estime qu'ils ne le peuvent pas, si elles n'ont pas donné ordre de l'expédier, & il se fonde sur la disposition de l'article 84 de l'ordonnance d'Orléans. *Illud quoque palam est,* dit-il, *contrahentes instar litigantium, ad susceptionem grossæ cogi non posse, nisi ab iis de eâ exequendâ Notariis indictum sit,* §. 84 de l'ordonnance d'Orléans. M. Menudel, *hic.*

4. Ce que j'estime, c'est que quand le notaire soutient que la partie lui a donné ordre d'expédier l'acte qu'il a reçu, & qu'il l'a sommé de recevoir son expédition, & de le payer; il doit être cru à son affirmation, sur l'ordre qu'il dit lui avoir été donné de faire cette expédition.

5. Au reste les notaires, quoique salariés, peuvent en tous temps, & toutes sortes de jours, recevoir & passer les promesses, obligations, & autres actes de cette nature. *Die feriato,* dit M. Jean Decullant, *à Notario confici possunt instrumenta & actus voluntarii, qui fiunt communi Partium consensu ; at non instrumenta quæ sunt contentionis, putà interpellationes factæ cuipiam, alio requirente, & cætera hujusmodi, quæ non fiunt de communi consensu, ut dicitur in L. Dies festos, Cod. de feriis. Similiter actus voluntarii possunt fieri sole occaso & signari nocte, de hac re nulla dubitatio... At actus necessarii, ut judicia, & alia quæ contentionem continent, debent fieri inter ortum & occasum solis; aliàs non valebunt.* M. Jean Decullant sur l'article 76, *suprà.*

ARTICLE LXXXIII.

L'OFFICE de Notaire n'est révoqué pour la mort & mutation du Seigneur qui l'a créé & institué.

1. Le notaire d'un seigneur n'est pas un simple commis, mais un officier qui est véritablement titulaire de son office ; de manière que son emploi n'étant une simple commission, il n'est pas éteint & révoqué par la mort & mutation du seigneur qui l'a créé & institué. C'est la disposition du présent article, & de l'article 379 de la Coutume de Poitou.

2. Et il en est de même des juges des seigneurs, & autres offices, selon la note de M. Charles Dumoulin, sur le présent article, quoique ces offices de juges, de notaires & tous autres gratuitement donnés & accordés, soient révocables, comme il a été dit dans la préface du titre premier, à la volonté des seigneurs, à la différence de ceux qui ont été concédés à titre onéreux. *Idem,* dit Dumoulin, *de aliis Officiis, etiam gratis, ut fieri debet, donatis, quanquam revocari possint ex causâ honestâ, non autem ex causâ infamante, nisi causâ cognitâ.* C. M. *hic.*

ARTICLE LXXXIV.

Des Protocoles & Registres desdits Notaires. LES PROTOCOLES & Registres desdits Notaires de Bourbonnois, après leurs décès, appartiennent à Madame ; & à semblable, les Protocoles & Registres des Notaires des Vassaux ayant Sceaux aux contrats, appartiennent, après le décès desdits Notaires, ausdits Vassaux ; & en doit être fait inventaire, & baillée quittance & décharge aux héritiers desdits Notaires.

1. Par les mots de *Protocoles & Registres*, employés au présent article, on entend les minutes des notaires ; parce que, comme il a été dit sur l'article 78, *suprà*, le protocole, ou registre, c'est le livre qui contient & où sont écrits les actes ou minutes des notaires.

2. Or les minutes des notaires royaux, quand ils sont décédés, appartiennent à leurs héritiers, à cause que le roi a vendu les offices de garde-notes en hérédité.

3. Quant aux minutes des notaires subalternes, elles doivent être inventoriées & mises au greffe du lieu, conformément au présent article & à l'article 83 de l'ordonnance d'Orléans.

4. Les minutes d'un notaire, c'est ce qu'on appelle *la pratique* ; & il faut différencier la pratique d'avec l'office ; car on peut vendre l'office sans la pratique : mais quand l'office du notaire est vendu sans parler de la pratique, la pratique, dit M. de Ferriere dans sa *Science parfaite des Notaires*, appartient à l'acquéreur ; parce que la pratique est une suite & une dépendance de l'office. * Il est à observer que par arrêt du parlement, rendu à la requête de M. le duc de Bourbon, prince de Condé, seigneur engagiste du domaine de Bourbonnois, il a été ordonné, en conformité des ordonnances, arrêts & réglemens sur le fait des notaires & greffiers, que les minutes des contrats & autres actes reçus par les notaires décédés, ou qui se sont démis de leurs charges, seront remises entre les mains des notaires actuellement en charge & en exercice d'icelle, qui s'en chargeront au bas des répertoires ; à la charge que l'émolument des grosses qui en seront expédiées, sera partagé par moitié pendant dix ans seulement entre ceux qui les auront reçus, leurs veuves, héritiers ou ayans cause, & les notaires actuellement en charge qui les expédieront ; à l'effet de quoi seront faits des inventaires sommaires & séparés, sans frais, par les juges ordinaires des lieux, à la requête & en présence des substituts du procureur général, ou des procureurs fiscaux, de tous lesdits actes & piéces ; desquels inventaires sommaires sera baillée copie à chaque partie intéressée pour ce qui pourra la concerner. L'arrêt contient la même chose à l'égard des greffiers. Cet arrêt rendu le 13 juillet 1720, pour la sûreté & conservation des piéces & minutes des notaires & greffiers, a été lu, publié & enrégistré en cette Sénéchaussée, pour y être suivi & exécuté, le 8 avril 1731.

ARTICLE LXXXV.

De la forme du retulit. LES NOTAIRES ausquels sont vendues ou données les notes non-grossoyées, les peuvent grossoyer, & mettre en forme de *retulit* ; auquel *retulit* ils doivent insérer les payemens & choses qui se trouvent écrites au dos ou au pied, ou au dedans de ladite note : Aussi doivent faire mention si elle a été grossoyée, ou non, & pour qui.

1. Les notaires auxquels sont vendues ou données les notes non-grossoyées, non-seulement les peuvent, comme il est dit dans cet article, grossoyer & mettre en forme de *retulit*, mais même ils le doivent, quand ils en sont requis par les parties intéressées. *Quin imò tenentur*, dit M. le président Duret, *instantibus iis quorum legitimè interest*. M. le président Duret, *hic*.

2. Quand les notes ou minutes n'ont pas été vendues ni données à un notaire, & qu'elles sont restées entre les mains & en la possession des héritiers ; ces héritiers, sur la réquisition des parties intéressées, doivent représenter & mettre entre les mains d'un notaire la minute originale, pour qu'il en délivre une expédition par *retulit*. Et pour lors le notaire, à qui la minute originale est représentée, en fait une copie ou expédition exacte & fidele, dans laquelle il doit inférer, ainsi que le porte le présent article, les paiemens, & généralement tout ce qui se trouve écrit au pied, ou au dos, ou au-dedans de ladite minute ; aussi faire mention si elle a été grossoyée, ou non.

3. Et au bas de cette expédition, le notaire met : *Il est ainsi écrit dans la minute originale, représentée par un tel, héritier dudit.... défunt, & par lui sur le champ retirée, pour être*

Tit. XII. DES LETTRES, CONTRATS DE VENTE.

remise & enliaffée dans les notes & minutes dudit.....

4. L'héritier qui a repréfenté la minute, & qui l'a retirée, doit figner avec le notaire qui expédie par *retulit*; mais il n'eft pas befoin de témoins & de nouveau contrôle; & il en eft de cette expédition par *retulit*, comme de toute autre expédition où il n'eft befoin que du miniftere d'un notaire, qui feul expédie la groffe.

*Toutefois on pratique autrement, & l'ufage me paroît contraire.

5. Si c'eft le notaire qui a fuccédé au défunt, & à qui les notes & minutes ont été vendues avec la charge, qui expédie par *retulit*, il met au bas de fon expédition : *Il eft ainfi dans la minute originale ;* ou bien : *Expédié fur la minute originale, qui eft en ma poffeffion, comme acquéreur de l'Office dudit... Et figne.*

TITRE DOUZIEME.

Des Lettres, Contrats de vente, revente, & où eft tenu le débiteur porter ce qu'il doit ; des cas de faifine & de nouvelleté, & fimple faifine & matiere poffeffoire.

1. CE titre promet plus qu'il ne traite ; car il ne parle point du tout du lieu où le débiteur doit porter & payer ce qu'il doit ; ne dit qu'un mot des refcifions de contrats ; & ce n'eft que des actions poffeffoires, dont il traite un peu au long.

2. Ces actions font données pour fe conferver en fa poffeffion, quand on y eft troublé, ou pour la recouvrer, quand on l'a perdue.

3. Et la poffeffion fe définit : La détention d'une chofe que l'on poffède par foi-même, ou par d'autres, à titre de propriété ; parce que l'on en eft, ou que l'on s'en croit le maître.

4. Trois chofes font requifes pour la véritable poffeffion ; une jufte caufe de fe croire maître de la chofe, l'intention de la poffèder en cette qualité, & la détention.

5. Sans une jufte caufe de fe croire le maître de la chofe, la détention n'eft qu'une ufurpation, ou une poffeffion empruntée & précaire : & ce n'eft pas affez qu'on tienne une chofe, & qu'on l'ait en fa puiffance ; il faut l'avoir avec le droit d'en jouir & d'en difpofer, comme en étant le maître, ou ayant un jufte fujet de croire qu'on l'eft. Car celui qui tient une chofe, fans avoir ce droit, s'il la tient contre la volonté du maître, n'eft pas un poffeffeur, mais un ufurpateur ; ou fi c'eft par fa volonté, cette détention laiffe au maître fa poffeffion, & c'eft lui qui poffède.

6. Sans l'intention de poffèder, il n'y a point de poffeffion : & le poffeffeur d'un fonds où eft un tréfor qui lui eft inconnu, ne poffède pas ce tréfor, quoiqu'il poffède le lieu où il eft.

7. Sans la détention enfin, l'intention eft inutile & ne fait pas la poffeffion ; & cette détention ne s'entend pas feulement de celui qui tient la chofe en fes mains ou en fa puiffance, mais auffi de celui qui la tient par d'autres, comme par un dépofitaire, par un locataire, par un fermier, &c. Car on peut poffèder une chofe, non-feulement par foi-même, mais auffi par d'autres perfonnes.

8. La poffeffion a plufieurs effets, & entr'autres cinq principaux.

9. Le premier effet de la poffeffion, eft que le poffeffeur eft confidéré comme étant le maître de la chofe qu'il poffède, quoiqu'il fe puiffe faire qu'il ne le foit pas ; qu'il en maintient la poffeffion, & que s'il eft troublé dans fa poffeffion après avoir poffèdé un an, il a une action, que les praticiens appellent *complainte*, pour s'y maintenir.

10. Le fecond effet de la poffeffion, eft que le poffeffeur n'eft pas obligé de montrer le titre de fa poffeffion ; & quand on lui demande à quel titre il poffède, il lui fuffit de dire : je poffède, parce que je poffède ; & fi fa poffeffion eft conteftée, comme elle eft de fait, on en peut ordonner la preuve par témoins.

11. Le troifieme eft, que le poffeffeur de bonne foi difpofe à fa volonté de la chofe qu'il poffède, & qu'il s'en appropric légitimement tous les fruits.

12. Le quatrieme, qu'au bout d'un certain temps il acquiert par cette poffeffion, un droit de propriété irrévocable, & qui exclud entiérement celui de l'ancien maître, fi le propriétaire ou ancien maître le laiffe poffèder affez long-temps pour cela.

13. Le cinquieme effet, eft que deux acquéreurs, le premier en poffeffion, quoique poftérieur en acquifition, eft préféré, felon que le décide la loi 15, *Quoties*, Cod. *de rei vendic.* & qu'il a été jugé par les arrêts.

14. Dans ce titre, qui eft compofé de dix articles, depuis & y compris l'article 86, jufques & y compris l'article 95, il n'eft parlé que du premier effet de la poffeffion. L'art. 86 eft de la récifion des contrats ; le 87, de l'action rédhibitoire ; le 88, de la réconvention ; & le 89 & fuivans, de la poffeffion & de l'action pour fe la conferver, quand on y eft troublé, ou pour la récouvrer, quand on l'a perdue.

15. Il n'y a point de titre dans l'ancienne Coutume fur cette matiere.

ARTICLE LXXXVI.

Quand rescision & restitution n'ont lieu.

RESCISIONS de Contrats d'outre moitié de juste prix, & autres bénéfices de restitution, n'ont lieu en vente de chose mobiliaire particuliere, ni en vente ou louage de fruits d'héritages, faits à trois ans ou audessous.

1. LA rescision, ou restitution en entier, comme il a été dit sur l'article 19, *suprà*, est un bénéfice que les loix accordent à celui qui a été lésé dans quelqu'acte où il a été partie, pour le remettre au même état où il étoit avant cet acte.

2. Si l'acte est faux, on a la voie de l'inscription de faux pour en empêcher l'effet. S'il est nul d'une nullité prononcée par la Coutume ou par l'ordonnance, il suffit d'en alléguer la nullité, & d'en justifier, sans obtenir de lettres de rescision : mais si la nullité est seulement de droit, il faut se pourvoir par voie de rescision ou restitution en entier, & avoir recours aux lettres.

3. Ces nullités de droit, sont celles qui se tirent du dol, de la force ou violence, de la crainte, de l'erreur, de la lésion, & des autres causes qui donnent lieu à la restitution en entier.

4. La raison pour laquelle elles ne rendent pas les actes & contrats nuls de plein droit, mais donnent seulement ouverture à les faire casser, annuller & rescinder par le moyen de la restitution en entier, n'est autre que la suprême & souveraine puissance des rois de France, qui ne pouvant souffrir que leurs peuples soient régis & jugés par d'autres loix que les leurs, ne permettent pas que les nullités fondées sur la disposition des loix romaines aient lieu en France, sans une autorisation expresse de leur part, & veulent pour cet effet qu'on ait recours aux lettres du prince, en forme de restitution en entier, ou de rescision de contrat. *Viæ nullitatis*, dit Mornac sur la loi *Si mulier*, §. *Si metu*, ff. *quod metûs causâ, locum non habent in Gallia, quæ ex Jure Romano petuntur; quia novimus hunc morem invectum fuisse in argumentum primarii, meri, majorisque imperii Regum nostrorum, qui, si quid ipso Jure Romano irritum fiat, non aliter pro nullo esse inter suæ ditionis homines voluerunt, nisi beneficio impetrati à se rescripti*. Et de-là cette maxime commune du palais, que les voies de nullité n'ont pas de lieu en France.

5. Le bénéfice de restitution s'accorde à toutes sortes de personnes, tant majeurs que mineurs : il n'y a de différence que pour les causes & les actes, ou contrats; en ce qu'aux majeurs qui veulent être restitués, il faut des causes bien plus fortes qu'aux mineurs & à leurs héritiers, & que ce bénéfice est accordé aux mineurs contre toutes sortes de contrats, pourvu qu'ils soient lésés, mais non aux majeurs.

6. Ce qui se vérifie en matiere de meubles; car il n'y a pas de restitution en fait de meubles, pour un majeur qui n'a été trompé qu'au prix de la chose par lui vendue, s'il n'y a dol personnel de la part de celui avec qui il a contracté. C'est la disposition de notre Coutume, au présent article ; de celle de la Marche, art. 112; d'Auvergne, ch. 16, art. 9; de Berry, ch. 2, art. 33; d'Auxerre, art. 136, & de Sens, art. 252.

7. A la vérité notre Coutume, au présent article, & celles qu'on vient de citer, en ce qui concerne la non-restitution en fait de meubles, ne font pas la distinction des mineurs d'avec les majeurs; mais elle a été faite par M. Charles Dumoulin & par M. le président Duret, dans leurs notes sur cet article: *Scilicèt Majorum*, dit Dumoulin, *sed non excluditur restitutio ex capite minoris ætatis*. Quant au président Duret, voici comme il s'explique sur le mot *mobiliaire*, de notre article : *Nisi sit pretiosa*, dit-il, *vel minoris vel contrahentis incapacitas contra singulariter moveat .... vel aliquid dolosè gestum sit*.

8. Le présent article ne fait pas non plus l'exception du cas de dol & de fraude; mais cette exception est marquée dans la Coutume de Berry, audit titre 2, art. 33, & a été faite, comme il vient d'être dit, par M. Duret, par ces mots: *Vel aliquid dolosè gestum sit*.

9. Il y a plus; c'est qu'il faut encore excepter de la décision prononcée dans le présent article, les meubles de grand prix, & quand il s'agit d'une universalité de meubles. C'est le sentiment de M. le président Duret & de M. Jean Decullant ; de Dumoulin, *hic*; sur l'art. 22 de la Coutume de Paris, n. 47; de Rebuffe, *de rescis. Contr.* gl. 15, n. 36, & de M. Leprestre, cent. 1, ch. 12.

10. *Nisi sit pretiosa*, dit M. Duret dans sa remarque sur le mot MOBILIAIRE: *ideò*, dit M. Decullant dans la sienne sur ces mots, MOBILIAIRE PARTICULIERE, *excipe si de mobili universali agatur ...... Idem dicendum, si agatur de mobili, quod immobili accesserit, putà, si cum immobili simul mobile venditum sit .... Nota*, dit-il encore, *majorem 25 annis restitui posse, si agatur de mobili valdè pretioso, & quod usu non consumitur, puta de gemma vel pretioso vase, aut aureo, aut singulari arte fabricato; talia siquidem rebus soli adscribuntur*. Il est toutefois à observer que la vente de droits successifs n'est pas réguliérement, hors les cas de dol & de fraude, sujette au bénéfice de restitution; parce que ces droits héréditaires ne peuvent avoir de prix certain, pouvant y avoir des dettes cachées qui absorbent la valeur des effets, & que l'acquéreur se charge du risque d'un événement incertain, qui rend toujours le marché égal.

Telle

Telle est la jurisprudence des arrêts : ceux du parlement de Paris sont rapportés par M. Louet & Brodeau, lett. H, somm. 7 & 8, & par Chenu, quest. 76; ceux du parlement de Toulouse, par M. Menard, liv. 3, chap. 65, & par M. Catelan, tome 2, liv. 5, ch. 6. Et ainsi jugé à mon rapport, par sentence présidiale au second chef de l'édit, le 16 mars 1724. Tel est le sentiment de M. Jean Decullant, *hic.*

11. Notre Coutume dans cet article, aussibien que celle d'Auvergne dans l'article cité, mettent au nombre des choses pour lesquelles la restitution n'a pas lieu, les ventes & louages de fruits, faits à trois ans & au-dessous; tellement que la vilité du prix, selon la disposition de ces Coutumes, n'est pas considérée dans ces sortes de baux.

12. Cette disposition de notre Coutume, & de celle d'Auvergne, a lieu, même dans les ventes de fruits & fermes faites de trois en trois ans jusques à 9, c'est-à-dire, de 3 à 6 & de 6 à neuf, qui est une manière de contracter très-commune; & la raison, c'est (dit M. Jean Basmaison) que cette révolution de fermes & ventes expire & finit à la fin de chaque triennal, étant loisible à la fin de trois ans de résilier la ferme, ou d'entrer dans le second triennal, qui est distinct & séparé du premier. Basmaison, sur la Coutume d'Auvergne, tit. 16, art. 9.

La Coutume de la Marche, en l'article 112, étend les fermes pour lesquelles elle ne reçoit pas de rescision, à neuf années & au-dessous; & celle de Berry, en l'article 33 du titre 2, à dix ans & au-dessous.

13. Toutes lesquelles dispositions ne doivent être entendues que des fermes faites par des personnes majeures de 25 ans ; car encore que les majeurs de Coutume, mais mineurs de droit, puissent faire bail de leurs biens, ainsi qu'il est dit dans l'article 34 du titre 2 de la Coutume de Berry, parce que ce n'est qu'un acte de simple administration; toutefois s'ils sont lésés notablement dans leurs baux, il y a lieu à la restitution, selon que le porte le même article 34 de la Coutume de Berry, & qu'il a été remarqué par M. Jean Decullant sur le présent article 86 de notre Coutume : *Statutum Bituricense*, dit-il, art. 34, tit. 2, *restituit minorem deceptum in locatione fructuum, quod etiam hos observamus ; nam hic paragraphus loquitur tantum de majore 25 annis, ut ait hic Molinæus.*

14. Quant à ce qui concerne les baux de fermes, faits à quatre, six, neuf années, plus ou moins, excédans trois ans, la restitution pour lésion d'outre moitié de juste prix y a lieu, même en faveur des majeurs; c'est ce qui résulte de la disposition de notre Coutume, au présent article, & de celle d'Auvergne, en l'article 9 du tit. 16, *rescisions de contrats d'outre moitié de juste prix*, dit notre article, *n'ont lieu en vente ou louage de fruits d'héritages faits à trois ans & au-dessous.* D'où il s'ensuit par un argument tiré *à contrario*, qu'elles ont lieu dans la vente ou louage de fruits, faits au-dessus de trois ans : c'est le raisonnement de M. Jacques Potier & de M. Louis Semin, sur cet article. *Ergo*, dit M. Semin, *si facta fuerit fructuum locatio ad plures annos, puta ad quatuor, quinque vel ultra, restituitur etiam major 25 annis, ultra dimidium justi pretii deceptus; quod tamen de locatore intellige, non de conductore, qui vice emptoris fungitur, nec potest restitui.* Tel est encore le sentiment de Masuer, tit. 23, *des ventes & achats*, n. 44, *in fine*; de Basmaison, sur l'article 9 du tit. 16 de la Coutume d'Auvergne. Et ainsi a été jugé, dit M. Louis Vincent dans ses manuscrits, le 28 novembre 1609, en l'audience présidiale, dans le cas d'une ferme au-dessus de trois ans.

15. Mais, comme l'a observé Basmaison, la lésion d'outre moitié de juste prix, qui donne ouverture à la restitution, doit être prise & entendue de la lésion apparente lors du contrat de la ferme faite à vil prix & moindre que moitié de juste prix, soit par ignorance de la valeur du revenu, ou par autre juste cause; & il faut que la ferme, lors du contrat, ait pu être portée par licitation publique, ou par plus grande & exacte diligence de rechercher un preneur, au double du prix de plus que l'assence qui en a été faite : desorte que la lésion énorme ne se rapporte point au hasard de l'abondance des bruits à venir, ni à l'inconstante mutation & changement de la valeur d'iceux, mais seulement à l'estimation commune que les fruits pouvoient être appréciés ou avoir été affermés & vendus lors du contrat, pour une moitié de plus qu'ils ne l'ont pas été; & cela par la considération des communes années passées, & de l'espérance des années à venir.

16. Il en est de même de la vente d'un bois de haute futaie; la lésion d'outre moitié de juste prix y donne ouverture à la restitution en entier, en faveur même des majeurs, suivant l'observation de M. Jean Decullant, après M. Dumoulin, sur le paragraphe 22 de la Coutume de Paris, n. 47, *datur restitutio*, dit Decullant après Dumoulin; *in majore 25 annis, pro venditione sectionis nemorum vel sylvæ, cùm sit venditio ususfructûs temporalis, vel fructuum plurium annorum rei immobilis.* Jean Decullant, *hic.*

17. Il est à observer que le bénéfice de la restitution pour cause de lésion d'outre moitié de juste prix, dans le cas d'une vente ou ferme de fruits d'héritages au-dessus de trois ans, n'est (selon que l'a observé M. Semin) accordé qu'au bailleur, & non au preneur qui tient lieu d'acquéreur : *quod tamen intellige*, dit-il en l'endroit ci-dessus cité, *de locatore, non de conductore, qui vice emptoris fungitur, nec potest restitui.* Et la raison est qu'il n'y a que le bailleur qui soit présumé avoir affermé par nécessité, & non le preneur, qui ne peut faire entendre que la nécessité l'ait obligé d'affermer : ce qui n'empêche pourtant pas

ARTICLE LXXXVII.

A quoi sont tenus les vendeurs de Chevaux. Un vendeur de Chevaux n'est tenu des vices, excepté de morves, épousses, corbes & corbatures, sinon qu'il les ait vendus sains & nets : auquel cas il est tenu de tous vices latens & apparens, huit jours après la tradition.

1. Comme on n'achete les choses que pour s'en servir selon leur usage, c'est un engagement du vendeur envers l'acheteur de reprendre la chose vendue, si elle a des vices & des défauts qui la rendent inutile à son usage, ou trop incommode ; ou d'en diminuer le prix, soit que les défauts fussent inconnus au vendeur, ou non.

2. L'action que l'acheteur a contre le vendeur pour l'obliger à reprendre la chose qu'il lui a vendue, à cause des vices & défauts qu'il y rencontre, qu'il n'a pas déclarés, & de lui rendre le prix qu'il en a donné, s'appelle en droit *action rédhibitoire*.

3. Cette action rédhibitoire, en vente de choses mobiliaires, a lieu dans trois cas.

4. Le premier, quand le vendeur est marchand, ou artisan, & que la chose qu'il a vendue n'est pas de la matiere & de la qualité qu'elle doit être pour être exposée en vente, suivant les statuts & réglemens de leur corps & métier : auquel cas, non seulement le vendeur est obligé de la reprendre, mais doit être encore condamné à l'amende, suivant les réglemens de police.

5. Le second est quand le vendeur a vendu la chose pour être de telle qualité qu'il la garantie telle, & qu'elle ne se trouve pas de la qualité portée par le marché.

6. Le troisieme, quand il y a quelque vice ou défectuosité en la chose vendue, latente & cachée, qui la rende inutile pour l'usage pour lequel elle est en commerce ; ou en rend cet usage si incommode, que s'il avoit été connu à l'acheteur, il ne l'auroit pas achetée. Ainsi comme un cheval poussif rend moins de service, & que l'usage en est incommode, la pousse est un défaut qui donne lieu à l'action rédhibitoire, & il en est de même de la morve & courbature, qui sont les trois vices que celui qui vend un cheval, est obligé de garantir, selon que le décide notre Coutume en cet article, & celle de Sens, art. 260.

7. Quand le défaut de la chose vendue est évident, comme si un cheval a les yeux crevés, l'acheteur ne peut pas se plaindre de ces sortes de défauts, qu'il n'a pu ignorer ; & il n'y aura pas lieu à l'action rédhibitoire.

Sunt & casus, dit Papon, *quibus ob morbum redhibitio non competit, ut si apparere possit nec lateat, ut si veneat equus cœcus, aut calcitrosus, aut claudus.* L. *Quæritur*, in fine, illo tit. Papon, *hic*.

8. Il faut toutefois excepter le cas que le vendeur du cheval l'auroit vendu sain & net ; auquel cas, dit notre Coutume & celle de Sens, il est tenu de tous vices latens & apparens.

9. Dans les ventes publiques qui se font en justice, la rédhibition & la diminution du prix, à cause des défauts de la chose vendue, n'ont pas de lieu ; car, dans ces ventes, ce n'est pas le propriétaire qui vend, mais c'est l'autorité de la justice qui tient lieu du vendeur, & qui n'adjuge la chose que telle qu'elle est. Domat, *loix civ.* tome 1, liv. 1, tit. 2, sect. 11, art. 17.

10. Le temps pour être reçu à exercer la rédhibition contre le vendeur d'un cheval, pour morve, pousse & courbature, n'est que de huit jours après la tradition, ainsi que le porte notre article, après lequel temps on n'est plus recevable ; & tel est l'usage.

11. Quand le défaut de la chose vendue donne lieu à la rédhibition & résolution de vente, le vendeur & l'acheteur sont remis au même état que s'il n'y avoit point eu de vente. Le vendeur doit rendre le prix & les intérêts, & rembourser l'acheteur de ce qu'il a déboursé pour la conservation de la chose vendue ; & l'acheteur rend la chose au vendeur, avec tout le profit qu'il peut en avoir tiré : en un mot, toutes choses doivent être remises en entier de part & d'autre, réciproquement. Domat, *ibid.* art. 8.

12. Que si le défaut de la chose vendue est tel, qu'il la rende non-seulement inutile pour l'usage, mais encore nuisible, & que le vendeur l'eût connu ou dû connoître, en ce cas il répondra des suites que le défaut de la chose aura pu causer. Ainsi celui qui auroit vendu un troupeau de moutons, qu'il savoit être infecté d'un mal contagieux, sans l'avoir déclaré, est tenu de la perte de l'autre bétail de l'acheteur, que ce mal contagieux aura infecté. L. 13 ; ff. *de act. empt. & vend.* L. 1, Cod. *de ædil. act.* Domat, *ibid.* art. 7.

ARTICLE LXXXVIII.

RÉCONVENTION n'a point lieu.

1. LA Coutume d'Auvergne, tit. 18, art. 7, contient une disposition semblable, aussi-bien que celle de Blois, art. 269 : pour celles de Meaux, art. 219 ; de Montargis, ch. 21, art. 9 ; de la Rochelle, art. 61, elles ajoutent, *en Cour laïe*. Celle de la Marche, art. 101, porte que la réconvention n'a lieu que lorsque les parties sont de la même jurisdiction : auquel cas, dit cette Coutume, elle a lieu sans nouvel ajournement ; & selon la Coutume de Paris, la réconvention n'a lieu en cour laïe, si elle ne dépend de l'action, & que la demande en réconvention soit la défense contre l'action premiérement intentée : auquel cas, dit cette Coutume, le défendeur, par le moyen de ses défenses, se peut constituer demandeur. La Coutume de Melun, art. 327, contient à-peu-près la même disposition.

2. Mais ces dispositions de Coutumes sont très-mal observées : pour le connoître, il est à propos d'observer que la réconvention n'est autre chose que *mutua petitio*, autrement demande incidente ; & que l'intention des rédacteurs de nos Coutumes, par ces dispositions, étoit d'empêcher que par le moyen de la réconvention, on ne fît préjudice & fraude aux jurisdictions des seigneurs qui sont domaniales, pardevant les juges desquels les demandes se doivent intenter directement, & non indirectement pardevant d'autres juges, par le moyen de la réconvention. Mais, comme il y avoit de la dureté d'obliger les parties de faire autant de procès différents, en différentes jurisdictions, qu'ils avoient de demandes différentes à faire, & de les engager à des frais extraordinaires ; l'usage a prévalu aux dispositions des Coutumes, & on a admis les réconventions en toutes sortes de causes, permettant au défendeur de faire toutes sortes de demandes incidentes, par ses défenses.

ARTICLE LXXXIX.

QUAND aucun possesseur par an d'aucun héritage ou droit réel, corporel ou incorporel réputé immeuble, est troublé en sa possession & jouissance, il peut soi complaindre, & intenter complainte en cas de saisine & de nouvelleté, dedans l'an du trouble à lui fait & donné audit héritage ou droit réel, contre celui qui l'a troublé.

1. SUivant cet article, un possesseur qui est troublé dans la possession d'un héritage ou droit réel, réputé immeuble, peut intenter action de complainte contre celui qui l'a troublé, & conclure par conséquent à ce qu'il soit maintenu & gardé en la possession & jouissance d'un tel héritage ou droit, en laquelle il a été troublé ; & si celui qui a fait le trouble, lui a enlevé des fruits ou empêché de les percevoir, conclure en outre à ce que sa partie sera condamnée de lui rendre & restituer les fruits qu'elle a perçus, ou qu'elle lui a empêché de percevoir, & en tous les dommages-intérêts & dépens. C'est ce qui résulte de la disposition de cette Coutume, au présent article ; de celle de Paris, art. 96 ; de Senlis, art. 267 ; de Montargis, chap. 21, art. 1 ; de Clermont en Beauvoisis, art. 46 ; de Valois, art. 116, & autres ; & de la disposition de l'ordonnance de 1667, tit. 18, art. 1.

2. C'est ce qu'on appelle en droit, *interdictum uti possidetis*, ou bien *retinendæ possessionis*, & c'est ce que nos Coutumes & l'ordonnance appellent *complainte en cas de saisine & de nouvelleté* ; & pour entendre ce langage, il faut observer que saisine signifie *possession* ; & nouvelleté signifie *trouble*, ou innovation en notre possession : tellement que complainte en cas de saisine & de nouvelleté, comme parle notre article, c'est-à-dire *complainte en cas de trouble en notre possession*.

3. De cette maniere un possesseur est maintenu dans sa possession, jusqu'à ce que celui qui le trouble ait prouvé clairement son droit ; & quelqu'assuré que soit un propriétaire, que le possesseur détient son bien, s'il ne peut le convaincre de l'injustice de sa possession, il ne peut légitimement le troubler : il ne peut se pourvoir, faute de preuves, devant les tribunaux civils, ni se faire raison soi-même par voie de fait & par force ; car dans un état civil la force ne peut être employée que par l'autorité de la justice, qui n'en souffre point d'autre que celle qui est en ses mains. *Ne quid*, dit le droit, *per vim admittatur, etiam Legibus Juliis prospicitur, publicorum & privatorum, necnon & constitutionibus Principum*, L. 1, §. 2, ff. *de vi, & de vi arm.*

4. Ce droit des possesseurs a été établi pour la sûreté du commerce de la vie, & pour le repos des citoyens qui font de nouvelles acquisitions, & il a son fondement dans les principes

du droit naturel : car à quels inconvéniens ne seroit-on pas exposé tous les jours, si lorsqu'on a acquis de bonne foi & à juste titre une chose, on pouvoit être impunément troublé dans sa possession par le premier qui voudroit nous contester notre droit, & si on avoit toujours à craindre d'être dépossédé de ce qu'on a acquis.

5. Mais il y a plus ; c'est que celui qui est en possession, a encore cet avantage, en matiere profane (selon qu'il a été dit dans la préface de ce titre) qu'il ne peut être contraint d'exhiber son titre, & qu'il peut se tenir à sa possession. *Cogi possessorem ab eo qui expetit, titulum suæ possessionis dicere, incivile est*, dit la loi *Cogi* 11, Cod. *de pet. hæred*. Et c'est la disposition de la Coutume du Maine, art. 441, & de celle d'Anjou, art. 426. La raison est que ce seroit un moyen de troubler toutes les familles, si on obligeoit les possesseurs à déclarer l'origine de leur possession.

6. Pour former une demande en complainte, quatre choses sont requises.

7. La premiere, qu'avant le trouble on ait possédé un an : c'est ce qui résulte de ces termes de notre article, *quand aucun possesseur par an* ; c'est la disposition précise de la Coutume de Mantes, art. 88 ; & c'est aussi la disposition des autres Coutumes, qui veulent qu'on n'acquiert saisine ou possession, que par le temps & espace d'un an, comme le disent les Coutumes de Senlis, art. 266 ; de Blois, art. 212 ; d'Orléans, art. 486 ; de Montargis, ch. 21, art. 1, & autres. Et il faut que cette possession soit une possession réelle & actuelle, & non une possession feinte ; tellement que celui qui n'a pas une vraie possession, quelque clause de constitut ou précaire qui soit au contrat, n'est pas recevable à former complainte ; d'autant que celui qui n'a possession actuelle, ne peut prétendre trouble, suivant la loi *Si ex stipulatione* 5, ff. *de acquir. poss*. Ainsi jugé par arrêt du mois de juillet 1531, & par un autre du 19 juin 1559, cotés par M. Louet, lett. C, somm. 10, & par Tournet, sur l'article 96 de la Coutume de Paris. Mais il suffit d'avoir possédé *per se vel per auctorem suum*, selon la remarque de M. le président Duret, *hic*. La raison est que suivant l'article 94, *infrà*, les nouveaux possesseurs continuent la possession de leurs auteurs après la prise de possession. Ainsi l'héritier est reçu à former la complainte, quoiqu'il n'ait pas encore possédé naturellement par lui-même ; à cause que par la regle, *le mort saisit le vif*, il est dans tous les droits du défunt, par une continuation de propriété, & qu'il est réputé possesseur civil. Tournet, sur l'article 96 de la Coutume de Paris.

8. La seconde chose requise pour la demande en complainte, est qu'on ait possédé en maitre, publiquement, sans violence, & non à titre de fermier ou possesseur précaire. C'est la disposition de l'ordonn. de 1667, tit. 18, art. 1 ; & celle de nos Coutumes, de Mantes, art. 87 ; de Senlis, art. 267 ; de Valois, art. 116, & autres.

9. La troisieme chose, qu'on ait été troublé dans sa possession ; ce qui peut arriver en deux manieres : par paroles, ou par fait. Par paroles, quand on nous dénie un droit dont nous sommes en possession, ou quand par quelqu'acte on se qualifie possesseur de ce dont nous jouissons : Par fait ; lorsque par voie de fait on nous empêche de jouir de ce dont nous sommes en possession, & (comme parle l'ancienne Coutume de Beauquesne, art. 35) qu'on nous trouble par empêchement de fait, en la jouissance d'aucun droit réel, ou dépendant de réalité.

10. La quatrieme chose requise pour l'action en complainte, est que l'on soit dans l'année du trouble : car l'action en complainte doit être intentée dans l'année du trouble ; ce temps passé, on n'y est plus reçu, & il ne reste plus que l'action pour la propriété ; parce que celui qui fait le trouble, est devenu lui-même, par la négligence de sa partie, possesseur par an. C'est la disposition de la loi premiere, ff. *uti possidetis* ; de l'ordonnance de 1539, art. 61 ; de celle de 1667, tit. 18, art. 1 ; de cette Coutume, au présent article ; de celle de Mantes, art. 88 ; de Paris, art. 96 ; de Bretagne, art. 103, & autres. Et il est à observer que l'an du trouble court contre les mineurs & les absens, femmes mariées, interdits, en un mot contre toutes sortes de personnes.

11. Un acquéreur qui, dans la premiere année de son acquisition, est troublé dans sa possession, ou qui voulant se mettre lui-même en possession, en est empêché par un autre possesseur, est en droit dans l'un & l'autre cas d'appeller en recours son vendeur : mais s'il laisse écouler l'année sans agir, ensorte que par sa négligence un autre soit devenu possesseur d'an & jour ; en ce cas, c'est à lui à se défendre de son chef, & qu'il s'impute à lui-même de ce qu'il ne s'est pas mis en possession aussi-tôt après son acquisition. *Emptor*, dit M. Jean Decullant, *intrà annum suæ emptionis, si agat hoc interdicto possessorio, & reus contrà quem agit, se opponat allegando se esse in possessione, vel si conveniatur ipse emptor intrà dictum tempus ab alio se possessorem prætendente, poterit venditorem appellare ut eum defendat : secus autem si post annum agatur, quia cùm potior sit, qui anno præcedenti possederit, debebit dictus emptor se defendere ex suo capite, & sibi imputet, si statim post emptionem non possederit*. Jean Decullant sur l'article 94, *infrà*.

12. La complainte se forme par le propriétaire, par l'usufruitier, & par ceux qui ont quelque droit, comme d'usage ou d'habitation, pour les héritages, pour dîmes & devoirs annuels, pour droits de justice, pour droits honorifiques, dus aux patrons, seigneurs hauts-justiciers, & non autres, pour bancs & places dans les églises, pour droit de sépulture ; en un mot, pour tout droit réel, corporel ou incorporel, réputé immeuble, comme porte la Coutume au présent article ; celle de Mantes, art. 87 ; de Paris, art. 96 ; de Clermont en Beauvoisis, art. 44, & autres.

13. Toutefois

13. Toutefois, c'est une question si on peut former complainte pour servitude. M. Claude Duplessis, sur la Coutume de Paris, traité 15, *des actions*, liv. 1, page 598, estime qu'on ne le peut : mais d'autres disent qu'on le peut, en représentant un titre ; ce qui est un cas excepté, à cause que ce droit ne se peut acquérir par prescription, & posséder sans titre ; & ainsi a été jugé en cette Sénéchaussée l'an 1714, contre le sieur Tessiere, & la sentence fut confirmée par arrêt.

14. Pour ce qui est des offices, c'est encore une question qui partage les docteurs : si la complainte peut s'intenter pour raison d'un office, soit qu'il s'agisse du titre ou des fonctions, & droits & émolumens de l'office. Chopin sur la Coutume de Paris, liv. 3, tit. 1, n. 6, & Loyseau, *des Offices*, liv. 1, chap. 2, n. 64, tiennent pour l'affirmative ; & il a été ainsi jugé par arrêt donné aux grands jours de cette ville de Moulins, le 19 octobre 1540, rapporté par Papon, liv. 8, tit. 4, *des Arrêts*, & cité par M. Julien Brodeau sur M. Louet, lett. C, somm. 10. Mais M. Charles Dumoulin, sur l'article 1, de la Coutume de Paris, §. 1, gl. 5, n. 59; Bacquet, *des Droits de Justice*, ch. 17, n. 8, soutiennent la négative.

15. A l'égard des dîmes, pour décider si on peut former demande en complainte pour icelles, il faut distinguer : l'église le peut, les seigneurs décimateurs laïcs qui possédent des dîmes inféodées, le peuvent aussi dans l'étendue de leurs dîmeries; mais de simples particuliers ne le peuvent pas, parce qu'ils sont incapables de posséder les dîmes autrement que par l'inféodation, qui en change la nature & la qualité : de maniere que la dîme ne pouvant être possédée, comme ecclésiastique par des laïcs, quand ils ne rapportent pas des preuves de l'inféodation, ils ne peuvent pas demander d'être maintenus dans leur possession, par la raison que la dîme étant en ce cas réputée ecclésiastique, il y a incapacité en leurs personnes pour la posséder. C'est ce qui a été déja remarqué sur l'article 21 ci-dessus.

ARTICLE XC.

S'IL y a opposition formée à la complainte en cas de saisine & de nouvelleté, ladite opposition vaut trouble de fait, & doit être la chose contentieuse sequestrée par le Juge ; sinon que l'opposant allégue possession triennale de lui, ou de celui dont il a droit : ce qu'il est reçu prouver & montrer par un délai seulement ; & se périt l'instance possessoire entre capables d'agir par discontinuation de poursuite par an. Et après ledit an de discontinuation, l'une des Parties jouit par an de la chose contentieuse, il en est fait possesseur, en maniere qu'après il n'en peut être inquiété au possessoire par sa Partie.

De l'effet de composition de complainte.

1. LA maniere de procéder autrefois, dans le temps de la rédaction de la Coutume, en la complainte en cas de saisine & de nouvelleté, comme nous l'apprenons de M. Jean Masuer, qui vivoit en 1456, tit. 11, *des Matieres possessoires*; & de M. Jean Duret dans sa paraphrase sur le style de cette Sénéchaussée, de l'impression de 1571, §. 2, n. 5, étoit de s'adresser en Chancellerie, où le demandeur obtenoit lettres énonciatives de la complainte qu'il vouloit intenter, lesquelles il donnoit à un sergent, pour les signifier à partie adverse, qui avoit fait le trouble ou empêchement, ou à autres qu'il jugeoit à propos, & de leur donner assignation sur les lieux contentieux ; ou, si le défendeur étoit absent, ou qu'il se présentât & consentît, le sergent rendoit possesseur le demandeur, & donnoit jour aux parties pardevant le juge, pour discuter plus amplement leurs droits. Que si le défendeur s'opposoit, ou quelqu'autre, disant être en possession de la chose contentieuse, pour lors le sergent donnoit jour aux parties pour comparoir pardevant le juge, pour dire les causes de leur opposition, & en outre procéder comme de raison, & séquestroit verbalement les choses dont étoit question.

2. Ainsi, en cette matiere de nouvelleté, dit Masuer, l'on n'agit pas seulement contre celui qui a fait, ou fait faire le trouble ou empêchement ; mais aussi contre celui qui s'est opposé pardevant le Commissaire, disant être en possession de la chose contentieuse, pour ce qu'il semble faire trouble par le moyen de son opposition. A quoi s'accorde notre Coutume au présent article, lorsqu'elle dit que l'opposition formée en la complainte, en cas de saisine & de nouvelleté, vaut trouble de fait, & que la chose contentieuse doit être séquestrée par le juge, ce qui s'entend d'une séquestration réelle; car la séquestration se faisoit verbalement par le sergent, comme il est dit dans l'art. 4 du chap. 21 de la Coutume de Montargis, qui porte qu'en toutes complaintes, en matieres de nouvelleté, il y a séquestration ; & se fait ladite séquestration verbalement par le sergent, & réellement par le juge.

3. Cela ne se pratique plus ; & la forme de procéder aujourd'hui en matiere de complainte en choses profanes, est par un simple exploit d'assignation pardevant le juge du défendeur, ou celui des héritages, soit d'une justice seigneuriale, soit d'une justice royale. Car maintenant les juges des seigneurs en peuvent con-

Part. I. Pp

noitre entre leurs justiciables, à moins que la justice royale n'ait prévenu & n'en soit saisie; & par cet exploit, on conclud à ce qu'on soit maintenu & gardé en la possession & jouissance d'un tel héritage, ou d'un tel droit, en laquelle on a été troublé; la partie adverse condamnée à rendre les fruits qu'elle a perçus, & aux dommages, intérêts & dépens; & l'un & l'autre, la possession & le trouble, se peuvent prouver par titres & par témoins.

4. Si la possession se trouve douteuse, le défendeur en complainte déniant la possession du demandeur, ou articulant une possession contraire, on juge pour lors le possessoire en faveur de celui qui a la possession la plus apparente; & s'il n'y avoit pas assez de fondement pour maintenir l'un des possesseurs, il faut pour lors procéder au pétitoire, & on ordonne que la chose contentieuse sera mise en séquestre, jusqu'à ce que la question de la propriété soit jugée; & le séquestre, suivant l'article 2 du titre 19 de l'ordonnance de 1667, peut être ordonné, tant sur la demande des parties que d'office, en cas que le juge estime qu'il y ait nécessité de le faire.

5. En matiere profane, le possessoire se juge par le mérite seul de la possession; mais en matiere bénéficiale, on donne la possession au titre, & on juge le possessoire, non sur la seule possession, mais sur les titres les plus apparens; & il ne suffit pas dans ces matieres d'alléguer simplement la possession: il est nécessaire de montrer au moins un titre coloré, qui fasse présumer que le bénéficier est canoniquement pourvu; ce qui est fondé sur ce que toutes sortes de personnes peuvent posséder les choses qui sont en commerce; que les manieres de les acquérir sont indéfinies, mais que les bénéfices ne peuvent être possédés que par des personnes qui ont une capacité proportionnée à la qualité du bénéfice, & qui en sont pourvus par les voies que les loix de l'église ont établies. C'est la disposition des ordonnances de Charles VII, en avril 1453, art. 75; de 1493, art. 58; de Louis XII, à Blois, en novembre 1507, art. 43; de François I, à Ys sur Thille, en octobre 1535, chap. 9, art. 6; & de Louis XIV, en 1667, tit. 15, art. 2 & 6.

6. La demande en complainte ne peut se former après le pétitoire intenté, & il faut commencer par la complainte, & la faire juger, avant que de se pourvoir au pétitoire; parce qu'au pétitoire on reconnoît la possession du défendeur, ce qui est contraire à la complainte, par laquelle le demandeur se doit dire possesseur, & se plaindre d'avoir été troublé en sa possession.

7. La question de la possession se doit donc juger avant & indépendamment de celle de la propriété, & les demandes en complainte ne peuvent être jointes au pétitoire, ni le pétitoire poursuivi, que la demande en complainte n'ait été terminée, & que celui qui a été condamné n'ait pleinement satisfait à la condamnation. Cette décision est autorisée par le droit civil, L. 35, ff. *de acquir. vel amitt. poss.* & par l'ordonnance de 1667, tit. 18, art. 4; & la raison le veut ainsi. Car outre que le droit du possesseur l'exige, c'est que la discussion des titres nécessaires pour juger la propriété, demande souvent des délais, que le différend de la possession ne peut pas souffrir: & comme il est important de ne pas laisser deux possesseurs dans le péril des suites d'une telle contestation, on doit régler premiérement la cause de la possession, & ce n'est qu'après qu'elle est pleinement finie qu'on doit instruire & juger la propriété. Ainsi celui qui se trouve le possesseur, a l'avantage, selon qu'il a été dit, de conserver la possession pendant que la propriété demeure indécise.

8. L'instance possessoire, entre personnes capables d'agir, périt (aux termes de notre article) par discontinuation de poursuites par an; mais il faut distinguer, avec M. Dumoulin dans sa note sur cet article, l'action contestée d'avec celle qui ne l'est pas. Quand l'action n'est pas contestée, elle périt par discontinuation de poursuite pendant un an; & si après ledit an de discontinuation, l'une des parties jouit par an de la chose contentieuse, il en est fait possesseur: de maniere qu'après il ne peut, selon que le porte notre article, être inquiété au possessoire par sa partie. Mais si l'action est contestée, la contestation a l'effet de proroger l'action jusqu'à trois ans, en sorte qu'elle ne peut périr que par trois ans: *Scilicet*, dit Dumoulin, sur ces mots, SE PÉRIT L'INSTANCE ..... PAR AN, *ante litem contestatam, sed non post; & requiritur triennium*, dit Decullant, *ut lis perimatur*; & ainsi jugé, comme il a été dit sur l'article 14, *suprà*, en parlant de la péremption des actions annales.

ARTICLE XCI.

Quand complainte n'a lieu. AUCUN n'est recevable d'intenter complainte en cas de nouvelleté, pour une chose mobiliaire particuliere, sinon qu'elle fût adhérente ou dépendante de chose immeuble, ou qu'elle fût universelle, comme pour les biens d'une succession, ou pour maison, & tous les biens étant en icelle.

1. C'Est une maxime générale en pays coutumier, qu'on ne peut point intenter complainte pour chose mobiliaire particuliere. C'est la disposition de notre Coutume au présent article; de celle de Paris, art. 97; de la Marche, art. 7; d'Auvergne, tit. 2, art. 9; d'Or-

léans, art. 489; de Montargis, ch. 21, art. 6; de Montfort-Lamaury, art. 60, & autres. Et il est à observer que le terme de *chose mobiliaire*, dont se sert notre Coutume, est plus étendu que celui de *meubles*; parce qu'il comprend les meubles vivans & mourans, comme le bétail & autres choses de nature mobiliaire, pour lesquelles la complainte n'a pas de lieu.

2. Il faut toutefois excepter la chose mobiliaire, adhérente ou dépendante d'immeuble, comme quand on dit qu'on est en possession d'une maison & des meubles qui sont en icelle, ainsi que Masuer l'observe, titre 11, *des matieres possessoires*: & cette exception se trouve faite par notre Coutume en cet article, & par celle de Sens, art. 117.

3. Notre article dit, *chose mobiliaire particuliere*; c'est aussi ainsi que s'expliquent les Coutumes que nous avons citées, parce qu'elles reçoivent la complainte pour universalité de meubles, & pour une succession mobiliaire; par la raison que cette universalité, *sapit quid immobile*: c'est ce qui se trouve précisément marqué dans notre article, dans l'art. 97 de la Coutume de Paris, & dans l'art. 117 de celle de Sens.

4. Comme il y a des choses pour lesquelles on ne peut intenter complainte, il y a pareillement des personnes contre lesquelles la complainte n'est pas reçue. On ne peut, par exemple, former complainte contre le roi & les princes qui tiennent des terres en appanages, & on ne peut se pourvoir qu'au pétitoire: Telle est la jurisprudence. La raison qu'on en donne, c'est que la complainte est une espece d'accusation contre celui par lequel nous prétendons avoir été injustement troublés; laquelle accusation n'est pas bienséante, & ne se peut souffrir en la bouche d'un sujet contre son souverain, auquel il doit toute sorte d'honneur & de respect.

5. On ne peut pas non plus intenter complainte contre un fermier, la raison est qu'un fermier ne possédant pas pour lui, mais pour son maître, c'est le maître qui, par son fermier, forme le trouble à la possession d'un tiers, en qualité de propriétaire & possesseur. Ainsi, comme un fermier n'est pas capable pour intenter complainte, qui n'est accordée qu'à celui qui possede à titre de propriété, & qui est propriétaire, on ne peut non plus l'intenter contre lui; & il en faut dire de même d'un serviteur. C'est la remarque de M. Jacques Potier sur l'article 89, *suprà*.

6. Mais cela n'empêche pas, que si le fermier a pris & enlevé des fruits au véritable propriétaire & possesseur, on ne puisse le poursuivre, pour la restitution, par action civile & criminelle; tout comme quand un fermier est dépouillé par violence des fruits crûs sur la terre ou sur l'héritage dont il est fermier, lesquels fruits lui appartiennent en pleine propriété, il peut s'en plaindre, & en demander la restitution par action civile & criminelle.

7. Au surplus, l'action en complainte peut être intentée contre toutes sortes de personnes, même contre les mineurs.

ARTICLE XCII.

CELUI auquel devoir annuel a été payé, en est & demeure possesseur contre celui qui aura fait le payement, jusqu'à ce que contradiction est faite de faire led. payement: pour laquelle contradiction il peut dedans un an après intenter complainte en matiere de nouvelleté, & autre remede possessoire; nonobstant la cessation de payement par an, ou autre tems moindre que de trente ans, précédente ladite dénégation.

1. ON peut posséder des choses corporelles, soit meubles ou immeubles; & selon les différences de leur nature, les marques de la possession en sont différentes; ainsi on peut posséder des meubles, les gardant sous clef, ou les ayant autrement en sa disposition; des animaux, en les renfermant, ou les faisant garder; une maison, en y habitant, ou en ayant les clefs, ou en la confiant à un locataire; les héritages de la campagne, en les cultivant, & faisant les recoltes.

2. Il y a aussi une possession des choses qui ne consistent qu'en des droits; comme un droit de servitude, un droit de cens, de rente fonciere, & autre devoir annuel; & on possede ces sortes de biens par l'usage & l'exercice que l'on fait de son droit dans les occasions, par la volonté & la liberté que l'on a d'en user, & par le paiement qui en est fait. On possede une servitude par l'usage que l'on en fait, encore qu'on ne possede pas le fonds sur lequel elle est due. Ainsi celui qui a un droit de passage à travers le fonds de son voisin, possede cette servitude en passant par cet héritage qu'il ne possede pas. On possede un cens, ou une rente annuelle, par le paiement qui en est fait. Celui auquel un devoir annuel a été payé, en est & demeure possesseur, contre celui qui a fait le paiement, dit notre article.

3. Et cette possession subsiste, selon cet article, jusqu'au refus ou contradiction de faire le paiement, & n'est interrompue que par le refus que l'on fait dans la suite de payer. *Et sic*, dit M. Semin, *possessio continuatur usque ad contradictionem per hunc paragraphum*. La

raison, c'est que la possession de ces droits se conserve par l'intention seule, par la volonté & la liberté que l'on a d'en user ; c'est la raison qu'en donne M. le président Duret. *Licèt possessio*, dit-il, *nudo animo acquiri non possit, tamen solo animo retineri potest. L. 4, cod. de acquir. & retin. poss. Sic in tributi redditione cessans, nisi apertè ejus controversiam faciat, inquietare non dicitur* .... M. le président Duret, *hic*.

4. Mais il est à observer que ceci n'a lieu que par rapport à celui qui a fait le paiement du devoir annuel, & non par rapport à son successeur ; & que le présent article autorise ce qui est dit dans l'article 22, *suprà*, que celui qui a reconnu le devoir, ne peut prescrire de son temps ; comme aussi ce qui est porté en l'article 103, *infrà*, que celui qui a reconnu, est tenu de continuer à payer le cens. *Verum hæc dictio* CELUI, dit M. Jean Decullant, *est personalis, & non extenditur ad successorem illius qui solverit, quia successor cognoscentis incipit præscribere, ait paragraphus 22.* Jean Decullant, *hic*.

5. Il y a plus, c'est qu'aux termes du présent article, la possession même de celui à qui le devoir annuel a été payé, cesse & se trouve éteinte & prescrite, par une simple cessation de paiement durant 30 ans, sans contradiction ; parce que, selon l'article 23, *suprà*, toutes choses prescriptibles se prescrivent par ce temps-là, contre toutes gens, excepté contre l'église où il y a 40 ans. *Si enim cessatio excederet annos 30, tunc agenti obstaret præscriptionis exceptio*, dit M. le président Duret ; c'est aussi la remarque de M. Jean Decullant, sur ces mots de notre article, 30 ANS : *dicitur hic* 30 ANS, dit-il, *quia cessatio solutionis per 30 an. etiam sine ulla contradictione inducit præscriptionem*, §. 22, & §. 23, *suprà*.

6. Mais comme la possession de celui à qui un devoir annuel a été payé, ne cesse pas & subsiste au contraire, nonobstant une simple cessation moindre que de 30 ans, & qu'elle continue jusqu'au refus ou contradiction du paiement ; notre Coutume veut, dans le présent article, que par raison de cette contradiction, qui est un trouble à cette possession, on puisse dedans l'année intenter complainte en matiere de nouvelleté ; ce qui ne doit s'entendre que d'une rente fonciére, ou une assiette certaine sur un héritage, & non pour rente constituée, pour laquelle on ne peut intenter complainte. Ainsi comme une rente fonciére se peut prescrire activement, & qu'on peut en acquérir la propriété par une possession de 30 ans, selon qu'il a été dit sur l'article 22, *suprà*, n. 3 & suiv. on peut aussi se conserver dans la possession de cette même rente, & en obtenir la maintenue & garde au possessoire, par une possession d'an & jour ; de façon que la même possession, qui emporte la propriété, & s'emploie au pétitoire, quand elle est de 30 ans, s'emploie pour la complainte, en cas de trouble, quand elle est moindre de 30 ans, pourvu qu'elle soit d'an & jour.

7. Il faut toutefois observer que nos anciens vouloient que le créancier ou propriétaire de la rente, qui n'alléguoit qu'un seul paiement, justifiât d'un titre avec ce paiement, pour être maintenu & gardé en la perception de la rente ou prestation, durant le procès, & pendant que la propriété étoit indécise. *Nostri tenent*, dit M. Semin, *unicam solutionem sufficere, ad interdictum possessorium intrà triginta annos, dummodò sit titulus*.... M. Louis Semin, *hic*.

8. Autre chose est, quand il y a eu différens paiemens, selon qu'il est dit dans l'article 210 de la Coutume du Grand-Perche. Quand aucun, porte cet article de cette Coutume, a été payé par trois années dernieres & consécutives d'aucune rente ou prestation annuelle, il a acquis possession, au moyen de laquelle il peut intenter complainte, pour être maintenu & gardé en la perception de ladite rente & prestation, si elle lui est déniée. Ainsi a été jugé, au rapport de M. Maquin le 13 décembre 1729, en faveur de M. de Champflour, sieur de Bord, pour une charge de trois septiers de grains, mesure S. Pourçain, due annuellement sur la dime de Chenillat, perceptible dans la paroisse de Sesset. Ledit sieur de Champflour étoit demandeur en complainte, maintenue & garde, contre le sieur de Rollat, propriétaire de ladite dîme : J'étois des juges.

*Sentence du 13 décembre 1729, au rapport de M. Maquin, par laquelle il a été jugé que celui à qui un devoir annuel a été payé, en est demeuré possesseur, conformément à l'article 92 de cette Coutume, jusqu'au refus du paiement, & qu'il peut intenter complainte pour raison de ce devoir dans l'année du refus.

Les parties au procès étoient Jacq. de Champflour, Conseiller du roi en la cour des aydes de Clermont, en qualité de mari & maitre des droits de dame Marie Vidal, son épouse, dame du fief de Bord & de la Croix, paroisse de Sesset, demandeur en complainte, maintenue & garde, contre Gilbert de Rollat, écuyer, seigneur de Santes & de Raugout, défendeur.

Le fait étoit, que le sieur de Champflour, en qualité qu'il procédoit, soutenoit qu'il étoit dû au propriétaire de la terre de Bord, sur la grande dîme de Chenillat, paroisse de Sesset, appartenante au sieur de Rollat, annuellement une charge de trois septiers de grains, mesure S. Pourçain, la mesure étant de vingt-quatre coupes ; savoir, un septier froment, un septier seigle, & un septier moitié orge & moitié avoine. Pour prouver cette charge, il rapportoit un bail de 1649, par lequel la dame de Cavalque, veuve de M^{re}. Lelong, seigneur de Chenillat, avec Claude Lelong, son fils, avoient affermé la terre de Chenillat à un nommé Pearron, & l'avoient chargé de payer les charges dues sur ladite terre, & entr'autres celle de trois septiers au propriétaire de la terre de Bord. Il rapportoit de plus différentes quittances depuis l'année 1660, jusqu'en l'année 1671,

1671, par lesquelles il paroissoit que cette charge avoit été payée par les fermiers de la terre & dîme de Chenillat, aux fermiers de la terre de Bord; & en dernier lieu, il produisoit des quittances depuis 1710 jusqu'en 1718, partie pardevant notaires, partie sous signature privée, par lesquelles il étoit établi que cette charge avoit été payée jusques & y compris l'année 1718, aux propriétaires ou fermiers de la terre de Bord, par les fermiers de Chenillat.

Le défendeur, seigneur de Chenillat, ayant refusé aux moissons de l'année 1719 de payer ladite charge, le sieur de Champflour forma dans l'année du trouble, savoir en 1720, sa demande en complainte pour raison du refus de ladite charge, & ce conformément à l'article 92 de cette Coutume, sur le fondement des paiemens qui lui en avoient été faits jusques & compris l'année 1718, & obtint à ses fins ; car par sentence rendue au rapport de M. Maquin, le 13 décembre 1719, il fut maintenu & gardé dans sa possession, sauf audit sieur de Rollat à se pourvoir au pétitoire ; ledit de Rollat condamné aux dépens : J'étois des juges.

** La même chose a été jugée en faveur de M. de Montgeorge, seigneur haut-justicier du Theil, contre Claude Pelisson & autres, pour une poule, que le sieur de Montgeorge prétendoit lui être due annuellement par chaque feu, dans l'étendue de sa justice ; il avoit formé sa demande en complainte, & soutenoit qu'il étoit en possession de percevoir cette poule des habitans de la paroisse dans l'étendue de sa justice ; & parce que les défendeurs ne contestoient pas cette possession d'une maniere assez précise, il fut dit par la sentence, rendue au rapport de M. Pierre de S. Cy, le 21 janvier 1735, avant de faire droit sur la demande en complainte du seigneur de Montgeorge, que les défendeurs contesteroient précisément le fait par lui avancé, qu'il étoit en possession de percevoir la poule de feu, sans force, ni violence, des habitans demeurans dans l'étendue de sa justice, dans quinzaine, à compter de la signification de la présente sentence, & ledit temps passé, ce fait, ou faute de ce faire, les parties réglées, dépens réservés. J'étois des juges.

ARTICLE XCIII.

Et si ladite cessation concerne droits de mere faculté, ladite complainte & autres remedes possessoires, se peuvent former dedans l'an de ladite contradiction formelle, nonobstant la cessation faite auparavant par quelque laps de tems que ce soit.

Les devoirs annuels, dont il est parlé dans l'article précédent, sont des droits qui se prescrivent par une simple cessation de trente ans, même sans contradiction : c'est-pourquoi, quoique celui qui en a reçu le paiement, en acquiert la possession, qu'il la continue jusqu'à contradiction, & qu'il puisse, au moyen de cette possession, intenter complainte pour iceux, dans l'année de la contradiction ; il est pourtant nécessaire que la cessation qui a précédé la contradiction, soit moindre de trente ans, comme porte l'article ci-dessus, & qu'il a été dit, sans quoi le devoir seroit prescrit. Mais il n'en est pas de même des droits de pure faculté ; car comme ces droits ne se prescrivent pas par une simple cessation, quelque longue qu'elle soit, fût-elle de trente ans & plus, tant qu'il n'y a point de contradiction, & que la prescription à leur égard ne commence à courir que depuis la contradiction, comme il est dit dans l'article 29, *suprà*, & que nous l'avons observé sur cet article : il s'ensuit de-là, que lorsqu'il s'agit de ces sortes de droits, on est en droit de former complainte pour raison d'iceux dans l'année de la contradiction, quelque laps de temps qu'on ait cessé de payer ; ainsi qu'il est dit dans le présent article.

ARTICLE XCIV.

La possession des choses vendues, cédées ou transportées, est continuée aux acquéreurs & cessionnaires, après qu'ils ont appréhendé la possession desdites choses ; & quant ès droits incorporels, lesdites acquisitions suffisent à la continuation de ladite possession. Continuation de possession.

1. C'Est une maxime, que quand un possesseur vient à décéder, & que son héritier demeure en possession, on joint la possession de l'un & de l'autre ; qu'il en est de même de la possession de l'acheteur & de celle du vendeur, à qui il succéde, de celle du donateur & du donataire, du testateur & du légataire, & ainsi de tous autres qui possédent successivement. *Planè tribuuntur*, dit le Droit, (*accessiones possessionum*) *his qui in locum succedunt, sive*

ex contractu, sive ex voluntate. Hæredibus enim, & his qui successorum loco habentur, datur accessio testatoris, L. 14, §. 1, ff. *de div. tem. præscr. Emptori tempus venditoris ad usucapionem procedit*, L. 2, §. 20, ff. *pro emptore*, L. 76, §. 1, ff. *de contr. empt.* Et telle est la disposition de notre Coutume au présent article.

2. Sur quoi il est à observer qu'à l'égard des choses vendues, cédées ou transportées, la possession n'est continuée, comme il est dit dans cet article, aux acquéreurs & cessionnaires, qu'après qu'ils ont appréhendé la possession desdites choses. C'est-pourquoi la possession feinte de l'acquéreur, ou cessionnaire, ne lui suffiroit pas pour se prévaloir de la possession de son auteur, & il lui est nécessaire de prendre possession réellement & effectivement. C'est la remarque de M. Jacques Potier & de M. Bordel, sur cet article.

3. La possession feinte est celle qui se prend tacitement ou indirectement par rélocation, constitut & précaire, par le moyen desquels le propriétaire qui donne, ou qui vend, ne transfere pas directement la possession, mais bien par une voie oblique; en ce que retenant un droit incompatible avec la véritable possession & la propriété, il est censé avoir fait la tradition par équipolence : car dès qu'il ne reconnoît posséder désormais, qu'à titre de loyer, de constitut ou précaire, il abdique dès lors tout le droit de propriété qu'il avoit, & transmet la véritable possession obliquement & tacitement en la personne de l'acquéreur ou donataire; il cesse de posséder pour lui-même, & commence à posséder pour celui à qui il a transféré son droit, lequel est dès lors regardé comme le véritable possesseur.

4. Le fondement de cette possession feinte dépend de ces maximes de droit, que nul ne peut devoir servitude à soi-même; que personne ne peut tenir de soi à titre de précaire, ni enfin être locataire de la chose qui lui est propre. Desorte que l'acquéreur déclarant que sa possession ne sera plus qu'à ces titres incompatibles avec la propriété, il est réputé avoir suffisamment abandonné la véritable possession à l'acquéreur, & ne plus retenir qu'une possession momentanée, précaire, & de locataire ou fermier, & qui n'empêche pas que l'acquéreur ne soit le véritable possesseur.

5. Mais cette possession feinte ne donne pas, comme il a été dit sur l'article 89, *supra*, la faculté d'exercer les actions possessoires, qui sont la complainte & la réintégrande, & ne suffit pas non plus à l'acquéreur ou cessionnaire, pour se prévaloir de la possession de son auteur; & il lui faut une possession véritable, réelle & effective.

6. Ceci ne concerne que les biens immeubles corporels; quant aux droits incorporels, l'acquisition qu'on en fait, suffit pour la continuation de la possession, comme le dit notre article. Ainsi le successeur, par vente ou transport de celui auquel un devoir annuel a été payé, en est & demeure possesseur également que son auteur, contre celui qui a fait le paiement, & en continue la possession, jusqu'à ce que contradiction soit faite de faire ledit paiement. C'est la remarque de M. Jean Decullant, sur l'article 92, *supra*. *Extende*, dit-il, *hoc etiam ad successorem illius cui census fuit solutus, quia possessio auctoris continuatur successori, ut patet ex paragrapho* 94. Jean Decullant, sur l'article 92.

ARTICLE XCV.

De simple saisine.

QUAND aucun a joui d'aucun héritage par la plus grande partie de dix années prochaines & précédantes le Procès sur ce mû entre les Parties en matiere de simple saisine, il lui est loisible conclure en ladite matiere contre celui qui auroit joui de la chose, dont il seroit question, par la moindre partie desdits dix ans, afin qu'il soit maintenu & gardé en possession & saisine de ladite chose; & en prouvant qu'il en a joui la plus grande partie desdits dix ans, il doit obtenir à ladite matiere en cas de simple saisine.

1. IL y a, comme il a été dit dans la préface de ce titre, deux actions possessoires : l'une pour se conserver dans sa possession, quand on y est troublé; & l'autre pour la recouvrer, quand on l'a perdue. La premiere s'appelle *complainte*, en cas de saisine & de nouvelleté, & l'autre *réintégrande*, & quelquefois de *simple saisine*, dit Masuer, tit. 11, *des Matieres possessoires*.

2. La premiere ne peut être exercée que dans l'année du trouble, & par celui qui a la possession annale pour lui, comme il a été dit; mais il n'en est pas de même de l'action de simple saisine.

Quand aucun, dit Bouthillier dans sa *somme rurale*, s'est laissé désaisir d'aucun droit qu'il avoit sur un héritage, dont le possesseur a joui plus d'un an, si que complainte de nouvelleté ne se peut asseoir, lors convient qu'il se fasse remédier par complainte de simple saisine.

3. C'est ce qui se trouve encore clairement expliqué par les Coutumes de Châlons, art. 128; de Reims, art. 187, & de celle de Vermandois au bailliage de Laon, art. 134. Celui, disent ces Coutumes, qui par défaut d'avoir, la derniere année, joui d'aucun héritage, cens, rente ou autre droit incorporel, n'est

recevable pour raison d'iceux intenter complainte en cas de nouvelleté : si toutefois auparavant & depuis dix ans, & par la plus grande partie dudit temps, il a joui paisiblement, soit continuellement ou par intervale desdites choses, encore qu'il ne soit fondé en titre; néanmoins est bien recevable d'intenter le cas de simple saisine, afin d'être remis en la possession qu'il auroit perdue, & icelle recouvrer.

4. C'est de la demande en complainte, en cas de saisine & de nouvelleté, dont il est parlé dans l'article 89 & les suivans; mais dans le présent article il ne s'y agit que de la simple saisine. *Præcedentes paragraphi*, dit M Fauconnier, *hujus Statuti, loquuntur de nova saisina, id est*, de la complainte en nouvelleté, *quæ annalis est : ità ut non solùm intrà annum contestationis, sed etiam à possessore annali possit intentari; hic autem paragraphus 95 loquitur de simplici saisina quæ decennalis est.* M. Fauconnier, *hic*.

5. Pour former cette action en simple saisine, ainsi qu'il se pratiquoit autrefois, il falloit avoir joui de la chose en question depuis dix ans immédiatement avant la contestation; car si les dix ans étoient passés, dit Masuer, il n'y auroit plus lieu de proposer interdits, qui expirent par l'espace de dix ans, mais faudroit avoir recours au pétitoire : aussi notre Coutume dit-elle dans cet article, *quand aucun a joui d'aucun héritage pour la plus grande partie des dix années prochaines & précédents le procès*.

6. Mais celui qui avoit joui de la chose la plus grande partie de dix ans précédans le procès, quoiqu'il eût perdu cette jouissance depuis plus d'un an, pouvoit intenter action en simple saisine, contre celui qui jouissoit de ladite chose, & l'avoit possédée de moindre partie desdites dix années, & conclure contre lui à ce qu'il seroit maintenu & gardé en possession de ladite chose; & en prouvant qu'il en avoit joui continuellement ou par intervale la plus grande partie des dix ans, *relatione factâ ad possessionem adversarii*, il obtenoit la simple saisine, & étoit maintenu & gardé en la possession de la chose en question. C'est la disposition de notre Coutume, au présent article; de celles de Châlons, de Reims & de Vermandois, aux articles cités; de celles de Meaux, art. 218; de Valois art. 118; de Paris, art. 98, & autres.

7. Ces dispositions de ces Coutumes sont absolument hors d'usage, & la simple saisine ne se pratique plus. A la vérité comme le possesseur, qui est troublé en sa possession, peut former l'action en complainte pour y être maintenu, de même le possesseur qui a été dépouillé, peut former sa demande en réintégrande, pour recouvrer la possession qu'il a perdue; mais cette demande doit se former dans l'an & jour de la spoliation, ou dépossession.

8. Et en ce cas, quoique le défendeur en réintégrande ait des titres pour montrer que l'héritage contentieux lui appartient, il ne peut toutefois les opposer pour défenses, & par ce moyen empêcher que la réintégrande ne soit adjugée au demandeur. Car toute audience doit être déniée au pétitoire, jusqu'à ce que l'instance de réintégrande ait été jugée & la sentence entiérement exécutée. C'est la disposition de l'ordonn. de 1667, tit. 18, art. 5.

9. Si toutefois le possesseur étoit manifestement de mauvaise foi, & que le défendeur en réintégrande rapportât des titres indubitables, tant de son droit que de l'usurpation sur lui faite par sa partie adverse, il pourroit en ce cas, dit M. Julien Brodeau, & après lui M. Lange en son *Praticien Français*, faire débouter le demandeur en réintégrande ou complainte, de sa complainte ou réintégrande, afin d'éviter un circuit d'actions, & une multiplicité de preuves inutiles, qu'il faudroit faire pour adjuger la possession à celui à qui il faudroit l'ôter incontinent après; & agir autrement ce seroit favoriser la mauvaise foi d'un usurpateur manifeste, par une scrupuleuse formalité de vuider en ce cas le possessoire avant le pétitoire, en adjugeant à cet usurpateur ce que l'on prévoit, par le titre de sa partie, qu'il sera indubitablement obligé de restituer. Brodeau, sur l'article 96 de la Coutume de Paris, & Lange en son *Praticien Français*, liv. 4, chap. 33.

TITRE TREIZIEME.

Des Exécutions.

1. L'Obligation qui est un devoir & une sorte de nécessité qu'on a de faire, ou de ne pas faire quelque chose, se divise en obligation purement naturelle, obligation purement civile, & obligation naturelle & civile tout ensemble, qu'on appelle pour ce sujet, *obligation mixte*.

2. L'obligation purement naturelle, est un engagement fondé uniquement sur l'équité naturelle, & qui n'est point soutenu de l'autorité civile. Telle est l'obligation d'un mineur qui emprunte & s'engage sans l'autorité de son tuteur.

3. L'obligation purement civile, est un engagement uniquement fondé sur l'autorité civile. Telle est l'obligation de celui qui est injustement condamné à payer ce qu'il ne doit point. Il est obligé civilement, parce qu'il y a action & contrainte contre lui, bien que naturellement il ne doive rien.

4. L'obligation mixte, naturelle & civile tout ensemble, est un engagement, qui ayant son principe dans l'équité naturelle, est soutenue & appuyée de l'autorité civile. Telle est celle qui procède d'un contrat consenti par des majeurs capables, selon les loix, de contracter.

5. Ce qui est dû par une obligation purement

naturelle, est abandonné à l'honneur & à la conscience d'un chacun, & on n'a droit de l'exiger que par les voies de douceur, par des sollicitations, des prieres & des remontrances, & elles ne donnent aucune action en justice; mais si on a payé sans erreur & sans contrainte, ce qu'on devoit par une obligation purement naturelle, il n'y a point de répétition à prétendre. L. 10, ff. *de oblig. & action.*

6. Quant à ce qui regarde les obligations naturelles & civiles tout ensemble, elles donnent à celui qui en est l'objet, un droit parfait, en vertu duquel il peut exiger à la rigueur ce qu'on lui doit; & lorsqu'on y manque, on peut recourir à la justice pour les faire exécuter. Elles produisent & donnent action en justice.

7. Et l'action est le droit que l'on a d'exiger ou poursuivre en justice, ce qui nous est dû, ou ce qui nous appartient.

8. Les actions procédent, comme l'on voit, des obligations; & elles ne tendent à autre chose, qu'à faire exécuter & accomplir les obligations. L'obligation produit & donne une action, & on ne sauroit concevoir aucune obligation, sans une action ou un droit qui y réponde; n'étant pas possible de concevoir que l'on soit tenu de faire une chose, s'il n'y a quelqu'un qui puisse l'exiger de nous, ou du moins l'accepter légitimement.

9. Les actions se divisent, par rapport aux obligations d'où elles procédent, en personnelles, réelles, & mixtes: S'il n'y a que la personne qui nous soit obligée, cette obligation produit une action pure personnelle; si c'est la chose seule qui nous est obligée, l'action est réelle; & si la personne & la chose nous sont obligées, c'est l'action mixte.

10. Les effets & suites des actions sont les saisies, exécutions & ventes de meubles, les saisies & arrêts de deniers, la contrainte par corps, & la saisie réelle; & l'on voit par-là qu'il y a quatre sortes de contraintes pour tirer des débiteurs obligés ou condamnés, ce qu'ils doivent.

11. Il est parlé dans ce titre de ces différentes sortes de contraintes, on y traite de l'exécution des sentences, obligations & cédules reconnues, par saisie de meubles, fruits des héritages, arrêt, emprisonnement de la personne, & saisies réelles; & on y explique, par qui & sur qui telles poursuites peuvent & doivent être faites.

12. Il y a dans l'ancienne Coutume un titre *des Exécutions & ventes de biens*, qui contient 7 articles, qui est le titre 13; & un autre qui explique la maniere de faire criée & subhastation, qui est le tit. 14, qui contient 6 articles.

ARTICLE XCVI.

Qui est recevable à procéder par Exécution ou emprisonnement. AUCUN n'est recevable à faire procéder par voye d'Exécution sur les biens d'autrui, ou par emprisonnement de la personne d'autrui, sinon qu'il soit obligé ou condamné, ou que ce soit pour délit, ou quasi-délit, ou pour chose privilégiée.

1. ON ne peut régulierement procéder par saisie & exécution de biens d'autrui, qu'en vertu d'un titre public & authentique, tel qu'est une obligation, ou sentence de condamnation. Aussi notre Coutume au présent article, se sert-elle de ces termes, *sinon qu'il soit obligé ou condamné*, comme fait celle de Paris, art. 160; de Clermont en Beauvoisis, art. 53; d'Estampes, art. 147; de Montfort-Lamaury, article 154; de Mantes, article 67, & autres.

2. De-là il suit que saisie de meubles ne se fait point en vertu de simple cédule & promesse sous signature privée, si ce n'est par permission du juge, lorsqu'il y a péril dans la demeure; & l'on ne permet pas alors d'enlever les effets, que dans le cas de fuite ou de transport qu'en fait le débiteur; & si la saisie est injuste, le saisissant est condamné aux domages-intérêts du saisi.

3. A la vérité, il y a des dettes privilégiées, pour lesquelles on peut saisir sans titre, comme il est dit en cet article; & tels sont les loyers des maisons, ou autres héritages, ainsi qu'il est marqué aux articles 117 & 415, *infrà*; mais il faut toujours avoir sentence pour vendre, selon que nous le dirons sur ces articles.

4. Notre Coutume, au présent article, fait marcher de pas égal l'emprisonnement de la personne, avec la saisie & exécution de biens, parce qu'autrefois on pouvoit s'obliger par corps, & que les juges pouvoient prononcer la contrainte par corps pour toutes sortes de dettes. Par l'ordonnance de Moulins, la contrainte par corps étoit indistinctement permise pour dettes purement civiles; mais cette loi générale a été abrogée par le titre 34 de l'ordonnance de 1667, & restreinte à certains cas, comme on peut voir dans ce titre.

5. Quant à ce qui concerne le mot de *délit*, employé dans notre article, il se rapporte au mot d'*emprisonnement*, & doit être entendu d'un criminel surpris dans le crime, qui peut être arrêté sur le champ, & conduit prisonnier sans ordonnance, en attendant l'information & décret, comme il résulte de l'article 9 du titre 10 de l'ordonnance de 1670.

6. Il en est de même de celui de *quasi-délit*. Car si un cocher, par exemple, avoit fait passer son carosse sur le corps d'un homme; lui, son carosse, & ses chevaux pourroient être arrêtés sur le champ. C'est l'observation de M. Claude Duplessis dans son traité *des Exécutions*, liv. 3, chap. 1, en commentant l'article 160 de la Coutume de Paris, qui contient une disposition semblable à celle du présent article.

ARTICLE XCVII.

ARTICLE XCVII.

SENTENCES & condamnations des Juges Laiz, & obligations faites sous scel autentique pardevant Notaires Laiz; cédules reconnues, ou prouvées pardevant Juges Laiz, emportent garnison de main, qui se peut faire par les Sergens, nonobstant opposition ou appellation, en ensuivant l'Ordonnance du Roy Charles VIII. Toutefois, si icelles Sentences, obligations & cédules reconnues sont conditionnelles, & que la condition ou autre chose y apposée requiere connoissance de cause, est à la discrétion du Juge, Parties ouies, d'ordonner de ladite garnison.

Quelles choses emportent garnison de main.

1. Une obligation ou contrat passé pardevant notaires laïcs, sous scel royal ou authentique (c'est-à-dire, sous le scel de la jurisdiction du seigneur du lieu où elle a été consentie) emporte exécution: de maniere qu'un créancier, en vertu de telle obligation, peut, nonobstant opposition ou appellation, faire procéder par un sergent, par voie de saisie & exécution sur les biens meubles de son débiteur ; & que le sergent peut en dessaisir & dépouiller le débiteur, pour en garnir la main de justice. C'est ce que veut dire notre article, quand il dit que telle obligation emporte garnison de main : & telle est la disposition de la Coutume du Nivernois, chap. 32, art. 3; d'Orléans, art. 430; de Blois, art. 245; de Paris, art. 164 & 165; de Montargis, chap. 20, art. 1, & autres.

2. L'obligation passée pardevant les notaires royaux dans l'étendue de leur territoire, est exécutoire sur les biens de l'obligé par tout le royaume, soit que les parties eussent leur domicile dans le ressort de la jurisdiction où elle est passée, ou non. C'est la disposition de l'article 65 de l'ordonnance de 1539.

3. Pour celle qui est passée pardevant les notaires & tabellions des seigneurs dans leur détroit, elle n'est exécutoire sur les biens de l'obligé, si au temps de l'obligation il n'étoit demeurant dans le détroit de la jurisdiction, où le scel est authentique. C'est la disposition de l'article 66 de l'ordonn. de 1539, & de l'article 165 de la Coutume de Paris, qui a été ajouté lors de la réformation; mais le changement de domicile de l'obligé, après l'obligation passée sous le scel authentique, n'empêche pas qu'elle ne soit exécutée sur ses biens: c'est ce qui résulte dudit art. de l'ordonnance de 1539.

4. Il en est des sentences comme des obligations passées pardevant notaires ; elles sont également exécutoires. Ainsi une sentence qui porte condamnation de payer une somme, est exécutoire sur les biens du condamné, excepté quand il y a appel de la sentence, & que l'appel en suspend l'exécution.

5. Mais pour qu'on puisse saisir & exécuter en vertu d'une sentence, il faut qu'elle soit en forme & scellée ; car, si elle n'étoit que par

Part. I.

extrait, ou qu'elle ne fût pas scellée du scéau de la jurisdiction où elle a été rendue, on ne pourroit pas en vertu d'icelle, faire une saisie & exécution de meubles.

6. Notre Coutume au présent article dit, *Sentences & condamnations des Juges laiz* ; parce qu'autrefois on ne pouvoit exécuter les jugemens ecclésiastiques, ni faire aucune saisie en conséquence, sans permission ou *pareatis* du juge séculier : mais cet usage est abrogé par l'édit de 1695, sur la jurisdiction ecclésiastique, art. 44, en vertu duquel on exécute tous les jugemens des juges d'église, tant en matiere civile, qu'en matiere criminelle, même pour les décrets de prise de corps.

7. C'est la disposition formelle de l'article de l'édit, qui parlant en général des sentences & jugemens sujets à exécution, & décrets décernés par les juges d'église, ne fait point de distinction; & porte qu'ils seront exécutés en vertu de la présente ordonnance, sans qu'il soit besoin pour cet effet d'aucun *pareatis* du juge séculier.

8. Mais, quoiqu'il en soit de la maniere de mettre en exécution les sentences des juges d'église; ce qui est sûr, c'est qu'un titre portant exécution, soit obligation ou sentence, pour être en forme exécutoire, doit avoir cinq conditions.

9. 1°. Il doit être en original, brevet d'obligation, ou grosse originale de contrat; & on ne peut exécuter en vertu de copies collationnées, mais en vertu de grosses originales, dont le sergent doit être porteur, ainsi que des autres titres originaux.

10. 2°. Il doit être scellé du sceau de la jurisdiction ; & si c'est une obligation ou contrat, il doit être contrôlé. On observe en quelques lieux, que l'instrument du titre soit en parchemin; en d'autres lieux, il suffit qu'il soit en papier. Par l'édit du roi Louis XIV, il faut que le papier & parchemin soit timbré des armes de la province, où est situé le bailliage dans lequel l'acte a été passé.

11. 3°. Il doit être moderne, & non prescrit; car un titre ancien & prescrit n'a plus de force pour produire d'action, & il ne sert plus que d'enseignement.

12. 4°. Il doit être pur & simple, sans terme

R r

ni condition; ou s'il a terme ou condition, le terme doit être échu, & la condition accomplie. Il faut aussi que la dette portée par l'obligation ou jugement soit certaine & liquide, en deniers ou en espèces, comme nous le dirons sur l'article 126, *infrà*.

13. 5°. Il doit être enfin nommément contre la personne que l'on exécute, par la raison que les obligations, ou condamnations sont personnelles: ce que nous expliquerons sur l'article 106, *infrà*.

14. Quand une obligation est revêtue de toutes ces conditions, elle est exécutoire par provision; & le débiteur, quelqu'opposition qu'il y forme, ne peut pas empêcher la saisie & exécution de ses meubles & effets mobiliers, & que le sergent n'en garnisse la main de justice, comme il est dit en l'ordonnance de Charles VI, du 12 octobre 1384; en celle de Charles VIII, en juillet 1493, art. 54, & dans le présent article; sauf après cela au juge à faire droit sur l'opposition du débiteur, la garnison demeurant.

15. Mais il y a plus, c'est que, selon l'art. 68 de l'ordon. de 1539, quand contre l'exécution d'une obligation sous le scel royal, ou authentique, il y a opposition, il doit être ordonné que les biens pris par exécution, seront vendus, & les deniers mis ès mains du créancier, nonobstant l'opposition ou appellation; & ce par provision, en donnant par le créancier bonne & suffisante caution.

16. Avant cette ordonnance, dit Coquille, sur la Coutume de Nivernois, tit. 32, art. 3, on ne pratiquoit pas communément d'autre garnison de main que celle de la main de justice, par saisie & séquestration des biens-meubles du débiteur; mais par l'ordonnance de 1539 a été introduite une autre garnison de main, qui est la main du créancier, qui est une espèce de récréance, puisqu'il perçoit par provision les deniers provenans de la vente des meubles saisis.

17. La premiere garnison, dans le temps de la rédaction de la Coutume, se faisoit, ou par le sergent, en vertu d'une obligation en bonne & due forme, ou elle étoit ordonnée par le juge. C'est de la premiere dont il est parlé dans l'ordonnance de Charles VI, de l'an 1384, & dans celle de Charles VIII, de l'an 1493; & il est parlé de l'une & de l'autre dans le présent article. Il est parlé de la premiere, quand il y est dit que les sentences & obligations emportent garnison de main, qui se peut faire par le sergent, nonobstant opposition ou appellation, suivant l'ordonnance de Charles VIII, qui est celle du mois de juillet 1493; & il est parlé de la seconde, quand il y est dit, que si ces sentences & obligations sont conditionnelles, & que la condition requiere connoissance de cause, il est à la discrétion du juge d'ordonner ladite garnison: ce que nous expliquerons plus amplement sur l'article suivant.

ARTICLE XCVIII.

De l'ajourné à garnir.

QUI est ajourné pour garnir, il aura deux délais à l'arbitrage du Juge, & sera reçu à garnir argent ou quittance; & à faute de garnir argent ou quittance dans iceux délais, il sera condamné à payer.

1. Garnir la main de justice, selon que cela se pratiquoit, c'étoit mettre la somme en deniers ou meubles exploitables, entre les mains du sergent, en s'opposant à la délivrance.

2. Il y avoit deux garnisons, comme il a été dit sur l'article précédent. La premiere qui se faisoit par le sergent en vertu d'une obligation en bonne & due forme, ou volontairement par le débiteur; & la seconde qui étoit ordonnée par le juge, avec connoissance de cause.

3. Si un créancier avoit une obligation contre un débiteur, portant exécution, & que le débiteur prétendant avoir des moyens de s'exempter de payer, s'opposât à l'exécution; quoique son opposition pût être bien fondée, si toutefois il vouloit empêcher le sergent de passer outre, il falloit qu'il garnît la main de justice, c'est-à-dire, qu'il consignât les deniers entre les mains du sergent, & s'opposât à la délivrance. Cette maxime est écrite dans *les Institutes* de M. Antoine Loysel, liv. 6, tit. 5, regle 3.

Par Coutume, dit-il, & usance gardée en cour laïe, garnison se fait ès mains du sergent porteur des lettres passées sous scel royal, nonobstant opposition, voir nonobstant appel, par l'ord. du roi Charles VIII.

4. Si le titre du créancier ne portoit pas exécution parée, ce qui pouvoit arriver en deux cas, ou parce que l'obligation étoit conditionnelle, ou le contrat réciproque, contenant quelque charge, ou parce que ce n'étoit qu'une simple promesse sous signature privée: Dans le premier cas, si la condition ou la charge souffroit quelque doute, & demandoit connoissance de cause, il étoit, comme il est dit dans l'article précédent, à la discrétion du juge, parties ouies, d'ordonner, ou de ne pas ordonner la garnison de main.

5. Dans le second cas, le débiteur étoit tenu, avant que de proposer aucunes exceptions, de reconnoître ou nier son seing; & si la cédule étoit reconnue par le débiteur, le juge, avant que de l'entendre au principal, devoit le condamner à garnir la main de justice, ainsi qu'il est dit dans l'article 59 de la Coutume de Mantes; en l'article 11 du titre 9 de celle de Berry, & que le disent les autres Coutumes, qui portent que cédules privées reconnues, ou

duement prouvées, emportent garnison de main, comme celle-ci, en l'article précédent; celle de Blois, art. 266; d'Orléans, art. 462; d'Anjou, art. 509; du Maine, arrêt. 504, & autres.

6. Dans ces cas, le débiteur ajourné pour garnir étoit tenu, comme le porte notre article, par Coutume nouvelle, de garnir argent ou quittance, & cela dans deux délais, à l'arbitrage du juge; & cette garnison ordonnée par la Coutume & par le juge, avoit ce privilége, que si le débiteur ne garnissoit, & ne satisfaisoit pas par provision, il étoit condamné à payer.

7. Aujourd'hui on n'ajourne plus pour garnir. Quand un juge croit devoir ordonner une provision, il condamne le débiteur à payer par provision une telle somme entre les mains du créancier, en, par ledit créancier, donnant caution de rapporter la somme, si le cas y échet.

8. Que si un sergent, en vertu d'une obligation, poursuit le débiteur obligé, & qu'il saisisse & exécute ses meubles; si ce débiteur prétend avoir des moyens de s'exempter de payer, il doit former opposition à la saisie & exécution de ses meubles, présenter requête au juge, lui exposer ses moyens d'oppositions, conclure à la main-levée de ladite saisie; pour le voir ainsi ordonner, demander permission d'assigner le créancier saisissant, & cependant qu'il plaise au juge d'ordonner qu'il sera sursis à toutes poursuites, & selon que le juge trouve ses moyens justes & légitimes, il ordonne ou refuse cette surséance.

9. Si le débiteur n'obtient pas de surséance, le créancier ne laisse pas de continuer ses poursuites en vertu de son obligation; & s'il l'obtient, c'est au créancier qui veut aller en avant, d'en poursuivre la main-levée.

Quand le vice du contrat ou de l'obligation est apparent & visible, ou que l'exception du débiteur est claire & évidente, on ne doit pas alors refuser de surséance, par la raison de la loi *Si is à quo*, ff. *ut in poss. legat*. Et ainsi a été jugé par arrêt du 8 juillet 1644 : c'est l'observation de Coquille, sur l'article 3 du titre 32 de la Coutume de Nivernois, & après lui de M. François Menudel, sur le présent article.

* Si le titre de la créance est une simple promesse sous signature privée, le créancier fait assigner le débiteur, tant en reconnoissance de sa promesse, qu'en condamnation de la somme y contenue, & la promesse emporte hypothéque sur les biens du débiteur, du jour qu'elle est reconnue en justice, ou du jour de la dénégation du débiteur; si après la vérification qui est faite en justice, elle se trouve véritable, encore que la condamnation pour le principal soit postérieure; c'est la disposition de l'ordonnance de 1539, art. 92 & 93 ; de l'édit du mois de décembre 1684, art. 9, & de la Coutume de Paris, art. 107.

Sur quoi il est à observer, que la promesse sous seing privé d'un défunt, non reconnue par lui, mais reconnue avec l'un de ses héritiers, ne donne point contre cet héritier l'action hypothécaire pour le tout, mais seulement pour sa part & portion, & que l'hypothéque acquise contre lui par sa reconnoissance & vérification, n'a point d'effet contre les autres. Ainsi a été jugé par deux arrêts rapportés par M. Bouguier, let. C, n. 1, l'un de 1589, & l'autre de 1600. La raison est que, dès l'instant de la mort, les dettes personnelles, tant actives, que passives, ont été divisées, que les biens au temps de la reconnoissance & de la vérification, n'étoient plus au défunt, mais à ses héritiers, & que l'obligation n'a pu être augmentée par l'un au préjudice des autres. Voyez ce qui a été dit sur l'art. 35, *suprà*, n. 7 & 8.

ARTICLE XCIX.

Sentences ou condamnations données contre aucun qui a pris la cause pour un autre est exécutoire, tant du principal que des dépens, tant contre celui qui est condamné, que celui pour lequel il a pris la cause, au choix de celui qui a obtenu; en ayant, quant ès dépens seulement, fait due discussion sur les biens meubles du principal condamné.

Exécution de Sentence contre le principal, & celui qui a pris la cause.

1. L'Ordonnance de 1667, tit. 8, *des garans*, a réglé ce qui concerne les garans & les garanties; la maniere de procéder aux jugemens des garanties, & celle dont ces jugemens doivent être exécutés, tant contre les garans, que contre les garantis; & c'est à elle qu'il faut avoir recours, parce qu'elle a dérogé à toutes Coutumes contraires. C'est aussi cette ordonnance que l'on suit & que l'on observe. Sans s'arrêter à ce qui est porté par le présent article, elle distingue deux sortes de garans : les formels, & les simples.

2. Les garans formels, sont ceux qui sont tenus & responsables envers un autre de l'éviction de quelque chose ; & les garans simples, ceux qui sont tenus d'acquitter un autre de quelque dette, ou action personnelle. Exemple :

3. Un particulier a vendu une maison; quelque temps après l'acquéreur est troublé : celui qui fait le trouble est demandeur originaire ; l'acquéreur qui appelle son garand en sommation, est le garanti, & le vendeur qui prend le fait & cause, est le garand formel.

4. Pierre & Jean empruntent une somme de Philippe, & en consentent solidairement une obligation à son profit. Pierre & Jean sont

tous deux cooblígés : mais Jean n'est intervenu dans l'obligation, que pour faire plaisir à Pierre qui a touché toute la somme, pour donner une plus grande sûreté au créancier ; ce qui fait que Pierre a donné une indemnité à Jean. Dans le temps de l'échéance de l'obligation, Pierre ne paye pas le créancier qui poursuit Jean, & Jean poursuivi somme Pierre de faire cesser les poursuites de Philippe. Dans cette cause Pierre est le garand simple ; & Jean est le garanti.

5. La garantie formelle, comme il est dit dans l'article premier du titre 8 de l'ordonnance de 1667, a lieu dans les matieres réelles & hypothécaires, & la garantie simple en toutes autres matieres.

6. En garantie formelle le garand peut prendre le fait & cause du garanti, qui doit être mis hors de cause, s'il requiert avant la contestation : c'est l'article 9 du titre 8 de l'ordonnance. Mais en garantie simple, selon l'article 12 du même titre, le garand ne peut prendre le fait & cause du garanti, mais seulement intervenir & se joindre en cause. Et la raison de cette différence, c'est qu'en garantie formelle le garanti n'est point obligé personnellement envers le demandeur originaire qui reclame & revendique la chose entre ses mains ; de maniere que quand son garand qui lui a vendu, prend son fait & cause contre le demandeur originaire & conteste avec lui, il est libéré envers ce demandeur originaire & doit être mis hors de cause : au lieu qu'en garantie simple, le garanti étant personnellement obligé envers le demandeur originaire, il ne peut être libéré de cette obligation personnelle, par la prise de fait & cause de son garand.

7. Dans la garantie formelle, dès que le garand a pris le fait & cause du garanti, le garanti n'a plus rien à craindre du côté des dépens, dommages & intérêts ; & si l'éviction a lieu, le jugement n'est exécutoire contre le garanti, que pour raison de la chose qu'il possède, le garand étant obligé d'acquitter tout le reste : mais en garantie simple, le jugement s'exécute contre le garanti, sauf son recours contre son garand, ou bien on condamne le garanti envers le demandeur originaire, & le garand à acquitter & indemniser le garanti. Ainsi la disposition du présent article n'a son application que par rapport à la garantie simple.

8. Celui qui a un garand formel ou simple, quand il est troublé & poursuivi en justice, doit dénoncer à son garand le trouble & la poursuite, & le faire appeller à ce qu'il soit tenu de la faire cesser ; & si un acquéreur troublé se laisse condamner par défaut sans dénoncer à son vendeur les poursuites qui sont faites contre lui ; s'il compromet ou transige à l'insçu du vendeur, ou s'il fait quelqu'autre préjudice à la condition de son garand, il ne pourra demander la garantie d'une éviction qu'il se doit imputer. C'est la disposition des loix civiles, L. 55, ff. de evict. L. 53, §. 1,

& L. 56, §. 1, ibid. Domat, Loix civ. tome 1, liv. 1, tit. 2, sect. 10, art. 21.

9. Et aux termes de l'ordonnance de 1667, tit. 8, art. 14, les garans qui succombent, ne doivent être condamnés qu'aux dépens du jour de la sommation, & non de ceux faits auparavant, sinon de l'exploit de la demande originaire ; parce que, comme l'observe M. Bornier sur cet article, si le garanti eût dénoncé le trouble & appellé son garand dès le commencement ; où le garanti eût consenti les fins & conclusions de celui qui évinçoit la chose, & de cette maniere, il n'y eût point eu de dépens ; où il eût eu des titres & des défenses valables, & en ce cas le demandeur originaire les eût payés.

10. Mais aussi d'un autre côté le garanti doit être indemnisé de tous les frais justes & légitimes, faits depuis la dénonciation : je dis justes & légitimes ; car si le garanti, par exemple, ayant été condamné, interjette appel mal-à-propos aux périls de son garand, uniquement pour avoir du temps, il supportera seul les dépens de l'appel mal-à-propos interjetté, sans répétition contre le garand, ainsi qu'il a été jugé par arrêt du 21 février 1727, entre le sieur Sulliere, & un nommé Hencelin, émailleur à Bourbon, & avec justice ; car le garanti qui est condamné envers le créancier, mais avec son recours contre son garand, qui par la même sentence est condamné de l'indemniser de l'effet de la condamnation contre lui prononcée, n'a plus rien à demander : il n'a qu'à mettre sa sentence à exécution contre son garand ; & si on lui fait de nouveaux frais, les dénoncer à son garand.

* Arrêt du 21 février 1727, qui a condamné un garanti aux dépens d'un appel mal-à-propos interjetté aux périls, risques & fortunes de son garand, & ce sans répétition contre son garand. Voici le fait.

Un nommé Hencelin, émailleur à Bourbon, avoit acheté un domaine d'un nommé Charbonnier ; lui forma une action hypothécaire, & Hencelin de son côté exerça un recours contre Charbonnier. Par sentence de cette Sénéchaussée du 27 mai 1722, le domaine fut déclaré affecté & hypothéqué du sieur Sulliere ; permis à Sulliere de le faire vendre ; & par la même sentence, Charbonnier fut condamné à acquitter & indemniser Hencelin de l'effet de la sentence avec dépens, tant en demandant, défendant, que de la sommation ; Hencelin appella cette sentence, aux périls de Charbonnier ; & par arrêt du 21 février 1727, la sentence fut confirmée ; Hencelin condamné aux dépens, & l'arrêt fut déclaré commun avec Charbonnier, dépens à cet égard compensés : j'ai vu & lu l'arrêt.

11. Si le garand formel est insolvable, & que le garanti reconnoisse qu'il lui est plus avantageux de renoncer à la chose qu'on veut évincer, il peut l'abandonner, aux périls de son garand, pour éviter les poursuites contre lui ; & il doit tâcher de faire le déguerpissement

ou

Tit. XIII. DES EXÉCUTIONS. Art. C.

ou délaissement avant la contestation en cause, pour n'être pas tenu des dépens, & le faire signifier au demandeur originaire.

12. Le garanti a cet avantage, de pouvoir traduire le garand en quelque lieu que soit son domicile, pardevant le juge de la demande originaire, sans aucune commission du juge, si ce n'est en cour souveraine; où il est nécessaire pour appeller garand, d'obtenir une commission ou un arrêt : enforte que le garand ne peut décliner la jurisdiction du garanti, à moins qu'étant privilégié il ne demande son renvoi pardevant le juge de son privilége, ou qu'il ne paroisse par écrit & par l'évidence du fait, que la demande originaire n'a été formée que pour traduire le garand hors de sa jurisdiction. C'est la disposition de l'ordonnance de 1667, tit. 8, art. 1 & 8.

ARTICLE C.

De l'Exécution de Sentences passées en chose jugée.

EN exécution de Sentences passées en force de chose jugée, le condamné n'est reçu à opposition, sinon que la Sentence fût surannée : auquel cas l'opposition doit être renvoyée pardevant le Juge qui a donné ladite Sentence.

1. Quoique par la disposition du droit une sentence dure trente ans, toutefois anciennement le pouvoir de la faire exécuter périssoit par un an, tellement qu'après l'an il falloit prendre permission du juge pour la faire exécuter nonobstant le sur-an. *Hodiè*, dit Papon sur le présent article, *licèt jus sententiæ sit perpetuum, & actio judicati duret trigenta annos*, L. 6, *Miles*, §. *fin. ff. de re jud. &* L. *Sicut*, Cod. de præscript. 30 vel 40 ann. *Tamen jus exequendi judicatum anno perit, ut dicit Bart. in L.* 1, §. *permittitur, ff. de aquâ quotid. & æstivâ*. C'est qui se trouve encore expliqué dans l'article 9 du chapitre 18 de la Coutume de Lille. Une sentence, dit cet article, n'a vigueur d'exécution que l'espace d'un an, en suivant le jour de la date d'icelle; & est requis l'an expiré, pour l'avoir de rechef exécutoire, de faire ajourner le condamné pour voir prononcer exécutoire.

2. M. Charles Loyseau, traité *des offices*, liv. 2, chap. 4, n. 47 & 48, estime que nous avons reçu cette pratique du sur-an, des canonistes, sur le chapitre *plerumque, extrà, de rescriptis*. Nous nous sommes, dit-il, laissés aisément porter à la suivre ès rescrits de chancellerie, & afin qu'on n'en doutât point, on mettoit anciennement cette clause à toutes les lettres de chancellerie : *Les présentes après l'an non-valables*. Ce que les juges, ajoute-t-il, ont favorablement étendu à leurs sceaux pendant qu'ils en avoient la garde & en prenoient l'émolument, & de-là vient qu'après l'an on prend permission du juge pour exécuter sa sentence.

3. C'est aussi pour cela, que quoique la sentence eût passé en force de chose jugée, si toutefois on la vouloit mettre à exécution après l'an, le condamné pouvoit former opposition, comme dit le présent article; auquel cas l'opposition étoit renvoyée pardevant le juge qui avoit rendu la sentence. *Quòd si post annum*, dit Papon, *hic, executione vexetur condemnatus, provocare potest*.

4. Mais aujourd'hui cela ne se pratique pas. Une sentence dure 30 ans, & peut être mise à exécution pendant ce temps-là. *Judicati actio* *perpetua est*, L. *miles*, §. *fin. ff. de re jud. & rei persecutionem continet, & non præscribitur nisi per triginta annos, qui non numerantur nisi à die cessationis aut interruptionis; undè dispositio hujus paragraphi non est in usu & in desuetudinem abiit*, dit M. Fauconnier, *hic*.

Si la sentence est contradictoire, on n'est pas recevable à y former opposition; il n'y a que la voie d'appel, & pour cela il faut qu'elle n'ait pas passé en force de chose jugée. Or, les sentences & jugemens, dit l'ordonnance de 1667, tit. 27, art. 5, qui passent en force de chose jugée, sont ceux rendus en dernier ressort & dont il n'y a pas d'appel, ou dont l'appel n'est pas recevable, soit que les parties y eussent formellement acquiescé, ou qu'elles n'eussent pas interjetté appel dans le temps, ou que l'appel ait été déclaré péri.

5. Si après les trois ans, & les six mois passés, il n'est fait aucune sommation d'appeller, la sentence n'aura force de chose jugée qu'après dix ans, à l'égard des particuliers, tant présens qu'absens; après vingt ans, à l'égard de l'église, & des corps de communautés qui jouissent du même privilége, à compter du jour de la signification qui aura été faite de cette sentence au véritable domicile, & non à un domicile élu ni au domicile d'un procureur; mais aussi après ce temps-là, elle passe en force de chose jugée, suivant l'ordonnance de 1667, audit titre 27, qui a dérogé à l'ancienne jurisprudence reçue au palais, de pouvoir appeller de toutes les sentences pendant trente ans.

6. A l'égard des sentences par défaut, quoique l'opposition régulièrement ne soit recevable contre ces sentences, que dans le cas que les procédures sur lesquelles lesdites sentences sont intervenues, sont nulles & faites contre la disposition de l'ordonnance, ainsi que le porte l'arrêt de réglement rendu entre les officiers de cette Sénéchaussée & ceux de la châtellenie de cette ville de Moulins, le 30 juillet 1678. Toutefois l'usage est en ce siége de recevoir l'opposition contre ces sentences, même après la huitaine de leur signification, & on reçoit l'opposition pendant tout le temps que l'appel est recevable.

ARTICLE CI.

De l'Exécution des Seigneurs sur leurs hommes pour les censives.

LES SEIGNEURS Jufticiers peuvent faire procéder par Exécution fur les biens de leurs fujets, après qu'ils fe font déclarez détenteurs des héritages tenus d'eux à cens, ou à autre devoir portant droit de directe Seigneurie, pour avoir payement des arrérages de dix années defdits cens & autres devoirs portans directe, quand ils font obligez, ou déclarez héritiers defdits obligez, & ce fans commiffion. Et quant aux autres Seigneurs directs non-ayans Juftice, ils pourront faire le femblable, en ayant pouvoir & commiffion fuffifante; & en tous lefdits cas, n'y aura garnifon de main, ni action d'arrérages que de dix années.

1. Anciennement les fergens, pour procéder aux exécutions des débiteurs, même en vertu de contrats & fentences, avoient befoin d'une commiffion; & tel étoit l'ufage dans le temps de la rédaction de la Coutume, comme il paroît par ce qui eft dit aux articles 111 & 143, *infra*, & que nous l'affure M. Jean Duret dans fa paraphrafe fur le ftyle de cette Sénéchauffée, tit. 1, §. 2, n. 4. Quant à l'exécution, dit-il, de biens en vertu d'obligation authentique, & paffée fous fcel royal, ou d'autre jurifdiction, il y a telle forme à obferver. Le fergent muni d'obligation, & de commiffion donnée du juge, ou de lettres de *debitis*, qui ne foient furannées, s'adreffe au débiteur, & lui fait commandement de payer au créancier le contenu dans l'obligation; & à fon refus, met en la main du roi, & faifit meubles pour procéder à la vente.

2. Les lettres de *debitis*, dont parle Duret, étoient une commiffion qui s'obtenoit en la chancellerie pour l'exécution des contrats & fentences.

3. Selon le même Duret, *ibid.* n. 33, les fergens avoient auffi befoin de commiffion, même pour les ajournemens, en certaines matieres. Il eft évident, dit-il, qu'en aucunes matieres les commiffions verbales ou par écrit, ne font néceffaires, & qu'en d'autres il faut qu'elles foient expreffes. Nos droits, ajoute-t-il, l'ont requis en tous actes avec déclaration que la générale ne fuffifoit pas, mais qu'il falloit autant de commiffions, qu'il y avoit d'affaires particulieres; & combien que cette commiffion ne parût point pour avoir été adhérée, la pratique étoit, felon M. Duret, qu'on ajoutoit foi au fergent qui avoit procédé en vertu de commiffion.

4. Notre Coutume, dans le préfent article, difpenfe les feigneurs jufticiers de prendre une commiffion pour fe faire payer de leurs cens & devoirs feigneuriaux par leurs fujets; & elle veut que les feigneurs ayant juftice, puiffent faire procéder par exécution fur les biens de leurs fujets, fans commiffion, quand ils fe font déclarés détenteurs des héritages de leur cenfive, ou autre devoir feigneurial, & qu'ils fe font obligés ou déclarés héritiers des obligés, pour être payés de dix années d'arrérages: mais à l'égard des feigneurs directs, non ayans juftice, elle veut qu'ils prennent commiffion portant pouvoir. La Coutume de Nivernois porte pareillement, tit. 32, art. 15, que le feigneur jufticier peut faire procéder par exécution pour fes droits, domaines anciens & accoutumés, fans autre commiffion par écrit.

5. Les états, dans le temps de la rédaction de ces Coutumes, ont jugé que les feigneurs jufticiers étoient fuffifamment autorifés, pour fe faire payer par leurs jufticiables & tenanciers, de leurs cens & autres droits feigneuriaux, quand ils étoient obligés, ou déclarés héritiers des obligés, fans les affujettir à prendre un nouveau pouvoir & commiffion de leurs propres juges, qui tenoient d'eux tout leur pouvoir, & qui n'avoient d'autorité que celle que les feigneurs leur avoient communiquée & concédée.

6. La faifie & exécution, dont la Coutume parle au préfent article, n'eft pas une faifie des fruits pendans fur l'héritage fujet au cens, que le feigneur eft en droit de faire faire, fuivant les articles 413 & 415, *infra*: mais c'eft une exécution faite fur les meubles du tenancier pour le paiement du cens ou devoir feigneurial; laquelle exécution ne fe peut valablement faire, fi le détenteur n'a paffé reconnoiffance, & ne s'eft obligé, ou fi le feigneur n'a obtenu jugement contre lui, comme nous le dirons fur l'article 413, & qu'il a été réglé par arrêt de réglement général de la cour des grands jours, féans à Clermont, du 9 janvier 1666. Auffi eft-il dit dans le préfent article, *quand ils font obligés ou déclarés* (s'entend par jugement) *héritiers defdits obligés*; outre laquelle obligation ou fentence, notre article veut encore que les feigneurs non-jufticiers prennent une commiffion pour la validité de l'exécution.

7. Mais comme c'eft l'ufage à préfent, qu'une obligation paffée pardevant notaires, porte exécution parée, c'eft-à-dire, que le créancier peut en vertu d'icelle faire procéder fans permiffion ou ordonnance de juge, ni commiffion, par exécution fur les biens de fon débiteur obligé, & qu'il en eft de même d'une fen-

tence de condamnation qui se met à exécution sans autre pouvoir, commission, ou mandement, que celui qui est contenu & inséré en icelle; le présent article n'est plus en usage, & les seigneurs directs peuvent, également que les seigneurs justiciers, pour le paiement des arrérages de cens à eux dus, faire saisir les biens de leurs censitaires, sans commission, quand ils sont obligés ou condamnés. Toute la différence qu'il y a aujourd'hui, entr'eux & les seigneurs justiciers, c'est que ceux-ci ont plus de pouvoir, en ce qu'ils n'ont recours, comme dit la Coutume de Reims, art. 161, à autre justice qu'à la leur, pour contraindre leurs sujets au paiement de leurs devoirs : ce qui est autorisé par l'ordonnance de 1667, tit. 24, art. 11.

ARTICLE CII.

LE SEIGNEUR Justicier peut faire procéder par Exécution par son Sergent, sans commission aucune sur ses Sujets, pour avoir payement de ses exploits, défauts & amendes de sa Cour, vérifiez & signez par son Greffier.

1. CEt article, dans le procès verbal de la Coutume, est bien plus étendu; mais sur la remontrance des commissaires il a été rédigé, comme l'on voit.

2. Il est une suite du précédent ; car comme la Coutume, par le précédent, permet aux seigneurs justiciers, pour le paiement de leurs cens, & autres devoirs portant directe, de saisir les meubles de leurs sujets déclarés détenteurs des héritages chargés du devoir, quand ils sont obligés ou déclarés héritiers des obligés; elle leur accorde la même chose pour le paiement des défauts & amendes de leur justice, vérifiés & signés par leurs greffiers, ainsi que fait celle d'Auvergne, tit. 24, art. 68 : en quoi, dit M. Claude-Ignace Prohet sur cet article, on ne voit pas qu'il puisse y avoir raison de douter, d'autant que ces amendes étant adjugées par sentence, le seigneur a droit de les faire exécuter sur ses justiciables, la sentence ayant son exécution parée ; & les justiciables, selon la remarque de M. Charles Dumoulin, dans sa note sur le présent article de notre Coutume, n'ont pas lieu de se plaindre, puisque la commission ne serviroit qu'à augmenter les frais ; & ainsi fut jugé, dit-il, par arrêt aux grands jours de cette ville de Moulins, le 12 novembre 1540. *Tantò enim minores*, dit Dumoulin, *erunt sumptus, ideò Appellans etiam in mulctam damnatus fuit per Arrestum, me præsente, datum Molinis in Concessibus illis, quos Dies magnos vocant, die 12 octob. post meridiem, an. 1540.*

ARTICLE CIII.

CELUI qui a reconnu tenir aucun héritage, est tenu continuer payer les cens & charges, & on peut procéder contre lui par Exécution, posé qu'il dit non-être tenancier, jusqu'à ce qu'il ait nommé celui auquel il a transporté. Et en nommant celui auquel il a transporté, les biens sur lui pris par Exécution, lui seront recrûs & rendus sans frais : & s'il fait fausse nomination, il sera condamné en l'amende, & dommages & intérêts.

De l'Exécution faite sur celui qui a confessé tenir l'héritage.

1. QUoique le détenteur & tenancier de l'héritage chargé de cens, & autres charges foncières, puisse se libérer du cens & de la rente, en déguerpissant & abandonnant l'héritage, suivant l'article 399, *infrà*; toutefois le seigneur & propriétaire du cens ou de la rente, ou celui qui le représente, peut procéder par voie d'exécution contre celui qui a reconnu, quoiqu'il dise n'être plus tenancier & détenteur, jusqu'à ce qu'il ait indiqué le nouveau détenteur, ainsi que le dit notre Coutume, au présent article; celle d'Auvergne, tit. 21, art. 21, & celle de Nivernois, tit. 7, *des rentes & hypothèques*, art. 3 & 4. La raison est que le seigneur du cens ou de la rente, ayant juste cause d'ignorer la revente de l'héritage, ne peut s'adresser qu'à celui qui a reconnu, & n'a par conséquent pas tort de le faire exécuter, jusqu'à ce qu'il lui ait déclaré celui auquel il a transporté l'héritage, & qui en est pour lors détenteur; & cela avec d'autant plus de fondement, que celui qui a reconnu n'est point (comme le dit M. Charles Loyseau) absolument déchargé, jusqu'à ce qu'un autre soit chargé en sa place par déclaration, ou titre nouvel. Loyseau, *du Déguerp.* liv. 4, som. 8, n. 9.

2. Il en est de même, selon M. François Menudel après M. Dubuisson, de celui qui a acheté à la charge du cens ou de la rente au profit du seigneur censier ou rentier, ou qui a été condamné au paiement d'icelle, excepté dans un cas ; savoir, quand c'est le chef de la communauté qui a été condamné : car voici

comme s'expliqué M. Menudel sur le présent article, sur le mot, *reconnu*: Ou que le détenteur, dit-il, ait acquis à la charge du cens. *Idem in condemnato*, dit-il encore; *fallit tamen*, ajoute-t-il, si c'est un chef de communauté; *nam mortuo eo, non tenentur socii nominare*, parce que l'action étant réelle, l'obligation n'oblige les communs; *Buissonius*, M. Menudel, *hic*.

3. M. François Decullant est de même sentiment, & y joint celui qui a payé le cens, comme propriétaire & détenteur. C'est son observation sur le mot, *reconnu*, de notre article. *Aut fuit*, dit-il, *condemnatus, quia res judicata pro veritate habetur, nullâ pendente appellatione, aut qui alius solverit censum, tanquam verus possessor rei censualis*.

4. L'obligation de nommer le détenteur ne passe point à l'héritier, ainsi qu'il a été jugé en cette Sénéchaussée, en l'année 1585, selon M. Menudel; & tel est le sentiment de M. Dubuisson & Berger, & le sien. *Ad hæredes ejus*, dit Menudel, *non extenditur hic paragraphus, Buissonius & Bergerius ex Sententiâ Senescalli, anni 1585*; & la déclaration de n'être tenancier suffit. C'est aussi le sentiment de M. Jean Decullant, qui dit l'avoir ainsi appris de Jean Roussel, célébre avocat. *Et sic sæpe vidi*, dit-il, *responderi à Domino Joanne Roussel patre, Advocato celeberrimo Molinis, & ita ego sentio*. Cela a été ainsi enfin jugé par arrêt : dit M. Claude-Ignace Prohet sur la Coutume d'Auvergne, tit. 21, art. 21, donné en la cause du sieur de Palerne, contre Doyet de Surat, qui fut déchargé de nommer le nouveau tenancier, encore qu'il fût fils & héritier de celui qui avoit reconnu. * La différence qu'il y a à cet égard, entre celui qui a reconnu, & son héritier, est bien sensible; celui qui, en qualité de propriétaire & possesseur, a reconnu, & qui n'est plus détenteur, fait la disposition qu'il a faite de l'héritage, & connoît la personne, en faveur de laquelle il en a disposé, au lieu que son héritier peut ignorer la disposition que son auteur a faite de l'héritage, & ne pas connoître celui qui en est actuellement détenteur.

5. Papon, sur le présent article, rapporte un arrêt donné aux grands jours de cette ville de Moulins, le 5 oct. 1640, par lequel il fut dit que celui qui a reconnu, doit non-seulement nommer le détenteur, mais encore le faire appeler en jugement. *Sed hoc judicatum Paponis*, dit M. Menudel, *ex mente Chopini Molinis improbatum est, falsa quippe nominatio, satis ejus quod interest solutione nominatorem afficit*. Et telle est aussi l'observation de M. Jean Decullant : *Prædicamus hodie*, dit-il, *quod actor teneatur novum detentorem à reo nominatum in Jus vocare, declarato tamen illius domicilio, saltem quod habebat tempore alienationis factæ, & si mortuus fuerit, non tenetur nominare illius hæredes, sed est actoris illos inquirere*. M. Menudel & M. Decullant, *hic*.

6. Le fermier, ou métayer, n'est point aussi tenu de faire appeler son maître, selon M.

Jean Decullant & M. Jacques Potier, *hic. Idem*, dit Decullant, *observamus in Colono & famulo, ut Dominos nominando, teneatur actor illos in Jus provocare, & iis talem provocationem approbantibus illi dimittuntur ab instantiâ*. Robert, lib. 4, *rer. jud. cap. 9*, *refert duo Arresta Paris. data 23 Septembris 1563, & 26 Septembris 1579*. Jean Decullant.

7. Mais, tant le fermier & métayer, que celui qui a reconnu, sont garans de leur nomination. Si celui qui a reconnu, dit notre article, a fait fausse nomination, il sera condamné à l'amende, ès dépens, & dommages-intérêts. *Quod si nominatus*, dit M. le président Duret, *postea interpellatus, se detinere, vel à nominante causam habere neget, intra diem à Judice præfiniendum nominans hunc peragere debet, & hoc non impleto, censum facere cogitur, donec veram nominationem ostenderit, & justificantem peregerit*. M. Jean Decullant en dit autant : *Verum*, dit-il, *factâ hac simplici nominatione, reus non dimittetur statim, neque relaxabuntur ejus pignora capta, quousque novus ille detentor confessus fuerit dictam illam declarationem : aliàs si diffiteatur, tenetur reus cum eo contestari stante pignorum captione; qui etiam possessorem fundi censualis se semel dixit, numquam censetur plenè liberatus, quousque aliàs se possessorem fateatur*. M. Duret & M. Decullant, *hic*.

8. Si celui qui a reconnu, dans le dessein de frustrer le seigneur du cens ou de la rente qui lui est due, nomme & indique une personne absente ou inconnue, dont on ne puisse trouver le domicile; dans ce cas, sans avoir égard à son indication, il doit être condamné à continuer le paiement du cens ou de la rente, où ce qui est plus à propos; le seigneur censier ou rentier, pour le paiement de son devoir, peut faire empêcher l'héritage chargé desdites censive ou rente, conformément à l'article 413, *infrà*. *Quid verò, si forte callidè nominetur*, dit M. le président Duret, *is cujus forte abest præsentia, nec reperitur ejus domicilium, proindè quo in loco habitet certò sciri non possit, equidem si nominans adhuc sit in possessione censualis prædii, non officiente ejus nominatione, Dominus probè insistet, quoniam alienasse non videtur ex quo in possessione remansit; planè, si non dolosè à possessione desistierit, adhibenda à Domino diligentia ut hunc in quem facta sit cessio reperiat : quo peracto, si non possit reperiri, neque ejus domicilium.... fraudulenta nominatio censenda erit, quapropter non minùs cum ipso nominatore ut priùs rectè experietur.... quanquam & proclivius videtur, novissimâ in specie, vel censualis fundi prehensione, de quâ §. 413, vel suffragio, §. 172, Domino consuli....* M. le président Duret, *hic*.

9. Mais si celui qui a été indiqué comparoît, & se reconnoît possesseur & détenteur, pour lors les biens pris par exécution sur celui qui a reconnu, lui doivent être rendus sans frais, comme il est dit dans le présent article.

ARTICLE CIV.

ARTICLE CIV.

Un Débiteur obligé par prise de corps & de biens, peut être pris & arrêté prisonnier à la requête de son créancier, sans que ledit créancier soit tenu préalablement faire discussion sur les biens-meubles ou immeubles dudit débiteur obligé; mais en fournissant de gages exploitables, le débiteur sera mis hors de prison : Et si ledit débiteur est obligé par prise de corps & de biens, & autres compulsions, avec clause qu'une Exécution n'empêche l'autre, le créancier peut faire constituer le débiteur prisonnier, & néanmoins procéder à la prise de biens; & audit cas ne pourra ledit débiteur être mis hors de prison, qu'il ne consigne réellement & de fait en deniers, la dette dont il est obligé; & en ce faisant, sera mis hors de prison, & lui seront ses biens rendus.

De l'Exécution d'un obligé par corps.

ARTICLE CV.

Qui est obligé à prise de corps & de biens, avec clause, qu'il ne soit admis à rien dire sans consigner la dette, ledit débiteur ne sera admis, ni reçu à aucune chose dire, s'il ne consigne réellement & de fait ladite dette, ou biens exploitables jusqu'à la concurrence d'icelle, si ce n'est qu'il justifie promptement, & fasse apparoir par quittance valable, ou par témoins sur le champ, des payemens de ladite dette; ou que par l'inspection de l'obligé apparût ladite dette être prescrite, ou que d'iceux payemens, ledit débiteur en voulût rester au serment dudit créancier.

1. La disposition de notre Coutume dans ces deux articles, est aujourd'hui inutile; on suit celle de l'ordonnance qui y a dérogé, & l'usage qui a prévalu. Un débiteur pouvoit autrefois, pour dettes purement civiles, s'obliger par prise de corps & de biens; comme il est dit dans l'article 104; & selon qu'il paroit par l'article 105, on donnoit à cette clause toute l'étendue qu'il plaisoit au créancier, & on stipuloit souvent que le débiteur obligé par prise de corps & de biens, ne seroit reçu à rien dire, qu'il n'eût consigné la dette. Mais l'ordonnance de 1667, tit. 34, a abrogé (selon qu'il a été dit sur l'article 96, *suprà*) les contraintes par corps pour dettes purement civiles, & les a restreintes à certains cas, qui sont marqués dans ce titre. Et hors ces cas, cette ordonnance, en l'article 6 de ce titre, défend de passer aucuns jugemens, obligations, ou autres conventions portant contrainte par corps, & à tous greffiers, notaires & tabellions de les recevoir, & à tous huissiers & sergens de les exécuter, à peine de tous dépens, dommages & intérêts.

2. Dans les cas où il est permis de stipuler la contrainte par corps, comme dans les baux de fermes des héritages de la campagne, si le débiteur s'est obligé par corps, le créancier peut commencer son exécution par le faire constituer prisonnier, pour le paiement de sa dette, sans préalablement faire la discussion de ses biens-meubles ou immeubles. Il y a plus, c'est que les poursuites & contraintes par corps n'empêchent pas les saisies & ventes de biens des débiteurs. Notre Coutume, en l'article présent 104, veut qu'il y ait pour cet effet dans l'obligation, la clause qu'une exécution n'empêche l'autre; mais cela n'est pas nécessaire, & la seule obligation de corps & de biens suffit pour valider toutes sortes d'exécutions qui peuvent être accumulées, ainsi qu'il est dit dans l'article 13 dudit titre 34 de l'ordonnance de 1667, & que cela s'observe dans l'exécution des sentences des juges & consuls, en vertu desquelles, & de la contrainte par corps, le débiteur étant emprisonné, le créancier peut aussi le faire exécuter en ses biens-meubles & immeubles, suivant l'édit d'érection des jurisdictions consulaires.

3. Quand le débiteur, qui s'est obligé par prise de sa personne & biens, est une fois emprisonné pour raison de sa dette, il ne peut être élargi, si son créancier n'y consent, qu'il ne paye toute la dette en deniers ou quittances valables, ou qu'il ne fasse cession & abandon de ses biens, ainsi qu'il a été dit sur l'article 72, *suprà*. C'est ce qui s'observe aujourd'hui; & tout ce que le présent article 105 contient de plus, est à présent inutile, & ne se pratique pas : mais aussi, aux termes de l'article 31 du titre 13 de l'ordonnance de 1670, les prisonniers, détenus pour dettes, doivent être élargis sur le seul consentement des parties qui les ont faits arrêter ou recommander, passé pardevant notaires, qui sera signifié au géolier, ou greffier des géoles,

Part. I.   T t

sans qu'il soit besoin d'obtenir aucun jugement.

4. Le créancier qui a fait emprisonner son débiteur, & qui veut le détenir en prison, est obligé de lui fournir sa nourriture, qui est réglée à quatre sols par jour, par un arrêt du parlement de Paris, en forme de réglement, du 9 mars 1667, rapporté au troisieme volume du journal des audiences, liv. 10, chap. 18. Et suivant cet arrêt & la déclaration du 10 janvier 1680, il doit avancer un mois & continuer de payer chaque mois pareille somme par avance ; & cela, dit l'arrêt de réglement du premier juillet 1681, rendu en exécution de la déclaration de 1680, nonobstant le refus que le prisonnier pourroit faire de recevoir cette nourriture de son créancier, à moins qu'il ne le déclarât par acte passé pardevant un notaire du lieu où l'emprisonnement sera fait ; de laquelle somme fournie par le créancier pour la nourriture du débiteur emprisonné, il doit, selon ledit article 23 du titre 13 de l'ordonnance de 1670, lui être délivré exécutoire, pour en être remboursé sur les biens du prisonnier, par préférence à tous créanciers. Et ce qu'il y a à observer, c'est que le débiteur prisonnier qui a déclaré qu'il n'entend recevoir de ses créanciers aucuns deniers pour alimens, peut néanmoins révoquer dans la suite la déclaration par lui faite, & demander ses alimens par une seule sommation qu'il sera tenu de faire à ses créanciers au domicile élu par l'écroue ; & qu'en cas de refus, ou demeure de la part des créanciers, il doit être pourvu à son élargissement. C'est ce que porte l'article 9 de ladite déclaration du dixieme janvier 1680.

ARTICLE CVI.

Quand Exécution peut être faire en immeubles. LE CRÉANCIER ou son héritier pour le payement de ce en quoi on lui est tenu par obligation ou condamnation, où il n'y a terme certain de payer, commandement & sommation préalablement faite par le Sergent de payer à son débiteur, & perquisition faite des biens-meubles sur le débiteur par le Sergent, de laquelle ledit Sergent sera cru par son rapport, peut au refus, ou délai fait par ledit débiteur de payer promptement, faire commencer son Exécution & arrêt sur les immeubles de son débiteur ou son héritier, déclaration préalablement faite qu'il soit son héritier. Mais si l'Exécuté, ou celui sur lequel se feront criées, soit principal débiteur, obligé, ou tiers possesseur, fournit biens-meubles valans la somme pour laquelle il est obligé, & s'oppose à ladite Exécution, ne seront plus saisis les immeubles, & sursoiront les criées.

1. IL est parlé dans le présent article de l'exécution des immeubles, appellée *saisie réelle*, laquelle se fait pour parvenir à la vente & adjudication par décret, de l'immeuble : & comme les biens immeubles sont de conséquence, & qu'il y auroit de la dureté d'en déposséder tumultuairement, & sans formalité les propriétaires, on a établi quantité de formalités dans les décrets, qui ont été prescrites par la Coutume, l'ordonnance, les arrêts & réglemens de la cour, dont la moindre omission forme une nullité, la matiere étant de rigueur.

2. Pour avoir droit de faire saisir réellement un héritage, il faut, suivant l'usage qui s'observe en ce siége, être créancier d'une somme de cent livres, dans plusieurs provinces de soixante livres, & que la créance soit fondée sur un titre exécutoire, tel qu'un jugement expédié dans les formes, ou un contrat passé pardevant notaires, comme nous le dirons sur l'article 143, *infrà*.

3. L'héritier du créancier peut faire procéder par voie d'exécution & de saisie réelle du bien-immeuble du débiteur, également comme auroit pu faire le créancier défunt. C'est la disposition de cette Coutume, comme il paroît par ces mots de notre article, *le créancier ou son héritier*. C'est aussi celle de la Coutume d'Auvergne, tit. 24, art. 1 ; de Nivernois chap. 32, art. 1 ; de Valois, art. 162, & autres. Et la raison est que l'héritier représente le défunt, & que toutes les actions du défunt passent en sa personne ; ce qui a donné lieu à la maxime, *le mort exécute le vif*.

4. Mais comme toute saisie est rigoureuse, on ne doit en user qu'après qu'il est bien justifié que le débiteur n'est pas dans la disposition de payer. C'est pourquoi en toute saisie mobiliaire ou réelle, est requis un commandement préalable fait au débiteur, en parlant à sa personne, ou à son véritable domicile, par lequel on le somme de satisfaire à l'obligation ; & pour son refus, on lui déclare que la partie se pourvoira par saisie & exécution de ses meubles, & saisie réelle de ses immeubles. C'est la disposition de la Coutume au présent article, comme il paroît par ces mots, *commandement & sommation préalablement faite*, &c. & en l'art. 143, *infrà*. C'est aussi celle de la Coutume de la Marche, art. 363, & l'intention de l'ordonnance de 1539, art. 74.

5. Pour la validité de cet exploit de commandement de payer, que l'on appelle *récordé*,

parce que l'huissier est assisté de deux records qui servent de témoins, & qui signent avec lui; il faut qu'il soit datté du jour, mois & an qu'il est fait, si c'est avant ou après midi ; que la cause y soit exprimée, même la somme certaine, si c'est une obligation de deniers.

6. Qu'il porte élection de domicile ; qu'il soit signé de deux témoins, ou records pour le moins, & qu'il soit contrôlé. Il faut encore donner copie du titre, & qu'il en soit fait mention dans l'exploit, aussi bien que des noms, qualités & demeures des deux records.

7. Toutefois la nullité du commandement ou exploit, par le défaut de quelques formalités, n'emporte pas la nullité de la saisie, & des procédures faites en conséquence, quand il y a terme certain de payer, par les obligations, ou par les sentences, jugemens ou condamnations suffisamment signifiés; par la raison que le jour certain sert d'interpellation. C'est la disposition précise de l'ordonnance de 1539, art. 75, & cela résulte de ces termes du présent article, *où il n'y a terme certain de payer* .... *commandement préalablement fait*. La Coutume de la Marche y est aussi précise audit article 363 : pourvu, porte cet article, que préalablement il ait sommé son débiteur .... si en l'obligation n'y a point de terme.

8. Notre Coutume, au présent article, veut qu'avant la saisie réelle des biens-immeubles du débiteur, perquisition soit faite de ses meubles par le sergent; ce qui, dans le temps de la rédaction de la Coutume, fut ajouté pour Coutume nouvelle, comme il est dit dans le procès-verbal. Mais cette discussion n'est pas aujourd'hui nécessaire, lorsque le débiteur est majeur, l'art. 74 de l'ordonnance de 1539 ayant abrogé la discussion des meubles; ensorte que, pour la validité des criées & de la saisie des biens-immeubles d'un majeur, cette discussion n'est pas requise, mais le seul commandement de payer, & que le créancier a son choix de commencer son exécution sur les biens-meubles ou immeubles du débiteur, comme il est dit dans la Coutume d'Auvergne, tit. 24, art. 1; dans celle de la Marche, art. 370, & dans la pratique de Masuer, au chapitre *des Exécutions*.

9. Il n'en est pas ainsi des biens des mineurs; car la discussion des meubles abrogée à l'égard des majeurs par l'ordonnance de 1539, est requise à l'égard des mineurs : de maniere que le défaut de discussion seroit un moyen d'anéantir l'adjudication, si les mineurs prouvoient que l'on auroit pu trouver dans les meubles à-peu-près de quoi payer les causes de la saisie, ainsi qu'il a été jugé par plusieurs arrêts rapportés par M. Louet & M. Julien Brodeau, lett. M, somm. 15, & qu'il a été remarqué par M. le président Duret, Papon & Potier sur le présent article. *A soli pignoribus*, dit M. le président Duret, *initium faciendum non erat, jure civili, & hoc articulo, sed hoc abrogatum est Constit.* 1539, *art.* 74, *quæ de majoribus in-*

telligenda est ; nam minoris mobilia sunt primum discutienda, antequam ejus mobilia in causam judicati capiantur .... M. Duret, *hìc*.

10. La discussion a lieu, & est requise, quoique le décret ait commencé contre un majeur auquel le mineur auroit succédé. Ainsi jugé par arrêt remarqué par M. Brodeau, au lieu cité. Néanmoins, si le mineur y avoit peu d'intérêt, le défaut de discussion ne feroit pas casser le décret, comme il a été jugé par arrêt, dans l'espece d'un mineur héritier, pour une huitieme portion seulement du débiteur, sur lequel la saisie & les criées avoient été faites. Par l'arrêt il fut jugé, dit M. Claude de Ferriere, que la vente par décret ne pouvoit être cassée, sous prétexte que la discussion des biens de ce mineur n'avoit pas été faite. De Ferriere, *Inst. Cout.* tome 3, livre. 4, tit. 1, article 333.

11. Il suffit que la discussion se fasse avant l'adjudication, quoiqu'après la saisie, criées & certification d'icelles, même après le congé d'adjuger. Ainsi jugé par arrêts, & tel est le sentiment de M. Julien Brodeau sur M. Louet, lett. M, somm. 15, & de Coquille sur la Coutume de Nivernois, chap. 32, *des Exécutions*, art. 24. La raison est que la discussion n'est requise que pour conserver les immeubles des mineurs, & empêcher qu'ils ne soient vendus sans nécessité.

12. Le créancier peut donc, après avoir fait déclarer ses titres de créance exécutoires contre le tuteur, faire saisir réellement sur lui les biens du mineur, après le commandement recordé, faire ensuite les criées : mais auparavant l'adjudication, il doit faire assigner le tuteur en reddition de compte, pour parvenir par ce moyen à la discussion des meubles ; & le compte du tuteur doit être rendu pardevant le juge qui l'a commis, suivant l'art. 2 du tit. 29 de l'ordonnance de 1667, qui porte que le comptable pourra être poursuivi de rendre compte pardevant le juge qui l'aura commis, sans que, sous prétexte de saisie ou intervention de créanciers privilégiés de l'une ou de l'autre des parties, les comptes puissent être évoqués ou renvoyés en autre jurisdiction.

13. La déclaration que feroit le tuteur, quoique suivie de serment, de n'avoir aucuns deniers, ni biens-meubles appartenans au mineur, n'est pas suffisante ; il faut un compte rendu par le tuteur en justice, lequel compte toutefois n'est qu'un bref-état, contenant en sommaire la recette & dépense, contre lequel le poursuivant n'est point obligé de contester & fournir des débats, les déclarations & affirmations du tuteur étant suffisantes avec ce bref-état de compte, sauf au mineur son recours contre lui, en ce qu'il se trouve avoir malversé. M. Brodeau sur M. Louet, au lieu cité.

14. La discussion des biens-meubles du mineur une fois faite, le décret de ses immeubles ne peut être cassé, sous prétexte que depuis cette discussion il lui seroit échu une succession, par le moyen de laquelle il eût pu

payer les créanciers faisissans & opposans, & qu'une nouvelle discussion des effets mobiliers d'icelle n'avoit pas été faite : Ainsi jugé par arrêt du 14 mars 1600 ; & la raison est que la discussion étant faite, le poursuivant criées a satisfait à quoi il étoit obligé. Et si la succession échue au mineur étoit suffisante pour empêcher qu'on ne procédât à l'adjudication de ses biens, son tuteur devoit faire des offres pour l'arrêter.

15. Il y a plus ; c'est que quoiqu'on ait vendu les immeubles d'un mineur sans aucune discussion précédente, si néanmoins en cause d'appel il ne justifie par inventaire, ou autres piéces valables, que lors de l'adjudication il avoit des deniers & meubles suffisans, inutilement se plaindroit-il du défaut de discussion, ainsi qu'il a été jugé par les arrêts remarqués par M. Julien Brodeau sur M. Louet, lett. M, som. 15.

16. Jugé par les arrêts que la nullité procédante du défaut de discussion, ne peut être alléguée que par le mineur saisi, son tuteur ou ses héritiers, & non par les créanciers qui n'ont aucun intérêt en la discussion. M. Brodeau sur M. Louet, lett. M, somm. 15.

17. Ceci ne regarde que les mineurs ; car à l'égard des majeurs, comme il a été dit, la discussion des meubles n'est pas nécessaire, à moins toutefois que la somme due au créancier ne soit très-modique, de deux cents liv. par exemple, & au-dessous ; car quoique le débiteur soit majeur, l'équité & la justice demandent en ce cas que l'on discute ses meubles ; & il y auroit de la vexation, pendant qu'il est aisé de se faire payer par une saisie mobiliaire, de faire des poursuites qui vont à ruiner le débiteur, & à le mettre hors d'état de payer. Mais ce n'est-là qu'une décision d'équité.

18. Ainsi, le commandement fait, sans qu'il soit besoin à la rigueur de discuter les meubles, lorsque c'est un débiteur majeur, l'huissier peut, sur le refus par le débiteur de payer, se transporter sur les lieux où ses héritages sont situés, & en faire la saisie ; & il peut, comme le porte notre article, saisir les meubles de son débiteur, ou de son héritier.

Mais à l'égard de l'héritier, il faut deux choses pour cela.

19. La premiere, une déclaration préalable d'être héritier, ainsi que le dit notre Coutume dans le présent article ; celle d'Auvergne, tit. 24, art. 1, & celle de la Marche, art. 370.

20. La seconde, que le créancier ait fait déclarer son titre de créance exécutoire contre l'héritier, comme il étoit contre le défunt, selon qu'il est dit dans l'article 183 de la Coutume de Valois ; 321, de celle de Melun ; 152, de celle d'estampes ; 168, de celle de Paris, & dans l'art. 2 du chap. 22 de celle de Nivernois, & autres. La raison est que le titre du créancier, pour être en forme exécutoire, doit être (comme il a été dit sur l'art. 97, *suprà*) nommément contre la personne que l'on exécute ; ce qui fait que l'on dit que le mort exécute le vif, mais que le vif n'exécute pas le mort.

21. Quand les biens-immeubles d'un débiteur sont saisis réellement, il n'est pas à sa disposition d'arrêter le cours de la saisie, en fournissant des biens-meubles pour la somme pour laquelle il est obligé, ainsi qu'il est dit dans le présent article, & que le disent les Coutumes de la Marche, art. 371, & d'Auvergne, tit. 24, art. 4. Ces dispositions de Coutumes ne sont plus en vigueur, selon la remarque de M. Jacques Potier, & il semble qu'elles ont été abrogées par l'ordonnance de 1539, comme l'a observé M. Claude-Ignace Prohet sur ledit article de la Coutume d'Auvergne.

ARTICLE CVII.

Du débiteur & arrêt fait sur icelui. QUAND un créancier, pour être payé de son dû, fait procéder par voie d'arrêt sur le débiteur de son débiteur, en ce cas est tenu de déclarer par serment, s'il en est requis, ce qu'il doit audit débiteur, en justifiant par celui qui fait ledit arrêt de son dû par condamnation, obligation ou cédule reconnue, pour lequel serment faire, ledit débiteur ne peut être distrait hors sa Jurisdiction ; mais s'il est trouvé en une autre Jurisdiction, il est tenu faire la déclaration par serment, sans être renvoyé quant à ladite déclaration : mais icelle faite en tant que touche la consignation ou payement, il est renvoyé pardevant son Juge. Et quand ledit ajourné à fin de déclarer jure ne devoir aucune chose, celui qui a fait faire ledit ajournement & arrêt, est tenu des dépens ; & s'il affirme devoir, & que le principal débiteur soit absent ou contredisant, le créancier payera les dépens du déclarant, sauf à les recouvrer sur le principal débiteur.

1. UN créancier, pour être payé de ce qui lui est dû, peut saisir & arrêter entre les mains des débiteurs, locataires, ou fermiers de son débiteur, ce qu'ils lui doivent : mais pour cela il faut avoir un titre exécutoire, obligation, ou condamnation, ou cédule reconnue & vérifiée, comme il est dit dans le présent article, & comme le disent les Coutumes d'Auvergne, tit. 24, art. 54 ; de Blois, art. 260 ; de Berry, ch. 9, art. 23, & autres.

Que

Que si le titre du créancier n'est pas en forme exécutoire, ou parce que ce n'est qu'une simple promesse non reconnue ni vérifiée, ou pour quelqu'autre raison, il faut pour lors avoir recours à la permission du juge ; & alors, comme il est dit dans l'article 261 de la Coutume de Blois, le créancier peut arrêter sur le débiteur de son débiteur, sans lettres obligatoires, ou condamnation, par ordonnance du juge.

2. La Coutume de Berry, aud. tit. 9, art. 23, veut que la saisie & arrêt soit précédée d'un commandement fait au débiteur de payer, refus ou délai d'icelui, sans toutefois que le créancier soit tenu de faire préalablement la discussion des biens-meubles dudit débiteur. Et ainsi a été jugé en ce présidial le 8 mars 1607, au rapport de M. le conseiller Coiffier, entre M. Dubuisson, lieutenant particulier, & M. Gilbert Giraudeau, greffier en cette Sénéchauffée & siége présidial ; & par cette sentence il fut jugé, dit M. Jean Cordier en ses manuscrits, qu'un arrêt de deniers n'est valable, si celui qui fait arrêter ne fait faire commandement ou sommation de paiement à son débiteur, avant que de faire arrêter lesdits deniers sur un tiers débiteur ou chargé de ces deniers. * C'est afin que le débiteur originaire, s'il veut satisfaire au contenu en l'obligation, empêche les frais de la saisie-arrêt.

** Arrêt de deniers déclaré non-valable, à défaut par l'arrêtant d'avoir fait faire à son débiteur un commandement ou sommation de paiement, par sentence rendue en cette Sénéchauffée le 8 mars 1607, au rapport de M. le conseiller Coiffier ; les parties étoient le sieur Dubuisson, lieutenant particulier, & M. Gilbert Giraudeau, greffier en la Sénéchauffée & siége présidial de cette ville de Moulins. Dans le fait, Billard étoit débiteur de Giraudeau & du sieur Dubuisson, qui eurent connoissance qu'il étoit dû à Billard par le nommé Bosset la somme de 700 liv. & qui chacun de leur côté firent arrêter cette somme entre les mains de Bosset. Giraudeau obtint une permission de ce siége pour faire sa saisie-arrêt, qui fut faite le 5 mai 1606. Le sieur Dubuisson, avant que de faire arrêter, fit faire un commandement au tuteur des enfans mineurs dudit défunt Billard, après lequel commandement il fit arrêter ladite somme de 700 liv. le 8 desdits mois & an, & étoit de cette maniere postérieur arrêtant, & Giraudeau premier en saisie & arrêt, de trois jours ; & néanmoins il fut jugé que ledit sieur Dubuisson seroit préféré audit Giraudeau, à cause du susdit commandement, & que la susdite somme de 700 liv. lui seroit délivrée. M. Jean Cordier dans ses manuscrits, sur le mot *arrêt de deniers*.

3. Le créancier, après commandement fait à son débiteur de lui payer ce qu'il lui doit, peut donc commencer son exécution, si bon lui semble, sur les dettes, noms, raisons & actions de son débiteur, & faire arrêter (comme il a été dit) sur le débiteur de son débiteur, tout ce que le premier doit au second ;

Part. I.

parce qu'il est libre au créancier de poursuivre son paiement par telle voie qu'il juge à propos, & commencer par la discussion des noms & actions de son débiteur, qui dans l'ordre de droit ne doivent être que les derniers. C'est la disposition de la Coutume d'Auvergne, tit. 24, art. 54, & de celle de la Marche, art. 369 ; & c'étoit celle de l'ancienne Coutume de cette Province, tit. 13, art. 2.

4. Il est même permis à un créancier, comme nous le dirons sur l'article 130, *infrà*, de faire plusieurs arrêts entre les mains de différens débiteurs, pour le paiement de sa créance.

5. Il peut, comme nous le dirons encore sur l'article 127, faire saisir & arrêter les dettes cédées par son débiteur, jusqu'à ce que la cession soit signifiée.

6. Il peut enfin, comme l'ont observé sur le présent article M. François Menudel & M. Jacques Potier, faire arrêter les dépens adjugés à son débiteur, même avant la taxe, & les faire taxer ; & étant payé par cette voie & des frais de la taxe, le surplus est délivré à celui qui les a obtenus.

7. Mais il ne peut faire saisir & arrêter entre les mains du débiteur de son débiteur, que ce qui est dû à son débiteur, dont il exerce les droits. Ainsi la saisie & arrêt entre les mains d'un sous-fermier, ne peut être que du fermage dû au débiteur, & non de ce qui est payé au preneur, en conséquence du sous-bail qui est à plus haut prix, le créancier ne pouvant en ce cas exercer que les droits de son débiteur.

* Les distributions quotidiennes & manuelles des chanoines & prébendiers, ne peuvent pas être saisies, *ne deserant cælestem militiam*; mais les fruits & pensions des bénéfices le peuvent être, *deductione egeant*, Chopin sur Paris, liv. 3, tit. 3, n. 6.

Quant à la pension congrue des curés, elle peut être saisie par leurs créanciers, jusqu'à concurrence du tiers ; mais on ne peut saisir que le tiers, *ne pereat Titularius*; ce qui est conforme à l'édit de 1695, concernant la jurisdiction ecclésiastique, art. 23, & aux arrêts de la cour, rapportés par M. Louet en ses notes sur les commentaires de Dumoulin, *in reg. de publ. resign. n. 91.*

Cette question s'étant présentée à la quatrieme chambre des enquêtes, entre M. Gilbert Bonneau, demandeur en saisie, & Me. Jean Fumat, prêtre, curé de la paroisse de Neuville, défendeur : par arrêt du 24 mai 1703, il fut ordonné que déduction faite de toutes charges, sur la portion congrue dud. Fumat par chacune année, ledit Bonneau toucheroit le tiers du restant de ladite portion congrue, jusqu'à l'entier remboursement de son dû, tant en principal, intérêts, frais, que dépens. Cet arrêt est rapporté par M. du Perray, traité des droits honorifiques & utiles des patrons, liv. 4, chap. 5, où il cite un autre arrêt qui a jugé la même chose pour un chanoine, dont le canonicat ne valoit que 300 liv.

8. Quand le créancier a fait saisir & arrêter

V v

entre les mains du débiteur de son débiteur, il doit le faire appeller en justice pour affirmer au vrai ce qu'il doit, & en même temps son débiteur pour voir déclarer la saisie bonne & valable, dire & ordonner que le débiteur, entre les mains duquel la saisie & arrêt a été faite, vuidera ses mains à son profit de ce qu'il aura affirmé & reconnu devoir : *Et ne peut*, dit le présent article, *le débiteur être distrait de sa jurisdiction pour faire ce serment ; mais s'il est trouvé en autre jurisdiction, il est tenu d'y faire sa déclaration, & icelle faite il doit être renvoyé pardevant son Juge, pour ce qui concerne le paiement*, & les débats qui peuvent arriver sur son affirmation : & cette jurisprudence établie par cet article, a été suivie de point en point au châtelet de Paris, dit M. Fauconnier, dans une affaire qui le regardoit : car ayant été assigné en 1672 à la requête de Gilbert Bernu, qui se disoit bourgeois de Paris, pour déclarer ce qu'il devoit à feu M. Pierre Fauconnier, pour lors curé de Nevoy, il déclara qu'il ne lui devoit rien, & demanda qu'au cas qu'on voulût persister par-dessus sa déclaration, la cause & les parties fussent renvoyées pardevant le châtelain de Moulins, son juge naturel : ce qui lui fut accordé par M. le lieutenant civil, qui renvoya la cause en la châtellenie de cette ville de Moulins. M. Fauconnier, *hic*.

* Il a été aussi jugé en ce présidial, conformément à la disposition du présent article, qu'un débiteur ne pouvoit être distrait de sa jurisdiction pour faire sa déclaration. Ce fut ainsi jugé un samedi 13 décembre 1732, M. Perrotin de Chevagne séant, en qualité de président, plaidans Baron, Duchalier & Berri, procureurs. La partie de Baron, créanciere de celle de Duchalier, avoit fait saisir & arrêter entre les mains de celle de Berri, débitrice de celle de Duchalier ; l'assignation fut donnée à la partie de Berri en ce Siége présidial, pour y faire sa déclaration, & à celle de Duchalier pour la voir confirmer. La partie de Duchalier, partie saisie, demanda son renvoi pardevant son juge, qui étoit le juge de S. Hilaire ; mais elle en fut déboutée, par la raison que le juge de S. Hilaire étoit un juge vassal, & qu'il y avoit lieu à la prévention. Il n'en fut pas de même de celle de Berri, justiciable du châtelain de Murat, juge royal, elle y demanda son renvoi, fondée sur la disposition de la Coutume au présent article, & il lui fut accordé.

9. Si le débiteur, entre les mains duquel le créancier a saisi & arrêté, compare, & affirme ne rien devoir, & que le créancier ne veuille soutenir le contraire, ou s'il veut soutenir le contraire, qu'il ne rapporte pas de preuve suffisante pour le faire déclarer débiteur ; il doit en ce cas être renvoyé avec dépens contre le créancier, comme il est dit dans le présent article, & dans l'article 57 du titre 24 de la Coutume d'Auvergne ; parce que le créancier a dû se rendre certain de la qualité de celui qu'il faisoit ajourner : ainsi ayant fait une folle saisie, il doit être condamné aux dépens.

10. Que s'il compare, & affirme & se reconnoît être débiteur, il sera condamné à vuider ses mains au profit du créancier saisissant, si le débiteur dudit créancier saisissant n'allégue point de moyens valables pour l'empêcher, & retiendra en ce cas les frais qu'il a faits pour son affirmation. Notre Coutume, au présent article & en l'article 110, porte que le créancier payera les dépens du déclarant, sauf à les recouvrer sur le principal débiteur ; mais l'usage est que le déclarant les retient sur ce qu'il doit : cela est plus naturel, & est ainsi réglé par l'article 57 du titre 24 de la Coutume d'Auvergne.

ARTICLE CVIII.

Et doivent lesdits arrêts faits être notifiez audit débiteur contre lequel ils sont faits, en personne ou domicile, dedans un mois pour le plus : Et à faute de ladite notification dedans ledit tems, ledit arrêt est nul.

1. Le créancier qui a saisi & arrêté entre les mains du débiteur de son débiteur, doit notifier & signifier l'arrêt au débiteur contre lequel il est fait, en sa personne ou domicile, ainsi qu'il est dit dans le présent article & en l'art. 54 du ch. 24 de la Coutume d'Auvergne ; & cette signification doit lui être faite, quand même il en auroit connoissance. *Cùm requiritur denuntiatio*, dit M. le président Duret, *ad alium finem quàm aliquid sciendi, semper fieri debet, non solùm ignoranti, sed etiam scienti*. M. Duret, *hic*.

2. Notre article porte que cette signification doit être faite dans le mois, & que faute de la faire dans ledit temps, l'arrêt est nul : mais M. Charles Dumoulin & M. le président Duret apportent des modifications à la disposition de cet article : la premiere, que la notification peut être faite après le mois, si les choses sont entieres ; & la seconde, qu'il n'y a qu'un créancier qui puisse alléguer cette nullité & s'en prévaloir, & non le débiteur. Ainsi, si la notification n'ayant pas été faite dans le mois, un tiers créancier fait arrêter sur le même débiteur sur lequel on a arrêté, l'arrêt postérieur sera préféré au précédent, s'il est signifié dans le temps : mais aussi, si un tiers ne fait arrêt, le débiteur ne pourra pas faire déclarer l'arrêt sur lui fait, nul, par le défaut de cette notification ; parce que telle formalité

prescrite par la Coutume, ne regarde que l'intérêt d'un tiers. L'arrêt, dit M. le président Duret, est nul, *si alius creditor excipiat; quoniam in Judiciis, adversario non excipiente, actus aliàs nullus sustinetur, cùm ei imputetur quòd taceat, vel post ratum habere intelligatur : Quin etiam*, dit-il encore après Dumoulin, *si exhausto mense & diu posteà, rebus tamen integris, debitori notificetur, proclivius est ut ejusmodi arrestum peræquè obtineat, quoniam hæc forma magis respicit interesse tertii.* M. Duret, *hic*.

3. M. Louis Semin a fait la même observation. *Quod autem ait hic noster paragraphus*, dit-il, *significandum esse intrà mensem arrestum debitori, hoc secundùm notulam Molinæi intelligendum, & prædicatur, adeò ut debitor hanc nullitatem opponens non audiatur, sed tantùm quidam tertius creditor idem pignus seu mobile distrahens.* M. Louis Semin, *hic*.

4. Pendant le mois que donne la Coutume pour faire la signification de la saisie-arrêt, le principal débiteur ne peut, selon que l'a observé M. François Menudel, avant la signification de ladite saisie & arrêt, faire cession de sa créance au préjudice de la saisie-arrêt qui en a été faite. *Quæsitum fuit*, dit-il, *an ante notificationem debitor principalis possit cedere creditum pignoratum in præjudicium prehendentis, & magis est non posse intrà mensem datum, ad persequendum & notificandum debitori principali.* Arrêt du jeudi 4 septembre 1603. M. Menudel, *hic*.

5. Mais il y a plus ; c'est que la saisie-arrêt empêche le débiteur entre les mains de qui on a fait saisir, de payer valablement ; & s'il avoit payé au préjudice de la saisie, le saisissant pourroit en connoissance de cause le faire condamner à payer deux fois.

6. Il a même été jugé en cette Sénéchaussée le 27 mars 1725, en la chambre du conseil, plaidans MM. Beraud & Amonin de Granges, qu'un fermier entre les mains duquel on avoit arrêté le prix du bail pour les termes échus & à échoir, & dont la saisie-arrêt avoit été confirmée par sentence, le fermier condamné à payer, n'avoit pu, au préjudice de lad. saisie, résoudre son bail avec le propriétaire, sans appeller le saisissant, & faire ordonner cette résolution avec lui. La même chose fut jugée, plaidans MM. Duris & Perrotin, le 5 mars 1727.

* Un fermier ne peut résoudre son bail au préjudice d'une saisie-arrêt, sans appeller le saisissant, ainsi qu'il fut jugé en cette Sénéchaussée le 27 mars 1725. Le fait étoit que le nommé Ebrard, notaire à Vichy, tenoit une ferme de la demoiselle de Vinsac, & que le sieur Rastoil, chanoine de l'église de Notre-Dame de cette ville de Moulins, créancier de ladite demoiselle de Vinsac, avoit saisi & arrêté le prix de ladite ferme, pour les termes échus & à échoir ; laquelle saisie fut confirmée par une sentence rendue à mon rapport, & ledit Ebrard condamné à payer entre les mains dudit sieur Rastoil le prix de sa ferme, tant pour les termes échus qu'à échoir : ledit Rastoil ayant fait, en vertu de cette sentence, commandement à Ebrard, il y forma opposition, & pour moyen allégua la résolution de son bail ; mais l'opposition portée en cette Sénéchaussée, le 27 mars 1725, plaidans MM. Beraud & Amonin, il fut jugé que ledit Ebrard n'avoit pû résoudre son bail de ferme avec la demoiselle Vinsac, volontairement, sans appeller ledit sieur Rastoil. La résolution fut jugée frauduleuse, faite en fraude de la saisie. C'est-pourquoi Ebrard fut débouté de son opposition, & il fut permis au sieur Rastoil de continuer ses poursuites, sauf à Ebrard son recours contre la demoiselle de Vinsac ; sur lequel recours, faisant droit, la demoiselle de Vinsac fut condamnée à acquitter & indemniser Ebrard de l'effet de la sentence.

La même chose a été jugée le 5 mars 1727 en l'audience de cette Sénéchaussée, plaidans MM. Duris & Perrotin, en faveur d'un nommé Villefranche, marchand de cette ville de Moulins, créancier du sieur de Loüau de Courcais, qui avoit arrêté entre les mains du fermier de la terre de la Forest, appartenante audit sieur de Loüau, le prix de la ferme, pour une somme de 2500 liv.

ARTICLE CIX.

Du défaut qui emporte gain de Cause.

ET si le principal débiteur est ajourné à certain jour pardevant un Juge de Bourbonnois, pour voir vuider les mains de son débiteur, & au jour assigné y a défaut contre le débiteur principal, ledit défaut emporte finalité & gain de Cause, en faisant apparoir de sa dette par obligation, condamnation, ou cédule reconnue ou prouvée comme dit est : Et est le débiteur dudit débiteur, s'il est de la Jurisdiction de Bourbonnois, contraint de payer ou fournir des gages, jusques à la somme qu'il aura déclarée, & à la concurrence du dû dudit créancier, dedans le tems qui lui sera préfix par le Juge, ayant égard à la nature & qualité de ladite dette & des Parties. Et aura ledit débiteur quittance aux dépens dudit créancier par la Cour, & Exécutoire décerné contre ledit débiteur pour recouvrer l'obligation, & à ce le contraindre par prise de corps & de biens.

1. Quand le débiteur principal, assigné pour voir confirmer la saisie, fait défaut, on donne défaut contre lui, & pour le profit d'icelui on condamne le débiteur entre les mains duquel la saisie-arrêt a été faite, à vuider ses mains en celles du créancier, jusqu'à concurrence de la somme qu'il a déclarée, & de ce qui est dû au créancier ; moyennant quoi on ordonne qu'il en demeurera d'autant quitte & déchargé envers le créancier, & icelui condamné à rendre & restituer l'obligation du débiteur, ou autre titre de créance qu'il peut avoir contre lui, ainsi qu'il est dit au présent article.

2. Notre Coutume, au présent article, dit que si le principal débiteur ne comparoît pas, le seul défaut emporte gain de cause contre lui : en quoi sa condition est différente de son débiteur, qui étant assigné pour affirmer, & ne comparoissant pas, n'est déclaré débiteur qu'après deux défauts, ainsi qu'il est dit dans l'article suivant ; car il est à observer, que suivant l'ancien style de cette Sénéchaussée, il y avoit des matieres où un simple défaut emportoit gain de cause, & d'autres où on ne pouvoit adjuger les conclusions du demandeur qu'après deux défauts bien & duement obtenus, par ajournement fait à personne ou domicile ; & même les juges, comme l'a observé M. Jean Duret dans sa paraphrase sur le style de cette Sénéchaussée, pouvoient en ordonner un troisieme d'office, si les ajournemens n'avoient pas été faits à personnes, & qu'ils vissent que la matiere y fût disposée : de maniere que, quand une partie faisoit défaut, elle étoit condamnée aux dépens du défaut, & il étoit ordonné qu'elle seroit réajournée, selon qu'il est dit au titre *des défauts*, du style de cette Sénéchaussée. Mais cela ne s'exécute plus ; les réajournemens ont été abrogés par l'ordonnance de 1667, titre 5 ; & aujourd'hui sur un simple défaut, bien & duement obtenu, on adjuge les conclusions de la partie qui l'obtient, si elles sont justes & bien vérifiées.

ARTICLE CX.

Quand le débiteur du débiteur fait défaut.

ET sont les dépens de la premiere assignation dudit débiteur du débiteur principal ajourné pour affirmer, pris sur le créancier, sauf à les recouvrer. Et si ledit débiteur dudit débiteur principal ajourné pour affirmer ce qu'il doit, fait défaut au premier jour, il sera par vertu d'icelui condamné ès dépens, & réajourné à telles peines que le Juge ordonnera.

1. Suivant le présent article, le créancier paye au débiteur assigné pour affirmer, les dépens de son assignation, sauf à les recouvrer. Mais, comme il a été dit sur l'article 107, cela ne se pratique pas ainsi, & l'usage est que le débiteur declarant retient entre ses mains les frais de sa déclaration. Que si le débiteur assigné pour déclarer ce qu'il doit, ne comparoit pas, & qu'il fasse défaut, notre article veut qu'il soit condamné aux dépens de son défaut, & réajourné à telles peines que le juge ordonnera : mais, comme il a été encore dit sur l'article précédent, cela ne s'observe plus ; les réajournemens sont abrogés par l'ordonnance de 1667. Ainsi si le débiteur assigné pour affirmer ce qu'il doit ne comparoît pas à son assignation, on donne défaut contre lui, & on le déclare débiteur.

2. Si le débiteur, entre les mains duquel on a arrêté, quoique tenu pour débiteur, &
condamné

condamné à payer, refuse pourtant de payer; le créancier peut en ce cas, selon M. le président Duret, tourner tête contre le principal débiteur. Si morosus sit debitoris debitor, dit-il, antequam judicatum fecerit, adhuc principalis tenetur & ab eo creditor exigere potest, quantominùs ab alio consecutus est; non enim per hoc videtur creditori satisfactum, quod habet judicati actionem. M. Duret hîc.

3. Mais si le créancier qui a saisi & arrêté entre les mains du débiteur de son débiteur, néglige de poursuivre sa saisie & arrêt, c'est une question de savoir combien elle dure; sur laquelle question on fait la distinction qui suit.

4. Quand la saisie-arrêt est suivie d'une assignation en justice; si l'assignation n'est point poursuivie, la saisie périt avec l'instance, faute de poursuites & de procédures durant trois ans. C'est le sentiment commun, & sur cela point de difficulté.

5. Mais ce qui partage les sentimens, c'est la saisie & arrêt sans assignation. L'auteur des notes sur Duplessis, page 161, édit. 1709, & M. Argout, Instit. au droit français, livre 4, chapitre 3, estiment qu'elle dure trente ans.

6. L'auteur des notes sur Argout, ibid. estime, au contraire, que si le saisissant néglige de faire ordonner la délivrance des deniers pendant trois ans, il doit s'imputer sa négligence, & que la saisie-arrêt est périe; ce qu'il prouve.

7. 1°. Par l'ordonnance de 1629, art. 91, qui porte que toutes saisies-arrêts de deniers, encore qu'il n'y ait aucune assignation donnée en conséquence, sont sujettes à péremption.

8. 2°. Par la comparaison des saisies réelles qui tombent en péremption, quand elles ne sont suivies d'établissement de commissaires, & de baux faits en conséquence; ce qui doit être appliqué, à plus forte raison, aux simples saisies-arrêts.

9. 3°. Par la disposition de l'ordonnance de 1667, tit. 19, art. 21, qui porte que ceux qui ont fait établir un séquestre, sont obligés de faire vuider leurs différends, dans trois ans, autrement le séquestre est déchargé de plein droit; & par celle de l'article suivant, où il est dit que les commissaires & gardiens sont déchargés après un an : j'adhère à ce dernier sentiment.

ARTICLE CXI.

EN EXÉCUTION de biens-meubles, après que le Sergent par vertu de sa Commission a sommé le débiteur, ou son héritier déclaré, parlant à sa personne ou à domicile, de payer ce en quoi il est obligé, condamné, ou tenu par lesdites cédules reconnues ou prouvées; ledit Sergent, au refus de ce faire, doit prendre & saisir des meubles du débiteur, ou son héritier déclaré; & ladite prise faite, assigner jour à la quinzaine, à compter du jour de ladite prise, si elle n'est feriée; & si elle est feriée, elle se continue au prochain jour non-ferié ensuivant, pour voir procéder à la vente & étrousse desdits biens, par-devant le Juge, en la Jurisdiction duquel lesdits biens ont été pris : lequel Juge ou son Lieutenant, & non lesdits Sergens, procède à la vente & étrousse desdits biens, présens ou défaillans lesdits débiteurs, ou leurs héritiers, à la quinzaine ou à l'assise ensuivant, au choix du créancier; autrement les Exécutions sont nulles; & sont les biens pris par Exécution rendus par Ordonnance du Juge, sinon qu'il fût autrement convenu & accordé par les Parties.

De l'Exécution & forme de procéder sur les meubles.

1. Régulièrement on ne peut pas procéder par voie d'exécution & de saisie mobiliaire sur un débiteur, qu'en vertu d'un titre public & authentique, tel qu'est une obligation consentie pardevant notaires, ou une sentence de condamnation, comme il est dit dans l'article 96, *suprà*, & qu'il résulte de ces termes du présent article, *de payer ce à quoi il est obligé, condamné, &c.* Et parce que ce sont-là des titres qui portent exécution parée, le sergent n'a pas besoin d'un nouveau pouvoir pour les mettre à exécution : aussi l'usage est qu'il ne prend pas de commission comme autrefois, & comme il est marqué par ces termes de notre article, *par vertu de sa com-*
Part. I.

mission. C'est ce qui a été déjà observé sur l'article 101, *suprà*.

2. Mais il faut, comme il a été encore observé sur les articles 97 & 106, que le titre portant exécution soit nommément contre la personne qu'on veut exécuter : ainsi l'obligation consentie par un débiteur, ou la sentence contre lui rendue, n'est exécutoire après son décès, sur les biens de sa veuve, ou de ses héritiers, qu'après qu'on l'a faite déclarer exécutoire contre sa veuve en qualité de commune, ou contre ses héritiers en qualité d'héritiers, comme elle étoit contre l'obligé en personne. C'est ce qui a été jugé par sentence rendue en une audience présidiale, où prési-

doit feu M. André Roy, seigneur de Villards, président audit présidial, plaidans MM. François Tridon & Claude Riviere. Par cette sentence, selon que le rapporte feu M. Fauconnier, on déclara nulle & de nul effet une exécution de bestiaux, faite à la requête du sieur Revangié sur la dame de Laplatiere, dame de Tracy & de Paray-le-Frecy, pour des arrérages de rente, faute d'avoir fait déclarer le contrat exécutoire contr'elle, comme il étoit contre le constituant de ladite rente.

3. La même chose a été jugée au rapport de M. Perrotin de la Serré, sur un appointement à mettre au présidial, au profit de Claude Aymond & d'Helene Rougier, sa femme, défendeurs & opposans à la saisie & arrêt de leurs deniers, contre Joseph Fougeroles, saisissant & défendeur à l'opposition. Ledit Claude & ladite Helene Rougier, sa femme, eurent mainlevée de la saisie-arrêt de leurs deniers, à défaut par ledit Fougeroles d'avoir fait déclarer ses titres exécutoires contr'eux, comme ils l'étoient contre le pere de ladite Rougier. L'affaire fut rapportée & jugée le 10 mars 1729: J'étois des juges.

4. Néanmoins, pour la conservation du dû des créanciers, les biens du défunt & de la communauté peuvent être saisis & arrêtés après le décès par vertu d'ordonnance du juge, sans avoir fait encore déclarer le titre exécutoire contre la veuve ni héritiers, en leur faisant toutefois un commandement préalable. C'est la disposition précise de la Coutume de Paris, article 169.

5. Ce ne sont, comme l'on voit, que les meubles de la communauté ou succession que l'on peut faire saisir, & point du tout les biens propres de la femme, si elle n'est obligée, ni ceux des héritiers, & encore ce n'est qu'une simple saisie ou arrêt, que la Coutume de Paris permet, & non point une exécution avec déplacement; & cette saisie se peut faire avant que la veuve & les présomptifs héritiers ayent pris qualité, & même qu'ils ayent procédé à l'inventaire: mais on ne peut pas procéder à la vente des choses saisies, qu'après l'inventaire fait & qu'ils ayent pris qualité ou qu'ils ayent renoncé. Et pour faire vendre, il faut obtenir sentence contre la veuve & les héritiers, comme il vient d'être dit; & s'ils ont renoncé il faut faire créer un curateur, contre lequel le saisissant fasse ordonner que les choses saisies seront vendues; car on ne peut faire vendre, qu'avec un légitime défenseur.

6. A l'égard d'un mineur, on peut exécuter contre lui les condamnations obtenues contre son tuteur pendant sa minorité, sans qu'il soit besoin de faire déclarer exécutoire contre lui, la sentence obtenue contre son tuteur.

7. Le créancier qui a un titre exécutoire nommément contre une personne, doit, avant que de le faire exécuter, lui faire faire un commandement ou sommation de payer, parlant à sa personne ou à son domicile, comme le portent notre article & l'article 46 du titre 24 de la Coutume d'Auvergne, & qu'il a été dit sur l'article 106. Cela ne souffre pas de difficulté, quand dans l'obligation il n'y a pas terme certain de payer: *Quoniam*, dit M. le président Duret, *ab initio pura obligatio, non nisi interpellatione in mora constituit debitorem*. M. le président Duret sur l'article 106, *suprà*.

8. Mais, quoique l'obligation contienne terme certain de payer, & que le terme soit échu, la sommation ne laisse pas d'être nécessaire. *Interpellatio*, dit le même M. le président Duret, *facienda est, ubi etiam dies & terminus solutionis appositus est in obligatione*; *hoc tamen*, dit-il, *efficit ut sive in domicilio, sive in via, sive alio loco intempestivè facta sit, valeat*. Telle est l'observation de M. Duret sur l'article 106, *suprà*; & tel est le sentiment de M. Potier, sur le même article.

9. Il y a plus: c'est que l'usage est en cette province, de faire faire un commandement ou sommation de payer, trois jours au moins avant la saisie & exécution; ce qui n'est pourtant pas absolument nécessaire, ainsi qu'il a été jugé en cette Sénéchaussée, au rapport de M. Perrotin de la Serré, par sentence du 30 août 1714, contre M. Jacques de Chouvigny, seigneur de S. Agoulin, opposant sur une saisie sur lui faite par les dames Religieuses de Riom en Auvergne; & encore par autre sentence rendue en l'audience de cette Sénéchaussée, où j'assistai en qualité de juge, le 16 juillet 1727, plaidant M. Duris, avocat, contre M. Bazin le jeune, procureur, en faveur de Atier, habitant de cette ville, contre Barthelemy du Cholet, fermier de S. Aubin, opposant à une saisie contre lui faite à la requête dudit Atier.

10. Quand le commandement & l'exécution se font en même temps; quoique le commandement soit compris dans l'exploit de saisie, on présume toujours que la sommation a précédé l'exécution: C'est la remarque de M. le président Duret sur l'article 106, *suprà*. *Quod autem*, dit-il, *si eâdem die, vel horâ, interpellatio, & manûs injectio pignoris jure facta sit, itâ ut non constet quæ præcesserit, & sanè interpellatio præcessisse intelligitur, licèt eodem contextu instrumenti Executionis facta, atque etiam in ordine litteræ posterior reperiatur, ordine intellectûs cui magis adstringimur contrarium dictante, & ut potiùs valeat actus quàm pereat*.

11. Le plus sûr toutefois, est de faire faire le commandement par un acte séparé avant la saisie mobiliaire, ou exécution; parce que j'ai vu des conseillers de la chambre, qui prétendoient qu'il étoit nécessaire que le commandement eût précédé l'exécution, par un acte séparé: ce que je ne crois pas toutefois nécessaire. * Quand le commandement a été fait en parlant à la personne du débiteur; *secùs*, si le commandement n'a pas été fait parlant à sa personne.

Le défaut de donner copie du titre, en vertu duquel se fait la saisie mobiliaire dans le temps du commandement, ne rend pas nul ce commandement, qui n'est fait que pour exciter le débiteur à payer ; mais il est nécessaire d'en donner copie dans le temps de l'exécution & avant icelle, pour sa validité ; ainsi qu'il a été jugé en ce présidial au premier chef, le 14 mars 1724, au rapport de M. Vernoy de Monjournal, dans la cause de François Aurouer, contre Claude Coste.

12. Si le débiteur, après le commandement, & sommation à lui faite de payer ce à quoi il est obligé ou condamné, est refusant, le sergent prend & saisit ses meubles dont il doit faire une description détaillée & exacte. Car tout exploit de saisie & exécution doit contenir par le menu & en détail, la description de tous les meubles saisis & exécutés, & le nom & le domicile du gardien : le sergent en doit aussi laisser au saisi une copie, auquel il doit signifier le nom & le domicile de celui en la garde duquel auront été mises les choses saisies ; & cette copie de l'exploit ou procès verbal, doit être signée des mêmes personnes qui auront signé l'original. C'est la disposition de l'ordonnance de 1667, titre 33, art. 6, 7 & 8.

13. Pour les autres formalités requises aux exploits de saisie & exécution, & pour ce qui concerne les meubles & effets mobiliaires qu'on peut saisir, il faut voir lad. ordonn. audit titre 33, où il est marqué & prescrit ce qui peut être saisi, & ce qui doit être observé aux saisies & exécutions ; ce qu'il ne faut pas manquer d'exécuter à la lettre, parce que, comme il a été dit ci-dessus, la matiere est de rigueur.

14. La saisie & exécution étant faite, le sergent qui veut faire vendre les meubles saisis, doit, dit notre Coutume dans le présent article, assigner jour à la quinzaine, à compter du jour de la saisie, si c'est un jour non-férié ; & s'il est férié, au jour suivant, pour être procédé à la vente & étrousse des biens saisis, par le juge, & non par le sergent, présent ou défaillant le débiteur, à la quinzaine, ou à l'assise ensuivant, au choix du créancier ; mais cela ne se pratique pas, & on suit l'ordonnance qui a dérogé à la Coutume. Suivant l'ordonnance, les choses saisies ne peuvent être vendues, qu'il n'y ait au moins huit jours francs, entre l'exécution & la vente, afin de donner le temps au débiteur exécuté, de déduire les causes d'opposition qu'il peut avoir contre la saisie, ou d'en éviter la vente en satisfaisant à son créancier. C'est l'article 12 du titre 33 de l'ordonnance de 1667.

15. Les bagues, joyaux & vaisselle d'argent de la valeur de trois cents livres, ou plus, ne peuvent être vendus qu'après trois expositions, à trois jours de marchés différens, si ce n'est que le saisissant & le saisi n'en conviennent par écrit, qui sera mis entre les mains du sergent pour sa décharge. C'est l'article 13 de l'ordonnance, tit. 33. La raison est que les meubles rares & précieux, dans lesquels tombe l'intérêt d'affection, doivent être vendus avec plus de solemnités.

16. La vente des choses saisies, suivant l'article 11 du même titre 33, se fait au plus prochain marché public des lieux, aux jours & heures ordinaires des marchés. Le sergent est tenu signifier auparavant à la personne, ou au domicile du saisi, le jour & heure de la vente, à ce qu'il ait à faire trouver des enchérisseurs, si bon lui semble ; & c'est pour éviter les fraudes qui se pourroient commettre, par la collusion & intelligence qui seroit entre celui qui fait saisir, ou le sergent & les enchérisseurs.

17. S'il y avoit des oppositions à la saisie, il faut les faire vuider avant la vente, principalement celles des tiers opposans, qui prétendent que les choses leur appartiennent.

18. Les saisissans sont obligés de faire vuider les oppositions faites à la saisie, dans un an ; autrement, & faute de ce faire, les gardiens sont déchargés de plein droit après l'an, à compter du jour de leur commission. C'est l'article 22 du titre 19 de l'ordonnance de 1667.

19. Si les oppositions étoient jugées avant l'an expiré, les saisissans sont obligés de faire vendre les meubles par eux saisis, dans deux mois, après les oppositions jugées ou cessées, suivant l'article 172 de la Coutume de Paris ; & il en doit être de même, au cas qu'il n'y ait point d'opposition. La Coutume d'Auvergne, tit. 24, art. 50, & celle de la Marche, art. 397, ne donnent que le mois pour faire procéder à la vente des choses saisies, ce qui se fait en faveur du saisissant, du saisi & du gardien ; de crainte que par un long trait de temps, les choses ne dépérissent, & que le gardien ne demeure trop long-temps chargé.

Les gardiens & commissaires sont déchargés de plein droit deux mois après les oppositions jugées, sans obtenir aucun jugement de décharge. C'est la disposition de l'article 20 du titre 19 de l'ordonnance de 1667.

20. De-là se suit qu'après les deux mois, les meubles étant exécutés à la requête d'un autre créancier, & trouvés en la possession du débiteur, l'on n'a aucun égard à la premiere saisie, & que la seconde l'emporte. Ainsi jugé, dit M. Claude Duplessis sur la Coutume de Paris, traité 16, liv. 4, *des Saisies mobiliaires*.

21. La décharge toutefois, que l'ordonnance accorde au gardien ou commissaire, n'est que sous la condition de rendre compte de leur commission pour le passé : Ce sont les termes de l'ordonnance de 1667, tit. 19, article 20. D'où il suit que si le gardien & commissaire ayant été mis en possession actuelle des choses saisies, par déplacement, ou autrement, il est obligé de les rendre & restituer, qu'il demeure chargé de la représentation, jusqu'à ce qu'il les ait rendues & restituées, ou qu'il s'en soit fait décharger ; ou qu'enfin l'action pour la restitution soit prescrite par 30 ans. Ainsi jugé par arrêt cité par M. Julien Brodeau sur M. Louet, lett. S, somm. 14 ; & tel est son sentiment, & le sentiment commun.

22. Il n'en est pas de même du gardien, ou commissaire qui n'a pas été mis en possession des choses saisies, & qui s'en est rendu gardien sans les déplacer ni transporter hors la maison du saisi; il demeure en ce cas déchargé de plein droit, aux termes de l'ord. tit. 19, art. 20. Ainsi fut jugé par arrêt de la grand'chambre du parlement de Paris, prononcé par M. le président de Novion, en l'audience de relevée, le 6 août 1723, par lequel un gardien poursuivi cinq ans après son établissement, pour représenter les meubles dont il s'étoit chargé volontairement, & qui n'avoient pas été déplacés, fut déchargé.

23. Les gardiens qui ne sont pas déchargés, sont tenus de représenter les choses saisies pour être vendues, & ils peuvent être contraints à cette représentation par corps. Mais les huissiers ou sergens ne peuvent les emprisonner faute de les représenter, en conséquence du commandement à eux fait, sans sentence & jugement des juges auxquels la connoissance en appartient, ainsi qu'il a été jugé par arrêt rendu en la troisieme des enquêtes le 28 août 1676, rapporté au troisieme tome du *Journal des Audiences*, liv. 10, chap. 13; mais étant condamnés, on les peut emprisonner, nonobstant l'appel.

24. Si les meubles pris par exécution, déplacés & mis entre les mains d'un commissaire ou gardien, se sont brûlés, ou autrement péris par un cas fortuit, sans qu'il y ait de la faute du gardien, la perte en tombera sur le créancier saisissant, si la saisie est injuste & tortionnaire.

25. Mais si la saisie est bien & duement faite, pour dette légitime, & que la chose saisie périsse par un cas purement fortuit, le saisi en doit souffrir la perte, & non pas le créancier; par la raison que jusqu'à la vente & délivrance, la chose saisie est censée appartenir au saisi, lequel peut toujours payer le créancier saisissant, obtenir main-levée de sa chose; qu'il n'a pas besoin d'un nouveau titre de propriété pour la reprendre, & qu'il est de maxime que le cas fortuit regarde le maître de la chose.

26. Au reste, le gardien qui a enlevé les meubles, doit les garder & conserver, comme un dépositaire; il ne doit point s'en servir, ni les louer : & si entre les choses saisies il y a des bestiaux qui produisent d'eux-mêmes quelque profit, il en doit tenir compte au saisi, ou aux créanciers saisissans. C'est la disposition de l'ordonnance de 1667, tit. 33, art. 9 & 10. C'est pourquoi le saisissant doit connoître le commissaire ou gardien qu'il établit à la chose saisie; car il demeure garand de son insolvabilité à l'égard du saisi, à moins que le saisi ne l'ait représenté lui-même; & on veut même qu'il en soit aussi garand à l'égard des opposans, si ce n'est dans les cas marqués par M. Lange, dans son *Praticien Français*, liv. 4, chapitre 38.

ARTICLE CXII.

De l'acheteur des meubles. ET est tenu l'acheteur desdits meubles, payer promptement les sommes pour lesquelles lesdits gages lui auront été vendus (en lui en faisant délivrance) par arrêt & emprisonnement de sa personne.

1. LE gardien ayant fait la représentation des choses saisies, le sergent qui fait la vente doit les adjuger au plus offrant & dernier enchérisseur, en payant par lui sur le champ le prix de la vente, & faire mention dans son procès verbal des noms & domiciles des adjudicataires. C'est la disposition de l'ordonnance de 1667, tit. 33, art. 17 & 18. Bien entendu que les choses vendues doivent être délivrées à l'acheteur, comme dit notre article; lequel n'est tenu d'en payer le prix qu'en conséquence de la délivrance qui lui en est faite, mais qui peut être contraint par corps de le payer, comme le portent notre article & l'article 18 du titre 9 de la Coutume de Berry; par la raison, dit cette derniere Coutume, qu'il doit être regardé également que le gardien, comme dépositaire de justice.

2. Après que la vente aura été faite, l'huissier ou sergent doit signifier & bailler copie de son procès verbal de vente au saisi, & ensuite porter la minute de son procès verbal de vente au juge, qui doit sans frais taxer de sa main son salaire, tant pour la saisie, que pour la vente; de laquelle taxe il doit faire mention dans toutes les grosses qu'il délivrera de son procès verbal de vente, à peine d'interdiction, & de 100 liv. d'amende, comme il est dit dans l'article 21 dudit titre 33.

3. Le sergent peut retenir entre ses mains, sur les deniers provenans de la vente, ce qui lui aura été taxé pour son salaire, à cause de la vente & exécution : & pour le surplus, s'il n'est point ordonné qu'il payera d'autres sommes, il doit délivrer les deniers au saisissant, jusqu'à la concurrence de son dû; le restant, si aucun il y a, à la partie saisie, à peine contre le sergent d'interdiction, & de 100 livres d'amende : de maniere qu'au cas qu'il soit en demeure de délivrer les deniers de la vente des choses saisies, on peut le faire assigner pour se voir condamner à ces peines. C'est la disposition de l'article 20 du même titre 33 de l'ordonnance de 1667.

4. La Coutume de Bretagne, art. 224, qui est le 237 dans le commentaire de M. Dargentré, porte que le débiteur peut recouvrer les biens sur lui pris & vendus par exécution, dedans huitaine après la vente, en rendant par lui à l'acheteur le prix des choses vendues. Mais

Mais, comme l'a observé M. François Menudel, cela ne s'observe pas dans notre Coutume, & on n'accorde pas à l'exécuté la permission de retirer les choses vendues. * Ainsi a été jugé en ce Présidial, par sentence rendue le 8 mars 1731, au profit de Gilbert Deru, marchand, contre Claude Debatisse, plaidans Etienne & Maria, procureurs. Debatisse prétendoit retirer deux bœufs sur lui vendus & achetés par Deru, il en forma sa demande dans la huitaine de la vente, en futⁿdébouté. J'étois des juges.

ARTICLE CXIII.

Le Créancier ou son Procureur est reçu, s'il est plus offrant, ou s'il n'y a autre, à mettre prix esdits biens-meubles qui seront vendus à sa Requête.

Du créancier qui est admis à enchérir.

Suivant le présent article, le créancier, ou son procureur, est reçu à enchérir. C'est aussi la disposition de la Coutume d'Auvergne, tit. 24, art. 49, & de celle de la Marche, art. 366; & cela ne peut avoir de difficulté, comme l'a fort bien remarqué M. Claude-Ignace Prohet sur la Coutume d'Auvergne : car le créancier ayant intérêt que la chose soit vendue son juste prix pour en être payé, il doit être reçu à enchérir; & au cas que la chose lui soit adjugée, il pourra employer sa créance pour deniers comptans. La Coutume de Nivernois, chap. 32, art. 7, va bien plus loin, car elle veut que le débiteur, ou son procureur, soit reçu à enchérir, comme personnes étrangeres.

ARTICLE CXIV.

Le Créancier qui a plusieurs débiteurs à lui obligez un seul & pour le tout pour une même dette, se peut prendre & addresser contre lequel il lui plaira pour toute la somme, sans qu'il se puisse aider du bénéfice de division ou discussion, combien qu'à icelle il n'eût expressément renoncé.

Bénéfice de division & discussion n'a lieu.

1. La solidité, dont il est parlé dans le présent article, est l'engagement qui oblige chacun des débiteurs envers le créancier pour la dette entière, & qui donne au créancier le droit d'exiger tout ce qui lui est dû, de celui seul des débiteurs qu'il voudra choisir.

2. Ce droit peut s'acquérir en deux manieres : ou par l'effet d'une convention, comme si plusieurs empruntent une somme, & s'obligent solidairement envers le créancier qui ne prête qu'à tous, & à cette condition de la solidité ; ou par la nature même de la dette, comme si plusieurs personnes ont commis quelque crime, quelque délit, ou causé quelque dommage, par quelque faute qui leur soit commune : car en ce cas, comme c'est le fait d'un chacun qui a causé le dommage, chacun d'eux est tellement obligé à le réparer : que s'ils ne veulent, ou ne peuvent pas se cotiser pour le faire en commun, un chacun est tenu de ce dédommagement pour tous les autres, & la complicité du crime ou du délit, le rend responsable du tout.

3. Il n'y a pas de solidité dans les conventions, si elle n'est exprimée ; & il en est de même, quand deux ou plusieurs ont été condamnés en justice à une même chose, & qu'ils ne sont pas condamnés solidairement. La raison est que dans les obligations s'interprétent en faveur de ceux qui sont obligés : c'est ce qui est autorisé par la loi 11, *in fin.* ff. *de duobus reis*, & qui a été formellement décidé dans deux arrêts de M. le premier président de Lamoignon, titre *de la Solidité.*

4. Si toutefois plusieurs débiteurs étoient associés pour quelqu'affaire que ce soit, & avoient emprunté comme associés, ils se trouveroient solidairement obligés de payer les uns pour les autres, sans division de la dette, quoique la solidité ne fût pas exprimée ; parce que la loi les engage, sans qu'il soit besoin de convention. Ceci, comme l'observe M. Barthelemy-Joseph Bretonnier, ne peut plus faire la matiere d'un doute raisonnable, dès que l'ordonnance de 1673, au titre *des Sociétés*, article 7, décide en termes précis, que tous associés seront obligés solidairement aux dettes de la société, encore qu'il n'y en ait qu'un qui ait signé, au cas qu'il ait signé pour la compagnie, & non autrement. Bretonnier sur Henrys, tome 1, liv. 4, chap. 6, quest. 26.

5. Il n'est pas nécessaire que tous les mots que les notaires employent pour exprimer la solidité, se trouvent dans l'acte; & il suffit, pour établir la solidité, que le mot *solidairement* y soit énoncé, mais celui de *conjointement* ne suffiroit pas. M. B. J. Bretonnier sur Henrys, tome 2, liv. 4, quest. 38.

6. Ceux qui sont obligés solidairement à payer, ne peuvent opposer le bénéfice de division & de discussion, quoiqu'ils n'ayent pas expressément renoncé ; un chacun d'eux n'est pas reçu d'offrir sa portion, & demander que ses coobligés soient poursuivis

Part. I.

pour leur part, se soumettant de payer pour eux en cas d'insolvabilité : le créancier peut indistinctement s'adresser à qui bon lui semble pour tout son dû, sauf le recours de celui qui a payé entiérement contre les autres. C'est la disposition de notre Coutume au présent article, & de celle de Nivernois, chap. 32, art. 10, & de celle de Châteauneuf en Thimerais, art. 153 ; & telle étoit celle de l'ancienne Coutume de cette province, tit. 13, art. 3. La raison est qu'autrement la solidité stipulée par le créancier ne serviroit de rien, ou au moins elle l'exposeroit à une discussion qui pourroit être très-difficile.

7. Dans le cas de l'obligation solidaire, les poursuites qui sont faites contre l'un des coobligés, nuisent à tous les autres, lorsqu'il s'agit d'interrompre la prescription, comme il a été dit sur l'article 35, *suprà* ; & cela ne souffre pas de difficulté.

8. Mais sur la question si la demande de l'intérêt d'une somme contenue en une obligation, ayant été faite, & sur icelle sentence rendue contre l'un des coobligés personnellement & solidairement, elle vaut contre tous les autres, quoiqu'ils n'ayent pas été poursuivis, constitués en demeure, ni condamnés ; la décision en est difficile, & il y a arrêt & raison pour & contre.

9. Cependant, comme la demande judiciaire faite à l'un des coobligés personnellement & solidairement, les interpelle tous, étant tous tenus & réputés pour une même personne, & que la demeure de celui qui est assigné ne vient pas de son fait particulier, mais de ce qu'on le poursuit pour toute la dette ; pour payer non-seulement sa part, mais encore celle des autres ; il s'ensuit que la condamnation des intérêts ne vient pas plus de sa demeure, que de celle des autres, qui ont dû soigner de payer leur part & portion ; & qu'ainsi cette condamnation vaut contre tous, d'autant plus que les intérêts sont accessoires du principal & de même nature. Arrêt du 6 avril 1630, rapporté par M. Brodeau sur M. Louet, lett. P, somm. 2, & avec plus d'exactitude par M. Pierre Bardet, liv. 3, chap. 98 ; & autres arrêts en la seconde chambre des enquêtes, le 26 mai 1694, rapportés par M. B. J. Bretonnier sur Henrys, tome 2, liv. 4, quest. 40, qui l'ont ainsi jugé : Et tel est le sentiment de M. Julien Brodeau sur M. Louet, de M. B. J. Bretonnier, & de M. Vezin, dans une consultation rapportée par M. Bretonnier, sous la datte du premier octobre 1700.

10. Les coobligés qui n'ont chacun reçu que leur part de la somme empruntée, & qui se sont pourtant obligés solidairement, sont cautions les uns des autres, & se doivent tous réciproquement l'indemnité ; desorte que celui qui paye le tout, ou au-delà de sa part, a une action de recours contre ceux pour qui il a payé pour s'en faire rembourser, à l'exception de sa cotte part, parce qu'ils sont tous uns chacuns véritables débiteurs de leur contingente portion.

11. Mais cette action n'est pas solidaire, car quoiqu'ils soient tous obligés solidairement envers le créancier, ils ne sont pourtant pas véritables débiteurs, que chacuns pour leur part & portion, n'étant la dette due par tous qu'une seule fois ; de maniere que pour le surplus, outre leur part & portion, *habent divisionem inter ipsos, quia invicem fide jussisse videntur*. Tel est le sentiment commun, & cette décision ne souffre pas de difficulté dans le cas où celui qui a payé toute la dette, n'a pas pris cession ou subrogation du créancier.

12. La difficulté est pour le cas où celui des coobligés, qui a payé, a pris cession ou subrogation du créancier, sur quoi les sentimens sont partagés & les arrêts contraires. Mais le sentiment qui me paroit le mieux fondé, est celui qui veut que ce coobligé ne puisse pas, quoique subrogé aux droits du créancier, poursuivre ses coobligés que pour leur part & portion, sauf (en cas d'insolvabilité d'aucun) de demander aux autres leur part de l'insolvable : c'est la jurisprudence des derniers arrêts cités par Basnage, traité *des hypothèques*, premiere partie, chap. 13 ; & tel est son sentiment, celui de Ricard sur l'article 108 de la Coutume de Paris, & de M. François Menudel, sur le présent article. La raison est qu'autrement il seroit tenu de subroger celui même contre lequel il intenteroit ce recours solidaire, lequel en tout cas se feroit subroger en justice, & par ce moyen reviendroit contre celui qui le poursuit solidairement ; & c'est afin d'éviter ce circuit d'actions, qu'on a changé (dit Ricard) à cet égard la jurisprudence ancienne. *Non eo tamen*, dit M. Menudel, *utetur privilegio, qui solutâ totius debiti quantitate, habuit cessás à creditore adversùs correos actiones, vitandi enim circuitus causâ, non unum in solidum, sed quemlibet pro parte convenit*.

* M. de Renusson, dans son traité de la subrogation, chap. 8, fait la même observation que Ricard ; il observe que la jurisprudence des arrêts a plusieurs fois varié ; il cite un ancien arrêt rapporté par Imbert, qui a jugé qu'un cohéritier qui avoit payé avec subrogation, ne pouvoit agir solidairement contre ses cohéritiers, *licèt nomine cesso*. Il remarque ensuite que le contraire a été jugé par arrêt du 22 septembre 1569, rapporté par Charondas ; par deux autres, l'un du 16 avril 1585, & l'autre du 4 mai 1591, rapportés par M. Louet, let. R, som. 11. Et par un autre du 13 février 1615, rapporté par M. Leprêtre ; mais il observe en dernier lieu, que la question s'étant depuis présentée à l'audience de la grand'chambre, le mardi 22 février 1605, ces derniers arrêts n'avoient pas été suivis, que la cour ayant mûrement pesé les raisons de part & d'autre, jugea, M. le président de Mesmes prononçant, en infirmant la sentence des présidiaux de cette ville de Moulins, qu'un coobligé, lequel ayant payé le total de la dette, avoit cession de droits & actions du créancier avec subrogation en

son lieu & place, ne pouvoit agir contre l'un des autres coobligés que pour sa part & portion, sauf à porter également entr'eux la perte des autres coobligés en cas d'insolvabilité.

Cet arrêt qui est rapporté dans le journal des audiences,tom. 1, liv.5,chap. 55,édit. de 1733, a renouvellé, dit de Renusson, l'ancienne jurisprudence, qui est sans doute, ajoute-t-il, la plus raisonnable & la mieux fondée, pour éviter le circuit d'actions; aussi cette jurisprudence a été confirmée par un second arrêt du 5 septembre 1674, rapporté dans le journal du palais,tom. 1, édit. de 1713, & par de Renusson, *ibid*.

13. Le créancier, qui devient débiteur de la même dette, ne peut plus par la même raison agir solidairement sa part confuse, mais seulement contre chacun pour sa part virile, à la charge de porter entr'eux les parts des insolvables, à cause qu'il y auroit contre lui réflexion de la même action solidaire; mais on pourroit convenir que le créancier devenant l'un des débiteurs, ne perdroit pas sa solidité.

14. A l'égard des coobligés qui ne se sont engagés dans l'obligation, que pour faire plaisir au véritable débiteur, qui a seul profité de la somme empruntée, ils ont recours contre lui pour toute la somme qu'ils ont payée; mais il faut qu'ils ayent la précaution de prendre une indemnité de lui; car on présume que tous ceux qui ont parlé dans une obligation, en ont profité, à moins que le contraire ne soit prouvé; si ce n'est à l'égard de la femme, qui dans le doute est toujours censée être la caution de son mari, & si on se contentoit de sa parole, on ne seroit pas admis à la preuve par témoins, s'il s'agissoit d'une somme qui fût de cent liv. ou au-dessus, suivant l'ordonnance de 1667, tit. 20, art. 2.

*Il suit de ce qui est dit dans ce nombre au sujet de la femme qui s'oblige avec son mari, que quand le mari & la femme empruntent une somme conjointement avec un tiers, que la dette est due par moitié entre le mari & la femme, d'une part; & l'étranger, d'autre part; & telle est, selon l'assure M. Denis Lebrun, l'opinion commune au palais; la raison qu'il en donne, est que le mari & la femme ne sont qu'une personne, au moyen de la communauté de biens qui est entr'eux, de laquelle le mari est le maître, & seigneur; *conjuncti unius personæ potestate funguntur*, dit la loi *plane* 34, ff. *de legat.* 1, & que le mari qui emprunte, avec un étranger, quoiqu'il fasse intervenir sa femme, est censé avoir partagé par moitié avec cet étranger, & n'avoir pas pris les deux tiers, la femme s'obligeant plutôt pour assurer la dette qui sert à la communauté, que pour augmenter la part du mari. Telle est l'observation de Lebrun, dans son traité de la communauté, liv. 2,ch. 3, sect. 1, n. 16,&c'est son sentiment. Il y a à la vérité sentiment contraire, Bacquet, des droits de justice, chap. 21, n. 136, estime que dans ce cas la somme est due par tiers, suivant la loi *reos* 11, *cum tabulis* ff. *duobus reis*; & il ajoute que tel étoit l'usage du châtelet de son temps.

Mais l'auteur des nouvelles remarques sur Lebrun, cite deux arrêts du parlement de Paris, qui ont décidé conformément au sentiment de Lebrun, l'un de la grand'chambre du 16 avril 1668, au rapport de M. Perrot, & l'autre de la quatrieme des enquêtes, du mois de septembre 1694, au rapport de M. Tiquet, d'où il conclut que quelque fût du temps de Bacquet l'usage du châtelet, on ne peut pas dire qu'il subsiste aujourd'hui après des décisions si solemnelles. L'auteur des nouvelles remarques sur Lebrun, édit. de 1734, *ibid*. Et il a été jugé conformément au sentiment de Lebrun & à la jurisprudence des arrêts, par sentence de cette Sénéchaussée, rendue au rapport de M. Desbouis de Salbrune, le 6 août 1736, entre Jacques, Pierre, autre Jacques & Gabriel le Gros, d'une part, & Nicolas Alexandre d'autre: J'étois des juges.

15. Le coobligé qui n'est entré dans l'obligation principale, que pour faire plaisir au véritable créancier, dont il a une indemnité, n'a pas besoin de cession d'action de la part du créancier, pouvant agir en vertu de l'indemnité qui lui est donnée; & même il lui est plus avantageux d'agir en son nom, que comme cessionnaire, excepté si l'indemnité est sous seing privé ou postérieure à l'obligation principale; car en ce cas il est bon de se pouvoir servir de l'hypotheque du créancier, & de l'obliger à céder ses droits.

16. Mais hors ce cas il lui est plus avantageux, comme il vient d'être dit, d'agir en son nom, que comme cessionnaire. Le coobligé, par exemple, qui a été contraint de payer la totalité de la dette, tant en principal qu'intérêts, s'il exerce de son chef son recours contre le principal débiteur, il pourra demander les intérêts des intérêts qu'il a payés, parce que lui tiennent lieu de capital: mais s'il n'agit pas de son chef, mais du chef du créancier dont il a les droits, il ne peut pas demander les intérêts des intérêts qu'il a payés, parce que son cédant ne les auroit pas pû demander. C'est l'observation de M. Argout, *Inst. au Droit Français*, liv. 4, chap. 2, qui me paroît juste & conforme aux principes.

17. L'exception personnelle de l'un des coobligés solidairement, comme sa minorité, & celle de la femme mariée non-autorisée, ne sert pas aux autres; car ces exceptions n'éteignent pas la dette, & chaque débiteur la doit toute entiere. Mais, si l'un des débiteurs avoit une exception personnelle qui éteignit la dette pour sa portion, comme s'il se trouvoit de son chef créancier du créancier commun, cette exception serviroit aux autres pour cette portion, & ils pourroient demander la compensation, jusqu'à la concurrence de cette portion. Car il ne seroit pas juste de contraindre un des coobligés à payer la portion de celui qui auroit une compensation à faire avec le créancier; puisque si cette compensation ne se faisoit

point, & que ce débiteur qui pourroit la faire de son chef, se trouvât insolvable, ceux qui auroient payé pour lui seroient sans ressource, pour avoir payé ce qu'ils ne devoient pas, ou qu'ils auroient pu justement compenser.

18. L'obligation, quoique solidaire dans son principe, peut être divisée dans la suite de plusieurs manieres différentes.

19. Si un créancier, par exemple, reçoit justement la part & portion de l'un des coobligés solidairement, & que dans la quittance qu'il lui donne sans réserve & protestation, il fasse mention que ce qu'il reçoit est pour sa part & portion, il est censé l'avoir déchargé de la solidité : car on présume que celui qui a payé justement sa portion, a eu dessein de se libérer, & que le créancier qui n'a reçu ni plus ni moins que cette portion, & qui n'a point fait de réserve, a voulu, en renonçant au droit qu'il avoit acquis, décharger le débiteur de la solidité.

20. Il y a plus : c'est que cette quittance qui contient une tacite décharge de toute la dette à l'égard de celui qui a payé, emporte également une tacite division de la dette à l'égard des autres coobligés; car le créancier est présumé avoir voulu faire la même grace à tous les autres, & diviser l'obligation. La loi 18, cod. *de pactis*, y est formelle; & ainsi a été jugé par arrêt rapporté par M. Louet, lettre R, somm. 6; ensorte que comme celui qui a payé est totalement déchargé de la dette, de même les autres peuvent séparément payer leurs portions de la même dette, comme tacitement divisée, & qu'ils ne peuvent être contraints solidairement. Mais il faut en ce cas que dans la quittance, le créancier fasse mention qu'il a reçu d'un tel la somme de tant, pour sa part & portion, ou autres termes de cette nature, ou bien qu'il le décharge expressément du surplus de l'obligation, ou de la solidité.

21. D'où il s'ensuit qu'un créancier qui veut recevoir la partie qui lui est offerte, sans diviser la dette, doit en faire une réserve expresse dans sa quittance; & en ce cas la jurisprudence est que la réserve suffit pour empêcher que l'on infere une division de l'obligation, & que la décharge ne sert qu'à celui qui a payé, & à qui elle a été accordée; qu'elle ne profite pas aux autres coobligés, qui demeurent obligés solidairement. La raison est que *pacta personas paciscentium non egrediuntur, nec ad alias extenduntur*, L. 27, §. *Ante omnia*, ff. *de pactis*. Il est bien vrai que si un des coobligés stipule quelque chose qui affecte la substance de la dette, comme s'il la réduit, ou la rend non exigible qu'en un certain temps seulement, il profite à ses coobligés; parce que la dette est commune entr'eux : mais quand il obtient une grace personnelle du créancier, qui le décharge de la solidité, il ne fait rien pour les autres; le créancier en ce cas se prive simplement du droit qu'il avoit d'exercer la solidité contre celui à qui il en a accordé la décharge : en quoi il ne préjudicie pas aux autres coobligés; puisque, comme il a été dit,

le coobligé qui a payé le total de la dette en vertu de la solidité, ne pouvant demander à chacun des coobligés que sa part, ne seroit pas en droit de poursuivre celui qui a payé, quand même le créancier ne l'auroit pas déchargé de la solidité.

22. Mais il est à observer que ce coobligé, qui en payant sa part & portion a été déchargé de la solidité, demeure toujours responsable envers ses coobligés de l'insolvabilité de l'un d'eux, s'il arrive que quelqu'un d'eux soit insolvable, & qu'il est tenu d'indemniser pour sa part & portion, ceux des coobligés qui ont été obligés de payer pour cet insolvable; parce qu'un coobligé solidairement, est mandataire de l'autre, & qu'en payant pour l'insolvable il doit être récompensé nonobstant la convention postérieure, qui ne peut nuire à un tiers. *Non debet alteri nocere, quod inter alios actum est*, L. 10, ff. *de jurej. Non debet alteri per alterum iniqua conditio fieri*, L. 74, ff. *de Reg. jur.* Le créancier a bien pu remettre la solidité à celui des débiteurs qui a payé; mais ne pouvant pas disposer du bien d'autrui, il n'a pas pu ôter aux coobligés la faculté qu'ils ont de partager & de régaler entr'eux les non-valeurs, & la perte qui leur arrive par l'insolvabilité de l'un d'eux. M. Denis Lebrun, *des Succ.* liv. 4, chap. 2, sect. 3, n. 20.

23. Il y en a qui prétendent qu'en ce cas le coobligé déchargé de la solidité a un recours de garantie contre le créancier, en conséquence de la décharge de solidité qu'il lui a accordée, & ils veulent que le créancier par cette décharge ait pris sur lui le risque & péril de l'insolvabilité pour la portion de ce coobligé; ensorte que le coobligé soit entiérement quitte & déchargé pour ce qui concerne la créance, & que l'on puisse obliger le créancier de rabattre & diminuer du restant de la créance qu'il poursuit solidairement, la part que ce coobligé qu'il a déchargé de la solidité auroit dû porter des insolvabilités : Et ainsi a été jugé au domaine, au mois de juin 1727, en la cause des nommés Pailleret & Décloux, fermiers de Murat, les sieurs de Virlolie & autres.

24. Mais ce n'est pas là mon sentiment : la raison est que l'action des autres coobligés, pour obliger ce coobligé de contribuer respectivement, ne dérive point du créancier, ce n'est pas lui qui l'a cédée, elle dérive de la nature de la dette commune, & de l'équité du partage entre les coobligés : c'est une garantie de partage entr'eux, qui n'est pas comprise dans une décharge de solidité; & le créancier en accordant cette décharge, n'a pas prétendu rien diminuer du fond de sa dette, ni en perdre aucune portion. Il seroit trop dur de faire ainsi réfléchir sur lui la grace qu'il n'a accordée qu'en se réservant ses droits; ayant supposé, en faisant cette réserve, qu'il pourroit exiger le restant de chacun des autres coobligés. C'est le raisonnement de M. Denis Lebrun, traité *des Success.* en parlant des dettes entre cohéritiers; & pour fortifier ce raisonnement, il

propose

Tit. XIII. DES EXÉCUTIONS. Art. CXV.

propose l'espece d'un cohéritier, qui n'auroit dans son lot que des meubles, lequel, quoiqu'il ne pût être poursuivi solidairement, ne laisseroit pas d'être tenu de porter sa part des insolvabilités; & il prétend que l'héritier qui auroit été déchargé de la solidité par le créancier, quoique possédant des immeubles, n'en est pas de meilleure condition : Et tel est mon sentiment.

25. L'obligation solidaire se divise sans la participation & le consentement du créancier, par le décès de l'un des coobligés, s'il laisse plusieurs héritiers ; car les héritiers ne sont obligés que pour leurs parts & portions héréditaires, à moins que l'obligation ne soit indivisible de sa nature : mais alors la solidité subsiste à l'égard des autres coobligés ; & s'ils décédent tous, c'est une question si la solidité demeure contre chaque succession : Sur quoi voyez ce qui a été dit sur l'article 35, *suprà*.

ARTICLE CXV.

QUAND un créancier a son principal débiteur obligé, & pleiges un ou plusieurs, il ne se peut adresser au pleige, ou pleiges, avant le principal ; sinon que le pleige ou pleiges se soient constituez principaux payeurs & débiteurs, ou que le principal débiteur soit demeurant hors dudit Païs, ou non solvable, discussion faite à cette fin.

Quand le créancier s'adresse aux pleiges.

1. LEs pleiges, cautions, ou fidejusseurs dont il est parlé dans cet article, (car c'est la même chose) sont ceux qui répondent en leurs noms de la sûreté de quelqu'engagement & qui s'obligent pour d'autres, dont l'obligation ne se trouve pas assez sûre, de telle sorte néanmoins que le principal débiteur demeure toujours obligé.

2. Les cautions s'obligent pour autrui, aussi-bien que les coobligés, qui n'ont pas contracté pour leurs propres affaires, & leur obligation n'est qu'une accessoire d'une autre obligation ; mais avec cette différence, que les coobligés qui ne s'engagent que pour un autre, ne laissent pas d'entrer dans l'obligation principale : au lieu que les cautions ne répondent que de la solvabilité du débiteur, & ne s'engagent de payer la dette principale de leurs propres deniers, qu'en cas que le débiteur soit ou devienne insolvable.

3. Il y a deux sortes de cautionnemens : l'un qui est ordonné par la loi, ou par le juge, & l'autre qu'on donne volontairement, & de gré à gré par des conventions particulieres : De-là les cautions judiciaires, & les cautions extrajudiciaires.

4. A l'égard des cautionnemens qui se font volontairement, par des conventions, l'on ne se rend caution que quand on répond en son nom de la sûreté d'un engagement ; & il faut, pour rendre le cautionnement obligatoire, qu'il soit exprès & précis. Ainsi, ceux qui sans dessein de s'engager recommandent celui qui doit s'obliger, ou conseillent de traiter avec lui, ne se rendent pas par-là cautions, à moins qu'il n'y eût de leur part une mauvaise foi, ou d'autres circonstances qui dussent les rendre garans de l'événement, comme il a été jugé par les arrêts cités par M. Henry Basnage. On agita, dit-il, cette question au parlement de Dijon : Si un marchand ayant demandé à un particulier si celui à qui il vendoit de la marchandise étoit solvable, & ce particulier ayant répondu qu'oui, il n'étoit pas réputé avoir suffisamment cautionné cet acheteur : car le marchand disoit que sur la parole & sur l'assurance qu'il lui avoit donnée, que l'acheteur étoit solvable, il lui avoit donné sa marchandise à crédit ; qu'en tout cas *tenebatur de dolo*. Le particulier répondoit que ces paroles, *qu'il étoit solvable*, ne l'engageoient point, qu'il le croyoit tel ; mais qu'il ne s'en étoit pas rendu garand. Par arrêt il fut jugé que ces paroles n'emportoient point un cautionnement. Basnage, *des Hypot.* part. 2, ch. 2 & ch. 3, *in fine.*

5. Celui qui n'est simplement que caution, ne peut être poursuivi qu'après que le créancier ayant fait ses diligences nécessaires pour la discussion du principal obligé, n'a pu être payé ; & la caution qui est poursuivie, peut & est en droit de demander que le créancier qui la poursuit sera tenu de discuter le principal débiteur, avant que de pouvoir s'adresser à elle. C'est la disposition de notre Coutume, au présent article : telle étoit aussi celle de l'ancienne Coutume, tit. 13, art. 4 ; & cette disposition se trouve autorisée par l'authentique *Sed hodiè*, Cod. *de obligat. & act.* & par les anciens & nouveaux arrêts. La raison est que l'obligation de la caution n'étant qu'accessoire & subsidiaire de celle du principal débiteur, & pour satisfaire à ce qu'il manquera d'acquitter, cette obligation est comme conditionnelle, pour n'avoir son effet qu'en cas que le débiteur ne puisse payer.

6. Toutes les cautions ne sont pas en droit de demander la discussion du principal débiteur ; celles qui ont renoncé à ce bénéfice, & qui se sont obligées solidairement, ne le peuvent pas, comme il résulte de ces termes de notre article : *Sinon que les pleiges se soient constitués principaux débiteurs.*

7. Les cautions judiciaires ne peuvent pas non plus opposer le défaut de discussion ; elles sont même contraignables par corps, & peu-

Part. I.

vent être contraintes sans discussion du principal débiteur, non-seulement parce qu'elles s'obligent envers la justice, dont l'autorité le demande ainsi, mais à cause de la nature des dettes où cette sûreté peut se trouver nécessaire : car elles sont telles, qu'on ne doit pas y souffrir le retardement d'une discussion : Ainsi jugé par arrêt rapporté par M. Louet, lett. F, somm. 23.

8. La discussion du débiteur principal ne peut encore être opposée, s'il est absent ou hors du royaume : notre article dit, *hors du Pays* ; ce qui s'entend, selon M. le président Duret, de cette province : *Id est*, dit-il, *extra Ducatum*. Mais je n'estime pas que cela fût suffisant aujourd'hui.

9. La discussion enfin ne peut être opposée, aux termes du présent article, si le débiteur est insolvable, c'est-à-dire, s'il n'a pas de biens apparens, desorte qu'on ne puisse agir contre lui & se faire payer : mais pour juger de cette insolvabilité du principal débiteur, le créancier doit rapporter un procès verbal de perquisition de meubles, qui fasse mention que ce débiteur n'a aucun meuble, & que les immeubles (si aucuns ont été indiqués) ont été vendus ; c'est ce que veulent dire ces derniers mots de notre article, *discussion faite à cette fin*.

10. La discussion que le créancier est obligé de faire des biens du débiteur, avant que de venir à la caution, ne s'étend qu'aux biens que le débiteur possède actuellement, & non aux biens sujets à son hypothéque, qui ont passé des mains du débiteur à des acquéreurs & tiers détenteurs. *Sed neque*, dit l'empereur Justinien, *ad res debitorum quæ ab aliis detinentur, veniat priùs, antequam transeat viam super personalibus, contra mandatores & fidejussores, & sponsores*, Nov. 4, ch. 2.

11. La caution ne peut obliger le créancier de faire ses diligences contre le principal débiteur, & le créancier peut différer la discussion du principal obligé, sans perdre sa sûreté qu'il a prise sur la caution ; ainsi le décide le droit, L. 62, ff. *de fidejuss.*

12. Mais comme le cautionnement ne doit pas être éternel, quoique l'indemnité de la caution ne porte point que le débiteur remboursera dans un temps, & qu'il n'y ait rien à craindre pour la solvabilité du débiteur ; elle peut toutefois, dans le cas d'une dette exigible, contraindre le principal débiteur de la faire décharger, lorsqu'il y a du temps que le cautionnement dure, *si diu in obligatione remansit*. La raison est qu'il n'est pas juste que le principal débiteur laisse perpétuellement dans l'embarras la caution qui ne s'est obligée que pour lui faire plaisir. Tel est le sentiment commun des docteurs ; & ce qui les partage, c'est le temps qu'il faut que l'obligation ait subsisté pour donner ouverture à l'action du fidejusseur pour demander sa décharge. Les uns disent qu'il suffit d'un délai de deux ans, d'autres l'étendent jusqu'à dix années ; & la plus commune opinion est que cela dépend de la prudence du juge & des circonstances de l'affaire. M. Basnage, Traité des *Hypothèques*, part. 2, ch. 5. M. Argout, *Inst. au Dr. Franç.* liv. 4, chap. 1.

13. La difficulté est si on doit mettre dans ce nombre le fidejusseur d'une rente, qui n'a point stipulé dans l'acte de son indemnité, que le débiteur seroit tenu de racheter dans un certain temps : sur quoi il y a diversité de sentimens & d'arrêts. M. Henry Basnage, au lieu cité, estime que le fidejusseur d'une rente peut forcer le débiteur à la racheter, lorsque le cautionnement a subsisté quelque temps, par la raison qu'il n'est pas juste qu'il demeure perpétuellement obligé. Tel est aussi le sentiment de Lebrun, dans son traité *de la Comm.* liv. 3, ch. 2, sect. 2, dist. 6, n. 22 ; & ainsi a été jugé par arrêt du parlement de Paris, du 4 décembre 1634, rapporté dans le journal des audiences, liv. 3, ch. 6.

14. Chorier, d'un sentiment contraire, en sa *Jurisprudence*, page 258, observe que si la caution est intervenue en un contrat de rente, elle ne pourra être déchargée, même après 30 ans : arrêt du 15 janvier 1635, du parlement de Grenoble, les chambres ayant été consultées, qui l'a ainsi jugé ; lequel arrêt est rapporté par Basset, tome 2, liv. 4, tit. 21, ch. 1. Autre arrêt du parlement de Toulouse, du 13 avril 1669, rapporté par M. Catelan, liv. 5, chap. 20, qui a jugé la même chose ; savoir, que la caution d'une rente constituée ne peut jamais contraindre le débiteur à payer le capital, tandis qu'il paye la rente.

15. Et ainsi fut jugé à mon rapport en cette Sénéchaussée, le 5 mai 1724, en la cause d'André Marechal, demandeur, contre Joseph Mauguin & Marie Marechal, défendeurs ; & la sentence, quant à ce chef, ainsi que me l'ont assuré les parties, a été confirmée par arrêt rendu en l'année 1727, lequel n'a pas été levé, parce que tous les dépens ont été compensés. Les raisons qui déterminèrent la chambre, furent que le cautionnement ne changeoit pas la nature de la dette ; qu'il n'étoit pas juste que le fidejusseur empirât la condition du débiteur, & qu'il pût, sans une convention expresse, l'engager au-delà de ce que le créancier pouvoit lui-même exiger ; & qu'au surplus la caution ne souffroit rien à quoi elle n'eût consenti, connoissant la nature de la créance dont elle avoit répondu.

* Il en est de même d'un cohéritier, il ne peut obliger son cohéritier à racheter une rente de leur commune succession : par la raison qu'il seroit fâcheux qu'un cohéritier, dès le moment qu'il trouveroit sa commodité, ou souvent par malice, pût contraindre son cohéritier à racheter dans un temps où cela lui seroit impossible, ou fort incommode ; Mornac, sur la loi *his consequenter*, §. Celsus, ff. *fam. ex eis*, rapporte un arrêt du 7 janvier 1603, qui l'a ainsi jugé, & le même arrêt est rapporté par Peleus, en ses actions forenses, l. 4, art. 23. *Magna orta est quæstio in Senatu*, dit Mornac,

utrùm cohæres possit cohæredem cogere, ut partem suam conferat, ad redimendum, perimendumque civilem reditum, quem integrum quotannis cohæres ille solus persolvere creditori cogitur, nullâ à cohærede datâ symbolâ; decisum autem est in laqueato, seu majori auditorio non posse : quia scilicet non est communio voluntaria, sed necessaria & hæreditaria; proindè solùm dari regressum hæredi, qui solvit in solidum contrà hæredem, qui nihil planè ex onere illo hæreditario solverit, & il fut jugé de la sorte, & conformément au sentiment de Mornac ; savoir, que le recours d'un cohéritier ne consistoit qu'à obliger son cohéritier à payer sa part des arrérages, & non à rembourser la moitié du principal, par sentence rendue en cette Sénéchaussée le 3 juin 1737, au rapport de M. Cantat ; ce fut un des chefs décidés dans le procès d'entre Nicolas Lemire, écuyer, demandeur, contre Louis Girard, Jean Trochereau de la Voute, & dame Foussier, son épouse, Jean Berroyer, Gilbert Papon & autres. J'étois des juges.

** André Marechal, fondé de procuration de Daniel Forgemor, son cousin, avoit emprunté le 20 septembre 1720, de M. Farjonel, conseiller, la somme de 1500 liv. pour laquelle somme Forgemor & Marechal lui consentirent un contrat de constitution de rente au denier 50 ; mais comme Marechal n'étoit entré dans ce contrat, que pour faire plaisir à Forgemor, lequel avoit seul profité de cette somme, il eut soin de prendre de Forgemor une indemnité le 29 septembre 1720, par laquelle Forgemor s'obligeoit simplement à le garantir & indemniser ; ensorte qu'il ne fût inquiété ni recherché. En 1722 Forgemor étant décédé après avoir donné tous ses biens à Marie Marechal, par le contrat de mariage de lad. Marechal avec Joseph Mauguin, André Marechal, pere de la Marie, qui se brouilla avec elle au sujet de cette donation, lui forma demande, en ce qu'en qualité de donataire universelle de Forgemor, elle seroit tenue de le faire désobliger ; de laquelle demande il fut débouté ; attendu que l'acte d'indemnité ne le portoit pas : Les raisons qui porterent la chambre à juger de la sorte, sont rapportées en l'art. ci-dessus.

16. Pour décider à quoi la caution qui n'a pas été déchargée, est tenue, lorsque le créancier a discuté le principal débiteur ; il faut considérer exactement les termes dans lesquels le cautionnement est conçu ; parce que l'obligation du fidejusseur peut être moindre que celle du principal obligé : car il a pu adoucir sa condition, de toutes les manieres dont il aura été convenu.

17. Mais si son cautionnement est indéfini, il payera le principal, les intérêts & les dépens. La raison est que le cautionnement étant accessoire de l'obligation, il s'étend *in omnem causam*, lorsqu'il est indéfini : Ainsi jugé pour ce qui est des dépens, par arrêt du parlement de Provence, rendu en la grand-chambre, le mois de février 1661, remarqué par M. Brodeau sur M. Louet, lett. F, somm. 23, & pour les intérêts par arrêts du parlement de Grenoble, de Toulouse & de Paris, cités dans le dictionnaire des arrêts, Voy. *caution*, n. 152 & suiv. Toutefois M. Henry Basnage distingue entre les intérêts & les dépens, & prétend, à l'égard des dépens, qu'ils ne peuvent être demandés au fidejusseur que du jour qu'il a été appellé en la cause ; parce qu'il pourroit dire que s'il avoit été sommé, il auroit acquitté la dette, & empêché que le créancier ne fît des frais. M. Basnage, *des Hyp.* part. 2, ch. 3.

ARTICLE CXVI.

MEUBLE n'a point de suites par hipoteque.

Quand hypothèque n'a lieu.

1. SElon notre usage, toutes sortes de biens ne sont pas susceptibles d'hypothéque : les meubles ne le sont pas, à cause de l'inconvénient qu'il y auroit d'assujettir à ce droit, des biens si sujets à changer de main ; & c'est une regle parmi nous, que si le débiteur fait passer ses meubles en d'autres mains par aliénation, on ne peut plus les suivre. C'est cette regle que l'on exprime par cette maxime, *Meuble n'a point de suite par hypothéque* : maxime généralement reçue en ce royaume, dans tout le pays coutumier, qui forme le présent article, & qui se trouve énoncé dans l'art. 170 de la Coutume de Paris, en l'art. 52 du tit. 24 de celle d'Auvergne, en l'art. 9 du tit. 9 de celle de Berry, en l'art. 15 du chap. 20 de celle de Montargis, en l'art. 72 de celle de Troyes, en l'art. 208 de celle de Senlis, & autres.

2. Cette maxime, comme l'a observé M. Claude Duplessis sur Paris, traité *des Exécutions*, liv. 2, produit deux effets contraires à l'hypothéque, qui sont marqués dans l'art. 5 du tit. 13 de l'ancienne Coutume de cette Province.

Le premier, que quand le meuble n'est ni en la puissance du créancier, ni en celle du débiteur, ou d'autre en son nom, que le débiteur a vendu, donné, ou autrement aliéné & mis hors ses mains, le créancier n'y a plus de droit, & que l'acquéreur n'en sauroit être poursuivi ni inquiété, si ce n'est dans les cas ci-après exprimés.

3. Le second, que quand l'effet mobiliaire est saisi, les créanciers ne viennent point par ordre d'hypothéque sur le prix ; que le premier saisissant, hors les cas de privilége & de confiture, l'emporte & est préféré, soit chirographaire, ou hypothécaire, ainsi qu'il est dit

dans l'art. 178 de la Coutume de Paris; & qu'après le premier saisissant payé, le premier opposant est ensuite préféré aux autres, & ensuite des autres opposans, selon la datte & priorité de leurs saisies.

4. Mais il est à observer que, pour que ces deux effets ayent lieu, il faut que les meubles soient hors de la possession du débiteur, par une aliénation véritable, sincére & sans fraude, suivie d'une tradition réelle & actuelle, comme le dit la Cout. de Chaum. en Bassigny, art. 65; celle de Melun, art. 313, & celle de Sens, art. 131. De-là les conclusions suivantes :

5. *Première conclusion.* La donation ou vente d'un meuble, faite à un parent, qui depuis le donne à louage à celui-là même qui le lui avoit vendu ou donné, n'empêche pas que ce même meuble ne puisse être saisi & poursuivi par un créancier : ainsi jugé par arrêt du 4 février 1567, rapporté par Tournet sur l'art. 170 de la Coutume de Paris, par lequel la donation fut déclarée nulle, & le parent débouté de son opposition.

6. C'est l'observation de M. Jean Decullant sur notre article : *Quæritur*, dit-il, *Titius vendidit quædam mobilia Mævio, retenta titulo conducti, ea autem reperta penes Titium capiuntur per Lictorem, ut satisfiat cuipiam creditori Titii ? Non audietur Mævius ea vendicans, quia venditio & emptio mobilium non censetur perfecta, nisi ea sint actu tradita emptori, & ex potestate emptoris ablata.* Jean Decullant, *hic*. C'est aussi l'observation de Chopin sur la Coutume de Paris, liv. 3, tit. 3, n. 5.

7. *Seconde conclusion.* Toutes exécutions faites sur biens meubles non transportés hors la possession du débiteur, sont réputées simulées, & n'ont effet au préjudice d'un autre créancier qui auroit trouvé ces meubles en la possession du débiteur, & fait prendre par exécution. C'est la disposition précise de la Coutume de Melun, art. 312; de Montargis, chap. 20, art 11, & de Nivernois, ch. 32, art. 14; l'observation de M. Charles Dumoulin sur ledit art. 11 du chap. 20 de la Coutume de Montargis, & celle de M. Claude-Ignace Prohet sur l'art. 53 du tit. 24 de la Coutume d'Auvergne, qui assure que tel est l'usage dans la Province d'Auvergne. C'est encore le sentiment de M. Brodeau sur M. Louet, lett. M, somm. 10, n. 12, où il rapporte les arrêts qui l'ont ainsi jugé; & c'est mon sentiment. Mais on pratique autrement dans cette Province, & l'on donne la préférence à la premiere saisie mobiliaire, quoique faite sans déplacement, à une saisie postérieurement avec déplacement; ainsi qu'il a été jugé en ce présidial au rapport de M. Vernin, sur un appointement à mettre, le 17 mars 1729, au profit d'un nommé Lasset, premier saisissant sans déplacement, contre Bontaut, qui avoit saisi postérieurement avec déplacement : J'étois des juges, & la décision passa contre mon sentiment, sur ce qu'on soutint que l'usage étoit contraire.

8 Le présent article, & la regle y contenue, dans les cas même où le meuble se trouve hors la possession du débiteur par une aliénation véritable & sincére, souffre des exceptions, telles que sont celles qui sont marquées dans l'art. de cette Coutume 125, *infrà*, & dans les art. 176 & 177 de la Coutume de Paris. Nous parlerons de la premiere exception sur ledit art. 125. Il faut traiter présentement de celles énoncées aux art. de la Coutume de Paris.

9. Qui vend une chose mobiliaire sans jour & sans terme, espérant d'en être payé promptement, dit la Coutume de Paris, art. 176, peut la poursuivre en quelque lieu qu'elle soit, pour être payé du prix qu'il l'a vendue, par préférence à tous autres créanciers : C'est aussi la disposition de la Coutume de Montfort, art. 181; de celle de Mantes, art. 172; de Reims, art. 398; d'Orléans, art. 458; de Tours, art. 220; de Perche, art. 206, & d'Auxerre, art. 130. Ainsi, si la chose mobiliaire vendue de cette façon, est saisie par un autre créancier, le vendeur peut la poursuivre : la raison est que l'infidélité de l'acheteur ne doit pas être préjudiciable au vendeur, & le priver de l'effet de sa convention; qu'il est censé être toujours le maître de ce meuble jusqu'à son paiement; de sorte qu'il n'agit pas tant comme créancier du prix, que comme maître qui révendique son meuble : car quand la vente est ainsi faite, la propriété de la chose vendue ne passe point en la personne de l'acheteur, *nisi soluto pretio*, le vendeur étant censé ne l'avoir livrée qu'à cette condition. L. *Quod vendidi*, & L. *Ut res*, ff. *de contrah. empt.*

10. Cette disposition de ces Coutumes est fondée en une très-grande équité; c'est pourquoi elle est observée dans les autres Coutumes, & elle est suivie dans celle-ci, selon les remarques de MM. Jean Decullant & Jacques Potier, *hic*; & je l'ai vu ainsi juger.

11. Ce privilege du vendeur l'emporte sur le privilege des loyers & des fermages, selon qu'il a été jugé par les arrêts cités par M. Brodeau sur M. Louet, lett. P, somm. 19, & telle est la disposition des loix. La raison est que la chose vendue sans jour & sans terme, est censée, comme il vient d'être dit, appartenir au vendeur; & que comme *res aliena pignori dari non potest*, elle n'est pas hypothéquée au propriétaire pour le prix dû par l'acheteur.

12. Par cette raison, le vendeur peut la saisir sur un second acheteur de bonne foi, ainsi qu'il a été jugé par arrêt du 24 juillet 1684, & qu'il a été remarqué par M. Jean Decullant sur notre article. *Quæritur* dit-il, *Titius rem mobilem, putà equum, Sejo vendidit & tradidit, pretio non soluto, Sejus emptor eumdem equum Alpheno vendidit & tradidit, an Titius possit, ratione pretii primæ venditionis non soluti, equum ab Alpheno postremo emptore auferre & vendicare...... Distinguendum, juxta paragraphos 176 & 177. Stat. Parif. aut Titius vendidit sub spe solutionis non dilatæ in diem, id est, sans jour & sans terme; & tunc locus est præferentiæ, quia*

Tit. XIII. DES EXÉCUTIONS. Art. CXVI.

quia pretio non soluto, non perfecta fuit venditio: aut vendidit cum termino, & sic fidem de pretio habuit, & in personâ emptoris speravit, & tunc perfecta fuit venditio; proindèque venditoris cessat privilegium, si res distrahitur sub secundo emptore, & in præjudicium primi venditoris, tertius creditor cujus nomine res prehensa fuit, præferetur.... Jean Decullant.

13. Afin que ce droit de suite ait lieu, il est nécessaire que l'acheteur ait fait cette aliénation de la chose incontinent après la vente; & que le premier vendeur en ait fait la poursuite aussi-tôt après; parce qu'en ce cas la fraude est manifeste & imite une espece de vol. Desorte que si le vendeur vouloit faire cette poursuite contre un tiers long-temps après, il n'y seroit pas recevable; la patience qu'il auroit eu sans se faire payer, étant un terme qu'il a tacitement donné, où il a suivi la foi de son débiteur. Ainsi jugé par arrêt du 10 mars 1605, dans le cas de la revente faite, & de la saisie faire trois semaines après, par le premier vendeur. L'arrêt est rapporté par Mornac sur la loi *procuratoris, §. planè* 17, ff. *de tribut. act.* Et tel est le sentiment de M. Claude Duplessis sur la Coutume de Paris, traité *des Exécut.* liv. 2.

14. La revendication & la préférence du vendeur, sans jour & sans terme, cessent quand la chose vendue a changé de forme, comme si le bois vendu a été converti en ouvrage, la laine en draps, & ainsi des autres matieres qui ont pris d'autres formes. La raison est que ce n'est plus la chose du vendeur; *quia licet materia maneat eadem, forma tamen & qualitas non est eadem*: or la forme donne l'être à la chose, & est toujours plus excellente que la matiere. Tel est le sentiment de M. Brodeau sur M. Louet, lett. P, sommaire 19, & de M. Henry Basnage, traité *des hypothéques*; mais la difficulté en ce cas est de décider quand une chose a changé de nature.

15. Il y a des auteurs qui prétendent que le privilége du vendeur, sans jour & sans terme, cesse encore dans le cas où l'acheteur a mis la chose achetée en état d'être vendue, comme si la canelle est mise à un muid de vin, d'eau-de-vie, d'huile, ou d'autre liqueur; si les balots de marchandise sont défaits : ce qu'on appelle vulgairement, *être sans balle & sans corde.* Tel est le sentiment de M. Claude Ferriere, *Inst. Cout.* tome 3, liv. 4, tit. 1, art. 95; mais il y a sentiment contraire, & avec justice, lorsque la chose vendue est reconnoissable.

16. Quoiqu'il y ait terme & jour de payer, si la chose ainsi vendue est encore entre les mains du débiteur acheteur, ou saisie sur lui par un autre créancier, le vendeur peut en ce cas s'opposer à la vente pour être préféré sur le prix, pour ce qui lui est dû, aux autres saisissans. Telle est la disposition de la Coutume de Paris, article 177, contraire en cela à celle du droit romain, qui ne donne aucun privilége au vendeur, L. *procuratoris, §. planè &*

Part. I.

seq. ff. *de tribut. act.* Mais les articles de ces Coutumes, étant des articles de Coutumes nouvelles, établis & fondés sur les arrêts de la cour, leur disposition comme très-équitable a été étendue aux Coutumes qui n'en parlent point, par plusieurs arrêts cités par les arrêtistes; & ainsi s'observe dans cette Coutume, selon M. Jean Decullant. *Si res distrahatur,* dit-il, *sub primo emptore, etiamsi fides habita fuerit de pretio venditionis, tamen adhuc venditor pro pretio venditionis præfertur, contrà dispositionem juris civilis in L. procuratoris, §.* 17 *&* 18, ff. *de tribut. actione.* M. Jean Decullant, *hic,* & M. Julien Brodeau sur M. Louet, lett. P, somm. 19. * Et ainsi fut jugé par sentence rendue au rapport de M. Desbouis de Salbrune, lieutenant particulier, le 26 février 1734, en cette Sénéchaussée, contre le seigneur de Courtais, seigneur de la terre de la Guierche, qui revendiquoit les bœufs de sa ferme, en faveur de deux marchands d'Auvergne, qui demandoient à être payés par préférence & privilége de 2350 livres sur vingt-deux bœufs par eux vendus au fermier de la terre de la Guierche, & saisis sur lui. Mais la sentence de cette Sénéchaussée a été infirmée par arrêt rendu le mars 1736, en la cinquieme des enquêtes, au rapport de M. Rolland, & ce conformément à un autre arrêt de la cour, du 6 septembre 1712, rendu en la seconde chambre des enquêtes, au profit d'un nommé Thevenin, contre le nommé Blanchard.

Ainsi on a jugé que la prérogative du vendeur sur les bestiaux par lui vendus, n'avoit pas lieu contre le propriétaire de la terre & du cheptel.

**Le sieur de Courtais avoit donné sa terre de la Guierche en ferme au nommé Becquas de la Grivolée, pour le prix de 3000 liv. chacun an; ladite terre composée d'onze domaines, dans lesquels il y avoit pour plus de 8000 liv. de bestiaux. En 1732, au mois d'octobre, M. de Courtais fit assigner Becquas, son fermier, pour lui payer en deniers ou quittances 12000 livres, pour quatre années qu'il avoit exploité de la ferme, & à défaut de paiement fit saisir les meubles, grains & bestiaux qui se trouveront dans le château & domaine de la Guierche, par exploits des 24, 26 & 28 du mois de novembre. Le premier jour de décembre suivant, Rastou & Laurent, deux marchands d'Auvergne, présenterent requête au juge d'Hérisson, pour assigner pardevant lui ledit Becquas, en reconnoissance & vérification de promesses payables à requête & volonté, consenties pour vente de bestiaux; ce faisant, être condamné à leur payer la somme de 2350 liv. savoir, 1600 livres à Rastou, & 750 livres à Laurent ; & ils demanderent par la même requête, pour sûreté de leur créance, permission de saisir leurs bœufs vendus audit Becquas, qui étoient extans dans les domaines de ladite ferme. Cette permission leur ayant été accordée, avec commission pour assigner, ils firent saisir le 4 décembre 42 bœufs, & restreignirent dans la suite leur saisie à 22 bœufs,

Aaa

qu'ils foutinrent être les mêmes que ceux par eux vendus, & pour raison desquels les billets dont ils demandoient le paiement avoient été consentis.

Les choses en cet état, Becquas poursuivi par le sieur de Courtais & les marchands, consentit le résiliment de son bail de ferme, & la résolution s'en fit le 15 décembre; les bestiaux des domaines furent estimés, & il se trouva un *deficit* de plus de 2000 livres; les marchands obtinrent le mois de juillet suivant sentence contre Becquas, qui tint les promesses pour reconnues & vérifiées, & condamna Becquas au paiement de 2350 livres envers les marchands ; savoir, de 1600 livres envers Rastou, & de 750 livres envers Laurent. Cette sentence obtenue, ils convertirent leurs saisies en opposition à celle du sieur de Courtais, antérieure à la leur;& l'opposition portée en cette sénéchaussée, ils demanderent que les bœufs saisis fussent vendus, pour, sur le prix d'iceux, être payés par privilége des sommes qui leur étoient dues. Le sieur de Courtais soutenoit au contraire, que les bœufs saisis par les marchands lui appartenoient, comme faisant partie de son cheptel, par remplacement de ceux donnés à son fermier, à l'entrée de sa ferme; il disoit qu'il étoit d'autant mieux fondé à les retenir,que son fermier qui étoit obligé de lui rendre pour 8000 liv. de bestiaux,ne lui en avoit remis que pour 6000 livres. Les parties ayant été appointées sur leurs contestations, & le procès rapporté, il fut décidé, conformément à la disposition de la Coutume de Paris, article 167, & à celle de cette province, article 129, qu'un marchand qui avoit vendu des bestiaux à un fermier, devoit être préféré, pour le prix de la vente, au propriétaire de la ferme, sur les bestiaux par lui vendus, trouvés entre les mains, & en la possession de ce fermier débiteur & acheteur, ou sur lui saisis; par la raison que le marchand *dedit pignoris causam*, & que les bestiaux vendus ne passent pas à la personne du fermier acheteur, & ne font pas partie du cheptel, *nisi soluto pretio*; & il fut jugé qu'avant de faire droit sur le débat de préférence, les marchands feroient preuve que les vingt - deux bœufs par eux saisis, étoient les mêmes que ceux par eux vendus, & pour raison desquels leurs billets leur avoient été consentis; & ce par sentence rendue au rapport de M. Desbouis,lieutenant particulier,le 26 février 1734. J'étois des juges. Mais la sentence a été infirmée par arrêt rendu au mois de mars de l'année 1736, en la cinquieme des enquêtes, au rapport de M. Rolland, & ce en conformité d'un autre arrêt rendu le 6 septembre 1712, en la seconde des enquêtes, au profit d'un nommé Thevenin, contre le nommé Blanchard, dont voici l'espece.

Jacques Thevenin, sieur du Chezal, en affermant sa terre à Aujohannet, l'avoit chargé d'un bail à cheptel, suivant l'estimation ; Aujohannet avoit acheté huit bœufs de remplacement du nommé Blanchard, & lui en avoit passé obligation le 26 novembre 1706. Blanchard, n'étant pas payé, fait saisir & revendiquer les huit bœufs. (Il y avoit ici désignation.) Opposition par le sieur Thevenin comme propriétaire, & demande en main-levée de la saisie. Premiere sentence de main-levée provisoire, & sur le fond, seconde sentence du 8 décembre, par laquelle avant faire droit, après que Blanchard a mis en fait que les huit bœufs par lui saisis étoient les mêmes que ceux par lui vendus à Aujohannet, il est ordonné que le sieur Thevenin l'avouera, ou le contestera dans huitaine, lequel temps passé, le fait tenu pour contesté, & les parties réglées.

Appel de cette sentence par le sieur Thevenin, ensemble de l'ordonnance portant permission de saisir, & saisie faite en conséquence, & demande en ce qu'en infirmant, & faisant droit sur l'opposition à la saisie des huit bœufs, la saisie fût déclarée nulle, & la main-levée définitivement accordée, Blanchard fût débouté de ses demandes, sauf à lui se pourvoir contre Aujohannet ; & par arrêt, la cour a mis l'appellation & ce dont étoit appel au néant ; émendant , sans avoir égard aux demandes de Blanchard, dont il fut débouté, a ordonné que la main-levée provisoire demeureroit définitive avec dépens, tant des causes principales que d'appel.

17. Mais, si l'acheteur en a disposé, le vendeur ne peut pas la suivre entre les mains des personnes tierces, pour le paiement de son prix, par la regle : *Meuble n'a point de suite par hypothéque*; & par la raison qu'ayant donné crédit à l'acheteur, il l'a fait maitre de la chose, desorte qu'il en a pu disposer à son préjudice. Ainsi le vendeur qui a donné terme ne seroit pas préféré au créancier à qui la chose auroit donnée en gage, ni ne pourroit pas la revendiquer sur le second acquéreur, auquel elle auroit été livrée.

ARTICLE CXVII.

D'Exécution pour louage d'Hôtel.

Il est loisible à un propriétaire ou locateur de maison, ou autres héritages par lui baillez à titre de loyer, de faire procéder par voie d'Exécution pour les termes à lui dûs pour ledit louage, sur les biens du conducteur étans en icelle maison, ou fruits desdits héritages; jaçoit qu'il n'ait obligation par écrit.

1. Les locataires & les fermiers sont tenus de payer le prix de leur bail, & pour ce paiement le propriétaire ou bailleur a des priviléges sur les meubles, étant en sa maison, ou sur les fruits de ses héritages, & l'un de ces priviléges est de pouvoir faire procéder par

Tit. XIII. DES EXÉCUTIONS, Art. CXVIII.

voie d'exécution sur ces meubles & fruits, sans obligation ni condamnation. Tel étoit l'ancien usage de France, attesté par de Beaumanoir, chap. 34, & autorisé par la disposition de nos Coutumes. C'est la disposition de notre Coutume, au présent article, qui dit que cette exécution se peut faire sans qu'il y ait obligation par écrit; celle de Nivernois, chap. 32, art. 16; celle de Dunois, art. 91, & de Châlons, art. 271, en disent de même. Celle de Berry, tit. 9, art. 37, dit : *Jaçoit qu'il n'y ait obligation par écrit, instrument authentique, ou Sentence*; celle de Blois, art. 258, en dit de même : *sans obligation*, dit-elle, *ou condamnation*. Celle d'Orléans, art. 406, s'expliquant encore plus clairement, dit, *sans contrat, obligation ni autorité de Justice*; & c'est le sentiment de M. Charles Dumoulin dans sa note sur le présent article de notre Coutume : *Etiam absque mandato Judicis*, dit-il, *per primum servientem*; ce qu'il faut entendre toutefois, selon lui, au cas que le conducteur demeure d'accord de l'accense : *Sed si reus neget*, ajoute-t-il, *se conductorem vel quidquam tenere ab adversario, nisi actor promptam fidem faciat, relaxabitur Executio & convertetur in actionem*. Dumoulin, *hic*.

2. Ce n'est pas d'une simple gagerie, dont ces Coutumes parlent, mais d'une exécution; car elles parlent toutes d'exécution, & elles disent toutes, *faire procéder par voie d'exécution*, & elles ajoutent même, *& transport de biens*, comme fait celle de Châlons audit art. 271. Or il y a cette différence entre la simple gagerie & exécution : que la gagerie est un simple arrêt de meubles sans transport, & que l'exécution est une saisie de meubles avec transport.

3. Cette exécution, aux termes du présent article, & de l'article 16 du chapitre 32 de la Coutume de Nivernois, ne se peut faire que sur les biens du locataire, étant en la maison, ou fruits des héritages affermés, & non par conséquent sur les biens-meubles qui n'appartiennent pas au locataire ou conducteur. C'est ce qui résulte de ces termes, *sur les biens du conducteur*; ce qui vaut autant que s'il étoit dit, sur les biens appartenans au conducteur.

4. Mais cette exécution se peut faire sur les biens de toutes sortes de locataires indistinctement, même ecclésiastiques. Car c'est très-ancienne observance de France, dit Dumoulin sur l'art. 258 de la Coutume de Blois, que les prêtres ne sont pas privilégiés, & que leurs meubles peuvent être exécutés, quand il s'agit du loyer de maison : & c'est la disposition précise de ladite Coutume de Blois, audit article 258; de celle d'Auxerre, art. 153; de Sens, art. 262; de Châlons, art. 271; de Laon, art. 274, & autres.

5. De tout ceci il résulte que, suivant l'ancien usage de France, & le pouvoir que donne notre Coutume dans le présent article, le propriétaire ou locateur d'une maison peut, de son autorité, comme dit la Coutume d'Anjou, art. 505, faire procéder par voie d'exécution sur les biens du locataire clerc ou laïc, étant en sa maison, & non sur ceux qui sont hors de la maison louée; mais cela ne s'observe pas; & l'usage est, quand il n'y a pas de bail passé pardevant notaire qui emporte exécution parée, de prendre permission du juge pour procéder à telles exécutions & saisies : en quoi l'on suit les dispositions des Cout. de Laon, art. 274, & de Reims, art. 387, qui portent qu'il est permis à celui qui a loué une maison, de procéder par exécution avec autorité de justice sur les biens-meubles du conducteur qui seront en ladite maison, soit clerc ou laïc, encore que tel conducteur ne soit ni condamné, ni obligé par contrat passé sous scel authentique; & qu'en cas d'opposition, la main de justice demeurera garnie.

6. On observe donc aujourd'hui en cette Coutume, comme le dit M. Bordel sur le présent article, avant que de procéder par exécution sur les biens du conducteur, de présenter requête au juge du lieu, pour avoir cette permission de saisir à périls & fortunes; & en vertu de l'ordonnance du juge au bas de ladite requête, on peut saisir, non-seulement pour une année, mais pour tous les termes dus, tant les biens du locataire, étant en la maison louée (comme parle notre article) que ceux qui lui appartiennent hors la maison accensée. Et quand il y a contrat pardevant notaires, on peut saisir en vertu d'icelui, & on n'a pas besoin de permission du juge.

ARTICLE CXVIII.

Si le conducteur, ou autre que le Seigneur direct ou foncier, emportoit ou enlevoit les biens étans en l'Hôtel baillé à louage, sans le consentement du locateur, icelui locateur peut contraindre le conducteur à rétablir lesdits biens audit Hôtel, pour la sûreté du payement dudit louage pour la derniere année, & outre peut faire contraindre ledit conducteur à garnir ladite maison pour un an avenir.

Comme le conducteur est contraint à garnir la maison du locateur.

1. Un locataire est tenu de garnir la maison louée, de meubles exploitables pour la sûreté du paiement du loyer. C'est la disposition précise de la Coutume de Blois, art. 265; de celle de Montargis, chap. 18, art. 4; de Melun, art. 179; de Berry, tit. 9, art. 38,

& autres ; & Loyfel en fon Man. liv. 3, tit. 6, art. 5, en a fait une regle générale.

2. Notre Coutume au préfent article porte que fi le conducteur, ou autre que le feigneur direct ou foncier, emportoit ou enlevoit les biens étant en l'hôtel baillé à louage, le locateur peut contraindre le locataire de remettre lefdits biens ; mais elle ne dit pas que le locateur ait ce privilége d'obliger cet autre qui les aura enlevés, à les remettre, comme le difent les Coutumes d'Orléans, art. 419, & de Montargis audit chapitre 18, art. 4. Toutefois comme les meubles font tacitement hypothéqués par privilége pour les loyers dus, il s'enfuit que quand ils font tranfportés nuitamment, ou autrement, en fraude du propriétaire, à fon infu, ou (comme parle notre article) fans fon confentement, il a le droit de les fuivre, en quelques mains qu'ils foient, comme difent les Coutumes de Melun, en l'article 179 ; de Reims, en l'article 387 ; de Paris, art. 171, & autres ; & qu'il peut par action & par faifie en pourfuivre le rétabliffement, pour la fûreté du paiement du loyer pour la derniere année, & en outre contraindre le locataire de garnir fa maifon de meubles pour un an avenir, ainfi qu'il eft dit dans notre article, & dans l'article 17 du chapitre 32 de la Coutume de Nivernois.

3. Mais, comme l'a obfervé M. Guy Coquille fur ledit article 17 du chapitre 32 de la Coutume de Nivernois, il faut pour cela deux chofes : La premiere, que le locateur pourfuive ce rétabliffement, incontinent qu'il aura été averti de l'enlévement ; & la feconde, que les meubles n'ayent pas été vendus de bonne foi & fans fraude. La Coutume de Reims, art. 387, & celle de Laon, art. 274, difent fimplement, *pourvu qu'ils n'ayent pas été vendus* ; mais Coquille ajoute avec raifon, *de bonne foi & fans fraude*.

ARTICLE CXIX.

Quand le locateur est préféré, & quand non. LE SEIGNEUR d'une maifon fera payé & préféré de fon louage fur les biens de fon louager étans en icelle, finon qu'il y ait innovation.

1. LE propriétaire d'une maifon a un privilége fur les biens de fon locataire étant en fa maifon, pour être payé par préférence aux autres créanciers, felon la difpofition de notre Coutume au préfent article ; de celle d'Anjou, art. 504 ; du Maine, art. 500, & de Valois, art. 182. C'eft auffi la difpofition du droit civil, L. 4, ff. *de pactis*, loi 2 & 4, ff. *in quibus cauf. pign. vel hyp. contr.* L. 5, Cod. *de loc.* Suivant ces loix, les meubles font tacitement hypothéqués par privilége pour les loyers dus, les réparations locatives, & les détériorations arrivées par le fait & faute du locataire, encore qu'il n'y ait point de bail par écrit ; & c'eft affez que les meubles fe trouvent dans la maifon, pour être affectés au propriétaire.

2. Mais auffi il faut que les meubles foient en la maifon ; car notre Coutume au préfent article, & toutes celles qui ont été citées, difent, *fur les biens de fon locataire étant en la maifon* ; & ces termes, *étant en la maifon*, font mis pour reftreindre le privilége du propriétaire fur les biens du preneur, qui font en la maifon, & non ailleurs.

3. Il y a plus ; c'eft que fi les meubles étant en la maifon, n'appartiennent pas au locataire, le propriétaire de la maifon n'a aucun privilége fur iceux, & il ne les peut faire faifir au préjudice de celui à qui ils appartiennent : car comme le bien d'autrui ne peut être hypothéqué par une convention expreffe, il ne peut l'être pareillement par une convention tacite. Tel eft, dit M. Henry Bafnage dans fon traité *des Hypothéques*, la doctrine commune des interpretes & des docteurs Français ; & c'eft auffi le fentiment de M. Guy Coquille fur la Coutume de Nivernois, ch. 32, art. 16, & de M. de la Thaumaffiere fur Berry, tit. 9, art. 37, lequel affure qu'il a été ainfi jugé au préfidial de Bourges, le 28 mars 1628.

4. Ce fentiment ne devroit pas fouffrir de difficulté dans cette Coutume, dans celles d'Anjou & du Maine, puifqu'elles ne donnent le privilége au propriétaire d'une maifon, que fur les biens du locataire étant en icelle, à la différence de celles de Paris, art. 161, & de Berry, tit. 9, art. 39, qui difent fimplement, *fur les biens étant en la maifon* : ce qui doit s'entendre, felon le judicieux Coquille fur Nivernois, chap. 32, art. 16, fur les biens étant en la maifon, appartenans au conducteur.

5. Si toutefois les meubles étoient en dépôt dans une maifon, M. Gafpard-Thomas de la Thaumaffiere fur la Coutume de Berry, tit. 9, art. 37, eftime qu'ils font tenus du loyer, à proportion du lieu & du temps qu'ils ont occupé. L. *Hujus*, ff. *qui pot. in pign.*

6. Je crois auffi que le privilége du propriétaire s'étend encore fur les meubles qui n'appartiennent pas au locataire, que lui ou d'autres ont fait apporter dans la maifon, dans le cas où le locataire n'ayant pas des meubles fuffifamment pour répondre des loyers, ces meubles étrangers ont fervi à tromper le propriétaire de la maifon, qui n'eût point fouffert l'occupation, s'il ne l'eût vue remplie fuffifamment de meubles pour l'affurance de fes loyers ; car il n'eft pas jufte que les autres ayent donné lieu à le tromper.

7. Que fi les meubles du locataire avoient été faifis, avant qu'il fût entré dans la maifon ; en ce cas le faififfant & les oppofans feroient
préférés

préférés au propriétaire, comme il a été jugé par arrêt du mois de juillet 1622; par la raison que la saisie rend la chose saisie gage judiciaire, y imprime un droit réel, & que la chose saisie n'a été transportée en la maison, qu'avec la charge de la saisie. M. Bouguier, lett. M, n. 1.

8. Il en est de même, si le propriétaire avoit laissé sortir volontairement le locataire, & transférer ses meubles, sans être payé ; il auroit perdu son privilége, & sa dette seroit devenue commune, ayant suivi la foi de son débiteur ; comme aussi, s'il avoit dérogé à son droit par quelque novation, ainsi que le porte notre article ; comme si après le terme passé, il avoit pris une obligation nouvelle, ainsi que le remarquent les Coutumes d'Anjou, art. 504, & du Maine, art. 500 ; & cela sans aucune réserve, *animo novandi facta, & sine clausulâ reservatoriâ*, dit M. Dumoulin dans sa note sur le présent article. * Car lorsque la novation est véritablement faite, son effet est d'anéantir l'obligation précédente, avec ses accessoires, s'ils ne sont réservés ; tellement que dans le cas d'une véritable novation, l'hypothéque, le privilége & les autres accessoires de la précédente obligation, ne subsistent plus ; *Novatione legitimè factâ, liberantur hypothecæ, & pignus*, dit la loi 8, ff. *de Novat*. La raison est que les accessoires suivent la nature du principal, & qu'ils ne subsistent pas, quand le principal est éteint.

La difficulté est de décider, quand il y a véritablement novation, parce qu'il y en a peu de véritables, suivant Dumoulin dans sa note, *& sic rarò contigit*, ajoute-t-il.

Dans l'ancien droit romain, la novation étoit si mal réglée, que le moindre changement opéroit une novation, comme il résulte de la loi 44, §. dernier, ff. *de obligat*. dans la suite cela dépendoit de l'intention des parties, & il falloit qu'il parût que leur intention avoit été de faire une novation, *si hoc agatur, ut novetur obligatio*, l. 2, 6, 8, & 28, *ff. de novat*. suivant le dernier droit, dans la loi derniere, au code *de novat*. & dans les institutes, *quib. mod. toll. oblig*. §. 3. Il faut déclaration expresse des parties pour produire une novation : *Tunc solum novationem fieri, quoties hoc ipsum inter contrahentes expressum fuerit, ut paucis verbis dicam, Jure veteri tacitè fiebat; Jure novo si fuerit animus novandi, Jure novissimo verbis expressis, voluntate, non Lege novandum*, dit Justinien.

La disposition de ce dernier droit, selon M. Bretonnier sur M. Henrys, tom. 2, liv. 4, qu. 43, est suivie dans tout le pays de droit écrit, même du parlement de Paris ; à l'égard des pays de Coutumes, c'est une question. Bugnon dans son traité des loix abrogées, liv. 6, art. 62, dit que cette loi derniere des novat. n'est point suivie, mais le droit ancien romain, & il ajoute qu'elle est de la pure invention de Tribonien ; c'est en ces mêmes termes qu'en parle Charondas, livre 7, de ses réponses, ch. 14 ; mais Mornac sur la loi *solutum* 11,

Part. I.

ff. *de pign. act.* cite un arrêt du 21 avril 1598, rendu à l'audience de la grand'chambre, par lequel il a été jugé qu'il faut suivre la disposition de la loi derniere, au code *de nov.* & sur la loi derniere, *de pact*. il dit qu'il n'y a personne au palais qui ne soit de ce sentiment, *ut nemo hodie in Foro versatus, contrarium sentiat*.

Quoiqu'il en soit de l'usage de la loi derniere au code *de novat*. j'estime qu'il ne faut pas raisonner de la novation à l'effet de déroger à l'hypothéque, comme de la novation par rapport aux cautions ; car à leur égard, souvent la novation, quoiqu'imparfaite, sert à leur décharge ; mais il n'y a jamais de novation à l'effet de déroger à l'hypothéque ; par le simple effet d'une seconde obligation, s'il ne paroît que le créancier & le débiteur n'ont eu intention d'innover, ce qui arrive rarement, dit Dumoulin dans sa note sur le présent article, & qu'on ne doit pas présumer facilement, selon M. d'Argentré, *nec quisquam novationem præsumet*, dit-il, *ut quisquam bonæ obligationi derogare voluisse judicari possit, ut de reali personalem faceret.... nec negandum tamen quin volenti id liceat; sed cùm voluntatis quæstio est, neutiquam in tam evidenti causa præsumenda esset, cùm multò plus cautionis sit in rem, quàm in personam*. D'Argentré, sur la Coutume de Bretagne, tit. des appropriances, art. 273, sur le mot *action personnelle*, n. 18.

Le plus sûr toutefois est de prendre la précaution de réserver les anciennes hypothéques, & on ne doit pas manquer, pour sa sûreté, d'insérer dans l'acte la clause, sans innover, déroger, ni préjudicier aux droits, hypothéques & priviléges, acquis par la premiere obligation, du jour & datte d'icelle ; & pour lors, la réserve empêche, sans difficulté, l'effet de la novation, du moins à l'égard des hypothéques.

9. Quant à la question pour quels termes le privilége du propriétaire doit avoir lieu, les sentimens sont partagés. M. de la Thaumassiere assure que c'est l'usage dans la province de Berry, autorisé par plusieurs jugemens, que le propriétaire est préféré sur les meubles de son locataire qui se vendent à la requête de ses créanciers, pour tous les termes qui sont échus, & pour une année à écheoir lors de la saisie ; & quant aux termes subséquens, dit-il, il est suffisamment désintéressé, ayant pouvoir de contraindre son locataire de garnir sa maison de meubles, ou faute d'y satisfaire, de l'expulser & mettre dehors. C'est son observation sur les articles 38 & 39 du titre 9 de la Coutume de Berry.

10. D'autres prétendent que cette préférence du propriétaire sur les meubles n'a lieu que pour une année, & non pour tous les loyers échus ; parce que l'on pourroit frustrer les créanciers par une saisie collusoire faite sous le nom du propriétaire qui est payé, ou qui a pu se faire payer. C'est, disent-ils, ce qui est décidé par l'article 274 de la Coutume de Vermandois. Tel est le sentiment de l'auteur des

Bbb

nouv. Obſerv. ſur la Cout. de Senlis, art. 387.

11. D'autres enfin diſtinguent, & diſent que ſelon l'uſage obſervé dans la Coutume de Paris, quand il y a bail paſſé pardevant notaires, les meubles répondent des loyers pendant tout le bail, tant pour ceux échus, que ceux à écheoir; & que s'ils ne ſuffiſent pas, les créanciers ne peuvent faire vendre les meubles au préjudice du propriétaire, lequel peut demander que pendant le bail, les meubles reſtent dans la maiſon pour la ſûreté de ſes loyers, ſauf aux créanciers leur recours ſur d'autres biens de leurs débiteurs, tant pour les dettes, que pour les frais faits pour la ſaiſie, exécution & pourſuite; mais que quand il n'y a point de bail, ou qu'il n'eſt que ſous ſeing privé, le propriétaire n'eſt préféré que pour une année. Telle eſt l'obſervation de l'auteur des notes ſur Argout, *Inſtit. au Droit Français*, tome 2, liv. 3, ch. 27, & de M. Claude de Ferriere, *Inſt. Cout.* tom. 3, l. 4, t. 1, art. 76, aux notes.

12. De ces différens ſentimens, le ſecond eſt celui qui me paroît le plus conforme à l'eſprit de notre Coutume. Car enfin elle ne connoît de privilége & de préférence, en faveur du propriétaire ſur les meubles du locataire étant en ſa maiſon, que pour le paiement du loyer d'une année; puiſque, ſelon l'art. précédent, au cas qu'ils ſoient enlevés, elle ne permet au propriétaire de les pourſuivre & faire rétablir, que pour la ſûreté du paiement de ſon loyer pour la derniere année, & juſqu'à concurrence du prix de ce loyer, ſauf au propriétaire à contraindre le locataire de garnir ſa maiſon pour les loyers avenir.

13. Au reſte, cette préférence du propriétaire ſur les meubles du locataire, étans en la maiſon louée, ne marche pas la premiere dans l'ordre des créances privilegiées ſur meubles; les frais de juſtice, tant pour la ſaiſie, exécution & vente de meubles qui ſe font pour tous les créanciers, ſont toujours les premiers payés, & enſuite les frais funéraires du locataire, & les honoraires & ſalaires des médecins, apothicaires & chirurgiens, pour la derniere maladie. C'eſt l'obſervation de M. de la Thaumaſſiere, ſur l'art. 39 du tit. 9 de la Coutume de Berry, après Delhommeau, liv. 3, art. 387. M. Louet & Brodeau, lett. C, ſomm. 29.

14. Mais le propriétaire eſt préféré à la dot de la femme ſur les meubles même qu'elle a apportés en dot, *in ſubſidium* de ceux du mari. La raiſon eſt que les meubles qui occupent la maiſon, ſervent de gage & de ſûreté pour le paiement des loyers; mais ce privilége ne s'exerce ſur les meubles appartenans à la femme, qu'au cas que ceux du mari ne ſoient pas ſuffiſans: car le mari eſt obligé de nourrir, entretenir & loger ſa femme. *Penſionis hujuſce privilegium tale eſt, ut etiam mulier bonis ſeparata à viro, teneatur penſionem ſolvere,* dit M. Louis Semin; *& ita judicatum,* ajoute-t-il, *me litigante,* die 15 *Januarii* 1621. M. Louis Semin, *hic.*

ARTICLE CXX.

Quand le conducteur peut uſer de rétention.

LE CONDUCTEUR peut uſer de rétention de louage, pour les réparations néceſſaires à faire, ou faites du conſentement dudit locateur, en la maiſon où il demeure, ſommation préalablement faite contre ledit locateur.

1. L'Obligation de celui qui loue une maiſon, eſt de faire jouir le locataire pendant le temps porté par le bail: ou de lui payer ſes dommages-intérêts; d'où il s'enſuit que le locateur eſt obligé de rendre la maiſon habitable, & d'y faire faire les réparations de la maniere dont on eſt convenu, & dans le temps marqué, ou de les rembourſer au locataire qui les auroit faites faire; lequel locataire peut, aux termes du préſent article, & de l'art. 40 du tit. 9 de la Coutume de Berry, & de l'art. 202 de celle de Troyes, uſer de rétention des loyers, pour les réparations néceſſaires à faire, ou faites du conſentement du locateur, en la maiſon où il demeure, ſommation préalablement faite contre le locateur.

2. Ainſi, ſelon l'eſprit de notre Coutume, & de celles qui ont été citées, deux choſes doivent néceſſairement concourir pour donner lieu à cette rétention. La premiere, que les réparations ſoient néceſſaires, & la ſeconde, qu'il y ait eu convention entre le conducteur & le locateur, pour faire les réparations qui ſont déja faites, ou à faire; ou à défaut de cette convention, qu'il y ait eu une ſommation faite au locateur, & permiſſion du juge; ſans quoi le conducteur qui a fait les réparations, quoique néceſſaires, doit les répéter par action, ſans pouvoir uſer de rétention. C'eſt l'obſervation de M. le préſident Duret, ſur ces mots de notre article, DU CONSENTEMENT DUDIT LOCATEUR. *Vel eo invito,* dit-il,...... *præcedente tamen interpellatione, & permittente Judice, & eſt de mente hujus articuli; & quicquid neceſſariò vel utiliter impenderit, conductor repetet.* M. Duret, *hic.*

3. Si le locataire a fait des réparations non-néceſſaires, mais utiles ou voluptuaires, il les peut emporter en remettant les choſes au premier état; mais il ne peut rien démolir de ce qu'il a bâti, ni enlever que ce qui ſe peut conſerver étant enlevé, L. 15, ff. *de uſufr.* encore le propriétaire peut-il l'en empêcher, dit M. de la Thaumaſſiere, en lui payant la juſte eſtimation; & tel eſt, dit-il, l'uſage conſtant. M. de la Thaumaſſiere, ſur la Coutume de Berry, tit. 9, art. 40.

ARTICLE CXXI.

Le Conducteur qui n'a dequoi, ou est refusant de payer, ou qui ne garnit l'Hôtel de biens-meubles pour le payement d'une année, en peut être expellé, & mis hors par le Seigneur de l'Hôtel avec autorité de Justice.

1. Quoique le locateur doive laisser la maison au locataire, & l'en faire jouir jusqu'au temps du bail expiré, il y a pourtant des cas où le locateur peut l'expulser, & ces cas ont été prévus par les loix & les Coutumes.

2. Le premier cas marqué par notre Coutume au présent article ; par celle de Berry, tit. 9, art. 41; d'Orléans, art. 417, & de Dunois, art. 88; c'est quand le locataire ne paye pas le loyer. La difficulté, en ce cas, est de fixer le temps de la cessation du paiement pour pouvoir expulser le locataire : La Coutume de Berry en l'art. cité, dit qu'il peut être expulsé par la cessation de paiement pendant un an ; & le droit civil, en la loi 54, §. 1, ff. *Loc.* veut qu'on attende deux ans. Ce qui est sûr, c'est qu'il est nécessaire qu'il y ait une sommation précédente, & que cela se fasse par autorité de justice, comme dit notre Coutume, & celles qui ont été citées; & en ce cas, le locataire peut être expulsé dans le temps arbitré par le juge, pour payer ou sortir.

3. Le second cas auquel le locateur peut expulser le locataire, c'est quand il n'a pas suffisamment garni la maison de meubles pour payer une année du loyer, ainsi que le dit notre Coutume au présent article, & les Coutumes citées ci-dessus, aux articles indiqués. Les Coutumes de Laon, art. 275 ; de Châlons, art. 272, & de Reims, art. 388, disent simplement que le locataire peut être expulsé, pour n'avoir pas garni la maison de meubles exploitables & suffisans pour la sûreté du loyer, sans déterminer pour quel temps.

4. Sur quoi, c'est une question, si à défaut de garnir la maison de meubles exploitables, le conducteur n'est pas reçu à donner bonne & suffisante caution pour le paiement des loyers. Il fut jugé en la prévôté de Bourges, par jugement du 6 septembre 1656, qu'il y étoit recevable ; par la raison que la caution indemnise & met le locateur hors d'intérêt. Toutefois M. de la Thaumassiere se recrie contre ce jugement, comme contraire à la disposition & à l'esprit de la Coutume, qui doit être suivi ; puisque, dit-il, les Coutumes doivent être ponctuellement suivies, sans pouvoir suppléer un cas par un autre ; d'autant qu'il y a plus de sûreté en la chose, quand la maison est suffisamment garnie de meubles, sur lesquels le locateur est préférable, qu'en la caution qu'il faut discuter : c'est ce qu'on dit en droit, *plus cautionis in re, quàm in personâ* ; & tel est mon sentiment. La Thaumassiere sur Berry, tit. 9, art. 41.

Le troisieme cas auquel le locataire peut être expulsé, c'est si le propriétaire est nécessité de loger dans sa maison, & qu'il en ait besoin pour son propre logement. Car comme le propriétaire ne loue sa maison, que parce qu'il n'en a pas besoin pour lui-même, c'est une condition tacite, que s'il en a besoin, le locataire sera tenu de la lui remettre. C'est la disposition de la loi *Æde 3*, Cod. *de locat*.

5. Mais la question est de savoir quelle doit être cette nécessité : à quoi on répond que cette nécessité doit être telle, *ut non apparuerit tempore contractûs celebrati*, & qu'elle peut arriver en plusieurs manieres, comme si la maison que le propriétaire habitoit vient à périr, ou qu'elle ait besoin de réparations, ou s'il se marie, &c. En tous lesquels cas le propriétaire est reçu à demander la résolution du bail, & à rentrer dans sa maison, ainsi qu'il a été jugé par divers arrêts, selon les différentes causes qui se sont présentées, cités par M. Louet & Brodeau, lett. L, somm. 4.

6. Mais ce privilége n'est accordé qu'au propriétaire du total de la maison, & non à celui qui n'est propriétaire que d'une partie, à moins qu'il n'ait le consentement de tous les autres copropriétaires. M. Brodeau sur M. Louet, *ibid*.

7. On a même jugé que le propriétaire ne pouvoit pas faire sortir le locataire pour occuper une petite partie de sa maison, & louer le reste à d'autres : le locataire avoit offert de donner un appartement commode au propriétaire, qui n'étoit pas en état d'occuper toute la maison. Soëfve, tome 1, cent. 2, chap. 18; Argout, *Instit. au Droit Français*, liv. 3, chap. 27.

8. Mais on a étendu ce privilége à la mere, tutrice de ses enfans, pour les maisons qui leur appartiennent, & le mari pour les maisons dont sa femme a la propriété ; parce que la mere tutrice, logeant avec ses enfans, & la femme logeant avec son mari, ce sont effectivement les propriétaires qui vont loger dans leurs maisons. Brodeau, *ibid*. Argout, *ibid*.

9. Il n'est dû dans ce cas, dans la rigueur, au locataire aucuns dommages-intérêts, autrement ce ne seroit plus un privilége : néanmoins quelquefois, par une espece d'humanité, on lui diminue un terme de son loyer ; & ainsi jugé par arrêt rapporté par M. Brodeau sur M. Louet, lettre L, somm. 4. Mais l'usage est de donner un temps raisonnable au locataire pour chercher une autre maison, comme de trois mois ou de six mois, suivant la qualité des maisons & celle des locataires.

10. Que si le propriétaire a renoncé par le bail à son privilége, il ne peut plus s'en servir, cette rénonciation n'ayant rien qui soit contre le droit public, ni contre les bonnes mœurs.

11. Le quatrieme cas, auquel on peut contraindre un locataire de sortir, c'est quand le propriétaire veut faire des réparations à la maison louée. C'est encore la disposition de la loi 3, Cod. de locat. Et si ces réparations sont nécessaires, comme si c'est pour refaire ce qui menace ruine, le propriétaire ne sera tenu d'aucuns dommages-intérêts; mais seulement de décharger le locataire des loyers, ou de les lui rendre, s'ils étoient payés, car c'est un cas fortuit. Mais s'il n'y a point de nécessité à faire ces réparations, il doit, outre la remise des loyers du temps que la maison n'a pas été occupée, des dommages-intérêts; & si la réparation se peut faire en peu de temps, avec peu d'incommodité du locataire, & sans qu'il déloge, le locataire doit souffrir cette légere incommodité. Domat, Loix civ. tom. 1, liv. 1. tit. 4, sect. 2, art. 14. Argout, Inst. au Droit Français, liv. 3, chap. 27.

12. Le cinquieme cas enfin, auquel le locataire peut être expulsé par l'autorité de la justice, c'est s'il use mal de la maison louée, comme s'il la détériore, s'il la met en péril d'incendie, faisant du feu où il n'en doit pas faire; s'il y fait ou souffre quelque commerce illicite, ou en abuse autrement. C'est la disposition de la loi Æde, Cod. de locat.

13. Ces cinq cas ont été remarqués par M. Jean Decullant sur le présent article. Quinque ex modis, dit-il, resolvi potest locationis instrumentum. 1°. Si pensionem non solvat conductor, hujus nostri paragraphi dispositione. 2°. Si conductor supellectilia, seu mobilia in fundum locatum non intulerit, ut pensionis solatio sit in tuto, ex nostro paragrapho. 3°. Si ex causâ quæ tempore locationis non fuit prævisa, Dominus cogatur habitare, secùs si fuit prævisa. 4°. Si sit necessariò reædificanda res locata, adeò ut corruat, aut sit periculum in mora. 5°. Et ultimò, si in re conductâ malè versetur conductor, ut patet ex L. 3, Cod. locat. Jean Decullant.

14. Ces cas, qui donnent lieu à l'expulsion du locataire, sont communs au propriétaire & au principal locataire qui a sous-loué, à l'exception du troisieme. Nota, dit le même Jean Decullant, quòd qui sublocavit, potest ex modis, 1, 2, 4 & 5, sublocatorem expellere, non verò ex tertio, si propriis usibus est necessaria domus, nam hoc privilegio solus gaudet proprietarius, non verò conductor, & ita refert judicatum, Papon, 16 Aprilis 1578, lib. 1, tit. 3, Arrest. 3. M. Jean Decullant, hic. M. Julien Brodeau sur M. Louet, lettre L, somm. 4, est de même sentiment.

15. Hors ces cas, le locataire ne peut pas être expulsé par le locateur; mais il peut l'être par un nouvel acquéreur, ou autre successeur à titre particulier, s'il n'y a convention expresse portée par le contrat d'acquisition qui oblige d'entretenir le bail, sauf son recours pour ses dommages-intérêts, résultans de l'interruption du bail contre le locateur, ou celui qui le représente. Emptorem quidem fundi necesse non est stare Colono, cui prior Dominus locavit, nisi eâ lege emit, dit la loi 9, Cod. de locat. Et la raison est que l'acheteur n'a point contracté avec le locataire, & que le droit du vendeur étant résolu par la vente qu'il a faite de la chose qu'il avoit baillée à louage, il faut que le droit du locataire soit résolu; & par cette même raison, le retrayant n'est point obligé à l'entretenement du bail fait par l'acquéreur. Tel est le sentiment commun.

16. Il y en a qui exceptent le cas auquel par le bail la maison auroit été spécialement affectée & hypothéquée pour l'exécution & l'entretenement d'icelui; & ainsi fut jugé suivant ce sentiment en faveur d'un nommé le Pied, qui avoit loué le logis du sieur Jacques de cette ville, par arrêt, en infirmant une sentence de cette Sénéchaussée de l'année 1643. L'arrêt est cité par M. Jean Decullant, hic, & par M. Jean Cordier dans ses manuscrits.

17. Mais, nonobstant cet arrêt, on n'a pas laissé, dit M. Jean cordier, de juger le contraire en l'audience présidiale, le 27 août 1665. De maniere qu'on peut dire que telle est la jurisprudence de ce siége; & c'est aussi le sentiment de M. Charles Dumoulin sur la Coutume de Paris, §. 30, n. 108, 109, & 110; de Chopin, de Dom. liv. 3, tit. 13, nomb. 2, & de plusieurs autres cités par M. Bretonnier sur Henrys, quest posth. quest. 8, page 852; & tel est son sentiment. La raison est que l'hypothéque spéciale, non plus que la générale, n'est qu'accessoire de l'obligation personnelle, laquelle se résout simplement en dommages-intérêts, pour lesquels le conducteur n'a pas droit de rétention : d'autant que n'étant pas véritablement possesseur, il ne peut pas se maintenir en la possession de la chose vendue, sauf à lui à poursuivre le paiement de ses dommages-intérêts, pour raison de quoi la chose est déclarée affectée & hypothéquée; de maniere qu'ayant obtenu condamnation pour iceux contre le vendeur, il a hypothéque, pour s'en procurer le paiement, sur la maison, du jour du bail. Tel est mon sentiment : car, comme l'a observé M. Bretonnier, il s'en faut tenir à la loi, dont la décision est générale, & ne reçoit qu'une seule exception, nisi eâ lege emit : & cela vient d'autant plus de raison que l'hypothéque spéciale n'augmente point l'obligation du vendeur. Nec refert, dit M. Louis Semin, quod hypotheca specialis in conventione conventa sit, quia talis hypotheca non ampliat obligationem, & ejus effectus est, ut refundatur interesse non observatæ locationis. M. Louis Semin, hic.

18. Ce qu'il y a à observer, c'est que ce qui vient d'être dit de l'acquéreur, ne convient

pas

pas à l'acquéreur, sous faculté de réméré, suivant la jurisprudence des arrêts remarqués par M. Brodeau sur M. Louet, lett. L, som. 4; par l'auteur du journal du palais, tom. 1, pag. 320, c'est la page 5 du tome 1 de l'édition de 1713; & par Lapeirete, lettre F, n. 29; la raison qu'en donne Brodeau, c'est que l'acquéreur, sous faculté de réméré, n'étant pas propriétaire incommutable, pendant le temps de la grace, & pouvant être lui-même évincé par son vendeur, il n'est pas juste qu'il évince & expulse le locataire qui a droit de lui. M. Bretonnier, *ibid*.

* Il n'en est pas du bail à ferme, comme du bail à loyer, le fermier ne peut pas être expulsé également, & dans tous les cas que le locataire le peut être; le fermier ne peut, par exemple, être expulsé de sa ferme, par le propriétaire qui la veut tenir par ses mains, avant que le bail soit expiré, comme le locataire peut l'être par le propriétaire qui a besoin de sa maison pour l'habiter. La raison est que si cela avoit lieu, le fermier souffriroit un grand dommage; car comme il est souvent obligé de faire de grandes avances & dépenses, avant que de rien recueillir, & qu'il peut arriver que la fertilité des dernieres années de son bail, récompense la stérilité des premieres, il seroit injuste de le priver de son espérance, & du fruit de son travail; le privilége de la loi *Æde*, étant odieux, & contre la liberté du commerce, il ne doit pas, dit Brodeau, être étendu hors de son cas. Brodeau sur Louet, lettre L, som. 4.

Il y a pourtant des cas où le fermier peut être expulsé, avant l'expiration du bail, sans qu'il puisse espérer de dommages-intérêts.

Le premier est quand il manque à payer le prix de sa ferme; car de quel front peut-il demander que le propriétaire soit obligé d'entretenir un bail auquel il ne satisfait pas lui-même? Le juge ordonne alors qu'il payera dans un temps, après lequel, s'il ne satisfait pas, il sera tenu de sortir, & le bail déclaré résolu.

Le second, c'est quand le fermier abuse de son bail, pour détruire, ou dégrader les lieux dont il a le bail: la Coutume de Berry, tit. 9, article 48, y est formelle; " tous métayers
» ou conducteurs de métairies (porte cet ar-
» ticle) malversant en icelle, les détériorant...
» peuvent, par autorité de justice, sommaire
» connoissance de cause précédente, en être
» expulsés & contraints de vuider, & néan-
» moins payer la ferme ou louages échus, &
» les dommages-intérêts. » Et ainsi jugé par arrêts rapportés par Brodeau sur Louet, lett. L, som. 4.

Au reste, l'action que le fermier a contre le propriétaire pour le faire jouir, n'engage pas celui qui acquiert de lui la chose à titre singulier; desorte que le tiers acquéreur en peut faire un nouveau bail, ou en jouir par ses mains, comme il a été dit en parlant du louage.

ARTICLE CXXII.

LE CONDUCTEUR d'une maison, qui l'aura louée à un autre, peut durant le tems de sa tenue & conduction, user de tels droits sur celui auquel il a loué ladite maison, que le Seigneur dudit Hôtel, duquel il la tient à louage, & è contra.

Du droit du conducteur qui a reloué à un autre.

1. LA Coutume de Nivernois, chap. 32, art. 18, contient une disposition semblable; & quand des Coutumes accordent au conducteur ou locataire les mêmes droits contre les sous-locataires, que le propriétaire a contre lui, elles entendent parler des droits spécifiés aux articles précédens, comme le dit expressément la Coutume de Nivernois audit article 18; mais non du privilége accordé au propriétaire par la loi *Æde*, pour habiter toute la maison en personne; parce que ce privilége est personnel, qu'il n'appartient qu'au propriétaire, & ne peut être étendu hors de son cas.

2. Il s'ensuit donc simplement de la disposition du présent article, que les meubles des sous-locataires sont tacitement obligés pour leurs loyers, au principal locataire, lequel peut user de pareilles contraintes, poursuites & exécutions, contre ses sous-locataires, que le propriétaire contre lui.

3. Mais aussi le conducteur est assujetti aux mêmes obligations envers ses sous-locataires, que le propriétaire envers lui, c'est-à-dire, est tenu de les faire jouir, & qu'ils peuvent user de rétention de loyers pour les réparations nécessaires. C'est ce qui résulte de ces mots de notre article, *& è contrà*, ainsi que l'a remarqué Papon: *Quod autem*, dit-il, *in text. Statuti dicitur ibi*, & è contrà, *id est, ut locator secundus conductori secundo, ita teneatur & iisdem nexibus, quantùm ad expensas necessarias attinet, quibus Statuentes priorem locatorem Colono priori adstrinxerunt*, §. 120. Papon, *hìc*.

4. Au reste, les meubles des sous-locataires sont encore tacitement obligés pour leur loyer, envers le propriétaire, jusqu'à concurrence de ce qu'ils doivent, & non par-delà. C'est la décision expresse de la loi *Solutum*, §. *Solutum*, ff. *de pign. act.* & de la Coutume de Paris, art. 162.

ARTICLE CXXIII.

Quand le conducteur peut relouer à un autre.

Un Conducteur ne peut louer la maison par lui louée, à aucun qui seroit dommageable & préjudiciable à la maison, ou au Seigneur de ladite maison, plus que ledit conducteur, si ce n'est du consentement dudit Seigneur.

1. Les principaux locataires, qui tiennent la maison directement du propriétaire, peuvent louer ou sous-louer à d'autres, quand il n'y a pas de convention contraire par le bail. C'est la disposition de la loi 6, cod. *de locat. Nemo prohibetur*, dit la loi, *rem quam conduxit fruendam alii locare, si nihil aliud convenerit*; & c'est aussi ce qui résulte de la disposition de cette Coutume, aux présent & précédent articles.

2. Mais un conducteur ne peut louer la maison par lui louée, à aucun qui seroit plus préjudiciable au propriétaire, sinon de son consentement, ainsi qu'il est dit dans le présent article, dans l'article 43 du titre 9 de la Coutume de Berry, & dans l'article 3 du titre 19 de celle de Cambray.

3. Ainsi la convention est licite & permise dans le bail à loyer, de la part du locateur, par laquelle il stipule que le locataire ne pourra louer ou sous-louer à qui que ce soit, que de son gré & consentement.

ARTICLE CXXIV.

Quand le louage est tacitement renouvellé.

Si celui qui a loué, ou pris à louage, maison ou autres héritages, par aucun tems, ne déclare avant ledit tems passé, qu'il ne veut plus que ladite location ou conduction dure ledit tems passé, elle est censée renouvellée pour un an seulement.

1. Lorsque le terme du bail est expiré, si le locataire continue à occuper la maison, le silence du propriétaire fait présumer un consentement de sa part; & cela forme un contrat entre les parties, qu'on appelle *tacite réconduction*, qui a l'effet de continuer le bail, pour le même prix, & sous les mêmes conditions & mêmes clauses. C'est la disposition de notre Coutume, au présent article; de celle de Sens, art. 258; de Châlons, 274, & autres; & telle est l'observation de M. le président Duret, sur ce mot de notre article, RENOUVELLÉE. *Iisdem*, dit-il, *conditionibus & qualitatibus, nec opus est renovatione instrumenti, ut notavit Molinæus, quia moribus nostris in specie propositâ, instrumentum ad executionem non est necessarium*, §. 117. M. Duret.

2. La tacite réconduction a lieu dans les louages d'héritages, autrement baux à ferme, comme dans les louages de maison, ce qui se déduit de ces termes de notre article, *ou autres héritages*; & tel est le sentiment de nos Commentateurs. *Cùm nostrum Statutum*, dit M. François Decullant, *non distinguat rustica & urbana prædia, imò & idem videatur jus statuere, in rustico, sive in urbano, tacita reconductio locum habet in rusticis prædiis, æquè ac in urbanis; quod idem asserit hoc loco D. Ludovicus Semin, itemque D. P. Duret*. M. François Decullant, *hic*.

3. La prorogation qui se fait par la tacite réconduction, n'est pas pour tout le temps porté par le bail, mais pour un an seulement, comme porte notre article; sur quoi M. Menudel observe que ce mot *seulement*, n'est pas taxatif pour la seule première année, mais qu'il est mis pour enseigner que la continuation ne s'introduit pas pour un temps semblable à tout celui déjà échu du bail; & partant, dit-il, si, la première année passée, les parties demeurent toujours dans le silence, le louage dure pour la seconde, *& sic deinceps*; & ainsi se pratique. M. Menudel, *hic*.

4. Pour empêcher la tacite réconduction, soit de la part du bailleur, soit de la part du locataire, il est nécessaire, aux termes du présent article, de déclarer avant l'expiration du bail, qu'on ne veut plus entretenir & continuer le bail, mais la Coutume ne déterminant pas le temps auquel on doit s'avertir, M. Jean Decullant, sur notre article, observe qu'il suffit de s'avertir avant l'expiration du bail. *Statutum*, dit-il, *non determinat tempus quo locator & conductor debent se admonere; itaque sufficiat admonitio antequam finiatur locatio, quandoquidem est terminus præfixus; & ita pluries vidi judicari: adde quod in dicto paragrapho reconductio tacita non fit, nisi conductor remanserit in re conductâ post tempus completum. Secùs tamen in Colono partiario, vulgò Metayer, cum quo est nobis societas, quo casu debet fieri admonitio aliquot diebus ante præfixum tempus, ut quilibet sibi provideat, saltem 15 diebus. Ita judicatum fuit*, ajoute-t-il, *me patrocinante in Præsidiatu*. M. Decullant, *hic*.

5. Cette observation de M. Jean Decullant n'est pas suivie, & aujourd'hui il ne suffit pas, non-seulement en fait de métairies, mais encore en fait de louages de maison, de s'avertir dans le temps de l'expiration du bail, ou mê-

Tit. XIII. DES EXÉCUTIONS. Art. CXXIV.

me quelques jours auparavant ; il faut que l'avertissement en soit fait trois mois avant l'expiration du bail, comme le disent les Coutumes de Sens, art. 258, & de Châlons, art. 274. Tel est présentement l'usage & la jurisprudence, & je l'ai vu ainsi juger différentes fois, même à l'égard des métairies. Le réglement de cette Sénéchauffée, du 17 juin 1722, en contient une disposition expresse ; ce qui est conforme au sentiment de M. le président Duret, sur ces mots de notre article, AVANT LEDIT TEMPS. *Tempestivè*, dit-il, *& boni viri arbitrio, quâ in specie Conf. Sen. art.* 257, (c'est le 258 dans le nouv. Cout. gen. Châlons, 274) *& très mensés constituunt, nisi conventum sit de principio ultimi anni monitione faciendâ*. M. Duret, *hîc*.

6. La tacite réconduction se fait, non-seulement entre les mêmes personnes, & pour le même bail, même prix & mêmes clauses, mais encore avec celles qui les représentent. C'est ce qui fut jugé en ce siége le 15 mars 1724, plaidans M^{rs}. Duris & Arrant, avocats, en la cause de M. Bau, président au grenier à sel de Gannat, contre un fermier.

* M. Bau, président au grenier à sel de Gannat, avoit fait une ferme en l'année 1720 pour trois ans, & il avoit dans le bail stipulé la contrainte par corps. Le fermier décéda la troisieme année, au mois de mai ; sa veuve, qui étoit sa commune & son héritiere instituée par son contrat de mariage, ayant continué la jouissance de la ferme après le décès de son mari jusqu'à la saint Martin, temps auquel le bail expiroit, & n'y ayant point eu d'avertissement avant ce temps-là, de la part du sieur Bau, propriétaire, il fut jugé qu'ayant eu qualité pour jouir après le décès de son mari, jusqu'à la saint Martin, comme commune & héritiere instituée, elle continueroit la ferme par réconduction pour l'année suivante ; on ne crut pas que la contrainte par corps pût être exercée contr'elle, maison la chargea de donner caution : J'étois des juges.

7. La tacite réconduction étant une espece de prorogation du bail, avec les mêmes clauses & conditions que le premier, l'hypothéque qui a pris naissance du bail subsiste ; mais, selon l'opinion la plus commune au palais, elle n'a lieu que du jour de la tacite réconduction. De cette maniere, si un fermier, après le temps de son bail expiré, demeure dans sa ferme par réconduction, le propriétaire n'aura d'hypothéque sur les immeubles de son fermier, pour les jouissances échues pendant sa réconduction, que du jour de la réconduction ; les créanciers qui n'auront contracté avec le fermier que depuis le bail, lui seront préférés sur ses immeubles, mais il jouira de son privilége sur les fruits recueillis sur ses terres. Car l'hypothéque que le propriétaire avoit par son bail passé pardevant notaires sur les biens du fermier, s'éteint avec le bail ; & comme en France l'hypothéque ne se constitue pas par le simple consentement des parties, soit exprès, ou tacite, & qu'il faut qu'il soit établi par un acte public ; dans la rigueur, la tacite réconduction n'étant pas passée pardevant notaires, mais étant une espece de prorogation de bail, qui se renouvelle par un tacite consentement, elle ne devroit pas renouveller l'hypothéque. Cependant, *ex æquitate*, contre la rigueur, on tient que l'hypothéque de la tacite réconduction est du jour qu'elle commence ; par la raison que, quoiqu'en France l'hypothéque ne soit fondée que sur les contrats authentiques, & sur les jugemens de condamination, l'usage l'a introduite en plusieurs cas par équité, auxquels dans la rigueur il n'y en auroit point. M. Henry Basnage, *des Hyp.* ch. 13; Delhommeau, *Max. du Droit Français*, liv. 3, art. 312 ; Argout, *Instit. au Droit Français*, tome 2, liv. 3, ch. 275 ; de Ferriere, *Inst. Cout.* tome 3, liv. 4, tit. 1, art. 149.

8. Dans le cas de la tacite réconduction, le bail, quoique passé pardevant notaire, ayant son effet limité, il ne peut pas être exécutoire pour raison du louage dû à cause de la réconduction : c'est-pourquoi on ne peut faire exécution en vertu d'icelui, s'il n'y a clause spéciale portée par ledit bail, de payer par le locataire, tant qu'il jouira de la chose affermée, selon la note de M. Charles Dumoulin sur le présent art. sur ces mots, POUR UN AN SEULEMENT. *Scilicèt*, dit-il, *ipsa locatio, sed non instrumentum locationis executorium, ideò non potuit fieri executio in vim instrumenti, nisi in eo effet clausula promissionis solvendi, quandiù post tempus finitum conductor maneret*, *Guid. Pap. decis. Delph.* 408, *Alex. consil.* 132, *Col.* 3, *lib.* 5, *Jas. consil.* 49, *L.* 3. C. M. *hîc*.

9. De-là se suit qu'un propriétaire est obligé, pour se procurer le paiement des termes échus pendant la tacite réconduction, de présenter requête au juge pour obtenir permission de saisir les meubles de son locataire, s'il s'agit de loyers, ou les fruits provenans de ses héritages, s'il est question de ferme d'héritages. Car la disposition de l'art. 117, *suprà*, qui permet au propriétaire de procéder de sa propre autorité, sans obligation par écrit, par voie d'exécution sur ces meubles & effets pour les termes à lui dûs, n'est pas en vigueur, comme il a été remarqué sur ledit article. Ainsi l'usage a rendu inutiles les observations de M. le président Duret & de M. Jean Decullant, qui, au moyen de la disposition de l'art. 117, prétendoient qu'inutilement M. Charles Dumoulin avoit-il observé que dans le cas de la tacite réconduction on ne pouvoit pas exécuter en vertu du bail, puisque dans l'espece présente on n'avoit pas besoin d'obligation par écrit, ni de bail pour exécuter. *Cùm moribus nostris*, disent-ils, *instrumentum non sit necessarium ad Executionem in propositâ specie, ex §.* 117.

ARTICLE CXXV.

<small>Quand les fruits d'une Métairie peuvent être arrêtés.</small> LES FRUITS d'une Métairie, pour les fermes ou rentes foncieres d'icelle, peuvent être empêchez & arrêtez par le Seigneur de la Métairie, soit qu'elle soit de son héritage ou d'héritage de sa femme, & tient tel arrêt & empêchement jusqu'à plein payement desdites fermes ou rentes. Et semblablement peuvent être arrêtez & empêchez les fourrages & pailles pour le nourrissement du bétail de ladite Métairie, & aussi pour faire des fumiers, afin de les convertir en l'amendement des terres d'icelle Métairie, posé que ledit Seigneur n'eût lettres obligatoires expressément quant à ce. Et si lesdits fruits, pailles & fourrages étoient enlevez ou emportez, ledit Seigneur les peut poursuivre & faire arrêter, & sera préféré à tous autres.

1. Les fermes des héritages, & arrérages de rentes foncieres, sont créances privilégiées sur les fruits qui proviennent des héritages affermés ou baillés en rentes, pourvu qu'il paroisse qu'ils en sont provenus; c'est ce qui résulte de la disposition du présent article; de celle de la Coutume de Nivernois, ch. 32, art. 19; de celle de Berry, tit. 9, art. 44, & de celle d'Orléans, art. 421. La raison est que les fruits sont comme la chose propre du propriétaire qui a donné l'héritage en ferme, ou du créancier de la rente jusqu'au paiement; le seigneur foncier n'étant pas simple créancier, mais originairement seigneur des fruits, & son droit étant attaché aux fruits : & c'est pour cela que les fruits recueillis ou pendans par les racines en héritages donnés en ferme, ou à rente fonciere, peuvent, pour le paiement de la ferme ou rente, être empêchés & arrêtés à la requête du seigneur propriétaire qui a donné lesdits héritages à ferme ou rente, soit que ce soit ses héritages ou ceux de sa femme, & que tel arrêt & empêchement tiennent jusqu'au paiement desdites fermes ou rentes, ainsi qu'il est dit au présent article, & aux articles des Coutumes que nous venons de citer.

2. Le propriétaire de l'héritage, ou le créancier de la rente fonciere, peut arrêter, pour la sûreté de l'année à écheoir, comme il est dit audit article 44 du tit. 9 de la Coutume de Berry; mais, selon que l'a observé M. de la Thaumassiere sur cet article, il ne peut faire vendre avant le terme échu.

3. Notre Coutume, au présent article, & celles qu'on a citées, ne parlent que d'un simple arrêt ou empêchement, qui est une saisie sans transport; c'est-pourquoi peut audit cas, comme le dit la Coutume de Berry, le fermier, ou rentier, faire battre son blé sans rien déplacer; le seigneur appellé, & pareillement icelui vendre pour satisfaire audit seigneur de la rente ou ferme, en appellant aussi le seigneur à cette vente. Et je l'ai vu ainsi ordonner en cette Sénéchaussée, au mois d'août 1727, à l'occasion d'un fermier de M. Vernin, l'assesseur; mais cela, à dire vrai, ne se pratique pas ainsi communément; & l'usage est que le gardien établi à la saisie des blés, à la requête du propriétaire, si le fermier ne paye pas, les fait battre, & que sur la représentation qu'il en fait, le propriétaire les fait vendre par autorité de justice, pour des deniers en provenans se payer du prix de sa ferme.

4. Le seigneur de la métairie peut pareillement arrêter & empêcher les fourrages & pailles pour la nourriture du bétail de ladite métairie, & pour faire les fumiers pour fumer les terres d'icelle, ainsi que le porte notre article & que le disent les Coutumes citées; & cet arrêt & empêchement se peuvent faire, disent ces Coutumes & la nôtre, quoique le métayer ne fût expressément obligé à cela : Et la raison est que ce sont les pailles & fourrages de la métairie, destinés pour l'exploitation d'icelle, pour la nourriture & litiere des bestiaux qui y sont, & pour faire des fumiers pour engraisser les terres qui en dépendent; de maniere qu'encore qu'il ne soit rien dit ni convenu dans le bail, le fermier ou métayer doit laisser les fourrages & les pailles dans la métairie.

Il y a plus; c'est que si lesdits fruits, pailles & fourrages étoient enlevés & transportés ailleurs, le seigneur les peut poursuivre & faire arrêter, & pour le regard d'iceux sera préféré à tous autres, comme le disent notre Coutume au présent article, & celle d'Orléans en l'article 421 : pour celles de Nivernois, chap. 32, art. 19, & de Berry, tit. 9, art. 46, elles disent que le seigneur les peut suivre, faire arrêter & rapporter en sa métairie.

5. Ce que nous venons de dire du privilége du propriétaire d'une métairie, sur les fruits d'icelle, pour les accenses dues par le fermier, conformément à la disposition de notre Coutume, & de celles qui ont été citées, doit avoir son application, par rapport au métayer, pour les avances que le propriétaire lui a faites, soit en blé prêté pour semer, sa nourriture, ou pour payer ses impositions; le maître pour toutes ses avances est préféré sur les fruits de la métairie, à tous créanciers : ce qui est fondé sur la nécessité

à

Tit. XIII. DES EXÉCUTIONS. Art. CXXV.

à laquelle sont réduits les maîtres des domaines de la campagne de s'épuiser pour les faire valoir, & de faire très-souvent des avances qui excédent la valeur des métairies ; lesquelles avances seroient perdues, si les maîtres n'étoient préférés sur les fruits, à l'occasion desquels ils sont contraints de supporter toutes ces dépenses.

6. C'est l'observation de M. Louis Semin sur le présent article, & de M. Gaspard de la Thaumassiere sur la Coutume de Berry, tit. 9, art. 46. *Quod privilegium*, dit M. Louis Semin, *conceditur Domino prædii, non solùm pro solutione pensionis contrà conductorem, sed etiam pro solutione hujus quod debet Colonus partiarius, id est* Métayer, *Domino prædii, sive ex instrumento societatis, id est* bail de Métairie, *seu ex causâ seminis, & procedit tale privilegium contrà omnes creditores ; ita ut pro solutione eorum quæ ei debentur à Colono partiario præferatur in distractione fructuum in suo fundo productorum, non solùm omnibus anterioribus creditoribus, sed & illi qui primus deprehendit.* M. Louis Semin.

7. M. Charles Dumoulin, en sa note sur le présent article, porte le privilége du propriétaire d'une métairie sur les fruits d'icelle, si loin, qu'il tient qu'il peut obliger l'acheteur de bonne foi de les rendre, pourvu que ce soit peu de temps après l'achat, & qu'ils soient en nature : Sera préféré, dit Dumoulin, *etiam emptoribus bonæ fidei, modò infrà breve tempus & rebus extantibus*. Et ainsi fut jugé conformément à cette apostille de Dumoulin, le 12 décembre 1680, au présidial de Bourges, dit M. de la Thaumassiere sur ledit article 46 de la Coutume de Berry, tit. 9.

8. Le privilége du propriétaire d'une métairie, où créancier de la rente fonciére, sur les fruits provenus de l'héritage pour fermages ou arrérages de rentes, n'est pas restreint à l'année courante, mais s'étend au paiement des années précédentes, ainsi qu'il résulte des termes de notre article, & qu'il a été jugé par arrêts rapportés par M. Louet & Brodeau, lett. F, somm. 4 ; ce qui fait que quand il est dû plusieurs années de ferme ou d'arrérages à différentes personnes, c'est une question de savoir comment se doit expliquer leur préférence & privilége : sur quoi l'usage en ce siége est, dit M. Menudel, que la ferme ou arrérage de l'année présente est privilégiée sur les fruits de cette année : *Ex verbis istius paragraphi*, dit-il, RENTES FONCIERES.... ET JUSQU'A PLEIN PAIEMENT, *patet quòd Dominus, vel ejus conductor, debet solvi pro decem annis in præjudicium cæterorum creditorum ; si autem sint plures conductores, conductor anni præsentis præfertur super fructibus dicti anni, creditoribus præteritis : & sic servamus.* M. Menudel, *hìc*.

9. Le privilége du propriétaire sur les fruits de sa métairie, pour le prix de sa ferme & avances qu'il a faites à son métayer, n'a pas de lieu au préjudice des valets servans au labourage, & aux moissonneurs, qui sont préférés pour le service rendu pendant l'année : Et il en est de même du vigneron qui a façonné la vigne ; il est préféré à tous autres, sur les fruits de la vigne. C'est la remarque de M. de la Thaumassiere sur la Coutume de Berry, tit. 9, art. 46, & de Basnage, *des Hypothéques*.

10. Celui qui a prêté la semence est encore préféré au propriétaire du fonds ; ainsi jugé par arrêt du 8 mars 1608, au rapport de M. Biet, entre Jean Trochot, & l'abbé de Morigny, rapporté par Mornac sur la loi *qui sit*, au digeste *de usuris*. La raison est que *nullus casus intervenire potest, qui hoc genus deductionis impediat*, L. 51, ff. *fam. ercisc.* ainsi les termes du présent article, *sera préféré à tous autres*, souffrent une exception en faveur des valets servans au labourage, des moissonneurs, & de ceux qui ont prêté la semence ; quoiqu'il y en ait qui préférent le propriétaire de la métairie à celui qui a prêté la semence, & que tel soit le sentiment de M. de la Thaumassiere, en l'endroit cité, mais mal, puisque celui qui a prêté la semence, *dedit pignoris causam*.

11. Le fermier durant le temps de la ferme use du privilége du maître, mais non après, parce que le privilége étant accessoire de la ferme, il doit être réglé selon le temps de la ferme. Tel est le sentiment de Coquille sur la Coutume du Nivernois, chap. 32, art. 19, & de M. Menudel sur le présent article.

Cette préférence à l'égard même du propriétaire reçoit de la difficulté, dit M. Julien Brodeau, quand il y a promesse ou obligation, par le moyen de laquelle *res abiit in creditum, & fides habita est de pretio*, & notamment après le temps du bail fini. Brodeau sur Louet, let. F, somm. 4.

12. Si le propriétaire du domaine ou métairie doit avoir cette préférence ou privilége, non-seulement sur les fruits, mais encore sur les meubles morts & vifs, & effets mobiliaires, que les fermiers, colons & métayers ont mis dans la ferme, comme bestiaux & autres ; c'est une question sur laquelle il y a diversité de sentimens & d'arrêts ; le droit civil a distingué les maisons des villes, d'avec les fermes des champs, en donnant privilége aux propriétaires sur les meubles qui se trouvent dans les premieres & non point dans les autres ; c'est la disposition de la loi *Eo jure* 4, ff. *in quibus caus. pign.* L. *Item quia*, ff. *de pactis*, & de la loi *Certe* 5, cod. *de locat. & cond.* Laquelle disposition se trouve autorisée d'un arrêt du 22 novembre 1655, au rôle de Vermandois, infirmant la sentence du baillif de Laon ; par lequel le créancier pour arrérages de rentes à lui dus par le fermier, premier saisissant les meubles & chevaux trouvés en la ferme, a été préféré au propriétaire, suivant les conclusions de M. l'avocat général Talon. Et la raison de la différence entre les maisons & les héritages, c'est, dit-on, que les propriétaires des maisons n'ont point d'autre sûreté pour être payés des loyers, que sur les meubles des locataires qui les occupent : au lieu que les propriétaires des

Part. I.   Ddd

héritages ont leur sûreté pour le paiement de la ferme, sur les fruits qui en proviennent. Ricard & Auzanet, sur l'article 171 de la Coutume de Paris; de Ferriere, *Instit. Cout.* tome 3, liv. 4, tit. 1, art. 83.

13. D'autres, d'un sentiment contraire, disent qu'on ne peut refuser au propriétaire des héritages ruraux la préférence, non-seulement sur les fruits de ces héritages, mais aussi sur les meubles de ses fermiers, colons & métayers: cette préférence, disent-ils, est fondée en très-grande raison, à cause des avances nécessaires que les propriétaires des fermes & domaines de la campagne sont obligés de faire à leurs fermiers & colons, pour raison desquelles avances on ne peut trop favoriser les propriétaires des héritages ruraux, qui sont des créanciers nécessaires, & c'est, dit-on, une régle du droit coutumier, que les grains & biens-meubles d'un fermier & locataire sont tacitement obligés pour les moisons & loyers du propriétaire.

14. Telle est la disposition de la Coutume de Paris, art. 171, & M. Julien Brodeau en sa note sur l'article 37 du titre 9 de la Coutume de Berry, dit que *Jure Gallico invecta & illata, in habitationibus rusticas ut & in urbanas, tacitè sunt pignori Dominis locantibus*. Le même Brodeau sur M. Louet, lettre F, somm. 4, rapporte un arrêt rendu en la Coutume de Vitry le 9 février 1630, au rapport de M. de Bragelone; par lequel le propriétaire d'une ferme des champs a été préféré à un créancier, premier saisissant sur les grains, meubles & bestiaux trouvés en sa ferme, pour le paiement de ce qui lui étoit dû. Il avoit écrit au procès. Tel est le sentiment de Basnage, traité des *Hypot.* part. 1, chap. 6; de la Thaumassiere sur la Coutume de Berry, tit. 9, art. 37, & de l'auteur des nouvelles observations sur la Coutume de Senlis, art. 287. Tel paroît aussi être celui de Coquille, sur la Coutume de Nivernois, ch. 32, art. 19.

15. Ce qui me paroît, c'est qu'il ne devroit pas y avoir de difficulté pour les chevaux & bestiaux qui sont nourris des fruits de la ferme: mais à l'égard des autres meubles apportés dans la ferme, il y auroit plus lieu de douter. Toutefois M. le président Duret assure que de son temps l'usage dans cette Coutume est pour l'hypothéque tacite & privilégiée: *Nec distinguimus*, dit-il, *prædium rusticum ab urbano, quo jure utimur; & an locator illata esse sciverit, an ignoraverit, an denique ea diutiùs essent permansura, an non*. Telle est son observation sur l'article 117, *supra*; & M. de la Thaumassiere assure pareillement que tel est l'usage constant dans la province de Berry: sur quoi il cite différens jugemens, qui l'ont ainsi jugé.

16. Mais quoiqu'il en soit de ce privilége des propriétaires sur les biens-meubles de leurs fermiers, étans en leurs fermes ou métairies; ce qui est certain, c'est que les propriétaires peuvent, pour assurer davantage le paiement du prix de leurs fermes, stipuler la contrainte par corps dans leurs baux contre leurs fermiers, faute de paiement: c'est la disposition précise de l'ordonnance de 1667, tit. 34, art. 7. Et la raison est qu'ils sont toujours en mauvaise foi, lorsqu'ils dissipent ou détournent à d'autres usages les fruits destinés à la nourriture & paiement du propriétaire.

17. Mais si la contrainte n'étoit point stipulée dans le bail, le juge ne pourroit pas la prononcer. C'est la remarque de M. Bornier sur cet article de l'ordonnance; & cela se pratique ainsi dans ce siége, tant à la Sénéchaussée qu'au présidial.

18. Bien plus, quoique la contrainte par corps soit stipulée dans le bail, si le bail expiré le fermier continue à jouir par tacite réconduction, la contrainte par corps de la premiere ferme ne dure plus, & ne passe pas du premier bail où elle étoit expresse, à la réconduction: c'est encore l'observation du même M. Bornier sur ledit article 7 de l'ordonnance de 1667, tit. 34, qui est juste.

19. Il en est de même des héritiers, qui ne sont pas sujets à la contrainte par corps. Ainsi quoique le fermier soit contraignable par corps, ses héritiers ne le sont pas; par la raison que l'héritier ne reçoit du défunt que les biens, & que par conséquent *ultrà bona obligari non potest. Notandum est*, dit M. Jean Decullant, *obligationem quâ quis se per corporis compulsionem, ad debiti solutionem adstrinxit, ad hæredem non transire, licèt actio hypothecaria & in solidum hæredem attingat: ratio diversitatis est, quòd hæres à defuncto bona hypothecata accipit, quæ cum onere transeunt; non autem à defuncto accipit personam, & ideò ultrà bona obligari non potest*.

20. Il faut enfin observer que, quoiqu'on puisse contraindre le débiteur par corps pour les intérêts, lorsque le principal est par corps, ainsi qu'il a été jugé par arrêt du 18 mars 1678, rapporté au huitieme tome du journal du palais, par la raison qu'on ne peut pas séparer les intérêts d'avec le principal, pour le privilége & la manière d'exiger le paiement, suivant cette maxime de droit, par laquelle *accessorium sequitur naturam principalis*: toutefois il y en a qui prétendent qu'il n'en est pas ainsi des intérêts adjugés pour arrérages de fermages, ces intérêts n'étant pas fondés dans le bail, & ne pouvant être considérés comme dommages-intérêts pour l'inexécution. Tel est le sentiment de l'auteur des observations sur le praticien de M. Lange, de la sixieme édition de 1694.

ARTICLE CXXVI.

Pour vin, bled, bois ou autre chose que deniers nombrez, se peut faire Exécution, en vertu d'obligation, ou condamnation, ou dette privilegiée sur les biens du débiteur, icelui premierement sommé de payer : Et s'il est refusant, dilayant, ou s'oppose, la main garnie préalablement par le Sergent, il ajourne le débiteur pardevant le Juge auquel la connoissance en appartient, pour voir apprécier la quantité & chose dûe.

Forme d'Exécution.

1. L'Argent, suivant notre article, n'est pas la seule cause de la saisie, puisqu'il y est permis de saisir aussi pour d'autres especes; ce qui est conforme à l'article 20 du chapitre 32 de la Coutume de Nivernois; à l'article 8 du titre 27 de l'ordonnance de 1667, & à l'article 76 de l'ordonnance de 1539. Mais il faut que la dette portée par obligation ou jugement soit certaine & liquide en deniers ou en especes, ainsi qu'il est dit en l'article 166 de la Coutume de Paris; & en l'article 2 du titre 33 de l'ordonnance de 1667.

2. Quand la dette est en espece, qu'elle est liquide & certaine en quantité, mais sujette à appréciation, on peut bien saisir & exécuter avant l'appréciation ; mais on doit surséoir à la vente jusqu'à ce que l'appréciation en ait été faite; ainsi que le portent l'art. 2 du tit. 33 de l'ordonn. de 1667, & l'art. 20 du tit. 32 de la Cout. de Niv. Et pour cet effet il faut ajourner afin d'apprécier, comme le dit notre article.

ARTICLE CXXVII.

Le Cessionnaire peut procéder, ou faire procéder par voie d'Exécution ou arrêt sur les biens du débiteur, en vertu de l'obligation en quoi il est obligé, & cession de créance, en justifiant de transport.

De l'Exécution du cessionnaire.

1. Les cessions & transports servent à faire passer la propriété des droits incorporels & des actions d'une personne à une autre; comme la vente, l'échange, la donation, & autres titres de cette nature, font passer la propriété des choses corporelles d'une personne à une autre : c'est-pourquoi dans le droit la cession & transport d'une dette est appellée *vente d'une dette*.

2. Le simple transport ne suffit pourtant pas pour saisir le cessionnaire ; il doit pour cela être signifié au débiteur, ainsi qu'il est dit dans l'article 108 de la Coutume de Paris. Car comme en matiere de droits corporels, il faut, pour en transférer la propriété, une tradition, c'est-à-dire, une mise en possession ou réelle & actuelle, ou feinte & par rétention d'usufruit, constitut ou précaire. De même, en matiere de droits incorporels, le cessionnaire, suivant la Coutume de Paris audit article 108, qui est suivi dans tout le reste du royaume, n'est réputé saisi & en possession de la chose cédée que par la signification qu'il fait faire du transport à celui contre lequel le droit est cédé & transporté, la signification étant comme la prise de possession.

3. Avant la signification du transport, le débiteur peut valablement payer son cédant, sauf le recours du cessionnaire contre le cédant. Et si le créancier céde la dette à un autre qui fasse signifier son transport, le premier cessionnaire n'y a aucun droit, & les créanciers du cédant peuvent aussi saisir la dette entre les mains du débiteur avant la signification du transport; mais après que le transport a été signifié au débiteur, il ne peut plus payer valablement au cédant.

4. Il y a plus; c'est que le cessionnaire ne peut pas valablement avant la signification de la cession, faire exécuter le débiteur. Il peut bien, comme le dit notre article, procéder ou faire procéder par voie d'exécution ou arrêt sur les biens du débiteur, en vertu de l'obligation en quoi il est obligé, & cession de ladite obligation ; mais pour cela il faut faire signifier le transport à la partie, & en donner copie avant que d'exécuter. C'est ce que notre Coutume donne à connoître par ces mots du présent article, *en justifiant de transport*, & qui est marqué par l'article 1 du chapitre 32 de la Coutume de Nivernois; & encore plus expressément par l'article 108 de la Coutume de Paris, lequel article de la Coutume de Paris il faut joindre à celui-ci, suivant la remarque de M. François Decullant. *Huic nostro paragrapho 127*, dit-il, *junge paragraphum 108 Stat. Paris. cujus hæc sunt verba*: Un simple transport ne saisit point, & faut signifier le transport à la partie, & en donner copie avant que de l'exécuter, *quod practicatur*. M. François Decullant, *hic*.

5. Ainsi fut jugé en l'audience de cette Sénéchaussée, moi présent & y assistant en qualité de juge, le 30 juin 1723 ; savoir que le

cessionnaire ne peut pas *rectà* faire procéder par voie de saisie & arrêt sur les biens du débiteur, en vertu de l'obligation en laquelle il est obligé, sans signification du transport ni commandement. C'étoit en la cause de dame Marie-Antoinette Bardon, qui avoit saisi & arrêté entre les mains des débiteurs de François Bardon, son frere, en vertu de la cession & subrogation faites à son profit par les filles de la Croix, créancieres dudit François Bardon, par contrat passé pardevant notaire. La saisie avoit été faite *rectà*, sans permission de juge, commandement ni signification de transport, & elle fut déclarée nulle.

6. La signification de la cession doit être faite au débiteur quelque temps avant l'exécution, selon la note de M. Charles Dumoulin sur le présent article, & après lui de M. Guy Coquille, sur l'article 1 du chap. 32 de la Coutume de Nivernois : à moins que ce ne fût un débiteur fugitif. *Solent*, dit Dumoulin, *priùs citare debitorem ad notificandum cessionem, sed sufficit extrà judicium testatum, notificationem & exhibitionem cessionis factam paulò ante executionem; adhuc contrà fugitivum vel suspectum, non est opus dilatione nec notificatione, nisi in puncto executionis.*

* L'effet de la cession duement signifiée, est de transférer, comme il a été dit, en la personne du cessionnaire, les mêmes droits & actions, qui appartiennent au cédant, tellement qu'au moyen du transport, le cessionnaire les peut exercer contre le débiteur; ainsi, si c'est un contrat de constitution de rente, les arrérages courent au profit du cessionnaire, comme ils faisoient au profit du cédant, & sur le même pied; & si dans le transport il entre des arrérages, le cessionnaire ne peut pas demander les intérêts des arrérages cédés, parce qu'il tient tout son droit du cédant, qu'il représente sa personne, & que le cédant ne le pourroit pas.

Il en est de même de toute autre créance produisant intérêt; le cessionnaire peut, en vertu de la cession qui lui en est faite, se faire payer de l'intérêt, également que le cédant. Ainsi, si le vendeur d'un fonds qui a droit de percevoir les intérêts du prix de la vente de son fonds, fait cession & transport de sa créance, moyennant une somme, à un étranger qui n'ait pas droit d'offrir, celui à qui le transport en est fait, peut sans usure en recevoir les intérêts, sans déduction de son capital, comme faisoit le vendeur, par la raison que le transport est une vente, que le cédant a faite de son droit & privilége, qui conserve ce droit & le fait passer tout entier en la personne du cessionnaire, en quoi le débiteur ne souffre rien : car comme il doit bien légitimement les intérêts, il doit être indifférent à qui il les paye, ou au vendeur, ou à celui à qui il a cédé son droit; & il ne seroit pas juste que le débiteur profitât de la cession, au préjudice du cessionnaire; ce qui arriveroit, s'il cessoit de payer des intérêts. Je l'ai vu ainsi juger plusieurs fois en ce siége; savoir, que le cessionnaire peut légitimement percevoir les intérêts, au lieu & place du cédant, qui avoit droit de les exiger, soit parce que sa créance produisoit intérêt de sa nature, soit pour avoir obtenu sentence de condamnation d'intérêt contre son débiteur.

Sur quoi il y a deux observations à faire.

La premiere, que quand c'est un étranger qui n'a pas droit d'offrir, qui traite avec un créancier, & que ce créancier lui fait cession & transport de sa créance, & de ses droits, pour lors cette cession ne peut être regardée, de la part du cédant, que comme une vente, & de la part du cessionnaire, comme un achat, qui fait passer la créance avec tous ses accessoires, de la personne du cédant, en celle du cessionnaire, & quoiqu'il fût dit simplement que le créancier subroge l'étranger, & qu'il ne soit pas dit, que le créancier lui céde & transporte sa dette, cette subrogation a néanmoins tous les effets de la cession & transport, selon que l'a remarqué M. de Renusson, de la subrogation; chap. 10, n. 40.

La seconde, qu'il convient de faire, après le même Renusson, traité de la subrogation, chap. 10, n. 4 & 5, c'est qu'un étranger n'a pas droit, en son nom, d'offrir, & qu'un créancier ne peut être contraint de recevoir le paiement de ce qui lui est dû, que par le débiteur ou au nom du débiteur, ou par un créancier du même débiteur, ou par l'acquéreur du débiteur, & détenteur de la chose obligée; qu'il ne peut l'être par un étranger qui voudroit faire le paiement en son nom, & acquérir la dette pour son intérêt particulier.

Quand celui qui traite avec le créancier a droit d'offrir, que le créancier qui peut être contraint de recevoir le paiement de ce qui lui est dû, donne quittance avec subrogation, cette subrogation fait bien entrer le nouveau créancier en la place du premier : mais comme elle différe de la cession, qui se fait à celui qui n'a pas droit d'offrir, il y a lieu de douter qu'elle ait tous les mêmes effets.

La cession d'une dette, qui se fait à un étranger, qui n'a pas droit d'offrir, s'appelle proprement cession & transport, & c'est comme il a été dit, une véritable vente; on n'y donne point quittance de la dette, qui subsiste toujours, & ne fait que changer de main; l'ancien créancier, à qui il est libre de disposer de ce qui lui appartient, la vend & la transmet à son cessionnaire, sans qu'il se passe aucun acte, dont elle puisse recevoir de l'altération : mais dans la subrogation qui se fait au profit de celui qui a droit d'offrir, l'ancien créancier donne une quittance, dont l'effet naturel & nécessaire est d'éteindre la dette; & la subrogation que l'on insére dans cette quittance, ne peut empêcher cette extinction, parce que ce seroit détruire entièrement la nature de la quittance.

De-là

Tit. XIII. DES EXÉCUTIONS. Art. CXXVII.

De-là il suit que dans la cession & transport fait à un étranger, la dette cédée passe au cessionnaire, avec ses charges, & *cum sua causa*; de-sorte que si c'est une rente constituée, qui ait suite par hypothéque, elle demeure hypothéquée aux dettes du cédant, les hypothéques des créanciers étant conservées contre l'acquéreur d'icelle; au lieu que quand le créancier d'une rente est remboursé, & qu'il subrogé celui qui le rembourse, les hypothéques de l'ancien créancier sont éteintes, & le subrogé n'en peut être poursuivi, selon que l'ont observé Loyseau, des offices, liv. 3, chap. 8, n. 72; Bacquet, des droits de justice, chap. 21, n. 233; Basnage, des hypothéques, part. 1, chap. 15, & autres.

Cette différence qu'il y a entre la cession & la subrogation, fait que les sentimens sont partagés sur les effets de la subrogation, & que c'est une question difficile à décider, si la subrogation transfére également que la cession & transport, en la personne du nouveau créancier, tous les droits, priviléges & hypothéques de l'ancien; & pour éclaircir cette matiere, il faut distinguer les différentes sortes de subrogations, la conventionnelle & la légale; & à l'égard de la conventionnelle, celle qui procéde du créancier, d'avec celle qui vient du débiteur.

La subrogation conventionnelle, qui se fait par le créancier, est lorsque le créancier, qui est payé de ce qui lui est dû, par celui qui a droit d'offrir (par un coobligé ou cohéritier, par exemple,) & qui donne quittance, cede & transporte, sans aucune garantie, à celui qui le rembourse, ses droits, priviléges & hypothéques, & le subroge en son lieu.

Cette subrogation est la plus naturelle, & souffre moins de difficulté, parce que le créancier étant le maître de ses droits & priviléges, & l'hypothéque subsistant en sa personne, il semble que lui seul ait droit de les transférer à un autre : cependant il y a une difficulté, en ce que l'acte conçu en forme de quittance, & qui commence par un rachat, produit l'extinction de la dette, & par conséquent des actions, droits & hypothéques, qui en sont les accessoires ; de maniere que le créancier n'ayant plus de droit, ni d'actions, il n'en peut plus céder.

Mais à cela on répond que l'obligation n'est pas tout-à-fait éteinte, parce que le paiement n'est pas fait au nom du principal débiteur, & afin de le décharger envers & contre tous, non-plus qu'au nom de tous les coobligés ou cohéritiers, & pour amortir entiérement la dette; mais seulement par rapport au coobligé ou cohéritier, qui paye en son nom, & pour se libérer de l'obligation qu'on avoit contre lui; & encore par rapport à l'ancien créancier, & à ceux qui à cause de lui pourroient prétendre hypothéque sur icelle, au cas que la dette fût susceptible d'hypothéque ; de maniere que le créancier, en donnant quittance, & en se démettant de ses droits & actions, a pu s'en départir en faveur & au profit de celui qui l'a payé, & les transmettre en sa personne, pour les exercer contre le débiteur originaire, ou les autres coobligés ou cohéritiers, qui ne sauroient diviser l'acte qui contient le paiement & la subrogation, pour tirer avantage du paiement & rejetter la subrogation, & qui doivent l'accepter, ou rejetter tout entier, parce qu'il est indivisible; s'ils l'acceptent, ils seront débiteurs du nouveau créancier, comme ils l'étoient de l'ancien ; s'ils le rejettent, ils demeurent débiteurs de l'ancien créancier, & il leur doit être indifférent à qui ils payent.

Il en est de même de la subrogation légale qui se fait par la seule autorité de la loi, sans aucune convention, ni stipulation, l'emploi seul tenant lieu de subrogation. Un acquéreur qui ayant acquis un fonds, & craignant d'y être troublé par un créancier antérieur à son acquisition, lui paye sa dette, lui est subrogé de droit sans autre convention. L. 3, code *de his, qui in prior. cred. loc. succ.* Et cette subrogation légale fait entrer le subrogé au lieu & place du créancier, & fait passer la dette du créancier en la personne du subrogé avec tous ses accessoires. La loi prend la place du créancier, & elle lui fait une cession pour lui; cession sans garantie toutefois, comme le créancier l'auroit pu faire; ensorte qu'elle n'a aucune mauvaise suite contre le créancier ; & l'acquéreur qui a payé au créancier antérieur, a droit de répéter du débiteur, non-seulement ce qu'il a payé à l'ancien créancier ; mais encore les intérêts que le créancier avoit droit de prétendre, soit parce que la dette qu'il a acquise de ses deniers, étant la même, elle doit produire, à son profit, la même utilité & le même avantage qu'elle produisoit au créancier, soit parce qu'il n'est pas juste que le débiteur profite de l'argent d'un tiers ; & c'est dans ce cas que l'on peut dire avec Dumoulin, en son traité des usures, quest. 37, n. 277, que la dette ne change pas, & qu'elle n'est pas altérée par la subrogation; que ce n'est qu'un changement de personne, une transfusion de dette de la personne d'un créancier dans un autre. *Non est creatio novi reditûs, sed potiùs creditoris mutatio, & simplex & nuda versura.*

Lorsque c'est le débiteur qui subroge lui-même en la place de son ancien créancier, celui de l'argent duquel il le paye, & que la subrogation est son ouvrage, que c'est lui qui la promet & qui la donne, la difficulté est plus grande. Il y a toutefois des auteurs qui soutiennent fortement qu'il n'y a aucune différence à faire entre la subrogation légale, qui se fait de plein droit au profit d'un créancier, qui paye un créancier antérieur du même débiteur, & la subrogation par stipulation avec le débiteur, au profit d'un étranger, parce que les loix n'ont pas admis des subrogations de différente nature. La subrogation qui se fait de plein droit, & celle qui vient de la convention faite avec le débiteur, ont donc, disent-ils, le même effet, & font passer également au subrogé, les droits du créancier qui a été payé; la dette dans l'un & l'autre cas, ne change pas de nature, elle passe avec ses accessoires au subrogé, & si la dette du créancier qui a été payé, produisoit intérêt, & qu'il y eût condamnation prononcée contre le débiteur par sentence, l'intérêt continuera son cours, au profit du subrogé; que si c'étoit une rente constituée au denier dix-huit, elle continuera son cours sur le même taux, à moins qu'il ne fût dit que la rente constituée au denier dix-huit seroit réduite au denier vingt, auquel cas, il n'y auroit pas de changement, ou de création de nouvelle rente; mais une simple réduction de l'ancienne, & un changement de créancier à meilleure condition que le premier.

Cette subrogation qui se fait par le ministere du débiteur, est bien plus légitime & valable, ajoute-t-on, que celle qui se fait par celui du créancier, parce que c'est à celui qui est tenu de la dette, & sur qui les hypothéques sont constituées, d'accorder la continuation de l'ancienne dette; au lieu que le créancier payé, ne retenant plus rien, après le paiement qui lui est fait, il n'a plus rien aussi à donner. Le débiteur qui a pu s'obliger au premier créancier, peut s'obliger aux mêmes conditions à celui qui l'acquitte, & le mettre en la place du premier, qui reçoit ses deniers, sans faire aucun tort à ses créanciers; puisqu'il ne change en rien leurs conditions. Le débiteur ne crée pas une nouvelle dette; son obligation, à son égard, n'est pas éteinte, elle reste en sa force & valeur au profit du nouveau créancier, parce qu'il en est ainsi convenu. C'est ce qui se trouve confirmé par l'ordonnance d'Henry IV, de 1609, qui porte que, par la subrogation qui se fait par le ministere du débiteur, le nouveau créancier est subrogé aux droits, hypothéques, noms, raisons & actions de l'ancien créancier, sans autre cession & transport d'iceux. C'est aussi la disposition de l'arrêté du parlement du 6 juillet 1690, & le sentiment de Renusson, traité de la subrogation, ch. 14, nombres 2, 17 & 18.

Il y a des personnes qui, soutenant qu'il ne se fait pas d'extinction de l'ancienne rente dans le cas de la subrogation par le débiteur, conviennent toutefois qu'elle ne produit des arrérages que selon le temps auquel la subrogation est faite, & pour lors, disent-ils, il ne se fait qu'un changement de créancier à meilleure condition que le premier, & non une création d'une nouvelle rente; en un mot, il ne se fait, selon eux, qu'une réduction, suivant le temps présent de l'ordonnance, auquel cas il n'y a point de mutation, ni la moindre novation. *Non est creatio novi reditûs*, dit Dumoulin, quest. 37, n. 277, *sed potiùs creditoris mutatio, & simplex & nuda versura, eâdem, vel minori conditione*. Journal du palais, tome 2, p. 628, édit. 1713, *in-folio*.

D'autres enfin, d'un sentiment tout-à-fait contraire, soutiennent que la subrogation qui se fait par le ministere du débiteur, a son effet limité à l'hypothéque, préférence & privilége du créancier; dans cette subrogation, il se fait, disent-ils, une extinction de l'ancienne dette, & s'en crée une nouvelle; le seul effet de cette subrogation, est de donner à la nouvelle dette, l'hypothéque & la préférence de l'ancienne; & il y a bien de la différence, selon eux, entre un créancier hypothécaire, qui paye un ancien créancier, & un étranger qui traite avec un débiteur.

Un créancier hypothécaire qui paye un ancien créancier, n'est censé rembourser l'ancien créancier que pour acquérir la dette, ses droits, ses actions, & se mettre en son lieu & place; il est évident que le paiement qu'il fait n'a d'autre cause, & comme il est juste qu'il puisse acquérir la dette, & réunir en sa personne les droits de l'ancien créancier, pour assurer sa créance, il les acquiert en effet, & le remboursement qu'il fait, est le prix de cette acquisition. Cela étant, il ne se fait d'extinction de la dette du créancier remboursé & de ses droits, & il ne se crée pas une nouvelle dette; mais la dette de l'ancien créancier passe, avec tous ses accessoires, en la personne du créancier qui rembourse, soit par la cession que lui en fait le créancier remboursé, soit par celle que la loi lui fait au refus par le créancier de le subroger.

Mais quand c'est un étranger qui traite avec le débiteur, & qui lui donne ses deniers, avec promesse de subrogation de la part du débiteur, pour lors il se crée une nouvelle dette, & l'ancienne s'éteint; il y a emprunt & un contrat nouveau, qui doit produire une nouvelle rente, ou une obligation nouvelle; & le débiteur, en payant l'ancien créancier, acquitte sa dette, parce que son intention est de se libérer, & que c'est pour cela qu'il lui fait donner quittance, dont l'effet est d'éteindre la dette; & la subrogation que l'on insère dans la quittance, ne peut empêcher cette extinction, parce que ce seroit détruire entiérement la nature de la quittance, qui, étant conçue en forme de rachat & d'amortissement, doit nécessairement éteindre quelque chose, joint que s'il ne se faisoit pas d'extinction de l'ancienne dette, (que je suppose être un prêt,) qu'elle subsistât & passât au créancier subrogé, il s'ensuivroit une absurdité, savoir, que le nouveau créancier auroit tout-à-la-fois deux créances en sa personne, puisqu'il auroit celle qui a été créée par le contrat passé à son profit par le débiteur, & qu'il auroit encore celle qui avoit été créée au profit du créancier, auquel il est subrogé; ce qui est absurde. Ajoutez à tout ceci, que dans le cas de la simple subrogation faite par le débiteur, les créanciers du rentier qui a reçu son remboursement, & consenti la subrogation, ne peuvent point appeller en déclaration d'hypothéque le rentier subrogé aux droits de son débiteur; & pourquoi cela? si ce n'est parce que la rente n'est pas la même qui étoit possédée par le premier, mais une rente nouvelle qui ne leur est pas affectée. Or, si l'ancienne dette est éteinte, & qu'il n'y ait que la nouvelle qui subsiste, le débiteur ne peut pas,

Tit. XIII. DES EXÉCUTIONS. Art. CXXVII.

par la force de la subrogation, changer la nature de cette nouvelle dette, lui faire porter intérêt, si c'est un prêt; & si c'est une rente, lui faire produire un intérêt plus fort que le taux de l'ordonnance, dans le temps de la constitution; & tout ce que la subrogation opére dans ce cas, est de donner un effet rétroactif à l'hypothéque de cette nouvelle dette, & d'attribuer à l'action qui en résulte, l'ordre & la préférence de l'ancienne créance remboursée. C'est-là l'esprit de l'ordonnance d'Henry IV de 1609, suivant laquelle le subrogé succéde aux droits de l'ancien créancier, quant à l'hypothéque & préférence, & aux actions qui en naissent.

Dans ce sentiment, celui qui prête ses deniers pour payer un bailleur de fonds, a droit seulement de recouvrer ses deniers, qui ont servi à payer le vendeur de fonds, pour lequel recouvrement il a la même hypothéque & préférence que le bailleur de fonds; mais il ne peut pas, par la force de la subrogation que lui a consentie le débiteur, jouir du privilége du vendeur de fonds, par rapport aux intérêts, les exiger comme lui, parce que sa créance n'étant pas la même & de même nature, elle n'a pas les mêmes effets. Le bailleur de fonds a droit de percevoir les intérêts du prix de sa vente, pour lui tenir lieu des fruits, jusqu'à ce qu'il ait reçu la valeur ou le prix du fonds vendu: mais pour celui qui a donné ses deniers à l'acquéreur, pour payer le vendeur, c'est un vrai & pur prêt de sa part, qui ne peut produire d'intérêts, puisqu'il n'y a pas d'aliénation de deniers, & que le paiement du capital reste toujours exigible. Telle est la jurisprudence des arrêts cités par M. Brodeau sur M. Louet, lett. I, som. 8; on en cite un nouveau du 2 juillet 1713, & tel est le sentiment de Brodeau & celui des canonistes; & c'est le mien aussi.

Il en est de même, & par la même raison, de celui qui prête ses deniers pour le remboursement d'une dette, qui produit intérêt par condamnation prononcée contre le débiteur; le droit de percevoir les intérêts n'est que pour le premier créancier à qui ils sont adjugés, ou par forme de dédommagement, ou comme une peine de la contumace, & de l'ingratitude du débiteur à son égard; & ce droit n'est point pour le second créancier, à qui ils ne sont pas adjugés, & à qui ils ne peuvent pas appartenir, ni par forme de dédommagement, ni comme une peine de la contumace du débiteur à son respect, puisqu'il ne l'a pas constitué en demeure, & fait condamner; & que le prêt qu'il lui a fait de ses deniers, n'a été suivi d'aucune demande & condamnation d'intérêt. Tout l'effet de la subrogation, dans l'un & l'autre cas, est donc, comme il a été dit, d'attribuer à la nouvelle dette, l'hypothéque & la préférence de l'ancienne, pour la sûreté du nouveau créancier, & le recouvrement de ses deniers.

Mais il y a plus, c'est que quand l'étranger a traité avec le débiteur, & que le débiteur lui a consenti une subrogation aux droits de l'ancien créancier, quoique cet ancien créancier en donne une autre de sa part, en recevant son remboursement, cette subrogation donnée par l'ancien créancier est inutile; elle n'opére rien de nouveau, & on ne doit regarder le tout que comme une simple subrogation qui vient du débiteur. C'est un des points jugés par l'arrêt intervenu dans la succession de la dame de Grosmorts, contre le sieur Garot, le 14 mai 1684, rapporté par M. de Renusson, de la subrogation, chap. 10, nomb. 40, 41 & suiv, & c'est son sentiment. La raison, c'est que pour lors l'ancien créancier qui subroge, ne fait que suivre l'intention du débiteur, qui voulant se libérer, avoit déja de son chef & propre mouvement, consenti la subrogation à l'étranger qui lui a prêté ses deniers; lequel étranger étant devenu créancier du débiteur par le prêt qu'il lui a fait, ne peut acquérir de rechef la dette de l'ancien créancier, qui s'éteint par l'acquittement qu'en fait le débiteur; mais uniquement l'hypothéque de l'ancienne dette, laquelle hypothéque lui est conservée par la subrogation consentie par le débiteur; ce qui rend la subrogation ou cession du créancier inutile. Ainsi il fut jugé en cette Sénéchaussée le 7 décembre 1739, au rapport de M. Heuillard, pour Marie-Rose Jacquinet, & Marie Cluzel, sa fille, contre François Pailleret; il fut décidé que dans le cas de la subrogation faite par le débiteur, l'ancienne rente est éteinte, qu'il n'y a que la nouvelle qui subsiste, & que le débiteur ne peut pas, par la force de la subrogation, changer la nature de la rente, & lui faire porter un intérêt plus fort que le taux de l'ordonnance dans le temps de sa constitution; & il fut aussi décidé que la subrogation donnée par l'ancien créancier, n'opéroit rien de nouveau, & que l'on ne devoit regarder le tout que comme une simple subrogation.

Avant que de finir sur la subrogation qui se fait par le débiteur, il reste une observation à faire; savoir, que comme on ne doit pas abuser de cette subrogation, pour lui faire produire des usures; on ne doit pas non plus l'étendre au-delà de ses bornes, pour faire préjudice aux créanciers intermédiaires, & rendre leur condition plus fâcheuse qu'elle n'étoit avant la subrogation; parce que cette subrogation n'a été introduite en faveur des débiteurs que pour leur donner moyen de changer des créanciers fâcheux & onéreux, & en avoir de moins incommodes, & qu'elle ne doit jamais faire préjudice aux autres créanciers du même débiteur. C'est l'observation de Dumoulin en son traité des usures, question 37, nomb. 176, & après lui, de Renusson, de la subrogation, ch. 14, nomb. 25; *Secundus creditor*, dit Dumoulin, *nullam causam habet à primo, sed solùm causam habet à debitore, & tamen succedit in jus primi, saltem in jus simile, & æquè potens, etiam in præjudicium intermediorum creditorum, quibus tamen non dicitur damnum inferri, sed lucrum non afferri; quia dumtaxat noviſſimus iſte loco primi collocatur, eodem alioquin ſtatu rei manente, ideò autem toleratur, licèt non interveniat pactum primi; & meritò eſt jure introductum, & moribus confirmatum, quia creditoribus damnum non infert, debitoribus autem prodeſt, quò facilius viam inveniant dimittendi acerbiorem creditorem, vel commodiùs mutandi.*

Ainſi, ſi Titius, débiteur de Sempronius, d'une rente de 100 liv. chacun an, & de 1000 liv. d'arrérages, emprunte de Mœvius 3000 l. & lui conſtitue une rente de 150 liv. chacun an, avec ſtipulation que les 3000 liv. ſeront employés à payer Sempronius, tant du principal que des arrérages, & que Mœvius lui demeurera ſubrogé: il y a des auteurs qui, ſur ce fondement, prétendent que Mœvius aura bien l'hypothéque de l'ancien contrat de Sempronius pour les 3000 liv. ſavoir, pour 2000 liv. faiſant le principal de la rente, & pour les 1000 liv. faiſant les dix années d'arrérages; & que pour les arrérages de la rente de 3000 l. nouvellement conſtituée, échus depuis la conſtitution, il aura hypothéque pareillement juſqu'à concurrence de 100 livres de rente, ſuivant l'ancien contrat qui étoit de 100 liv. de rente chacun an; mais que pour ce qui eſt de l'excédent, faiſant 50 livres de rente, il n'aura hypothéque que du jour que la rente de 150 livres lui a été conſtituée pour la ſomme de 3000 liv.

Ce qui a été dit juſqu'ici ne regarde que l'effet du tranſport, qui eſt de faire paſſer les droits du cédant au ceſſionnaire, & la différence qu'il y a quant à ce, entre le tranſport & la ſubrogation; mais pour ne laiſſer rien à dire touchant le tranſport, qui fait la matiere du préſent article, il reſte, 1°. à traiter de l'engagement du cédant envers le ceſſionnaire, qui conſiſte en la garantie de la choſe cédée; car, qui cède ou tranſporte une dette ou une rente, eſt tenu de la garantie de droit ſans ſtipulation ni convention. 2°. A expliquer & faire ſentir ce qu'il y a de commun entre le tranſport & la délégation & mandement, & ce en quoi le tranſport differe de l'un & de l'autre.

Il y a deux ſortes de garanties en matiere de ceſſion ou tranſport, la garantie de droit & la garantie de fait.

La garantie de droit eſt la ſûreté que doit tout cédant, pour maintenir le ceſſionnaire dans la poſſeſſion & jouiſſance de la choſe cédée, & en faire ceſſer les évictions; car tout cédant eſt naturellement garant ſans ſtipulation, que la choſe cédée ſubſiſte & qu'elle lui appartient; & dans les ceſſions de droit, comme d'une dette d'une action, d'une hérédité, la garantie naturelle & de droit oblige à tranſporter un droit qui ſubſiſte, une dette qui ſoit due, une hérédité qui ſoit échue, une action qu'on puiſſe exercer; deſorte que ſi le cédant n'avoit pas le droit qu'il vend & tranſporte, la vente ou ceſſion ſeroit nulle, & il ſeroit tenu de la reſtitution du prix, & des dommages-intérêts de l'acheteur, ou ceſſionnaire. Tel eſt le ſentiment commun des docteurs.

La garantie de fait regarde la bonté de la choſe vendue ou cédée, comme quand on garantit que la dette cédée eſt bonne, & que le débiteur eſt ſolvable; le cédant ne peut être déchargé de la garantie de droit ou de ſes faits, non pas même par une convention expreſſe; car il ſeroit contre les bonnes mœurs qu'il pût manquer de foi, & qu'il cédât une dette qu'il ſait ne lui appartenir pas; & ſi le ceſſionnaire découvre qu'on lui a cédé de mauvaiſe foi une choſe qui n'appartenoit pas au cédant, il pourra agir contre lui pour recouvrer le prix qu'il a donné, & même les dommages-intérêts qu'il aura ſoufferts, à moins que le ceſſionnaire ne ſût que la choſe cédée n'appartenoit pas au cédant; dans lequel cas il ne peut demander aucuns dommages-intérêts, mais ſeulement ſe faire rendre le prix; lequel il peut faire rendre, quand même il l'auroit été convenu que le cédant ne ſeroit point tenu de la garantie. La raiſon eſt que l'équité ne veut pas que le cédant s'enrichiſſe aux dépens d'autrui, qu'il retienne le prix d'une choſe qui ne lui appartenoit pas; & que le ceſſionnaire ſoit privé de la choſe à lui cédée, & du prix qu'il en a payé.

L'héritier qui vend & tranſporte l'hérédité ſans en ſpécifier les biens, les droits ni les charges, n'eſt tenu de garantir ſon droit & ſa qualité d'héritier; car c'eſt ce qu'il vend & cède, & il n'eſt garant ni d'aucuns biens en particulier, ni d'aucun droit de l'hérédité, s'il n'y eſt expreſſément obligé par la convention; mais s'il avoit déja profité de quelque bien de cette hérédité, il doit le rendre à celui à qui il a cédé ſes droits, comme étant compris dans la vente & tranſport, s'il ne l'a réſervé. Telle eſt la diſpoſition des loix, L. 2, ff. *de hæred. vel pact. vend.* L. 1, C. *de evict.* L. 14, *in fin.* & L. 15, ff. *de hæred. vel act. vend.* L. 2, §. 9, *ibid.* Domat, loix civiles, tome 1, livre 1, titre 2, ſection 10, article 25.

Il y a cette différence entre la vente, ou ceſſion de droits & actions, & la vente des droits ſucceſſifs; que dans le premier cas, le cédant des droits & actions eſt reſponſable des dettes qui ſe trouvent preſcrites au temps du tranſport, parce qu'il eſt tenu, non pas *debitorem locupletem præſtare*, mais *debitum ſubeſſe*; & que la dette n'eſt pas due quand elle eſt preſcrite; au lieu que dans le dernier cas, le vendeur ou cédant n'eſt pas tenu de la preſcription des dettes héréditaires, parce qu'il vend l'hérédité en l'état où elle ſe trouve, *ut neque amplius, neque minus juris emptor habeat, quàm apud hæredem futurum eſſet.* L. 2, *de hæred. vel act. vend.* Il n'eſt point reſponſable des choſes perdues ſans ſa faute, *deperdita autem & diminuta ſine dolo malo venditoris, non præſtabuntur.* d. L. §. 5, *in fine.* Bretonnier ſur Henrys, tome 2, queſt. poſth. 4°. queſt.

La garantie de fait n'a pas lieu dans la ceſſion des dettes & des rentes conſtituées, ſans une clauſe expreſſe, ſi ce n'eſt qu'il y ait dol évident

Tit. XIII. DES EXÉCUTIONS. Art. CXXVII.

évident de la part du cédant. C'est une maxime certaine, dit l'auteur des observations sur Henrys, dans toute la France, que le cédant d'une dette ne demeure point garant de la solvabilité du débiteur, à moins d'une stipulation expresse. Telle est la disposition des loix, de la loi 4, ff. de hæred. vel act. vend. & le sentiment des auteurs, de Loyseau, dans son traité de la garantie des ventes, chapitre 3 ; de Domat, loix civiles, tome 4, liv. 1, tit. 2, sect. 10 ; de l'auteur des observations sur Henrys, tome 1, liv. 4, ch. 3, quest. 7, & autres.

Delà il suit que si on céde & transporte purement & simplement, sans parler de garantie, ou bien sans garantie, ou enfin, sans aucune garantie que de ses faits & promesses seulement : dans tous ces cas le cédant n'est point obligé de garantir la solvabilité du débiteur de la rente ou de la dette cédée ; desorte que si le débiteur se trouve insolvable, le cessionnaire perd sa dette, sans que le cédant soit tenu de restituer le prix, étant à présumer que le cessionnaire s'est contenté de la dette telle qu'elle étoit ; mais comme il y a sentiment contraire, en ce qui regarde la restitution du prix, il est bon d'ajouter par le cédant, à la clause sans garantie, ces mots : *ni restitution de deniers en aucuns cas.*

Dans les cessions & transports, soit de rentes ou de dettes mobiliaires, on a introduit, pour la sûreté des cessionnaires, trois clauses, dont les effets sont différens.

La premiere, est de garantir seulement, ou avec promesse de garantir de tous troubles & empêchemens, sans ajouter d'autres termes.

La seconde, de garantir, fournir & faire valoir.

La troisieme, au défaut de paiement, de payer soi-même, après un simple commandement, sans que le cessionnaire soit tenu de faire autres diligences.

Par la premiere, le cédant demeure responsable de l'insolvabilité du débiteur, au temps de la cession & transport ; mais non de celle qui peut arriver dans la suite. Ainsi jugé par arrêts du 24 juillet 1604, & 5 décembre 1608, rapportés dans M. le Prestre, centurie 2, chapitre 28. La raison qui rend le cédant responsable de l'insolvabilité présente du débiteur, c'est que garantir une dette est à déclarer bonne, payable & perceptible ; ainsi, cette clause produit un effet considérable, qui ne provient pas du contrat de cession, mais de la stipulation ; & garantir de troubles & empêchemens, c'est garantir, tant des empêchemens de fait que de droit ; par conséquent, de l'empêchement de la pauvreté, qui est le plus grand des empêchemens de fait ; mais cette garantie ne rend point le cédant responsable de l'insolvabilité à venir, parce qu'elle ne regarde que le temps présent, & qu'en rente le péril précédant le contrat, est à la charge du vendeur, & le subséquent de l'acheteur. Loyseau, traité de la garantie des rentes, ch. 3 ; Argout, Inst. au droit Français, liv. 4, ch. 2.

Part. I.

La promesse de garantir, fournir & faire valoir, rend le cédant garant de l'insolvabilité présente du débiteur & de celle qui peut arriver dans la suite ; mais le cessionnaire ne peut exercer son recours contre le cédant qu'après avoir discuté les biens du débiteur, & prouvé son insolvabilité ; & le cessionnaire est même obligé, nonobstant la promesse de garantir, fournir & faire valoir, de faire les poursuites nécessaires pour être payé ; desorte qu'il laisse prescrire, s'il manque de s'opposer au décret d'un immeuble, ou au sceau d'un office, sur le prix desquels il aura été mis en ordre utile, & par ce moyen payé de sa dette, il ne peut plus revenir contre son garant ; parce qu'en effet la dette n'est pas tant perdue par l'insolvabilité du débiteur, que par la négligence du cessionnaire. Tel est le sentiment de Loyseau, *ibid.* ch. 4 ; de le Prestre, *ibid.* de Bacquet, traité du transport des rentes, chap. 18 ; de Louet & Brodeau, lettre F, somm. 25 ; d'Argout, *ibid.* & autres ; & ainsi a été jugé par les arrêts rapportés par Mrs. le Prestre, Louet & Brodeau.

La clause de fournir & faire valoir rend donc, suivant le sentiment des auteurs, & la jurisprudence des arrêts, le cédant tenu de l'insolvabilité du débiteur qui étoit au temps de la cession, & de celle qui est survenue après ; mais ce n'est que dans le cas d'une rente cédée, & non lorsqu'il s'agit d'une simple dette exigible, due par cédule, obligation, ou jugement ; la raison est que cette clause ne rend le cédant garant que de l'insolvabilité survenue après, sans la faute du cessionnaire, & qu'en une simple dette, le débiteur étant solvable lors du transport, le cessionnaire doit s'imputer de ne l'avoir pas poursuivi aussi-tôt après la cession, & d'avoir permis par sa négligence, qu'il devint insolvable, en ne le contraignant pas au paiement ; & il n'en est pas de même d'une rente dont le rachat ne dépend pas du créancier, mais du débiteur ; & il arrive souvent qu'avec le temps le débiteur devient insolvable, par des pertes qu'il auroit souffertes en ses biens, ou pour d'autres causes ; ensorte que l'insolvabilité ne peut pas être imputée à ceux à qui les rentes qu'ils doivent auroient été cédées avec la susdite clause. Loyseau, traité de la garantie des rentes, chapitre 11, nomb. 14 & 15.

Ainsi fut jugé par sentence de cette Sénéchaussée, au rapport de M. Pierre de Saint-Cy, le 6 août 1723, par laquelle on déclara Jeanne de Lam, non-recevable & mal fondée en sa demande en recours contre M. Jean-François Palierne, pour raison d'une cession faite en 1644, d'une somme de 350 liv. due par le sieur Loget ; & ce à cause que l'on soutint au procès que ledit Loget étoit solvable au temps de la cession, pendant tout le temps qu'il a vécu, & même au temps de sa mort, & que ces cessionnaires avoient pu & dû se faire payer pendant tout ce temps-là. J'étois des juges.

La clause de *garantir & faire bonne une rente,*

Fff

a le même effet que celle *fournir & faire valoir*, comme il a été jugé par arrêt du 29 janvier 1604, rapporté par M. Bouguier, lettre G, chap. 1; & l'effet de cette clause & celle de *fournir & faire valoir*, est qu'il dépend du garant de rembourser le garanti, & de réduire les choses au même état qu'elles étoient avant le contrat, ou de continuer la rente.

Il y a une troisieme clause, comme il a été ci-dessus observé, qui est la promesse que fait le cédant de payer soi-même; & l'effet de cette clause est qu'il se rend lui-même débiteur, ensorte qu'il est tenu de payer les arrérages & de continuer la rente; mais tout cela ne se doit pas entendre qu'après discussion; autrement celui qui céderoit une rente seroit censé l'avoir constituée sur lui-même; au lieu que cette promesse de payer soi-même n'est proprement qu'une constitution conditionnelle, une obligation subsidiaire, en cas que le débiteur ne paye point. Tel est le sentiment que Loyseau a suivi dans les dernieres impressions de son traité de la garantie des rentes, chap. 8, nomb. 8 & 9, contre l'opinion contraire qu'il avoit suivie dans les premieres impressions; ce qui est confirmé par un arrêt du 9 avril 1602, remarqué par le même Loyseau, *ibid*.

Pour éviter la discussion, on étend cette clause, & on met, avec promesse de fournir, faire valoir, même payer après un simple commandement fait au débiteur, ou après une simple perquisition de ses meubles, sans que le cessionnaire soit tenu de faire autres diligences; pour lors c'est au cédant à veiller à la conservation de la chose cédée, & le cessionnaire n'est tenu d'une plus ample discussion, puisque le cédant l'a bien voulu, en consentant à cette clause, laquelle doit être exécutée, *quia provisio hominis facit cessare dispositionem legis*.

Voilà pour ce qui concerne l'engagement du cédant envers le cessionnaire: il s'agit présentement d'expliquer ce que le transport a de commun avec la délégation & le mandement, & ce en quoi il differe de l'un & de l'autre.

Quand un débiteur qui n'a pas de quoi payer comptant son créancier, le renvoie à un tiers pour être payé, il le peut faire en trois manieres; savoir, par le transport, la délégation, ou le mandement; & ces trois manieres de payer, qui servent à faire payer le créancier par le débiteur de son débiteur, conviennent, en ce qu'elles renvoyent toutes les trois le paiement de la dette sur un tiers; mais ce renvoi se fait par chacune de différente maniere.

Le transport ou la cession est, comme il a été dit, une vente de la dette d'un tiers que le cessionnaire achete ou prend en paiement de la dette qui lui est due.

La délégation se fait, lorsque celui qui doit, substitue en sa place un tiers, qui étant son débiteur, s'oblige pour lui au créancier.

Le mandement est une assignation de la dette à prendre sur un tel débiteur.

Il y a cette différence entre la délégation & la cession ou transport, que le transport peut se faire sans que le tiers débiteur y consente, & malgré lui, lequel peut payer, comme il a été dit, jusqu'à ce que le transport lui soit signifié; au lieu que la délégation se faisant par la promesse que fait un autre d'acquitter la dette, elle lui lie les mains, pourvu toutefois que le créancier l'ait accepté pour débiteur, autrement le délégué pourroit encore payer à son créancier, *quia actio invito & ignoranti non acquiritur*. Delà se suit qu'il y a encore cette différence entre le transport & la délégation, que le transport ne saisit point le cessionnaire avant la signification; mais que la délégation saisit le créancier à qui l'on délegue, sans qu'il soit besoin de signification; puisque cette délégation se fait du consentement du débiteur.

Dans le cas d'une véritable délégation faite sans réserve, la dette de celui qui délegue est éteinte par l'obligation de celui qui est délégué; le créancier n'a plus de recours contre celui qui a délégué, soit que le nouveau débiteur devienne insolvable ou qu'il le fût déja au temps de la délégation; car on ne considére plus l'origine de la premiere dette, mais la seconde seulement, qui l'a annullée, & tout le péril de la dette tombe sur celui qui a accepté la délégation, même pour le temps qui a précédé; & réciproquement celui qui est délégué ne peut plus s'acquitter qu'en payant au créancier qui a accepté la délégation; & s'il avoit de justes défenses contre le premier débiteur, qu'il n'ait pas réservées, il ne pourra s'en servir contre le créancier de qui l'intérêt est indépendant de tout ce qui a précédé entre son débiteur & celui qui est délégué.

Dans la cession d'une dette qu'un débiteur fait à son créancier sur un tiers, pour demeurer quitte envers lui de pareille somme, la premiere dette demeure également éteinte au moyen de la cession qui lui sert de paiement, & le cédant n'est garant d'autre chose, sinon que la dette cédée subsiste; il ne demeure point garant de la solvabilité du débiteur, à moins d'une stipulation expresse, comme il a été dit ci-dessus.

Mais dans le mandement, la dette de celui qui donne le mandement n'est pas éteinte; le tireur demeure toujours garant & chargé de la faire acquitter, & il n'est libéré envers le porteur du mandement, & celui sur qui il est tiré envers lui, qu'autant que la somme sera payée à celui à qui le mandement est donné; ce qui oblige le tireur à veiller à ce que le mandement soit acquitté; & la raison, c'est que celui qui reçoit le mandement, ne l'accepte qu'autant qu'il pourra s'en faire payer, pour faire plaisir au tireur, & à la charge de remettre le mandement, au cas qu'on refuse de l'acquitter.

ARTICLE CXXVIII.

QUAND aucun doit cens, tailles ou autre devoir annuel de bled, vin, huile & autres choses qui gisent en poids, mesure & mutation, & il est convenu pour aucuns arrérages, il n'est tenu d'en payer, sinon à la raison qu'elles ont valu au plus haut prix des années desquelles ils doivent lesdits arrérages. Aussi est tenu de les payer audit plus haut prix, sans qu'il soit besoin d'en faire aucune autre appréciation.

Du temps d'appréciation.

1. Les redevances foncières en grains & autres espèces, quoique dues à certains jours & lieux, se payent par ceux par qui elles sont dues, suivant le prix commun de chacune année; & celles de la derniere année en espèces, ainsi qu'il est porté par l'ordonnance de 1667, tit. 30, art. 1; de 1539, art. 94, & de Henry III, en 1585. Cette Coutume, au présent article, veut qu'elles soient payées au plus haut prix de chaque année; mais il y a été dérogé par les ordonnances: ce qui fait que, sans s'arrêter à cette disposition, on suit le commun prix: ainsi a été jugé par arrêt, dit M. le président Duret: *Meminisse etiam oportet*, dit-il, *ex appellatione à Præside hujus Provinciæ Senatum decrevisse, ut pretium magis frequens, & quod in anno fuit communius observetur, non habitâ ratione hujus paragraphi in hæc verba*, AUDIT PLUS HAUT PRIX. Et la justice le requiert ainsi: car comme on ne doit pas choisir le prix plus bas, parce qu'autrement la mauvaise foi & la demeure seroient profitables; on ne doit pas aussi prendre le plus haut, par l'impuissance où l'on est de vendre les denrées au plus haut prix, quoiqu'on les ait à sa disposition, à cause de l'incertitude des marchés: Et il n'importe pas que la rente soit due en certain jour & lieu, comme parle la Coutume de Melun, art. 330; parce que pour les années passées, *uterque*, tant le créancier que le redevable, *censetur esse in mora*. Ce qui fait que la rente ou redevance est appréciée suivant le prix commun de l'année; à compter, dit la même Coutume de Melun audit article, du jour que paiement en a dû être fait.

2. Autre chose seroit si la rente étoit quérable, & que le débiteur n'eût pas été interpellé; il seroit en ce cas toujours reçu à payer en espèces. Tel est le sentiment de M. François Menudel & de M. Jacques Potier, sur le présent article; & ainsi a été jugé en cette Sénéchaussée, dit Menudel: *Intelligendus hic paragraphus*, dit-il, DES DEVOIRS QUI DOIVENT ÊTRE RENDUS CONDUITS, *secùs* aux quérables, esquels le débiteur est libéré offrant l'espece; & ainsi a été jugé plaidans M^{rs}. Bergier & de Chamfeu. M. Menudel, *hîc*.

3. Comme la redevance foncière en grains, due au seigneur rentier, ne doit se payer que des grains, tels qu'ils se cueillent dans les héritages chargés de la rente, dans l'estimation qui se fait pour le paiement de la redevance des grains par rapport au prix commun de chaque année, il faut avoir égard à la qualité des grains qui se cueillent dans ces héritages. C'est l'observation de M. Jean Decullant. *In hac æstimatione*, dit-il, *habetur ratio qualitatis prædiorum censualium & cujuslibet anni, quia fructus secundùm qualitatem prædii, sunt majoris vel minoris bonitatis & valoris; Domini autem prædiorum, id quod terra præstat, accipiunt, inquit Lex quinta, cod. de Agricolis & Censit.* M. Jean Decullant, *hîc*.

4. La derniere année, qui, aux termes des ordonnances, doit être payée en espèces, se compte à commencer du jour que la rente est échue & qu'elle est due, jusqu'au pareil jour de l'année qui suit. Tel est le sentiment de M. Jean Decullant & des avocats de son temps: *Mense junio anni* 1648, dit-il, *in Senescallio mota fuit quæstio inter Dominum* Butin, *& Dominum* Declusors, *cujus anni habitâ ratione solverentur arreragia censuum. Agebatur de arreragio debito die sancti Michaelis anni* 1646, *quod poterat tantùm solvi in specie, à die dicti termini, usque ad similem diem sancti Michaelis* 1647, *quo die solvenda erant in pecunia secundùm valorem granorum. Dominus* Declusors, *Dominus directus, petebat pretium granorum habitâ ratione anni incœpti* 29 *septembris anni* 1645, *usque ad* 29 *septembris* 1646, *eò quòd agereturde censibus hujus anni, & fructibus ejusdem anni præstandis. Contrà, Dominus* Butin *volebat solvere habitâ ratione valoris anni incœpti à* 29 *septembris* 1646, *à quo die fuit tantùm debitor & in mora, usque ad* 29 *septembris* 1647, *si quidem toto hoc anno poterat arreragia anni* 1646, *de quo quæstio erat, solvere in specie, quam Domini* Butin *rationem nostri admitti putaverunt.* M. Decullant, *hîc*.

ARTICLE CXXIX.

De l'opposant. SI un créancier pour le payement de son dû, fait arrêter & empêcher par Exécution aucuns biens-meubles trouvez en la possession de son débiteur, qu'il prétend être audit débiteur, & il y a un tiers opposant qui maintient lesdits biens lui appartenir, il sera reçu : Et de ce sont les opposant & débiteur crûs par serment, en affirmant par lesdits débiteur & opposant, lesdits biens appartenir à icelui opposant, sans fraude : Et audit cas, ledit opposant aura main-levée & délivrance desdits biens sans dépens, dommages & intérêts. Mais si le créancier veut maintenir & prouver fraude entre l'opposant & le débiteur, ou lesdits biens appartenir au débiteur, ou qu'ils ne fussent recevables à porter témoignage, il sera reçu à faire ladite preuve avant ledit serment : Et n'est par ce empêché ledit opposant, que si ledit débiteur ne vouloit affirmer lesdits biens lui appartenir, qu'il ne le puisse autrement prouver.

1. IL arrive souvent que dans les meubles saisis, il y en a qui n'appartiennent pas au débiteur saisi. Cela peut arriver de différentes manieres : il peut en avoir en dépôt, ou en gage ; des meubles d'un voisin ou d'un ami, peuvent être mêlés avec les siens. De quelque façon que la chose se rencontre, celui à qui les meubles appartiennent, a droit de les réclamer s'ils sont en nature ; & en ce cas l'opposant en tiers, qui soutient que les meubles lui appartiennent, en aura main-levée, & le juge ordonnera qu'ils lui seront rendus, en par lui affirmant avec le débiteur saisi qu'ils lui appartiennent, ainsi qu'il est porté au présent article, & en l'article 456 de la Coutume d'Orléans.

2. Mais si le créancier veut prouver que les meubles appartiennent au débiteur, & qu'il y a de la fraude entre le débiteur & l'opposant, il doit être admis à cette preuve avant le serment, dit notre Coutume au présent article, & celle d'Orléans aud. article 456. Et en ce cas les dépens sont adjugés contre celui qui succombe.

3. Au lieu que dans le cas de la main-levée sous l'affirmation de l'opposant & du débiteur, & sans contestation, la Coutume en notre article veut que la restitution en soit ordonnée sans dépens, dommages-intérêts ; par la raison que, dès que les meubles se trouvent en la possession du débiteur, le créancier a lieu de croire qu'il lui appartiennent, & a pu par conséquent les faire saisir. *Ex eâ enim possessione*, dit M. le président Duret, *debitor præsumitur dominus ; undè non adjudicantur impensæ nec damna, aut interesse illi qui distractam rem vendicat, quia creditor videns debitorem in possessione rerum prehensarum, eum justè dominum esse credidit*. M. le président Duret, *hic*.

4. Dans le cas où le débiteur saisi refuseroit d'affirmer que les meubles appartiennent au tiers opposant, & que même il déclareroit & soutiendroit qu'ils ne lui appartiennent pas, le tiers opposant a la liberté & le pouvoir de faire preuve qu'ils lui appartiennent ; ainsi qu'il est dit dans notre article.

* Suivant la jurisprudence de ce siége, contraire à celle du bailliage de Bourges, ainsi que l'atteste M. de la Thaumassiere dans ses décisions, on reçoit le fermier d'un domaine, chargé par estimation des bestiaux dudit domaine, a former opposition en tiers, à la saisie que le créancier du bailleur, proprétaire du domaine & bestiaux, pourroit faire de ses bestiaux, & on lui accorde main-levée avec dépens, sauf au créancier a saisir & arrêter le prix de la ferme, pour le paiement de ce qui lui est dû : Ainsi a été jugé en la chambre du conseil en cette Sénéchaussée, en faveur d'un nommé Lucas, fermier de deux domaines appartenans aux enfans mineurs du sieur Chauvigny de Blot, plaidans Colas & Naudet, procureurs, moi présent en qualité de juge, le 15 février 1738.

ARTICLE CXXX.

D'arrêt sur arrêt, & Exécution sur Exécution. QUAND arrêt sur arrêt, & Exécution sur Exécution sont faits pour une même dette & entre mêmes personnes, le dernier arrêt & Exécution ne valent ; sinon que le premier arrêt & Exécution eussent été discontinuez & interrompus, & les gages pris par la premiere Exécution, rendus.

1. LA Coutume d'Orléans, art. 453, & celle d'Estampes, art. 168, contiennent une disposition semblable.

2. M. Jacques Potier, sur le présent article, estime qu'il a été dérogé à la disposition de la Coutume par l'ordonnance de Moulins, de 1566 ;

1566 ; mais outre que cela ne paroît pas, c'est que la Coutume d'Orléans, de l'année 1583, postérieure par conséquent à l'ordonnance de Moulins, contient une disposition pareille à la nôtre, comme il vient d'être dit.

3. L'article 48 de l'ordonnance de Moulins permet bien aux créanciers de procéder contre leurs débiteurs, par toutes contraintes & cumulations d'icelles jusqu'à entier paiement & satisfaction ; c'est-à-dire, d'emprisonner le débiteur, d'exécuter ses meubles, & de saisir réellement ses immeubles en même temps, une exécution non cessante pour l'autre, jusqu'à ce que par l'une d'icelles le créancier ait été entiérement payé & satisfait ; de maniere que quand le créancier a commencé par une voie, il n'est pas exclus de l'autre : à quoi est conforme la Coutume de Berry, tit. 9, art. 17, & l'ordonnance de 1667, tit. 34, art. 13. Mais ce n'est pas là le cas dont parle la Coutume : elle ne dit pas qu'exécution sur une simple saisie & arrêt, ou contrainte de corps, ne valent; mais simplement qu'arrêt sur arrêt, exécution sur exécution, c'est-à-dire deux saisies faites entre mêmes personnes & pour une même dette, ne valent.

4. Il faut toutefois convenir que l'usage est contraire à la disposition de notre Coutume ; car on permet aujourd'hui à un créancier de faire plusieurs arrêts entre les mains de différens débiteurs pour le paiement de sa créance, comme aussi de saisir ses meubles en différens endroits, & même en différens temps. A la vérité l'usage est qu'on fait état en la seconde saisie, que c'est en continuation de la premiere ; ce qui est autorisé par la disposition de la Coutume d'Orléans, audit article 453 : *Si ce n'est*, dit cet article, *que lesdits derniers arrêts & exécutions fussent faits en continuant.* Notre Coutume au présent article dit bien, *sinon que le premier arrêt & exécution eussent été discontinués & interrompus* ; mais elle n'ajoute pas, comme celle d'Orléans, *où que lesdits derniers arrêt & exécution fussent faits en continuant.*

5. Pour ce qui est de deux saisies faites par deux différentes personnes sur une même chose, elles ne peuvent subsister, la derniere doit être convertie en opposition ; & telle est la jurisprudence.

ARTICLE CXXXI.

PROXENETES, Corratiers & autres commis à vendre marchandises ou autres meubles, sont contraints rendre les marchandises à eux baillées ou le prix qu'ils en ont reçu, par prise ou détention de leurs personnes.

Des Proxénetes & Corratiers.

1. LA Coutume de Nivernois, ch. 32, art. 21; celle d'Orléans, art. 429, & de Dunois, art. 89, contiennent une disposition semblable ; & il est aussi parlé des corratiers frauduleux, & de ce à quoi ils sont tenus, & peuvent être condamnés, dans la Coutume de Berry, tit. 9, ch. 32, & autres.

2. Les proxénetes ou corratiers, autrement courtiers, sont ceux qui s'entremettent pour faire acheter & vendre, troquer & échanger les marchandises entre les marchands & négocians.

3. Il y a, comme l'a remarqué M. Coquille sur la Coutume de Nivernois, ch. 33, art. 21, deux sortes de proxénetes ou corratiers ; savoir, ceux qui se chargent de vendre, & les simples proxénetes qui s'entremettent simplement pour faire vendre, & qui font profession de faire trouver des acheteurs, d'approcher & assortir ceux qui, selon leur besoin, cherchent, l'un à vendre, l'autre à acheter ou échanger, louer & faire d'autres commerces, ou affaires d'autre nature.

4. L'engagement des proxénetes ou courtiers consiste à conserver envers les parties la fidélité dans l'exécution de ce qu'on leur confie. Ils ne sont pas responsables des événemens, si ce n'est qu'il y ait du dol de leur part, ou quelque faute qui pût leur être imputée : auquel cas ils doivent être condamnés à telle peine pécuniaire ou corporelle que le cas le requérera, comme il est décidé par la Coutume de Berry audit article 32, tit. 9. Notre Coutume & celles qu'on vient de citer, les obligent par corps à rendre les marchandises qui leur ont été données, ou le prix qu'ils en ont reçu. Et cette disposition est juste; sa justice est fondée sur ce que le proxénete ou courtier qui retient frauduleusement les marchandises qu'on lui a confiées, ou le prix qu'il en a reçu, *furtum committit* ; ce qui fait qu'il peut être contraint par corps, *cùm ex delicto obligetur.*

5. L'ordonnance de 1673, tit. 2, art. 2, fait défenses aux courtiers de marchandises, de faire aucun trafic pour leur compte. La raison, dit M. Bornier sur cet article, c'est que lorsqu'ils négocient eux-mêmes de la marchandise dont ils font courtiers, ils n'accommodent pas seulement leur entremise, pour faire convenir les parties, mais ils s'intéressent eux-mêmes dans le traité ; & qu'il y a de-là sujet de craindre qu'après avoir découvert le secret des parties, ils ne prennent pour eux le marché ou le traité qu'ils auroient fait pour un autre : & ainsi le marchand seroit trompé en ce qu'il croiroit vendre à un tiers que le courtier lui auroit proposé, ce que le courtier retiendroit pour soi ou pour son associé, après avoir su son secret & son intention.

ARTICLE CXXXII.

Des acheteurs de victuailles. TOUS ACHETEURS de bétail, vin, bled & autres victuailles, s'ils ne payent comptant, ou qu'on ne leur baille terme & délai de payer, font, après la délivrance defdites victuailles, contraints par prifon à payer le prix convenu & accordé entr'eux, fans pour ce pouvoir ufer & jouir des répis à un ou cinq ans, ni de ceffion de biens. Et s'il y a contradiction fur ladite vente ou prix d'icelle, fe doit vuider fommairement & de plain fans figure de procès.

1. Le prix de tout ce qui eft deftiné pour la vie & nourriture de l'homme, doit être promptement payé ; parce que fi on agiffoit autrement & que l'on ufât de rigueur pour ce paiement, la mauvaife foi s'introduiroit dans le commerce qui s'en fait, & elle refroidiroit & éloigneroit ceux qui fe mêlent de ce commerce, qui procurent la provifion & l'abondance des denrées néceffaires à la vie, & qui ne les expofent en vente que dans l'intention d'en recevoir le prix, en même temps qu'ils les délivrent, qui font des perfonnes très-néceffaires & privilégiées.

2. Cette Coutume, au préfent article ; celle de Nivernois, chap. 32, art. 22, & celle de Berry, tit. 9, art. 22, obligent les acheteurs, qui n'ont point pris de termes pour le paiement, par emprifonnement de leurs perfonnes, de payer le prix convenu & accordé, fans pouvoir fe fervir de répi, ni de ceffions ; & celle d'Orléans, art. 428, n'accorde ce privilége que quand la vente a été faite en marché public ; à quoi s'accorde la note de Dumoulin fur notre article : *Scilicèt*, dit-il, *in foro publico, argumento paragraphi immediatè fequentis & propter duritiam, quæ aliàs non debet promifcuè admitti.* Mais la difpofition de ces Coutumes & de la nôtre, en ce qui concerne la contrainte par corps, n'a lieu que quand ces denrées & marchandifes ont été vendues à des marchands qui en font commerce ; par la raifon que la contrainte par corps, pour dettes purement civiles, a été abrogée par l'ordonnance de 1667, tit. 34, à l'exception de celles qui ont été réfervées par le même titre, du nombre defquelles font les dettes entre marchands pour le fait de la marchandife dont ils fe mêlent, ainfi qu'il eft dit dans l'article 4 de ce titre.

3. Au furplus, lorfqu'il y a conteftation fur la vente, ou fur le prix de ces fortes de marchandifes & denrées, elle doit être traitée fommairement, ainfi que le porte notre article, & qu'il eft dit dans l'article 17 de l'ordonnance de 1667, art. 3, 6 & fuivans.

ARTICLE CXXXIII.

Du privilége des allans ès Foires, & de ceux qui vont plaider. LES ALLANS & venans ès Foires & Marchez publics, ou en Jugement pour l'expédition de leurs Caufes, de laquelle venue ils font crûs par leurs fermens, ne doivent être pris ni détenus en corps ni en biens, pour aucune dette ou matiere civile, quelque privilége que le créancier puiffe alléguer.

1. On appelle foire une affemblée de marchands en un certain lieu, pour y vendre & acheter les denrées & marchandifes que chacun veut y porter ou conduire ; & cette affemblée eft appellée, à caufe qu'il eft non-feulement permis à ceux du lieu où elle fe tient d'y porter leurs marchandifes ; mais même à tous ceux qui font de dehors, lefquels pour cette raifon on appelle *Forains*.

2. Le marché eft pareillement un concours de perfonnes en certains lieux à chaque jour de la femaine, pour y vendre & acheter ce qu'on y veut porter ou conduire de denrées & de marchandifes ; mais principalement des grains & des vivres : & les marchands font diftingués des foires, en ce que l'ufage en eft plus fréquent, & qu'ils font bornés à moins de fortes de marchandifes, & moins de perfonnes.

3. L'ufage des foires & des marchés eft d'attirer aux lieux deftinés, les denrées & les marchandifes pour le bien & la facilité du commerce, & la commodité des vendeurs & des acheteurs.

4. C'eft en faveur du commerce, & à caufe de l'utilité des foires & des marchés, qu'on a accordé des priviléges aux perfonnes que leurs commerces, ou leurs affaires peuvent y attirer ; & qu'on ne permet pas qu'on exerce fur leurs perfonnes, & leurs équipages, marchandifes ou autres chofes, aucune contrainte pour leurs dettes civiles, pendant qu'ils vont aux foires & marchés publics, qu'ils y féjournent, ou qu'ils en reviennent, ainfi qu'il eft porté en la loi unique, Cod. *de nundinis & mercationibus*, que notre Coutume le dit au préfent article ; celle d'Auvergne, tit.

24, article 62, & celle de la Marche, art. 403.

5. A la vérité, notre Coutume & celles d'Auvergne & de la Marche, ne parlent que des allans & venans aux foires & marchés publics, & ne disent rien du séjour ; mais l'un se suit de l'autre : car la fréquentation des foires à laquelle le privilége est attaché, comprend l'allée, le séjour & le retour. Ainsi le privilége des foires & marchés publics est tel, que les marchands en y allant, & en s'en retournant, ou pendant le séjour, sont à l'abri de toutes contraintes, soit en leurs personnes, soit en leurs biens ou marchandises, comme parle la Coutume de la Marche.

6. Notre Coutume au présent article, ajoute *quelque privilége que le créancier puisse alléguer* ; ce qui s'observe aussi en la Coutume d'Auvergne, selon M. Claude-Ignace Prohet, contre l'opinion de Dumoulin, en sa note sur l'article 62 du titre 24 de cette Coutume.

7. Il faut toutefois excepter les dettes contractées en foire, & d'une foire à l'autre, de marchand à marchand, ou pour deniers royaux, pour lesquelles on emprisonne nonobstant le privilége des foires & marchés publics.

8. Au reste, le même privilége qui est accordé à ceux qui fréquentent les foires, est octroyé par notre Coutume au présent article, & par celles d'Auvergne & de la Marche, aux articles cotés, conformément à la loi *quique litigandi*, ff. *de in jus vocando*, à ceux qui vont en jugement ou en cour pour l'expédition de leurs causes ; & toutes veulent que ces allans & venans aux foires, ou en jugement, soient pour raison de cette venue crûs à leur serment.

* Avant que de finir sur le présent article, il est à propos d'observer que celui qui achete une chose exposée publiquement en foire ou marché publics, du bétail, par exemple, ne peut être évincé par le véritable maître du bétail, au cas qu'il eût été dérobé, & qu'il n'appartint pas au vendeur, ou que du moins il est en droit de répéter le prix qu'il en a donné sur le maître qui revendique son bétail ; la raison est que les foires & marchés publics étant un concours & une assemblée de personnes étrangeres, & souvent inconnues, la nature du commerce qui s'y fait ne permet pas à l'acquéreur de s'assurer si le vendeur est légitime propriétaire de la chose, de prendre de lui des sûretés, & de les faire valoir en cas d'éviction ; & tel est le privilége des foires & marchés publics ; savoir, non-seulement de décharger les acheteurs de bonne foi, du soupçon de crime, mais encore de les mettre à couvert de l'éviction. Telle me paroit être aujourd'hui la jurisprudence de ce siége ; & tel est le sentiment de Coquille sur la Coutume de Nivernois, art. 16, tit. des crois & cheptels ; de Potier, sur cette Coutume, art. 111 ; & tel est mon sentiment.

Cependant les avocats les plus célébres de ce siége, qui nous ont laissé leurs manuscrits sur notre Coutume, sont de sentiment contraire, & ils assurent que la chose a été jugée plusieurs fois, suivant leur sentiment, en ce présidial ; ces avocats sont M^{es}. Jean Decullant, Louis Semin, & Jean Cordier. Voici comme parle ce dernier sur le présent article.

Quæritur, dit-il, *an res empta in publicis mercatibus, seu nundinis, palam & bonâ fide, quæ postea comperitur furtiva, & à domino vindicatur, sit restituenda ? De restitutione non dubitatur, sed an dominus debeat pretium emptori restituere ; facie primâ dixeris pretium restituendum propter bonam fidem emptoris, & auctoritatem nundinarum, hanc opinionem sequitur* Coquille, *in* §. 16, tit. des cheptels, *statut.* Niv. *contraria tamen sententia prævalet, & est commune axioma, quod domino vindicanti rem vi, vel furto oblatam, solvendi pretii emptori nulla necessitas irrogatur. L. si mancipium, cod. de rei vindicat. verùm tenetur dominus tantùm de expensis, quas ad meliorandam rem erogasse emptorem constiterit .... auctoritas autem nundinarum, & mercatuum, excusat tantùm emptorem à suspicione criminis, etiamsi auctorem non exhibeat .... vidisse pluries judicari* Molinis, *ait D.* Decullant, *rei furtivæ restitutionem, sine pretii restitutione, licèt tertius eam publicè in nundinis emerit, & novissimè illo patrocinante in præsidiatu* 10 *octobris anni* 1638, *pro quibusdam vindicantibus sex boves furtivos, qui fuerant die* 20 *septembris in publicis nundinis venditi ; & sic D.* Semin *ad hunc* §. *sic etiam fuit judicatum in eodem præsidiatu, relatore Domino* Demai, *anno* 1678, *contrà quemdam mercatorem* Burgi *de* Combronde, *qui emerat duos boves in publico mercatu ; scripseram pro mercatore, & D.* Gaspard Dosches *pro vindicante boves* .... Jean Cordier, dans son manuscrit sur le présent article.

Celui qui achete (dit Louis Semin sur le présent article) en foire ou marché, la chose dérobée, est déchargé du soupçon de crime, & de représenter le larron son vendeur ; mais la chose étant revendiquée, il la perd sans restitution du prix ; que s'il l'a achetée par convention particuliere, il demeure dans le soupçon & doit le payer ; .... Louis Semin, *hic.*

Nonobstant toutes ces autorités, je persiste dans mon sentiment, & j'estime que le sentiment de nos anciens ne peut & ne doit avoir lieu que dans le cas d'un achat fait de mauvaise foi, & avec connoissance que le vendeur n'est pas le maître de la chose, comme quand l'acheteur en foire est voisin du vendeur, qu'il connoît assez ses facultés pour connoître qu'il n'est pas assez riche pour avoir du bétail à lui, qui est une exception, que Coquille & Potier, partisans du premier sentiment, admettent.

ARTICLE CXXXIV.

Privilége du Tavernier & Hôtelier.

LE TAVERNIER créancier peut gager en fa maifon, celui ou ceux qui y auront bû & mangé, s'ils refufent de payer.

1. LA Coutume de Montargis, chap. 18, art. 6, contient une difpofition femblable, & ajoute que quand plufieurs ont bû & mangé enfemble, le tavernier peut gager le dernier qui demeure en fa maifon, pour tous les autres qui s'en feroient en allés fans payer leur écot. Et c'eft le fentiment de M. le préfident Duret, fur le préfent article de notre Coutume, fur les mots OU CEUX. *Et fi plures*, dit-il, *concurrant, noviſſimus poteſt retineri pro integro debito, aliis folutione non factâ elapfis, conf. Montiſlarg.* des exécutions de louages, art. 6. M. Duret, *hìc.*

2. Mais ce privilége n'a lieu que contre les paffans & étrangers, felon le même M. le préfident Duret. Ainfi notre article ne doit être entendu, felon lui, que des hôtes qui donnent à boire à des paffans. C'eft fon obfervation fur ces mots, S'ILS REFUSENT DE PAYER, *nifi habeant*, dit-il, *domicilium in eadem urbe aut vico*. C'eft auffi la remarque de François Menudel, & de Jacques Potier. *Hic paragraphus*, dit Menudel, *debet folùm intelligi*, des hôtes qui logent les paffans, & non des cabaretiers qui donnent à boire aux habitans; & à ce fujet M. Potier cite fort à propos l'ordonnance d'Orléans, art. 125, qui défend à tous manans & habitans des villes, bourgades & villages, même à ceux qui font mariés & ont ménage, d'aller boire & manger ès tavernes & cabarets.

3. Cette permiffion de gager, que donne la Coutume, ne regarde donc que les étrangers, & encore il n'eft pas permis de gager pour la dépenfe du paffé, fuivant la note de Dumoulin, *hìc. Et fic incontinenti*, dit-il, *non pro præterito*.

4. Il faut même obferver avec Tournet, fur la Coutume de Paris, art. 175, que quoique la caufe des alimens foit favorable, le droit d'hofpitalité doit néanmoins être gardé envers les paffans, & qu'on ne doit pas par conféquent les traiter trop rudement. Ainfi fut jugé, dit-il, contre un cabaretier de Vendôme, qui fut condamné par arrêt donné en l'audience de la Tournelle, le 18 mars 1595, en dix écus d'aumône aux prifonniers, pour avoir ôté le pourpoint d'un paffant qui mourut de froid, & il lui fut enjoint de garder l'hofpitalité.

ARTICLE CXXXV.

DÉPENS d'hôtelages livrez à hôtes, pélerins ou paffans, ou à leurs chevaux, font privilegiez, & viennent à préférer à tous autres fur les biens & chevaux hôtelez; & les peut l'Hôtelier retenir jufqu'au payement : Et fi aucun autre venant les vouloir faifir, l'Hôtelier a jufte caufe de s'oppofer pour lefdits dépens.

1. TElle eft la difpofition de la Cout. de Paris, art. 175; de celle d'Eftampes, art. 154; de Montfort, art. 180; de Mantes, art. 188; de Berry, tit. 9, art. 20. Et ce privilege des hôteliers pour les dépenfes faites en leur hôtellerie fur les chevaux, hardes & autres meubles étans en icelle, appartenans aux hôtes logés en icelle, eft fondé fur la caufe des alimens qui eft très-favorable, & fur la néceffité de l'office public des hôteliers, qui font obligés de recevoir les paffans & voyageurs qui veulent s'arrêter dans leurs maifons, quoiqu'ils ne les connoiffent pas, fans affurance du paiement des dépenfes qu'ils y feront ; & on prétend même que ces dépenfes font préférées aux frais funéraires & falaires des médecins, apothicaires & chirurgiens, fi le voyageur venoit à être malade dans l'hôtellerie, & y mourir, parce que les chevaux n'auroient pu être confervés fans les alimens qui ont été fournis. Tel eft le fentiment de M. Brodeau, fur l'article 175 de la Coutume de Paris.

2. Mais ce privilége a feulement lieu pour la dépenfe faite en l'hôtellerie, depuis que l'hôte y eft logé la derniere fois, & ce pour tout le temps qu'il y a demeuré, depuis fon arrivée jufqu'à fon départ, felon que l'explique nettement la Coutume de Berry, tit. 9, art. 19 & 20, ainfi qu'il a été remarqué par Dumoulin dans fon apoftille fur l'article précédent, & par M. le préfident Duret, & M. Jacques Potier, fur le préfent article.

ARTICLE CXXXVI.

TIT. XIII. DES EXÉCUTIONS. ART. CXXXVI.

ARTICLE CXXXVI.

Les Détenteurs des héritages chargez spécialement de charges & rentes perpétuelles, ou à tems, déclaration faite qu'ils sont détenteurs, & sommation préalablement faite de payer, & perquisition faite, peuvent être convenus comme détenteurs d'iceux héritages, sans ce qu'il soit besoin de s'adresser aux principaux obligez, leurs héritiers, pleiges & répondans, ni autrement garder ordre de Droit.

ARTICLE CXXXVII.

Le Créancier après perquisition de meubles, sur son principal débiteur, de laquelle le Sergent sera crû par son rapport, & à faute d'iceux, peut commencer son Exécution des criées contre le tiers possesseur & détenteur des choses immeubles sujetes à son hipoteque spéciale, sans garder ordre de discussion, ou autre benefice de Droit; & n'est reçu à montrer ou déclarer autres biens appartenans au principal débiteur, ou son héritier apparent, pour empêcher l'effet desdites criées.

1. C'Est une maxime dans le droit civil, tirée de l'authentique *Hoc si debitor*, cod. *de pign. & hypoth.* qu'il faut une discussion préalable du débiteur, quand elle est demandée, avant que de pouvoir contraindre le tiers détenteur de payer, ou de faire saisir l'héritage faute de paiement: ce qui est fondé sur un principe d'équité, qui demande qu'on ne dépossede point ce détenteur; qu'on ne l'engage pas à un recours contre son débiteur, & qu'enfin le débiteur ne soit pas exposé aux suites de la garantie sans nécessité; mais qu'il soit sursis, jusqu'à ce que la discussion des autres biens fasse connoître si le créancier pourra être payé, sans venir au tiers détenteur.

2. Cette discussion toutefois, qui doit être opposée, n'a pas lieu au cas de la rente fonciere, il faut payer les arrérages qui en sont dûs avant la détention, & les continuer pendant la détention. La raison est qu'ils sont dûs par l'héritage qui en est chargé & redevable, sauf au tiers détenteur son recours contre son vendeur qui le lui a vendu franc & quitte d'arrérages, ou même sans la charge de ladite rente, pour être indemnisé. Tel est le sentiment de nos commentateurs, dans leurs commentaires manuscrits. M. François Decullant sur le présent art. 136, après avoir distingué entre l'hypothéque générale, & la spéciale, & soutenu que dans l'hypothéque spéciale la discussion n'étoit pas nécessaire, parle de la sorte de la rente fonciere. *Quod & observatur* (ce sont ses termes) *in detentore fundi censualis, qui rectà cogi potest ad solutionem arreragiorum præteriti temporis, & ante acquisitionem debitorum salvo suo recursu; licèt non sit obligatus, quia fundum specialissimè censui debito obligatum per traditionem illius, possidet.... Nota tamen eum posse cogi rectà hypothecariè, non personaliter.* M. François Decullant, *hic*.
Part. I.

3. Notre Coutume, dans nos deux articles 136 & 137, veut que la discussion n'ait pas aussi lieu pour les rentes constituées & autres créances spécialement affectées sur quelques héritages; dans lesquels cas, dit la Coutume, le créancier peut s'adresser directement aux détenteurs desdits héritages, déclaration préalablement faite qu'ils sont détenteurs, & discussion mobiliaire aussi faite sur le principal débiteur, & les faire payer par saisie & vente desdits héritages, sans que le détenteur puisse l'obliger de discuter les autres immeubles du principal débiteur, ou son héritier. Telle est la disposition de nos deux articles; & quelques remontrances que pussent faire M^{rs}. les commissaires aux états dans le temps de la rédaction de la Coutume, les nobles, & ceux du tiers état soutinrent que c'étoit Coutume ancienne, & voulurent qu'elle fût observée: C'est ce qui paroit par le procès verbal de la Coutume.

4. Notre Coutume n'est pas singuliere dans sa disposition; & il y a plusieurs Coutumes qui, comme la nôtre, rejettent la discussion en l'hypothéque spéciale, & l'admettent en la générale, comme celle de Sens, art. 134; d'Orléans, art. 436; d'Auxerre, art. 132; & de Tours, art. 217.

5. Il y a plus: c'est qu'il y a beaucoup de Coutumes qui décident qu'on peut directement s'adresser au tiers détenteur, sans discuter les biens du principal obligé, & ce indistinctement, tant en la générale hypothéque, qu'en la spéciale, comme la Coutume du grand-Perche, art. 205; d'Auvergne, tit. 24, art. 2 & 3; de la Marche, art. 370; de Dourdan, art. 55; de Châlons, art. 130 & 132, & autres.

6. Tous nos commentateurs, dans leurs commentaires manuscrits sur notre Coutume, s'attachent à la disposition précise de la Cou-

Hhh

tume, rejettent fortement la discussion dans le cas de l'hypothèque spéciale. Voici comme M. François Decullant fait parler M. le président Duret & M. Jean Decullant.

7. *Non requirit*, dit M. Jean Decullant, *noster paragraphus* (c'est du 137 dont il parle) *immobilium distractionem, quia in hypotheca speciali de qua loquitur, non est necesse debitorem discutere usque ad saccum & peram, sed tantùm pro forma, aliquam mobilium per primum servientem perquisitionem facere, quæ tamen discussio mobilium super principalem debitorem facienda, olim quidem & tempore confectionis statuti obtinebat, quo tempore non licebat incipere à rebus soli.... sed hodiè cùm liceat per art. 74 Edicti anni 1539, rectà prehendere immobilia, consequens est creditorem rectà posse agere contrà tertium possessorem rei specialiter obligatæ.* M. Decullant sur ces mots de l'article 137, *perquisitio de meubles.*

8. Quant à M. le président Duret, voici sa remarque sur ces mots du même article, NI GARDER ORDRE DE DROIT. *Nec audiendus est,* dit-il, *possessor specialis pignoris, volens indicare bona aliqua principalis debitoris, quem ipsemet debet convenire & discutere, licèt hìc Papon contrà sentiat; & in hoc contradicit proprio textui nostri paragraphi* 137, *in fine.*

9. *Vide*, dit enfin M. Decullant, *processum verbalem, ad hos duos paragraphos* 136 & 137, *ex quo colliges inter generalem & specialem hypothecam, hanc esse distinctionem, quòd in speciali hypotheca non sit discutiendus principalis debitor, secùs in generali; adeò ut qui fundum emit & possidet cuipiam specialiter obligatum, teneatur aut debitum solvere, aut fundi hypothecati distractionem permittere, nullà priùs factà super debitorem discussione, salvo tamen recursu detentoris contrà debitorem.* M. François Decullant sur l'article 137.

10. Mais quelque générale, claire & précise que soit la disposition de notre Coutume en nos deux articles, & quoique le sentiment de nos anciens y soit entièrement conforme, M^{rs}. les conseillers d'à présent, & M^{rs}. les avocats du siége restreignent & limitent la disposition de la Coutume au cas de l'hypothéque spéciale privilégiée; comme quand le vendeur d'un fonds, n'ayant reçu qu'une partie du prix de la vente, s'est réservé pour le restant une hypothéque spéciale privilégiée ; parce qu'en ce cas l'héritage a passé avec cette charge en la personne d'un tiers acquéreur, & que d'ailleurs le vendeur semble n'avoir pas perdu la propriété, jusqu'à ce qu'il en ait reçu le prix en entier. Mais dans le cas d'une rente constituée, ou autre créance qui n'a pas d'hypothéque spéciale privilégiée, l'usage & la jurisprudence d'aujourd'hui, disent ces M^{rs}. est qu'on peut opposer la discussion. M. Fevrier de Messalier, célèbre avocat de ce siége, m'a assuré que dans une affaire de cette espece, qui le concernoit en son particulier, ayant opposé la discussion à ses parties, à la vérité on n'y eût point d'égard en cette Sénéchaussée ; mais qu'en ayant interjetté appel au parlement, ses parties bien conseillées se départirent du profit de la sentence, quant à ce chef, se soumirent à la discussion & demanderent qu'on leur indiquât des biens, & qu'on leur fournît les deniers nécessaires pour la discussion.

11. Selon la jurisprudence que l'on suit à présent dans ce siége, on distingue donc deux sortes d'hypothéques spéciales ; une hypothéque spéciale qui vient de la seule volonté & convention du débiteur, lequel affecte spécialement certains héritages à l'obligation qu'il contracte devant personne publique ; & une hypothéque spéciale qui vient *ex causa*, & se nomme proprement *un privilége*, ou hypothéque spéciale privilégiée, telle qu'est celle qui est créée par l'acquéreur au profit du vendeur, pour la sûreté du prix de son héritage, dans le cas où le prix de la chose vendue n'a pas été payé par l'acquéreur.

12. Au premier cas l'hypothéque spéciale n'est pas différente de l'hypothéque générale, & on est en droit d'opposer également dans l'une & l'autre la discussion ; autrement, & si on n'étoit pas obligé de discuter, dans le cas de l'hypothéque spéciale qui vient de la seule volonté du débiteur, les créanciers rigoureux ne manqueroient jamais de s'en prévaloir à l'égard de leurs débiteurs, auxquels ils feroient spécialement obliger tous leurs biens, ou du moins la meilleure partie.

13. Au second cas, quand l'hypothéque spéciale est privilégiée, que c'est *pignus in rem*, qui suit par privilége la chose vendue en quelque main qu'elle passe ; en ce cas il est vrai de dire qu'il n'y a point de discussion, c'est-à-dire, que le vendeur peut poursuivre sa propre chose, quoiqu'elle soit passée en la personne d'un tiers détenteur ; & qu'il n'est pas obligé de discuter le principal débiteur, parce que *res transit cum sua causa*, & que d'ailleurs, comme il a été déja dit, le vendeur n'a pas perdu la propriété de la chose vendue, jusqu'à ce qu'il en ait reçu le prix en entier.

14. Delhommeau, dans ses maximes du droit Français, liv. 3, titre *des Hypot.* art. 315, distingue ces deux sortes d'hypothéques spéciales ; & c'est par cette distinction qu'il concilie la contrariété des arrêts touchant la discussion dans le cas de l'hypothéque spéciale. C'est aussi par le moyen de cette distinction, qu'il faut expliquer le présent article 137 de cette Coutume, en l'interprétant, non point d'une hypothéque spéciale qui vient de la seule convention ou volonté du débiteur, laquelle ne différe en rien de l'hypothéque générale, mais de l'hypothéque spéciale qui vient *ex causa*, autrement de l'hypothéque spéciale privilégiée.

15. Quant à l'article 136, qui a mis les rentes constituées dans le même rang que les rentes foncieres, pour lesquelles la discussion n'a pas de lieu, sa disposition ne regarde que les rentes constituées, telles qu'elles étoient dans le temps de la rédaction de la Coutume ;

Tit. XIII. DES EXÉCUTIONS. Art. CXXXVII.

& comme les rentes constituées d'aujourd'hui sont bien différentes, on ne peut plus à présent leur appliquer la disposition de cet article. Et pour cela :

16. On observe que dans l'introduction des rentes constituées, & au temps des rédactions des Coutumes, elles n'étoient permises que par forme d'aliénation ; desorte que celui qui prenoit de l'argent à rente, étoit présumé vendre de son fonds & de ses héritages, jusqu'à la concurrence du principal de la somme qu'il touchoit ; & que le créancier étoit présumé comme acquéreur d'une partie de l'héritage, ou du moins étoit réputé avoir droit *in re*, & non point un simple droit d'hypothèque & *ad rem*. C'est-pourquoi on l'obligeoit à prendre saisine du seigneur, & à lui payer les droits seigneuriaux, de la même façon que s'il avoit acheté effectivement la propriété de l'héritage, & à proportion de l'argent qu'il bailloit à rente, le tout ainsi qu'il résulte de l'article 423, *infrà*.

17. Dans ces temps-la, les rentes constituées à prix d'argent n'étoient valables, que quand elles étoient particuliérement assignées sur certain héritage qui en demeuroit chargé ; & en conséquence, le propriétaire ou créancier de la rente étoit mis au rang des créanciers privilégiés, & l'héritage sur lequel il s'étoit fait ensaisiner, ne devoit même être vendu, qu'à la charge de la rente. Mais, comme aujourd'hui les rentes constituées à prix d'argent, sont presque toutes des rentes personnelles, volantes, courantes, & simplement hypothécaires sans assignat, la disposition de la coutume, qui les met au rang des rentes foncieres, pour lesquelles la discussion n'a pas lieu, ne doit plus être suivie, & ne l'est pas aussi, la raison & le motif de cette disposition ne subsistant plus.

18. Ainsi, suivant la jurisprudence qu'on suit aujourd'hui dans cette Sénéchaussée, il n'y a aucune distinction à faire par rapport à la discussion entre les rentes constituées, & les autres dettes & obligations spécialement hypothéquées sur un héritage ; le tiers détenteur, dans l'un & l'autre cas, est également en droit d'opposer la discussion.

19. Si toutefois il s'étoit chargé & soumis par son contrat d'acquisition de payer la rente, ou la dette hypothéquée, il ne pourroit plus demander la discussion, à cause de l'obligation personnelle qu'il auroit contractée.

20. Il en est de même de l'un des héritiers du principal obligé, qui se trouve détenteur de la chose hypothéquée ; il ne peut demander la discussion, quand il offriroit de payer, ou qu'il auroit effectivement payé sa part & portion à laquelle il est personnellement obligé, ainsi qu'il résulte de la disposition de la Coutume de Paris, art. 333, & que l'a observé Loyseau, *du Déguerp.* liv. 3, chap. 8, n. 13. C'est ce que nous expliquerons plus au long sur l'article 316, *infrà*.

Le tiers détenteur qui demande la discussion, est tenu d'indiquer les biens du débiteur propres à discuter, & d'avancer les frais de la discussion, qu'il reprend sur les biens discutés. Telle est la jurisprudence des arrêts : il y en a un du 18 juin 1676, rendu en la quatrieme chambre des enquêtes, *consultis Classibus*, rapporté par M. Brodeau sur M. Louet, lettre D, somm. 67 ; & un autre du 9 février 1683, rapporté par M. de la Thaumassiere sur la Coutume de Berry, tit. 9, art. 33. C'est aussi un des arrêts de M. le premier président de Lamoignon, art. 10 du titre *de la discussion*.

21. Le tiers détenteur doit comprendre dans une même indication tous les biens du débiteur, qu'il entend être discutés, après l'indication desquels il est non-recevable à faire une seconde indication. C'est un des arrêts de M. de Lamoignon, au titre *de la discussion*, art. 9 ; & il a été ainsi jugé, dit M. Bretonnier, conformément à cet arrêté, par un arrêt du 20 juin 1701, rendu en la seconde des enquêtes, au rapport de M. Dreux, dans un procès dans lequel il avoit écrit. Bretonnier sur Henrys, tome 2, liv. 4, question 34, où l'arrêt de 1701 est rapporté.

22. Un tiers détenteur seroit mal-fondé à demander que la discussion sera faite dans un certain temps, sinon qu'il demeurera déchargé ; parce que s'il a intérêt d'avoir promptement sa décharge, il est en droit de poursuivre son vendeur pour le faire condamner à acquitter les hypothéques auxquelles l'héritage qu'il lui a vendu est obligé, & de se joindre au créancier pour faire finir la poursuite. Tel est le sentiment d'Henrys, qui cite pour ce sentiment la consultation de M[rs]. Auzannet, Langlois & Deffitat, qui porte que tel est l'usage. Il y a pourtant arrêts pour & contre, mais le dernier est pour le sentiment qui laisse au créancier la faculté de faire la discussion à sa commodité. Henrys, tome 2, liv. 4, quest. 34.

23. Le créancier, après la discussion faite, peut s'adresser à celui des détenteurs & tiers acquéreurs que bon lui semblera, qui ont acquis postérieurement à son hypothéque, sans être tenu de garder l'ordre de leurs acquisitions : Ainsi jugé par les arrêts remarqués par M. Bouguier en son recueil, lettre C, chap. 10 ; & tel est le sentiment de Loyseau, *du Déguerp.* liv. 3, chap. 8, n. 31 ; de Brodeau sur M. Louet, lettre H, somm. 9, & autres.

24. Mais le premier acquéreur qui a été obligé d'abandonner l'héritage, a son recours contre les autres acquéreurs, à moins qu'il n'en soit à couvert par la prescription ; parce qu'il a hypothéque pour la garantie de l'héritage par lui acquis, sur les héritages du vendeur par lui vendus depuis son acquisition.

25. Quant à la question, si la discussion étant achevée, & le créancier n'étant pas payé, le tiers détenteur est obligé de rapporter les fruits depuis la demande en action hy-

pothécaire, elle partage les fentimens, & il y a arrêts pour & contre. M. Bretonnier dans fes obfervations fur Henrys, tome 1, liv. 4, ch. 5, queft. 17, cite les auteurs qui tiennent pour la négative, & les arrêts qui l'ont ainfi jugé, entr'autres un du 7 juillet 1684, & un autre du 18 février 1701. Cependant, comme avant la difcuffion l'acquéreur, comme détenteur du fonds, eft véritablement débiteur, & que la difcuffion n'eft qu'une fimple exception dilatoire, & non péremptoire, qui n'a d'autre effet que de fufpendre la dette, jufqu'à ce que l'infolvabilité du principal débiteur foit conftatée, dès que cette infolvabilité eft connue par la difcuffion, & que le doute eft levé, l'acquéreur eft cenfé vrai débiteur, avec un effet rétroactif du jour de l'action hypothécaire; & fi par ce moyen le bénéfice de la difcuffion eft inutile, ce n'eft que *ab eventu*, outre que ce bénéfice n'étant qu'une exception dilatoire, & le détenteur s'en étant fervi, on ne peut pas dire qu'il ait été inutile.

26. Ainfi, quoique le droit donne à l'acquéreur le privilége de la difcuffion, & que jufques-là il ne fache pas s'il devroit payer lui-même, ou abandonner; cependant, comme ce privilége n'eft donné que pour s'en fervir juftement, & non point avec témérité, fi l'événement juftifie que la difcuffion étoit inutile, la reftitution des fruits doit être la peine de cette témérité, autrement il n'y auroit point d'acquéreur qui ne tournât cette difcuffion en chicanne pour toutes fortes de cas, quoiqu'elle ne dût rien fervir. Tel eft le fentiment de M. Dupleffis fur la Coutume de Paris, traité *des Actions*, livre 2, chapitre 3, fection 2; & ainfi s'obferve en ce fiége.

27. Quoique le créancier foit obligé, ainfi qu'il vient d'être dit, de faire la difcuffion des biens du débiteur, cela n'empêche pas de faire déclarer l'héritage poffédé par le tiers détenteur, affecté & hypothéqué à fa dette, & faire ordonner qu'il lui fera permis de le faire faifir & vendre, l'ordre de droit gardé. C'eft-pourquoi, quand pour garder cet ordre de droit, il a fait la difcuffion, ou qu'elle n'a pu être faite, à défaut par le tiers poffeffeur d'indiquer des biens & de fournir deniers pour la difcuffion, de ce fommé, il peut faire faifir, & commencer (comme dit notre article 137) fon exécution des criées contre ce tiers poffeffeur des immeubles fujets à fon hypothéque; & il n'a pas befoin pour cela de curateur, parce que n'y ayant point de délaiffement, le tiers détenteur qui n'eft point dépoffédé eft cenfé propriétaire.

28. Les formalités, en cas de non-difcuffion, faute d'indication, & d'avoir fourni deniers, comme c'eft l'ordinaire, font de faire avant la faifie un commandement recordé au vrai débiteur, & pour fon refus, déclarer que la partie fe pourvoira; & en continuant, déclarer au tiers détenteur que faute de paiement fait par le débiteur, & d'avoir par lui détenteur indiqué d'autres immeubles appartenans au débiteur, & fourni deniers néceffaires pour la difcuffion, on faifira la chofe hypothéquée. La faifie fe fait enfuite dans les formes ordinaires, & toutes les pourfuites fe font conjointement contre le débiteur & contre le tiers détenteur; favoir, contre l'un, faute de paiement, & contre l'autre, faute d'avoir indiqué.

ARTICLE CXXXVIII.

Des fruits des héritages pendant les criées. ET peut ledit créancier faire faifir avec lefdits héritages les fruits d'iceux, fans ce que ledit détenteur, ou fon héritier, en jouiffe pendant lefdites criées; car l'exploit tiendra en la propriété & fruits: pendant lefquelles criées feront lefdits fruits baillez à ferme au plus offrant & dernier enchériffeur, en déduction & diminution de la dette & frais defdites criées.

ARTICLE CXXXIX.

ET fi lefdits fruits n'avoient été faifis, & ledit créancier, ou créanciers oppofans le requéroient; il fera dit par le Juge, que pendant le Procès des criées lefdits héritages feront régis & gouvernez par Commiffaires.

1. INcontinent après la faifie, avant la premiere criée, il faut établir un commiffaire à la régie & gouvernement des chofes faifies. C'eft la difpofition de l'ordonnance de 1539, art. 77, & de l'ordonnance des criées du 3 feptembre 1551.

2. Le commiffaire eft fequeftre & dépofitaire de la chofe faifie, & c'eft par ce moyen que *res fit pignus pretorium*, que le faifi eft dépoffédé, & que la faifie eft valable & réelle; autrement elle feroit nulle, ainfi qu'il eft porté par l'ordonnance des criées de 1551, art. 4, & qu'il a été jugé par arrêt remarqué par Tournet fur la Coutume de Paris, art. 353. * Mais il faut que le commiffaire faffe procéder au bail judiciaire; car le faifi n'eft véritablement dépoffédé que par le bail judiciaire.

3. La Coutume d'Auvergne, tit. 24, art. 7,

TIT. XIII. DES EXÉCUTIONS. ART. CXXXIX.

7, porte que si le créancier procéde par criées sur les héritages d'un tiers possesseur, & fruits d'iceux, ce tiers possesseur jouira des fruits desdits héritages pendant lesdites criées, sans d'iceux être dessaisi, en baillant par lui caution à tout le moins juratoire, d'iceux rendre & restituer depuis le temps de ladite main-mise, s'il est dit en fin de cause. C'est aussi la disposition de la Coutume de la Marche, art. 372; telle étoit encore celle de l'ancienne Coutume de cette province de Bourbonnois, ainsi qu'il paroit par le procès verbal de la Coutume sur l'article suivant. Mais notre nouvelle Coutume ne reçoit plus, suivant qu'il est dit dans le présent art. 138, le tiers possesseur à jouir, non plus que l'ordonn. des criées, art.

4. A la vérité, il y en a qui veulent que par l'arrêt du parlement, qui a vérifié l'édit des criées, il ait été ordonné que l'art. 4 de cet édit n'avoit pas de lieu à l'égard du tiers détenteur; mais cet arrêt du parlement ne parle que de tiers opposans à fin de distraire, qui lors de la saisie se seroient trouvés possesseurs actuellement, & jouissans des choses pour la distraction desquelles ils se rendoient opposans, dont il sera parlé sur l'article 146, *infrà*, qui n'est pas le cas de la saisie faite sur le tiers détenteur, dont il est parlé dans les art. 137 & 138 de cette Coutume, & qui ne se peut faire régulièrement, selon qu'il a été dit, que discussion préalablement faite du principal débiteur, ou faute d'indication par le tiers détenteur.

4. Avant la création des commissaires aux saisies réelles, le sergent qui faisoit la saisie choisissoit un commissaire; mais l'édit portant création des offices de commissaires aux saisies réelles, a depuis établi un droit nouveau sur ce sujet, & abrogé l'usage d'en établir par le sergent qui fait la saisie, excepté dans les lieux où il n'y a point de commissaires aux saisies réelles en charge.

5. L'huissier ayant, par son exploit de saisie réelle, établi au régime de la chose saisie le commissaire ordinaire de la jurisdiction où l'adjudication par décret doit être poursuivie, il suffit de faire enrégistrer la saisie dans son bureau, qui est son acceptation.

6. Ce commissaire ne doit pas lever les fruits par ses mains; mais il doit les bailler à ferme; pour cet effet, il doit faire procéder au bail judiciaire, ainsi que le porte l'ordonnance de 1539, art. 82, & l'édit de 1551, art. 4.

7. Les baux judiciaires se font pour trois ans, si tant la commission dure; de maniere que si le saisi obtient main-levée, ou que la vente & l'adjudication des choses saisies se fasse en justice, l'effet du bail cesse, sans que le fermier, qui a dû prévoir cette vente, puisse demander des dommages-intérêts pour l'inexécution de son bail; & n'a le fermier que la jouissance ou reste de l'année en laquelle l'adjudication a été faite.

8. Les baux judiciaires ne durant que trois ans, si les criées ne sont finies, l'on en fait un nouveau, & le bail doit se renouveller de trois en trois ans; ce qui a lieu, quoique le bail conventionnel ait été converti en judiciaire.

9. C'est le fermier judiciaire qui paye les frais du bail au commissaire, & qui paye les cens des héritages saisis, si aucuns sont dus; & il est encore tenu d'entretenir les choses en l'état qu'elles lui sont données, suivant l'ordonnance de 1539, art. 82.

10. Il est dit dans le présent art. 138, que les fruits de l'héritage saisi, baillés à ferme, seront employés en déduction & diminution de la dette: cela devroit bien être; mais comme les héritages saisis réellement, sont souvent sujets à de grandes & pressantes réparations, dans ces cas la justice ordonne en connoissance de cause, qu'une partie du prix sera employée en réparations.

11. Et parce que les fermiers judiciaires tâchent le plus souvent de consumer le prix de leurs baux en réparations imaginaires, afin de jouir des fruits & ne payer rien, ou du moins très-peu de chose, cet abus a donné lieu à des arrêts de réglement, qui prescrivent certaines formalités pour faire faire effectivement les réparations nécessaires, & qui réglent le prix qui pourra y être employé, à proportion du revenu des baux judiciaires. Arrêts de réglement des 12 août 1664, & 23 juin 1678.

12. On ne peut, suivant ces arrêts de réglement, employer en réparations que les deux tiers du prix du bail pour les baux de 300 liv. & au-dessous; la moitié pour ceux qui sont au-dessus de 300 l. jusqu'à 1000 liv. le tiers pour ceux au-dessus de 1000 l. jusqu'à 2000 l. & le quart pour ceux qui sont au-dessus de 2000 l. le tout pour chacune année.

13. Si toutefois tout le bien saisi ne consistoit qu'en une maison, qu'elle fût en péril évident, & que si elle tombe tout le bien des créanciers est perdu; alors, sans avoir égard au réglement du tiers, de la moitié ou du quart, on ordonne que le prix entier des trois années du bail y sera employé, & même permis d'emprunter, s'il est nécessaire, pour empêcher & prévenir la ruine: mais cela dépend de l'occurrence & de la prudence des juges, qui doivent auparavant être bien instruits de la vérité.

ARTICLE CXL.

En telle maniere, que pendant & durant lesdites criées qui sont faites contre le principal débiteur, ou son héritier déclaré, ledit débiteur principal, ni son héritier, ne pourra être Fermier desdits héritages, & n'en jouira par quelque caution qu'il pourra bailler, durant les criées, si ce n'est du consentement du poursuivant criées & opposans.

1. Quoique le présent article & les précédens, savoir, les articles 137, 138 & 139, ne composent qu'un même contexte, comme il paroit par la lecture d'iceux; & que les articles 137 & 138 ne parlent que de la saisie réelle faite sur le tiers détenteur, toutefois la disposition du présent art. concerne celle faite sur le principal débiteur; ainsi que le démontrent ces mots, *faite contre le principal débiteur*.

2. La Coutume, au présent article, ne reçoit point le débiteur ou son héritier à être fermier judiciaire; & en cela, les états dans le temps de la rédaction d'icelle, ont corrigé l'ancienne Coutume qui permettoit au débiteur; ou à son héritier détenteur de l'héritage hypothéqué, de se rendre fermiers judiciaires, en donnant bonne caution de payer le prix; le tout ainsi qu'il paroit par le procès verbal de la Coutume sur le présent article; de maniere que notre article est Coutume nouvelle: & ainsi a été jugé par les arrêts, & il y a quelque chose de cela dans l'ordonnance de 1667, tit. 19, art. 13 & 18. La raison est qu'il faut que la partie saisie soit dépossédée; que ce seroit éluder en quelque façon l'effet de la saisie & établissement de commissaire; & que l'on ne présume pas que si les parties saisies étoient reçues fermiers de leurs biens saisis, elles y gardassent la bonne foi. C'est pour cela que quelque caution qu'elles offrent, elles ne doivent point y être reçues, & que la fin de notre article ne doit pas être suivi & exécuté: aussi ne l'est-il pas; & l'usage est que les parties saisies prennent le bail judiciaire de leurs biens sous des noms interposés.

ARTICLE CXLI.

Des Commis des Terres en criées, & de leurs cautions.

Au régime & gouvernement desdits héritages, ne peuvent être commis le Juge, son Greffier, Sergens Exécuteurs desdites criées, Avocat & Procureur des Parties, les Poursuivans desdites criées, & Défendeurs en icelles, principaux débiteurs, ou héritiers déclarez; les enfans, ou freres des dessusdits: lesquels Fermiers, ou accenseurs desdits fruits, ou commis au régime d'iceux, leursdits pleiges & cautions seront contraints de les rendre & restituer quand il sera ordonné, comme acheteurs de biens de Justice, par prise & emprisonnement de leurs personnes.

1. Par l'édit de Blois, art. 132, il est porté que nuls officiers de judicature, avocats, procureurs, solliciteurs, greffiers, leurs commis, ni sergens, ne pourront être adjudicataires des fruits saisis par justice, ni cautions pour les fermiers.

2. Quant aux poursuivans criées, & opposans, les arrêts ont jugé qu'ils ne pouvoient être fermiers des héritages saisis. Ces arrêts sont rapportés par M. Louet & Brodeau, let. S, somm. 12, & par M. Lemaître, *des Criées*, ch. 3. La disposition de l'ordonnance de 1667, tit. 19, art. 18, y est conforme; & la raison est qu'ils feroient durer les criées, & retarderoient l'adjudication par décret pour profiter des fruits pendant les criées.

3. Les fermiers judiciaires, au lieu de rendre & restituer les fruits des héritages saisis, comme le dit notre article, sont tenus de compter du prix du bail: car le commissaire, comme il est dit dans l'art. 138, *suprà*, & qu'il a été observé sur cet article, est tenu de les faire bail à fermer; & c'est au commissaire aux saisies réelles à se faire payer des fermiers judiciaires: s'il ne fait pas les poursuites nécessaires contr'eux pour les faire payer, qu'il manque à exiger la caution du fermier, il est responsable du prix du bail; & comme les contrats qu'on fait avec la justice, sont toujours présumés être faits de la maniere la plus avantageuse dont on puisse contracter, les baux judiciaires emportent de leur nature la contrainte par corps contre les fermiers, & contre leurs cautions, ainsi que le porte notre article.

4. Le commissaire ne doit faire aucun paiement qu'en vertu de jugement rendu avec les parties saisies, le saisissant, & le plus ancien des procureurs des opposans, & à eux signifié,

Tit. XIII. DES EXÉCUTIONS. Art. CXLII.

ou à leurs procureurs : si le jugement est par défaut, il le doit dénoncer dans les 24 heures au procureur du poursuivant, au plus ancien procureur des opposans, & à celui du saisi, s'il en a constitué. Les paiemens ne sont valables que lorsqu'il n'y a aucun empêchement par ordre de justice, trois jours après la dénonciation ; & on ne le peut contraindre au paiement d'aucune somme adjugée par sentence, que trois jours après la signification qui lui en a été faite, en parlant à sa personne, ou à l'un de ses commis.

5. Les jugemens qui adjugent des sommes au saisi, aux créanciers, ou autres, à prendre sur le prix des baux judiciaires par provision, paiement d'arrérages, ou pour quelque cause que ce soit, ne sont exécutés que contre le commissaire, & les paiemens ne doivent être faits que par ses mains. Défenses sont faites à tous juges d'ordonner qu'elles seront payées par les fermiers judiciaires, si ce n'est pour réparations, censives, droits seigneuriaux, charges & rentes foncieres : défenses pareillement sont faites aux fermiers judiciaires de faire aucuns paiemens, s'ils n'en sont chargés par leurs baux, ou s'ils ne sont ordonnés en justice pour les causes portées ci-dessus.

6. Lorsque les choses saisies ont été adjugées, & que la commission est par conséquent finie, ceux qui ont intérêt de toucher le prix des baux judiciaires, donnent leur requête en reddition de compte contre le commissaire aux saisies réelles, & obtiennent un jugement, portant condamnation de rendre compte. Ce jugement est signifié à son procureur, & il présente son compte, sur lequel on obtient un appointement à fournir débats & soutenemens, écrire & produire dans le temps de l'ordonnance. Si c'est le poursuivant criées qui fait cette diligence, & que d'autres créanciers opposans ayent de légitimes prétentions sur le prix du bail judiciaire, ils peuvent intervenir, & sur leur demande on prend un appointement en droit & joint.

7. Le commissaire ne peut être recherché pour le fait de sa commission, dix ans après la reddition & clôture de son compte, si ce n'est pour erreur de calcul, & pour les sommes dont il est demeuré reliquataire par l'état final de son compte, qui peut être perpétuellement réclamé, sans qu'on puisse alléguer aucune prescription.

8. Le prix des baux judiciaires se distribue par ordre d'hypothéque, de même que le prix de l'adjudication.

ARTICLE CXLII.

Le Sergent, ou Commissaire, procédant esdites criées, peut du consentement des créanciers opposans, à la requête desquels elles sont faites, recevoir les cautions dessusdites : Et où il y auroit contradiction, ledit Sergent remettra les Parties sur ladite reception des cautions pardevant le Juge auquel la connoissance de ladite matiere de criées appartient, & sans interruption d'icelles.

1. Cet article n'est point en usage, parce que le sergent ne fait point le bail des fruits ; il se fait à l'audience du juge qui reçoit les cautions, & c'est le commissaire qui poursuit le bail judiciaire, & qui le fait adjuger, nonobstant l'appel de la saisie réelle, à moins qu'il n'y ait des défenses : mais auparavant il faut des proclamations aux prônes des paroisses où les héritages sont situés, des appositions d'affiches & trois remises.

2. Quand le commissaire a fait faire les proclamations & apposer les affiches, & qu'il se trouve des metteurs & enchérisseurs, l'adjudication s'en fait au procureur qui a mis la derniere enchere : lequel est obligé de nommer, dans trois jours, le nom, surnom, qualité & domicile de l'adjudicataire, c'est-à-dire, de celui pour lequel il a enchéri, & cet adjudicataire est tenu de donner caution ; autrement le commissaire continue de poursuivre l'adjudication du bail à sa folle enchère, c'est-à-dire, que si on ne trouve point de nouveau fermier qui offre le même prix, on ne laisse pas d'adjuger le bail à plus vil prix, le premier fermier qui n'a pas donné caution, demeurant obligé à parfaire le prix qu'il avoit offert, quoique la jouissance lui soit ôtée.

3. Si les héritages saisis ont été donnés à ferme ou à loyer, les locataires ou fermiers peuvent demander la conversion de leurs baux conventionnels, en baux judiciaires, jusqu'à ce que la ferme soit finie ; ce qui leur est accordé, pourvu qu'elle soit à prix raisonnable & sans fraude ; qu'elle soit passée trois mois avant la saisie ; qu'ils soient bons & solvables, & que la ferme ne doive durer plus de trois ans : & en ce cas, les fermiers conventuels qui requiérent la conversion de leurs baux en judiciels, sont tenus de donner caution, & de payer le prix de leur ferme entre les mains du commissaire, du jour de la saisie réelle. Voyez la Coutume de Berry, tit. 9, art. 72.

4. Les locataires & fermiers qui se trouvent dans les héritages, ne peuvent pas être contraints de faire convertir leurs baux conventionnels & judiciaires, suivant l'arrêt du 12 août 1664, disent M. de la Thaumassiere sur la Coutume de Berry, tit. 9, art. 72, & M. Bruneau, traité des Criées, ch. 3. Néanmoins la derniere jurisprudence des arrêts, selon que

l'affure M. Brillon, dans fon *Dictionnaire des Arrêts*, eft que l'on convertit les baux conventionnels en judiciaires, & les fermiers tenus de les exécuter pour le temps qui refte à expirer, avec cette modification, qu'il n'y aura lieu à la contrainte par corps, s'ils n'y font obligés. Brillon, *Dict. des Arrêts*, mot, *bail judiciaire*, n. 127.

ARTICLE CXLIII.

De l'ordre des criées. ESQUELLES criées eft obfervé & gardé l'ordre & folemnité qui s'enfuit ; c'eft à favoir, que le Sergent exécuteur defdites criées, en vertu des Lettres obligatoires paffées fous Scel Royal, ou de Bourbonnois, ou autre autentique, ou de condamnation de Cour féculiere, & de Lettres de Commiffion, peut, & doit prendre, faifir & mettre en la main de Juftice, les héritages obligez au créancier, & femblablement les fruits d'iceux, après Commandement fait par ledit Sergent exécuteur à la perfonne ou domicile du débiteur, ou fon héritier apparent, ou tiers détenteur, de payer: Et fignifiera audit débiteur, ou à fon héritier apparent, ou audit tiers détenteur, à perfonne ou domicile, ladite main-mife, enfemble les ventes & criées ès jours introduits par la Coutume. Lefquelles criées fe feront ès lieux accoutumez à faire criées, & en la Châtellenie, ou Châtellenies où les héritages criez font affis. Auffi fignifiera les prifes & affignations de ventes, à ceux qui prétendent avoir intérêt en général, à la place publique du lieu & Juftice, comme deffus eft déclaré, auquel fe doivent faire lefdites criées à cri public & à haute voix: & ce non-obftant oppofition ou appellation quelconques, en enfuivant les Ordonnances, jufqu'au quart péremptoire, en préfence d'un Notaire de Cour-laye & deux Témoins ; afin que qui fe voudra oppofer efdites criées, ou y prendre droit, il ne puiffe prétendre en avoir caufe d'ignorance ; & à celui fur lequel on crie, par une feule notification feulement, qui fera faite à perfonne ou à domicile. *Aliàs*, fi lefdites criées & ajournemens pour voir confirmer, ne font faits à la perfonne ou domicile du propriétaire poffeffeur des chofes criées, lefdites criées & adjudications de Décret font nulles.

1. Afin qu'un créancier puiffe faire faifir réellement l'héritage de fon débiteur, il faut que la créance foit fondée fur un titre exécutoire, tel qu'un jugement de condamnation expédié dans les formes, ou une obligation ou contrat paffé pardevant notaires. C'eft ce qui a déjà été obfervé fur l'art. 106, *fuprà*; & telle eft la difpofition du préfent article, ainfi qu'il réfulte de ces termes, *en vertu des lettres obligatoires paffées fous Scel Royal, ou autre authentique, ou de condamnation de Cour féculiere*. C'eft auffi celle de la Coutume d'Auvergne, tit. 24, art. 22 ; de la Marche, art. 380; de Nivernois, ch. 32, art 33 ; de Berry, titre 9, art. 49, & autres.

2. Notre Coutume demande avec lettres obligatoires, fous fcel royal ou authentique, des lettres de commiffion, comme font les Coutumes d'Auvergne, tit. 24, art. 22 ; de Nivernois, chap. 32, art. 33 ; de Chartres, art. 85; de Valois, art. 184, & autres: Et tel étoit l'ufage anciennement ; mais cela ne s'obferve plus, ainfi que l'a obfervé M. Guy Coquille fur l'art. 33 du chap. 32 de la Coutume de Nivernois, & que nous l'avons dit fur l'art. 101, *fuprà*, & on peut faifir en vertu d'un contrat en bonne forme.

3. Mais il faut que la faifie réelle foit précédée d'un commandement fait au débiteur, qu'on appelle *recordé*, ainfi qu'il a été dit fur l'art. 106, où il faut avoir recours ; & c'eft la difpofition précife de notre Coutume au préfent article, de celle d'Auvergne, tit. 24, art. 22 ; de Berry, tit. 9, art. 49 ; de Blois, art. 271 ; de la Marche, art. 380 ; de Lodunois, chap. 22, art. 6, & autres.

4. Ce commandement fait, fi le débiteur ne paye pas, l'huiffier peut dès le lendemain fe transporter fur les lieux ; où les héritages appartenans à fon débiteur, affectés à fa créance, font fitués, & en faire la faifie, & les mettre, enfemble les fruits d'iceux, fous la main de juftice, comme porte notre article : fur quoi il faut obferver que la faifie réelle du fonds, emporte la faifie des fruits ; de maniere que fi après la faifie des fruits pendans, furvient la faifie du fonds, avant que les fruits foient cueillis & vendus, la faifie des fruits eft couverte, ainfi que l'a remarqué M. Guy Coquille fur l'article 27 du titre *des Exécutions*,

cutions, de la Coutume de Nivernois.

5. L'exploit de saisie réelle, qui sert de fondement à toutes les procédures qui suivent, doit être revêtu de certaines formalités ; & ces formalités sont :

6. 1°. Qu'il soit fait par un sergent ayant pouvoir & caractere, suivant l'art. 1 de l'édit du roi Henry II, de l'an 1551.

7. 2°. Qu'il soit signé de deux témoins, daté des jour & an, devant ou après midi, conformément à l'ordonnance de 1667, tit. 2, art. 2 ; tit. 33, art. 3 ; à la déclaration sur l'édit du contrôle, du 21 mars 1671, & à l'ordonnance de Blois, art. 173.

8. 3°. Qu'il y soit déclaré à la requête de qui, en vertu de quoi, & pour quelle cause ou somme (laquelle doit être certaine,) la saisie se fait, & sur qui elle se fait, & qu'il contienne un itératif commandement qui prouve la contumace du débiteur.

9. 4°. Que le sergent se transporte sur les lieux où les héritages sont situés, & fasse mention de son transport.

10. 5°. Qu'il contienne élection de domicile du saisissant ; & quand la saisie est faite hors le lieu du domicile du créancier, il doit élire domicile dans le lieu où la saisie est faite, sur peine de nullité des criées, afin que le débiteur puisse satisfaire aux causes de la saisie, ou y faire telles significations qu'il jugera à propos, suivant l'art. 175 de l'ordonn. de Blois, la déclaration d'Henry IV, du 26 janvier 1609, & la jurisprudence des arrêts remarqués par Guenois, en sa *Conférence des Ordonnances*, liv. 10, tit. 2, §. 1.

11. 6°. Que le sergent déclare la jurisdiction où il est immatriculé, son domicile, celui de ses records, leur nom, surnom & vacation, le domicile & la qualité du débiteur, suivant l'ordonnance de 1667, tit. 2, art. 2 ; tit. 33, art. 3.

12. 7°. L'exploit de saisie doit porter que l'on saisit réellement & de fait le fonds & tréfonds de tels héritages ; & si ce sont des héritages en roture, il faut déclarer & spécifier par le menu & en détail, par climat, tenans & aboutissans, les héritages saisis, dans l'exploit de saisie, suivant l'art. 1 de l'ordonnance de 1551, l'art. 346 de la Coutume de Paris, & l'art. 434 de celle de Poitou.

13. Déclarer par le menu, c'est expliquer chaque partie & piéce de terre, sa nature, chaque maison, & de combien de chambres & autres édifices elle est composée. Et déclarer par tenans & aboutissans, c'est expliquer la situation de chaque fonds & ses confins.

14. La déclaration des héritages roturiers, par tenans & aboutissans, est absolument nécessaire sur peine de nullité, comme il a été jugé par arrêt remarqué par Tournet sur l'art. 346 de la Coutume de Paris ; & elle est requise afin que si quelqu'un avoit intérêt en la saisie, soit en tout ou en partie, connoissant ce qui est compris dans les limites & confins de la saisie, il puisse sûrement former opposition, principalement les opposans à fin de distraire, qui, par la désignation & spécification desdits tenans & aboutissans, connoîtront si ce qu'ils prétendent est compris dans la saisie, ou non.

15. Quant aux fiefs, seigneuries & terres nobles, il suffit de saisir réellement le principal manoir de chaque fief & seigneurie, avec les appartenances & dépendances, droits & revenus, sans qu'il soit besoin de les déclarer par tenans & aboutissans, ni d'entrer dans les manoirs.

16. Mais il faut que les fiefs, seigneuries & terres nobles soient nommés dans l'exploit de saisie, c'est la disposition de l'ordonnance de 1551, touchant les criées, & de la Coutume de Paris, art. 345 ; de celle d'Orléans, article 467 ; de celle de Poitou, art. 434 ; de Montfort, art. 175, & de Mantes, art. 115.

17. Les appartenances & dépendances des fiefs, sont les droits annexés & dépendans des fiefs, comme les cens, les rentes foncieres, les vassaux, les arriere-vassaux & autres droits, lesquels sont dépendans du fief saisi. La justice n'est réputée une dépendance du fief, par la raison que le fief & la justice n'ont rien de commun : c'est-pourquoi il la faut comprendre spécialement dans la saisie & les criées.

18. S'il n'y avoit point de manoir au fief, mais seulement des terres, il semble, dit M. Claude Duplessis, qu'il suffiroit de le saisir par sa dénomination : mais le plus sûr, selon lui, c'est de décrire les héritages ; & quant aux droits, ajouter seulement *circonstances & dépendances* ; & s'il n'y avoit point de dénomination, c'est le cas (ajoute-t-il) où il faudroit nécessairement saisir de cette derniere façon.

19. S'il y a des rotures exploitées conjointement avec le fief, il faut distinguer, dit le même M. Claude Duplessis : à l'égard de celles qui ont été réunies au fief, elles sont suffisamment comprises sous la saisie générale, comme dessus ; mais si elles sont d'autre tenure, il faut les saisir expressément & les spécifier par tenans & aboutissans. Duplessis, sur la Coutume de Paris, liv. 5, *des Saisies réelles & Criées*, chap. 1.

20. 8°. Il faut établir un commissaire au régime & gouvernement des choses saisies, par exploit de saisie réelle, soit le commissaire général ès jurisdictions où il y en a, soit un commissaire particulier dans les lieux où il n'y en a point.

21. 9°. L'exploit de la saisie réelle doit être contrôlé, suivant l'édit du contrôle, & signifié au saisi, à sa personne ou domicile, avec copie baillée, & signification, qu'il sera procédé à la premiere criée un tel dimanche. Tel est l'usage, afin que le saisi n'en prétende cause d'ignorance, & qu'il ne trouble pas le commissaire établi au régime de ses biens saisis ; & c'est aussi la disposition de la Coutume au présent article.

22. Après la saisie réelle duement faite, & la signification faite à la partie saisie, qu'il sera procédé à la premiere criée ; le sergent doit, avant cette premiere criée, afficher aux prin-

cipales portes des maisons saisies un pannonceau, portant les armes du roi, au-dessus duquel sera écrit que la maison est saisie, avec déclaration dans son procès verbal, qu'il y a été mis & apposé: autrement nullité, selon l'ordonnance de 1551, art. 3.

23. Que s'il n'y a point de maisons aux choses saisies, mais seulement des terres, l'article 2 de l'ordonnance de 1551, veut que l'on mette une affiche contenant la déclaration ci-après, à la porte principale de l'église paroissiale des lieux, où sont situées les choses saisies; & l'usage est qu'on en met à celle de la jurisdiction où l'on poursuit le décret.

24. Les affiches se mettent dans une saisie pour autoriser davantage la vente qui se fait sous l'autorité de la justice, & afin qu'elle soit connue d'un chacun. Notre Coutume, au présent article, veut qu'on signifie les prises, autrement saisies, à ceux qui prétendent avoir intérêt en général, en la place publique du lieu & justice, auquel se doivent faire les criées à cri public & à haute voix. C'est aussi la disposition de la Coutume d'Auv. tit. 24, art. 24; de celle de la Marche, art. 387 & 389, & de Nivernois, chap. 32, §. 38. Mais comme l'a observé M. Prohet, la disposition de ces Coutumes a été changée par l'édit des criées, qui veut que la notification à tous prétendans droit se fasse par ces pannonceaux & affiches dont nous venons de parler, qui contiennent la même description qui est faite dans la saisie réelle; c'est-à-dire, la situation des lieux, les causes de la saisie, l'élection du domicile du saisissant, &c.

25. Les affiches apposées, on les signifie à la partie saisie, & on commence les criées, qui sont des proclamations à haute voix que fait le sergent, que les héritages sont saisis & mis en criées, pour être vendus par décret au plus offrant & dernier enchérisseur, en telle jurisdiction, afin que tous prétendans droit auxdits héritages, ayent à s'y opposer, & que tous ceux qui voudront enchérir, en ayent connoissance; de maniere que les criées ne sont pas une formalité contre le débiteur dépossédé par la saisie & établissement de commissaire, mais bien contre les prétendans droit.

26. Notre Coutume, au présent article, dit que les criées seront faites ès lieux accoutumés à faire criées, & en la châtellenie ou châtellenies où les héritages criées sont assis; mais cela a été changé par l'ordonnance de 1551, qui porte que les criées seront faites à jour de dimanche, issue de messe paroissiale, devant la porte de l'église, tant ès villes qu'ès villages où les héritages sont situés, sans qu'il soit plus besoin de faire lesdites criées ès greffes & auditoires, ainsi qu'on avoit accoutumé de faire; desorte que si les choses saisies sont situées en diverses paroisses, toutes les criées doivent être faites en même temps au-devant de l'église paroissiale de chacune; & M. Claude Duplessis assure la même chose pour les fiefs, quoique le principal manoir ne fût que d'une paroisse. Mais on a jugé contre son sentiment au mois d'août 1681, par arrêt rendu en la troisieme chambre des enquêtes du parlement, en faveur de dame Marie Dubuisson, pour lors veuve & commune de Charles Legendre, seigneur de Saint-Aubin, selon que le dit M. Fauconnier sur le présent article.

* Au mois d'août 1681 il fut jugé par arrêt rendu en la troisieme chambre des enquêtes du parlement, en faveur de dame Marie Dubuisson, pour lors veuve & commune de Charles Legendre, seigneur de Saint-Aubin, contre les sieurs Maréchal, seigneur de Bompré; Griffet, intendant des eaux minérales du Bourbonnois & d'Auvergne; Maquin, bourgeois de Moulins, que toutes les dîmes dépendantes de la terre & seigneurie de Lespines, étoient comprises dans l'adjudication par décret qui en avoit été faite à ladite dame de Saint-Aubin, quoiqu'il n'y eût point eu de criées faites dans les paroisses de Franchesse & de Couson, où une partie desdites dîmes étoit située; la cour ayant jugé par son arrêt, qu'il suffisoit que lesdites criées eussent été faites dans la paroisse d'Agouges, où étoit situé le principal manoir, c'est-à-dire, le château de ladite terre & seigneurie de Lespines, comme le principal fief, auquel les autres fiefs avoient été unis par la destination du pere de famille, qui en avoit joui confusément pendant un nombre d'années, en continuant la jouissance de ses prédécesseurs. M. Fauconnier.

27. En faisant chacune de ces criées, il faut les afficher, dit M. Duplessis, ibid. tant aux principales portes des églises paroissiales, qu'aux maisons des choses saisies, s'il y en a; & cela avec pannonceaux royaux, & du tout faire mention par le procès verbal.

La premiere criée doit contenir les mêmes déclarations & descriptions que la saisie réelle, suivant l'ordonnance de 1551, article 1.

28. L'huissier ou sergent doit toujours dater le jour des criées, à mesure qu'il les fait, & en même temps le jour de la prochaine criée. Et pour marquer que chacune criée a été faite à l'issue de la messe paroissiale, les paroissiens sortant d'icelle, l'huissier est obligé de prendre les noms, surnoms & qualités de quelques paroissiens, dont il fait mention dans son procès verbal de criées; & il doit être assisté d'un notaire qui lui donne acte du contenu en son procès verbal. Notre article porte que les criées seront faites en présence d'un notaire & deux témoins; & ainsi se pratique en cette Coutume.

29. Il porte pareillement que le sergent procédera aux criées nonobstant opposition, ou appellation quelconque, jusqu'au quart péremptoire, c'est-à-dire, jusqu'à la quatrieme criée; le péremptoire n'étant autre chose qu'une proclamation à cri public, & ce inclusivement, comme dit la Coutume d'Auvergne, tit. 24, art. 34. Ainsi, si après les criées commencées, le saisi interjettoit appel de la saisie réelle, l'huissier n'est pas pour cela obligé de déférer

à cet appel, & furfeoir la continuation des criées ; parce que les criées commencées ne peuvent être interrompues, & doivent être faites continuellement, de délai en délai, fans qu'on puiffe les prolonger ni abréger ; mais fi l'appel étoit interjetté, & fignifié avant la premiere criée, il faudroit furfeoir, jufqu'à ce que ledit appel fût jugé. L'appel n'empêche pas néanmoins de faire procéder au bail judiciaire.

30. Les criées étant faites, il les faut fignifier à la partie faifie par une feule notification feulement, dit notre article, qui fera faite à perfonne ou domicile ; ainfi il n'eft pas néceffaire de fignifier chaque criée, & de faire à chacune une notification particuliere.

31. Quant à ce qui concerne les ajournemens pour voir confirmer les criées, dont il eft parlé fur la fin de notre article, l'ufage eft conforme à la difpofition de la Coutume, que dans la derniere criée, qui eft la cinquieme, en y comprenant la premiere proclamation, appellée *Vente* par la Coutume, qu'on affigne par cri public tous les prétendans droit, & la partie faifie, en perfonne ou domicile, pour voir vérifier, certifier & déclarer lefdites faifies réelles, criées & péremptoire ; & tout ce qui a été fait & pourfuivi, avoir été bien & duement fait fuivant les ordonnances royaux, us, ftyle & Coutume de ce pays & duché de Bourbonnois.

ARTICLE CXLIV.

ET fi pendant lefdites criées furviennent aucuns oppofans, les doit recevoir à oppofition, & pour icelles dire, leur affigner jour pardevant le Juge duquel eft émanée la commiffion, au jour qu'il donnera pour voir confirmer lefdites criées, fi n'étoit que les héritages criez fuffent en diverfes Châtellenies & Jurifdictions : auquel cas fe donnera l'affignation pour voir confirmer les criées, & aux oppofans pour dire les caufes d'oppofition, devant le Senéchal de Bourbonnois.

Des oppofans aux criées.

1. LEs formalités des criées ont été introduites pour rendre publiques les adjudications, afin que ceux qui ont des droits fur les biens faifis, s'oppofent à la faifie réelle, aux criées & au décret, à l'effet d'être confervés dans leurs droits, defquels faute d'oppofition dans le temps ils feroient déchus.

2. Il y a quatre fortes d'oppofitions aux faifies réelles & aux criées : la premiere, afin d'annuller ; la feconde, afin de diftraire ; la troifieme, à fin de charge, & la quatrieme, afin de conferver.

3. L'oppofition afin d'annuller, fe forme par le propriétaire faifi, pour faire caffer & annuller la faifie & les criées fur lui faites ; & cette oppofition ne réfide qu'en la bouche du faifi : & il n'eft pas befoin de la former, puifque le faifi doit toujours être affigné pour voir confirmer les criées, interpofer le décret, & donner moyens de nullité.

4. L'oppofition afin de diftraire, eft formée par ceux qui prétendent que partie de la chofe faifie leur appartient, pourquoi ils en demandent diftraction avec reftitution de fruits, dommages & intérêts & dépens ; & cette diftraction peut être demandée par deux fortes de perfonnes, par un tiers acquéreur ou par celui qui a vendu le fonds, & dont le prix lui en eft dû.

5. A l'égard du tiers acquéreur, quoiqu'il foit bien fondé à foutenir, comme nous le dirons fur l'article 146, qu'on n'a pu directement faifir fon bien, & demander main-levée pure & fimple de la faifie ; toutefois il fe contente d'en demander diftraction, fauf à reprendre : & cela par un abus qui s'eft gliffé dans cette Sénéchauffée, comme en beaucoup d'autres.

6. Il n'en eft pas tout-à-fait de même du vendeur : dès qu'il a vendu fon bien, & que par la vente il en a transféré la propriété à l'acquéreur, le créancier de cet acquéreur a pu, à la vérité, valablement le faifir fur lui ; mais le vendeur, ou celui qui eft à fes droits & priviléges, peut, fuivant l'ufage obfervé en ce fiége, demander diftraction pure & fimple du fonds par lui vendu, quand le prix lui en eft dû, fi mieux n'aiment le pourfuivant & créanciers oppofans, fe foumettre de faire valoir l'héritage à un fi haut prix qu'il foit payé de fa créance. Et ainfi a été jugé en faveur d'un particulier qui étoit aux droits & priviléges du vendeur, par fentence rendue le 6 feptembre 1727, au rapport de M. Bourgognon : j'étois des juges. On dit à la chambre que tel étoit l'ufage confirmé par arrêt, & l'arrêt fut rapporté & lu par M. Perrotin, l'aîné.

7. Les oppofitions afin de diftraire, felon le droit commun & Coutumier, & la maxime générale fondée fur les ordonnances & fur l'arrêt du parlement de Paris, du 23 novembre 1598, en forme de réglement, fe doivent former avant le congé d'adjuger, & elles ne peuvent l'être après qu'afin de conferver. Fournet, fur l'article 354 de la Coutume de Paris.

8. Mais fuivant cet article 354 de la Coutume de Paris, oppofition afin de diftraire eft recevable jufqu'à l'adjudication ; & fi on a omis de s'oppofer avant l'adjudication, on n'eft plus recevable qu'à former oppofition,

afin d'être conservé & payé par préférence sur le prix de la valeur de la chose dont on étoit propriétaire : encore est-il nécessaire que cette opposition afin de conserver, soit faite avant que le décret soit scellé.

9. L'opposition à fin de charge, est celle qui se forme par celui à qui est due une rente foncière, ou qui a un droit de servitude sur l'héritage saisi; elle tend à ce que l'héritage ne soit adjugé qu'à la charge de la rente ou de la servitude.

10. Les oppositions à fin de charge, se règlent comme les oppositions afin de distraire : on les doit former par le droit commun avant le congé d'adjuger; & quand on n'est pas recevable à l'opposition à fin de charge, à cause qu'elle n'a pas été formée dans le temps, & qu'elle vaut comme opposition afin de conserver, on est payé par préférence sur le prix, suivant l'estimation de la rente foncière ou de la servitude.

11. L'opposition afin de conserver, appellée aussi opposition à fin d'hypothéque, se forme par les créanciers hypothécaires, pour être payés des sommes qui leur sont dues, sur le prix provenant de la vente des biens.

12. Suivant l'arrêt du 23 novembre 1598, les oppositions afin de conserver sont reçues jusqu'à ce que le décret soit délivré, & non après; sauf aux créanciers qui ne se sont pas opposés, à se pourvoir sur le surplus des deniers, si aucuns il y a, après que les premiers opposans auront été payés, selon l'ordre de leur hypothéque.

13. La raison de la différence qu'il y a entre les oppositions afin de conserver ou d'hypothéque, qui peuvent être formées jusqu'à ce que le décret soit délivré, & les autres qui ne sont reçues que jusques au congé d'adjuger, est qu'il est de l'intérêt de l'adjudicataire que les oppositions, hors celles à fin d'hypothéque, soient vuidées avant le congé d'adjuger, afin qu'il soit certain de la valeur, qualité & quantité des choses contenues dans l'adjudication, laquelle pourroit diminuer considérablement, & lui causer un grand préjudice, si elles étoient reçues après l'adjudication : mais il n'a aucun intérêt que l'opposition à fin d'hypothéque soit formée après; puisque le prix de l'adjudication est distribué entre les créanciers saisissans & opposans, & que telle opposition ne cause aucun préjudice à l'adjudicataire, à qui il importe peu à qui les deniers soient distribués.

14. Suivant l'arrêté du parlement, du 31 août 1690, les créanciers qui s'opposent sur les biens de leurs débiteurs, saisis réellement, pour être payés des sommes qui leur sont dues, ne sont pas tenus d'expliquer en détail par l'acte d'opposition les titres de leurs créances; & ceux à qui le mari & la femme se trouvent obligés, peuvent être colloqués comme exerçans les droits de la femme leur débitrice, encore que, dans leur opposition, ils n'ayent pas déclaré qu'ils s'opposent comme créanciers de la femme, & que la femme ni ses héritiers, & ceux qui la représentent, ne soient pas opposans. C'est la disposition de l'arrêté.

* Ces sortes d'oppositions produisent des intérêts, sans autres demandes ni condamnations, sur le prix des fonds & des immeubles, auxquels elles s'appliquent, & dont le décret est poursuivi, sans que le créancier puisse porter ailleurs ses intérêts. Il n'en est pas de même des oppositions aux scellés & aux inventaires; elles ne produisent aucuns intérêts au profit des créanciers, des sommes qui ne produisent d'elles-mêmes aucuns intérêts, non plus que les oppositions aux sceaux des provisions des offices formées par des créanciers de même qualité. Telle est la décision de la consultation vingt-troisième, rapportée dans le second tome de Duplessis, de l'édition 1728; telle est aussi l'observation de M. Bretonnier sur Henrys, tome 1, liv. 4, chap. 6, question 46, où il remarque que toute opposition au décret des biens d'un débiteur équipolle à une demande, & qu'elle a même plus d'effet, en ce qu'une simple demande sans poursuite, pendant trois ans, tombe en péremption, au lieu que l'opposition à un décret n'est point sujette à péremption lorsqu'il y a établissement de commissaire, & des baux faits en conséquence, suivant l'arrêt de réglement du 28 mars 1692. M. Duplessis a fait la même remarque que Bretonnier; savoir, que quoique les sommes dues aux créanciers opposans, ne portent pas intérêt de leur nature, & qu'ils n'en ayent point formé de demande, néanmoins les intérêts courent & sont adjugés dans les ordres, du jour de la simple opposition au décret, quoique les sentences ou arrêts d'ordre n'interviennent que trente ou quarante années après. Duplessis, consultation onzième, rapportée à la fin du premier tome, édition de 1709.

15. L'opposition afin de conserver, peut se former par des créanciers conditionnels, pour la conservation de leurs droits.

16. Quoiqu'il semble que le poursuivant criées ne soit pas obligé de s'opposer pour être payé de son dû; puisque par la saisie, & la poursuite des criées & du décret, il est connu pour créancier, & qu'ayant veillé à l'intérêt des autres, ses droits lui doivent être conservés, cependant l'usage est, au cas qu'il ait quelqu'autre créance que celle pour laquelle il a saisi, de former opposition pour cette autre créance.

17. Autrefois les sergens qui faisoient les criées, recevoient les oppositions, conformément à la disposition de notre Coutume, au présent article, & à celle d'Auvergne, tit. 24, article 32; de la Marche, art. 392; de Nivernois, chap. 32, art. 42, & d'autres. Mais l'usage est à présent presque par-tout de les faire au greffe de la jurisdiction où les criées se poursuivent; & toutes les oppositions sont nulles & de nul effet, si elles ne sont faites par actes aux greffes, ou reçues par le sergent en procédant aux criées.

18. Les

18. Les opposans aux criées sont tenus d'élire domicile dans le lieu où se poursuit le décret. C'est la disposition de l'article 360 de la Coutume de Paris, conforme en cela aux ordonnances; & tous exploits faits à ce domicile valent, comme s'ils étoient faits à la personne.

19. Et il est à observer que quand il y a eu des oppositions entre les mains des sergens, notre Coutume veut au présent article, qu'il soit donné à ces opposans, pour voir confirmer les criées, un ajournement semblable à celui du débiteur, dont il est parlé sur la fin du précédent article.

ARTICLE CXLV.

LES CRIÉES dorénavant se feront à jours certains & déterminez, sans ce que l'on les puisse prolonger ni abreger : c'est à sçavoir, du jour de la prise & saisie, jusqu'au jour de la premiere proclamation & vente, y aura quinze jours ; & dudit jour jusqu'au premier péremptoire, autres quinze jours ; & dudit premier péremptoire au second, & du second au tiers, & du tiers au quart, à chacun d'iceux quinze jours, compris les jours desdites prise, vente, & chacune desdites quatre criées, comme de Lundy en Lundy ; & si ledit jour de Lundy ensuivant est jour ferié, l'assignation se ramene au Mardy : & sera lors compté de Mardy en Mardy ; & sera ainsi fait ès autres criées ensuivant. Et sont les jours feriez esquels l'on ne peut faire ni passer lesdites criées, les jours de Dimanche, de Noël, Pâques, Pentecôte, & les deux jours suivans lesdites Fêtes de Noël, Pâques & Pentecôte, Circoncision & le jour des Rois, l'Ascension, la Fête-Dieu, Toussaints, les Fêtes de Notre-Dame, des Apôtres, des Evangelistes, & la Nativité de saint Jean-Baptiste tant-seulement.

Des jours des criées.

L'Ordonnance ne prescrit rien du nombre ni du temps des criées, parce que chaque Coutume en a disposé ; elle établit seulement deux régles générales ès articles 1 & 2.

1. L'une, que les criées doivent être faites à jour de dimanche, issue de messe paroissiale, devant la porte de l'église ; en quoi elle a dérogé à notre Coutume au présent article, qui avoit désigné les lundis pour les jours de criées. L'ordonnance a voulu que ces actes judiciaires se fissent les dimanches & non en d'autres jours, afin que les criées fussent plus publiques & connues d'un chacun.

2. L'autre, que la premiere criée doit contenir les mêmes déclarations que la saisie, & non d'autres ; ce qui a déja été remarqué sur l'article 143, *suprà*.

3. La disposition de notre Coutume au présent article, en tout ce en quoi il n'a pas été dérogé par l'ordonnance, doit être exécutée à la rigueur ; à peine de nullité, dit M. François Decullant, parce qu'en fait de saisie tout est de rigueur. Et l'article 379 de la Coutume de la Marche porte que quand on manque à un des points seulement, les criées sont nulles, & qu'il faut recommencer : desorte que la Coutume dans notre article, ayant déterminé les délais des criées aux quinzaines, & à jours certains & déterminez, qui sont de dimanches en dimanches, suivant l'ordonnance, l'on ne peut les proroger ni les diminuer.

4. Il faut donc que du jour de la prise & saisie, comme dit notre article, jusqu'au jour de la premiere proclamation & vente, il y ait quinze jours ; ce qui est conforme à la disposition de la Coutume d'Auvergne, tit. 24, art. 16, & à celle de la Marche, art. 384. Mais selon que l'a observé M. Prohet, la saisie étant faite un jour ouvrier, & les criées devant être faites les jours de dimanches, suivant l'ordonnance, il faut que de la saisie à la vente il y ait plus de quinze jours ; & pour se conformer à la Coutume, l'usage est, comme il l'observe, que l'assignation se donne du dimanche le plus prochain de la saisie en quinze jours ; & par l'exploit de saisie on date, comme il a été dit ailleurs, les dimanches auxquels la vente & les criées doivent être faites.

5. Du jour de cette premiere proclamation & vente, jusqu'au premier péremptoire, il doit y avoir autres quinze jours, y compris les jours que l'on crie, suivant ce qui est dit dans notre article ; dans l'article 384 de la Coutume de la Marche, & dans l'art. 17 du tit. 24 de la Coutume d'Auvergne. Cette premiere diette s'appelle la vente, dans toutes ces Coutumes, parce que le sergent exécuteur anciennement vendoit les héritages, & y mettoit un prix au nom du créancier qui faisoit la saisie. Il faut savoir, dit Masuer, au tit. *des Exécutions*, n. 15, que le sergent après avoir mis en la main de M. le Duc la chose immeuble qui est obligée, ce qu'il doit signifier au débiteur, dans dix jours ensuivans, l'expose publiquement en vente ; & s'il ne se présente personne qui la veuille acheter, le créancier doit offrir tel prix qu'il voudra, qui ne soit néanmoins vil, & lors le sergent la lui vendra pour ledit prix ; ce que

pareillement il doit notifier au débiteur; mais cette formalité est inutile, parce que la vente se fait en jugement après le congé d'adjuger.

6. Du premier péremptoire au second, du second au troisieme, & du troisieme au quatrieme, il doit y avoir, suivant notre article & les Coutumes citées, autres quinze jours à chacun d'iceux, y compris les jours desdits quatre péremptoires ou criées : car le mot de *péremptoire*, dont notre Coutume se sert, est le même que celui de *criées*, comme il paroît par notre article, dans lequel le mot de *péremptoire* & celui de *criées* y sont employés également pour signifier la même chose.

7. Comme les criées doivent être faites de quinze jours en quinze jours, sans interruption, selon qu'il a été dit, l'huissier doit prendre garde que les dimanches dans lesquels écherront les criées, ne tombent pas dans un jour des fêtes marquées par notre article; dans lesquelles fêtes toute procédure judiciaire est reprouvée, quoique faite du consentement des parties. A la vérité, il y en a qui veulent qu'aujourd'hui, attendu que les criées doivent être faites les jours de dimanches, ces fêtes n'empêchent pas les criées, à l'exception des jours de Noël, Pâques & la Pentecôte, auxquels la publication est remise au lendemain. Telle est l'observation de M. Potier sur le présent article, & de M. Prohet sur l'art. 13 du tit. 24 de la Cout. d'Auv. mais le plus sûr est d'en user comme j'ai dit.

8. Quand la discontinuation des criées vient par le fait du débiteur, comme si par violence & par force il a empêché que les criées n'ayent été continuées, il n'y a pas nullité; il suffit de faire une surabondante criée : Ainsi jugé par les arrêts cités par Tournet, sur l'article 352 de la Coutume de Paris.

ARTICLE CXLVI.

Quand garand formel n'a lieu. EN Procès de criées garand formel n'a lieu, quant au débiteur principal, ou héritier déclaré ou tiers détenteur, s'il y a Sentence ou déclaration précédente contre le tiers détenteur.

1. IL y a deux sortes de garanties, comme il a été dit sur l'article 99, *suprà*, où il faut avoir recours : la garantie formelle, qui a lieu aux actions réelles, quand l'acheteur de l'héritage est inquiété, ou par action en défistement, ou par hypotheque; & la garantie simple, qui a lieu dans les actions personnelles. Cela supposé, la garantie formelle n'a pas de lieu à l'égard du débiteur & de son héritier, comme dit notre Coutume au présent article; celle d'Auv. tit. 24, art. 63; celle de la Marche, art. 404, & celle de Niv. ch. 32, art. 53. Et la raison, c'est qu'ils sont tenus personnellement de la dette, & qu'ils ne peuvent être libérés de cette obligation personnelle par la prise de fait & cause de leur garant : de maniere que, quoique le garant soit tenu de les indemniser, cela n'empêche pas qu'à défaut de paiement de la dette, le créancier ne soit en droit de faire saisir réellement leurs biens, & d'en poursuivre les criées & la vente.

2. A l'égard du tiers détenteur il y a plus de difficulté, parce qu'il n'est pas personnellement obligé envers le créancier poursuivant. C'est ce qui a été observé par Papon sur notre article : *Quantùm ad personaliter obligatum*, dit-il, *aut ejus hæredem, res dubium nullum unquam habuit, cùm id ferat obligatio personalis, quam specialiter creditor prosequi potest, nec in causam proprii debiti alium subjicere debitori licuit. L. ob causam, C. de action. & obligat. Tamen possessor tertius eo excludi non debet, cùm in rem magis quàm in personam agatur, id quod in eum expeditur.* Toutefois notre Coutume, au présent article, veut qu'en procès de criées, garant formel n'ait lieu, même quant au tiers détenteur, quand il y a sentence ou déclaration précédente contre lui. La Coutume de Niv. chap. 32, art. 53, en dit autant, aussi-bien que celle d'Auv. tit. 24, art. 63, & de la Marche, art. 404, qui disent : *Quand il y a Sentence contre le tiers détenteur de déclaration d'hypotheque*. Et la raison est que lorsque l'héritage du tiers acquéreur a été déclaré par sentence affecté & hypothéqué à la créance du saisissant, il est vrai de dire que cet héritage est constamment obligé à cette créance, & que la sentence tient le détenteur comme obligé en qualité de détenteur; & comme cette obligation ne peut s'éteindre que par le paiement de la créance, tant que le saisissant n'est pas payé, & que la dette subsiste, le tiers acquéreur ne peut pas empêcher la saisie & les criées de son héritage : il n'est pas en droit de faire révoquer cette saisie & d'en demander main-levée pure & simple; & tout ce qu'il a droit de faire, c'est d'opposer la discussion du débiteur, & jusqu'à ce que son insolvabilité soit connue, de demander distraction provisionnelle de son héritage, sauf à reprendre & à revenir sur icelui, au cas que le prix des biens du débiteur décreté ne fût pas suffisant.

3. Mais quand il n'y a pas de déclaration d'hypotheque précédente contre le tiers possesseur, les Coutumes d'Auvergne, tit. 24, art. 64, & de la Marche, art. 404, disent qu'*en ce cas garant formel a lieu*; & c'est le sentiment de M. Charles Dumoulin, dans sa note sur l'art. 137, *suprà*, où il dit que par cette demande en garantie formelle, le tiers

possesseur peut empêcher l'effet de la saisie & criées, lorsqu'il n'y a pas de sentence de déclaration ; mais cela n'est pas en usage. Et en cette Sénéchaussée, par un abus qui s'y est glissé, comme en beaucoup d'autres, on comprend en la saisie réelle des biens d'un débiteur les héritages par lui vendus, sans avoir obtenu de sentences contre le tiers détenteur, comme s'ils dévoient être décretés conjointement ; & comme un abus, dit M. Claude Henrys à ce sujet, tome 1, liv. 4, ch. 5, qu. 16, n'est jamais seul, les détenteurs, au lieu de se pourvoir par demande en révocation de saisie comme nulle & précipitée, (ce qui est incontestable, car le créancier a dû venir par action hypothécaire contre le tiers détenteur, & non par une saisie précipitée, & contraire au droit) ils se contentent de s'opposer, afin de distraire ; laquelle distraction leur est accordée, sauf à reprendre, & pour revenir à eux, en cas que le prix des premiers biens décretés ne puisse suffire ; & parce que cette distraction n'est que provisionnelle, après que le créancier a demeuré plusieurs années à parachever la discussion, on vient à la reprise des fonds distraits, & on oblige les propriétaires de ces fonds à rapporter le prix de leurs acquisitions avec les jouissances, à compter du temps de la distraction obtenue, ce qui ne souffre pas de difficulté ; parce que l'héritage ayant été fait par la saisie *pignus prætorium*, & le défendeur n'en ayant pas obtenu main-levée pure & simple, mais seulement provisionnelle, il s'ensuit qu'il n'est plus que gardien & dépositaire de justice ; & que ce n'est que précairement & sous l'autorité de justice qu'il possède. C'est ce qui est arrivé à deux parties qui avoient un procès à mon rapport, qui fut rapporté le 18 mai 1724, & il y en eut une qui fut obligée de rapporter quarante années de jouissances.

ARTICLE CXLVII.

Si pendant le procès des criées le poursuivant des criées va de vie à trépas, son héritier, en procédant son nouvel ajournement ou commission, peut reprendre le procès & icelui continuer contre celui sur lequel on crie, & contre autres opposans : car par le décès dudit poursuivant, les criées ne sont interrompues. Mais si le poursuivant criées par appointement, ou négligence, ou intelligence avec celui sur lequel on crie, est négligent de poursuivre le procès des criées, l'un des opposans se peut faire subroger au lieu du poursuivant ; & sera le premier poursuivant tenu bailler lesdites criées audit subrogé, en le remboursant desdites criées, dont en la fin sera satisfait par le propriétaire.

Du décès du poursuivant & subrogation aux criées.

1. LA Coutume de Nivernois, ch. 32, art. 49, contient une disposition semblable ; celle d'Auvergne, tit. 24, art. 44, & celle de la Marche, art. 396, disent plus : car elles disent que les criées ne sont pas interrompues par la mort des parties, soit du saisissant, soit du débiteur : de manière que si pendant les criées le saisissant ou le saisi viennent à décéder, le créancier ou les héritiers peuvent conduire & mettre à fin les criées contre le débiteur ou les héritiers, sans un ajournement nouveau ; ce qui n'a lieu, selon M. Prohet, que pour les criées, pendant le cours desquelles il n'y a pas lieu à l'interruption ni à la suspension : mais les criées étant parfaites, & lorsqu'il s'agit de donner ajournement sur la certification ou confirmation, il est (dit-il) nécessaire de mettre dans l'exploit l'héritier du saisissant, si le saisissant est décédé ; & si c'est le saisi qui est décédé, il faut ajourner son héritier, comme on auroit fait le débiteur s'il étoit vivant.

2. Quand le poursuivant criées n'est pas décédé, mais qu'il a été payé de son dû, ou qu'il est négligent dans la poursuite, soit par intelligence avec le saisi ou autrement ; en ces cas tout créancier opposant peut demander d'être subrogé en son lieu & place, & le juge doit ordonner la subrogation, conformément à ce qui est porté par notre article, & que le disent la Cout. de Niv. ch. 32, art. 49 ; celle d'Auv. tit. 24, art 65 ; de la Marche, article 405 ; de Berry, titre 9, article 59 ; d'Orléans, article 477, & de Montargis, cap. 19, article 4. Et la raison c'est que chaque créancier a intérêt d'être payé.

3. Mais pour cela trois choses sont nécessaires.

La première, que celui qui demande la subrogation, soit opposant aux criées : par la maxime, que tout opposant est saisissant, & que par la régle des contraires, n'étant pas opposant, il n'est pas saisissant.

La seconde, qu'il offre de rembourser actuellement les frais faits & déboursés jusqu'au jour qu'il obtiendra la subrogation, conformément à ce qui est dit dans notre article. Et la raison c'est que les frais étant faits pour la chose, on a lieu de retenir les pièces jusqu'à ce que l'on soit remboursé, suivant la loi *Quæ omnia*, §. *ultimo*, ff. *de Procur.* & la loi *Si quis rem*, ff. *de furt.* C'est l'observation de Coquille, sur l'art. 49 du ch. 32 de la Coutume de Nivernois.

4. Et la troisième, que son procureur offre de se charger des pièces & procédures des criées,

par récépissé au bas d'un bref inventaire.

5. Un procureur ne peut demander la subrogation sans un pouvoir spécial de sa partie, autrement il peut être désavoué. Et les raisons sont, 1°. Que toute personne qui demande une subrogation, doit rembourser, comme il vient d'être dit, un poursuivant criées, de ce qu'il a fait jusqu'alors, & que chacun n'est pas toujours en pouvoir de faire ce remboursement.

6. 2°. Que tout poursuivant est garant de la validité de la procédure des criées envers l'adjudicataire, qui n'a que son décret pour titre, & que bien des gens ne veulent pas se soumettre à cette garantie.

7. 3°. Qu'il arrive souvent qu'un créancier n'est pas ennemi de son débiteur, & qu'il veut bien conserver sa créance par une opposition, sans être poursuivant.

8. Quand on a demandé & obtenu la subrogation, on reprend l'instance des criées, & alors il faut examiner si la procédure est bonne ; parce que le procureur qui succède à l'autre, se charge de l'événement : desorte que s'il y avoit appel du décret, & qu'il fût cassé sur des nullités, il en seroit responsable & tenu des dommages-intérêts. C'est-pourquoi quand il s'apperçoit qu'il y a des nullités, il est de son devoir & de son intérêt de les couvrir par une nouvelle saisie & des criées, en corroborant, si les nullités sont dans la saisie & dans les criées ; ou en rectifiant la procédure, si les nullités sont dans la procédure.

ARTICLE CXLVIII.

Jusqu'à quand les encheres sont reçues. EN matiere de criées l'on peut enchérir pendant le Procès, er quelqu'état que la Cause soit, & jusques à l'expédition & délivrance des Letres de Décret.

1. Les encheres, suivant l'usage qui s'observe en ce siége, ne sont reçues qu'après le congé d'adjuger, les proclamations faites dans les paroisses où les héritages sont situés, & les affiches mises à la porte du palais. Et voici ce qui se pratique conformément à l'ordonnances des criées.

2. Après les criées faites, certifiées & enrégistrées, le poursuivant obtient un jugement, qu'on appelle *Congé d'adjuger*, dont nous parlerons sur l'article 150, *infrà*, qui confirme les criées, ordonne qu'il sera passé outre à la vente des choses saisies au quarantieme jour, & qu'à cet effet proclamations seront faites ès églises paroissiales de la situation des choses saisies, publications faites par les carrefours & lieux accoutumés de la ville par le préconiseur ordinaire, & affiches mises à la porte du palais, pour y demeurer le temps de l'ordonn.

Quarante jours après, à compter du jour de la derniere publication & apposition faite, le procureur poursuivant qui veut parvenir à la vente & adjudication par décret des choses saisies réellement, met à prix les choses saisies, fait enrégistrer sa mise au greffe ; & la cause portée en l'audience, on lui donne acte sur sa réquisition, du rapport des proclamations, publications & affiches, & de la mise par lui faite aux immeubles qui font en vente, de la somme de ..... & on ordonne qu'elle sera affichée à la porte du palais, & rapportée à quinzaine. Cette mise est affichée à la porte du palais, & y reste quinze jours, après quoi la cause est portée à l'audience par trois différentes fois ; parce que, suivant l'usage qui s'observe en ce siége, il doit y avoir trois remises ou tenues d'audience, franches, entre la premiere mise & adjudication ; & pendant ces trois différentes audiences, de huitaine en huitaine, toutes encheres sont reçues : sur quoi il faut observer trois choses.

4. La premiere, que personne n'est reçu à faire enchere, s'il n'est assisté d'un procureur.

5. La seconde, qu'un procureur ne doit pas faire enchere pour un absent, s'il n'a a procuration spéciale ; & en ce cas même il doit connoître la partie, à peine d'en répondre.

6. La troisieme, que tout enchérisseur doit faire élection de domicile au lieu où se poursuit l'adjudication, autrement elle ne seroit point considérée.

7. La mise que fait le procureur poursuivant, est, comme l'on voit, la premiere mise, & elle n'est proprement faite que pour exciter la partie saisie & les opposans à faire trouver enchérisseurs. Ainsi les encheres, selon qu'il a été dit, ne sont reçues que le quarantieme jour après le congé d'adjuger, & que le placard contenant la premiere mise a demeuré quinze jours attaché à la porte de l'auditoire.

8. Anciennement la pratique étoit en ce siége, qu'après les trois remises dont il a été parlé, on faisoit l'adjudication pure & simple, après laquelle nulle enchere n'étoit reçue, suivant l'ordonnance de Moulins & les arrêts rapportés par Tournet, sur l'article 359 de la Cout. de Paris. C'est la remarque de M. Jacques Potier, & de M. Louis Semin sur le présent article : *Hic paragraphus*, dit M. Louis Semin, *in desuetudinem abiit ; consulimus enim & judicamus licitationes admitti tantùm à Judice, pro Tribunali sedente, ultrà non*.

9. Mais l'usage & la jurisprudence de ce siége ont changé par de bonnes raisons ; car souvent par cette précipitation les choses étoient vendues à vil prix, faute d'enchérisseurs qui en connussent la valeur : c'est pourquoi aujourd'hui l'usage est, qu'on peut enchérir jusqu'à l'expédition & scellé du décret, lequel ne doit être expédié que vingt-quatre heures après l'adjudication. Le premier mars 1678, dit M. Etienne Baugi, il fut jugé en l'audience des baux à fermes, présidant & prononçant M. l'assesseur Bergier, que les encheres pouvoient être

être reçues après l'adjudication, jusqu'à la levée du décret; & cela entre M. de Vilaire, tréforier de France, & M. de Chappelain, pour la terre & seigneurie de Bouffac, appartenant auparavant au Sr. Rouffeau. L'enchere étoit, à la vérité, de 2000 liv. ajoute M. Baugi; mais du depuis, continue-t-il, j'en ai vu recevoir une de 500 liv. faite sur une adjudication de 8500 liv. pour la terre de Lavay, entre le sieur Prévôt de Roche & le sieur Lomet, avocat en ce siége: si bien que ce n'est plus une question dans cette province, que les encheres sont reçues jusqu'à la levée du décret. C'est la remarque de M. Baugi, *hic*; & en cela on s'est conformé à la disposition du présent article, & à celle de nos Coutumes voisines; savoir, de celle d'Auv. tit. 24, art. 11; de la Marche, art. 376, & de Nivernois, ch. 32, art. 50.

ARTICLE CXLIX.

LE dernier enchérisseur est contraint par détention & emprisonnement de sa personne, de consigner au Greffe les deniers de son enchere, dedans huit jours après lad. enchere faite & délivrance de Décret, sinon que de lad. adjudication y eût appel.

Que doit faire le dernier enchérisseur.

1. LA Coutume de Berry, tit. 9, art. 64, & celle de Niv. ch. 32, art. 51, contiennent une disposition semblable. Ces Coutumes veulent que le dernier enchérisseur soit contraint par prise de sa personne à consigner les deniers de son enchere; ce qui s'entend du dernier enchérisseur, auquel les biens sont adjugés. Et tel est l'usage du royaume, dit Coquille sur ledit article de la Coutume de Niv. que tous acheteurs de biens en justice, sont obligés par corps à en payer le prix. La Coutume de Montargis, ch. 20, art. 9, en contient une disposition précise; comme aussi celle de Blois, art. 255; celle d'Estampes, art. 157, & autres; & c'est la disposition de l'arrêt du réglement de la cour de 1665, art. 11.

2. Si le dernier enchérisseur est insolvable, l'héritage est adjugé à sa folle enchere: il demeure obligé à toute la folle enchere, & est contraignable par corps pour le paiement d'icelle, ainsi qu'il est dit dans les articles 65 & 66 du tit. 9 de la Coutume de Berry; c'est-à-dire, qu'en cas que le prix se trouve au-dessous de la premiere adjudication, le premier adjudicataire est tenu par corps du surplus & de tous les dépens. Les précédens enchérisseurs ne peuvent pas être contraints de reprendre leur enchere, si bon ne leur semble; parce que l'adjudication faite au dernier enchérisseur, les précédens sont quittes & libérés, étant à présumer qu'après l'adjudication ils ont pû employer leurs deniers ailleurs, ou s'engager pour d'autres affaires, pour lesquelles ils auroient besoin de leur argent. C'est ce qui résulte de la disposition de la Coutume de Berry, art. 65 du tit. 9; & tel est le sentiment de Coquille sur la Coutume de Nivernois, ch. 32, art. 51, & l'usage du parlement & du châtelet, ainsi que l'assure M. de Ferriere, *Inst. Cout.* tom. 3, liv. 4, tit. 1, art. 377. Voyez l'art. 551, *infra*.

3. L'appel du décret excuse l'adjudicataire de la consignation, suivant notre article, parce que l'appel suspend l'exécution de la sentence.

4. L'appel peut être interjetté de l'adjudication par décret par le débiteur saisi, pour nullité & formalité non-observées dans la poursuite. Quand l'appel est fondé sur le simple défaut de formalité, il n'y a que dix ans pour l'interjetter; mais quand c'est sur quelque nullité essentielle, comme s'il a été fait *pro non debito* ou *super non domino*, il y a des auteurs qui veulent que l'appel est reçu jusqu'à trente ans. Tel est le sentiment de Bourdin, dans sa paraphrase sur l'ordonnance de 1539, art. 134; & de M. Lemaître, dans son traité *des criées*, art. 45; mais la nouvelle ordonnance, tit. 27, art. 17, résiste à ce sentiment.

Voyez l'article 151, *infra*, où il est encore parlé de la consignation du prix de l'adjudication.

ARTICLE CL.

ASSIGNATION échéant pardevant le Juge sur la confirmation desdites criées, si les appellez en particulier & en général sont défaillans, les criées doivent être confirmées, pourvu qu'elles soient solemnelles & faites comme dessus: Et sera fait droit aux opposans par discussion de priorité, & au poursuivant lesdites criées, & l'héritage adjugé au dernier enchérisseur, à la charge des droits & devoirs seigneuriaux, féodaux, & directs seulement, sans aucuns arrérages d'iceux, *etiamsi* les Seigneurs pour raison d'iceux ne se soient opposez: Et aussi à la charge des frais desdites criées; & sont lesdits frais de criées ceux qui sont faits pour la prise & saisie, vente & péremptoires, façons de péremptoires, interposition, expédition, & délivrance de Décret.

De la confirmation des criées.

1. LA Coutume, dans le présent article, confond la certification & confirmation des criées: toutefois la confirmation des criées ne peut être faite, qu'après que les criées ont été certifiées pardevant le juge des lieux; car la certification des criées est réelle, &

doit être faite en la jurisdiction où les héritages sont assis, quoique l'adjudication se poursuive & se doive faire ailleurs. Ainsi, si l'adjudication se poursuit aux requêtes du palais ou de l'hôtel, des héritages situés dans cette Sénéchaussée, la certification se fait en ce siège; & si les héritages étoient situés en divers bailliages ou sénéchaussées, il faut faire la certification en tous : cela se déduit de l'ordonnance des criées, art. 5. Mais il n'en est pas de même des héritages situés dans les châtellenies, dont les criées se poursuivent en la Sénéchaussée; la certification s'en fait pardevant le sénéchal.

2. Les assignations ayant été données après la cinquieme criée, comme il a été dit sur l'art. 143, *suprà*, à la partie saisie, en personne ou domicile, & à cri public, à tous prétendans droit, pour voir vérifier, certifier & déclarer la saisie réelle, criées, & tout ce qui a été fait, bien & duement fait; le poursuivant criées, à l'échéance de ces assignations, met entre les mains du procureur certificateur de criées; le commandement recordé; procès verbal de discussion, saisie réelle & criées, qui examine le tout, & le porte ensuite à l'audience, où sur la lecture qu'il en fait en présence de dix curiaux pour le moins, le juge sur leur avis, s'il n'y a pas de nullité, déclare lesdites saisie, criées & péremptoires bien & duement faits, suivant les édits, ordonnances royaux, us, style, & Coutume de la province, en donne acte au poursuivant criées, & défaut contre le propriétaire saisi & tous prétendans droit, ajournés en général, faute de donner leurs causes & moyens d'oppositions, afin d'annuller, de distraire, & de conserver, sauf quinzaine.

3. S'il y a quelques opposans qui forment oppositions en distraction, ou à fin de charge, on ordonne qu'ils en fourniront les moyens pour y être fait droit, & ces oppositions doivent être jugées avant le congé d'adjuger.

4. Si le propriétaire saisi fournit des moyens de nullités contre la saisie & les criées, on instruit, & sur ce intervient jugement; par lequel si la saisie & criées sont mal faites en leur forme ou au fond, on les déclare nulles, & le saisissant est condamné aux dommages & intérêts : ce qui emporte main-levée, si on ne saisit de nouveau, & par ce moyen toutes les oppositions des opposans sont au néant.

5. Que s'il ne compare & ne fournit aucuns moyens de nullités, le poursuivant prend un autre défaut contre lui, que le juge lui accorde en cette forme : nous avons au poursuivant donné défaut délivré, permis à lui de le donner à juger.

6. Sur ce défaut intervient jugement qui confirme les criées, & qui ordonne la vente des choses saisies, qu'on appelle *congé d'adjuger*, par lequel le juge déclare le défaut bien obtenu & délivré; pour le profit d'icelui, déboute le propriétaire saisi & tous prétendans droit ajournés en général, de tous moyens de nullité, qu'ils eussent pu dire & proposer contre la saisie réelle & criées, lesquelles il confirme, & ordonne qu'il sera passé outre à la vente des choses saisies au quarantieme jour, suivant l'ordonnance, &c.

7. La partie saisie peut appeler de cette sentence, appellée, comme j'ai dit, *congé d'adjuger*, ce qui arrive fréquemment; & quand cela arrive, le poursuivant est obligé de suspendre, jusqu'à ce qu'il ait fait confirmer la sentence.

8. Notre Coutume, au présent art. semble dire qu'après le congé d'adjuger on doit procéder à l'ordre des créanciers opposans, eu égard à leur priorité ou postériorité d'hypothéques : c'est ce qui résulte de ces termes, *& sera fait droit aux opposans par discussion de priorité*. Mais cela ne s'observe pas, & l'ordre ne se fait en ce siége, qu'après l'adjudication & la consignation du prix par l'adjudicataire, comme nous le dirons sur l'article 152, *infrà*.

A l'égard de la vente ou adjudication des choses saisies, elle ne se fait pas non plus incontinent après la confirmation des criées & congé d'adjuger, comme notre article semble encore l'insinuer; & elle ne peut être faite, ainsi qu'il a été dit sur l'article 148, qu'après le quarantieme jour, après le rapport des proclamations & affiches, après la premiere mise & trois autres remises, & il est même en la liberté du juge de tenir cette vente en surséance, & de proroger les délais, comme il le juge à propos.

9. L'effet de cette vente & adjudication par décret, est de purger tous droits de propriété & d'hypothéque, ceux même qui appartiennent aux mineurs faute d'opposition, sauf leur recours contre leur tuteur; comme aussi les droits d'hypothéque de l'église & des communautés régulieres & séculieres. Car c'est une maxime que les décrets comprennent les mineurs, les absens, les églises & les communautés séculieres & régulieres.

10. Mais le décret ne purge point les droits & les devoirs seigneuriaux. Ainsi le seigneur féodal ou censier n'est point obligé de s'opposer aux criées pour son droit de fief ou de censive, qui est toujours conservé, quand même la charge ne seroit pas exprimée dans le décret; parce qu'il n'est réputé fait qu'à cette condition, ainsi qu'il est porté au présent article, & que le dit la Coutume de Paris, art. 355; d'Auvergne, tit. 24, art. 35 & 41; de Berry, tit. 9, art. 70; de Nivernois, chap. 32, art. 44; de la Marche, art. 393; de Montargis, chap. 19, art. 8; d'Orléans, art. 480, & autres; & telle est la disposition de l'article 12 de l'édit des criées.

11. Il n'en est pas de même des arrérages de cens & autres redevances précédans l'adjudication, & des lods & ventes, pour raison desquels il est nécessaire de s'opposer; par la raison que les adjudicataires ne sont pas tenus des arrérages dont ils n'ont point de connoissance, comme sont les arrérages de devoirs dûs avant l'adjudication, par le débiteur saisi, ou par ses

prédécesseurs : aussi notre article porte-t-il que l'adjudication doit se faire, *à la charge des droits seigneuriaux seulement, sans aucuns arrérages d'iceux*. C'est aussi la disposition de la Coutume de Nivernois, de celle de Paris, de la Marche, de Montargis, d'Orléans, aux articles cités, & autres.

12. L'opposition n'est pas nécessaire pour rente foncière, quand elle tient lieu de cens, & qu'elle n'excéde pas les droits ordinaires dus au seigneur, pour les héritages. Le décret ne purge point ces sortes de rentes; parce qu'elles tiennent lieu de cens, & qu'elles sont dues *in recognitionem directi Dominii*; qu'elles emportent lods & ventes, & droits seigneuriaux, de même que les cens.

13. Mais si elles excédent le cens ou autre redevance ordinaire due au seigneur dans le lieu, l'opposition est nécessaire; parce que l'adjudicataire a pu prétendre cause d'ignorance, & faute d'opposition le droit du seigneur seroit réduit au droit ordinaire dû par les autres héritages. C'est le sentiment de Loyseau, au traité *du Déguerpissement*, liv. 1, chap. 5, n. 5; de Bacquet, traité *des francs Fiefs*, chap. 7, n. 28; & ainsi jugé par les arrêts rapportés par Chenu, cent. 2, quest. 32.

14. Voyez ce qui a été dit à ce sujet du champart, sur l'article 353, & de la taille réelle, sur l'article 489, *infrà*. Voyez aussi ce qui a été dit sur l'article 334. Quant à ce qui concerne le droit de dîme, le décret ne le purge point, & l'opposition n'est pas nécessaire pour les dîmes, parce que c'est le droit le plus seigneurial; ensorte que les héritages ne peuvent être vendus qu'à la charge de la dîme : & il est en cela de la dîme inféodée, comme de la dîme ecclésiastique; par la raison que provenant originairement de l'église, & pouvant lui revenir, elle a les mêmes privilèges que la dîme ecclésiastique. C'est le sentiment de M. Lemaître, au traité *des Criées*, chap. 42.

15. Le décret ne purge point aussi les servitudes visibles des héritages, parce que les héritages sont vendus comme ils se comportent, & que l'état des lieux & la connoissance de l'adjudicataire équipolle à une opposition; mais les cachées & secrettes se purgent & s'éteignent par décret, faute d'opposition; par la raison que les adjudicataires ne pouvant pas connoître les servitudes occultes, il y auroit de l'injustice de les en charger, puisqu'elles diminuent le prix & la valeur du fonds, & qu'autrement l'adjudicataire qui contracte avec la justice, sous la foi publique, seroit trompé : les arrêts y sont conformes. Brodeau sur Louet, lettre S, som-maire 1, M. Bouguier, lettre H, nombre 1.

16. C'est une maxime triviale au palais, que les décrets ne purgent point non plus les substitutions : la raison est que l'adjudicataire doit s'imputer de ne s'être pas informé du droit de la substitution qui étoit publique par la publication qui a été faite, & qu'on ne peut au contraire imputer au fidei-commissaire le défaut d'opposition, vu qu'il n'avoit aucun droit formé avant la substitution ouverte à son profit, & qu'il arrive même très-souvent que celui au profit duquel elle est ouverte dans la suite, n'étoit pas encore né au temps du décret des biens sujets à restitution. Sur quoi, voyez M. Bretonnier dans ses observations sur Henrys, tome 1, liv. 4, ch. 6, quest. 19.

17. L'adjudicataire, outre les droits & devoirs seigneuriaux qui sont à sa charge, comme il vient d'être dit, les charges réelles & foncières, auxquelles l'adjudication a été faite, & le prix de l'adjudication, est encore tenu des frais ordinaires des criées, suivant l'édit des criées, art. 12, & notre Coutume au présent article; ainsi qu'il paroît par ces mots, *& aussi à la charge des frais desdites criées*, ce qui s'entend des frais ordinaires de criées; & ces frais de criées sont déterminés par notre article, & par l'article 46 du chap. 32 de la Coutume de Nivernois. Ce sont, comme il y est dit, les frais faits pour la prise ou saisie, car c'est la même chose; pour vente & péremptoires, ce qui comprend les cinq criées; pour façons de péremptoires, ce qui doit renfermer la certification des criées & jugement confirmatif d'icelles, ou congé d'adjuger; & enfin les frais faits pour l'interposition, expédition & délivrance de décret; tous lesquels frais l'adjudicataire doit payer au poursuivant, outre & par-dessus le prix de son enchère : ce qui a fait dire à Coquille, que ces frais faisant portion du prix, le droit de lods doit être réglé, tant sur le prix de l'adjudication, que sur la somme à laquelle se montent les frais des criées. C'est son observation sur l'art. 44 du ch. 32 de la Coutume de Nivernois, & après lui, de M. Prohet, sur la Coutume d'Auvergne, tit. 24, art. 35; mais c'est ce qui n'est pas suivi dans l'usage, comme il est dit sur l'article 395, *infrà*.

18. Quant aux frais extraordinaires de criées, tels que sont ceux qui sont faits pour faire juger des oppositions, afin de distraire, ou de charge, le poursuivant les prend par préférence sur les deniers de la vente, comme nous le dirons sur l'article 152, *infrà*.

ARTICLE CLI.

L'ACHETEUR, soit créancier ou autre, est tenu consigner réellement & de fait, le prix pour lequel les héritages lui seront adjugez & délivrez, ès mains du Greffier ou autre Commis, par le Juge qui a fait l'interposition & adjudication, lesdits deniers comptez & nombrez, en lui délivrant le Décret desdites choses vendues, si dudit Décret n'est appelé, autrement non; sinon que l'acheteur fût créancier, & que ledit prix, ou partie d'icelui, lui eût été adjugé, & qu'il fût preferé aux autres: auquel cas sera tenu seulement consigner la somme qui excedera son dû, pour lequel il est preferé.

1. L'Adjudicataire ne consigne pas entre les mains du greffier, comme le porte notre article, mais ès mains du receveur des consignations, depuis l'édit de création de ces charges.

2. Il a déja été parlé dans l'article 149, *suprà*, de l'obligation qu'a l'adjudicataire de consigner le prix de son adjudication. Le présent article dit qu'il doit faire cette consignation dans le temps qu'on lui délivre le décret des choses vendues; & l'article 149 veut que si la consignation n'a été faite, l'adjudicataire, huit jours après la délivrance du décret, puisse être contraint, par emprisonnement de sa personne, à consigner. Mais à présent il faut que l'acte de consignation précéde le décret, dans lequel il est fait mention de l'acte de consignation; sans cela, le décret n'est jamais délivré ni expédié.

3. Et comme par l'acte de consignation, le receveur est obligé de fournir deniers à l'ordre, l'on n'examine plus si la consignation a été faite en papiers, ou en deniers: les créanciers opposans, comme l'a remarqué M. Julien Brodeau, ne sont pas recevables à demander sur cela l'affirmation du receveur, ni la représentation de son registre, & ils ont même intérêt, selon lui, que l'adjudicataire ne consigne que du papier, pour éviter le hasard de la perte des deniers ou de l'emprunt d'iceux que le roi peut faire, selon les occurrences qui se présentent. M. Brodeau sur Louet, lettre C, somm. 7.

4. Lorsque l'adjudicataire est créancier, & que le prix de l'adjudication, ou partie d'icelui, lui a été adjugé par préférence aux autres, notre article veut qu'en ce cas il soit tenu de consigner seulement la somme qui excedera son dû, pour lequel il est preferé. C'est aussi la disposition de la Coutume d'Auvergne, tit. 24, art. 46; de celle de Nivernois, chap. 32, art. 52, & de la Marche, art. 395; & ces dispositions sont très-raisonnables: mais elles supposent que l'ordre entre les créanciers a été fait avant l'adjudication; car ce ne peut être que par la sentence d'ordre, que l'on peut connoitre si l'adjudicataire est preferé, ou utilement colloqué; & c'étoit effectivement l'esprit & l'intention des rédacteurs de notre Coutume, que la sentence d'ordre fût faite avant l'adjudication, comme il paroît par la disposition présente, & par ce qui a été remarqué sur l'article précédent: mais comme cela ne se pratique pas, & que la sentence d'ordre ne se fait qu'après l'adjudication, l'adjudicataire, quoique créancier, ainsi que l'a observé M. Jacques Potier sur le présent article, est tenu de consigner tout le prix de la vente, s'il n'en est déchargé par le juge, du consentement des créanciers opposans.

5. Quant à la question sur quoi doit tomber la perte des deniers consignés, au cas qu'ils soient perdus par le malheur du temps, ou insuffisance du receveur, ou autre cas fortuit; les arrêts ont jugé qu'elle tomboit sur les créanciers: & ces arrêts sont rapportés par M^{rs}. Louet & Brodeau, lettre C, somm. 50. Reste à savoir, dit M. de la Thaumassiere sur la Coutume de Berry, tit. 9, art. 69, si elle tombe sur les premiers créanciers, ou sur tous au sol la livre; mais il y a arrêt, ajoute-t-il, rapporté par Dufresne, liv. 5, chap. 1, qui a jugé que tous les créanciers la portent au sol la livre.

6. La raison pour laquelle les arrêts ont jugé que la perte des deniers consignés, tomboit sur les créanciers, & non sur le saisi; c'est, dit-on, qu'il suffit au saisi que son héritage ait été décreté, & le prix payé par l'adjudicataire, que cela fait, *venditio verè perfecta fuit, pretium solutum, res tradita, Dominium translatum*, après quoi *nihil perit venditori*; & que si les créanciers estiment qu'il n'y ait eû aucune chose qui puisse leur être imputée, qu'il n'y a pas de leur faute; on répond qu'il n'y en a pas non plus du côté du débiteur, duquel le bien est vendu, & qui est dépossedé, & dont le prix est consigné, & le surplus étant entre les mains des créanciers, qui peuvent reculer ou avancer la sentence d'ordre.

7. Cela étant, & sur ces principes, en faisant l'ordre des créanciers sur la distribution du prix de l'adjudication, on ne devroit donc adjuger les intérêts aux créanciers, que jusqu'au jour de la consignation, & non pas jusqu'au jour de la sentence d'ordre; & cela, par les raisons qui suivent: savoir, que la consignation que doit faire l'adjudicataire équipolle à

à un paiement, étant une consignation valable faite par ordre de justice, en conséquence de la vente & adjudication ; & que si la distribution est différée, il ne faut pas l'imputer au débiteur, puisqu'il ne tient pas à lui qu'on ne reçoive ce qu'il a abandonné ; joint que le débiteur étant dépouillé de ses héritages par l'adjudication, c'est autant que s'il les avoit vendus lui-même, & en avoit payé le prix : d'où il s'ensuit qu'il doit être libéré, jusqu'à la concurrence du prix ; n'étant pas juste que celui qui n'a plus ni bien ni argent, soit tenu aux intérêts, & que n'étant plus redevable du principal, il le soit de l'accessoire.

8. Ce qui toutefois n'a lieu qu'à l'égard des créanciers qui se trouvent utilement colloqués ; car pour les autres, la consignation ne pouvant pas tenir lieu de paiement, elle ne peut pas arrêter le cours des intérêts, ils demeurent toujours créanciers, & par conséquent leur dette ne change point de nature, & les intérêts leur sont toujours dus. Tel est le sentiment d'Henrys & de Bretonnier, tome 1, liv. 4, chap. 6, quest. 46.

9. Mais, quoique ces raisons paroissent légitimes, il y a pourtant sentiment & usage contraires ; & en plusieurs endroits on adjuge les intérêts jusqu'au jour de l'ordre : Ainsi s'observe, par exemple, en ce siége. Les raisons qu'on en donne, sont que le créancier n'étant pas payé, les intérêts doivent courir jusqu'à ce qu'il le soit, ou qu'il le puisse être ; que le retardement ne procédant pas de la faute du créancier, il doit être imputé au débiteur ; & que comme il est obligé de procurer le paiement, sa demeure est censée continuer jusqu'à ce qu'il l'ait fait : que ce n'est pas assez que ses biens soient vendus, & le prix consigné ; qu'il faut encore que le créancier puisse retirer les deniers consignés ; que cela cessant, & y ayant de l'obstacle, il faut que l'intérêt coure, d'autant plus que, de quelque part que vienne l'obstacle, c'est toujours le débiteur qui en est la premiere cause.

ARTICLE CLII.

Et touchant les autres dettes prétendues par les créanciers opposans, & à iceux adjugées, sera ledit prix entr'eux distribué selon l'ordre de priorité & postériorité, eû égard à l'antiquité, privilége & qualité desdites dettes, ainsi comme de raison : Et en cas de déconfiture, qui est touchant les opposans en l'ordre de discussion entre les personnelles, si du prix mis en l'adjudication de Décret après les hipoteques payées, n'y a argent suffisant pour icelles payer ; en ce cas, qui est le cas de déconfiture, se payeront les opposans sur le prix restant au sol la livre.

De la distribution de deniers, ordre de priorité & postériorité.

1. L'Ordre dont il est parlé dans le présent article, est un jugement où les créanciers opposans sont mis ou colloqués de suite dans l'ordre, ou dans le rang qu'ils doivent être payés sur les deniers qui sont aux consignations, & entre les mains du commissaire aux saisies réelles, eu égard à leurs priviléges ou à l'antiquité de leurs hypothéques.

2. Le privilege d'une créance se tire de la nature & de la cause de l'engagement : c'est un droit particulier, tellement attaché au titre de la créance, par la nature de la dette, que quand la dette n'est pas d'elle-même privilégiée, on ne peut pas la rendre telle par l'effet d'une convention, au préjudice des créanciers ; ce seroit *res inter alios acta*, qui ne pourroit nuire à un tiers.

3. De tous les priviléges des créanciers, les moindres donnent la préférence contre les créanciers qui n'ont aucun privilége ; & dans la concurrence de privilége entre les créanciers privilégiés, on en régle les préférences par la nature du privilége.

4. Ainsi, entre les créanciers privilégiés, il n'importe pas lequel soit le premier ou le dernier par l'ordre du temps ; car ils ne sont préférés, comme il vient d'être dit, que par la nature de leurs priviléges.

5. Mais il n'en est pas de même entre les créanciers hypothécaires non-privilégiés ; les plus anciens sont préférés, & la priorité du jour & d'heure donne la préférence, par la régle *Qui prior est tempore, potior est jure*, L. 1 & 4, C. *Qui pot. in pign. hab.* Et s'ils sont de même jour sans priorité d'heure, ils viennent concurremment.

6. Dans l'ordre qui se fait pour la distribution du prix provenant de la vente des immeubles saisis, les créanciers privilégiés sont donc colloqués les premiers, selon la distinction de leurs priviléges ; & ensuite viennent les créanciers purement hypothécaires, selon la date de leurs hypothéques, & après eux les chirographaires ou personnels, qui sont égaux entr'eux, les plus anciens n'ayant point de préférence sur les autres, & qui viennent, comme nous le dirons ci-après, par contribution.

7. On colloque avant toutes choses le poursuivant pour les frais extraordinaires de criées, & pour ceux de l'ordre. Nous avons distingué sur l'article 150, *suprà*, les frais des criées en ordinaires & extraordinaires. Les premiers comprennent, selon qu'il a été dit, seulement les procédures nécessaires pour parvenir au

décret, sans aucun incident; & tout ce qui est incident, comme les oppositions afin de distraire, & de charge, les appellations, & généralement tout ce qui n'a servi qu'à interrompre les poursuites ordinaires des criées, donnent lieu à des frais extraordinaires qui doivent être pris sur la chose par préférence, parce que le poursuivant les a faits pour la conservation de la chose, & pour l'intérêt commun de tous les créanciers. Le poursuivant est donc, comme il vient d'être dit, colloqué le premier pour ces frais extraordinaires, & ensuite viennent les créanciers privilégiés opposans.

8. Les premiers sont les seigneurs, pour leurs droits seigneuriaux, de cens, lods & ventes échus & non-prescrits ; on prétend même qu'ils doivent passer avant les frais extraordinaires de criées.

9. Les rentes foncières, créées lors de l'aliénation, vont après.

10. En troisieme lieu, les frais funéraires, en cas que ceux qui les ont avancés n'en ayent pu être payés sur les meubles, eu égard à la condition & aux biens du défunt; autrement le privilége est restreint à ce qui est raisonnable & juste.

11. En quatrieme lieu, les frais de maladie, s'il ne s'est pas trouvé dans les meubles de quoi les payer.

12. En cinquieme lieu, les maçons, charpentiers, couvreurs & autres artisans, ont privilége sur la maison bâtie, ou rétablie, pour leurs salaires ou matériaux par eux employés en la chose vendue, sans que pour l'acquérir ils ayent besoin de stipulation ; parce que, *fecerunt ut res effet in bonis debitoris, atque effet cæteris creditoribus causâ pignoris salva. L. 6. Qui potior. in pign.*

13. En sixieme lieu, celui qui a prêté son argent pour la conservation de la chose : par exemple, celui qui a prêté les deniers pour payer les droits annuels d'une charge, pour bâtir ou rétablir une maison ; parce que sans lui la charge seroit perdue, & la maison ruinée, & les autres créanciers auroient perdu l'hypothéque & le privilége qu'ils y avoient : mais ce privilége ne lui est pas accordé sans une stipulation expresse d'emploi.

14. Quant au vendeur d'un immeuble à qui le prix est dû, ou partie d'icelui, il est en droit, selon l'usage qui s'observe en ce siége, comme il a été dit sur l'article 144, *suprà*, de demander distraction pure & simple du fonds par lui vendu, si mieux n'aiment le poursuivant & créanciers opposans, se soumettre de faire valoir l'héritage à un si haut prix qu'il soit payé de sa créance ; & les créanciers ne peuvent pas se plaindre, puisque le vendeur n'a vendu qu'à la charge que la chose lui seroit payée, & que ce n'est qu'à cette condition que le débiteur commun en est devenu le propriétaire. Mais au cas que la distraction n'ait pas été demandée, il a une hypothéque spéciale & privilégiée sur l'immeuble vendu, pour ce qui reste du prix & des intérêts, pourvu qu'il n'ait pas renoncé, ni dérogé à son droit.

15. Il y a d'autres especes de créanciers hypothécaires privilégiés ; mais ce sont ici les principaux, & les plus ordinaires.

16. Après les créanciers privilégiés, viennent les créanciers hypothécaires selon les dates de leurs hypothéques : le plus ancien est colloqué le premier, & les autres colloqués de rang, selon les dates.

17. Que si après les créanciers hypothécaires opposans payés, il reste de l'argent, mais non suffisamment pour payer les autres créanciers opposans ; en ce cas, qui est celui de déconfiture, comme dit notre article, il y aura contribution entre les créanciers chirographaires par promesses & cédules, & tous autres même hypothécaires, qui ne se seront pas opposés avant la vente scellée, & qui auront seulement saisi ou formé opposition depuis le décret entre les mains du receveur des consignations ; lesquels seront payés au sol la livre, à proportion de la somme qui leur est due : de maniere que si la somme à distribuer est, par exemple, de 600 liv. & qu'il n'y ait que trois créanciers chirographaires ou personnels ; l'un de 3000 liv. l'autre de 2000 liv. & le dernier de 1000 liv. le premier créancier aura 300 liv. l'autre 200 liv. & le dernier 100 liv.

18. Quand le décret est fait sur un héritier, tous les créanciers du défunt opposans au décret, & même les chirographaires, sont colloqués, suivant leurs priviléges, hypothéques & droits entr'eux, avant les créanciers de l'héritier. La raison est que l'héritier n'a rien dans la chose, que les dettes de celui auquel il succéde n'ayent été payées, & que ses créanciers n'ont pas plus de droit que lui.

19. La collocation des créanciers se fait non-seulement pour le principal, mais même pour les intérêts & pour les dépens, du jour du contrat ou de l'obligation, bien que les intérêts & les dépens n'ayent été adjugés que depuis ; desorte que l'accessoire remonte au principal, & devient de même nature. Car l'effet de l'hypothéque est qu'elle sert de sûreté, non-seulement pour ce qui est dû lorsqu'elle est contractée, mais encore pour toutes les suites qui naîtront de cette dette, qui en sont des accessoires & qui l'augmentent, comme sont les intérêts, dommages-intérêts, frais de justice, dépens employés pour la conservation du gage, & autres semblables ; le créancier a son hypothéque pour toutes ces suites, du jour qu'il l'a pour son principal.

20. Par la sentence d'ordre l'on fait la fixation & le calcul des principaux, arrérages & intérêts ; ensorte que sur le vu de la sentence, un créancier peut aller toucher sa collocation aux consignations.

ARTICLE CLIII.

EN choses vendues & adjugées par péremptoires, éviction n'a point de lieu.

Quand éviction n'a lieu.

1. LA Coutume de Nivernois, chap. 32, art. 54, contient une disposition semblable, aussi-bien que celle de la Marche, art. 395, & celle d'Auvergne, tit. 24, art. 38; ces Coutumes, également que la nôtre, disent qu'en choses vendues & adjugées après criées ou péremptoires, éviction n'a point de lieu; & la raison est, comme l'a observé Coquille, que par les criées ou péremptoires, & proclamations solemnellement faites, suivant que le prescrivent la Coutume & l'ordonnance, tous les intéressés en général & prétendans droit aux biens saisis, ont été appellés pour exercer leurs actions, & demander leurs droits, & que faute de s'être opposés, ils ont perdu tout le droit qu'ils avoient aux choses saisies; duquel ils sont déboutés par le jugement confirmatif, ou congé d'adjuger: d'où il s'ensuit qu'il ne peut plus y avoir d'éviction, du chef des hypothéques des créanciers.

2. Que s'il y a des nullités dans la saisie, & défaut de formalités dans la poursuite, le saisissant en est garant: ainsi quand l'adjudicataire est évincé par le défaut de formalités, & par le moyen des nullités qui sont au décret, & que le décret est cassé & les parties remises en tel état qu'elles étoient auparavant, il a action contre le saisissant pour lui faire rendre & restituer ce qui a tourné en frais de justice & d'ordre, & le faire condamner en tous les dépens & dommages & intérêts, & contre les créanciers qui ont touché les deniers, pour les faire rapporter.

3. Quant à la question, si les adjudications par décret forcé peuvent être cassées pour lésion d'outre moitié du juste prix, voyez ce qui est dit sur l'art. 487, *infrà*.

ARTICLE CLIV.

LE SERGENT ayant fait criées, est tenu de faire procès verbal des criées, & n'est tenu le garder que jusqu'à six mois, pendant lesquels il est tenu, s'il en est requis, bailler copie desdites criées & procès-verbal, moyennant salaire compétent; de laquelle copie, en cas d'appointement, dissimulation ou département fait par le créancier poursuivant lesdites criées, les autres créanciers s'en pourront aider.

Du procès verbal des criées.

1. CEt article, de la maniere qu'il fut présenté à M^{rs} les commissaires, dans le temps de la rédaction de cette Coutume, leur parut déraisonnable, en ce qu'il y étoit dit que le sergent étoit tenu de donner copie aux opposans moyennant salaire compétent, dedans six mois après les criées achevées; de laquelle copie les autres créanciers pourroient s'aider comme le poursuivant, en cas de négligence de sa part, ou de départ; d'où il paroissoit s'ensuivre que le sergent n'étoit tenu de donner copie de son procès verbal de criées, que six mois après les criées achevées. C'est-pourquoi, du consentement des états, il fut rédigé de la maniere qu'on voit: & il fut dit que le sergent étoit tenu de garder son procès verbal de criées pendant six mois, que pendant ce temps-là il étoit tenu d'en donner copie aux autres créanciers moyennant salaire compétent, pour par eux s'aider de cette copie, en cas de négligence, ou de départ fait par le créancier poursuivant.

2. Mais c'est ce qui n'est plus d'usage; & voici ce qui se pratique, le poursuivant criées est tenu, incontinent après icelles faites, les faire certifier, suivant qu'il est porté en l'art. 79 de l'ordonnance de 1539, & en l'article 5 de l'édit *des criées*; & s'il est payé, ou qu'il soit négligent dans la poursuite, tout créancier opposant peut demander d'être subrogé en son lieu & place, comme le porte l'art. 147 de cette Coutume, & qu'il a été dit sur cet article; auquel cas, le poursuivant, ainsi qu'il est encore dit dans ledit article 147, est tenu bailler lesdites criées au subrogé, en par le subrogé le remboursant de ses frais; voilà ce qui est d'usage & qui s'observe. Ainsi M. Jacques Potier a eu raison de dire sur le présent article, qu'il ne s'observoit pas, & qu'il falloit avoir recours à l'article 147.

TITRE QUATORZIEME.
De la Taxe de Dépens & Amendes.

1. DAns tous les siecles & parmi toutes les nations, on a imposé des peines aux mauvais plaideurs. Les empereurs Gratien, Valentinien, & Théodose, introduisirent les amendes contre les folles appellations; & nous voyons dans la compilation des loix,

que Justinien a fait faire des titres tous entiers pour régler les peines ordonnées contre ceux qui intentent, ou qui soutiennent témérairement des procès. En France, la peine des téméraires plaideurs est la condamnation à l'amende & aux dépens.

2. L'amende est une peine pécuniaire, imposée par forme de correction, aux téméraires plaideurs.

3. Et les dépens sont les frais ou dépenses du procès, auxquels est condamné la partie qui succombe.

4. Il y en a qui font une différence entre les frais & les dépens; parce que les dépens ne s'adjugent qu'après une contestation, & par ceux qui ont pouvoir de condamner; au lieu que les frais sont dûs à tous ceux qui les ont légitimement faits, sans aucune condamnation. Mais en matiere de procès, dépens & frais signifient la même chose : c'est tout ce que l'on a dépensé à la poursuite d'une affaire; & ils sont composés de procédures, de voyages & séjours, des épices & coûts de sentences & arrêts.

4. Il y a cette différence à faire entre les dépens adjugés en matiere civile, & ceux adjugés en matiere criminelle; que les premiers sont personnels, & se payent par têtes également par ceux qui ont plaidé témérairement, quoiqu'ils ayent eu plus ou moins de part dans la contestation, & les seconds solidaires. C'est pourquoi, quoique de trois parties condamnées aux dépens, en action civile, une ne fût intéressée au procès que pour une centieme partie, & les autres pour le surplus, tous néanmoins doivent payer également chacun un tiers des dépens, sans que chacun d'eux puisse être poursuivi pour la totalité.

6. Il y a des dépens qu'on appelle *préjudiciaux*, & tels sont les dépens de contumace & des défauts, & généralement tous ceux qu'on est obligé de payer avant le jugement définitif, pour y avoir donné lieu mal-à-propos pendant l'instruction. On les appelle ainsi, parce qu'ils empêchent que la partie ne soit ouie, qu'au préalable elle ne les ait payés.

7. Dans ce titre, qui est composé d'onze articles, il y est parlé dans les six premiers, des dépens & amendes qui concernent les plaideurs, & de la maniere dont ils doivent être réglés & taxés; & à l'occasion des amendes judiciaires, nos rédacteurs ont pris occasion de traiter dans les articles suivans, des amendes de police, qui regardent ceux qui causent du dommage.

8. Il y a dans l'ancienne Coutume un titre *des Taxes d'amendes*, qui contient cinq articles.

ARTICLE CLV.

Comment les dépens se doivent taxer.

TAXE de dépens se doit faire par le Juge, eû égard à la qualité des personnes, distance des lieux & mérite de la Cause; & est révoquée & abrogée l'observance d'aucunes Châtellenies dudit Païs, par lesquelles n'étoit taxé aux Parties qui obtenoient dépens, de quelque qualité qu'ils fussent, ni quelque distance du lieu qu'il y eût, sinon la somme de cinq deniers tournois par jour, ou autre petite somme non-raisonnable.

1. Toute partie, soit principale ou intervenante, qui succombe, même aux renvois, déclinatoires, évocations, ou réglemens de juges, doit être condamnée aux dépens indéfiniment, nonobstant la proximité, ou autres qualités des parties, sans que, sous prétexte d'équité, partage d'avis, ou pour quelqu'autre cause que ce soit, elle en puisse être déchargée.

2. Et il est défendu à tous juges, même aux arbitres, de prononcer, comme autrefois, par hors de cour & de procès sans dépens; si ce n'est à l'égard des arbitres, à qui par leur compromis il est permis de les remettre, modérer & liquider. C'est la disposition de l'ordonnance de 1667, tit. 31, art. 1, 2 & 3.

3. De-là on conclud que, quoique la partie ait omis de demander la condamnation des dépens, cette omission ne donne pas d'atteinte à la sentence, & n'empêche pas que la partie qui succombe n'y doive être condamnée, de même que si elle les avoit demandés. C'est l'observation de M. Bornier sur l'article 1 du titre 31 de l'ordonnance de 1667.

4. Lorsqu'il y a divers chefs dans le procès, & qu'on les perd, & qu'on ne les gagne qu'en partie, en ce cas on doit compenser les dépens entre les parties, *ratione mutuæ victoriæ*; & on ne choque pas en cela l'ordonnance, par la raison que qui compense, paye.

5. Que si la sentence n'est qu'interlocutoire, le juge doit réserver les dépens, dommages & intérêts en fin de cause : autrement la condamnation des dépens seroit prématurée; vu que nul ne doit être condamné, que celui qui est mal-fondé, ou qui procéde mal, & qu'il est impossible de savoir lequel est bien & mal-fondé au principal, jusqu'à ce que l'interlocutoire soit jugé.

6. Comme les dépens sont composés, ainsi qu'il a été dit ci-dessus, de procédures, voyages & séjours, épices & coûts de sentences, & que les dépenses augmentent, par rapport à la condition des personnes & à la distance des lieux, c'est avec raison que notre Coutume dit, dans le présent article, que la taxe des dépens se doit faire, eu égard à la qualité des personnes & distance des lieux, & au mérite de

TIT. XIV. DE LA TAXE DES DÉPENS, &c. ART. CLVI.

de la cause; & ainsi s'observe: car les voyages des parties se taxent suivant leurs qualités, & la distance des lieux; & on ne fait point entrer en taxe, du moins on ne le doit pas, les procédures inutiles & réprouvées par l'ordonnance de 1667, non plus que les écritures qui ne font que des répétitions continuelles des mêmes moyens.

ARTICLE CLVI.

Du salaire des sergens.

LES SERGENS de Madame, qui font Exploits d'exécution, ont pour la prise des biens douze deniers; pour le jour de la vente douze deniers tournois; & quand ils reçoivent rachats de gages, douze deniers tournois: Et où ils font Exploits d'assuremens, empêchemens, maintenues & gardes, & autres Exploits formels, ils ont ès Villes, franchises & Paroisses où ils sont demeurans, pour leur Exploit qu'ils sont tenus bailler par écrit, deux sols tournois pour tout; & pour un ajournement simple, s'il est rapporté verbalement, cinq deniers tournois; & s'il est rapporté par écrit, dix deniers tournois. Autre chose est, si lesdits Sergens font leurs Exploits hors desdites Villes, franchises & Paroisses où ils font leur demeure, auquel cas leur Taxe se fera à l'arbitrage du Juge qui doit avoir la connoissance desdits Exploits.

CEt article n'est d'aucun usage; il régle les salaires des sergens de Madame, qui étoit Anne de France, duchesse & douairiere du Bourbonnois: mais il y a eu du depuis différens réglemens faits à ce sujet, tant pour régler les salaires des sergens, que des autres ministres de justice; & c'est à ces réglemens qu'il faut avoir recours, quand il s'agit de régler les salaires des huissiers, sergens, procureurs, honoraires des avocats, & toutes sortes de frais, & faire attention que les dispositions postérieures dérogent aux anciennes, & qu'il est nécessaire de voir tous les édits, déclarations & réglemens, qui concernent ces matieres.

ARTICLE CLVII.

Que doit contenir grosse d'écriture & peau de parchemin.

EN grosse d'écriture, chacune page de feuillet doit contenir vingt lignes, & chacune ligne douze syllabes; & en grosse de Sentence, définitive ou interlocutoire, chacune peau doit contenir cinquante lignes, & chacune ligne cinquante syllabes.

L'Article 80 de l'ordonnance d'Orléans porte que toutes écritures, enquêtes, procès verbaux, déclarations de dépens, & autres expéditions de justice, fors & excepté les arrêts & sentences interlocutoires & définitives, seront faites & délivrées en papier, raisonnablement écrites, à raison de 25 lignes en chacune page, & 15 syllabes en chacune ligne: mais, comme il a été dit sur l'article précédent, il y a eu du depuis différens réglemens faits, qui ont fixé les taxes pour chacun rôle des écritures des avocats & procureurs, des jugemens, sentences, & tous autres actes qui se délivrent par les greffiers, & qui ont réglé le nombre de lignes & de syllabes que chaque page doit contenir; il faut y avoir recours, & sur-tout à celui du mois d'août 1665, qui a été fait pour le parlement de Paris, & pour les jurisdictions qui y ressortissent.

ARTICLE CLVIII.

De la Taxe de Sentences.

LES SENTENCES interlocutoires ou définitives, excedant une peau de parchemin, doivent être taxées par les Juges qui les ont données, avant que le Greffier en puisse demander aucune chose aux Parties; autrement elles ne viennent en Taxe: Et si les Greffiers font le contraire, ils sont contraints rendre aux Parties ce qu'ils en ont reçu.

1. LA disposition de notre Coutume, au présent article, ne s'observe qu'à l'égard des sentences pour lesquelles les juges prennent des épices; pour les autres, où il ne s'agit que des droits du greffe & de l'expédition, on suit les réglemens: mais pour les premieres,

Part. I. Ooo

les juges ont soin de faire leur taxe, & de la mettre au bas de la minute de la sentence. Car les juges se taxent eux-mêmes, & ce sont eux qui règlent & fixent telle somme qu'ils jugent à propos pour leurs épices. On appelle *épices*, les honoraires des juges, qui ont vu, visité & jugé un procès; & ces *épices* ont été permises seulement, pour récompenser le rapporteur du travail qu'il a apporté à voir le procès, & à en faire l'extrait, & non pas pour le jugement du procès.

2. Les épices, aux termes des ordonnances, n'appartiennent donc qu'au rapporteur; & si dans la suite on a fait la distribution des épices entre les juges, en tout ou en partie, c'est par une société volontaire qu'ils ont contractée ensemble, pour raison de leur travail, pour entretenir par ce moyen l'union qui doit être entre les officiers d'une même compagnie.

3. Celui qui a présidé, conformément à l'article 4 de l'édit servant de règlement pour les épices, écrit de sa main au bas des minutes des sentences la taxe des épices & vacations, & il en est fait mention par le greffier sur la grosse & expédition qu'il en délivre, comme aussi de tous les droits du greffe & de l'expédition.

ARTICLE CLIX.

Quand le Sergent ne peut relater.

SI après l'ajournement posé en matiere civile, & avant l'assignation échue, & rapport fait par le Sergent, les Parties sont d'appointement & d'accord, & le font à sçavoir audit Sergent, ledit Sergent ne les peut relater; & s'il le fait, & les Parties allèguent ou prouvent ladite notification, il n'y a clame ni amende contre aucune desdites Parties, & est le Sergent amendable, & tenu aux intérêts & dommages.

1. Pour l'intelligence du présent article, il y a deux observations à faire; l'une que l'usage autrefois étoit de donner des assignations verbales par des sergens qui ne savoient pas écrire, & que le sergent qui avoit assigné verbalement, faisoit la relation ou rapport de l'assignation: & il y avoit deux sortes de rélations; l'une de vive voix en jugement, qui étoit la plus pratiquée en jurisdictions subalternes, des châtelains, barons & autres seigneurs ayant justice; le sergent rapportoit en jugement avoir assigné une telle personne, & ce rapport étoit écrit par le greffier : l'autre relation se faisoit pardevant notaire; le sergent alloit devant un notaire, qui, sur le rapport du sergent, écrivoit & signoit les exploits. M. Jean Duret, en sa paraphrase sur le style de cette Sénéchaussée.

2. L'autre observation qu'il y a à faire, c'est qu'il étoit dû amende au seigneur justicier pour simple ajournement, quoique les parties s'accordassent; & cette amende s'appelloit *clame*, ou *clain*. C'est ce qui paroît par le procès verbal de la Coutume, sur le présent article, & par la disposition de la Coutume de Montereau, locale de Meaux.

3. Ces observations faites, il est facile d'entendre notre article, suivant lequel l'accord fait entre les parties, signifié au sergent, avant l'échéance de l'assignation, & avant qu'il eût fait son rapport en jugement, exemptoit les parties de clame & amende ; & le sergent qui, nonobstant la signification qui lui étoit faite de l'accord des parties, relatoit, étoit lui-même tenu de l'amende & dommages-intérêts des parties.

4. Mais cela n'est plus d'usage, & on observe ce qui est porté par l'article 14 du titre 2 de l'ordonnance de 1667, qui enjoint à tous sergens qui ne savent écrire ni signer, de se défaire de leurs offices dans trois mois, & fait défenses aux seigneurs hauts justiciers, & à tous autres qui ont droit d'établir des sergens dans l'étendue de leurs justices, d'en pourvoir aucuns qui ne sachent écrire ni signer.

* Il est à propos d'observer que par la déclaration du roi, concernant les fonctions des huissiers, du 1er. mars 1730, défenses sont faites à tous huissiers & sergens royaux d'exploiter, & faire autres actes de leur ministere hors l'étendue de la jurisdiction royale, dont ils sont huissiers par le titre de leur provision, & dans laquelle ils sont immatriculés, à peine de nullité d'exploits & actes, même de 500 livres d'amende, avec dérogation à tout usage contraire ; à l'exception des huissiers ayant pouvoir d'exploiter par tout le royaume, ladite déclaration régistrée au parlement le 28 du même mois.

ARTICLE CLX.

Pour ce qu'audit Païs & Duché de Bourbonnois, y a diverses Taxes d'amendes, & que les amendes des actions personnelles, pétitoires, possessoires, sauve-gardes, main-mises, exécution, assignemens & autres Instances, se taxent à diverses sommes & en diverses manieres, & qu'il y a diversité d'usages en divers lieux, les Taxes d'icelles amendes se feront, selon que de tout tems a été observé & gardé, parce qu'on n'y sçauroit donner ni assigner Coutume générale.

Taxe d'amendes.

1. L'Amende dont il est parlé au présent article, considérée en général, vient du mot latin *emendatio*, qui signifie *correction*: c'est pour cela que nos anciens docteurs disoient *émende*, & non pas *amende*.

2. Cette espece de correction, comme il a été dit dans la préface de ce titre, est une peine pécuniaire, laquelle est imposée, ou par la Coutume, ou par les ordonnances, ou par des jugemens particuliers ; pourquoi on distingue trois sortes d'amendes : amendes de Coutume, comme quand elle dit, art. 537, *infrà*, que faute par les seigneurs & meuniers de tenir leurs moulins ronds & bien clos, ils payeront l'amende : amendes de justice, telles que sont celles, auxquelles les appellans qui succombent sont condamnés ; & les amendes de police, qui sont prononcées par les juges contre ceux qui contreviennent aux réglemens de police.

3. Les amendes dont il est parlé dans notre article, sont celles de justice. L'usage en étoit très-fréquent dans le temps de la rédaction de la Coutume, comme il paroît par cette diversité d'amendes dont il y est fait mention. Ce nombre d'amendes, porté à l'excès par abus, étoit autant onéreux aux parties, qu'avantageux aux seigneurs justiciers, qui avoient grand soin de s'en faire payer, comme profits procédans de leurs justices ; & c'est apparemment pour ne point faire de peine à ces seigneurs, que les états, dans le temps de la rédaction de la Coutume, n'ont rien voulu statuer sur ces amendes, & qu'ils ont renvoyé à l'usage. *Domini Jurisdictionales*, dit Papon, *solent has mulctas enixè observare, atque etiam curiosiùs aucupari & exigere, ut fructum suæ Jurisdictionis ordinarium. Dantur autem in contumaces etiam civiliter, item & in præsentes si differant : & si non differant, imò confiteantur & offerant debitum ; & in pluribus locis fiunt injunctiones, ut vocant, confitentibus, ut infra decem dies satisfaciant, sub pœna summæ certæ quæ fisco quæritur, his diebus elapsis si non satisfactum est ; idque jus, licèt injuriam & planè ayarum, usus admisit, contrà bonum & æquum.* Papon, sur l'article précédent de cette Coutume.

4. Ces différentes especes d'amendes, dont notre Coutume entend parler dans notre art. sont présentement hors d'usage, mais nous avons en leur place celles qui sont établies par les ordonnances, telles que sont les amendes du fol appel, des oppositions en tiers, des inscriptions en faux, des récusations, &c.

ARTICLE CLXI.

Qui jette eau ou autre chose par fenêtre, en rue publique ès Villes, sans crier par trois fois, il doit l'amende au Seigneur Justicier, & l'intérêt de Partie.

Contre ceux qui jettent eau en la rue sans crier.

1. La Coutume, au présent article, fait simplement défenses de jetter eau ou autres choses par fenêtre en rue publique, sans crier ; mais les ordonnances concernant la police générale de France, font défenses absolument de jetter dans les rues eau ni ordures par les fenêtres, de jour ni de nuit. Elles sont rapportées par Guenois, dans sa *Conférence des Ordonnances*, liv. 12, tit. 16, §. 326, page 845, édition de 1678.

2. L'amende que la Coutume, en notre article, prononce contre celui qui jette eau en rue publique sans crier, est arbitraire & de la qualité de celles dont il est parlé dans l'art. 165, *infrà*. Outre cette amende, l'amendable doit encore le dédommagement du mal qu'aura pu causer ce qui aura été jetté ou répandu : c'est ce que notre article veut dire par ces termes, *& l'intérêt de la Partie*.

3. La disposition de la Coutume, au présent article, s'entend de ce qui a été jetté ou répandu par mégarde, sans aucun mauvais dessein, & sans avoir crié par trois fois à haute & intelligible voix : & autre chose est, s'il y a eu du dessein ; en ce cas l'injure, le délit ou le crime, doit être réprimé par de plus grieves peines, selon la qualité du fait, & les circonstances.

4. Celui qui habite la maison, soit le propriétaire, locataire ou autre, est tenu du dommage que peut causer ce qui est jetté ou répandu de quelqu'endroit de la maison ; & il en doit répondre à celui qui a souffert le dommage, soit que ce fût lui-même qui eût jetté, ou quel-

qu'un de fa famille, ou de fes domeſtiques, même en fon abfence, ou à fon infu. Telle eſt la difpofition du droit civil, l. 1, *de his qui effud. vel dejec.* & l. 6, §. 2. *eod. tit.*

5. Les maîtres d'écoles, les artiſans & autres qui reçoivent dans leurs maiſons des écoliers, des apprentifs, ou d'autres perſonnes, pour quelqu'art, quelque manufacture, ou quelque commerce, font tenus du fait de ces perſonnes, ſuivant la loi 5, §. 3, ff. *de his qui effud. vel dejec.*

ARTICLE CLXII.

Quelles choſes on ne peut mettre où il y a poiſſon.

ON ne peut mettre chanvre ni lins, chaux ni autres choſes portans poiſon, en étang, pêcheries, gours, marais appartenans à Particuliers, ſans leur vouloir & congé; autrement on eſt tenu en l'amende envers le Seigneur Juſticier, & à l'intérêt de Partie.

1. Les étangs, pêcheries & marais, étant un bien que les particuliers peuvent poſſéder légitimement, non-feulement il n'eſt pas permis d'y prendre de poiſon, ceux qui le font étant des voleurs, *rei alienæ invaſores*; mais il eſt encore défendu d'y rien mettre ſans le conſentement de ceux à qui ils appartiennent, qui puiſſe corrompre l'eau, l'infecter & nuire au poiſſon, comme lin & chanvre; & fi on le fait, on eſt tenu, comme dit notre article, du dommage qu'on a cauſé, & en l'amende envers le ſeigneur juſticier.

2. La Coutume de Mons, chap. 53, veut qu'en ce cas le lin & le chanvre ſoient acquis au ſeigneur, & régle l'amende à cinq ſols blancs; & celle d'Amiens, art. 243, la fixe à ſoixante ſols: notre Coutume ne la fixant pas, elle eſt arbitraire.

ARTICLE CLXIII.

Contre celui qui recouſt bêtes priſes en dommages.

QUI recouſt ou ravit ſes bêtes, de celui qui en a fait la priſe pour les mener à Juſtice, il eſt amendable.

1. LA Coutume de la Marche, art. 353, contient une difpofition ſemblable, comme auſſi celle de Lodunois, ch. 19, art. 3; d'Orléans, art. 161; de Tours, art. 204; de Valençay, art. 9, & autres. La raiſon eſt qu'il n'eſt pas permis d'empêcher que la juſtice ne ſoit rendue, & d'en arrêter le cours; & que fi on a de bonnes raifons, on les peut déduire devant le juge.

2. Quelques-unes de ces Coutumes veulent que l'empêchement & recouſſe ſoient prouvés, comme celle de Lodunois, de Tours & de Valençay, aux articles cités: d'autres, comme celle d'Orléans audit article 161, portent que celui qui a fait la priſe des bêtes, doit être cru du raviſſement par ſerment avec un témoin; & la difpofition de cette Coutume doit être ſuivie en celle-ci, d'autant que par l'article 522, en priſe de bêtes en faiſant dommage, celui qui les prend eſt cru de ſa priſe & ſuite.

3. L'amende pour recouſſe de bêtes, dans la plupart de Coutumes, comme de la Marche, de Lodunois, d'Orléans, de Tours & Valençay, eſt de ſoixante ſols: comme notre Coutume ne la régle pas, elle eſt arbitraire.

ARTICLE CXXIV.

De l'amende de rompre limites & féparations.

SI aucun coupe, brûle ou abat arbres faiſans limites de Juſtice, forêts, territoires, ou autres choſes, il eſt amendable, & eſt tenu ès intérêts des intéreſſez.

1. LA Coutume de Saint-Omer, art. 14, dit: Qui arrache borne, ou coupe épine tenue pour bornes, eſt amendable de ſoixante ſols.

Celles de Boulenois, art. 30, & de Melun, art. 15, ſont plus générales, & diſent en termes généraux, que celui qui rompt & arrache, efface ou tranſporte de lieu en un autre, aucune borne, coupe, abat ou démolit aucun arbre tenu pour bornes, & ſervant de ſéparation de terres, eſt amendable, & qu'il eſt tenu en outre de remettre ou faire remettre leſdites bornes à ſes dépens, & encore payer les dommages & intérêts à la partie: difpofitions qui ſont fondées dans la juſtice & l'équité, & qui doivent être ſuivies par-tout.

2. Et il en eſt de même de celui qui laboure les grands chemins, voies, ſentiers, paſquis, & les terres qui font ſéparation de finage; il eſt amendable de ſoixante ſols, dit la
Coutume

Coutume de Vitry-le-Français, article 5.

3. Quand les confins de deux héritages deviennent incertains, soit par le fait du propriétaire, ou possesseur de l'un des héritages, ou par un cas fortuit, comme si une inondation a enlevé les bornes, ou que quelqu'autre événement ait ôté la connoissance de la séparation des héritages; en ce cas ils doivent être de nouveau confinés par l'avis des experts, suivant les titres, lorsqu'il y en a qui marquent, ou le lieu des bornes, ou l'étendue des héritages, tels que peuvent être les papiers terriers, anciens aveux, ou autres preuves semblables: & à défaut de titre, on doit avoir recours à la possession & à la preuve par témoins: lesquels témoins doivent déposer qu'ils ont vu, par exemple, tel particulier labourer sa terre, ou faucher son pré, jusqu'à un tel endroit; qu'ils ont vu un tel curé dîmer jusqu'à un tel chemin, le seigneur exercer sa justice jusqu'à un tel endroit; qu'ils l'ont toujours ouï dire à leurs prédécesseurs, & que c'est la communé renommée, que l'on a toujours usé de cette maniere. C'est ce qui est observé par Domat, dans ses *Loix Civiles*, tome 2, liv. 2, tit. 6, sect. 1, art. 6, & sect. 2, art. 3, édition de 1691.

4. Pour connoître si une pierre qui se trouve sur les confins de deux héritages, ou de deux territoires, y a été mise pour servir de bornes, il faut (selon Coquille sur la Coutume de Nivernois, tit. 8, art. 6,) avoir recours aux marques, dont la principale est, quand aux pieds d'icelle, & dedans la terre, on y trouve les garans ou témoins, qui sont deux ou trois pieces d'une pierre plate, ou d'une tuile cassée, qu'on a coutume de mettre dans terre aux côtés de la borne, quand on la plante; lesquelles pieces de pierre, ou de tuile, sont des témoins muets qui certifient la vérité de la borne.

5. Quand on est certain des bornes & limites, c'est une question si ces bornes & limites sont imprescriptibles; enforte que la possession, même de trente ans, ne soit d'aucune considération au préjudice des bornes.

6. M. Chorier, sur Guy Pape, liv. 5, sect. 4, art. 8, rapporte un arrêt du parlement de Grenoble, du mois de septembre 1666, qui a jugé que les limites sont imprescriptibles; mais c'étoit, dit M. Bretonnier sur Henrys, tome 1, liv. 4, chap. 6, quest. 82, entre deux communautés; & M. Boniface, tome 1, liv. 8, tit. 2, chap. 11, rapporte un arrêt du parlement de Provence, du 16 mai 1665, qui a admis un voisin à faire preuve qu'il avoit possédé depuis plus de trente ans les arbres qui étoient sur les confins des deux héritages, & par conséquent a préjugé (dit le même M. Bretonnier, *ibid.*) que la prescription a lieu en pareil cas.

7. Toutefois M. Claude Henrys, tome 1, liv. 4, chap. 6, quest. 82, & Tronçon sur l'article 118 de la Coutume de Paris, sont de sentiment contraire. Leur raison est que comme les bornes servent d'un titre visible à l'un & à l'autre des voisins, s'ils entreprennent quelques choses au préjudice desdites bornes, leur entreprise ne peut être regardée que comme une usurpation, & non comme une possession de bonne foi; la mauvaise foi résultante de la connoissance des bornes, rendant la possession vicieuse, & empêchant la prescription.

8. Le parti qu'il me paroît qu'on doit prendre sur cette question, est qu'il ne faut pas s'attacher à la possession, mais recourir aux bornes, quand il s'agit de séparation entre deux héritages, & qu'il n'est question que d'un petit espace, comme de cinq pieds & au-dessous. C'est ce que Mornac a clairement expliqué sur la loi *Quinque pedum*, cod. *finium regundorum*; en disant que si deux voisins avoient chacun dix arpens bornés entr'eux deux, & que l'un d'eux eût entrepris, & outre-passé les bornes, planté, labouré & perçu les fruits, par dix, vingt, trente & quarante ans, d'un sillon ou deux, nonobstant la possession, chacun doit avoir ce qui lui appartient: & M. Bretonnier, en l'endroit cité, convient que la complainte ne doit pas avoir lieu en pareil cas; que cela seroit d'une trop dangereuse conséquence, parce qu'il seroit facile à un voisin de mauvaise foi de s'attribuer la possession de cet espace de terre, à l'insu & au préjudice de son voisin: de maniere qu'en ce cas, la possession ne doit pas être considérée au préjudice des bornes, & qu'ayant été reconnues, il en faut demeurer là.

9. Autre chose seroit, s'il s'agissoit d'un plus grand espace; auquel cas la prescription seroit aussi bien reçue, que la possession, de l'aveu même de M. Claude Henrys.

ARTICLE CLXV.

Toutes amendes arbitraires se doivent taxer sur le champ, ou en prononçant & donnant Sentence & appointement.

Des amendes arbitraires.

1. Il y a des amendes qui sont réglées par la Coutume, ou par l'ordonnance, & d'autres qui sont arbitraires, comme dit notre art. A l'égard des premieres, on suit ce qui a été réglé: mais pour les autres, elles dépendent de la prudence du juge; c'est à lui à les ordonner telles qu'il le juge à propos. *Quibus nulla specialis pœna imposita est, erit arbitrium statuendi ei qui cagnoscit*, L, 1, §. 1, ff. *de effract.*

2. Il y a encore une autre division d'amendes; car il y a des amendes qui sont encourues *ipso facto*, & d'autres qui ne sont dues que quand elles sont prononcées. Les amendes arbitraires sont de cette derniere sorte.

3. Notre Coutume, au présent article, veut que les amendes arbitraires soient taxées par le juge, en prononçant ou rendant sa sentence. La Coutume de la Marche, art. 55, en donne cette raison ; savoir, afin que la partie condamnée puisse acquiescer, ou appeller. *Où il sera question d'amende arbitraire*, porte cet article, *les juges la jugeront & taxeront par même sentence, afin que la partie condamnée puisse acquiescer, ou appeller*.

TITRE QUINZIEME.
Du Droit & Etat des Personnes.

1. L'Etat d'une personne consiste dans de certaines qualités, qui la rendent capable, ou incapable de certaines fonctions, de certains engagemens, & qui lui donnent, ou la privent de certains droits, par rapport à la société civile.

2. Les qualités qui règlent l'état des personnes, sont de deux sortes, les unes sont naturelles, & les autres établies par les loix. Ainsi, chaque personne a son état réglé par l'ordre de la nature, ou par celui des loix.

3. Les distinctions de l'état des personnes par la nature, sont fondées sur le sexe, sur la naissance & sur l'âge de chaque personne.

4. Le sexe qui distingue l'homme & la femme, fait entr'eux, comme l'a observé Domat, cette différence, par rapport à leur état, que les hommes sont capables de toutes sortes d'engagemens & de fonctions, si ce n'est que quelqu'un en soit exclus par des obstacles particuliers ; que les femmes sont incapables, par la seule raison du sexe, de plusieurs sortes d'engagemens & de fonctions.

5. La naissance qui met les enfans sous la puissance de ceux de qui ils naissent, qui fait la distinction des peres de famille, d'avec les fils de famille, & qui établit l'état des uns & des autres, est le fondement de diverses incapacités dans les fils de famille, qui sont différentes dans le droit romain, & dans notre usage.

6. La naissance sert aussi à faire la distinction des enfans légitimes, d'avec les batards, & met cette différence entr'eux, pour ce qui regarde leur état, que les uns sont capables de succéder, & les autres non.

7. L'âge fait qu'on distingue les personnes en majeurs & mineurs ; les premiers, par rapport à leur état de majeurs, sont capables de tous engagemens & de toutes conventions, & les mineurs incapables de plusieurs sortes d'engagemens, sur-tout ceux qui ne tournent pas à leur avantage.

8. Il y a plusieurs distinctions de l'état des personnes, par les loix civiles, & par notre droit coutumier ; les hommes par le droit coutumier, se divisent, par exemple : 1°. En libres, & sujets à condition servile. 2°. En regnicoles & étrangers, ou aubains. 3°. En nobles & roturiers. 4°. En personnes indépendantes, *quæ sunt sui juris*, & personnes dépendantes, *quæ alieno juri subjectæ sunt*, comme les femmes mariées qui sont sous la puissance & autorité de leurs maris.

9. Notre Coutume dans le présent titre, composé de huit articles, ne parle que des fils de famille, des femmes mariées, & des furieux & insensés.

10. Suivant la disposition de cette Coutume en ce titre, les fils de famille sont en la puissance du pere, & non de l'aïeul, art. 167 ; ils s'affranchissent de ce lien par la prêtrise ou mariage ; art. 166. La femme par le mariage sort de la puissance du pere pour entrer sous celle de son mari, art. 170, & par le décès du pere, les enfans sont *sui juris*, art. 167. Quoique la puissance soit paternelle ou maritale subsiste, les fils de famille & femmes mariées exerçans marchandise, contractent valablement, & peuvent ester en jugement pour le fait de marchandise, & les peres & maris en demeurent obligés, art. 168 : ils conviennent & sont convenus en jugement, en matieres d'injures ou causes criminelles, l'exécution retardée sur les biens du fils après le décès du pere, ou ceux de la femme après la dissolution de la communauté ; mais en autres matieres, ils ne peuvent ester en jugement, ni contracter sans l'autorité de pere, mari, tuteur ou curateur, art. 169 & 171. Les mâles sont réputés majeurs à 20 ans, & les filles à 16, & peuvent contracter à cet âge ; mais s'ils sont lésés, eux, ou leurs héritiers, ils se peuvent faire relever, art. 173. Outre ceux-ci, les absens, furieux & insensés, sont pourvus de curateurs pour les défendre, art. 172.

11. Il n'y a point de titre sur cette matiere dans l'ancienne Coutume.

ARTICLE CLXVI.

FILS de famille, mariez ou Prêtres, sont réputez émancipez & majeurs, quant à pouvoir ester en Jugement, & contracter sans l'autorité de leurs peres, ayeux ou autres; sinon qu'autrement fût convenu, en faisant ledit mariage : Et ne retournent lesdits fils de famille, le mariage dissolu, en puissance de leursdits peres, ayeux, ou autres.

Quand enfans sont réputés émancipés.

1. LA puissance paternelle ne produit pas les mêmes effets dans le pays coutumier, que dans le pays de droit écrit; il y a même des Coutumes où elle est plus ou moins étendue.

2. Les effets de la puissance paternelle dans cette Coutume, consistent, 1°. en l'usufruit que le pere a des biens de son fils, ainsi qu'il est dit en l'article 174, *infrà*; 2°. en ce que le fils de famille ne peut pas ester en jugement soit en demandant, ou défendant, excepté en matiere criminelle; ni contracter valablement & s'obliger sans l'autorité de son pere, suivant qu'il est porté aux articles 169 & 171, & qu'il résulte du présent article; 3°. dans le respect que le fils doit à son pere, & dans la dépendance de sa volonté en fait de mariage, dépendance qui est établie par les ordonnances & par les Coutumes, & par une disposition précise de cette Coutume, art. 312.

3. Il n'y a que les enfans légitimes qui soient sous la puissance de leur pere; les bâtards n'y sont point, parce qu'ils n'ont pas les droits de la famille. * Et entre les enfans légitimes, il n'y a que ceux qui sont mineurs de vingt-cinq ans; car l'âge de vingt-cinq ans accomplis, suivant la disposition de nos Coutumes, met les enfans hors de la puissance paternelle. C'est l'observation de Boërius, & après lui de M. de la Thaumassiere, sur l'article 3 du titre premier de la Coutume de Berry. *De consuetudine generali regni Franciæ* (dit M. de la Thaumassiere) *filius major viginti quinque annorum , potest sine auctoritate patris esse in judicio . . . ac contrahere, cùm reputetur emancipatus.* C'est donc des fils de famille mineurs, dont il est parlé dans le présent article; ce qui se déduit de ces mots de l'article *sont réputés majeurs.*

Le mariage contracté par le fils de famille, selon les loix de l'église & du royaume, du consentement du pere, le met hors la puissance paternelle, & vaut émancipation, ainsi qu'il est dit dans le présent article, & cela est général dans toute la France coutumiere. Il seroit ennuyeux de citer à ce sujet les dispositions de chaque Coutume: mais il en est autrement dans le pays de droit écrit, hors de ceux qui sont dans l'étendue du parlement de Paris. L'usage des parlemens de droit écrit, à cet égard, est prouvé & établi par M. Bretonnier dans ses observations sur Henrys, tome 2, liv. 4, qu. 13.

4. Comme l'émancipation toutefois qui se fait par le mariage du fils de famille, n'est qu'une émancipation tacite, le pere étant censé consentir tacitement à l'émancipation de son fils en le mariant; dès que le pere marque une volonté contraire par une clause du contrat de mariage, il n'y a plus d'émancipation, ainsi qu'il est dit dans notre article.

5. L'émancipation tacite se fait encore, suivant le présent article, & l'article 35 de la Coutume de Reims, par l'ordre de prêtrise, auquel est promu le fils de famille.

6. Cette émancipation tacite a lieu, quoique le fils de famille marié n'ait pas une habitation séparée, & qu'il demeure avec son pere: en quoi nous ne suivons pas la note de M. Charles Dumoulin sur notre article, mais bien la disposition de la Coutume locale de Rue-d'Yndre, art. 30. C'est l'observation de M. le président Duret sur le présent article, mot MARIÉS. *Quamvis domicilium non habeant separatum,* dit-il, *nec seorsum habitent, sed in domo paterna retineantur, Consf.* Rue-d'Yndre, art. 30. *Quo jure utimur, licèt contrà sentiat Molin. hic ad verb.* OU AUTRES. M. le président Duret, *hic.*

7. L'effet de cette émancipation est de faire cesser, comme dit M. Duplessis sur la Coutume de Paris, traité *de la Comm.* liv. 1, ch. 3, toute puissance paternelle, tutelle ou curatelle; de donner par conséquent au fils de famille marié, la faculté d'ester en jugement, agir & disposer seul & sans curateur en tout ce qui regarde les meubles & jouissance des immeubles; de faire bail d'héritages, disposer des fruits, & généralement faire tout ce que peut faire un majeur de Coutume; mais non pas ce que pourroit faire un majeur de vingt-cinq ans. La raison est que l'émancipation par le mariage ou par lettres de bénéfice d'âge, ne donne pas plus de pouvoir aux mineurs émancipés, qu'en donne la majorité coutumiere, pour la disposition de leurs meubles & jouissance de leurs immeubles.

8. Ainsi quand la Coutume, au présent art. dit que les fils de famille sont réputés majeurs, elle n'entend parler que de la majorité coutumiere; c'est l'observation de M. François Decullant sur le mot MAJEURS. *Id est*, dit-il, *majores viginti annis ; nam verius est Statutum nostrûm de majoritate Statuariâ quam introduxit, potiùs esse intelligendum quàm de majoritate Juris : Proindè notandum hoc verbum*, MAJEURS, *ad Presbyteros non referri , qui ad talem dignitatem, nonnisi majores viginti annis admitti,*

palàm eſt, ſed tantùm ad conjugatos, qui licèt minores annis viginti, tamen eodem jure utentur ac ſi eſſent majores viginti annis, proindè ſibi acquirunt, fructus ſuos faciunt, poteſtatem ſiſtendi in Judicio habent, bonorum ſuorum adminiſtrationem habent, & Tutorem ad reddendas rationes poſſunt compellere. M. François Decullant, *hic*.

9. Le fils de famille marié, quoique mineur de vingt ans, peut donc eſter en jugement, comme il a été dit, en toutes actions, tant en demandant que défendant, ſans être aſſiſté de curateur; puiſque la Coutume, au préſent article, lui donne cette faculté, & le met à ſes droits. Et l'article 169, *infrà*, ne fait rien contre cette déciſion: car il ne parle pas de perſonnes mariées, mais ſeulement de ceux qui ſont en puiſſance de tuteurs ou curateurs; mais s'il s'agit d'immeubles, il faut en ce cas un curateur, ſelon Dupleſſis, au lieu ci-deſſus cité. * D'où il faut conclure que le pouvoir du fils de famille marié, eſt un peu plus étendu que celui du majeur de Coutume; puiſqu'en toutes matieres civiles, le majeur de Coutume ne peut eſter en jugement, ſuivant ledit art. 166, ſans curateur, & que le fils de famille marié n'en a beſoin, que quand il s'agit d'immeubles: mais au ſurplus leur pouvoir eſt à-peu-près le même, & beaucoup moindre que celui des majeurs de vingt-cinq ans, comme il a été obſervé.

10. Peut auſſi un fils de famille marié, mineur de vingt ans, s'obliger pour marchandiſes à lui vendues ſans aſſiſtance de curateur, ſelon qu'il a été jugé en ce ſiége par jugement préſidial le 14 décembre 1606, contre un gentilhomme, pour un marchand auquel il étoit obligé de 95 livres, pour vente de ſatins, tafetas, draps & autres marchandiſes. C'eſt l'obſervation de M. Genin, pere, & après lui de M. Etienne Baugi, ſur notre article; & tel eſt le ſentiment de M. Claude Dupleſſis ſur la Coutume de Paris, traité *de la Communauté*, liv. 1, ch. 3; & dans les notes qu'on a faites ſur ſon commentaire, on cite un arrêt qui l'a ainſi jugé.

11. Il y a plus, c'eſt que, ſuivant nos commentateurs dans leurs manuſcrits, un mineur de vingt ans, marié, peut, aſſiſté d'un curateur, vendre & aliéner ſes immeubles, comme pourroit faire un majeur de Coutume; c'eſt-à-dire, ſauf la reſtitution pour la moindre léſion. *Conjugati, licèt minores annis 20*, dit M. François Decullant, *poſſunt ſine auctoritate Tutoris, præſente tamen Curatore, bona ſua vendere, ſalvâ læſione, adeò ut non ſit nullitas in contractu, quæ tamen ineſſet in minore 20 annis non conjugato, qui ſine auctoritate Tutoris res ſuas alienaret; tandem verò de conjugatis ita ſe res habet, ac ſi majoritatem ſtatuariam attigiſſent.* M. François Decullant, *hic*, ſur le mot *contracter*.

12. C'eſt auſſi la remarque de M. Le préſident Duret ſur le même mot, CONTRACTER. *Porrò ita apud nos receptum eſt*, dit-il, *& hoc jure utimur, ut immobilium alienatio facta à conjugato minore 25 annis, causâ non cognitâ, & ſine Judicis Decreto, teneat. Verùm, probatâ læſione, quamvis non enormi, ſin modicâ, locus ſit reſtitutioni; quamvis contrarium Molinæus, art. 173, infrà, ſentiat, dicens locum eſſe nullitati cùm agitur de alienatione immobili.* M. le préſident Duret.

13. Ainſi ce que quelques-uns de nos anciens, comme M. Genin, le fils, & M. François Menudel diſent, ſur notre article, des maris mineurs, par rapport à leurs immeubles; ſavoir, qu'ils ne peuvent pas les aliéner, doit être entendu d'une aliénation telle que pourroit faire un majeur de vingt-cinq ans, mais non de celle que pourroit faire un majeur de Coutume, ſauf la reſtitution pour la moindre léſion, même pour un ſimple intérêt d'affection, comme il ſera plus amplement expliqué ſur l'article 173, *infrà*; de maniere pourtant que la vente ne ſeroit pas abſolument nulle, & qu'il faut par conſéquent ſe pourvoir par lettres à fin de reſtitution dans les dix ans de la majorité de droit.

14. Au reſte, l'émancipation qui ſe fait par le mariage du fils de famille, eſt telle, qu'il ne retourne pas, le mariage diſſolu, en la puiſſance de ſon pere. Ainſi la fille mariée, qui par le mariage eſt ſortie de la puiſſance de ſon pere, pour entrer ſous celle de ſon mari, n'y retombe pas, quoique veuve & mineure: c'eſt la diſpoſition de notre Coutume, au préſent art. & en l'article 232, *infrà*; de celle d'Auvergne, tit. 14, art. 2, & de celle de la Marche, art. 298.

15. Mais cette émancipation & affranchiſſement de la puiſſance paternelle, qui ſe fait par le moyen du mariage, ne s'étend que *ad actus civiles tantùm*, à la faculté & habilité de contracter, diſpoſer & eſter en jugement, & ne retranche ni ne diminue rien de ce qui eſt de l'honneur, reſpect & obéiſſance que les enfans doivent à leur pere de droit naturel & divin, qui demeure en ſon entier, nonobſtant l'émancipation: Et la fille mineure, qui par ſa viduité demeure maîtreſſe de ſes droits, ne peut pas ſe remarier ſans le conſentement de ſon pere. Les ordonnances de nos rois, touchant les mariages des mineurs, ne contiennent pas d'exceptions en faveur des veuves mineures: Il eſt vrai que ni Henry II, ni Henry III, dans leurs édits ne parlent pas des veuves qui ſont mineures: mais Louis XIII a expliqué & étendu ces édits en 1629 & 1639, où en parlant des mineurs, il met les veuves qui ſont encore mineures par leurs âges, dans le même rang que les fils & filles de famille, qui ſont auſſi mineurs: & telle eſt la juriſprudence des arrêts.

16. Il y a plus; c'eſt que les veuves majeures ſont ſoumiſes à tout ce qui eſt porté dans les ordonnances touchant les enfans majeurs à l'égard des peres & des meres, de qui elles doivent requérir le conſentement & l'avis, quand elles veulent convoler à de ſecondes noces.

noces. Louis XIV, par son édit de 1697, les y a comprises & soumises par cette addition: *Ajoutant*, dit-il, *à l'ord. de 1536, & à l'art. de l'édit de 1539, permettons aux peres & meres d'exhéréder leurs filles veuves, même majeures de vingt-cinq ans, lesquelles se marieront sans avoir requis par écrit leur avis & consentement.*

17. Il n'en est pas de même des hommes veufs mineurs, ou majeurs: les ordonnances de nos rois ne les obligent pas à avoir & requérir le consentement de leurs peres & meres, quand ils ont déja été mariés, conformément à leurs édits & déclarations; mais ils le doivent faire par respect.

ARTICLE CLXVII.

Par le trépas du pere les enfans seront *sui juris*, & hors de la puissance d'autrui, supposé qu'ils eussent ayeul ou pro-ayeul, ou autre ascendant.

1. La Coutume de Chartres, art. 103; celle de Châteauneuf en Thimerais, art. 133, & de Dreux, art. 93, contiennent une disposition semblable; & la disposition de ces Coutumes & de la nôtre doit être étendue à la mort civile.

2. La raison de cette disposition est que le mariage tenant lieu d'émancipation, comme il a été dit sur l'article précédent, tous les enfans qui en naissent, ne peuvent être que sous la puissance de leur pere, & non sous celle de leur aïeul; & que cet aïeul ne les ayant jamais eus en sa puissance, puisque son pouvoir a cessé à l'égard du pere avant leur naissance, il ne peut pas reprendre ce qu'il n'a jamais eu, quant à ces enfans; & il répugne que l'ayant perdu pour le pere en le mariant, il veuille ou puisse faire revivre pour les enfans un pouvoir éteint, par la raison que *jus semel extinctum, non potest reviviscere.* C'est pourquoi ces mots de l'article précédent, *sous l'autorité de leurs aïeux ou autres*, sont inutiles & mal placés, puisque les petits enfans ne sont point en la puissance de leurs aïeux.

3. Cette extinction de la puissance paternelle ne produit, comme nous le dirons sur l'art. 174, *infrà*, à l'égard d'un petit-fils, qu'un seul effet, savoir, que l'aïeul n'a pas l'usufruit de ses biens; car s'il n'a pas l'âge de majorité Coutumiere, l'aïeul n'a pas la jouissance de ses biens, & on lui donne un tuteur. C'est ce qui a été remarqué par M. François Decullant, sur ces mots de notre article: Sunt sui juris. *Ut fructus suos faciant*, dit-il, *non verò ut ante statuariam majoritatem res suas administrent, aut potestatem habeant sistendi in Judicio: sed nomine & auctoritate Tutoris; res suas agunt. Proindè hæc solutio patriæ potestatis, quæ per patris mortem contingit, multum differt ab ea quæ per Sacerdotium aut matrimonium conceditur.* M. Decullant.

ARTICLE CLXVIII.

Fils de famille & femme mariée exerçans marchandise publique, sont & peuvent ester en Jugement, tant en demandant qu'en défendant, pour raison des choses concernant le fait de marchandise, sans autorité de leur pere & mari: Et des dettes par eux faites, les maris en sont tenus, & le pere pour lesdits enfans, s'ils demeurent & exercent ladite marchandise en la maison dudit mari ou pere, ou ailleurs sous & au nom dudit pere ou mari.

Quand fils de famille & femme peuvent ester en Jugement.

1. Ce que notre Coutume, dans le présent article, dit du fils de famille exerçant marchandise publique, a son application à la fille; car la différence de sexe n'apporte aucun changement à sa disposition: *Idem in filiafam.* dit M. le président Duret, *nec mutatione status ejus revocatur mandatum*; & la Coutume parle du fils de famille mineur de 25 ans, par la raison que tous négocians, & marchands en gros & en détail, sont réputés majeurs pour le fait de leur commerce, ainsi qu'il est porté en l'article 6 du titre 1 de l'ordonnance de 1673.

2. Il en est de même du bénéficier mineur; il peut aussi ester en jugement, sans l'autorité & assistance d'un tuteur ou curateur, suivant l'ordonnance de 1667, tit. 15, art. 14, pour ce qui concerne son bénéfice. Quant à la femme mariée, notre Coutume, en cet article, nous apprend que comme le fils de famille peut ester en jugement pour le fait de marchandise, de même la femme mariée exerçant publiquement marchandise, peut pareillement ester en jugement pour raison de ladite marchandise: & c'est aussi la disposition de la Coutume d'Auvergne, tit. 1, art. 9; de celle de la Marche, art. 10; de Nivernois, ch. 23, art. 1; de Berry, tit. 1, art. 7; de Montargis, ch. 8, art. 5; de Mantes, art. 125, & autres.

3. La femme mariée, marchande publique, peut aussi contracter & s'obliger valablement sans l'autorité de son mari, pour le fait & la dépendance de la marchandise dont elle se mêle, seulement & non autrement ; & cela, soit qu'elle soit séparée ou non, ainsi qu'il résulte de ces mots de notre article : *Et des dettes par eux faites, &c.* C'est la disposition précise de la Coutume de Paris, art. 234 & 236 ; d'Orléans, art. 196 ; de la Marche, art. 298 ; d'Auxerre, art. 207 ; de Blois, art. 3, & autres. Et de l'art. 8 du tit. 34 de l'ordonnance de 1667. Et il faut raisonner de même du fils de famille exerçant marchandise publique, lequel peut également s'obliger pour raison des choses concernant le fait de ladite marchandise, sans l'autorité de son pere, ainsi qu'il résulte des mêmes mots de notre article : *Des dettes par eux contractées, les maris en sont tenus, & les peres pour lesdits enfans ;* & de l'art. 6 du tit. 1 de l'ordonnance de 1673 : ce qui est fondé sur la faveur du commerce & la foi publique, & qui est aussi établi pour l'intérêt de ceux qui se mêlent de négoce particulier ; car autrement personne ne voudroit contracter avec eux.

4. Mais il faut absolument restreindre cette faculté de s'obliger du fils de famille & femme mariée, sans l'autorité de leur pere & mari, au fait & dépendance de la marchandise dont ils se mêlent, comme il a été dit & remarqué par M. le président Duret, sur le présent article : *Si enim*, dit-il, *de re agatur extrà ministerium factâ, obligatio non procedit.*

5. Non-seulement une femme marchande publique s'oblige, mais elle oblige aussi son mari avec elle, quand ils sont communs, ainsi qu'il est dit au présent article, & que le disent les Coutumes de Paris, art. 134 ; d'Orléans, art. 196 ; de Nivern. ch. 23, art. 1, & autres. La raison est qu'il profite de son commerce, qu'elle ne trafique que de son consentement, & qu'il peut d'ailleurs disposer à sa volonté du gain qu'elle peut faire : ce qui fait qu'il ne faut point faire déclarer exécutoires contre lui les obligations de sa femme, à la différence d'un héritier, dit M. Denis Lebrun, traité *de la Communauté*, liv. 2, ch. 2, sect. 2, n. 7 : de maniere que le jugement donné contre la femme, est exécutoire contre le mari, comme le porte l'article 8 du tit. 1 de la Coutume de Berry, tout & ainsi que s'il étoit donné contre lui.

6. Et il en est de même, suivant notre article, du fils de famille exerçant marchandise publique ; il oblige son pere avec lui.

7. Mais pour cela il faut, soit le fils de famille ou la femme, qu'ils demeurent & exercent la marchandise, comme dit notre article, le fils en la maison de son pere, la femme en celle de son mari, ou ailleurs, sous & au nom dudit pere ou mari ; auquel cas, dit M. le président Duret, le mari est obligé solidairement avec sa femme, & le pere avec son fils. *Si sciente & patiente patre & marito*, dit-il, *mercimonium exerceatur, in solidum obligantur : tunc enim filiusfamilias patri, & uxor marito quæstum refert ; & maritus, idem est de patre, auctor intelligitur, neque valet revocatio, vel contraria declaratio sequens, nisi debitè & notorie factâ à patre vel marito, ut non obligentur tali uxoris aut filiisfamilias negotiatione.* M. le président Duret, *hic.*

8. Un mari n'est tenu des dettes de sa femme marchande publique, que de celles qui sont faites pour raison de son commerce : *In causam ejus negotiationis & mercantiæ tantùm*, dit M. Duret : car comme la femme marchande publique ne peut, selon qu'il a été dit, s'obliger sans l'autorisation de son mari, que pour le fait de son commerce ; elle ne peut pareillement obliger son mari, que pour raison du même commerce.

9. Ainsi pour la validité d'une obligation passée par une marchande publique en puissance de mari, tant par rapport à elle qu'à son mari, il faut qu'il paroisse qu'elle a emprunté pour son négoce ; & pour cela il faut que l'obligation soit causée pour fait de négoce, ou faite au profit de personnes avec qui elle avoit un commerce réglé ; & s'il n'appert pas que la dette soit pour marchandise, c'est au créancier à le prouver : & il y a un arrêt du 12 avril 1604, qui condamne la marchande à payer seulement au créancier ce qu'il justifieroit avoir été employé à son commerce. M. Lebrun, *de la Comm.* liv. 2, ch. 1, sect. 1, n. 6, & M. Potier sur notre article.

10. Au reste, une femme marchande publique, quoique mineure, peut s'obliger & obliger son mari, pour raison de son commerce ; parce que *in mercatura non attenditur privilegium minoritatis*, comme il a été déjà observé, conformément à l'ordonnance de 1673, tit. 1, art. 6.

11. La femme qui s'est ainsi obligée pour fait de marchandise, dont elle fait commerce public, est contraignable par corps, aux termes de l'ordonnance de 1667, tit. 34, art. 8. La difficulté est de savoir si son mari l'est aussi, & si le créancier peut obtenir la contrainte par corps contre l'un & l'autre, sans qu'il soit besoin que le mari ait parlé dans l'obligation : sur quoi les sentimens sont partagés.

12. M. le président Duret, sur notre article, & l'auteur des nouvelles additions sur Tournet, Joly & Labbé, art. 236 de la Coutume de Paris, estiment que la contrainte par corps n'a pas de lieu contre le mari, & ainsi a été jugé par arrêts : mais il y a arrêts contraires ; & M. Denis Lebrun, traité *de la Comm.* liv. 2, ch. 2, sect. 2, n. 7, soutient que le mari est contraignable par corps, pour le fait du commerce de sa femme, dont il doit profiter, & dont l'émolument entre en sa communauté. M. Julien Brodeau sur M. Louet, lettre F, somm. 11, est de même sentiment, & cite les arrêts qui l'ont ainsi jugé. M. Claude Duplessis est encore de ce sentiment ; & c'est

le mien, par la raison que la femme ne trafique que du confentement de fon mari, qui profite de fon commerce, & qui peut difpofer à fa volonté du gain qu'elle peut faire.

13. Le mari & la femme ne peuvent toutefois être l'un & l'autre, pour cette caufe, détenus en prifon : le créancier peut bien, comme il a été dit, obtenir la contrainte par corps contre l'un & l'autre ; mais il ne peut pas exercer que contre l'un ou l'autre ; & l'un étant mort, il exerce la contrainte par corps contre le furvivant. Tel eft, dit M. Claude de Ferriere, le fentiment commun des docteurs, & tel eft l'ufage. M. de Ferriere, *Inft. Cout.* tome 1, liv. 1, tit. 11, art. 47.

14. L'obligation du mari, ni la contrainte par corps contre lui, n'ont pas de lieu quand il y a excluíion de communauté ou féparation : en ce cas la femme marchande publique s'oblige bien fans être autorifée, fon mari l'ayant une fois autorifée dans le public pour fon commerce particulier ; mais elle n'oblige pas fon mari, qui ne profite pas de fon commerce. Telle eft l'obfervation de M. Dupleffis fur la Coutume de Paris, traité *de la Comm.* liv. 1, chap. 4, & de M. Denis Lebrun, *de la Comm.* liv. 2, ch. 2, fect. 2, n. 8.

15. La femme marchande publique eft celle qui fait le commerce, *non ex uno, aut altero actu*, mais qui en fait profeffion publique au vu & fu d'un chacun, qui tient boutique ouverte, fon mari le voyant & ne l'empêchant pas, & qui fait marchandife féparée & autre que celle de fon mari, qui eft le cas de tout ce que deffus, & non point quand elle fait même commerce que fon mari, & qu'elle débite la marchandife dont fon mari fe mêle. C'eft la difpofition de la Coutume de Paris, art. 235,

Coutume nouvelle, & de celle d'Orléans, art. 197, & l'obfervation de M. François Decullant fur notre article. *Mulier*, dit-il, *illa dicitur publica Mercatrix, non quæ unâ cum marito mercatur, fed quæ diftinctam, diverfique generis à vacatione viri mercaturam exercet.* La raifon eft qu'alors elle ne fait point de chef féparé dans la famille, du confentement de fon mari, & qu'elle lui fert feulement d'aide : c'eft-pourquoi elle n'oblige fon mari, que comme un commis & un facteur l'obligeroit ; mais elle ne s'oblige en ce cas que comme commune, & ne peut s'obliger autrement, fans fon autorifation. M. Jacques Potier & François Decullant, *hic* ; Dupleffis, traité *de la Comm.* liv. 1, ch. 4 ; Lebrun, *de la Communauté*, liv. 2, chapitre 1, fect. 1, n. 7, & chapitre 2, fect. 2, n. 9.

16. La femme marchande publique ou fes héritiers, en renonçant à la communauté, font déchargés des dettes par elle contractées pour le fait de fon négoce & trafic, au moins à l'égard du mari & de fes héritiers, mais non à l'égard des créanciers : par la raifon que le mari étant le maître du gain que la femme peut faire par fon commerce particulier, la perte auffi le regarde comme fi elle venoit de fon fait ; & il ne peut par conféquent, ni fes héritiers, empêcher la renonciation de la femme ou de fes héritiers à la communauté. Mais à l'égard des créanciers, la femme marchande publique peut être contrainte pour le tout en vertu de fa promeffe ou obligation, encore qu'elle ait renoncé à la communauté. Ainfi jugé par arrêts cités dans les notes marginales de Dupleffis fur la Coutume de Paris, traité *de la Comm.* liv. 1, chap. 4.

ARTICLE CLXIX.

FILS de famille, femmes mariées, & ceux qui font en puiffance de Tuteurs ou Curateurs, ne peuvent efter en Jugement fans l'autorité du pere, mari, Tuteur ou Curateur refpectivement, finon en matieres d'injures ou Caufes criminelles ; lefquelles lefdits enfans de famille & femmes mariées peuvent intenter & foutenir en demandant & défendant, fans autorité de leurs peres ou maris. Toutefois fi lefdites femmes & fils de famille étoient condamnez en aucunes fommes ou amendes, pour raifon defdites injures ou Caufes criminelles, les exécutions d'icelles ne fe peuvent faire fur les biens de la communauté durant icelle, ou fur les biens du pere ; mais icelle communauté diffolue, ou après la mort dudit pere ou émancipation dudit fils, fe pourra faire exécution fur la portion de ladite femme & biens dudit fils, tout ainfi qu'elle eût pû être faite incontinent après ladite condamnation, & fans fe pouvoir aider contre icelle de prefcription ou laps de tems, finon à commencer au tems que ladite exécution peut être faite.

1. Ceux qui font fous le gouvernement des tuteurs, ne font pas capables d'efter en jugement, mais feulement leurs tuteurs, comme il eft dit dans l'article 14 du titre 1 de la Coutume de Berry. Ainfi ce font leurs tuteurs qui, *nomine tutorio*, intentent pour eux

toutes actions, & défendent à celles que l'on exerce contr'eux.

2. Quant aux majeurs de Coutume, ou émancipés, qui ont curateurs, ils peuvent ester en jugement en demandant & défendant, mais sous l'autorité de leur curateur.

3. Pour la femme mariée, elle ne peut, suivant qu'il est dit au présent article, ester en jugement pour les droits qui la concernent, soit en demandant ou défendant, sans l'autorité de son mari; si ce n'est que son mari refusât de l'autoriser, auquel cas elle peut, suivant l'article 237, *infrà*, être autorisée par justice à la poursuite & défense de ses droits: mais il faut toujours l'un ou l'autre, autrement il y auroit nullité dans la procédure, & les jugemens intervenans ne seroient d'aucune considération. Ainsi, quand la fille majeure se marie pendant le procès intenté pour ses droits, son mari doit le reprendre, ou elle doit à son refus se faire autoriser par justice, pour en continuer la poursuite; sans quoi il y auroit nullité du jugement qui interviendroit contr'elle, par la raison que dès-lors elle cesse de pouvoir ester en jugement sans être autorisée.

4. La Coutume de Paris, article 224, met une exception à cette décision, savoir, quand la femme est séparée de biens, & la séparation exécutée; c'est-à-dire, quand il y a inventaire fait & clos, & partage des biens de la communauté, ou renonciation à ladite communauté de la part de la femme. Tel est aussi la disposition de la Coutume de Melun, art. 215; d'Estampes, art. 93; de Montfort, article 123; de Mantes, art. 125, & autres. De maniere que selon ces Coutumes la femme, dans le cas de la séparation exécutée, est capable d'ester en justice, tant en demandant qu'en défendant, sans aucune autorisation de son mari ni de justice: ce qui s'entend quand elle est majeure; car quand elle est mineure, il faut qu'elle soit assistée d'un curateur, selon la note de M. Charles Dumoulin, sur l'art. 232, *infrà*. C'est l'observation de M. François Decullant, sur l'article suivant. *Potest tamen*, dit-il, *mulier bonis à marito separata in judicio sistere sine viri auctoritate, si major sit 25 annis, juxta patagraphum 224 stat. Parif. Seciùs si minor effet, nam non posset procedere, nisi cum auctoritate viri aut curatoris.* M. Decullant, sur l'article 170 de la Coutume.

5. M. le président Duret avoit fait la même observation avant lui, sur ces mots du présent article, FEMMES MARIÉES: *Quæ tamen*, dit-il, *non sint separatæ; aliàs ubi separatæ sunt, cum effectu, id est, sententiâ judicis & divisione communium sine fraude factâ, maritorum auctoritas prorsus non requiritur, ut mulier major 25 annis in judicio sola sistat, seciùs ut contrahat.* M. le président Duret, *hic*.

6. La forme de l'autorisation pour agir en justice, dit M. Denis Lebrun, n'est pas si rigoureuse que celle de l'autorisation à l'effet de contracter; car au lieu qu'il faut que le mari autorise sa femme expressément pour contracter, & qu'il ne suffit pas qu'il s'oblige avec elle, s'il ne déclare qu'il l'autorise, il suffit que le mari agisse avec sa femme en justice; & dès-lors il est censé l'avoir suffisamment autorisée pour agir, parce qu'on demande moins de formalité où il y a plus de sécurité, & où la justice interpose son autorité: de façon que la seule présence du mari en jugement suffit non-seulement pour la validité de la procédure, mais même pour obliger la femme par le même jugement, sans autorisation expresse, selon qu'il a été jugé par arrêts cités par l'auteur des notes sur Duplessis. M. Denis Lebrun, *de la Comm.* liv. 2, chap. 1, sect. 6, n. 7, & l'auteur des notes sur Duplessis, traité *de la Comm.* liv. 1, chap. 4.

7. Et ainsi s'observe dans la Coutume de Paris, laquelle n'exige, de la part du mari, pour que sa femme puisse valablement ester en jugement, que son consentement: car il y a cette différence entre les articles 223 & 224 de cette Coutume, que le premier exige, pour les obligations volontaires, le consentement & l'autorité expresse du mari; au lieu que le second, pour les obligations judiciaires, ne demande simplement que le consentement du mari, sans y ajouter l'autorisation. Mais, comme notre Coutume dans le présent art. exige précisément l'autorité du mari, cela fait qu'on pratique autrement dans cette Cout. que dans celle de Paris: Et suivant l'usage de ce siège, il ne suffit pas d'assigner le mari & la femme conjointement par un même exploit, il faut encore qu'il soit fait mention dans l'exploit, que l'on a assigné le mari pour autoriser la femme, ou qu'il y ait une conclusion précise pour cela dans la requête tendante à assignation; & quand le mari comparoît, qu'il consent d'autoriser sa femme, il faut un jugement qui ordonne que de son consentement sa femme demeurera autorisée de sa personne. Je l'ai toujours vu juger & pratiquer de la sorte.

8. Il suffit que l'autorisation du mari, pour agir & procéder en justice, intervienne au commencement du procès, pourvu que la femme ne poursuive que ce que le mari a entendu autoriser. Mais, si la femme donne des consentemens importans, M. Lebrun estime qu'en ce cas elle a besoin d'une nouvelle autorisation; comme (dit-il) lorsqu'elle veut s'inscrire en faux, ou qu'elle appelle, ou qu'elle prend requête civile. Lebrun, *de la Comm.* liv. 2, ch. 1, sect. 6, n. 3.

9. L'autorisation pour ester en justice, n'est nécessaire aux femmes mariées & fils de famille qu'en matieres civiles, car en matieres criminelles & d'injure, l'autorité du pere & du mari n'est pas requise, tant en demandant que défendant, suivant notre article, l'article 11 du titre 1 de la Cout. de Berry, & l'article 345 de la Coutume de la Marche. Ce qui n'empêche pas, comme l'a observé M. de la Thaumassiere, que le pere & le mari ne puissent agir de leur part, pour l'injure faite au fils & à la femme, qui réfléchit toujours sur eux.

eux. La Coutume de Hainaut, ch. 42, le décide expressément.

10. Notre Coutume & celle de Berry ne permettent pas seulement au fils de famille & à la femme mariée d'intenter une accusation criminelle, & de la soutenir sans l'autorité de leur pere & mari; mais elles déclarent de plus que les jugemens contr'eux donnés ne se pourront pas exécuter sur les biens du pere, ni sur ceux de la communauté durant icelle, pour la part afférante à la femme : ce qu'elles décident, par la raison que les délits sont personnels, & que le mari est seul maître de la communauté durant le mariage.

11. Ainsi, selon ces Coutumes, un mari ne peut pas être contraint au paiement des intérêts civils, auxquels sa femme seroit condamnée : ceux à qui ils seroient adjugés, ne les peuvent exiger qu'après la dissolution de la communauté sur la part de la femme, & ils ne peuvent pas durant la communauté les exiger sur les propres de la femme, au préjudice du mari à qui les jouissances de ces propres appartiennent, & aux droits duquel la femme ne peut pas nuire : mais la communauté dissolue, ils le peuvent sur la portion de la femme, sans qu'elle puisse alléguer la prescription, suivant notre article, sinon à commencer du temps de la dissolution, par la raison que *contra non valentem agere non currit præscriptio*.

12. Il y a plus, c'est pour ne pas ôter toute action durant le mariage à celui qui a obtenu condamnation contre la femme, on lui permet, dit M. de la Thaumassiere, de faire vendre & décréter ses immeubles, à la charge de l'usufruit du mari, & par ce moyen, dit-il, le mari est hors de perte, & le créancier est suffisamment indemnisé. Et ainsi a été jugé, ajoute-t-il, plusieurs fois au siége présidial & bailliage de Bourges; & par arrêts rapportés par M. Leprêtre, cent. 2, quest. 94, & par Tournet sur l'art. 224 de la Cout. de Paris. La Thaumassiere sur la Coutume de Berry, tit. 1, article 12.

13. Autre chose seroit, dit M. de la Thaumassiere, *ibid*. si le mari avoit participé au crime de sa femme, le pere à celui de son fils, & s'ils en avoient profité, car en ce cas ils en seroient tenus.

14. Et il en est de même quand le mari autorise sa femme dans un procès criminel, intenté contr'elle, il doit les dépens & dommages-intérêts auxquels elle est condamnée. Lebrun, *de la Comm.* liv. 2, chapitre 1, sect. 1, n. 32.

15. Au reste, la faculté d'ester en jugement sans autorisation en matiere criminelle & d'injures, pour ceux qui sont sous le gouvernement d'autrui, est restreinte & bornée dans cette Coutume, selon M. Dumoulin dans sa note sur le présent article, aux fils de famille & femmes mariées, parce que c'est à eux seuls que la Coutume a accordé cette faculté : de maniere, dit-il, qu'elle ne s'étend point à ceux qui sont en puissance de tuteurs & curateurs. *Hic duo tantùm*, dit M. Dumoulin, *casus excipiuntur; secùs ergò si sint sub Tutore vel Curatore, quorum auctoritas requiritur*. Ce que j'estime ne devoir être entendu, que dans le cas où il s'agit d'intenter une accusation criminelle, & non quand le mineur, capable de crime, est accusé; auquel cas l'usage & le droit commun de France, est qu'il doit se défendre lui-même : En quoi on s'éloigne de la disposition de la loi 4, *Clarum*, cod. *de aut. præst.* qui veut qu'un mineur soit toujours assisté d'un tuteur ou curateur, dans les poursuites criminelles, tant en défendant qu'en demandant.

Voyez l'article 237, *infrà*.

ARTICLE CLXX.

FEMME mariée est en la puissance de son mari.

De femme mariée, qui est en la puissance du mari.

1. LA femme mariée est en la puissance de son mari, dit notre Coutume au présent article : celles d'Anjou, art. 510 ; du Maine, art. 505 ; de Chartres, art. 62 ; de Blois, art. 3 ; de Niv. ch. 23, art. 1, & beaucoup d'autres en disent autant ; & ce droit que le mari a sur la femme, a son fondement sur les principes naturels du lien du mariage, où le mari & la femme forment une union & une société dont le mari est le chef : Car c'est un effet de cette union, que la femme se mette elle-même sous la puissance du mari, qu'elle y mette aussi ses biens, & qu'ils passent à l'usage de la société qu'ils forment ensemble.

2. De cette sorte le mariage donne au mari droit sur la personne de la femme, sur les biens propres, & sur les biens de la communauté.

3. Le premier effet du droit & de la puissance que le mariage donne au mari, est l'étroite dépendance qui assujettit la femme au mari, dont les effets sont considérables.

4. 1°. Le mari est maître de sa femme, qui est obligée de le suivre par-tout, excepté en exil hors du royaume & cela, soit qu'ils soient séparés de biens, mais non quand ils le sont de corps.

5. 2°. Le mari est le maître des actions civiles de sa femme, laquelle ne peut plaider sans son autorisation, comme il a été dit sur l'art. précédent, non plus que s'obliger ni contracter, soit qu'il s'agisse d'une simple administration, d'une obligation mobiliaire ou immobiliaire, ou de l'aliénation de ses propres, comme le dit la Coutume en l'article suivant; celle de Paris, art. 223 ; d'Estampes, art. 92 ; de Montargis, ch. 8, art. 4 ; d'Orléans, art. 194 ;

Part. I.

de Berry, tit. 1, articles 16 & 17, & autres.

6. L'autorisation du mari à l'égard de la femme, n'est pas requise purement, comme l'on voit, à cause de la foiblesse du sexe, puisque les filles majeures & les veuves contractent librement, sans être assistées de conseil de tuteur ni de curateur. Ce n'est pas non plus précisément à cause de l'intérêt du mari; puisqu'il y a plusieurs cas où il ne s'agit pas de l'intérêt du mari, & où néanmoins les femmes doivent être autorisées, & qu'une femme séparée doit être autorisée pour contracter. C'est donc principalement sur la puissance maritale, que le mari acquiert sur la femme & sur ses biens, du jour de la célébration du mariage, que cette autorisation est fondée; ou plutôt il faut dire qu'elle l'est également sur la foiblesse de la femme, la puissance & l'intérêt du mari.

7. Il y a toutefois plusieurs cas où la femme mariée n'a pas besoin d'autorisation, pour valablement contracter.

8. 1°. Quand elle est marchande publique, pour le fait & la dépendance de la marchandise; comme il est dit dans l'article 168, *suprà*, & qu'il a été dit sur cet article.

9. 2°. Pour la dot de sa fille, en cas d'absence du mari, ainsi qu'il a été jugé par arrêt du 12 avril 1595; parce que cela est conforme au droit naturel, que les Coutumes ne veulent pas détruire. Si toutefois la dot étoit excessive & au-delà de ses facultés, elle se pourroit faire restituer, & on la modéreroit *ex æquo & bono*. M. Duplessis sur la Coutume de Paris, traité *de la Comm.* liv. 1, ch. 4; Lebrun, *de la Comm.* liv. 2, ch. 1, sect. 3, n. 14.

10. Un troisieme cas où la femme s'oblige sans l'autorisation, est pour tirer son mari de prison. Telle est la jurisprudence des arrêts rapportés par M. Louet, lett. A, somm. 9. La raison est que la cause en est juste & pressante, & que l'autorisation qui est un droit du mari, doit servir, & non pas préjudicier à ses intérêts particuliers.

11. Les anciens arrêts avoient étendu cette jurisprudence aux femmes mineures; mais c'est en ce cas, dit M. Lebrun, qu'elles doivent être autorisées en justice, pour délivrer leurs maris de prison, autrement on ne peut pas leur refuser le bénéfice de la restitution. Il y en a un arrêt du 2 janvier 1651, cité par M. Brodeau sur M. Louet, lett. A, somm. 9, & rapporté dans le premier tome du *Journal des Audiences*, livre 6, chapitre 14.

12. Il n'en est pas de même, ajoute M. Denis Lebrun, de l'obligation consentie par une femme, pour empêcher son mari d'entrer en prison, pour laquelle elle doit être autorisée, sous peine de nullité, selon le même arrêt du 2 janvier 1651, & celui du 23 mai 1653, qui est dans Soefve, tome 1, cent. 4, ch. 40. La raison de différence entre ces deux cas, c'est que quand le mari est actuellement prisonnier, la nécessité de s'obliger est plus pressante, & qu'il n'y a pas de vaine crainte; au lieu que, s'il étoit permis aux femmes de s'obliger pour prévenir la prison de leurs maris, elles le feroient souvent contre le gré même de leurs maris. Lebrun, *de la Comm.* liv. 2, ch. 1, sect. 1, n. 18, 19, 21 & 22.

13. Une femme mariée peut encore s'obliger sans autorisation de son mari pour la subsistance & vêtement d'elle, de son mari & de ses enfans, faute par le mari de lui fournir les choses nécessaires; par la raison que c'est une charge qui appartient au mari, & que faute par lui de les fournir, soit par le désordre de ses affaires ou autrement, la femme s'y peut valablement obliger, comme étant une cause favorable. Tel est le sentiment de M. Duplessis, *ibid*.

14. Il y a plus; c'est que la femme est censée avoir une procuration pour ces sortes d'emplettes, autrement le mari abuseroit lui-même du crédit qu'il procure à sa femme. Ainsi, s'il n'y a pas de preuves de mauvais usage, & si une femme n'a pas excédé les régles de son état, on condamne le mari à acquitter les parties des marchands qui ont fourni des choses nécessaires pour la subsistance & l'entretien du ménage; ce qui est conforme à la Coutume de Bayonne, titre 9, articles 38 & 39; laquelle engage la communauté à payer les dépenses qu'auroit faites une femme pour l'entretenement des biens & héritages, & nourriture du ménage. Lebrun, *de la Comm.* liv. 2, chap. 2, sect. 2, n. 6.

15. Comme la femme mariée peut, selon qu'il a été dit sur l'article précédent, agir & se défendre en fait de crimes & d'injures sans autorité de son mari; elle peut pareillement, lorsqu'il s'agit de crimes par elle commis, s'obliger valablement, dit M. Claude de Ferriere, sans autorisation, pour les dommages-intérêts ou intérêts civils, lesquels tiennent lieu de réparation, & de satisfaction du crime fait par la femme. De Ferriere, *Inst. Cout.* tome 1, liv. 1, tit. 11, n. 56.

16. Si une femme mariée dont l'état n'est pas connu, contracte sans l'autorité de son mari, sous le faux titre, par exemple, de majeure, usante de ses droits, son obligation doit s'exécuter à son préjudice, & elle n'est pas recevable à réclamer contre: ainsi jugé par arrêt. La raison est que les loix ne sont pas faites pour autoriser la fraude. Et la différence en cela, dit M. Lebrun, entre le mineur qui s'est dit majeur, & la femme mariée qui se dit fille majeure, c'est que la fraude du mineur qui se dit majeur, est si commune & si divulguée, qu'il y auroit sujet de craindre que la déclaration de majorité ne passât en style à l'égard des mineurs; au lieu que la fraude de la femme qui se dit majeure, n'est pas si commune ni si connue. Lebrun, *de la Comm.* liv. 2, chapitre 1, sect. 3, n. 37; l'auteur des notes sur Duplessis, traité *de la Comm.* liv. 1, chap. 4.

ARTICLE CLXXI.

Contrats de vendition, donation, quittance ou autres, faits par femme mariée ou par enfans, étans en la puissance de leurs peres, Tuteurs ou Curateurs, sans le consentement desdits maris, peres, Tuteurs ou Curateurs, ne valent; & ne sont tels contrats confirmez & validez par la dissolution du mariage, ou par la mort dudit pere, émancipation desdits enfans, & majorité desd. mineurs.

Des contrats de femme mariée & enfans étans sous puissance.

1. Notre Coutume, au présent article, dit simplement que les contrats faits par femme mariée, sans le consentement de son mari, ne valent. La Coutume de Paris, article 223, dit plus; car elle dit, *sans l'autorité & consentement de son mari*: celle de Reims, art. 12; de Châlons, article 24; de Montargis, ch. 8, article 4; de Bourgogne, ch. 4, article 1, d'Estampes, art. 92; de Blois, art. 3, & beaucoup d'autres, parlent comme celle de Paris, & requierent l'autorisation expresse du mari pour la validité des contrats faits par les femmes mariées. On suit la disposition de ces Coutumes dans la nôtre; & l'autorisation expresse du mari y est requise par un usage constant, fondé sur ce que la femme étant en la puissance de son mari, suivant l'article précédent, elle doit contracter en personne assujettie à la puissance d'autrui, & faire profession de sa sujettion en marquant son autorisation : tellement qu'aujourd'hui dans cette Coutume le simple consentement du mari ne suffit pas, & il faut une autorisation expresse; parce que le simple consentement du mari ne regarde que son intérêt, & que c'est son autorisation qui rend la femme capable de contracter. *Auctoritas*, dit M. Dargentré, *personam habilitat ad contrahendum, consensus mariti interesse respicit.* Dargentré sur la Coutume ancienne de Bretagne, art. 427, gl. 3, n. 5.

2. Ainsi, quand le mari auroit signé comme présent au contrat, & quand même il y auroit consenti; s'il n'est pas dit en termes exprès qu'il a autorisé sa femme, l'obligation ne peut pas subsister. Et si le mari est absent & que sa femme contracte, comme fondée de procuration, il ne suffit pas qu'elle ait une procuration qui l'autorise, elle en doit faire mention dans l'acte, & il faut que la procuration soit annexée à la minute, ou au moins rapportée quand on discute la validité du contrat; ainsi qu'il a été jugé par les arrêts cités par M. Lebrun, traité *de la Comm.* liv. 2, ch. 1, sect. 4, n. 21.

3. Les autorisations doivent être spéciales en chaque affaire & en chaque contrat : & les termes des procurations & autorisations doivent être suivis à la lettre, sans qu'il soit jamais permis de les étendre d'un cas exprimé à un cas non-exprimé, non pas même par identité de raisons. Telle est la jurisprudence des arrêts cités par Lebrun, *ibid.* n. 8, & dans les notes sur Duplessis, traité *de la Communauté*, livre 1, chapitre 4.

4. Les obligations & contrats passés & consentis par les femmes mariées, sans le consentement & l'autorité de leurs maris, ne peuvent valoir en justice ni contr'elles, ni contre leurs maris, ni contre leurs héritiers, ainsi qu'il est dit dans l'article 223 de la Coutume de Paris, & sont nuls civilement.

5. De-là il s'ensuit : 1°. Que ni les femmes ni leurs maris n'ont pas besoin de lettres de restitution contre ces sortes d'actes; & que quand ils sont poursuivis en vertu d'iceux; il suffit d'opposer pour défenses qu'ils sont nuls, pour avoir été passés par une femme mariée, sans l'autorité de son mari. Régulièrement, dit M. Denis Lebrun, il n'est point nécessaire de lettres pour annuller l'obligation d'une femme mariée & non autorisée, parce que c'est une nullité de droit & de Coutume. Lebrun, *de la Comm.* liv. 2, ch. 1, sect. 5, n. 1.

6. Il s'ensuit en second lieu, que même après la mort du mari & la dissolution de mariage, on n'a aucune action contre la femme pour obligation par elle consentie sans l'autorité & le consentement de son mari. C'est ce qui résulte de ces mots de notre article : *Et ne sont tels contrats confirmés & validés par la dissolution du mariage.*

7. Si toutefois une femme avoit profité de l'obligation contractée sans l'autorité de son mari; qu'elle eût fait, par exemple, un emploi de l'argent prêté, à payer un créancier d'une succession qui lui est échue, pour lors il n'y auroit aucune nullité civile en l'obligation, laquelle subsisteroit tant civilement que naturellement. Car l'emploi des deniers étant bien justifié, & cet emploi rendant la femme plus riche, elle seroit non-recevable à se vouloir servir de la disposition de la Coutume; & il y auroit du dol & de la mauvaise foi de sa part, n'étant pas juste qu'une personne s'enrichisse *ex alterius jactura.* Lebrun, *de la Comm.* liv. 2, ch. 1, sect. 3, n. 5.

8. Le mari ne peut pas même se prévaloir du défaut d'autorisation, quand la somme, ou la chose prêtée à sa femme, a été employée pour ses affaires & à son profit; & que l'emploi en est constant & bien justifié; c'est une obligation à son égard qui naît *ex re.* L. 46, ff. *de oblig. & act.*

9. Autre chose seroit, si le mari n'en avoit pas profité; en ce cas, comme il n'y a à son égard ni obligation civile, ni naturelle, il pourroit, si le paiement en avoit été fait de ses

deniers, & à son insu, répéter la somme payée, *ex condictione indebiti*. L. 15, ff. *de cond. indeb.*

10. Mais il en est autrement de la femme, laquelle ne peut répéter la somme qu'elle a payée après le décès de son mari, due par une obligation par elle contractée sans autorisation, parce que l'obligation naturelle à son égard en empêche la répétition, L. 13. & 64, *de cond. indebiti*. Car dans tous les cas où il n'y a que l'autorisation qui manque, la femme ne laisse pas de s'obliger naturellement.

11. Il en est des mineurs de Coutume, étans en la puissance de leurs peres ou tuteurs, comme des femmes qui sont sous la puissance de leurs maris; les actes & contrats passés par ces mineurs, sans l'autorité & consentement de leurs peres ou tuteurs, sont nuls, suivant notre Coutume au présent article, & celle de Berry, tit. 1, art. 16; & la nullité en étant prononcée par la Coutume, il n'est pas nécessaire de se pourvoir par lettres pour les faire casser. C'est ce qui a déja été observé sur l'art. 86, *suprà*, & par M. François Decullant sur le présent article : *Quod si mulier*, dit-il, *seu minor annis 16 aut 20, sine mariti aut Tutoris auctoritate quid gesserint, est nullitas in eo actu, & ipso jure nullus est, nec pro rescisione Litteris opus est*. M. Decullant, *hìc*.

12. Notre Coutume dans le présent article, & celle de Berry dans l'article cité, mettent dans le même rang les majeurs & mineurs de Coutume, & déclarent les actes & contrats passés par les premiers sans leurs curateurs également nuls, que ceux consentis par les mineurs sans l'autorité de leurs tuteurs; mais comme les majeurs de Coutume, suivant l'article 173, *infrà*, sont capables de contracter, sauf la restitution en cas de lésion, il y a quelque distinction à faire entr'eux & les mineurs de Coutume: & pour concilier le présent article avec l'article 173, en ce qui touche les majeurs de Coutume, mais mineurs de 25 ans, il faut examiner s'ils ont traité en chose mobiliaire ou pour raison d'un immeuble.

13. Si c'est en chose mobiliaire qu'on ait traité, l'acte n'est pas nul, quoique le majeur de Coutume ait traité sans l'autorité de son curateur, pourvu qu'il n'ait pas disposé d'un meuble précieux & de grand prix, ou d'une universalité de meubles.

14. Si c'est un immeuble dont on a disposé, ou qu'on a hypothéqué, ou d'une universalité de meubles, il faut encore distinguer : ou le majeur de Coutume a traité sans l'autorité de son curateur, ou il a traité sous l'autorité de son curateur. Dans le premier cas l'acte est nul; dans le second il ne l'est pas : mais il y a lieu à la restitution pour la moindre lésion.

15. Tel est le sentiment unanime de nos anciens qui nous ont laissé leurs écrits sur notre Coutume; & c'est ainsi qu'ils concilient les articles 171 & 173 de notre Coutume.

16. *Hunc paragraphum*, dit M. François Menudel, en parlant de l'article 173, *cum paragrapho* 171, *suprà, sic concilio, ut contractus qui alienationem fundorum respiciunt sint nulli, si deficiat Curatoris auctoritas adulto in contrahendo ; si verò adfuerit auctoritas Curatoris in immobilium venditione, aut agatur tantùm de venditione mobilium, non subesse nullitatem, sed locum esse tantùm restitutioni in integrum, si decepti fuerint : quid verò de hypotheca eadem est ratio, meo judicio*. M. Menudel, sur l'article 173, *infrà*.

17. M. Louis Semin s'explique à-peu-près de même, tant sur le présent article que sur l'article 173. *Item major 20 annis*, dit-il sur le présent article, *& minor 25, potest sine auctoritate Curatoris, salvâ tamen læsione, se pro debito mobili obligare, aut quid mobile cujus vilis est possessio vendere ; nec erit nullitas in contractu, sed tantùm juvabitur si sit læsus : Secùs si agatur de mobili pretioso, de universitate mobilium vel re immobili, quia si de ea sine auctoritate Curatoris contraxerit, erit nullitas in actu*, Molin. in §. 173. *Quòd si auctore Curatore contraxerit, & in eo contractu læsus per modicum fuerit, Litteris à Principe obtentis, in integrum restituetur, quo remedio poterit uti, donec annum 36 attigerit, juxtà art.* 134, *Const.* 1539.

18. *Minore 20 annis*, dit le même Louis Semin sur l'art. 173, *alienante, locus est nullitati ; alienatio autem facta à majore 20 annis cum Curatore valet, salvâ læsione . . . . . & ita apud nos usus invaluit* . . . M. Louis Semin.

19. M. François Decullant, sur l'art 173, s'explique de la sorte : *Major hac municipali Lege factus, potest disponere de immobilibus, etiam sine Decreto, modò Curatoris auctoritas intercesserit, sine qua legitimè non contrahit*, §. 169, *sup. &* 171. *Restituitur tamen adversùs immobilium alienationem, hypothecamve, quâ graviùsculè circumventus fuerit, licèt Curatore auctore contraxerit . . . . . & ita vidit Molinis observari D. Advocatus* Decullant. M. François Decullant, sur l'article 173, *infrà*.

20. Ce qui est dit au présent article, dit M. Genin, pere, sur l'article 173, montre que la majorité en Bourbonnois est à l'âge de vingt ans, pour les mâles, & seize ans, pour les filles ; auquel étant *sui juris*, ils peuvent contracter, *salvâ restitutione*.

21. De tout ceci il resulte que les majeurs de Coutume n'ont besoin de l'autorité de leurs curateurs que dans les cas où ils traitent de leurs immeubles, ou d'une universalité de meubles ; que dans ces cas, s'ils ne sont autorisés par leurs curateurs, les actes sont nuls ; & que comme la nullité en est prononcée par la Coutume au présent article, ils n'ont pas besoin de se pourvoir par lettres pour les faire casser.

22. A la vérité notre article ne demande que le consentement du curateur, pour la validité de ces actes ; mais l'usage est pour l'autorisation, & avec raison : Car, comme dit Pontanus, sur l'art. 3 du tit. 1 de la Cout. de Blois, *Pluris est auctoritas, quàm simplex consensus, auctoritas enim majorum est, qui jus potestatis in illum, cui eam præstant, habent ; inferiorum autem*

autem est consensus: ainsi il faut que le majeur de Coutume contracte sous l'autorité de son curateur ; & tel est l'usage.

23. Et il faut observer qu'il n'y a aucune différence à faire entre les majeurs de Coutume, pourvus de curateurs, & ceux qui ne le sont pas, lorsqu'ils devroient l'être, C'est la disposition précise de l'ancienne Coutume de Bretagne, art. 214. *Obligation*, porte cet article, *de ceux qui sont en pouvoir d'autrui, ou y doivent être, est de nulle value*. Et la raison, selon que l'a observé M. Dargentré sur ces mots de cet article, *ou y doivent être*, c'est que, *eâdem conditione sunt, qui habent, aut non habent, cùm habere debeant.... Nam utroque casu, tam nulli sunt contractus, & ratione æstimantibus illa diversitas planè sine ratione fuit, nec ulla, probabilis redditur*. M. Dargentré, sur l'art. 214 de l'ancienne Coutume de Bretagne.

24. Les testamens ne sont pas compris sous les mots de *contrats*, *donations & autres actes*, pour lesquels notre article demande le consentement ou autorisation des maris, peres, tuteurs ou curateurs : ainsi les femmes mariées, comme nous le dirons sur l'article 289, *infra*, peuvent tester sans l'autorité de leurs maris ; & les mineurs qui ont atteint l'âge de puberté, sans celle de leurs peres, tuteurs ou curateurs. C'est l'observation de M. Louis Semin, de M. Jacques Potier & de M. Bordel, sur notre article. *Rectè autem*, dit M. Louis Semin, *hic paragraphus noster de contractibus loquitur, siquidem ad testamentum non protenditur ; mulieres enim & puberes apud Boïos liberè & sine auctoritate viri, patris, tutoris aut curatoris testari possunt, dummodò masculi quatuordecimum & fœminæ duodecimum ætatis annum excesserint, juxtà dispositionem Jur. Civ. in L. Quâ ætate, ff. de testam. quam apud nos servamus.... Hinc dicitur quod mulier serva vivit, eò quòd sine viri auctoritate quidquam agere possit, attamen libera moritur, nam testari potest ; & testamentum ad eum tantùm statum pertinet, quo mulier solvitur lege mariti....* M. Louis Semin, *hic*.

25. Quant aux contrats & autres actes faits par les femmes mariées & mineurs, pour lesquels notre article requiert l'autorisation des maris, peres, tuteurs ou curateurs, quand la Coutume les déclare nuls faute d'autorisation ; cela se doit entendre au profit de la femme mariée, & des mineurs seulement. Car, si le contrat leur est avantageux, ou qu'ils le jugent tel, celui qui contracte avec eux ne peut pas se prévaloir de la nullité, & demander que le contrat soit nul & résolu : ce qui est fondé sur une maxime général, que ce qui est introduit en faveur d'une personne, ne peut pas être retorqué contr'elle ; & que la raison de la loi cesse, quand ceux en faveur desquels la nullité est prononcée, veulent bien avoir le contrat pour agréable. Ainsi il faut distinguer entre les nullités absolues & nullités respectives, qui sont établies en faveur & pour l'intérêt particulier d'une personne : c'est l'observation de M. le président Duret, sur ces mots de notre article, NE VALENT. *Ex uno latere*, dit-il, *nam qui cum illis contrahit, illis obligatus est ; illos autem sibi non obligat, nisi sint inde locupletiores*. Tel est aussi le sentiment de M. Dargentré, sur l'article 424 de l'ancienne Coutume de Bretagne, gl. 1, n. 3 ; de Pontanus, sur l'article 3 de celle de Blois, & de Lebrun, *de la Comm*. liv. 2, ch. 1, sect. 5, n. 2.

26. Les contrats consentis par les femmes mariées & par les mineurs non autorisés, étant nuls, comme il a été dit, l'autorisation & la ratification qui surviennent depuis, ne devroient pas, dans l'étroite rigueur, les valider ; parce que cette autorisation étant essentielle, elle doit faire partie du contrat même. Mais on s'est relâché, dit M. Denis Lebrun, de cette rigueur ; & les arrêts ont jugé que le défaut d'autorisation dans le contrat, se pouvoit réparer par une autorisation postérieure & par une ratification ; & que la ratification & l'autorisation subséquente du mari faisoit subsister le contrat passé par une femme sans l'autorité de son mari, & sans que la femme réitérât le contrat. Ces arrêts sont cités par M. Lebrun, dans son traité *de la Comm*. liv. 2, chap. 1, sect. 5, n. 6.

27. On a dit, la ratification & l'autorisation subséquente du mari ; car il faut que le mari autorise sa femme en ratifiant le contrat, & la simple approbation ne suffiroit pas. Lebrun, *ibid*, n. 8.

28. A défaut de cette autorisation & ratification postérieure, ces contrats ne sont pas confirmés & validés, suivant notre article, par la dissolution du mariage, ou par la mort du pere, émancipation des enfans & majorités desdits mineurs ; & la nullité de ces contrats peut être opposée en tout temps ; & c'est ici où on peut appliquer la regle 29. ff. *de Reg. Jur*. qui dit : *Quod ab initio vitiosum est, tractu temporis convalescere non potest*. * Toute ratification & approbation postérieure ne valide pas l'acte nul ; & pour savoir quand la ratification fait cesser le vice & la nullité de l'acte, il faut avoir égard au vice & à la nullité, & à la maniere dont se fait la ratification : si la nullité vient de la personne qui a contracté, telle que seroit la minorité, ou le défaut d'autorisation du mari, comme dans l'espece présente ; en ce cas la personne devenue majeure, ou libre de la puissance maritale, peut faire cesser la nullité par sa ratification & confirmation, & pour lors ce qui est nul & invalide, est validé par la confirmation de celui qui en a le pouvoir, & qui a connoissance de la nullité.

Que si le vice & la nullité de l'acte d'une donation, par exemple, ne vient pas de la donatrice, du défaut de la personne qui a contracté, mais d'un défaut de formalité requise par la loi ou la Coutume, en ce cas la ratification, si elle est pure & simple, ce que M. Dumoulin appelle *in formâ communi*, ne valide pas la donation nulle par défaut de formalité, sur-tout au préjudice d'un tiers ; & la raison qu'en donne Dumoulin, c'est qu'une ratification n'est qu'une simple approbation de l'acte, de la donation déjà faite, telle qu'elle est, avec son vice & son défaut, qui n'ajoute rien à l'acte, qui ne se fait pas dans l'intention de disposer, mais seulement d'approuver ce qui est fait. *Qui confirmat*, dit Dumoulin, *nihil dat, nihil novi confert, non enim fit ad finem disponendi, sed solùm ad finem approbandi confirmabile, si tale est, & non aliter....... quoniam natura confirmationis non est de novo disponere, nec novum jus dare, sed antiquum, & præexistens approbare, & semper præsupponit aliquid priùs inesse quod confirmatur......... nec tamen illud in aliquo auget, vel extendit, sed ad illud commensuratur, & ad ejus fines & limites restringitur.* Dumoulin, tit. des fiefs, §. 8, gl. *in verb.* Dénombrement, n. 8, 9 & suiv.

Autre chose est, quand la ratification est faite en forme dispositive, que ce n'est pas tant une confirmation qu'une nouvelle disposition faite dans le dessein de couvrir la nullité, par celui qui en a la connoissance & le pouvoir ; mais pour cela il faut que toute la teneur de l'acte qui est confirmé, soit rappellée dans l'acte qui le confirme, & qu'il soit approuvé, reconnu & confirmé. *Dicitur autem*, dit Dumoulin, *confirmatio facta in formâ speciali & dispositivâ, quando enarrato toto tenore confirmati, approbatur, recognoscitur, & confirmatur à potestatem habente. Tunc enim ex quo plenè informatus, de facto, facti veritate, & circonstantiis, per instrumentum originale confirmati, narratum in confirmatione, non intelligitur confirmans, conditionaliter & præsuppositivè loqui, sed purè, simpliciter, & præcisè, etiamsi apponantur illæ clausulæ, prout, sicut, vel secundùm quod, sine pravitate, justè & legitimè, per te, vel prædecessores tuos, obtentum & possessum fuit ;* & en ce cas il faut que cette nouvelle disposition, qui n'a son effet que du jour de la date ou ratification, soit revêtue des formalités requises par la loi ou Coutume pour la validité de l'acte.

Voyez ce qui sera dit sur l'article 173, *infra*.

ARTICLE CLXXII.

Des contrats des furieux & insensés, ou absens.

SI débiteurs deviennent furieux, insensez, ou sont absens, ou demeurans hors du Païs & Duché de Bourbonnois, la Justice à la requête des créanciers, doit appeller la femme, si femme y a, & les plus prochains parens desdits furieux, insensez ou absens, & leur donner Curateurs en leurs biens, contre lesquels lesdits créanciers se peuvent adresser, & leur faire signifier leur requête, pour eux pourvoir de défenses au contraire, si faire le peuvent. Et à faute desdites défenses, iceux Curateurs pourront souffrir condamnation & faire payement de la dette, en baillant caution par celui qui prétend ladite dette, de restituer, si restitution y échet. Mais si lesdits débiteurs furieux, insensez, viennent à convalescence, & lesdits absens retournent au Païs, & ils justifient de quittance ou satisfaction desdites dettes payées, lesdits créanciers sont contraints par Justice à restituer ce qu'ils ont reçu, avec les dommages & intérêts.

1. Comme il y a d'autres causes que la foiblesse de l'âge, qui rendent les personnes incapables de leur propre conduite, & de l'administration de leurs biens ; on met ceux qui se trouvent dans cet état, sous la conduite d'autres personnes qui leur tiennent lieu de tuteurs, & qu'on appelle curateurs ; & on nomme des curateurs à toutes les personnes qui par quelque infirmité sont incapables de l'administration de leurs affaires & de leurs biens, tels que sont les furieux & les insensés ; comme il est dit dans notre article, dans l'article 506 de la Coutume d'Anjou, & 501 de celle du Maine : mais il faut que leur démence soit prouvée en justice.

2. On donne aussi un curateur à ceux qui sont interdits pour cause de dissipation, quand leur interdiction est ordonnée par le juge ; ce qu'il fait ordinairement de l'avis des parens, & à la requête de l'un d'eux. Mais on n'ôte pas toujours, comme l'observe M. Argout, *Inst. au Droit Franç.* tome 1, liv. 1, chap. 9, l'entière administration du bien, à ceux qui sont interdits pour cause de dissipation ou pour une simple foiblesse d'esprit, lorsqu'il leur reste quelque peu de bon sens ; on ne leur donne pas même toujours un curateur, mais seulement un conseil que le juge nomme d'office, sans lequel ils ne peuvent ni aliéner ni hypothéquer leurs immeubles. Tout cela dépend de la prudence du juge, & de la maniere dont l'interdiction est prononcée.

3. Si une personne se trouve être absente depuis long-temps, sans avoir chargé quelqu'un de la conduite de ses affaires & de ses biens, & qu'il soit nécessaire d'y pourvoir, on nomme en ce cas un curateur, pour prendre ce soin, comme le dit notre Coutume, au présent

Tit. XV. DU DROIT ET ÉTAT, &c. Art. CLXXIII.

article, & celles d'Anjou & du Maine, aux articles cités.

4. Ces curateurs se donnent encore en plusieurs cas ; 1°. aux biens vacans, délaissés par un défunt, décédé sans héritiers apparens, suivant la Coutume de Meaux, art. 118 ; 2°. aux biens délaissés & abandonnés par hypothéque, selon qu'il est dit en l'article 123 de la Coutume d'Auxerre ; 3°. aux biens d'un homme qui a fait cession.

5. Ces sortes de curateurs représentent les personnes de ceux à qui ils sont nommés curateurs ; ils exercent leurs actions & font payer les débiteurs : mais aussi, ceux qui ont des droits ou prétentions contre ceux dont ils sont curateurs, peuvent agir contr'eux ; & c'est contre ces curateurs que les créanciers dirigent leurs actions, lesquels sont tenus de défendre, & à défaut de défenses (comme dit notre Coutume, dans notre article, & celles d'Anjou & du Maine, aux articles cités) souffrir condamnation & payer, en donnant caution par celui qui reçoit, si le juge l'ordonne ainsi, disent lesdites Coutumes du Maine & d'Anjou.

6. Sur quoi il faut observer que, quoique les curateurs aux biens vacans, délaissés &

abandonnés, soient saisis en justice, ils ne doivent pourtant pas être regardés comme de véritables propriétaires ; qu'ils ne le font que par fiction, & pour l'ordre de la procédure, en tant qu'ils prêtent leur ministere aux créanciers pour la validité des poursuites & décret ; que la fiction ne s'étend pas plus loin, & qu'ils n'ont aucun droit, non plus que les autres tuteurs & curateurs, dans la propriété des biens ; de maniere qu'ils ne peuvent pas les vendre & en disposer de leur autorité privée.

7. Ils sont tenus de prêter serment, de faire inventaire des biens dont ils sont chargés, & de vendre les meubles de l'inventaire par justice, c'est-à-dire, par un sergent, après des publications, au plus offrant & dernier enchérisseur, selon qu'il résulte de l'article 344 de la Coutume de Paris. Pour les immeubles, ils ne peuvent être vendus non plus que par autorité de justice.

8. Ils doivent rendre compte de leur administration ; & en général les fonctions & devoirs de ces curateurs comptables des biens qu'ils gouvernent, sont presqu'en tout semblables à ceux des tuteurs.

ARTICLE CLXXIII.

Combien qu'en certain cas par ci-devant, les mâles en l'âge de quatorze ans, & les femelles en l'âge de douze ans, & de présent en cette publication, les mâles en l'âge de vingt ans, & les filles en l'âge de seize ans, ou autre moindre tems, ayent été réputez majeurs ; toutefois par lesdites Coutumes n'est entendu que si le mineur de vingt-cinq ans fait aucun contrat, duquel il prétende avoir été blessé, ou souffrir dommage, qu'il ou son héritier ne se puissent faire relever.

De l'âge habile à contracter.

1. La majorité dont il est parlé dans le présent article, est la majorité appellée Coutumiere, qui est réglée pour les mâles à vingt ans, & pour les filles à seize ans ; au lieu que la majorité de droit est fixée à vingt-cinq ans accomplis, pour les deux sexes.

2. L'effet de cette majorité coutumiere est, dit M. François Menudel, de mettre le majeur de Coutume en état de contracter, sauf la restitution *ex capite læsionis*.

3. Il y a certains actes dont les majeurs de Coutume sont capables par eux-mêmes, sans assistance de curateur, & d'autres pour lesquels ils ont besoin de l'autorisation d'un curateur.

4. Un majeur de Coutume peut valablement sans curateur, disposer de ses meubles, des fruits de ses immeubles, & exiger ses dettes actives ; parce qu'il a l'administration & jouissance de ses immeubles, & la disposition de ses meubles. Il peut, comme dit la Coutume de Berry, tit. 2, art. 34, faire bail de ses héritages à moindre temps que de dix ans ; mais non pour dix ans & au-dessus : par la raison

qu'un tel bail contiendroit une espece d'aliénation, suivant l'article 4 du tit. 5 de la même Coutume de Berry.

5. Il ne peut pas aliéner ses immeubles, sans l'autorité d'un curateur ; mais il le peut dans cette Coutume, autorisé de son curateur, sauf la restitution, comme il a été observé sur l'art. 171 *suprà*, après tous nos anciens. *Alienatio autem facta à majore 20 annis cum Curatore, valet*, dit M. Louis Semin, *salvâ læsione, contrà Jus Civile in L. si quidem, Cod. de prædiis, & aliis rebus min. sine Decret. non alienandis, & Molinæi opinionem ad hunc paragraphum ; & ita apud nos usus invaluit. Ideò autem hîc dicitur contrà Jus Civile & Molinæi opinionem, quia Jus Civile prohibuit res minorum 25 annis, sine Decreto alienare, licèt Tutore aut Curatore auctore ; quod idem desiderat Molinæus per hæc verba*, NON TOLLITUR DECRETUM, *quod hodiè Curatore auctore non desideratur, adeò ut valeat venditio, salvâ tamen læsione*. M. Louis Semin, *hîc.* Les sentimens de nos autres commentateurs dans leurs manuscrits,

font rapportés fur l'article 171 , *suprà*.

6. Ceux qui doivent aux mineurs de droit, quoique majeurs de Coutume, ne peuvent pas non plus leur rembourfer valablement un contrat de conftitution, fans le fecours d'un curateur. Ainfi, fi le mineur n'a point de curateur, il faut que le débiteur lui en faffe créer un ; & fi le mineur ou les parens ne vouloient pas donner les mains à la création du curateur, le débiteur qui voudroit fe libérer, feroit bien fondé, comme a remarqué M. Argout, *Inft. au Droit Franç.* tome 1, liv. 1, chap. 9, à demander qu'il lui fût permis de configner, afin de faire ceffer le cours des arrérages.

7. Quand un majeur de Coutume a des procès à foutenir, ou à faire quelques actes judiciaires, il faut encore néceffairement, pour la validité de la procédure, & des actes faits en juftice, lui faire créer un curateur aux caufes ; c'eft ce qui a été dit fur l'art. 169, *suprà*.

8. Mais autre chofe feroit d'un commandement, par exemple, fait à la requête d'un mineur, pour fe faire payer d'une fomme exigible, qui lui feroit due par quelque contrat ou obligation, portant exécution parée, & d'une faifie & exécution mobiliaire faite en conféquence ; ce commandement & cette exécution ne laiffent pas d'être valables, quoique faits à la requête du mineur fans autorifation du curateur, parce qu'il ne s'agit pas en cela d'un acte judiciaire & d'aucun immeuble.

9. L'ufage eft de donner des curateurs aux mineurs qui font hors de tutelle, afin de les autorifer dans ces fortes d'actes, qu'ils ne peuvent faire valablement fans être autorifés.

10. Mais quelqu'autorité que le curateur prête à fon mineur, cela n'empêche pas qu'il ne puiffe être reftitué ; la foibleffe & l'infirmité de l'âge du mineur de droit & majeur de Coutume, jointe avec la léfion, fuffit contre toutes fortes d'actes indiftinctement, pour donner ouverture à la reftitution, même en chofe mobiliaire particuliere, comme il a été dit fur l'art. 86, *suprà* ; & les mineurs de vingt-cinq ans, autorifés ou non de leurs curateurs, font généralement reftitués, contre tout ce qu'ils ont pu faire ou fouffrir, ou manqué de faire, dont il leur feroit arrivé quelque préjudice, parce que cette foibleffe de l'âge eft une caufe univerfelle, qui fupplée à toutes les autres caufes : c'eft la difpofition de notre Coutume en cet article, comme il réfulte de ces termes : *N'eft entendu que fi un mineur de 25 ans*. &c.

11. Mais comme le mineur de droit, mais majeur de Coutume, qui a traité en chofe mobiliaire, n'eft relevé que parce qu'il fe trouve léfé ; c'eft à lui, lorfqu'il demande à être reftitué, à juftifier de la léfion. C'eft la remarque de M. Jean Decullant, fur notre article : *Si major hac lege municipali factus*, dit-il, *petat reftitutionem, debet docere de læfione, & præfumitur pecunia mutuò fumpta, vel aliud quidpiam fuiffe in rem verfum, nifi ipfe contrarium docuerit, putà fi in ludo ei fuerit mutuatum ; minor autem* (*id eft fœmina infrà 16 annum, & mafculus infrà 20 ætatis annum*) *præfumitur læfus, nifi creditor docuerit de in rem verfo*. M. Jean Decullant, *hìc*.

Il y a toutefois des cas où le mineur de droit, quoique majeur de Coutume, ou émancipé eft préfumé de droit avoir été léfé, fans qu'il foit néceffaire de juftifier la léfion.

12. Le premier eft l'acceptation d'une hoirie faite par le mineur, & cette exception eft fondée fur deux raifons : La premiere fe tire de la loi *Hæreditatem* 19, ff. *de acquir. hæred.* où il eft dit : *Qui adit debet fcire ex qua caufa adeat quod minor per fe fcire non poteft, cùm infirmum fit illius ætatis confilium, & multis captionibus obnoxium*. Ainfi le mineur n'ayant pas toute la prudence néceffaire pour le bien de fes affaires, il n'eft pas préfumé avoir choifi le parti qui lui étoit le plus avantageux, ou d'accepter purement & fimplement, ou d'accepter fous bénéfice d'inventaire. La feconde raifon fe tire de l'effet que produit l'acceptation. *Qui adit, eo ipfo fe obligat omnibus oneribus hæreditariis ;* & cette obligation d'acquitter les dettes & les charges d'une hoirie, eft cenfée être onéreufe au mineur, *qui licèt videatur conditionem fuam facere meliorem adeundo, facit tamen deteriorem fe obligando. Leg. Adrianus,* 4, *ff. de obligat.* M. Bretonnier, fur Henrys, tome 1, liv. 4, chap. 1, queft. 1.

13. Le fecond cas eft la donation entre vif, faite par le mineur de droit ; dans ce cas il n'eft pas néceffaire d'entrer en connoiffance de caufe ; parce que , *donare eft perdere, & qui non poteft alienare, non poteft donare.* L. 163 & 165 *de Reg. Jur. &* L. 4, *Cod. de præd. & al. reb. min. fine Decr. non alien.* Bretonnier, *ibid*.

14. Le troifieme cas eft l'aliénation des immeubles faite par un majeur de Coutume, même fous l'autorité d'un curateur ; dans ces fortes d'aliénations, un fimple intérêt d'affection donne ouverture à la reftitution en faveur d'un mineur. Ainfi, quand il ne fe trouveroit pas de léfion, ni dans le prix de la vente d'un fonds d'un mineur de droit, mais majeur de Coutume, ni dans l'emploi qu'il en auroit fait, il ne laiffera pas d'être relevé par la feule raifon de n'avoir des biens qu'il peut affectionner : Et de cette maniere les mineurs de droit, quoique majeurs de Coutume, font relevés de toutes les ventes de leurs fonds, quoique faites fous l'autorité d'un curateur, fous prétexte de tranfaction, d'échange, de ftérilité de fonds, ou d'autre caufe quelconque. Telle eft la jurifprudence d'aujourd'hui confirmée par plufieurs arrêts de réglement, qui permettent aux mineurs de rentrer dans leurs biens vendus par leurs tuteurs, ou par eux-mêmes. Et M. Lepreftre, cent 3, chapitre 42 & 45, établit fortement cette jurifprudence.

15. Mais ce qu'il faut exactement obferver, c'eft que l'aliénation faite par un majeur de Coutume, fous l'autorité d'un curateur, n'étant pas nulle, à la différence de celle qui a été faite fans l'autorité du curateur, felon qu'il

a été dit sur l'article 171 : il doit se pourvoir par lettres à fin de restitution, dans les dix ans de sa majorité de droit.

16. Cette raison nous conduit à dire que le majeur de Coutume qui est restitué contre l'aliénation qu'il a faite, autorisé de son curateur, doit rendre le prix qu'il a reçu, à l'exception de ce qu'il prouvera ne lui avoir pas profité : car, selon l'opinion commune des docteurs, il y a cette différence à faire entre les contrats nuls *ipso jure*, tels que sont ceux dont il est parlé en l'article 171, *suprà*; & ceux qui ne le sont pas : mais contre lesquels on peut être restitué pour cause de lésion, comme sont ceux qui sont faits par les majeurs de Coutume, capables de contracter, suivant le présent article ; que pour raison des premiers, le mineur n'est tenu de rendre que ce qu'on vérifie avoir tourné à son profit, & que s'il s'agit d'une aliénation d'immeuble, le mineur rentrera dans son bien vendu, avec restitution de fruits, sans être obligé de rendre le prix à l'acquéreur, s'il ne justifie qu'il a tourné à son profit; l'acquéreur étant en ce cas tenu de justifier de l'emploi du prix qu'il prétend avoir payé au mineur, & de faire voir qu'il en a profité, pour lui en demander la restitution ou en prétendre la déduction sur les fruits. Au lieu que pour raison des seconds, le majeur qui a été restitué, doit rendre ce qu'on lui a donné de bonne foi, sans que l'acquéreur ou créancier soit obligé de prouver que les deniers ont tourné au profit dudit mineur de droit, mais majeur de Coutume. Tel est le sentiment de M. Pierre Delhommeau, en *ses maximes du droit français*, liv. 3, article 2, aux notes : sentiment que j'estime devoir être suivi dans notre Coutume. A la vérité les arrêts paroissent contraires, ou du moins ne sont pas entrés dans cette distinction, ils sont rapportés par M. Louet & M. Julien Brodeau, lett. M, somm. 19, & par M. Claude Henrys, & M. Bretonnier, tome 1, liv. 4, chap. 6, quest. 22.

17. Quant à ce qui concerne les réparations, si l'acquéreur se départ du contrat, le vendeur, soit qu'il soit majeur ou mineur, est obligé de rendre les réparations utiles & nécessaires, & les améliorations faites par l'acquéreur;

la raison est qu'il n'est pas juste que la partie qui est restituée, en profite au préjudice de l'acquéreur. A l'égard des dépenses faites pour le seul plaisir, il est seulement permis à l'acquéreur d'enlever ce qu'il peut reprendre sans changer l'état où étoient les lieux avant l'aliénation.

18. Il reste la question de la restitution des fruits, qui consiste à savoir si le majeur s'étant fait restituer contre la vente par lui faite sous l'autorité de son curateur en majorité coutumiere, l'acquéreur est tenu de lui restituer les fruits depuis son acquisition. Et touchant cette question, j'estime qu'on doit faire la distinction dont on a parlé ci-dessus, des ventes nulles *ipso jure*, telles que sont celles qui sont faites par des mineurs de Coutume, ou par leurs tuteurs, lesquels comme nous le dirons sur l'article 183, *infrà*, n'ont pas pouvoir de vendre; d'avec celles qui sont faites par des personnes qui sont capables de vendre, comme sont les majeurs de Coutume sous l'autorité de leurs curateurs : ventes valables, mais contre lesquelles on se peut faire restituer, pour cause de lésion : qu'à l'égard des premieres, nulle difficulté que l'acquéreur ne pouvant être regardé que comme un acquéreur de mauvaise foi, qui a traité avec une personne qu'il savoit ne pouvoir aliéner, il ne soit obligé de restituer les jouissances, d'autant plus que son acquisition étant nulle, il ne peut pas même être considéré comme un véritable acquéreur, la propriété ne lui ayant pu être transférée par une personne qui n'en avoit pas le pouvoir ; au lieu qu'à l'égard des secondes, on ne peut s'empêcher de considérer l'acquéreur autrement que comme un acquéreur de bonne foi, qui a acquis de celui qui avoit le pouvoir de vendre sous l'autorité de son curateur, sauf toutefois la restitution ; & qui, comme acquéreur de bonne foi, n'est tenu de restituer les fruits que depuis la demande, les jouissances précédentes demeurant compensées avec l'intérêt du prix de la vente. Dès que l'on reconnoît avec tous nos anciens, dans le majeur de Coutume, la capacité d'aliéner ses immeubles sous l'autorité de son curateur, sauf la restitution, il me paroît qu'on ne peut pas décider autrement.

TITRE SEIZIEME.

Des Tutelles.

1. LA tutelle est la puissance & l'autorité que la loi civile donne aux tuteurs pour la conduite de la personne, & l'administration des biens de ceux qui, par la foiblesse de leur âge, ne peuvent pas se conduire eux-mêmes ni prendre le soin de leurs affaires : de maniere que le tuteur est celui à qui on commet le soin du mineur, soit qu'il soit chargé de la conduite de sa personne & de ses biens, §. 1, & 2, *Inst. de Tut. L. 1, ff. eod.*

2. Les tutelles ont leur fondement dans la religion & la police : car, comme l'a très-bien observé M. Domat, il est également de la religion & de la police, que ceux qui sont privés de leurs peres avant qu'ils soient dans un âge où ils puissent se conduire eux-mêmes, soient mis jusqu'à cet âge sous la conduite de quelque personne qui tienne lieu de pere, autant qu'il se peut, & qui sont chargés de leur éducation & du soin de leurs biens.

3. Dans ce titre, qui est composé de dix articles, on y traite des différentes sortes de tutelles; de la tutelle testamentaire, légitime & dative; de la manière dont se doivent déférer les tutelles & les devoirs & fonctions des tuteurs. Mais avant toutes choses il est parlé du droit qu'a le pere de jouir des biens de ses enfans mineurs, & de profiter des fruits sans en rendre compte; qui s'appelle Garde.

4. Il est parlé dans l'ancienne Coutume des tutelles en deux articles seulement, qui sont les deux derniers du titre douzieme, intitulé *des successions & tutelles*.

ARTICLE CLXXIV.

Du pere légitime administrateur, & quand il fait les fruits siens, & à quelles charges.

LE PERE est administrateur légitime des biens maternels & adventifs de ses enfans étans en sa puissance, & fait les fruits siens, si bon lui semble, jusques à l'âge de quatorze ans quant aux filles, & de dix-huit quant aux mâles : Et sera tenu le pere en prenant ladite administration, payer les dettes que doivent lors lesdits enfans, les nourrir, alimenter & entretenir, payer & acquitter les charges que doivent lesd. héritages; & à la fin de ladite administration, rendre lesdits héritages en bon état; & est tenu le pere de faire inventaire de leurs biens, & les rendre à sesdits enfans, l'usufruit fini : Et si ledit pere se remarie, ou que lesdits enfans meurent avant ledit tems, l'usufruit & administration sont finis.

1. LE pere est non-seulement légitime administrateur des biens maternels & adventifs de ses enfans; mais il fait encore les fruits siens, si bon lui semble, jusqu'à l'âge de quatorze ans quant aux filles, & de dix-huit ans quant aux mâles; ainsi qu'il est dit dans le présent article.

Ce droit qu'a le pere de jouir des biens de ses enfans mineurs, & de profiter des fruits sans en rendre compte, s'appelle *garde*; & la garde est un effet de la puissance paternelle, comme il a été observé sur l'article 166, *suprà*.

2. La garde est presque généralement reçue dans nos Coutumes, mais elle y est diversement réglée.

3. Notre Coutume n'accorde le bénéfice de la garde, qu'au pere : ainsi la mere, l'aïeul & l'aïeule en sont privés; soit parce que, comme il a été dit, c'est un effet de la puissance paternelle; soit parce que ce droit étant un droit odieux & préjudiciable aux enfans, qui les dépouille d'un droit qui leur appartient, droit contre lequel on se recria dans le temps de la rédaction de la Coutume, comme il paroît par le procès verbal d'icelle, il faut regarder la disposition de la Coutume à cet égard, comme une disposition de rigueur & de droit étroit, qui ne doit pas souffrir d'extension. C'est l'observation de M. Jean Decullant, & après lui de M. François Decullant, & de M. Jacques Potier. *Avus*, dit M. François Decullant, *eodem beneficio non gaudet; sunt enim Statuta stricti Juris, quibus nihil addendum : undè cùm hic Statutum tantùm ad hoc privilegium patrem admittat, in necem filiorum, & de avo non loquatur, non videtur ad eum extendendum, & testatur D. Joannes* Decullant *non vidisse agitari de facto hanc quæstionem*. M. François Decullant, sur notre article, mot *pere*.

4. M. Louis Semin, sur l'article suivant 175, a fait la même remarque à l'égard de la mere; savoir, qu'elle n'a pas la garde de ses enfans. *Item hîc passim nota*, dit-il, *quòd mater non faciat liberorum suorum fructus suos, sicut pater, quia hic ususfructus ratione patriæ potestatis defertur, quæ matri non conceditur*. M. Louis Semin.

5. La Coutume, en accordant la garde au pere, ne distingue point entre le pere noble ou roturier, majeur ou mineur; & comme nous ne devons pas distinguer où la Coutume ne distingue pas, il s'ensuit que, dans cette Coutume, le pere noble ou roturier, majeur ou mineur, est légitime administrateur des biens de ses enfans, & en fait les fruits siens : joint à cela que cet usufruit lui appartient, comme il a été dit, à cause de sa puissance paternelle.

6. L'effet de la garde est, comme il vient d'être dit, d'avoir l'administration des meubles, pour les rendre après la garde finie, & de profiter des revenus des immeubles : surquoi c'est une question, si les héritages qui échéent aux mineurs depuis l'ouverture de la garde & durant icelle, soit par succession directe, ou collatérale, ou donation, entrent dans cet usufruit. M. Jacques Potier, sur notre article, tient la négative; mais M. le président Duret & M. Jean Decullant tiennent l'affirmative, & le premier assure que cela s'observoit de la sorte de son temps dans cette Coutume.

7. Voici l'observation de M. le président Duret, sur ces mots, MATERNELS ADVENTIFS. *Idem*, dit-il, *in aliis quæ liberi in patria potestate constituti acquisierunt, non solùm ex patris substantia, sed ab aliis ex quibuscumque causis, quæ ex liberalitate fortunæ vel laboribus suis ad se pervenerunt, L. 6 & 8, Cod. de bonis quæ lib. Etsi post matris obitum ipsis liberis in potestate patris existentibus obvenerint,* Molin. *in Consf. Parif. de mat. feud. §. 32, gl. 1, in princ. Et hoc jure utimur*. M. le président Duret, *hîc*.

8. *Sententia quæ prævalet*, dit M. Jean Decullant, *ea est quæ tenet patrem non solùm habere usumfructum bonorum, quæ per obitum matris obvenerunt liberis, sed etiam eorum quæ ex avo materno, vel pro avo provenerint, imò & ex omnibus aliis quæ liberis obveniunt.* Jean Decullant *hîc*, sur les mots, *des biens maternels adventifs.*

9. Pour moi je tiens aussi pour l'affirmative : & ma raison, c'est que cet usufruit du pere qui lui appartient à cause de sa puissance paternelle, est pris du droit romain, & que la disposition de notre Coutume à cet égard, a été tirée des loix 1 & 2, cod. *de bon. mat.* & l. 6, cod. *de bon. quæ lib.* suivant lesquelles loix, le pere qui a ses enfans en sa puissance, jouit pendant sa vie de l'usufruit des biens à eux appartenans, soit qu'ils leur soient échus par la succession de leur mere, ou qu'ils leur soient venus d'ailleurs. Car il faut remarquer que par l'ancien droit romain, les enfans qui étoient en la puissance de leur pere, ne pouvoient avoir aucun bien en propre ; & que tout ce qui pouvoit leur écheoir & leur être acquis, étoit propre au pere, à la réserve de ce que l'enfant qui étoit sous sa puissance pouvoit acquérir, ou par le service dans les armes, ou par sa capacité dans le barreau ; que dans la suite les empereurs laisserent aux enfans qui étoient encore sous la puissance de leurs peres, la propriété de leurs biens maternels, dont l'usufruit appartenoit aux peres ; & qu'enfin Justinien ordonna que tous les biens qui pourroient être acquis aux enfans non-émancipés, leur appartiendroient en propre, de quelque maniere que ces biens leur fussent acquis, à la charge de l'usufruit qu'il donna au pere de tout ce qui seroit acquis auxdits enfans non émancipés, excepté de ces sortes de pécules dont la propriété & la jouissance appartenoit aux enfans par l'ancien droit, qui subsista dans sa vigueur quant à ce. Cette observation faite, il y a tout lieu de croire que l'ancienne Coutume observée dans cette province, que M^{rs} les commissaires qualifierent d'inique & d'injuste, étoit conforme à l'ancien droit romain, c'est ce qui paroit par les termes du procès verbal ; mais que du consentement des états, elle a été corrigée, réglée & modifiée, conformément au droit civil nouveau, & en la forme & maniere qu'il est porté au présent article.

10. Et il est à observer que, quoique dans l'original de la Coutume, qui est dans les archives de la chambre du domaine, & qui est signé Baume, Brachet, de Vienne, Chauveau & Chambou, il se lise : *Le pere est administrateur légitime des biens maternels adventifs* ; toutefois il y a lieu de croire que la conjonctive, &, a été omise, & qu'il faut lire comme il est écrit ci-dessus, & qu'il se lit dans le nouveau coutumier général : *Le pere est administrateur légitime des biens maternels & adventifs de ses enfans*, &c. Et comme il se lit aussi dans l'article 49 du titre 14 de la Coutume d'Auvergne, & dans l'article 22 du titre 1 de celle de Berry ; en sorte que le véritable sens du présent article, est que le pere est légitime administrateur, non-seulement des biens maternels de ses enfans, mais encore des adventifs. *Id est, quæ eis aliundè obveniunt quàm ex re matris, putà propinquorum legatis, donationibus aut hæreditatibus*, & qu'il en fait les fruits siens, si bon lui semble, comme il est dit dans l'art. 226 de la Coutume de la Marche, dans l'art. 22 du titre 1 de celle de Berry, & dans l'art. 49 du titre 14 de celle d'Auvergne.

11. Il faut toutefois excepter de cette décision les fruits qui sont spécialement réservés par la loi aux enfans, comme les fruits des bénéfices. C'est la remarque de Basmaison, sur l'art. 2 du tit. 11 de la Cout. d'Auvergne, & celle de la Thaumassiere, sur ledit art. 22 du titre 1 de la Coutume de Berry.

12. Il faut encore excepter les revenus des immeubles situés dans une autre Cout. qui ne contiendroit pas, pour ce qui concerne la garde, une disposition semblable à la nôtre : car la jouissance des immeubles se regle suivant la Coutume de leur situation. C'est l'observation de M. le président Duret, & après lui de M. François Decullant. *Nota*, dit M. François Decullant, *quòd hoc privilegium patri concessum, non extenditur ad bona alterius Provinciæ aliter disponentis ; quia Statuta sunt realia, & suo clauduntur territorio*...... *Quod & idem censet D. P. Duret, hîc in verbo*, FAIT LES FRUITS SIENS, *ubi ait : Si quædam ex prædiis liberorum sunt extra Provinciam ubi contrario Jure reguntur, proclivius est ut iis non fruatur*, Molin. ad Paris. §. 32, qu. 2, n. 5, gl. 1. François Decullant, *hîc*.

13. M. François Menudel a fait la même remarque après Chopin. *Hoc statutum*, dit Menudel, *reale est, nec extenditur ad bona sita alibi, ubi esset Consuetudo contraria, licet in personam conceptum videatur*, Chop. ad Parif. lib. 2, tit. 7, num. 5. M. Menudel, *hîc*.

14. Et ainsi a été jugé le 15 février 1726, en ce siége, au rapport de M. Michel, par sentence confirmative de celle du juge de Serbonne, au procès d'entre Jean Beaucheret, Françoise Cusson, sa femme, d'une part, & Benoît Chubert, d'autre, appellant : J'étois des juges.

15. De cette maniere on doit donner au pere gardien la jouissance de tous les meubles, actions, droits, en quelque lieu qu'ils se trouvent, & même des arrérages de rentes constituées, *quia non habent situm*. Mais à l'égard des immeubles, on en doit seulement accorder la jouissance, suivant la disposition de chaque Coutume où ils sont situés.

* La raison fondamentale de cette décision, c'est que les statuts concernant la garde, sont des statuts réels, ou du moins mixtes, dans le sens de M. Dargentré, puisqu'ils disposent des biens *primario & per se*, en vue à la vérité de certaines personnes, & que tout leur effet se renferme à donner un droit sur les biens qui sont dans leurs territoires ; tel est le sentiment commun, & c'est celui de Mrs Froland & Boullenois, avec cette différence toutefois que, selon M. Froland, il faut distinguer, entre la qualité des personnes, requise & nécessaire, pour être admises à ce droit, la jouissance des biens & les formalités ; distinction qu'in'est pas universellement goutée par M. Boullenois.

Quant à la qualité, M^{rs}. Froland & Boullenois estiment qu'elle doit se régler en général par la Coutume où sont les biens, & qu'il en est de même de la jouissance qui doit appartenir aux gardiens, qu'il faut suivre à cet égard les dispositions des Coutumes, où les biens sont assis ; d'où il suit 1°. Qu'un pere domicilié dans cette Coutume, n'aura pas la garde des biens situés dans les Coutumes qui ne l'admettent pas, & que si le domicile du pere étoit dans ces Coutumes, il ne laisseroit pas d'avoir la garde dans notre Coutume, qui la lui défère. 2°. Que la jouissance des gardiens est plus ou moins étendue, suivant la différence des Coutumes, toutes les Coutumes n'étant pas sur ce point uniformes. 3°. Que la durée de la garde doit se régler par la disposition de chacune des Coutumes de la situation des biens, & qu'elle finira suivant la disposition de ces Coutumes.

Quant à la maniere d'accepter la garde, & les formalités requises, M. Boullenois estime qu'il faut accomplir à la lettre, pour l'acceptation de la garde, les formalités prescrites par les Coutumes, où le gardien voudra mettre sa qualité en usage, parce qu'il a autant de gardes qu'il y a de biens situés en différentes Coutumes ; & M. Froland, d'un sentiment contraire, soutient qu'un pere domicilié dans cette Coutume, où la garde-noble lui est attribuée de plein droit, doit faire les fruits siens, non-seulement des biens situés dans cette Coutume, mais aussi de ceux assis dans les Coutumes qui requierent l'acceptation en jugement, sans qu'il soit tenu de faire cette acceptation dans ces Coutumes ; & la raison, c'est qu'il faut faire bien de la différence entre le droit que ces Coutumes accordent, & les formalités qu'elles prescrivent, à l'effet d'en jouir ; & il cite à cet égard l'exemple des testamens ; & comme il suffit qu'un testament soit revêtu des solemnités requises par la Coutume du lieu où il a été passé, pour être bon & valable, en quelque lieu, & sous quelques Coutumes que les biens soient situés, il en est de même de la garde, le pere survivant domicilié dans notre Coutume, n'ayant pas besoin de venir, par exemple, à Paris, faire l'acceptation de la garde en jugement pour faire les fruits siens des biens situés en la Coutume de Paris. J'adopte ce dernier sentiment. Froland dans ses mémoires concernant la nature & qualité des statuts, tom. 1, ch. 16, & Boullenois dans son traité sur les démissions de biens, question sixieme.

16. La garde, dans cette Coutume, appartient au pere de plein droit : il peut l'accepter *expressé*, *vel tacité*, sans qu'il soit tenu de l'accepter judiciairement ; & il ne l'accepte, suivant notre article, qu'autant que bon lui semble : car il peut s'en départir, en demeurant tuteur de ses enfans, rendant compte de sa gestion, & du revenu des immeubles.

17. Et parce que la Coutume ne fixe point de temps au pere pour faire son option, il peut toujours opter jusqu'à ce qu'il soit requis de consommer son choix ; mais quand il a une fois fait son option, il ne peut plus varier. C'est la remarque de M. le président Duret sur ces mots, SI BON LUI SEMBLE. *Hæc verba*, dit-il, *continent liberam & absolutam voluntatem.... & quoniam optioni tempus non præscribitur, magis est ut pater optare possit, quousque de optione interpelletur.... At optimè semel completâ variare non licet....*, Le président Duret.

18. L'acceptation que le pere fait de la garde, l'engage & l'assujettit à quatre sortes de charges selon notre art. Ainsi, si la garde est un avantage, cet avantage n'est point sans charge, & il arrive même quelquefois que la charge passe l'émolument, si l'on n'y prend garde.

19. La premiere charge du gardien est de nourrir & entretenir, & faire instruire, tant que la garde dure, les mineurs, selon leur état & condition : *Pro dignitate & modo facultatum, & ætatis incremento*, dit M. le président Duret. Notre article dit simplement *les nourrir, alimenter, & entretenir* ; mais la Coutume de Melun, art. 287, dit, *faire instruire dans les Lettres, ou autre état convenable à leur qualité* ; & celle de Meaux, art. 149, *leur bailler état convenable en chevaux, habillemens & autre chose, selon que leur état le requiert*: De maniere que, comme l'a observé M. Potier sur notre article, si le mineur s'étoit entretenu, sans rien dépenser à son pere, légitime administrateur, il auroit son action contre lui, pour être payé de sa pension & entretien.

20. La seconde charge du gardien est de payer les dettes mobiliaires, dues par les mineurs au temps de l'ouverture de la garde : notre article ne met que le mot de *dettes* ; mais cela ne s'entend, selon l'observation de M. Jean Decullant, rapportée ci-après, que des mobiliaires : & sous ces dettes mobiliaires on comprend les obséques & funérailles du prédécédé, ainsi qu'il est porté en l'article 5 de la Coutume de Blois. C'est le sentiment de M. Jean Decullant, & après lui de M. François Decullant, son fils. *Quod attinet*, dit M. François Decullant, *ad funerum impensas matris aut fratris superstitis, an hoc debitum, seu onus, à patre suis propriis impensis sit sustinendum, eò quòd sit debitum mobile, ita tenet D. Joannes Decullant, cùm ex verbis nostri paragraphi, pater qui suos fructus facit, teneatur omnia debita mobilia filiorum solvere, hæque impensæ sint debita mobilia potiùs filiorum hæredum, quàm defunctæ matris. Si cæteri fructuarii non tenentur tales impensas solvere, magnum est discrimen ; si quidem non tenentur hæredes à creditoribus etiam mobilibus immunes facere : sed si quid pro hæredis portione dictis creditoribus solvant, ab eo repetent.* M. François Decullant, *hic*.

21. Ce sentiment de M^{rs}. Jean & François Decullant se trouve appuyé de la jurisprudence des

des arrêts, & ne peut pas recevoir de doute, selon M. Duplessis dans son traité *de la Garde*, ch. 3 ; mais il n'en est pas de même des dispositions testamentaires : le pere, selon le même M. Duplessis, *ibid.* ne doit pas les acquitter à la décharge des mineurs ; parce que, dit-il, ce ne sont pas tant des dettes, que des libéralités, qui font autant de distractions sur le fonds de la succession.

22. Le pere gardien est tenu de payer les dettes mobiliaires de ses enfans mineurs, sans qu'il puisse les répéter, l'usufruit fini. C'est l'observation de M. Jean Decullant, sur ces mots de notre article, PAYER LES DETTES. *Scilicet*, dit-il, *debita mobilia, arreragia censuum, redditum annuorum arreragia, filios alere, vestimenta dare, studiorum impensas solvere, lites quæ fructuum perceptionem, sive mobilium usum spectant suis impensis persequi, prædia seu ædificia modicis refectionibus munire, id est*, entretenir de menues réparations & en bon état ; *quæ omnia suis propriis impensis, & sine ullâ repetitionis spe, ratione fructuum sustinere debet, adeo ut finito tali usufructu, nullâ habitâ ratione harum impensarum, mobilia & immobilia restituere debeat, & si quid supersit æs alienum mobile non solutum, eo teneatur pater filios suos indemnes facere.* Jean Decullant, *hic.*

23. M. Jacques Potier, sur le présent article, est de sentiment contraire ; il dit que le pere, comme tout usufruitier, est tenu de payer les dettes, mais bien entendu qu'il peut les répéter, l'usufruit fini. Mais on a jugé en cette Sénéchaussée contre le sentiment de Potier, & suivant celui de M. Decullant ; & la sentence a été confirmée par arrêt : les parties au procès étoient Pierre Roux, sergier de Moulins, demandeur, contre Charlotte Dodat, & Antoinette Terrete, femme à François Nossant, défenderesses. La sentence a été rendue le 19 août 1721, au rapport de M. Vernoy de Monjournal, & l'arrêt confirmatif d'icelle est du mois de mai 1724.

* Le pere gardien est tenu de payer les dettes mobiliaires de ses enfans mineurs, sans qu'il puisse les répéter, l'usufruit fini ; ainsi a été jugé en cette Sénéchaussée par sentence confirmée par arrêt.

Pierre Roux avoit épousé en 1703 N. Metot ; le pere & la mere de ladite Metot l'instituèrent leur seule & universelle héritiere, & lui promirent en avancement de leur future succession, une somme de 2000 livres ; ne lui ayant pas payé le principal, les intérêts en étoient dûs à Pierre Roux, lequel entra en procès avec son beau-pere qui fut terminé par arrêt. Le beau-pere & la belle-mere furent contraints d'abandonner en 1708, à leur fille, femme de Pierre Roux, leurs biens à titre successif ; sur quoi Pierre Roux, mari, devoit se payer des frais & arrérages qui lui étoient dus ; lesquels frais & arrérages Pierre Roux faisoit monter à plus de 1000 livres. Pierre Roux & sa femme s'étant séparés de biens en 1711, & la femme étant décédée en 1715, elle laissa un fils nommé Louis Roux, qui décéda en 1719.

Après le décès de la Metot, Pierre Roux, son mari, jouit de tous les biens délaissés par sa femme, comme gardien & légitime administrateur des biens maternels de son fils, & fit les fruits siens : mais après la mort de ce fils, arrivée (comme dit a été) en 1719, ayant renoncé à sa succession mobiliaire, Charlotte Dodat & Antoinette Terrete, heritieres collatérales de Louis Roux, acceptèrent sa succession, tant mobiliaire qu'immobiliaire ; & procès se mut entre ces héritiers & Pierre Roux, au sujet de cette succession.

Pierre Roux soutenoit que les héritiers de son fils devoient lui tenir compte de tout ce qui lui étoit dû sur sa succession, tant pour les frais du procès dont il a été parlé, des intérêts à lui dus pour raison de la dot de sa femme, que pour d'autres dettes qu'il avoit payées pour son fils, au nombre desquelles il comprenoit les arrérages des cens dus pour raison des immeubles, les arrérages de rentes, &c.

Les héritiers prétendoient au-contraire qu'ayant accepté la garde de son fils, & en qualité de gardien fait les fruits siens des immeubles de son fils, il étoit tenu du paiement des dettes mobiliaires, aux termes de l'article 174 de cette Coutume : d'où ils concluoient qu'il avoit confondu en sa personne, comme gardien, ce qui lui étoit dû par son fils, & qu'il ne pouvoit pas répéter ce qu'il avoit payé pour lui : & qu'au-contraire elles ayant été obligées de payer quelques dettes de cette succession, elles étoient en droit de les répéter contre lui, & lui en formerent la demande.

Par sentence rendue en cette Sénéchaussée, le 19 août 1721, au rapport de M. Vernoy de Monjournal, il fut jugé en faveur des héritiers, & il fut dit que Pierre Roux, pere de Louis, confondroit en sa personne les dettes mobiliaires de Louis Roux, son fils, dans le temps de l'ouverture de la garde, tant par rapport à ce qui lui étoit dû qu'à ce qu'il avoit acquitté, & il fut condamné à payer & rembourser aux heritieres de Louis Roux les acquittemens qu'elles avoient faits de ces sortes de dettes, & la sentence a été confirmée par arrêt du mois de mai 1724.

24. Le pere, en qualité de gardien, n'est tenu que de payer les dettes mobiliaires, & non les dettes immobiliaires, comme le sort principal des rentes constituées, & il n'est point tenu non plus de supporter les frais des procès qui s'intentent pour raison des immeubles. *Non tenetur*, dit M. Jean Decullant, *pater ad onera, seu debita immobilia exsolvenda, putà principale redditum non redimibilium solvere, sed tantùm usuras debitas, & quæ tempore hujus usufructûs debebuntur, nec item actionum realium impensas de suo præstare, sed quæ præstiterit ea repetet.* Jean Decullant, *hic.*

Le pere gardien ne confond pas aussi dans la garde, le remploi des propres aliénés, ou de ses rentes rachetées, non plus que le préciput à prendre en meubles ou en deniers, quoique l'un & l'autre soit mobilier ; parce que l'un & l'autre est une distraction, & la reprise d'une chose dont la communauté n'est que dépositaire, & que l'un & l'autre se prend hors part, & n'est pas dû par les héritiers. C'est-là, dit M. Denis Lebrun, traité *de la Comm.* liv. 3, chap. 2, dist. 2, n. 89, une chose constante ; & tel est le sentiment commun.

25. La troisieme charge du pere qui a accepté la garde, est de payer & acquitter durant la garde les arrérages courans des rentes & redevances, soit constituées, foncieres ou seigneuriales, dues par les mineurs sur leurs héritages. *Scilicèt*, dit M. Jean Decullant sur ces mots *payer les dettes*, comme il a été déja rapporté, *debita mobilia, arreragia censuum, reddituum annuorum arreragia, &c.*

26. La quatrieme charge du pere gardien, est d'entretenir les héritages de ses enfans mineurs de toutes réparations viageres, & de les rendre à la fin de la garde en bon état, comme il est dit dans notre article. C'est l'observation de M. Jean Decullant, ci-dessus rapportée.

27. Sur quoi c'est une question, s'il est tenu de celles qui étoient à faire, lorsqu'il est entré dans la garde. M. Claude Duplessis, dans son traité *de la Garde*, chap. 3, tient qu'il en est tenu, & c'est mon sentiment ; puisqu'aux termes de notre article, il est tenu à la fin de son administration de rendre lesdits héritages en bon état : mais je n'estime pas qu'il soit obligé de parachever un édifice qui n'auroit été que commencé ; c'est aussi le sentiment de M. le président Duret, sur ces mots EN BON ÉTAT. *Ædificium inchoatum*, dit-il, *consummare non tenetur, etiamsi aliter uti non possit*. Le président Duret.

28. Notre article porte que le pere est tenu de faire inventaire des biens de ses enfans. La Coutume d'Anjou, art. 93, ajoute *& apprécier*; ce qui s'entend, dit M. le président Duret, des biens meubles dont il n'acquiert pas la propriété : *Præsertim mobilium*, dit-il, *quæ non consistunt in usufructu, & quæ pater sibi non acquirit*... Le président Duret.

29. Le défaut toutefois d'inventaire n'empêche pas le pere de faire les fruits siens, selon la note de Dumoulin sur le présent article. *Tamen hoc omisso*, dit-il, *non desinit facere fructus suos, quia inventarium nihil habet commune cum reliquis.* Toutefois, comme ce défaut d'inventaire emporte la continuation de la communauté, s'il plaît aux enfans, suivant l'article 270, *infrà*, cette continuation de communauté détruit la garde ; & quand la communauté a été une fois continuée, la garde ne peut plus commencer que du jour de la dissolution de cette continuation, comme l'a observé M. Duplessis sur la Coutume de Paris, traité *de la Garde*, chap. 4.

30. La Coutume de Paris, en l'article 269, à l'obligation de faire inventaire, ajoute celle de donner caution. Mais comme notre Coutume ne le requiert pas, cela ne s'observe pas dans cette province, selon que nous l'assurent M. le président Duret, M. Jean-François Decullant, M. Louis Semin, M. Jacques Potier, & après eux M. François Decullant. *Non tenetur*, dit M. François Decullant, *pater cautionem dare, paterna reverentia eum excusat à cautionibus & aliis omnibus quæ ab usufructuariis extraneis à Legibus exiguntur ; & ita vidisse observari asserit D. Joannes Decullant, nisi pater bona dissiparet. Idem*, ajoute-t-il, *censent ad hunc paragraphum* 174, *D. P.* Duret *& D. Ludovicus* Semin, *scilicet quòd cautionem pater dare non teneatur.* M. François Decullant, sur ces mots, *sera tenu le pere.*

31. Mais les biens du pere gardien sont tacitement hypothéqués à l'obligation qu'il a de satisfaire aux charges qui lui sont prescrites par notre article. *Et hoc nomine*, dit M. le président Duret, *liberi in paternis bonis à die inchoatæ administrationis tacitam hypothecam habent....* M. Jean Decullant en dit autant : *Parentis bona*, dit-il, *sunt tacitè obligata pupillis à die captæ gestionis, veluti cujuslibet alterius Tutoris à die delatæ tutelæ... & hoc est de Jure.* M. le président Duret & M. Decullant, *hic.*

La garde finit dans cette Coutume en cinq manieres.

32. La premiere chose qui fait finir la garde, est l'âge des mineurs, qui est, suivant notre article, celui de quatorze ans pour les filles, & de dix-huit ans pour les mâles ; le tout accompli, comme il est dit en l'article 268 de la Coutume de Paris : ainsi à mesure qu'aucuns des enfans atteignent ces âges, la garde finit à leur égard. Si tous les enfans ont ces âges, au temps du décès de leur mere, la garde n'a point de lieu ; & si quelqu'un d'eux avoit cet âge, la garde n'a point de lieu à son égard, mais bien la tutelle.

33. La seconde maniere dont finit la garde, c'est par la mort du pere gardien ; & le pere une fois décédé, les mineurs ne peuvent plus tomber en garde, quand ils n'auroient pas l'âge, puisque cette Coutume, comme il a été dit, n'accorde la garde qu'au pere seul.

34. La troisieme maniere, est la mort de tous les enfans mineurs qui sont en garde, quoiqu'ils meurent avant l'âge que finit la garde, ainsi qu'il est dit en notre article : en quoi notre Coutume s'écarte du droit civil, & est contraire à celle de la Marche, art. 226, & à celle d'Auvergne, titre 14, art. 46, suivant lesquelles l'usufruit dure, & ne se perd pas par le décès du fils.

35. Mais quoique dans notre Coutume l'usufruit finisse, & se perde par la mort des enfans, si toutefois il n'y a que quelques-uns d'eux qui meurent sans enfans ; en ce cas, comme leur part accroît à leurs freres survivans, l'usufruit du pere ne souffre point de diminution : c'est l'observation de Dumoulin dans sa note sur notre article, & après lui de M.

le préfident Duret, fur ces mots, LESDITS ENFANS MEURENT. *Scilicèt*, dit M. Duret, *omnes fine liberis, quia uno fuperftite, præmortuorum bona accrefcunt, & in iis ufusfructus durat, ut notat Molin. hîc, modò fuperftes hæres exiftat.* Le préfident Duret, *hîc*.

36. La quatrieme chofe qui fait finir la garde, c'eft le mariage des mineurs étans en garde, quoiqu'ils n'ayent pas encore atteint les âges fufdits; & la raifon, c'eft qu'aux termes de notre article, le pere n'eft légitime adminiftrateur, & ne fait les fruits fiens, que des biens maternels & adventifs de fes enfans étans en fa puiffance, & que, felon l'article 166, *suprà*, le mariage émancipe. *Definit tamen*, dit M. le préfident Duret, *fructus suos facere, quos patriæ poteftatis jure anteà percipiebat..... undè pater cujus filius ante annum 18, & filia ante 14, nupferit fuo confilio, à die matrimonii fructus non ampliùs lucratur, quia ab eo tempore fuit foluta patria poteftas.* M. le préfident Duret, *hîc*.

37. La garde finit enfin, par le mariage du pere, comme il eft porté en notre article, & comme le difent les Coutumes de Berry, tit. 1, art. 30; de Meaux, art. 152; Mantes, art. 180; Troyes, art. 17, & autres. * Et c'eft le droit commun de la France coutumiere : la raifon eft qu'il n'eft pas jufte qu'un pere qui fe remarie, porte en une feconde communauté les fruits des biens des enfans d'un fecond lit; c'eft l'obfervation de M^e. Julien Brodeau, dans fa note fur l'article 339 de la Coutume de Touraine, rapportée dans le nouveau coutumier général.

38. Mais ce qu'il faut obferver, c'eft que le pere en perdant l'ufufruit par fon fecond mariage, ne perd pas pour cela la tutelle; car il demeure tuteur, à la charge de rendre compte, comme un autre tuteur; parce qu'il eft véritablement tuteur, & qu'il ne s'en élit point d'autre dans cette Coutume. C'eft l'obfervation de M. le préfident Duret & de M. Jacques Potier, fur ces mots, L'USUFRUIT ET L'ADMINISTRATION SONT FINIS. *Non tamen tutela*, dit M. Duret, *manet enim pater filiis Tutor & folo privatur ufufructu, licèt aliud fonare videantur verba Statuti; & fic obfervatur*..... Le préfident Duret.

39. De cette maniere, la garde & la tutelle font deux chofes différentes. Le pere peut avoir la tutelle, fans avoir la garde; & il peut auffi avoir la garde, fans être tuteur : Ce qui a été jugé, dit M. François Menudel, au rapport de M. Coufin, le 12 mars 1621. Il fut jugé, dit M. Menudel, pour Charlotte de Charles, veuve du fieur Defrofier, contre le fieur de Charlotier & fa femme, à laquelle un fien oncle avoit donné un domaine garni de bétail, du vivant de fes pere & mere, que le pere, quoiqu'il ne fût tuteur, avoit fait les fruits fiens. M. Menudel, *hîc*.

La tutelle eft au profit des mineurs; mais la garde eft en faveur du gardien contre les mineurs, puifqu'il a l'ufufruit de leurs biens durant leur bas âge.

40. Le pere peut, felon qu'il a été dit, accepter ou refufer la garde; mais il n'en eft pas de même de la tutelle : le pere furvivant ne peut refufer la tutelle de fes enfans. *Patri & avo, invitis*, dit M. Louis Semin, *Tutela poteft deferri*; Coquille *in Niv. cap. 30, art. 2. Hoc enim cafu contrà naturales ftimulos agere videntur.* Louis Semin, *hîc*.

ARTICLE CLXXV.

LA MERE eft Tutrice & légitime adminiftratrice de fes enfans mineurs, tant qu'elle demeure en viduité, fi elle eft âgée de vingt ans accomplis; mais où elle feroit mineure de vingt ans accomplis, elle n'eft capable, & ne peut avoir le gouvernement & l'adminiftration de fefdits enfans, & leur eft pourvu de Tuteur & Curateur par autorité de Juftice : Et fi ladite femme venoit en âge de vingt ans accomplis, elle pourra, fi bon lui femble, prendre la tutelle & adminiftration de fefdits enfans, & icelle tenir tant qu'elle demeurera en viduité; & eft tenue prendre les biens defdits mineurs par inventaire, incontinent après le trépas de fondit mari, & bailler caution juratoire de rendre lefdits biens aufdits mineurs.

Quand la mere eft légitime adminiftratrice.

1. Par le droit ancien les femmes étoient incapables des charges tutélaires, à caufe de l'infirmité du fexe, de la légéreté du confeil, & de la reftitution en entier qu'elles pouvoient impétrer : dans la fuite, cette rigueur du droit a été modérée & reftreinte en faveur des meres & aïeules, qui peuvent aujourd'hui fans grace du prince & fans prêter le ferment ancien de renoncer aux fecondes noces, être tutrices de leurs defcendans. L'autorité que la nature leur donne fur eux, & l'affection pour leurs intérêts, les exceptent de la régle qui exclud les femmes des tutelles. *Jure antiquo*, dit Papon fur notre article, *id non licuit, quia tutoris officium virile eft*, L. *tutela*, ff. *de tutel.* & L. 1, C, *quand. mul. tut. off. fung. poff. imò neque teftamento dari potuit*, L. *jure noftro*, ff. *de teftam. tutel. item nec à judice nifi principis privilegio*, L. *fin.* ff. *de tutel*...... *Hodiè tamen novo jure matri & aviæ, fecundùm ordi-*

nem, tutelam cœteris legitimis tutoribus & dativis postpositis subire permissum est, Auth. matri & aviæ, C, Quand. mul. &c.

2. Le privilége de pouvoir être tutrices de leurs enfans, qui est déféré à la mere & à l'aïeule, est général par le droit français; notre article en contient une disposition précise en faveur de la mere, & le 179, *infrà*, pareillement en faveur de l'aïeule : mais il n'a pas été accordé aux autres femmes, à l'égard desquelles le droit ancien est toujours en vigueur; de maniere que les femmes sont encore aujourd'hui incapables d'être tutrices d'autres que de leurs enfans. *Cœteris verò mulieribus*, dit Papon, *quæ nec matres, nec aviæ sunt, id munus interdictum est, d. Auth. matri, in hisque jus antiquum usque ad hæc tempora observatum est.* Papon, *hic*.

3. Comme ce n'est que par grace & par privilége, que la tutelle est déférée à la mere, il lui est libre de l'accepter ou de la refuser, (il en est de même de l'aïeule;) aussi la Coutume d'Auvergne, quand elle dit, tit. 11, art. 4, que la mere est tutrice, & administratrice de ses enfans mineurs, elle ajoute ces mots, *si elle veut* : Celle de Poitou, art. 305, dit que la mere n'est tenue d'accepter, ni demander la tutelle, si bon ne lui semble ; & par l'article 506 de la Coutume de Bretagne, il est dit : Si elle en veut prendre la charge ; mais l'ayant une fois acceptée, elle ne la peut quitter, & ne la perd que par son convol en secondes noces. *Mulier*, dit M. Jean Decullant, *potest liberè sine causa recusare liberorum suorum tutelam, quia hæc ei privilegio defertur, cui potest renuntiare, & ita prædicatur; pater autem non potest se excusare, imò cogi posset, ut diximus; sed si mater semel tutelam susceperit, non potest pœnitere, nec item quilibet alius tutor, licèt excusationem legitimam haberet.* Jean Decullant, *hic*.

4. La mere, suivant notre Coutume au présent article, & suivant celle de Nivernois, chap. 30, art. 6, est tutrice à 20 ans accomplis, parce que dans notre Coutume il y a majorité à vingt ans. *Quia*; dit Papon, *usu hujus provinciæ vigesimo anno completur ætas & perfecta dicitur, ad rerum suarum & alienarum administrationem, ubi de jure 25 anni desiderantur, hic viginti sufficiunt.* Papon, *hic*.

5. Mais si la mere est mineure de 20 ans accomplis, elle n'est pas capable, & ne peut avoir le gouvernement & administration de ses enfans ; & en ce cas, selon qu'il est dit dans notre article, il doit leur être pourvu de tuteur & curateur par autorité de justice. Que si elle vient à l'âge de vingt ans accomplis, elle peut, si bon lui semble, prendre la tutelle & administration de ses enfans, & la garder tant qu'elle demeurera en viduité. C'est encore la disposition de la Coutume en notre article, qui dans le temps de la rédaction fut ajoutée comme Coutume nouvelle, sur la remontrance de M^{rs}. les commissaires, du consentement des états, ainsi qu'il paroit par le procès verbal sur cet article.

6. La mere, suivant notre Coutume, après l'acceptation de la tutelle, & à l'effet de quoi elle est tenue, selon qu'il est porté au présent article, donner caution juratoire, est tenue également que les autres tuteurs, de recevoir les biens des mineurs par inventaire, afin que l'on sache de quoi elle est chargée, & qu'elle en rende compte, quand la tutelle sera finie.

7. Et encore qu'elle soit mineure de 25 ans, ses immeubles ne laissent pas d'être efficacement obligés & hypothéqués à l'administration & reddition de compte, comme en cas de vraie tutelle, selon que l'a observé Coquille sur la Coutume de Nivernois, art. 6, ch. 30, & après lui M. Louis Semin, sur le présent article : *Nota* dit-il, *quòd ex hoc paragrapho nostro*, la mere est tutrice, si elle est âgée de 20 ans, *sequitur quòd mater, licèt minor 25 annis, bona sua legitimè obliget, cùm bona tutoris tacitè sint obligata minori pro ejus bonorum securitate. Quod tamen restringe in patre & matre minori 25 annis ad ea quæ tutelam spectant ; ita* Coquille, *cap. 30, art. 6, stat. Niv.* M. Louis Semin, *hic*.

ARTICLE CLXXVI.

De la légitime administratrice qui se remarie.

FEMME ayant gouvernement & administration de ses enfans, est tenue, avant que convoler en secondes fiançailles ou mariage, faire pourvoir à sesdits enfans de Tuteur & Curateur ; & si elle convole en secondes noces, elle est privée de sadite tutelle & administration, & sera tenue rendre compte & payer le reliquat.

1. LA mere perd la tutelle de ses enfans par son convol en secondes noces : c'est la disposition de presque toutes les Coutumes; conformes en cela au droit civil, en l'authent. *Sacramentum, quando mul. tutor. offic. fung. pot.* C'est celle de cette Coutume, au présent article ; de celle d'Auvergne, tit. 11, art 11; de Nivernois, chap. 30, article 7; de la Marche, art. 88; de Berry, tit. 1, art. 31; d'Anjou, art. 88 ; du Maine, art. 101, & autres ; la raison, c'est que la loi n'a plus de confiance en elle, & qu'elle présume au contraire qu'elle machinera la perte de ses enfans.

2. Mais elle ne perd dans cette Coutume cette tutelle, que par son second mariage, & non par les fiançailles non suivies de mariage. *Etenim*, dit M. le président Duret, *convolans ad secundas nuptias repentè tutela excluditur* ...
Attamen

Attamen non sponsalibus sed matrimonio tantùm tutelâ privatur apud nos, ex dicto paragrapho. M. le président Duret sur l'article 175, sur ces mots, *tant qu'elle demeure en viduité*.

3. Si néanmoins la mere ou le beau-pere ont des biens suffisans pour répondre de l'indemnité des mineurs, & que les parens trouvent bon que la mere soit tutrice avec son second mari, la tutelle lui est laissée, pourvu que le mari y consente, & non autrement ; car, selon la jurisprudence des arrêts, le beau-pere peut exercer la tutelle, mais il ne peut y être contraint ; & ces arrêts sont cités par Chenu, en ses *questions notables*, quest. 18, & par Peleus, liv. 5, article 13.

4. Conformément à cette jurisprudence, il a été jugé en ce siége, dit M. Louis Vincent, par sentence du 22 août 1612, confirmée par arrêt, qu'un beau-pere qui avoit accepté la tutelle de son beau-fils, n'en pouvoit être déchargé.

* Julien Simoneau, garde du scel des contrats du pays de Bourbonnois, par son mariage avec dame Jeanne Febvrier, veuve de feu M. Etienne Talon, vivant maitre apothicaire de cette ville de Moulins, avoit accepté la tutelle de Gilbert Talon, & en fut déchargé par sentence du châtelain de Moulins ; laquelle sentence ayant été infirmée par sentence de cette Sénéchaussée, rendue en l'audience du 22 août 1612, & Simoneau condamné à prendre la charge de tutelle dudit Gilbert Talon, fils de ladite Febvrier, sa femme, Simoneau se rendit appellant de la sentence de la Sénéchaussée en la cour du parlement de Paris, & par arrêt le parlement confirma la sentence du sénéchal. M. Louis Vincent en ses Manuscrits.

** Sur quoi il faut observer qu'il est nécessaire que la tutelle soit déférée au beau-pere & à la mere par le juge, sur l'avis des parens, & qu'un acte pardevant notaire, par lequel plusieurs parens paternels & maternels des mineurs auroient consenti que la mere & beau-pere en fussent tuteurs, seroit nul, par la raison que les notaires n'ont aucune qualité, ni caractere pour faire des actes de tutelles & des avis de parens : que ce pouvoir & cette autorité sont réservés aux seuls juges, sur la réquisition, ou en la présence du ministere public ; c'est ce qui a été jugé par arrêt du parlement de Paris, rendu en la Coutume d'Anjou, qui contient, comme il a été observé, pareille disposition que la nôtre au présent article, sur les conclusions de M. Joly de Fleury, avocat général, le 6 février 1734, en l'audience de la grand'chambre.

*** Une veuve de la province d'Anjou, qui avoit deux filles mineures de son mari défunt, se remaria ; & par un acte passé pardevant notaire, plusieurs parens paternels & maternels des deux filles, consentirent que son second mari & elle restassent leurs tuteurs, & les nourrissent, entretinssent & élevassent pour leur revenu. En 1733, ces tuteurs passerent le contrat de mariage de l'aînée de ces filles, avec le frere du second mari ; & plusieurs de ses parens paternels & maternels y consentirent ; il y eut ensuite des bans publiés, auxquels quatre oncles de la mineure, trois paternels & un maternel, formerent opposition. M. le procureur du roi sur les lieux fit de sa part nommer par le juge un de ces oncles paternels pour tuteur aux mineures, à la place de la mere qui avoit convolé ; le lendemain le même juge rendit une ordonnance, portant que les parens paternels & maternels des mineures seroient assemblés pour donner leurs avis, si le mariage de l'aînée des filles, dont il s'agissoit, lui étoit convenable ; dans ce temps l'aïeule maternelle des mineures décéda, ce nouveau tuteur demanda qu'il lui seroit permis de gérer les biens de cette succession, & tous les autres généralement qui appartenoient auxdites mineures, mais le juge ordonna seulement qu'il régiroit ceux de ladite succession.

Il y eut appel en la cour des deux premieres ordonnances, par la mere, le beau-pere & les deux filles mineures ; & de la troisieme, tant par eux que par le dernier tuteur ; par eux, en ce qu'il étoit ordonné que ce tuteur régiroit les biens de la succession de l'aïeule maternelle des mineures ; & par le tuteur, en ce qu'il étoit seulement ordonné qu'il régiroit les biens de cette succession. L'arrêt confirma les deux premieres ordonnances, & la portion de la troisieme, qui portoit que le dernier tuteur régiroit les biens de la succession de l'aïeule maternelle des mineures, & infirma cette ordonnance, en ce qu'il n'avoit pas ordonné que le tuteur régiroit les autres biens desd. mineures, lesquelles, aussi-bien que leur mere & beau-pere, furent condamnées à l'amende & aux dépens.

M. Joly de Fleury, avocat général, dit que l'acte pardevant notaire, par lequel plusieurs parens paternels & maternels des mineures, avoient consenti que leur mere & beau-pere en fussent tuteurs, étoit absolument nul ; que les notaires n'avoient aucune qualité ni caractere pour faire des actes de tutelle ; que ce pouvoir & cette autorité étoient réservés aux seuls juges, sur la réquisition & en la présence du ministere public.

5. Dans le cas où le second mari a accepté la tutelle des enfans de sa femme, ou que la femme a convolé en secondes noces, sans avoir eu soin de faire pourvoir à ses enfans de tuteur, ces enfans de la femme ont, dès le moment du second mariage, une hypothéque tacite & légale sur les biens du mari pour le réliquat du compte de leur tutelle. L. penult. Cod. *in quib. cauf. pignus vel hypoth.* Et c'est une maxime constante, que celui qui épouse une veuve tutrice, est tenu solidairement de son administration, tant de ce qui a précédé, que de ce qui a suivi son mariage, quoiqu'il ne soit pas chargé de la tutelle, ni en justice, ni pardevant notaires.

6. Par l'ancienne Coutume de cette province, la mere, avant que de se remarier, devoit

procurer la nomination d'un tuteur à ſes enfans, ſur peine d'être privée de ſon douaire & autres gains nuptiaux, & de la ſucceſſion deſdits enfans; mais cela a été abrogé, du conſentement des états, dans le temps de la rédaction de la Coutume, ſelon qu'il eſt dit dans le procès verbal ſur cet article. Ainſi la mere n'eſt plus privée de la ſucceſſion de ſes enfans, & des avantages qui lui ont été accordés par ſon contrat de mariage. *Si mater*, dit M. Jean Decullant, *neglectis his quæ paragrapho hoc noſtro præcipiuntur, convolaverit ad ſecundas nuptias, maritus & illius bona, tacitè jure pignoris & hypothecæ ratiociniis etiam præteritæ & futuræ adminiſtrationis obligantur.... non eò tamen lucris nuptialibus, doario vel ſucceſſione liberorum privatur....* Jean Decullant, *hic.*

7. La femme qui ſe remarie, perd la tutelle de ſes enfans, ſans eſpérance de la pouvoir recouvrer par ſa viduité. *Mater*, dit M. Jean Decullant, *quæ ſemel tutelam liberorum amiſit, non poteſt eam recuperare, licèt devenerit ad ſecundam viduitatem, morte ſecundi mariti.* Et la raiſon, c'eſt que le ſecond mariage rend la femme ſuſpecte de peu d'amour pour ſes enfans, & que ce ſoupçon dure après la diſſolution d'icelui, principalement s'il y a des enfans du ſecond lit; c'eſt la raiſon qu'en rend le droit civil.

8. Ce qui vient d'être dit de la mere, qu'elle perd la tutelle par le ſecond mariage, ſe doit, dit Coquille, entendre auſſi ſi elle vit impudiquement en viduité; c'eſt la remarque de M. Louis Semin: *Et idem*, dit-il, *dicendum ſi luxurietur mater. Quis enim eſt qui matribus, quæ portentoſæ vilitatis, abjectæque pudicitiæ ſunt, arbitretur aliquid tribuendum eſſe, cùm etiam illis quæ jure tamen ſecundas nuptias contrahunt, nihil tribuatur? Cùm enim magis delinquant, major eſt ſuſpicio.* Coquille, ſur la Coutume de Nivernois, chap. 30, article 7, & M. Louis Semin, ſur l'article 175 de notre Coutume.

9. Il n'en eſt pas du pere qui ſe remarie, comme de la mere; le pere ne perd pas par les ſecondes noces la tutelle de ſes enfans: & la raiſon de la différence, c'eſt qu'une mere qui ſe remarie eſt cenſée mettre & la vie & les biens de ſes enfans en la puiſſance d'un ſecond mari; laquelle préſomption ceſſe à l'égard du père, à cauſe de la puiſſance & autorité maritale. C'eſt encore la remarque de Coquille, *ibid.* & après lui de M. Louis Semin. *Ratio autem diverſitatis*, dit M. Semin, *cur pater ad ſecunda vota tranſiens liberorum tutelâ non privatur, hæc eſt, quòd mulier nupta, non ſit ſuæ poteſtatis, ſed mariti, vir autem ſemper ſit ſuæ poteſtatis.*

Au-reſte les ſecondes noces ôtent bien à la mere, comme il vient d'être dit, la tutelle de ſes enfans, mais non pas le ſoin & l'éducation d'iceux; & le tuteur eſt tenu de lui donner penſion convenable, ſinon elle peut l'obtenir en juſtice, & tel eſt l'uſage autoriſé par les arrêts. On peut voir les anciens arrêts cités par Chenu, dans ſes *Queſtions notables*, queſt. 19. Et la raiſon, c'eſt que la qualité de mere la préfére à tous autres pour l'éducation de ſes enfans, quoique, quant à l'adminiſtration de leurs biens, elle ſoit ſuſpecte avec raiſon, quand elle leur a donné un beau-pere.

10. Il faut toutefois excepter les cas auxquels on auroit juſte raiſon de ſe défier de la mere: en ces cas, dit Chenu, *ibid.* l'éducation de ſes enfans pourroit lui être ôtée, comme il a été jugé (ajoute-t-il) en plaidant, par arrêt du 17 décembre 1563: c'eſt ce qui doit être réglé par le juge, de l'avis des parens, eu égard aux raiſons de défiance que l'on peut avoir contre la mere.

11. Quant au cas auquel pour ôter à la mere la préférence qu'elle a pour l'éducation de ſes enfans, l'un des parens offre de les nourrir & entretenir à meilleur marché, M. Claude Henrys eſtime qu'on ne peut pas déroger à cette préférence par ces offres, & obliger la mere à prendre moins qu'une juſte taxe, telle qu'elle eſt réglée par les parens, ou par le juge; autrement, dit-il, on rendroit inutile la préférence que les arrêts lui donnent; & ce ſeroit envain qu'elle ſeroit préférable; ſi par émulation on mettoit les enfans à ſi bas prix, que la mere fût obligée de les abandonner; attendu même que n'ayant plus une entiere liberté, il ne lui eſt plus permis de les retenir qu'à condition de ce qui eſt néceſſaire pour leur entretien.

12. Mais M. Bretonnier obſerve, & avec raiſon, que cela dépend des circonſtances; que ſi les facultés d'un mineur ſont médiocres, & qu'un parent exempt de tout ſoupçon offre de le nourrir & entretenir à meilleur marché que la mere, on doit en ce cas recevoir ſes offres, & que l'on doit plus conſidérer l'intérêt des mineurs que la qualité de mere: ainſi fut jugé, dit-il, lui plaidant en la grand'chambre, entre une mere, tutrice de ſa fille âgée de ſept ans, qui s'étoit faite adjuger 300 liv. par chaque année pour ſon éducation, & un oncle paternel de la pupille, qui s'oppoſa à l'avis des parens, & offrit de nourrir & entretenir ſa niéce pour 150 livres par an; ſes offres furent déclarées valables par ſentence du ſénéchal de Lyon, qui fut confirmée par arrêt du mois de janvier 1683. Henrys, tome 2, plaidoyer 9, & Bretonnier, *ibid.*

ARTICLE CLXXVII.

Tutelles testamentaires sont valables, & préférées à toutes autres. *Tutelle testamentaire.*

1. IL y a dans cette Coutume, conformément au droit civil, trois sortes de tutelles : la légitime, la testamentaire & la dative : la légitime est celle qui est ordonnée par la loi ; la testamentaire, celle qui est déférée par testament ; & la dative, celle qui est déférée par le juge sur l'avis des parens pour ce assemblés. *Triplicem*, dit M. François Decullant, *dari tutelam, sive ex jure, sive ex nostro Statuto, nemo est qui ignoret. Prima dicitur legitima, quæ venit à Lege & ascendentibus competit. Secunda dicitur testamentaria, quando testamento hæredibus suis impuberibus quis Tutorem assignat. Tertia dicitur dativa, quæ nec legitima, nec testamentaria existente, à Judice datur, convocatis coram eo septem impuberum parentibus, scilicet quatuor paternis & tribus maternis, aut totidem vicinis si parentes desint*. François Decullant, *hic*.

2. Coquille, sur la Coutume de Nivernois, chapitre 30, article 1, & après lui M. Louis Semin, & M. François Menudel, dans leurs remarques sur le présent article, observent que, conformément au droit civil, L. 4, *Pater*, *ff. de testament. Tut*. la mere ne peut donner tuteur à son fils, que pour l'administration des biens qu'elle lui laisse. *De Jure pater*, dit M. Louis Semin, *testamento potest tutorem dare liberis, quod mater non potest, nisi quoad bona à semetipsâ liberis relicta*. Coq. *in Niv*. cap. 30, art. 1. M. Louis Semin *hic*; *idem*, M. Menudel.

3. La tutelle testamentaire dans notre Coutume est préférable à toutes autres, c'est la disposition précise de notre article. La Coutume d'Auvergne, tit. 11, art. 1 ; celle de Nivernois, chap. 30, art. 1 ; d'Auxerre, art. 258 ; de Reims, art. 329, & de Bretagne, art. 507, contiennent une disposition semblable. La raison est qu'on suppose que nul ne peut mieux connoître le bien & l'utilité des enfans, que le pere même qui a nommé le tuteur, & qu'on présume avec justice, qu'un pere qui a une tendresse naturelle pour ses enfans, ne leur donnera pour tuteurs, que ceux dont il connoît parfaitement l'intégrité, l'affection, la diligence ; l'expérience dans les affaires, & l'inclination de lui rendre service dans la personne de ses enfans.

4. De-là il s'ensuit que la tutelle testamentaire est préférée à la légitime, & qu'un étranger nommé par le testament du pere pour tuteur à ses enfans, sera préféré à la mere ; c'est ce qui a été jugé par arrêt célébre donné en la grand'chambre le 7 mars 1596, rapporté par M. Brodeau sur M. Louet, lett. F, somm. 2, & en cette Sénéchaussée par sentence rendue au mois de janvier 1675, entre demoiselle Rapine, veuve de Pierre Aumaitre, & M. Gilbert Aumaitre, avocat, au rapport de M. de Vauvrille, selon qu'il a été observé par M. Jean Cordier, sur le présent article. *Quandiu testamentaria tutela subsistit*, dit-il, *tandiu legitima non admittitur, favore testamenti, quod dicitur morientis solatium*, L. 89, *de Reg. Jur. & hoc judicatum fuit mense januario* 1673, *pro Gilberto Aumaitre, Advocato, cui Petrus Aumaitre, ejus avunculus, suorum liberorum tutelam testamento suo dederat, exclusâ ejus uxore dominâ Rapine, eorumdem liberorum matre, cui eadem tutela jure legitimo debebatur, & sic testamentariâ tutela, contrà legitimam fuit confirmata, in Curiâ Senescalli, Relatore D*. Vauvrille. M. Jean Cordier, *hic*.

5. Si néanmoins il se trouvoit des causes suffisantes ignorées par le pere, pour lesquelles il ne fût pas expédient, utile & honorable aux enfans, d'avoir pour tuteur celui qu'il a nommé par son testament, sa volonté ne doit pas être suivie, & le juge en connoissance de cause peut pourvoir d'un autre tuteur. C'est le sentiment de M. Brodeau, en l'endroit cité ; celui de Coquille sur la Coutume de Nivernois, chapitre 30, article 1 ; de M. le président Duret & de M. Jacques Potier, sur l'article suivant.

ARTICLE CLXXVIII.

Et à faute d'icelles la légitime & naturelle a lieu, & la dative après ; & doit ladite tutelle dative être confirmée par le Juge, & non ladite légitime & testamentaire. *Tutelle légitime, naturelle & dative.*

1. LA tutelle légitime, non plus que la testamentaire, n'a pas besoin d'être confirmée par le juge, selon que le dit notre Coutume au présent article, contraire en cela à celle d'Auvergne, tit. 11, art. 12 ; de la Marche, art. 85, & à celle de Nivernois, chap. 30, art. 4 : & la disposition de la Coutume, quant à ce qui concerne la tutelle testamentaire, est Coutume nouvelle, la confirmation de la tutelle testamentaire ayant été rejettée par les trois états, ainsi qu'il paroît par le procès verbal de la Coutume ; tellement que la

feule difficulté, par rapport à la confirmation de la tutelle, eſt de ſavoir ſi la diſpoſition de la Coutume eſt en vigueur, & ſi un uſage contraire n'y a pas dérogé. Sur quoi M. le préſident Duret, en parlant de la tutelle légitime, dit que la mere eſt regardée comme tutrice légitime de ſes enfans, & qu'elle a droit de ſe dire telle indépendamment de la confirmation du juge ; que telle étoit la juriſprudence de ſon temps. C'eſt ſon obſervation ſur l'article 175, *ſuprà*, ſur ces mots, LA MERE EST TUTRICE : *Ipſo jure*, ajoute-t-il, *& ſe talem dicere poteſt, etſi à Judice confirmata non fuerit, nec aliter de qualitate ſuâ fidem facere tenetur. Conf. Pictav. §. 305, & hoc jure utimur.* Telle eſt l'obſervation de M. Duret.

2. Mais M. Louis Semin aſſure que de ſon temps la juriſprudence avoit changé, & que toutes les tutelles étoient réputées datives; enforte que l'on tenoit que les tutelles teſtamentaires & légitimes devoient être confirmées par le juge. *Hodiè*, dit-il, *hoc jure utimur, ut omnes tutelæ dativæ cenſeantur, hoc eſt, Tutorem quemlibet, ſive teſtamentarium, legitimum & dativum, confirmari debere à Judice...* Louis Semin, ſur le préſent article ; & ainſi ſe pratiquoit en ce ſiége, avant deux arrêts du parlement rendus ſur ce ſujet, en forme de réglement pour cette province.

3. Mais la cour du parlement, par un arrêt rendu en l'audience de la grand'chambre, le 5 août 1726, infirmatif des Sentences du châtelain de cette ville & de cette Sénéchauſſée, s'attachant à la diſpoſition de la Coutume au préſent article, a confirmé l'ancien uſage & rejetté le nouveau, dans l'eſpece d'une tutelle légitime en la perſonne d'un aïeul paternel.

* Dans la communauté des meſles de la paroiſſe de San-Symphorien de cette province de Bourbonnois, après la mort de Pierre Digonat, fils de Simon Digonat, ledit Simon Digonat, chef de la communauté des meſles, le châtelain de cette ville de Moulins appoſa le ſcellé ſur les effets dudit Simon Digonat, chef de ladite communauté, & ordonna qu'il ſeroit fait une tutelle à la mineure dudit Pierre Digonat.

Simon Digonat forma oppoſition à cette appoſition de ſcellé & ordonnance du châtelain, ſur quoi ſentence intervint, rendue par ledit châtelain, au profit du procureur du roi en ladite châtelenie ; par laquelle il fut dit que, ſans s'arrêter à ladite oppoſition dudit Simon Digonat, dont il eſt débouté, les parens au nombre requis par la Coutume ſeront aſſignés aux frais dudit Digonat, pour être procédé à la nomination d'un tuteur & curateur à ladite mineure, ledit Digonat condamné aux dépens ; lequel ayant appellé de cette ſentence en cette Sénéchauſſée, il préſenta ſa requête tendante à ſurſéance, laquelle ſurſéance fut levée par ſentence de cette Sénéchauſſée du 8 juillet 1722 : de laquelle ſentence Digonat en ayant interjetté appel au parlement, arrêt eſt intervenu en la grand'chambre, le 5 août 1726, qui met l'appellation & ce dont eſt appel au néant ; émendant, évoquant le principal, en tant que beſoin eſt, ou ſeroit, reçoit ledit Digonat oppoſant à l'appoſition des ſcellés, lui fait mainlevée deſd. ſcellés, ordonne que le coffre en queſtion ſera remis audit Digonat, tant comme aïeul maternel & tuteur légitime de la mineure, que comme chef & gouverneur de la communauté ; ordonne qu'il continuera l'adminiſtration des affaires de ladite mineure, & que le préſent arrêt ſera lu & publié au ſiége de la châtellenie & Sénéchauſſée de Moulins. Telle eſt la diſpoſition de l'arrêt, que j'ai lu & copié.

4. Pareille choſe a été jugée au ſujet d'une tutelle légitime en la perſonne d'une mere, entre la dame Doulet, veuve de défunt M. le Marquis de Bigni, d'une part, & M^{rs}. le lieutenant général, & procureur du roi de ce ſiége, intimés & pris à partie, d'autre part. La cour du parlement, par arrêt rendu en l'audience de la grand'chambre, le 14 janvier 1728, a ordonné que l'article 178 de cette Coutume, enſemble les arrêts de réglement, ſeront exécutés ; ce faiſant, que ladite dame Doulet demeureroit tutrice en vertu de la Coutume, ſans qu'il ſoit beſoin de confirmation du juge. De façon que l'ancien uſage, à la faveur de ces arrêts, va reprendre vigueur ; la ſeule difficulté qui reſteroit à ce ſujet, ne pourroit regarder que les tuteurs nommés par les meres, & cela à cauſe de la diſpoſition du droit civil, qui veut que tels tuteurs ſoient confirmés par le juge, *L. Pater, ff. de teſtam. Tut. L. Mater, Cod. eod. L. 2. ff. de confirm. Tut.* Mais la diſpoſition de la Coutume, au préſent article, étant générale, il ne doit, ce ſemble, plus y avoir de difficulté.

* La même choſe a été jugée au ſujet d'une tutelle légitime, dans la perſonne d'une mere, par arrêt rendu en l'audience de la grand'chambre, le 14 janvier 1728. Et voici ce que porte le diſpoſitif dudit arrêt :

Ayant égard à la requête du lieutenant général de Moulins, l'une des parties de Sarrazin, la cour la déclare follement intimée ; condamne la partie de Chatelain en tous les dépens, à cet égard : faiſant droit ſur les appellations, a mis & met les appellations, & ce au néant, en ce qu'il a été procédé à la confirmation de la partie de Chatelain, en la qualité de tutrice légitime des mineurs en queſtion : émendant quant à ce, ordonne que l'article 178 de la Coutume de Bourbonnois, enſemble les arrêts de réglement ſeront exécutés ; ce faiſant, que la partie de Chatelain demeurera tutrice en vertu de la Coutume ; les ſentences & ordonnances au réſidu ſortiſſantes effet : ordonne en outre que le préſent arrêt ſera lu & publié en la Sénéchauſſée de Moulins, & regiſtré audit ſiége. Il eſt encore ordonné qu'il ſera procédé avec le curateur à l'inventaire, conformément à l'arrêt du 29 mai 1726, ſi fait n'a été ; & pour les faits contenus aux procès verbaux, condamne la partie de Chatelain en 3 liv. d'amende,

Tit. XVI. DES TUTELLES. Art. CLXXIX.

d'amende, lui fait défense de récidiver, & lui enjoint de porter honneur & respect aux mandemens de justice, dépens compensés.

5. Toutefois, quoique la tutelle légitime & la testamentaire n'ayent pas besoin de la confirmation du juge, cela n'empêche pourtant pas, comme il a été dit sur l'article précédent, que le tuteur légitime, également que le testamentaire, ne puissent être rejettés & destitués par le juge, s'il y a des raisons suffisantes pour cela, & qu'il ne soit pourvu d'un autre tuteur aux mineurs ; ce qu'on ne doit pas faire qu'après que le tuteur légitime, ou testamentaire, a été jugé incapable de la gestion de la tutelle, & comme tel rejetté. *Non impeditur Judex*, dit M. le président Duret, *quominùs tam legitimos quàm testamentarios expellat, si eos indignos repererit, pupillorum utilitatem, & Legis, & testatoris mentem, potiùs quàm verba sequens*. M. Duret, *hìc*.

6. Quant à la tutelle dative, elle doit, dit notre article, *être confirmée par le Juge* ; lequel juge est le juge du lieu où le pere des mineurs avoit son dernier domicile royal, ou vassal, s'il s'agit de tutelle de roturiers : car la tutelle des nobles se fait devant les baillifs & sénéchaux, suivant l'art. 6 de l'édit de Cremieu. *Nos contrà dispositionem Juris civilis*, dit M. le président Duret, *observamus ut Tutor sit nominandus à Judice domicilii minorum, qui Tutor omnibus bonis, licèt in diversis Provinciis, præest*. Le président Duret, sur l'article 181, *infrà*.

ARTICLE CLXXIX.

Tutelle légitime n'a lieu qu'à la mere, & en défaut d'elle, à l'ayeul ou ayeule paternels ou maternels, & seront les paternels preferez aux maternels.

1. La tutelle légitime, comme il a été dit sur l'article 177, *suprà*, est celle qui est ordonnée par la loi sans élection de parens, & par notre Coutume elle n'est déférée qu'aux ascendans.

2. Notre article ne fait pas mention du pere pour tuteur ; parce que, selon la remarque de Potier, par l'article 174, *suprà*, il est plutôt légitime administrateur de ses enfans que tuteur, & qu'il y a de la différence, selon qu'il a été dit sur cet article, entre la tutelle & la légitime administration ; en ce que la tutelle est au profit des mineurs, & que la légitime administration, autrement garde, est en faveur du pere contre les enfans mineurs, puisque le pere légitime administrateur a l'usufruit de leurs biens durant leur bas âge.

3. Mais, comme l'a remarqué Dumoulin, dans sa note sur notre article, l'intention des rédacteurs de la Coutume n'a pas été de refuser au pere, qui ne veut point accepter la garde, la tutelle légitime de ses enfans. *An ergò*, dit Dumoulin, *pater excluditur à tutelâ legitimâ? Resp. non, quia si filios emancipat, si sint minores annis, eo ipso fit & remanet eorum Tutor naturalis & legitimus ; alioquin cessante emancipatione, quæ etiam non præsumitur sive matre vivâ, sive eâ mortuâ, pater semper habet filios naturales & legitimos in sua potestate, & sic supervacuum est loqui de tutelâ : & hæc consuetudo refertur ad id quod crebriùs usu venit, & alio non supposito*. M. Charles Dumoulin.

4. Au défaut du pere, & quand il est décédé, la tutelle légitime, suivant notre art. est déférée premiérement à la mere, & à son défaut à l'aïeul ou aïeule paternels & maternels, de maniere pourtant que les paternels soient préférés aux maternels. *Sic patre deficiente*, dit M. le président Duret, *mater vocatur, deinde avus paternus, mox avia paterna, demùm avus maternus & postremò avia materna, de qua re in Conf. Niv. de Tut. art. 2*..... M. le président Duret, *hìc*.

ARTICLE CLXXX.

Tutelle dative se doit donner par élection des parens & affins desdits mineurs de chacun côté ; & au défaut des parens & affins, par élection de voisins jusqu'au nombre de sept pour le moins ; & dure ladite tutelle, quant ès filles, jusqu'à seize ans, & quant ès mâles, à vingt ans inclusivement.

1. Quand il n'y a point de tuteur testamentaire, ni de tuteur légitime, qui soient capables d'exercer la tutelle, les parens des mineurs de chacun côté doivent s'assembler pour leur choisir un tuteur ; car en ce cas la tutelle se doit donner sur l'avis des parens pour ce assemblés de chaque côté, comme il est dit dans notre article : & c'est aussi la disposition de la Coutume de Nivernois, chap. 30, art. 3 ; de celle de la Marche, art. 71 ; du Grand-Perche, art. 175 ; de Châlons, art. 9, & autres.

2. Ces parens, suivant la disposition de notre article, qui dans le temps de la Coutume fut ajouté comme Coutume nouvelle, doivent

être au nombre de sept, desquels il doit y en avoir quatre paternels & trois maternels. *In hoc numero impari*, dit M. François Decullant, *debent prævalere propinqui paterni, & septem assumuntur, quatuor paterni & tres materni.*

3. Au défaut des parens, on peut prendre des voisins au nombre de sept. C'est encore la disposition de la Coutume, au présent article, & en l'article suivant de celle de Nivernois, chap. 30, art. 3, & d'autres; & il est à observer qu'on ne doit pas appeler de femmes. *Nota tamen*, dit M. le président Duret sur notre article, *ut sint masculi, non fœminæ; quod in judicio electionem explicare oporteat; à quo fœminæ remotæ sunt, & hoc jure utimur.* M. Jean Decullant ajoute que, conformément à l'article 41 du tit. 1 de la Coutume de Berry, on doit appeler les voisins de la qualité des mineurs. *Ejusdem qualitatis cujus sunt pupilli.* Et M. Charles Dumoulin dans sa note dit: *Qui assidue conversantur ut habeant notitiam, cap. Quantò de præsumption. secùs de bono vicino qui non solet locum, nec personas frequentare.*

4. M. de la Thaumassiere sur la Coutume de Berry, tit. 1, art. 41, dit que les parens appelés pour l'élection d'un tuteur, doivent être capables de nommer & d'être nommés; que ceux qui ont des excuses valables, ne doivent être appelés, & que s'ils sont appelés, ils doivent proposer leurs moyens d'excuses, & ne pas nommer, parceque, dit-il, qui nomme se départ tacitement de ses excuses: mais je ne saurois être de ce sentiment, & j'estime avec M. Claude de Ferriere, *inst. Cout.* tome 1, liv. 1, tit. 7, article 14, que ceux qui ont des raisons pour s'en dispenser, ne laissent pas d'y avoir voix délibérative, à cause de l'intérêt qu'ils doivent prendre pour les pupilles dont il sont proches parens.

Ceux qui sont appelés à la nomination d'un tuteur, y peuvent donner leurs suffrages en personne, ou par procureur fondé de procuration spéciale, contenant le nom & la qualité de celui qu'ils nomment pour tuteur; tel est l'usage.

5. Le juge, conformément à l'avis des parens & à la pluralité des voix, donne pour tuteur celui qui a été par eux élu: & c'est de l'office du juge de veiller à ce qu'il soit pourvu aux mineurs d'un tuteur capable & solvable: *dationem*, dit M. le président Duret, *sollicitè excutiet judex, quoniam eum futura pericula manent, si oscitanter parùm idoneum & efficacem, tulerit decreto suo officium tutoris accepisse; nec sola parentum voluntas judicis negligentiam excusat…. Quòd judices nostri passim negligunt, nudâ & plerumque ambitiosâ parentum nominatione contenti, in suam ignominiam quam fortè non curant, & aliorum dolendam calamitatem….* M. le président Duret sur l'article 178, *suprà.*

6. Ne sont néanmoins les parens nominateurs des tuteurs, ni les juges responsables de l'insolvabilité & mauvaise administration des tuteurs, ainsi qu'il a été jugé par les arrêts rapportés par M. Louet & M. Julien Brodeau, lett. T, somm. 1, & qu'il a été observé par M. Jean Decullant, M. Louis Vincent, M. Jacques Potier & M. Jean Fauconnier, sur notre article.

Jure romano, dit M. Decullant, *nominatores & demùm magistratus tenentur de insolventia tutoris; sed contrà in Gallia, non tenentur licet tempore electionis, vel posteà, extiterit non solvendo; modò dolus, fraus aut lata culpa non intervenerit, putà si elegerint tutorem notoriè non solvendo, malis moribus, aut monopolo.* Louet, lett. T, chap. 1, *& hoc jure utimur.* M. Jean Decullant, *hic.* M. Louis Vincent a fait la même remarque.

7. Au reste, les tuteurs ne sont pas obligés dans la plus part des Coutumes de donner caution, & ce n'est pas l'usage dans celle-ci.

8. La Coutume marque à la fin du présent article le temps que doit durer la tutelle; & suivant ce qui y est porté, la tutelle finit de la part du mineur par sa majorité; car étant devenu majeur, il peut prendre lui-même le soin de ses biens & de ses affaires; & cette majorité, qui met fin à la tutelle, est fixée à seize ans pour les filles, & à vingt ans pour les mâles, le tout inclusivement & accompli, selon la remarque de M. le président Duret. *Nec sufficit,* dit-il, *annus incœptus, ut pro completo habeatur.* M. Duret, *hic.*

9. S'il y a deux ou plusieurs mineurs sous une seule tutelle, elle finit pour chacun à sa majorité; & celui qui est devenu majeur, peut obliger le tuteur à lui rendre compte, quoique la tutelle dure encore à l'égard des autres.

10. La tutelle peut encore finir par des lettres d'émancipation ou de bénéfice d'âge, & par le mariage: & elle finit aussi par la mort du mineur.

11. La tutelle finit de la part du tuteur, lorsqu'il décéde, lorsqu'il lui survient quelque empêchement qui l'empêche de continuer l'exercice de la tutelle, lorsque le tuteur n'est donné que pour un certain temps, & que ce temps est fini, dans le cas, par exemple, que la mere est mineure de vingt ans: car comme elle ne peut être tutrice de ses enfans, faute d'âge, ainsi qu'il est porté par l'article 175, *suprà*, on peut nommer en sa place un autre tuteur pour gérer la tutelle, jusqu'à ce qu'elle ait vingt ans.

12. La tutelle finit encore de la part du tuteur, s'il est destitué; & le tuteur peut être destitué, s'il administre mal la tutelle, qu'il dissipe les revenus, soit que cette dissipation arrive par la négligence, ou sa mauvaise foi; s'il ne fournit pas les alimens & l'entretien aux mineurs, en ayant le fonds, & généralement s'il y en a d'autres justes causes.

ARTICLE CLXXXI.

LA MERE, parens d'aucuns mineurs, & Procureur d'Office de la Jurifdiction en laquelle demeurent lefdits mineurs, doivent faire diligence, incontinent après le trépas du pere, de leur faire pourvoir de Tuteur; & doit ledit Procureur d'Office faire la pourfuite, fitôt qu'il eft venu à fa notice, & faire appeller & ajourner la mere & les parens, fi aucuns en ont; finon les prochains voifins, pour y être pourvu par leur avis: Et fi lefdits ajournez défaillent, on les doit faire réajourner avec intimation; & s'ils défaillent, ou aucuns d'eux, il y doit être néanmoins pourvu, inquifition faite avec ceux qui fe trouveront préfens: Et fi aucun des préfens ou défaillans eft déclaré Tuteur, il eft contraint par mulctes & prife ou exploitation de fes biens, & toutes autres voyes que de raifon, à prendre ladite charge, faire le ferment, & autres chofes requifes.

Qui doit faire donner Tuteurs aux mineurs.

1. C'Eft au procureur du roi, ou de la juftice, à faire affigner les plus proches parens pardevant le juge pour procéder à l'élection d'un tuteur; parce que les pupilles font fous la protection du roi. La Coutume, dans cet article, ne parle que du procureur d'office; & la raifon, c'eft que dans le temps de la rédaction de la Coutume, toutes les juftices de la province étoient feigneuriales, comme il a été dit ailleurs.

2. Les parens doivent être foigneux de faire pourvoir de tuteur aux mineurs; notre article les charge de ce foin: mais leur devoir en cela ne confifte qu'à exciter le miniftere du procureur du roi, ou d'office. Car l'ufage eft que les affignations aux parens pour s'affembler pardevant le juge pour choifir un tuteur, fe donnent à la requête du procureur du roi, ou fifcal.

3. Les parens ne doivent s'affembler pour la nomination d'un tuteur, qu'en conféquence des affignations qui leur font données à cette fin; & le défaut d'affignation aux parens eft une nullité effentielle en la nomination du tuteur, ainfi qu'il a été jugé en l'audience de cette Sénéchauffée le 8 mars 1663; pour Louis Serain, apothicaire, qui avoit appellé de l'acte de tutelle des enfans d'Antoine Duperon, habitant de la paroiffe de Poncenat, qui lui avoit été déférée fur l'avis des parens affemblés au nombre requis par la Coutume: il fut jugé, dit M. Jean Cordier, que le défaut d'affignation étoit fuffifant pour annuler fa dation de tutelle: c'eft pourquoi il fut dit qu'il avoit été mal & nullement jugé & décerné, émandant ordonné qu'il feroit procédé à nouvelle nomination, à la diligence du procureur d'office, fans dépens contre les parens. M. Claude Riviere étoit avocat pour l'appellant, & M.N. Rouffeau pour les intimés, qui étoient les parens nominateurs. M. Jean Cordier en fes manufcrits, mot *Tuteur*.

4. Le plus proche parent, ou allié de ceux qui font appellés, doit être élu tuteur, s'il eft capable, & qu'il n'ait point de moyen d'excufe, ainfi qu'il eft dit dans l'article 183 de la Coutume d'Orléans; autrement le parent le plus éloigné élu, peut fe pourvoir contre fa nomination, fi les plus proches font capables de gérer la tutelle, & qu'ils n'ayent point de caufe pour s'en exempter: mais auffi, s'ils font incapables, on peut nommer pour tuteur un des parens plus éloignés, ou à défaut des parens, un allié, & même un étranger, s'il ne fe trouve point de parens ou d'alliés qu'on puiffe nommer. *Eligitur autem tutor,* dit M. le préfident Duret, *primò proximior, neceffitudine conjunctus, atque fufficiens, & præferuntur paterni, & fi deficiant, ad maternos pervenitur, quibus etiam deficientibus, locus affinibus datur, & fi non reperiantur affines, poftremò vicinorum partes erunt.* M. Duret fur notre article.

5. C'eft auffi l'obfervation de Papon & de Potier, & c'eft ce qui avoit été remarqué avant eux par Mafuer, tit. 5, *des tuteurs*, n. 16 & 17. * Et tel étoit, dit M. de la Thaumaffiere, l'ancien ufage de France juftifié par de Beaumanoir, ch. 16, où il dit que, *Chil le tutierres doit être fet dou plus prochain parent à l'enfant,* & c'eft mal-à-propos, felon le même la Thaumaffiere, & contre toute forte de juftice & d'équité, qu'on prétend fans raifon, s'écarter de cette jurifprudence, conforme à la doctrine des arrêts de la cour, fous prétexte que les tutelles font datives. La Thaumaffiere fur la Coutume de Berry, tit. 1, art. 41.

6. Sur quoi il faut obferver, que celui qui n'eft point appellé à l'acte de tutelle & nomination de tuteur, ne peut régulièrement être élu tuteur, parce qu'il peut oppofer la nullité de l'affemblée, où les plus proches n'ont pas été appellés. C'eft ce qui a été jugé par arrêt rapporté par Dufrefne, & tel eft l'efprit de notre Coutume en notre article, ainfi qu'il paroît par ces mots: *Et fi aucun des préfens ou défaillans eft déclaré tuteur.* C'eft l'obfervation de M. François Decullant, fur le mot DÉFAILLANS, *Poteft,* dit-il, *abfens tutor nominari, modò ad*

nominationem fuerit vocatus, quod fumit ftatutum hoc verbo défaillans : *itaque non valet nominatio illius qui non fuerit vocatus, & ita pluries judicari vidiffe teftatur D. Joannes* Decullant ; *aliàs eveniret, ut vocati femper onus rejicerent in abfentem non vocatum.* M. François Decullant.

7. C'eft auffi la remarque de M. Etienne Baugy, fur le préfent article, qui obferve que le 3 décembre 1681, en l'audience de l'ordinaire, M. Bolacre, lieutenant général, jugea à propos d'inftruire les avocats & procureurs, en les avertiffant que celui qui eft nommé pour tuteur, doit être un des affignés, qu'autrement fa nomination eft nulle.

8. Celui qui a été élu & déclaré tuteur, peut être contraint, aux termes de notre article, d'exercer cette charge, de prêter le ferment, & faire les autres chofes requifes : c'eft auffi la difpofition de la Coutume de Poitou, art. 309, & d'autres ; mais cela s'entend, au cas qu'il ne fe trouve pas en fa perfonne d'incapacité, ou de moyen d'excufe : car l'incapacité exclud de la tutelle ceux qui voudroient l'accepter, & les moyens d'excufe en difpenfent ceux qui pourroient être tuteurs, s'ils y confentoient.

9. Les religieux, les mineurs de vingt-cinq ans, les interdits, foit pour caufe de diffipation, foit pour démence, & ceux qui font dans quelque infirmité qui les empêche d'agir dans leurs propres affaires, font incapables d'être tuteurs ; les religieux, parce qu'ils font morts au monde, & qu'ils ne peuvent exercer aucunes fonctions civiles ; & les autres, parce qu'ils ont eux-même befoin de tuteurs ou curateurs. Voilà pour les incapacités.

10. Quant aux excufes légitimes pour s'exempter d'une tutelle, elles font très-arbitraires en pays coutumier ; en voici quelques-unes.

11. Les clercs conftitués dans les ordres facrés, peuvent, s'ils le jugent à propos, refufer de fe charger d'une tutelle, ou d'une curatelle, L. 52, cod. *de Epifc. & Cler.* La fainteté du miniftere divin qu'ils exercent, les oblige, pour y vaquer, de fe décharger de tout autre foin, & les éloigne de l'engagement à une adminiftration d'affaires temporelles. Ainfi fut jugé en l'audience de cette Sénéchauffée, au mois de décembre 1611 ; & par ce moyen fut infirmée la fentence du châtelain de Gannat, qui avoit ordonné qu'un nommé Michel-Paul Guyot, prêtre de la communauté de l'églife de fainte Croix de Gannat, feroit tuteur, lequel ne le vouloit être.

12. Mais fi un eccléfiaftique vouloit fe charger de l'éducation & de la conduite des pupilles fes parens, il lui feroit permis d'accepter leur tutelle, pour prendre le foin de leurs perfonnes, & par occafion celui de leurs biens, qui en eft une fuite. *Deo autem amabiles Epifcopos .... ex nullâ lege Tutores, aut Curatores cujufcumque perfonæ fieri permittimus; Presbiteros autem & Diaconos, & Subdiaconos jure & lege cognationis tutelam aut curam fufcipere hæreditatis permittimus, &c.* dit l'empereur Juftinien, Nov. 123, chap. 5.

13. Les perfonnes qui font pourvues de quelqu'office, qui ait le privilége de les exempter de la tutelle, font encore excufés.

14. Le nombre de cinq enfans, la charge de trois tutelles, même d'une feule, fi elle eft d'une telle étendue, ou fi onéreufe, qu'il fût trop dur d'appeller le tuteur à une feconde ; l'âge de foixante-dix ans, l'ignorance, la rufticité, & la grande pauvreté, font auffi des excufes légitimes en certains cas, pour fe difpenfer d'être tuteurs, ainfi qu'il eft dit *tot. tit. ff. de excuf.* ce qui dépend de la qualité des perfonnes & de la prudence du juge.

15. Celui qui, fondé fur quelqu'excufe, a appellé de fa nomination de tuteur, ne laiffe pas d'être tenu pour tuteur, jufqu'à fa décharge : il eft obligé de gérer ; & s'il ne le fait, la tutelle court à fes rifques & périls. Telle eft la difpofition du droit civil, L. *Si is* 31, ff. *de excuf.* & L. *Tutores* 39, §. 6, ff. *de admin. & per tut.* ce qui eft conforme à l'équité naturelle, qui ne veut pas que le mineur & fes biens foient abandonnés pendant la conteftation, qui peut demeurer long-temps indécife. M. Brillon, dans fon *Dictionaire des Arrêts*, *V.* tuteur, n. 52, rapporte un arrêt du parlement de Paris, rendu en conformité, le 27 avril 1534.

ARTICLE CLXXXII.

Tuteurs font tenus de faire inventaire, incontinent & avant qu'eux entremettre à l'adminiftration des biens du mineur, fur les peines de Droit ; & fe doit faire ledit inventaire par le Juge ordinaire, Commis, Greffier, ou autre qui fera commis par ledit Juge, à moins de frais que faire fe pourra, & fera rapporté ledit inventaire dedans quarante jours.

1. Toutes les Coutumes font conformes dans l'obligation qu'elles impofent aux tuteurs de faire inventaire, avant que de s'immifcer dans l'adminiftration des biens des mineurs. C'eft la difpofition de notre Coutume, au préfent article ; de celle d'Auvergne, titre 11, art. 13 ; de la Marche, art. 85 ; de Berry, tit. 1, art. 42 ; de Poitou, art. 306 ; de Troyes, art. 21, & autres.

2. Il y a toutefois des cas où il eft expédient

expédient de ne point faire d'inventaire.

3. Le premier cas est celui qui est marqué par M. Charles Dumoulin, dans sa note sur notre article ; savoir, quand les dépenses de l'inventaire excéderoient la valeur des meubles. *Fallit*, dit-il, *si sumptus excederent res describendas, quia tunc est idem quod de deputato ad paucas res certas* ; & comme dit Pontanus sur l'article 5 de la Coutume de Blois : *Res planè ridicula & absurda esset, peti ut inventarium conficiatur, si plus impensarum faciendum sit in rebus describendis, quàm res ipsæ communi æstimatione valeant.*

4. Le second cas où il est expédient de ne pas faire d'inventaire, c'est quand il est avantageux aux mineurs que la communauté continue, & qu'il n'y ait point de dissolution & de partage, comme ès maisons de villages & communautés qui s'entretiennent par la colloboration ; dans lesquelles communautés de villages, l'inventaire fait ordinairement préjudice aux mineurs, en ce qu'il produit un partage, & qu'il empêche que les mineurs ne profitent du travail & industrie des survivans. C'est l'observation de Coquille sur la Coutume de Nivernois, chap. 30, art. 4, & de M. le président Duret : & après eux, de M. Menudel, & de M. Etienne Baugy sur le présent article ; & cela a servi en partie de motif à l'arrêt rendu dans la communauté de Mesles, le 5 août 1726 ; dont il a été parlé sur l'article 178, *suprà*.

5. L'obligation de faire inventaire peut donc être remise par le pere ou par le juge, de l'avis des parens, dans les cas où il est utile aux mineurs qu'il n'y ait point d'inventaire & de partage. *Hæc inventarii refectio*, dit M. Jean Decullant, *remitti potest à Testatore, si tamen contra expedit pupillo, causâ cognitâ, vel aliquis creditor hoc requirat, poterit recedi à testatoris voluntate. Potest etiam à Judice remitti inventarii confectio, si expediat pupillo, causâ cognitâ : putà quòd ei utile sit ex capite defuncti cujus est hæres, societatem continuare, quod potest ex paragrapho 270 ; quæ remissio consultis amicis & propinquis pupillorum à Judice fit.* Jean Decullant, *hic*.

6. Hors les cas dont nous venons de parler, les tuteurs sont obligés de faire inventaire sous les peines de droit, & entre ces peines est le serment *in litem*, par la raison qu'il y a grande présomption de fraude, le serment *in litem* n'étant déféré que *propter dolum vel latam culpam*, L. 2, *cod. de in lit. jur.* On permet aux mineurs de faire informer, joint la commune renommée ; c'est-à-dire, qu'ils pourront faire entendre des témoins qui déposeront que, suivant le bruit commun, le pere, ou les autres parens auxquels les mineurs ont succédé, avoient une telle quantité de biens, & sur l'information, le juge condamne le tuteur à une certaine somme pour l'estimation de la tutelle.

7. Notre Coutume, au présent article, porte que l'inventaire doit être fait par le juge ordinaire, commis, greffier ou autre qui sera commis par le juge, à moindres frais que faire se pourra. Telle est aussi la disposition de la Coutume d'Auvergne, tit. 11, art. 7 ; de celle de la Marche, art. 89, & de Berry, tit. 1, art. 42. Mais l'ordonnance de Blois, postérieure à ces Coutumes, art. 164, permet de le faire faire par un notaire, au choix & commodité des parties ; ce qui est encore porté par les arrêts de réglemens qui ont suivi, & ainsi a été jugé dans cette Coutume, dit M. Julien Brodeau, dans sa note insérée dans le nouveau coutumier général, sur le présent article, sur ces mots, PAR LE JUGE ORDINAIRE ; *imò*, dit-il, par les notaires ou tabellions, au choix des parties, suivant l'article 164 de l'ordonnance de Blois : jugé en cette Coutume, lecture faite de cet article, par arrêt du jeudi 21 avril 1633, M. le premier président Lejay séant, plaidant Doublet, pour Catherine de Guenegaut, appellante, & moi pour les officiers de Saint-Pourçain, intimés en leurs noms, conformément aux conclusions de M. l'avocat général Talon, suivant un arrêt précédent, donné contre les officiers d'Auvergne à Clermont, du 26 mai 1629, & un autre arrêt pour Langres, du 12 juillet 1614 ; autre arrêt au profit des consuls & habitans de Thiers en Auvergne, du 16 mars 1631. J. Brodeau.

8. Mais l'inventaire doit être fait avec le curateur des mineurs, comme il est porté en l'arrêt du 14 janvier 1728, dont il a été parlé sur l'article 178, *suprà* ; & tel est l'usage. C'est pourquoi dans le temps de la tutelle, outre le tuteur, on donne un curateur aux mineurs, à l'effet de l'inventaire ; & quand ce curateur a assisté à la confection de l'inventaire, *Fundus est officio*, dit M. Julien Brodeau, n'étant obligé à davantage par le devoir de sa charge ; de maniere qu'il n'est pas comptable, & ne peut être poursuivi pour la reddition de compte de tutelle, il n'est point garant non plus de la négligence du tuteur principal, des malversations par lui commises, ni de son insolvabilité, comme il a été jugé par les arrêts rapportés par le même Brodeau sur M. Louet, lettre T, somm. 13.

9. Et parce que l'inventaire doit être fait, comme il vient d'être dit, avec le curateur des mineurs, qui est le seul légitime contradicteur quant à ce, j'estime que le juge de la tutelle & curatelle, dans le cas même où il y a un tuteur légitime, qui n'a pas besoin de la confirmation du juge, est en droit d'apposer le scellé sur les effets délaissés par le défunt, afin de les mettre en sûreté jusqu'à la nomination d'un curateur & confection d'inventaire : aussi l'arrêt du 14 janv. 1728, a-t-il seulement infirmé & mis au néant les sentences & ordonnances de M. le lieutenant général de cette Sénéchaussée, en ce qui regarde la confirmation de la dame tutrice, & a ordonné qu'icelles sentences & ordonnances au résidu sortiroient leur effet ; savoir, en ce qui concerne l'apposition de scellé, & nomination de curateur.

10. Autre chose est dans le cas où il ne doit pas être fait d'inventaire, parce qu'il est avantageux aux mineurs que la communauté continue, comme dans le cas de l'arrêt concernant la communauté des Mesles ; pour quoi ledit arrêt du 5 août 1726 reçut le nommé Simon Digounat, opposant à l'apposition des scellés, lui fit main-levée desdits scellés : ordonna que les effets lui seroient remis, tant comme aïeul paternel & tuteur légitime de la mineure, que comme chef & gouverneur de la communauté, & qu'il continueroit l'administration des affaires de ladite mineure esdites qualités. Et encore, comme l'obligation de faire inventaire, selon qu'il a été dit ci-dessus, doit être remise par le juge sur l'avis des parens, je croirois que le procureur du roi est en droit, pour l'intérêt des mineurs, de requérir l'apposition des scellés, jusqu'à ce qu'il fût statué sur cette remise ; & qu'il ait été décidé sur l'avis des parens, qu'il est utile aux mineurs qu'il n'y ait point d'inventaire.

ARTICLE CLXXXIII.

De l'Office des Tuteurs. TUTEURS, Curateurs & autres ayant administration de biens de mineurs, ou autres personnes, en faisant leur inventaire, sont tenus faire priser & estimer lesdits biens par gens à ce connoissans, accordez & élus par les parens ; & à défaut qu'ils ne les accorderont, sont élus par ledit Juge ou Commis, & sont tenus lesdits Priseurs de faire serment, de bien & loyalement faire ladite estimation & prisée : Et en cas de restitution desdits biens, ils doivent être exhibez par celui qui en est chargé par ledit inventaire, pour les délivrer à ceux à qui ils appartiennent, ou la prisée d'iceux, au choix de ceux à qui ils doivent être délivrez. Toutefois, si celui qui est chargé desdits biens par ledit inventaire, craint, ou doute le dépérissement d'iceux, il les peut faire vendre par autorité de Justice, dedans quarante jours après la clôture dudit inventaire ou confection d'icelui, à cri public, au lieu accoutumé de faire criées & ventes de biens, à jour de marché ou d'assise, au plus offrant, par un seul édit ; & demeurent les deniers de ladite vente ès mains du Tuteur qui est chargé desdits biens, desquels deniers provenans de ladite vente ainsi faite, il est tenu de rendre compte, & non selon ladite prisée.

1. Notre Coutume, après avoir imposé dans l'article précédent, aux tuteurs l'obligation de faire inventaire, leur prescrit dans le présent article ce qu'ils doivent faire pour la validité de cet inventaire ; & l'une des choses requises dans la confection de l'inventaire, par notre article, & par l'article 44 du titre 1 de la Coutume de Berry, est la prisée & estimation des effets inventoriés, par gens à ce connoissans, qui doivent être choisis par les parens, ou pris & nommés par le juge ou commis, à défaut par les parens de s'être accordés sur ce choix ; lesquels priseurs sont obligés de faire serment de bien & fidèlement faire ladite estimation & prisée.

2. Comme les meubles des mineurs peuvent périr ou se perdre, & que d'ailleurs ils ne produisent aucun revenu, le tuteur doit les faire vendre sans retardement, pour en employer les deniers en fonds ou en rentes. Notre article laisse cela au choix du tuteur, mais l'ordonnance d'Orléans, art. 102, leur en fait une obligation.

3. Les bestiaux compris dans les baux, ou affermés séparément, & ceux qui sont baillés à cheptel, ne se vendent pas, à cause du revenu certain qu'ils produisent, & parce qu'en ce qui touche le bétail des métairies, il est nécessaire pour l'exploitation d'icelles.

4. Il y a plus : c'est que si la tutelle ne doit durer que quelque temps, le mineur se trouvant proche de sa majorité, & qu'il soit jugé plus utile de garder les meubles qui peuvent lui être nécessaires, quand il sera devenu majeur, & qu'il faudroit même qu'il en achetât ; ou si ce sont des meubles précieux, tels que sont les pierreries, des tableaux, & autres ornemens des châteaux des familles nobles & distinguées, qu'il est nécessaire ou utile au mineur de conserver ; en ces cas le tuteur peut être déchargé de les faire vendre, mais il faut que ce soit par une ordonnance du juge sur un avis de parens. Coquille sur la Coutume de Nivernois, chap. 30, art. 9 ; la Thaumassiere, sur celle de Berry, tit. 1, art. 45 ; Domat, *Loix Civiles*, tome 2, liv. 2, tit. 1, sect. 3, art. 16 & 17 ; Argout, *Institution au Droit François*, tome 1, liv. 1, chap. 8.

5. Quand on fait procéder à la vente des meubles contenus en l'inventaire, la vente en doit être faite par autorité de justice, à cri public, en y observant les formalités prescrites en notre article ; & en ce cas, si les choses se vendent moins qu'elles n'ont été estimées, ce sera la perte des mineurs. C'est la remarque de Papon, & après lui de M. Jean Decullant sur

cet article. *Tenetur Tutor*, dit Jean Decullant, *publicè sub hasta, & non privatim mobilia inventario descripta vendere: hoc si egerit, licèt contingat res minoris distrahi, quàm æstimatæ fuerint, non tenebitur æstimationem præstare, sed distractioni stabitur*. Papon, *hic*. M. Jean Decullant, *hic*.

6. Que si le tuteur ne fait pas vendre les meubles du mineur, il n'en est pas quitte pour payer le prix de l'estimation portée par l'inventaire; parce qu'on présume qu'ils ont été prisés au-dessous de leur juste valeur, & qu'étant exposés en vente, ils auroient été enchéris au-delà de l'estimation contenue en l'inventaire, *calore licitantium*; mais il doit outre cela payer la crue, à raison d'un cinquieme en sus de la prisée, ce qu'on appelle *parisis*. Ainsi a été jugé par arrêt, & se pratique dans cette Coutume. C'est l'observation de M. François Decullant, de M. Jacques Potier, de M. Bordel, de M. François Menudel & de M. Étienne Baugy, sur le présent article. *Si Tutor*, dit M. Decullant, *mobilia minoris non distraxerit, authore Prætore, tenetur ultrà æstimationem in inventario factam solvere quintum denarium in augendo, id est*, le cinquieme denier en montant, *vulgò*, le parisis; *& hæc pœna est introducta Arrestis Parlamenti contrà quoslibet Tutores, Arrestum datum an.* 1622 *pro liberis domini* Dobeil, *contrà matrem vidisse se testatur D. Joannes* Decullant, *& hoc jure utimur*. M. Decullant, *hic*.

7. M. François Menudel a fait la même remarque sur ces mots de notre article, IL PEUT LES FAIRE VENDRE: *Imò*, dit-il, il doit les faire vendre, autrement il est contraint d'augmenter le cinquieme denier; & il est tenu de l'intérêt du prix des meubles & parisis, parce que le parisis tient lieu de capital. M. Menudel.

8. Le parisis ne se doit prendre que sur les meubles qui peuvent être moins appréciés par les experts, que de leur juste valeur, & dont le tuteur pourroit tirer profit en les revendant; ainsi il n'y a pas de lieu au parisis pour le blé, dont le prix doit être réglé suivant les mercuriales, au temps de l'inventaire; ni en la vaisselle d'argent qui a son juste prix hors la façon, comme il a été jugé par arrêt du 4 mai 1566, rapporté par Pithou, sur l'article 3 de la Coutume de Troyes. C'est encore l'observation de M. François Menudel, sur cet article, & celle de M. de la Thaumassiere, sur la Coutume de Berry, tit. 1, art. 44.

9. Après la vente des meubles des mineurs, les tuteurs font ordinairement procéder au bail des héritages des mêmes mineurs, & l'adjudication s'en fait en justice après les publications accoutumées, au plus offrant & dernier enchérisseur; & cet usage de faire les baux des biens des mineurs en jugement, a été sagement introduit, pour prévenir les fraudes que les tuteurs pourroient pratiquer dans les baux des immeubles des mineurs.

10. Quant à ce qui concerne la vente de ces immeubles, l'aliénation ne s'en peut faire que pour des causes nécessaires, comme pour payer des dettes pressantes & onéreuses; & ce seulement, lorsque les deniers, les revenus, les dettes actives & les autres effets mobiliaires n'y peuvent suffire: c'est-pourquoi la vente doit être faite à l'avis des parens, par ordonnance du juge, avec connoissance de cause, après que le tuteur a fait voir l'état des biens par un compte sommaire; & il est même nécessaire d'y observer les formalités des décrets, si la valeur des biens en peut porter les frais, sinon faire faire trois publications, afin que la vente en soit publique, & qu'ils soient vendus au plus offrant, à leur juste valeur, s'il est possible.

11. D'où il s'ensuit que l'aliénation des biens immeubles des mineurs faite par le tuteur sans cause nécessaire, avis de parens, autorité de justice, ni publication, est nulle de plein droit, sans qu'il soit nécessaire de lettres de rescision; par la raison que c'est une vente du bien d'autrui faite par une personne qui n'en a pas le pouvoir, un tuteur n'ayant de pouvoir que pour régir & administrer, & non pour aliéner de son motif, & sans cause nécessaire: ainsi a été jugé en cette Sénéchaussée, au rapport de M. Perrotin de la Serrée, le premier septembre 1722, sur un appel d'une sentence du châtelain de Mont-Luçon, par sentence rendue entre Elisabeth Bougarel & autres, intimés, contre la veuve du sieur Verrouquier & ses enfans.

* Julien Pilet, comme pere & tuteur de Bon Pilet, son fils, âgé de 13 ans, vendit au sieur Verrouquier le tiers d'un domaine situé dans la paroisse de Tison, appartenant à Bon Pilet, son fils, du chef de N. Boirot, sa mere, pour la somme de 600 liv. Bon Pilet, fils, étant décédé en l'année 1705, Elisabeth Bougarel, veuve d'un Boirot, & ses quatre filles, héritieres de Bon Pilet, du côté de sa mere, formerent demande en désistement contre le châtelain de Mont-Luçon, de ce tiers de domaine, avec restitution des jouissances du jour du contrat d'acquisition, & des intérêts de ces mêmes jouissances du jour de la demande. Sur laquelle demande sentence intervint pardevant le châtelain de Mont-Luçon, qui condamne Verrouquier à se désister de ce tiers de ce domaine, au profit de la Bougarel & ses filles, avec restitution des jouissances du jour du contrat d'acquisition, & intérêts de ces jouissances du jour de la demande.

Verrouquier en interjette appel, & pour griefs soutient que la vente du tiers du domaine ayant été portée à sa juste valeur, & qu'y ayant stipulation au contrat que le prix n'en seroit payé qu'à Bon Pilet, fils, lorsqu'il auroit atteint l'âge de pleine majorité, lequel avoit même en quelque façon approuvé la vente en recevant les intérêts des années 1704 & 1705, ses héritiers ne pouvoient former leur demande en désistement, & revenir contre le contrat de vente, qu'au préalable ils n'eussent obtenu des lettres de restitution, attendu que les voies de nullité n'ont pas lieu en France, & que la vente ayant été faite par un tuteur, elle engage le mineur, suivant la regle que le mineur est tenu du fait du tuteur, & que le pouvoir du tuteur a cet effet, que tout ce qu'il gére est considéré comme le fait propre du mineur.

Il prétendoit en second lieu qu'il avoit été mal-jugé au chef de la sentence, qui le condamnoit à la restitution des jouissances du jour du contrat; parce que Julien Pilet ayant perçu les intérêts jusqu'en l'année 1721; auquel temps Bon Pilet avoit atteint l'âge de dix-huit ans, il avoit fait jusques-là les fruits siens en qualité de gardien & de légitime administrateur de son fils; & soutenoit de plus qu'on devoit déduire ce qui avoit été touché par Bon Pilet, fils.

Les intimées de leur côté, pour soutenir le bien-jugé de la sentence, disoient qu'il n'étoit pas besoin de lettres, puisque la vente étoit nulle d'une nullité absolue, par défaut de pouvoir dans le pere & tuteur, lequel, en qualité de tuteur, n'avoit de pouvoir que pour régir & administrer, & non pour aliéner, encore moins pour aliéner de son motif, sans cause nécessaire, avis de parens & autorité de justice.

Quant à la restitution des fruits, elles soutenoient le bien-jugé, en ce que Julien Pilet n'ayant pas fait inventaire, ni nourri son fils, charges attachées à la garde, il n'avoit pas pu jouir du bénéfice.

Par la sentence rendue en cette Sénéchaussée, il fut dit qu'il avoit été mal-jugé en la sentence dont est appel, qui condamne indéfiniment Verrouquier à la restitution des fruits demandés, à compter du 19 janvier 1696, jour du contrat de la vente en question; émendant quant à ce, décharge ledit Verrouquier de ladite restitution, quant aux fruits perçus depuis ledit jour jusqu'au 19 octobre 1701, inclusivement; ordonne de plus que sur le montant de l'estimation qui sera faite des jouissances qui ont suivies, les intimées seront tenues de souffrir déduction des sommes payées par led. Verrouquier, audit défunt Gilbert Bon Pilet; prononcé le bien-jugé au résidu de lad. sentence, laquelle audit résidu sortira son effet; l'appellant condamné en l'amende & aux deux tiers des dépens, tant des causes principales que d'appel, l'autre tiers compensé.

12. A l'égard des dettes actives, le tuteur doit faire toutes les diligences nécessaires, pour obliger les débiteurs de ses mineurs à payer ce qu'ils doivent. Il doit prendre garde qu'ils ne deviennent pas insolvables, qu'ils payent régulièrement les intérêts & les arrérages des rentes, & que leurs biens ne soient pas vendus par décret sans y former opposition : il doit aussi acquitter avec soin les dettes passives, pour prévenir les frais qui se pourroient faire par les créanciers, sur peine d'en répondre en son nom, s'il a des deniers suffisans pour cet effet.

13. Tous les deniers qui proviennent de la vente des meubles & des autres effets, ceux qui se trouvent dans les biens des mineurs, doivent être employés par le tuteur à acquitter les dettes passives, s'il y en a, & les autres charges, & s'il reste encore des deniers entre les mains du tuteur, il doit les employer, suivant l'ordonnance d'Orléans, article 102, en acquisitions d'héritages, ou en constitutions de rentes, & le tuteur dans l'étendue de ce parlement a six mois pour placer les deniers de ses mineurs.

14. S'il ne se trouvoit aucune occasion de faire un emploi utile & licite, le tuteur sera déchargé : car il ne doit être tenu que de faire les diligences nécessaires : mais pour cette décharge il doit prendre les sûretés convenables & faire ses diligences; & pour cela, quand il a des deniers entre les mains, il peut les dénoncer aux parens, afin qu'ils lui indiquent un emploi, ou qu'ils donnent leur avis sur ceux qu'il propose, & rapporter des actes de l'avis des personnes de qui il doit prendre conseil, par où il paroisse que les deniers sont restés en nature, & que l'emploi n'a pu être fait.

15. Si le tuteur ne fait point d'emploi, & ne prend pas les précautions nécessaires pour sa décharge, il sera tenu en son nom des intérêts des deniers; parce qu'en ce cas on présume, ou qu'il les a tournés à son propre usage, ou que c'est par sa faute, s'il n'en a pas fait un emploi utile aux mineurs.

16. Mais de quelque maniere que le tuteur ait disposé de ces deniers, & autres revenus du mineur, il est tenu (suivant notre article) d'en rendre compte, quand la tutelle est finie; & cet engagement de rendre compte, est si essentiel à tous les tuteurs, que la qualité de pere & de mere ne peut & ne doit pas les en dispenser; & que la charge de rendre compte ne peut être remise par le pere, par son testament : *Cùm remissio rationum reddendarum*, dit M. François Decullant, *det locum futuræ fraudi, seu invitet ad dolum, & sit contrà bonam fidem & bonos mores, dicendum est, neque testamento, neque consuetudine quemquam posse esse Tutorem alogistam, id est, sine rationum redditione, & sunt qui tenent liberationem reddendarum rationum, scrupulosam tantùm inquisitionem tollere.* M. Decullant, hîc. M. Domat a fait la même observation, traité des *Loix civiles*, tom. 2, liv. 2, tit. 1, sect. 3, art. 22.

17. Il y a plus, c'est que, quand même le mineur devenu majeur, auroit transigé avec son tuteur, sur l'administration de sa tutelle, pour une somme d'argent ou autrement, ou que par une quittance, ou par un autre acte, il l'en auroit déchargé directement ou indirectement, sans que le tuteur lui eût rendu compte, tous ces actes seroient déclarés nuls, parce qu'on présume sans justice, qu'il y auroit eu du dol de la part du tuteur, d'ôter au mineur la connoissance de l'état de ses affaires, qu'il ne pouvoit avoir que par son compte, & de l'avoir engagé à transiger sans connoissance de cause. Telle est la jurisprudence des arrêts rapportés

rapportés par M`rs`. Louet & Brodeau, lett. T, somm. 3, & par M. Brillon dans son *Dictionnaire des Arrêts*. V. *Tutelle*.

18. Mais il faut que le mineur se pourvoie par lettres contre ces transactions & ces sortes d'actes, dans les dix ans de sa majorité, ou le majeur dans les dix ans du contrat, comme il a été dit sur l'article 19, *suprà*.

19. Quand le mineur se pourvoit dans les dix ans, contre la transaction ou autre contrat par lequel il a déchargé son tuteur de la reddition de compte, moyennant une somme par lui touchée, il n'est pas obligé de rendre ladite somme, laquelle le tuteur peut coucher & employer dans son compte. *Frustrà enim tutor petit, quod mox redditurus est, L. in condemnatione 173. §. ult. ff. de reg. jur.* n'étant pas à présumer que le tuteur eût donné cette somme au mineur par la transaction, s'il ne se fût jugé débiteur & reconnu redevable de ladite somme, ou autre plus grande. C'est le raisonnement de M. Julien Brodeau sur M. Louet, lettre T, somm. 3, où il dit que cela a été ainsi jugé par arrêt du 29 décembre 1609.

20. Quand le tuteur n'a pas rendu compte, & qu'il n'y a pas eu de transaction sur la gestion de la tutelle, ni de décharge de rendre compte donnée de la part du mineur; l'action qu'a le mineur pour se faire rendre compte dure trente ans, à compter du jour de sa majorité, mais se prescrit par trente ans. Tel est le sentiment d'Henrys, tome 2, liv. 4, qu. 31; de Bacquet, *des Droits de justice*, chap. 21, n. 188; de M. de la Thaumassiere sur la Coutume de Berry, tit. 1, art. 47, & de M. François Decullant sur le présent article. *Tutores*, dit Decullant, *& administratores cujusmodi sint, usque ad triginta annos recte conveniuntur, & tutore defuncto, redditione ejus hæredes tenentur in solidum, pro tempore quo defunctus cui successerunt gessit, licèt ad eos administrationis officium non transeat; equidem si plures sint tutores, nec administratio fuerit divisa, alter sine altero, nisi in solidum, rationem reddere non potest.* M. François Decullant, *hic*.

TITRE DIX-SEPTIEME.

Des Bâtards & Aubains.

UN bâtard est un enfant né hors le légitime mariage; on l'appelle autrement d'un nom plus doux, *enfant naturel*, à cause qu'il n'est reconnu que de la nature, & qu'il n'a pas les avantages que la loi donne aux enfans légitimes.

2. Il y a deux sortes de bâtards : les premiers sont les simples bâtards, nés de la conjonction illicite de deux personnes libres, qui auroient pu se marier ensemble lors de la conception de l'enfant; ce qu'on appelle, *ex soluto & solutâ*.

3. Les seconds sont ceux qui viennent d'autres conjonctions plus criminelles, comme les adultérins & les incestueux.

4. Les adultérins sont ceux dont le pere & mere, ou l'un des deux, étoient engagés dans un autre mariage; en un mot ceux qui sont nés d'un adultére, ainsi appellé, parce que c'est, *ad alterius thorum accessio*. On y comprend aussi les enfans des prêtres, & de toutes les personnes qui ont fait solemnellement des vœux de chasteté, à cause que l'infidélité qu'ils font à l'église leur épouse, est une espece d'adultére.

5. Les incestueux sont ceux qui naissent de deux personnes parentes ou alliées en degré assez proche pour ne pouvoir contracter mariage ensemble sans dispense.

6. Les aubains, comme qui diroit, *alibi nati*, nés ailleurs que dans le royaume, sont les étrangers qui se viennent établir dans ce royaume.

7. Il y a deux sortes d'étrangers établis en France; il y en a qui sont naturalisés, & d'autres qui ne le sont pas.

8. Les étrangers naturalisés sont ceux à qui le roi accorde des lettres patentes, dont l'effet est de donner aux étrangers le même droit qu'aux sujets naturels du royaume : c'est-pourquoi ce n'est pas de ceux-ci dont la Coutume entend parler dans le présent titre.

9. Dans ce titre, qui n'est composé que de cinq articles, depuis & y compris l'article 184 jusqu'à l'article 188 inclusivement, il y est traité des bâtards & aubains, du droit qu'ils ont de disposer de leurs biens, de leur capacité & incapacité par rapport aux successions & de ceux qui leur succedent.

10. Il est aussi traité des bâtards & des aubains dans l'ancienne Coutume, au titre neuvieme, qui est intitulé, *des droits que le seigneur prend sur les bâtards*.

ARTICLE CLXXXIV.

UN Batard peut disposer de ses biens en tous contrats d'entre-vifs, comme un légitime.

1. LA Coutume de Tours, article 245, contient une disposition semblable : & la raison de cette disposition, c'est que toute personne qui a le domaine & l'administration de quelque chose, peut la donner par donation d'entre-vifs, si elle n'en

est empêchée par quelque loi prohibitive.

2. Mais de ce que les bâtards peuvent, suivant notre article, disposer de leurs biens, comme les légitimes, par contrats d'entre-vifs, il s'ensuit qu'ils peuvent aussi-bien qu'eux, faire des institutions d'héritiers par contrat de mariage.

3. Il y a plus ; c'est que les bâtards peuvent aussi tester, suivant la note de M. Charles Dumoulin sur le présent article, & même par leur testament disposer de tous leurs biens, au préjudice du seigneur, ainsi que le disent les Coutumes de Mantes, art. 175 ; de Dunois, article 73 ; de Montargis, chap. 15, art. 6 ; de Nivernois, chap. 34, art. 24 ; d'Orléans, art. 311 ; de Melun, art. 299 ; de Berry, tit. 19, art. 30, & autres : dispositions qui sont suivies dans cette Coutume, quoique par icelle, art. 291, *infrà*, il ne soit permis de disposer par testament que du quart de ses biens. Et la raison est que cette disposition qui a été introduite en faveur des héritiers, ne peut pas s'appliquer à la disposition faite par un bâtard, au préjudice du fisc, le fisc ne devant pas profiter de ce qui n'a été introduit qu'en faveur des héritiers légitimes ; de maniere que la disposition faite par un bâtard, qui n'a point d'héritiers, n'est point sujette à la réduction, aux termes de la Coutume. Ainsi a été jugé dans cette Coutume par sentence du domaine du 4 décembre 1617, & par arrêt de l'année 1621. Et tel est le sentiment de nos commentateurs M. Jacques Potier, *hic* & de M^{rs}. Jean Decullant & Louis Semin, dans leurs remarques manuscrites sur l'article 291, *infrà*, ainsi que nous le dirons sur ledit article 291.

ARTICLE CLXXXV.

Bâtards ne succedent. **BATARDS** ne succedent *ab intestat*, ni par testament, à leurs parens & lignagers de quelqu'estoc qu'ils soient.

1. C'Est Coutume générale en France, que le bâtard ne succéde point : c'est la disposition de la Coutume de Melun, article 301 ; de celle d'Estampes, article 128 ; d'Orléans, art. 310 ; de Valençay, art. 5 ; de Blois, 146 ; de celle d'Auvergne, tit. 12, art. 10 ; de notre Coutume, au présent article ; de celle de la Marche, art. 222, & autres. Ainsi les enfans naturels, soit qu'ils soient bâtards simples, ou adultérins & incestueux, ne succédent point à leurs peres & meres, quand même ces peres & meres ne laisseroient point d'enfans légitimes, ni aux parens de leurs peres & meres. L'ancienne Coutume de cette province, titre 9, article 3, dit que le bâtard ne succéde point à celui que l'on dit être son pere, ni aussi à sa mere, combien qu'elle soit certaine ; la nouvelle Coutume en notre article va plus loin, & dit, comme celle d'Auvergne, que les bâtards ne succédent point à leurs parens lignagers, de quelqu'estoc qu'ils soient. *Hoc Statutum*, dit Papon, sur le présent art. *Juris Civilis dispositionem omninò disturbat, cum illo, neque patri, neque matri, neque cognatis, aut agnatis naturales succedere possint.*

2. La raison est que les bâtards ne sont réputés d'aucune famille, *nec gentem, nec genus habent* ; ce qui fait qu'ils ne peuvent pas exercer le retrait lignager, ainsi que nous le dirons sur l'article 436. Notre Coutume toutefois regardant ce qui est de la nature, & non pas ce qui est de la loi, suppose que le bâtard a des lignagers & parens des deux estocs, des successions desquels elle les déclare incapables.

3. Cette incapacité des bâtards à succéder, ne s'entend, ainsi qu'il a été dit, que de la succession de leurs peres & meres, & des parens desdits peres & meres, & non de celle de leurs propres enfans nés en légitime mariage : car les bâtards succédent à leurs enfans nés en légitime mariage, quant aux meubles & acquêts-immeubles, conjointement avec leurs freres germains, par égales portions, selon qu'il est dit en l'art. 187, *infrà*, lequel art. 187, comme l'a remarqué M. François Menudel, sert de restriction à celui-ci, qui s'explique en termes trop généraux : *Hic paragraphus*, dit-il, *limitationem recipit ex paragrapho* 187, qui veut qu'ils succédent à leurs enfans légitimes.

4. Notre Coutume, dans le présent article, déclare les bâtards incapables non-seulement de succéder *ab intestat* à leurs parens & lignagers de quelqu'estoc qu'ils soient, mais encore par testament ; disposition qui ne peut pas être entendue d'une institution d'héritier, faite par testament en faveur d'un bâtard, puisque dans cette Coutume on ne peut point faire d'héritier par testament, mais d'une donation testamentaire du quart ou de quote, parce que le légataire du quart ou de quote est en quelque façon un héritier partiaire. Ainsi un bâtard ne peut pas, au préjudice des héritiers du sang, être légataire de ses parens, du quart ou de quelqu'autre partie de leurs biens.

5. Il est vrai que M. Charles Dumoulin, dans sa note sur l'article précédent, donne aux bâtards le droit de testament activement & passivement ; mais il ne leur laisse le droit des tamens passivement, que pour exclure le fisc, & non au préjudice des héritiers du sang, & il en rend cette raison. *Habet etiam*, dit-il, en parlant du bâtard, *factionem testamenti activam & passivam .... nisi respectu passivæ, quando legitimi hæredes etiam collaterales & remoti frustrarentur, ut §. seq. sed institutus excluderet fiscum.* C. M.

6. Le bâtard peut toutefois recevoir par testament de ses parens quelque legs particulier,

Tit. XVII. DES BATARDS ET AUBAINS. Art. CLXXXVI.

par forme d'aliment, selon que s'explique M. le président Duret sur ces mots de notre article, NI PAR TESTAMENT: *Non tamen*, dit-il, *donatione vel legato particulari, non fraudulento præsertim in alimenta interdicuntur*. M. le président Duret, *hic*.

7. Il peut aussi recevoir de ses parens par donation d'entre-vifs, des libéralités, quand elles sont modérées. C'est le sentiment de M. Jean Decullant après Papon : *Cæterùm*, dit M. Decullant, *filiis naturalibus natis ex soluto & solutâ, pater donare non prohibetur, etiam extrà favorem matrimonii, ut ait* Papon, §. 217. M. Decullant, sur notre article.

8. Il y a plus, c'est que les peres & meres sont tenus de donner à leurs enfans naturels de quoi les faire subsister : car comme il n'est pas juste de laisser les enfans naturels, même adultérins ou incestueux, sans quelque secours, & que ce seroit une injustice, que le public fût chargé de les élever à ses frais & dépens, & de les nourrir au préjudice des véritables pauvres, quand leurs peres & meres le peuvent faire ; la loi naturelle impose aux peres & meres l'obligation de donner les alimens à leurs enfans, même adultérins & incestueux, & de leur fournir les moyens de gagner leur vie.

Ce qui vient d'être dit des donations qui peuvent être faites aux bâtards par leurs parens, ne concerne que les donations testamentaires ou entre-vifs hors le contrat de mariage ; quant aux donations & même institutions d'héritiers faites en faveur des bâtards par leur contrat de mariage, voyez ce qui est dit sur l'article 219, *infrà*.

9. Au-reste, tout ce que nous avons dit des bâtards, conformément au présent article, qu'ils ne pouvoient pas succéder à leurs parens, ni *ab intestat*, ni par testament, n'a son application qu'aux bâtards qui ne sont pas légitimés : surquoi il faut observer qu'il y a deux sortes de légitimations, l'une qui se fait par les lettres du prince, & l'autre par le mariage subséquent.

10. Les lettres de légitimation que les bâtards obtiennent du roi, & que l'on fait enregistrer au parlement & à la chambre des comptes, à présent peu en usage, quoiqu'obtenues du consentement des peres & meres, avec la clause de leur succéder, ne rendent pas les impétrans habiles à leur succéder, ni à leurs autres parens, selon le sentiment le plus suivi au palais. Il faut pourtant convenir que le sentiment contraire est soutenu par des auteurs d'un grand poids, mais avec des restrictions, comme on peut voir dans les observations sur Henrys, tom. 1, liv. 6, chap. 5, qu. 27.

11. Quant à ce qui regarde la légitimation qui se fait par mariage subséquent, elle a constamment cet effet : elle est même si favorable, qu'elle répare entièrement le vice de la naissance des enfans nés auparavant, & qu'elle les rend légitimes avec toutes les prérogatives & de la même maniere que s'ils étoient venus dans le mariage, pourvu qu'au temps de leur conception il n'y eût aucun empêchement dirimant au mariage ; parce que par une fiction de la loi, le mariage remonte au jour de la conception des enfans rendus légitimes par un mariage subséquent. M. Brodeau sur M. Louet, lett. D, somm. 52.

ARTICLE CLXXXVI.

Les descendans en directe ligne en loyal mariage des Bâtards, leur succedent, & non leurs autres parens & lignagers.

Des héritiers d'iceux.

1. QUand les bâtards sont mariés, & qu'ils ont des enfans nés de leur mariage, si ce mariage est légitime, leurs enfans doivent être leurs héritiers ; car étant le fruit d'un légitime mariage, ils n'ont en leur personne aucun empêchement de succéder. Si d'un bâtard, dit l'ancienne Coutume de cette province, tit. 9, article 3, descend enfant en loyal mariage, ledit enfant est bien né & légitime, & succéde à ses pere & mere. Telle est aussi la disposition de la nouvelle Coutume, au présent article ; & telle est encore la disposition générale des Coutumes de ce royaume ; de celle d'Auvergne, tit. 12, article 11 ; d'Anjou, art. 344 ; de Vermandois, art. 5 ; de Châlons, art. 12 ; de Mantes, art. 176 ; de Melun, art. 300 ; de Sens, art. 28 ; de Troyes, art. 117, & de beaucoup d'autres. Ces trois dernieres Coutumes, savoir de Melun, de Sens & de Troyes, s'expliquent plus nettement que les autres ; car après avoir dit, que si les bâtards ont des enfans en légitime mariage, lesdits enfans leur succédent, elles ajoutent « Et pareillement ils » succédent à leurs enfans en leurs meubles & » acquêts, & subséquemment les enfans de » leurs enfans, leurs freres & cousins germains » succédent les uns aux autres. »

2. Que si, comme dit M. Jean Basmaison, le pere est bâtard & la mere légitime, leurs enfans succéderont aux lignagers de la mere, de laquelle ils retiennent la parenté ; mais ils sont étrangers aux prétendus lignagers du pere bâtard ; & si c'est la mere qui soit bâtarde & le pere légitime, les enfans descendus en loyal mariage retiennent la parenté du pere, par la raison qu'ils retiennent la parenté de celui des deux qui est légitime. Basmaison, sur la Coutume d'Auvergne, tit. 12, article 11.

3. Mais si les bâtards meurent sans enfans, comme pour lors ils n'ont point de parenté légitime avec personne, ils ne peuvent aussi avoir aucun héritier légitime *ab intestat*, & personne ne leur succéde à ce titre, non pas même leur mere : c'est ce qui est exprimé par ces termes

de notre article, & *non leurs parens & lignagers*; par lesquels mots, nos rédacteurs ont entendu parler du pere & de la mere du bâtard, & sur-tout de la mere qui est certaine & connue, au lieu que la nature seule connoît le pere.

4. Ainsi en ce cas la succession des bâtards appartient au roi, ou aux seigneurs hauts justiciers. *Batardi seu naturales*, dit M. Jean Decullant, *fiscum habent hæredem, si quatuor absint à Papone hìc relata* : 1°. *Quòd natalibus restituti non sint.* 2°. *Quòd bona non alienaverint.* 3°. *Quòd hæredem testamento non scripserint, aut mortis causâ donaverint, quod usu Franciæ receptum est.* 4°. *Quòd filios legitimos nullos reliquerint.* M. Jean Decullant, sur l'article 184, *suprà*.

5. Les seigneurs hauts justiciers, dit Bacquet, premiere partie, *du droit de Bâtardise*, chap. 8, n. 5, ne peuvent avoir la succession des bâtards, que trois choses ne concourent ensemble : La premiere, qu'ils soient nés dans la justice du seigneur ; la seconde, qu'ils y soient demeurans ; & la troisieme, qu'ils y décédent. Et quand ces trois choses ne concourent pas, c'est le roi & non le seigneur haut justicier qui succéde. Tel est aussi le sentiment de M. le président Duret & de M. Louis Semin, sur notre article.

6. Et encore que ces trois choses concourent en faveur du seigneur haut justicier, il ne pourra avoir toutefois, dit toujours Bacquet, *ibid.* n. 18, que les biens situés au dedans de sa haute justice, le surplus des autres biens appartenant au roi ; ce qui doit être entendu tant des meubles que des immeubles, nonobstant la régle générale portant que les meubles suivent le domicile : & cela par la raison que nous dirons sur l'article 349, *infrà*. C'est la remarque de M. Jean Decullant, & après lui de M. François Decullant, son fils : *dicebat D. Joannes Decullant*, dit François Decullant, *mobilia non sequi legem domicilii, ut ea dominus juridicus ejus domicilii vindicet ; sed sequi legem sitûs, licèt communiter nec domicilium, nec situm dicantur habere ; & hoc, quia fiscus, seu dominus juridicus non est propriè hæres ; sed tantùm bonorum possessor. Vide art.* 349, *infrà*. M. François Decullant.

ARTICLE CLXXXVII.

Si l'enfant du Bâtard va de vie à trépas, délaisse son pere ou mere ou freres, les biens meubles & acquêts immeubles appartiennent à ses pere, mere ou survivant d'eux, avec ses freres par égales portions ; & s'il n'a pere ni mere, ils appartiennent ausdits freres. Mais s'il va de vie à trépas sans enfans, pere, mere, freres, ni leurs descendans ; en ce cas il a deux héritiers, l'un du côté paternel qui est le Seigneur haut Justicier, représentant l'estoc paternel, qui succéde à la moitié des meubles & conquêts, & aux propres du côté paternel ; & ses prochains héritiers du côté maternel, qui succédent en l'autre moitié desdits meubles & conquêts & en tout l'héritage du côté maternel.

1. Quand un bâtard a contracté mariage légitime comme il le peut, & que les enfans issus de ce mariage viennent à décéder, il succéde à ses enfans légitimes, quant aux meubles & acquêts, comme tout autre pere qui n'est point bâtard, conjointement avec leurs autres freres, par égales portions, ainsi qu'il est dit au présent article ; & ce qui est dit du pere bâtard, doit être entendu de la mere bâtarde.

2. Les freres des enfans des bâtards nés en légitime mariage, qui leur succédent conjointement avec les peres & meres, comme il vient d'être dit, sont leurs freres germains, conformément à la disposition de l'article 314, *infrà* ; & sous le mot de *frere* les sœurs germaines y sont également comprises, ainsi que l'ont observé M. le président Duret & M. Jean Decullant, sur cet article.

3. Les bâtards ne succédent pas seulement à leurs enfans nés en légitime mariage, quant aux meubles & acquêts-immeubles ; mais ils leur succédent de plus entiérement ès biens qu'ils leur ont donnés, conformément au même article 314, *infrà*. C'est encore la remarque de M. le président Duret sur ces mots de notre article, LES BIENS MEUBLES ET ACQUETS IMMEUBLES : *insuper*, dit M. Duret, *pater in solidum succedit, quantùm ad ea quæ filiis defunctis donavit, infrà, art.* 314. M. Duret.

4. Ceux qui donnent aux bâtards en faveur de mariage ou autrement, ont accoutumé de stipuler, qu'en cas qu'ils viennent à décéder sans enfans, ou leurs enfans sans descendans, les choses données leur retourneront, ou aux leurs ; & en ce cas il a été jugé, dit M. Claude-Ignace Prohet, que les enfans & autres descendans du bâtard venant à défaillir, les biens retournent aux héritiers du donateur, bien qu'au troisieme & quatrieme degré ; & l'on n'a pas considéré, ajoute-t-il, ce retour comme une substitution, mais bien comme une condition qui suit & affecte les biens jusqu'à l'échéance, & à l'ouverture de la condition ; & il y en a divers jugemens. M. Prohet sur la Coutume d'Auvergne, tit. 12, art. 11.

5. Que si l'enfant légitime d'un bâtard ou d'une bâtarde décéde sans enfans, pere, mere, freres,

freres, ni leurs descendans ; en ce cas, suivant notre article, & l'article 4 du tit. 9 de l'ancienne Coutume, il a deux sortes d'héritiers ; d'un côté le seigneur justicier qui représente l'estoc de celui des peres & meres qui est bâtard, c'est-à-dire, qui représente l'estoc du pere, si c'est lui qui est bâtard, ou de la mere, si c'est elle qui est bâtarde ; & d'un autre côté, les parens de la personne des pere ou mere qui se trouve légitime ; savoir, les parens du pere, si c'est lui qui est légitime, ou de la mere, si c'est elle qui le soit : & c'est ainsi, dit M. Jean Decullant, qu'il faut entendre cet article, que Papon n'a pas compris.

6. *Hoc nostro paragrapho*, dit M. Decullant, *agitur de successione pueri ex spurio progeniti, sed justis nuptiis, quæ successio triplici facie proponitur : Prima, dum filius ex justis nuptiis genitus, ex patre tamen, & matre spuriâ, relinquit patrem, matrem & fratres, ii succedunt dicto filio legitimo in mobilibus & quæstibus.*

7. *Secunda, si dictus filius legitimus ex patre & matre spuriâ, fratres tantùm reliquerit & legitimos, ii invicem succedunt.*

8. *Tertia species quam hìc Papon non intellexit, hæc est : putà, Titius spurius duxit Mæviam in uxorem, ex justis nuptiis genitam ; ex illorum matrimonio Sempronius ortus est, qui Titio & Mæviæ parentibus supervixit, & posteà obiit nullis liberis, fratribus, aut sororibus relictis : Hujus Sempronii successio, per paragraphum 315, deberet dividi in duas lineas, nempe paternam & maternam ; sed cùm ex latere paterno nullos habeat agnatos consanguineos, eò quòd pater Titius foret spurius, hæc pars successionis devolvitur ad fiscum. Secùs verò de linea materna ; nam cùm Mævia mater Sempronii foret à justis nuptiis genita, habebat gentem, familiam & consanguineos, qui jure succedunt Sempronio, ut potè legitimi hæredes. Quòd si vice versâ, Titius pater Sempronii fuisset legitimè progenitus, & Mævia fuisset spuria, tunc successio ex latere paterno obveniret propinquis hujus stemmatis, & altera pars ex latere materno ad fiscum ; itaque quod dicitur in hoc nostro paragrapho, maternos propinquos admitti ad successionem, hoc non intelligitur nec statuitur favore maternitatis, ut putat* Papon, *hic, ex Legibus ab eo allatis : sed quia paragraphus noster loquitur in specie, in qua pater est spurius, & mater ex legitimis nuptiis orta, patet ex primis verbis paragraphi hujus,* l'enfant de bâtard, & non de bâtard, ou bâtarde ; *alioquin paragraphus præcedens non conveniret, qui expressè parentibus omnibus denegat successionem filiorum Batardorum ; quo vocabulo, parens, etiam mater continetur : Undè cùm mater non succedat filio suo spurio, dicendum est non favore maternitatis, paragraphum nostrum consanguineos maternos ad successionem admisisse, sed propterea quod loquebatur in specie matris legitimæ.* M. Jean Decullant, *hic.*

9. Si l'enfant légitime des bâtards, qui décéde sans pere, mere, freres ni descendans d'eux, est enfant d'un bâtard & d'une bâtarde, qui est une espece que notre article n'a pas prévu ; en ce cas, comme il n'a aucuns parens paternels ni maternels, il n'aura pas deux sortes d'héritiers, mais le seigneur haut justicier prendra seul toute sa succession.

10. Dans le cas contraire ; savoir, quand l'enfant légitime d'un bâtard survit à ses pere & mere, dont l'un des deux est légitime, pour lors il succéde à ses parens du côté de la personne de ses pere & mere qui se trouve légitime, comme nous avons dit que ses parens lui succédoient ; car leur parenté fait qu'ils s'entre-succédent. *Si pater sit Batardus*, dit M. le président Duret, *mater legitima, filii legitimi succedunt gentilibus matris, ut è converso gentiles eis succedunt, quoniam inter eos est naturalis & legitima conjunctio.* M. le président Duret, *hic.*

ARTICLE CLXXXVIII.

La succession des Aubains appartient à Madame, des biens étans au Païs & Duché de Bourbonnois.

De la succession des Aubains.

1. Les aubains, ou étrangers non naturalisés par lettres du prince, ne succédent pas en France, & on ne leur succéde pas. *Peregrini capere non possunt hæreditatem, nec testari,* dit la loi 1, C. *de hæred. instit.* que nous suivons à cet égard ; & c'est, dit Bacquet dans son traité *du Droit d'Aubaine*, une maxime reçue en France, que les aubains ne succédent à personne, & que personne ne leur succéde à l'égard des biens situés dans le royaume.

2. Leurs parens ne leur succédent donc pas ; mais on admet aujourd'hui par équité leurs enfans à leur succession, pourvu qu'ils soient regnicoles, dit M. Argout : ce qui ne suffisoit pas autrefois ; car il falloit que les enfans fussent nés & demeurans dans le royaume pour succéder à leur pere étranger non naturalisé, & en cela l'équité a prévalu contre la rigueur du droit. Argout, *Instit. au Droit Français*, liv. 1, chap. 11.

3. La succession de l'aubain, ou étranger non naturalisé, qui meurt sans enfans regnicoles & légitimes, appartient au roi, à l'exclusion des seigneurs hauts justiciers, nonobstant toutes Coutumes contraires. La raison qu'en donne Bacquet, dans son traité *de l'Aubaine*, chap. 27, c'est que le roi seul ayant droit de donner permission à l'étranger de demeurer dans le royaume, & d'y acquérir, quand il est assez téméraire d'y venir demeurer,

& y acquérir sans permission du roi, le roi seul doit lui succéder par droit d'aubaine en tous les biens acquis dans le royaume. Ainsi nous ne suivons pas Dumoulin dans son apostille sur notre article, comme l'a observé M. Toussaint Chauvelin, dans sa note sur le même article, insérée dans le nouveau Coutumier général.

4. Dans le temps de la rédaction de la Coutume, M^{rs}. les commissaires, au sujet du présent article, firent leurs remontrances & leur réserve, pour la conservation du droit du roi. Cet article porte (comme l'on voit) que la succession des aubains appartient à Madame des biens étans au Pays & Duché de Bourbonnois. Et la Dame, dont parle l'article, est Madame Anne de France, duchesse de Bourbonnois & d'Auvergne, veuve de Pierre XXII, du vivant de laquelle la rédaction de notre Coutume, & de celle d'Auvergne, fut faite ; mais comme le duché de Bourbonnois est à présent uni à la couronne, & que le roi, ou les seigneurs engagistes jouissent des droits que Madame la Duchesse de Bourbonnois possédoit lors de la rédaction de cette Coutume, il n'y a plus à ce sujet de difficulté, suivant que l'a remarqué M. Jacques Potier, sur notre article.

* Par le contrat d'engagement du duché de Bourbonnois, fait au profit de Louis II de Bourbon, prince de Condé, en échange de celui d'Albert, le 26 février 1661, le roi Louis XIV donna & délaissa tous les droits généralement quelconques, appartenans au duc de Bourbonnois, sans aucune chose excepter, & nommément le droit d'aubaine & déshérence.

TITRE DIX-HUITIEME.

Des Tailles Personnelles.

1. Toutes personnes sont libres en ce royaume, & les servitudes personnelles y ont été abolies depuis plusieurs siecles. Sous la premiere & la seconde races de nos rois, il y avoit des esclaves en France ; les capitulaires de Charlemagne, & les formules de Marculphe en font foi. Ces servitudes commencerent à s'abolir insensiblement sous la troisieme race ; ensorte que dans les siecles où se formerent nos Coutumes, la servitude des serfs ne consistoit plus qu'à être attachés à certaines terres, & à n'avoir pas la disposition libre de leurs biens, ni de leurs personnes pour se marier & s'engager par des vœux.

2. Du temps des Romains, les prisonniers de guerre devenoient les esclaves des vainqueurs, & les vainqueurs s'attribuoient un pouvoir absolu sur leurs esclaves ; ils les vendoient, & disposoient absolument de leurs personnes, de leur industrie, de leur travail, sans qu'ils pussent rien faire, rien avoir, rien acquérir, qui ne fût à leur maître.

3. Ils en destinoient les uns pour servir dans leurs maisons, & les autres ils les plaçoient à la campagne pour la culture des terres, pour la garde des bestiaux, l'exploitation en un mot des biens de campagne ; & afin de s'épargner la peine de leur faire rendre compte, & le soin de veiller sur eux & sur leur travail, on laissa par la suite des temps aux esclaves la disposition des biens de campagne, la liberté de les cultiver, de les faire valoir & de les ménager à leur gré, à la charge de payer chacun en certaines prestations ou redevances en blé & autres fruits, selon qu'on étoit convenu.

4. Il arrivoit aussi qu'une nation ayant été subjuguée, les empereurs laissoient les possesseurs en la possession de leurs héritages, avec des redevances & charges serviles. Ainsi écrivoit, dit Pasquier dans ses *Recherches de la France*, liv. 4, chap. 5, l'empereur Probus dedans Vopisque, au sénat de Rome, après qu'il eût réduit sous son obéissance quelques peuples de la Germanie : *Omnes jam Barbari vobis arant, vobis serunt, illis sola relinquimus sola, nos eorum omnia possidemus.*

5. Mais, afin que les terres ne demeurassent pas incultes, & les domaines déserts & abandonnés, la loi fut faite, que les serfs destinés à la culture des terres, & à l'exploitation des biens de campagne, demeureroient inséparablement attachés au fonds, & ne pourroient être vendus & commercés par les propriétaires, qu'avec le fonds & les biens auxquels ils étoient attachés ; & tels serfs étoient réputés de la nature de l'immeuble, & comme faisant portion du fonds, à cause de la destination. *Servi adscriptii glebæ seu prædio adjecti*, L. 7, & 21, *cod. de agric. & cens.*

6. C'est-là, selon Coquille sur la Coutume de Nivernois, tit. 8, l'origine des serfs, dont il est parlé dans quelques Coutumes de ce royaume ; lequel étoit sous la domination des Romains, avant que les Français l'eussent conquis sur eux.

7. Les serfs, gens taillables & de poursuite, dont il est parlé dans nos Coutumes, & notamment dans le présent titre, ne sont point des esclaves, comme étoient ceux des Romains ; mais ce sont des descendans de ces anciens esclaves affranchis sous certaines conditions, qui ne laissent pas d'être rudes & onéreuses.

8. Ces serfs, gens taillables & de poursuite, étoient autrefois en grand nombre dans nos Coutumes, & sur-tout dans celle-ci ; mais ils ont presque tous été affranchis, soit par la pure libéralité des seigneurs, soit par des conventions particuliéres par lesquelles les seigneurs ont donné les mains à l'affranchissement des gens de main-morte, qui étoient dans l'étendue de leur seigneurie, moyennant de certaines

redevances, ou en argent, ou en grains, ou autres especes.

9. Ainsi il y a peu aujourd'hui de serfs de naissance & de pourfuite dans cette Coutume, il n'y a guere que des servitudes réelles; & les possesseurs de ces héritages chargés de ces servitudes, en les abandonnant aux seigneurs, deviennent entierement libres, desorte que le présent titre n'est pas d'un grand usage.

10. Il est composé de vingt articles, qui sont précisément les mêmes dans l'ancienne & la nouvelle Coutume; & dans ces articles on y explique quels sont les charges de la servitude, ou les droits des seigneurs sur leurs serfs; qui sont les personnes de condition servile; quels sont les actes dont ils sont capables; s'ils peuvent succéder, & qui sont ceux qui leur succédent.

ARTICLE CLXXXIX.

IL y a audit Païs & Duché de Bourbonnois des Tailles qui sont Tailles personnelles, & sont sur le chef & la personne, dont les unes sont franches, car elles ne rendent point la personne serve, combien qu'elles soient sur le chef & sur la personne : & d'autres qui ne sont point franches, qui rendent la personne serve, & de poursuite & main-morte.

De Taille personnelle.

1. LA taille est une sorte d'impôt ou redevance, qui se paye aux seigneurs justiciers & taillabliers par leurs justiciables & redevables; & le mot de *Taille* vient de ce que cette imposition se leve par capitation, & en détail sur chaque justiciable.

2. Il y a deux sortes de tailles, les unes sont personnelles, & les autres réelles. Les tailles personnelles, sont celles qui sont dues sur le chef, & sur la personne; & les tailles réelles, celles qui sont dues pour raison & à cause des héritages, & qui suivent les terres & les héritages, ainsi qu'il est expliqué dans l'article 488, *infrà*.

3. La taille qui est due pour raison de la justice, est personnelle; c'est un droit personnel qui est dû pour raison de la demeure dans la justice, que Guy Pape en sa décision 57 appelle *obsequium clientelare*; & celle qui est due au seigneur taillablier, à cause de sa directe, est réelle; c'est une redevance annuelle, qui est due à cause des terres & héritages.

4. Les tailles, dont il est parlé dans le présent article, sont les tailles personnelles & sur le chef : & de ces tailles, ainsi que le dit notre article, les unes sont serves, qui rendent la personne serve; les autres franches, qui n'asserviffent pas la personne. Car quoique dans quelques Coutumes, comme dans celle de Nivernois, chapitre 8, le droit de taille n'ait lieu que sur ceux qui sont serfs, néanmoins dans cette Coutume il y a des tailles franches, & qui se levent sur des personnes de franche condition.

5. Il est expliqué dans les articles 197 & 198, *infrà*, quelle est la taille franche, & quelle est la serve; & il est encore parlé de la taille serve dans les articles 192, 202 & 203. Voyez ce qui a été dit sur l'article 197.

6. Il est dit dans notre article, que la taille serve rend la personne serve de poursuite & de main-morte; qu'elle donne par conséquent au seigneur le droit de suite & de main-morte; & nous avons expliqué sur l'article 25, *suprà*, ce que c'est que ce droit de suite & de main-morte. Le droit de suite, selon qu'il a été dit, est le droit qu'a le seigneur de poursuivre & reclamer son serf par-tout où il se trouve; & le droit de main-morte, le droit de succéder à l'homme de condition servile, décédé sans enfans ou parens lignagers de même condition, communs & demeurans avec lui, comme nous l'expliquerons sur l'article 207, *infrà*.

ARTICLE CXC.

QUICONQUE doit Taille personnelle, & sur le chef, soit Taille franche, ou Taille serve, ladite Taille est à volonté imposable; & la peut le Seigneur croître ou diminuer, selon la faculté des biens de celui qui la doit.

1. IL est parlé des serfs taillables à volonté par les seigneurs, dans la Coutume de Troyes, art. 3, & dans celle de Chaumont en Bassigny, aussi art. 3.

2. Suivant notre article, toute taille personnelle & sur le chef, soit franche ou serve, est imposable à la volonté du seigneur, selon les facultés toutefois des biens de celui qui la doit, raisonnablement, *& arbitrio boni viri*, comme le dit la Coutume de Nivernois, chap. 8, art. 2: & aux termes de l'art. 196, *infrà*, monseigneur le duc & le seigneur haut justicier peuvent imposer taille sur leurs hommes de leur justice.

3. Cela se pratiquoit ainsi dans le temps de la rédaction de la Coutume; mais cela ne

s'obſerve plus, & perſonne à préſent ne s'ingére d'impoſer taille à qui que ce ſoit, l'ordonnance de Moulins de 1566, art. 23, & pluſieurs autres qui ont ſuivi, ayant fait défenſe de lever ſur le peuple aucuns deniers, ſans permiſſion & expreſſe commiſſion du roi; tellement qu'aujourd'hui il n'appartient qu'au roi à mettre & lever taille & impôts ſur ſes ſujets.

4. Toutefois, comme les ſeigneurs ſont fondés par les Coutumes autoriſées du roi, de doubler leurs devoirs en certains cas, & de lever ſur leurs juſticiables & redevables, un droit de taille ou de quête, dans de certains beſoins, (ce qu'on appelle *la Taille aux quatre cas*) ils s'y ſont maintenus, comme nous le dirons ſur l'aticle 343, *infrà*, & ſuivans.

ARTICLE CXCI.

QUICONQUE doit Taille perſonnelle & ſur le chef, ſoit franche ou ſerve, doit quatre charrois l'an à ſon Seigneur, s'il a bœufs & charrette ou bête trayant ; & s'il n'a bœufs & charrette ou bête trayant, il doit quatre corvées l'an, où il plaît à ſon Seigneur l'employer à ſon ſervice, du ſoleil levant au ſoleil couchant.

IL y a la même diſpoſition en l'article 339, *infrà*; & il n'y a de différence entre ces deux articles, ſinon que celui-ci parle de la taille perſonnelle, & l'autre de la juſtice, & que le nombre de charrois & corvées eſt différent ; j'ajouterai que le dernier eſt en vigueur, & que celui-ci ne l'eſt pas, pour quoi je remets à parler des corvées ſur l'article 339.

ARTICLE CXCII.

Des quatre deniers de Chantelle. IL y a pluſieurs ſerfs audit Païs, dont en y a les aucuns qui doivent quatre deniers, à cauſe de ſervitude, & s'appellent les quatre deniers de Chantelle: & par la Coutume n'échoitent point les uns aux autres, ne leurs enfans, pourvu qu'ils ſoient partis & ſéparez. Autre choſe eſt, eux étans communs.

1. LE mot d'*échoite*, employé dans le préſent article, ſignifie ſucceſſion ; & échoiter, c'eſt ſuccéder, ſelon l'apoſtille de Dumoulin, *hic. Galli*, dit M. Julien Brodeau après M. Cujas, *lib.* 5, *Obſerv. cap.* 20, *hæreditatem vocant* ÉCHOITE *du mot* ÉCHOIR, *quaſi forte obtigerit*. Brodeau ſur M. Louet, lett. R, ſommaire 17.

2. Ainſi, ſuivant notre article, les ſerfs de ce pays, c'eſt-à-dire, de ce duché de Bourbonnois, qui payent pour cauſe de ſervitude quatre deniers, qu'on appelle *les quatre deniers de Chantelle*, ne ſuccédent pas les uns aux autres, pas même leurs enfans, s'ils ſont partis & ſéparés ; *ſecùs*, s'ils ſont communs.

3. Sur quoi il eſt à obſerver que ces mots du préſent article, *eux étant communs*, ne ſe rapportent pas aux enfans, parce que ſuivant l'article 492, *infrà*, à l'égard des enfans, la communauté de biens n'eſt pas requiſe pour pouvoir ſuccéder. C'eſt la remarque de M. le préſident Duret, ſur ces mêmes mots, EUX ÉTANT COMMUNS. *Hæc verba*, dit-il, *ad liberos non pertinent; quoniam ut liberi ſuccedant, bonorum communicatio, & ſocietas coïta non deſideratur; itaque ſufficit ſi tempore obitûs cum parentibus in eâdem domo morentur*, art. 207. *Et apertiùs art.* 492, *niſi pridem in ſocietate fuerint, & diſſociati oſtendantur*. M. Duret, *hic*.

C'eſt auſſi l'obſervation de M. Jean Decullant. *Communio bonorum*, dit-il, *requiritur in ſucceſſione collateralium, ſed in ſucceſſione aſcendentium ſufficit cohabitatio*. M. Jean Decullant, *hìc*.

4. Voyez les articles 207 & 492, *infrà*, où cela ſera plus amplement expliqué.

ARTICLE CXCIII.

Comment ſe partent ſerfs entre le Duc & ſes ſujets. SI Monſeigneur le Duc, & ſon Vaſſal, ont un ſerf par commun, & il y a enfans qui ſoient à partir, mondit Seigneur le Duc a le choix, quand on fait le partage ; & ſe fait le partage par ladite Coutume, en cette maniere, que s'il y a pluſieurs ſerfs, ou femme de ſerve condition, mondit Seigneur le Duc prend celui que bon lui ſemble ; & celui qui eſt commun, choiſit l'autre après, tel que bon lui ſemble, & mondit Seigneur après, juſqu'au parachevement: & s'il en reſte un ou une ſeuls, ils demeurent communs.

1. QUand deux ou pluſieurs ſeigneurs ont pluſieurs ſerfs entr'eux, chacun d'eux, dit la Coutume de Nivernois, chap. 8, art. 29, peut pourſuivre & provoquer l'autre, ou les autres, à partage & diviſion; & ſi ce partage, ſuivant notre article, devoit ſe faire entre monſeigneur

monseigneur le duc & son vassal, monseigneur le duc choisissoit, ensuite son vassal, & ainsi de suite l'un après l'autre alternativement, jusqu'au dernier impair qui demeuroit commun; lequel, suivant la remarque de M. Jacques Potier, *hic*, pouvoit être mis à prix & enchere, entre les co-seigneurs, à la requisition de l'un d'eux, pour demeurer au dernier enchérisseur; & si préalablement il étoit affranchi par l'un des co-seigneurs, l'autre étoit tenu, dit le même Jacques Potier, après M. le président Duret, conformément à la disposition du droit, de l'affranchir pareillement moyennant juste prix. C'est la remarque de M. Duret, sur ces mots de notre article, ILS DEMEURENT COMMUNS. *Ita tamen*, dit-il, *ut favore libertatis à quolibet dominorum possit manumitti*, L. 1, *cod. de com. serv. manum*. M. Duret.

2. Mais cet article est aujourd'hui inutile.

ARTICLE CXCIV.

Si une femme serve a plusieurs bâtards ou bâtardes d'un homme franc, lesdits enfans, un ou plusieurs, seront tenus serfs : Et le contraire est, que si une femme franche a bâtards d'un homme serf, les enfans demeurent en bâtardage, & ne seront point serfs.

Le part ensuit le ventre.

1. Notre article ne parle que des enfans nés hors légitime mariage, à l'égard desquels, *partus sequitur ventrem*, parce qu'il n'y a que la mere qui soit certaine & connue, le pere étant incertain & inconnu : & il n'en est pas de même en formariage, ou mariage entre personnes de condition différente, dont l'une est de condition servile & l'autre franche ; auquel cas le pire emporte le bon, & les enfans suivent la condition servile de leur pere ou de leur mere, comme il est dit en l'art. 199 & 208, *infra*.

2. *Nota*, dit M. François Decullant, *hunc paragraphum loqui de batardis*, *non autem de natis ex legitimo matrimonio, qui ventrem non sequuntur, sed deteriorem conditionem, ut videre est infra*, art. 199 & 208 : *& bene in themate hujus nostri paragraphi batardi matris conditionem nanciscuntur*; *Lex enim naturæ est, ut qui nascuntur sine legitimo matrimonio, matrem sequantur, & manifestâ quidem ratione, cùm natus ex non justis nuptiis, patrem habere non intelligatur : patrem enim tantùm Leges appellant, quem legitimæ nuptiæ demonstrant ; cùm autem justæ sunt nuptiæ, liberi patrem sequuntur, quoad originem, agnationem aut dignitatem, non autem quoad conditionem, saltem in hoc nostro Statuto : si quidem ut dictum est ex paragraphis 199 & 208, filius legitimè procreatus, patris aut matris conditionem deteriorem sequitur, quod est contra Jus civile, quo indifferenter, sive ex justis, sixe ex non justis nuptiis nati ventris conditionem habebant communem.* M. François Decullant, *hic*.

ARTICLE CXCV.

Nul ne peut demeurer ès Châtellenies de Murat, Heriçon, Montluçon & Chantelle, n'aucunes d'icelles par an & jour, qu'il ne doive Taille franche à Monseigneur ou autre, laquelle est sur le chef & sur la personne, & est de suite, sinon que telle personne soit noble, Clerc, ou personne privilégiée, ou s'il ne demeure en lieu de franchise.

De Taille franche.

1. Dans le temps de la rédaction de la Coutume, lorsqu'il fut question des tailles personnelles, les habitans de la châtellenie de Murat, ainsi qu'il paroît par le procès verbal d'icelle sur l'article 189, protesterent que lesdites Coutumes ne pourroient leur préjudicier, qu'ils devoient simplement taille franche, suivant l'arrêt donné par la cour, pour raison desdites tailles, entre madame (duchesse de Bourbonnois) & eux.

2. Par le présent article, ils sont assujettis à ladite taille franche personnelle sur le chef & la personne au profit de monseigneur ou autre, avec ceux des châtellenies d'Heriçon, Montluçon, & Chantelle; mais Henry II, roi de France, a dérogé à cet article par une déclaration, par laquelle les habitans des quatre châtellenies énoncées dans cet article, furent affranchis, en payant pour une fois la somme de 30000 liv. & deux sols pour feu annuellement, qui se paye toujours, & s'appelle *la Taille de Bourbon*, autrement *le droit de Bourgeoisie*. C'est la remarque de M. Jacques Potier, & de M. François Decullant, *hic*.

3. *Annexo Ducatu Borboniensi*, dit M. Decullant, *Coronæ Franciæ, Rex Henricus II servitutem exemit, libertateque donavit omnes harum quatuor Castellaniarum incolas, Jure tamen Dominorum particularium remanente; idque sub solutione, & impositione semel factâ,*

triginta millium librarum, & sub annali præstatione in posterum duorum assium pro quolibet foco, POUR DROIT DE FRANCHISE BOURGEOISIE. *Titulus ex mense junii an.* 1548... *quem vidisse testatur hic D. Joannes* Decullant. M. François Decullant, *hic*.

4. Ce titre du mois de juin de l'année 1548, est la déclaration donnée à Joinville, dont fait état M. Charles Dumoulin sur l'article 189 ci-dessus. M. René Chopin en fait aussi mention, liv. 1, *du Domaine*, tit 13 : car après avoir dit que le roi Louis Hutin affranchit toutes les personnes de serve condition le 3 juillet 1315, & leur donna la liberté, moyennant une certaine somme qu'ils payerent pour se racheter : il ajoute que le roi Henry II rendit le premier état & condition d'ingénuité & franchise, à ceux du Pays de Bourbonnois, qui étoient de condition serve, par lettres patentes expédiées au mois de juin 1548, & registrées en la cour du parlement, au premier volume des mémoires & actes qui se passerent du regne du roi Henry II, feuillet 84.

5. Cette déclaration donna lieu à une question en 1602, dit M. Jean Cordier, qui fut de savoir si elle avoit lieu à l'égard des seigneurs vassaux ; la plupart des conseillers de ce siége soutenoient qu'elle n'avoit point fait de préjudice aux seigneurs, les autres insistoient au contraire; & il fut jugé que le roi n'avoit point par sa déclaration préjudicié au droit des seigneurs : ainsi fut jugé pour Jean de Vignolles, écuyer, seigneur de la Grange, défendeur en lettres, d'une part, contre Gilbert, Mathias & leurs consorts, demandeurs en entérinement de lettres royaux, les biens & domiciles desquels étoient situés dans la châtellenie d'Hericon, lesquels, avec leurs prédécesseurs ès années 1532, 1533, 1586 & 1592, avoient reconnu être serfs dudit défendeur & de ses auteurs, & vouloient être restitués contre lesdites reconnoissances, dont ils furent déboutés, & déclarés serfs de suite & de main-morte, & aux dépens. Ledit sieur de Vignolles étoit fondé en Coutume & en convention. M. Jean Cordier en ses manuscrits, sur le mot, *Taille personnelle*.

ARTICLE CXCVI.

Qui peut imposer Taille. NUL ne peut avouer Aubains, ou nouveaux venans étrangers esdites Châtellenies pour ses hommes, ni leur indire ni imposer ladite Taille, si ce n'est Monseigneur le Duc, & non autre, sinon qu'il y ait Justice haute, moyenne & basse.

CEt article est une suite & une dépendance de l'article 188 ci-dessus ; mais il est aujourd'hui inutile : car il a été dit sur ledit article 188, après Bacquet, que le roi seul a droit de donner aux étrangers permission de demeurer dans le royaume ; & sur l'article 190, qu'il n'appartient présentement qu'au roi, à mettre & lever taille & impôts sur ses sujets.

ARTICLE CXCVII.

QUICONQUE doit Taille personnelle à Vassal, autre qu'à Monseigneur le Duc, ladite Taille est serve, & de suite & de main-morte.

1. CEt article sert d'interprétation à l'article 189 ci-dessus ; car par le présent article il appert quelle est la taille personnelle franche, & quelle est la serve dont il est parlé audit article 189.

2. La taille personnelle serve, suivant notre article, est celle qui se paye à vassal, autre que monseigneur le duc; & telle taille personnelle, dit l'article, est de suite & de main-morte.

3. Par la regle des contraires, il s'ensuit que celle qui se paye à monseigneur le duc est franche.

4. Il en faut toutefois excepter trois cas.

5. Le premier cas est celui dont il est parlé dans l'article 192 ci-dessus, & en l'article 203, *infrà* ; savoir, quand la taille qui est due à monseigneur le duc, est de quatre deniers, qu'on appelle *les quatre deniers de Chantelle*.

6. Le second cas est celui dont il est parlé dans l'art. 202, *infrà*, qui est quand la taille personnelle qui se paye ès quatre châtellenies de Murat, Hericon, Montluçon & Chantelle, est due trois fois l'an, savoir, en août, à Noël & à Pâques.

7. Le troisieme cas enfin, est celui qui est énoncé en l'article suivant; savoir, quand la taille personnelle est due à monseigneur le duc & à son vassal.

8. Mais cette servitude personnelle, par rapport à monseigneur le duc, n'a plus de lieu aujourd'hui ; les habitans desdites quatre châtellenies en ont été affranchis, comme il a été dit sur l'article 195 ci-dessus.

ARTICLE CXCVIII.

Si aucune perſonne, homme ou femme, doit Taille perſonnelle à Monſeigneur le Duc, & Taille à ſon Vaſſal, la Taille dudit Vaſſal eſt ſerve, comme dit eſt, & par le moyen d'icelle la Taille de mondit Seigneur eſt pareillement ſerve, par le moyen du Vaſſal qui l'aſſervit; & par la Coutume, la pire condition emporte & attrait à ſoi la meilleure.

1. Quoique de droit commun la partie la plus noble attire à ſoi la moins noble, toutefois il en eſt autrement dans le préſent article, puiſque la pire condition emporte & attire à ſoi la meilleure; mais nos peres, comme l'a obſervé Papon, l'ont voulu ainſi, pour ne point faire tort au vaſſal. *Cùm Jure commu-ni*, dit Papon, *dignius ſemper minùs dignum ad ſe revocet*, L. *Juſtiſſimè*, *ff. de ædil. ed. hic contrà eſt.... & ideò ne privato nocitum eſſe dicatur, Principis juri addidiſſe, quàm privati detraxiſſe melius viſum eſt*. Papon, *hic*.

2. Mais cette diſpoſition n'a pas lieu, ſuivant ce qui a été dit ſur l'article 195 ci-deſſus.

ARTICLE CXCIX.

Les enfans deſcendans en mariage d'un homme ſerf, ou femme ſerve, enſuivent la condition de leurſdits pere & mere; tellement que ſi le pere ou la mere ſont ſerfs, ou l'un d'eux ſeulement, les enfans & deſcendans de lui ſeront ſerfs, combien que le Droit écrit dit que *partus ventrem ſequitur*: car par la Coutume, la pire condition emporte la meilleure.

<small>Quand la pire condition emporte la meilleure.</small>

1. La Coutume de Nivernois, chap. 8, art. 22, contient une diſpoſition ſemblable; & comme l'a obſervé Coquille ſur ledit article, il eſt ſeulement queſtion dans ces articles de l'état de la perſonne pour la franchiſe ou la ſervitude: de maniere que ſelon notre Coutume, & celle de Nivernois, il ſuffit pour la ſervitude de l'enfant, que le pere ou la mere ſoient ſerfs; & cela, comme il eſt dit dans notre article, contre la diſpoſition du droit, ſuivant lequel, en ce qui touche l'état & condition de la perſonne pour la liberté & ſervitude, l'enfant ſuit la condition de la mere, L. *Partum* 7, cod. *de rei vendic*. & pour la dignité & l'honneur, l'enfant ſuit le pere, *Liber*. ff. *de Senat*.

2. Notre Coutume, ſelon que l'a obſervé Papon, a voulu par cette diſpoſition favoriſer les ſeigneurs, & leur conſerver leurs fiefs. *Statuti autem hujus ratio*, di-til, *Dominis admodum favit, quorum maximè intereſt, ut ſervi ſibi conſerventur: nam verendum eſſet, ſi conditionem digniorem ſequerentur, ne liberarum mulierum nuptiis excogitatis, paulatim hujuſmodi hominum conditio decreſceret, & ſic Dominorum jus circumduceretur*... Papon, *hic*.

3. Voyez ce qui a été dit ſur l'article 194, ci-deſſus.

ARTICLE CC.

L'homme ou la femme franc ou franche ne ſuccéde point au ſerf, mais le ſerf ſuccéde bien à ſes parens francs.

<small>Le franc ne ſuccéde au ſerf, & le ſerf ſuccéde.</small>

1. Les ſerfs n'ont point d'autres héritiers que leurs parens de même condition, comme il ſera dit ſur l'article 207, *infrà*. Ainſi l'homme ou la femme franche ne ſuccéde point au ſerf, ſelon qu'il eſt dit en notre article; mais le ſerf ſuccéde bien à ſes parens francs: en quoi notre Coutume eſt contraire à la Coutume de Nivernois, chap. 34, art. 2; à celle de Chaumont en Baſſigny, art. 81, & de Troyes, art. 94.

2. Mais ſi dans la ſucceſſion de la perſonne franche, recueillie par le ſerf, ſe trouvent des héritages mouvans d'un autre ſeigneur; ce ſeigneur peut en ce cas, dit M. Jean Decullant, obliger le ſerf de les vendre à une perſonne de condition libre, & les mettre hors ſes mains, à cauſe du préjudice qu'il ſouffriroit, ſi le ſerf les retenoit: car ne les pouvant vendre indifféremment à toutes ſortes de perſonnes, ſuivant les articles 201 & 204, ci-après, les droits ſeigneuriaux diminueroient; & de ceci il y en a une diſpoſition dans la Coutume de la Marche, article 156. *Si in hac ſucceſſione*, dit M. Decullant, *reperiantur prædia, quæ ex feudo vel directo dominio alterius Domini moveantur, iſte Dominus poterit cogere dictum ſervum*

hæredem, illa è manu suâ dimittere, & alienare homini liberæ conditionis : quia dum hic servus retineret, fieret conditio Domini directi, seu feudalis, deterior, in eo quòd hæc prædia non cuilibet liberè vænirent, cum servus non possit, nisi homini ejusdem conditionis alienare, & hinc jura domanalia diminuerentur, contrà regul. Jur. 74. Non debet alteri per alterum iniqua conditio fieri, text. in Statut. Marchiæ, §. 156. Tel est le raisonnement de M. Jean Decullant, *hìc*.

ARTICLE CCI.

Le franc transporte, & le serf non.

LA PERSONNE franche peut bien vendre & transporter son héritage au serf, ou à personne serve ; mais par le contraire la personne serve ne peut transporter son héritage à personne franche : Et s'il le fait, l'héritage ainsi transporté par ledit homme serf à personne franche, est acquis au Seigneur de qui l'homme serf est serf, après que ledit serf s'en seroit dévêtu & désaisi, réaument & de fait, & l'acquéreur en auroit pris la possession.

1. LA disposition de cet article, qui est répétée dans l'article 204, ci-après, paroît injuste, en ce que l'égalité & réciprocité n'est pas gardée, qu'elle permet au serf d'acquérir du franc, & qu'elle ne veut pas que le franc puisse acquérir du serf ; mais on l'a ainsi décidé pour ne point faire préjudice au seigneur dans son droit de main-morte, ou mortaille : car tous les serfs d'une seigneurie étant également sujets au droit de main-morte, & le seigneur ayant droit de leur succéder également à tous, dans le cas de la main-morte, il lui est indifférent qui de ses serfs ait la chose ; & il lui est au contraire avantageux, qu'ils puissent acquérir des personnes franches & libres. Mais il n'en seroit pas de même, si les personnes franches & libres pouvoient acquérir des personnes serves, & si les serfs pouvoient à leur profit se dépouiller de leurs biens ; les serfs par-là en priveroient le seigneur, puisque les personnes franches ne sont point main-mortables, sujettes au droit de main-morte, & que le seigneur n'a pas droit de leur succéder comme à ses serfs.

2. Il est à observer que dans l'article 204 il est porté que les serfs ne peuvent vendre qu'à personnes de même condition, & sujettes à la même seigneurie.

ARTICLE CCII.

QUICONQUE doit Taille personnelle trois fois l'an ; c'est à sçavoir en Août, à Noël, & à Pâques, esdites quatre Châtellenies, ladite Taille est serve ; & la personne qui la doit, est serve & de serve condition, & tous les descendans de lui quelque part qu'ils se transportent.

ARTICLE CCIII.

TOUS ceux qui doivent quatre deniers de Taille personnelle, que l'on appelle les quatre deniers de chantelle, & tous les descendans d'eux, ainsi qu'ils sont écrits, & se trouvent au terrier ou papier dudit Prévôt desd. quatre deniers de chantelle, ils sont tous serfs & de serve condition, de poursuite & de main-morte.

1. LA disposition de la Coutume, dans ces deux articles, qui fait passer la servitude des premiers serfs à leurs descendans, & qui dégrade les hommes jusqu'au point de les regarder comme membres d'une terre & d'une seigneurie, a été regardée par M. Jean Papon comme une disposition qui tient de l'injustice & de l'impiété, & M. Charles Dumoulin applaudit à son jugement : *Hæc consuetudo, dit-il, intrà territorium restringitur, quam inhumanam & impiam censet hic D. Joan. Papon, dignissimus & æquissimus Montis-Brisonnii præfectus, in suis annot. in has Consuetudines, cujus judicium laudo.* M. Dumoulin, sur l'article 202 de cette Coutume.

2. On a reconnu l'injustice de ces servitudes. Les serfs de cette province, comme il a été dit dans la préface de ce titre & sur l'article 195 ci-dessus, ont été affranchis : de maniere qu'il n'y a point, du moins je ne sache pas qu'il y ait dans cette province, des serfs de naissance & de poursuite ; & ceux qui sont réputés serfs & mortaillables, ne le sont qu'à cause des héritages qu'ils tiennent & possedent, quand lesdits héritages sont de ladite condition serve ou mortaillable ; tellement qu'en quittant lesdits héritages, ils demeurent francs, sans aucune tache de servitude.

ARTICLE CCIV.

ARTICLE CCIV.

Et combien que tous les deſſuſdits devans Tailles ſerves, ſoient ſerfs & de ſerve condition, toutefois ce nonobſtant peuvent-t-ils paſſer tous contrats de vente & tranſport à leur profit & contr'eux, tant de mariage qu'autrement, réſervé aliénations de leurs héritages à perſonnes franches, & autres que de leur condition ; mais à gens de leur condition qui ſont hommes d'un même Seigneur, ils peuvent vendre & aliéner meubles, héritages & autres biens quelconques, comme les hommes francs, & paſſer tous contrats ſans congé de leur Seigneur.

De Taille ſerve.

1. Les gens ſerfs & de condition ſervile, peuvent, ſuivant le préſent article, paſſer tous contrats à leur profit & contr'eux, tant de mariage qu'autrement, à la réſerve de l'aliénation de leurs héritages à autres qu'à gens de leur condition & même ſeigneurie : d'où il s'enſuit, comme l'a obſervé M. Jacques Potier, qu'ils peuvent diſpoſer de leurs meubles indifféremment, même au profit de perſonnes franches, puiſque notre article ne réſerve que l'aliénation des héritages.

2. Mais pour les héritages, ils ne peuvent les vendre ni tranſporter, même par teſtament & donation à cauſe de mort, qu'à des perſonnes de même condition, & ſujets à la même terre, à peine de commiſe au profit du ſeigneur, ſuivant l'article 201, *ſuprà* ; & j'en ai dit la raiſon ſur cet article, où il faut avoir recours. Il ſuffit d'ajouter ici que cela eſt conforme au droit romain : car la loi *In illis*, au cod. liv. 11, tit. *Non licere habitatoribus Metrocomiæ loca ſua ad extraneum transferre*, porte qu'il n'eſt pas permis à ceux qui ont été prépoſés par le prince pour demeurer en certains lieux limités, qu'on appelloit *Metrocomiæ* ou *Villæ menſuratæ*, comme qui diroit des métairies bornées, & d'une certaine étendue & continence, de vendre leurs fonds & héritages à des étrangers, mais ſeulement aux habitans du lieu & de même condition ; & que s'ils y contreviennent, les contrats de vente & d'aliénation demeurent ſans effet.

ARTICLE CCV.

Gens de telle condition peuvent porter témoignage, & ſont reçus à témoignage indifféremment comme autres gens.

Serf peut témoigner & eſter en Jugement.

ARTICLE CCVI.

Gens ſerfs & de ſerve condition peuvent eſter en Jugement, commencer & pourſuivre Procès & Cauſes, en demandant ou défendant, contre leur Seigneur ou autre, & ſans le conſentement de leur Seigneur.

Les perſonnes ſerves & de condition ſervile peuvent, ſuivant notre Coutume dans ces deux articles, porter témoignage, eſter en jugement & pourſuivre procès, même contre leur ſeigneur ; & la raiſon, c'eſt que *ſunt ſui juris & liberi* : car ce ne ſont pas proprement des eſclaves, mais des perſonnes libres, aſſujetties toutefois à des conditions dures, ſerviles & onéreuſes. C'eſt la raiſon qu'en donne M. Charles Dumoulin, dans ſon apoſtille ſur ces mots, *comme autres gens*, de l'art. 205. *Sunt enim*, dit-il, *liberi*. Ils ne peuvent pourtant pas porter témoignage pour leur ſeigneur : *Tamen, pro Domino*, ajoute-t-il, *non admittuntur*; parce qu'ils ſont ſes hommes & comme ſes domeſtiques, qu'il peut leur commander.

ARTICLE CCVII.

Gens ſerfs & de ſerve condition ſuccédent à leurſdits parens, comme dit eſt ; & auſſi leurs parens de leurdite condition leur ſuccédent, s'ils ſont communs en biens & demeurans avec eux : mais s'ils ſont ſéparez d'eux, ils ne leur ſuccédent point, & appartiennent leurs biens & ſucceſſion à leur Seigneur par droit de mortaille, poſé qu'ils ayent enfans ou autres lignagers qui ſoient ſéparez de biens d'avec eux. Toutefois ſi les enfans, ou autres perſonnes habiles à ſuccéder, s'étoient départis pour étude, ſervice, impreſſion, ou mauvais traitemens, ils ſuccéderoient néanmoins eſdits cas, comme s'ils étoient demeurans enſemble.

Serfs ſuccèdent.

1. Les ſerfs, comme nous avons dit ſur l'article 200 ci-deſſus, n'ont point d'autres héritiers que leurs parens de même condition, qui vivent en communauté de biens avec eux ; & à leur défaut le ſeigneur leur ſuccéde, à l'excluſion même des enfans

Part. I. Dddd

mariés hors la maison de leurs pere & mere, & qui ne vivent pas en communauté avec eux, suivant qu'il est dit en notre article.

2. Trois choses sont requises, comme l'on voit, pour recueillir la succession d'une personne de condition servile : la parenté, la demeure & la communauté des biens ; & l'une des trois manquant, c'est le seigneur qui succéde. *Tria hic desiderantur copulativè*, dit M. Louis Semin, *parentela, habitatio, & societas ; adeò ut uno eorum deficiente, omnia deficiant & succedat Dominus.* M. Semin, *hic*.

3. La demeure, qui est une des trois choses requises, souffre plusieurs exceptions qui sont marquées dans notre article, & qui se trouvent répétées dans l'article 492, *infrà*, où nous remettons d'en parler.

4. Quant à la communauté, qui est aussi requise, il n'est pas nécessaire qu'elle soit expresse & par écrit ; c'est assez qu'ils soient communs en biens, & qu'ils possédent leurs biens en commun & par indivis : & même à l'égard des enfans, cette communauté de biens n'est pas requise ; il leur suffit qu'ils demeurent avec leurs pere & mere, par la raison que tant que les peres & meres vivent, les enfans ne possédent rien en propre. *Communio tamen in re sufficit*, dit M. Jean Decullant, *nempe ut bona sint indivisa & communia, nec requiritur expressus societatis contractus : alioquin fratres post obitum parentum, minores viginti annis, & frater & soror etiam majores simul cohabitantes, & possidentes parentum hæreditates indivisas, sibi invicem non succederent ; quia non sunt socii, licèt possideant pro indiviso : tamen hoc observatur, ut etiamsi in incunabulis decedant, superstes succedat.* M. Jean Decullant, *hic*.

5. Si le serf a plusieurs enfans, & qu'il n'y en ait qu'un qui ait les qualités requises pour lui succéder, il prendra seul toute la succession à l'exclusion des autres, qui n'auront pas même leur légitime. *Si plures habeant filios*, dit M. le président Duret, *quorum unus sit capax successionis, hic totam successionem intercipiet, aliis prorsùs exclusis, quibus nec legitima tribuitur.* M. Duret, *hic*.

6. Il en est de même du seigneur, quand les enfans du serf décédé, ou les autres parens, n'ont pas les qualités requises pour succéder ; il prend en ce cas généralement tous les biens du défunt, ceux-là même qui auroient été acquis dans un autre territoire, mais paye les dettes. C'est encore l'observation de M. le président Duret, sur ces mots de notre article, APPARTIENNENT LEURS BIENS : *Etiamsi*, dit-il, *eorum bona acquisita sint ab eis in libero territorio, atque Dominus in universum succedens servis suis, pro bonorum modo æs alienum exsolvere tenetur.* M. Duret.

ARTICLE CCVIII.

Les serfs marient leurs enfans, & donnent de leurs biens.

GENS de serve condition peuvent marier leurs enfans, & leur donner de leurs biens, meubles & immeubles : car leurs enfans & posteritez ensuivent toujours leur condition ; car, comme dit est, la pire condition emporte la meilleure.

CEt article est une suite & une dépendance de l'article 204, ci-dessus. Car dès que par ledit article 204, les serfs peuvent, réservé l'aliénation de leurs héritages à personnes franches, passer tous contrats sans congé de leur seigneur ; il s'ensuit qu'ils peuvent, sans la permission de leur seigneur, marier leurs enfans, comme il est dit dans le présent article, & leur donner de leurs biens, meubles & immeubles : en quoi ils ne font aucun préjudice au seigneur ; puisque, suivant notre article & l'article 199, *suprà*, les enfans issus de ces mariages sont serfs, par la raison qu'en fait de servitude la pire condition emporte la meilleure.

TITRE DIX-NEUVIEME.

Des Donations.

1. LA donation est un don qu'on fait de quelque chose à un autre, sans y être obligé par aucun droit : ainsi ce contrat a uniquement pour principe un mouvement de libéralité ; & la liberalité est, pour ainsi dire, l'ame de la donation ; car si celui qui donne y étoit obligé par quelque droit naturel ou civil, ce ne seroit plus une véritable donation, mais un paiement.

2. La première division de la donation, est en donation qu'on appelle *entre-vifs*, & donation qu'on appelle *à cause de mort*.

3. La donation entre-vifs est un contrat qui se forme par le consentement réciproque du donateur, qui se désaisit de ce qu'il donne, & du donataire qui accepte, & qui acquiert ce qui lui est gratuitement donné. *Dat aliquis ex mente, ut statim velit accipientis fieri*, dit la loi 1, ff. *de donat.*

4. Le consentement du donataire se doit donner par une acceptation expresse, & sans acceptation il n'y a point de donation ; car si le donataire n'accepte, le donateur n'est pas dépouillé, & son droit lui demeure : *Non potest liberalitas nolenti acquiri*, dit le droit, L. 19, §. 2, ff. *de donat.*

5. Le consentement du donateur doit être suivi du désaisissement de la chose donnée, sinon c'est donner & retenir.

6. La véritable marque de la donation entre-vifs, est quand le donateur se dépouille de tout le droit qu'il a dans la chose donnée, pour le transférer en la personne du donataire, qu'il se désaisit de la chose, pour la remettre en la possession du donataire, & qu'il s'ôte en même temps la liberté de pouvoir révoquer la donation : ce que les notaires expriment ordinairement par ces termes, *donation entre-vifs irrévocable* ; c'est la différence de la donation entre-vifs, d'avec la donation à cause de mort, que le donateur peut toujours révoquer quand bon lui semble.

*Tous actes contenant donation d'entre-vifs, doivent être passés pardevant notaires, & il en doit rester minute, à peine de nullité ; c'est la disposition de l'art. 1 de l'ordonnance du mois de février 1731, concernant les donations ; & la raison, c'est que pour la validité d'une donation entre-vifs, il est nécessaire, comme il a été dit, qu'elle soit irrévocable, & qu'il ne dépende pas de la volonté des parties de la rendre nulle & sans effet, comme ils pourroient faire, si le contrat n'avoit été fait que sous signature privée des parties : car un tel acte étant réputé sans jour & sans date, & tous les actes postérieurs & hypothécaires lui étant préférables, le donateur auroit sans difficulté la liberté de faire ensorte qu'il ne subsistât pas, s'il restoit dans cet état jusqu'à son décès, en contractant plus de dettes hypothécaires qu'il n'en faudroit pour absorber tout le bien qui auroit été donné. La même considération fait qu'il ne suffiroit pas que le contrat de donation eût été passé pardevant notaire, s'il n'avoit point gardé la minute, & qu'il eût été retenue par les parties, d'autant qu'il seroit en leur liberté de la supprimer, comme il sera dit sur l'art. 212, *infrà*, n. 7.

7. Toute personne qui a le domaine & l'administration de quelque chose, peut la donner par donation d'entre-vifs, si elle n'en est empêchée par quelque loi prohibitive.

8. Ceux qui sont morts civilement, les mineurs, les interdits ne peuvent donner entre-vifs.

9. Les personnes qui sont malades de la maladie dont ils décédent, ne peuvent aussi donner entre-vifs ; c'est la disposition de la Coutume de Paris, art. 277, que nous tenons en cette occasion, dit Ricard, *des donations*, part. 1, ch. 3, sect. 1, n. 87, pour une loi générale dans le pays coutumier, & que nous suivons dans cette Coutume : *Quod & nos observamus*, dit M. François Decullant, sur l'art. 219, *infrà*.

10. Comme il y a des personnes incapables de donner par donations entre-vifs, il y en a aussi qui sont incapables de recevoir ; mais qui ne le sont que parce que la loi les en empêche : car c'est une maxime indistinctement vraie, que toutes personnes peuvent recevoir les dispositions faites à leur profit, si la loi ne les en déclare incapables.

11. Les personnes mortes civilement, ou par la condamnation, ou par la profession en religion, sont incapables de recevoir des donations entre-vifs de toutes sortes de personnes.

12. Il y en a d'autres qui ne le sont que par rapport à la personne du donateur, comme les tuteurs, curateurs, gardiens & autres administrateurs, qui sont incapables de recevoir durant le temps de leur administration, des donations entre-vifs, de leurs mineurs & autres personnes étant en leur puissance.

13. Dans ce titre, qui est composé de dix articles, depuis & y compris l'article 209 jusqu'à l'article 218, inclusivement, il est traité de la donation d'entre-vifs, universelle & particulière ; on y parle de la tradition requise pour leur validité ; & on explique & distingue les cas où telles donations sont valables, d'avec ceux où elles ne le sont pas : la Coutume y permet les clauses résolutoires, défend les donations des peres & meres aux enfans, pour conserver l'égalité ; mais accorde le partage desdits peres & meres, & rejette l'insinuation comme inutile.

14. Il y a un titre des donations dans l'ancienne Coutume, qui est le titre quatrieme, qui est composé de six articles.

ARTICLE CCIX.

Donation universelle entre-vifs de tous biens présens, faite à autre qu'à ses propres enfans, ou de partie d'iceux, *per modum quotæ*, ne vaut sans bail & appréhension de possession, réelle & actuelle, qui est seulement quand le Donnant se désaisit de la chose donnée, & le Donataire s'en saisit tant que faire se peut ; c'est à sçavoir, quant ès Terres féodales, que le Donataire soit reçu en foy & hommage des choses tenues en Fief ; des censivieres, qu'il soit investi par le Seigneur censivier ; des allodiales, qu'il en ait pris possession en présence de Notaire & deux Témoins, sans ce que par constitution de précaire ou rétention d'usufruit, soit, quant à la validité de ladite donation, autrement possession suffisamment transférée : Et en ce cas le Donataire universel des biens présens, est tenu payer les dettes, que ledit Donateur devoit lors & au tems de ladite donation.

De donation universelle, & quand elle vaut.

1. Réguliérement chacun peut donner entre-vifs tous les biens dont la loi, ou la Coutume, ne lui défend pas de disposer.

2. Nos Coutumes sont très-différentes sur la qualité & quantité des biens dont elles permettent la donation entre-vifs. Il y en a qui,

conformes au droit romain, permettent de tout donner. Telle est celle de Paris, art. 272; de Nivernois, chap. 27, art. 4; de Melun, article 232; de Sens, art. 109; d'Auxerre, article 218; d'Orléans, art. 275; de Troyes, art. 138, & autres. Dans cette Coutume on peut donner par donation d'entre-vifs, tous les biens qu'on a de présent; c'est ce qui résulte de ces termes de notre article : *donation universelle entre-vifs de tous biens présens*. Ainsi qui peut aliéner ses biens, peut en disposer entièrement entre-vifs, sauf aux créanciers leur action hypothécaire; aux enfans, si aucuny a, leur action pour leur légitime, & sauf encore le retranchement introduit par l'édit des secondes noces, quand le donateur est remarié.

3. De cette maniere on peut faire dans cette Coutume trois sortes de donations entre-vifs; des donations universelles, des donations de partie de ses biens, *per modum quotæ*, comme parle notre article, & des donations particulieres.

4. Une donation universelle est celle qui comprend généralement tous les biens du donateur, & telle donation peut être faite de tous les biens présens du donateur, ou de tous les biens présens & à venir; laquelle donation des biens présens & à venir ne se peut faire qu'en contrat de mariage, comme nous le dirons sur l'article suivant.

5. La donation de quote est celle, comme dit l'ancienne Coutume, tit. 4, article 1, par laquelle le donateur donne une portion de tous ses biens, savoir, la moitié, ou un tiers ou un quart, ou une autre portion. *Quota*, dit M. François Decullant, *dicitur pars universi, non res singularis*.

6. La donation enfin particuliere, est celle par laquelle le donateur donne certains biens en particulier, comme tels meubles, un tel fonds, une telle somme d'argent, ou même certaines especes de biens en général, comme tous ses meubles, ou bien tous ses acquêts. *Quid ergò*, dit M. le président Duret, *si quis vel hæredia, vel quæstus, vel mobilia donaverit, an per modum quotæ donatio facta accipietur? Scimus contradictorio judicio definitam fuisse talem donationem esse titulum particularem, non per modum quotæ*.... M. Duret, *hic*.

7. Selon le même M. Duret, une donation de tous les biens qu'on possede dans cette province, faite par un donateur, qui a d'autres biens, & même la plus grande partie de ses biens dans une autre province, doit être regardée comme une donation particuliere, & non comme une donation universelle; par la raison qu'une donation universelle renferme tous les biens du donateur, tant ceux qu'il possede dans cette province, qu'ailleurs : *Quid si* dit-il, *Mævius universa bona quæ obtinet in Boïa inter vivos donaverit? Quædam tamen habeat, & majora Lutetiæ, vel in aliâ regione, ubi idem jus municipale non viget: proclivius est ut donatio viribus deficiat, si solemnitas hoc paragrapho præscripta non observetur, quoniam statutum hoc ad ea tantùm quæ sunt in Boïa, non etiam ad extrà pertinet. Itaque cum à Mævio donata sint quæcumque habet in Boïa; meritò defendi potest, relatione ad statutum, donationem esse universalem; his omnibus solemnibus obnoxiam; contrarium tamen verius puto : licèt enim hoc jus municipale extrà Boïam non extendatur, universa tamen bona sua consideravit donator, id est, tam ea quæ in Boïa, quàm ea quæ alibi sita sunt : proindè donans omnia bona quæ in Boïa quis possidet, si alia alibi possideat, non verè dicitur hæc universalis donatio, undè donatio viribus non deficiet si solemnitas hoc articulo præscripta non observetur*. Tel est le raisonnement de M. Duret, *hic*, & tel est mon sentiment.

8. Il en est autrement d'une donation faite par un donateur d'une certaine somme qui absorberoit & au-delà tous ses biens; une telle donation, quoique d'une certaine somme, doit être réputée universelle par rapport aux biens du donateur : & ainsi a été jugé en cette Coutume, dit M. Jean Fauconnier, par sentence des requêtes du palais, confirmée par arrêt, au profit de dame Marie Palierne, veuve d'Antoine Touraut, contre Gilbert Palierne, prieur Commandataire du Montet, trésorier de France en cette généralité. M. Jean Fauconnier qui avoit écrit au procès, *hlc*.

* Antoine Touraut, lieutenant de la Vice-Sénéchaussée du Bourbonnois, avoit épousé Marie Palierne, duquel mariage il eut Hyacinthe Touraut. Gilbert Palierne, neveu de ladite Marie Palierne, prieur commandataire du Montet, & trésorier de France en cette généralité de Moulins, eut l'industrie d'extorquer une donation de 20000 liv. d'Hyacinthe Touraut, son cousin germain, partant pour l'armée, où il fut tué en sa premiere campagne. Cette donation fut combattue de nullité par le défaut des formalités exprimées en l'article 209 de cette Coutume, sur le fondement qu'on la soutint universelle, & même plus qu'universelle ; ce qui donna lieu à M^{rs}. des requêtes du palais, où le sieur Palierne avoit porté la contestation en vertu de son *committimus*, d'ordonner avant de faire droit définitivement aux parties, que la dame Touraut feroit signifier un état des biens de son fils, & qu'elle rendroit compte de l'administration qu'elle avoit eu de ses biens, en sa qualité de tutrice légitime; à quoi ladite dame ayant satisfait, & justifié tant par le rapport de l'inventaire, que par la discussion du compte de la tutelle, que ledit Touraut, son fils, n'avoit pas plus de six mille livres de biens, lorsqu'il en avoit donné vingt audit sieur Palierne, son cousin, on déclara la donation nulle; la sentence fut confirmée par arrêt de la cour, & ledit sieur Palierne condamné aux dépens, c'est ce qui est rapporté par M. Fauconnier, sur l'article 209 de la Coutume, & il dit avoir écrit au procès pour la dame Touraut, & avoir dressé le compte.

Pour l'intelligence du motif de l'arrêt, confirmatif de la sentence, il est nécessaire d'observer, d'observer, dit M. Fauconnier, que les biens dudit Hyacinthe Touraut, donateur, consistoient en une portion d'une maison située en cette ville de Moulins, d'une terre située en la paroisse de Saint Miremont, & d'une autre terre située en la paroisse de Sale, dont une partie étoit en franc-aleu, & l'autre en roture, & que le sieur Palierne n'avoit pas pris possession, par rapport à la différente nature des biens. M. Fauconnier.

9. Une donation universelle de tous biens, ou de partie d'iceux, *per modum quotæ*, pour être valable, doit être suivie, dit notre article, d'une appréhension de possession réelle & actuelle, par foi & hommage, investison des seigneurs, ou acte pardevant notaire & témoins : tellement que la tradition par voie feinte, par retention (par exemple) d'usufruit, constitut ou précaire, ne suffiroit pas; & qu'il faut que le donataire soit reçu en foi & hommage des choses tenues en fief, qu'il soit investi de celles qui sont en censive, & qu'il prenne possession en présence d'un notaire & deux témoins de celles qui sont allodiales. Ainsi il y a trois différentes sortes de traditions & possessions réelles prescrites par la Coutume, en notre article, par rapport aux différentes especes d'immeubles ; savoir, par rapport aux héritages tenus en fief, aux héritages censifs, & aux héritages allodiaux.

10. Notre article requiert, comme il vient d'être dit, pour les héritages allodiaux, une possession réelle, prise en présence d'un notaire & deux témoins, sur quoi M. le président Duret remarque que la présence de deux notaires est équipollente à celle d'un notaire & deux témoins : *planè hoc jure utimur*, dit-il, *ut duo notarii instrumentum adeptæ possessionis conficientes, unius notarii, & duorum testium vices suppleant, idque benignius est*, ajoute-t-il, *nec refert quid stat per æquipollens, ubi eadem ratio, mens & effectus statuti*. Tel est le sentiment de M. le président Duret ; mais voyez ce qui sera dit sur l'article 422, *infrà*.

11. Quant à ce qui regarde la possession ou tradition par la réception de foi & hommage en choses féodales & par investiture du seigneur censier en héritages censifs, aussi requise par le présent article, il y a des auteurs qui prétendent que comme l'investiture & l'inféodation ne regardent que l'intérêt du seigneur, & que cette solemnité est particuliere, & contraire à la liberté publique ; elle doit être restreinte autant qu'on le peut faire, sans blesser les termes de la Coutume; étant à présumer qu'elle n'a été requise que pour équipoller à la tradition réelle, dont elle est l'image, & que les Coutumes qui la désirent en disant que la rétention d'usufruit n'est pas suffisante, & que le donataire doit être investi, n'ont pas entendu exclure la véritable tradition qui se fait par l'appréhension de la chose & une continuation de possession : de maniere que lorsque le donataire demeure en la possession actuelle de la chose donnée, cette possession actuelle du donataire doit être

regardée comme suffisante & équipollente à l'investiture & réception de foi & hommage. Tel est le sentiment de M. Jean-Marie Ricard.

12. Et ainsi a été jugé, dit-il, dans l'espece de l'article 209 de cette Coutume, touchant une donation de tous biens présens, faite par une femme au profit d'un couvent de religieuses, qui fut déclarée valable par arrêt donné en l'audience de la grand'chambre de relevée, conformément aux conclusions de M. l'avocat général Talon, le mardi 28 mars 1656, quoique les religieuses qui avoient possédé les choses données ne se fussent pas faites en saisiner, & au préjudice de ce que les héritiers de la donatrice se servoient d'un arrêt du 17 août 1650, rapporté par Potier, commentateur de la Coutume, par lequel, selon le même Potier, le contraire avoit été jugé. Ricard, *des Donat.* part. 1, ch. 4, sect. 2, dist. 1, n. 915.

13. Mais ce sentiment de Ricard paroît contrarier la disposition de notre Coutume au présent article ; car notre article porte que la donation universelle, & celle faite *per modum quotæ*, ne valent que quand le donateur se désaisit de la chose donnée, & que le donataire s'en saisit autant que faire se peut : lesquels termes, *autant que faire se peut*, sont remarquables ; puisque le donataire n'est saisi autant que faire se peut, que par la réception de la foi & hommage aux choses féodales, & par l'investiture du seigneur censier aux choses censuelles, ainsi que le répondirent les états à M^{rs}. les commissaires, dans le temps de la rédaction de la Coutume, comme il paroit par le procès verbal d'icelle sur cet article.

14. Aussi tous nos anciens qui nous ont laissé leurs écrits sur cette Coutume, tiennent-ils comme chose constante, que la réception en foi & hommage est nécessaire pour la validité de la donation des choses féodales, & pareillement l'investiture pour celle des héritages censifs. Et ainsi fut jugé en cette Sénéchaussée le 6 mai 1718, au rapport de M. de Vilaine, entre Nicolas Gibul, marchand, demandeur, & Jacques Dorat, écuyer, défendeur, demoiselle Bouquerat & Simon Saunier, son mari. Par cette sentence il fut jugé, dit M. Brirot, qu'une donation étoit nulle, à défaut par le donataire de s'être fait investir des choses tenues en censive, quoiqu'il y eût prise de possession desdits héritages censifs pardevant notaires. C'est la remarque de M. Brirot sur notre article, qui m'a été confirmée par M. Merlin, avocat, qui avoit écrit au procès, & par les juges qui avoient assisté au jugement ; ces juges étoient M^{rs}. Bolacre, lieutenant général, Vernin, assesseur, de Lachaise, Coirier, Saillan, Farjonel, Roussel, Revanger, de Vilaine, rapporteur, Perrotin, l'aîné, Cantat, Vigier, Pierre, Perrotin, le jeune, Maquin & Michel. La même chose a été jugée en la seconde des enquêtes par arrêt rendu le 22 décembre 1703, contre le nommé Delevaux, habitant de Charroux, donataire ; ledit arrêt infirmatif d'une sentence de cette Sénéchaussée, du

2 septembre 1702; j'ai vu & lu ledit arrêt entre les mains de M. Merlin, avocat.

15. Il y a plus; c'est que nos anciens ont mis en question, si une donation entre-vifs qui contiendroit trois sortes d'héritages, des féodaux, censifs & allodiaux, étoit nulle pour le tout & absolument par le défaut simplement d'investiture ou de réception en foi & hommage, ou de prise de possession pardevant notaire & témoins. *Licèt hic paragraphus*, dit M. François Menudel, *contineat distinctè tres diversas possessionis apprehensiones, secundùm qualitates hæredioruom; quidam ex nostris putant nullam esse donationem in totum, non solùm in immobilibus, sed etiam in mobilibus, si donatarius non apprehendat tres possessiones, in feodalibus, in allodialibus, in censualibus, si in donatione tres sunt species dictorum hærediorum: ego tamen putavi corruere donationem eâ tantùm specie, in quâ non fuit observata solemnitas Consuetudinis...* M. Menudel, *hic.*

16. Notre article porte que la donation universelle de tous biens présens ou de partie d'iceux, *per modum quotæ*, faite à d'autres qu'à ses propres enfans, ne vaut sans cette appréhension réelle & actuelle, dont il vient d'être parlé; d'où il semble que l'on peut conclure, qu'une telle donation doit valoir, quand elle est faite aux propres enfans: mais la disposition de l'article 217 ci-après, résiste à cette conclusion, & on observe le contraire. C'est la remarque de M. le président Duret, sur ces mots de notre article, *à ses propres enfans: Ergo*, dit-il, *sine apprehensione possessionis inter vivos donatio universalis, aut per modum quotæ facta liberis valet; minimè verò, quia moribus nostris cessante causâ matrimonii, donatio inter vivos liberis facta non tenet, art. 217, infrà...* M. Duret, *hic.*

17. La tradition par voie réelle, dans le cas d'une donation universelle entre-vifs, de tous biens présens, ou de partie d'iceux, *per modum quotæ*, étant une fois faite & accomplie, elle ne se détruit pas par la jouissance du donateur: de maniere qu'une donation universelle entre-vifs de tous biens présens, ou de partie d'iceux, *per modum quotæ*, avec rétention d'usufruit, est bonne & valable. La raison est que le donateur ayant été solemnellement & actuellement dépossédé par la prise de possession du donataire, dont il justifie par acte public & authentique, sa jouissance n'est plus que précaire & sous le nom du donataire seulement, incapable par conséquent de lui acquérir une véritable possession, & de détruire celle du donataire qu'il a acquise de son consentement & avec lui. *His solemnibus*, dit M. Louis Semin, *hoc nostro paragrapho contentis, observatis, valet donatio omnium bonorum præsentium, imò & retento usufructu ad vitam Donantis.* M. Louis Semin, *hic.*

18. Le donataire universel entre-vifs de biens présens, est tenu des dettes auxquelles son donateur étoit obligé au jour de la donation; par cette raison, que *bona non intelliguntur nisi deducto ære alieno*. C'est la disposition de notre Coutume au présent article, & la remarque de nos commentateurs: *Donatarius*, dit M. Louis Semin, *universalis vel quotæ tenetur ad debita Donatoris, jam & ante donationem contracta, ex hoc nostro paragrapho, cùm non censeatur donatum, nisi quod superest deducto ære alieno.* Louis Semin, sur ces mots de notre article, *payer les dettes.*

19. Les donataires universels entre-vifs sont tenus des dettes du donateur, soit que cette universalité réside en une seule personne, ou qu'elle soit répandue sur plusieurs: pourvu que cette distribution soit faite à titre universel & par quotes parts, comme d'une quatrieme, cinquieme, sixieme, ou autre partie en général.

20. Ainsi, si un seul est donataire du tout, il paye toutes les dettes, & s'il n'est donataire de tous biens présens, que par quotité, il n'y contribue qu'à raison de sa part de biens: mais aussi il y contribue à proportion de sa portion & quotité de biens; & cela par la voie de la diminution & retranchement: car les dettes étant répandues sur tous les biens du donateur en général, s'il en transmet une portion à quelqu'un à titre universel, la donation qu'il en a faite souffre nécessairement une diminution & un retranchement à proportion des dettes auxquelles le donateur étoit obligé; ou plutôt il n'y a dans la donation que ce qui reste des biens en cette portion, déduction faite des dettes au marc la livre, eu égard à tout le patrimoine du donateur: desorte que la quatrieme, la sixieme, ou telle autre partie qu'il donne, ne passe au donataire qu'avec ce retranchement. *Sic etiam Donatarius*, dit M. le président Duret, *per modum quotæ, pro quâ parte capit ejusmodi æs alienum facere tenetur; quod satis arguunt hæc verba*, per modum quotæ, & ea, DE TOUS LES BIENS, *quæ intelliguntur deducto ære alieno...* M. Duret, *hic.*

21. Contre le donataire entre-vifs à titre universel, les créanciers ont non-seulement une action hypothécaire, mais aussi la personnelle, en vertu de la disposition de la Coutume. *Non tamen*, dit M. le président Duret, *à creditoribus ut solvat Donatarius strictâ juris ratione rectâ viâ conveniri potest; sed priùs Donator discutiendus est, vel ejus hæres: sed nostri benigniùs & utiliùs hujus articuli suffragio observant, ut rectâ viâ Donatarius bene conveniatur; quod etiam de bono & æquo circuitus vitandi gratiâ sentiunt....* M. Duret, *hic.*

22. N'est toutefois tenu le donataire entre-vifs universel, des dettes du donateur, que jusqu'à concurrence de ce qu'il amende, & non au-delà: *Quod tamen est intelligendum*, dit M. Louis Semin sur ces mots de notre article, PAYER LES DETTES, *usque ad concurrentiam donationis, cùm Donatarius omnium bonorum præsentium, seu quotæ, præcisè non sit hæres, nec bona possideat titulo hæredis, sed titulo donationis, quæ Donatario onerosa esse non debet,*

ita ut plus solvat quàm recipiat, sed ipsi liceat aut beneficio renuntiare, aut accepto eo, usque ad concurrentiam emolumenti, creditoribus satisfacere. C'est aussi le sentiment de M. Ricard, dans son traité *des Donat.* part. 3, chap. 11, n. 1516. La raison qu'il en donne, est que la véritable obligation, dont les donataires universels sont tenus, ne résultant que de la chose, & l'action personnelle que l'on donne aux créanciers contr'eux, n'étant qu'indirecte, *personalis in rem*, ou plutôt *ob rem*; il s'ensuit qu'ils ne peuvent être tenus des dettes, que jusqu'à la concurrence de ce qu'ils profitent des biens du donateur, & que sitôt qu'ils en sont évincés, ou qu'ils les ont abandonnés volontairement, l'action que les créanciers avoient contr'eux cesse absolument.

23. M. Ricard prétend que les donataires entre-vifs ne sont tenus des dettes du donateur, que jusqu'à la concurrence de l'émolument, quand même ils n'auroient pas fait d'inventaire, & qu'ils seroient entrés dans les biens compris en la disposition universelle faite en leur faveur, sans compte & sans mesure : de sorte que selon lui, dans une pareille rencontre, l'action des créanciers contre le donataire doit être poursuivie de la même façon, que si elle étoit intentée contre un possesseur particulier, qui se seroit emparé des biens du débiteur sans compte ni mesure; mais que l'on obligeroit à rapporter les effets qu'il auroit divertis, suivant l'estimation des biens, faite par la commune renommée, joint le serment *in litem*. Ricard, *de Donat.* part. 3, ch. 11, n. 1517, 1518 & 1519.

24. Mais M. Louis Semin, d'un sentiment contraire, estime que le donataire, qui ne veut point être tenu des dettes du donateur au-delà de l'émolument, est tenu de faire inventaire; car après avoir soutenu que le donataire n'est tenu des dettes que jusqu'à concurrence de ce qu'il amende, il ajoute : *Et proindè tenetur Donatarius bona sibi per donationem relicta inventario describere.* Et tel est mon sentiment.

25. Dans le cas auquel un donateur auroit donné tous ses biens présens, à la réserve d'une certaine somme qui doit appartenir à ses héritiers, les dettes contractées avant la donation (dit Ricard) doivent être payées par le donataire universel, & non par l'héritier de la somme réservée, ainsi qu'il a été jugé au parlement d'Aix, par arrêt du 16 juin 1644, dans la suite de Boniface, tome 2, page 402, & les postérieures sont toit à la charge de l'héritier de la réserve; autrement le donateur pourroit éluder l'effet de la donation en créant de nouvelles dettes. Quant aux habits de deuil & des alimens dus à la veuve du défunt, l'héritier en est aussi tenu, à la décharge du donataire universel, *Quia mulier debet lugere sumptibus mariti*: ainsi jugé au même parlement le dernier juin 1673, *ibid.* pag. 401. Ricard, *des Donat.* part. 3, ch. 11, n. 1529, additions.

26. A l'égard des dispositions testamentaires où legs, le donataire universel n'en est pas tenu, à moins que le paiement de ces legs ne fût une charge & condition de la donation : ainsi a été jugé en ce présidial. Voici le fait : en 1652 Jeanne Cornier fit son testament, & légua à deux de ses nièces une somme de 400 liv. En 1659 elle fit une donation entre-vifs de tous ses biens présens à la Jaligny, autre nièce, femme de Roümand Archer, à la charge de la nourrir & payer ses dettes; & cette donation fut revêtue de toutes les formalités requises. Ladite Cornier étant décédée en 1662, & la demande en paiement du legs ayant été formée en 1676, par sentence de ce présidial, du 8 avril 1677, plaidans M. Etienne Baugy & M. Rouher, fils, ladite Jaligny, en infirmant la sentence du châtelain de cette Ville, fut déchargée de la demande en paiement de ladite somme de 400 liv. M. Etienne Baugy, sur le présent article,

ARTICLE CCX.

DONATION universelle faite de tous les biens présens & à venir, ne vaut, sinon en traité de mariage, au profit des contractans & des descendans d'eux; & en ce cas le Donataire est tenu de payer les dettes que le Donateur devoit, & devra jusqu'à l'heure de son trépas.

1. La raison pour laquelle la donation universelle de tous biens présens & à venir ne vaut, ainsi que le porte notre article, c'est qu'à l'égard des biens à venir, le donateur n'en peut faire la délivrance ni réelle ni par fiction, & qu'ayant la liberté d'acquérir, ou de ne pas acquérir, & ayant acquis, de vendre ou autrement consommer en dettes les acquisitions qu'il a faites, il lui est libre de rendre la donation inutile; ce qui est absolument opposé aux principes des donations entre-vifs, qui doivent être irrévocables & composées de choses certaines, dont on puisse faire la tradition.

2. La donation d'une partie de tous les biens du donateur présens & à venir, comme la moitié, du quart, ou d'une autre portion, que cette Coutume appelle *donation de quote*, ne vaut dans cette Coutume, non plus que la donation universelle, & cela pour les mêmes raisons. *Donatio quotæ*, dit M. François Menudel, *præsentium & futurorum non valet; & hoc intellige de donatione quotæ*, HORS CONTRAT DE MARIAGE. M. Menudel, *hîc.*

3. La nullité de ces sortes de donations, pour les biens à venir, rend, aux termes de cette Coutume dans notre article, toute la donation nulle : c'est la disposition précise de l'article 15 de l'ordonnance du mois de février 1731, concernant les donations. Ainsi il n'est pas permis au donataire de diviser la donation en se tenant aux biens présens, c'est-à-dire, à ceux que le donateur avoit au temps de la donation, & renonçant aux biens qu'il a acquis depuis la donation. *In tantum*, dit M. le président Duret, *nulla est donatio, ut etiam ad bona præsentia secundùm articulum præcedentem reduci non possit... Etsi Ecclesiæ vel in piam causam proponatur facta, nihilominùs corruit.* M. le président Duret, *hic*.

4. M. Jean Decullant a fait la même remarque sur ces mots de notre article, NE VAUT : *Ne quidem*, dit-il, *retentione ususfructûs à donatore factâ*.

5. Ces donations de tous biens présens & à venir, qui ne valent, ainsi qu'il vient d'être dit, par le défaut de tradition, & à cause de la regle, *Donner & retenir ne vaut*, sont toutefois bonnes & valables faites en contrat de mariage, comme il est dit dans notre article ; parce que nos contrats de mariage sont susceptibles de toutes sortes de conventions, qu'on peut donner & retenir, & que la tradition & le désaisissement n'y est pas requis pour la validité de la donation. Telle est la disposition de l'ordonnance touchant les donations, du mois de février 1731, art. 17 & 18.

6. Mais ces donations faites en contrat de mariage ne valent, suivant notre article, qu'au profit des contractans & des descendans d'eux. La raison est que la faveur des contrats de mariage ne concerne que les mariés, & les descendans du mariage, & que ces contrats qui sont à leur égard extrêmement privilégiés & susceptibles de toutes sortes de clauses, ne sont que des contrats à l'ordinaire, à l'égard des autres personnes qui y sont mêlées incidemment. Ainsi, si Caïus, dans le contrat de mariage de Titia avec Mævius, fait une donation universelle de tous ses biens présens & à venir, en faveur de Titia & de Sempronius, ou qu'il les institue tous les deux ses seuls & universels héritiers, la donation ou institution ne sera valable qu'à l'égard de Titia, & sera nulle par rapport à Sempronius ; & en ce cas la portion qui, suivant l'intention du donateur, devoit appartenir à Sempronius, n'accroîtra pas à Titia, mais sera délaissée aux héritiers de Caïus : & ainsi fut jugé en cette Sénéchaussée au mois de mai 1703, au rapport de M. Bolacre. C'est l'observation de M. le président Duret, & après lui de M. Jean Fauconnier.

7. *Respectu eorum qui matrimonium non contrahunt, talis donatio non valet*, dit M. Duret ; *non ideo tamen portio donationis caducæ accrescit matrimonium contrahentibus, quin imò legitimis hæredibus competit : proindè si Caïus in contractu Titiæ & Mævii, ejusque favore Titiam & Sempronium hæredes instituerit in assem, vel eis bona omnia præsentia & futura donaverit, an quia Sempronius non nubens institui non potuit, Titia legitimè instituta solidam eam institutionem percipiet ? Quod non puto, & proclivius est ut media pars huic tantùm cedat, quippè Sempronii non nubentis institutio, gratia hæredis rejicitur contra voluntatem instituentis, itaque consequens est ut ejus commodo cedere debeat.* M. Duret, *hic*.

8. *Et sic judicatum*, ajoute M. Fauconnier, *in Senesc. mense maii* 1703, *Relatore Domino* Bolacre, *Boiorum Prætore, in hæreditate M.* Gilberti Darrot, *Rectoris Parochiæ* Sesset, *confirmando Sententiam Judicis* de Gannat. M. Fauconnier, *hic*.

9. Sur la question si un donateur qui a fait une donation par contrat de mariage en faveur des contractans ou de l'un d'eux, de tous ses biens présens & à venir, a la faculté de disposer à titre particulier des biens qu'il acquiert postérieurement à la donation ; les sentimens sont partagés.

10. Il y a des docteurs qui prétendent que la donation de tous biens présens & à venir, ne pouvant être regardée pour les biens à venir, que comme une donation à cause de mort, elle n'ôtoit point au donateur la liberté de jouir pendant sa vie des biens acquis depuis la donation, ni même d'en disposer.

11. D'autres au-contraire tenans pour certain qu'on peut faire une donation entre-vifs de biens présens & à venir par contrat de mariage, disent que telle donation entre-vifs reçoit toute sa perfection par la simple stipulation & consentement des parties, tant pour les biens à venir, que pour les biens présens ; & que comme le véritable caractère de la donation entre-vifs est de dépouiller le donateur de la propriété des choses données, cette donation dépouille & désaisit le donateur, tant à l'égard des biens à venir, qu'à l'égard des biens présens : d'où ils concluent que le donateur ne peut point disposer des biens qui lui sont échus, ou par lui acquis depuis la donation. Tel est le sentiment de M. Bretonnier sur Henrys, tome 2, liv. 4, qu. 69.

12. D'autres prenant un milieu entre ces deux sentimens, disent qu'il en est de la donation de tous biens présens & à venir, comme de l'institution contractuelle d'héritier ; parce que comprenant l'une & l'autre les mêmes biens, elles sont sujettes aux mêmes regles : d'où ils concluent que le donateur des biens présens & à venir peut, à l'égard des biens à venir, ainsi que celui qui a fait une institution d'héritier, les administrer comme un bon pere de famille feroit, c'est-à-dire, sans fraude, vendre ce qui lui est moins propre, créer des dettes pour la conduite de ses affaires, & enfin continuer ce qu'il avoit coutume de faire auparavant. Tel est le sentiment de M. Ricard, des Donat. part. 1, ch. 4, sect. 2, dist. 3, n. 1062 & 1063. Et c'est mon sentiment.

13. Au reste, comme le donataire universel de

de tous les biens présens & à venir, a tous les biens & tous les droits acquis au donateur au temps de son décès, il est tenu aussi de toutes les dettes que le donateur doit à l'heure de son trépas, comme il est dit dans notre article; ce qui toutefois ne doit être étendu que jusqu'à concurrence de ce qu'il profite des biens du donateur, ainsi qu'il a été dit sur le précédent article, & par les raisons qui y ont été déduites.

ARTICLE CCXI.

DONATION entre-vifs de tous biens, retenue certaine somme de deniers ou partie desdits biens, pour en disposer à son plaisir & volonté, est bonne & valable quant ès biens desquels le donnant ne retient la disposition, s'il y a bail & appréhension de possession réelle & actuelle; & les biens retenus, en cas que le Donateur n'en auroit autrement disposé, ne sont compris en ladite donation, ains appartiennent à l'héritier *ab intestat*, si d'iceux le Donateur n'en a autrement disposé.

1. La donation dont il est parlé dans le présent article, est une donation de tous biens présens, comme il est dit dans l'article 209, *suprà*. C'est la remarque de M. Dumoulin sur le présent article : *de præsentibus*, dit-il, *tantùm intelligitur, ut patet per præced*.... M. Charles Dumoulin.

2. Une donation d'entre-vifs de tous biens présens, avec faculté de disposer de certaine somme ou d'une partie des choses données, & sous la clause que n'en ayant pas disposé elle demeurera au donataire, ne vaut que quant aux biens dont le donateur n'a pas retenu la disposition, & est nulle quant aux autres; de maniere qu'ils appartiennent à l'héritier *ab intestat*, si d'iceux le donateur n'en a disposé, ainsi qu'il est dit en notre article & en l'article 23 du titre 14 de la Coutume d'Auvergne, & en l'article 16 de l'ordonnance, touchant les donations, du mois de février 1731. La raison est que celui qui donne entre-vifs ses biens & qui se réserve le pouvoir de disposer d'une partie, ne donne pas la partie dont il se réserve la disposition; qu'il la retient dans le moment qu'il la donne, & que donner & retenir ne vaut, suivant l'article suivant.

3. Ce qui ne doit être entendu que d'une donation faite hors contrat de mariage; parce que la donation faite en contrat de mariage vaut en quelque forme qu'elle soit faite, *etiam* en donnant & retenant, suivant l'art. suivant, & le 219.

4. La disposition du présent article ne lie pas le donateur, de maniere qu'il ne puisse disposer par testament des choses réservées; elle suppose au contraire dans le donateur la faculté d'en disposer : c'est ce qui résulte de ces termes, *en cas que le donateur n'en auroit autrement disposé*. Mais c'est une question, si le donateur peut disposer par testament de la réserve, si elle excede le quart des biens. M. Ignace Prohet dit que si la disposition des biens réservés n'est faite que par testament, elle n'a lieu que pour le quart; parce que, selon la Coutume d'Auvergne, semblable en cela à la nôtre, elle n'est valable que pour cette quantité, ainsi qu'il est dit en l'article 12 du tit. 14. Prohet sur la Coutume d'Auvergne, titre 14, article 23.

5. Mais M. François Menudel distingue le cas où la donation de tous biens présens, sous ladite réserve, a été faite au seul héritier du donateur *ab intestat*, du cas où elle auroit été faite à un étranger : dans le premier cas le donateur, dit-il, peut disposer des choses réservées par testament, quand même elles excéderoient le quart de ses biens, parce que l'héritier ayant consenti à telle réserve nommément, il ne peut pas la contester. Dans le second cas, il estime que la disposition par testament des choses réservées doit être réduite au quart des biens du donateur, suivant l'article 291, *infrà*, en faveur des héritiers.

6. *Nota*, dit M. François Menudel, *quòd textus consuetudinis non ligat donatorem, ut non possit disponere testamento.... Sed quæritur an de reservatis possit quis disponere ultra quartam : videtur quòd non, quia paragraphus* 291 *dicit*, aucun ne peut, & *sic resolvitur : aut donatio fit proximiori successuro ab intestato cum reservatione, & ex eo quòd proximior consensit tali reservationi, poterit respectu illius testator disponere de reservatis; aut verò donatio fit extraneo, & tunc reservatio facta censetur in favorem hæredum venientium ab intestato, itaque hoc casu poterit tantùm testari de quartâ bonorum, & ita interpretanda sunt hæc verba quæ sequuntur*, si d'iceux n'en a autrement disposé, *id est, secundùm libertatem statuti*.... M. Menudel, *hic*.

7. Pour dire mon sentiment sur cette question, j'estime que quand un donateur fait une réserve dans sa donation; c'est pour en disposer suivant la liberté que lui en donne la Coutume; de maniere que la distinction de M. Menudel ne peut avoir lieu que dans un cas : savoir, quand le donateur à la réserve a ajouté la faculté d'en disposer, même par testament; auquel cas la réserve & la faculté d'en disposer par testament, faisant partie de la donation, le donataire ne peut pas contester la

disposition que le donateur en a faite par son testament, puisque ce n'est que sous cette réserve, & sous cette faculté, qu'il possède les choses données.

* Ainsi fut jugé dans l'espece d'une institution, par sentence de cette Sénéchaussée, au rapport de M. Berger, lieutenant général, le 5 septembre 1735, confirmée par arrêt du 22 juin 1739, en la troisieme chambre des enquêtes, au rapport de M. de Maupeou, & ce, au profit de demoiselle Reine Bardet, femme du sieur Thomas de la Varoux, & Anne Bardet, sa sœur, contre Hector Simon, comme tuteur de son fils, & de défunte Marie Bardet, son épouse; la mere desdites Bardet les avoit instituées chacune par leurs contrats de mariage, ses héritieres par égale portion, avec leur frere, vivant au temps de leur mariage, mais qui décéda avant la mere, sans avoir été marié, sous la réserve de quatre mille livres, pour par elle en disposer au profit de qui bon lui sembleroit, & par tel acte qu'elle jugeroit à propos. Elle en disposa par testament de 3000 livres au profit de Reine, & de 1000 livres au profit d'Anne; & cette disposition, quoique faite contre la disposition de la Coutume, qui ne veut pas qu'on puisse être héritier & légataire, fut déclarée valable par ledit arrêt, confirmatif de ladite sentence.

8. Que si le donateur avoit déposé la somme réservée entre les mains d'un tiers, à la charge de ne la rendre à d'autres qu'à lui, ou à Titius, en cas de son décès; cette somme ainsi déposée, & qui n'a pas été remise au donateur pendant qu'il vivoit, n'appartient pas à Titius, à titre de donation, puisque le donateur en est demeuré le maître & possesseur durant sa vie, & que donner & retenir ne vaut, mais bien aux héritiers à titre de succession. *Quid igitur*, dit M. le président Duret, *si res certas retentas Donator penès Mævium deposuerit, hoc acto, ut Mævius redderet eas tantùm ei, aut post mortem ejus Titio, an mortuo donatore rebus depositis ab eo non sublatis, earum donatio in Titium celebrata videatur? Minimè verò, sed ad hæredes pertinent.* L. *Donationes*, §. *Ejusmodi*, ff. *de donat.* M. Duret, *hic.*

ARTICLE CCXII.

Donner & retenir ne vaut. DONNER & retenir hors mariage, qui ne vaut par la Coutume, est quand le Donateur retient puissance de pouvoir disposer quand bon lui semblera de la chose donnée, ou quand il charge le Donataire de payer ses dettes qu'il devra à l'heure de son trépas.

1. IL n'y a point de Coutumes qui n'approuvent la régle contenue au présent article, *donner & retenir ne vaut*: c'étoit la disposition de l'ancienne Coutume de cette province, tit. 4, art. 5; c'est aussi celle de la Coutume de Paris, art. 273; de Melun, art. 230; de Sens, art. 108, d'Auxerre, art. 217; de Reims, art. 229; de Châlons, art. 64, & autres.

2. C'est donner & retenir, suivant notre art. quand le donateur retient la puissance de disposer de la chose donnée, quand bon lui semblera. C'est aussi ce qui est porté par l'article 274 de la Coutume de Paris, par l'article 18 du titre 14 de celle d'Auvergne, par l'article 2 du titre 27 de celle de Nivernois, & autres. Et la raison en est toute claire; car donner, c'est transférer au donataire libéralement la propriété de la chose donnée; le caractere de la donation entre-vifs étant de dépouiller le donateur de la propriété de la chose; & réserver par le même acte le pouvoir de disposer de la chose donnée, c'est révoquer sa donation, retenir en donnant: *est donatum adimere*, dit Basmaison.

3. C'est encore donner & retenir, suivant notre article, l'art. 3 du titre 27 de la Coutume de Nivernois, & l'article 19 du titre 14 de la Coutume d'Auvergne, quand le donateur charge le donataire de payer toutes les dettes qu'il devra au temps de son décès; puisque par cette clause le donateur retient le droit du véritable propriétaire, qui est d'affecter & hypothéquer les choses données, & qu'il est en son pouvoir de rendre sans effet une telle donation, en contractant plus de dettes qu'il n'en faudroit pour absorber tous les biens.

4. Il n'en est pas de même de la donation entre-vifs de biens présens, faite à condition de payer les dettes qui sont dues par le donateur au temps de la donation; une telle donation est valable, suivant l'article 209, *suprà*; & encore suivant l'article 20 du titre 14 de la Coutume d'Auvergne, & l'article 3 du ch. 27 de celle de Nivernois. La raison est qu'en ce cas la charge est certaine, que le donataire peut s'en rendre certain; qu'il ne dépend pas de la volonté du donateur de l'augmenter, & que rien n'empeche que la donation entre-vifs ne soit faite avec charge, pourvu qu'elle ne détruise pas la substance, & qu'une telle charge est même une charge nécessaire de la donation entre-vifs de tous biens présens, suivant ledit article 209 ci-dessus de notre Coutume: par la raison que nous pouvons donner que ce qui est à nous, & que nous ne pouvons compter pour nos biens que ce que nous avons après avoir déduit ce que nous devons. *Aliud autem est*, dit M. le président Duret, *si Donatarius æs alienum tantùm præsens solvere teneatur, nam ex hoc non infirmatur donatio; cùm*

Tit. XIX. DES DONATIONS. Art. CCXII.

Donator nec de donatis disponere, nec ea alienare possit.... M. Duret, *hic*, & M. Ricard, *des Donat*. part. 1, chap. 4, sect. 2, dist. 2, n. 1029.

5. Il y a plus ; c'est que la donation entre-vifs, à la charge d'acquitter par le donataire les dispositions testamentaires du donateur, est valable, suivant la Coutume d'Auvergne, tit. 14, art. 20, la note de M. Dumoulin sur cet article, & la jurisprudence des arrêts cités par M. Ricard, *des Donat*. part. 1, ch. 4, sect. 2, dist. 2, n. 1035. A la vérité, la Coutume de Nivernois, ch. 27, art. 3, paroît contraire, du moins elle veut que lesdites dispositions soient limitées par la donation : mais la décision de celle d'Auvergne doit avoir lieu dans cette Coutume ; la raison est que la donation entre-vifs peut être faite avec charge, quand cette charge est fixe & déterminée, & que dans une semblable donation il n'y a rien qui soit indéfini ; puisque les dispositions testamentaires ont leur mesure certaine, étant réduites au quart des biens, suivant l'article 291, *infra*. C'est la remarque de M. le président Duret, sur notre article. (*Quæ dicuntur*) *de donatione*, dit-il, *factâ lege expressâ, ut Donatarius suprema Donantis judicia exequatur, ita puto temperanda ut non excedant modum*, art. 291, *infra præscriptum, id est, quartam partem hæreditatis*. M. Duret, *hic*.

6. Aux deux manieres de donner & retenir, proposées par la Coutume dans notre article, & que nous venons d'expliquer, on en peut ajouter plusieurs autres.

7. C'est donner & retenir, par exemple, quand le donateur retient la minute de la donation jusqu'à sa mort, qu'elle n'est pas au pouvoir du notaire qui l'a reçue, & qu'il n'est pas en sa puissance d'en faire faire expédition ; parce qu'il lui a été libre pendant toute sa vie de révoquer la disposition, en supprimant cette minute.

Les autres manieres de donner & retenir, seront expliquées sur l'article suivant, où nous remettons d'en parler, en traitant de la donation particuliere entre-vifs.

8. Mais avant que de finir sur cet article, il faut observer que cette régle, *donner & retenir ne vaut*, ne fait pas une nullité, dans les donations faites en contrat de mariage, & qu'elle ne ruine pas la donation ; qu'il est au contraire permis en ce cas de donner & retenir ; quoique la Coutume le défende dans tous les autres contrats. C'est la disposition précise de l'article 219, *infra*, & c'est ce qui résulte de ces termes de notre article, *hors mariage*. C'est encore la disposition de la Coutume d'Auvergne, tit. 14, art. 25 ; tellement qu'il ne s'agit que d'expliquer comment la disposition de ces Coutumes à cet égard doit être entendue.

9. M. François Menudel, après Basmaison, prétend que la disposition de notre Coutume ne doit pas être entendue en telle sorte que le donateur en faveur de mariage ait la liberté de disposer à son plaisir de la chose donnée & retenue, mais seulement que la faculté que le donateur s'est réservée de disposer de la chose donnée, ne rend pas la donation nulle ; la rétention de pouvoir disposer des biens donnés en contrat de mariage étant simplement rejettée ; de maniere qu'elle ne détruit pas la donation qui demeure, selon eux, effectivement parfaite & irrévocable : autrement, disent-ils, il n'y auroit aucune faveur introduite par lesdits articles 212 & 219 pour le contrat de mariage, si le donateur pouvoir aliéner ce qu'il a donné ; & il seroit faux de dire, ainsi qu'il est porté en l'article 219, que telles donations saisissent : cela ne se pourroit, si la rétention étoit approuvée ; car donner & retenir, implique tellement, que la rétention détruit la donation, & la rend du tout nulle. Telle est la remarque de M. Menudel sur notre article, sur ces mots, *hors mariage* ; après Basmaison sur la Coutume d'Auvergne, tit. 14, art. 25 ; & tel est leur sentiment.

10. Mais ce n'est pas le mien. A la vérité, donner ses biens & en retenir la disposition, renferme une telle contrariété & contradiction, que la rétention détruit la donation, & la rend nulle de droit & de Coutume, à l'exception toutefois de celles faites en contrat de mariage, dont la faveur est telle, que cette contrariété de dispositions, donner & retenir, y est approuvée ; ensorte que la rétention ne ruine pas la donation, non point parce que la rétention est rejettée, & que la liberté est ôtée au donateur de disposer à son plaisir & volonté des biens donnés & retenus, puisque la Coutume confirme & approuve l'un & l'autre, tant la donation, que la rétention apposée au contrat ; mais en ce que l'effet de la donation est limité, au cas que le donateur ne dispose pas desdits biens, & qu'il décéde sans les avoir aliénés, auquel cas ils appartiennent aux contractans mariage, & à leurs descendans, auxquels les héritiers du donateur ne peuvent pas opposer la nullité de la donation, ni la disposition de l'article 211, *supra*, qui affecte aux héritiers, & non aux donataires les biens retenus ; car ledit article 211 est limité par l'art. 212, & n'a lieu que lorsque les donations & rétentions sont faites hors les contrats de mariage ; & quoiqu'il soit vrai de dire que les donations entre-vifs faites en contrats de mariage, saisissent & sont irrévocables, elles ne saisissent (comme dit la Coutume, art. 219) que dans les cas avenus, sous les conditions y apposées, & ne sont irrévocables que pour ce qu'elles contiennent. Tel est mon sentiment. * Cela est conforme à l'ordonnance de 1731, touchant les donations, en l'art. 18, qui porte qu'en cas que le donateur par contrat de mariage se soit réservé la liberté de disposer d'un effet compris dans la donation de ses biens présens ou d'une somme fixe à prendre sur lesdits biens, & qu'il meure sans en avoir disposé, ledit effet ou ladite somme appartienne au donataire ou à ses héritiers, & soit censé compris dans la donation.

ARTICLE CCXIII.

Donation particuliere sans appréhension de possession, vaut.

DONATION particuliere d'aucuns biens, est bonne & valable sans appréhension de possession réelle & actuelle; & si du vivant du Donateur ledit Donataire n'a appréhendé la possession de la chose donnée, il la doit avoir après son trépas par la main de l'héritier.

1. Dans la donation entre-vifs particuliere d'aucuns biens, la tradition ou possession réelle & actuelle n'est point nécessaire, suivant notre article, & suivant l'article 2 du titre 4 de l'ancienne Coutume, qui portent tous les deux, que telle donation est valable, sans appréhension de possession réelle & actuelle: lesquels termes, *appréhension de possession réelle & actuelle*, doivent être remarqués; parce que, pour la validité de telle donation, il faut au moins une tradition feinte, ou par équipollence, comme parle la Coutume de Châlons, art. 64, par rétention d'usufruit, ou clause de constitut, ou de précaire, ainsi qu'il est porté en l'art. suivant de notre Coutume: autrement ce seroit donner & retenir; ce qui ne vaut, suivant l'art. 212 ci-dessus. C'est l'observation de M. le président Duret, sur ces mots de notre art. POSSESSION RÉELLE ET ACTUELLE. *Aliquâ tamen opus est*, dit-il, *putâ retentione ususfructûs; aliàs est, donare & retinere; quod prohibetur §. suprà proximo. Itaque, si Donator quandiu vixerit res donatas possiderit, donatio non valet.... nunquam enim præsumitur donatio nisi traditio interveniat, undè Donator possidens censetur actum celebrare simulatâ, quoniam possidet non mutatâ causâ; movent enim verba quæ sequuntur*, n'a appréhendé, *quippè ad possessionem non quamlibet referuntur: indè est ut possessio civilis & ficta, veluti constituto & precario præcessisse debuerit.* M. Duret, *hic*.

Ainsi, c'est donc donner & retenir; ce qui ne vaut, même en donation particuliere entre-vifs, quand le donateur se trouve au jour de son décès, saisi & en possession de la chose, sans en avoir fait la tradition, réellement ou par équipollence, comme par rétention d'usufruit, précaire ou autrement, selon que le dit la Coutume de Châlons, art. 64; celle de Troyes, art. 137, & autres.

2. C'est encore donner & retenir, quand il donne sous des conditions potestatives & dépendantes entiérement de sa volonté & de son fait; parce que l'événement de ces conditions dépendant du donateur, il dépend aussi de lui de faire valoir la donation, ou de la rendre sans effet.

3. Mais, si les conditions sont casuelles, dont l'événement dépende du hasard, ou qu'elles soient des conditions qui dépendent de la volonté du donataire, telles conditions n'empêchent point dans cette Coutume la validité des donations entre-vifs de choses particulieres, qui ne requirent pas une tradition réelle & de fait; par la raison que dans ces cas il ne dépend pas de la volonté du donateur de rendre inutile la donation, & que telle donation faite pour avoir son effet dans un cas, ne laisse pas d'être parfaite en sa disposition, dès la passation du contrat, ayant dès-lors sa subsistance nécessaire, au cas de la condition.

4. Bien-plus, une donation d'une chose particuliere, faite sous une condition qui ne se vérifie que par la mort du donateur, est valable pour donation d'entre-vifs; ainsi une donation de chose particuliere, faite au cas que le donateur n'ait pas d'enfans au jour de son décès, vaut comme donation d'entre-vifs, le cas arrivant. La raison est que la condition n'est pas un empêchement à la donation, & que telle condition apposée au contrat d'entre-vifs, le cas arrivant, a un effet rétroactif au temps qu'il est passé; desorte que la condition étant échue, elle est considérée comme si elle n'avoit jamais été écrite, & le donataire, en conséquence de la clause de rétention d'usufruit, est réputé avoir été en possession du moment que la donation lui a été faite. La Coutume de Berry, tit. 7, art. 4, contient une disposition semblable: « Donation entre-vifs (dit-elle) de laquelle l'effet & l'exécution sont » conférés après la mort, est bonne, pourvu » qu'en icelle, dès-lors le cas avenant, le donateur se constitue posséder simplement ou » précairement au nom du donataire, auquel » cas la donation saisira le cas avenant. » Ricard, *des Donat.* part. 1, chap. 4, sect. 2, dist. 2, n. 1046 & 1047, & dans le traité *des Dispos. condit.* chap. 5, sect. 1, n. 202, & suiv.

5. Quant à la donation particuliere des biens à venir, comme des meubles que le donateur aura au jour de son décès, M. Menudel, dans ses remarques sur l'article précédent, estime que telle donation est valable, & dit qu'il a été ainsi jugé par arrêt; mais je ne saurois me rendre à ce sentiment, & je regarde une telle donation comme nulle dans son principe, & à la rigueur; & si la cour a jugé le contraire, elle l'a fait *ex æquitate*. Ma raison est, 1°. Que pour une donation entre-vifs de chose particuliere, il faut une tradition, au moins par voie feinte, ainsi qu'il vient d'être dit, & que dans ces sortes de donations de biens à venir, il ne peut y avoir jamais de tradition ni de rétention d'usufruit, ou de constitution de précaire, qui équipolle à la tradition: 2°. Que ceux qui font de telles donations,

conservent

conservent la liberté de vendre & d'engager leurs biens; enforte que telles donations ne saisissent point le donataire, & qu'il ne dépend que du donateur de les rendre inutiles; ce qui est contre l'esprit & l'intention de notre Coutume, en l'article précédent 212, & au suivant 214. 3°. Telle donation est réprouvée & déclarée nulle par l'art. 15 de l'ordonnance de 1731, touchant les donations.

6. Il n'en est pas de même d'une donation, par exemple, de 100 liv. de rente à prendre sur les biens du donateur, pour commencer à en jouir après son décès; une telle donation peut valoir en qualité de donation entre-vifs, par la raison que telle donation est une donation d'un bien présent & certain, qui contient en soi une rétention d'usufruit, l'exécution d'icelle étant différée après la mort du donateur; & que telle donation saisit le donataire, & lie le donateur, au moyen de ce que les biens du donateur sont affectés à la rente, dès le moment que la donation a été faite; desorte qu'il ne peut plus aliéner, qu'à la charge de la rente. Tel est le sentiment de Ricard, des Donat. part. 1, chap. 4, sect. 2, dist. 2, n. 1036.

Voyez ce qui est dit sur l'article suivant.

ARTICLE CCXIV.

DONATION de chose particuliere faite avec rétention d'usufruit à la vie du Donnant, ou autre tems, est bonne & valable, & n'est donner & retenir; & est le Donataire saisi sans autre appréhension de possession, ledit usufruit fini.

De rétention d'usufruit.

1. L'Ancienne Coutume de cette province, tit. 4, art. 6, contient une disposition semblable, comme aussi la Coutume de Sons, art. 115; celle de Troyes, art. 137; de Meaux, art. 16; celle de Paris, art. 275, & autres. La Coutume de Meaux, audit article 16, dit que telle rétention d'usufruit équipolle à la tradition; & on appelle cette tradition par équipollence, *une tradition feinte*: de maniere que dans les donations entre-vifs il faut toujours qu'il y ait une tradition, ou réelle, ou feinte; la premiere, qui se fait par une délivrance & prise de possession réelle & actuelle, & la seconde par rétention d'usufruit, constitut, ou précaire.

2. Cette tradition feinte est fondée sur cette fiction, que le donateur a fait la tradition de la chose, *ex causâ donationis*; & qu'ensuite le donataire la lui a livrée, pour en jouir, comme usufruitier, ou à titre de constitut ou de précaire, sous le bon plaisir du donataire: & en tous ces cas, la tradition est présumée faite par équipollence, en ce que le donateur reconnoissant ne plus posséder desormais qu'à titre d'usufruit, de constitut ou de précaire, il abdique tout le droit de propriété qu'il avoit, & transmet la véritable possession obliquement & tacitement en la personne du donataire.

3. Pour cet effet on employe dans l'acte les clauses de constitut ou de précaire, ou de rétention d'usufruit. Par le constitut, le donateur qui retient la chose, déclare qu'il le constitue possesseur pour & au nom du donataire; par le précaire, il déclare qu'il ne possede que précairement, sous le bon plaisir du donataire; & par la rétention d'usufruit, le donateur déclare qu'il ne possede plus qu'en qualité d'usufruitier.

4. Mais il n'importe pas, dit Ricard, pour cette espece de tradition, de quelle maniere le contrat soit dressé, pourvu qu'il contienne substantiellement une des especes de tradition par voie feinte. Ainsi, si le donateur, après avoir donné, avec des termes qui transferent la propriété & la véritable possession en la personne du donataire, stipule qu'il n'entrera en jouissance qu'après son décès; ces mots, *après son décès*, emportent une tacite rétention de jouissance pendant la vie du donateur, & une possession précaire qui suffit, d'autant que cette solemnité, aux termes qu'elle a été réduite, ne dépend plus que du style des notaires, tellement qu'elle doit être facilement supléée, l'esprit général de la jurisprudence étant de faire valoir les actes, autant qu'il le peut, sans blesser les regles qu'elle a proposées. Ricard, *des Donat.* part. 1, chap. 4, sect. 2, dist. 1, n. 933.

5. En donation de meubles, c'est une question qui partage les sentimens; si cette tradition par voie feinte, par rétention d'usufruit, constitut, précaire, ou autrement, est suffisante. Il y en a qui prétendent que pour faire valoir une telle donation, il est nécessaire qu'il intervienne une délivrance par voie réelle & actuelle, parce que les meubles n'ont pas de suite: d'autres soutiennent au contraire, que la tradition réelle, non plus que la tradition feinte, ne sont pas nécessaires pour la validité de ces sortes de donations, parce que la possession des meubles n'est pas considérable; d'autres enfin prenant un milieu entre ces deux sentimens opposés, disent qu'il faut suivre nos Coutumes à la lettre, lesquelles requiérent la tradition par voie réelle ou feinte, & que l'une ou l'autre de ces traditions est absolument nécessaire. Tel est le sentiment de Ricard, *des Donat.* part. 1, chap. 4, sect. 2, dist. 1, n. 960, & suiv. Et c'est mon sentiment.

6. Mais, pour faire que le donateur demeure chargé en vertu d'un titre de précaire, envers son donataire, des meubles qu'il lui a donnés, il est absolument nécessaire que le contrat de donation en contienne une description, ou

qu'il en soit fait un inventaire séparé ; car la tradition demeureroit imparfaite, si les choses données étoient incertaines, & le donataire ne pourroit pas intenter d'action, s'il n'étoit pas certain de ce qui lui a été donné. Ricard, *ibid*. n. 963. * C'est la disposition précise de l'art. 15 de l'ordonnance des donations, du mois de février 1731, qui porte : que l'état sera signé des parties, & demeurera annexé à la minute de la donation ; faute de quoi le donataire ne pourra prétendre aucuns desdits meubles ou effets mobiliaires, même contre le donateur ou ses héritiers.

7. Cette nécessité a lieu, encore que la donation soit universelle de tous les meubles du donateur, parce que les meubles n'étant pas fixés en un lieu, & n'ayant pas d'assiette permanente, l'obligation de les conserver au donataire pourroit être facilement éludée sans inventaire. Ricard, *ibid*. n. 964.

8. En donation de droits incorporels, comme d'une constitution de rente, ou d'une dette qui consiste en une somme pour une fois payée, il est nécessaire que le contrat de donation soit signifié au débiteur, parce que sans cette formalité, il ne s'y rencontreroit pas de tradition ; & le donateur, transportant la rente à un autre, l'en rendroit le véritable propriétaire au préjudice du donataire. Mais cette signification une fois faite, elle vaut tradition ; & saisit le donataire, conformément à l'article 108 de la Coutume de Paris, dont la disposition a lieu dans les autres Coutumes, comme étant une règle universelle de notre droit. Ricard, *ibid*. n. 965.

9. La tradition par rétention d'usufruit, constitut, ou précaire, saisit aussi le donataire de la chose donnée, sans qu'il soit besoin d'autre appréhension de possession après la mort du donateur, & l'usufruit fini, selon que le dit notre Coutume en notre article ; celle de Montargis, chap. 11, art. 6 ; de Berry, tit. 7, art. 3 ; de Melun, art. 167 ; de Mantes, art. 90, & autres. Mais si les choses données sont des meubles, par exemple, qui soient en la puissance & possession naturelle des héritiers du donateur, le donataire en ce cas est obligé d'en demander la délivrance auxdits héritiers ;

& n'en ayant pas la possession naturelle & réelle, il ne peut l'avoir que par les mains des héritiers ; & c'est ainsi qu'il faut entendre ce qui est dit dans l'article précédent, *in fine*.

10. Non-seulement les héritiers du donateur sont tenus en ce cas de remettre au donataire les choses données, mais ils sont de plus obligés à la garantie desdites choses données. A la vérité, selon le droit romain, le donateur n'est pas obligé à la garantie des choses données, s'il n'y a clause expresse, ou si la donation n'est rémunératoire ou onéreuse : de manière que s'il se trouve avoir donné ce qui n'étoit pas à lui, croyant de bonne foi en être le maître, il est déchargé de la garantie, parce qu'il est présumé qu'il n'a entendu exercer la libéralité que de son bien propre. Telle est la décision des loix, L. 2, *de Evict*. & L. 18, §. *ult. de Donat.* Mais comme dans les donations les notaires insèrent ordinairement cette clause, *A donné & donne, promet de faire jouir & garantir de tous troubles & empêchemens*, &c. le donateur ou son héritier y est obligé, selon nos mœurs ; & la seule différence qu'il y a entre un donateur & un autre garant, est qu'en cas d'éviction, il ne doit pas être condamné aux dommages & intérêts du donataire, parce que ce seroit le punir de sa libéralité & de son bienfait.

11. Ainsi, comme le donataire à titre particulier, à la différence du donataire à titre universel, n'est point tenu des dettes du donateur, le donataire d'un fonds en particulier, n'est tenu que comme les autres détenteurs, de l'action réelle envers le créancier qui auroit acquis un droit réel & une hypothèque sur le fonds donné, au jour que la donation a été parfaite ; & pour lors le donateur, ou son héritier, est régulièrement tenu d'acquitter le donataire de la poursuite qui est faite contre lui par le créancier, si ce n'est dans quelques cas particuliers, auxquels les dettes doivent être à la charge du donataire ; comme quand ce sont des charges foncieres, dont l'héritage qui lui a été donné étoit redevable, le donateur n'étant présumé avoir donné que tout & tel droit qu'il avoit en l'héritage. Ricard, *des Donat.* part. 3, chap. 11, n. 1506 & 1507.

ARTICLE CCXV.

De clause résolutoire en donation.

EN DONATION d'entre-vifs d'aucune chose particuliere, ou autre valable, on peut faire clause résolutoire, comme si le Donnant survit le Donataire, ou autres semblables, audit cas lesdites donations soient résolues, & pour non-avenues, & telles donations sont bonnes & valables : Et néanmoins le cas de la résolution avenant, sont & appartiennent les choses données ausdits Donateurs, lesquels s'en peuvent, esdits cas, dire saisis & vêtus dedans l'an de ladite résolution, tout ainsi qu'ils étoient au tems de ladite donation.

1. Suivant notre Coutume, au présent art. celle d'Auvergne, tit. 14, art. 24, & la loi 2, cod. *de donat.* la clause de retour & autres clauses résolutoires, dans une donation d'entre-vifs, ne sont pas vicieuses, & un donateur peut valablement stipuler, qu'en cas

que le donataire vienne à mourir avant lui, les choses données lui retourneront & que la donation audit cas sera résolue. Une telle condition ne change pas la nature de la donation, & n'empêche pas qu'elle ne soit entrevifs; puisque par cette donation, la propriété de la chose donnée est dès le temps du contrat transférée au donataire; mais elle résout, le cas arrivant, une donation qui avoit subsisté. Le donateur en ce cas veut bien que la donation vaille & tienne au profit du donataire, lequel il veut bien préférer à lui-même aussi-bien qu'à ses héritiers; mais il ne veut pas continuer sa libéralité aux héritiers du donataire.

2. Un donateur peut encore obliger le donataire après un certain temps, ou dans un certain cas, de remettre les choses données, ou une partie, à une autre personne, suivant la loi ci-dessus citée 2, & la loi 3, cod. *de donat. sub modo*. *Sicut hæres institutus non potest impugnare donationem*, dit M. François Decullant, *sic dona-*

tarius non potest conqueri, cùm liberum sit donatori legem dicere rei suæ.

3. Quand le donateur a donné avec clause de retour en sa faveur, dans un certain cas, pour lors le cas de la résolution arrivant, la chose donnée appartient au donateur, & il peut, selon notre article, s'en dire vêtu & saisi dedans l'année de la résolution, comme il l'étoit au temps de la donation; sur quoi Dumoulin observe que cette saisine n'a pas lieu seulement contre le donataire & son héritier, *sed etiam contrà tertium qui acquisivit cum onere hujus resolutionis, secus si acquisivit & possidere cœpit sine isto onere, quia ex tunc annus curreret utpote qualitate possessionis resolutoriæ interversâ: actus enim intermedius contrarius impedit conjunctionem extremorum, ut not. in L. qui absenti, ff. de acquir. vel amit. poss. in L. si soluturus, ff. de solut. Adde cons. Nivern.* §. 17, *tit. de succ. & arthes.* § 55, C. M.

Voyez sur l'article 224, & l'article 314.

ARTICLE CCXVI.

LE PERE & la femme autorisée, ou la mere après le trépas de son mari & usant de ses droits, peuvent durant leur vie, jusqu'à quarante jours avant leur trépas, partir & diviser leurs biens-meubles & immeubles entre leursdits enfans, soient en leur puissance ou non, & tient & vaut telle disposition & partage; & ne peuvent lesdits enfans aller au contraire, sinon que par ledit partage leur fût avenu moins que de leur légitime, & est tel partage & division ambulatoire & revocable jusqu'au trépas du disposant, après lequel lesdits enfans, & chacun d'eux, se peuvent dire & maintenir saisis & vêtus des choses à eux advenues par ledit partage : Et se peut bailler ladite légitime en chose certaine, & s'il étoit moins délaissé à l'un des enfans que de sadite légitime, elle est suppléée par les autres enfans *pro rata*, ledit partage demeurant au résidu en sa force & vertu, & se peut faire tel partage, présens ou absens lesdits enfans, judiciairement ou pardevant deux Notaires, ou pardevant un Notaire & deux Témoins, ou sous l'écriture & seing manuel desdits pere & mere ; & sont lesdits enfans tenus d'acquitter & payer les dettes, legs & funerailles de leur pere & mere *pro rata*, si par ledit partage fait par le pere ou mere, n'y avoit sur lesdits enfans ordonnance particuliere de payer lesdites dettes. Car en ce cas, ladite ordonnance sera gardée jusqu'à la saulve de la légitime.

1. LEs partages faits par les pere & mere entre leurs enfans, prévenant l'office des arbitres ou experts, sont favorablement reçus par les loix. L. *cùm pater* 77, §. *evictis prædiis, de leg.* 2, L. *parentibus* 8, *in princ.* C. *de inoff. testam.* L. *si filia* 20, §. *Si pater, fam. ercisc.* & L. *si cogitatione* 21, L. *ult.* cod. *eod. tit.* Nos Coutumes continent pareillement des dispositions très-favorables à ces partages, comme la nôtre au présent article ; celle de Bourgogne, chap. 7, articles 6, 7 & 8 ; de Nivernois, chap. 34, article 17; de Bretagne, article 560, & d'Amiens, article 49.

2. Les pere & mere, ou l'un deux, peu-

vent, suivant le présent article, durant leur vie, jusqu'à 40 jours avant leur décès, partager leurs biens entre leurs enfans émancipés ou non, & ne peut ledit partage être attaqué & contredit par lesdits enfans, à moins qu'il ne blessât la légitime de quelqu'un d'eux.

3. C'étoit autrefois une question parmi nos anciens, si le privilége & bénéfice de ce partage appartenoit également à l'aïeul & aïeule, qu'au pere & à la mere; mais ayant été décidé par l'arrêt des Saillans que ce bénéfice ne pouvoit pas être étendu à l'aïeul & aïeule, on s'est rendu à cette décision, & la chose ne souffre plus de difficulté.

4. *Quæritur*, dit M. Fr. Decullant, *an hoc divisionis beneficium, avo & aviæ concedatur. Sunt qui tenent hæc verba, pere ou mere, sicut & hæc sequentia, & leurs enfans, non ita strictè accipienda, ut ad primum tantùm gradum restringantur, & excludant avum & aviam, quibus volunt hanc bonorum divisionem permitti .... Et eâ potissimùm utuntur ratione, nempe quod is qui nepotes habet, necessariò liberos habuerit inter quos si viverent, posset inæqualiter juxtà hunc paragraphum bona futuræ suæ hæreditatis dividere, quod verum est; igitur hoc ei erat quæsitum, quod ideò non debet privari, quia liberi præmortui sunt, siquidem majus meretur solatium, & in nepotibus filios respiciat, qui eos per stirpes repræsentant.*

5. *Contrà verò sunt qui tenent hunc paragraphum 216 non esse protendendum ultra patrem & matrem, quorum nomina hìc exprimuntur, quia statutum est strictì Juris, cujus verbis tenaciter est inhærendum, nec aliàs interpretari licet quàm loquitur, ut ait Molin. in paragrapho primo, gl. 4, Consf. Parif. Sequaces hujus opinionis dicunt hæc verba in nostro Statuto, pere & mere, quando agitur de æqualitatem conservandam inter liberos, protendi ad ascendentes quoslibet favore æqualitatis, ut in paragrapho 217, & ibi Molinæus; secùs dum inæqualitas permittitur, ut in hoc nostro 216: Quapropter paragrapho 305 ubi agitur de exclusione filiæ dotatæ & conjugatæ Statutum dixit; pere & mere, aïeul ou aïeule; item in paragrapho 174 tantùm exprimitur nomen patris, quod non extenditur ad avum, quia dispositio non est in favorem liberorum, ut ibidem dictum est, & hæc est magis probanda opinio, pro quâ judicatum fuit Arresto pro Saillant, sergent à Moulins, contra Saillant, apothicaire; quo Arresto divisio facta, ab avo inter filios suos & nepotes, id est filios filiorum, fuit annullata, idque infirmando Sententiam Domini Senescalli: Et huic ultimæ opinioni non solùm adhæsit Joannes Decullant, sed etiam Ludovicus Semin; qui pro dicto Saillant, sergent, scripserat.* M. François Decullant, *hìc*.

6. Ce droit de partage, étant un effet de la puissance & autorité paternelle, comme il vient d'être dit, il ne doit pas être étendu aux collatéraux; si la Coutume ne le décide expressément, comme fait celle de Bourgogne, chap. 7, art. 9 & 10, & celle de Nivernois, chap. 34, art. 17. Car les pere & mere sont comme des magistrats domestiques; ils sont constitués par la nature juges & arbitres entre leurs enfans, ce qu'on ne peut pas dire des collatéraux. Cela a été ainsi jugé en cette Coutume par arrêt donné à la premiere des enquêtes, au rapport de M. Masurier, prononcé en robes rouges par M. le président Brisson, le 14 août 1587, lequel arrêt est rapporté par M. Brodeau sur M. Louet, lettre P, somm. 24, & par M. Jean Decullant sur notre article. *Nec permittitur*, dit M. Decullant, *talis diviso respectu hæredum collateralium: sicque judicatum Arresto solemni, die 14 Augusti, anni 1587*, en la famille des Chomats, de Moulins. Decullant, *hìc*.

7. Le pere & la mere peuvent faire ce partage de leurs biens entre leurs enfans, conjointement ou séparément, selon Dumoulin dans la note sur notre article. *Simul*, dit-il, *vel seorsìm, hoc est etiam de Jure communi, L. Parentibus, C. de inoff. test. L. Si cogitatione, C. fam. Ercisf. L. Si pater, ff. eod. tit.* Et cette décision a lieu, selon M. le président Duret, quoique le pere & la mere soient communs en tous biens. *Licèt omnium bonorum socii sint*, ajoute-t-il, *nec ideò minùs quis testamenti factionem habet, quod indivisam successionem cum alio habeat. L. 1, Cod. qui test. fac. poss.* M. Duret, *hìc*.

8. Il est même permis à une femme séparée de faire le partage de ses biens à ses enfans. C'est encore l'observation du même M. Duret, sur ces mots de notre article OU LA MERE APRÈS LE TRÉPAS DE SON MARI : *Idem*, dit-il, *de separatione factâ, quod verba hujus paragraphi inferiora, & usant de ses droits, satis ostendunt.* M. Duret.

Mais doit la femme pour la validité du partage, être autorisée par son mari, s'il est vivant. *In nostra Boïa*, dit encore M. Duret, *in testamento necessaria non est mariti auctoritas, sed in divisione vivente marito requiritur.* Et en l'année 1658, selon que le rapporte M. Menudel, la sentence de M^{rs}. des requêtes du palais fut réformée par arrêt, & le partage fait par dame Anne de Tournon cassé, faute du mot d'autorisation, quoique M. de Saint-Geran, gouverneur de ce pays, son mari, eût été présent en la passation de l'acte, & qu'il l'eût signé. Cette décision ne souffre pas de difficulté, vu les termes de la Coutume, *femme autorisée*. Mais, sur le refus par son mari de l'autoriser, elle se peut faire autoriser par justice, selon Brodeau, dans sa note sur l'article 17 du chapitre 34 de la Coutume de Nivernois.

9. Le partage que les pere & mere peuvent faire, ne concerne que leurs biens, « Peuvent, » dit notre article, *le pere ou la mere partir* » *& diviser leurs biens entre leursdits enfans.* » *Non autem bona filiorum*, dit Dumoulin, *nisi de eorum & majorum consensu; & hæc divisio permutationi similis est. L. Cùm pater, §. Hæreditatem, 2, ff. de Leg. 2.* Charles Dumoulin.

10. Toutefois, dit Coquille, sur la Coutume de Nivern. chap. *des Successions*, art. 17, & après lui M. Louis Semin, Fr. Menudel & Jacques Potier sur notre article, le pere, survivant sa femme qui n'a disposé, peut disposer entre ses enfans, tant de ses biens que de ceux de sa femme, non pas que le partage pour les biens de la mere vaille directement, mais bien obliquement en ce que les enfans qui veulent être héritiers de leur pere, sont tenus d'exécuter sa disposition; par la raison que les enfans doivent exécuter la volonté de celui dont ils sont héritiers, si ce n'est qu'ils aiment mieux répudier sa succession, & se réduire à leur légitime : Ainsi jugé par plusieurs arrêts du parlement

parlement de Dijon, rapportés par Taisant sur la Coutume de Bourgogne, titre 7, article 6; & tel est son sentiment.

11. Cette division & partage doit être fait par les pere & mere entre tous leurs enfans, de maniere que l'omission de l'un des enfans fait tomber le partage, selon l'observation de Papon, du président Duret, & de M. Louis Semin sur ces mots de notre article, ENTRE LEURS ENFANS. *Ex quibus*, dit Duret, *aliquo præterito, facta divisio prorsùs corruit.* Et M. Semin ajoute: *Etiamsi præteritus non conqueratur, dummodò inflet alius.* M^{rs}. Duret & Semin, *hic*.

12. Les pere & mere doivent en outre partager entre leurs enfans tous les biens qu'ils ont au temps du partage, & ne laisser rien en commun ; parce que le partage autorisé par la Coutume contre l'égalité introduite par la nature entre les enfans, n'a d'autre faveur que la considération du repos des familles, laquelle cesse, quand le tout n'est pas partagé, & que la distribution n'en est pas faite à chacun des enfans, afin qu'ils vivent en paix, & qu'ils n'ayent plus rien à démêler les uns avec les autres dans une subdivision ; ce qui ne se doit toutefois pas rapporter aux biens acquis depuis le partage, lesquels, toute autre disposition cessante, se partagent également: desorte qu'un contrat qualifié du nom de partage, par lequel le pere auroit laissé une terre à son fils, une métairie au second, & le surplus de tous ses biens meubles & immeubles, sans rien réserver, à ses autres enfans, dont seroit fait une masse pour être partagée entr'eux à l'amiable par égales portions, dont ils croiroient leurs parens & amis communs, est nul, n'étant pas en effet un partage, mais un don ou legs en faveur des deux, les autres demeurans héritiers *ab intestat*, contre la disposition de cette Coutume dans l'article suivant, qui défend les donations entre enfans hors contrat de mariage ; ce qui a été ainsi jugé *in terminis*, par arrêt donné en la premiere chambre des enquêtes, au rapport de M. le 7 septembre 1626, confirmatif d'une sentence de cette Sénéchaussée, du 27 août 1625, qui avoit déclaré nul le partage fait en cette forme par Claude Deschamps de la ville de Mont-Luçon, entre ses enfans du premier & second lit : par lequel partage ledit Claude Deschamps avoit donné certains biens à ses filles, & Jean Deschamps, son fils du premier lit; & le surplus de tous ses autres biens, chargé de toutes ses dettes, aux deux fils de son second mariage, lesquels ne se plaignoient pas du partage, n'y ayant que Jean Deschamps, élu à Mont-Luçon, fils du premier lit, qui se plaignit, qui étoit partie au procès contre Gabrielle Sorel, sa belle-mere, tutrice de ses enfans, lequel Jean Deschamps, pour qui M. Jean Decullant écrivit, obtint à ses fins. C'est ce qui est attesté par M. François Decullant, *hic*, & par M. Julien Brodeau, dans sa note sur le présent article.

13. Autre chose seroit d'un partage, par lequel le pere ayant donné un fonds ou chose certaine à chacun de ses enfans puînés, laisse le surplus de tous ses biens à son aîné ; un tel partage est valable, sans qu'il puisse être attaqué par l'indivision. C'est le sentiment de M. Brodeau & de M. François Decullant, dans leurs remarques sur le présent article. *Possunt*, dit M. Decullant, *unicuique certis rebus assignatis, relinquere totum quod supereft uni, quia ita nihil remanebit indivisum.*

14. Si les pere & mere peuvent par le partage donner aux uns leur portion en argent seulement, & aux autres en héritages ; c'est une question sur laquelle je trouve nos commentateurs partagés. *Non satis est*, dit Papon, *legitimam filio adscribere, sed præterea necesse est id fieri in corporibus hæreditariis, non autem in pecunia, aut aliâ specie, quàm hæreditariâ... nam cùm pater filiis debitor sit in legitima, bonorum suorum, quæ in quota est..... Non poterit pater invito filio, qui quodam modo creditor est, aliud pro alio solvere.* Papon, *hic*.

15. M. Jean Decullant embrasse un sentiment contraire, & soutient que tel est l'usage en cette Coutume, & qu'il a été ainsi jugé en ce siége. *Quidquid hic dicat* Papon, n. 3, dit-il, *tamen hoc jure utimur, ut parentes possint portionem uni vel pluribus assignare in pecunia & nummis præstandis, & exsolvendis ab aliis quibus hæredia relinquuntur, quasi benignâ licitatione à parentibus factâ; ita judicatum Molinis, relatore D. Ludovico Chareil, anno* 1623, *in successione Domini de* Laforest-Mauvoisin, *ubi scripseram.... Et hoc plurimùm necesse est fieri, propter difficultatem divisionis corporum hæreditariorum.* Tel est le sentiment de M. Jean Decullant.

16. Pour M. le président Duret, quoiqu'il convienne de l'usage attesté par M. Decullant, il semble pourtant prendre un milieu entre ces deux sentimens, car voici comme il s'explique sur ces mots de notre article, EN CHOSE CERTAINE. *Et ista legitima*, dit-il, *dari potest in pecunia numerata..... Quod apud nos observatur. Quod si tamen quibusdam sententia magis recepta placet, quæ legitimam filio adscribit in corporibus hæreditariis, non autem in pecuniâ numerata, vel aliâ specie non hæreditariâ id saltem meminerint, ubi pater in numerata pecunia, tamen legitimam filio relinquit, non ex eo disponentis judicium corruere, nec filium quasi præteritum audiendum, ut irritum fiat paternum arbitrium, sed tantùm ferendum, si nummis spretis, res hæreditarias malit.* M. Duret, *hic*.

17. Le sentiment de M. Jean Decullant est celui qui me paroît devoir être suivi : mais j'y voudrois joindre le tempérament de M. Duret, savoir que si l'un des enfans ne veut pas entretenir le partage & qu'il soit réduit à sa légitime, il peut en ce cas demander que sa légitime lui sera payée en corps héréditaires ; par la raison que la légitime se doit payer en corps héréditaires, selon Henrys, tome 2, liv. 5, qu. 33, & Bretonnier, *ibid*. Ricard, *des donations*, partie 3, chap. 8, sect. 10; & Lebrun, *des successions*, liv. 2, chap. 3,

section 10, ce qui toutefois doit être entendu *ex æquo & bono*, & pourvu qu'on puisse diviser les biens sans les ruiner.

18. Ce partage, suivant le préfent article, peut être fait par les pere & mere en jugement, ou pardevant deux notaires, ou un notaire & deux témoins, ou fous signature privée en préfence des enfans ou en leur abfence; mais il faut, en cas qu'il foit fait fous fignature privée, qu'il foit écrit & figné défdits peres & meres. *Et utrumque copulativè requiritur*, ajoute M. le préfident Duret, *quamvis regulariter fubfcribens, cenfeatur fcripfiffe.* Tel eft auffi le fentiment de M. Jacques Potier, qui dit que le feing manuel ne fuffit pas fans l'écriture de la propre main tout au long : *Quia in copulativis utrumque debet adimpleri.* Et cela, ajoute-t-il, eft difertement exprimé en l'article 289, *infrà* : c'eft-pourquoi quand le partage eft fait par les pere & mere *conjunctìm*, il doit y en avoir deux copies écrites par chacun d'eux, & chacune copie doit être fignée par les deux. M. le préfident Duret, & M. Potier, *hic*.

19. La Coutume, dans notre article, requiert que ce partage foit fait quarante jours avant le décès des pere & mere qui ont fait le partage. *Et hoc non folùm*, dit Dumoulin, *metu fuggeftionum, fed ne dividens nimiùm vicinus morti facilè erret inæquali diftributione ; fed per confirmationem 40 dierum fatis præfumitur errorem abeffe : quare fi ante quadragefimum diem, mente alienatus fuerit, deinde poft quadraginta dies abierit, cenfetur quantùm ad hunc paragraphum ab eâ die obiiffe, quâ mentis impos factus eft.* Charles Dumoulin.

20. Pour connoître fi le partage a été fait quarante jours avant le décès, le jour qu'il a été fait doit être marqué dans le partage. *Ergò*, dit M. Duret, *ejufmodi arbitrio, dies quâ explicitum erit, neceffariò eft adfcribendus.*

Il y a plus ; c'eft que le partage, s'il eft olographe, doit être dépofé chez un notaire, pour en conftater la date, & il faut prendre un acte du notaire du jour que l'acte lui a été dépofé : ainfi a été jugé en cette Sénéchauffée à l'occafion du partage olographe que fit le fieur Heldin de Villard, de fes biens entre fes enfans, & lequel fut déclaré nul par fentence de cette Sénéchauffée. Heldin, fils, en interjeta appel, mais il fut confeillé de s'en départir, par l'avis des avocats du parlement. A la vérité M^{rs}. Cordier & Fauconnier étoient de l'avis de la validité du partage ; mais le fentiment de M. Fevrier de Meffalier, qui avoit écrit contre le partage, fut fuivi.

* Ce qui a été dit du dépôt n'a été avancé que pour fervir d'exemple, deforte que fi l'on rapporte quelqu'autre acte, qui faffe foi en juftice, & faffe connoître que le partage a été fait quarante jours avant le décès, cela fuffit ; & ainfi fut jugé par arrêt d'audience en la grand'chambre le 1739, pour dame Antoinette Prévôt, veuve du fieur Dupin, contre Charles Prévôt, fon frere ; il s'agiffoit d'un partage olographe, que le fieur Prévôt de Roche, leur pere, avoit fait de fes biens entre fes deux enfans. Le fieur Prévôt, pere, avoit fait deux doubles de ce partage, écrits l'un & l'autre en entier de fa main, fous la date du 20 mai 1730. Ces deux doubles furent confiés à un ami qui les préfenta à deux notaires, qui, après les avoir vus & lus, les mirent chacun féparément fous une enveloppe de papier timbré, & chaque enveloppe fut cachetée du cachet de l'un des notaires, & de celui du fieur Prévôt, & le tout fut remis au porteur par les notaires, avec le cachet du fieur Prévôt, & une expédition de l'acte qu'ils avoient dreffé, contenant tout ce détail, dont il refta minute. Il y avoit encore d'autres preuves au procès, qui conftatoient la date du partage, lequel fut déclaré valable par ledit arrêt que j'ai vu & lu.

Le partage du fieur Heldin de Villard fut déclaré nul, faute de rapporter aucun acte qui pût faire foi en juftice, que le partage avoit été fait quarante jours avant le décès du fieur Heldin ; il y eut véritablement appel de cette fentence, mais cet appel ne fut pas fuivi, parce que la fœur qui attaquoit le partage renonça dans la fuite à la fucceffion de fon pere, par acte paffé pardevant Gravier, notaire à Moulins, pour s'en tenir à la donation qui lui avoit été faite par fon pere long-temps avant fon partage ; c'eft ce que j'ai appris, par M. Heuillard, avocat très-eftimé.

Au refte, il eft à obferver que l'art. 75 de l'ordonnance du mois d'août 1735, concernant les teftamens, porte « Que la difpofition » de la Coutume de Bourbonnois, au préfent » article, fur la néceffité de la furvie pour la » validité des actes de partage entre enfans, » aura fon entier effet, lorfque les biens compris dans lefdits actes feront fitués dans les » lieux régis par ladite Coutume, & qu'elle » n'en aura aucun, lorfque lefdits biens feront fitués ailleurs. » Ce qui fait connoître que cette difpofition eft une difpofition réelle.

21. Que fi après un partage fait quarante jours avant le décès, il refte encore des biens à partager, dont le pere & la mere, en ajoutant au premier partage, faffent la divifion par un fecond acte, moins de quarante jours avant leur décès, l'un & l'autre partages feront-ils en ce cas nuls, ou le fecond feulement ? C'eft une queftion que M. François Menudel s'eft propofée, & qu'il réfoud de la maniere qui fuit : *Quid fi*, dit-il, *arbitrio ritè facto, & 40 diebus elapfis, pater advertens quòd omnia bona apertè non divifit, & per fubfequentem actum omiffa dividat, addendo primo actui, an uterque actus corruit, an verò ultimus tantùm ?* Et le fils mal partagé par le premier acte ne fe peut-il pas prévaloir du fecond, qui l'appelleroit dans l'égalité par le délaiffement des chofes omifes au premier partage ? *Æqualitati & errorís correctioni adhæreo*, répond M. Menudel, *& valido fecundum actum.* Ce fentiment de M. Menudel ne fouffre pas de doute, felon moi ; car quand les peres & meres rendent les

Tit. XIX. DES DONATIONS. Art. CCXVI.

enfans égaux dans le partage, on ne doit pas s'attacher aux quarante jours requis par la Coutume.

Tel partage & division de biens, fait par les pere & mere entre leurs enfans, est révocable & ambulatoire jusqu'au trépas du disposant, ainsi qu'il est dit dans notre article; & si le disposant y fait quelque changement ou réformation avant son décès, le partage subsiste pour le surplus. *Planè si quid posteà*, dit M. le président Duret, *reformaverint, non à tota voluntate recessum videtur, sed ab iis tantùm rebus quas reformaverunt*. M. Duret, *hîc*.

22. Si le pere & la mere ont fait ensemble le partage de leurs biens, c'est une question, si l'un peut, à l'insu ou après le décès de l'autre, révoquer ce partage pour les biens qui le concernent, sur laquelle il y a diversité de sentimens.

23. *Hîc D. Ludovicus* Semin, dit M. François Decullant, *censet talem divisionem, ab utroque parente simul ac eodem actu factam, non posse revocari, nisi rebus integris, utroque vivente, & notificatâ revocantis voluntate alteri*.

24. M. Jean Decullant tient pour le même sentiment: *Hæc bonorum divisio*, dit-il, *ab utroque parente facta eodem instrumento, non potest ab uno clam revocari, & debet alteri nuntiare; quòd si unus illorum obierit, nullâ factâ renuntiatione, non potest superstes revocare. Vid. Chop. lib. 2, tit. 4, num. 10, de morib. Paris. & lib. 3 de Leg. Andeg. tit. de parent. & de dom. lib. 1, cap. 40, art. 8. Hoc enim testamento continetur stipulatio quæ obligat & habet vim contractûs, etsi is qui jam decessit, sciisset hanc revocationem, suis rebus & futuræ successioni prævidisset, & quòd deteriùs foret, si revocatio ab alterutro facta, altero inscio vel mortuo obtinet, totum testamentum corrueret, cùm sit mutuum & connexum; & hinc fieret quòd ille contrà propriam & solemnem dispositionem, inscius decederet intestatus*. Chenu, cap. 78, notab. Quæst. idem censet, & plurima Arresta refert... M. Jean Decullant, *hîc*.

25. M. le président Duret prend un tempérament: *Si pater & mater*, dit-il, *simul disposuerint, id licet alteri pro parte suâ, vel altero jam mortuo revocare, & id notat verbum*, Ambulatoire, *hujus paragraphi; nisi permiscendo causas bonorum suorum pater & mater, ita quidpiam uni ex filiis assignatum sit modicum ex paternis, & eidem suffectum esset ex maternis, adeò ut omnes liberi conjunctis utriusque facultatibus in æqualitatem concurrerent præmortuo patre, in necem filii cui pater modicum de suis reliquit, eâ consideratione quòd eodem divisionis judicio mater ex suis eidem replevisset, insolentem matris supervicentis revocationem vix reciperem, nisi ex conjecturâ voluntatis paternæ judicium utriusque irritum fiat*. M. Duret, *hîc*.

26. M. François Menudel tient pour le sentiment de Jean Decullant, & de Louis Semin. *Si divisio*, dit-il, *sit facta à patre & matre conjunctìm, & mortuo patre mater velit arbitrium rescindere, tunc divisio facta favore liberorum à duobus, non potest immutari ab uno solo*. Ainsi fut consulté à Paris, ajoute-t-il, sur le partage fait par défunt M. l'avocat du Rouseau & madame sa femme qui le vouloit faire casser, pour avantager ses filles. M. Menudel, *hîc*: j'adhere à ce sentiment.

27. Le partage est constamment irrévocable, quand il est fait en contrat de mariage en faveur des contractans; il ne peut point être révoqué à leur préjudice. La faveur des contrats de mariage influant en faveur des contractans, une prérogative d'irrévocabilité à toutes les clauses qui en font partie. *Aliud autem*, dit Menudel, *si in contractu matrimonii diviserit pater; licet enim divisio sit ambulatoria, tamen obligat, respectu ejus qui matrimonium contrahit*. Arrêt pour le sieur de Thourry Suralllier, contre le sieur de Neuville. M. Menudel, *hîc*.

28. La révocabilité du partage cesse encore, dit M. Julien Brodeau, quand le partage est exécuté par les pere & mere, ou l'un d'eux, de leur vivant, en faisant la tradition réelle, & mettant les enfans en possession des biens partagés, sous la simple réserve d'une pension; auquel cas le partage est irrévocable, sauf à augmenter la pension en cas de nécessité, *arbitrio boni viri*: ce que le lieutenant général de Nevers (dit toujours M. Brodeau) ayant ainsi jugé par sentence de 1641, je l'ai trouvé fort juridique, & ai conseillé d'y acquiescer. C'est l'observation de M. Brodeau, sur l'article 17 du chapitre 34 de la Coutume de Nivernois: & c'est aussi mon sentiment, d'autant que cette doctrine ne contrarie pas la disposition de notre article; car, comme l'a observé M. Menudel, au contraire *Faciunt verba Statuti quibus docemur divisionem habere tantùm effectum post mortem dividentium; hoc verò casu mutetur natura divisionis, cùm dividentes de præsenti dederint: nec obstat paragraphus sequens, non impedit siquidem liberalitatem paternam respectu patris, sed sistit tantùm in æqualitatem inter liberos*. Joint d'ailleurs que ce seroit jetter les affaires d'une famille dans une incertitude perpétuelle; un pere saisissant aujourd'hui les enfans de ses biens, & les en dessaisissant demain, & révoquant même les aliénations intermédiaires. Il est donc bien plus juste de donner tout son effet à un acte que les parties ont exécuté. * Cependant on juge autrement dans le parlement de Paris, & la jurisprudence des arrêts est opposée à cette décision, comme on peut le voir dans le traité des successions de M. Denis Lebrun, liv. 1, ch. 1, sect. 5, édit. de 1714, & dans la question dix-septieme, des questions sur les démissions de biens, de M. Louis Boullenois, où il observe qu'il faut faire l'exception de la révocation faite en fraude, par la raison qu'on n'autorise jamais la fraude, de maniere que si le motif de la révocation paroit frauduleux, la révocation doit être rejettée, & la démission confirmée, & on se conforme en ce siége à la jurisprudence des arrêts, & au sentiment de Lebrun,

29. Mais si le pere n'a pas prétendu donner un effet présent à son partage, un tel partage est, comme il a été dit, ambulatoire & révocable jusqu'à la mort du disposant ; ce n'est qu'après sa mort que ses enfans (selon qu'il est porté en notre article) & chacun d'eux, se peuvent dire & maintenir saisis & vétus des choses à eux avenues par ledit partage : & quand même le partage auroit été fait par le pere entre ses enfans par le contrat de mariage de l'un d'eux, un tel partage ne seroit irrévocable qu'à l'égard de l'enfant qui auroit été marié, comme il a été dit ; de crainte qu'une famille étrangere qui a contracté une alliance sur le fondement d'une disposition de cette nature, ne soit trompée, *ne alioqui alterutri sponsorum illudatur* : mais il pourroit toujours être révoqué à l'égard des autres, par la raison qu'un contrat de mariage n'est fait que pour deux personnes, & que tous les autres y surviennent incidemment ; tellement que ce qui est un contrat privilégié pour les conjoints, est un contrat à l'ordinaire pour les autres.

30. Non-seulement les enfans, mais encore les descendans d'eux, en cas de leur prédécès, peuvent, après le décès du disposant, se dire saisis des choses à eux avenues par ledit partage : *Vel ex iis descendentes*, dit M. Duret, *si præmoriantur*.

31. Et ils s'en peuvent dire saisis comme héritiers *ab intestat*, de maniere que la portion du prémourant sans enfans accroît aux autres, *tanquam hæredes ab intestato*, dit encore M. Duret, *undè portio præmorientis sine liberis aliis accrescit*.... M. Duret, *hic*.

32. Dans ce partage les pere & mere ne sont pas tenus de garder l'égalité, il suffit que la légitime des enfans ne reçoive pas d'atteinte ; & quand cela arrive, on supplée la légitime & le partage s'exécute pour le surplus, dit notre article.

33. La légitime, ainsi que le dit notre article, est suppléée par les autres enfans au *pro rata*, c'est-à-dire, à proportion & au sol la livre de chacun leur portion ; & si les pere & mere, le partage fait, acquierent d'autres biens, ou qu'il restât encore quelque chose à partager, pour lors, dit M. le président Duret, le partage s'en fait avec égalité entre tous les enfans : *Si post divisionem quædam acquirant*, dit-il, *de quibus dispositum non fuerit, aut si quæ indivisa reperiantur, pro æquis portionibus ad singulos pertinent*. Tel est aussi le sentiment de M. Louis Semin, qui ajoute : *Nisi aliter in divisione parens ordinaverit*.

34. La légitime s'estime, eu egard aux biens du disposant au temps de son décès, selon la remarque de Dumoulin sur le présent article, sur ces mots, LEUR FUT ADVENU MOINS : *in quo dit-il, tempus mortis inspicitur juxta regul. juris communis*, *L. cùm quæritur ; C. de inoff. test. & quia iste magis est actus ultimæ voluntatis uptote ambulatorius* M. Charles Dumoulin. Voyez pour ce qui regarde la légitime, ce qui sera dit sur l'article 216 ci-après.

35. Comme les pere & mere ne peuvent par leur partage blesser la légitime de leurs enfans, ils ne peuvent pas non plus par ce partage ôter le droit d'aînesse à leur fils aîné, ou le diminuer ; parce que ce droit est un bienfait de la nature & de la Coutume, & non du pere & que le fils aîné *magis accipit illud beneficio legis municipalis quàm patris, & magis jure filii, quam jure hæredis*.

26. Dans ce partage un lot n'est point garant de l'autre, comme dans les autres partages, disent nos commentateurs ; tel est le sentiment de M. Jean Decullant & de M. François Menudel.

37. *In divisione*, dit M. Jean Decullant, *sive fiat coram judice, sive extrà judicium, inter socios rei indivisæ etiamsi de evictione nihil convenerit, si tamen quid uni evincatur, datur actio de evictione contrà alterum pro parte quam in divisione sortitus est*, *L. 14, si familiæ, cod. famil. Erciscundæ. Secùs autem in hac divisione de quâ noster paragraphus, ubi non datur actio de evictione, nisi de eâ expressè cautum sit*, *L. cum pater 77 §. evictis prædiis, ff. de leg. 2. Ratio diversitatis est quòd in divisione factâ socios rei indivisæ intenditur æqualitas, ita ut quod inæqualiter factum esse constiterit in melius reformabitur*, *L. majoribus, cod. comm. utr. jud. Verùm in divisione factâ à parentibus non attenditur hæc æqualitas cùm sufficiat, quòd æqualitas non sit infrà legitimam : itaque si re quadam evictâ, è portione uni assignata, quod supereset non suppleret legitimam, esset locus ad evictionem contrà alios pro supplemento tantùm quod legitimæ deesset*. M. Jean Decullant, *hic*.

38. *In casu hujus paragraphi*, dit M. Menudel, *frater fratri non tenetur de evictione..... Ratio est, quia in divisione parentis nulla est permutatio*..... M. Menudel, *hic*.

39. Les enfans, dit notre article, sont tenus d'acquitter & payer les dettes, legs & funerailles de leurs pere & mere, chacun selon sa portion, si le pere n'en a disposé autrement, auquel cas ladite disposition doit être exécutée jusqu'à la concurrence de la légitime.

ARTICLE CCXVII.

De ne donner aux enfans hors contrat de mariage. LE PERE, mere, ou l'un d'eux, ne peuvent donner entre-vifs à leurs enfans hors contrat de mariage, soient lesdits enfans émancipez ou non.

1. LA Coutume du Maine, article 349, contient une disposition semblable, & celle de Thimerais, article 123 ; celle de la Marche, article 295, étend cette disposition à l'aïeul & à l'aïeule ; ce qui doit être observé, selon Dumoulin, dans notre Coutume : *idem*, dit-il,

Tit. XIX. DES DONATIONS. Art. CCXVII.

dit-il, *de ascendentibus favore æqualitatis*. Dumoulin, *hic*.

2. La disposition de ces Coutumes & de la nôtre, a pour principe l'égalité que la nature désire entre les enfans; étant juste que ceux qui sont égaux en naissance, & qui doivent l'être dans l'affection de leurs pere & mere, le soient aussi dans le partage de leurs biens.

3. Cette prohibition de la Coutume s'entend directement & indirectement, & par quelque maniere que ce soit. Ainsi les pere & mere qui ne peuvent donner à leurs enfans par donation entre-vifs, ne le peuvent non plus par des ventes feintes & simulées, par obligations & acquisitions faites sous le nom de l'enfant, & sous d'autres prétextes. C'est la remarque de M. le président Duret, sur ces mots de notre article NE PEUVENT DONNER. *Etiam*, dit-il, *simulatâ venditione : ergo nec in fraudem vendere, etiam factâ potestate redimendi, fortè ad colorem appositâ. Itaque si parens vili pretio vendiderit filio, in quantum res pretium excedit, venditio revocatur ; sed si pater hæredia sua vendiderit extraneo vili pretio, reservatâ sibi potestate redemptionis, & jure gentilitatis filius retraxerit mortuo patre, jam lapso redemptionis tempore, propius est ut paternæ successioni hæredia conferantur ; & ita pretium à filio retrahente præstitum eidem sarciatur*. M. Duret, *hic*.

4. Les pere & mere ne peuvent pas non plus avantager l'un de leurs enfans au préjudice des autres, par une association à leur communauté, quand cette association est un pur avantage à ce fils, qui n'ayant pas de biens acquis, & n'étant pas d'un âge à travailler, ne peut pas contribuer, ni par son bien, ni par son travail, ni par son industrie, à l'augmentation de la communauté ; telle association doit être regardée comme un avantage indirect, prohibé par notre article, selon l'observation de M. Jean Decullant : *quæritur*, dit-il, *parentes contrahunt societatem omnium bonorum, aut mobilium, & acquestuum, cum alio, & stipulantur sibi unicuique portionem, & aliam filio suo impuberi, cui nihil aliundè erat quæsitum, nec ejus ætatis, ut posset operam conferre, an hæc societas valeat ? Videbitur donatio facta contrà hunc paragraphum, ita ut nihil possit jure suo capere in præjudicium aliorum liberorum ; imò parentes possunt ei negare hanc portionem, quæ tamen in portionem societatis computatione numerabitur, ut eam parentes recipiant in præjudicium aliorum sociorum, cùm satiùs sit parentes per filios sibi acquirere, quàm filiorum portionem extraneis accrescí*. Jean Decullant, *hic*.

5. M. le président Duret, & après lui M. Louis Semin sont de même sentiment. *Quid igitur*, dit M. Duret, *si pater & filius societatem bonorum coïerint ?.... Ego puto societatem non subsistere, ubi pater est in facultatibus, & filius non magis industriùs, nihil aut parum habet, ne hoc modo, & exquisitâ fraude societatis colore prætexendo donationem, statuti ratio impugnetur.... Non enim fas aliquo velamento*

Part. I.

cujuscumque contractûs fraudare legem, & ejus voto insidias parare..... Nec refert si talis societas in filii matrimonii contractu inita esset ; nam respectu fratrum emolumentum societatis in divisione successionis patris esset referendum, nisi pater filium, in tali societate favore matrimonii, & in præcipuum admisisset. M. Duret, *hic*.

6. Ce qui vient d'être dit des ventes & associations de communautés entre le pere & l'enfant, n'a son application que par rapport aux ventes simulées & aux associations de communautés, faites dans l'unique vue d'avantager un enfant au préjudice des autres ; car hors ces cas de fraude, ces contrats ne sont pas défendus entre le pere & les enfans ; & bien que la fraude, fiction & simulation se présument, *inter conjunctas personas*, L. *Data*, 27, Cod. *de donat*. L. *penult*. §. 2, *de bonis libert*. néanmoins cette présomption seule non assistée ni fortifiée d'autres preuves, n'est pas suffisante ; car, comme dit la loi derniere, *in princip. de his quæ ut indig. Si gener socerum hæredem reliquerit, taciti fidei-commissi suspicionem sola ratio paternæ affectionis non admittit*. C'est la remarque de M. Brodeau, sur l'article 349 de la Coutume du Maine.

7. Les filles dotées & appanées ne sont pas comprises dans la prohibition de notre article ; ainsi les peres & ascendans leur peuvent donner & léguer, suivant qu'il est porté en l'art. 311, *infrà. Excipe*, dit M. Jean Decullant sur le présent article, *filiam nuptam & dotatam, cui potest donari, cùm à successione sit exclusa*, §. 311, *infrà. Sic pariter aliis liberis qui forent exclusi*. M. Decullant, *hic*.

8. Mais ne vaut, selon le même Decullant, la donation entre-vifs, faite hors contrat de mariage, à l'un des enfans qui renonceroit à la succession de son pere ou autre ascendant donateur, pour se tenir à son don. *Quæritur*, dit M. Decullant, *an valeat donatio inter vivos facta, uni liberorum extrà favorem matrimonii.... Verùm*, répond-il, *cùm paragraphus noster intendat æqualitatem inter liberos, ut notat Molinæus, & non excipiat, nisi donationem factam favore matrimonii, censeo extrà hunc casum prohiberi donationem cui Donatarius, etiam abstinendo ab hæreditate, non posset stare : nec facit paragraphus 311, infrà, cùm sit specialis in filia nupta & dotata, à Statuto exclusâ, quæ licèt minimâ dote constituta non potest conqueri*. Decullant, *hic*.

9. Il n'en est pas de même de la donation testamentaire ou du legs. A la vérité le pere ne peut donner ou léguer à l'un de ses enfans son héritier, parce qu'aux termes de cette Coutume, article 321, on ne peut être héritier & légataire tout-à-la-fois ; mais un enfant légataire de son pere ou mere, peut renoncer à leur succession, pour se tenir à son legs, ainsi qu'il a été jugé par sentence de cette Sénéchaussée de 1653, confirmée par arrêt de l'an 1654. C'est encore la remarque de M. Jean Decullant. *Quæritur*, dit-il, *an possint*

Iiii

donare causâ mortis, seu legare. Non possunt, quia non licet simul esse hæredem & legatarium; si tamen filius vellet abstinere ab hæreditate, & contentus esse legato, valeret legatum, §. 321, infrà. Et sic judicatum in curia senescalli Molin. anno 1653, pro Domino Joanne Vernoy, cui pater quartam testamento legaverat, contrà ejus fratres, qui hoc paragrapho & 308 & 313 nitebantur, fuitque dicta sententia arresto anni 1654 confirmata. Jean Decullant, hic.

10. Quant à la donation entre-vifs par contrat de mariage, la Coutume, au présent article, celle de la Marche, article 295, & de Méaux, article 11, l'ont exceptée: parce qu'il eût été difficile aux pere & mere de marier leurs enfans, s'ils n'avoient pas eu la liberté de leur faire des donations entre-vifs en les mariant.

11. La question suivante, au sujet d'une donation faite par une mere à l'un de ses enfans par son contrat de mariage, s'est présentée en cette Sénéchaussée, ainsi que le rapporte M. François Menudel. Simon Varinier, dit-il, eut trois enfans d'une nommée Mestier, Jean, Nicolas & Guillaume; la mere marie Jean, à la charge d'associer Nicolas à une donation qu'elle lui fit, & de donner quarante livres à Guillaume. Guillaume avant le décès de sa mere demande ladite somme & l'intérêt; sur quoi Jean & Nicolas défendent, & disent que la somme de 40 liv. a été donnée ou par contrat d'entre-vifs, ou par contrat ayant trait à mort: *Si causâ mortis*, qu'il ne peut agir avant le trépas de ladite Varinier; & entre-vifs, *quæ obest Statutum hoc paragrapho*; & étoit répliqué par le demandeur, que cette donation n'est pas à cause de mort, puisque les héritages avoient été donnés dès-à-présent, & que les défendeurs ne pouvoient débattre la charge de la donation, dont ils jouissoient. Plaidans M. Jean de Champfeu & moi, dit M. Menudel, les défendeurs furent condamnés à payer le principal & intérêt. Menudel, *hic*.

12. La prohibition de la Coutume en notre article, ne regarde que les enfans légitimes, & elle ne s'étend pas aux bâtards. C'est la remarque de Papon, & après lui du président Duret. *Quoniam*, dit Duret, *naturalium mentio hic omissa est, quantum ad eos attinet, Jus commune sequendum erit .... quia nullo modo dici possunt hoc Statuto comprehensi, cùm sint filiorum quædam separata & tertia species ....*

Hic verò tantùm expressi sunt, qui aut in potestate, aut emancipati sunt, quoniam utrique à naturalibus multùm diversi sunt, hi enim in potestate non sunt . . . unde nec emancipari possunt. Papon, *hic*.

13. Au surplus, les donations entre-vifs des peres & meres à leurs enfans, ne sont point nulles absolument, mais respectivement, & par rapport aux autres enfans cohéritiers; la raison est que la disposition de la Coutume, n'est qu'en faveur des enfans, & pour conserver l'égalité entr'eux; d'où il s'ensuit qu'il n'y a que ceux qui puissent s'en plaindre. C'est la remarque de M. Louis Semin & de M. François Menudel, sur notre article. *Hic paragraphus*, dit Semin, *introductus est in favorem filiorum solùm, adeò ut alius, quicumque sit, dispositionem parentum ergà liberos non possit impugnare*.

14. *Favore scilicèt æquitatis*, dit M. Menudel, *& ideò prohibitio illa donandi, à personâ sumitur, & alios tantùm respicit liberos, nec possunt extranei tales donationes quasi nullas & prohibitas dicere*.

15. Ainsi ne peuvent les créanciers des enfans héritiers attaquer ces donations, & profiter de la prohibition de la Coutume, ainsi qu'il a été jugé par arrêt du 20 août 1674, rapporté au premier volume du journal du palais. C'est la remarque de M. Bourdot de Richebourg, sur l'article 349 de la Coutume du Maine.

16. Mais aussi peuvent les autres enfans s'en plaindre; d'où il résulte que la donation qui auroit été faite par le pere à l'un des enfans, à la charge de le nourrir, est communicable entr'eux, ainsi que l'a observé M. Jacques Potier, *hic*.

17. Il faut toutefois excepter la donation faite à l'un des enfans pour son titre clérical, ou pour son entrée en religion; telles donations, non plus que celles faites en faveur de mariage, ne sont point nulles, ni même réductibles, que pour raison de la légitime des autres enfans. C'est l'observation de M. le président Duret, sur ces mots de notre article, HORS CONTRAT: *Idem est*, dit-il, *favor matrimonii spiritualis, sive ingressûs Monasterii, qui & matrimonii carnalis; adeò ut filio ingredienti Monasterium, pater possit donationem facere, salvâ cæteris filiis legitimâ, non tamen instituere hæredem, de quâ institutione non loquitur hic paragraphus noster, sed tantùm de donatione*. M. Duret, *hic*.

ARTICLE CCXVIII.

INSINUATION de donation n'est point nécessaire, de quelque valeur & estimation que soit ladite donation.

Insinuation n'est requise en donations.

1. LA Coutume d'Auvergne, tit. 14, art. 41, & celle de Nivernois, chap. 27, art. 8, contiennent une disposition semblable: c'étoit l'ancien droit des Coutumes, mais elles ont été toutes abrogées par les ordonnances royaux; & l'insinuation des donations, introduite par les loix romaines en faveur des créanciers, a été reçue & autorisée dans le royaume

par lesdites ordonnances, nonobstant toutes Coutumes contraires. Nous avons à ce sujet l'ordonnance de 1539, art. 132; la déclaration de 1549, sur ledit article 132; l'ordonnance de Moulins, art. 58; la déclaration du mois de mai 1645; du mois de novembre 1690; l'édit du mois de décembre 1703, régistré au parlement le 8 février 1704; la déclaration de juillet 1704, & celle de novembre 1717.

2. Toutes personnes sans exception, mineurs, soit que leurs tuteurs soient solvables ou non, rustiques, églises, hôpitaux, lieux saints & autres, sont sujets à la rigueur de ces ordonnances pour l'insinuation, & ne peuvent être relevés pour quelque cause & raison que ce soit : ainsi jugé par plusieurs arrêts. Ricard, des Donat. part. 1, chap. 4, sect. 3, gl. 3.

3. Les anciennes ordonnances soumettoient à l'insinuation toutes sortes de donations, mutuelles, onéreuses, pour récompense de service, en faveur de mariage, & autres, même les donations faites pour œuvres pies & en faveur des églises, selon M. Louet & Brodeau, lettre D, somm. 27, & Ricard, des Donat. part. 1, chap. 4, sect. 3, gl. 3, n. 1180; elles les y assujettissent toutes, à peine de nullité, tant à l'égard des héritiers du donateur, que de ses créanciers : mais elles n'étoient pas exécutées à la rigueur, avant l'édit de 1703, & la jurisprudence des arrêts y avoit apporté beaucoup de modifications qui étoient suivies par un usage constant.

4. L'article second de l'édit du mois de décembre 1703, qui veut que toutes les donations entre-vifs, ou à cause de mort, soit de meubles ou immeubles, à l'exception de celles faites en ligne directe par contrat de mariage, tous dons mutuels, ensemble toutes dispositions entre-vifs, ou de derniere volonté, contenant des substitutions ou exhérédations, soient insinuées & enrégistrées ès regîstres des greffes des insinuations, dans le temps, & sous les peines portées par l'article 132 de l'ordonnance de 1539, par les articles 57 & 58 de l'ordonnance de Moulins, & par les déclarations des 10 juillet 1566, & 17 novembre 1690; cet article, dis-je, a changé l'usage, ou plutôt a rendu sur ce sujet la jurisprudence très-incertaine, par la peine que l'on a de se départir de l'ancien usage autorisé par les arrêts. Aussi a-t-il été pourvu en partie aux inconvéniens qui s'ensuivent de l'édit du mois de décembre 1703 & déclaration du 10 mars 1708, par la déclaration du 25 juin 1729, régîstrée au parlement le 12 juillet 1729, qui porte que les dons mobiles, augmens, contre-augmens, engagemens, droits de rétention, agencemens, gains de noces & de survie, dans les pays où ils sont en usage, ne seront pas censés avoir été compris dans la disposition desdits édits & déclarations, qui porte la peine de nullité, encore qu'ils n'ayent pas été insinués dans les formes & délais prescrits par lesdits édits & déclarations; déclarant qu'auxdits cas, ceux qui auront négligé de satisfaire à cette formalité, n'ont dû, & ne doivent être regardés que comme sujets aux autres peines prononcées par lesdits édits & déclarations, à l'effet de quoi ladite déclaration déroge à toutes dispositions & ordonnances précédentes.

5. Les ordonnances anciennes veulent que l'insinuation soit faite aux jurisdictions ordinaires du domicile des parties, & des choses données; & par le mot de *Parties*, on entend les donateurs, & non les donataires; & par *les Jurisdictions*, les jurisdictions royales, & non les subalternes : tellement que l'enrégîstrement de la donation doit être fait, suivant les anciennes ordonnances, au greffe du siège royal, & non subalterne du domicile du donateur, eu égard au temps qu'il est fait, & au greffe des sièges royaux de l'assiette de chaque héritage contenu dans la donation.

6. Mais l'article premier de la déclaration du mois de novembre 1717, veut que toutes les insinuations qui ont été faites jusqu'à ce jour, & celles qui seront faites dans la suite aux bureaux établis en conséquence de l'article 22 de la déclaration du 19 juin 1704, soient aussi valables que si elles avoient été faites dans les justices royales; & l'article 9 de l'édit de 1703 porte que toutes donations d'entre-vifs, ou à cause de mort, d'immeubles, seront insinuées ès regîstres des greffes des insinuations, tant du lieu du domicile des donateurs ou testateurs, que de ceux où les immeubles seront situés.

Et dans l'article 10 du même édit, il est dit que les donations d'effets mobiliaires & les legs faits par testamens ou codiciles, seront insinués ès greffes des insinuations du domicile des donateurs ou testateurs, au jour de leurs décès.

7. Quant au temps que la donation entre-vifs doit être insinuée, l'ordonnance de Moulins, article 58, veut que l'insinuation soit faite dans les quatre mois du jour & date des donations, pour les personnes qui demeurent dans le royaume, & dans six mois pour ceux qui sont hors du royaume, à peine de nullité, tant pour le regard du créancier du donateur, que de son héritier; ce qui s'entend, selon le sentiment commun : 1°. Du jour que la donation a été acceptée, si l'acceptation n'a été faite qu'après-coup, parce que la donation ne commence que de ce jour-là à être parfaite, même dans sa substance : 2°. Des donations même conditionnelles, à l'égard desquelles le temps prescrit par l'ordonnance court du jour du contrat ou de l'acceptation, & non du temps de l'échéance de la condition; parce que la donation conditionnelle étant parfaite, quoique faite sous condition, elle se peut insinuer avant l'événement de la condition. Ricard, *des Donat*. part. 2, ch. 4, sect. 3, n. 1255 & 1274.

8. Ce temps des quatre mois étoit, selon cette ordonnance, très-fatal aux donataires; mais la déclaration du 17 novembre 1690 y a dérogé, en ce qu'elle porte que les donations peuvent être insinuées pendant la vie des donateurs, encore qu'il y ait plus de quatre

mois qu'elles ayent été faites, & sans qu'il soit besoin d'aucun consentement du donateur, ni de jugement qui l'ordonne. Il est dit, encore qu'il y ait plus de quatre mois qu'elles ayent été faites ; car dans le temps des quatre mois, l'insinuation se peut faire du vivant du donateur, ou après sa mort, par le donataire ou ses héritiers.

9. Il est aussi porté par ladite déclaration de 1690, que lorsque les donations ne seront insinuées qu'après les quatre mois, elles n'auront d'effet contre les acquéreurs des biens donnés, & contre les créanciers des donateurs, que du jour qu'elles auront été insinuées ; de maniere qu'il faut faire distinction entre les héritiers du donateur, & les créanciers & acquéreurs des biens donnés.

10. A l'égard des héritiers, il n'importe pas que l'insinuation ait été faite dans les quatre mois, ou après, pourvu qu'elle soit faite durant la vie du donateur.

11. Mais à l'égard des créanciers, & acquéreurs des biens donnés, si l'insinuation a été faite dans les quatre mois, ils n'ont rien à dire, quand même ils auroient contracté avec le donateur dans l'intervalle du temps qui s'est écoulé depuis la donation, jusqu'à l'insinuation ; & l'hypothéque qu'ils auroient acquise depuis la donation, avant l'insinuation, ne nuiroit pas au donataire, l'insinuation faite dans le temps de l'ordonnance ayant un effet rétroactif au jour de la donation duement acceptée. Que si au contraire la donation n'a été faite qu'après les quatre mois, la donation ne porte aucun préjudice aux créanciers & acquéreurs des biens donnés, qui ont contracté depuis la donation jusqu'au jour de l'insinuation, le donataire n'ayant droit contr'eux que du jour de l'insinuation, laquelle n'a point en ce cas d'effet rétroactif au jour de la donation, l'ordonnance ne donnant cet effet qu'à l'insinuation qui est faite dans les quatre mois, à compter du jour de la donation.

12. Ceci ne regarde que les donations entre-vifs ; quant aux donations à cause de mort & testamens, qui ne sont délivrés par les notaires qu'après le décès des testateurs, ou donateurs, l'insinuation n'en doit être faite que dans ce temps-là, conformément aux édits du mois de décembre 1703, & juillet 1704 ; & par l'art. 11 de l'édit de 1704, il est fait défenses aux exécuteurs testamentaires, héritiers ou légataires universels, d'acquitter aucuns legs, que l'insinuation n'en ait été faite, & les droits payés.

13. Le donateur ne peut se servir du défaut d'insinuation, ni révoquer la donation duement acceptée, sous prétexte qu'elle n'a pas été insinuée ; non-seulement parce que l'insinuation s'en peut faire pendant toute sa vie, sans qu'il soit besoin de son consentement, aux termes de la déclaration de 1690 ; mais encore, parce qu'il n'est pas permis à un donateur qui a signé un contrat devenu sinallagmatique ou obligatoire de part & d'autre, par l'acceptation du donataire, de détruire son propre fait.

14. Les créanciers & les héritiers du donateur sont donc les seuls qui peuvent se prévaloir du défaut d'insinuation.

15. Et encore dans les donations faites de mari à femme par le contrat de mariage, on a considéré que tant que le mariage dure, la femme non séparée des biens étant en la puissance de son mari, & ne pouvant rien faire sans son consentement, il ne seroit pas juste de la priver de la libéralité que le mari lui a faite, par un défaut d'insinuation, qui vient toujours de la faute & de la négligence du mari. C'est pourquoi on juge que ce défaut d'insinuation ne peut nuire à la femme à l'égard des héritiers de son mari, en conséquence de ce que l'héritier représente celui qui devoit faire l'insinuation, & qui ne l'ayant pas faite, est non-recevable à alléguer ce défaut.

* Les héritiers du mari ne peuvent se prévaloir de ce que la femme n'a pas fait insinuer la donation dans les quatre mois du décès de son mari, la femme n'y étant pas obligée, ainsi qu'il a été jugé par arrêt du 17 juin 1606, & du 15 juin 1697, rendu en la cinquieme des enquêtes, au rapport de M. le Rebours ; & la raison, selon que l'a observé Ricard, est que toutes les causes pour lesquelles l'insinuation a été introduite, cessent par le décès du donateur, les héritiers & les créanciers qui sont les seuls en faveur desquels cette solemnité a été établie, n'ayant aucun intérêt que la donation soit insinuée après la mort du donateur : puisqu'à l'égard des héritiers l'insinuation est présumée faite à leur égard, étant garans de la faute & négligence du défunt ; & que pour ce qui est des créanciers, il ne peut plus en survenir après sa mort ; que d'ailleurs le mariage ne dispense pas la femme de la nécessité de l'insinuation pour ce qui les concerne ; tellement que l'insinuation qui pourroit être faite hors le temps, ne pourroit passer que pour une formalité superflue, dont le défaut par conséquent ne peut pas être raisonnablement opposé. Ricard, *des donations*, premiere part. ch. 4, sect. 3, gl. 7, n. 1242, 1344 & suiv. L'auteur des notes marginales sur Duplessis, traité de la donat. ch. 4, sect. 2, pag. 560, édit. 1709.

☛ Il y a une nouvelle déclaration du roi concernant les insinuations, donnée le 17 février 1731.

☛ ** L'ordonnance touchant les donations, du mois de février 1731, porte en l'art. 23 : Que les donations d'immeubles réels, ou de ceux qui sans être réels, ont assiette selon les loix, Coutumes ou usages des lieux, & ne suivent pas la personne du donateur, seront insinuées sous peine de nullité, aux greffes des bailliages ou Sénéchaussées royales, ou autre siége royal, ressortissant nuement en nos cours, tant du domicile du donateur, que du lieu dans lequel les biens donnés sont situés, ou ont leur assiette. Et à l'égard des donations des choses mobiliaires, même des immobiliaires qui n'ont point d'assiette, & suivent la personne, l'insinuation s'en fera seulement au greffe du bailliage

Tit. XX. DES DONATIONS, DONS, &c.

bailliage ou Sénéchaussée royale, ou autre siége royal, ressortissant nuement en nos cours, du domicile du donateur; fait défense de faire aucunes insinuations dans d'autres jurisdictions royales, ou dans les justices seigneuriales, même dans celles des pairies : & en cas que le donateur y ait son domicile, ou que les biens donnés y soient situés, l'insinuation sera faite au greffe du siége qui a la connoissance des cas royaux, dans le lieu dudit domicile, ou de la situation des biens donnés, le tout à peine de nullité.

⊢ La déclaration sur les insinuations du même mois de février 1731, contient la même chose, avec cette seule différence, qu'en l'article premier elle veut que les insinuations soient faites aux bureaux établis pour la perception des droits des insinuations, près les bailliages ou Sénéchaussées royales ou autre siège ressortissant nuement en nos cours; & en l'art. 4, que les regîtres des commis desd. bureaux soient clos & arrêtés à la fin de chaque année par le lieutenant général, ou le premier ou le plus ancien officier du siége en son absence, & 4 mois après soient mis au greffe de la jurisdiction.

L'article 7 de cette déclaration, & l'article 22 de l'ordonnance touchant les donations, portent, en ajoutant à la déclaration du 25 juin 1729, que la peine de nullité ne pourra avoir lieu à l'égard des donations des choses mobiliaires, quand il y a tradition réelle, ou quand elles n'excéderont la somme de 1000 liv. une fois payée, au cas qu'elles n'eussent pas été insinuées, & que les parties qui auront négligé de les faire insinuer, seront seulement sujettes à la peine du double droit.

L'article 26 de l'ordonnance touchant les donations, porte que l'insinuation pourra être faite après le décès du donataire : lorsque l'insinuation, dit cet article, aura été faite dans les délais portés par les ordonnances, même après le décès du donateur ou du donataire, la donation aura son effet du jour de sa date, à l'égard de toutes sortes de personnes; pourra néanmoins être insinuée après lesdits délais, même après le décès du donataire, pourvu que le donateur soit encore vivant; mais elle n'aura effet en ce cas que du jour de l'insinuation.

TITRE VINGTIEME.

Des Donations, Dons mutuels, & autres conventions faites en contrat de mariage & constant icelui.

1. LA faveur des contrats de mariage est si grande parmi nous, que l'on a admis pour maxime qu'ils sont susceptibles de toutes les clauses qui ne sont pas contre les bonnes mœurs. La raison est que comme l'homme & la femme s'engagent à vivre ensemble jusqu'à la mort, il est juste qu'ils ayent la liberté de se faire des loix à eux-mêmes, pour régler les conditions de cette société perpétuelle, si importante à la conservation & à l'augmentation des familles.

2. Les institutions d'héritiers universels, qui par le droit romain n'étoient permises que par testament, ont été reçues en France dans les contrats de mariage, & c'est une ancienne jurisprudence française, qui s'est conservée par la tradition & par l'usage.

3. Nous voyons dans l'ancienne Coutume de Bourbonnois, rédigée en 1500, que cet usage étoit constamment suivi dans cette province. Lorsqu'en l'année 1510 on rédigea la Coutume d'Auvergne; qu'en 1520 on réforma celle de cette Province, & qu'en 1521 on rédigea par écrit celle de la Marche, on confirma cet usage dans ces trois provinces, qui appartenoient alors aux mêmes seigneurs sous l'hommage dû au roi.

4. L'origine de cette jurisprudence vient de la faveur des contrats de mariage, & c'est de-là que sont venues toutes les clauses que l'on peut insérer dans les contrats de mariage, concernant les successions futures, les assurances de succéder, les promesses de garder l'égalité entre ses enfans, les rénonciations des filles aux successions directes & collatérales à écheoir, & toutes autres conventions qui regardent les successions à venir; & c'est aussi de-là que l'on a établi pour maxime, que les donations, qui d'ailleurs sont nulles, s'il n'y a acceptation formelle & tradition, n'ont pas besoin de l'une ni de l'autre, quand elles sont faites par contrat de mariage.

5. Dans ce titre il est parlé des donations & conventions faites en contrat de mariage; les donations, en quelque forme qu'elles soient faites, & les institutions d'héritiers y sont permises en faveur des mariés & des descendans d'eux, par les articles 219, 220 & 222; ces donations valent sous la réserve du retour, si le donataire décède le premier, & ne sont révoquées par survenance d'enfans, suivant les articles 224 & 225 : mais quand le mariage est accompli, il n'est plus permis aux mariés de se donner, sinon par donation mutuelle de meubles & conquêts, à la charge par le donataire de faire inventaire & de donner caution; & cette donation ne peut se révoquer sans le consentement des deux parties; le tout conformément aux articles 227, 228, 229, 230 & 231.

6. Ce titre est composé de treize articles, depuis l'article 219 inclusivement, jusqu'à l'art. 241 aussi inclusivement.

7. Dans l'ancienne Coutume, il y est traité des donations faites en contrats de mariage, & du don mutuel entre le mari & la femme, dans le titre cinquieme, qui est composé de cinq articles.

Part. I. Kkkk

ARTICLE CCXIX.

Toutes choses faites en faveur de mariage sont bonnes.

TOUTES donations, conventions, avantages, institutions d'héritiers & autres choses faites en contrat de mariage en faveur d'icelui, au profit & utilité des mariez, de l'un d'eux, ou des descendans dudit mariage, le mariage fait par paroles de présent, sont bonnes & valables, en quelque forme qu'elles soient faites, *etiam* en donnant & retenant; & posé qu'elles soient immenses, inofficieuses, & jusqu'à l'exhérédation des propres enfans dudit disposant, soient icelles dispositions faites, apposées ou ajoutées audit contrat de mariage, avant ou pendant les fiançailles, réservé toutefois ausdits enfans leur droit de légitime, posé aussi que lesdites donations & avantages soient faits à personnes étranges, contractans ledit mariage, bâtards ou autres quelconques: Et saisissent telles dispositions, les cas avenus, quand lesdites donations & dispositions sont faites par personnes habiles à contracter.

1. Notre Coutume, au présent article, reçoit toutes sortes de conventions, en traité de mariage; l'ancienne Coutume de cette province contenoit une disposition semblable; & c'est aussi la disposition de la Coutume d'Auvergne, tit. 14, art. 26, & de celle de la Marche, art. 296.

2. Les donations universelles de tous biens présens & à venir, y sont permises; c'est ce qui résulte de ces termes de notre article, *toutes donations*; & c'est la disposition précise de l'article 210, ci-dessus. Voyez ce qui a été dit sur cet article à ce sujet.

3. Quoique ce soit une régle, que donner & retenir ne vaut; toutefois telles donations, faites en donnant & retenant, sont valables en contrat de mariage, suivant notre article, & l'art. 212, *suprà*, où il faut avoir recours pour voir ce qui a été dit à ce propos.

4. Les institutions d'héritiers, qui par le droit civil n'étoient permises que par testament, sont encore bonnes & valables, faites en contrat de mariage, suivant le présent art. l'article 296 de la Coutume de la Marche & l'article 12 du chapitre 27 de la Coutume de Nivernois. Ainsi on peut dans un contrat de mariage assurer sa succession aux mariés, ou l'un deux, ou aux descendans du mariage, pour telle part qu'on juge à propos, ou même en entier.

5. Mais plusieurs conditions sont requises & nécessaires, aux termes du présent article, pour la validité de ces institutions contractuelles, aussi bien que pour celle des donations universelles de biens présens & à venir, & des donations faites en donnant & retenant.

6. La premiere condition nécessaire pour la validité des institutions contractuelles, est qu'elles soient faites dans les contrats de mariage: parce que l'institution d'héritiers, & la donation universelle de biens présens & à venir, contraires au droit civil, & même à l'esprit de notre Coutume, qui ne permet pas de choisir nous-mêmes nos héritiers; & qui ne veut pas que nous en ayons d'autres que ceux que la loi du sang nous a donnés, n'ont été admises que par la faveur extrême des contrats de mariage. La disposition de notre Coutume au présent article, y est précise, ainsi qu'il paroit par ces mots dudit article, *faites en contrat de mariage*. Tel est aussi le sentiment de nos commentateurs.

7. *Has conventionales institutiones*, dit M. Louis Semin, *hic, in solo actu matrimonii, & illius favore permisimus, cœterum aliâ quacumque viâ penitùs sublatâ*.

8. M. François Menudel sur l'article 330, *infrà*, où on lit, *toutefois l'héritier conventionnel par mariage ou autrement*, fait cette observation: quelques-uns, dit-il, ont voulu soutenir que par vertu de ces mots, *ou autrement*, on pouvoit hors contrat de mariage, & dans un contrat d'association de tous biens, faire un héritier, comme en la Coutume d'Auvergne, article 1, titre *des assoc.* mais cette pratique n'a jamais été reçue parmi nous; parce que de droit, *pacto non defertur hœreditas*, à laquelle maxime de droit nous n'avons point d'article exprès qui déroge pour ce qui est des associations, comme celle d'Auvergne; & partant ce mot, ET AUTREMENT, *irrepsit*: aussi est-il vrai qu'en la Coutume de Nivernois, qui est conforme à la nôtre, ce mot, *ou autrement*, n'y est point, ni en l'article 223 de notre Coutume... M. Menudel, sur l'article 330 de notre Coutume.

9. Il n'importe pas que l'institution soit faite dans le même temps que le contrat de mariage, pourvu qu'elle soit apposée & ajoutée au contrat de mariage, avant ou pendant les fiançailles; ce sont les termes de notre article: mais il faut que les parens nommés au contrat y soient appellés, ou au moins les parens intéressés en la contre-lettre, pour en empêcher la clandestinité, & la nullité par conséquent, suivant l'article 258 de la Coutume de Paris, qui porte que toutes contre-lettres faites à part & hors la présence des parens qui

Tit. XX. DES DONATIONS, DONS, &c. Art. CCXIX.

ont assisté au contrat de mariage, sont nulles; lequel article contient un droit général par toute la France, les arrêts des parlemens ayant étendu cette disposition de la Coutume de Paris, comme un droit commun à tous les pays de Coutume, qui ne disent rien des contre-lettres en fait de mariage. C'est la remarque de M. le président Duret sur ces mots de notre article, OU PENDANT LES FIANÇAILLES. *Nisi*, ajoute-t-il, *clanculum fiant ...... donationes enim factæ in absentia cognatorum, inter personas quæ præsentibus cognatis repromissione futurarum nuptiarum jam astrictæ erant, simul & pacta connubialia viribus deficiunt ..... conf. Paris. art.* 258. M. Duret, *hic*; M. Jacques Potier est de même sentiment.

10. L'institution ne peut être faite après le mariage; la Coutume d'Orléans en contient une disposition précise, lorsqu'elle dit dans l'art. 202, que les contrats de mariage sont susceptibles de toutes sortes de clauses, pourvu qu'ils soient faits avant la foi baillée & la bénédiction nuptiale. C'est l'observation de M. Dumoulin, dans sa note sur l'article 26 du titre 14 de la Coutume d'Auvergne, lequel approuvant la convention de succéder faite en traité de mariage, a dit sur cet article: *etiamsi tractatus iste diu præcedat matrimonium, secus si sequatur*. Et ainsi a été jugé, dit M. Prohet sur le même article de la Coutume d'Auvergne, en l'arrêt intervenu en la cause de Forest & Lalande, contre une institution faite par Forest, pere, en vertu de sa procuration après la célébration du mariage.

Quand l'institution a été faite dans le contrat de mariage, en vertu de la procuration de l'instituant, avant la célébration du mariage, & que l'instituant ne l'a ratifiée qu'après la célébration d'icelui, c'est une question, si une telle institution est valable. *Quid si Mævius*, dit M. le président Duret, *in contrahendo matrimonium Titiæ, Luciæ absentis nomine, in gratiam matrimonii, Titiam Luciæ hæredem instituerit, & post longum tempus exhaustum à die matrimonii in præsens contracti, Lucia cujus nomine institutio facta fuit, hanc nominatim ratam habuerit? Quibusdam placet ejusmodi ratihabitionem Titiæ institutæ non prodesse, eâ ratione quòd ratihabitio re integrâ & in eodem statu fieri debeat .... Alii putant, & hoc benignius est, sequentes nuptias in præsens contractas institutioni aliàs à Statuto receptæ non obesse, si Lucia, & contractûs & ratihabitionis tempore, institutionis faciendæ, & Titia suscipiendæ incapaces non essent, quod semper idem favor subsit, & aliàs minus indigné illuderetur; nam & ratum habens post tempus permissum, suo nomine factum tempore permisso, ferendus est, ubi certatur de damno vitando, præsertim adversùs lucrum captantem aut insidiantem. Molin. ad Paris. conf.* §. 54, *n.* 13 & 37. M. Duret, *hic*.

11. La Coutume d'Auvergne dit plus; car en l'article 27 du tit. 14, elle dit que telles dispositions, ou institutions, peuvent être rédigées par écrit, même après le mariage, pourvu qu'il apparoisse suffisamment le traité avoir été fait auparavant. Et tel est le sentiment de M. Duret: *etiam post contractum matrimonium*, dit-il, *ex intervallo in scriptis redigi possunt, dummodo legitimé constet eas ante contractum pactas fuisse, conf. Aryern.* des donat. *art.* 27. M. Duret sur ces mots de notre article, *ou ajoutées audit contrat*.

Mais, comme l'a très-bien observé Prohet, la disposition de cet article de la Coutume d'Auvergne est inutile, parce que l'ordonnance de Moulins intervenue depuis la Coutume rédigée, & celle de 1667, ayant abrogé la preuve par témoins en chose excédant cent livres, il ne peut apparoir suffisamment le traité avoir été fait, s'il n'est constaté par écrit; & par conséquent ce qui est décidé dans cet article, ne peut presque jamais arriver.

12. Que si l'institution faite avant la célébration du mariage, l'instituant vient à décéder avant qu'il soit célébré, l'institution ne laissera pas d'être valable, pourvu que le mariage se fasse, ainsi qu'il a été jugé en ce présidial le 8 janvier de l'an 1639; 8°. *januarii die*, dit M. Jean Decullant, *an.* 1639, *agitata fuit quæstio in Præsidiali Curia Molin. patrocinantibus D. Vincent & D. Decullant, posteà in eadem Curia Consiliario, cujus hæc erat thesis: Mævius septimo ætatis anno nubens, hæres favore matrimonii scribitur in totum à Titio; non consummato adhuc matrimonio, neo Mævio ad id pubere facto, decedit Titius cujus ab intestato hæres Mævii institutionem à Titio factam impugnat, eò quòd Titius prædecesserit Mævium ante consummationem matrimonii, & priusquam habueret ætatem capacem contrahendi matrimonii: insistebat Mævius eò quòd in eadem adimplendi matrimonii voluntate perseverabat, tum quia institutio erat facta à persona capacis ætatis, tum quia si non esset ætatis con petentis ad contrahendum matrimonium, tempore factæ institutionis erat competentis ætatis, quoad sponsalia contrahenda, per L.* 4, *ff. de sponsalib. Tandem judicatum fuit Sempronium Titii hæreditatem petentem, non posse nunc & ex hoc tempore, id est*, quant à présent, *hanc impugnare institutionem, sed negotium remittendum ad plenam pubertatem Mævii: quo tempore si projectum matrimonio adimpleverit, lucrabitur hæreditatem Titii; sin autem renuerit, aut priùs decesserit, admittetur Sempronius.* M. Jean Decullant, *hic*.

13. Une seconde condition nécessaire pour la validité des institutions contractuelles, est qu'elles soient faites en faveur des mariés, ou de l'un d'eux, ou des descendans du mariage. C'est la disposition de cette Coutume, dans notre article, de celle de la Coutume de Nivernois, ch. 27, art. 12; de celle d'Auvergne, tit. 14, art. 26, & de la Marche, art. 296. Et tel est le sentiment de nos commentateurs. *Favor hujus paragraphi*, dit M. François Decullant, *nubentes tantùm, & ex eodem matrimonio descendentes afficit in tantum, ut si institutio*

facta fuerit in gratiam contrahentium, & aliorum non contrahentium, pro portionibus contrahentium valeat, & pro non nubentium partibus corruat. M. le président Duret & M. François Menudel en difent autant.

14. Ainfi, fi un pere fait une inftitution contractuelle en faveur de deux de fes enfans à-la-fois dans le contrat de mariage de l'aîné des deux, il n'y aura que le feul aîné qui fera inftitué d'une inftitution contractuelle, le puîné ne l'étant que par un acte non-valable à fon égard; & la raifon, comme il a été dit fur l'art. 210, ci-deffus, c'eft que la faveur du contrat de mariage ne concerne que les mariés & les defcendans du mariage. C'eft le raifonnement de M. Denis Lebrun, traité *des fucceffions*, liv. 3, ch. 2, n. 12: d'où cet auteur conclud que, quoique la donation faite au profit des futurs conjoints n'ait pas befoin d'être acceptée par eux, néanmoins fi elle concernoit auffi des perfonnes étrangeres, elle devroit être acceptée de leur part.

15. M. le préfident Duret pouffe la chofe fi loin, qu'il prétend qu'une donation faite en faveur de mariage, à l'un des conjoints, dont il feroit fur le champ ceffion & tranfport à une perfonne étrangere, feroit nulle, par la raifon que telle donation ne feroit point cenfée faite au profit & utilité des mariés, comme le requiert notre article. *Quid fi*, dit-il, *nubenti donetur, & è veftigio ipfe aliis nuptias non contrahentibus donet? Ego puto, in quo nubentes non participant, irritam fieri difpofitionem, quia in eo, quodam colore quæfito, veriùs non nubentibus donatur; utique fi rectà illis dari non poffit.....* M. Duret, *hic*.

16. Coquille fur l'article 12 du chapitre 27 de la Coutume de Nivernois, & après lui M. Jacques Potier fur notre article, veulent que quand l'inftitution d'héritier eft faite par contrat de mariage au profit de ceux qui fe marient, & de quelqu'autre conjointement, telle inftitution aura force de legs à l'égard de cet autre.

17. D'autres d'un fentiment oppofé, comme M. Eufebe de Lauriere, dans fon traité *des Inftitutions contractuelles*, tome 2, chapitre 7, n. 22, & fuiv. foutiennent que les inftitutions contractuelles au profit d'étrangers, c'eft-à-dire, au profit d'autres que les mariés, ou leurs enfans, font abfolument nulles, & ne valent pas même comme legs. Leur raifon, c'eft que les inftitutions contractuelles n'ont été introduites qu'en faveur feulement de ceux qui fe marient ou de leurs enfans, & que fi l'on veut faire des legs ou autres difpofitions teftamentaires au profit d'autres perfonnes, il faut faire fuivant les loix, c'eft-à-dire, par des teftamens où les formalités prefcrites par la Coutume, foient obfervées: & comme les contrats de mariage ne font point faits avec les formalités prefcrites pour les teftamens, il s'enfuit, dit M. de Lauriere, qu'on ne peut point y faire de legs ni d'inftitution d'héritiers en faveur d'autres perfonnes, que les mariés ou leurs enfans.

18. Ces difpofitions, continue M. de Lauriere, ne peuvent pas même valoir comme donations entre-vifs ou à caufe de mort; parce que les donations à caufe de mort, dans les Coutumes où elles font autorifées, & les donations entre-vifs, font des conventions qui ne peuvent fe faire fans ftipulation & fans acceptation de la part du donataire; & qu'une inftitution d'héritier, où il n'y a que l'inftituant feul qui parle, & qui n'eft point acceptée, ne peut pas être regardée comme une convention, & par conféquent comme une donation. Tel eft le fentiment de M. de Lauriere; tel eft auffi celui de M. Decullant ci-deffus cité, comme il paroît par ces mots, en parlant de cette inftitution: *Pro portionibus contrahentium valet, & pro non nubentium partibus corruit.* Et c'eft mon fentiment.

19. Dans ce cas il ne fe fait pas, comme le dit M. Jacques Potier après Coquille, d'accroiffement de la portion de celui dont l'inftitution eft caduque, au profit du marié dont l'inftitution eft valable; mais cette portion fe partage également entre les héritiers *ab inteftat*. C'eft l'obfervation de M. le préfident Duret, fur ces mots de notre article, UTILITÉ DES MARIÉS: *Et ideò*, dit-il, *fi in gratiam contrahentis matrimonii, & alterius non contrahentis facta fit difpofitio, magis eft ut pars tantùm contrahenti acquiratur, & pro altera parte donatio viribus deficiat.*

20. M. François Decullant s'explique plus clairement, fur le mot *inftitution*; car après avoir dit, comme il a été ci-deffus obfervé, que l'inftitution contractuelle n'étoit bonne & valable qu'en faveur des contractans mariage, & de leurs defcendans, qu'elle étoit nulle & caduque, *pro non nubentium partibus*, il ajoute: *Quæ portio non nubentium, ad contrahentes jure accrefcendi non devolvitur, fed ad hæredes ab inteftato*.

M. François Menudel dit encore plus; car il affure que cela s'obferve de la forte dans cette province: nous obfervons, dit-il, que les pere & mere mariant un de leurs enfans, & l'inftituant par moitié avec celui qui ne fe marie pas, que la moitié du non-marié fe partage également entre les mâles ou filles non inftitués.

21. La raifon de ceci, c'eft pour qu'il y ait droit d'accroiffement entre deux ou plufieurs inftitués, il faudroit que tous fuffent capables, & par conféquent valablement inftitués, & que dans le cas propofé, il n'y a que ceux qui font mariés qui foient inftitués d'une inftitution contractuelle valable.

22. Ainfi, fi un pere qui a quatre enfans marie fon aîné, & que par fon contrat de mariage il l'inftitue fon feul & univerfel héritier avec fon fecond fils, par égales portions, & qu'il les charge de la légitime envers les autres, & s'interdife le pouvoir de les augmenter au préjudice des deux inftitués: en ce cas fi l'aîné décede avant fon pere fans enfans, le fecond partagera la fucceffion du pere par têtes

avec

avec fes autres freres réduits à la légitime; parce que l'institution faite dans le contrat de l'aîné, étant nulle à fon égard, elle ne peut rien opérer en fa faveur.

23. Mais fi tous les deux furvivent au pere, pour lors comme le pere n'a pas eu intention que la portion du fecond fils, s'il lui furvivoit, accrût à l'aîné, fi ce fecond fils ne pouvoit pas la prendre, comme inftitué; il faut, dit M. de Lauriere, de deux chofes l'une, ou que l'aîné à qui elle feroit accrue, la rendît à l'inftant au fecond; ou que le fecond la prît *ab inteftat*, pour la partager par têtes avec fes autres freres, qui auroient été réduits à leur légitime, par la raifon qu'on vient d'alléguer; favoir, que l'inftitution du fecond fils étant nulle, elle ne peut rien opérer en fa faveur au préjudice de fes freres. De Lauriere, *des Inft. contr.* ch. 4, n. 167.

24. Que fi ce fecond fils décede avant fon pere, la décifion, dans le cas propofé, fouffre plus de difficulté. M. de Lauriere, au lieu cité, eftime qu'en ce cas la fucceffion du pere appartiendra irrévocablement à l'aîné par droit d'accroiffement (comme feul héritier inftitué:) car l'aîné dans ce cas ayant été inftitué feul & univerfel héritier avec fon frere puîné, ce fecond frere étant venu à décéder fans enfans, il eft cenfé inftitué pour le tout à la charge de la légitime envers les autres; & ne peut même, dit de Lauriere, le pere dans le cas du prédécès du fecond fils, inftituer fon troifieme, pour fuccéder avec fon aîné au lieu du fecond, parce qu'on ne peut pas faire un autre héritier au préjudice de l'héritier contractuel, & que l'inftitution contractuelle faite au profit de l'aîné étant irrévocable, il n'eft pas au pouvoir du pere de donner à fon troifieme fils plus que fa légitime, ainfi qu'il s'y eft engagé par l'inftitution de l'aîné. Tel eft le raifonnement de M. de Lauriere.

25. Mais je ne peux pas me rendre à ce fentiment : 1°. Parce que, comme il vient d'être dit, il n'y a pas de droit d'accroiffement entre deux inftitués, quand ils ne font pas tous les deux valablement inftitués, & également capables de fuccéder : 2°. Parce que le fils aîné n'a pas été inftitué héritier feul & univerfel de fon pere, & pour le tout, mais par portion avec fon frere puîné; & comme fon inftitution a été faite dans un contrat de mariage, où l'on ne reçoit point d'interprétation par-deffus ce qui eft exprimé, il doit fe contenter de fa portion d'hérédité, telle qu'il l'auroit prife avec fon frere, s'il eût vécu, laquelle portion de ce frere décédé appartiendra en ce cas aux héritiers *ab inteftat*, fon inftitution comme nulle & caduque n'ayant pu rien opérer : c'eft mon fentiment.

26. Autre chofe eft, quand deux ou plufieurs enfans font mariés & inftitués par un même contrat de mariage, & en faveur d'icelui, il y a pour lors accroiffement entr'eux. Ainfi, fi un pere qui a trois garçons en marie deux, qu'il les inftitue par le même contrat de mariage héritiers des deux tiers de fes biens; que l'aîné de ces deux garçons meure fans enfans avant fon pere, & que le pere décede enfuite, en ce cas la portion de cet aîné prédécédé appartiendra au fecond garçon marié & inftitué, à l'exclufion du troifieme héritier *ab inteftat*; la raifon eft que l'aîné & le puîné font conjoints & cohéritiers, & fuccédent *eodem jure*, comme mariés & inftitués par & en faveur du même contrat de mariage, que le troifieme fuccéde *ab inteftat*, & par conféquent *diverfo jure*, & qu'il n'y a pas réguliérement d'accroiffement entre ceux qui fuccédent *diverfo jure*, tant qu'il y en a qui fuccédent *eodem jure*, entre lefquels l'accroiffement a lieu à l'exclufion de ceux qui fuccédent *jure diverfo*: Telle étoit, dit M. de Lauriere, *Inft. contract.* ch. 4, n. 160, l'efpece propofée par Dumoulin, fur l'art. 17 du tit. 14 de la Cout. d'Auvergne. L'aîné & le puîné étoient conjoints & cohéritiers, & fuccédoient *eodem jure*, comme inftitués par le même contrat de mariage, & le troifieme fuccédoit *ab inteftat*; & par conféquent, dit de Lauriere, Dumoulin a très-bien répondu, que la part de l'inftitué prédécédé devoit accroître au fecond inftitué. *Quid de patre*, dit Dumoulin, *qui duos filios inftituit in contractu matrimonii, eorum poftea alter fine liberis, vivo patre & fratre, decedit? Refpondi quod ipfo jure fratri fuperftiti accrefcit, etiamfi in contractu matrimonii defint verba, & eorum fuperviventem.*

27. Il n'en feroit pas de même fi chacun des deux enfans avoient été inftitués féparément par deux contrats de mariage différens, paffés en différens temps. La raifon eft que l'inftitution contractuelle ne pouvant, ainfi qu'il a été dit, fervir qu'aux mariés, au profit de qui elle eft faite, & à leurs enfans feulement; l'inftitution faite féparément, au profit de chacun des deux freres, ne peut pas fervir à l'autre, & que ces deux freres inftitués ainfi héritiers par deux contrats différens, ne font pas conjoints entr'eux; mais plutôt tellement disjoints, qu'il n'eft pas poffible de les joindre : deforte qu'il ne peut y avoir aucun accroiffement entr'eux, & que le frere qui le demanderoit, feroit mieux en une telle rencontre de renoncer à l'inftitution contractuelle, pour fuccéder *ab inteftat*. De Lauriere, *Inft. contract.* ch. 4, n. 164.

28. Au-refte ce qui a été dit jufqu'ici de l'inftitution contractuelle, conformément à la difpofition de notre Coutume dans le préfent article, qu'elle ne pouvoit être faite valablement qu'au profit & utilité des mariés & des defcendans du mariage, & que faite au profit d'autres, elle étoit abfolument nulle & caduque, n'empêche point qu'il n'y ait un moyen de faire l'équipollent d'une inftitution contractuelle au profit d'autres perfonnes que des mariés, en inftituant la perfonne mariée, à la charge d'affocier fes freres & fœurs, par exemple, pour une certaine quotité de l'inftitution, ce qui vaut au profit des freres &

sœurs comme une condition de l'institution ; mais c'est ce qui sera expliqué sur l'art. 224 ci-après : car il faut continuer l'explication des institutions contractuelles, faites au profit des contractans mariage & descendans d'eux.

29. Les institutions contractuelles faites en contrats de mariage en faveur d'icelui, au profit & utilité des mariés, peuvent être conçues de deux manieres : l'institution peut être faite au profit & utilité des mariés ou de l'un d'eux simplement, sans parler des descendans du mariage ; ou elle peut être faite au profit des mariés ou de l'un d'eux, & des descendans du mariage nommément & expressément.

30. Dans le premier cas, quoiqu'il ne soit pas fait mention dans l'institution des enfans qui naîtront du mariage, l'institution ne laisse pas de leur profiter, de maniere que si celui qui a été institué héritier par son contrat de mariage, décéde avant que la succession à laquelle il a été ainsi appellé, lui soit échue, la disposition n'est point pour cela caduque, & ses enfans succédent à l'instituant, soit que l'institution soit faite en directe, soit qu'elle soit faite par un collatéral ou par un étranger. C'est la disposition de la Coutume de la Marche, en l'article susdit 296, qui porte que les conventions ou convenances de succéder, ou les institutions contractuelles, valent au profit des mariés & de leurs descendans, & qu'elles saisissent les mariés & leurs descendans, les cas avenus, & la décision de l'arrêt d'Albiat, du 26 juillet 1613, rapporté dans tous les livres. Et ainsi l'ont décidé nos commentateurs, dans leurs observations sur le présent article, & a été jugé en cette Sénéchaussée.

31. *Si superstite sponsore*, dit M. le président Duret, *moriatur stipulator contrahens matrimonium, ad stipulatorem non coarctabitur hæredis institutio, & magis est ut hæredi quoque profit.... Ergo bonâ occasione & manifestâ sententiâ hujus Statuti, secundùm hæredes responderem, contrâ caducitatem, si liberi essent matrimonio suscepti, in cujus gratiam futuræ successionis pactio concepta est.......* M. Duret.

32. M. François Decullant a fait la même observation : *Hæc institutio*, dit-il, *respicit nubentes, & ex eo matrimonio descendentes, in tantum ut si præmoriatur institutus liberis extantibus ex eodem matrimonio, valeat institutio in favorem liberorum.*

33. Ainsi fut jugé en cette Sénéchaussée le 2 mars 1640, au rapport de M. Baidon, à l'occasion d'une institution d'héritier faite par madame de Longeville, en faveur d'une de ses niéces : la sentence est citée par M. François Menudel, Louis Vincent, & Louis Semin, *hic*.

* Madame de Longeville, dans le contrat de mariage d'une sienne niéce, l'institua son héritiere pour sa portion avec ceux de sa branche ; cette fille ainsi instituée laisse des enfans de son mariage, & meurt avant la dame de Longeville. Les héritiers de ladite branche soutiennent contre les enfans de ladite fille, qu'ils n'ont rien en la succession de la dame de Longeville, pour n'être parlé d'eux au contrat de mariage de leur mere instituée, morte avant l'instituante. Par sentence de M. le sénéchal, les enfans furent reçus à la succession ; il y eut appel de cette sentence, mais depuis sur l'appel on acquiesça à la sentence.

34. Les enfans dans ce cas ne succédent pas à l'instituant par voie de transmission, parce que le droit de leur pere institué, leur est transmis. C'est l'observation de M. Denis Lebrun, *des Successions*, liv. 3, ch. 2, n. 33 & suiv. & de M. Eusebe de Lauriere, *des Instit. contr.* chap. 4, n. 139 & suiv. Les raisons qu'ils en donnent, sont :

35. La premiere, que si l'institution contractuelle se transmettoit, l'héritier institué transmettroit son droit à toutes sortes d'héritiers, aux collatéraux, comme à ses enfans ; ce qui n'est pas véritable, cela n'ayant jamais été admis qu'en faveur des enfans de l'institué.

36. La seconde, parce que la transmission ne se fait qu'à des héritiers, & que les enfans de l'héritier institué succédent à l'instituant, comme nous le dirons ci-après, quoiqu'ils ayent renoncé à la succession de leur pere.

La troisieme enfin, parce qu'il n'est pas possible que des enfans puissent, exerçant les droits de leur pere, succéder à une personne à qui leur pere ne pouvoit pas succéder, puisqu'on le suppose décédé avant l'instituant, & que c'est une maxime, que *Hæreditas non adita non transmittitur*.

37. Les enfans de celui qui a été institué héritier par contrat de mariage, succédent à l'instituant dans le cas proposé, parce qu'ils sont censés compris dans l'institution faite au profit de leur pere ; & cela sur le fondement de la présomption, que l'instituant a voulu pourvoir aux enfans qui naîtroient du mariage en faveur duquel il a fait l'institution. Car entrant dans l'intention de celui qui a fait une institution contractuelle, l'on trouvera que son dessein n'est pas seulement d'avantager les conjoints qu'il institue, mais encore les enfans, & de les préférer à tous ses parens, & que l'autre conjoint qui s'est marié en considération de cet avantage, a compté qu'en tous cas ses enfans en profiteroient ; ce qui fait qu'on regarde les enfans comme substitués, & qu'on a établi parmi nous, que toute institution contractuelle comprendroit une substitution tacite & vulgaire au profit des enfans de l'institué, comme si le pere & les enfans avoient été institués : & sur ce principe on a voulu que les enfans fussent saisis de ces successions, quand le cas écherroit, comme leur pere en auroit été saisi, s'il n'étoit point prédécédé ; ce qui est décidé expressément, comme il a été dit, par l'article 296 de la Coutume de la Marche, & très-bien expliqué par M. Jean Basinaison, sur la Coutume d'Auvergne, tit.

14, art. 29; par M. de Lauriere, *Inst. contr.* chap. 7, n. 30 & suiv. & par M. Jean Decullant, dans son traité manuscrit, *des Successions.*

38. *Quicquid datur simpliciter,* dit Decullant, *futuris conjugibus in favorem matrimonii, respicit prolem, quæ etiam repudiatâ parentum hæreditate, capit hæreditatem in qua fuerunt illi instituti hæredes. Exempli gratiâ, Titius favore matrimonii Mævii cum Sejâ, eos scripsit ex asse hæredes: ex connubio Scævolam susceperunt, qui mortuis parentibus eorumque hæreditate tanquam onerosâ repudiatâ, ad Titii superstitis & demùm mortui successionem admittitur, ratione institutionis, quæ licet simpliciter facta fuerit nubentibus, respicit etiam secundariò favorem descendentium ex matrimonio. Secùs verò si Mævius & Seja Titio supervixissent, ad quos emolumentum successionis pervenisset, non verò ad Scævolam, qui, parentibus viventibus, non potest eo beneficio gaudere, nisi institutio facta fuisset in solum liberorum favorem.* M. Jean Decullant.

39. Dans le second cas, savoir, quand les enfans, ou descendans du mariage, sont spécialement & expressément compris dans l'institution ou donation; c'est une question pour savoir de quelle maniere les enfans viennent & prennent part dans ces institutions ou donations, sur laquelle question il y a trois opinions différentes.

40. La premiere est de ceux qui soutiennent, que lorsque le pere & les enfans sont conjoints dans la même disposition, soit qu'elle soit faite par un pere entre ses enfans, ou par un étranger, la disposition doit être partagée également entre le pere & les enfans; de maniere que les enfans viennent concurremment avec leur pere, *nomine collectivo,* & partagent entr'eux les choses données, ou les successions échues où ils sont appellés, en deux portions égales, dont l'une est pour le pere & l'autre pour les enfans & descendans; & cela à cause de la conjonctive qui les lie ensemble. Tel est le sentiment de Ricard, *des Substit.* chap. 8, sect. 2, part. 1, n. 533: mais cette opinion n'est pas suivie; parce qu'on n'estime pas que ceux qui ont donné, ou qui ont institué les pere & mere mariés, ayent eu assez d'affection pour des enfans & descendans qu'ils ne connoissent pas, pour les appeller concurremment avec leurs pere & mere; de maniere qu'on juge qu'ils ne sont appellés que par une affection subordonnée au défaut de leurs pere & mere.

41. La seconde opinion est de ceux qui conviennent bien que quand une personne est instituée conjointement avec ses enfans, (il en est de même de la donation) les enfans ne sont appellés qu'après leur pere, par ordre successif, mais qui veulent en même temps qu'une semblable disposition produit un fidei-commis en faveur des enfans; ensorte que le pere ne peut pas disposer à leur préjudice des choses comprises en l'institution ou donation, par la raison que la disposition est faite graduelle aux descendans, par expresse disposition de l'homme, & non par l'interprétation & disposition de la Coutume. Tel est le sentiment de Basmaison sur la Coutume d'Auvergne, tit. 14, art. 26, & de M. le président Duret sur le présent article.

42. La troisieme opinion enfin, est de ceux qui disent que les descendans ne sont appellés que par ordre de succession, sans que les peres & meres soient en aucune maniere chargés envers leurs enfans par fidei-commis. Leur raison, c'est qu'il se rencontre entre le pere & les enfans un ordre de nature & d'affection, qui doit faire croire que l'instituant, en disposant en leur faveur, a voulu les considérer dans le même ordre, en imitant même la succession *ab intestat;* de maniere que ces termes, *& leurs descendans,* ne sont simplement que démontrer que ces biens leur doivent passer, à défaut des mariés donataires ou institués; ce qui ne produit qu'une substitution directe, vulgaire, que l'adition du pere rend caduque; ensorte que le pere ayant accepté l'institution faite de sa personne, & recueilli la succession, ses enfans n'ont plus aucun droit & ne peuvent plus rien prétendre aux choses comprises dans l'institution, que comme héritiers de leur pere & mere, & non en vertu de la disposition ou institution portée par le contrat. Telle est, dit Barthelemi Jabely, l'opinion la plus commune, & tel est mon sentiment. Voyez Barthelemi Jabely sur la Coutume de la Marche, art. 294, qui est le 296 dans le coutumier général, & Henrys & Bretonnier, tome 2, liv. 5, qu. 31.

43. Mais de quelque maniere que les enfans de l'héritier contractuel prédécédé, soient compris dans l'institution faite en sa faveur; & quand même ils n'y seroient pas compris nommément & expressément, & qu'ils ne succédassent à l'instituant, que comme substitués par une substitution vulgaire, tacite, ils lui succédent toutefois, *jure suo,* peuvent par conséquent recueillir sa succession, quoiqu'ils ayent renoncé à la succession de leur pere, & ils ne sont point tenus des dettes contractées par leur pere, ils ne sont ses héritiers, étant censés tenir l'institution de la libéralité & de la main de l'instituant, & non de l'institué. C'est le sentiment de M. Jean Decullant, ci-dessus cité, comme il paroît par ces termes: *Quicquid datur futuris conjugibus in favorem matrimonii, respicit prolem, quæ etiam repudiatâ parentum hæreditate, capit hæreditatem in qua fuerunt illi instituti.* C'est aussi celui de Basmaison sur la Coutume d'Auvergne, tit. 14, article 29, & de M. Denis Lebrun, traité *des Succ.* liv. 3, chapitre 2, n. 35, édit. de 1714.

44. Ce n'est qu'aux enfans de l'héritier institué, & non à ses héritiers ou parens collatéraux, que la succession de l'instituant profite, comme il a été déja observé; parce que l'institution, suivant notre article, n'est valable qu'en faveur des mariés & des descendans du mariage. *Favor hujus paragraphi nubentes*

tantùm & ex eodem matrimonio descendentes afficit, dit M. François Decullant déja cité. Coquille fur la Coutume de Nivernois, tit. 27, article 12. Lebrun, *des succ.* liv. 3, chapitre 2, n. 35.

45. Les enfans de l'héritier contractuel prédécédé, qui fuccédent à l'inftituant, font ceux-là qui font iffus du mariage, en faveur duquel l'inftitution a été faite, & non ceux qui font iffus d'autres mariages; parce qu'ils font comme étrangers par rapport à l'inftitution contractuelle faite au profit de leur pere, dans un autre contrat que celui de leur mere. C'eft la difpofition de notre Coutume au préfent article, ainfi qu'il réfulte de ces mots, *ou des defcendans dudit mariage*; le mot *dudit* eft décifif: pourquoi M. le préfident Duret ajoute, *non ergo alterius, aliud in Arvernia obtinere notat Molin. tit.* des donations, article 17, *in verb.* feulement. M. Duret.

46. M. François Decullant a fait la même remarque; ce qu'après avoir dit que l'inftitution profite aux defcendans du mariage: *In tantùm ut fi præmoriatur inftitutus liberis extantibus ex eodem matrimonio, valeat inftitutio in favorem liberorum*; il ajoute: *quæ alioquin nullis ex illo matrimonio extantibus liberis, præmoriente inftituto hærede, & fupervivente inftituente, corrueret, licèt alios habeat inftitutus hæredes, putà filios ex altero matrimonio genitos, aliorum enim hæredum inftituti, quàm defcendentium ex illo matrimonio nullus eft favor, & illis non prodeft inftitutio.* M. Decullant, *hic.* C'eft encore le fentiment de M. de Lauriere, traité *des inftit. contr.* chapitre 7, n. 36 & fuiv. Delà les conclufions fuivantes.

47. 1°. Si un homme veuf, qui a un enfant, paffe en fecondes noces, qu'un de fes amis l'inftitue héritier par fon fecond contrat de mariage, que cet homme meure avant l'inftituant & ne laiffe point d'enfans de fon fecond lit, l'enfant du premier mariage ne pourra pas fuccéder à l'inftituant, & ne fera pas faifi de la fucceffion de l'inftituant, comme fon pere l'auroit été, s'il avoit vécu; M. de Lauriere, *ibid.*

48. 2°. Si un pere qui a été inftitué en contractant fon premier mariage, paffoit en fecondes noces, & décédoit avec des enfans des deux lits, il n'y auroit que ceux du premier lit qui fuccéderoient à l'inftituant; & cela a été ainfi jugé, felon M. Prohet fur la Coutume d'Auvergne, tit. 14, article 17, contre la note de Dumoulin fur cet article.

49. Lorfque l'inftitution contractuelle a été faite en ligne directe, par un pere ou une mere, il y a toujours repréfentation; c'eft-à-dire, que fi le fils inftitué prédécéde, fes enfans fuccédent à l'aïeul qui a fait l'inftitution, par têtes, & les arriere-petits fils par fouches, quand ils concourent avec des oncles & des tantes.

50. Il en eft de même, quand l'inftitution contractuelle a été faite par un parent collatéral, ou par un étranger; dans ce cas, fi l'héritier contractuel prédécéde, fes enfans & fes petits-enfans fuccéderont également à l'inftituant, les enfans par têtes, & les petits-enfans par fouches, comme repréfentans leur pere: & la raifon, c'eft que les inftitutions contractuelles font faites en faveur du mariage & des defcendans du mariage; & que dans le mot *defcendans*, on y doit comprendre, tant les enfans du premier degré, que ceux du fecond, & des autres fuivans, conformément à la loi 220, ff. *de verb. fignificat. Liberorum appellatione*, dit la loi, *nepotes, pronepotes, cœterique qui ex his defcendunt, continentur.* De Lauriere dans fon traité *des inft. & fubft. contract.* chap. 7, n. 89 & fuiv. M. Jabely, fur l'art. 294 de la Cout. de la Marche.

51. De cette maniere la fubftitution vulgaire, tacite, fait venir à la fucceffion de l'inftituant les enfans de l'inftitué, d'un degré inférieur, avec ceux d'un degré fupérieur: bien plus, elle fait venir les enfans de l'héritier inftitué avec les héritiers de l'inftituant, defcendus d'un autre mariage, quoique ces héritiers foient d'un degré fupérieur, & que les enfans de l'inftitué foient hors des termes de repréfentation. Ainfi, fi un oncle mariant fon neveu, l'avoit inftitué fon héritier contractuel pour venir avec fes autres héritiers qu'il auroit lors de fon décès, qu'il arrivât que ce neveu mourût avant fon oncle, & laiffât des enfans, qui lors de la mort de leur grand-oncle fe trouvaffent en concurrence avec d'autres neveux d'une autre branche; ceux-ci, quoique arriere-neveux, & hors des termes de repréfentation, ne laifferoient pas de profiter de la part que leur pere auroit eue, s'il avoit vécu. Lebrun, *des fucc.* liv. 3, chapitre 2, n. 36, fur la fin.

52. Une troifieme condition néceffaire pour la validité des inftitutions contractuelles, eft qu'elles foient faites par perfonnes habiles à contracter; ce font les termes de notre article: c'eft auffi la difpofition de la Coutume d'Auvergne, tit. 14, article 26, & de celle de la Marche, article 296; fur quoi nos commentateurs remarquent que la Coutume ne parle pas d'une fimple habileté requife pour pouvoir fe marier, telle qu'eft l'âge de puberté requis pour la perfection du mariage, mais de la capacité requife & néceffaire pour les difpofitions qui emportent aliénation de biens, tel qu'eft l'âge de majorité. C'eft la remarque de M. Jean Decullant, & après lui de M. François Decullant, fon fils; & de M. Louis Semin, fur le préfent art. & de M. Jean Bafmaifon fur la Coutume d'Auvergne, titre 14, art. 26.

53. *Non intelligas*, dit M. François Decullant, fur ces mots de notre article, PAR PERSONNES HABILES A CONTRACTER, *hoc de habilitate ad nuptias, quæ requirit tantùm annum 12 in fœminis, & 14 in mafculis, Jure Canonico, quod in hoc fequimur; fed de habilitate ad difpofitionem bonorum, putà de majoritate 25 annis. Itaque, fi minor 25 annis in favorem matrimonii aliquid liberaliter donet, remittat, hæredem inftituat, focietatem omnium bonorum contrahat, reftituetur, ut pluries judicari vidiffe teftatur*

testatur D. Joannes Decullant.... *Adde paragraphum 272 Stat. Parif. non enim à capacitate matrimonii quæ naturæ & juris est, capacitas donandi, quæ est actus civilis, debet colligi*, dit M. Dargentré, *& qui non nisi à consensu proficisci potest, consensus non nisi ab habili. Argentr. in Britan. §. 220, gl. 2, contrà Molin. ad Blef. art. 26, quem tamen non sequimur.* M. Decullant, *hic*.

54. *Qui tamen habilis est ad nuptias*, continue le même Decullant, après M. Jean Decullant, son pere, *licèt minor 25 annis, potest inire & contrahere ea quæ sunt ex Statuto introducta, putà societatem mobilium & conquestuum, cum marito, aut maritus cum uxore… Item doarium, & cætera omnia quæ veniunt ex Statuto citrà dispositionem hominis.* M. Decullant, *hic*.

55. Il n'importe pas pour la validité de l'institution, que l'instituant soit sain ou malade. C'est la disposition de l'art. 26 du titre 14 de la Coutume d'Auvergne, & de l'article 296 de celle de la Marche, que nous suivons. M. Louis Semin y apporte seulement une condition qui est rejetté par M. Jean Decullant, & après lui par M. Jean Cordier; savoir, que l'instituant ne soit pas proche de la mort; & il a été jugé en ce siége, conformément au sentiment de M. Decullant.

Nec refert, dit M. Louis Semin, *ad validitatem dispositionis, in favorem matrimonii factæ, an disponens sit æger aut sanus, modò non sit morti proximus, id est, morbo quo subindè moriatur, non laboret; nam tunc censeretur dispositio facta à moribundo, quæ vim tantùm legati haberet, art, 277, Stat. Parif.* sur l'article suivant 220.

56. *Quid de infirmo & moribundo,* dit M. Jean Cordier, après M. Jean Decullant? *Regulariter dispositiones factæ ab ægrotis & laborantibus eo morbo ex quo è vivis decedunt, censentur factæ causâ mortis, §. 277, Stat. Parif. & 36, cap. 14, Stat. Arvern. quod & nos observamus; quod Statutum Arvern. §. 26, eod. tit. continet eadem verba, quæ hic paragraphus noster,* habiles à contracter, *sed addit,* sains ou malades; *idem in paragrapho 294, Stat. Marchiæ, iisdem verbis: quod ita vidi responderi in consulendo, & audivi Dominum Roux, Quæstorem Ærarii Molin. moribundum instituisse nepotem suum hæredem universalem in favorem matrimonii contracti duobus aut tribus diebus ante obitum. Hæc eadem quæstio fuit agitata in Curiâ Præsid. Molin. primâ die Audientali post Epiphaniam, an.* 1639, *& judicatum valere institutionem hæredis factam in favorem matrimonii, licèt instituens decessisset ante nuptias, Domino Advocato* Vincent, *orante pro hærede instituto, & Domino Fr.* Decullant, *tunc temporis Patrono, & deinde Consiliario, pro hæredibus ab intestato, ut refert D. Joannes* Decullant. *Idem consultus de institutione factâ in favorem Gilberti* Bilhard, *in ejus contractu cum* Joanna Aubert, *an.* 1649 *à Dominâ Benedictâ* Decullant, *respondit bonam & validam esse,* Part. I.

licèt instituens obiisset die proximâ sequenti ejus contractum. M. Jean Cordier, *hic*.

57. J'adhére à ce dernier sentiment, parce que les institutions contractuelles tiennent en partie des donations à cause de mort, qu'il n'y a rien dans l'institution contractuelle qui ne soit relatif au temps de la mort de l'instituant, & que d'ailleurs une institution contractuelle faite dans un contrat de mariage, est une condition d'un contrat de sa nature irrévocable.

58. Une quatrieme condition requise pour la validité des institutions contractuelles, est qu'elles soient faites par un principe de gratification & de bienfait, & non de haine; desorte que si la haine que l'instituant porte à son héritier *ab intestat*, y prédomine, qu'il agisse plutôt par un sentiment de vengeance contre lui, que d'affection envers l'héritier institué, l'institution ne subsistera pas, par cette considération que ce n'est que l'ouvrage de la colere, & non pas l'effet de la prudence avec laquelle un acte de cette qualité doit être passé; & la raison est que les loix nous ont accordé cette indulgence de disposer de nos biens, au préjudice de l'ordre qu'elles avoient établi, & de la destination qu'elles en ont faite en faveur des héritiers du sang, que pour nous donner le pouvoir de les distribuer, selon que la prudence ou l'équité l'exigent, eu égard aux circonstances des personnes, des choses dont on dispose, & du genre de disposition, & non point pour assouvir les injustes déréglemens de nos passions.

Tel est le sentiment d'Antoine Faber, *lib. 2 Conjectur. cap.* 17; de M. Charles Dumoulin en son traité *de inoff. testam. donat. & dotib.* de M. Dargentré sur l'article 218 de l'ancienne Coutume de Bretagne, gl. 4, n. 18; de M. Ricard, *des Donat.* part. 1, ch. 3, sect. 14; de M. Denis Lebrun, *des Succ.* liv. 2, chap. 3, sect. 1, n. 4; de nos commentateurs qui nous ont laissé leurs écrits sur notre Coutume, & la jurisprudence des arrêts rapportés par Ricard & Lebrun aux lieux cités.

59. *De donatione,* dit M. Louis Semin, *aut aliis dispositionibus in odium hæredum legitimorum factis prætextu matrimonii, & ut tolerari non debeant, vide Argentr. in Britan. art.* 218, gl. 4, *circa finem.* M. Louis Semin sur l'art. suivant.

60. *Sed in totum*, dit M. Dargentré en l'endroit cité, *corruere debuisse dicimus, talem contractum quem non amor, aut matrimonii causa primaria, sed hæredis odium incitavit, quod in causam ipsam contrahendi agit, &c.* M. Dargentré.

61. *Si parens,* dit M. François Menudel, *filium unicum primi matrimonii favore liberorum secundi malè tractet, non fungitur officio parentis, & dispositio ejus annullanda, licèt fiat in contractu matrimonii, quia prætextu honestæ observantiæ, aperienda non est fenestra injustæ exhæredationi, Molin. ad Alex. lib. 3, consil.* 29, *in fine verbi* EXCREVISSENT. M. Menudel, *hic*.

62. Une cinquieme condition des inſtitutions contractuelles eſt que ces inſtitutions ne bleſſent pas la légitime des enfans; c'eſt ce qui eſt exprimé dans notre article, par ces mots, *reſervé toutefois auxdits enfans leur droit de légitime*. Telle étoit auſſi la diſpoſition de l'ancienne Coutume de cette province, tit. 5, art. 1, & telle eſt la diſpoſition de la Coutume d'Auvergne, tit. 14, art. 16 & 40; de Nivernois, chap. 27, art. 12; de celle de la Marche, art. 296, & autres: d'où il s'enſuit que ces mots de notre article, *& juſqu'à l'exhérédation des propres enfans dudit diſpoſant*, non-ſeulement ſont inutiles & ſuperflus, mais doivent même être rejettés comme contraires à ceux qui ſuivent, *reſervé toutefois auxdits enfans leur droit de légitime*. C'eſt ce qui a été obſervé par M. Jean Papon, & après lui par M. Etienne Baugy, ſur le mot EXHÉRÉDATION. *Hic improprié*, dit Papon, *exhæredationis mentio facta eſt, ubi neceſſarió legitimam filio relinqui oportet; quem tamen Statutum permittit exhæredari; & hæc inter ſe pugnant, cùm qui exhæredatur nihil omninò ex bonis parentis accepturus ſit*, L. Liberi, *de inofficioſa*, C. *de inoff. teſtam. Nec exhæres dici poteſt, ſi quatenùs legitima ejus æſtimatur, ſuccedat*, L. Cùm quæritur, & L. Undè cùm parens, & L. Parentibus, C. illo titulo. Papon & Baugy, *hic*.

63. Non-ſeulement la légitime des autres enfans doit être diſtraite, quand l'inſtitution eſt faite par les peres & meres, & autres aſcendans; mais il en doit encore être de même, quand elle eſt faite par un étranger, qui a des enfans: mais ſi l'inſtitution d'héritier par contrat de mariage eſt faite en termes indéfinis, par un étranger qui n'a point d'enfans, elle comprend toute ſa ſucceſſion.

64. Il ne ſuffit pas à un pere ou une mere, pour réduire leurs enfans à leur légitime, de les appaner d'une ſomme modique dans le contrat de mariage de leur frere; il faut une inſtitution expreſſe d'héritier univerſel en faveur de ce frere marié, ſous l'appanage d'une telle ſomme pour chacun de ſes autres freres & ſœurs. Tel eſt le ſentiment de M. Jean Decullant, & ainſi a été jugé en cette Sénéchauſſée le dernier juin 1623.

65. *Quæritur*, dit M. Jean Decullant, *an valeat tale appanagium in favorem contrahentium, cùm quis, putà pater, in contractu matrimonii alicujus ex liberis ſuis, non ſpecificè ſcribit hæredem, ſed tantùm dicit quòd in favorem hujus matrimonii, cœteris filiis ſuis certam pecuniæ ſummam in dotem ſeu appanagium conſtituit, quo à ſucceſſione ſua excluſi erunt: Reſpondetur quòd non valet, & quòd non obſtante tali appanagio, cœteri filii qui videbantur excluſi, ad ſucceſſionem pro virili admittentur, eò quòd diſpoſitio expreſſa requiritur, & ſimplex excluſio non ſufficit, adeò ut conveniat primariò & ſpecialiter hæredes nominare eos qui contrahunt, aut ex illo matrimonio deſcendentes, & ſic ſe adſtringere, & poſteà ad majorem hujuſce inſtitutionis firmitatem, cœteris hæredibus quid in ap-panagium dare, alioquin nihil tali appanagio agetur pro nubentium utilitate; & poſſet pater vel inſtituens quaſi non adſtrictus in poſterum, hæredem alium bonorum ſcribere. Sic judicatum à Seneſcallo Molinenſi ultimâ die junii 1623, relatore Domino Conſiliario* Lapelain, *confirmando Sententiam Judicis de* Murat, *datam* 14 *aprilis* 1622, *cujus jurgii hæc erat theſis*.

66. *Antonius* Sabatier, *ducens in ſecundam uxorem* Joannam Demarres, *dixerat quòd in favorem hujuſce ſui matrimonii, conſtituto certo quodam appanagio liberis ſuis ex primo matrimonio natis, eos à ſucceſſione ſua excludebat, nec ultrà loquebatur in favorem deſcendentium ex hoc ſecundo matrimonio. Eo mortuo, liberi ex primo matrimonio orti, æqualiter cum ſecundo natis ad hæreditatem admiſſi fuerunt; quòd & idem judicatum in Caſtellaniâ Molin. anno* 1627, *in ſucceſſione cujuſdam* Pinaud, *Parochiæ de* Neuſvis, *qui nubendo filium, eum non inſtituerat hæredem nominatim, ſed ſimpliciter filiæ ſuæ appanagium certum aſſignaverat, quæ tamen fuit admiſſa hæres. à quâ Sententiâ filius appellaverat, ſed poſteà primæ Sententiæ acquievit. Et hoc valdè æquum, quia illud appanagium non eſt in favorem nubentium, quorum reſpectu qui appanat, non obligatur, ſed tantùm fit in odium hæredis ſanguinis, ita ut principium motionis hujus appanagii ſit odium hæredis, ſicut notat* Argentr. *in* Britan. §. 218. M. Jean Decullant, *hic*.

M. Genin, fils, a fait la même obſervation que M. Decullant; il cite la ſentence rendue au rapport de M. Lapelain en 1623, & il ajoute que le pere qui a ainſi appané un de ſes enfans, eſt tellement libre, que ſi cet enfant vient à ſe marier, il peut par ſon contrat de mariage l'inſtituer ſon univerſel héritier, ce qui eſt vrai: mais j'eſtime qu'il faut ajouter aux raiſons alléguées par M. Decullant & M. Genin, que l'appanage n'eſt que pour les filles, leſquelles, comme nous le dirons ſur l'article 305, *infrà*, ne peuvent être valablement appanées que par leurs contrats de mariage, & que quant aux mâles, ils ne peuvent être appanés que dans deux cas; par un partage fait par le pere ou la mere, conformément à l'article 216 de cette Coutume, ou en conſéquence d'une inſtitution d'héritier faite en contrat de mariage; auxquels deux cas, l'appanage des mâles ne peut être moindre que leur légitime.

67. La même choſe a été jugée, dit le même M. Genin, fils, au rapport de M. le conſeiller Colin, le 20 décembre 1644, en confirmant la ſentence du châtelain de Bourbon, entre Philippe & Touſſaint de Brie, intimés, & Gilbert de Brie, appellant: Il avoit, dit-il, écrit au procès pour les intimés.

68. La quotité de la légitime, dans cette Coutume, ſe régle, eu égard au nombre des enfans, ſuivant l'authentique *de Triente & Semiſſe*, laquelle diſpoſe que c'eſt le tiers de leur juſte portion, s'ils ſont quatre & au-deſſous, & la moitié s'ils ſont en plus grand nombre;

de maniere que chaque enfant réduit à sa légitime, n'a que le tiers ou la moitié, selon leur nombre, de la portion qu'il eût eue dans la succession de son pere & de sa mere, s'ils n'eussent fait aucune disposition, ce qui est expliqué par les deux vers qui suivent.

Quatuor aut infrà, dant natis Jura Trientem:
Semissem verò dant natis, quinque vel ultrà.

* L'empereur Justinien dans l'authentique 18 *de triente & semisse*, parle d'une disposition immense & inofficieuse, faite à un étranger au préjudice des enfans, laquelle il réduit, ainsi qu'il a été dit, aux deux tiers de la succession, ou à la moitié, suivant le nombre des enfans, leur donnant à tous, quand ils seroient au nombre de quatre, ou au-dessous, le tiers de tous les biens, & la moitié quand ils seroient cinq, ou un plus grand nombre; de maniere que quatre enfans n'ont pas plus d'avantage à eux tous, que s'il n'y avoit qu'un seul; ainsi, si un pere qui a quatre enfans, & 12000 livres de biens, dispose de tous ses biens en faveur d'un étranger, cette disposition sera réduite à 8000 livres, & les 4000 livres restantes qui composent le tiers de la succession, seront conservées aux enfans pour leur légitime, qui est pour chacun 1000 livres, le tiers de sa portion héréditaire.

Quand la disposition est faite en faveur de l'un des enfans, on suit cette disposition de l'empereur Justinien dans l'authentique 18, pour régler la légitime des autres enfans; de maniere que dans l'espece proposée d'un pere qui a quatre enfans, & 12000 livres de biens, s'il institue son fils aîné par son contrat de mariage son unique, & universel héritier, & qu'il réduise les trois autres à leur légitime, l'institution sera réduite à 8000 livres, & les 4000 livres restantes, qui composent le tiers de tous les biens, seront conservées pour la légitime des enfans; mais dans ces 4000 livres le fils aîné, quoique institué héritier universel, y prendra sa portion comme enfant, & pour icelle 1000 livres, & les trois autres, chacun 1000 livres, qui est pour la légitime de chacun d'eux, le tiers de leur portion héréditaire; car il est à observer que le fils institué héritier, ne laisse pas de prendre sa légitime; & cette maxime est certaine dans l'usage, selon que l'a observé M. Bretonnier sur Henrys, tom. 2, liv. 6, quest. 17, & telle est, selon que l'ont remarqué M. Claude Henrys, & M. Bretonnier, *ibid.* le sentiment de Cujas dans son commentaire sur la Novelle 18, pag. 465 de la nouvelle édition; celui de Fernand en sa seconde préface, §. 1, sur la loi *in quartam ff. ad l. falcidiam*, & dans son commentaire *ad cap. unicum de filiis natis ex matrim. ad morganat. cap. 9, de Ferrerius* en son traité *ad Trebell. cap. 26*, & de plusieurs autres; & ainsi se régle la légitime dans cette Coutume, suivant la disposition de la Novelle 18, comme il a été dit, soit que la disposition immense & inofficieuse soit faite au profit d'un étranger, ou de l'un des enfans, & c'est le tiers ou la moitié de la portion héréditaire, selon le nombre des enfans.

69. L'ancienne Coutume de cette province en contient une disposition précise, tit. 5, art. 1. La nouvelle Coutume ne le dit pas positivement: mais les raisons qui ont déterminé à se conformer, pour raison de la légitime, au droit romain, sont, 1°. Que les lettres patentes du roi François I, du 13 mars 1522, par lesquelles il a autorisé la réformation de cette Coutume, renvoyent au droit romain pour les cas omis. 2°. Que l'article 310 de cette Coutume s'explique suffisamment, quand il dit que la fille mariée & appanée, qui ne prend pas sa portion héréditaire, ne laisse pas de faire nombre avec les autres enfans pour la quotité & la supputation de la légitime, ce qui prouve qu'on a voulu suivre l'authentique, que M. Charles Dumoulin n'a pas manqué dans sa note d'appliquer à cet article. 3°. Que cette question est la même que celle de l'âge de tester, pour lequel, comme nous le dirons en son lieu, on suit le droit écrit; cela n'étant plus révoqué en doute depuis l'arrêt interlocutoire du 12 juin 1682, marqué dans l'addition aux notes, tome 2 du recueil de M. Bardet, page 612. 4°. Que la question de la légitime a été spécifiquement décidée par l'arrêt du 6 mars 1651, rendu au profit de dame Marie de Gamaches, contre messire Frederic de Gamache, son frere, qui lui adjuge pour sa légitime le quart de la terre de Châteaumeillan, située au bailliage d'Issoudun, où, par un usage particulier & local, on observe l'article 298 de la Coutume de Paris, pour le réglement de la légitime; & le sixieme, en celle de Fougerolles, située en cette Coutume de Bourbonnois, où la légitime se regle *pro numero liberorum*, suivant la Novelle *de Triente & Semisse*; ledit arrêt cotté par M. Julien Brodeau, dans sa note sur l'art. 10 du titre 7 de la Coutume de Berry, & rapporté en forme par M. de la Thaumassiere dans le second volume *des Décisions* sur la Coutume de Berry, liv. 6, chap. 15. 5°. Enfin, c'est que c'est le sentiment de nos anciens, & qu'il a toujours été ainsi observé dans cette province par un usage constant & notoire.

70. *Statutum nostrum*, dit M. Jean Decullant, *non determinat legitimam liberis debitam; proindè sequimur dispositionem Authenticæ de Triente & Semisse*. M. Decullant dans son traité *des Successions*.

Il a fait la même observation sur le présent article, & y atteste qu'il l'a toujours vu ainsi observer dans cette Coutume.

71. La légitime est un frein que la loi donne à la libéralité de ceux qui doivent quelque chose à leurs héritiers, & un secours naturel qui est réglé par la disposition de la loi, qu'elle n'accorde qu'à l'héritier présomptif, à qui le défunt étoit obligé naturellement de laisser sa subsistance.

72. Hors le cas de l'appanage, & celui de l'exhérédation pour cause légitime, tous les enfans, de l'un & de l'autre sexe, ont

indistinctement le droit de demander une légitime, soit qu'ils se trouvent au premier degré, de fils ou de filles, ou qu'ils soient descendus d'un ou de plusieurs degrés, pourvu seulement qu'ils se trouvent appelés à l'hérédité, soit de leur chef ou par représentation.

73. Que s'ils y viennent par représentation, ils suivent l'ordre des successions, & ne peuvent prendre leur légitime & l'exiger que par souches, & non par têtes ; c'est-à-dire, que plusieurs petits enfans d'un pere qui est mort avant l'aïeul, ne peuvent demander pour leur légitime, que la portion ou la légitime qu'auroit eue leur pere s'il vivoit encore, & qu'ils la partagent entr'eux tous également.

74. La légitime ne se demande régulierement qu'avec la qualité d'héritier. La raison, que la légitime est une portion de la succession *ab intestat* ; de maniere que celui qui renonce à la succession, ne peut régulierement être admis à demander sa légitime. Lebrun, *des Successions*, liv. 2, ch. 3, sect. 1, n. 9 & suiv.

* Il y a pourtant un cas où on permet à un légitimaire de se porter héritier bénéficiaire, pour prendre sa légitime sur les biens donnés, & de renoncer ou abandonner la succession, après qu'il a obtenu pour sa légitime le retranchement qu'il a fait faire aux donations entre-vifs, & cela par une grande raison d'équité ; c'est lorsqu'un pere ou une mere, après avoir fait des donations considérables au profit de leurs enfans ou des étrangers, viennent à contracter des dettes, qui montent beaucoup plus que les biens qu'ils laissent dans leurs successions : en ce cas il est certain que l'enfant qui n'a rien reçu peut faire révoquer ces donations, jusqu'à la concurrence de sa légitime ; mais comme il seroit à craindre que les créanciers ne lui enlevassent cette légitime, à cause de sa qualité d'héritier, ce qui ne seroit pas juste, puisque ces créanciers ne peuvent rien demander aux donataires, & que ce n'est qu'en faveur de l'enfant légitimaire, que les donations sont retranchées ; pour éviter cet inconvénient, on permet à l'enfant de se porter héritier bénéficiaire pour se venger sur les donations, & après qu'il a obtenu son retranchement, d'abandonner la succession bénéficiaire ; auquel cas les créanciers, comme l'observe Ricard, n'ont pas sujet de se plaindre, puisqu'au moyen du bénéfice d'inventaire, ils n'ont droit que sur les biens de la succession, & non sur la personne de l'héritier, ni sur les biens particuliers compris dans les donations qui n'étoient pas sujets à leurs dettes. Les donataires d'un autre côté ne peuvent pas faire révoquer ce retranchement fait à leurs donations en faveur de la légitime, puisqu'ils n'ont pas droit de faire révoquer ce qui a été une fois fait légitimement, & que l'enfant a acquis à un juste titre ; c'est le raisonnement de Ricard, traité *des Donat.* troisieme part. ch. 8, sect. 5, n. 983 & 984. C'est aussi le sentiment de Lebrun, *des Succ.* liv. 2, ch. 3, sect. 1, n. 29 ; d'Argout, inst. au Dr. Franç. liv. 2, ch. 13, &c.

75. Le légitimaire est saisi du jour de la mort, en vertu de la maxime, *le mort saisit le vif* ; & les fruits & autres revenus en sont dus dès ce moment même.

76. Et cette décision a lieu dans le cas même où la légitime ne consiste qu'en une somme de deniers ; les intérêts en sont dus, de même que des sommes de deniers payables à des filles lors de leurs mariages. Ainsi jugé par les arrêts cités par M. Denis Lebrun, traité *des Successions*, liv. 2, ch. 3, sect. 11, n. 8.

77. Le calcul de la légitime doit être fait, comme il a été dit sur l'art. 216, *suprà*, sur la valeur des biens, eu égard au temps de la mort du pere, parce que c'est en ce temps-là que la portion héréditaire est due aux enfans ; & pour composer la masse des biens sur laquelle on doit fixer la légitime, il faut avant toutes choses distraire toutes les dettes, & faire un fonds ou capital pour les acquitter, qui n'entre pas dans cette masse ; & toutes les dettes étant déduites, y compris les frais funéraires, on travaille à la supputation de la légitime, suivant la quantité des biens que le pere a laissés au jour de son décès, les donations entre-vifs qu'il en a faites, en quelque temps que ce soit, les dots qu'il a données à ses enfans, même aux filles appanées, ou qui ont renoncé par leurs contrats de mariage, & les legs ; & du tout on en fait une masse ou estimation, dans laquelle on voit ce que chacun des enfans qui entrent en nombre eût eu pour sa part intégrale, si telles dispositions entre-vifs ou testamentaires n'eussent été faites ; & le tiers de cette part, s'ils sont quatre ou au-dessous, ou la moitié s'ils sont en plus grand nombre, est le droit de légitime d'un chacun de ceux qui la demandent, que la Coutume leur réserve : sur quoi chaque légitimaire doit déduire & compter ce qu'il a reçu ; car il faut nécessairement que celui qui demande sa légitime, raporte tout ce qu'il feroit, s'il venoit à la succession entiere de son pere, ou que cela lui soit compté sur sa légitime.

78. *In computatione legitimæ*, dit M. Jean Decullant, *semel & semper inspicitur quantitas & valor bonorum tempore mortis ejus de cujus bonis quæritur... non solùm quoad actu relicta in successione parentis, sed etiam quoad omnia donata aliis liberis, putà favore matrimonii, donatione inter vivos, quâ contenti abstinuerunt ab hæreditate ; quæ omnia in unum cumulantur ; & sic judicatum pro Domino Guillonet, contrà sorores suas nuptas & dotatas à matre quæ posteà obiit sine bonis. Valor autem & æstimatio bonorum, & rerum donatarum inspicitur, habito respectu mortis parentis, ita ut accrementum vel decrementum quod spatio temporis vel aliàs apud defunctum contigisset, prosit vel noceat, deductis tamen meliorationibus factis à Donatario, Molin. fusè consil.* 35, *num.* 17, *usque ad finem.* M. Jean Decullant, sur l'article 216 de cette Coutume.

*De

TIT. XX. DES DONATIONS, DONS, &c. ART. CCXIX.

* De ce qui vient d'être dit, il suit, que si les biens délaissés sont entièrement absorbés par les dettes, il n'en est rien compté, ni pris pour composer la masse de la légitime, qui pour lors est prise toute entière sur les donations entre-vifs.

Sur quoi il est à observer que les biens sur lesquels le légitimaire ne peut jamais avoir en aucun cas sa légitime, ne doivent pas entrer dans la masse des biens sur lesquels on fixe sa légitime, par la raison qu'il n'est pas juste que les biens auxquels le légitimaire ne peut jamais rien prétendre, entrent dans la masse des biens, & servent à augmenter sa légitime; d'où il faut conclure que les dots de religion, le principal manoir qui compose le droit d'aînesse n'entrent pas dans la masse des biens sur laquelle on fixe sa légitime. Lebrun, *des Succ.* liv. 2, ch. 3, sect. 5.

79. Pour savoir quels sont les enfans qui font nombre pour la supputation de la légitime, voyez ce qui sera dit sur l'art. 310, *infrà*.

** Quant à ce qui doit contribuer à remplir la légitime, tout ce qui a été donné par les pere & mere, soit par constitution de dot, legs pieux & autres, est sujet au retranchement pour la légitime de leurs enfans.

A l'égard de la constitution de dot, la raison est que si la dot est donnée par le pere à sa fille, pour s'acquitter d'une dette envers elle, il ne le peut au préjudice de la légitime de ses autres enfans, laquelle est de droit naturel & civil ; ce que l'on a jugé par les arrêts devoir avoir lieu, aussi bien à l'égard des dots constituées en deniers que pour celles constituées en immeubles ; & c'est un des points décidés par l'arrêt de saint Vast, rapporté par Dufresne, tom. 1, liv. 4, chap. 5, édit. 1732, ledit arrêt du 3 décembre 1642.

On excepte toutefois les dots de religion, lesquelles ne sont pas sujettes au retranchement de la légitime, parce que ce sont des contrats onéreux, faits avec le monastere, & non des donations faites aux filles, lesquelles au moment que l'on constitue ces donations, deviennent incapables de les recevoir. Lebrun, *des succes.* livre 2, chapitre 3, section 7, nombre 18.

Le titre sacerdotal, non plus que la dot de religion, n'est pas sujet à la légitime des autres enfans, si ce n'est qu'il excédât ce qui se donne dans un diocese pour un titre clérical, ou que le prêtre eût d'autres biens. La Thaumassiere sur la Coutume de Berry, titre 7, article 10 ; Lebrun, des succ. livre 2, chap. 3, sect. 9, n. 16.

Il y a des auteurs qui exceptent encore la dot des filles appanées, qui ont renoncé à la succession de leur pere, lesquelles ne sont pas obligées de rapporter leur dot pour fournir la légitime à leurs freres & sœurs, & cela par plusieurs raisons ; la premiere, parce que ne pouvant plus participer à la bonne fortune de leur pere, elles ne doivent pas souffrir de sa mauvaise ; la seconde, parce que ne pouvant

Part. I.

pas obtenir en cette Coutume, quelque lésion qu'elles souffrent, un supplément de légitime, il n'est pas juste qu'elles contribuent à fournir la légitime des autres enfans ; la troisieme enfin, parce qu'il s'ensuivroit que tout appanage ne contiendroit rien de certain, & que bien loin d'assurer quelque chose de présent à la fille appanée, ce seroit remettre la fixation du prix de son appanage au temps de la mort des pere & mere, jusqu'auquel temps elle n'auroit rien de réglé ; ce qui rendroit tous les appanages absolument nuls, parce que non-seulement la fixation, mais même le simple paiement du prix, n'en doit jamais être remis après le décès des pere & mere, sous peine de nullité, comme il sera dit sur l'article 305, *infrà*. Tel est le sentiment d'Henrys, tom. 2, livre 2, quest. 4 ; de Ricard, des donations, part. 3, chap. 8, sect. 9, nombre 118, & de Duplessis sur la Coutume de Paris, traité des succ. chap. 3, sect. 1, pag. 205, édition de 1709.

Nonobstant toutes ces raisons, le sentiment contraire doit être suivi, & cela pour deux raisons ; la premiere, parce que toute donation faite par un pere à un de ses enfans, contient une réserve tacite de la légitime des autres enfans, aussi bien celles qui sont le prix d'une renonciation que les autres : c'est la disposition de notre Coutume, art. 214 & 216. La seconde raison est qu'autrement ces renonciations & appanages se détruiroient eux-mêmes ; car il est constant que les appanages des filles ne sont reçus qu'en faveur des mâles ; cependant ils serviroient à ruiner les mâles & à les priver de leurs légitimes : de maniere que pour les exécuter, on détruiroit l'objet unique qui les a fait admettre ; ainsi quoique l'appanage & renonciation de la fille puisse la faire priver de sa légitime en faveur des mâles, il ne doit pas faire priver les mâles de leur légitime en sa faveur, par la raison qu'un établissement qui est en faveur des mâles, ne peut pas leur être contraire ; tel est le sentiment de Lebrun, dans son traité des succ. liv. 3, chap. 8, section 1, n. 73, & c'est le mien aussi, mais ce qui détermine absolument en faveur de ce sentiment, c'est que c'est la disposition précise de l'ordonnance de 1731, touchant les donations, article 35, & ainsi a été jugé en cette Sénéchaussée ; ce fut un des chefs décidés par la sentence rendue au rapport de M. Berger, lieutenant général, le 22 août 1735, entre Mre Pierre-François de Chouvigni de Blot, comte de Lyon, défendeur & demandeur, contre Mre Léonard Barthou de Monbas, & dame Eléonard de Chouvigni de Blot, son épouse, demanderesse & défenderesse. J'étois des juges.

Cette question s'étant présentée à l'audience de la grand'chambre, dit Bretonnier, elle fut appointée, & M. Portail, avocat général, avoit conclu à ce que la fille, nonobstant sa renonciation, fût tenue de rapporter pour fournir sa légitime à ses freres & sœurs. Bretonnier

Nnnn

sur Henrys, tome 2, livre 6, question 4.

Les donations entre-vifs & testamentaires ne souffrent la réduction pour la légitime des enfans, que quand les biens délaissés ne sont pas suffisans pour remplir cette légitime; car quoiqu'elles servent & concourent avec les biens délaissés par le défunt à faire la supputation de la légitime, & à composer cette masse sur laquelle elle doit être réglée, néanmoins elles ne contribuent pas également & de la même sorte à remplir cette même légitime; ainsi s'il se trouve des biens suffisamment dans la succession pour la fournir, elle s'y prend sans qu'on puisse toucher aux donations entre-vifs & testamentaires en aucune façon, mais s'il n'y en a pas, elle se prend:

1°. Sur les donations testamentaires, avant que de donner atteinte aux dispositions entre-vifs, parce que les biens dont le testateur a disposé par son testament, font actuellement partie de sa succession, & elle se prend sur chaque legs à proportion de l'émolument, quoique le testateur soit décédé avec plusieurs testamens ou condiciles de plusieurs dates; parce que tout cela n'a effet qu'au temps de sa mort & sans aucun privilége pour les legs pieux. Lebrun, des succ. liv. 2, chap. 3, sect. 8, n. 2, 3 & 4.

2°. On va de-là sur les donations entre-vifs, tant celles faites aux étrangers, que celles faites aux autres enfans, pour en distraire cette légitime ou supplément: mais il faut garder l'ordre des dates des donations, c'est-à-dire, commencer par la derniere, & les premieres en date n'y contribuent jamais, que les dernieres ne soient entiérement épuisées, si ce ne sont des donations faites à des enfans, lesquels retiennent toujours leur légitime sur leurs dons, comme il sera dit ci-après; la raison est que les donations entre-vifs ayant leur effet & leur perfection du jour qu'elles ont été faites, selon les formes prescrites, elles ne doivent point dépendre les unes des autres, ni subir une même fortune, & que les premieres donations ne peuvent pas être condamnées d'inofficiosité, s'il reste encore au donateur des biens sujets à la légitime; qui soient capables de la remplir, mais uniquement les dernieres qui entament la légitime. Telle est la jurisprudence des derniers arrêts, l'un du 19 mars 1688, rendu en l'audience de la grand'chambre, sur les conclusions de M. l'avocat général Talon, & l'autre en la quatrieme enquêtes le 5 février 1695, rapporté en forme par Bretonnier sur Henrys, tom. 2, liv. 6, quest. 4, & tel est le sentiment des docteurs, de Chopin, *de morib. Paris.* liv. 3, n. 2, sur la fin. De Basmaison sur la Coutume d'Auv. tit. 4, article 33, à la fin, de M. Dargentré sur l'ancienne Coutume de Bretagne, article 218, gl. n. 23. De Ricard, des donat. 3 part. ch. 8, sect. 9. De Lebrun, des succ. liv. 2, chapit. 3, sect. 8, nomb. 5 & suiv. De Duplessis sur la Coutume de Paris, traité des succ. liv. 1, ch. 3, sect. 1, & autres.

Quand les donataires sont étrangers, il faut, comme il vient d'être dit, épuiser entiérement les dernieres donations avant de venir à celles qui sont antérieures en date; mais il n'en est pas tout-à-fait de même quand les donataires sont enfans, car comme dans ce cas chaque donation faite à chacun des enfans est réputée faite sous la réserve de la légitime des autres enfans, autant la premiere que la derniere, & que cette condition est inhérente aux donations; il s'ensuit delà que chaque enfant ayant droit de retenir sa légitime sur ce qui lui est donné, les enfans donataires retiennent toujours leurs légitimes sur leurs dons, & qu'ils ne souffrent le retranchement que du surplus, quand il ne seroit pas suffisant. C'est la disposition de l'ordonn. de 1731, art. 34, touchant les donations.

Mais dans ce cas, selon Lebrun, il faut toujours pour le paiement de la légitime commencer par les dernieres donations, & les premieres ou précédentes ne doivent souffrir de retranchement qu'autant que le légitimaire n'aura pas trouvé sa légitime dans les dernieres, par la raison que chaque donation doit subsister dans son ordre, jusqu'à concurrence de la légitime des autres enfans, & tel est mon sentiment. Lebrun, des succ. liv. 2, ch. 3, sect. 8, n. 17 & suiv. Et c'est la disposition de l'ordonnance de 1731, concernant les donations audit art. 34.

L'enfant donataire, contre lequel son frere demande sa légitime, peut & a droit de retenir la sienne propre, quoiqu'il ait renoncé à la succession, & qu'il se tienne à son don; la raison est qu'il ne la retient en ce cas que par la voie de l'exception, comme étant déja saisi des biens en vertu d'un titre légitime, & qu'il est trivial dans le droit, que tel qui n'auroit pas d'action pour exiger, ne laisse pas d'avoir l'exception & le droit de rétention; c'est l'observation de Lebrun, des succ. liv. 2, chap. 3, sect. 4, n. 28.

Au reste comme la légitime est une partie de la portion héréditaire, que réguliérement elle ne se peut prétendre, ainsi qu'il a été dit, qu'à titre d'héritier, il faut nécessairement, selon qu'il a été déja observé, que celui qui la demande rapporte tout ce qu'il seroit, s'il venoit à la succession entiere de son pere, ou que cela lui soit compté sur sa légitime; & il n'y a, dit Ricard, aucune différence à cet égard, puisque l'une & l'autre, la succession & la légitime, se perçoivent en une même qualité; si bien que selon lui, la régle qu'on peut établir sur cette matiere, & que tout ce qui doit être rapporté par un enfant venant à la succession de son pere, est aussi sujet à l'imputation sur la légitime qu'il demande, si ce n'est pour quelques choses légeres, comme frais de noces, de doctorat, & autres choses semblables, pour lesquelles un juge peut traiter plus favorablement un légitimaire, dans la considération que sa part étant retranchée, il y a quelque sorte d'équité de la lui donner abondante dans ce que

Tit. XX. DES DONATIONS, DONS, &c. Art. CCXIX.

la loi lui réserve : mais dans le surplus & en général, conclud Ricard, on doit l'obliger à imputer sur sa légitime, tout ce qu'il est tenu de rapporter à la succession ; c'est le raisonnement de Ricard, traité des donations, 3 part. ch. 8, sect. 11, n. 1149; d'où il faut conclure, par la raison des contraires, que tout ce qui n'est point sujet à rapport ne doit pas être imputé sur la légitime.

Ainsi le prélegs ou préciput conventionnel dans cette Coutume, & dans celles qui le permettent, peut concourir dans une même personne avec la légitime, & ne s'impute pas sur la légitime, tellement qu'on peut avoir l'un & l'autre; cette décision, dit Lebrun, est indubitable, & dans le droit, & dans les Cout. Automne, sur la loi 30, cod. *de inoff. test.* dit que cela est décidé par un arrêt du parlement de Bourdeaux, & il l'a été pareillement par un du parlement de Paris du 21 avril 1594, rapporté par Bouchet sur le mot *légitime*, pag. 554, col. 1; la raison est que le préciput, suivant l'art. 308 de notre Coutume, conforme en cela aux Coutumes de Nivernois & Berry, n'est pas sujet au rapport entre cohéritiers, & que tout ce qui n'est pas sujet au rapport, ne doit pas être imputé sur la légitime ; que ce qui est prélegs sur la succession, est prélegs sur la légitime, car la légitime étant une quotité de la portion héréditaire, il s'ensuit de-là que ce qui ne doit pas être rapporté par un enfant venant à la succession entière de son pere, ne le doit pas être par un légitimaire, & que ce qu'un enfant ne doit pas imputer sur la portion héréditaire, un légitimaire ne le doit pas sur sa légitime, avec d'autant plus de raison que, selon qu'il vient d'être dit, on traite plus favorablement le légitimaire que l'héritier. Lebrun, des succ. liv. 2, chap. 3, sect. 9, n. 11 & 13.

80. Notre Coutume, au présent article, veut que cette légitime réservée aux enfans légitimes, les peres & meres puissent disposer du surplus de tous leurs biens au profit de leurs bâtards, par donations en faveur de mariage; c'est ce qui est exprimé par ces mots de notre article, *posé aussi que lesdites donations*, &c. Et telle est encore la disposition de la Coutume d'Auvergne, titre 14, article 47 ; mais la disposition de ces Coutumes est contre le droit & l'honnêteté publique, ainsi que M. Charles Dumoulin l'a observé sur l'article ci-dessus de la Coutume d'Auvergne, où il dit que ceux qui ont rédigé cette Coutume, ignoroient les premiers élémens du droit, & qu'il est absurde de donner plus à un enfant bâtard, qu'aux enfans légitimes. *Compilatores non intellexerunt*, dit-il, *terminos juris, nec est ferendum quòd spurius plus habeat, naturali & legitimo.*

81. De cette maniere la justice & la raison s'opposent à ce qu'un pere use de la permission que lui donne la Coutume de transmettre entiérement, au préjudice de ses enfans légitimes, sa fortune & sa succession sur la tête de celui qu'il ne peut considérer qu'en aimant le fruit de son péché; & la raison & la justice demandent, qu'en ce cas le donateur borne la bonne volonté qu'il peut avoir conçue pour lui à quelque disposition raisonnable, qui soit proportionnée à l'état du donataire, n'étant pas à propos qu'une personne prive ses enfans légitimes des biens qui leur sont destinés, par le principe d'une passion aveugle & qui l'empêche de voir ce qu'il doit faire dans les termes d'une conduite réglée.

82. Ce qui n'est dit qu'en faveur & au profit des enfans héritiers légitimes & présomptifs, & non des héritiers collatéraux, & encore moins du fisc ; ensorte qu'un pere qui n'auroit qu'un enfant naturel & point de légitimes, pourroit faire son bâtard son héritier universel par contrat de mariage : car il y auroit de l'inhumanité de forcer un homme libre de laisser les biens qu'il a à des collatéraux plutôt qu'à ses enfans naturels. Et comme dit fort bien l'empereur Justinien : *Neque quod agere licet in extraneis & ignotis, hoc in propriis filiis naturalibus homines agere prohibeamus. Nov. 89, cap. 12, §. 2 & 3.*

83. Nos rédacteurs ont fini le présent article, en disant que les dispositions dont il est parlé, saisissent lorsque les cas aviennent : la Coutume d'Auvergne, titre 14, art. 26 ; celle de Berry, chap. 7, art. 6 & 7, & celle de Nivernois, chap. 27, art. 12, en disent autant : de maniere que, suivant ces Coutumes & la nôtre, le donataire ou l'héritier institué sont saisis des choses comprises dans la donation ou succession, au moment que le donateur ou l'instituant sont décédés, ou que les conditions apposées dans la donation ou institution sont arrivées.

84. Mais avant que de passer à un autre article, il est nécessaire, à l'exemple de nos commentateurs, de parler de la limitation que souffre le présent article dans le cas de l'édit des secondes noces ; car pour prévenir les dispositions que pourroient faire au préjudice de leurs enfans ceux qu'un second mariage aliéneroit de l'affection qu'ils doivent conserver pour eux, le roi François II, par son édit de l'an 1560, appellé *l'édit des secondes noces*, a restreint les avantages qui se font en faveur des secondes noces, par ceux qui se remarient, à la moindre portion que leurs enfans doivent avoir dans leurs biens.

85. L'édit ne fait mention que des femmes; mais sa disposition a été étendue aux hommes, parce que la raison est égale : car les deux sexes sont à-peu-près aussi susceptibles d'amour l'un que l'autre ; les arrêts l'ont ainsi décidé.

86. Ainsi les personnes, soit mari ou femme, qui ayant des enfans, convolent en de nouvelles noces, ne peuvent donner de leurs biens à celui ou celle qu'ils épousent, qu'autant qu'en aura un de leurs enfans le moins prenant ; & s'ils avoient donné plus, leur donation seroit réduite à leur portion, nonobstant ce qui est porté en notre article, auquel il

a été dérogé par l'édit des secondes noces. *Excipe ab hoc nostro Statuti paragrapho*, dit M. Louis Semin, *dispositiones factas in favorem matrimonii à viro secundæ uxori, & vice versâ ab uxore secundo viro, in præjudicium liberorum primi matrimonii ; quia non obstante hoc paragrapho, edicto de secundis nuptiis locus est, & talis dispositio, licèt facta in favorem matrimonii, si vel minimam filiorum portionem excedat, ad eam reducitur.* M. Louis Semin, *hic*.

87. L'édit, en parlant des personnes à qui on ne peut donner, par rapport à une femme qui se remarie, nomme les nouveaux maris, peres, meres, ou enfans desdits maris, ou autres personnes qu'on puisse présumer être par dol ou fraude interposées, & de-là il résulte deux choses :

88. La premiere, que l'édit ne contient pas une interdiction absolue de disposer des biens y mentionnés, mais que sa prohibition est limitée à l'égard des personnes énoncées en cette clause.

89. La seconde, que le second conjoint est la premiere personne prohibée, à qui il est défendu de donner, & que nul autre ne l'est qu'à cause de lui.

90. Ce qui fait naître une question, savoir, si les enfans du second mariage sont compris dans la prohibition de l'édit ; & sur cette question, on distingue les enfans nés, & qui peuvent mériter par eux-mêmes la bienveillance de leurs pere & mere, d'avec les enfans à naître.

91. Cette distinction faite, le sentiment commun est que les enfans communs, qui sont issus du nouveau mariage, ne sont pas compris dans la défense de l'édit, & que les peres & meres peuvent leur faire de plus grands avantages qu'aux enfans du premier lit, qu'ils peuvent les instituer seuls & universels héritiers, la légitime réservée aux enfans du premier lit. La raison est que rien n'est plus naturel que de donner à ses propres enfans ; que ce que le pere donne à ses enfans, il n'est censé le donner qu'à leur considération, & qu'il les regarde plutôt qu'il ne regarde leur mere : c'est la décision de la Novelle 22 de l'empereur Justinien, & la doctrine de M. Cujas sur la loi *Hac Edictuli. Filio communi*, dit-il, *ut donet mater, naturalis affectio facit, privigno ut donet noverca, maritalis affectio facit, non certè novercalis, privignum semper accipiam pro personâ suppositâ, & excogitatam fraudem suspicabor in privigno, non in filio communi.* Et ainsi a été jugé par les arrêts rapportés par Ricard, traité *des donations*, part. 3, ch. 9, gl. 3, n. 1235 & suiv. par Brodeau sur M. Louet, lett. N, somm. 3, & par M. Jean Decullant sur le présent article.

92. *Anno* 1652, dit M. Decullant, *mota fuit quæstio inter Joannem* Migeon, *filium primi matrimonii Petronillæ* Guyot, *& Franciscum* Morand, *filium D.* Guyot *ex secundo matrimonio, eò quòd dictus* Morand *fuisset favore sui matrimonii hæres in totum institutus à matre, quam institutionem filius primi conjugii arguebat, & Edicto de secundis nuptiis prohibitam dicebat, quo Edicto prohibetur secundo viro & ejus liberis quid donare in præjudicium & ultrà portionem filiorum primi matrimonii : Verùm hæc institutio fuit Arresto Parisiis dato 29 augusti* 1654 *confirmata ; eò quòd Edictum intelligatur de liberis primi matrimonii dicti viri, non verò de liberis communibus.* M. Decullant, *hic*.

93. Cette décision ne souffre point de difficulté, quand les enfans communs ont pu mériter par eux-mêmes, sans le secours de leur pere ou mere, la grace qu'il plaît au second conjoint de leur faire : mais il n'en est pas de même des avantages faits par contrat de mariage en faveur des enfans à naître qui n'ont pas pu mériter par eux-mêmes, ou provoquer la libéralité de leurs peres & meres ; tels avantages, selon le sentiment qui me paroît le plus solide, le plus suivi, & le plus conforme à la derniere jurisprudence des arrêts, sont sujets au retranchement de l'édit, comme n'ayant été faits qu'en considération du second mari, ou de la seconde femme, & n'ayant d'autres motifs que l'impression que le second conjoint a faite sur l'esprit de celui qui a fait ces avantages.

94. C'est ce qui a été jugé par un arrêt rendu le 3 août 1647, après avoir demandé l'avis aux chambres, rapporté par Ricard, *des Donations*, part. 3, chap. 9, gl. 3, n. 1245, & par autre rendu le 7 septembre 1673 en la grand'chambre, rapporté dans le journal du palais, & par M. Julien Brodeau sur M. Louet, lett. N, somm. 3. Et tel est le sentiment de Paul de Castres, en son conseil 173 ; de M. Charles Dumoulin, sur le conseil 248 de Decius ; de M. Jean-Marie Ricard, au lieu cité, n. 1246 ; de M. Braquet, fameux avocat de Paris, dans une consultation du 20 juillet 1707, que j'ai entre les mains ; de M. François Menudel, sur l'article 226, *infrà*, & de plusieurs autres. Il faut bien distinguer, dit M. Menudel, sur ledit article 226 ci-après, entre une donation faite *Filiis nascituris*, qui n'ont encore pu rien mériter, auquel cas il y a de l'apparence de soutenir que la donation a été plutôt faite aux seconds maris, qu'aux enfans communs qui étoient à naître ; & la donation faite *Filio jam nato, & de bonis non antiquis, sed acquisitis pendente secundo matrimonio.* M. Menudel, en parlant du procès d'Henri Bachelier, contre le sieur de Charangon & Gilberte Pailloux, sa femme, fille d'Antoine Pailloux & de Louise Gaumin.

95. Ce sentiment souffre toutefois une exception ; savoir, quand dans la donation il se rencontre des circonstances capables de procurer la donation purement & simplement : car quand il s'y trouve, dit Ricard, un fondement raisonnable que l'on doit présumer avoir servi de motif au conjoint pour faire la donation, on ne doit point l'imputer à des
principes

principes étrangers, & à la suggestion de l'autre conjoint. Ricard, *ibid.* n. 1247.

96. La prohibition de l'édit comprend toutes sortes de voies, par lesquelles on peut directement ou indirectement avantager le second conjoint, toutes sortes de pactions qui dégénerent en avantages, même les conventions matrimoniales, si elles sont extraordinaires, & contre ce qu'on a coutume de pratiquer & qui est porté par la Coutume. *Liberalitates seu dispositiones*, dit M. François Decullant, *quæ ex Lege procedunt, putà, communio mobilium & acquestuum, doarium consuetudinarium, seu conventionale, modò non excedat statuarium, permittuntur, nec censentur liberalitates in præjudicium filiorum primi matrimonii, seu contrà Edictum; secùs illæ quæ ex merâ liberalitate hominis procedunt, nec à statuto fuerunt in contractu matrimonii introductæ, cujusmodi est societas omnium bonorum, quæ ad legitimum modum reducitur: item & cœteræ aliæ donationes, seu inter vivos, seu causâ mortis factæ fuerint.* M. Decullant, *hic.*

* Il semble, selon M. François Decullant, que la communauté légale, contractée dans les termes de la Coutume, n'est point sujette à la réduction de l'édit; le contraire toutefois a été jugé par les arrêts, & ce n'est plus aujourd'hui une question de savoir si l'édit s'applique aux communautés légales & coutumieres, depuis les arrêts de 1653, 1658 & 1659. Il est donc inutile de distinguer si c'est par la disposition de l'homme, ou par celle de la loi, que les biens du conjoint sujets à la réduction de l'édit, sont entrés en la communauté, parce que le texte de l'édit déroge aux dispositions des Coutumes; & dès que les conjoints n'ont rien fait pour arrêter l'étendue de la liberté que leur donne la Coutume, l'ordonnance supérieure supplée à la prévoyance qui leur a manqué; & le défaut de précaution pour faire cesser la disposition de la Coutume, dans un cas où elle deviendroit effectivement avantageuse, doit être regardée comme une libéralité déguisée.

Ainsi, quoique la communauté ne soit qu'une communauté coutumiere de meubles & conquêts immeubles, elle ne laisse pas d'être sujette à la réduction, au cas que la portion soit inégale, & que celui qui se remarie porte beaucoup plus de meubles que le second conjoint; les arrêts cités sont précis sur ce point, ils sont rapportés par Ricard, traité des donations, 3 partie, chapitre 9, gl. 2. Et tel est le sentiment de Ricard, *ibid.* De Lebrun dans son traité des succ. liv. 2, ch. 6, sect. 1, dist. 4, n. 10, & dans son traité de la comm. liv. 3, ch. 2, sect. 5, n. 1 & suiv. De Duplessis sur la Coutume de Paris, traité des donat. liv. 1, ch. 1, sect. 3, observat. 6. Et ainsi a été décidé par la consultation quatorzieme rapportée dans le second tome de Duplessis, de l'édition de 1728; & ce, soit que la communauté se trouve opulente & avantageuse au jour de la dissolution, ou qu'elle ne le soit pas.

L'opération de la réduction se peut faire dans ce cas en deux manieres, selon M. Denis Lebrun, en son traité des succ. *ibid.* n. 11; celle qui a été suivie par l'arrêt du 29 janvier 1658, & par un autre du 29 août 1659, est que le survivant & les héritiers du prédécédé reprennent ce qui a été apporté de part & d'autre en communauté, qu'ensuite ils partagent également le surplus de la communauté, & que le conjoint avantagé, outre sa moitié, prenne sur ce qui appartiendra au conjoint défunt, ou plutôt à ses héritiers, tant sur l'autre moitié, que sur leurs autres biens, une portion, comme le moins prenant des enfans.

Une autre question est de savoir si la veuve qui se remarie peut stipuler qu'il n'y aura point de communauté, ou que le mari survivant jouira de tous les effets de la communauté, ou en propriété, ou en usufruit. Argou, instit. au droit Franç. tom. 2, liv. 3, chap. 18, estime qu'elle le peut, parce qu'en ce cas elle ne donne rien du sien, & qu'elle ne cesse que d'acquérir; toutefois le contraire a été jugé par arrêt rendu en la premiere des enquêtes, au rapport de M. Fornier de Montagny, le 19 juillet 1728, en infirmant quant à ce chef une sentence de cette Sénéchaussée du 14 mars 1719, rendue entre Claire Littaud, veuve de Philippe Lignier, & Jean Renaud, veuf de Magdelaine Tixerant, veuve en premieres noces de Lignier.

** L'arrêt rendu en la premiere chambre des enquêtes, au rapport de M. Fornier de Montagny, le 10 juillet 1728, sans avoir égard aux fins de non-recevoir de Renaud, sur l'appel de la sentence de la Sénéchaussée de cette province de Bourbonnois, du 14 mars 1719, a mis & met l'appellation & sentence dont étoit appel au néant, en ce que par icelle les profits de la communauté d'entre Renaud & Magdelaine Tixerant, ont été déclarés appartenir audit Renaud, en conséquence de la stipulation qui a été faite par leur contrat de mariage, qui a été déclarée n'être point sujette à la réduction de l'édit des secondes noces; émendant, quant à ce, ordonne que Renaud & Claire Littaud pour les mineurs, héritiers de Magdelaine Tixerant leur aïeule, reprendront ce que chacun des conjoints auroit apporté en communauté; qu'ensuite il sera fait un partage égal du surplus de la communauté, & que Jean Renaud outre sa moitié, prendra sur l'autre moitié autant que le moins prenant des enfans; pour faire laquelle liquidation les parties contesteront plus amplement devant le conseiller rapporteur dans un mois, à compter du jour de la signification de l'arrêt, la sentence au résidu sortissant effet plein & entier.

97. Comme cette disposition n'est qu'en faveur des enfans d'un précédent mariage, ou des petits enfans, si celui qui convole en secondes noces, n'en a point, il a toute liberté de donner; mais les petits fils qui restent à l'aïeul, au lieu de ses enfans, arrêtent le cours de ses libéralités, également que les enfans,

car il se fait en ce cas une représentation à l'effet de l'édit. Lebrun, *des successions*, liv. 2, chapitre 6, sect. 1, dist. 1, n. 3 & 4.

98. Quand il y a des enfans du premier lit qui font retrancher la donation, ceux du second en profitent également; & ce retranchement se communique aux enfans des deux lits, contre la disposition du droit, Nov. 22, ch. 27, contre laquelle disposition l'usage a prévalu. La raison est qu'en donnant aux enfans du second mariage leur part dans le retranchement, ce n'est que leur laisser ce qui leur appartient en vertu du droit commun, & faire que les biens du conjoint donateur soient partagés, comme si la donation faite au conjoint donataire n'étoit pas excessive, qui est le seul but de l'édit, dont la peine par notre usage ne s'étend pas contre les enfans qui procédent du second mariage; au-lieu qu'autrement ce seroit donner lieu au conjoint donateur d'avantager ses enfans du premier lit au préjudice de ceux du second.

99. *Quæritur*, dit M. François Decullant, *quibus liberis accrescant res ex liberalitate detractæ, & quinam computentur in reductione faciendâ. Primò certum est liberos seu ex primo, seu ex secundo matrimonio & ex eodem patre vel matre natos, æqualiter successionem patris communis ab intestato morientis dividere; proindè dubium non est, quin portio quæ detrahitur viduæ ex liberalitate immensâ sibi factâ à viro in præjudicium filiorum primi matrimonii accrescat filiis omnibus dicti viri, seu ex primo seu ex secundo matrimonio natis: & ita censebat dominus Joannes Decullant. Sunt tamen qui existimant hanc reductionis portionem filiis tantùm primi matrimonii accrescere, quod edictum in eorum tantum favorem introductum: verùm hujus ultimæ opinionis sequaces non prævident quòd, si hoc fieret, daretur modus indirectus quo pater ultrà favorem matrimonii posset filios suos, saltem ex primis nuptiis natos, aliis filiis suis, locupletiores facere, quod paragrapho 217 prohibetur; nempe pater secundæ suæ uxori multa daret, eâ mente ut quæ legitimum donationis modum excederent ad filios suos primi matrimonii, & in aliorum necem devolverentur.* Ce sentiment de M^{rs}. Decullant, pere & fils, est aussi celui de Ricard, *des donations*, part. 3, ch. 9, gl. 4, n. 1288; de Duplessis sur la Coutume de Paris, traité *des donations*, liv. 1, chap. 1, sect. 3, observation 7; & de Lebrun, *des succ.* liv. 2, chap. 6, sect. 1, dist. 3, n. 13 & 14.

100. Les enfans ne prennent pas ce retranchement en qualité d'héritiers de leur pere ou mere, mais seulement en qualité d'enfans: la raison est qu'ils ne prennent pas cet avantage, & ne trouvent pas ces biens dont il s'agit dans la succession du donateur, qui s'en est dépouillé par une donation qu'il a faite, qui se trouve parfaite suivant le droit commun, & ne peut recevoir d'atteinte à son égard, mais seulement en vertu d'un privilége que la loi attribue spécialement aux enfans, & qui n'a effet qu'après la mort du donateur; desorte que les biens retranchés sont transmis directement en leurs personnes, en qualité d'enfans, par le seul bénéfice de la loi. Ricard, *ibid*. n. 1301: Duplessis, *ibid*. observat. 9; Lebrun, *ibid*. n. 2, & de là il résulte:

101. 1°. Que ce profit n'oblige pas les enfans aux dettes qui sont postérieures à la donation, & que les créanciers n'ont pas droit de se plaindre étant sans intérêt; puisque quand même les enfans ne profiteroient pas du retranchement, ils ne pourroient pas prétendre être payés sur les biens donnés antérieurement à leurs créances au conjoint donataire, lequel conserveroit en ce cas tous les avantages qui lui ont été faits. Ricard, Duplessis & Lebrun, aux lieux cités.

102. 2°. Que les enfans qui renoncent à la succession, ont part au retranchement, également que ceux qui l'acceptent; & que si tous les enfans renoncent à la succession, ils ne laissent pas de prendre ce retranchement. Ricard *ibid.* n. 1302; Duplessis, *ibid.* & Lebrun, *ibid.* n. 9.

103. 3°. Que ceux qui sont réduits à la légitime dans la succession, ne laissent pas d'avoir part à ce retranchement, sans imputation sur leur légitime, laquelle doit être remplie d'ailleurs: mais la légitime se prend toujours sur le général de la donation comme sur tous les autres biens de la succession du donateur, avant que le retranchement ait été fait, d'autant qu'elle doit être portée par tous les biens qui sont sortis de sa main à titre gratuit. Ricard, *ibid.* n. 1312 & suiv. Duplessis, *ibid.*

Toutefois les enfans exhérédés, les indignes, les incapables, & les filles qui ont renoncé par leur contrat de mariage aux successions futures, *aliquo dato*, ou qui sont exclues par la Coutume, ne sauroient prendre part à ce retranchement; car il peut seulement profiter aux enfans qui sont habiles à se dire héritiers, encore qu'il ne soit pas nécessaire qu'ils appréhendent actuellement la succession, selon qu'il vient d'être dit. La raison est que l'esprit de l'édit a été de réparer en faveur des enfans, une partie du préjudice qu'ils reçoivent par le second mariage de leur mere & par les avantages qu'elle fait imprudemment à son second mari; desorte qu'il n'y a que ceux qui peuvent succéder, qui doivent participer à la réparation, parce qu'il n'y a qu'eux qui souffrent le dommage, les autres n'en souffrant point, puisqu'ils ne peuvent pas succéder.

104. La présente décision, quant aux enfans justement exhérédés, n'a point de contradicteurs, dit Ricard, parce que la loi derniere, cod. *de secund. nupt.* les a expressément exclus de pouvoir prendre part au bénéfice de la loi *Fœminæ*, & de la loi *Hac Edictuli*; mais il n'en est pas de même, ajoute-t-il, des filles qui ont renoncé par leur contrat de mariage aux successions à échoir de leurs pere & mere.

105. Toutefois la raison est la même pour

la fille qui a renoncé, que pour les autres enfans incapables de fuccéder : car comme en conféquence de fa rénonciation ou de fon appanage, elle n'auroit rien dans les biens de fa mere, au cas qu'elle n'eût pas contracté un fecond mariage, elle ne doit rien avoir non plus, au cas que fa mere fe remarie, parce qu'elle ne doit pas tirer avantage de ce fecond mariage ; le deffein de l'édit n'ayant été que de conferver aux enfans les biens de leur mere qui convole en fecondes noces, & non pas de leur attribuer un nouveau droit.

106. La réduction de ces avantages faits au fecond mari, ou à la feconde femme, fe fait, eu égard aux biens & au nombre des enfans qui fe trouvent au jour du décès du conjoint donateur, tant du premier lit que des autres mariages ; car c'eft ce temps du décès qui règle les fucceffions tant du premier que des autres mariages ; & fi tous les enfans du premier degré font décédés, leurs enfans repréfentent leurs pere & mere, pour régler l'avantage du fecond conjoint, de leur aïeul ou aïeule : c'eft la difpofition de l'édit, en ces termes, *ou enfans de leurs enfans* ; & les filles mariées & appanées font nombre pour compter les portions des enfans. *Tandem*, dit M. François Decullant, *in computatione portionis filiorum pro reducenda liberalitate, habetur ratio filiarum nuptarum & dotatarum, & eorum qui superfunt, aut repræfentantur tempore mortis donantis, non autem tempore donationis ; non verò attenduntur filii, feu filiæ, qui se Deo in Monafterium voverunt.* M. Decullant, *hic*.

107. Pour faire cette réduction on a égard à la portion de celui des enfans qui prend le moins, foit qu'il foit du premier lit ou du fecond ; & c'eft, dit M. Denis Lebrun, non-feulement l'efprit de l'édit, qui n'a penfé à autre chofe qu'à fixer les libéralités envers un fecond conjoint, & pour cela fe-réduire fur le pied du moins prenant des enfans, mais encore fa difpofition précife, puifque l'édit parle en général du moins prenant des enfans, fans ajouter du premier lit. Lebrun, *des fucceffions*, liv. 2, chap. 6, fect. 1, dift. 5, n. 9 ; Ricard, *des donat*. part. 3, ch. 9, gl. 4, n. 1291 ; Dupleffis, fur Paris, *des donat*. liv. 1, chap. 1, fect. 3, obfervat. 4.

108. La portion du moins prenant des enfans, qui fert à fixer la réduction des avantages faits au fecond conjoint, ne doit pas être moindre que la légitime ; car il eft certain qu'il faut avoir égard à la légitime pour faire le retranchement ordonné par l'édit, quand la portion du moins prenant des enfans eft moindre que fa légitime. Telle eft la derniere jurifprudence des arrêts, rapportés par M. Ricard, dans fon traité *des donat*. part. 3, ch. 9, gl. 4 ; par M. Brodeau fur M. Louet, lett. N, fomm. 3, & par M. Denis Lebrun, traité *des fucc*. liv. 2, chap. 6, fect. 1, dift. 5. Et ainfi fut jugé en cette Sénéchauffée en 1640, plaidans M. Menudel, & François Decullant, pour lors avocat, & depuis confeiller, tous les confeillers étant au fiége ; les parties au procès étoient la demoifelle Bodinat, veuve du fieur Charbonnier, & les enfans du premier lit dudit Charbonnier : tel eft le fentiment de M. Jean Decullant, de Brodeau, Ricard & Lebrun, aux endroits cités ; d'Henrys, tome 1, liv. 4, chap. 6, qu. 59 ; de Bretonnier, *ibid*.

* *Noviſſimè*, dit M. Jean Cordier, *infurrexit anno 1640, nova in hac quæſtione controverſia inter dominam Bodinat, viduam domini Charbonnier, Molinenſis, qui filios ex primo matrimonio genuerat, & dictos filios, cujus hæc eſt theſis : dictus Charbonnier dictæ ſecundæ uxori ſuæ multa donaverat, quæ filii diſponentis arguebant, & reductioni ſubjecta dicebant, quod non erat controverſum ; ſed quærebatur quomodò fieret talis reductio, & quidem dicti filii ſororem à patre nuptam, & infrà legitimam dotatam habebant, ad cujus portionem liberalitates patris novercæ factas, reducendas eſſe volebant. E contra vidua aiebat, ſui ipſius reſpectu portionem unius filiorum aut filiarum non poſſe eſſe infrà legitimam, proindèque hanc reductionem ad legitimam portionem faciendam ; lis hæc fuit coram Molinenſi ſeneſcallo, omnibus adſtantibus conſiliariis, ſolemniter per duos dies agitata, orantibus domino Menudel pro filiis hæredibus, & domino Decullant poſtea conſiliario pro dicta vidua ; tandem decretum hanc reductionem non debere eſſe legitimâ minorem .... Et ita firmiter cenſebat D. Joannes Decullant.* M. Jean Cordier, fur l'article 219 de cette Coutume.

109. Ce qui a été dit jufqu'ici, par rapport à l'édit des fecondes noces, ne concerne que le premier chef de cet édit. Par la difpofition du fecond chef, ceux ou celles qui fe remarient font obligés de réferver ce qu'ils tiennent de la libéralité de leurs défuntes femmes ou de leurs défunts maris, aux enfans qu'ils ont eus d'eux, fans en pouvoir faire part à la nouvelle femme, ou au nouveau mari, & fans en pouvoir difpofer en faveur de qui que ce foit ; de maniere que la réferve devient, par les nouvelles noces, fubftituée au profit des enfans de celui ou de celle de qui procede cette libéralité, & ne peut plus être aliénée.

ARTICLE CCXX.

D'institution d'héritier faite en mariage qui n'empêche aliénation entre-vifs.

INSTITUTION d'héritier & pacte de succéder, fait en contrat de mariage, s'étend seulement ès biens qui se trouveront délaissez par le décès dudit disposant; & n'empêche ladite institution ou convenance de succéder, que ledit Instituant ne puisse aliéner ses biens par contrats entre-vifs.

1. Les institutions d'héritiers tiennent en partie des conventions, & en partie des testamens, & sont considérées comme des dispositions mixtes qui participent aux avantages des donations entre-vifs, & à ceux des donations à cause de mort.

2. Comme elles sont portées par un contrat entre-vifs en faveur de mariage, elles ont deux effets principaux entre-vifs, qui sont de comprendre toutes sortes de biens, meubles, acquêts & propres, & d'être irrévocables. Dans un testament, comme le testateur parle seul, & qu'il ne peut s'obliger envers lui-même, il ne peut s'imposer aucune loi, ni par conséquent s'ôter la liberté de changer de volonté: mais dans un contrat, comme il y a deux personnes qui traitent, la stipulation oblige réciproquement les contractans à exécuter ce dont ils sont convenus; & au fond quelle injustice seroit-ce, si celui qui a fait faire un mariage, en instituant un des conjoints son héritier, avoit la liberté de tromper l'un & l'autre conjoint, en changeant de volonté, & en révoquant ou rendant inutile son institution!

3. D'un autre côté aussi, comme l'institution d'héritier n'est que des biens que l'instituant aura au jour de son décès, comme il est dit dans notre article, que cette institution dépend absolument de la mort de celui qui l'a faite, & qu'elle ne peut jamais avoir son effet de son vivant, par la raison que *viventis non est hæreditas*, elle retient quelque chose de la nature de la disposition à cause de mort, & n'empêche point, conformément à ce qui est porté par notre article, & par l'article 29 du titre 14 de la Coutume d'Auvergne, que l'instituant ne puisse aliéner & par conséquent contracter des dettes. La raison est que celui qui est institué héritier par son contrat de mariage, ne peut avoir plus de droit sur les biens de celui qui a fait l'institution, qu'un enfant en a sur les biens de son pere, dont il est héritier par la nature & par les loix; & que comme le pere peut vendre & engager ses biens au préjudice de son fils, de même celui qui fait une institution d'héritier peut vendre & engager ses biens au préjudice de l'institué, par des ventes & des engagemens sans fraude.

4. On avoit douté si, sous le terme d'*aliénation*, dont la Coutume se sert dans notre article, on devoit comprendre les donations entre-vifs & les legs; ensorte qu'il fût au pouvoir de celui qui avoit fait l'institution, non-seulement de la diminuer, mais même de l'anéantir par ces sortes de dispositions: mais l'usage a enfin prévalu, qu'il pouvoit pendant sa vie faire quelques libéralités, & même par testament quelques legs sans fraude, suivant la note de Dumoulin sur l'article 222, ci-après, sur l'article 12 du chap. 27 de la Coutume de Nivernois, & sur l'art. 31 du tit. 14 de la Coutume d'Auvergne. La raison de décider a été qu'il falloit entrer dans l'esprit des contractans, & ne s'en pas éloigner par de simples raisons d'inconvéniens; que l'intention principale de celui qui fait une institution d'héritier, n'étant que d'assurer sa succession à celui qu'il institue, cette institution ne doit pas l'empêcher de contracter de bonne foi, d'exercer quelques libéralités pendant sa vie, ni de faire quelques legs, pourvu que ce soit sans fraude; & qu'il suffit en ce cas à l'instituant de conserver sa succession à l'institué, & de n'avoir pas d'autres héritiers pour ce qu'il aura de biens lors de son décès: car ce n'est que ce moment qui fixe l'état de la succession. Tel est le sentiment commun des docteurs, ainsi que l'on peut voir dans les observations sur Henrys, tome 1, liv. 5, chap. 4, quest. 59, & chez de Lauriere, traité *des Instit. contract*. chap. 4, n. 7.

5. Ce qui fait le sujet d'une contestation, c'est si celui qui a fait une institution d'héritier, peut faire des donations & des legs de quote, comme de la moitié, du tiers ou du quart de ses biens: on convient bien, comme il vient d'être dit, qu'il peut faire quelques legs particuliers, & quelques donations de choses particulieres; mais il y a des auteurs qui prétendent qu'il ne peut pas faire des donations de quote, le donataire de quote ou de partie étant un héritier particulier qui ne peut être fait au préjudice de celui qui est institué par contrat: il en est de même, disent-ils, du legs du quart; parce que le légataire du quart est un héritier partiaire, que l'on ne peut faire au préjudice de l'héritier institué. Tel est le sentiment de M. Charles Dumoulin sur l'article 222, *infrà*, où il dit que celui qui a fait héritier, peut faire quelque legs particulier, pourvu que l'institution demeure en sa quote. Et ainsi a été jugé, dit M. Prohet sur la Coutume d'Auvergne, tit. 14, art. 31, par arrêt donné en la cause du sieur Desplats, conseiller au présidial de Riom, contre le sieur Goy, son beau-frere; savoir, que le pere qui avoit fait une institution contractuelle, n'avoit pu léguer le quart à sa fille.

6. Cette doctrine n'est pas suivie dans cette province:

province; car pour ce qui concerne le legs de quote, nos commentateurs soutiennent que celui qui a fait une institution d'héritier, peut léguer le quart; cela a été ainsi jugé en ce Siége, & ainsi s'observe. C'est la remarque de M. François Decullant, sur l'article 222 ci-après, sur le mot NE PEUT : *Imò*, dit-il, *potest non solùm quædam particularia legare, sed & quartam bonorum legare : quia institutio non impedit facultatem legandi, à qua nemo recedere potest ; imò nemo eam sibi legem dicere potest, ut à priori voluntate ei recedere non liceat, quoad testari : adeò libera est testandi facultas, quippè non videtur aliud solatium mortis, quàm voluntas ultrà mortem, L. Si quis, in princip. ff. de Legat.* 3, *L. Quod si certum, ff. de adimend. legat. L. Cùm hic status, §. Pœnitentiam, ff. de Donat. inter vir. & uxor. Molinæus tamen in sua notula videtur velle restringere potestatem illius qui jam hæredem instituit in contractu matrimonii, ad legatum rei cujusdam particularis ; idem Molinæus ad paragraphum* 31 *Statuti Arverniæ, tit.* 14, *huic nostro conformum, eadem his verbis annotavit :* Non ergo potest dare cohæredem etiam particularem, nisi ut legatarium aut donatarium rei certæ. *Verùm instituens potest liberè disponere de quarta bonorum parte permissâ testatoribus,* art. 291, *quia hoc legatum non destruit hæredis institutionem ; dicitur enim is hæres universalis qui habet dodrantem. Idem censet* Basmaison, *super dict. §.* 31, *tit.* 14 Stat. Arven. *Deindè hæredis institutio non transfert vivente instituente bona instituto, sed tantùm hoc operatur, ut is qui non erat successurus, subingrediatur locum hæredis legitimi ; itaque cùm quarta possit legari in præjudicium hæredis ab intestato, sic pariter hæredis instituti* .... *Semper enim, ait Joannes Decullant, accepi à Majoribus licere instituenti, quartam legare ; & hoc vidi practicari & judicari pro viduâ Domini Consiliarii de* Lacroix, *qui primò instituerat filium ex suo primo thoro hæredem universalem in favorem matrimonii, & posteà legaverat quartam suæ secundæ uxori, quæ obtinuit per Sententiam Senescalli, Arresto confirmatam, circà ann.* 1606, *& vidisse d. Sententiam & Arrestum testatur Joannes* Decullant. *Idem judicatum Sententiâ arbitrariâ datâ à dominis Nicolao* Beraud, *Lud.* Semin, *& Joan.* Decullant, *in successione* Gilbertæ Gras, viduæ Franc. Vernin. M. François Decullant, sur l'article 222, ci-après.

7. *Objiciunt Adversarii*, dit toujours M. Fr. Decullant, *Legatarium quotæ esse hæredem quotæ, verum est quòd talis Legatarius habet aliquid commune cum hærede, sed tamen in multis aliis differunt.* 1°. Hoc generale est in Francia, & est prima & præcipua hæredis prærogativa, le mort saisit le vif, §. 299, *infrà*, *ita ut ipso suo jure se immiscere possit bonis defuncti, secùs in Legatario, sive particulari, sive quartæ, qui debet petere legatum ab hærede,* §. 298. 2°. *Unus hæredum respectu cohæredum non tenetur hæreditariis oneribus, nisi pro rata quotæ ; legatarius verò quartæ, ultrà quartam æris*

Part. I.

alieni, tenetur solus de omnibus legatis particularibus, & de funeris impensis, §. 291. 3°. *Hæres semel aditâ hæreditate, tenetur creditoribus etiam ultrà vires hæreditatis ; sed Legatarius quotæ non tenetur suprà vires legati, & potest déguerpir, ut notat* Loyseau, *lib.* 4, *tit.* 1, *du déguerpissement, n.* 13 .... M. Decullant, sur l'art. 222, *infrà*.

8. M. Genin, pere, a aussi fait la remarque, qu'on pouvoit léguer le quart de ses biens au préjudice de l'héritier institué : *Sed non impeditur*, dit-il, *quædam particularia legare*, jusqu'au quart : ainsi jugé par arrêt du 7 janvier 1606 pour Marguerite Pelletier, fille de Pierre Pelletier, laquelle avoit été appanée par son contrat de mariage par son pere, & néanmoins sondit pere lui donna le quart de ses biens par testament du 6 avril 1601. Jugé par sentence confirmée par l'arrêt susdit : *Et hoc jure nos utimur*, ajoute-t-il, M. Genin, sur l'art. 222, sur ces mots, *au préjudice de l'héritier*.

9. M. Jean Fauconnier enfin, sur le même article 222, a fait la même observation. *Cùm quarta*, dit-il, *possit legari in præjudicium hæredis ab intestato, sic pariter hæredis instituti. Et hìc usus semper fuit tam in judicando, quàm in consulendo, & confirmatus pluribus Arrestis Senatûs Parisiensis, & inter cætera an.* 1667 *pro Nicolao* Desessars, *Doctore Medico, & circà idem tempus pro D.* Chevebrard, *quibus Arrestis confirmatæ sunt Sententiæ D. Seneschalli Molin.* M. Fauconnier.

10. Quant à ce qui regarde la donation de quote ou de partie, les sentimens de nos commentateurs me paroissent partagés : car M. Jean Decullant, & après lui M. Jean Cordier, distinguent entre le testament & la donation, & soutiennent qu'on peut donner le quart par testament au préjudice de l'institution, mais non par donation. *Verùm Joannes* Decullant *asserit*, dit M. Jean Cordier, *non obstante institutione, quartam bonorum posse legari in solatium morientium : sed quod ad donationem factam inter vivos ab instituente, vel est facta de quota bonorum præsentium, vel de certo corpore bonorum donantis. In prima specie, non valet donatio ex notula Molinæi, quia institutio non remaneret in sua quota. In secunda verò specie valet donatio, modò hæc donatio rei particularis non absorbeat totam hæreditatem, nec sit per fraudem instituto facta inanis & quasi caduca ; quam distinctionem audivi à celebrioribus observatam ; & Domino* de la Mure *Relatore in Curia Senescalli, donatio inter vivos certi corporis fuit confirmata reluctante institutione, an.* 1657, *cui Judicio D. Consil.* Decullant *asserit se adfuisse, juxtà quod Jacobus* Bergier *annotavit ad hunc paragraphum his verbis, valere donationem inter vivos, non obstante institutione, modò instituens de certis corporibus hæreditatis statuat, citrà fraudem, non tamen universìm*. M. Jean Cordier sur le présent article, sur le mot *aliéner*.

11. M. François Menudel ne distingue point entre la donation & le testament, comme a

Pppp

fait M. Jean Decullant ; car après s'être proposé sur l'article 222, *infrà*, la question si un instituant peut léguer le quart de ses biens, au préjudice de l'institution, & avoir soutenu l'affirmative, conformément à l'avis des avocats de Paris & de cette ville de Moulins, il conclud en ces termes : *Et sic non servamus doctrinam Molin. qui videtur desiderare ut non legari, aut donari quarta, sed res tantùm certa & particularis*. M. Menudel.

12. M. Fevrier de Messalier, célébre avocat de cette ville, à qui j'ai proposé la question, est aussi de ce sentiment, qu'on ne doit pas faire cette distinction, & que comme on peut léguer le quart, on peut aussi le donner par donation entre-vifs ; & tel est mon sentiment, car ce sont les mêmes raisons pour l'un & pour l'autre. Et ainsi fut jugé par sentence arbitrale, rendue par M^{rs}. de Vilaine, l'aîné, Cantat, & moi, le 12 septembre 1726.

13. Autre chose est, comme nous le dirons sur l'article 222, des donations entre-vifs, immenses & immodérées.

14. Au-reste, j'estime que ceux qui font une institution contractuelle, avec réserve de pouvoir disposer d'une certaine somme, se prescrivent eux-mêmes des bornes pour les dispositions entre-vifs & testamentaires ; qu'ils se lient les mains par une telle réserve. Notre article laisse bien la liberté aux instituans, selon qu'il vient d'être dit, de disposer de leurs biens par des dispositions entre-vifs & testamentaires : mais comme il leur est libre d'user, ou de ne pas user de cette faculté, ils peuvent également la restreindre, comme il leur plaît ; & quand ils l'ont restreinte à une certaine somme par une réserve, ils se sont liés les mains, ils ont consommé leur pouvoir, & ont renoncé à une plus ample disposition ; de maniere qu'il ne leur est plus permis de disposer au-delà de la réserve & de la convention apposée dans le contrat de mariage, qu'ils ne disposeroient que de cette somme ; par la raison qu'une telle rénonciation & convention étant en faveur de mariage & des mariés, est irrévocable, & les contractans fondans leur union sur l'assurance de cette irrévocabilité, & que l'institution ne pourra être altérée, que suivant : & pour les cas de la réserve, ce qui n'empêche pourtant pas les instituans, dit M. Denis Lebrun, *des succes.* liv. 3, ch. 2, n. 24, de faire des contrats onéreux pendant leur vie, pourvu que ce soit sans fraude.

15. Quant à la question qui consiste à savoir, si celui qui a fait l'institution, ne se prévalant pas de ces réserves, elles accroissent à l'héritier institué, l'affirmative me paroît certaine ; la raison est que celui qui est institué seul & unique héritier d'un défunt, doit succéder à tous les biens du défunt, & que tout ce qui tombe dans la succession *ab intestat*, lui appartient de plein droit : de maniere que la réserve apposée dans l'institution, devenant caduque au moyen de l'inexécution, & la somme réservée tombant dans la succession, elle appartient à l'héritier institué. Ainsi jugé par sentence du Sénéchal de la Marche, confirmée par arrêt du 2 août 1678, rapporté dans le journal du palais, partie 7, & dans de Lauriere, *des instit. contract.* chap. 4, n. 168.

ARTICLE CCXXI.

Quand le douaire est propre à la femme, & quand non.

QUAND par contrat de mariage n'est convenu quelle partie de la somme accordée pour la dot de la femme, doit sortir nature d'héritage au profit de ladite femme ; audit cas, entre les nobles les deux tiers & entre les non-nobles la moitié de la somme sortissent nature d'héritage au profit de la femme ; & le surplus nature de meubles au profit des mariez. Mais quand il y a héritage & argent ou autre meuble ensemble, l'héritage est propre à la femme, & le meuble est censé meuble au profit desdits mariez & de leurdite communauté, si autrement n'est accordé.

1. IL n'y a que les meubles & effets mobiliaires qui se trouvent appartenir aux deux époux au temps de leur mariage, qui puissent entrer en leur communauté ; car pour les immeubles qui appartiennent à chacun des conjoints au temps du mariage, & par eux acquis, quoique acquêts par rapport aux successions, ils sont des propres au respect de la communauté, & s'appellent propres de communauté, parce qu'ils n'entrent pas dans la communauté : mais pour les meubles & effets mobiliaires, de quelque nature qu'ils soient, comme meubles meublans, vaisselle d'argent, argent comptant, promesses, obligations, & toutes les actions mobiliaires, ils entrent dans la communauté ; & pour savoir en quelle qualité, il faut distinguer ceux qui appartiennent au mari, d'avec ceux qui appartiennent à la femme ; les premiers entrent tous dans la communauté, aux termes de l'article 233, *infrà*, qui porte que le mari & la femme, le mariage fait par paroles de présent, sont communs en tous biens meubles ; à moins toutefois que l'on n'en ait réalisé une partie pour les exclure de la communauté ; ce que l'on peut faire : car, comme on peut ameublir des propres ou des immeubles, dans un contrat de mariage, pour les

faire entrer en communauté; on peut aussi réaliser des deniers ou effets mobiliaires, pour les en exclure.

2. Quant aux meubles & effets mobiliaires qui appartiennent à la femme, l'usage est, dans les contrats de mariage, de stipuler qu'une partie desdits effets lui sortira nature de propre, à l'effet de les exclure de la communauté, & de les reprendre hors part & sans confusion, dans le temps de la dissolution du mariage, ou de la communauté; & l'équité le demande ainsi à l'égard de la femme, quand sa dot consiste pour le tout, ou pour la plus grande partie en effets mobiliaires, qui de leur nature entrent dans la communauté, & ce afin de conserver en quelque sorte l'égalité entre les conjoints, & ne pas laisser tout l'avantage du côté du mari.

3. Mais, quoiqu'on ait manqué de faire cette réalisation expresse, & comme parle notre article, encore qu'on ne soit pas convenu par le contrat de mariage, quelle partie de la somme accordée pour la dot de la femme, doit sortir nature d'héritage au profit de ladite femme, il ne laisse pourtant pas d'y avoir dans cette Coutume une réalisation tacite d'une partie de cette dot, & cela par la force de la disposition de la Coutume, au présent article. Mais pour savoir quelle est la partie réalisée, & quelle est celle qui doit entrer dans la communauté, il faut distinguer deux cas, conformément à notre article. Le premier, quand la dot de la femme est toute mobiliaire, c'est-à-dire, composée de meubles & effets mobiliaires: le second, quand il y a héritage, & argent ou autres meubles ensemble. Dans le premier cas, entre les nobles les deux tiers, & entre les non-nobles la moitié de la somme, sortissent nature de propres ou héritages au profit de la femme, & le surplus nature de meubles au profit des mariés ou de la communauté : dans le second cas, l'héritage est propre à la femme, & le meuble est censé meuble au profit des mariés & de leur communauté.

4. C'est la disposition précise, comme l'on voit, de notre article, qui met une différence entre les personnes nobles & celles qui ne le sont pas, laquelle différence est de Coutume nouvelle, & ne fut accordée que dans le temps de la rédaction de cette Coutume, par les trois états; auparavant il n'y avoit nulle différence entre les nobles & roturiers, les deux tiers sortissoient nature d'héritage, & le surplus nature de meubles pour tous indistinctement, ainsi qu'il est dit dans le procès verbal de la Coutume, sur le présent article.

5. Quoique dans le présent article il n'y soit parlé que de la dot constituée en argent, il n'importe pourtant pas, pour que la disposition de l'article ait lieu, que la dot soit toute en argent, ou autres effets mobiliaires. C'est la remarque de M. le président Duret, sur ce mot DE LA SOMME. *Quid si dos*, dit-il, *conventa sit duntaxat in mobilibus, absque numerata pecunia, idem puto quod de summa.*

6. Il est aussi indifférent que la dot soit payée ou non; & quand même la dot ne se trouveroit pas payée dans le temps de la dissolution du mariage, la partie qui, aux termes de la Coutume, doit entrer dans la communauté, ne laissera pas de faire partie de cette communauté: mais il est à observer que si une partie de la dot se trouve payée par imputation, l'imputation s'en fera sur la partie qui doit entrer dans la communauté. C'est encore la remarque de M. le président Duret, sur ce mot de notre article ET LE SURPLUS: *Etiam*, dit-il, *& quod solvendum restat soluto matrimonio.... & hoc jure utimur.... quòd si pars dotis nummariæ soluta sit, hoc non expresso in quam causam accipiatur solutio, magis est ut ex consuetudine secundum mobile facta intelligatur....* M. Duret, *hic*.

7. Dans le cas où la dot de la femme est en partie mobiliaire & immobiliaire, composée en partie d'héritages & meubles, il est nécessaire, selon le même M. Duret, afin que tout le mobiliaire, suivant notre article, entre dans la communauté, que l'immeuble ne soit pas d'une valeur beaucoup au-dessous du meuble ou effets mobiliaires; car voici comment il s'explique sur ces mots de notre article, ET LE MEUBLE EST CENSÉ IMMEUBLE: *Hoc ita recipiendum puto*, dit-il, *si prædia mobilibus utique respondeant, & horum pretium à mobilium pretio non magnâ pecuniâ distinguatur; non etiam si vilia, & minimi pretii existant, concurrentibus mobilibus, quæ ampla sunt & magnæ æstimationis.... quia parùm & nihil æquiparantur.* M. Duret, *hic*.

8. Quant à la différence que la Coutume met entre les personnes nobles & celles qui ne le sont pas, par rapport à la portion de la dot de la femme, qui lui doit sortir nature de propre; il est nécessaire, à ce qui paroît, que l'un & l'autre des conjoints soient nobles, ou réputés tels au temps de leur mariage; car c'est ce qui résulte, ce semble, à des termes du présent article; au pluriel, *entre les nobles*. Toutefois M. le président Duret estime qu'il suffit que le mari soit noble; c'est sa remarque sur ces mots, ENTRE LES NOBLES: *Cujusmodi*, dit-il, *plebeïa intelligitur quæ nobili viro nubit.... ut è converso nobilis plebeïa habetur, quam plebeïus uxorem ducit.... Et hac gratiâ tempus matrimonii in præsens contract. observatur, ad quod ipsa dos refertur, & sine eo esse non potest; nec refert, etsi priùs non fuerint nobiles, dummodo nobilitate decorati tempore nuptiarum reperiantur, & sufficit quòd voce & famâ & communi reputatione tales habeantur....* M. Duret, *hic*.

9. M. Louis Semin a fait la même observation: *Uterque conjugum*, dit-il, *nobilis esse debet, aut saltem maritus, non etiam sola uxor tempore matrimonii....* M. Louis Semin, *hic*.

10. Au reste la disposition de notre Coutume, dans le présent article, ne regarde que la communauté, & n'a d'autre effet que d'em-

pêcher que la portion de la dot ainsi réalisée n'entre dans la communauté ; mais cet article ne change rien dans l'ordre des successions : desorte que si la femme décede la premiere, & qu'elle laisse un enfant, il a bien, en qualité d'héritier de sa mere, une action contre son pere pour se faire restituer cette portion de dot qui a été réalisée, soit qu'il accepte la communauté, ou qu'il y renonce ; mais si cet enfant vient à décéder sans enfans, & que ces deniers dotaux qui devoient sortir nature de propre à la femme, n'aient pas été restitués par le pere, ce pere succédera à son enfant dans cette action aussi-bien que dans les autres meubles & acquêts. Autre chose seroit si la portion de dot réalisée avoit été stipulée propre pour la femme & les siens de son estoc, côté & ligne ; car cette clause imprime le caractere d'immeuble à cette somme, pour appartenir aux héritiers collatéraux de la stipulante de son côté & ligne, à moins que la stipulation ne soit éteinte : ainsi les propres conventionnels peuvent avoir les effets des propres réels, tant pour les successions que pour les communautés ; mais cela dépend des termes dans lesquels la stipulation est conçue : & la succession de ces propres se régle diversement, selon la diversité des stipulations, qui leur donne la nature & qualité de propres, selon que nous le dirons sur l'art. 315, *infrà*.

11. *Hoc immobile fictitium*, dit M. François Decullant, sur ces mots de notre article, NATURE D'HÉRITAGE, *non egreditur societatem, id est tantùm consideratur, quando agitur de divisione bonorum societatis inter conjuges, vel unius conjugum & hœredes alterius, ut sciant quænam sint bona propria, quænam societatis ; sed non in successionibus, in quibus bona accipiuntur prout sunt, sine fictione : v. g. Si uxor decedat relicto filio, qui posteà sine liberis obeat, & nummi dotales, qui debebant sortiri naturam rei immobilis, non fuerint actu impensi in acquisitione fundi, pater hæres filii in mobilibus retinebit illam dotem, & etiam illam exiget si non fuerit soluta, tanquam quid mobile* ; *alias oporteret stipulari in contractu matrimonii, hanc dotem nummariam fortituram naturam rei immobilis*, au profit de la future épouse & de ceux de son estoc & ligne, *quo casu providetur & uxori & propinquis.... & ita practicatur Molinis, & vidit pluries judicari D. Joannes* Decullant, *& nominatim mense julio* 1628, *illo patrocinante in Curia Præsidiali Molin. D. Ludovicus Semin, hoc loco sic habet : Multi sunt qui dispositionem hujus paragraphi quoad destinationem non extendunt ultra conjuges.... Quod tamen dubio non vacat, sic tamen judicatum in nostro Præsidiatu die* 13 *julii* 1628, *D. Decullant patrocinante contra D. Menudel, & nota hunc paragraphum sub titulo matrimoniorum esse*, *non sub titulo successionum*, *& ita legem dat conventionibus matrimonii inter conjuges, non inter hœredes....* M. François Decullant, *hic.* M. Genin, pere, a fait la même observation sur le présent art.

12. Mais M. François Menudel, allant plus loin que M^{rs}. Decullant, Semin & Genin, soutient que la disposition de cet article ne regarde que la communauté conjugale d'entre le mari & la femme, ensorte que si la femme a contracté avec d'autres qu'avec son mari, toute sa dot mobiliaire entre dans cette communauté (s'il n'est convenu autrement.) Cet article, dit M. Menudel, est sous la rubrique des conventions de mariage, & partant ne regarde que l'intérêt de la femme ou de ses héritiers immédiats, renonçans ou partageans la communauté : mais j'estime, ajoute-t-il, que comme cette fiction est introduite par la Coutume, que toute la dot en deniers ou immeubles de la femme, non-obstant cette fiction, entre en la communauté des autres communs ; & que pour dissoudre cette communauté, la renonciation à celle du mari n'est pas suffisante. M. Menudel, sur le présent article.

13. Que si un frere, après le décès de ses pere & mere, marie sa sœur & lui constitue en dot pour tous les droits à elle acquis en les successions de ses pere & mere, une certaine somme, de cinq cents livres, par exemple, & stipule que le quart entrera en communauté, & que le surplus lui sortira nature de propre : c'est une question, si dans ce cas, sa sœur s'étant faite relever, sous prétexte de minorité, de l'acceptation qu'elle avoit faite de cette somme pour sa portion héréditaire, & ayant reçu un supplément de deux cents livres, ce supplément entrera dans la communauté, ou lui sortira nature de propre. M. le président Duret, qui s'est proposé cette question, tient qu'il est propre : *Si quod sæpè advenit*, dit-il, *patre & matre defunctis, sorori suæ & cohæredi, pro suo hæreditario jure, quinquaginta nomine dotis frater promiserit, eâ lege ut quarta pars mobilis maneret, & ita societati cederet, reliquum verò soli referens speciem, mulieris proprium esset, & jam nuptiis factis, soror intendens se minorem & circumventam, adversùs fratrem restitui petens, pro supplemento remissorum ducenta receperit; hoc supplementum seu dotis additamentum, secundùm sententiam probabiliorem, ejusdem conditionis erit, ac ipsa dos, & erit proprium; lex enim in dote priùs constituta debet observari, & quod venit per modum additionis, fit parsejus cui additur ; secùs si alio modo mulieri quid obtigerit, id est, non per supplementum dotis, sed aliâ viâ, putà successione, nisi de eâ re cautum fuerit.* M. Duret sur le mot, *n'est convenu*, de notre art.

ARTICLE CCXXII.

ARTICLE CCXXII.

CELUI qui a institué aucun son héritier en contrat de mariage, en faveur des mariez, ou descendans dudit mariage, ne peut faire autre héritier par testament ou contrat subséquent quel qu'il soit, au préjudice de l'héritier, ou héritiers instituez par ledit contrat de mariage.

L'héritier par contrat de mariage forclost le testamentaire, & de quoi il est tenu.

1. LA Coutume d'Auvergne, tit. 14, art. 31, contient une disposition semblable ; & la raison de cette disposition est que le mariage en faveur duquel l'institution a été faite, ne pouvant se retracter, il n'est pas juste de retracter & détruire les conditions sans lesquelles il n'auroit pas été fait : ainsi celui qui a fait une institution d'héritier par un contrat de mariage, ne peut pas la détruire par une seconde institution.

2. Il ne le peut pas non plus par des donations universelles, ou immenses & immodérées, qui empêcheroient que l'héritier institué ne ressentit les fruits de l'institution ; c'est l'observation de Basmaison sur l'article 29 du tit. 14 de la Coutume d'Auvergne, & ainsi fut décidé par une consultation de trois célèbres avocats de cette ville. Le fait étoit qu'une tante par le contrat de mariage de deux de ses neveux, les avoit institués ses héritiers par égale portion des biens dont elle mourroit vêtue & saisie, que du depuis elle fit une donation entre-vifs de ses biens, au profit de l'un de ses neveux : cette tante étant décédée, & la donation bien acceptée & insinuée, suivie de prise de possession des choses données, enfin revêtue de toutes ses formes, il fut question de savoir si cette donation étoit bonne, & si par icelle cette tante avoit pu déroger & préjudicier à l'institution d'héritier. Cette question consultée à M^{rs}. Menudel, Tridon & Riviere, avocats de ce siége, leur sentiment fut qu'elle n'avoit pu préjudicier à l'institution d'héritier par cette donation. C'est ce qui est rapporté par M. Etienne Baugy, présent à la consultation sur le présent article.

3. Autre chose est, comme il a été dit sur l'article 220, *supra*, des donations de choses particulieres, & qui ne seroient pas faites en fraude de l'institution ; c'est la remarque de M. le président Duret, sur ledit article 220, sur ces mots, PAR CONTRATS D'ENTRE-VIFS : *Intellige*, dit-il, *titulo particulari & sine fraude... Porro fraus præstatur si hæreditatis sponsor bona universa, vel majorem partem, licet per partes & interpolatim alienaverit.* M. le président Duret, *hic.*

4. Sur la question, si le consentement que l'héritier institué auroit prêté à des dispositions universelles ou excessives, & qui iroient à détruire l'effet de l'institution contractuelle, ou même à une seconde institution, ne seroit pas suffisant pour les faire subsister : sur cette question, dis-je, il semble que ce soit le sentiment de Dumoulin, que tel consentement est suffisant, & cela dans sa note sur ces mots de notre article, *au préjudice de l'héritier, ou héritiers institués*, où il dit : *Scilicèt si superfint & conquerantur.* D'où M. Genin, le pere, conclud que, *eis non conquerentibus, alia institutio fieri potest, & facta valet.* Mais M. Denis Lebrun soutient qu'un tel consentement ne suffit pas pour faire subsister ces donations & secondes institutions, parce qu'outre que ce consentement pourroit avoir été extorqué, c'est qu'il s'agit ici de l'exécution d'un contrat de mariage, dont les contre-lettres, & principalement celles qui vont au désavantage de la personne mariée, ne sont pas permises. Tel est le sentiment de M. Denis Lebrun, dans son traité *des successions*, liv. 3, chap. 2, n. 28 ; & c'est aussi le mien, d'autant 1°. Que l'institution contractuelle n'est pas uniquement en faveur du conjoint institué ; mais qu'elle est encore en faveur de l'autre conjoint, qui seroit certainement très-lésé, si l'institution ne subsistoit pas, puisque croyant avoir épousé une personne riche, il se trouveroit avoir épousé une personne qui ne le seroit pas : 2°. Que cette institution contractuelle est aussi en faveur des enfans descendans du mariage, qui, comme il a été dit sur l'article 219, *supra*, sont censés compris dans l'institution, & substitués tacitement, & que le conjoint institué ne peut point faire préjudice par son consentement, non-seulement à l'autre conjoint, mais même aux enfans issus du mariage.

5. Ainsi si celui qui a été institué héritier par son contrat de mariage, passe en secondes noces, du consentement de l'instituant, & que l'instituant, de concert avec l'institué, réitére l'institution, avec clause qu'elle profiteroit aux enfans du second lit, comme à ceux du premier, cette seconde institution, quoique faite du consentement de l'héritier institué, & même à sa réquisition, sera nulle, & les enfans du second lit n'en pourront tirer aucun avantage : tellement que tout ce que fait l'instituant, en intervenant dans le second contrat de mariage, ne peut faire aucun préjudice aux enfans du premier lit de l'institué ; & la raison en est, qu'il en est des substitutions contractuelles, vulgaires & tacites, comme des institutions mêmes, qu'elles sont aussi irrévocables que les institutions contractuelles, puisqu'elles sont comme les institutions des conditions du mariage, qui n'eût point été fait sans cela. C'est le raisonnement de M. de Lauriere, *instit. contract.* chapitre 7, n. 46 & 47.

6. Il y a plus, c'est qu'un pere qui a été institué

par son contrat de mariage, & qui précede l'instituant, ne peut pas faire que l'institution profite à un de ses enfans, au préjudice des autres: de manière que si un pere qui a été institué héritier par son contrat de mariage, fait un de ses enfans issus de ce mariage, son héritier universel, & réduit les autres à la légitime, qu'il décede, & que celui qui a fait l'institution décede ensuite; dans ce cas tous les enfans succéderont également à l'instituant, sans avoir égard à la disposition du pere : la raison est que la succession de l'instituant qui survit à l'institué, ne peut pas entrer dans une disposition que fait l'institué qui prédécede, & qu'elle appartient en entier à tous les enfans de l'institué *jure suo*, & par la volonté de l'instituant; desorte que les enfans substitués tacitement & vulgairement, tenans tout leur droit de l'instituant, leur pere qui prédécede n'y peut donner aucune atteinte par quelque disposition qu'il fasse. Tel est le sentiment de M. Denis Lebrun, *des successions*, liv. 3, chap. 2, n. 37, & de M. Eusebe de Lauriere, *inst. contr.* ch. 7, n. 63 & 65.

7. Il en faut excepter les filles mariées & appanées; par la raison que comme les filles mariées & appanées sont présumées dans cette Coutume, aussi-bien que dans celles d'Auvergne & de la Marche, comme nous le dirons sur l'article 305, renoncer à toutes successions directes & collatérales à écheoir dans les termes de représentation, quoiqu'il n'en soit rien dit dans leur contrat de mariage, les petites-filles sont aussi présumées renoncer au profit qu'elles pourroient espérer des institutions contractuelles, faites au profit de leurs peres ou meres, par des aïeux ou aïeules, quand les successions ne sont point échues. Ainsi un homme dans cette Coutume, que son pere a institué héritier, a deux enfans, un fils & une fille, qu'il marie & appane sa fille, qu'il décede ensuite, & que l'aïeul qui l'a institué, décede immédiatement après lui; en ce cas le petit-fils succédera seul à l'instituant, & la petite-fille mariée & appanée sera excluse par son frere de la succession contractuelle de leur aïeul. Tel est le sentiment de M. de Lauriere, *ibid.* n. 70, & 79.

8. Autre chose seroit, si c'étoit un étranger qui eût institué héritier de tous ses biens un de ses amis, par contrat de mariage; en ce cas la fille excluse de la succession de son pere, né le sera pas de celle de l'étranger qui a fait l'institution; parce que la fille appanée n'est exclude que des successions dans les termes de représentation, dont celle-ci n'est pas du nombre, puisqu'elle est contractuelle & laissée par un étranger : cela ne regarde que l'héritier institué, par rapport à ses enfans

9. A l'égard de l'instituant, comme son institution ne l'empêche pas de disposer, ainsi qu'il a été dit, d'une partie de ses biens à titre particulier, en faveur des étrangers, il s'ensuit qu'il peut également avantager sans fraude un des enfans substitués tacitement, par des dispositions entre-vifs ou à cause de mort : mais comme il n'auroit pas pu disposer de tous ses biens par donation entre-vifs universelle, au préjudice de l'institué, il ne peut pas non plus faire un des enfans substitués tacitement, donataire ou héritier universel au préjudice des autres; & s'il décede sans avoir fait aucune disposition, sa succession se partage par tête entre tous les substitués. De Lauriere, *des Instit. contr.* chap. 7, n. 59.

Mais pour faire une application valable de ce qui vient d'être dit, il faut avoir égard à la qualité de l'instituant, par rapport aux substitués : car si l'instituant est l'aïeul des substitués, il faut en ce cas faire attention à la prohibition portée en l'article 217, *suprà*, laquelle prohibition s'étend (selon qu'il a été remarqué) à l'aïeul; & encore à la disposition de l'article 313, *infrà*, qui ordonne le rapport en directe.

ARTICLE CCXXIII.

L'HÉRITIER institué par contrat de mariage, est tenu payer & répondre de toutes dettes & charges héréditaires; toutefois lui est permis renoncer à ladite succession, ou soi porter héritier par bénéfice d'inventaire : Mais si aucun du lignage du défunt se vouloit rendre héritier simplement, faire le pourra, & en ce cas est préféré audit héritier conventionnel, qui ne se voudra porter héritier simple.

1. Le principal effet de l'institution par rapport à l'institué, est de faire un véritable héritier, qui est saisi de plein droit des biens du défunt, comme les héritiers du sang en sont saisis, suivant la disposition de cette Coutume, en l'article 219, *suprà*, à la fin, & qu'il a été observé sur cet article.

2. Mais celui qui a été institué héritier par son contrat de mariage, peut renoncer, si bon lui semble, à la succession de l'instituant quand elle est échue, ainsi qu'il est dit dans le présent article, & dans l'article 34 du titre 14 de la Coutume d'Auvergne. La raison est que l'institution contractuelle n'a été introduite qu'en faveur des mariés & de leurs descendans, & qu'il est libre à un chacun de renoncer à une chose introduite en sa faveur, suivant la regle de droit rapportée en la loi *Si quis in scribendo* 29, cod. *de pact.* joint que l'héritier contractuel n'étoit pas en état d'accepter la succession,

lors de l'inſtitution, puiſqu'elle n'étoit pas encore ouverte, & qu'il n'a contracté que ſur la faculté d'être héritier, s'il le veut ; c'eſt-à-dire, qu'il a été mis en la place d'un héritier préſomptif, avec tout le droit de délibérer & de renoncer : autrement il feroit en la liberté de l'inſtituant qui auroit un héritier néceſſaire, de le ruiner en chargeant ſa ſucceſſion de dettes, & autres charges au-delà des biens.

3. Mais il faut que cette rénonciation ſe faſſe *rebus integris* ; car dès qu'il a fait acte d'héritier, il n'eſt plus reçu à renoncer. C'eſt la remarque de M. François Decullant ſur ces mots de notre article, LUI EST PERMIS RENONCER : *Invito enim*, ajoute-t-il, *beneficium non datur, imò repudiare quis poteſt, cùm nec emere, nec donatum aſſequi, aut damnoſam quiſquam adire hæreditatem compellatur, L. 16, Cod. de Jur. delib. Modò tamen hæreditariis bonis, ſe quis major 25 annis non immiſcuerit: nam ſi quis pro hærede ſe geſſerit, non poterit ampliùs repudiare hæreditatem.* M. Decullant, *hic.*

4. M. le préſident Duret avoit fait avant lui la même remarque, ſur ces mêmes mots, LUI EST PERMIS RENONCER : *Antequam*, ajoute M. Duret, *ſe pro hærede gerat.* M. Duret, *hic.*

5. L'héritier contractuel, qui a fait acte d'héritier, & qui s'eſt mis en poſſeſſion des biens de la ſucceſſion, ſans en faire inventaire, eſt tenu indiſtinctement de payer toutes les dettes & charges héréditaires, comme un héritier pur & ſimple. La raiſon eſt qu'un héritier contractuel eſt conſtamment un véritable héritier, & autant héritier que celui qui ſuccede par la nature, & par la loi ; & comme la regle eſt que tout héritier eſt tenu des dettes, même au-delà des forces de la ſucceſſion, quand il n'a pas fait inventaire, il s'enſuit que l'héritier contractuel ou conventionnel les doit auſſi payer pour le tout quand il n'a pas obſervé cette formalité. C'eſt la déciſion de la Cout. d'Auvergne audit titre 14, article 34, qui dit que tout héritier inſtitué par contrat de mariage, eſt tenu de toutes charges héréditaires du défunt, tant *activè* que *paſſivè*, comme ſeroient les héritiers *ab inteſtat* : à quoi eſt conforme notre Coutume, au préſent article, qui porte que l'héritier inſtitué par contrat de mariage, eſt tenu de payer toutes les dettes & charges héréditaires, & qui permet à l'héritier contractuel de ſe porter héritier bénéficiaire ; ce qu'elle feroit inutilement, ſi ſans cette formalité même, il n'étoit jamais tenu *ultrà vires*. Tel eſt le ſentiment de M. le préſident Duret, & de M. François Decullant ; de Lebrun, *des Succeſ*. liv. 3, ch 2, n. 41, & de M. de Lauriere, *des Inſt. contr.* chap. 4, n. 127, & ſuiv.

6. M. le préſident Duret ſur ces mots de notre article, *eſt tenu*, ajoute : *Inſtar hæredis ab inteſtato*; & ſur ceux-ci, DE TOUTES DETTES : *Licèt hæreditatis modum excedant*. Ce ſont ſes remarques.

7. M. Decullant, après avoir obſervé qu'un héritier contractuel n'eſt pas recevable à renoncer après avoir fait acte d'héritier, ajoute qu'en ce cas il eſt tenu de toutes les dettes de la ſucceſſion : *Nam ſi quis*, dit-il, *pro hærede ſe geſſerit, non poterit ampliùs repudiare hæreditatem, ſed in totum creditoribus hæreditariis tenebitur, nec allegans læſionem ultra dimidium juſti pretii audietur, niſi minor.* M. Decullant, *hic.*

8. L'héritier contractuel, pour ne point courir le riſque d'accepter une ſucceſſion plus onéreuſe que profitable, peut ſe porter héritier par bénéfice d'inventaire, ainſi qu'il lui eſt permis par notre article, & qu'il eſt porté en l'article 35 de la Coutume d'Auvergne, tit. 14 ; & en ce cas il n'eſt tenu des dettes & charges de la ſucceſſion, que juſqu'à concurrence de l'émolument. *Planè hæres beneficio inventarii*, dit M. le préſident Duret, *ultrà vires hæreditarias non tenetur.* M. Duret, *hic.*

9. Mais un héritier contractuel étranger & non parent du défunt, qui ſe porte héritier par bénéfice d'inventaire, pourra être exclus par le parent lignager du défunt, qui voudra accepter la ſucceſſion purement & ſimplement, ou même par bénéfice d'inventaire, ainſi qu'il eſt dit en l'article 330, *infrà*, & en l'article 29 du titre 34 de la Coutume de Nivernois.

10. Que ſi l'héritier contractuel eſt parent lignager de l'inſtituant, mais en collatérale ſeulement, il peut bien auſſi ſe porter héritier du défunt par bénéfice d'inventaire, s'il ne juge à propos d'accepter la ſucceſſion purement & ſimplement : mais ſi aucun du lignage du défunt, quoiqu'en degré plus éloigné, ſe veut rendre héritier pur & ſimple, il le pourra faire & ſera en ce cas préféré à l'héritier conventionnel, qui n'a pas voulu ſe déclarer héritier ſimple, ainſi qu'il eſt dit dans notre article, & dans l'art. 329, *infrà* : & la raiſon, c'eſt, dit M. Jean Cordier, *quia creditoribus hæreditatis ſecuriùs providetur, cùm hæres purè & ſimpliciter teneatur omnibus hæreditariis creditoribus, etiam ultrà vires hæreditatis*. M. Jean Cordier, *hic*.

11. Quant à ce qui eſt du fils héritier conventionnel de ſes pere & mere, c'eſt une queſtion, ſi ſe portant héritier ſous bénéfice d'inventaire, il peut être exclus par un collatéral, ou par un autre fils, qui ſe porte héritier pur & ſimple ; ſur laquelle il y a diverſité de ſentimens : M. Charles Dumoulin, ſur ces mots de notre art. *mais ſi aucun*, a conclu pour l'affirmative, car il ajoute : *Etiam collateralis excludendo filium venientem jure conventionis exorbitantis, nec tamen illi ſimpliciter ſtantis: ſecùs ſi filius vellet ab inteſtato ſuccedere, omiſſo pacto ut poteſt* : Mais Coquille, ſur la Coutume de Nivernois, ch. 34, article 29, déſaprouve ſon ſentiment, & avec beaucoup de raiſon, dit M. Lebrun, puiſque l'inſtitution contractuelle de la perſonne du fils, n'eſt qu'une confirmation du droit qu'il a par la nature ſur la ſucceſſion de ſon pere, & une déclaration d'une qualité qui eſt née avec lui. Lebrun,

des Successions, livre 3, chapitre 4, n. 49.

12. Nos commentateurs ont suivi le sentiment de Coquille, par préférence à celui de Dumoulin: car M. Jean Cordier, après avoir dit qu'un parent collatéral, héritier sous bénéfice d'inventaire, est exclus par un autre parent, quoiqu'en degré plus éloigné, qui se porte héritier pur & simple, & cela en faveur des créanciers, *Quibus* (dit-il) *hoc modo securius providetur*; s'explique, après M^{rs}. Decullant, pere & fils, de la maniere qui suit: *Fallit tamen*, dit-il, *hæc regula, & creditorum securitas, in filio aut alio quolibet hærede directo beneficium inventarii impetrante, qui à quolibet collaterali consanguineo purè se hæredem dicente, non excludetur*, Chop. lib. 2, tit. 5, n. 23. *Stat. Paris.* Coquille sur Niv. tit. *des Succ.* art. 29. *Qui Molinæi notulam, in verbum* LIGNAGE, art. 223 de cette Cout. *increpant; & sic semper Molinis practicatum fuisse, juxtà paragraph.* 342 *Stat. Paris. ad hoc expressum, à patre D. Joanne Decullant, audivisse testatur D. Franciscus Decullant; quod valdè humanum est, nec ratione caret, cùm filiis cæterisque descendentibus magis continuari dominium, quàm deferri hæreditatem jure rescriptum est. Undè filius hæres propriè non dicitur, sed potiùs est in vita dominus & possessor bonorum defuncti, post ejus mortem dominium continuans.* M. Jean Cordier, *hic*.

13. Mais M. Jean Decullant, & après lui M. Jean Fauconnier, estiment que dans le concours de deux freres, dont l'un auroit été institué par le pere son héritier, & l'autre appané d'une somme qui ne seroit pas au-dessous de sa légitime, si l'héritier institué ne voulant pas accepter purement la succession de son pere, se porte héritier par bénéfice d'inventaire, & que celui qui a été appané se dise héritier pur & simple; à la vérité l'héritier institué ne sera pas exclus par son frere, mais que dans ce cas, sans s'arrêter à l'appanage, ils partageront tous les deux, comme héritiers, la succession de leur pere. *Quæritur*, dit M. Fauconnier, *Titius duos habens filios, Caïum & Mævium, instituit Caïum favore matrimonii hæredem universalem, datâ Mævio aliquâ certâ pecuniæ summâ, vel quid aliud quod non sit infrà legitimam; an si Titio defuncto Caïus timens onerosam hæreditatem, eam sub inventarii beneficio adire velit, totam capiet? An verò pro dimidia Mævius rejecto appanagio admittetur? Quod veriùs est, nam eo casu Caïus non jure institutionis, sed jure naturæ & consanguinitatis quod commune habet cum Mævio, ad hæreditatem admittetur; nec tamen frater utendo beneficio inventarii, pro portione suâ, ab altero fratre purè se dicente hærede removebitur, sed simul admittentur ut puri hæredes; ita censebat D. Decullant.* M. Fauconnier, *hic*.

14. Ce sentiment me paroît conforme à l'esprit de notre Coutume: car, quoique l'héritier contractuel en général ait pour lui la volonté expresse du défunt, qui le préfere absolument à l'héritier *ab intestat*; toutefois, dès qu'il sort des termes de sa convention, & qu'il ne veut pas accepter purement & simplement la succession, notre Coutume au présent article, & en l'article 330, *infrà*, sans avoir égard à cette volonté du défunt, veut qu'il soit absolument exclus de sa succession par l'héritier *ab intestat*, qui se porte héritier pur & simple; & si on s'est relâché de la rigueur de cette disposition, en faveur du fils héritier conventionnel, & qu'on ait voulu qu'il ne pût être exclus de la succession de son pere, encore qu'il ne se déclarât son héritier que sous bénéfice d'inventaire, c'est qu'on a considéré, qu'ayant droit par la nature à cette succession, son institution ne faisant que confirmer ce droit, il y auroit de la dureté de l'en priver: mais dès qu'il sort des termes de sa convention, en prenant des lettres de bénéfice d'inventaire, son institution est mise à l'écart comme celle de tout autre héritier institué, & on se contente de le considérer en qualité de fils, & de lui donner en cette qualité dans la succession de son pere une portion semblable à celle de ses freres.

Voyez l'article 330, *infrà*.

ARTICLE CCXXIV.

Des réservations des choses données en contrat de mariage.

DONATIONS & dispositions faites en faveur de mariage des mariez, ou de l'un d'eux, ou leurs descendans dudit mariage, avec réservation que si ledit Donataire trépasse sans hoirs survivans ledit Donateur, audit cas les biens retourneront audit Donateur; telle réservation est bonne & valable, & tient ladite réservation aux choses par lui données, lesquelles le Donateur audit cas recouvrera & en sera saisi.

1. LA clause de retour, dont il est parlé dans le présent article, est valable dans toutes sortes de donations, quoique non faites en faveur de mariage. *Idem de jure & moribus nostris, etiamsi matrimonii favor deficiat*, Leg. 1, ff. *de Donat*. dit M. Fauconnier; & c'est ce qui a été déja observé sur l'article 215, *suprà*, où il faut avoir recours.

2. Mais il y a plus; c'est que les contrats de mariage étant susceptibles de toutes sortes de clauses, on peut apposer & inférer dans les dispositions qu'on fait en contrats de mariage,

mariage, telles claufes, réferves & conditions que l'on juge à propos : non-feulement on y peut ftipuler, comme il eft dit dans notre article, qu'en cas que le donataire décede fans enfans, les chofes données retourneront au donateur, ou à fes héritiers ; mais on peut encore fubroger une perfonne à une autre pour recueillir le profit d'une difpofition ; ou bien charger un donataire, ou un héritier inftitué, de partager la donation ou inftitution avec un autre, ou de la rendre à un autre : en un mot, on y peut faire toutes fortes de fubftitutions. Et tel eft l'ufage dans cette province ; & la raifon de cet ufage, dit M. Jean Cordier dans fes manufcrits, fur le mot *fubftitution*, après Brodeau, c'eft que cette Coutume n'ayant expreffément prohibé que les fubftitutions teftamentaires, faites par teftament, ou autre difpofition de derniere volonté, elle a tacitement approuvé les contractuelles, qui fe font par contrat de mariage, lefquelles font reçues en France, & confirmées par l'ordonnance. *Quod enim Lex quibufdam prohibet, aliis conceffiffe videtur, L. Cùm Prætor 12, in princip. de Judiciis.*

3. M. Jean Decullant avoit fait la même obfervation avant M. Cordier : *Nobis non licet*, dit-il, *teftamento fubftituere, etiam per modum legati*, §. 324 *noftri Statuti ; fubftitutio tamen ficut inftitutio hæredis permittitur in contractu matrimonii favore contrahentium, & defcendentium ex hoc matrimonio.* M. Decullant, traité *des fucceffions.*

4. La fubftitution eft une fubrogation d'une perfonne à une autre, pour recueillir le profit d'une difpofition.

5. Comme cette fubrogation fe peut faire de deux manieres, ou en inftituant un fecond héritier au défaut du premier, pour recueillir en fa place l'inftitution en entier, ou en chargeant l'héritier inftitué de partager l'inftitution avec un autre, ou de la rendre à un autre en tout ou en partie ; cela forme deux efpeces de fubftitutions, la directe, & l'indirecte ou fidéicommiffaire.

6. Nous parlerons des fubftitutions contractuelles directes, fur l'article 324, *infrà* ; & nous allons préfentement dire un mot des fubftitutions contractuelles indirectes ou fidéicommiffaires.

7. Les fubftitutions fidéicommiffaires, faites au profit même des étrangers, ou autres perfonnes que les defcendans du mariage, font en ufage dans cette province, & vallent comme conditions de l'inftitution. C'eft la remarque de M. François Menudel, fur l'article 219, *fuprà*, & de M. Lebrun, liv. 3, *des fucceffions*, chap. 2, n. 13. *Nota tamen,* dit Menudel, *quòd fi quis inftituatur, & facta fit inftitutio cum onere tertium affociandi, inftitutionem valere refpectu inftituti, in favorem non nubentis, quia eft inftitutus fub hoc pacto & conditione.* M. Menudel.

8. Ainfi, fi un pere marie fon fils aîné, & qu'en le mariant il l'inftitue fon univerfel héritier, à la charge d'affocier fes freres & fœurs pour une certaine portion de l'inftitution ; en ce cas, cette fubftitution fidéicommiffaire vaudra au profit des freres & fœurs comme une condition de l'inftitution dont elle fait partie, & les freres & fœurs prendront leur part & portion de la main de leur frere aîné, héritier inftitué, fans qu'il puiffe la leur refufer ; car l'affociation étant une charge de l'inftitution, dont elle fait partie, le frere aîné inftitué eft dans la néceffité, ou de renoncer à l'inftitution, ou de confentir à l'affociation.

9. Mais il y a deux obfervations à faire : la premiere, que la charge & condition de l'inftitution eft révocable, quoique l'inftitution ne le foit pas. Lebrun, *des fucceffions*, liv. 3, ch. 2, n. 45.

La feconde, que l'héritier inftitué doit trouver un bénéfice & avantage dans l'inftitution, duquel il demeure privé, au cas qu'il ne veuille pas exécuter la condition.

* Il y a plus, c'eft qu'à l'égard de deux inftitutions réciproques, faites par deux freres, dans le contrat de mariage de l'un, il a été décidé que celle faite en faveur du frere, qui ne contractoit pas mariage, par celui qui contractoit, étoit valable, & ce à caufe de la réciprocité des inftitutions. M. le rapporteur s'expliqua, & dit que les inftitutions des deux freres étant réciproques, l'inftitution que l'un avoit faite au profit de l'autre, étoit une condition de celle dont il fe trouvoit en même temps gratifié, d'autant que l'une n'auroit pas été faite fans l'autre ; d'où il reftoit à conclure que celle faite en faveur du frere qui ne contractoit pas mariage, devoit valoir comme condition, ou comme une convention réciproque, dont le bénéfice dépendoit uniquement de la furvie.

C'eft ce qui fut jugé au rapport de M. de Vienne, par arrêt du parlement de Paris, rendu en la grand'chambre le 12 mars 1736, au profit du fieur Gilbert Giraud, fils & héritier de Simon Giraud, contre M. André Cadier, tant en fon nom, comme héritier de Magdelaine Giraud, fa mere, à fon décès veuve de Michel Cadier, que comme ayant les droits de fes cohéritiers.

10. Si un pere & une mere n'ayant qu'une fille unique la marient, & que par fon contrat de mariage ils l'inftituent leur univerfelle héritiere, à la charge d'affocier au partage de leur fucceffion les enfans qui naîtroient d'eux ; c'eft une queftion, comment il faut entendre en ce cas le mot *d'eux* : s'il doit s'entendre des pere & mere conjointement, ou feulement divifément de chacun d'eux.

11. Mon fentiment eft qu'il faut entendre par le mot *d'enfans qui naîtront d'eux*, tant ceux qui peuvent naître de chacun d'eux féparément par de feconds mariages, que ceux qui peuvent naître d'eux conjointement par le préfent mariage ; enforte que les enfans d'un fecond lit, au défaut de ceux du premier, font réputés compris dans l'affociation : car

encore qu'il puisse se faire, qu'en instituant leur fille unique leur héritiere universelle, à la charge d'associer les enfans qui naîtront d'eux, ils n'ayent eu en vue que les enfans qui pourroient naître d'eux conjointement par le présent mariage; il faut cependant suppléer à leur volonté: & comme il est à présumer que s'ils avoient prévu qu'ils seroient obligés de passer en secondes noces pour avoir des enfans, ils n'auroient pas voulu priver ces enfans de leur succession, il est juste dans ce cas de suivre leur volonté, & de comprendre leurs enfans d'autre lit. C'est ce qui a été jugé par arrêt du 2 août 1676, rendu en la Coutume de la Marche, rapporté par M. Jabely, qui avoit écrit au procès, sur l'article 294 de la Coutume de la Marche, & dans le troisieme tome du journal des audiences, liv. 10, chap. 27. Et tel est le sentiment de Jabely sur ledit article 294 de la Coutume de la Marche, & de M. Jean-Marie Ricard, *des Donations*, part. 1, chap. 4, sect. 2, dist. 2, aux additions.

12. La substitution fidéicommissaire peut être universelle, ou particuliere. Le fidéicommis est universel, lorsqu'on charge son héritier de rendre sa succession à un tiers; & il n'est que particulier, lorsqu'il consiste seulement en une certaine chose, ou une certaine somme, & que l'on charge seulement l'héritier institué de rendre cette somme.

13. Les substitutions fidéicommissaires universelles, ou particulieres, sont pures, simples & sans condition, ou elles sont faites avec condition.

14. Si la substitution fidéicommissaire est pure, simple & sans condition, en ce cas le fidéicommis est dû, dès le moment de la mort du substituant: c'est pourquoi si le substitué ou fidéicommissaire décede après le substituant, quand même l'héritier institué n'auroit pas encore accepté la succession; le substitué transmet son droit à ses héritiers, lesquels sont bien fondés à demander la délivrance du fidéicommis, puisqu'il appartenoit au fidéicommissaire dans le temps qu'il étoit encore vivant. Ainsi, si Pierre institue Paul son héritier par son contrat de mariage, à la charge de donner à Jacques une somme de 1000 livres, ou bien de l'associer pour un quart à sa succession; dans ce cas si Jacques decede après Pierre, avant que Paul ait accepté la succession, Jacques transmet son droit à ses héritiers.

15. Mais si le fidéicommis est fait sous condition; par exemple, si Pierre charge Paul son héritier institué, au cas que ledit Paul décede sans enfans, de rendre à Jacques, en ce cas le fidéicommis n'est dû que lorsque la condition est arrivée: c'est-pourquoi si Jacques substitué meurt avant l'échéance de la condition, ses héritiers n'y peuvent rien prétendre; & c'est ce qu'on dit communément que l'espérance du fidéicommis conditionnel ne se transmet point. Tel est le sentiment uniforme des jurisconsultes, & la jurisprudence des arrêts, ainsi qu'on le peut voir dans Ricard, *des substitutions*, traité 3, chap. 9, part. 1, & dans les observations sur Henrys, tome 2, liv. 5, qu. 5. La raison est qu'à l'égard des dispositions conditionnelles, comme la condition qui y est apposée, en suspend l'effet, jusqu'à ce que la condition soit échue; si celui qui la doit recueillir décede avant l'échéance, la disposition demeure caduque & sans effet; de maniere que le fidéicommissaire n'ayant aucun droit acquis avant l'échéance de la condition, & étant décédé, par conséquent sans action, il n'a pu transmettre une action & un droit qu'il n'avoit pas, à ses héritiers.

16. Mais si la disposition conditionnelle, dit M. Ricard, est sujette à cette incommodité qui empêche qu'elle ne puisse avoir effet, en cas que le fidéicommissaire vienne à décéder avant l'échéance de la condition, elle a d'ailleurs son avantage qui procede de la même cause, & qui consiste en ce que, comme on considere l'échéance de la condition pour juger de la capacité du fidéicommissaire, il arrive souvent que celui qui n'eût pas profité de la disposition lors du décès du substituant, d'autant (par exemple) qu'il n'étoit pas au monde, la recueille au temps que la condition a reçu son effet; parce qu'il se trouve qu'il a pris naissance, ou qu'il est autrement devenu capable, entre le temps de l'ouverture de l'institution, & celui de l'échéance de la condition. Ricard, *des substitutions*, traité 3, ch. 9, part. 1, n. 629.

17. Au reste il faut absolument, selon que l'observe le même M. Jean-Marie Ricard, pour recueillir la disposition, soit pure ou conditionnelle, que celui qui en veut profiter, soit du moins capable au temps de son échéance; c'est-à-dire, si elle est pure, au temps de la mort du disposant, & si elle est conditionnelle, au jour que la condition est accomplie; parce que, dit Ricard, la volonté du disposant l'a bien pu tenir en suspens pendant le temps qu'il lui a donné pour son échéance, mais l'effet de cette volonté étant fini, les biens sont déférés de plein droit à ceux qui se trouvent prêts à les recueillir; & en étant une fois les maîtres, ils leur appartiennent incommutablement, par la raison que la volonté qui les donnoit à d'autres, s'ils se fussent trouvés capables, étant consommée, elle ne peut plus renaître au préjudice d'un tiers, auquel les biens sont acquis. Ricard, *ibid.* n. 633.

ARTICLE CCXXV.

DONATIONS entre-vifs universelles, *aut per modum quotæ*, sont révoquées, si le disposant au tems de son trépas a enfans naturels & légitimes survivans: fors ès donations faites en contrat de mariage, lesquelles ne sont audit cas révocables.

De la révocation des donations universelles.

1. LA faculté de révoquer la donation sous le bon plaisir du donateur, & toutefois & quantes, est, selon que l'a observé M. Jean-Marie Ricard, un vice radical de la donation entre-vifs, qui la rend absolument nulle dans sa substance ; mais si cette faculté est limitée dans de certains cas, & pour certaines causes, & que la révocation ne dépende pas de la volonté du donateur, rien n'empêche qu'un acte de cette façon ne puisse avoir la qualité de donation entre-vifs. Or deux causes donnent lieu à la révocation de la donation entre-vifs de tous les biens du donateur, ou d'une partie considérable, lesquelles ne dépendent pas de la volonté du donateur ; la premiere est la survenance d'enfans au donateur ; & la seconde, l'ingratitude du donataire envers le donateur.

2. Lorsqu'un homme qui n'a point d'enfans, fait une donation entre-vifs universelle, *aut per modum quotæ*, soit à un parent, soit à un étranger, s'il lui survient des enfans elle est révoquée ; c'est la disposition précise de notre Coutume, au présent article, & de celle de Nivernois, titre 27, art. 13, tirée du droit romain, *in L. Si unquam, cod. de revocand. donat.* La raison est que l'amour paternel fait présumer que le donateur n'auroit pas donné, s'il avoit cru avoir des enfans, & que l'on suppose toujours que ces sortes de donations sont faites sous la condition tacite que la donation sera sans effet, s'il survient des enfans : d'où il s'ensuit que la révocation n'a pas lieu,

3. 1°. Si lors de la donation, le donateur avoit des enfans nés & vivans, le motif de la disposition de la Coutume ne pouvant convenir à celui qui ayant des enfans vivans, a un contre-poids suffisant pour s'empêcher de rien faire légèrement au préjudice de son sang & de sa famille, sans une raison très-importante : de maniere qu'en ce cas l'on peut seulement arguer la donation d'inofficiosité, c'est-à-dire, jusqu'à la concurrence de la légitime. Ricard, *des Donat.* part. 3, chap. 6, sect. 3.

4. 2°. Si le pere a laissé mourir ses enfans sans révoquer ; car ses enfans étant morts, & la raison de la disposition de la Coutume cessant, il ne peut plus s'en servir pour révoquer la donation : ainsi jugé par les arrêts cités par Ricard ; & tel est son sentiment, en son traité *des Donat.* part. 3, chap. 5, sect. 6, n. 635 & suiv.

5. 3°. Il y a plus, c'est que la donation n'est pas révoquée par la simple survenance d'enfans, quoique le pere donateur en poursuive la révocation, mais uniquement par leur existence au temps du trépas du disposant, & leur survivance au donateur ; c'est ce qui résulte de ces termes de notre article : *si le disposant au tems de son trépas a enfans naturels légitimes & survivans*, lesquels n'ont été ajoutés dans le temps de la réformation de la Coutume, ainsi qu'il est dit dans le procès verbal, que pour faire connoître que la donation ne pouvoit être révoquée que par la survivance des enfans au donateur.

6. Tel est le sentiment de nos commentateurs, dans leurs observations sur le présent article : *Intellige*, dit M. Ch. Dumoulin, SURVENUS ET ENCORE VIVANS, *ut patet in processu verbali*.... M. Charles Dumoulin.

7. *Hanc legem*, dit Papon en parlant de la loi *Si unquam, C. de rev. donat. & Statutum nostrum hoc inter se dissentire nemo non videt ; illa enim donatio revocatur eo tempore, quo filii suscepti sunt ; hoc autem Statuto si tantum illi patri superstites fuerint*....... Papon, *hic*.

8. *Licèt enim liberi supervenirent*, dit M. le président Duret sur ces mots, AU TEMPS DE SON TRÉPAS, *si tamen vivo donatore moriantur, quamvis juris scrupulositate donationes ruptæ videantur, benignè receptum est ut secundum donatoris judicium donatarii res donatas accipiant, & obtineant*.... M. Duret, *hic*.

9. *Per survenientiam liberorum*, dit encore M. Louis Semin, *non revocatur ipso jure donatio, quandoquidem si non supersint liberi, rata manet* ; à quoi M. Jean Decullant ajoute : *Et hoc statuto nostro dirimitur controversia jurisconsultorum, an solâ superveniente liberorum ipso jure revocetur donatio*... *Vide ad hunc paragraphum nostrum annotata in processu verbali*. M[rs]. Semin & Decullant, *hic*.

10. Ainsi a été jugé en cette Sénéchaussée dans le procès de M[rs]. Gaumin, au sujet d'une donation entre-vifs, que demoiselle Claudine Gaumin, leur sœur, leur avoit fait de tous ses biens sous une pension de 1200 liv. & une réserve de 6000 liv. Ladite demoiselle Gaumin s'étant mariée, depuis la donation, au sieur Augustin Gayen d'Ormesson, & ayant eu des enfans de son mariage, elle fit action à ses freres pour faire révoquer sa donation à cause de survenance d'enfans. Mais par sentence rendue au rapport de M. Bolacre le 8 juin 1717, il fut jugé que, pour que la donation fût révoquée, il falloit attendre le décès de la donatrice, pour savoir si les enfans lui survivroient : ainsi ladite demoiselle fut déclarée non-recevable quant à présent ; toutefois les donataires

furent chargés de donner caution, pour rapporter les choses données, le cas échéant.

11. 4°. Si le donateur ratifie & approuve la donation, depuis la survenance d'enfans, la révocation est couverte, sauf la légitime des enfans : car le bénéfice de la révocation, admis par la Coutume, n'ayant pour fondement que la présomption de la volonté du donateur, & la conjecture qu'il ne se fût pas porté à faire la donation s'il eût attendu des enfans, il n'y a pas de meilleur interprête de ses intentions que lui-même. Tellement que si depuis la survenance d'enfans, il ratifie la donation qu'il avoit faite auparavant, il n'y a point de difficulté, dit Ricard, qu'elle ne peut plus recevoir d'atteinte du chef de la loi, qui établit la révocation. C'est le raisonnement de Ricard, traité *des donations*, part. 3, ch. 5, sect. 5, n. 627. Tel est aussi le sentiment de M. le président Duret, sur notre article : *Nec prohibetur*, dit-il, *pater liberis supervenientibus donationem confirmare, quo casu rata erit ad liberorum congruentem legitimam*. M. Duret, *hic*.

12. Mais, si le pere donateur est mort sans déclarer son intention, la difficulté est de savoir si les enfans, après son décès, pourront faire révoquer la donation : sur quoi l'on distingue, ou la donation a été faite avec réserve d'usufruit, & en ce cas, disent les docteurs, il n'y a point de difficulté qu'ils le puissent, parce que pour lors la demeure du pere n'est nullement considérable, n'y ayant pas lieu de présumer qu'il ait négligé son droit, tant que la chose donnée a été en sa possession : mais s'il n'y a pas de rétention d'usufruit, ni d'autre clause de cette nature, qui ait conservé la possession au donateur, & qu'il ait été un temps assez considérable après la survenance d'enfans, sans révoquer sa donation, laissant jouir paisiblement le donataire ; en ce cas les auteurs veulent qu'il y ait lieu de présumer qu'il ne s'est point répenti de sa libéralité, & que la survenance d'enfans ne l'a pas fait changer de volonté : de maniere, ajoutent-ils, qu'on ne doit pas recevoir les enfans à venir contre la donation. Mais j'estime que ce raisonnement n'a pas lieu dans cette Coutume, & que cette décision n'y doit pas être suivie ; d'autant que la donation n'y étant pas révoquée par la simple survenance d'enfans, mais par leur existence au temps du décès du disposant, il ne dépend pas du donateur de révoquer, ou plutôt de faire ordonner la révocation de sa donation pendant sa vie, & qu'il faut attendre sa mort, pour savoir si elle doit être révoquée ou non, ainsi qu'il a été jugé par la sentence ci-dessus citée du 8 juin 1717.

13. Sous le nom d'enfans qui donnent lieu à la révocation de la donation, on comprend non-seulement les enfans du donateur, mais encore ses petits-fils, & tous ses descendans en ligne directe ; mais non les bâtards, ni les enfans adoptifs ; ce qui résulte de ces mots de notre article, *enfans naturels & légitimes* ; & c'est l'observation de M. le président Duret : *Nota*, dit-il, *quòd hoc vocabulo*, les enfans, *intelliguntur liberi seu nepotes, omnesque in linea directa descendentes, ubi eorum favore aliquod statuitur, non verò adoptivi filii & batardi, undè si donatione factâ donator extraneos sibi in filios adoptaverit, aut batardos susceperit, non corrueret donatio, quod satis apparet ex verbis nostri Statuti*, enfans naturels & légitimes. M. Duret, *hic*.

14. Toutefois la légitimation des enfans naturels par subséquent mariage, donne lieu à la révocation de la donation, également que la naissance des enfans légitimes. Telle est la décision des arrêts rapportés par Ricard, partie 3, *des Donations*, ch. 6, sect. 3, n. 599 & suiv. & tel est son sentiment & celui de M. le président Duret, ci-après rapporté. La raison est que les enfans légitimés par le mariage de leurs pere & mere, sont en tout semblables à ceux qui sont nés en légitime mariage ; & que ces enfans ne sont censés de la famille du donateur, que depuis qu'il les a rendus légitimes, le pere n'étant présumé les regarder pour ses enfans, & ses héritiers légitimes, que depuis le temps qu'il a épousé leur mere, & contracté le mariage.

15. Mais tous les auteurs demeurent d'accord, que la légitimation par lettres du prince n'auroit pas le même effet : la raison est que telle légitimation est tout-à-fait irréguliere ; qu'elle n'est faite que par fiction, & ne donne pas aux légitimés la faculté de succéder *ab intestat*; desorte qu'ils ne sont qu'improprement de la famille. Tel est le sentiment de Ricard, *des donations*, partie 3, chapitre 6, sect. 3, n. 602, & de M. le président Duret. *Si batardi*, dit M. Duret, *ante vel post donationem concepti, à donatore per subsequens matrimonium fuerint legitimati, istâ legitimatione filii facti legitimi tanquam supervenientes donationem irritam faciunt, quia hæc legitimatio naturam imitatur ; qui verò legitimatur rescripto Principis, consequitur jura legitimorum respectu legitimantis patris, non respectu cæteræ cognationis*. M. Duret, *hic*.

16. Ne sont comprises au nombre des donations révoquées par survenance d'enfans,

17. 1°. Les donations de choses de peu de valeur & de petite considération, eu égard aux biens & facultés du donateur ; de maniere qu'il est à présumer qu'il n'eût pas laissé de faire cette donation, quoiqu'il eût prévu avoir des enfans, ainsi qu'il a été jugé, (selon que le rapporte M. Louis Vincent en ses manuscrits) le 14 novembre 1614, pour une nommée Etiennette Meaulue contre Annet Paterin, appellante de sentence du châtelain de Bellenave : tellement qu'il faut que les donations pour être révoquées, soient, suivant notre art. universelles, *aut per modum quotæ*, ou bien, selon que s'en expliquent nos commentateurs, & les auteurs qui ont traité cette matiere, d'une partie considérable des biens ; en telle sorte qu'un bon pere de famille eût été détourné

de

Tit. XX. Des Donations, Dons, &c. Art. CCXXV.

de la faire, s'il avoit cru avoir des enfans : ce qui dépend aſſez de l'arbitrage du juge. *Idem Juris eſt*, dit M. le préſident Duret, ſur ces mots du préſent article, PER MODUM QUOTÆ, *in donationibus rerum ſingularium, ſi ejuſmodi proponantur, quas veriſimiliter non feciſſet donans, ſi de liberis ſupervenientibus cogitaſſet.* Tel eſt auſſi le ſentiment de Coquille ſur la Coutume de Nivernois, chap. 27, art. 13, & de Ricard, *des donations*, part. 3, ch. 5, ſect. 4, n. 605.

18. 2°. Ne ſont compriſes au nombre des donations révoquées pour ſurvenance d'enfans, les donations rémunératoires, parce que c'eſt un titre onéreux, qui détruit la nature de la donation, & en fait une eſpece de vente, quoique la récompenſe ne fût due que par obligation naturelle; ainſi ne ſont révoquées les donations pour récompenſe de ſervices, juſqu'à la concurrence de la valeur d'iceux.

19. Coquille, ſur l'article 13 du chap. 27 de la Coutume de Nivernois, & Ricard, traité *des donations*, part. 3, ch. 5, ſect. 4, n. 621, tiennent que la loi *Si unquam* a lieu dans les diſpoſitions à cauſe de mort, & qu'elles ſont révoquées par la ſurvenance : c'eſt auſſi le ſentiment de M. François Menudel ſur le préſent article, où il dit que c'eſt aujourd'hui une maxime du droit Français.... que les teſtamens contiennent une condition tacite en faveur des enfans.... *Et revocari legata præſumptione voluntatis contrariæ.*

20. Mais M. le préſident Duret & M. Jean Decullant ſoutiennent que la révocation prononcée par notre article, ne doit pas avoir lieu dans les diſpoſitions à cauſe de mort, & teſtamentaires ; & c'eſt auſſi le ſentiment de M. Prohet ſur la Coutume d'Auvergne, titre 14, art. 33, & le mien ; & la raiſon, c'eſt que dans les donations teſtamentaires & legs, le donateur n'eſt point déſaiſi ; que non-ſeulement il demeure le maître pendant ſa vie de ce qu'il a légué, mais qu'il lui eſt loiſible de révoquer ſon teſtament juſqu'à ſon décès ; de maniere que n'ayant pas révoqué la donation teſtamentaire, & à cauſe de mort, comme il lui étoit loiſible, il eſt cenſé l'avoir confirmée.

21. *Hoc Jus municipale*, dit M. Duret ſur notre article, *donationes inter vivos apertè obſervavit, quoniam legata & alia ſuprema Judicia pro arbitrio à diſponente revocantur, quæ conſideratio in donationibus inter vivos non obtinet : Hæ enim ubi perfectæ ſunt, temerè non revocantur ; itaque circa eas neceſſaria fuit legis interpretatio. Quanquam ſunt aliqui, qui non ſine bona occaſione probant legata ſupervenientibus liberis adimi, ſi quo tempore concepta fuere, diſponens de naſcituris probabiliter non cogitaſſet....* M. Duret, *hîc.*

22. M. Jean Decullant, dans ſon traité *des Succeſſions*, s'explique de la maniere qui ſuit : *Univerſalis donatio*, dit-il, *aut per modum quotæ inter vivos, per ſupervenientiam liberorum tollitur, licèt prædeceſſu Donatarii non corruat ; ſecùs de donatione cauſâ mortis, quæ tantùm morte Teſtatoris firmatur : undè præmoriente legatario evaneſcit, verùm eo ſuperſtite, modò diſpoſitio quartam bonorum Teſtatoris partem non excedat, per ſupervenientiam liberorum Teſtatoris non irritatur ; quod & obſervatur in donatione rei particularis inter vivos factæ, quæ ſemel perfecta, nec prædecedente donatario, nec per ſupervenientiam liberorum donatoris fit caduca.* M. Decullant.

23. Pour les donations faites en faveur & par contrat de mariage, elles ne ſont point ſujettes à révocation pour ſurvenance d'enfans, ſuivant la diſpoſition préciſe de notre Coutume au préſent article, & de celle d'Auvergne, tit. 14, art. 33 : & la raiſon, c'eſt que telle donation fait partie des conventions du mariage, lequel n'auroit pas été fait ſans cela ; ce qui doit s'entendre, ſoit que la donation ſoit faite aux enfans, *causâ dotis*, ou à un étranger, la légitime toutefois réſervée aux enfans des donateurs, ainſi qu'il eſt réglé par l'article 119, *ſuprà*, & par la Coutume d'Auvergne dans l'article cité : mais il faut pour la réſerve de cette légitime, que les enfans ſoient ſurvivans à leur pere donateur ; parce que la légitime ne leur étant due qu'au temps du décès de leur pere, elle n'eſt acquiſe aux enfans que par leur exiſtence au temps de ce décès.

24. Mais la faveur du contrat de mariage n'empêche pas que les donations faites en icelui, auſſi bien que les inſtitutions d'héritiers ne puiſſent être révoquées, à cauſe de l'ingratitude du donataire, & dans les cas exprimés dans la Novelle 115, ch. 3 ; parce que la faveur du mariage ne couvre point l'ingratitude du donataire & n'empêche pas que l'on ne puniſſe les mauvais traitemens qu'il fait au donateur, la Coutume n'ayant garde d'autoriſer un ſentiment ſi inhumain : ce qui paroît d'autant plus juſte, que la ſucceſſion contractuelle n'eſt pas plus due à l'héritier inſtitué, que la légitime des enfans qui eſt une dette de ſa nature ; & que puiſque perſonne ne doute qu'une fille mariée ne puiſſe être privée de la légitime, au préjudice de ſon mari, pour cauſe d'ingratitude, il en doit être de même de l'inſtitution contractuelle.

25. D'où il s'enſuit qu'il faut faire une grande différence entre les révocations volontaires & arbitraires, & celles qui ſont fondées ſur de juſtes cauſes, comme l'ingratitude & les injures atroces ; que quand une donation, ou inſtitution contractuelle ont donné lieu de conclure un mariage, il n'eſt plus à la vérité, ainſi qu'il a été dit, au pouvoir de celui qui l'a faite, de changer de volonté, & de la révoquer quand il lui plaît ; parce que, ſi cela étoit, ces ſortes d'inſtitutions & donations donneroient lieu à de très-grandes fraudes ; mais qu'il ne s'enſuit pas, que celui qui a fait une donation, ou inſtitution contractuelle, ne la puiſſe pas révoquer pour cauſe d'ingratitude, parce qu'on ne peut pas dire qu'il y ait dans ce cas aucune fraude. Tel eſt le ſentiment de M. Prohet, ſur l'article 33 du titre 14 de la Coutume d'Auvergne ; de

M. de Lauriere, *inst. contract.* ch. 4, n. 102 & suiv. & de Ricard, *des donations*, part. 3, chap. 6, sect. 1, n. 681 & 682.

26. Mais il est à observer que la révocation de la donation pour cause d'ingratitude, ne peut préjudicier à un tiers qui a un droit acquis sur les choses données ; & pour cela il faut distinguer entre la donation & l'institution d'héritier.

27. Quant à la donation, comme la révocation d'icelle ne peut pas nuire aux créanciers du donataire ; par la même raison, si les donations faites aux femmes sont révoquées pour cause d'ingratitude, ce ne doit point être au préjudice de leurs maris, qui ont droit acquis sur ces biens, puisque la Coutume leur en donne la jouissance. C'est l'observation de M. de Lauriere, *ibid.* n. 99 & 105.

28. Mais à l'égard de l'institution, celle d'une femme peut être anéantie par révocation pour cause d'ingratitude, sans que le mari puisse s'en plaindre ; puisque n'étant pas institué, il n'a eu qu'une simple espérance de profit, sans aucun droit. C'est encore la remarque de M. de Lauriere, *ibid.* n. 112, où il dit qu'il faut bien observer que dans ce cas la révocation ne nuit pas aux enfans, parce qu'ils sont substitués vulgairement, comme il a été dit sur l'article 219, *suprà*.

29. Dans le cas de la révocation de la donation pour survenance d'enfans, comme dans cette Coutume ; cette révocation n'a lieu que quand le donateur, ou plutôt ses enfans qui lui survivent, se veulent servir de la faculté qui leur est accordée par la loi : le donataire n'est point obligé à la restitution des fruits, du jour de la naissance du premier enfant, ni du jour que le pere a intenté son action, mais uniquement du temps que les enfans du donateur qui lui ont survécu, ont formé leur demande en révocation, parce qu'avant le décès du donateur, & jusqu'à ce que la demande en révocation ait été formée par les enfans survivans, il n'est pas obligé de remettre les choses données ; qu'il est même incertain, jusqu'au temps de la mort du donateur, si la donation pourra être révoquée ; que dans cette incertitude, & n'étant pas obligé de remettre les choses données, il continue de jouir non-seulement comme possesseur de bonne foi, mais encore comme donataire & véritable propriétaire, & qu'il n'y a rien par conséquent qui l'empêche de faire les fruits siens.

30. Quant à ce qui concerne la révocation pour cause d'ingratitude, il est constant que le donateur ne peut pas prétendre la restitution des fruits, avant son action, Ricard, traité *des donat.* part. 3, chapitre 6, sect. 4, n. 731.

31. Quand la donation est révoquée pour cause d'ingratitude, le sentiment le plus commun est que dans ce cas le donateur reprend ses choses données avec les charges & hypothéques imposées par le donataire, & qu'il ne peut les revendiquer contre les acquéreurs de bonne foi. La raison est que la révocation pour cause d'ingratitude, provenant d'une cause extrinseque, dont on n'attend pas l'événement, qui survient depuis la perfection de la donation ; les tiers acquéreurs, & les créanciers ont pu contracter avec le donataire, qui étoit alors le propriétaire incommutable de la chose donnée, & que le droit d'un acquéreur de bonne foi ne peut être détruit par le délit de son auteur ; d'autant que la peine ne passe pas à d'autre. Ainsi, si la chose donnée se trouve en la possession du donataire, le donateur la peut retirer en vertu de la révocation de sa donation, les hypothéques constituées sur icelle subsistant : sauf au donataire son recours contre le donataire pour les faire éteindre. Ricard, *des donations*, partie 3, chap. 6, sect. 3, n. 714, 715, & 720.

32. M. Charles Dumoulin, en son commentaire sur la Cout. de Paris, §. 31, gl. 1, n. 57, forme à ce sujet une question qui ne reçoit pas peu de difficulté, dit Ricard ; savoir, si le donataire qui a vendu ou autrement engagé la chose donnée, est tenu d'en rendre le prix. Ricard tient pour la négative, & Dumoulin pour l'affirmative, par cette considération qu'il n'est pas juste, qu'ayant commis un crime qui emporte la révocation du bienfait qu'il avoit reçu, il en retienne encore quelqu'avantage : Je suis de ce sentiment.

33. Les sentimens me paroissent plus partagés dans le cas de la révocation pour survenance d'enfans ; toutefois l'opinion qui me paroît la mieux appuyée & la plus suivie, est que dans ce cas la révocation de la donation annulle les aliénations qui en auroient été faites par le donataire, & qu'elle éteint aussi toutes les charges, hypothéques & droits réels imposés par le donataire.

34. 1°. La révocation de la donation, ordonnée pour survenance d'enfans, annulle les aliénations qui en auroient été faites. La raison est que la donation est en ce cas résolue pour une cause inhérente tacitement au contrat, comme fait sous une condition tacite, si le donateur n'a point d'enfans ; d'où il s'ensuit qu'étant révoquée par l'événement de cette condition, elle est réputée nulle dès son commencement, & comme si le donataire n'en auroit jamais eu la propriété. Ricard, *des donations*, partie 3, ch. 5, sect. 7, n. 651.

35. Elle donne donc droit aux enfans du donateur de revendiquer les choses données contre tous acquéreurs, s'il n'y a prescription, laquelle ne commence que du jour du décès du donateur par le tiers détempteur, & contre les enfans du donateur décédé ; parce que jusqu'alors le donateur & les enfans ont pour eux la maxime, que la prescription ne court pas contre ceux qui n'ont pas lieu d'agir, sauf pourtant le recours des acquéreurs contre le donataire.

36. 2°. La révocation pour survenance d'enfans éteint toutes charges, hypothéques & droits réels imposés par le donataire, par la

raison ci-dessus rapportée ; savoir, que la révocation étant en vertu d'une condition du contrat même de donation, le donataire n'a pu rien faire qui portât préjudice à cette convention : de maniere que le cas de la condition échéant, il n'y a point de difficulté que la chose ne doive retourner au donateur, en l'état qu'elle étoit, lorsque la donation a été faite, puisqu'elle n'a jamais appartenu au donataire qu'avec cette clause que la loi y présume. Ricard, *des donations*, part. 3, chap. 5, sect. 7, n. 651; Basnage, *des hypothéques*, part. 2, ch. 7.

* La disposition du présent article 225, & ce qui a été dit sur icelui, ne peut s'exécuter en son entier, depuis la publication de l'ordonnance du mois de février 1731, concernant les donations, publiée pendant l'impression de cet ouvrage, régistrée au parlement le 9 mars suivant, & en cette Sénéchaussée le 9 mai audit an; il a été dérogé à cet article par cette ordonnance.

Les observations suivantes feront connoître ce en quoi il y a été dérogé, & ce qui reste en vigueur.

Premiere observation, l'ordonnance du mois de février 1731, n'a d'application qu'aux donations entre-vifs faites après la publication d'icelle, ainsi les donations entre-vifs faites avant cette publication, doivent être exécutées, comme auparavant; & la disposition du présent article, & le contenu au présent commentaire, doit être observé à leur égard. C'est ce qui résulte de l'article 47 & dernier de cette ordonnance.

Seconde observation, les donations entrevifs, faites en faveur du mariage, sujettes à révocation par survenance d'enfans, suivant l'article 39 de l'ordonnance, sont celles seulement qui auroient été faites par autres que les conjoints, ou les ascendans; d'où il suit que les donations entre-vifs, faites en faveur de mariage par les conjoints, ou ascendans, ne peuvent être révoquées par survenance d'enfans, conformément à la disposition de notre Coutume au présent article, auquel il n'a été dérogé à cet égard.

Troisieme observation, les donations entre-vifs, faites en contrat de mariage, par personnes autres que les conjoints & les ascendans, qui n'avoient pas d'enfans ou descendans, actuellement vivans, dans le temps de la donation, sont révoquées par la survenance d'enfans, de même que celles faites hors contrat de mariage, & en cela l'ordonnance déroge au présent article.

Quatrieme observation, les donations entre-vifs, révocables par survenance d'enfans, suivant l'ordonnance, article 39, ne sont pas seulement les donations universelles, ou *per modum quotæ*, comme il est dit dans notre article; mais ce sont toutes sortes de donations entre-vifs, de quelque valeur que lesdites donations puissent être, en quoi la disposition de l'ordonnance est plus étendue que celle de la Coutume; & il y a plus, c'est que l'ordonnance audit article 39, comprend au nombre des donations entre-vifs, révocables par survenance d'enfans, toutes donations à quelque titre qu'elles ayent été faites, & encore qu'elles fussent mutuelles ou rémuneratoires, & en cela l'ordonnance paroît apposée à ce qui a été dit au nombre 18 du présent commentaire.

Cinquieme observation, c'est la simple survenance d'enfans, qui, selon l'ordonnance, donne lieu à la révocation de la donation, & non leur existence, au temps du trépas du disposant. C'est ce qui résulte des articles 39, 41, & 43 de l'ordonnance. Demeureront, dit l'article 39 (les donations) révoquées de plein droit par la survenance d'un enfant légitime du donateur, même d'un posthume, ou par la légitimation d'un enfant naturel par mariage subséquent, & non par autre sorte de légitimation; l'article 41 porte que la donation demeurera révoquée, quand même le donataire seroit entré en possession des biens donnés, & qu'il y auroit été laissé en possession depuis la survenance d'enfans : « Et ne pourront, dit l'article 43, les dona» tions ainsi révoquées, revivre, ou avoir de » nouveau leur effet, ni par la mort de l'en» fant du donateur, ni par aucun acte confir» matif; & si le donateur veut donner les mê» mes biens au même donataire, soit avant, » soit après la mort de l'enfant par la naissance » duquel la donation avoit été révoquée, il » ne pourra le faire que par une nouvelle dis» position. » De cette maniere, ce qui a été dit au nombre 5 & suiv. du présent commentaire, conformément à la disposition de la Coutume, au présent article, & ce qui est rapporté dans le procès verbal d'icelle; savoir, que la seule existence d'enfans au temps du trépas du disposant, & leur survivance au donateur, donnoient lieu à la révocation de la donation entre-vifs, se trouve détruit par l'ordonnance, aussi bien que ce qui a été dit aux nombres 4 & 11, du silence du donateur, ou de sa ratification, après la survenance d'enfans; & la question formée au nombre 12, devient inutile, & il ne peut plus y avoir sur cela aucune difficulté.

Sixieme observation, le donataire, suivant l'article 41 de l'ordonnance, est tenu de restituer les fruits, du jour que la naissance de l'enfant, ou sa légitimation par mariage subséquent, lui aura été notifiée par exploit, ou autre acte en bonne forme, & ce quand même la demande pour rentrer dans les biens donnés, n'auroit été formée que postérieurement à ladite notification; ce qui est opposé à ce qui a été dit dans le nombre 29 du présent commentaire.

Septieme observation, les biens compris dans la donation révoquée, rentrent dans le patrimoine du donateur, libres de toutes charges du chef du donataire, sans qu'ils puissent demeurer affectés, même subsidiairement, à la restitution de la dot de la femme du donataire, reprises, douaire, ou autres conventions matrimoniales, quand même la donation auroit été faite en faveur du mariage du donataire, inférée dans le contrat, & que le donateur se seroit obligé comme caution par ladite donation, à l'exécution du contrat de mariage ; ce qui est conforme à ce qui a été dit dans les nombres 33, 34 & 36 du présent commentaire.

Huitieme observation, le donataire, ses héritiers ou ayans cause, ou autres détenteurs des choses données, ne peuvent opposer la prescription, pour faire valoir la donation révoquée par la survenance d'enfans, qu'après une possession de trente années, qui ne peuvent commencer à courir que du jour de la naissance du dernier enfant du donateur, même posthume, & ce sans préjudice des interruptions telles que de droit ; c'est la disposition de l'art. 44 de l'ordonnance, qui est opposé à ce qui est dit dans le nombre 35 du présent commentaire, touchant le temps que la prescription commence à courir.

Neuvieme observation, toute clause ou convention, par laquelle le donateur, auroit renoncé à la révocation de la donation pour survenance d'enfans, est regardée comme nulle & ne peut produire aucun effet pour empêcher la révocation qui a lieu, encore que l'enfant du donateur ou de la donatrice, fut conçu au temps de la donation. Telle est la disposition des articles 40 & 44 de l'ordonnance.

ARTICLE CCXXVI.

Quelle association n'est prohibée. LE MARI durant le mariage, ne peut faire aucune association, donation, ou autre contrat avec sa femme, enfans de sadite femme d'autre lit, ni autres, esquels elle doive ou puisse succéder *immediatè* ; *nec è contra* la femme au mari, à ses enfans, ou autres, esquels le mari doive succéder *immediatè*, supposé que lesdits contrats soient validez par serment, si ce n'est en contrat de mariage, ou contrat de don mutuel d'entre le mari & la femme, selon que sera dit ci-après.

1. Cette Coutume, dans le présent article, défend les avantages d'entre mari & femme, par dispositions entre-vifs durant le mariage, le don mutuel excepté. Telle est aussi la disposition de la Coutume de la Marche, art. 290 ; de celle de Nivernois, chap. 23, art. 27 ; de celle d'Anjou, article 328, & autres.

2. Toutes ces Coutumes ne défendant que les contrats & dispositions entre-vifs ; les donations testamentaires entre mari & femme y sont permises. C'est l'observation de M. Charles Dumoulin, dans sa note sur le présent article : *sed non prohibetur*, dit-il, *legare*. M. Julien Brodeau a fait la même observation que Dumoulin dans ses notes sur notre article, & sur l'article 27 du chap. 23 de la Coutume de Nivernois ; sur l'article 290 de celle de la Marche ; & sur les art. 88 & 149 de celle de Monfort. *Verba enim contraxerunt & gesserunt*, dit-il dans sa note sur le présent article, *ad testandi jus non pertinent*, L. *Verba* 20, *de verb. signif.* & il dit que tel est l'usage notoire dans la Coutume de la Marche, dont il s'est informé. Jean-Marie Ricard atteste pareillement, sur l'article 328 de la Coutume d'Anjou, que c'est l'usage constant dans cette Coutume. M. Guy Coquille en dit autant de la Coutume de Nivernois, & ajoute sur ledit article 27 du ch. 23 de cette Coutume, qu'ainsi s'observe & se pratique dans toutes les provinces où la Coutume ne résiste point, conformément à un arrêt de 1531, qu'il cite.

3. Pour ce qui est de notre Coutume, l'usage est notoire & constant. *Nostri*, dit M. le président Duret, *inter virum & uxorem contractus inter vivos minimè recipiunt, exceptâ donatione mutuâ de quâ art. proximo.... Mortis autem causâ alter ab altero capere non prohibetur.... & regulare est ut prohibitio alienationis per contractum, ad alienationem per testamentum non transferatur*, Alex. Consi. 120, num. 2, lib. 1 ; Chopin, *in Andeg. cap.* 41, num. 8. *Et vice versâ prohibitio alienationis causâ mortis, alienationem inter vivos non comprehendit.* M. Duret, sur ces mots de notre article, *ou autres contrats*.

4. *Nota hæc verba*, dit M. Louis Semin, ASSOCIATION, DONATION, OU AUTRE CONTRAT, *quæ actus tantùm inter vivos concernunt, nec ad actus ultimæ voluntatis protrahuntur, undè apud nos conjuges testamento usque ad quartam bonorum quantitatem sibi legare possunt, quòd apud Parisienses, §. 282, prohibetur ; excipe tamen, si tale legatum foret contrà dispositionem Edicti de secundis nuptiis, ita ut legatum factum secundæ uxori, aut marito, excederet portionem unius filiorum testatoris cui minus relictum*. M. Louis Semin, sur le mot *association*.

5. Cela ne se pratiquoit pas de la sorte avant la réformation de la Coutume ; car par l'art. 4 du titre 5 de l'ancienne Coutume de cette province, il est porté, *que le mari ne peut donner rien à sa femme, ni la femme au mari, ni autrement avantager l'un l'autre, soit par*

donation

donation entre-vifs, par testament, légat ou autrement. Mais ces derniers termes ayant été retranchés par les réformateurs de la Coutume du présent article, c'est une preuve que les états, dans le temps de la correction de la Coutume, ont eu la volonté de laisser au mari & à la femme la liberté de se faire des donations & legs testamentaires. C'est la remarque de M. François Menudel.

6. L'ancienne Coutume, dit-il, art. 4 du titre 5, a été réformée, en ce que ledit article portoit que les mariés ne pourroient s'avantager par testament, légat ou autrement; & comme la faculté de tester n'est pas d'ailleurs prohibée, ni à la femme ni au mari, l'un en faveur de l'autre, dans la rubrique des testamens, nous avons toujours observé que la femme peut léguer au mari & aux enfans d'autre lit, & è contrà, sans avoir observé la limitation de l'art. 282 de la Coutume de Paris.... M. Menudel, *hic*.

7. La prohibition de se donner entre mari & femme, le don mutuel & la donation testamentaire exceptés, s'étend à toutes les pactions & accommodemens faits entre les conjoints, dès qu'ils contiennent quelqu'avantage indirect entr'eux, encore que la paction soit fondée sur l'équité, & qu'elle se réduise les choses au droit commun; & c'est sur ce fondement qu'est intervenu l'arrêt d'audience du 16 janvier 1592, qui a cassé une convention faite entre conjoints, par laquelle il étoit stipulé que, conformément à la Coutume des lieux, la femme prendroit moitié en la communauté, contre ce qui avoit été convenu par leur contrat de mariage, qu'elle se contenteroit du quart. Ricard, *des Donations*, part. 1, ch. 3, sect. 6, n. 378 & 379.

8. Ne peuvent même les conjoints se réserver, par leur contrat de mariage, la faculté de s'avantager pendant le temps du mariage; la Coutume qui défend aux conjoints la faculté de se donner, ne permettant pas qu'ils puissent valablement se réserver la liberté de contrevenir à cette prohibition, parce qu'il ne dépend pas des particuliers de déroger au droit public, & que cette convention ne détruit pas les raisons pour lesquelles la loi a interdit, pour le bien des familles, ces sortes de donations & d'avantages. Ainsi la clause qui donneroit la faculté au mari de remettre sa femme en la communauté, seroit inutile, parce qu'elle va à faire un avantage indirect à la femme en un temps prohibé. C'est le raisonnement de M. Ricard, *ibid*. n. 380 & 381, & de M. François Menudel, sur notre art. *Hic paragraphus*, dit Menudel, *debet intelligi*, bien que par le mariage ils se soient réservés le pouvoir de se donner.

9. Sur ce fondement, les commentateurs de notre Coutume observent que les conjoints communs en meubles & conquêts, ne peuvent faire une communauté ou association de tous biens avec des étrangers, pour avantager indirectement l'un des conjoints. Mari-

Part. I.

tus & uxor, dit le même M. Menudel, *communes in mobilibus, non possunt contrahere communionem omnium bonorum cum extraneis, sicut vir qui habet fundos, eos communicet, uxor verò quæ fundos non habet & nihil conferens immobilium participet aliquid ex hac communione immobilium : sic enim nos comparamus, ut hæc communio valeat respectu extraneorum, respectu verò conjugatorum vir potiatur parte suâ, & uxoris, usque ad concurrentiam valoris fundorum quos communicavit. Si quid autem superest, censebitur conquestus, & dividetur pro media; quòd si sit damnum, maritus solus patietur : aliud si communio, in contractu matrimonii filiæ, cum parentibus contrahatur....* Menudel, *hìc*.

10. Sur la question, si les conjoints par mariage peuvent en mariant un de leurs enfans lui faire une donation, ou l'instituer leur héritier, sous la réserve de l'usufruit de leurs biens au survivant de l'un d'eux, sa vie durant; & si une telle réserve faite par le conjoint prémourant de l'usufruit de ses biens, en faveur du conjoint survivant, ne doit pas être regardée comme un avantage prohibé entre les conjoints : sur cette question, dis-je, les sentimens sont partagés. M. Jean Fauconnier soutient que c'est un avantage indirect entre conjoints, prohibé par le présent article; & cette question, ajoute-t-il, s'étant présentée en la Coutume de Vitry-le-François, qui en l'article 113 contient même disposition que la nôtre, elle fut réprouvée par arrêt du 4 août 1682, rapporté par l'auteur du journal du palais, tome 2.

11. Mais M. le président Duret & M. Louis Semin se sont déclarés pour la négative; & leur raison, c'est que cet usufruit est une condition de l'institution qui n'eût pas été faite autrement, & que le fils héritier institué est présumé avoir fait donation de l'usufruit au conjoint survivant, en considération de l'institution; & ainsi, dit M. Duret, a été jugé par arrêt sur un appel d'une sentence de cette Sénéchaussée.

12. *Quid si vir*, dit M. Duret, *& uxor communi filio in contrahendo ejus nuptias cum Bertha, favore matrimonii hæredia sua donaverint eâ lege, ut quandiu viverent, & alter, ex eis uterentur, fruerentur, an matre defunctâ pater superstes integrum usumfructum habebit, an verius partis emolumentum ex persona matris defunctæ ad filium proprietatis dominum recurret ? Pro filio urget prohibitio donationis inter virum & uxorem, & quod hac reservatione usufructûs, uxor hærediorum suorum usumfructum viro donasse intelligatur; pater contrà instat de donatione suorum filio factâ, quam non erat facturus nisi relatâ conditione, quâ Donatarius expressè adstrictus fuit, ita ut hic defunctâ matre ejus successor, patri magis, quàm uxor marito, in gratiam collati à patre beneficii usumfructum retulisse videatur... Et profectò ex appellatione à Senescallo hujus Provinciæ in specie propositâ, Senatus secundum*

patrem judicavit.... M. le président Duret sur l'article 214, *suprà*, sur ces mots, *ledit ufufruit*, & encore sur l'article 217.

Vir tamen & uxor, dit M. Louis Semin, *in contractu matrimonii filii communis poſſunt illum inſtituere hæredem uſufructu omnium bonorum ſuperſtiti eorum reſervato, & eo caſu filius reciprocè donaſſe intelligitur uſumfructum ſuperſtiti*......... M. Louis Semin.

13. M. Jean-Marie Ricard, dans son traité *des Donations*, eſt du ſentiment de M^{rs}. Duret & Semin, & moi auſſi : car, comme dit très-bien Ricard, quoique la Coutume de Paris, qui permet aux pere & mere mariant leurs enfans, de ſtipuler que le ſurvivant jouira des meubles & conquêts du prédécédé, ne puiſſe avoir lieu dans les autres Coutumes, parce que c'eſt un avantage prohibé; on peut toutefois faire ſubſiſter une telle convention, non-ſeulement à l'égard des meubles & conquêts, mais encore des propres du prédécédé, en attachant cette réſerve, ou paction d'uſufruit, à une donation ou inſtitution faite par les pere & mere au profit de leurs enfans: parce que les clauſes d'un contrat étant indiviſibles, & une des parties ne pouvant pas y donner atteinte, que tout ne ſoit remis en tel état qu'il étoit auparavant; il eſt conſtant que ſi les enfans vouloient s'oppoſer à la jouiſſance du ſurvivant, ils ſeroient en ce cas obligés de lui reſtituer ce qu'ils auroient reçu de ſa libéralité en vertu du même contrat, ſoit qu'il en contienne une clauſe expreſſe, ou qu'elle n'ait pas été prévue, puiſque c'eſt une condition tacite & de droit, qui eſt toujours ſuppléée. *Si titulo liberalitatis res tuas in ſponſam conferendo, certam dixiſti legem, nec huic illa, cùm poſſet, paruit; ſucceſſores ipſius de repetendis quæ dederas, ſi hoc tibi placuerit, convenire non prohiberis, L. Dictani*, 8, *C. de condict. ob cauſ. Dator.* Ricard, *des Donat.* part. 1, chap. 3, ſect. 6, n. 385 & 386. Voyez ce qui ſera dit à ce ſujet ſur l'article ſuivant.

14. Les enfans des conjoints, nés d'un précédent mariage, leurs parens aſcendans & collatéraux, auxquels ils doivent, ou peuvent ſuccéder immédiatement, ſont compris dans la prohibition : ainſi le mari durant le mariage, non-ſeulement ne peut faire aucune aſſociation, donation ou autre contrat avec ſa femme, mais encore avec les enfans de ladite femme d'autre lit, ni autres eſquels il doive ou puiſſe ſuccéder immédiatement; *nec è contrà*, la femme avec les enfans du mari, ou autres auxquels le mari doive ſuccéder *immediatè*. C'eſt ce qui eſt porté expreſſément dans notre article, & dans les articles 9 & 46 du titre 14 de la Coutume d'Auv.

15. Notre Coutume & celle d'Auvergne diſent, *auxquels ils puiſſent & doivent ſuccéder immédiatement*, ce qui a rapport au temps de la donation, *tempore donationis*, dit M. Jean Cordier; & telle eſt auſſi la remarque de M. Prohet : enſorte, dit Prohet, qu'il faut que le mari, lors de la donation, puiſſe ſuccéder immédiatement, pour la faire déclarer nulle; car s'il n'y a pas eſpoir de ſuccéder immédiatement, lors de la donation, elle eſt bonne. M. Jean Cordier, *hìc*, & M. Prohet, ſur l'article 9 du titre 14 de la Coutume d'Auvergne.

16. La déclaration du conjoint, pere ou mere du donataire, qu'il n'entend profiter directement ni indirectement de la donation, n'eſt d'aucune conſidération, non plus que la condition appoſée à la libéralité du donateur, pour empêcher que ſon conjoint interdit de recevoir, n'en puiſſe profiter : ainſi jugé par arrêts, parce que les perſonnes proches que la Coutume comprend dans la prohibition, ont auſſi, aux termes de notre juriſprudence, une incapacité perſonnelle qui réſulte de leur proximité, laquelle fait appréhender que celui qui ne peut pas recevoir par lui-même, n'emploie ſes efforts pour pratiquer des avantages à une perſonne qu'il conſidere autant que lui. Brodeau ſur Louet, lett. D, ſomm. 17, n. 9 ; Ricard, *des Donat.* part. 1, ch. 3, ſect. 16, n. 741 & ſuiv.

17. Dans la Coutume de Paris, en vertu de l'article 283, & par une juriſprudence qui y eſt particuliere, celui des conjoints qui n'a point d'enfans, peut donner aux enfans de l'autre; mais cette diſpoſition de la Coutume de Paris ne doit pas être étendue aux autres Coutumes, qui ne diſpoſant rien de ſemblable, défendent les donations entre conjoints, ſoit directement ou indirectement; & encore moins à notre Coutume, puiſque l'exception de l'article 283 de la Coutume de Paris eſt introductive d'une nouvelle juriſprudence, formellement oppoſée à la diſpoſition de notre Coutume, ſuivant laquelle les donations entre-vifs ſont non-ſeulement prohibées entre mari & femme, mais auſſi à l'égard des enfans: toutes & quantes fois, dit Brodeau, que pareilles donations ſe ſont préſentées en d'autres Coutumes que celle de Paris, elles ont perpétuellement été déclarées nulles, de nul effet & valeur; & il rapporte pluſieurs arrêts qui l'ont ainſi jugé; c'eſt ſur la lettre D de M. Louet, ſomm. 17. M. Jean-Marie Ricard, dans ſon traité *des Donations*, part. 1, ch. 3, ſect. 16, n. 727 & ſuiv. en dit autant, & cite pareillement les arrêts. Et tel eſt le ſentiment de M. François Menudel, qui dit l'avoir ainſi jugé avec M. le conſeiller Beraud. * Mais ce qui met cette déciſion hors de doute, c'eſt l'arrêt que la cour a rendu en dernier lieu à l'audience le mois de février 1729, ſuivant les concluſions de M. l'avocat général d'Agueſſeau, par lequel il a été décidé que la diſpoſition de l'article 283 de la Coutume de Paris, ne devoit pas avoir lieu dans la Coutume de Senlis; & il fut ordonné par le même arrêt, qu'il ſeroit publié, ſans doute, afin qu'il ſervît de réglement à l'avenir. Il eſt rapporté dans les nouvelles notes ajoutées au commentaire de Ricard, ſur la

Coûtume de Senlis, édition de 1733, & cité par M. Espiard dans la cinquantieme addition, sur le traité des succ. de Lebrun, édit. 1735.

** Seguain, âgé de 75 ans, dit M. François Menudel, donne aux enfans de sa femme tous ses biens, à la charge de le nourrir & entretenir; fonde cette donation sur ce qu'il n'avoit aucun enfant, qu'il avoit eû ci-devant la peste, pendant laquelle il avoit été assisté par lesdits enfans de sa femme, nommés Gomats, lesquels lui rendoient encore à présent de bons offices, ladite donation bien insinuée & acceptée. Seguain décédé, & sa femme lui ayant survécu aussi bien que les Gomats, donataires, les Chatenais, héritiers du côté paternel de Seguain, attaquent la donation, fondés sur l'article 226 de la Coutume. Et les Gomats soutenoient que notre Coutume devoit recevoir interprétation de l'article 283 de la Coutume de Paris, & qu'on devoit avoir égard à l'énonciation des services. L'affaire ayant été renvoyée par le juge de Saint-Pourçain & à M. le conseiller Beraud & à moi, dit M. Menudel, ce jourd'hui 16 juin 1642, nous crumes que nous ne devions pas nous départir de la disposition si formelle de la Coutume, & nous déclarames la donation nulle. M. François Menudel, sur l'article 226 de la Coutume.

18. Cette prohibition que la Coutume fait aux conjoints dans le présent article, s'entend tant directement qu'indirectement; & ce seroit faire fraude à sa disposition, que de chercher des voies obliques pour la rendre sans effet. *Cùm quod unâ viâ prohibetur alicui, ad hoc aliâ viâ non debet admitti*, dit la regle de droit 84, *in 6*. La raison est que ce seroit défendre, & ne pas défendre, vu que les hommes ne manqueroient pas de moyens & de voies indirectes, pour rendre ses défenses inutiles. De-là les conclusions suivantes:

19. Premiere conclusion: le conjoint qui ne peut pas donner à son conjoint, ni à ses enfans, ou autres, à qui il puisse succéder immédiatement, ne peut pas se servir de personne interposée pour leur donner; & s'il donne de la sorte par fidéicommis, celui à qui on donne, ne peut ni faire la donation à la personne prohibée, ni la retenir pour lui, & il doit y renoncer en faveur de l'héritier.

20. Seconde conclusion: on peut exiger le serment de celui à qui on donne par fidéicommis, & l'obliger d'affirmer si la donation est sérieuse, ou si on ne lui a fait cette donation que dans l'intention de faire passer les choses données à la personne prohibée. Quant à la preuve par témoins d'un fidéicommis tacite, il a été jugé par arrêt du 1 juillet 1652, rapporté dans Basset, tome 1, livre 5, titre 3, chapitre 2, qu'elle ne pouvoit pas être admise; & tel est le sentiment de Ricard, *des Donations*, part. 1, chap. 3, sect. 16, n. 713, édit. 1713. Tel est aussi le sentiment de M. de la Thaumassiere, sur la Coutume de Berry, tit. 18, art. 8, qui dit que cela a été ainsi jugé dans la Coutume de Berry, par arrêt au rapport de M. Gilbert, le 1 septembre 1685.

21. Troisieme conclusion: toutes donations déguisées du titre de vente, d'échange, de société, de louage & de quelqu'autre façon que ce puisse être, sont révoquées, si elles se trouvent faites au profit des personnes prohibées dans notre article; mais pour cela il faut prouver que l'acte est simulé, & que c'est une donation déguisée: pour raison de quoi, dit Ricard, des présomptions violentes pourroient quelquefois suffire. Ricard, *des Donat.* part. 1, ch. 3, sect. 16, n. 757 & 758.

22. On ne doit pas mettre au rang des donations prohibées par notre article, l'obligation que l'un des conjoints contracte en qualité de caution de l'autre conjoint; car la défense faite aux conjoints par la Coutume, dans le présent article, ne les empêche point, dit M. le président Duret, de répondre & de s'obliger l'un pour l'autre: *Non tamen maritus*, dit-il, *pro uxore, ejusque liberis & aliis id genus, quibus potest immediatè succedere, prohibetur fidejubere, vel etiam solvere ab eis repetendum*... M. Duret, *hic*.

23. Il y a plus de difficulté dans les quittances & reconnoissances que les conjoints se donnent pendant le mariage; ces sortes de reconnoissances ne sont valables qu'autant qu'elles sont soutenues & accompagnées de circonstances, & de preuves qui en font connoître la bonne foi & sincérité. *Si inter vivos*, dit le même M. Duret, *alter in alterius gratiam confiteatur se recepisse, ejusmodi confessio, si non aliter receptum probetur, inter virum & uxorem jure non subsistit, tanquam in fraudem prohibitæ donationis inducta.... nisi verisimilitudo ex propinquis & urgentibus conjecturis singulariter contrà moveat*... M. Duret, sur ces mots de notre article, *ou autre contrat*.

24. *Possunt tamen*, dit M. Louis Semin, *conjuges, constante matrimonio, bonam fidem agnoscere, & invicem se recompensare, dummodò de veritate actus constet aliundè quàm per eorum confessionem*. M. Semin, *hic*.

25. Le consentement de l'héritier du conjoint donateur ne suffit pas pour rendre valable une donation faite contre la défense de notre article. La raison est que ces sortes de consentemens ne sont jamais présumés libres, & que la volonté de l'héritier est présumée avoir été forcée par la juste appréhension qu'il a dû avoir que le donateur ne lui fît un plus grand préjudice, s'il ne se portoit à lui accorder un consentement apparent, & qu'il ne le privât entiérement de ses biens par d'autres voies, soit en les donnant à d'autres, soit en les faisant changer de nature. C'est le sentiment de Dumoulin sur la Coutume d'Auvergne, ch. 12, art. 53, & sur l'article 46 du chap. 14, où il passe encore plus avant, & résoud que le consentement de l'héritier ne doit être d'aucune considération, encore même qu'il eût promis de garantir la donation. *Quòd si*,

dit Dumoulin, *ei donet de consensu fratrum suorum, qui essent ejus hæredes? R. quòd non valet, amplia etiam*, si les freres promettent garantie, *nisi esset donatio onerosa, vel mutua*. Dumoulin. Et ainsi jugé par les arrêts cités par Ricard, *des Donations*, part. 1, chap. 3, sect. 17; & tel est son sentiment.

26. Que si le consentement est prêté par l'héritier, après le décès du donateur, il est en ce cas non recevable à contester la disposition du défunt; parce qu'étant pour lors dans une pleine liberté d'expliquer & de suivre ses sentimens, il ne peut pas dire que son approbation ait été extorquée de lui dans la crainte de désobliger le donateur. Tel est le sentiment de Ricard, *des Donations*, part. 3, chap. 12, n. 1551 & suiv.

* Ainsi a été jugé par sentence rendue en cette Sénéchaussée, au rapport de M. Désbouis de Salbrune, le 21 février 1736, au procès d'entre........ Lachenale, veuve de Pierre Gouliaud, intimé, contre André Ami, marchand orfévre, tuteur de ses enfans, & de Gilberte Gouliaud, sa femme. Et voici quel étoit le fait.

Antoine Gouliaud & Marie Forgeron, sa femme, avoient fait une premiere institution en faveur d'Etienne Gouliaud, leur neveu, par son contrat de mariage ; ils en firent une seconde, du consentement dudit Etienne & sa femme, en faveur de Pierre Gouliaud, frere d'Etienne, dans leur contrat de mariage. Les choses en cet état, Marie Forgeron décede le premier novembre 1698, Etienne Gouliaud, le 7 juillet 1707, & Antoine Gouliaud le 5 mai 1715 ; après la mort dudit Antoine on renonça à sa succession, & Gilberte Gouliaud, fille d'Etienne, premier institué, âgée pour lors de trente ans, partagea les biens de Marie Forgeron avec Pierre Gouliaud, second héritier institué, & approuva de cette sorte en pleine majorité la seconde institution, & ce fut à cause de cette approbation donnée librement en pleine majorité, que l'on déclara Claude Ami, tuteur de ses enfans, & de défunte Gilberte Gouliaud, sa femme, non-recevable & mal fondé à contester la seconde institution. Et il fut décidé aux opinions, que sans ce nouveau consentement, on auroit déclaré la seconde institution nulle, sans avoir égard au consentement prêté par Antoine Gouliaud & Marie Forgeron, & ce pour les raisons rapportées au nombre 25 précédent.

27. Il en est de même quand l'intérêt de l'héritier se trouve joint à celui du conjoint donataire, comme il arrive dans le cas dont il a été parlé ci-dessus à l'occasion de l'usufruit réservé au survivant des conjoints, & attaché à la donation ou à l'institution faite en faveur de l'un des enfans du conjoint donateur ou instituant ; car l'intérêt de l'héritier ayant pu l'engager à consentir à la réserve de l'usufruit en faveur du conjoint survivant, il ne peut pas en ce cas se prévaloir de la presomption du droit pour dire qu'il n'a signé au contrat que par force, & dans la crainte d'encourir l'indignation du donateur.

28. Quand il n'y a pas d'héritiers de la part du conjoint donateur, il peut, au préjudice du fisc, donner à son conjoint. C'est la remarque de M. Jean Decullant après Dumoulin. *Hic paragraphus*, dit Decullant, *intelligitur in præjudicium hæredum sanguinis; nam his deficientibus, posset is qui caret propinquis instituere alterum in præjudicium fisci*, Molin. *ad paragraphum primum*, tit. des mariages, *Stat. Bitur. huic nostro similem...* M. Decullant.

29. Avant que de finir le commentaire du présent article, il faut faire deux observations, absolument nécessaires pour l'intelligence d'icelui.

30. La premiere observation qu'il faut faire, c'est que la prohibition prononcée par la Coutume dans notre article, ne regarde que les donations & autres contrats faits par les conjoints durant leur mariage ; c'est ce qui paroît par ces premiers mots de l'article : *Le mari durant le mariage*. De-là il s'ensuit que les donations qui se font par contrat de mariage par les futurs conjoints au profit l'un de l'autre, ou les institutions d'héritiers, sont valables, & cela ne souffre pas difficulté ; car il est constant parmi nous, conformément à l'article 219, *suprà*, que les futurs conjoints peuvent par leur contrat de mariage se donner ou s'instituer héritiers de tous leurs biens, au cas qu'ils n'ayent pas d'enfans. *Quid si nubentes*, dit M. François Decullant, *se mutuò scribant hæredes? Dicendum hoc verum esse, & pactum illud subsistere si sine liberis decedant.* M. Decullant, sur l'article 219, *suprà*.

31. Ces donations & institutions d'héritiers peuvent se faire par les futurs conjoints jusqu'au moment que le mariage est célébré, pourvu que la donation ou institution soit faite par le contrat de mariage, ou par acte séparé, mais fait en présence des parens qui ont assisté au contrat ; & comme les fiancés jusqu'au moment du mariage peuvent se donner, ils peuvent pareillement donner aux enfans de l'un d'eux : c'est ce qui a servi de fondement, dit M. Menudel, à la sentence de M. le sénéchal, du 4 janvier 1627, rendue au rapport de M. Harel, entre Claude Melin, mari de Jeanne Goïa, contre François du Verger, pere, & Barthelemi du Verger, fils, intervenant ; par laquelle sentence la donation faite par le pere, ayant enfant, & convolant en secondes noces, à la fille de la fiancée, le même jour du contrat de son mariage, par acte séparé d'icelui, fut déclarée bonne & valable. M. Menudel sur ces mots de notre article, *durant le mariage*.

32. Mais dès que le mariage a été célébré, la séparation de corps & de biens qui survient, ne fait pas que les conjoints puissent se donner avec plus d'effet, parce que la séparation ne rompant pas le nœud du mariage, la disposition de notre article reste dans toute sa vigueur : & il n'y a pas d'apparence d'admettre

cette

cette exception contre la prohibition de la Coutume dans un cas odieux, joint qu'il y auroit du péril d'introduire cette jurisprudence; parce qu'il s'en trouveroit qui auroient assez d'avidité pour procurer des séparations supposées, afin de faire réussir leur intention, & de pratiquer les donations qu'ils voudroient exiger l'un de l'autre ; ce qui pourroit emporter avec soi de fâcheuses conséquences dans le public. C'est le raisonnement de Ricard, dans son traité *des donations*, part. 1, chap. 3, sect. 6, n. 369.

33. La seconde observation qu'il faut faire pour l'intelligence du présent article, c'est que la prohibition qui y est faite aux conjoints de se donner durant leur mariage & aux enfans de l'un d'eux d'un autre lit, ou autres auxquels ils puissent succéder, souffre trois exceptions, toutes les trois tirées des termes de notre article. La premiere, qui regarde également les conjoints & leurs enfans d'un autre lit, ou leurs héritiers présomptifs : la seconde, qui n'intéresse que les conjoints seuls : & la troisieme, qui ne concerne que les enfans des conjoints d'un autre lit, ou leurs héritiers présomptifs immédiats.

34. La premiere exception que souffre la prohibition portée en notre article, est pour les donations testamentaires, qui ne sont pas comprises dans cette prohibition, laquelle par conséquent est limitée aux seuls contrats & actes d'entre-vifs, selon qu'il a été ci-dessus observé, & amplement expliqué.

35. La seconde exception est en faveur du don mutuel, qui n'est pas non plus compris dans cette prohibition, comme il a été encore observé, & qu'il paroît par ces termes de notre art. *Si ce n'est en...contrat de don mutuel, d'entre le mari & la femme, selon qu'il sera dit ci-après*.

36. La troisieme exception enfin, est pour les donations ou dispositions faites dans le contrat de mariage du donataire, quoique ce donataire soit enfant ou héritier présomptif de l'un des conjoints ; c'est ce qui est exprimé par ces mots de notre art. *Si ce n'est en contrat de mariage*, lesquels mots sont rélatifs à la prohibition précédemment faite aux conjoints de se faire l'un à l'autre des donations durant leur mariage, ou aux enfans de l'un d'eux d'un autre lit, ou autres auxquels ils puissent succéder immédiatement : mots qui contiennent une exception de cette prohibition, & ne peuvent avoir leur application qu'aux dispositions faites par les conjoints durant leur mariage, & par conséquent à celles qui sont faites dans le contrat de mariage de l'enfant ou héritier présomptif de l'un des conjoints ; lesquelles dispositions par une autre conséquence nécessaire ne sont pas comprises dans la prohibition contenue en notre article.

37. C'est ainsi que nos anciens interprétoient ces mots du présent article, *Si ce n'est en contrat de mariage*, ainsi qu'il est justifié par l'enquête par Turbes ci-après citée; & cette interprétation se trouve confirmée par un arrêt du parlement, rendu en conséquence de l'enquête. Voici le fait sur lequel l'arrêt est intervenu & l'enquête a été faite.

38. Le sieur de Champagnat fut marié deux fois; de son premier mariage il eut une fille, qui fut mariée avec le sieur de la Forêt de Viry ; par son contrat de mariage, la seconde femme dudit sieur de Champagnat, son pere, laquelle étoit originaire de Poitiers & qui n'avoit point d'enfans, donna à la fille de son mari la terre des Echelletes, située dans l'étendue de cette province du Bourbonnois. Après la mort de cette seconde femme, les héritiers qui étoient ses neveux & niéces, débattirent cette donation, & la soutinrent nulle; & pour la faire déclarer telle, ils céderent leurs droits à un écolier de l'université de Poitiers, afin d'attirer la cause pardevant le juge conservateur des priviléges de cette université. La donataire y soutint au contraire, qu'elle étoit dans le cas de l'une des exceptions du présent article, en ce que la donation, qui faisoit le sujet du débat des parties, lui avoit été faite par son contrat de mariage ; les héritiers de la donatrice persistants à soutenir la nullité de cette disposition, que la donataire interprétoit mal cette exception du texte de ce même article, & qu'elle ne pouvoit s'entendre que des donations que les époux se pouvoient faire l'un à l'autre, mais non pas en faveur d'un tiers, comme étoit la donation de laquelle ils s'agissoit. Sur cette contestation il intervint une sentence, qui déclara cette donation bonne & valable. Sur l'appel qui en fut interjetté & relevé au parlement, intervint un arrêt interlocutoire au rapport de M. Louvet, par lequel la cour ordonna qu'avant de définir, il seroit informé par Turbes de l'usage qui se pratiquoit en cette province, touchant l'interprétation de l'exception de cet article ; savoir, si elle devoit s'entendre indistinctement de toutes les dispositions faites en faveur de mariage, ou s'il falloit la borner & limiter aux donations faites par les époux en faveur l'un de l'autre par leur propre contrat de mariage. En conséquence des enquêtes qui furent faites en cette ville pardevant mondit sieur Louvet, rapporteur du procès, & qui fut nommé commissaire par la cour pour procéder à l'audition des témoins, & des preuves qui se trouverent résulter desdites enquêtes; il intervint un arrêt définitif, par lequel la cour, en confirmant la sentence de la Sénéchaussée de Poitiers, confirma pareillement la donation. C'est ce qui est rapporté par M. Plotton, ancien conseiller de cette Sénéchaussée & siége présidial, sur ces mots de notre article, *si ce n'est en contrat de mariage*, & après lui par M. Jean Fauconnier sur le présent article, & encore par M. Reugnon dans ses manuscrits.

39. Cet arrêt est très-bien rendu, l'interprétation de nos anciens juste & la seule véritable ; & il faut faire violence au texte de notre article, pour interpréter l'exception contenue en ces mots, *si ce n'est en contrat de mariage*,

des donations que les conjoints se font l'un à l'autre par leur propre contrat de mariage : car enfin, comme il a été déja dit, la prohibition faite aux conjoints par notre art. n'est pas de se donner l'un à l'autre avant leur mariage, mais durant icelui ; l'article le dit positivement. Cette prohibition ainsi conçue souffre toutefois une exception par ces mots, *si ce n'est en contrat de mariage* : d'où il s'ensuit que cette exception ne peut pas être appliquée aux donations des conjoints, faites avant leur mariage & par leur contrat de mariage, mais bien à celles qui ont suivi leur mariage, & par une conséquence nécessaire, à celles faites à leurs enfans d'un autre lit, ou héritiers présomptifs, en les mariant & dans leurs mariages : en un mot, pour couper court, il ne s'agit aucunement dans le présent article des donations faites par les conjoints avant leur mariage ; la prohibition y contenue ne regarde pas ces donations : les exceptions par conséquent qu'y souffre cette prohibition, ne peuvent donc pas non plus les concerner.

* La disposition de notre Coutume au présent article, qui fait défense au mari & à la femme de se donner l'un à l'autre, directement ni indirectement, autrement que par don mutuel, est une disposition mixte ou réelle, qui n'a de force que dans l'étendue de son territoire, comme il a été dit dans la préface ; tel est le sentiment commun des auteurs anciens & nouveaux, cités par M. Froland, dans ses mémoires concernant les qualités des statuts, tome 1, chap. 4, page 74 & suiv. De maniere qu'on tient aujourd'hui, dit M. Froland, pour principe certain, que les conjoints domiciliés dans une Coutume qui leur fait défense de s'avantager, peuvent se donner, suivant les Coutumes de la situation des biens, les héritages situés dans les Coutumes qui permettent aux conjoints de s'avantager jusqu'à concurrence de ce qui leur est permis par ces Coutumes. On ne peut pas objecter, comme l'a observé M. Froland, que la disposition qui défend aux conjoints de s'avantager, est personnelle, sous prétexte qu'elle intéresse la personne dans la prohibition qu'elle porte ; parce que, s'il en étoit ainsi, il n'y auroit point de statut qui ne fût personnel, puisqu'il n'y a point de disposition qui n'intéresse en quelque maniere la personne directement ou indirectement, les loix n'étant établies & faites que par rapport aux hommes ; & que dans toutes les prohibitions de vendre ou de donner, cette prohibition doit être nécessairement faite à quelques personnes, d'autant que les choses ne peuvent pas se vendre, ou se donner elles-mêmes : mais cela n'empêche pas que la prohibition ne soit plus réelle que personnelle, quand elle concerne principalement la chose, & qu'elle est la cause impulsive de la loi ; ce qui arrive dans le cas où la loi défend aux conjoints de se donner ; tel est le raisonnement de M. Froland au lieu cité, page 78, & au tome 2, chap. 18, où il cite les arrêts & les différentes autorités dont on se sert pour appuyer ce sentiment, & entr'autres la consultation de deux célebres avocats du parlement, M^{rs}. de Riparfonds & Braquet, qui tous les deux déciderent en faveur de ce sentiment.

ARTICLE CCXXVII.

De donation mutuelle & charge d'icelle.

DONATION mutuelle faite entre le mari & la femme de leurs meubles & conquêts immeubles, est bonne & valable, & par vertu d'icelle le survivant jouira par usufruit desdits meubles & conquêts ; & en sera saisi incontinent après le décès du premier mourant, pourvu qu'il n'y ait aucuns enfans, & qu'après icelle les Donans mutuellement vivent l'espace de quarante jours, & autrement ladite donation est nulle & de nul effet.

1. Quoique tous avantages soient prohibés entre conjoints durant leur mariage, ainsi qu'il est dit dans l'article précédent, les Coutumes leur permettent cependant presque toutes de se faire un don mutuel : parce que le don mutuel est plutôt un contrat onéreux qu'une libéralité, & que la réciprocité y est égale, tant aux biens, que dans l'incertitude de l'événement. C'est la disposition de cette Coutume dans l'article précédent & dans le présent article ; c'est aussi celle de la Cout. de Paris, art. 280 ; de Meaux, art. 18 ; de Melun, art. 226 ; de Sens, art. 112 ; d'Auxerre, art. 222 ; d'Orléans, art. 281 ; de Nivernois, ch. 23, art 27, & autres.

2. Le don mutuel entre conjoints, est une convention entre le mari & la femme de jouir par le survivant, par usufruit des biens meubles & conquêts immeubles du prédécédé. C'est ce qui résulte de la disposition de notre art. lequel peut être divisé en deux parties, dont la premiere concerne les biens qui entrent dans le don mutuel ; & la seconde, les conditions requises au don mutuel.

3. Quant à ce qui concerne les biens qui entrent dans le don mutuel, le don mutuel ne comprend point la jouissance d'aucuns propres des conjoints ni d'acquêts d'auparavant leur mariage : car ces mots de notre article, *leurs conquêts immeubles*, ne peuvent s'entendre que des conquêts qui sont faits conjointement par le mari & la femme qui ont fait le don mutuel, & non de ceux qu'ils peuvent avoir faits avant leur mariage, ces mots ayant leur rapport aux

Tit. XX. DES DONATIONS, DONS, &c. Art. CCXXVII.

personnes dont il est parlé. C'est l'observation de M. le président Duret, sur ces mots, CONQUÊTS IMMEUBLES, *Intellige*, dit-il, *de immobilibus quæsitis constante matrimonio inter eos, & repertis in communione, quo tempore præmoriens vitâ excedit: non verò de iis quæ constante altero præcedenti matrimonio, alteruter eorum effet adeptus: & ad hoc confert particula*, leurs, *quæ communionem denotat, necnon dictio*, conquêts, *quæ idem sonat*....

4. Les deniers stipulés propres par le contrat de mariage de l'un des conjoints, ne font point non plus partie du don mutuel; par la raison que le don mutuel suit la communauté, & que ces deniers étant exclus de la communauté, ils le sont aussi du don mutuel. Tel est le sentiment de Ricard, *du don mutuel*, traité premier, chap. 5, sect. 3, n. 188; Duplessis, sur la Coutume de Paris, traité *des donations*, chap. 3, sect. 3, & Lebrun, *de la comm.* livre 3, chap. 2, dist. 3, n. 17: & ce que disent ces auteurs des deniers stipulés propres, doit avoir lieu également pour le remploi des propres aliénés; & c'est aussi leur sentiment.

5. La reprise de ces deniers stipulés propres, comme celle des remplois des propres, se fait, tant de la part des héritiers du conjoint prédécédé, que de la part du survivant, sur toute la masse de la communauté, nonobstant le don mutuel, & sans que le survivant puisse prétendre que ces deniers doivent demeurer dans la communauté pour augmenter son don mutuel. La raison est, comme il vient d'être dit, que ces choses ne sont pas de la communauté, mais propres, ou subrogées au lieu des propres. Duplessis, sur Paris, traité *des donations entre-vifs & testam.* liv. 2, chap. 3, sect. 3.

6. Il en est de même, selon le même Duplessis, *ibid.* du préciput stipulé au survivant; il le prend & distrait sur toute la masse de la communauté, avant le don mutuel, sans confusion.

7. Pour ce qui regarde les bâtimens & impenses faites par le mari sur ses propres, & les rentes par lui dues & rachetées pendant la communauté avant son décès, il en est dû le midenier à la veuve par droit de communauté; mais l'autre moitié demeure éteinte & confuse en la personne du mari, n'entre point dans le don mutuel; & la femme, comme donataire mutuelle, n'en peut pas demander récompense. Ainsi tout ce qu'opère notre Coutume, art. 234 & 272, *infra*, est que les récompenses qui sont dues en ce cas à la communauté, se doivent prendre sur la communauté: que la récompense due par l'un des conjoints diminue sa part en la communauté, comme étant déjà un avantage qu'il en a eu, & qui lui doit tenir lieu de portion: mais cela ne va pas plus loin, & il seroit absurde de prétendre qu'un mari, maître de la communauté, ayant payé sa dette *de suo*, fût lui-même débiteur à sa femme sur ces propres, car autre chose est de dire qu'il soit débiteur de la dette qu'il a acquittée, & autre chose de dire que c'est une portion qu'il a prise dans sa communauté, sur en tant moins de sa part. * Il y a à la vérité sentiment contraire, mais le premier sentiment est le plus suivi, le plus conforme à l'esprit de notre Coutume, & à la jurisprudence des arrêts. On cite pour le dernier sentiment M^{rs}. Duplessis & Ricard; mais Duplessis a varié sur la question: car après avoir soutenu dans son traité des donations, liv. 2, chapitre 3, sect. 3, que le survivant doit exercer sa récompense sur les propres du prédécédé, sans confusion du don mutuel, il prend dans la page suivante le parti contraire. Pour Ricard, s'il est favorable au second sentiment, dans son traité du don mutuel, chap. 5, sect. 3, n. 199, l'auteur des nouvelles remarques sur ce traité de Ricard, de la troisieme édition de l'année 1713, lui est entièrement opposé, & ce que dit Ricard dans le nombre 199 se trouve contrarié par la nouvelle remarque qui suit.

8. La question est plus difficile de savoir si une somme de deniers qui n'a pas été stipulée propre, & qui au-contraire a été mise en communauté, avec stipulation de reprise par la femme & ses héritiers, en cas de rénonciation, doit faire partie du don mutuel; il y a sentimens & arrêts pour & contre.

9. Mais le sentiment qui favorise le mari, me paroît le mieux fondé: car quand la femme stipule, qu'en cas de rénonciation à la communauté, il lui sera permis, & à ses héritiers, de reprendre tout ce qu'elle y aura apporté; elle ne prétend pas que sous prétexte qu'elle appelle ses enfans ou autres héritiers à cette faculté de reprendre, il ne lui soit plus permis de disposer des choses sujettes à reprise, de la maniere que la Coutume lui permet: son intention au-contraire est de demeurer libre à cet égard, & d'en pouvoir disposer comme de choses à elle appartenantes, la reprise n'ayant lieu que faute par elle de n'avoir disposé autrement. Or, si la stipulation de reprise n'empêche pas la femme de disposer des choses sujettes à reprise, qu'elle puisse en disposer librement, même pour la propriété, au profit d'un étranger; elle peut donc à plus forte raison en disposer pour l'usufruit au profit de son mari, dans un don mutuel que la Coutume autorise; & cela étant, rien n'empêche que ce qui sortiroit de la communauté par l'exécution d'une clause de reprise, entre dans le don mutuel par une disposition expresse, à laquelle la reprise stipulée ne fait point d'obstacle, parce qu'elle est faite en faveur de la femme, & non point contr'elle, ni pour l'empêcher de disposer selon la Coutume.

10. Joint à cela que si l'opinion contraire avoit lieu, il n'y auroit pas d'égalité dans le don mutuel; puisqu'on pourroit détruire le don fait au mari, par une rénonciation & une reprise. Cette question ayant été appointée par arrêt du 8 juillet 1694, l'appointement fut jugé par arrêt du 10 mars 1696, au rapport de M. Robert, en faveur du mari donataire, & on prétend, dit M. Denis Lebrun, que la raison principale sur laquelle M. Portail, & ceux qui

formerent l'arrêt, s'appuyerent, fut que si la reprise se faisoit au préjudice du don, & si elle en retranchoit l'aliment, la plus part des dons seroient infructueux & entièrement inutiles au mari survivant. Lebrun, *de la comm.* liv. 3, ch. 2, sect. 2, dist. 5, n. 70; l'auteur des additions sur Ricard, *du don mutuel*, ch. 5, sect. 3, n. 194.

11. Quant aux propres ameublis des conjoints, ils entrent dans le don mutuel, également que la somme de deniers mise en communauté: car comme les deniers qui, par leur qualité de meubles, doivent entrer en la communauté, ne laissent pas d'en être exclus par la réalisation & stipulation de propres, ainsi qu'il vient d'être dit; aussi les propres, qui de leur nature en sont exclus, y peuvent entrer par l'ameublissement, la fiction en l'un & l'autre cas ayant autant d'effet que la vérité. C'est le raisonnement de M. Lebrun, *de la com.* l. 2, ch. 2, sect. 1, n. 11.

12. A la vérité, il y a arrêt contraire, du 19 mai 1683, rendu dans cette Coutume au rapport de M. Lejay, au procès de M. Jean Trochereau, avocat du roi au siège présidial de cette ville, contre Louise Mestraut, veuve de Gilbert Trochereau, rapporté par Lebrun, *ibid*, n. 3; mais, comme il a remarqué, il faut considérer que cet arrêt est unique.

13. Il y a plus; c'est que si par le contrat de mariage il avoit été stipulé communauté de tous biens meubles & immeubles, présens & à venir, en ce cas, le don mutuel comprendroit l'usufruit de tous les immeubles d'auparavant le mariage, soit propres, soit acquêts, parce que ce sont immeubles ameublis, & de la communauté: ainsi a été jugé en cette Sénéchaussée, dit M. Louis Semin, par sentence confirmée par arrêt & tel est le sentiment de M. Claude Duplessis sur la Coutume de Paris, traité *des donations*, ch. 3, sect. 2.

14. *Anno* 1622, dit M. Louis Semin, *mota fuit quæstio in senescallia Molin. inter viduam Jacobi* Arnaud, *quæ & dictus* Arnaud *societatem omnium bonorum inierant, & constante matrimonio mutuâ donatione usumfructum omnium bonorum superstiti donaverant, & hæredes dicti* Arnaud, *qui sustinebant hanc mutuam donationem vim tantùm habere ad usumfructum mobilium & acquestuum defuncti; contrà vidua aiebat hoc verum esse ubi sola statuaria societas inerat, quo casu permittitur donatio usufructûs omnium rerum communium, & ideo mobilium & acquestuum solùm, quia in his solis communio statuto inita est: secùs ubi datur societas omnium bonorum, quia tunc datur permissio donandi usumfructum omnium bonorum societatis, id est, eorum bonorum in quibus conjuges tempore obitûs alterutrius sunt communes; & pro vidua fuit pronuntiatum, relatore domino de* Lapelin, *quæ sententia fuit arresto confirmata, dictique hæredes in impensas litis condemnati.* M. Semin, *hìc.* (Cet Arnaud étoit Lieutenant d'Ainay.)

15. Dans le cas où la femme renonce à la communauté, & accepte le don mutuel, c'est une question de savoir si elle jouira de tous les effets de cette communauté, ou seulement de la moitié. Ricard, dans son traité *du don mutuel*, traité 1, chap. 5, sect. 3, n. 175, soutient qu'elle n'a que la moitié de l'usufruit des meubles & conquêts; mais en cela, dit Lebrun, il n'est pas suivi. Mornac, sur la loi 1, ff. *de Don. inter vir. & uxor.* est d'un sentiment contraire, & rapporte un arrêt du 18 janvier 1613, conforme à son opinion; de même Barthelemi Auzanet en cite un autre du 13 juillet 1641, au rapport de M. Coquelai; & la raison de ce dernier sentiment est que la matiere de la donation mutuelle est l'usufruit de toute la communauté; qu'à la vérité le don de la femme ne comprend que la jouissance de la moitié du mari, mais aussi que cette moitié est susceptible d'accroissement, & qu'au moyen de la rénonciation de la femme à la communauté, cette part du mari, dont la femme doit jouir au moyen de la donation mutuelle, renferme tous les biens de la communauté; la moitié que la femme avoit droit de prendre, si elle n'eût pas renoncé, étant consolidée au moyen de sa rénonciation, à l'autre moitié par un droit d'accroissement. M. Denis Lebrun, *de la Comm.* liv. 3, ch. 2, dist. 5, n. 34; l'auteur des additions sur la derniere impression des œuvres de Ricard, de 1713, traité *du don mutuel*, chap. 5, sect. 3, n. 176.

16. Nous avons expliqué jusqu'ici quels sont les biens qui entrent dans le don mutuel fait entre conjoints, conformément à la premiere partie de notre article; il s'agit maintenant de parler des conditions requises pour la validité de ce don mutuel, suivant la seconde partie du même article.

17. La premiere condition requise pour la validité du don mutuel est que les deux conjoints vivent l'espace de 40 jours après la donation. Ce sont les termes de notre article, & c'est aussi la disposition de la Coutume de Berry, tit. 8, art. 3, & celle de Poitou, art. 211. Là Coutume de Paris, art. 280, & beaucoup d'autres demandent que les deux conjoints soient en santé, lorsque le don mutuel est fait; mais dans cette Coutume il suffit qu'ils ne soient pas malades d'une maladie dont ils décédent dedans quarante jours après le don mutuel. Dans notre Coutume ancienne, tit. 5, art. 4, il n'y est pas dit si les deux conjoints doivent être en santé, ou non, ni qu'ils dussent vivre 40 jours après le don mutuel pour la validité d'icelui; & tout ce qui se lit dans le présent article, depuis ces mots, *& en sera saisi*, a été donné pour Coutume nouvelle, comme il est marqué dans le procès-verbal; & parce que les états, dans le temps de la correction de la Coutume, en ajoutant à l'ancienne, ont exigé simplement pour la validité du don mutuel, que les conjoints vécussent quarante jours après sa confection, sans parler de santé ni de maladie; on se contente de l'observation de ce qui est prescrit par la Coutume.

Ainsi

TIT. XX. DES DONATIONS, DONS, &c. ART. CCXXVII.

Ainsi une maladie de laquelle le conjoint ne meurt pas dans les quarante jours du don mutuel, n'y déroge pas, & n'en empêche pas l'effet, quoiqu'il décede après les quarante jours. C'est la remarque de M. le président Duret, sur ces mots de notre article, VIVANT L'ESPACE DE QUARANTE JOURS : *Ergo non alias curatur*, dit-il, *ægri sint, necne ; quod tamen observant Conf. Paris. art.* 280, *& Niv.* des droits des gens mariés, *art.* 27.

18. C'est aussi l'observation de M. Louis Semin: *Non curamus*, dit-il, *an tempore donationis ægri sint necne donantes, quod plures aliæ Consuetudines attendunt.* M. Jacques Potier a fait encore la même remarque.

19. Mais il est nécessaire que le don mutuel soit fait par un acte d'entre-vifs; car dès que la Coutume requiert pour la validité d'icelui, que les donateurs vivent l'espace de quarante jours, il s'ensuit que c'est un acte d'entre-vifs qu'elle demande, & non un testament, qui peut être fait dans tous les temps de la maladie.

20. M. Duplessis, sur la Coutume de Paris, va plus loin : il tient que le don mutuel ne peut être fait, que par contrat passé pardevant notaires, & que s'il étoit sous seing privé & demeuré en cet état jusqu'au décès de l'un des conjoints, sans être reconnu devant notaires, il seroit nul, quoiqu'insinué ; par cette raison que le mari étant le maître dans sa maison, il s'est réservé la liberté de le jetter dans le feu, quand il voudroit, de-sorte que la réciprocité n'y seroit pas. Duplessis, sur Paris, traité *des Donations*, chap. 3, sect. 2.

21. Les conjoints peuvent toutefois se donner par testament l'un à l'autre, jusqu'à concurrence de ce qu'il est permis par la Coutume, & en observant les formalités requises par icelle. C'est l'observation de M. le président Duret, sur ces mots de notre article, DONATION MUTUELLE : *Inter vivos*, dit-il, *ut ex sequentibus patet, & nihilominus in testamento & aliâ supremâ voluntate alter alteri, ut extraneo, legare, vel mortis titulo donare potest, ad modum infrà præscriptum,* §. 291, *quod hodie inter nostros sine dubio constat.* M. Duret, *hic*.

* L'ordonnance du mois d'août 1735, article 77, a abrogé l'usage des testamens ou codiciles mutuels, ou faits conjointement, soit par mari & femme, ou par d'autres personnes; & veut qu'à l'avenir ils soient regardés comme nuls & de nul effet....... sans rien innover, en ce qui concerne les donations mutuelles à cause de mort.

22. La seconde condition requise pour le don mutuel est qu'au moment du décès du premier mourant il n'y ait point d'enfans des deux conjoints, ni de leur mariage, ni d'autre précédent de l'un d'eux. C'est la disposition de la Coutume de Paris, article 280, & de plusieurs autres : notre Coutume dans notre article dit seulement, *pourvu qu'il n'y*

Part. I.

ait point d'enfans; mais cela s'entend, ni de leur mariage, ni d'un précédent, selon la note de M. Dumoulin sur cet article. *Ex quocumque matrimonio, vel alterius tantùm*, dit Dumoulin. C'est aussi la remarque de M. Duret sur ces mots, POURVU QU'IL N'Y AIT POINT D'ENFANS. *Sufficit ergo*, dit-il, *alterum conjugum liberos habere, ut donatio deficiat.* Tel est enfin le sentiment de M. Jacques Potier, & de M. Louis Vincent dans ses manuscrits, où il cite Papon en son recueil d'arrêts, titre *des Donations*, lib. 11, art. 29, fol. 394, qui fait mention d'un arrêt du parlement de Paris, sans le dater, qui l'a jugé ainsi dans cette Coutume.

23. Ainsi le don mutuel est nul, si lors du décès de l'un des conjoints il y a des enfans communs, ou de l'un d'eux seulement; & il ne suffit pas pour la validité du don mutuel, que le prédécédé n'ait point d'enfans lors de son décès, si le survivant en a de son côté ; & la raison, c'est que le don mutuel doit être réciproque, & qu'il ne peut pas être bon pour le survivant, s'il ne pouvoit pas l'être pour le prédécédé, au cas qu'il eût vécu: & ce qu'il faut observer, c'est que par le décès arrivé de ces enfans, avant celui du conjoint survivant, le don mutuel ne seroit pas rétabli ; parce qu'étant nul dans le temps du décès du prédécédé, il ne peut être rétabli après, quoique la cause ait cessé.

24. Mais il est valable, quoique fait du vivant des enfans, pourvu qu'au jour du décès du premier mourant des conjoints il n'y en ait aucuns vivans; parce que dans ce cas, selon Dumoulin, *concurrit jus commune, & mens Consuetudinis*. Et ainsi a été jugé par les arrêts rapportés par Ricard, traité *du don mutuel*, chap. 5, sect. 2, n. 110 & suiv. & tel est son sentiment, n. 102 & suiv.

25. Il y a à la vérité sentiment contraire, mais celui-ci est le mieux fondé, & c'est le sentiment de ceux qui ont écrit sur notre Coutume; de M. le président Duret, de M. Jean Decullant, de M. Louis Semin, & de M. François Decullant ; il suffit d'entendre parler ce dernier, car il ne parle qu'après les trois autres, ou plutôt il ne fait que rapporter ce qu'ils disent.

26. Voici comme il parle sur ces mots de notre article, N'Y AIT AUCUNS ENFANS : *Tempore*, dit-il, *obitûs præmorientis, & successionis capaces ; nam & si tempore donationis fuerint filii, vel posteà supervenirent, modò præmortui sint, non minùs constat donatio,* dit M. le président Duret. *Idem habet hic D. Joannes Decullant, & citat,* §. 280 *Stat. Parif. quem vult observari apud nos. Quæ opinio, ait* Semin, *sanior videtur, & ex verbis nostri paragraphi satis colligitur, quæ ad tempus præsens, non ad præteritum referuntur, aliter enim Statutum his verbis conceptum esset, pourvu qu'il n'y ait eu aucuns enfans; & hic addendus est liberorum favor, quorum solùm respectu videtur donatio prohibita.*........ M. François

Decullant, *hic*. Je l'ai vérifié à Duret, Jean Decullant & Semin, & tout est conforme.

27. Sous le mot d'*enfans* (ce qui est à observer) les petits-enfans sont aussi compris. C'est l'observation de M. Duret sur notre article, mot ENFANS: *Quo vocabulo*, dit-il, *cœteri descendentes intelliguntur, ubi eorum favore aliquid statuitur*. M. Duplessis, sur la Coutume de Paris, traité *des Donations*, chap. 3, sect. 2, est de même sentiment.

28. Mais il faut que ces enfans ou petits-enfans soient capables de succéder, *successionis capaces*, disent M. le président Duret & M. Decullant; ainsi les enfans incapables de succéder par mort civile n'empêchent pas le don mutuel.

29. Le consentement des enfans majeurs & héritiers, donné au don mutuel, s'il n'est donné par le contrat de mariage des enfans, en assurant aux enfans leur subsistance certaine & quelqu'avantage, & comme une charge de cette assurance, n'empêche pas que ces enfans ne puissent dans la suite, le cas du don mutuel échéant, par leur plainte en retrancher l'effet. *Consensus liberorum*, dit M. François Decullant sur le présent article, *licèt majores, & posteà hæredes forent, non obstaret quin possent impugnare hanc donationem; consensus enim futuri hæredis non potest reddere validum contractum, à Statuto prohibitum*. Nous en avons dit la raison sur le précédent article, où il faut avoir recours.

30. Mais aussi les conjoints, pere & mere, marians leurs enfans, peuvent convenir en leur faisant des donations, ou les instituant leurs héritiers, que lesdits enfans laisseront jouir le survivant de leursdits pere & mere, des meubles & conquêts du prédécédé, sa vie durant, ainsi qu'il est dit dans l'article 281 de la Coutume de Paris, qui s'observe parmi nous, dit M. François Decullant, après M. Duret, Louis Semin & Jean Decullant. *Excipe tamen casum*, ajoute M. François Decullant en l'endroit que nous venons de citer, *expressum in §. 281 Stat. Parisf. cùm possint vir & uxor in contractu matrimonii, filii communis, eum instituere hæredem sub conditione ususfructûs omnium bonorum, vel partis bonorum superstiti eorum reservati, & eo casu filius reciprocè censetur usumfructum donasse superstiti*: Sic censent *D. P.* Duret, *D. L.* Semin & *D. Joannes* Decullant. M. François Decullant, *hic*. Voyez sur l'article précédent, ce qui a été dit à ce sujet.

31. Mais pour la validité de cette convention, elle doit être faite avec tous les enfans héritiers, à mesure qu'ils se marient, excepté ceux qui renoncent à la succession. Ainsi, si de plusieurs enfans il n'y en a qu'un qui soit institué héritier universel, & que les autres soient appanés, il suffit que la convention soit faite avec lui, parce qu'il n'y a que lui seul d'intéressé dans cet usufruit, & s'il y a plusieurs héritiers, elle doit être faite avec tous, parce qu'en ce cas, la convention concerne la réserve d'un usufruit qui les regarde tous; & il est à remarquer que cet usufruit se perd par le second mariage, ainsi qu'il est porté dans l'article 281 de la Coutume de Paris, & qu'il a été jugé par arrêt dans notre Coutume.

* Maillet & sa femme, dit M. Fr. Menudel, en mariant leur fils lui donnent leurs biens, à la charge que le survivant d'eux jouira après le décès de l'autre, au préjudice de leur fils, du résidu du bien du prédécédé. La femme meurt: Maillet, pere, se remarie, & a des enfans d'un second mariage : ce qui donna sujet à Maillet, fils, de demander à son pere le bien maternel ; pardevant le châtelain d'Huriel, lequel y condamna le pere. Appel par lui devant M. le Sénéchal, & pour griefs il disoit que sans la stipulation dudit usufruit, il n'eût jamais donné à son fils le bien qu'il lui avoit donné par contrat de mariage. Je répondois (dit Menudel) pour l'intimé, que cette réserve d'usufruit étoit un avantage indirect entre personnes mariées, que ledit usufruit étoit non-seulement des conquêts, mais encore des fonds anciens de sa mere ; bref, je disois que Maillet s'étoit remarié, & partant que l'usufruit avoit cessé, aux termes de l'article 281 de la Coutume de Paris, lequel je fortifiois de la disposition des articles 174 & 175 de cette Coutume: néanmoins, ajoute Menudel, la sentence fut réformée en 1636. Appel au parlement de Paris, M. le Sénéchal infirmé.... Menudel pour l'art. 174.

32. La troisieme condition requise pour la validité du don mutuel est qu'il soit égal : la plupart des Coutumes requierent expressément cette égalité, comme celle de Paris, art. 280 ; de Melun, art. 226 ; de la Marche, art. 290 ; de Nivernois, ch. 23, art. 27 ; de Clermont en Beauvoisis, art. 123 ; de Valois, art. 128, & autres. La nôtre ne le dit pas expressément, mais l'égalité ne laisse pas d'y être requise par la nature du don mutuel : car la Coutume ayant interdit aux conjoints l'usage des donations entre-vifs pures & simples, & leur ayant permis en particulier de se donner mutuellement, elle ne peut s'entendre que des donations mutuelles égales, & non de celles qui dégénerent en donations pures & simples, telles que sont les donations mutuelles inégales, dans lesquelles ce qui excède est une donation pure & simple : desorte qu'il faut regarder ces mots de *mutuelles* & *égales*, comme synonymes en cette occasion ; & que notre Cout. qui ne s'est servie que du mot de *mutuel*, n'a pas moins dit que celles qui les ont employés tous les deux ensemble. C'est le raisonnement de Ricard, du don mutuel, traité 1, ch. 5, sect. 3, n. 119 ; & cela produit plusieurs conséquences.

33. Premiere conséquence : les conjoints ne peuvent, conformément à ce qui est porté par notre article, disposer par don mutuel, que des meubles & conquêts immeubles de la communauté, où tous les deux ont con-

tribué ; l'un par son travail & son industrie, & l'autre par son économie ; d'où il suit qu'il faut que les conjoints soient en communauté, pour se pouvoir faire un don mutuel : de maniere que quand il y a clause exclusive de communauté au contrat de mariage, il ne peut pas y avoir de don mutuel, ni même quand il intervient sentence de séparation entre les conjoints, si ce n'est qu'ils rentrassent depuis en communauté, en se départant de l'effet de la sentence. Tel est le sentiment de Duplessis, sur la Coutume de Paris, traité *des Donations*, liv. 2, ch. 3, sect. 2, & de Ricard, *du don mutuel*, traité 1, ch. 5, sect. 3, n. 157 & suiv.

34. Mais quoique la femme renonce à la communauté, elle n'est pas pour cela privée du don mutuel, suffisant qu'il y ait communauté dans le temps du décès du premier décédé ; car le don mutuel ne doit pas préjudicier au droit que la femme a de renoncer à la communauté, si elle y trouve son avantage. Tel est aujourd'hui le sentiment commun ; c'est celui de M. Duplessis, *ibid*. de Jean-Marie Ricard, *ibid*. de M. de la Thaumassiere, sur la Coutume de Berry, tit. 8, art. 3 ; de Legrand, sur celle de Troyes, art. 85, gl. 7, n. 8 & 9 ; de Lebrun, *de la Comm*. liv. 3, chap. 2, sect. 1, dist. 5, n. 24 ; de Ferriere, & autres.

35. Seconde conséquence : s'il étoit porté par le contrat de mariage qu'il y aura communauté, & que néanmoins en cas de prédécès de la femme, ses héritiers n'auront point de part dans la communauté, ou que le mari survivant aura le choix de les en exclure, en leur donnant une certaine somme ; en ce cas il ne peut pas y avoir de don mutuel, parce qu'il ne peut pas être réciproque de part & d'autre : car la femme ne peut rien donner au mari survivant, qui auroit eu la totalité des effets de la communauté, indépendamment du don de sa femme, en vertu de son contrat de mariage ; & il en est de même, & par la même raison, s'il y avoit clause au contrat de mariage, qu'au cas que la femme survécût, tous les biens de la communauté lui appartiendroient : car le don ne seroit pas réciproque, puisque le mari prémourant ne donneroit à la femme que ce qui lui appartient en vertu de son contrat de mariage. C'est l'observation de M. François Menudel, sur le présent article, & ainsi a été jugé dans l'un & l'autre cas par arrêts rapportés dans les additions sur Ricard, *du Don mutuel*, traité 1, chap. 5, sect. 3, n. 153.

* *Quæro*, dit M. François Menudel, *utrùm donatio valeat, respectu mulieris, si in contractu matrimonii apposita sit in favorem viri clausula nunc ordinaria*, Venant la future à décéder sans enfans, sera quitte le mari, & néanmoins tenu de rendre aux héritiers d'elle tout ce qu'elle aura apporté... *Videtur*, répond-il, *quòd non... per istam enim clausulam omnes conquestus & immobilia communionis remanere debent vi communionis, apud virum ; & ideò donatio quæ ipsi fieret ab uxore, esset nullius considerationis, nec ex ea proficeret quidpiam : quare cùm hæc donatio mutua toleretur, apud nos ob incertum eventum, & æqualem favorem, puto respectu uxoris censendum esse quod indirectum, nec dici posse mutuam donationem*. M. François Menudel, sur l'article 227.

36. Que si les conjoints n'étoient pas absolument communs, aux termes de la Coutume, & que la portion de l'un par leur contrat de mariage fût moindre de la moitié, qu'elle ne fût que d'une quote-part, comme d'un tiers ou d'un quart ; cela n'empêche pas, selon Ricard, qu'ils ne puissent faire don mutuel, jusqu'à la concurrence de la part du moins prenant. Ricard, *ibid*. n. 166.

37. Troisieme conséquence : l'un des conjoints ne peut pas se réserver la faculté de disposer d'une partie des effets de la communauté, à moins que cette faculté ne soit aussi expressément réservée à l'autre. C'est pourquoi, dit Argout, si l'un des deux conjoints ne veut donner en usufruit que la moitié de la part qu'il a dans la communauté, l'autre n'en peut pas donner davantage. Argout, *Inst. au Droit François*, liv. 3, ch. 22.

38. Une quatrieme condition requise pour la validité du don mutuel, est qu'il soit fait en usufruit, & non en propriété, quelque stipulation qu'il y ait, & quoique l'égalité s'y rencontrât. C'est la disposition de notre Coutume au présent article, & de celle de Paris, art. 280, qui ne permettent le don mutuel que par forme d'usufruit, quand il est fait pendant le mariage ; & comme les donations mutuelles sont de rigueur & de droit public, & qu'on ne se peut prévaloir qu'autant qu'il est permis par la loi, il s'ensuit que l'on ne peut pas augmenter cette permission, en disposant sous une autre condition, & au-delà de ce que la Coutume permet.

39. Cet usufruit n'est que des biens que les conjoints posséderont au jour du décès du premier mourant. Les mots de *survivant*, & de *premier mourant*, dont la Coutume se sert, marquent assez qu'elle a considéré le temps à venir & le jour de l'échéance de la donation : & ce qui est à remarquer, c'est que les conjoints ne pourroient pas se donner autrement, & faire que la donation fût des biens présens, le mari devant toujours demeurer le maître de la communauté, & conséquemment avec la puissance d'aliéner les biens qui la composent, aussi bien que d'en acquérir, suivant l'état & la nécessité de leurs affaires. Ricard, *du Don mutuel*, traité 1, ch. 5, sect. 3, n. 202.

40. L'insinuation du don mutuel est encore une condition requise pour sa validité. Voyez ce qui a été dit sur l'art. 218, *suprà*.

41. Mais il n'est pas nécessaire, pour la validité du don mutuel, que les conjoints soient majeurs ; ainsi quoique tous les deux mineurs, ou l'un d'eux, ils se peuvent faire don mutuel, pourvu qu'ils soient en âge de contracter mariage, à cause que la donation mutuelle dépend de l'événement incertain, & qu'il n'y a pas de

léfion, puifqu'on donne au mineur autant qu'il donne. *Quid fi folus vir minor*, dit Dumoulin, *vel ambo minores, nihilominùs puto indiftinctè quod valeat, quia non eft alienatio, fed negotium utrique utile non continens alienationem, fed meliorem conditionem.* Dumoulin, fur l'art. 155 de l'ancienne Cout. de Paris, n. 1, & fur l'art. 161 de celle de Blois. Tel eft auffi le fentiment de M. le préfident Duret, fur ces mots de notre art. LE MARI ET LA FEMME : *Etiam minores*, dit-il, *dummodò matrimonii capaces, liberæ conditionis, & fanæ mentis* ; & tel eft le fentiment commun.

42. Il n'eft pas encore néceffaire, comme l'a obfervé M. de la Thaumaffiere fur la Coutume de Berry, tit. 8, art 3, pour la validité de la donation mutuelle, que les conjoints fe conftituent poffeder les chofes données au nom l'un de l'autre, ou du furvivant purement, fimplement ou précairement ; parce que la régle, *donner & retenir ne vaut*, n'a pas lieu en cette forte de donation, qui n'eft pas tant une donation qu'un contrat onéreux, une efpece d'échange faite avec le hafard de la furvie, & un moyen d'acquérir de part & d'autre, qui doit par conféquent paffer pour contrat onéreux, n'y ayant que le hafard (dit Ricard) auquel s'eft mis le donataire furvivant, de perdre autant de fes biens en cas de prédécès, qui fait qu'il profite de ceux du donateur par fa furvie.

43. Pour l'autorité du mari, elle n'eft pas néceffaire non plus, fuivant la commune opinion ; parce que c'eft un contrat réciproque qui fe fait entre les deux conjoints ; que la conjecture de la volonté préfumée du mari fupplée à ce défaut, que l'autorité tacite s'y trouve ; & qu'enfin il n'y a pas d'apparence de vouloir, que ce qui eft introduit en faveur du mari, puiffe être rétorqué contre lui, & que la loi, qui pour la révérence maritale, & pour l'intérêt que le mari peut avoir à la confervation des biens de fa femme, n'a pas voulu qu'elle pût contracter fans fon confentement & fon autorité, ait eût deffein de comprendre le mari fous cette prohibition, & de faire que les actes qu'ils pafferoient enfemble feroient nuls, s'ils n'étoient accompagnés de cette folemnité. Ricard, *du Don mutuel*, traité 1, ch. 3, n. 60 & fuiv.

44. Quant à l'acceptation, l'expreffion n'en eft pas néceffaire, & la préfence & fignature des parties fuffifent, s'ils favent figner. Car dès que le don eft mutuel, cela contient, dit Dupleffis, toutes les deux fonctions actives & paffives de la part de chacun : & ainfi a été jugé par arrêts rapportés dans les additions de M. Leprêtre, cent. 1, ch. 43 ; dans la Thaumaffiere, fur la Coutume de Berry, tit. 8, art. 3, & dans Brodeau fur M. Louet, lettre D, fomm. 5 ; & tel eft leur fentiment.

45. A l'égard de la queftion fi le don mutuel doit être fait par un même acte & dans un même papier, ou s'il peut être fait par deux actes féparés, il y a fentiment pour & contre ;

mais j'eftime qu'il fuffit, pour la validité de la donation mutuelle, que les deux actes qui la contiennent, ayent rapport enfemble, & qu'ils foient faits en contemplation l'un de l'autre ; car encore que la volonté des conjoints foit marquée en deux différens actes, elle ne laiffe pas d'être mutuelle, pourvu que ce foit en même temps, pardevant même notaire, & témoins, & qu'il y ait avantage réciproque ; parce que faire deux actes enfemble & en même temps, & qui ont rapport l'un à l'autre, c'eft proprement n'en faire qu'un, & l'on doit plutôt confidérer l'union des volontés, que la diverfité des actes. C'eft l'obfervation de M. le préfident Duret, fur notre article, fur le mot FAITE : *Non ex intervallo*, dit-il, *fed incontinenti, id eft, eodem die . . . licèt in diverfis inftrumentis ; quoniam pofterior donatio cenfetur ineffe priori eâdem die, & loco facta.* Tel eft auffi le fentiment de Ricard, *du Don mutuel*, traité 1, chap. 5, fect. 3, n. 135 & 136 ; d'Henrys & Bretonnier, tome 1, liv. 5, ch. 4, qu. 36. Toutefois, pour ne point laiffer de doute, & ne rien rifquer, il vaut mieux que la donation mutuelle foit faite conjointement & par un même acte.

46. Pour ce qui eft de la demande, fi le don mutuel peut fubfifter concurremment avec le legs fait en teftament ; la réponfe eft qu'il le peut, quoique faits tous les deux au profit d'une même perfonne, ainfi qu'il a été jugé en cette Sénéchauffée le premier juillet 1620, en la caufe d'entre Nicolas Michel, & Jean Meftrant, fon gendre, au profit duquel Marie Michel, fa femme, avoit légué le quart de fes biens, & confenti un don mutuel. Le tout fut confirmé, felon que le rapporte M. Reugnon, *in verbo*, DON MUTUEL : la même chofe, dit M. Jean Cordier, avoit été jugée le 19 feptembre 1617 pour Jean de Trouffebois, écuyer, feigneur de Ris, contre les héritiers de Françoife de Dorne, fa femme ; quoiqu'ils euffent renoncé à la communauté, le don mutuel fait entr'eux de ce qu'elle avoit ameubli, & le quart par elle légué du total de fes biens dotaux, furent confirmés. M. Jean Cordier, fur l'art. fuivant. M. Potier, *hic*, eft de même fentiment.

47. Il y a plus de difficulté à décider, fi le don mutuel étant inégal, & ne pouvant fubfifter, pour ce qu'il excéde, il doit être nul pour le tout ; fur cette queftion il y a fentiment pour & contre.

48. Il y en a qui eftiment que dans ce cas il eft jufte de faire fubfifter le don mutuel, jufqu'à concurrence de ce qui pouvoit être fait valablement, d'autant que dans cette proportion c'eft un acte légitime ; & c'eft la difpofition de la Coutume de la Marche, art. 290, qui porte que la donation mutuelle eft valable, pourvu qu'elle foit égale, & que s'il y a inégalité, elle fera réduite à l'égalité.

49. Mais il y en a d'autres qui foutiennent, & c'eft le fentiment de Ricard, qu'en matiere de contrats finallagmatiques & réciproques,

les

Tit. XX. DES DONATIONS, DONS, &c. Art. CCXXVIII.

les conventions sont indivisibles, & qu'il y a cette différence entre les clauses & conditions apposées aux testamens, & celles sous lesquelles les contrats d'entre-vifs sont faits; qu'à l'égard des premiers, ce qui ne peut pas être exécuté, ne vicie pas le surplus de la disposition : au-lieu que pour ce qui est des contrats, comme ils ne subsistent que par la volonté des deux parties, s'il se rencontre de part & d'autre quelque chose de considérable qui ne puisse avoir son effet, celui qui en reçoit quelque préjudice peut retracter sa volonté, comme ne l'ayant accordée qu'avec toutes les clauses & conditions contenues au contrat; car il ne suffit pas que le contrat soit possible pour sa validité, mais il dépend des parties de lui donner son effet à telles conditions qu'elles ont pour agréables.

50. Ainsi, si deux conjoints, Jean & Marie, font un don mutuel au survivant des deux, de leurs meubles & conquêts, & que Marie y ajoute de sa part des propres, si Marie survit, les héritiers de Jean ont droit d'empêcher l'effet du don mutuel; parce que si Jean eût survécu, il n'eût pas pu jouir, aux termes qu'il avoit consentis & stipulés. C'est le raisonnement de Ricard, *du don mutuel*, traité 1, chap. 5, sect. 6, n. 217 & 218.

51. C'est mon sentiment, & j'estime que quand la donation mutuelle est inégale, & qu'elle est telle directement & expressément par la volonté des parties, de manière qu'il paroît qu'ils n'auroient pas traité autrement, en ce cas la donation demeure nulle pour le tout, tant d'une part que d'autre : autre chose est, quand la convention qui est égale, est indépendante de celle qui est inégale, ensorte qu'il y a lieu de présumer que l'intention des parties a été que l'une puisse subsister sans l'autre; car en ce cas étant indépendantes, rien n'empêche que l'une demeurant nulle, l'autre n'ait son effet.

ARTICLE CCXXVIII.

Et en cas que ladite donation sortisse son effet, le survivant jouissant dudit don mutuel, est tenu payer sur tous lesdits meubles & conquêts, les dettes qui étoient communes à l'heure du trépas du premier décédé, les obseques & funérailles, & délivrer les legs mobiliairs contenus au testament, ou ordonnance de derniere volonté d'icelui.

1. Quoique dans cette Coutume, aux termes de l'article 227, *suprà*, le don mutuel saisisse de plein droit, & donne la possession au donataire incontinent après le décès du premier mourant, toutefois le survivant donataire peut ne pas accepter le don, s'il veut; & ne l'acceptant pas, il ne sera pas tenu d'en supporter les charges. C'est la remarque de Papon, sur notre article, & de M. le président Duret. *Planè si superstes nolit*, dit M. Duret, *cogi non potest utifrui; nemo enim damnosam hæreditatem adire compellitur, L. Nec emere, Cod. de Jure delib. & abstinens, omnibus quæ utendofruendo sustinere debebat, non subjicitur*. M. Duret, *hic*.

2. Au cas que le donataire survivant accepte le don mutuel, il est tenu de payer les frais funéraires, ainsi qu'il est porté en notre article, en l'article 144 de la Coutume de Senlis, & en l'article 49 de celle de Vermandois : car quoique les frais funéraires soient régulièrement à la charge des héritiers du défunt, néanmoins le donataire mutuel en est chargé; parce qu'ils doivent être payés, *præsenti pecuniâ*, & que tout le mobiliaire se trouve dans le don mutuel.

3. Mais si le donataire mutuel les paye pour eux, il est juste que ce qu'il paye soit déduit ou compté après sa mort à ses héritiers. C'est pourquoi les héritiers du donataire mutuel en ont la répétition ou déduction pour le tout, dans la restitution du don mutuel, sur la prisée de la moitié des meubles du prédécédé, selon qu'il est dit dans l'article 230, *infrà*, & que l'a remarqué M. le président Duret : *Legata*, dit-il, *& funeris impensæ de sola parte præmorientis in solidum facienda sunt, nimirùm ex societate non pendent, nec in ejus rationem veniunt*, §. 241, *infrà, & apertè*, §. 230. M. Duret, *hic*.

4. C'est toutefois une charge pour le donataire mutuel; parce que la somme qu'il emploie au paiement des frais funéraires, ne lui produit rien, & diminue le profit du don.

5. Dans ces frais funéraires, dit M. Duplessis, ne sont pas compris les frais & salaires des médecins, & autres de la maladie, parce que ce sont des dettes de la communauté. Duplessis sur la Coutume de Paris, traité *des Donations*, chap. 3, sect. 4.

6. Il en est des legs & dispositions testamentaires comme des frais funéraires, ils sont à la charge des héritiers, & ne sont point des charges de la communauté : cependant le donataire mutuel les paye & délivre, ainsi qu'il est dit dans notre article, & dans l'article 19 de la Coutume de Meaux; mais aussi il en fait la déduction sur la part des meubles & conquêts du prédécédé, ou plutôt ses héritiers pour lui, dans le temps de la restitution du don mutuel, ainsi qu'il est expliqué dans l'article 230, *infrà*, & que l'a observé M. le président Duret : mais, comme il a été remarqué au sujet des frais funéraires, c'est une

Part. I. Yyyy

diminution, d'autant dans le profit de son don.

7. Ce que nous venons de dire des legs, que le donataire mutuel est tenu de délivrer & payer, ne doit s'entendre que des legs mobiliaires qui se payent sur les effets de la communauté; car notre article ne parle que de ceux-là, aussi bien que l'article 19 de la Coutume de Meaux. C'est l'observation de M. le président Duret, sur ces mots de notre article, PAYER LES LEGS MOBILIAIRES : *Non verò*, dit-il, *legata immobilia, si quæ prædia ex hæredis suis præmoriens legaverit, & idem si testamento annuum redditum legaverit*, Conf. Meld. §. 19. M. Duret, *hic*.

8. Le donataire mutuel est encore tenu de payer toutes les dettes qui étoient communes à l'heure du trépas du prédécédé : c'est la disposition de notre Coutume, dans le présent article; de celle de Montargis, ch. 11, art. 4; de Mantes, art. 145, & autres. Et la raison est que, possédant tous les effets de la communauté, il est juste qu'il en paye toutes les dettes, mais bien entendu que c'est aux dépens de ces mêmes effets, *& sic super proprietate (mobilium & acquestuum,)* dit Dumoulin dans sa note sur notre article; & comme le donataire mutuel est tenu de son chef de la moitié desdites dettes, & les héritiers du prédécédé de l'autre moitié, il en paye la moitié pour sa part, & l'autre moitié pour celle du prédécédé; & c'est encore une diminution dans le don. *Cæterùm*, dit le président Duret, *pars æris alieni de proprietate partis mobilium & acquestuum præmorientis exolvenda est, alterâ parte superstiti lege societatis incumbente*. M. Duret, *hic*.

9. Dans le cas où la femme survivante renonce à la communauté, & accepte le don mutuel, quoiqu'au moyen de sa rénonciation elle ne soit tenue de son chef d'aucunes dettes de la communauté, toutefois comme en qualité de donataire mutuelle elle jouit, ainsi qu'il a été dit sur l'art. précédent, de tous les effets de la communauté, elle est tenue d'en payer toutes les dettes sur ces effets : ainsi jugé par un arrêt du 18 janvier 1613, rapporté par Mornac sur la loi 1, ff. *de Donat. inter vir. & uxor.* & cité dans les additions sur Ricard, traité *du don mutuel*, ch. 5, sect. 3, n. 276 & suiv.

10. Le donataire mutuel étant tenu de payer toutes les dettes de communauté, il est tenu de payer toutes celles dont les principaux se trouvent exigibles, avec les intérêts échus avant la mort du prédécédé : car pour les intérêts qui échéent depuis, ils sont entièrement à la charge du donataire, qui a dû payer pour les faire cesser.

11. Le donataire mutuel n'est tenu que des dettes de la communauté; & à l'égard des dettes passives du prédécédé qui ne sont pas entrées dans la communauté, le donataire n'en doit rien, elles doivent être payées sur les autres biens du prédécédé.

12. Comme le donataire mutuel fait le paiement des dettes de la communauté, sur les meubles & conquêts de cette communauté, il fait aussi la reprise du remploi de la dot & autres conventions matrimoniales, sur toute la masse de la communauté, dit M. François Menudel; & toutes ces distractions ou délibations diminuent, comme l'on voit, le profit & l'émolument du don mutuel. Pour les dettes du prédécédé qui ne sont pas de la communauté, elles se payent, comme il a été dit, sur les autres biens du prédécédé.

13. Mais comme les créanciers ne sont pas obligés d'entrer dans toutes ces distinctions, & dans aucune considération du don mutuel, ils peuvent agir indistinctement pour le paiement de leurs créances contre le donataire, & contre les héritiers du prédécédé; sauf le recours des héritiers contre le donataire mutuel, quand ils sont poursuivis pour les dettes que le donataire est tenu de payer sur les meubles & conquêts; & sauf pareillement le recours du donataire mutuel contre les héritiers, s'il est poursuivi par les créanciers pour dettes qui ne sont point de la communauté : sur quoi il faut observer que la veuve qui prend le don mutuel, n'est point tenue des dettes de la communauté, au-delà de la concurrence des meubles & des acquêts. Ainsi la femme ayant accepté le don mutuel, quand elle n'a plus rien entre ses mains des biens qu'il y a, peut renoncer à la communauté & au don, en rapportant aussi tous les fruits, & être restituée contre son acceptation en obtenant des lettres à cet effet, & offrant par icelles de rendre compte de ce qu'elle a reçu : ainsi jugé par les arrêts. Tournet & Labbe, sur l'art. 286 de la Coutume de Paris; Duplessis, sur la Coutume de Paris, traité *des Donations*, ch. 3, sect. 4; Ricard, *du don mutuel*, ch. 3, n. 294.

ARTICLE CCXXIX.

DONATION mutuelle ne peut être révoquée par l'une des Parties sans le consentement de l'autre.

1. LA donation mutuelle est un contrat entre-vifs, parce qu'il y a deux choses à considérer dans la donation mutuelle; la disposition & l'exécution : & quoique l'exécution soit différée, & ait trait à la mort, la disposition a un effet présent & irrévocable, en ce qu'elle lie & oblige les parties du moins dans les termes qu'elle contient; &

TIT. XX. DES DONATIONS, DONS, &c. ART. CCXXIX.

de-là il suit que dès que la donation mutuelle est valablement contractée, elle ne peut être révoquée que par le consentement mutuel de ceux qui y sont intéressés, & desquels elle dépend, selon qu'il est porté dans notre art. & l'art. 244 de la Coutume de Tours. *Sed cùm hoc novo jure*, dit Papon, *donationes id genus præcisæ sint observationis, statim ubi conclusæ sunt, jus utrique conjugum quæritur, quod neuter ab altero non annuente, tollere potest, L. Sicut ab initio, cod. de act. & obl.* Papon, *hic*.

2. Ainsi dans cette Coutume, dès que les parties se sont mutuellement engagées par l'agrément réciproque de la donation, que cette donation a été consentie & signée mutuellement, elle ne peut plus être révoquée, même avant l'insinuation, par un seul des conjoints, & en ce faisant être détruite pour le tout, comme dans la Coutume de Paris, à cause de la disposition précise de l'article 284 de ladite Cout. & peut l'un des conjoints, dans notre Coutume, valablement en faire l'insinuation, nonobstant l'empêchement de l'autre. C'est la doctrine de Ricard, dans son traité *du don mutuel*, chap. 4, n. 79.

3. Il ne faut pas raisonner de même des testamens mutuels & réciproques; car quand il est question d'un testament mutuel, comme sa perfection ne s'acquiert que par la mort des testateurs, & que c'est une qualité inséparable de cet acte, de pouvoir être librement révoqué pendant le cours de leur vie, l'un peut le révoquer sans le consentement de l'autre, nonobstant que la mutualité s'y rencontre; d'autant que les parties ayant compris la donation mutuelle qu'ils avoient dessein de faire dans un testament, ils sont présumés l'avoir voulu rendre sujette à toutes les qualités dont cet acte est susceptible, entre lesquelles la libre révocation est le principal appanage. C'est le raisonnement de M. le président Duret, & de M. Jean-Marie Ricard, *du don mutuel*, ch. 5, sect. 7, n. 234.

4. *Planè*, dit M. le prés. Duret, *si in mutuo testamento adhibita proponatur donatio mutua, in ea conditione habenda est, quæ tota testamenti scriptura, quæ ambulatoria est, usque ad extremum vitæ spiritum; nam quæ accessionum locum obtinent, ita facilè extinguuntur aut mutantur, ac principales res perimi tollive possunt; ea propter omnis actus alteri accedens, quamvis diversæ naturæ & qualitatis, assumit naturam & conditionem ejus cui adjicitur,* Chop. *de privil. Rust. lib.* 3, *cap.* 4, *n.* 6, *tamen hæc quæstio dubio non vacat, cùm quidam putent mutuum testamentum non posse infirmari, nisi utroque consentiente, aut saltem contrariâ voluntate per revocantem alteri denuntiatâ.* M. Duret, *hic*.

5. Cette révocation des testamens mutuels a ses restrictions & est astreinte à certaines conditions, que nous expliquerons sur l'article 294, *infrà*. Mais revenant à notre article, je dis que la donation mutuelle, qui, aux termes dudit article, ne peut être révoquée, dès qu'elle est valablement contractée par l'un des conjoints sans le consentement de l'autre, le peut être du consentement mutuel des deux parties qui y sont intéressées, & de qui elle dépend, parce que c'est une régle presque générale, que ceux qui ont droit de faire, ont pareillement pouvoir de défaire; *nihil enim tam naturale est, quàm eo genere quodque dissolvere, quo colligatum est*, dit la régle de droit 35, *ff. de reg. jur.* & c'est l'esprit de notre Coutume dans notre article; car en disant que la donation mutuelle ne peut être révoquée par l'une des parties sans le consentement de l'autre, elle donne à entendre qu'elle peut l'être avec ce consentement.

6. Mais la révocation quoique du consentement commun, n'est valable, si l'un des conjoints est malade de la maladie dont il seroit décédé dans les quarante jours de la révocation : la raison est que les conjoints n'étant pas dans cette supposition, dans le temps aux termes de l'art. 227, *suprà*, de faire le don mutuel, ils ne peuvent pas aussi révoquer; parce que révoquer le don mutuel, c'est se rendre mutuellement les choses données, & que cette remise ne peut valoir que comme une autre donation de pareille qualité que la premiere, qui demande par conséquent les mêmes circonstances. C'est le raisonnement de Ricard, dans son traité *du don mutuel*, ch. 5, sect. 7, n. 231; & de-là il s'ensuit que la révocation du don mutuel doit être faite par un acte authentique, qui puisse assurer & constater le temps qu'elle a été faite. * Par arrêt du 24 juillet 1685, rapporté au tom. 5, du journal des audiences, L. 1, chap. 14, un acte de révocation du don mutuel, passé six heures avant la mort du mari, fut déclaré nul.

7. Au-reste ce que nous venons de dire de la donation mutuelle entre conjoints des meubles & conquêts de leur communauté, que c'est une donation irrévocable, qui ne doit recevoir aucune atteinte par le fait d'un seul des conjoints, dès qu'elle est faite, n'empêche pas que le mari ne reste toujours le maître de la communauté, & qu'il ne puisse par forme d'administration disposer des biens qui y sont compris; la raison est que la donation mutuelle ne s'entend, selon qu'il a été dit, que des biens qui se trouvent communs lors du décès de l'un des conjoints, & qu'elle n'est irrévocable que dans les termes qu'elle contient, & avec lesquels elle est conçue. Et c'est l'esprit de la Coutume, que le don mutuel ne diminue rien du pouvoir du mari sur les biens de la communauté dont il peut toujours disposer, qu'il peut engager & hypothéquer, & que le donataire mutuel soit chargé de toutes les dettes de la communauté, c'est-à-dire, qui ont été contractées par le mari.

ARTICLE CCXXX.

LE SURVIVANT des deux mariez qui ont fait don mutuel ensemble, est tenu incontinent & avant que soi immiscer & s'en pouvoir dire saisi, faire inventaire des biens meubles, titres & enseignemens des immeubles, faire priser lesdits meubles, & bailler caution fidejussoire aux héritiers du premier décédé, de rendre après sa mort la moitié desdits meubles & conquêts immeubles selon ladite prisée & estimation : sur laquelle prisée advenant ladite restitution, sera premier distrait ce que monte la part des dettes du prédécédé, & ce qui est nécessaire pour acquitter le testament dudit défunt, avec ses obseques & funérailles. Et outre, ledit survivant doit bailler ladite caution aux héritiers du prémourant de soutenir & entretenir lesdits conquêts immeubles durant sa vie, & les rendre quittes & déchargez des arrérages des cens, rentes & autres redevances dont ils seront chargez.

1. Comme le don mutuel n'est qu'en usufruit, le donataire survivant qui accepte le don mutuel, est obligé avant que de s'immiscer & qu'il se puisse dire saisi de faire faire inventaire des biens meubles, titres & enseignemens des immeubles, & de faire priser lesdits meubles, ainsi qu'il est dit dans notre article, & que le disent les Coutumes de Sens, article 112; d'Orléans, article 281; de Melun, article 226; de Reims, article 234; de Vermandois, article 47, & autres.

2. L'inventaire doit être fait avec les héritiers présens ou duement appellés, & la prisée des meubles faite selon leur juste valeur, & quoique régulièrement un inventaire avec une estimation ne soit pas considérable, s'il n'y a un procès-verbal de vente, le donataire survivant néanmoins n'est pas tenu de faire vendre, & les héritiers ne l'y peuvent pas contraindre, parce que la Coutume lui veut laisser l'avantage de jouir des choses en espece : mais aussi si les héritiers prétendent que la prisée ne va pas à la juste valeur des choses sujettes au don mutuel, ils peuvent demander qu'il en soit fait une autre, ainsi qu'il est porté en l'article 288 de la Coutume de Paris.

3. Comme le donataire n'est pas obligé de rendre les meubles, les héritiers du donateur ne sont pas non plus tenus de les reprendre quand le don mutuel est fini, à cause qu'ils se consument par l'usage : c'est pour cela que l'on en fait la prisée, afin que les héritiers du donataire en payent l'estimation; car la juste estimation succede au lieu de la chose, & tient lieu de la vente. C'est la disposition de la Coutume en notre article, ainsi qu'il paroit par ces mots, *de rendre après sa mort la moitié desdits meubles selon ladite prisée & estimation* ; c'est la remarque de M. le président Duret : *Jure romano*, dit-il, *fructuarius speciem reddens liberabatur .... sed quia hic articulus ad pretium sese refert simpliciter, & hujus dumtaxat rationem habet, magis est ut æstimatio emptionis vice fungatur, & res fructuario cedant pretio restituendo .... Cæterum hæc verba*, selon la prisée & estimation, *non referuntur ad verba* & conquêts immeubles, *sed ad sola mobilia quæ tantùm æstimantur*. M. Duret sur ces mots de notre art. *selon la prisée*.

4. La Coutume au présent article n'oblige les héritiers du donataire survivant, que de rendre la moitié du prix des meubles, parce que l'autre moitié appartenoit en pleine propriété au donataire à cause de la communauté : mais dans le cas où la femme survivante renonce à la communauté, & accepte le don mutuel, ses héritiers après sa mort sont tenus de rendre le prix total des meubles ; parce qu'au moyen de sa renonciation, tous les meubles appartiennent aux héritiers du mari.

5. Il est parlé dans notre article des distractions qui doivent être faites sur le prix de ces meubles, des avances faites par le donataire survivant, pour le paiement des legs & frais funéraires, & de la part des dettes du prédécédé : mais c'est ce qui a été expliqué sur l'article 228, où il faut avoir recours; & il suffit d'observer ici, que quand la femme survivante renonce à la communauté, & accepte le don mutuel, ses héritiers reprennent sur le prix des meubles tout ce qu'elle a avancé pour le paiement des dettes de la communauté; parce que la femme qui renonce à la communauté, n'est point tenue des dettes d'icelle.

6. Le donataire mutuel est encore tenu, suivant qu'il est porté en notre article, & en l'article 4 du titre 11 de la Coutume de Montargis, de soutenir & entretenir durant sa vie les conquêts immeubles qui composent le don mutuel; & par conséquent il est obligé de faire faire les réparations viageres qui sont à faire sur les héritages sujets audit don mutuel, ainsi qu'il est dit en l'article 287 de la Coutume de Paris, & 282 de celle d'Orléans ; & il est tenu, dit la Coutume de Paris, de ces réparations viageres, sans espérance de les recouvrer ; & il doit par conséquent, selon que l'a observé M. Claude Duplessis, rendre lesdits

Tit. XX. DES DONATIONS, DONS, &c. Art. CCXXX.

lefdits héritages en bon état de toutes ces réparations, le don mutuel fini. Dupleſſis fur Paris, des Donations, chap. 3, ſect. 4.

7. Le même commentateur met au nombre des réparations viageres dont le donataire mutuel eſt tenu, non-ſeulement celles qui arrivent durant ſa jouiſſance, mais encore celles qui ſont à faire au temps de l'ouverture du don mutuel, & qui ſont arrivées dans le temps précédent ; parce que, dit-il, elles regardent la jouiſſance qu'il fera enſuite, & qu'enfin ces termes de l'article 287 de la Coutume de Paris ſont précis : *Auſſi eſt tenu*, dit cet art. *celui qui veut jouir du don mutuel, de faire faire les réparations viageres étant à faire fur*, &c. Dupleſſis, *ibid.*

8. Quant aux groſſes réparations, tant celles qui ſont arrivées durant la communauté, que celles qui arrivent durant la jouiſſance du don mutuel, par force majeure, cas fortuit ou par vieilleſſe, ce ſont des charges de la communauté, des pertes qui tombent également ſur tous ceux qui ont part à la choſe ; & c'eſt dans la communauté qu'il faut prendre de quoi les rétablir. Le donataire mutuel peut faire ces réparations *de ſuo*, & en faire les avances ; & en ce cas ſes héritiers en auront la récompenſe en déduction dans le temps de la reſtitution du don mutuel, comme des dettes payées : mais pour les héritiers du prédécédé, ils ne ſont point tenus d'y rien mettre de ce qui eſt hors de la communauté. Tel eſt le ſentiment de Dupleſſis, *ibid.* & c'eſt auſſi le mien.

9. Outre les réparations viageres des immeubles ſujets au don mutuel, dont le donataire mutuel eſt tenu, il eſt auſſi obligé de payer les arrérages des cens, rentes & autres redevances dont ces mêmes immeubles ſont chargés, qui courent depuis l'ouverture du don mutuel juſqu'au jour de la reſtitution, & doit les rendre quittes & déchargés de tous leſdits arrérages, dit la Coutume au préſent article ; c'eſt auſſi la diſpoſition de celle de Paris, article 287, & de celle de Meaux, article 22.

10. Le donataire mutuel eſt obligé de payer non-ſeulement les arrérages des rentes foncieres, dont les conquêts immeubles ſont chargés ; mais il eſt encore tenu, comme dit la Coutume de Paris audit article 287, & qu'il a été dit ſur l'article 228, ſuprà, de payer les arrérages des rentes conſtituées & conſenties pendant la communauté, échus depuis la jouiſſance du don mutuel, ſans eſpérance de les recouvrer.

11. Mais quant aux principaux de ces rentes paſſives, le donataire mutuel n'eſt pas obligé de les acquitter, ſelon que l'a obſervé Ricard, & même M. Dupleſſis dans ſes premiers manuſcrits va plus loin : car il ſoutient que, quoique ces rentes paſſives ſoient communes, comme conſenties durant la communauté, & que la moitié par conſéquent en ſoit due par le donataire, il n'eſt pas en ſa liberté de racheter ces rentes, ſi ce n'eſt pour ſa part, & d'y employer les biens du don mutuel, ſans le conſentement des héritiers du prédécédé ; & que s'il le fait ſans leur conſentement, on ne peut leur demander après l'extinction du don mutuel, qu'un titre nouvel pour les obliger à continuer la rente pour moitié, ſans que ſes héritiers, lors de la reſtitution du don mutuel, puiſſent compter ni déduire ce qu'il a employé à ce rembourſement. Ricard, *du don mutuel*, ch. 7, n. 789 ; l'auteur des notes ſur Dupleſſis, traité *des Donations*, chap. 3, ſect. 4.

12. Pour la ſureté des réparations dont il a été parlé, & des paiemens de ces arrérages de cens & rentes, & autres dettes dont le donataire mutuel eſt tenu, & pour celle de la reſtitution des meubles & effets qui compoſent le don mutuel ; notre Coutume, au préſent article, oblige le donataire mutuel de donner caution ; & les autres en font autant : ce qui eſt fondé ſur le droit Romain, qui oblige l'uſufruitier à donner caution, *tot. tit. ff. uſufr. quemadm. caveat. Ex quocumque titulo*, dit M. le préſident Duret, *uſusfructu competat, ſive ex teſtamento, ſive ex contractu, ſive ex jure, fructuarius ſatiſdare tenetur, de utendofruendo boni viri arbitrio ; & de rebus finito uſufructu reſtituendis.* M. Duret, *hìc*.

13. Notre article porte, que le donataire ſurvivant ſera tenu de donner caution fidejuſſoire ; d'où il s'enſuit que la caution juratoire n'eſt pas ſuffiſante. *Nota tamen*, dit le même M. Duret, *nominis cautionis ſimpliciter repromiſſionem intelligi, non fidejuſſoriam, undè non temerè hic paragraphus noſter de fidejuſſoriâ cautione meminit, & idoneus fidejuſſor non intelligitur tantùm ex facultatibus, ſed ex conveniendi facilitate.* M. Duret, *hic*.

14. Le donataire, ſuivant que porte encore notre article, eſt tenu incontinent avant que de s'immiſcer, & de ſe pouvoir dire ſaiſi, de faire l'inventaire, & de donner la caution dont il vient d'être parlé ; & de-là M. Jean Decullant conclud que le donataire mutuel ne commence à gagner les fruits que du jour qu'il a préſenté caution ſuffiſante, conformément à la diſpoſition de la Coutume de Paris, article 285. *Ex his verbis* AVANT QUE, *ſequitur*, dit-il, *quòd donatarius non facit fructus ſuos mobilium & conqueſtuum, ante inventarium & cautionem præſtitam, ei cui congruit, §. 285 Stat. Pariſ. ...... Tamen hæres non retinebit hos fructus, ſed annumerabuntur & deſcribentur inter mobilia quibus donatarius fruitur, & quorum fit reſtitutio poſt obitum illius. ...* M. Jean Decullant, ſur ces mots de notre art. *avant que*.

15. M. le préſident Duret a fait la même remarque, mais il uſe de diſtinction : *Quid ſi*, dit-il, *proprietarius ante ſatiſdationem fructus perceperit, vel fructuarius ignorante proprietario, eidem proprietario cedunt ; aliter, atque ſi fructuarius, proprietario ſciente & patiente eos perceperit : tunc enim proclivius eſt*

Part. I.   Zzzz

ut fructuarium pertineant. M. Duret, *hic.*

16. Que si le donataire mutuel ne présente pas caution suffisante, & que l'insuffisance ou l'insolvabilité de sa caution donne lieu à une contestation, il faut pendant le temps de la contestation mettre les biens entre les mains d'un sequestre, dit M. Menudel : *Et ideo*, dit-il, *fidejussore non idoneo oblato, debent bona sequestrari, pendente contestatione.* M. Menudel, *hic.*

17. Mais si le donataire mutuel ne peut trouver aucune caution, comment pourvoira-t-on à la conservation de son droit ? Les docteurs qui se proposent cette difficulté, répondent de différentes manieres. Les uns veulent qu'en ce cas le propriétaire doit se contenter de la caution juratoire de l'usufruitier, ainsi qu'il est dit dans l'article 94 de la Coutume du Grand-Perche ; d'autres veulent qu'il soit établi un sequestre, faute de caution, conformément à l'article 112 de la Coutume de Sens ; d'autres enfin, que le propriétaire doit jouir en donnant caution à l'usufruitier de lui rendre les fruits. M. le président Duret, qui expose tous ces différens sentimens, ne se détermine pour aucun. Il n'en est pas de même de M. Jean Decullant ; il n'en propose qu'un, qui est celui de sequestre, & s'y arrête : *Quòd si donatarius*, dit-il, *non posset dare fidejussorem, & cavere, dabitur sequester, id est, fundi locabuntur, & pretium mobilium dabitur in reditum annuum tertio cuipiam licitatori plus offerenti, cum onere cautionis, & quot annis donatarius accipiet reditus.* M. Jean Decullant, sur l'article suivant.

18. Après la mort du donataire, les héritiers doivent rendre compte (ainsi qu'il résulte de notre article) à ceux du donateur de la propriété qui leur doit revenir.

L'usufruit cesse & finit au moment de ce décès ; de maniere que s'il meurt avant la récolte, les fruits qui restent attachés au fonds, quoiqu'en maturité, & prêts à cueillir, appartiennent au propriétaire : ce qui ne concerne que les fruits naturels, car à l'égard des fruits civils, pour savoir comment ils doivent se partager entre le propriétaire & les héritiers de l'usufruitier, il faut avoir recours à ce qui sera dit sur l'article 263, *infrà*, où nous distinguerons entre les fruits civils, ceux qui s'acquierent en un instant, d'avec ceux qui s'acquierent de moment à autre, & successivement.

19. *Ususfructus*, dit M. Jean Decullant, *statim defuncto usufructuario finitur ; ita ut si maturis jam fructibus obeat, & nondum collectis fundi proprietarius eos percipiet, nec tenebitur stare locationi ab usufructuario factæ... Secùs dicas de reditu pecuniâ constituto, qui quolibet die cedit, licèt non possit exigi ; hic enim reditus pro ratâ temporis usufructuario cedit : sic pariter pensio domûs locatæ. Aliter in beneficiario, quo defuncto, hæres ejus cum successore singulari fructus dividit & lucratur pro ratâ temporis à die primo mensis januarii computando, quo defunctus cui succedit beneficium deservivit, licèt tempore mortis non fuerint fructus nec percepti, nec maturi.* M. Jean Decullant sur ces mots de notre article, *rendre après sa mort.*

ARTICLE CCXXXI.

Et ne se peuvent par lesdites donations, ni autrement remettre lesdites cautions fidejussoires & confections d'inventaires.

1. La raison de cette disposition de notre article est que la caution & confection d'inventaire regardent l'intérêt des héritiers, & servent à leur assurer la remise & restitution des meubles & conquêts immeubles de la communauté ; & que les conjoints ne pouvant se donner durant leur mariage, que l'usufruit de ces meubles & conquêts, ils ne peuvent valablement rien faire qui puisse préjudicier en aucune maniere à la restitution qui en doit être faite à leurs héritiers, après l'usufruit fini, & qui tende à favoriser la détention injuste qu'en pourroit faire le donataire survivant, ou ses héritiers. C'est ce qui a été observé par Papon, sur le présent article : *Cùm enim Statuentes*, dit-il, *passim tam directè, quàm indirectè fraudem Statuto fieri per conjuges non sinant, nihil mirum si inventarii & cautionis formam nolint remitti ; cùm ita ad malè utendum & furandum fructuarius invitetur, eoque modo Statuta omnia superiora illudantur, quod planè impium esset, & non ferendum.*

2. M. Louis Semin en rend la même raison : *Ne*, dit-il, *materia peccandi malis hominibus suggeratur, & ne fraus Statuto fiat ; cæterùm cautio, & inventarii confectio, juris sunt publici, & ideo remitti non possunt.* M. Semin, *hic.*

3. Il en est autrement, quand le don mutuel est fait par contrat de mariage ; il peut en ce cas porter la décharge de la caution, ainsi que l'ont observé nos commentateurs, & qu'il a été jugé en ce siége en l'année 1646. *Secùs*, dit M. Jean Decullant, sur le présent article, *si talis mutua donatio fieret in contractu matrimonii, in cujus favorem posset proprietas donari*, §. 219, *supra ; ideo multò magis cautio remitti, si ususfructus tantùm donaretur.* Jean Decullant.

4. M. François Menudel, après avoir remarqué qu'en l'année 1590 il avoit été jugé en ce siége, que la remise de la caution, pour raison du don mutuel, n'étoit valable, encore qu'elle fût faite par contrat de mariage, & cela pour le sieur de Moncoquier ; ajoute en même temps, qu'on avoit jugé le contraire

Tit. XXI. DES GENS MARIÉS, DOTS ET DOUAIRES.

en 1646. *Aliud tamen*, dit-il, *Noſtri in caſu Petronillæ* Gaudin, *anno* 1646, le premier jour plaidoyable, *ex paragrapho* 219, *in verb.* en quelque forme qu'elles ſoient faites ; *& favore contractûs matrimonii : Et benè quidem*, dit-il, *ut colligi poteſt ex paragrapho* 250, *infrà, & notatis à* D. Duret *ad eumdem paragraphum.* M. Menudel, *hîc.*

5. Ainſi, tout ce que nous avons dit conformément aux diſpoſitions de la Coutume, dans les articles ci-deſſus, 227, 228, 229 & 230, ne regarde que le don mutuel qui ſe fait entre les conjoints depuis qu'ils ſont mariés : il n'y a pas de ſemblables régles pour les donations mutuelles, qui ſe font par leur contrat de mariage : car ils peuvent par ce contrat ſe faire des donations mutuelles des biens de la communauté, & des propres, ſoit en uſufruit, ſoit en propriété, ſoit à la charge de donner caution, ſoit ſans caution ; & enfin les donations mutuelles par mariage ne ſont ſujettes à d'autres reſtrictions, qu'à celles qui regardent la légitime des enfans & l'édit des ſecondes nôces, & ne ſont point révocables comme les donations mutuelles faites pendant le mariage, ainſi qu'il a été jugé par arrêt du 27 juillet 1618, rapporté par M. Julien Brodeau ſur M. Louet, lett. T, ſomm. 10, n. 8 & 9.

TITRE VINGT-UNIEME.

Des Gens mariés, Dots & Douaires.

1. LEs biens dotaux, ou la dot, c'eſt ce que la femme, ou un autre pour elle, donne au mari, pour ſoutenir les charges du mariage.

2. Quand ce ſont les peres & meres ou autres aſcendans qui dotent la fille, les juriſconſultes appellent cette dot, une dot de juſtice, *dos profectitia* ; quand ce ſont des collatéraux ou des étrangers, ils l'appellent une dot de grace & de libéralité, *dos adventitia.*

3. La dot des pays de droit écrit, eſt différente en pluſieurs choſes de celle des pays coutumiers.

4. Dans le pays de droit écrit, tous les biens de la femme qui ſe marie ne deviennent pas biens dotaux ; il n'y a que ceux qu'elle-même, ou ſes parens conſtituent en dot dans ſon contrat de mariage, ou lui donnent durant le cours du mariage à cette condition. Les autres biens de la femme ſont appellés *paraphernaux*, qui eſt un mot compoſé de deux mots grecs, qui ſignifient *hors de la dot*, & demeurent en la pleine diſpoſition de la femme, ſans que le mari en ait aucune jouiſſance ni adminiſtration ; peut toutefois la femme ſe conſtituer pour dot, tous ſes biens préſens & à venir.

5. Mais en pays coutumier, tous les biens de la femme, ſoit ceux qu'elle a lors du mariage, ſoit ceux qui lui échéent durant le mariage, ſont biens dotaux, & tombent ſous l'adminiſtration du mari, qui en jouit & fait les fruits ſiens durant le mariage, par un pur effet de la puiſſance maritale, ſoit qu'il y ait communauté, ou non, pourvu qu'il n'y ait point de clauſe de ſéparation de biens dans le contrat de mariage.

6. Comme la dot eſt ce que la femme donne au mari pour ſupporter les charges du mariage, l'augment de dot en pays de droit écrit, & le douaire en pays coutumier, eſt une portion des biens du mari, qui eſt accordée à la femme ſurvivante pour lui aider à s'entretenir ſuivant ſa qualité : car le douaire en pays coutumier eſt à-peu-près la même choſe, que l'augment de dot en pays de droit écrit ; l'un & l'autre ſont introduits pour donner aux veuves le moyen de vivre honorablement, ſelon la condition de leurs défunts maris.

7. Il y a deux ſortes de douaires : ſavoir, le coutumier accordé par la Coutume, quand il n'y en a pas de ſtipulé par le contrat, ou qu'il n'y a pas même de contrat ; & le préfix, ou conventionnel, que les conjoints ſtipulent par le contrat, quand ils le veulent faire moindre, ou plus grand que le coutumier, ou lorſqu'il n'y a pas de biens ſur leſquels on puiſſe prendre le coutumier.

8. Dans le préſent titre il eſt parlé des biens dotaux de la femme, & de ſon douaire ; il y eſt traité du droit du mari ſur la perſonne de la femme, ſur ſes biens propres & dotaux, & ſur ceux de la communauté, articles 232, 235 & 236. Il y eſt auſſi traité du droit de la femme ſur ſes biens propres & dotaux, dans les articles 237, 238 & 247. On y explique comment ſe forme la communauté entre conjoints ; quels ſont les biens qui y entrent, & quand les héritages achetés ſont ſubrogés au lieu & place des héritages propres de la femme, vendus, articles 233, 239 & 240. On y parle de la diſſolution de la communauté, de la faculté qu'a la femme de l'accepter ou d'y renoncer, du partage d'icelle, des repriſes qu'il convient de faire, & du paiement des dettes, dans les articles 234, 241, 242, 243, 244, 245, 246 & 248. On y traite enfin du douaire & de ſes différentes eſpeces, des biens ſur leſquels ſe prend le douaire, du droit que la veuve a dans le douaire, & des charges y attachées, de la poſſeſſion du douaire, de ſa durée & de ſon extinction, dans l'article 249 & ceux qui ſuivent, juſques & y compris l'article 264. Les deux derniers articles de ce titre parlent du droit des enfans mariés en échange, & de la confiſcation des biens de celui des conjoints qui commet un délit.

9. Ce titre contient 35 articles, & celui des mariages & douaires de l'ancienne Coutume, qui eſt le titre 6, n'en contient qu'onze.

ARTICLE CCXXXII.

Femme mariée est en la puissance de son mari, tant que le mariage dure, & ne retourne en la puissance de son pere, ayeul, ni autre ascendant, soit que le mariage soit dissolu par mort du mari, ou qu'il y ait séparation de biens. Autre chose est, si après les fiançailles ledit mariage ne sortissoit effet : car audit cas ladite fille fiancée demeure en la puissance de son pere, ayeul paternel ou autre ascendant.

1. La femme mariée sort de la puissance de son pere, par l'article 166, *suprà*, mais en même temps elle entre en celle de son mari, par cet article; & cela est général dans toutes les Coutumes. La Coutume de la Marche en contient une disposition précise, en l'article 298; celle de Berry, au titre 1, art. 15; de Nivernois, au chapitre 23, art. 1, & autres: notre Coutume en contient même une disposition semblable en l'article 170, qu'il faut joindre à celui-ci, avec ce qui a été dit sur cet article & sur le suivant.

2. La femme mariée demeure en la puissance de son mari, tant que le mariage dure, dit notre article; ainsi la femme séparée de biens ne sort pas de cette puissance par sa séparation, & n'a pas une liberté indéfinie de s'obliger sans son autorité. Ordinairement, quand les séparations sont contractuelles, le contrat de mariage porte une clause générale d'autorisation pour agir & pour administrer; & quand elles sont judiciaires, la sentence porte la même chose : ce qui fait que la femme séparée de biens a la libre administration de ses biens, qu'elle peut sans le consentement & l'autorité de son mari disposer de ses meubles & effets mobiliaires, du revenu de ses immeubles, en faire baux, & donner quittance ; mais elle ne peut pas aliéner ses immeubles, sans être autorisée par son mari, ou par justice à son refus. *Mulier bonis separata*, dit M. Genin, le fils, *major annis, vel non, non eximitur à potestate viri ; imò manet semper subdita constante matrimonio, nec sine auctoritate mariti legitimè immobilia sua alienare potest, nisi necessitas urgent : quo casu, renuente marito, in Jure & à Judice potest autorisari*. M. Genin, le fils, *hic*.

* Comme la femme séparée de biens ne peut pas aliéner ses immeubles, elle ne peut par conséquent les hypothéquer, & si elle le fait, il y a nullité; & c'est inutilement que pour sauver l'obligation de la femme mariée, dit Lebrun, le créancier déclare qu'il se contente de l'exécuter sur les meubles & sur les revenus, & qu'il voudroit restreindre l'effet de l'obligation ; car le titre de ce créancier étant nul, en ce que par le contrat la femme séparée a obligé ses immeubles, il est nul pour le tout, & ne peut avoir aucun effet, si ce n'est pour chose modique, & pour sa nourriture & entretenement; ainsi jugé par arrêt rapporté par Brodeau sur M. Louët, lett. F, som. 30, & en cette Sénéchaussée au rapport de M. Farjonel d'Aubigny, le 15 janvier 1740, en faveur de...... Et tel est le sentiment de Brodeau au lieu cité; de M. Denis Lebrun, traité de la Communauté, liv. 2, chap. 1, sect. 1, nomb. 10, édit. de 1709; de Duplessis sur la Cout. de Paris, traité de la Comm. liv. 1, ch. 4, & autres.

3. De cette maniere, la séparation de biens, comme il a été dit sur l'article 73, *suprà*, ne fait pas que la femme soit *sui juris*, & entièrement hors la puissance de son mari ; mais elle la rend simplement maîtresse de ses meubles & du revenu de ses immeubles ; & ce n'est qu'à cet égard, & par rapport à l'administration du revenu, qu'il faut entendre la note de Dumoulin sur notre article, qui veut que la séparation de biens mette la femme hors la puissance du mari : cela s'entend, quant à la disposition de ses meubles, & à l'administration de son revenu.

4. *Duplicem*, dit M. François Decullant, *mariti potestatem agnoscimus : Prima quâ fructus bonorum uxoris suos facit, & quam separatione bonorum factâ inter conjuges vir amittit, de qua velim notulam Molinæi interpretari. Secunda, quæ datur viro in caput mulieris, quæ dicitur maritalis, pro ejus gubernatione, quæ separatione factâ inter conjuges non tollitur, adeò ut remaneat semper in sacris mariti, nec alienare possit mulier, & de qua Molinæi notula non est accipienda.* M. Decullant, *hic*. Voyez ce qui a été dit à ce sujet sur l'article 170, *suprà*.

5. M. Jean Decullant, pere dudit M. François Decullant, M. Louis Semin, & M. François Menudel, sont de même sentiment, & ont fait la même observation.

6. Il y a plusieurs cas où la femme mariée, quoique non-séparée, n'a pas besoin d'autorisation pour contracter valablement ; ils ont été expliqués sur l'article 170 : il s'agit maintenant de décider si tous les maris peuvent autoriser leurs femmes, les mineures, comme les majeures.

7. Et à cette question je réponds d'abord, qu'un mari majeur peut autoriser sa femme mineure pour s'obliger avec lui, sauf à elle à se pourvoir par le bénéfice de restitution en cas de lésion dans le temps de l'ordonnance, & non après. Il y en a arrêt du 20 mars 1632, rapporté par Pallu, sur l'article 304 de la Cout.

de Tours. La raison est que la qualité de mari est au-dessus de celle de tuteur, & qu'elle en a l'effet, pourvu que le mari soit d'âge à pouvoir avoir la qualité de tuteur. M. Lebrun, *de la Comm.* liv. 2, chap. 1, section 2, n. 5, & suiv.

8. Quant au mari mineur, il peut autoriser sa femme majeure; parce que l'autorisation n'est nécessaire que pour rendre l'acte valable, à cause de la puissance maritale, qui n'est pas moindre dans un mari mineur, que dans un majeur. Mais cette autorisation ne se fait que sous le tempérament de l'arrêt du 22 mai 1673; sçavoir, que quand l'autorisation réfléchit sur le mari mineur, par la voie du remploi & de l'indemnité de la femme, il en peut être rélevé; & qu'alors on casse & annulle l'autorisation & l'obligation : d'où il suit que quand l'autorisation de la femme ne rejaillit pas sur le mari, en ce cas le mari mineur autorise valablement & sans aucun retour la femme majeure. C'est le sentiment de M. Jean Decullant, & de M. Denis Lebrun, *de la Comm.* liv. 2, chap. 1, sect. 2, n. 10; & liv. 3, chap. 2, sect. 2, dist. 6, n. 21.

9. *Quæritur*, dit Decullant, *an maritus minor possit uxori alienanti vel stanti in Judicio auctoritatem rite interponere.* Monthelon, *in Collect. Arr. refert Arrestum tempore Paschalis, ann. 1608, quo judicatum fuit auctoritatem recte à marito minore interpositam; quia hæc auctoritas non facit venditionem, nec est de substantia, sed solùm de forma contractûs : posset tamen maritus restitui, si perperam ostenderet auctoritatem interposuisse, & fuisse læsum, & ita contractus veniret annullandus,* §. 171. M. Jean Decullant, sur l'article 238, *infrà*, sur ces mots, *de l'autorité de son mari.*

10. Reste la question si le mari mineur peut autoriser sa femme mineure; sur laquelle question, M. Lebrun estime qu'il la peut autoriser comme mari; mais que comme étant en tutelle, il ne peut être tuteur, on doit créer un curateur à la femme pour tout ce qui emporte aliénation; & telle est l'observation de M. le président Duret sur l'article 171, *suprà*, sur les mots, DESDITS MARIS : *Atque eos,* dit-il, *majores desideramus, cùm de iis agitur, in quibus & ii minores alienâ auctoritate indigent; qui enim facere prohibetur, aliis concedere non potest.* M. Duret, sur l'article 171, *suprà.*

11. Le mari qui a souffert une mort civile par un bannissement perpétuel hors du royaume, ou par une condamnation aux galeres pour sa vie, ne peut pas autoriser sa femme, parce que la puissance maritale est un des principaux effets civils, qui se perd par la mort civile. Cependant elle n'est pas plus libre pour contracter, dit Lebrun, & elle a besoin de se faire autoriser en justice, selon les arrêts qu'il cite. Lebrun, *de la Comm.* liv. 2, ch. 1, sect. 2, n. 12; M. Brodeau sur M. Louet, lettre S, somm. 30.

12. Il en est autrement de celui qui n'est condamné qu'au bannissement ou aux galeres à temps; parce qu'une telle condamnation n'emporte pas une mort civile, & de celui qui a fait cession, lequel peut aussi autoriser sa femme pour obligations ou aliénations, parce qu'il est capable des effets civils. Lebrun, *ibid.* n. 13.

13. Notre article, après avoir établi l'autorité du mari sur sa femme pendant tout le temps du mariage, ajoute qu'après la dissolution du mariage elle ne retourne plus en la puissance de son pere, aïeul, ni autre ascendant. L'article 166, *suprà*, contient une disposition semblable. Voyez ce qui a été dit sur cet article à ce sujet, & sur le suivant.

14. Au reste, la disposition de notre Coutume, au présent article & en l'article 170, *suprà*, ne concerne que la femme mariée; il n'y a que celui qui soit en la puissance du mari, & qui ait besoin d'autorisation; une fille fiancée n'en a pas besoin : car quelle injustice y auroit-il, qu'une fille fût en puissance de son futur, avant que d'être mariée; que sa sujettion précédât le mariage qui la produit, & que pouvant rompre le traité du mariage, elle fût déja soumise, comme si le mariage étoit célébré. C'est pour cela qu'il est dit dans notre art. que si les fiançailles ne sont pas suivies du mariage, ladite fille fiancée audit cas (s'entend de la fille mineure) reste en la puissance de son pere. C'est l'observation de M. Duret, sur ces mots de notre article, FEMME MARIÉE. *Matrimonio,* ajoute-t-il, *in presens contracto,* Consf. March. art. 298, & Niv. chap. 23, art. 1. M. le président Duret.

ARTICLE CCXXXIII.

LE MARI & femme, le mariage fait par paroles de présent, sont communs en tous biens-meubles, dettes personnelles ja faites & à faire, & conquêts immeubles qui se feront constant leur mariage, en telle maniere qu'après le décès de l'un desdits mariez, le survivant doit avoir la moitié des choses dessusdites, & les héritiers l'autre : Et en sont saisis & en possession, s'il n'est autrement convenu au contrat de mariage.

De communauté de mariage.

1. LA communauté de biens entre mari & femme, telle qu'elle est introduite par cette Cout. & par la plupart des autres Cout. est une espece de société entre le mari & la femme, de tous leurs biens-meubles, dettes personnelles faites & à faire, & de tous les immeubles

acquis pendant le mariage, que cette Coutume, dans notre article, appelle *conquêts immeubles*, soit qu'ils ayent été acquis par les deux conjoints ensemble, ou par l'un d'eux durant le mariage, comme il est dit dans l'art. 2 du tit. 23 de la Coutume de Nivernois; en l'art. 243 de celle de Poitou; 57 de celle de Chartres, & autres; & cette communauté de biens entre conjoints contribue à entretenir la concorde entr'eux, rien n'étant plus propre à maintenir en paix le mari & la femme, qu'une égale société de biens, & une parfaite union d'intérêts.

2. Cette société se contracte en deux manieres: 1°. Par une stipulation expresse que les futurs époux inserent dans leur contrat de mariage. 2°. Par la seule célébration du mariage sans stipulation, comme étant un effet civil du sacrement & de la loi où la disposition de l'homme n'est point nécessaire. On appelle la premiere *une communauté conventionnelle*, & la seconde *une communauté légale & coutumiere*.

3. Il n'y avoit point de communauté légale dans le droit romain, & il n'y en a point encore dans les provinces régies par le droit écrit: mais quoique cette communauté de biens entre conjoints, dans les pays de droit écrit, ne soit pas ordonnée par la loi, elle peut être stipulée par le contrat de mariage. Observations sur Henrys, tome 1, liv. 4, chap. 6, quest. 58.

4. Dans cette Coutume, & dans toutes celles où la communauté des biens est établie, quand deux personnes se marient, si elles se marient sans faire un contrat, ou sans déroger dans leur contrat par une convention particuliere à la Coutume, qui ordonne la communauté, elles sont obligées dès-lors de vivre en communauté de biens; leur silence leur a fait accepter la loi de la communauté de biens, qui est établie dans cette Coutume, dès que le mariage est fait par paroles de présent: ce sont les termes de notre article. La Coutume de Paris, article 220, contient une disposition semblable; celle de Nivernois, chap. 23, art. 2; de Berry, tit. 8, art. 7, & autres; & c'est ce qui a été décidé dans cette Coutume, contre les héritiers d'Antoine de Champfeu, par arrêt.

5. En 1662 Antoine de Champfeu, écuyer, seigneur du Breuil, étant décédé sans enfans, ses héritiers, qui étoient les sieurs de Champfeu des Garennes, de Lafin & de Saint Martin, ses freres, contesterent l'état de dame Marie-Catherine Dubuisson, veuve dudit Antoine de Champfeu, sous prétexte qu'ils avoient été mariés sans contrat, à défaut de quoi ils soutenoient qu'elle ne pouvoit prétendre ni part en la communauté, ni douaire: mais la cour lui adjugea la moitié de tous les meubles & conquêts de la communauté, ainsi qu'il est réglé par le présent art. avec son douaire, conformément à l'art. 250, *infrà*. C'est ce qui est rapporté par M. Jean Fauconnier sur le présent article, & sur l'article 250, *infrà*.

6. Les personnes qui se marient dans cette Coutume peuvent néanmoins, & il leur est libre de se marier sans se mettre en communauté, pourvu qu'elles en conviennent par un art. exprès dans leur contrat de mariage, car il faut une dérogation expresse à ce qui est établi par la Coutume. C'est ce qui résulte de ces mots de notre art. *s'il n'est autrement convenu en contrat de mariage*; la Coutume de Nivern. chap. 23, article 2, en dit autant, aussi-bien que celle de Troyes, article 83; de Meaux, article 56; d'Anjou, art. 511; de Tours, art. 230; du Maine, article 508, & autres.

7. *Itaque*, dit M. François Decullant, *si quis nostratum nubens in hac provincia de societate non meminerit, nihilominus communes erunt in mobilibus & acquestibus; quòd si à statuto velint recedere, id nominatim exprimendum est*. M. Decullant sur ces mots de notre article, *autrement convenu*.

8. Cette stipulation peut être faite en deux manieres, qui produisent des effets bien différens. Elle peut être conçue de maniere qu'elle ne porte qu'une simple exclusion de communauté, & alors elle est entierement contre la femme, qui ne pourra jamais prétendre aucune part dans les acquisitions faites par le mari durant le mariage, & cependant le mari ne laisse pas de jouir de tous les fruits & revenus des biens de la femme, parce qu'en pays coutumier tout ce que la femme apporte en mariage, est censé bien dotal, dont le mari par le droit commun doit avoir la jouissance pour soutenir les charges du mariage, à moins qu'il n'y ait une convention contraire.

9. Dans ce cas, la femme, après la mort de son mari, n'a droit de reprendre que ce qu'elle a apporté en mariage, son douaire, & tout ce que son mari lui a donné par son contrat de mariage.

10. Si la stipulation porte non-seulement qu'il n'y aura pas de communauté, mais encore que la femme demeurera séparée de biens, & que pour cet effet elle demeurera autorisée pour la libre administration de son bien, & la poursuite de ses droits & actions; en ce cas la femme, comme il a été dit sur l'article précédent, aura la libre administration de ses biens, & en recevra les revenus indépendamment de son mari, qui n'y aura aucun droit; mais elle ne pourra aliéner ses biens ni contracter des dettes, autres que celles qui concernent l'administration de ses biens & de sa famille, sans autorisation spéciale *ad hoc*.

11. Cette séparation de biens, qui s'appelle contractuelle, laisse ainsi à chacun des deux époux la propriété & la jouissance de tous leurs biens, meubles & immeubles; ce que l'un des deux acquiert n'est pas un conquêt commun, mais un acquêt particulier, qui appartient à celui-là seul qui l'a acquis. Les époux dans ce cas sont comme deux amis qui vivent ensemble, sans confondre leurs biens; chacun d'eux doit payer les dettes qu'il fait, à moins que ce ne soit des dettes communes. Souvent les deux époux conviennent, ou que

la femme payera une pension au mari, ou le mari à la femme; quelquefois, que la dépense se fera à frais communs.

12. La convention des conjoints dans leur contrat de mariage, qu'il n'y aura pas de communauté entr'eux, est bonne & valable, non-seulement à l'égard des conjoints, mais encore à l'égard des créanciers, ainsi qu'il est dit expressément dans l'art. 8 du tit. 8 de la Coutume de Berry, & que l'a observé M. le président Duret: *quòd si*, dit-il, *conveneri nt se fit societas, illud creditorum respectu obtinebit, conf. Bitur. tit. des Mar. art. 8.* M. Duret sur ces mots de notre article, *autrement convenu.*

13. Mais afin que le mari ne puisse être inquiété par les créanciers de sa femme, il est à propos qu'il y ait un inventaire des biens d'icelle : & cela est aussi nécessaire pour la femme : car si elle veut conserver les meubles sans confusion, & ôter aux créanciers de son mari tout prétexte de les faire saisir & exécuter, il est nécessaire qu'elle fasse annexer au contrat de mariage un inventaire des meubles qu'elle apporte, & que dans la suite elle tire des quittances pardevant notaires des autres meubles qu'elle veut acheter de ses deniers, le tout pour justifier ce qui lui appartient, en cas qu'il arrive des saisies sur le mari, parce que *in dubio* tout ce qui seroit dans la maison seroit présumé appartenir au mari. C'est ce qui résulte de la disposition de la Coutume de Paris, article 222; de celle d'Orléans, art. 212, & de Calais, art. 24.

14. On peut stipuler que la femme n'aura que le tiers ou une autre portion dans la communauté, ou bien qu'elle sera obligée de se contenter d'une certaine somme pour tout droit de communauté. On peut l'admettre à la communauté sous de certaines conditions, par exemple, en cas qu'elle survive son mari, en cas qu'il y ait des enfans du mariage, & l'en exclure sous des conditions contraires. On peut enfin stipuler qu'elle n'aura sa part de la communauté qu'en usufruit : toutes ces clauses sont permises, puisqu'il est permis de l'exclure entièrement de la communauté.

15. La femme à qui on a promis une certaine somme pour tout droit de communauté, a cet avantage que si la communauté ne profite pas, elle a toujours la somme convenue; de manière que s'il ne se trouve aucuns biens de communauté, elle se peut venger de cette somme sur les biens propres du mari. *Si vir*, dit M. le président Duret, *promiserit uxori; pro ea portione quam aliàs habitura esset ex Statuto in conquestibus, designatam pecuniam in contrahendo matrimonio, stabitur promissioni, quæ implenda erit, etsi conquestus non extent.* M. Duret, *hic.*

16. La femme qui est réduite à une certaine somme pour tout droit de communauté, ne paye point de dettes, cela faisant partie du forfait: ainsi, si en cet état elle a parlé aux dettes, elle en doit être garantie & acquittée par les héritiers du mari, en se tenant de son côté à ses conventions, & sans se dire commune ni renoncer à la communauté. Lebrun, *de la communauté*, liv. 3, chap. 5, n 3 & 8.

17. Bien plus ; à l'égard des dettes où elle n'a pas parlé, elle est préférable pour sa somme aux créanciers qui ont contracté durant le mariage, lesquels ne peuvent prétendre aucune préférence sur les acquêts & propres du mari, au respect de la femme, qui poursuit l'exécution de cette convention. Lebrun, *ibid.* n. 6 & 7, où il cite les arrêts qui l'ont ainsi jugé.

18. La femme en ce cas n'est donc pas proprement commune; car on ne conçoit pas qu'une femme soit commune, quand elle renonce d'abord moyennant un prix, à tout droit de communauté, au lieu duquel on lui a assuré un prix. Ainsi il faut regarder la somme que le mari donne à sa femme, comme une récompense qu'il lui fait par avance du droit de communauté qu'elle auroit droit d'avoir : & il y a bien de la différence en ceci entre un héritier qui renonce à une succession, *aliquo dato*, & une femme qui est exclue de la communauté pour une certaine somme; l'héritier est saisi de la succession échue, & quand il renonce au droit qui lui est acquis, & dont il est saisi, moyennant une somme, c'est proprement une vente qu'il fait de son droit, ce qu'il ne peut faire que comme héritier ; au lieu que la femme dans ce cas ici, prévient tout droit de communauté pour n'en point avoir, & qu'elle y renonce dans un temps qu'il n'y a pas de communauté ; parce que le mari ni la femme ne veulent point de société, ni pour l'actif, ni pour le passif : de manière qu'on ne peut pas donner à la femme la qualité de commune. Lebrun, *ibid.* n. 5.

19. La femme toutefois sans être commune, contribue à une communauté qui profite au mari seul, attendu leur forfait ; ensorte qu'il reste simplement une image de communauté, dans laquelle entrent les meubles qui arrivent à la femme par succession, quand ils n'en ont pas été exclus par une stipulation de propres, comme aussi les dettes passives mobiliaires, créées par la femme avant le mariage, lesquelles sont à la charge du mari. Lebrun, *ibid.* n. 11 & 12.

20. Comme on peut stipuler qu'il n'y aura pas de commun, ou renfermer la commun. dans des bornes étroites ; on peut aussi par un effet contraire étendre la comm. au-delà des bornes prescrites par la Cout. & au lieu d'une commun. coutumiere de meubles & acquêts, stipuler une société ou communauté de tous biens. *Quòd si aliâ viâ velint recedere*, dit M. le président Duret, *id nominatim exprimendum est, videlicet, ne sit societas, aut sit omnium bonorum : quæ conventiones valebunt.* M. Duret, *hic.*

21. Cette société ou communauté de tous biens diffère de la communauté coutumière de meubles & acquêts, en ce que celle-ci n'est pas sujette à la réduction de l'édit des secondes noces, & que la première est réductible & sujette à l'édit, selon qu'il a été jugé par les

arrêts cités par Lebrun, *de la Communauté*, livre 1, chapitre 3, n. 47, & par Henrys, tome 1, livre 4, chapitre 6, question 58.

22. La clause de communauté de tous biens diffère encore de la clause de l'exclusion de communauté, en ce qu'une femme qui auroit contracté une communauté de tous biens en minorité, s'en peut faire relever à cause de sa minorité; & qu'une femme mineure ne peut être relevée d'une exclusion de communauté. Et la raison, c'est qu'il y a bien de la différence entre les clauses exorbitantes apposées dans les contrats de mariage, qui produisent une aliénation de biens de mineurs, & celles qui n'emportent aucune aliénation; que la communauté de tous biens est une aliénation, au-lieu qu'une simple exclusion coutumiere n'en est pas une, mais seulement une maniere de contracter, par laquelle la femme renonce à un droit casuel & à un événement incertain. Lebrun, *de la Communauté*, liv. 1, ch. 3, n. 16 & 17.

23. Ces décisions ne souffrent pas de difficulté : mais c'en est une de savoir si une femme qui ayant contracté une communauté de tous biens, s'en fait relever à cause de minorité, les héritiers du mari n'ont pas droit de soutenir qu'elle ne doit pas même avoir de communauté à l'ordinaire; par la raison qu'en matiere de stipulations, ou il ne les faut point exécuter du tout, ou il les faut exécuter en leur entier, suivant que le droit civil le décide. C'est le sentiment de M. le président Duret, sur notre article : *Quòd si*, dit-il, *conventa fuerit societas omnium bonorum, & posteà beneficio restitutionis, instante uxore societas irritetur, an consuetudinariæ locus erit, & hoc probabile est.... Sed magis est ut petente viro, neutri stetur.... Et certè si per restitutionem à parte contractûs receditur, potest ille contrà quem agitur à toto recedere, eò quòd ei non consensisset, & quoad hoc à Statuto derogasset, nisi uxor eum in communionem prædiorum suorum admisisset.* M. Duret, *hic*. Tel est encore l'avis de Chopin sur la Cout. de Paris, liv. 2, tit. 1, n. 25, & de Rageau sur la Cout. de Berry, tit. 8, art. 8.

24. Nonobstant toutes ces raisons, le sentiment contraire est celui que l'on suit, & tel est l'usage. Cette question, dit M. Denis Lebrun, ayant été exposée dans une conférence au palais, presque tous les avis furent à réduire la communauté à une communauté à l'ordinaire, & l'on prétendit que l'usage étoit tel, & qu'il y en avoit un préjugé dans les ameublissemens excessifs, faits par les mineurs, qu'on a coutume de réduire : & en effet, ajoute Lebrun, cet usage juge la question, puisqu'une communauté de tous biens n'est autre chose qu'un ameublissement excessif; ainsi, selon cet usage, ce qu'il y a d'excessif dans cette convention est vicié, mais ne vicie pas, & la communauté conventionnelle ôtée, il reste toujours la communauté légale & coutumiere; & au fond l'équité le demande ainsi:

car il y auroit de la dureté à réduire une femme qu'on marie en minorité, à n'avoir point du tout de communauté, ou à y faire entrer tous les propres. Lebrun, *de la Communauté*, liv. 1, ch. 3, n. 42 & suiv.

25. Il y a bien de la différence du cas présent, à celui du don mutuel inégal, dont il a été parlé sur l'article 227, *suprà*. Dans le cas présent, la communauté conventionnelle de tous biens étant ôtée & annullée, les choses se trouvent réduites au droit commun, & il reste la communauté légale & coutumiere, qui est indépendante de l'autre; & il y a même lieu de présumer que les conjoints désirans vivre en communauté, leur intention étoit, qu'à défaut de la communauté de tous biens, la communauté légale & coutumiere subsistât: en tout cas, si ce n'étoit pas là leur volonté, ils ont dû s'expliquer; parce que, comme il a été dit, la communauté coutumiere a lieu entre conjoints, s'il n'y est dérogé par une clause expresse; au-lieu que dans le cas du don mutuel inégal, comme le don mutuel ne subsiste que par la force de la convention, dès que la convention est annullée, parce qu'il paroît que les parties n'ont pas voulu traiter autrement, il n'y a plus de don mutuel, n'y ayant que la convention des conjoints qui puisse donner lieu au don mutuel.

26. Au surplus, il faut observer en général que quelque clause qu'il y ait dans le contrat de mariage au sujet de la communauté, dès que le mariage est célébré en face de l'église, on ne peut plus y déroger dans la suite volontairement & du consentement des parties, parce que cela emporteroit un avantage indirect en faveur des conjoints.

27. Sur ce principe & par cette même raison, la communauté une fois établie, ou par la Coutume du domicile des conjoints, où le mariage a été célébré, ou par convention, ne se détruit pas dans la suite par un changement de domicile : comme au contraire un nouveau domicile n'établit pas la communauté. *Hæc autem bonorum societas*, dit M. François Decullant sur notre article, *sic contracta per matrimonium in hac Provincia ab incolis nostris celebratum, non mutatur translatione domicilii factâ in aliam Provinciam, ubi nulla ex Statuto intercederet societas, nec contrà.* Ainsi on doit seulement considérer le droit des contractans au temps de leur mariage; parce qu'ayant une fois contracté suivant la loi de leur domicile, ou selon qu'ils sont convenus entr'eux, le moment de leur mariage détermine suivant quelles loix il se doit régler; & si on jugeoit autrement, on permettroit aux conjoints de s'avantager en changeant de demeure : ce qui feroit contre la loi. Lebrun, *de la Communauté*, liv. 1, ch. 2, n. 39 & suiv.

28. Il y a plus; c'est qu'une communauté établie par stipulation, a son exécution sur les biens situés même en Coutume contraire. La raison est que la stipulation de communauté est un contrat personnel, qui acquiert à la femme

Tit. XXI. DES GENS MARIÉS, DOTS, &c. Art. CCXXXIII.

le droit de particiter à toutes les acquisitions faites durant le mariage, sans aucune distinction; & que d'ailleurs il ne seroit pas juste de laisser au mari le pouvoir de priver sa femme, ou ses héritiers, des effets de la communauté, en faisant des acquisitions en Cout. qui rejette la communauté; & cela contre sa convention. Quelques docteurs, dit M. Claude de Ferriere, ont autrefois tenu l'opinion contraire; mais à présent le sentiment commun est que la femme ou ses héritiers prennent part dans les biens acquis pendant la communauté, en quelque lieu qu'ils soient situés.

29. Ces conséquences font qu'on applique cette décision, même à la communauté légale. Ainsi cette décision est suivie non-seulement dans le cas d'une communauté conventionnelle, mais encore dans celui où la communauté est établie par la seule disposition de la Coutume. Tel est le sentiment de M. le président Duret, sur ces mots de notre article, QUI SE FERONT PENDANT LE MARIAGE : *Etiam*, dit-il, *in ea Provincia, in qua bonorum societas tacitè non contrahitur*. M. Louis Semin en dit autant: *Ex societate statuaria, inter conjuges initâ*, dit-il, *acquestus in Patria Juris scripti facti, vel aliâ Provinciâ quæ societatem non novit, comprehenduntur......*

30. M. Jean Decullant & M. François Menudel s'expliquent d'une maniere plus étendue. *Si qui hujus incolæ Provinciæ*, dit M. Decullant, *matrimonium contraxerunt, nullo expresso societatis pacto, erunt nihilominùs communes & socii in omnibus mobilibus quæsitis, & conquestibus futuris ubicumque sitis, sine ulla differentia territorii; quod idem censet hic D. P. Duret; ita ut si acquirunt prædia in Provincia Juris scripti civilis, vel ubi nulla est ex jure Statuti societas, illa nihilominùs prædia in societatem cadent.... Quia hæc tacita societas ab ipso solo Statuto non causatur, sed introducitur ab ipso partium consensu; qui enim specialiter contrahunt in loco sui domicilii, intelliguntur eo ipso contrahere & pacisci secundùm mores & consuetudinem loci, nisi aliter caveant...... A sensu contrario, si contractum sit matrimonium sine expresso societatis pacto, in Provincia ubi ex Lege municipali nulla datur societas inter conjuges, bonorum posteà quæsitorum in hac nostra Provinciâ à marito, non erit particeps uxor.* M. Jean Decullant, *hic*.

31. *Hujus paragraphi*, dit M. Menudel sur notre article, *realem esse dispositionem, perspicuis rationibus notat Argent.* §. 218, gl. 1, *& seq. ideòque contractam tacitè ex causa matrimonii communionem extendi tantùm ad conquestus Borbonios putat, non ad Arvernos..... Tamen in contrarium prolata Curiæ placita refert Papon, de sponf.* 15, c. 2, *Argent. subtilis opinio est, placitorum æquior; cùm ex pecuniâ inter nos communi empta sint prædia, inter nos communicari justum est, aliàs facilè mariti uxores fraudarent, nec fraudarentur...* M. Menudel, *hic*.

Part. I.

32. Tel est encore le sentiment de M. Charles Dumoulin, conseil 53, & de M. Denis Lebrun, *de la communauté*, liv. 1, chap. 2, n. 6 & suiv. où il cite les arrêts qui l'ont ainsi jugé; à la vérité il y a sentiment contraire, mais ce sentiment doit être préféré, *ne illudatur alteri conjugum*.

33. Il n'en est pas tout-à-fait de même des acquisitions que le mari peut faire des héritages taillables pendant la communauté; cette communauté n'a pas son exécution sur ces sortes de biens, & la femme par conséquent ni ses héritiers n'y ont pas de part, si le seigneur n'y consent. Ainsi, si le mari durant son mariage & sa communauté fait acquisition de quelque héritage taillable, pour lui & en son nom, qu'il se fasse investir seul, sans faire mention de sa femme; la femme, selon qu'il résulte des articles 417 & 490, *infrà*, n'y a point de part, si le seigneur taillablier ne le veut: mais le mari en ce cas est tenu de la récompenser, comme il est dit en l'article 27 du tit. 6 de la Coutume de Nivernois, en parlant des héritages à bordelage. *Quid si vir solus*, dit M. le président Duret, *taillabilia prædia emerit, in quibus societas contrahi non potest, nisi consentiente Domino, paragrapho* 490, *infrà; & de iis nominatim solus, non factâ mentione uxoris, à Domino investitus fuerit, investitura ad uxorem non transfertur paragrapho* 417, *infrà; vix est ut mulier nihil intercipiat, quod & generale est in aliis à viro acquisitis : quorum uxor capax non est, attamen ego humaniùs puto ut maritus partem pretii soluti sarcire cogatur, ad quod accedit Conf. Niv. des bordelages, art.* 27. *Ergò ut res communis fiat, aliorum capacitas desideratur.* M. Duret, *hic*.

34. Quant à la question, si la femme est privée de la communauté, quand elle n'apporte pas la somme qu'elle est tenue d'y conférer pour s'acquérir droit, sur-tout si elle a promis cette somme, sachant bien qu'elle ne la pourroit pas payer; le sentiment commun est qu'elle n'en est pas privée: la raison est que la communauté, selon qu'il a été dit, est de droit commun, comme une suite & une dépendance du mariage, s'il n'y a convention contraire; de maniere qu'à moins qu'il n'y ait dans le contrat une cause exclusive de communauté, faute par la femme, ou par autre pour elle, de payer la somme promise pour acquérir droit de communauté, la femme ne laisse pas d'être commune. *Nota*, dit M. le président Duret sur notre article, *quòd pro hac statuariâ societate nihil refert, si vir aut uxor nihil habeant aut contulerint, nihilominùs valet societas*. Tel est le sentiment de M. de la Thaumassiere, sur la Coutume de Berry, tit. 8, art. 7; de Lebrun, *de la communauté*, liv. 3, chap. 2, sect. 4, n. 35; de M. Claude de Ferriere, & autres.

35. M. de la Thaumassiere, sans user de distinction, dit qu'en ce cas l'on précompte dans le partage de la communauté, sur la

Bbbbb

portion de la femme, la somme qu'elle devoit conférer, & qu'elle n'a pas apportée: mais Coquille, & après lui M. Lebrun, distinguent le cas où la dot a été promise par les parens de la femme, d'avec celui où elle s'est mariée elle-même étant majeure. Quand la dot a été promise par les parens de la femme, elle ne laissera pas (dit Coquille) de prendre sa portion, & l'action pour se faire payer demeurera commune à tous les communs, pour en faire la poursuite à communs frais: & s'il n'y a pas, ajoute Lebrun, de ressource pour le paiement, que l'hypothéque en soit fragile ou mauvaise, c'est une perte pour la communauté; mais il n'y a pas de récompense ou d'imputation contre la femme qui ne s'est pas mariée elle-même, & qui n'est pas héritiere de ses parens qu'on suppose insolvables. C'est au mari à s'imputer d'avoir suivi la foi de celui qui a promis, & il n'y a pas de la faute de la part de la femme.

36. Il n'en est pas de même, selon ces auteurs, quand la femme s'est mariée majeure; car en ce cas on lui doit imputer sur sa part en la communauté la somme qu'elle a promise elle-même, & qu'elle n'a pas payée, & cela à cause de l'obligation personnelle qu'elle a contractée. Il pourroit y avoir de la difficulté pour les intérêts: mais il semble, dit Lebrun, qu'il n'y a pas de regle qui la dispense de souffrir sur sa part en la communauté l'imputation de moitié de ces intérêts. Coquille, sur la Coutume de Nivernois, ch. 23, art. 2, & Lebrun, *de la communauté*, liv. 3, sect. 1, dist. 11, n. 7, & sect. 4, n. 35. C'est mon sentiment.

37. Au reste la communauté se regle, si c'est une communauté conventionnelle, suivant qu'il a été convenu entre les conjoints dans leur contrat de mariage; & si c'est une communauté légale, selon la Coutume du domicile du mari, lors du mariage; car pour celui de la femme, il ne détermine rien ici, pour savoir s'il y a communauté, & comment elle se doit régler, parce qu'elle le perd par son mariage, & qu'elle suit le domicile de son mari.

38. Ainsi, si un domicilié de cette province va se marier dans le pays de droit écrit, sans y faire contrat de mariage, ou s'il y a contrat de mariage, sans que dans icelui il y ait aucune stipulation, ni même mention de communauté, & qu'incontinent après le mariage célébré il revienne en cette province, & y amene sa femme; en ce cas il y aura communauté entr'eux, parce que n'ayant eu dans le pays de droit écrit qu'un domicile passager, & n'ayant jamais eu dessein d'y établir aucun domicile, il est censé s'être marié conformément à la Coutume de cette province, dont il est domicilié. Tel est le sentiment de Bacquet, *des droits de justice*, chap. 21, n. 74, & de Lebrun, *de la communauté*, liv. 1, chap. 2, n. 31.

39. Le cas contraire, qui est celui auquel un habitant du pays de droit écrit se vient marier dans cette province, se décide par les mêmes principes. C'est pourquoi, quand les docteurs disent que *locus contractûs regit in contractibus*, cela s'entend pour ce qui concerne la maniere de contracter, & la forme extérieure du contrat; mais on suit la loi du domicile, pour juger de la substance & de l'effet des actes. Bacquet, *ibid.* Lebrun, *ibid.* n. 30; l'auteur *des observations* sur Henrys, tom. 1, liv. 4, chap. 6, quest. 105.

40. A l'égard des biens qui composent la communauté au temps du mariage, & de ceux qui y entrent durant le mariage, voyez ce qui a été dit sur l'article 221, *suprà*, sur le titre 22, ci-après, & sur les articles qui le composent, où il est amplement traité des biens qui entrent dans la communauté, & de ceux qui en sont exclus par leur qualité de propres; & quant aux dettes & charges de la communauté, pour les connoître, voyez ce qui sera dit sur les articles 241 & 269, *infrà*.

Tit. XXI. DES GENS MARIÉS, DOTS &c. Art. CCXXXIV. 375

ARTICLE CCXXXIV.

QUAND aucune somme promise en contrat de mariage à aucuns enfans mariez, par leur pere & mere, ou par le pere seulement, constant le mariage, n'a été payée ni acquittée durant leur communauté, le survivant est tenu payer la moitié de ce qui reste de ladite somme; & les héritiers du prémourant l'autre moitié : mais si durant ledit mariage les peres & meres marient leursdits enfans issus d'autre mariage, & les sommes de deniers promises ausdits enfans ne sont acquittées constant icelui, le pere ou mere desdits enfans ou leurs héritiers sont tenus de payer entiérement ce qui restera de ladite somme ainsi promise, sinon qu'il y eût renonciation faite par lesdits enfans, en laquelle l'autre desdits conjoints prît profit : car audit cas ladite dette est payée par ceux qui en rapportent profit *pro rata* d'icelui. Mais si lesdites sommes promises à enfans issus d'autre mariage, sont acquittées durant & constant le second mariage, le pere ou mere desdits enfans sont tenus de rembourser, & rembourseront l'autre desdits mariez qui n'est pere ou mere, de la moitié seulement, sinon qu'il y eût eu renonciation à laquelle il eût eu profit, comme dit est.

Du payement d'aucunes dettes après le trépas de l'un des mariés.

1. SElon le droit Romain, on pouvoit quelquefois contraindre un pere, & non une mere de doter sa fille; mais en France on ne peut contraindre ni le pere ni la mere à doter leur fille : & quoique ce soit une obligation naturelle aux peres & meres de doter leurs enfans, cette obligation ne produit point parmi nous d'action civile; personne n'est obligé de doter malgré lui; & c'est une maxime reçue universellement, que *ne dote qui ne veut*. La raison pour laquelle la loi civile n'a point donné à ce sujet d'action aux enfans contre leurs pere & mere, est le respect qu'ils leur doivent : ce qui fait que, quand un pere ou une mere dote sa fille, pour lors *sub liberalitatis appellatione debitum naturale persolvitur*, selon la remarque judicieuse de Brodeau; car, comme dit Ricard à ce sujet, *Non est beneficium, sed officium facere quod debeas*.

2. Le devoir de doter ses enfans, qui étoit réputé paternel parmi les Romains, est commun par notre usage au pere & à la mere, à cause de la communauté que les Coûtumes ont introduite : car comme le pere & la mere ont leurs biens communs, & que leur condition est égale, il est raisonnable qu'elle le soit aussi pour les charges. Ainsi ce n'est point au pere seul à doter la fille; la mere qui a sa part dans la communauté, y doit contribuer. *Dos filiæ est commune onus utriusque parentis*, dit Chopin, *lib. 2 de Mor. Parif. tit. 1, n. ult.* Tel est aussi le sentiment d'Henrys, tome 1, livre 4, chap. 6, quest. 52, & de Potier sur notre article; & c'est l'esprit de notre Coutume dans le présent article.

3. De-là il s'ensuit que si le mari en l'absence de sa femme marie un de ses enfans & lui constitue une dot, cela diminue de plein droit la part de la femme dans la communauté, sans qu'il lui soit dû aucune récompense, au cas qu'elle accepte la communauté; & que si la dot promise au contrat de mariage par le pere seulement, n'a pas été payée ni acquittée durant leur communauté, la femme survivante est tenue, au cas d'acceptation de la communauté, de payer la moitié de ce qui reste dû de ladite dot, & les héritiers du mari prédécédé l'autre moitié, comme il est dit dans notre article.

Les raisons sont 1°. Que la dotation des enfans étant une obligation également du pere & de la mere, le mari en dotant un de ses enfans communs, n'a fait qu'acquitter une obligation commune : 2°. Que le mari est le maître absolu de la communauté, suivant l'article 236, *infrà*; qu'il en peut disposer au profit de toutes sortes de personnes capables, & sans fraude; & que les enfans communs sont personnes capables; qu'enfin un pere qui donne à ses enfans, & principalement pour cause de dot, ne fraude pas la communauté : & c'est pour ces raisons que la Coutume de Bretagne, article 422, décide que le pere peut doter ses filles de ses conquêts, sans le consentement de sa femme, & sans qu'elle en puisse demander récompense.

4. Si la femme n'a pas parlé dans le contrat de mariage, & qu'elle renonce à la communauté, elle ne doit rien de ce que le mari a promis. A la vérité notre article ne distingue pas, entre le cas de renonciation & d'acceptation dans le cas même où le pere a doté seul; mais j'estime qu'il faut faire cette distinction : & mes raisons sont que si le pere dotant seul un des enfans communs, pouvoit obliger sa femme à payer sa part de cette dot, dans le cas de sa renonciation à la communauté, aux dépens de ses propres, il s'en suivroit 1°. Qu'on obligeroit les meres de doter malgré elles contre la maxime ordinaire : 2°. Que le mari pourroit

obliger les propres de sa femme sans son consentement ; 3°. enfin, que le pere se prévenant en faveur d'un de ses enfans, pourroit, par les libéralités qu'il lui feroit, ruiner sa femme.

5. Mais si la femme a parlé dans le contrat de mariage de ses enfans, en ce cas il ne s'agit plus d'examiner si elle accepte, ou renonce à la communauté; dans l'un & l'autre cas elle est tenue du paiement de la dot également que son mari & par moitié : & si on distingue le cas où elle accepte la communauté, d'avec celui où elle y renonce, ce n'est plus que pour expliquer la maniere dont elle fait le paiement dans l'un & l'autre cas.

6. Quand le mari & la femme ont parlé également dans la constitution dotale de leur fille, si la femme accepte la communauté, réguliérement il ne faut point parler de récompense & de mi-denier pour des mariages constitués également par les pere & mere, à cause que chacun des conjoints ayant acquitté sa dette propre, aux dépens de la communauté, il s'en est fait une compensation ; & c'est ce qui se pratique, lorsqu'il y a du fonds pour payer les dettes & les reprises.

7. Mais si le fonds de la communauté n'est pas suffisant pour payer les dettes, & que la femme, après avoir accepté la communauté & payé quelques dettes, veuille rendre compte, pour se dispenser d'être poursuivie au-delà de l'émolument qu'elle a tiré de la communauté, & que son dessein soit de se venger ensuite pour ses reprises sur les propres de son mari ; en ce cas le mari, ou plutôt ses héritiers, avant qu'elle soit reçue à se venger sur les propres du mari, sont en droit de lui imputer les dots qu'elle a constituées à ses enfans ; & si par ce moyen la femme se trouve grévée au-delà de ce qu'elle profite de la communauté, c'est pour ses propres dettes, puisque c'étoit pour elle un devoir de marier ses enfans; & elle peut être tenue au-delà de l'émolument, pour ses propres dettes. Lebrun, *de la Communauté*, liv. 3, chap. 2, sect. 1, dist. 6, n. 6 & 7.

8. Dans le cas où la femme renonce à la communauté, & qu'elle a parlé dans le contrat de mariage de la fille, elle doit payer sur ses propres biens, nonobstant la rénonciation, la moitié de ce qui a été promis : bien plus ; si la dot a été payée des deniers ou autres effets de la communauté, elle est obligée de récompenser la communauté de la moitié de ce qui a été payé. La raison est, dit M. Denis Lebrun, que la communauté ne produit la confusion que des biens mobiliaires, & des dettes de même nature ; que l'obligation de doter les enfans n'est pas une dette mobiliaire, ni de communauté ; que c'est une dette naturelle des pere & mere, soit qu'ils soient communs, ou qu'il n'y ait point de communauté entr'eux ; & que cette obligation naturelle doit être considérée comme une dette immobiliaire & propre à chacun des pere & mere ; ce qui fait qu'il n'est pas juste d'en charger le mari seul ; ce qui arriveroit pourtant, si le sentiment contraire avoit lieu ; & telle est la jurisprudence des arrêts cités par le même Lebrun, *de la Comm.* liv. 3, ch. 2, sect. 1, dist. 6, n. 3.

9. Sur ce fondement, que l'obligation de doter les enfans est une dette naturelle des pere & mere, & qui leur est commune, il faut dire que l'héritage propre, donné en dot par la mere à sa fille, est sujet à remploi sur les biens de la communauté, ou à reprise pour moitié sur ceux du mari, la donation étant réputée faite par l'un & par l'autre ; & que dans le cas contraire, le mari & la femme ayant doté conjointement d'un des propres du mari, la femme qui renonce à la communauté, n'en doit pas moins récompense aux héritiers du mari, de la valeur de la moitié du propre du mari. Lebrun, *ibid*. de Ferriere, *Inst. Cout.* liv. 3, tit. 11, art. 138.

10. Les peres & meres qui marient leurs enfans, stipulent souvent que la dot qu'ils constituent sera imputée sur la succession de celui qui décédera le premier : c'est un moyen de prévenir bien des inconvéniens ; & dans le cas de cette clause, selon que l'a observé M. Jacques Potier sur le présent article, la moitié toutefois de ladite dot est rapportable à la succession derniere échue : ainsi, dit-il, l'a-t-il vu résoudre par les plus fameux avocats du parlement.

11. La même imputation a lieu pour la dot d'une fille pour l'entrée & profession en religion. Ainsi, si un mari & une femme ont doté leur fille pour la religion, on fait en ce cas la même imputation à la femme sur ses conventions. Lebrun, *ibid*. n. 18.

12. Si un pere s'étant remarié (il en faut dire autant de la femme qui se remarie) a doté la fille de son premier lit aux dépens de la seconde communauté, il est dû en ce cas, selon qu'il est dit dans notre article, à la seconde femme la récompense de la moitié de la dot : mais à l'égard des intérêts de cette moitié ils ne lui sont pas dus du jour que la dot a été payée, mais seulement du jour de la dissolution de la seconde communauté, parce que le mari est maître absolu des fruits & revenus de la seconde communauté.

13. *Cùm maritus*, dit M. Jean Decullant, *habeat liberam & omnimodam mobilium & conquestuum administrationem & donationem in §. 236, potest impunè ea obligare, & etiam fidejubere pro alio de quo uxor non potest conqueri, cùm possit societati renuntiare, & hoc Jure utimur; ita ut vidua teneatur de ære alieno contracto per fidemjussionem, si societatem acceptaverit ..... Sed ratio decidendi hujus paragraphi petitur ex eo quod constitutio dotis facta à parente, est delibatio hæreditatis, & vicem obtinet legitimæ, cujus onus respicit vitricum, novercam, & alios, nisi in quantum societas hinc lucrifaceret, quod Statutum exprimit his verbis,* SINON QU'IL Y EUST, &c. M. Jean Decullant, hlc.

* M. Jean Decullant ne parle pas des intérêts de la récompense, la difficulté, comme l'on

l'on voit, consiste à savoir s'ils sont dus du jour que la dot a été payée, ou du jour de la dissolution de la seconde communauté ; M. Denis Lebrun, dans son traité de la communauté, liv. 3, chap. 2, dist. 6, nomb. 15 & 16, soutient qu'ils ne sont dus que du jour de la dissolution de la seconde communauté ; mais M. Berroyer, dans sa note manuscrite sur le présent commentaire, *hìc*, dit qu'il y a arrêt contraire, du 19 mai 1704, & qu'il l'a ainsi jugé avec M. Macé en arbitrage ; tel est aussi le sentiment de M. Jacques Potier, dans son commentaire sur le présent article, où il dit que les intérêts de la dot doivent être remboursés au commun personnier, comme le principal, à cause que la communauté en est d'autant diminuée, par forme par conséquent de dédommagement de la société.

Le sentiment de M. Lebrun me paroît le plus conforme à l'esprit de notre Coutume ; 1°. En ce que par les articles 235 & 236 qui suivent, le mari est non-seulement le maître des biens de la communauté ; mais qu'indépendamment de cette communauté, il est encore durant le mariage le seigneur & le maître des fruits & revenus appartenans à la femme ; 2°. En ce que le remboursement de la dot payée à l'enfant du premier lit aux dépens de la seconde communauté, n'est dû que dans le temps de la dissolution de cette communauté, & que la Coutume au présent article ne dit point que les intérêts de cette dot doivent être remboursés, mais la moitié de cette dot seulement, sans parler des intérêts, & le mot *seulement* est remarquable, pour faire connoître qu'il n'est rien dû au-delà.

14. Que si durant & constant le second mariage, les peres ou meres ayant marié leurs enfans issus d'autres mariages, les sommes promises n'ont pas été payées, le pere ou mere desdits enfans, ou leurs héritiers, sont tenus (dit notre article) de payer entiérement la somme promise, par la raison qui a été dite ci-dessus, & celle alléguée par M. Decullant : que l'obligation de doter les enfans est une dette particuliere des pere & mere, & que ce qu'ils leur promettent ou donnent, c'est en avancement de leur succession.

15. Cette récompense pour mariages d'enfans issus d'autres mariages, prononcée par notre article, a lieu, au cas même que la communauté soit de tous biens. *Licèt*, dit M. le président Duret sur le présent article, *inter virum & uxorem societas omnium bonorum inita fuerit, dispositio hujus paragraphi locum habet ex opinione magis receptâ; quia cùm dos sit in locum legitimæ, seu totius, vel partis hæreditariæ portionis, & sic filia videatur percipere tanquam portionem suam de bonis paternis : Hinc sequitur quòd licèt, quandiu durat societas, dos sit danda; de communi tamen societate solutâ, debet imputari in partem patris dotantis, etiam in divisione societatis omnium bonorum, nisi aliter expressum sit, vel in contrahendo matrimonio aliud convenerit.... Planè si numera-*

tam dotem pater defunctâ in matrimonio filiâ, constante societate, recuperaret, pecunia societati debet reddi. Tel est le sentiment de M. Duret, après M. Charles Dumoulin sur le conf. 254 d'Alexandre.

16. Il y a toutefois deux cas où cette récompense n'a pas lieu, & qu'elle n'est pas due.

17. Le premier cas est celui qui est exprimé dans notre article ; savoir, quand l'enfant marié a renoncé à ses droits en faveur de son pere & de sa belle-mere ; ensorte que la rénonciation profite aux deux conjoints.

18. Le second, quand on est ainsi convenu dans le contrat de mariage ; c'est l'observation de M. le président Duret, sur ces mots de notre article, COMME DIT EST. *Nisi*, dit-il, *in contrahendo matrimonio aliud conventum sit, ut fieri potest ; neque enim iniquum est pactum inter socios, ut de communi dos filiæ constituatur.*

19. Dans le cas d'un second mariage, où il n'y a pas de continuation de communauté avec les enfans du premier lit, il arrive souvent qu'une femme en se remariant, stipule que les enfans de son premier lit seront nourris sur leurs revenus jusqu'à leur établissement ; quand cela n'est pas stipulé, il est dû récompense à la communauté pour les nourritures & autres frais, comme frais d'étude, faits pour lesdits enfans du premier lit, au-delà de leurs revenus. *Quod si pater*, dit le même M. Duret, sur ces mots de notre art. ISSUS D'AUTRE MARIAGE, *vel mater in doctrinam, vel alimenta eorum impenderit, melius est ut impensæ sociis pro portione serventur, nisi & ii ministeriis illorum utantur, quæ impensis utique respondeant ; & conjectura ejus rei, ex modo & ex genere impensarum non difficilis est.* M. Duret, *hic.* M. Denis Lebrun est de même sentiment, liv. 4, *de la Comm.* ch. 2, sect. 1, dist. 6, n. 26.

20. Au reste, ce qui a été dit jusqu'ici de l'obligation de doter les enfans, commune aux peres & meres, ne regarde que les conjoints entr'eux ; car quoique le pere & la mere ayent parlé également dans le mariage de leur fille, & qu'ils ne se soient pas obligés solidairement au paiement de cette dot, toutefois M[rs]. Louis Semin & François Menudel estiment que le pere peut être seul contraint au paiement de toute la dot : ainsi, disent-ils, a été jugé en cette Sénéchaussée, le 20 mars 1625, en la cause d'entre Yvelin & Simon, plaidans M[rs]. Genin & Labertance ; savoir, que l'obligation du pere au contrat de mariage de la fille, étoit solidaire au respect du pere, & que la division de la dot n'étoit que pour le recours entre le survivant & les héritiers du prémourant. *Ex eo*, dit M. Semin, sur le mot *survivant* de notre article, *videtur induci dotis actionem solidam non esse, cùm in solidum constituentes se non obligaverunt : nostri tamen referunt hunc paragraphum ad regulam æris alieni societatis tantùm, & dotem solidam tenent respectu mariti ; & ita judicatum fuit die 20 martii anno 1625, Dominis Genin & Labertance litigantibus, salvo tamen recursu mariti qui totum*

solverit contrà debitorem alterius partis, ut patet ex paragrapho 243. C'est la remarque de M. Louis Semin; M. François Menudel en dit autant.

* Ce sentiment de nos commentateurs se trouve autorisé par un arrêt du parlement de Toulouse, du 8 juin 1616, rapporté par M. de Cambolas, au chapitre 29 de ses décisions notables, liv. 4, par lequel il fut jugé que le pere & la mere constituant une dot à leur fille commune, sont censés être caution l'un de l'autre; desorte que le mari étant devenu insolvable, la femme poursuivie pour le paiement de la dot entiere, discussion préalablement faite des biens du mari; mais il est opposé au sentiment de M. Denis Lebrun, dans son traité de la commun. liv. 3, chap. 2, dist. 6, n. 11; & le sentiment de Lebrun paroît plus conforme aux principes, suivant lesquels il n'y a pas de solidité dans les conventions, si elle n'est exprimée, ainsi qu'il a été dit sur l'art. 114, ci-dessus, nombre 3.

ARTICLE CCXXXV.

Autorité du mari ès biens de sa femme & conquêts.

LE MARI a le gouvernement & administration des héritages & possessions de sa femme, le mariage durant, & est seigneur des biens-meubles, fruits, revenus & émolumens appartenans à sa femme, & de ses dettes mobiliaires, & les peut demander & poursuivre en Jugement & dehors en son nom, sans sadite femme; & lui en appartient les actions personnelles & possessoires, & en peut être convenu: Mais il ne peut vendre ni aliéner les héritages de sadite femme sans son vouloir & consentement.

1. UN des principaux effets de la puissance du mari, c'est l'administration & gouvernement des héritages appartenans à sa femme, que la Coutume lui donne, & dont elle lui attribue les fruits dans le présent article, comme sont celles de la Marche, art. 297; de Berry, tit. 1, art. 20; de Chartres, art. 64; de Chaumont en Bassigny, art. 73; de Sens, art. 274; de Bretagne, art. 428 & 429; de Châteauneuf en Thimerais, art. 74, & autres.

2. Le mari durant le mariage fait les fruits siens des héritages appartenans à sa femme, tant civils, naturels, qu'industrieux, indépendamment de la communauté, s'il n'est convenu autrement dans le contrat de mariage; de maniere que quand même il n'y auroit point de communauté entre les conjoints, le mari ne laisseroit pas de gagner les fruits des biens de sa femme, que la Coutume lui accorde pour en supporter les charges. C'est l'observation de M. le président Duret sur notre article, sur le mot A LA FEMME: *Pro oneribus*, dit-il, *matrimonii, quæ sanè gravia sunt,* L. *pro oneribus, cod. de jur. dot. nam maritum mulieri alimenta præstare, medicinæ ejus succurrere, dotem non solutam perquirere, talem rebus uxoris qualem suis curam adhibere, & ad omnem competentem curam flecti oportet.* M. le président Duret, *hic.* Loyseau, *du déguerpissement*, liv. 2, chap. 4, n. 3 & suiv. & M. de la Thaumassiere sur la Coutume de Berry, tit. 1, article 20, ont fait la même remarque.

3. Le mari ayant l'administration & jouissance des biens de sa femme, il en peut faire les baux à loyer & à ferme, parce que les baux concernent l'administration & jouissance que le mari a de ces biens.

4. Tandis que le mariage & la communauté durent, il est le maître de faire tels baux que bon lui semble, & pour tel temps qu'il lui plaît; son droit durant tout ce temps-là ne peut point recevoir de restriction ni de bornes, étant le maître absolu de tous les fruits.

5. Il y a plus; c'est qu'après la mort du mari, & la dissolution de la communauté, la veuve est obligée d'entretenir le bail que son mari a fait de ses propres: car quoique régulierement le propriétaire ne soit pas obligé d'entretenir le bail fait par l'usufruitier, suivant la maxime que *resoluto jure dantis, resolvitur jus accipientis*, la veuve est néanmoins tenue d'entretenir les baux de ses propres, faits par son mari, qui ne sont pas encore expirés, soit qu'elle accepte la communauté, ou qu'elle y renonce, pourvu qu'ils ayent été faits pour le temps accoutumé, à prix raisonnable & sans fraude; par la raison que le droit d'administration que le mari a, est plus fort que celui de l'usufruit.

6. La Coutume de Paris, art. 227, fixe le temps des baux que le mari peut faire des biens de sa femme, à six ans pour les biens de Paris, & à neuf ans pour les biens de la campagne, en quoi elle excede le droit commun; car le §. dernier de la loi *Si filiofam.* 25, ff. *solut. matrim.* présuppose que le bail du bien dotal ne doit être que de cinq ans, & c'est le sentiment de la glose; toutefois nous suivons la disposition de la Coutume de Paris. *Potest maritus,* dit M. Jean Decullant, *prædia uxoris locare in sex vel novem annos, Stat. Paris. art.* 227: *Et uxor vidua facta, aut alio casu dissolutâ societate, tenetur stare locationi fundi dotalis à marito factæ, quia habebat administrationem dotis, sed pensio debita ratione fructuum dictæ viduæ solvetur; posset tamen expellere conductorem, solvendo damna & interesse.* Jean Decullant, sur le mot, *les fruits*, de notre art.

TIT. XXI. DES GENS MARIÉS, DOTS &c. ART. CCXXXV.

7. Il y auroit fraude de la part du mari dans le bail qu'il auroit fait du bien de sa femme : 1°. S'il l'avoit fait à vil prix, à un parent ou autre qu'il vouloit avantager, ou bien pour soi-même sous un nom interposé, à l'extrémité de la vie de sa femme. Duplessis, sur la Coutume de Paris, *de la Comm.* liv. 1, chap. 4.

8. Le bail du bien de la femme, fait par le mari en fraude ou pour un temps qui excéde celui qui est prescrit, n'est pas nul : le bail excessif est seulement réductible, & celui qui est fait en fraude s'exécute pour le temps qui reste, la veuve étant indemnisée par les héritiers du mari, pour raison de la vilité du prix, soit qu'elle accepte la communauté, ou non ; avec cette différence que, dans le cas de l'acceptation, les héritiers ne sont obligés de l'indemniser que pour moitié.

9. Quant à ce qui regarde la réduction du bail excessif, si le mari a fait le bail, sans spécifier que c'étoit celui d'un propre de sa femme, ses héritiers sont garans de cette éviction ou réduction ; & si au-contraire il en a fait mention, & qu'il n'ait fait le bail qu'en qualité de mari, ses héritiers n'en sont point tenus, n'étant censé avoir fait le bail excessif, que dans le cas que son usufruit durât autant ; & le locataire ou fermier devant présupposer la même condition : ce qui est fondé sur la loi 9, §. 1, ff. *Locat. cond.* qui décide que si un usufruitier a loué en cette qualité pour cinq ans, & qu'il meure avant ce terme, ses héritiers ne sont point garans de l'éviction, parce que le preneur a dû présupposer qu'il seroit évincé au cas qui est arrivé. Lebrun, *de la Comm.* liv. 2, chap. 2, sect. 4, n. 30; de Ferriere, *inst. Cout.* tome 1, liv. 1, tit. 11, art. 80.

10. Il y a plus de difficulté dans le cas de l'anticipation ; parce que l'anticipation cause la nullité des baux, suivant les arrêts rapportés par M. Louet & M. Julien Brodeau, lettre B, somm. 5 ; cependant, si le mari a fait bail du bien dotal par anticipation, & qu'il ait commencé de l'exécuter, on oblige, dit Lebrun, la veuve de l'entretenir, pourvu que le bail ne soit pas pour plus long-temps qu'il n'est permis; parce que l'anticipation est couverte par l'exécution du temps du mari : si la femme étoit intervenue dans le bail, elle seroit obligée de l'entretenir à cause de sa convention. Lebrun, *ibid.*

11. L'anticipation s'entend quand les baux sont faits plus de six mois avant l'expiration des précédens, pour les héritages des villes, ou plus d'un an pour ceux de la campagne.

12. Le mari peut présenter seul aux bénéfices, & pourvoir aux offices dépendans du propre de sa femme, pourvu qu'il le fasse au nom & comme mari, parce que *collatio & præsentatio sunt in fructu*, qu'elles sont partie de la jouissance de l'usufruitier.

13. Quant à ce qui concerne le retrait seigneurial & lignager, voyez ce qui est dit sur l'article 465, *infrà*.

14. Notre Coutume, dans le présent article, outre l'administration & jouissance des propres de la femme, qu'elle donne au mari, le rend encore maitre & seigneur de ses biens-meubles & dettes mobiliaires : ce qui s'entend des actives, comme fait la Coutume de Senlis, art. 271 ; & ce pour les vendre & disposer à sa volonté, suivant ladite Coutume de Senlis, & la nôtre dans l'art. 236 suivant, parce que ces meubles & dettes actives mobiliaires tombent dans la communauté, dont il est le maître.

15. Mais inutilement le mari seroit-il maître des meubles & dettes mobiliaires de sa femme, s'il n'avoit le droit de les demander & poursuivre en justice ; & la Coutume ne lui auroit donné qu'imparfaitement la jouissance de ces héritages, s'il ne pouvoit exercer les actions possessoires qui concernent cette jouissance, former & intenter complainte pour raison de ces héritages : c'est-pourquoi notre article veut que le mari puisse demander lesdits meubles, effets mobiliaires, fruits, revenus & dettes actives, & en poursuivre la demande en jugement & dehors, en son nom, sans ladite femme, & que les actions personnelles & possessoires lui en appartiennent. L'article 4 du tit. 6 de l'ancienne Cout. portoit que le mari durant le mariage pouvoit intenter & poursuivre toutes actions personnelles & possessoires au nom de sa femme ; mais la nouvelle Coutume, au présent article, dit *en son nom & sans sadite femme.*

16. Ces actions personnelles qui appartiennent au mari, selon notre article, sont (dit M. Louis Semin) les actions personnelles mobiliaires, & non les personnelles pétitoires, concernant la propriété des immeubles ; & sous le mot d'*actions possessoires*, il faut, selon lui, seulement comprendre celles qui concernent les fruits & conquêts de la communauté, & les simples faits de possession, & non celles qui touchent à la propriété, quand la possession est plus de droit que de fait. *Hæc verba*, dit-il, PERSONNELLES ET POSSESSOIRES, *sic capienda sunt, ut hoc verbum*, PERSONNELLES, *denotet les actions mobiliaires, ut videtur ex §. 233 Stat. Parif. & docet Coq. in art. 5 & 6, cap. 23, Stat. Niv. ... Verbum verò*, possessoires, *ad fructus & conquestus societatis extenditur, aut cùm de facto possessionis agitur, & quæstio facti est, non verò dum agitur de proprietate fundi uxoris, aut quæstio juris est. ... Quia tunc solus movere, aut quæstionem sustinere non potest, sed debet ipsa uxor sub viri auctoritate sistere; absurdum enim esset, ei cui alienatio interdicta est, permitti actiones exercere.* ... M. Louis Semin, *hic.*

17. Comme le mari peut exercer en son nom les actions personnelles & possessoires qui appartiennent à sa femme, il peut respectivement en être convenu, dit notre article ; c'est-à-dire, que les actions mobiliaires & possessoires passives de la femme peuvent être intentées contre lui : mais les créanciers de la femme sont obligés de procéder contre lui par action, & de faire déclarer leurs titres

de créances exécutoires contre lui: les créances de la femme n'étant pas exécutoires contre le mari, sans une condamnation précédente, ou s'il n'en a passé une reconnoissance pardevant notaires; par la raison que les obligations & sentences ne sont exécutoires que contre ceux qui y sont dénommés, comme il a été dit sur l'article 97, *suprà*. C'est ce qui a été observé par M. le président Duret, sur ces mots de notre article, ÊTRE CONVENU: *Creditores tamen*, dit-il, *sententiam contrà uxorem dictam, rectà ad finem persequi contrà virum non possunt; ita & vidua ob æs alienum contractum à mortuo viro, cujus partem societatis nomine tenetur solvere, si non sit obligata vel condemnata, executionem sustinere & pati non debet.... quo jure utimur, & hoc à Nostris sæpè judicio contradictorio firmatum est....* M. Duret, *hìc*.

18. Notre article restreint le pouvoir du mari aux actions personnelles mobiliaires & possessoires concernant les jouissances des immeubles, & simples faits de possession, & lui refuse les actions réelles & pétitoires, en lui défendant de *vendre & d'aliéner les héritages de sadite femme sans son consentement*; car dès que le mari ne peut pas aliéner les propres de sa femme, il ne peut pas intenter les actions concernant la propriété de ces mêmes propres, parce qu'il y a une réciprocité parfaite entre l'aliénation & l'exercice de l'action.

19. Ainsi, quelque droit que le mari ait sur la personne de sa femme, il n'est pas néanmoins le maître de ses propres; la femme, quand elle se marie, ne se dépouille pas de la propriété de sa dot & de ses propres; mais elle en retient toujours le domaine: ce qui fait que le mari, comme dit notre article, *ne peut pas les vendre ni aliéner sans son consentement*, ni par conséquent les échanger, faire partage ou licitation, les charger, obliger ou hypothéquer, comme il est dit dans l'article 226 de la Coutume de Paris, le 95 de celle d'Estampes, 123 de celle de Mantes, 125 de celle de Monfort, & autres, & qu'il a été observé par M. Jean Decullant, sur ce mot de notre article, NI ALIÉNER: *Hoc verbum*, dit-il, *intelligitur etiam de divisione, licitatione, & hypotheca*, §. 226, *Stat. Parif. maritus enim habet simplicem administrationem, ut faciat fructus rei immobilis suos, fundi proprietate remanente penès uxorem.* M. Jean Decullant, *hìc*.

20. D'où il suit que la femme, ou ses héritiers, peuvent après la dissolution de la communauté revendiquer les immeubles vendus par son mari, sans son consentement, comme l'a remarqué M. le président Duret, sur ces mots de notre article, MAIS IL NE PEUT: *Adeò ut*, dit-il, *non consentiente uxore, venditio facta à marito etiam quandiu matrimonium consistit, viribus careat..... ita ut si hæc vel ejus hæres gestum à viro ratum non habeat, prædium venditum restitutioni subjaceat.....* M. Duret, *hìc*.

21. La femme ou ses héritiers peuvent faire cette révendication contre toutes sortes de possesseurs; ils peuvent rentrer dans la pleine propriété, & se faire indemniser des dégradations, tant par l'acquéreur que par le mari, nonobstant toute prescription, suivant l'article 28, *suprà*, & le décret même fait sur le mari, ou sur le tiers acquéreur, comme il a été jugé par les arrêts cités par Delhommeau, en ses maximes, liv. 3, art. 364; & tel est son sentiment, & celui de M. Lebrun, *de la commun.* liv. 2, chap. 2, sect. 4, n. 19.

22. Bien plus; la femme, selon l'avis de M. Dargentré, art. 419 de la Coutume de Bretagne, gloss. 1, n. 4, *casu* 1, peut, durant le mariage, se faisant seulement autoriser, & sans se faire séparer, évincer l'acheteur: *Sed mulier*, dit Dargentré, *ipsa auctoritatem à judice petere deberet, quo auctore litem de suo jure intendere licet.*

Mais en ce cas l'aliénation subsiste pour ce qui concerne l'usufruit qui appartient au mari, pendant & constant la communauté. L'usufruit, dit M. Menudel, que le mari pourroit prétendre durant sa vie, demeurera bien aliéné...... *Habità tamen priùs ratione, ne uxor cum sua familia egeat.* C'est aussi l'observation de M. J. Decullant, sur notre article.

23. La femme, après la dissolution de la communauté, est en droit de faire révoquer les aliénations de ses propres, faites sans son consentement, même dans le cas auquel elle a accepté la communauté, sauf à restituer la moitié du prix des aliénations, qui est entré dans la communauté; ceci ne souffre pas de difficulté.

24. La seule difficulté est de savoir si en ce cas elle doit payer à l'acquéreur sa part des dommages intérêts, comme dettes de la communauté: M. Jean Decullant prétend, après Chopin, que les dommages intérêts tombent tous sur le mari seul, parce qu'une telle aliénation n'est pas un acte de société, dont la femme puisse être tenue. Tel est aussi le sentiment de Delhommeau & de Duplessis: mais M. Denis Lebrun soutient que la femme qui accepte la communauté, doit sa part des dommages intérêts; parce que ces dommages intérêts sont véritablement une charge de la communauté, & une dette contractée par le mari, dont il étoit libre à la femme de se libérer en renonçant, & qu'il importe peu que la dette n'ait pas profité à la communauté, qu'il suffit que la communauté soit bonne, & que la femme l'accepte. Tel est son raisonnement, liv. 2, *de la communauté*, ch. 3, sect. 1, n. 31; & c'est mon sentiment.

25. Si le mari manque de pouvoir, aux termes de notre article, pour aliéner & hypothéquer les propres de sa femme, il n'en est pas de même lorsqu'il s'agit de recevoir le rachat d'une rente, appartenante à sa femme; car un mari majeur peut recevoir seul ce rachat, à cause de la nécessité de ce remboursement, le débiteur ayant la liberté perpétuelle de se
libérer

libérer quand il veut. A la vérité, c'étoit là autrefois une question fort controverſée; mais à préſent, dit l'auteur des obſervations ſur Henrys, c'eſt une maxime certaine au palais, que le mari peut ſeul, ſans avoir beſoin du conſentement de ſa femme, recevoir le remboursement des rentes de ſa femme; & on regarde cela comme un acte d'adminiſtration, ſelon qu'il a été jugé par un arrêt du 9 juin 1648. Obſervations ſur Henrys, tom. 1, liv. 5, chap. 4, queſt. 66. * Et par un autre du 19 avril 1668, infirmatif d'une ſentence du lieutenant-général au bailliage-pairie de Nevers, du 20 octobre 1665, par lequel arrêt le rachat fait par un nommé Parent à un nommé Chevalier, par contrat du 22 avril 1659, d'une rente de 300 livres en principal, donnée en dot à Marie Roſſignol, par ſon contrat de mariage avec ledit Chevalier, fut déclaré bien & valablement fait : ledit arrêt, avec le fait & les moyens des parties ſont rapportés dans les manuſcrits de M. Jean Cordier.

26. Il en faut dire autant de la dot immobiliaire de la femme; le mari peut ſeul la recevoir, & en donner quittance. *Quæritur*, dit M. Jean Decullant, ſur notre article, *utrùm maritus poſſit ſolus recipere dotem uxoris, & dare apocham hujus partis quæ ſortitur naturam immobilis, quia de dote mobili nulla poteſt eſſe difficultas. Pro affirmativa ſententia facit hic paragraphus noſter, his verbis:* Le mari a le gouvernement, &c. *nec refert quòd vir non poſſit inconſultâ uxore fundum illius alienare; quia aliud eſt alienare fundum, cùm alienatio fit voluntaria : ſecùs in ſolutione quæ non dicitur alienatio, cùm creditor poſſit cogi ad recipiendum; ſic pariter tutori rectè ſolvitur, nec tamen alienare poteſt: Hanc opinionem tenebat doctiſſimus Præſes Molin. Guill.* Duret, *& ita vidi judicari in Præſid. Cur. Molin. D. Joanne* Aufauvre *& Lud.* Semin *patrocinantibus*. Jean Decullant, *hìc*.

27. Que ſi le mari eſt mineur, le débiteur de la rente ne peut pas faire le remboursement avec ſûreté entre ſes mains; parce que le rachat, ſur-tout celui qui ſe fait ſans le conſentement de la femme, devant produire un remploi, la perte réjailliroit ſur le mari mineur, ce remploi emportant une aliénation de ſes propres; enſorte que le mari mineur ſe pourroit faire reſtituer contre la quittance de rachat qu'il auroit donnée d'une rente appartenante à ſa femme : c'eſt-pourquoi il faut faire créer un curateur à la femme. Si la femme eſt majeure & le mari mineur, le mari pourra recevoir le rachat de la rente de ſa femme, pourvu qu'elle ſigne la quittance, car elle n'a beſoin que de ſon autoriſation; & un mari mineur, comme il a été dit ſur l'article 232, peut autoriſer une femme majeure, ſauf à ſe faire reſtituer au cas que l'autoriſation réjaillit ſur lui. Lebrun, *de la communauté*, liv. 2, chap. 2, ſect. 4, n. 17.

28. Si enfin le mari eſt majeur & ſa femme mineure, il pourra recevoir le rachat ſans qu'on

crée un curateur à ſa femme, parce qu'il lui tient lieu de tuteur : ce qui eſt décidé par les arrêts cités par Lebrun, *ibid.* n. 18, & dans les notes ſur Dupleſſis, traité *de la communauté*, liv. 1, chap. 4.

29. Il n'en eſt pas du déguerpiſſement du fonds de la femme, comme du rachat de ſes rentes; le défaut de pouvoir dans la perſonne du mari pour aliéner les propres de la femme, fait qu'il ne peut pas déguerpir ſeul le fonds dotal, ni en faire le déguerpiſſement par hypothéque, comme nous le dirons ſur l'article 399, *infrà*.

30. Le mari ne peut pas auſſi faire tomber en commiſe l'héritage propre de ſa femme, ſelon qu'il ſera encore dit ſur l'article 386.

31. Ne peut non plus le mari, ſans le conſentement de ſa femme, couper les futayes qui lui appartiennent, parce qu'ils ne ſont pas *in fructu; ſed nec ſuperficiem ædificii, nec arbores, imò nec lapides in lapidicinis, ſi non renaſcantur, & in fructu non ſint* ... dit M. le préſident Duret, ſur ce mot de notre article, *les héritages*.

32. Il faut dire ſur ces mêmes principes, qu'un mari ne peut pas tranſiger ſans ſa femme de ſon compte de tutelle, ni en fixer le réliquat, mais que ſa femme doit être employée dans les qualités. Lebrun, *de la Communauté*, livre 2, chap. 2, ſect. 4, n. 27.

33. Il ne peut pas auſſi, ſans la participation de ſa femme, renoncer à une ſucceſſion immobiliaire échue, parce qu'il s'agit de lui faire perdre un propre; ni même à une ſucceſſion mobiliaire, parce qu'une ſucceſſion mobiliaire eſt une univerſalité de meubles, qui paſſe pour quelque choſe d'immobilier, la complainte ayant lieu pour toute univerſalité de meubles, ſuivant l'article 91, *suprà*; & cette déciſion doit avoir lieu à plus forte raiſon, ſi la femme s'eſt ſtipulée propre ce qui lui écherra par ſucceſſion. Lebrun, *de la Communauté*, *ibid*.

34. Bien plus, un mari ne peut pas, ſans le conſentement de ſa femme, accepter une ſucceſſion à elle échue, pourſuivre ni intenter l'action d'hérédité, que ſa femme ne ſoit en qualité, & il ne lui ſuffit pas d'agir à cauſe de ſa femme, au nom & comme mari. La raiſon eſt qu'il s'agit dans une acceptation d'hérédité échue à la femme, de rendre tous ſes propres ſujets aux dettes de la ſucceſſion : ce qui fait qu'après la diſſolution de communauté, la femme eſt recevable à révoquer une addition que ſon mari auroit faite ſans elle; ſi ce n'eſt, ou qu'elle eût fait auſſi l'addition tacitement en s'immiſçant dans les biens, ou en s'en ſervant à ſon propre uſage, ce qui emporte une ratification tacite : auquel cas, c'eſt au juge à examiner les circonſtances. *Bonus igitur Judex*, dit M. Louet, *variè ex cauſis judicabit*. Louet, lett. M, ſom. 25; Dupleſſis ſur Paris, traité *de la Communauté*, liv. 1, chap. 4.

35. Il ne s'enſuit pourtant pas de-là que le mari qui, ſelon qu'il eſt porté dans notre art.

est le maître de l'administration des biens & des intérêts de la femme, ne soit pas obligé de recueillir pour elle une succession avantageuse, & qu'au-contraire il la puisse négliger; car elle a en ce cas une action en dommages-intérêts contre lui, si l'action en répétition d'hérédité est prescrite; la disposition des loix civiles, & le droit Français conforme en cela au droit Romain, rendant le mari garant de sa négligence, quand il se montre plus nonchalant dans les affaires de sa femme, qu'un bon pere de famille dans les siennes propres, & que cette négligence est préjudiciable à la femme. Ainsi, comme l'a observé M. Denis Lebrun, d'un côté le mari ne pouvant accepter une succession sans sa femme, & de l'autre, étant responsable de ne l'avoir pas acceptée, quand elle est avantageuse, il doit faire renoncer sa femme avec lui, & la faire aussi accepter; & si la femme accepte, ou renonce avec lui, il n'y a rien à imputer au mari.

36. Une regle générale, c'est qu'il est nécessaire que la femme soit partie avec le mari, dans toutes les actions réelles qu'il intente pour ses immeubles, ou réputées réelles, comme celles qui concernent une universalité de meubles, ou bien qu'elle les intente elle seule, autorisée par justice à son refus, suivant l'art. 237, *infra*; & c'est aussi ce qui s'observe, étant un usage constant parmi nous, dit M. le président Duret, que la femme doit être en qualité, quand il s'agit de ces sortes d'actions; c'est sa remarque sur le mot *possessoires*, de notre article : *Secus*, dit-il, *in petitoriis, aut mixtis concernentibus propria uxoris, quæ proprietatis rationem habent..... Ita enim apud nos hactenus receptum est, ut auctore quidem viro, uxor tamen non etiam maritus eas exerceat*. M. François Menudel a fait la même remarque.

ARTICLE CCXXXVI.

LE MARI peut donner, vendre & aliéner à sa volonté les meubles & les acquêts faits par lesdits mariez, ou l'un d'iceux, durant & constant le mariage, par contrats faits entre-vifs; mais non pas par contrats ayant trait à mort.

1. Les droits du mari sur les meubles & acquêts qui se font pendant & constant la communauté, sont bien plus étendus, que celui qu'il a sur les propres de la femme, dont il est parlé dans l'article précédent; car le mari est le maître des meubles & conquêts faits pendant la communauté, & il en peut disposer à sa volonté, par vente, & même par donation entre-vifs, ainsi qu'il est dit dans le présent article, dans l'art. 5 du tit. 5 de l'ancienne Cout. en l'art. 225 de celle de Paris, en l'art. 3 du ch. 23 de celle de Niv. en l'art. 18 du tit. 1 de celle de Berry, en l'art. 193 de celle d'Orléans, & autres.

2. La disposition de notre article est générale & sans restriction; ainsi le mari peut disposer des meubles & acquêts faits durant le mariage, tant de sa portion que de celle de la femme, & sans le consentement de ladite femme, laquelle ne s'en peut plaindre non plus que ses héritiers après le décès du mari, ni demander compte & raison de son administration, ni récompense de la moitié des meubles & acquêts, dont il a disposé, & qui sont tenus de prendre leur part de la communauté en l'état qu'elle se trouve, ou d'y renoncer.

3. Mais il faut observer que quand notre Coutume au présent article, celle de Paris, & autres aux articles cités, disent que le mari peut disposer à sa volonté des acquêts, elles ajoutent, *faits par lesdits mariés ou l'un d'eux durant & constant le mariage*; d'où l'on conclud que quand l'association & communauté entre les conjoints, est non-seulement des acquêts immeubles à faire, mais encore de ceux déja faits, le mari n'en peut disposer entre-vifs pour le tout, mais pour moitié ou sa part seulement; & non de celle de sa femme, sans son consentement. Tel est le sentiment de Coquille sur la Coutume de Nivernois, chap. 23, art. 3, à la fin, & après lui de M. Menudel, sur le présent article: si l'association, dit-il, entre mariés, étoit non-seulement des conquêts immeubles à faire, mais encore de ceux déja faits, le mari ne pourroit aliéner plus que sa part, parce que notre article ne parle que des conquêts faits pendant le mariage. Coquille sur Niv. chap. 23, article 3, *in fine*. M. Menudel, *hic*.

4. Les raisons de cette doctrine sont que la Coutume ne donne un plein pouvoir au mari, que sur la présupposition que la communauté est à l'ordinaire, & non pas quand on l'a faite de tous biens; & que quand on la fait telle, elle doit être réglée par le droit commun, selon lequel un associé ne peut disposer que de sa part en la communauté, L. *Nemo* 68, ff. *pro socio*, & que ce n'a pas été l'intention de ceux qui ont rédigé la Coutume, de rendre le mari le maître de tous les biens généralement de sa femme, mais uniquement des meubles de la communauté, & des conquêts faits durant le mariage, ou plutôt des conquêts par lui faits, & qu'enfin le droit que donne la Coutume, par le présent article au mari de disposer lui seul des meubles & acquêts de la communauté, étant un droit extraordinaire contre la nature de la société, qui ne veut pas qu'un associé puisse disposer lui seul de tous les effets de la société sans le consentement de son associé, il ne doit pas être étendu d'un cas à un autre, ni d'un bien

à un autre, mais doit être renfermé dans les termes précis de la Coutume qui l'établit. Tel est mon sentiment.

5. Mais il n'en est pas de même d'un héritage que la femme qui n'a pas de meubles, a ameubli pour acquérir droit de communauté ; le mari peut le vendre ou l'hypothéquer seul sans le consentement de sa femme : 1°. Parce que quand il a été convenu par le contrat de mariage, que l'héritage de la femme demeureroit ameubli pour acquérir droit de communauté, l'intention des parties contractantes n'a pas été de faire communauté différente de celle que la Coutume établit ; il eût fallu pour cela qu'ils en eussent fait une mention expresse : desorte qu'il est vrai de dire qu'ils se sont conformés à celle de la Coutume. 2°. Parce que l'ameublissement n'a été fait que pour suppléer au défaut des meubles, & pour donner au mari même droit sur l'héritage ameubli, qu'il auroit eu sur les meubles, en ce qui concerne la communauté. Tel est le sentiment de M. Dernusson, traité *des propres*, chap. 6, sect. 8, n. 39, & de Lebrun, *de la communauté*, liv. 2, chap. 2, sect. 1, n. 4.

6. D'où il s'ensuit que le mari ayant vendu le propre de sa femme ameubli, elle ne peut pas en renonçant à la communauté le revendiquer contre les acquéreurs, nonobstant la clause de reprise en renonçant, sauf son action pour la reprise du prix contre les héritiers de son mari.

7. Le pouvoir que le mari a de disposer des biens de la communauté sans le consentement de sa femme, ne s'entend que des dispositions entre-vifs, & non des dispositions ayant trait à mort : c'est ce qui paroît par ces termes de notre article, *mais non par contrat ayant trait à mort* ; c'est aussi la disposition de la Coutume de Paris, art. 296, de Nivernois, chap. 23, art. 3 ; de Meaux, art. 60 ; de Troyes, art. 84 ; de Poitou, art. 245 ; & autres ; la raison est que la disposition tomberoit dans un temps auquel le droit du mari cesse, & que la femme commence à y avoir un droit effectif, qui ne peut lui être ôté par le fait & la volonté de son mari : car le droit de la femme, qui n'est à la vérité qu'un droit habituel durant le mariage, devient actuel après la dissolution de la communauté : ce qui fait qu'on dit que le mari vit comme maître absolu, mais qu'il meurt comme associé. *Nam cùm dispositiones hujusmodi*, dit M. Pierre Rat, *solâ morte confirmari possint, eo tempore solutâ est mulier à lege viri. Quamobrem nihil potest eo casu in ejus præjudicium, nisi consenserit.* Pierre Rat, sur l'art. 245 de la Coutume de Poitou.

8. Au reste, quoique les Coutumes ayent accordé au mari, comme seul chef & maître de la communauté pendant le mariage, le pouvoir de disposer à sa volonté par acte d'entre-vifs, de tous les meubles & conquêts de la communauté, sans que la femme, qui est elle-même en sa puissance, y ait aucune participation ; cependant comme elles sont justes, elles n'ont pas oublié les intérêts des épouses ; & ayant accordé aux femmes le droit de communauté, elles désapprouvent les maris qui abusent du pouvoir qu'elles leur on donné sur les biens de la communauté ; & c'est pour les en empêcher, qu'en accordant aux maris le pouvoir de disposer à leur volonté des biens de la communauté, elles ont ajouté cette exception, en ces termes, *pourvu que ce soit sans fraude*. C'est la disposition de la Coutume de Paris, article 225 ; de celle de Berry, tit. 1, article 19 ; de S. Quentin, article 17 ; d'Orléans, art. 193, & autres : dispositions qui doivent être suivies dans cette Coutume, selon que l'a observé M. le président Duret sur notre article : *Nota*, dit-il, *quòd verba hujus Statuti, quantumvis generalia, restringi debeant ad arbitrium boni viri ; & quòd hoc in loco voluntas mariti ita temperanda sit, ut semper dolus non præstari debeat, & ubique fraus, abusus excludatur ; certè enim in generali concessione non videbitur concessa fraus.* M. Duret, hic.

9. La disposition est réputée frauduleuse, quand le mari donne ou aliéne tous les effets de la communauté. C'est le sentiment de M. Charles Dumoulin, dans sa note sur l'art. 17 de la Coutume de S. Quentin ; & après lui de M. de la Thaumassiere, sur la Cout. de Berry, tit. 1, art. 19, & du président Duret, sur le présent article, sur ces mots, PEUT DONNER, VENDRE ET ALIÉNER : *Intellige*, dit-il, *particulariter, non etiam universaliter, aut in quota notabili, ita ut fraus arguatur, nam in alienatione universorum bonorum præsumitur fraus, L. Omnes, §. Lucius, ff. Quæ in fraudem creditorum.* M. Duret.

10. La donation de tous les effets de la communauté, quoique faite aux enfans communs ou à un fils unique commun, seroit présumée frauduleuse ; parce que, dit l'auteur des notes sur Duplessis, après Dumoulin, il est visible que le mari n'a fait cette donation, qu'à dessein de priver la femme de sa part dans la communauté, en cas qu'elle survécût. Notes sur Duplessis, traité *de la Communauté*, liv. 1, ch. 3.

11. Il en faudroit juger autrement, si ce n'étoit qu'une donation particuliere, & non universelle faite à un enfant commun, par les raisons déduites sur l'art. 234, *suprà* ; & ainsi a été jugé par arrêt d'audience de la gran'd'chambre, du lundi 19 mars 1708, rapporté dans une note marginale de Duplessis, *ibid.*

12. Si le mari profite seul de sa disposition, & s'il donne par donations, quoique particulieres, les biens de la communauté à ses enfans d'un précédent mariage ou à ses héritiers présomptifs, telles donations sont présumées faites en fraude du partage égal qui doit être fait de la communauté, selon le sentiment de Chopin, de Duplessis, de Ferriere, sur la Coutume de Paris, de la Thaumassiere, sur la Coutume de Berry, tit. 1, art. 19, & de Lebrun, *de la Communauté*, livre 2,

chapitre 2, section 1; & ainsi jugé par arrêts.

13. On juge aussi quelquefois les donations & d'autres actes frauduleux, à raison du temps auquel ils ont été faits, comme si le mari a donné & vendu la veille de sa mort. La Thaumassiere, *en ses décisions*, liv. 1, chapitre 13; Lebrun, *de la Communauté*, liv. 2, ch. 2, sect. 1, n. 32.

Il en est de même, s'il a donné des conquêts la veille du décès de sa femme; si la donation contient une réserve d'usufruit au profit du mari, ou que le mari soit resté en possession du conquêt qu'il a donné. Lebrun. *ibid.*

14. Mais si le mari a nourri & entretenu par charité, aux dépens de la communauté, son pere, sa mere, ou autre ascendant, sa libéralité n'est point considérée faite en fraude, & la femme n'en peut rien demander au mari, ni à ses héritiers. La raison est qu'on n'agit pas en fraude, quand on ne fait que ce que l'on doit, & que toutes les dettes naturelles entrent en communauté, comme les alimens dus au pere & à tous les ascendans & descendans, qui n'ont pas d'ailleurs de quoi subsister: ce qui ne doit pourtant pas s'étendre aux dots des filles, qui ne sont pas d'une obligation si précise que les alimens. La Thaumassiere sur Berry, tit. 1, art. 19.

15. Par cette même raison la femme ne peut demander aucune récompense au mari, ni à ses héritiers, pour une simple pension alimentaire, faite par le mari au profit de son bâtard: autre chose seroit, si le mari avoit donné à son fils naturel au-delà des alimens; en ce cas la femme, ou les héritiers de la femme y ayant intérêt, pourroient faire réduire la donation. Par arrêt du 7 septembre 1670, dit M. Jean Cordier, la donation faite par Charles Delorme, de son office de trésorier de France à Bourdeaux, au profit de Charles de Morel, son fils naturel, fut déclarée nulle, & il fut condamné d'en rapporter le prix fixé à la somme de 20000 liv. avec les intérêts du jour du décès d'Anne Hebert, sa femme, comme étant ledit office un effet de leur communauté, quoique ledit sieur Delorme soutint que ledit office lui avoit été donné par sa majesté, pour & au lieu d'une charge de premier médecin ordinaire du roi. M. Cordier, sur le présent article.

16. Quant à la question si un mari peut par une déclaration *de malè ablatis*, & sous prétexte de restitution, priver sa femme de sa part des conquêts de la communauté; M. Denis Lebrun soutient la négative, il convient que ses déclarations sont bonnes contre des enfans & héritiers, pourvu même qu'elles ne les privent pas de leur légitime, mais non contre une femme qui ne tient pas son droit de son mari, & qui est associée avec lui. Tel est son sentiment dans son traité *de la Communauté*, liv. 2, ch. 2, sect. 1, n. 43: mais cette décision ne peut se soutenir dans le fort intérieur; car si la déclaration du mari paroît sincere, & que la femme n'ait pas lieu de le soupçonner de mauvaise foi, elle ne peut pas en conscience accepter la communauté, qu'en se chargeant sur la part qu'il lui en reviendroit, de la restitution due pour & à raison du bien mal-acquis; & elle ne peut sans péché se mettre en possession d'un bien mal-acquis, sans satisfaire ceux qui y ont droit.

ARTICLE CCXXXVII.

Quand la femme peut poursuivre ses droits.

LA FEMME conjointe par mariage peut poursuivre ses actions & droits de l'autorité de son mari, & au refus de l'autoriser par sondit mari sans cause légitime, elle sera autorisée par Justice à faire ladite poursuite.

1. LA Coutume d'Orléans, art. 201; celle de Nivernois, chap. 23, article 5; de Montargis, ch. 8, art. 15, contiennent une disposition semblable. Suivant ces Coutumes & la nôtre dans le présent article, une femme, quoique commune avec son mari, sur le refus fait par son mari de l'autoriser pour agir en justice, peut être autorisée par justice à la poursuite & défenses de ses droits; mais il faut toujours l'un ou l'autre, autrement il y auroit nullité dans la procédure, & les jugemens intervenus ne seroient d'aucune considération: tellement que si une veuve qui est en cause se remarie, il faut faire assigner le nouveau mari, pour reprendre avec sa femme, & pour l'autoriser; & s'il est refusant de l'autoriser, la faire autoriser par justice.

2. Quand on a quelque action à intenter contre une femme mariée, il faut donc faire assigner la femme, & le mari pour l'autoriser; & pour lors ils agissent conjointement, s'ils veulent, le mari autorisant sa femme à cet effet: ou bien si le mari veut, il se retire de l'instance, en déclarant que l'action ne le regarde point, mais bien sa femme, & qu'il ne veut pas l'autoriser; auquel cas, l'usage en cette Sénéchaussée est d'ordonner qu'elle demeurera autorisée de la personne de son procureur, lequel à cet effet prête le serment de la bien & duement conseiller.

3. L'usage n'est pas de contraindre un mari d'autoriser sa femme à plaider, quoiqu'il n'ait aucune juste cause de refus; mais on ordonne que le jugement qui interviendra contre la femme, sera exécutoire sur les biens de la communauté, quand il y a raison pour cela: c'est la remarque de M. Jacques Potier, & de M. François Menudel, sur le présent article. Si le mari, dit Menudel, fait refus d'autoriser sa femme, sans cause, elle sera autorisée en justice,

justice, & la sentence qui interviendra contr'elle, sera exécutoire sur les biens de la communauté : *secùs*, si le mari a juste cause de refuser ladite autorisation. Menudel, *hîc*.

4. Le mari qui a refusé d'autoriser sa femme, & l'a laissée autoriser en justice, doit veiller à ses intérêts pendant la poursuite du procès, & prendre garde que les droits de sa femme soient bien soutenus, & à se disculper envers elle & sa famille, du soupçon de l'indifférence, ou de la prévarication en des intérêts dont la loi lui confie la défense : *Ne ejus malignitate, vel desidiâ, aliqua mulieri accedat jactura*, dit la loi 66, ff. *solut. matrim*.

5. Lorsque le mari a autorisé sa femme pour la poursuite ou défense de ses droits, si elle est condamnée aux dépens, c'est au mari à les payer, parce qu'en l'autorisant, il en approuve les poursuites, sauf à les répéter, s'il ne profite pas de la cause pour laquelle il l'a autorisée : c'est-pourquoi on voit aujourd'hui peu de maris qui veuillent autoriser leurs femmes pour plaider ; ils les font presque toujours autoriser par justice à leur refus.

6. Mais quand la femme a été autorisée seulement par justice, si elle est condamnée aux dépens, à l'amende & à d'autres peines pécuniaires, quoique ces condamnations soient justes & légitimes, elles ne peuvent avoir leur effet du vivant du mari, ni sur les biens de la communauté, parce que le mari en est le maître de son vivant ; ni sur les propres de la femme, puisqu'il en a l'usufruit jusqu'à la dissolution de la communauté. C'est ce qui a été jugé par arrêt du 18 novembre 1616, rapporté par Tronçon, sur l'art. 224 de la Coutume de Paris, & qui est très-sagement ordonné, pour empêcher que les femmes, en se faisant autoriser par justice, ne puissent ruiner la communauté. Bacquet, *des droits de justice*, ch. 15, n. 92 ; Coquille sur Niv. ch. 23, art. 1 ; Lebrun, *de la Comm*. liv. 2, ch. 2, sect. 3, n. 6 & suiv.

7. Il faut toutefois excepter le cas où la condamnation intervenue contre la femme autorisée par justice, est pour cause dont le mari a profité, ou qui affecte la communauté.

ARTICLE CCXXXVIII.

LA FEMME peut vendre, donner, échanger, & autrement aliéner ses héritages de l'autorité de son mari, sans être récompensée.

Femme contracte à l'autorité de son mari.

1. La plupart des Coutumes permettent toutes sortes d'aliénations & de dispositions des biens propres de la femme, quand la femme est autorisée par son mari, & qu'elle y donne son consentement ; ensorte que le mari & la femme, ou la femme autorisée de son mari, peuvent vendre, hypothéquer, & même donner entre-vifs les héritages propres de la femme : c'est ce qui résulte de l'article 226 de la Coutume de Paris, de l'article 95 de celle d'Estampes, 123 de celle de Mantes, 125 de celle de Montfort, de l'article 4 du chapitre 23, de celle de Nivernois ; 445 de celle d'Anjou ; de l'article 235 de la nôtre, & autres ; car ces Coutumes, en disant que le mari ne peut pas vendre le propre héritage de sa femme sans son consentement, donnent suffisamment à entendre qu'il le peut donc du consentement de sa femme.

2. Mais notre Coutume, dans le présent article, en ajoutant à ce qu'elle a dit dans l'article 235, à la fin, dit positivement deux choses : la première, que la femme autorisée de son mari peut vendre, donner & échanger ses héritages ; & la seconde, qu'elle le peut sans être récompensée. Nous expliquerons ci-après ce qu'elle entend par ces mots, *sans être récompensée*. L'ancienne Coutume, dans l'art. 3 du tit. 6, contient une disposition semblable : sur quoi M. le président Duret observe, après Dumoulin, dans sa note sur notre article, que la femme ne doit pas être contrainte à faire cette vente, ni par son mari, ni par ses parens. *Mulier planè major*, dit M. le président Duret, *non vi aut minis maritalibus coacta, sed ipso auctoritatem præstante alienare immobilia propria potest*.

3. Quoique dans le contrat il y ait clause & convention que les propres de la femme ne pourront être aliénés, cela n'empêche pas l'aliénation, selon le même M. Duret : *Quòd si*, dit-il, *in contrahendo matrimonio inter sponsos convenerit, ne prædia uxoris alienentur, magis puto eam conventionem ac prohibitionem, neque emptori notam, aut palàm propositam, non sufficere, & consequens esse ut emptor juris municipalis fidem secutus, rectè emisse videatur*. M. Duret, *hic*.

* Cette décision de M. Duret, de la manière qu'elle est conçue, est vraie, & se trouve soutenue de l'avis de M. Dargentré, sur la Coutume de Bretagne, article 266. A la vérité celui qui dote, peut stipuler que les fonds qu'il donne à une fille seront inaliénables pendant le mariage, parce que, d'un côté, le donateur a le pouvoir & la faculté d'apposer à sa libéralité telle charge & condition qu'il lui plait ; & que d'un autre, le contrat dans lequel cette prohibition d'aliéner se trouve stipulée, est un contrat de mariage susceptible de toutes sortes de clauses, qui ne sont point contraires au droit public & aux bonnes mœurs ; qu'une telle prohibition, bien loin d'être opposée au droit public, est conforme à la disposition du droit, en la loi *Julia*, ff. *de fundo dotali*, L. unica, §. 15, *de Rei uxoriæ act*. & qu'enfin

l'objet de la prohibition ne tend qu'à conserver à la femme son fonds dotal, en ôtant au mari la liberté de lui pouvoir faire aliéner durant le mariage, & laisse à la femme, après la dissolution du mariage, une pleine liberté de disposer de la chose donnée.

Mais aussi cette prohibition d'aliéner faite dans un acte particulier, pour être valable, doit être notoire, & il faut qu'elle soit rendue publique par la formalité de la publication, & de l'enrégistrement dans un registre public; la raison est que, de droit commun, chacun étant le maître de disposer du bien qui lui appartient, au moment qu'il atteint la majorité, cette liberté naturelle ne peut être ôtée ni gênée par aucune exception, si cette exception n'est rendue publique; autrement il n'y auroit nulle sûreté, & la bonne foi des acquéreurs seroit exposée à des pieges continuels. Ainsi a été délibéré dans la consultation quarante-huitieme, rapportée à la fin du 2 tome de Duplessis, de l'édition de 1728.

4. Bien plus; si une femme d'Auvergne, mariée & résidente en la Coutume d'Auvergne, qui défend au titre 14, art. 3, l'aliénation des biens dotaux, possédoit quelque fonds dans cette province, elle pourroit l'aliéner; parce que la Coutume d'Auvergne ne fait loi que dans l'étendue de son territoire, & que sa disposition, quoique prohibitive, n'annulle pas l'acte ou le contrat de vente, mais lui ôte simplement son effet dans l'étendue de son ressort. *Quid juris*, dit M. Jean Decullant sur notre article, *si fœmina orta Arverniæ vel Marchiæ, ubi prohibetur alienatio fundi dotalis, Arv. §. 3 & 4, tit. des donations & dots, March. 299, ibidem, nupta & residens habeat fundum in nostra Borboniensi Provincia, an liberè possit eum distrahere? Quod verum est, quia Statuta suo clauduntur territorio, nec potest Statutum Arverniæ legem imponere fundis hujus Provinciæ; & ita vidi judicari & prædicari.* M. Jean Decullant, *hic.* A quoi M. Jean Fauconnier ajoute, qu'il a été ainsi jugé différentes fois par arrêts du parlement, & nommément dans l'ordre des biens des seigneur & dame de Saint Geran, & dans celui des sieurs Dubuisson de Veausse, & du Berat, pere & fils. M. Fauconnier, *hic.*

* Et telle est la jurisprudence de ce siége, ainsi qu'il paroît par un acte de notoriété des officiers de cette Sénéchaussée, du 6 juillet 1706, qui m'a été communiqué par M. Fauconnier, ancien avocat du roi, & conseiller en ce siége, dont voici la teneur:

« Nous soussignés officiers, juges, magis-
» trats en la Sénéchaussée de Bourbonnois &
» siége présidial de Moulins; & nous avocats
» & procureurs esdites cours, certifions à
» M^{rs}. les officiers, juges, magistrats en la
» Sénéchaussée d'Auvergne, & siége présidial
» à Riom, que c'est un usage uniforme qui a
» toujours été suivi & pratiqué parmi nous,
» *tam in judicando, quàm in consulendo*, que
» les femmes mariées en pays de droit écrit,
» comme dans la Coutume de ladite province
» d'Auvergne, & dans les pays de Lyonnois
» & de Forest, peuvent valablement s'obliger
» dans l'étendue de ladite province de Bourbonnois, étant autorisées de leurs maris,
» & affecter & hypothéquer pour les dettes
» qu'elles contractent, tous leurs biens situés
» dans ladite province, ainsi que dans les
» autres lieux, dont les Coutumes ne contiennent aucune prohibition de les aliéner,
» & de les hypothéquer; que cet usage est
» fondé sur ce que les Coutumes sont réelles,
» & que la prohibition d'aliéner & hypothéquer les biens dotaux d'une femme, portée
» par la Coutume d'Auvergne, conforme en
» ce point à la loi *Julia, suo clauditur territorio;* lequel usage a été confirmé par plusieurs sentences, & autorisé par la jurisprudence des arrêts: en foi de quoi nous avons
» signé le présent certificat, le 6 juillet 1706;
» Bolacre, Dubuisson, Vernin, Perrin, Saillant, Semin, Vernoy, Rouher, Revanger,
» Cantat, Perrotin, Farjonel, Aubery, Cordier, Bourdier, Janet, Baugy, Charbon,
» Prevost, Lomet, Thibaut, Minard, Crozet, Michel, Gilberton, Batissier, Denozier, Jacob, Artaud, Palierne, de la Chaise,
» Geoffroy, Baron & Roumaud. »

Tel est encore le sentiment de M^{rs}. les avocats du parlement de Paris, dans la consultation vingt-sixieme, rapportée dans le 2 tome de Duplessis, sur la Coutume de Paris, de l'édition de 1728: & leur raison est que la loi *Julia* ne régle pas universellement l'état de la personne, & qu'elle ne concerne qu'une seule action des femmes; que n'ayant pour motif que la conservation de la dot, elle n'emporte point une incapacité absolue, puisque la femme a la faculté d'aliéner ses autres biens; d'où ils concluent que c'est une disposition qui affecte principalement la chose, & qui est par conséquent réelle; d'où il résulte par une conséquence subsidiaire, qu'une femme domiciliée à Paris, ne peut aliéner le fonds dotal qu'elle posséde en pays de droit écrit, & qu'au contraire, une femme domiciliée en pays de droit écrit, où la loi *Julia* s'observe, a la faculté d'aliéner les biens qu'elle posséde à Paris, & dans les autres provinces où la loi *Julia* n'est pas reçue.

C'est aussi le sentiment de M. Boulenois, dans ses dissertations sur les questions qui naissent de la contrariété des loix & des Coutumes, question quinzieme, où en parlant des dispositions des Coutumes d'Auvergne & de la Marche à cet égard, il soutient que de ces dispositions, on n'en peut pas inférer une incapacité personnelle dans la femme d'aliéner ses biens dotaux; & voici quel est son raisonnement.

La femme a (dit-il) la liberté entiere de disposer de ses biens paraphernaux, & elle tient cette liberté de son état général; la femme mariée & majeure, étant dans cette Coutume *sui juris*, & conservant pour ses biens, autres que les dotaux, la faculté générale qu'elle avoit de les aliéner avant d'être mariée. Il y a plus, c'est quant aux biens dotaux, on ne peut pas dire que dans la Coutume d'Auvergne la femme soit absolument incapable de les vendre, & que la vente en soit indistinctement nulle, puisque si elle les a vendus, & que dans l'année du décès de son mari elle n'ait pas opté de se tenir à la chose dotale, ou à la récompense sur les biens de son mari, elle ne peut plus revenir à la chose dotale, encore même que les biens de son mari ne fussent pas suffisans pour la récompenser, de maniere que la vente qu'elle en a faire subsiste en son entier.

Et de-là M. Boulenois conclut, qu'on ne peut pas regarder une pareille disposition comme formant l'état & la condition de la femme, & comme une disposition personnelle; mais bien comme une disposition réelle, qui doit être renfermée dans l'étendue de cette Cour.

5. La femme (dit M. Jean Duret dans son *Alliance des Coutumes*, sur le présent article) qui vend par force ou menaces, est relevée après le mariage, en justifiant toutefois par elle qu'elle a été contrainte; car il a été jugé en ce siège, par sentence du 14 février 1636, qu'une femme, qui sous l'autorité de son mari avoit disposé de son héritage, n'étoit pas recevable à se pourvoir par lettres du prince contre cette vente, sur le fondement qu'elle y avoit été forcée & violentée, à défaut par elle d'avoir protesté dans le temps, & auparavant, pardevant notaire ou personne publique, & en avoir retiré acte: c'est ce qui nous est attesté par M. Louis Semin, qui dit que le parlement l'avoit ainsi jugé auparavant pour défunt M. Claude Heuillard contre la veuve Perdrion, qui avoit obtenu en cette Sénéchaussée. Louis Semin, *hìc*.

6. Dans le cas où la femme a vendu son héritage propre sous l'autorité de son mari, il lui en est dû le remploi ou la récompense, de la maniere qu'il sera ci-après expliqué, quoiqu'il n'y ait point de stipulation de remploi dans son contrat de mariage; & cela en conséquence de la disposition de la Cout. en l'art. 226, *suprà*, qui défend aux conjoints de s'avantager durant le mariage: car comme il seroit facile aux conjoints de se donner l'un à l'autre, si la récompense ou le remploi des propres aliénés n'avoit pas lieu; que celui qui voudroit donner à l'autre, n'auroit qu'à vendre ses propres pour en faire entrer le prix dans la communauté, dans laquelle chacun des deux à la moitié; la nécessité de ce remploi se suit nécessairement de la défense que fait la Coutume aux conjoints de s'avantager durant le mariage, & cette simple prohibition est suffisante pour établir le remploi: aussi a-t-il été introduit dans cette Coutume, ainsi que nous l'assurent M. Jean Decullant & M. Louis Semin, dans leurs observations manuscrites sur le présent article.

7. *Sequimur*, dit M. Jean Decullant, *dispositionem paragraphi* 232 *Stat. Parif.* qui donne à l'un des conjoints le remploi, ou la récompense de son propre vendu durant le mariage: *Quæ recompensatio*, ajoute-t-il, *deficientibus mobilibus & acquestibus, datur mulieri super propria*, art. 248, *infrà. Secùs si hæc recompensatio debeatur marito, cui debent mobilia & acquestus sufficere, nec in propria uxoris pergere, quæ onerare non potest.... & sic consulendo, sive judicando in nostra Provincia vidi observari.* Jean Decullant, *hìc*.

8. Il fait la même observation sur l'article 278, *infrà*, dont il se sert pour prouver le remploi des héritages aliénés durant le mariage, comme nous le dirons sur cet article. Ainsi a été jugé en cette Sénéchaussée, conformément à la doctrine de M. Decullant, au rapport de M. Imbert, le 15 janvier 1723, dans le procès des Loget contre la Fauconnier, veuve Pelisson: j'étois des juges.

9. Ces mots de notre art. *sans être récompensée*, n'excluent pas le remploi: car quand la Coutume en cet article, dit que la femme peut vendre son héritage de l'autorité de son mari, sans être récompensée, elle ne veut dire autre chose, sinon que la femme peut vendre son héritage de l'autorité de son mari, sans qu'il soit nécessaire qu'on lui donne en récompense un autre fonds & héritage, qui demeure subrogé à la place du fonds vendu par forme de contr'échange, ainsi que le désirent les Coutumes d'Auvergne & de la Marche, nos voisines; la premiere, aux articles 3 & 4 du titre 14, & la seconde, aux articles 299 & 300: mais non pas sans récompense absolument & remploi contre son mari. C'est l'explication que donnent à ces mots, *sans être récompensée*, M^{rs}. Jean Decullant & Louis Semin.

10. *Quid si quæras*, dit M. Decullant, *cur Statuentes hæc verba addiderint, sans être récompensée, scias, ut solvatur difficultas quam possent talia verba injicere, vicinas Consuetudines*, d'Auvergne & de la Marche, *tempore reformationis sub communi Duce Borbonio gubernari, in quibus locis prohibita est, expressis verbis, mulieri alienatio proprii fundi, nisi cum festina recompensatione alterius fundi; ita tamen ut infrà annum à die mortis mariti possit mulier fundum proprium vendicare, aut recompensationi stare: quare debet prævidere seriò emptor, ut validè recompensetur. Secùs verò in nostro Statuto, ubi mulier liberè auctoritate mariti potest fundum proprium vendere, cui Statuto Statuentes ad distinctionem dictorum vicinorum Statutorum addiderunt hæc verba, sans être récompensée, id est, sans que l'acheteur soit tenu de veiller à un emploi, ni qu'il soit besoin de le stipuler; duquel remploi néanmoins, ou récompense, elle n'est pas exclue au respect de son mari.* Jean Decullant, *hìc*.

11. M. Louis Semin a fait la même remarque: *Hæc nostri paragraphi verba*, dit-il, SANS ÊTRE RÉCOMPENSÉE, *accipienda sunt in solius emptoris favorem, qui pro securitate & validitate emptionis non tenetur vigilare ad hoc ut pretium emptoris in aliud prædium uxori proprium impendatur, quemadmodùm desiderant vicinæ*

Confuetudines, fcilicèt Arverniæ, art. 3 & 4, des dots & mariages, Marchiæ, art. 297 & 298, quæ tempore reformationis fub communi Duce Borbonio gubernabantur; non autem funt intelligenda in gratiam mariti, vel ejus hæredum, quorum refpectu in dividenda focietate, fundi venditi pretium primò in mobilibus, tùm in conqueftibus, poftremò in propriis mariti, repetit paragraphus 248, infrà: Aliàs daretur locus fraudi, & deftrueretur paragraphus 226, suprà, quo prohibentur vir & uxor directè, aut indirectè, fibi donare, quod accideret, fi uxoris fundo vendito, pretioque in focietate collato, eumdem fine recompenfatione maritus, aut ejus hæredes, pro media dividerent: undè apud nos fequimur Stat. Parif. art. 232, & fic in confulendo, five in judicando, in noftra Provincia obfervatur. M. Semin, hìc.

12. Le remploi, ou la récompenfe des propres de la femme aliénés, a lieu contre le mari, même dans le cas de la féparation contractuelle, ou de celle qui s'ordonne en jugement, quand il eft juftifié qu'il a profité du prix de la vente de l'immeuble ; & cela en conféquence de la regle générale qui défend les avantages, tant directs qu'indirects, entre mari & femme, durant le mariage.

13. Il eſt dû également au mari contre fa femme, ou fes héritiers, quand c'eſt fon propre qui a été aliéné, parce que l'avantage eſt refpectivement défendu entr'eux.

14. Bien plus, les conjoints ne peuvent exclure le remploi par une claufe précife du contrat de mariage ; parce que, quoique la convention foit antérieure au mariage, néanmoins l'aliénation qu'elle permet ne fe faifant que durant le mariage, elle emporte un avantage indirect, & une donation dans un temps prohibé. Lebrun, *de la Comm.* liv. 3, ch. 2, fect. 1, dift. 2, n. 55.

15. Lorfque ce font les propres de la femme qui ont été aliénés, il faut en toutes fortes de cas qu'elle en foit rembourfée, foit qu'elle accepte la communauté, ou qu'elle y renonce; en cas d'acceptation, le remploi des propres aliénés doit être pris, felon qu'il a été obfervé par M^{rs}. Decullant & Semin ci-deſſus cités, avant part fur les effets de la communauté, & on ne le peut prendre fur les propres du mari que fubfidiairement, en cas que les biens de la communauté ne foient pas fuffifans, comme il eft dit dans l'article 248, *infrà*, où il faut avoir recours.

16. Mais quand la femme a renoncé à la communauté, le remploi de fes propres aliénés fe prend fur tous les biens du mari indiftinctement ; parce que le mari étant le maître de la communauté, il eſt cenſé avoir profité du prix de l'aliénation des propres de fa femme.

17. Quand c'eſt le propre du mari qui a été aliéné, il ne peut en demander le remploi que fur les effets de la communauté, en cas qu'elle foit acceptée par la femme ou fes héritiers, & jamais fur les propres de la femme, par la raifon alléguée par M^{rs}. Decullant & Semin,

ci-deſſus ; favoir, parce que le mari ne peut vendre ni engager les propres de fa femme, & que s'il ne le peut expreſſément, il le peut encore moins par des voies indirectes, en vendant fes propres biens, & en diffipant le prix.

18. Le remploi, ou plutôt la récompenfe qui eſt due à l'un ou à l'autre des conjoints, pour leurs propres aliénés durant le mariage, s'entend de toutes fortes d'aliénations, foit volontaires, foit par décret, quand même les deniers ne feroient pas venus ès mains du mari, pourvu que la communauté en ait profité, & qu'il ait fervi à payer les dettes dont la communauté étoit tenue.

19. Mais le remploi, ou la récompenfe, n'a pas lieu ès contrats de donation, puiſqu'il n'entre rien dans la communauté, ni en ceux d'échange & de bail à rente ; parce que le contr'échange & la rente tiennent lieu de fonds échangés, & font propres à la même perfonne.

* L'action pour le remploi ou récompenfe, qui eſt due à l'un ou à l'autre des conjoints dont les héritages propres ont été vendus, ou dont les rentes ont été rachetées pendant le mariage, eſt pure mobiliaire ; la raifon eſt que la communauté n'eſt débitrice que du prix dont elle a profité, & non de l'immeuble vendu ; que c'eſt une maxime générale, felon qu'il fera dit fur l'article 281, *infrà*, que toutes les actions fe règlent fuivant la qualité de leurs objets, & que ce qui détermine, c'eſt la qualité & la nature de la chofe que l'on demande: *actio ad mobile, cenſetur mobilis, ad immobile immobilis.* Ainfi, l'action de remploi, quoique véritablement propre à l'égard de la communauté, n'eſt pourtant que pure mobiliaire dans la fucceſſion & entre les héritiers des conjoints, parce qu'elle ne tend qu'à avoir le prix des propres aliénés. Cette décifion, qui eſt conforme au fentiment commun des auteurs, eſt de plus autorifée par la jurifprudence des arrêts rapportés par M. Bouguier, lettre R, nombre 1 ; par M. Louet & Brodeau, fon commentateur, lettre R, fommaire 30 ; par M. Dufrefne, tome 1 du journal des audiences, liv. 6, ch. 20, & ce fut ainfi décidé dans la confultation de M^{rs}. les avocats, qui eſt la cinquieme de celles rapportées dans le fecond tome de Dupleffis, édition de 1728.

Mais cette décifion fouffre des exceptions. La premiere eſt quand la femme eſt mineure au temps de l'aliénation de fes propres, & qu'elle décéde mineure, pour lors l'action de remploi fera réputée dans fa fucceſſion de même nature & qualité d'immeuble que les héritages vendus ; elle le fera même dans la fucceſſion de fon fils, s'il décéde auſſi mineur ; & la raifon, c'eſt que les biens des mineurs, pendant leur minorité, ne changent pas de nature, & ce, conformément à la difpofition de la Cout. de Paris, article 94, & de celle d'Orléans, article 351, & que le mineur qui a confenti à la vente de fes héritages, a une action en refcifion de contrat & de révendication

Tit. XXI. DES GENS MARIÉS, DOTS, &c. Art. CCXXXIX. 389

tion des héritages vendus, laquelle est immobiliaire, parce qu'elle tend à recouvrer l'immeuble aliéné en minorité. Ainsi a été jugé par arrêt du 8 juillet 1624, rapporté par M. Bouguier, lettre R, n. 1; & tel est le sentiment de M. de Renusson, traité des propres, ch. 4, sect. 6; de M. Duplessis, en sa vingt-troisieme consultation, & de M^{rs}. les avocats dans la susdite consultation cinquieme.

La seconde exception, c'est quand l'action de remploi a été réalisée & rendue immobiliaire par des clauses & conventions particulieres du contrat de mariage; ce qui sera expliqué sur l'art. 314, *infrà*, en l'adition manuscrite où il faudra avoir recours.

ARTICLE CCXXXIX.

SI LE MARI, ou la femme de l'autorité de son mari, vend son héritage constant leur mariage, pour employer en autre héritage au profit du vendeur, affirmation faite lors de ladite vente ou auparavant, pardevant Juge compétent, ou pardevant deux Notaires, & tôt après ladite vente, lesdits deniers, ou partie d'iceux sont employez en acquisition d'autres héritages, en déclarant & affirmant lors de ladite acquisition, que c'est des deniers procédans de ladite premiere vendition; en ce cas l'heritage acquis desdits deniers est subrogé & de même nature qu'étoit celui qui a été vendu jusqu'à la concurrence de la somme contenue en la premiere vendition; & le semblable est observé en deniers baillez pour la dot de ladite femme, qui doivent être convertis en héritages, car l'héritage qui sera déclaré par le mari faisant ladite acquisition, être acquis desdits deniers, est propre à la femme.

Quand l'héritage acheté est subrogé au lieu du vendu.

1. L'Héritage acheté des deniers procédans de la vente d'un propre de l'un des conjoints, n'est point subrogé au lieu du propre vendu, & n'est qu'acquêt, si on n'a observé les formalités requises par les Coutumes pour cette subrogation : & la raison, c'est que par la vente le propre étant entierement éteint, l'acquisition faite après du prix ne peut être qu'acquêt. C'est ce qui a été jugé en cette Sénéchaussée au rapport de M. Vigier de Pringy, le 28 mars 1727, en confirmant la sentence du châtelain de Mont-Luçon, du 9 mars 1723.

* Le 28 mars 1727, au rapport de M. Vigier de Pringy, il a été jugé que le remploi des deniers provenans de la vente d'un propre n'est point subrogé au lieu du propre vendu, quand on n'a pas observé les formalités prescrites par l'article 239 de la Coutume.

Robert Gouin avoit épousé Anne Baudeau: par leur contrat de mariage il fut dit qu'il seroit distrait des biens des futurs la somme de cinquante livres de chaque côté pour composer leur communauté, & que le surplus leur sortiroit nature de propre à eux & aux leurs de leur estoc & ligne; & il fut constitué en dot à la future la somme de 450 liv. & quelques meubles; ladite somme de 450 liv. fut payée; savoir, la somme de 300 livres en délaissement de dix œuvres de vigne, & le surplus en argent.

Pendant le mariage, Robert Gouin vendit en 1700 une maison qui lui appartenoit en commun avec Michelle Gouin, aux religieuses Bernardines de Mont-Luçon, la somme de 1600 liv. qui fut payée comptant, & dont la moitié appartenoit audit Gouin, lequel 24 jours après cette vente, acheta conjointement avec Anne Baudeau, sa femme, une maison à Mont-Luçon de Joseph Agnet, la somme de 600 liv. qui fut payée comptant, mais dans le temps de la vente de la premiere maison, & de l'acquisition de la seconde, on omit de faire les affirmations & déclarations requises par l'article 239 de la Coutume, pour la subrogation du remploi.

De ce mariage, les mariés eurent une fille unique, appellée Michelle Gouin, qui survécut à ses pere & mere, & décéda en minorité sans avoir été mariée.

Après son décès, contestation fut mue au sujet de sa succession, entre François Gouin d'une part, & Marguerite Baudeau & autre, d'autre part, oncle & tantes de ladite Michelle Gouin. François Gouin, comme héritier paternel, prétendoit que la maison de 600 livres lui appartenoit en entier, comme étant un propre dudit Robert Gouin, son frere, ayant été acquise & payée des deniers provenans de la vente de la maison vendue aux religieuses Bernardines; Marguerite Baudeau, heritiere maternelle, soutenoit au-contraire que c'étoit un propre naissant, en la personne de Michelle Gouin, comme étant un acquêt de la communauté de ses pere & mere, & qui par conséquent, aux termes de l'article 275 de notre Coutume, appartenoit par moitié aux heritiers paternels & maternels de ladite Michelle Gouin; & fondoit ses prétentions sur le défaut & omission des déclarations & affirmations dans les deux contrats de vente & d'acquisition, requises par l'article 239 de la Coutume, pour opérer la subrogation du remploi; & ainsi fut

Part. I. Fffff

jugé, suivant ses prétentions, par sentence du châtelain de Mont-Luçon, du 9 mars 1723; ledit Gouin en ayant interjetté appel en cette Sénéchauffée la sentence fut confirmée quant à ce chef, avec amende & dépens, par sentence rendue le 28 mars 1727, au rapport de M. Vigier de Pringy : J'étois des juges. Les parties étoient François Gouin, appellant, contre Marguerite Baudeau, femme d'un nommé Bayet, & autres intimés.

2. Les formalités requises par les Coutumes pour cette subrogation sont différentes, par rapport aux différentes Coutumes ; la Coutume de Melun, art. 225, requiert simplement qu'en vendant le premier héritage il soit expressément déclaré dans le temps de la vente, & non après, pardevant notaire ou juge compétent, que les deniers seront convertis en autre héritage propre, sans quoi la vente n'auroit été faite : la Coutume de Sens, art. 277, & celle d'Auxerre, art. 197, requierent cette même déclaration, ou bien que l'autre des conjoints consente la subrogation sans fraude.

3. La Coutume de Nivernois, chapitre 23, art. 31, demande deux affirmations pardevant le juge ordinaire du lieu : la premiere faite dans le temps de la vente: savoir, que la vente a été faite pour employer en autre héritage: la seconde dans le temps de l'acquisition, que cette acquisition a été faite des deniers procédans de la susdite vente.

4. Notre Coutume, au présent article, requiert, comme celle de Nevers, deux affirmations, & demande que la déclaration & affirmation soient faites, tant au temps du contrat de vente, que de celui d'acquisition: *copulativè*, dit M. le président Duret, *nec sufficit affirmare in vendendo, nisi iterùm fiat affirmatio in emendo*.... M. Duret, *hic*.

Il est dit dans notre article, que la premiere affirmation sera faite lors de la vente ou auparavant, & M. le président Duret ajoute : ou incontinent après ; *vel incontinenti post*, dit-il, *quippè incontinenti facta actui inesse creduntur*.... M. Duret.

5. Il est encore dit dans notre art. que cette affirmation sera faite pardevant juge compétent, ou pardevant deux notaires, mais M. Duret veut, & je le crois de même, qu'il suffit que cette affirmation soit faite pardevant un notaire & deux témoins : *vel coram notario & duobus testibus*, dit M. Duret.

6. Notre article porte enfin, pour derniere condition ou formalité, que l'emploi des deniers procédans de la vente du premier héritage se fasse peu après ladite vente : & cela, afin qu'on ait lieu de juger que ce sont les mêmes deniers provenans de la vente, qui ont été employés en la nouvelle acquisition.

7. Ce que notre Coutume veut être observé dans le remploi des deniers provenans de la vente d'un héritage, pour opérer la subrogation, elle le requiert pareillement dans l'emploi des deniers dotaux qui doivent être convertis en héritages; & moyennant l'observation de ce qu'elle prescrit, l'héritage acquis est propre à la femme. Ainsi, aux termes de notre article, le mari à qui on a donné la dot de sa femme en deniers, avec stipulation d'emploi, ou stipulation de propre, peut exécuter cette condition: & pourvu qu'il le fasse peu après les deniers reçus, & qu'il déclare lors de l'emploi, que c'est des deniers dotaux de sa femme, l'héritage n'est pas conquêt, mais propre à la femme.

8. Quand on a observé tout ce qui est prescrit par le présent art. & qu'il est question d'un héritage acquis pour tenir lieu de l'héritage vendu ; *en ce cas*, dit notre art. *l'héritage est subrogé & de même nature, qu'étoit celui qui a été vendu* ; & cette subrogation a lieu non-seulement à l'égard de la communauté, mais pour tous effets de succession, de retrait & autres. Tel est le sentiment de Coquille, sur la Coutume de Nivernois, ch. 23, art. 31, & de M. François Menudel, sur le présent art. Cette subrogation, dit Menudel, vaut autant pour les successions, que pour le retrait lignager ; mais non pour la féodalité, censive ou hypothèque, au préjudice des créanciers.

9. Ainsi, si c'est un héritage propre & ancien à l'un des conjoints, qui ait été vendu, l'héritage acheté du prix de la vente est de même nature ; & la raison est qu'il en doit être de même de l'espece présente, que dans l'échange, puisque la même chose & les mêmes considérations s'y rencontrent. Dans l'échange, celui qui ne fait qu'échanger son propre héritage avec un autre, n'a pas intention d'aliéner & de se dépouiller, puisqu'il substitue & subroge un autre héritage en la place de celui qu'il quitte ; il en est de même, quand une personne qui a un héritage propre & ancien, le vend pour en acheter un autre en sa place, & qu'il déclare sa volonté expressément, tant par le contrat de vente que par le contrat d'acquisition. Toute la différence est que dans l'échange il n'y a qu'un seul contrat, & qu'ici dans l'espece proposée il y en a deux ; mais quoiqu'il y ait deux contrats, il y a une même volonté que l'héritage acquis soit subrogé à l'héritage vendu, volonté uniforme, continue & permanente, qui se manifeste dans le contrat de vente & dans celui d'acquisition. C'est le raisonnement de M. Dernusson, traité *des Propres*, ch. 1, sect. 10, n. 32.

10. La subrogation dans l'espece proposée a donc tout le même effet, que dans le cas de l'échange. Ainsi, quoique le propre vendu fût moindre que celui qui a été acquis, & qu'il y ait eu une augmentation de prix, l'héritage acquis ne laissera pas d'appartenir à celui des conjoints auquel appartenoit l'héritage vendu, en remboursant toutefois à l'autre conjoint, ou à ses héritiers, ce qui leur revient pour leur portion de la somme de deniers payée par-dessus le prix du propre vendu ; la raison est que, quoiqu'en effet l'héritage acquis des

deniers du propre vendu, ne foit fubrogé & de même nature qu'étoit celui qui a été vendu, que jufqu'à concurrence de la fomme contenue en la première vente; ainfi qu'il eſt dit en notre article; néanmoins, pour ſe conformer à la volonté & intention du conjoint vendeur, qui a déclaré en vendant ſon héritage propre, que c'étoit pour en acquérir un autre qui feroit réputé de même nature & qualité, & pour conferver l'héritage dans la famille, la totalité eſt accordée au conjoint qui a vendu, ou à ſes héritiers; mais ſans faire préjudice à l'autre conjoint, ou à ſes héritiers, qui doivent par conſéquent être dédommagés.

11. Quand c'eſt un propre de la femme qu'elle a vendu ſous l'autorité de ſon mari, ou que ſon mari a vendu de ſon conſentement, pour le prix en être employé en un autre héritage au profit de ladite femme; il faut qu'elle conſente expreſſément au remploi qui en eſt fait, c'eſt-à-dire, à l'acquiſition du nouvel héritage, ſans quoi elle pourroit refuſer ce remploi: & on ne pourroit l'obliger à accepter l'héritage nouvellement acquis, pour & en la place de ſon propre vendu, par la raiſon que, *nemo invitus emit*; & qu'en ſubrogeant un héritage en la place d'un propre de la femme, il s'agit de lui faire courir le riſque de la plus value, ou de la moins value, de l'augmentation ou de la diminution de ce propre. C'eſt le ſentiment de M. Denis Lebrun, traité *de la Comm.* liv. 3, ch. 2, ſect. 1, diſt. 2, n. 65.

12. Il en eſt de même de l'emploi des deniers dotaux de la femme, elle doit conſentir expreſſément à l'emploi; autrement elle pourra refuſer l'emploi, & on ne pourra l'obliger de prendre en paiement de ſes deniers dotaux les héritages acquis pendant le mariage, pour le prix que ſon mari les a acquis, quoique le mari ait fait ces acquiſitions pour ſatisfaire à l'emploi auquel il étoit obligé, ſuivant la clauſe de ſon contrat de mariage.

13. Ainſi, comme le mari ne peut vendre ſeul le bien de ſa femme ſans ſon conſentement, il ne peut auſſi en faire le remploi ſans ſon conſentement, comme auſſi employer ſans ce même conſentement les deniers dotaux de ſa femme, & l'obliger à prendre en paiement les acquiſitions pour le prix qu'il les auroit faites; & il faut que le conſentement de la femme, qui a le principal intérêt dans l'emploi de ſes deniers dotaux, intervienne aux acquiſitions. M. Dernuſſon, traité *des Propres*, ch. 6, ſect. 7, n. 25.

14. Mais auſſi d'un autre côté, ſi le mari acquiert des héritages purement & ſimplement, ſans avoir déclaré que l'acquiſition étoit faite des deniers dotaux de ſa femme, pour ſatisfaire à la clauſe de l'emploi; la femme ne pourra pas, après la diſſolution de la communauté, vendiquer les héritages acquis comme ſiens, ſous prétexte que les deniers dotaux avoient été deſtinés en achat d'héritages par les clauſes de ſon contrat de mariage: la raiſon eſt que les contrats d'acquiſitions ne portant point que les acquiſitions ſont faites pour la femme, & le mari n'en ayant fait aucune déclaration, elle n'a pas de titre attributif de propriété, qu'elle n'eſt pas propriétaire, & qu'elle n'eſt pas par conſéquent en droit de les revendiquer. La femme en ce cas n'a donc que ſes actions de repriſe & de remploi. Dernuſſon, *ibid.* n. 19.

15. Il y a plus, ſelon M. Denis Lebrun; c'eſt que quand même le mari auroit fait cette déclaration dans le temps de l'acquiſition, ſi toutefois la femme n'a pas conſenti à cette acquiſition, & qu'elle ne l'ait pas acceptée pour ſon emploi, dans le temps de l'acquiſition, de manière que la ſubrogation n'ait pas eu tout ſon effet durant le mariage; il n'appartient à la femme qu'une action de remploi, dont les héritiers du mari peuvent la payer en argent, ſans qu'elle puiſſe les obliger de lui remettre l'héritage que le mari a deſtiné pour ſon emploi; & la raiſon, c'eſt qu'il n'eſt pas juſte que la femme ait la liberté de prendre l'héritage, ſi elle juge que la ſubrogation lui ſoit avantageuſe, & d'y renoncer, ſi elle la juge déſavantageuſe; qu'il doit y avoir de la réciprocité entr'elle & les héritiers du mari. Lebrun, *de la comm.* liv. 3, chap. 2, ſect. 1, diſt. 2, n. 67.

16. Quand le mari a fait le remploi des propres aliénés de la femme, ou de ſes deniers dotaux, avec les déclarations pour ce requiſes & néceſſaires, & le conſentement & l'acceptation de la femme, l'héritage de remploi ou ſubrogation, appartient à la femme, ſans charge d'hypothéques créées par le mari, auxquelles elle n'a pas parlé; parce que la femme y a un droit acquis de propriété en vertu de ſon contrat, dont cette acquiſition eſt l'exécution: ainſi les créanciers du mari n'y peuvent rien prétendre.

17. Mais comme il n'arrive preſque jamais que le remplacement des propres aliénés ſe faſſe effectivement durant la communauté, il ne reſte qu'une action à celui dont les propres ont été aliénés pour être rembourſé du prix, lequel prix eſt celui de la vente qui en a été faite. Car, ou l'aliénation a été forcée, ou elle eſt volontaire; ſi elle a été forcée, comme celle faite par décret, en ce cas la femme ne doit pas ſe plaindre ni de la vente, puiſque ç'a été une néceſſité; ni du prix, puiſqu'il n'y a pas de fraude en ce cas.

18. Si l'aliénation a été volontaire, mais ſans le conſentement de la femme, elle a en ce cas le choix, ou de ſe contenter du prix de la vente, ou s'il eſt trop bas, de revendiquer ſon propre, comme il a été dit ſur l'art. 235, *ſuprà*.

Que ſi l'aliénation volontaire du propre de la femme a été faite de ſon conſentement, comme elle a en cela, dit M. Lebrun, renoncé à l'augmentation du prix de l'héritage vendu, & qu'elle s'eſt contentée du prix de la vente; on doit fixer le remploi, ou la reprise, eu égard au prix de la vente. Lebrun, *de la communauté*, liv. 3, chap. 2, sect. 1, dist. 2, n. 76.

19. Cela n'est pourtant pas sans difficulté, puisqu'il se peut faire que le prix porté par le contrat de vente ne soit pas sincere, & que la femme dans le dessein d'avantager son mari, qui ne sera obligé que de rembourser le prix contenu au contrat de vente, ait consenti, au moyen de quelque contre-lettre, que l'on n'ait pas énoncé dans le contrat de vente, au juste le prix que le fonds a été vendu.

20. Cette question s'étant présentée en cette Sénéchaussée, dans le procès des Loget, contre la Fauconnier, veuve Pelisson, au rapport de M. Imbert, le 15 janvier 1723; il fut jugé que la reprise du propre de Claudine Desboisseaux, femme de Gilbert Loget, vendu par ledit Loget & ladite Desboisseaux 1350 liv. & qui leur avoit été donné par leur contrat de mariage pour 2500 liv. seroit faite sur le pied de 1350 liv. prix de la vente, si mieux n'aimoient les héritiers de ladite Desboisseaux prouver que lors de la vente il valoit plus que ladite somme de 1350 livres. Et l'on prit ce tempérament, pour concilier les opinions qui étoient partagées, les uns voulant que la reprise se fit suivant l'estimation du contrat de mariage, d'autres, selon le prix de la vente : J'étois des juges.

ARTICLE CCXL.

Des deniers de l'héritage d'un des mariés échus après le trépas de l'autre

SI LE MARI & la femme, ou l'un d'eux, avoient vendu leur propre héritage & patrimoine, auparavant leur mariage, ou durant icelui, dont fût dû aucune somme de deniers au tems du décès de l'un d'eux, les deniers qui en seront encore dûs au tems dudit décès reviennent & échéent pour le tout à icelui d'eux ou ses hoirs, duquel l'héritage a été vendu, & sont réputez propre héritage & patrimoine du vendeur, nonobstant la communauté d'entre le mari & la femme.

1. IL ne faut pas juger des propres de communautés, comme des propres de successions, & des biens meubles ou immeubles, par rapport à la communauté, comme par rapport à la succession; car il y a plusieurs choses qui sont meubles ou immeubles & propres par rapport à la communauté, qui ne le sont pas par rapport à la succession.

2. Pour juger de la qualité de meuble ou d'immeuble par rapport à la communauté, il faut considérer les clauses de la dette, soit active, soit passive; regarder comme immeuble propre de communauté, tout ce qui tient lieu d'immeuble & de propre, & envisager les communautés à l'exemple des successions des mineurs, plutôt comme elles doivent être, que comme elles sont: ce qui a lieu également pour l'actif, que pour le passif. C'est l'observation de M. Denis Lebrun, *de la communauté*, liv. 1, chap. 5, sect. 2, dist. 1, n. 15.

3. Sur ce principe, le prix d'un immeuble vendu par l'un des conjoints avant le mariage, & qui est encore dû lors du mariage, est propre de communauté, n'étant pas juste que celui à qui est dû le prix de l'immeuble, le porte en communauté; puisque s'il avoit cet immeuble, & que le prix de la vente non-payé lui représente, il lui seroit propre : c'est ce qui est décidé expressément par notre Cout. dans le présent art. par celle d'Anjou, art. 296, & par celle du Maine, art 311; suivant lesquelles Coutumes une somme de deniers procédant de la vente d'un immeuble, tant & si longuement qu'elle demeure en existence de prix pardevers l'acheteur, représente la chose vendue, & par conséquent est réputée immeuble & propre de communauté au profit du conjoint vendeur & de ses héritiers, pour leur appartenir pour le tout, lors de la dissolution de la communauté. * Tel est l'observation de M. Julien Brodeau dans ses notes sur le présent article 240 de cette Coutume, & sur l'article 311 de la Coutume du Maine, rapportées dans le nouveau coutumier général de l'édition de 1724; à quoi on peut ajouter que comme les dettes contractées pour le propre de l'un des conjoints ne sont point dettes de communauté, de même & par la même raison d'équité, les deniers étant en existence de prix pardevers l'acquéreur de l'héritage, n'entrent pas en la communauté.

4. M. François Decullant, après M. Jean Decullant, son pere, regarde le prix d'un immeuble vendu, tant qu'il est dû, non-seulement comme propre de communauté, mais encore comme propre de succession. C'est son observation; sur ces mots de notre article, HÉRITAGES SONT RÉPUTÉS PROPRES DU VENDEUR. *Hinc infertur*, dit-il, *quòd pretium rei immobilis venditæ, quandiu est penès emptorem; tandiu censetur immobile, & ejusdem naturæ & patrimonii cujus est res vendita; itaque respectu hæredum collateralium, dum quisque repetit hæredia sui stemmatis seu lineæ; & ita vidit observari D. Joannes Decullant. M François Decullant, hìc.*

5. M. François Menudel est de même sentiment, & ajoute : *Aliud si pretium fuerit solutum, hoc quippe casu censetur tale pretium mobile inter hæredes successionis, siquidem apprehenduntur*

apprehenduntur naturaliter in eo statu in quo reperiuntur. M. Menudel, *hic*

6. Mais ce n'est pas mon sentiment ; & je regarde le prix d'un immeuble vendu, quoiqu'encore dû par l'acquéreur, ou plutôt l'action qu'a le vendeur pour s'en faire payer, comme mobiliaire en fait de successions, & appartenante à l'héritier des meubles, comme nous le prouverons sur l'article 281, *infrà* ; & il suffit d'observer présentement, qu'on ne peut tirer du présent article aucune preuve pour en faire un propre de succession, car notre article ne parle que des propres de communauté : aussi est-il placé sous le titre des conventions de mariage ; & ces mots de notre article, *sont réputés propre héritage & patrimoine du vendeur*, ne peuvent être entendus que d'un propre de communauté, comme il paroît par les termes qui suivent, *nonobstant la communauté d'entre le mari & la femme*. C'est donc mal-à-propos qu'on applique aux propres de succession ce que dit notre article des propres de communauté, d'autant plus que, comme il a été dit, il faut juger autrement de la qualité de meuble ou d'immeuble, par rapport à la succession, que par rapport à la communauté ; qu'il n'y a pas d'autre regle en fait de succession, pour juger de cette qualité, que d'avoir égard à l'objet de l'action, comme il est porté en l'article 281, *infrà* ; au lieu qu'en fait de communauté on considere les causes de la dette, conformément au présent article : ce qui est établi sur un principe d'équité, qui veut que tout ce qui tient lieu d'immeuble & de propre de communauté, soit aussi propre de communauté.

7. Si toutefois le mari avoit vendu avant son mariage une maison, par exemple, superbement meublée, la même raison qui veut que le prix de la maison soit sa dette immobiliaire active, & non celle de la communauté, demande aussi qu'en ce cas il soit fait une ventilation du prix des meubles, & que la dette soit mobiliaire, & entre en communauté à proportion de l'estimation des meubles.

8. Il en est de l'action de remploi que la femme qui se remarie a droit d'intenter contre les héritiers de son premier mari, comme du prix de l'immeuble vendu, qui est entre les mains de l'acheteur ; car il est vrai que cette action passe pour mobiliaire dans les successions : mais comme elle tient lieu des propres de la femme qui ont été aliénés, elle doit passer pour immobiliaire en fait de communauté, Lebrun, *de la communauté*, livre 1, ch. 5, sect. 1, dist. 1, n. 8.

9. Il en est encore de même d'une soute de partage active ; il faut, dit M. Lebrun, en matiere de communauté, rechercher les causes de la soute, & conclure qu'elle est mobiliaire en tant qu'elle tient lieu de meubles, & immobiliaire en tant qu'elle tient lieu d'immeubles, que le conjoint auroit dû avoir dans sa portion afferante, Lebrun, *ibid.* n. 15.

10. Il faut faire encore la même application à un réliquat de compte de tutelle, dû à l'un des conjoints. Car comme ce réliquat peut être composé de plusieurs articles de diverses natures, qu'il y entre souvent des rachats de rentes, & le prix d'immeubles vendus pendant la tutelle ; il faut dire que ce réliquat encore dû à l'un des conjoints dans le temps de son mariage, entre en la communauté à proportion de ce qu'il tient lieu de meubles, & qu'il est immeuble à proportion de ce qu'il tient lieu d'immeubles : ce qui a lieu à plus forte raison, au cas que le mineur créancier du réliquat soit encore mineur dans le temps du mariage, les immeubles d'un mineur ne changeant point de nature, suivant l'article 94 de la Coutume de Paris.

ARTICLE CCXLI.

LA FEMME qui est personniere avec son mari en meubles & conquêts, est tenue après le décès de son mari de payer les dettes de ladite communauté pour telle part & portion qu'elle prend ès meubles & conquêts de la communauté : Et ne sont les frais funéraux réputez dettes ; mais sont lesdits frais funéraux à la charge, & se payent par l'héritier du trépassé ; & semblablement le mari est tenu de payer la moitié des dettes de sa femme duement contractées.

Quelles dettes doit la veuve.

1. Comme les biens-meubles qui appartiennent aux conjoints avant leur mariage, & les conquêts immeubles faits pendant le mariage, entrent en communauté, les dettes mobiliaires dues par l'un & l'autre des conjoints avant le mariage, & celles qui sont contractées durant la communauté, mobiliaires ou immobiliaires, y entrent aussi ; c'est ce qui s'observe dans les Coutumes qui réglent la communauté de biens entre le mari & la femme, & c'est la disposition de cette Coutume, en l'article 233, *suprà*, ainsi qu'il résulte de ces mots dudit article : *Le mari & femme, ... sont communs en tous biens-meubles, dettes personnelles, ja faites & à faire*, &c.

2. De cette communauté de dettes entre mari & femme, il s'ensuit par une conséquence nécessaire, que la femme qui est personniere, c'est-à-dire, commune avec son mari en meubles & conquêts, est tenue après le décès

de son mari de payer les dettes de ladite communauté, pour telle part qu'elle prend ès meubles, conquêts d'icelle, ainsi qu'il est dit en notre art. en l'article 9 du chapitre 4 de la Coutume du duché de Bourgogne, & en l'art. 29 de la Cout. du comté de la Bourgogne.

3. Quoique la veuve prenne de grands avantages sur la communauté, elle ne paye toutefois des dettes d'icelle, que pour telle part qu'elle prend dans la communauté ; parce que les avantages que la femme prend sur les biens de la communauté, n'ont rien de commun avec les dettes de la communauté, lesquelles se réglent suivant la part que la femme y prend, ainsi qu'il est dit en notre article.

4. Mais pour connoître quelles sont précisément les dettes qui sont à la charge de la femme en sa qualité de commune, & celles qui la regardent en particulier, il faut distinguer trois sortes de dettes des conjoints, celles qui sont dues par chacun des conjoints avant leur mariage, celles qui sont contractées pendant leur communauté, & celles des successions qui échéent à chacun des conjoints durant le mariage.

5. A l'égard des dettes contractées pendant la communauté, il n'y a point de distinction à faire ; car après la dissolution d'icelle, chacun des conjoints, ou leurs héritiers, en sont régulièrement tenus indistinctement : ce qui s'entend quand la femme accepte la communauté, parce qu'autrement elle n'en doit rien.

6. La femme, ou ses héritiers, en cas d'acceptation, sont tenus de payer leur part & portion de toutes les dettes contractées par le mari, quoique la communauté n'en ait pas profité ; de façon que si le mari s'est obligé pour autrui, la femme doit la moitié de la dette, sauf son recours contre le principal débiteur, encore que la communauté n'en ait pas profité, étant assez que ce soit une dette contractée durant la communauté : ainsi jugé par arrêt du 6 septembre 1625, rapporté par Brodeau sur M. Louet, lettre F, somm. 17. Et la raison, c'est que le mari n'a pas seulement l'administration de la communauté conjugale, *sed Dominus est, potest perdere, dissipare, abuti* ; tellement que par tous les contrats il peut obliger la communauté.

7. Le mari est pareillement tenu de payer, en cas d'acceptation de la communauté de la part de la femme, la moitié des dettes qu'elle a duement contractées, dit notre article. *Non utique*, dit M. le président Duret, *si reclamante Lege contraxit, aut eo non autorisante promiserit, & generaliter cùm de eo agitur, quod ab invita exigi non potest; ea enim propriè debita sunt, quæ ab invitis exiguntur*. M. Duret, *hic*.

8. Quant à ce qui concerne les dettes contractées par les conjoints avant le mariage, il est nécessaire de distinguer les dettes immobiliaires, d'avec les mobiliaires.

9. On met au rang des dettes immobiliaires, les rentes foncieres, constituées, les pensions annuelles, les soutes de partage, qui tiennent lieu d'immeubles, & les dettes faites pour raison d'immeuble, qui demeure propre à un seul des époux.

10. Les dettes mobiliaires sont les sommes de deniers pour une fois payer, dues par obligation, sentence ou autrement, à l'exception toutefois, comme il vient d'être dit, des dettes faites pour raison d'un immeuble qui n'entre pas en communauté.

11. Les dettes immobiliaires contractées avant le mariage ne tombent point en la communauté, on les considere être sur les immeubles ; & comme les immeubles, à moins qu'ils ne soient ameublis par une clause spéciale, n'entrent pas en communauté, les dettes immobiliaires n'y entrent point aussi, & demeurent sur les propres de chacun des conjoints, qui les doit & qui est tenu de les acquitter de son bien. C'est l'observation de M. Jean Decullant sur l'article 233, *suprà*, sur ces mots dudit art. DETTES PERSONNELLES : *Intellige*, dit-il, *de mobilibus contractis & de omnibus contrahendis; quædam enim debita personalia sunt immobilia quæ ideò non cadunt in hanc mobilium societatem, putà si quid deberetur ob emptionem prædiorum factam ante matrimonium, hoc enim immobile censeretur* …. Jean Decullant, sur l'article 233 de la Coutume, *suprà*.

12. Quoique les dettes immobiliaires n'entrent pas en communauté, elle est toutefois toujours chargée de tous les arrérages qui courent de ces dettes immobiliaires jusqu'au jour de la dissolution, & même de ceux qui étoient dus lors de la célébration du mariage ; parce que ces héritages deviennent dettes mobiliaires, à mesure qu'ils échéent, & qu'à raison de ce, la jouissance des propres entre en la communauté.

13. Un mari peut même, à cause de la jouissance qu'il a des immeubles de sa femme, être obligé de passer conjointement avec elle titre nouvel des rentes créées par sa femme avant son mariage : mais le titre ou la condamnation que souffre le mari, pour rentes, ou dettes passives immobiliaires de sa femme, ne l'oblige que pour les arrérages échus jusqu'au jour de la dissolution de la communauté, & il n'est pas tenu à continuer la rente, après la dissolution du mariage ; non plus qu'un tuteur qui s'est obligé, ou a été condamné en qualité de tuteur, n'est point tenu après la tutelle. Coquille, quest. 109 ; Delhommeau, en ses *maximes*, liv. 3, article 160 ; la Thaumassiere, sur la Coutume de Berry, titre 8, article 7, & Lebrun, *de la communauté*, livre 2, chapitre 3, section 3, n. 24.

14. Une femme qui possede en vertu d'un partage quelque conquêt de la communauté, n'est pas non plus tenue pour cela hypothécairement des dettes immobiliaires de son mari, créées avant le mariage ; parce que le mari en contractant avant le mariage cette dette immobiliaire, n'a pu hypothéquer que ses biens à venir & non ceux de sa femme, quoiqu'elle

TIT. XXI. DES GENS MARIÉS, DOTS, &c. ART. CCXXXVIII.

les ait en vertu d'un partage de communauté: car encore que le mari soit le chef & le maître de la communauté durant le mariage, & qu'on eût pu prendre sa dette sur le conquêt entier, son droit souffre le partage après la dissolution de la communauté; & l'acceptation & le partage de la femme ont un effet rétroactif au jour du mariage, pour ce qui se trouve en nature au jour de la dissolution de la communauté, ensorte que la propriété que la femme avoit *in habitu* pendant le mariage, devient actuelle & se réalise au jour de la dissolution: d'où il s'ensuit que l'hypothéque accordée par le mari avant le mariage sur tous ses biens, n'a jamais pu passer sur la part des conquêts, qui appartient à la femme.

15. Les rentes & dettes immobiliaires, contractées par le mari avant le mariage, sont donc considérées après le partage, comme celles d'un co-propriétaire, ou d'un co-héritier, qui se réduisent après le partage à sa part & portion. Ainsi il est de l'intérêt d'un créancier en cette espece d'avancer ses poursuites durant le mariage; parce que le mari ayant en ce temps-là un droit plus plein, comme maître des biens de la communauté, le créancier peut s'en prévaloir, & s'adresser contre lui, tant sur les propres, que sur tous les biens de la communauté, & non jamais sur ceux de la femme. Lebrun, *de la Communauté*, liv. 2, ch. 3, sect. 3, n. 13.

16. Il n'en est pas des dettes mobiliaires des conjoints créées avant le mariage, comme des dettes immobiliaires: car comme les meubles qui leur appartiennent avant le mariage, entrent en leur communauté; aussi les dettes mobiliaires, contractées par chacun des conjoints avant le mariage, sont à la charge de leur communauté. C'est-pourquoi dans l'art. 233, *suprà*, il est dit, *dettes personnelles ja faites & à faire*: disposition qui a lieu, au cas même que les conjoints ayent réalisé & stipulé propres la plus grande partie de leurs effets mobiliaires; à moins qu'ils n'ayent stipulé dans leur contrat de mariage une séparation de dettes, c'est-à-dire, qu'ils ne soient convenus que chacun payera séparément ses dettes. De-là les conclusions suivantes.

17. Premiere conclusion: le mari est obligé d'acquitter pendant le mariage toutes les dettes mobiliaires contractées par sa femme avant le mariage, suivant cette regle: *Qui femme épouse, ses dettes épouse*; & il en peut être poursuivi personnellement tant sur ses propres, que sur tous les biens de la communauté.* Mais parce que la communauté ne produit qu'une action personnelle contre le mari, aux termes de l'article 221 de la Coutume de Paris, le créancier de l'obligation que la femme a contractée avant son mariage, est obligé de procéder contre lui par action, & de faire déclarer sa créance exécutoire; & avant de l'avoir fait, il n'a aucune hypothéque sur les biens propres du mari, & peut encore moins exécuter son obligation contre lui. C'est le sentiment de Lebrun, de la Communauté, liv. 2, ch. 3, sect. 1, nomb. 22, & sect. 3, nomb. 1. Et ainsi fut jugé au profit de M^e. Etienne Vernoi, sieur de Saint-George, défendeur, contre Pierre & Marie Bourgeois, demandeurs, au rapport de M. Perrotin de la Serré, le 18 août 1738.

18. Seconde conclusion: si les dettes contractées par la femme avant le mariage, n'ont pas été acquittées durant le mariage, la femme ou ses héritiers en doivent la moitié, supposé qu'ils acceptent la communauté, & le mari ou ses héritiers l'autre moitié, ainsi qu'il est porté en notre article, par ces mots: *Et semblablement le mari est tenu de payer la moitié des dettes de sa femme duement contractées*. Et si la femme ou ses héritiers renoncent à la communauté, le mari ou ses héritiers doivent le tout.

19. Troisieme conclusion: quoique le mari soit tenu entiérement, ainsi qu'il a été dit, pendant la communauté, des dettes mobiliaires que son épouse a contractées avant son mariage, & qu'il en puisse être poursuivi personnellement & solidairement, durant ladite communauté, tant sur ses propres que sur les effets de la communauté; il ne peut néanmoins, après la dissolution de la communauté, en être convenu que personnellement pour moitié, en cas que les héritiers de la femme acceptent la communauté; ensorte que la dissolution de la communauté, & l'acceptation qui en est faite par les héritiers de la femme, déchargent le mari de la moitié de ces dettes, même envers les créanciers, qui le pouvoient poursuivre pour le tout durant la communauté, parce qu'il n'en est tenu qu'à cause de la communauté divisée en deux de plein droit. Lebrun, *de la Communauté*, livre 2, ch. 3, section 3, n. 3; Duplessis, sur la Coutume de Paris, traité *de la Communauté*, livre 1, ch. 5, sect. 2.

20. Quatrieme conclusion: si le mari a eu des conquêts de la communauté en partage, on peut après la dissolution de la communauté le poursuivre hypothécairement pour toute la dette mobiliaire hypothécaire, créée par sa femme avant le mariage; & il en est de même si la veuve accepte la communauté, & qu'elle ait eu des conquêts en partage: on la peut poursuivre pour le tout pour une dette mobiliaire, contractée par son mari avant son mariage, sauf son privilege de n'être tenue au-delà de l'émolument de la communauté.

21. La raison est que les dettes hypothécaires mobiliaires de chacun des conjoints, créées avant le mariage, deviennent dettes de communauté, & que dès que la dette mobiliaire d'un conjoint a une fois été dette de communauté, les conquêts y sont affectés pour le tout, & y demeurent par conséquent toujours affectés jusqu'au paiement de la dette; desorte qu'ils sont encore affectés à ces dettes, après la dissolution de la communauté.

22. Ainsi, quand il n'y a pas de clause de

séparation de dettes avec inventaire, il n'y a aucune différence quant à l'action hypothécaire, entre les dettes mobiliaires hypothécaires, créées avant le mariage, & celles créées durant la communauté; les unes & les autres entrent également dans la communauté, & font également les dettes des deux conjoints, pourvu que la femme ou ses héritiers acceptent, & les créanciers ont également pour les unes & les autres hypothécaire contre chacun des conjoints, qui est détempteur d'immeubles de la communauté.

23. Autre chose est, selon qu'il a été dit des rentes & dettes immobiliaires du mari, qui ne sont point entrées en communauté, & qui n'ont eu qu'une hypothèque momentanée sur les conquêts pendant que le mari en étoit le maître comme chef de la communauté; car elles étoient dettes du mari, & non de la communauté: au-lieu que les dettes mobiliaires, créées avant le mariage, sont non-seulement dettes du conjoint, mais de la communauté, à cause de leur nature qui les fait entrer en communauté. Les premieres sont donc attachées à une simple qualité de chef de communauté, qui n'est pas durable: les secondes le sont à la communauté même qui dure tant qu'il y a des dettes & des conquêts. Lebrun, *de la Communauté*, liv. 2, ch. 3, sect. 3, n. 12.

24. Cinquieme conclusion: comme le mari est obligé d'acquitter les dettes mobiliaires de sa femme, créées avant le mariage; de même à l'égard des dettes mobiliaires du mari, créées avant le mariage, la femme ou ses héritiers en doivent la moitié, quand ils acceptent, & peuvent même être poursuivis hypothécairement pour le tout, ainsi qu'il a été dit, s'ils ont en partage des conquêts de la communauté.

25. Mais les futurs conjoints qui ne veulent point être tenus des dettes mobiliaires l'un de l'autre, faites avant le mariage, peuvent par une clause expresse, portée par leur contrat de mariage, convenir que les dettes par eux contractées avant le mariage, seront payées & acquittées par celui qui les aura créées; & en ce cas, toutes les dettes mobiliaires de chacun des conjoints, contractées avant le mariage, ne tombent point sur la communauté, qui n'est chargée que de celles qui se créent dans le temps d'icelle. C'est la disposition de la Cout. de Paris, art. 222, & de celle d'Orléans, art. 212: La raison est que les stipulations & conventions sont introduites, *ut quisque quod sua interest quærat, & quod sibi nocere potest removeat*; mais pour cet effet il doit être fait inventaire de leurs meubles & effets mobiliaires, s'ils en ont comme nous le dirons sur l'article suivant.

26. Nous avons distingué ci-dessus trois sortes de dettes des conjoints; celles qui sont créées avant leur mariage, celles qui sont contractées pendant la communauté, & celles des successions qui échéent à chacun des conjoints durant le mariage. Nous avons parlé des deux premieres sortes de dettes, il s'agit maintenant de dire un mot des dettes de la troisieme sorte.

27. Les dettes passives des successions échues aux conjoints durant le mariage, est une matiere qui renferme beaucoup de difficultés, qui embarrassent les auteurs, & qui rendent leurs décisions sur ce sujet douteuses.

28. Les principes généraux sur cette matiere, sont:

29. 1°. Qu'il faut faire distinction entre les dettes immobiliaires de ces successions, & les dettes mobiliaires: que les dettes immobiliaires n'entrent point dans la communauté, si ce n'est pour les arrérages; par la raison que les immeubles de ces successions n'entrant pas en communauté, puisque les immeubles de succession sont des propres de communauté, il n'est pas juste que les dettes immobiliaires de ces successions y entrent.

30. 2°. Qu'à l'égard des dettes mobiliaires passives de ces successions, qui devroient tomber dans la communauté pour garder l'égalité entre les conjoints, empêcher les avantages indirects & qu'on ne charge la communauté de plus qu'elle ne profite, on proportionne, par rapport aux conjoints, ces dettes aux meubles ou effets mobiliaires de ces successions; de maniere que si les dettes d'une succession échue à un conjoint excédant les meubles de cette même succession, il en est dû récompense à l'autre conjoint, ou à la communauté de l'excédant; & qu'au cas que par une clause du contrat de mariage, les meubles des successions qui pourront échoir à l'un ou à l'autre des conjoints, lui soient stipulés propres, en ce cas le conjoint à qui la succession est échue, devra récompense à l'autre conjoint, de la moitié des dettes mobiliaires de la succession à lui échue, qui ont été payées aux dépens de la communauté; & c'est ce qui sera expliqué sur l'article 243, *infrà*.

31. Les frais funéraires ne sont point dettes de communauté, suivant notre Coutume, au présent article, & suivant la Coutume du duché de Bourgogne, ch. 4, art. 9; celle de Nivernois, ch. 23, art. 7, & celle d'Anjou, article 238. La raison, c'est qu'ils ne commencent d'être dus qu'après la dissolution de la communauté, par le décès de l'un des mariés. *Quia spectant ad hæredem, ut debita contracta in obitu vel post obitum defuncti*, dit M. Dumoulin dans sa note sur l'art. 9 du ch. 4 de la Coutume du duché de Bourgogne: ainsi ils sont à la charge & se payent, comme il est dit dans notre article, par les héritiers du défunt; savoir, les héritiers mobiliaires, suivant l'article 316, *infrà*, dit M. Menudel, *hìc*.

32. Si le prédécédé toutefois des conjoints ne laissoit aucuns biens, ni aucuns héritiers, le survivant doit faire ses funérailles à ses frais, suivant la disposition de la loi *Quod si nulla*, 28, ff. *de relig. & sumpt. fun.* qui en rend cette raison: *Ne injurià ejus videretur quondam uxorem ejus insepultam relinqui: Quod si defunctus,*
dit

dit M. le préſident Duret, *neque hæredes habeat, neque alius ſit à quo funeris impenſæ præſtari debeant, uxor in quantum facere poteſt, pro eo convenietur, ne injuriâ ejus videatur virum ejus inſepultum relinqui ; funeris autem ſumptus accipitur, quidquid corporis cauſâ antequam ſepeliatur conſumptum eſt.* M. le préſident Duret, *hic.*

33. Les legs, non plus que les frais funéraires ne ſont pas de la communauté ; c'eſt encore l'obſervation de M. le préſident Duret ſur notre art. ſur ces mots, RÉPUTÉS DETTES : *Scilicèt ſocietatis, ut nec legata*, dit-il ; *ea enim ſicut & funeris impenſæ tantùm poſt mortem, ſocietate ſolutâ, præſtantur, cùm ſocietas ultrà mortem porrigi non poſſit.... Sed hæc ab hærede præſtantur, ſcilicet mobilium : ſed ſi ſuperſtes mobilium Donatarius proponatur, funeris onus ei incumbit.* M. Duret, *hic*.

34. Quant aux médicamens fournis à l'un ou l'autre des conjoints dans leur derniere maladie, ils ſont des dettes de communauté.

ARTICLE CCXLII.

ET peuvent les créanciers eux adreſſer contre les héritiers du défunt detteur pour le tout, ſi icelui défunt eſt obligé ſeulement, ou s'adreſſer contre la femme pour moitié, & contre leſdits héritiers pour l'autre moitié, au choix deſdits créanciers.

<small>Choix des créanciers.</small>

1. Les regles établies par rapport aux conjoints pour le paiement & le partage de leurs dettes, & qui ont été propoſées ſur l'article précédent, ne ſont pas également admiſes par rapport aux créanciers de ces mêmes conjoints ; & réciproquement les diſtinctions qu'il convient de faire par rapport à ces dettes pour l'intérêt des créanciers, ne ſont d'aucune conſidération pour le partage de ces mêmes dettes entre les conjoints.

2. La premiere diſtinction qu'il eſt néceſſaire de faire, par rapport aux créanciers, c'eſt des dettes où l'un des conjoints a parlé, d'avec celles où il n'a pas parlé. Celles, par exemple, où la femme s'eſt obligée, d'avec celles où elle n'eſt pas obligée : diſtinction qui eſt inutile pour ce qui eſt de l'intérêt des conjoints, mais qui ſert par rapport aux créanciers.

3. Cette diſtinction eſt inutile, au reſpect des conjoints ; puiſque la femme ne laiſſe pas de devoir la moitié de ces dettes, en cas qu'elle accepte la communauté, quoiqu'elle n'ait point parlé, & qu'au cas qu'elle ait parlé, ces dettes ne ſont encore que purement de communauté, quand même elles auroient été faites par la femme ſeule, avec procuration de ſon mari, ou ſans procuration, comme quand elle eſt marchande publique.

4. Mais quant aux actions des créanciers, cette diſtinction ſert ; parce que ſi la femme a parlé, ils peuvent exiger la dette, tant contre la femme que contre le mari qui s'eſt auſſi obligé, & cela ſoit durant la communauté ou depuis la diſſolution ; & que l'un & l'autre peuvent être chacun contraint généralement ſur tous leurs biens, ſoit propres ou effets de la communauté, ſans diſtinction, pour ces dettes ; ſavoir, la femme pour moitié ſeulement, ſi c'eſt une dette créée durant la communauté, & qu'elle ne ſoit pas obligée ſolidairement, à la différence du mari, qui eſt tenu ſolidairement des dettes créées durant la communauté, quoiqu'il ait fait obliger ſa femme ſans ſolidité, & ce comme mari & chef de la communauté.

5. La ſeconde diſtinction qu'il convient de faire par rapport aux créanciers, c'eſt des dettes qui ſont dettes de communauté, d'avec celles qui ne le ſont pas : car lorſqu'un créancier n'a qu'un des conjoints pour obligé, l'autre conjoint qui ne lui eſt pas obligé de ſon chef, ne peut devenir ſon débiteur qu'à cauſe de la communauté ; & pour cela il eſt néceſſaire que ſa dette ſoit devenue dette de la communauté. Mais ce qui embarraſſe à ce ſujet, c'eſt que (comme il a été dit) les regles qui ont été établies ſur l'article précédent, pour diſcerner les dettes de communauté par rapport aux conjoints, ne ſont pas également admiſes & reconnues pour telles, par rapport aux créanciers, & qu'il y a ſur cela variété de ſentimens. Car il y a des auteurs qui prétendent que les ſommes de deniers dues par l'un des conjoints avant le mariage, pour retour de partage, prix d'acquiſitions d'héritages, ou d'offices, qui ſont des dettes immobiliaires par rapport aux conjoints, ſont dettes mobiliaires à l'égard des créanciers, qui peuvent par conſéquent ſe venger contre le mari pour dettes de ſa femme, ſauf ſon recours : leur raiſon, c'eſt qu'il n'y a pas (diſent-ils) d'autre regle, au reſpect des créanciers, que cette regle vulgaire qui dit : *Actio ad mobile eſt mobilis, ad immobile eſt immobilis* ; enſorte qu'une action pour le prix d'un meuble eſt mobiliaire, comme tendante au recouvrement d'une ſomme mobiliaire.

6. Autre choſe eſt, diſent-ils, à l'égard des conjoints, entre leſquels on affecte toujours l'égalité, & à qui on ne permet pas de conſerver des propres aux dépens de la communauté : ce qui fait que la dette pour le prix d'un immeuble acquis par la femme avant le mariage, eſt immeuble, & n'entre pas en communauté ; & que ſi le mari eſt obligé de l'acquitter, il en a ſa récompenſe : par cette

Part. I. Hhhhh

unique raison que l'immeuble même est propre de la communauté, & qu'il n'est pas juste que la femme prenne dans la communauté de quoi payer un héritage qu'elle n'y fait pas entrer. Tel est le sentiment de M. Denis Lebrun, *de la Comm.* liv. 2, ch. 3, sect. 3, n. 32, & de M. Claude Duplessis sur Paris, traité *de la Comm.* liv. 1, ch. 5, sect. 2 : & je pense comm'eux.

7. Ces distinctions une fois posées, pour connoître présentement comment les créanciers peuvent se faire payer de ce qui leur est dû par les conjoints qui sont en communauté, & quand ils peuvent s'adresser pour toute la dette à un seul des conjoints, ou à ses héritiers, & quand ils ne peuvent pas, il est nécessaire de distinguer les dettes des conjoints, comme nous avons fait sur l'article précédent ; savoir, celles qui ont été créées avant le mariage, celles qui ont été créées durant le mariage & communauté, & celles des successions qui échéent à chacun des conjoints durant la communauté.

8. Quant aux dettes des conjoints créées avant le mariage, il faut avoir recours à ce qui a été dit sur le précédent art. & suivant ce qui a été dit sur celui pour dettes immobiliaires du mari, créées & consenties par lui avant le mariage, le créancier d'icelles ne peut poursuivre que le mari & non la femme ; parce qu'il n'a pour obligé que le mari & ses biens ; que la femme ne lui est point obligée, ni de son chef, ni à cause de la communauté, puisque cette dette n'est point dette de communauté.

9. A l'égard des dettes mobiliaires de la femme, créées avant le mariage, le créancier d'icelles peut (comme il a été dit sur l'article précédent) poursuivre le mari également que la femme, durant la communauté, après avoir fait déclarer son titre exécutoire contre lui ; & après la dissolution de la communauté, il peut poursuivre la femme & ses héritiers pour toute la dette, quelque choix qu'ils fassent d'accepter ou renoncer à la communauté, sauf leur recours contre le mari ou ses héritiers, en cas de rénonciation.

10. Et il en est de même par rapport au mari ou à ses héritiers pour les dettes mobiliaires du mari, créées avant le mariage, non-acquittées durant la communauté ; les créanciers, après la dissolution d'icelle, ont le choix de poursuivre le mari ou ses héritiers pour toute la dette, ou bien la femme ou ses héritiers pour la moitié en cas d'acceptation de la communauté, & même pour le total hypothécairement, au cas qu'elle possède des conquêts de la communauté, après toutefois qu'ils auront fait déclarer leur titre exécutoire contr'elle en qualité de commune.

11. Ce choix des créanciers de s'adresser à l'un ou l'autre des conjoints pour dettes créées avant le mariage, cesse, comme il a été dit sur l'article précédent, quand par le contrat on est convenu que chacun payeroit séparément ses dettes faites avant le mariage : mais pour cela il doit être fait inventaire des meubles & effets mobiliaires avant le mariage, ou bien l'estimation d'iceux doit être portée par le contrat de mariage ; par la raison qu'autrement on présume que les meubles mis dans la communauté sont plus que suffisans pour payer les dettes mobiliaires. C'est la disposition de la Coutume de Paris, article 222, de l'art. 212 de celle d'Orléans, & l'observation de M. le président Duret sur l'art. 233, *suprà*. *Si convenerit*, dit-il, *inter duos conjunctos quòd æs alienum à se contractum ante nuptias separatim solvent, nihilominùs conjunctim tenentur, nisi repertorium præcesserit, quâ in specie repræsentantes inventarium vel ejus æstimationem, liberantur*. M. Duret.

12. Quand l'inventaire est joint à la clause de séparation de dettes, le mari est pour lors exempt de payer *de suo* les dettes mobiliaires de sa femme, contractées avant le mariage ; & il est déchargé de la poursuite contre lui faite par les créanciers, en représentant les meubles contenus en l'inventaire, ou l'estimation d'iceux, comme le disent les Coutumes de Paris & d'Orléans, en restituant en un mot tout ce qu'il a reçu de sa femme, tant les sommes qu'elle a mises en communauté que celles qu'elle a stipulées propres ; sauf aux créanciers, si les meubles & effets mobiliaires ne sont pas suffisans pour les payer, à se pourvoir sur les immeubles & les faire décreter : ce que le mari ne peut pas empêcher, n'étant pas recevable à prétendre que les fruits lui doivent être réservés ; car l'hypothéque a son cours, & le mariage survenu ne lui fait pas d'obstacle, & ne peut faire préjudice aux créanciers ; lesquels ne peuvent pas demander au mari le partage de la communauté, non plus que les fruits des immeubles qu'il a perçus, parce qu'ils lui sont acquis comme possesseur de bonne foi. Lebrun, *de la Communauté*, liv. 2, ch. 3, sect. 4, n. 8 & 19 ; de Ferriere, *Inst. Cout.* liv. 3, tit. 2, art. 80.

13. L'inventaire n'est nécessaire que par rapport aux créanciers : car à l'égard des conjoints, la simple convention suffit ; parce que le défaut d'inventaire ne change rien à la stipulation des conjoints entr'eux, & que cette formalité n'est nécessaire que pour donner lieu aux créanciers de la femme de se venger sur ses biens, & non pour exécuter la clause entre les conjoints, qui doit toujours avoir son exécution toute entiere entr'eux, soit qu'ils ayent fait inventaire, ou non.

* Mais il faut observer deux choses avec M. Denis Lebrun ; la premiere, que pour faire valoir la séparation des dettes contre les créanciers, l'inventaire doit être fait avant le mariage, parce qu'au moment du mariage, les meubles sont censés confondus, & être en la puissance du mari, qui est pour lors le maître de ne représenter que ceux qu'il veut. La seconde, que la séparation des dettes n'exempte point de payer les arrérages des rentes créées avant le mariage, qui courent durant la communauté, parce que la clause de séparation de dettes n'est point pour les dettes mobiliaires qui se forment durant le mariage, comme sont des arrérages qui renaissent tous les jours, selon qu'il a été dit sur l'article précédent, n. 12, mais bien pour les dettes mobiliaires créées par chacun des conjoints avant le mariage. Lebrun, de la communauté, liv. 2, chap. 3, sect. 4, n. 2 & 6.

14. Voilà jusqu'ici pour ce qui concerne les dettes des conjoints, créées avant le mariage; quant à celles qui ont été contractées durant la communauté, il faut distinguer, comme il a été dit par rapport aux créanciers, celles où la femme s'est obligée, d'avec celles où elle n'a pas parlé.

15. Quand la femme s'est obligée solidairement, fût-ce à l'occasion de la vente d'un propre du mari, elle peut être poursuivie solidairement, dans le cas même de sa renonciation à la communauté, comme nous le dirons sur l'article 245, infrà. La raison est que l'on considere alors la dette comme la véritable dette de la femme, puisqu'elle s'y est obligée solidairement.

16. Si la femme n'a pas parlé à la dette, les créanciers durant le mariage ne peuvent s'adresser que sur les propres du mari, sur les effets de la communauté & sur les revenus des propres de la femme qui font partie des effets de la communauté, & nullement contre la femme, ni sur ses propres, n'y ayant que le mari qui passe pour débiteur personnel en ce temps.

17. Après la dissolution de la communauté, le mari peut être poursuivi, soit personnellement, soit hypothécairement pour le tout, sauf son recours contre sa femme pour sa portion; parce que c'est lui qui a contracté la dette : & idem des héritiers du mari, quand il y a des immeubles dans la succession, à cause de l'hypothéque qui est sur iceux, supposé que ce soit une dette hypothécaire; car s'il n'y avoit pas d'immeubles, aux termes de notre article, ils pourroient bien être poursuivis tous ensemble pour le tout, mais chacun en particulier ne pourroit être poursuivi que personnellement pour sa part & portion. *Non tamen*, dit M. le président Duret, *contrà quemlibet hæredum in solidum æs alienum pro hæreditariis portionibus ad hæredes pertinet, & inter eos jure divisum est. Excipe tamen*, 1°, *Si hæres immobilia hæreditatis possidet, tunc enim hypothecariè in solidum ratione immobilium convenietur*: 2°. *Si debitum sit individuum, quia quilibet hæredum in solidum convenietur..... Individuum autem dicimus, cùm de evictione, servitute, putà, viâ, itinere, aquæ-ductu, & similibus agitur.....* M. Duret, *hìc*.

18. Quant à la femme, elle ne peut, après la dissolution de la communauté, en cas d'acceptation, être poursuivie personnellement que pour sa moitié seulement, & hypothécairement pour le tout, si la dette est hypothécaire, & qu'elle possede des conquêts de la communauté; mais elle peut être poursuivie pour sa moitié, même sur ses propres, parce que dès qu'elle est commune par son acceptation, le mari l'a pu obliger, & que ces dettes étant personnelles, elles redonnent (dit Menudel) sur tous ses biens.

19. Ce qui ne se peut toutefois, quand elle n'a pas parlé dans l'obligation, qu'après que le créancier aura fait déclarer son titre de créance exécutoire contr'elle en qualité de commune, suivant l'article 168 de la Coutume de Paris. C'est l'observation de M. le président Duret & de M. Menudel, sur notre article. * Et quoique l'hypothéque ait lieu du jour de l'obligation sur les biens particuliers du mari & sur les immeubles de la communauté, elle n'a toutefois lieu sur les propres de la femme, que du jour que l'obligation est déclarée exécutoire contr'elle, parce que la communauté ne produit qu'une action personnelle contre la femme, aux termes de l'article 221 de la Coutume de Paris; & il en est de l'acceptation de la communauté par la femme, comme de l'adition d'hérédité, laquelle ne suffit pas pour donner l'hypothéque aux créanciers du défunt sur les biens particuliers de l'héritier, cette hypothéque n'ayant lieu que du jour qu'ils ont fait déclarer leurs titres exécutoires contre lui. C'est le raisonnement de M. Denis Lebrun, de la communauté, liv. 2, chap. 3, sect. 1, n. 22.

20. Quand elle possede des conquêts de la communauté, & que la dette est hypothécaire, elle peut être poursuivie hypothécairement pour le tout, comme il vient d'être dit, sans qu'elle puisse opposer la discussion après avoir payé sa moitié, quoiqu'elle n'ait point parlé en ces contrats; parce que la veuve commune qui est détemptrice des biens obligés, est sujette à l'action hypothécaire sans discussion, ni plus ni moins qu'un héritier qui possede des immeubles du défunt, la discussion ne pouvant pas s'opposer par celui qui est tenu personnellement, non plus que la division par celui qui est tenu hypothécairement, au moyen de ce qu'il est détempteur d'immeubles. Tel est le sentiment de M. Lebrun, traité *de la Comm*. liv. 2, chap. 3, sect. 1, n. 23 & 24.

21. Mais pourvu que la femme qui accepte la communauté ait fait un fidele inventaire, sans faute ni fraude, suivant l'article 228 de la Coutume de Paris, & le 187 de celle d'Orléans, les créanciers ne la peuvent poursuivre que jusqu'à concurrence de ce qu'elle profite en la communauté; desorte qu'elle en est quitte en rendant compte aux créanciers de tout ce qu'elle a eu de la communauté avec les fruits, & en leur abandonnant tout ce qu'elle en a profité, dans lequel compte elle peut coucher toutes les dettes de la communauté qu'elle a payées, au nombre desquelles on met celles où elle a parlé, & même les dettes mobiliaires qu'elle a contractées seule avant son mariage; & pour lors le mari ou ses héritiers

demeurent chargés du surplus, suivant qu'il réfulte de la difpofition de la Coutume de Paris, art. 221 & 228, & de celle d'Orléans audit art. 187 : & les arrêts ont étendu cette difpofition de ces Coutumes, & ce privilége de la veuve de n'être tenue *ultrà vires*, aux Coutumes qui n'en difpofent pas, comme il fe voit dans Brodeau fur Louet, lettre C, fomm. 54, & ainfi a été jugé en cette Coutume par arrêt contradictoire du 19 août 1623, rendu au profit du fieur de Rouvat, & de fa femme, premiérement mariée au fieur Defnois : par lequel arrêt il fut jugé (dit M. Louis Semin) contre le fieur de Saint Auguftin, tuteur des mineurs du fieur Defnois, que la veuve, qui pleinement majeure avoit accepté la communauté, & partagé les biens d'icelle, inventaire préalablement fait, étoit recevable à quitter la communauté & fe décharger des dettes, en comptant du contenu de l'inventaire, fauf au tuteur à fe pourvoir pour le recelé. M. Semin, fur l'art. 245, *infrà*.

22. La raifon pour laquelle on donne cette exception à la femme, quand l'émolument qu'elle tire de la communauté eft épuifé, eft qu'il ne doit pas être permis au mari de charger les propres de la femme; c'eft la raifon qu'en donne M. le préfident Duret, fur ces mots de l'art. précédent, LA FEMME EST TENUE DE PAYER LES DETTES POUR TELLE PART ET PORTION QU'ELLE PREND : *Sic tamen*, dit-il, *ut modum ejus, quod ex ratione focietatis participat, non egrediatur.... Ne aliàs maritus indirectè poffit alienare prædia uxoris invitæ*. M. Duret, fur l'article 241.

23. Mais auffi dans ce cas, tout ce que la femme a apporté dans la communauté y demeure confondu par fon acceptation, & elle ne peut plus le reprendre au préjudice des créanciers de la communauté, ni des héritiers du mari; & elle ne peut pas même, dit Argout, pour éviter cette confufion, accepter la communauté par bénéfice d'inventaire. Argout, *Inft. au droit Français*, livre 3, chapitre 6.

24. Ce privilege de la femme eft auffi accordé à fes héritiers, au cas qu'elle prédécéde; mais fous la même condition & charge de la veuve, qui eft de faire inventaire. C'eft ce qui réfulte de la difpofition de la Coutume de Paris, art. 228, & de celle d'Orléans, art. 187. Lebrun, *de la Comm.* liv. 2, chap. 3, fect. 5, n. 6.

25. Il en eft à-peu-près de même du mari, par rapport aux dettes de la fucceffion échue à fa femme, que de la veuve par rapport aux dettes de la communauté, car s'il arrive une fucceffion à la femme, que le mari ne l'autorife pas pour fe porter héritiere, qu'il déclare ne vouloir pas profiter de la fucceffion, ni directement ni indirectement, & qu'il faffe faire un bon inventaire au nom de fa femme, il fe libere envers les créanciers, en rapportant les meubles contenus en l'inventaire, & comptant des fruits des immeubles, parce que fa femme ne peut pas charger fa communauté malgré lui.

26. Que fi le mari qui n'autorife pas fa femme manque de faire inventaire au nom de fa femme, il fera tenu indiftinctement des dettes mobiliaires envers les créanciers; ainfi le plus fûr pour lui, eft de refufer d'autorifer, de faire porter fa femme héritiere bénéficiaire, & de faire un bon & fidele inventaire, & en ce cas on ne difcutera jamais que les biens de la fucceffion.

27. Dans le cas de l'autorifation, fi la femme a des immeubles de la fucceffion; le mari ne peut être pourfuivi pour les dettes de la fucceffion, même mobiliaires, & qui entrent dans la communauté, hypothécairement que fur ces immeubles qui font échus à fa femme, & perfonnellement pour la part dont fa femme eft héritiere, fuppofé qu'elle ait des co-héritiers, fur les autres immeubles de fa femme, fur les conquêts & fur fes propres : car il n'y a que les immeubles de la fucceffion qui foient hypothéqués au total de ces dettes; le furplus n'eft hypothéqué, après l'addition & la fentence qui déclare les titres exécutoires, que pour la part & portion de la femme. L'action perfonnelle, qui eft la premiere & principale action dont la femme eft tenue, emporte une divifion de la dette; & la poffeffion des immeubles de la fucceffion qui furvient, & la foumet à l'action hypothécaire, ne l'oblige que fur les biens de la fucceffion : ainfi jugé par arrêts; il y en a deux rapportés par M. Bouguier, lettre C, fomm. 5. Lebrun, *de la Communauté*, liv. 2, chap. 3, fect. 2, dift. 2, n. 7 & 15.

ARTICLE CCXLIII.

Du recours de celui qui a payé pour autre. ET fi lefdits créanciers s'adreffent pour le tout contre les héritiers du trépaffé, lefdits héritiers auront recours pour leur rembourfement & intérêts pour la moitié de la dette, contre le furvivant ou fes héritiers; & quand lefdits mariez font obligez enfemble, les créanciers fe peuvent adreffer felon la forme de leur obligation.

1. LA Coutume de Nivernois, chap. 23, art. 9 & 10, & celle du duché de Bourgogne, chap. 4, art. 12 & 13, contiennent une difpofition femblable; & cette difpofition eft fondée fur la juftice qu'il y a, que celui qui a été contraint de payer la dette d'autrui, foit
acquitté

TIT. XXI. DES GENS MARIÉS, DOTS, &c. ART. CCXLIV.

acquitté & remboursé de tout ce qu'il aura payé pour lui.

2. Celui des conjoints qui aura été forcé de payer le total de la dette, doit être non-seulement remboursé de ce qu'il aura payé pour l'autre conjoint; mais il doit de plus être dédommagé de tout ce qu'il a souffert pour raison de ce paiement: c'est-pourquoi il est en droit de recouvrer ce qu'il a déboursé pour son conjoint, avec les intérêts; aussi notre Coutume, dans le présent article, lui donne-t-elle son recours pour son *remboursement & intérêts.*

3. Il y a trois cas, selon qu'il a été dit sur les deux articles précédens, auxquels les créanciers peuvent s'adresser pour le tout contre la femme, sauf son recours. Le premier, quand il s'agit d'une dette mobiliaire par elle consentie avant son mariage; le second quand elle s'est obligée avec son mari solidairement durant la communauté; & le troisieme, quand elle possède à titre de commune des conquêts de la communauté. Dans les deux premiers cas, elle a son recours contre les héritiers de son mari pour le total de la dette, en cas de renonciation de sa part à la communauté, & pour la moitié seulement, si elle accepte; & dans le troisieme cas, auquel elle ne possède le conquêt qu'en qualité de commune, elle n'a son recours que pour la moitié seulement.

4. Quant au mari les créanciers, comme il a été dit sur les deux articles précédens; peuvent le poursuivre pour toute la dette, même après la dissolution de la communauté, s'il s'agit d'une dette créée durant la communauté; & quand même il seroit question d'une dette de la femme créée avant le mariage, si cette dette est mobiliaire & hypothécaire, les créanciers ont encore l'action hypothécaire contre lui, s'il est détempteur d'immeubles de la communauté; & dans l'un & l'autre cas il n'a son recours pour la moitié de la dette contre les héritiers de sa femme, qu'au cas qu'ils acceptent la communauté, si ce n'est toutefois qu'il fût question d'une dette de la femme créée avant le mariage, & qu'il y eût convention dans le contrat de mariage, que chacun des conjoints payeroit ses dettes contractées avant le mariage; auquel cas, si par le défaut d'inventaire, le mari ou la femme avoient été obligés de payer les dettes l'un de l'autre, contractées avant le mariage, ils doivent s'en faire raison, soit qu'ils ayent payé volontairement, ou qu'ils ayent été contraints de payer.

5. Que s'il n'y a pas dans le contrat de mariage de convention que chacun payera ses dettes contractées avant le mariage, le mari est tenu, après la dissolution de la communauté, de payer ces dettes sans répétition contre la femme, en cas de rénonciation à la communauté, & avec répétition seulement de la moitié, comme il a été dit, en cas d'acceptation.

6. Et quoique le mari ait été obligé de payer durant le mariage & communauté les dettes mobiliaires de sa femme, antérieures au mariage, sa femme ou ses héritiers ne laisseront pas d'exercer, après la dissolution du mariage, la reprise qui aura été stipulée; de maniere que le mari rendra encore la dot franche & quitte, sans qu'il puisse déduire & précompter les dettes de sa femme qu'il a été obligé de payer. La raison est que la communauté a été stipulée de cette maniere, & que le contrat de mariage est susceptible de toutes les clauses qui ne sont point contre les bonnes mœurs; que dès que le mari a consenti une clause de reprise, sans stipuler une séparation de dettes, & qu'il a accordé l'un & omis l'autre, on peut dire qu'il s'est formellement soumis à cet événement; que c'est une condition qu'il s'est lui-même imposée, & qu'il faut qu'il exécute sur ses propres: condition, après tout, qui a son fondement dans l'équité; car si le mari qui est maître de tout, conduit mal la communauté, l'équité veut en ce cas que la femme & les enfans par son moyen ayent une ressource assurée par le moyen de la reprise stipulée en leur faveur. Lebrun, *de la comm.* liv. 2, ch. 3, sect. 3, n. 5.

ARTICLE CCXLIV.

QUAND les créanciers se sont adressez contre les héritiers de l'un des mariez obligé, & lesdits héritiers ne sont trouvez solvables, iceux créanciers se peuvent adresser subsidiairement, & avoir leur recours contre le survivant, ou ses héritiers pour leur part & portion.

Du recours subsidiaire des créanciers.

LA disposition du présent article n'a lieu que dans les cas où le créancier a le choix, selon qu'il a été marqué sur les articles 241, 242 & 243 précédens, de s'adresser à l'un ou à l'autre des conjoints, ou à leurs héritiers; & dans ces cas, suivant notre article, quand il s'adresse contre les héritiers de l'un des mariés, il peut, en cas qu'ils ne soient pas solvables, tourner tête contre le survivant ou ses héritiers, & les poursuivre pour leur part & portion; & la raison, c'est qu'ayant le choix de s'adresser à l'un ou à l'autre des conjoints, quand il s'adresse à l'un qu'il choisit, il ne se départ pas pour cela du droit qu'il a de poursuivre l'autre, & qu'il ne laisse pas de conserver la liberté d'agir dans la suite contre lui. *Sancimus*, dit l'empereur Justinien, *nullo modo electione unius ex fidejussoribus, vel reis,*

Part. I.

Iiiii

alterum liberari, nisi satisfiat creditori ; sed manere jus integrum, donec in solidum ei pecuniæ persolvantur : idemque in duobus reis promittendi constituimus, ex unius rei electione præ-judicium creditori adversùs alium fieri non concedentes, sed remanere & ipsi creditori actiones integras & personales & hypothecarias, donec per omnia ei satisfiat. L. 28. C. de fidejuss.

ARTICLE CCXLV.

La veuve qui renonce à la communauté.

LA FEMME, après le trépas de son mari, peut renoncer à la communauté qu'elle avoit avec feu son mari, & néanmoins avoir & retenir son héritage & douaire, & ne sera tenue d'aucunes dettes procédant de ladite communauté; & doit faire la renonciation judiciellement dedans quarante jours après qu'elle aura sçu le trépas de son mari, appellez pour ce faire les héritiers apparens du trépassé, s'ils sont demeurans en la Justice en laquelle le défunt étoit domicilié en Bourbonnois, au tems dudit trépas; & à faute desdits héritiers, appeller le Procureur de la Justice dudit lieu où le trépassé étoit domicilié; & pendant lesdits quarante jours vivra en son ménage, aux dépens de l'héritier dudit défunt : & peut nonobstant ladite renonciation prendre & emporter l'une de ses robes & habillemens, qui ne sera ne le meilleur, ne le pire, mais le moyen, quand il y en a plusieurs; & s'il n'y a qu'un habillement, appartiendra à ladite femme.

1. Après le décès du mari, la veuve noble, ou non noble, peut renoncer à la communauté ou l'accepter : telle est la disposition de notre Coutume, au présent article ; de celle de Paris, article 237 ; de celle de Meaux, art. 52 & 53 ; de celle de Melun, art. 217; de Sens, art. 214; d'Auxerre, art. 192; du Grand-Perche, art. 104, & autres. Tellement que cette faculté de renoncer étant aujourd'hui du droit commun, elle a lieu, quoique la Coutume n'en parlât pas, & qu'elle ne fût pas stipulée par le contrat de mariage : jusque-là même, dit Lebrun, *de la Commun.* liv. 3, ch. 2, sect. 2, dist. 1, n. 2, que l'on n'estime pas que la clause, par laquelle on ôteroit à la femme la faculté de renoncer à la communauté, dût être suivie ; parce que cette clause seroit aujourd'hui contre le droit public, auquel, selon la loi 38, ff. *de pactis*, il n'est pas permis de déroger.

2. Les Coutumes ont accordé à la femme la faculté de renoncer à la communauté, pour lui donner le moyen de se délivrer des embarras où la jetteroit très-souvent la discussion des dettes excessives que le mari a pu contracter seul sans son consentement, pendant que la communauté a subsisté ; & si le mari peut seul, sans la participation de sa femme, obliger les biens de la communauté & les charger de dettes, il est juste que la femme de son côté ait le droit de renoncer à cette communauté, pour n'être pas obligée de payer des dettes auxquelles elle n'a pas consenti.

3. La femme, non-seulement peut renoncer à la communauté après le trépas de son mari, comme dit notre article, mais encore toutes les fois que la communauté est dissoute, laquelle se dissout par la séparation de biens, & par la mort naturelle ou civile de l'un des conjoints ; mais une femme mariée qui n'est point séparée de biens d'avec son mari qui est encore vivant, & n'a point souffert de mort civile, ne peut pas renoncer à la communauté : cette renonciation seroit anticipée, & ce seroit une véritable contre-lettre contre l'établissement de la communauté, fait dans son contrat de mariage, ou une dérogation à la communauté légale, qui viendroit à tard, devant être faite lors du mariage. Ainsi pour la validité de la renonciation, il faut que la communauté soit dissoute par une séparation de biens, ou par la mort naturelle ou civile du mari. C'est l'observation de M. le président Duret sur ces mots de notre article, APRÈS LE TRÉPAS : *Non constante matrimonio*, dit-il, *resistente paragrapho 226, sed intellectâ Statuti voluntate, idem puto, durante matrimonio, factâ solemni separatione*..... M. le président Duret, *hic*.

4. La femme peut renoncer aussi-bien à la communauté générale, qu'à la coutumiere de meubles & conquêts : c'est l'observation de M. Louis Semin, & de M. Jacques Potier, sur le présent article ; & c'est aussi celle de M. Jean Cordier dans ses manuscrits sur le mot *renonciation*, où il dit que, par plusieurs jugemens de cette Sénéchaussée & siége présidial, plusieurs veuves ont été reçues à renoncer aux sociétés universelles, & déchargées des dettes.

La Coutume de Bretagne en l'article 435, a accordé aux héritiers de la femme la faculté de renoncer à la communauté également qu'à la femme ; & les arrêts ont étendu la disposition de cette Coutume, en faveur des héritiers de la femme, aux autres Coutumes qui ne contiennent pas de disposition contraire ; de maniere que quand la femme prédécéde, ses héritiers, tant en ligne directe que collatérale, ont la faculté de renoncer à la communauté,

Tit. XXI. DES GENS MARIÉS, DOTS, &c. Art. CCXLV.

quoiqu'il n'y en ait pas de clause dans le contrat de mariage, ou qu'on n'ait parlé que de la femme, quand on y a stipulé cette faculté. C'est l'observation de M. Jean Decullant, de M. Jacques Potier, de M. Bordel, sur le présent article; de M. de la Thaumassiere, sur la Coutume de Berry, tit. 8, art. 9; de M. Lebrun, traité *de la Commun.* liv. 3, ch. 2, sect. 2, dist. 1, n. 3, & autres.

5. *Hæc renuntiandi facultas*, dit M. Jean Decullant, *transit ad filios, cæterosque uxoris hæredes, qui renuntiando salvam retinent dotem immobilem, amittendo mobilem....* M. Decullant, *hic.*

6. Les héritiers se peuvent diviser sur le fait de l'acceptation & renonciation à la communauté, & la plupart renonçant, un seul héritier peut accepter; car on ne peut pas obliger tous les héritiers de se ranger d'un même côté, & de n'embrasser qu'un parti, chacun acceptant ou renonçant de son chef, selon qu'il le juge à propos. Lebrun, *de la Comm.* liv. 3, ch. 2, sect. 2, dist. 1, n. 5.

7. Dans le cas où il n'y a qu'un seul héritier qui accepte la communauté, les autres renonçans, celui qui accepte partagera par moitié la communauté avec le mari. Mais aussi, si ceux des héritiers qui ont renoncé, reprennent franchement & quittement en vertu d'une clause du contrat de mariage, celui qui accepte la communauté sera tenu de rapporter dans la communauté ce qui aura été repris par ceux qui ont renoncé. Lebrun, *ibid.*

8. Ainsi, s'il y a deux enfans héritiers de leur mere, dont l'un accepte & l'autre renonce, que la mere ait eu en mariage quatre mille livres, dont mille livres sont entrées en communauté, le surplus sortant nature de propre à elle & aux siens, & qu'il y ait une clause de reprise en cas de renonciation à la communauté, de ce qui y aura été confondu; le frere qui renonce, aura deux mille livres: savoir, 1500 livres pour sa part de la dot immobiliaire, & 500 liv. pour la moitié de la reprise de la dot mobiliaire; & celui qui accepte n'aura que mille livres de la dot immobiliaire, & confondra dans la communauté autres mille livres: savoir, 500 livres de son chef, & les autres 500 liv. pour la reprise de son frere; ce qui fait en tout la somme de mille liv. en quoi consiste la dot mobiliaire qui étoit entrée en communauté.

9. Dans ce sentiment, le frere qui accepte la communauté, profite de la part que son frere qui renonce auroit eue dans la communauté, s'il n'eût pas renoncé, & l'accroissement de cette part se fait au frere, & non au pere; ce qui est régulier: car la regle des accroissemens étant de profiter aux personnes avec qui le renonçant est lié le plus étroitement, l'accroissement qui se fait ici, doit profiter au frere qui accepte la communauté, en rapportant toutefois la reprise que fait celui qui renonce, afin que le pere soit indemnisé, lequel rapport se fait à la communauté; tellement qu'en conséquence du partage de la communauté, entre le pere & frere acceptant, ce rapport se partage entr'eux, & que le pere en a 250 liv. & le frere acceptant autres 250 liv.

10. De cette maniere, le frere renonçant à ce qu'il auroit eu, si son frere avoit renoncé également que lui, l'acceptant a la moitié de la communauté; savoir, un quart de son chef, tel qu'il auroit eu si son frere avoit accepté, & l'autre quart au moyen de la renonciation de son frere, en rapportant la reprise qu'il a faite de la dot mobiliaire, & le pere ne paye pas de reprise mobiliaire en partageant avec l'acceptant la communauté: & en tout ceci il ne peut y avoir de lésion, qu'au cas que le quart dans la communauté ne valût pas la reprise que l'acceptant est obligé de rapporter pour son frere; mais l'acceptant doit se l'imputer, puisque par son choix il préfere la communauté aux reprises: ce qu'il n'est présumé faire que dans la présupposition que le quart dans la communauté vaut mieux que la moitié des reprises.

11. Deux conditions sont requises pour rendre valable la renonciation à la communauté.

12. La premiere, qu'elle soit faite, les choses entieres; c'est ce qui résulte de la disposition de notre Coutume sur l'article suivant, & qui sera expliqué sur cet article.

13. La seconde, qu'elle soit faite dans le temps fixé par la loi; & ce temps est fixé par cette Coutume à 40 jours, à compter de celui que la veuve a su le trépas de son mari: *Ne*, dit M. le président Duret, *justa ignorantia puniatur, quæ tamen excusari debet.* Et si dans ces quarante jours la veuve ne fait sa renonciation, elle est tenue & réputée commune, sans qu'il soit besoin lui requérir en faire sa déclaration; c'est la disposition de cette Cout. en notre article, & en l'art. suivant; & telle étoit la jurisprudence ancienne dans ce siége, & les sentimens de nos anciens.

14. Mais on est aujourd'hui dans un usage contraire; car, comme l'ordonnance de 1667, tit. 7, art. 5, accorde à la veuve un plus long délai, elle se peut prévaloir de l'ordonnance, & renoncer dans les quarante jours, à compter depuis l'inventaire, en prenant aussi les trois mois de l'inventaire, conformément à l'ordonnance. La raison de décider ainsi est que l'ordonnance par une clause générale a dérogé à toutes les Coutumes contraires; & ainsi s'observe dans cette province, conformément à l'ordonnance. C'est la remarque de M. Jean Fauconnier sur le présent art. & je l'ai vu ainsi juger différentes fois: tellement que l'on accorde à la veuve pour renoncer, le temps de 4 mois & 10 jours, & même un plus long délai, s'il est justifié que l'inventaire n'a pu être fait dans les trois mois, comme il est dit dans l'article 4 du titre 7 de l'ordonnance de 1667.

15. Notre article porte que les héritiers du

défunt, s'ils sont demeurans en la justice en laquelle le défunt étoit domicilié, doivent être appellés à la renonciation ; cela ne s'observe pas, & il suffit, selon l'usage, que le procureur du roi y soit appellé. C'est l'observation de M. François Menudel, sur ces mots, *appellés pour ce faire les héritiers : Quod non observamus*, dit-il, *sed pessimè, hæc enim Statuti solemnitas est loco fidelis inventarii desiderati à Consuetudine Parisiensi*, §. 237. M. Menudel, *hîc*.

16. M. Louis Semin a fait la même remarque. *Præses noster*, dit M. Semin, en parlant du président Duret, *hanc solemnitatem ut hæredes vocentur resolvit esse necessariò requisitam, quam tamen non observamus, & sufficit hanc renuntiationem fieri in Judicio, Procuratore Regio, aut Fiscali præsente*. M. Semin, *hîc*; & je l'ai toujours vu ainsi pratiquer en cette Sénéchaussée.

17. Mais l'usage est que la veuve fasse cette renonciation judiciairement, & que sur la réquisition du procureur du roi elle prête serment qu'elle ne la fait pas en fraude des créanciers ; ainsi une renonciation devant notaire ne suffiroit pas. *Non ergo*, dit M. Duret sur le mot *judiciairement*, de notre article, *domi, vel Judice absente ; etenim omnia verba Statuti convenire & verificari debent, ut habeat locum ejus dispositio : igitur non tabulis licèt per Tabellionem confectis, sed solemni Juris ordine apud Judicem, & intellige de ordinario Judice domicilii ipsius defuncti, quo tempore vitâ excessit, non de alio incompetenti Judice.* M. Duret, *hîc*.

18. Cette renonciation se peut faire par procureur fondé de procuration spéciale, quand il y a cause légitime pour cela, ainsi que le disent les Coutumes de Sens, article 214 ; de Tours, art. 290, & de Perche, art. 104 ; & tel est le sentiment de M. le président Duret, & après lui de M. François Menudel. C'est l'observation de M. Duret sur ces mots de notre article, DOIT FAIRE : *Per se*, dit-il, *vel per Procuratorem speciale mandatum habentem*.

19. Mais il faut exposer la cause qui empêche de faire la renonciation en personne par une requête, obtenir permission du juge, & renouveller en personne sa renonciation dans la suite, si cela se peut. *Repetitâ*, dit le président Duret, *postmodùm in Judicio renuntiatione*.

20. Comme cette Coutume n'impose pas à la veuve qui renonce, la nécessité de faire inventaire, elle n'est point tenue d'en faire, si elle ne s'immisce pas au maniement des biens de la communauté, & qu'elle quitte la maison du défunt ; car au moyen de sa renonciation, n'ayant plus d'intérêt en la conservation des biens, c'est aux héritiers du mari d'y veiller, & d'en faire inventaire, si bon leur semble.

21. *Quæritur*, dit M. Jean Decullant, *an vidua renuntians societati teneatur inventarium conficere ; Stat. Paris. art. 237, hoc præ-cipit, quod fuit additum in reformatione Statuti : sed quia nostrum Statutum nihil de hac inventarii confectione loquitur, non debet vidua eâ onerari ; Statuta enim sunt stricti juris quibus non licet quidquam addere vel detrahere ; adde quòd vidua renuntians nihil accipit de bonis communibus, quibus omninò renuntiat ; ergo non debet teneri inventarium redigere, cùm illius nihil interest, sed hæredibus mariti : Statutum autem Parisiense suo clauditur territorio, & ita fuit judicatum in Curiâ Præsidiali Molin.* 24 Martii 1618, *super appellatione judicis de* Sancoing, *perorante D. A.* Desauges, *pro vidua*, Domino Beraud, *pro creditore, & aliàs sic judicatum audivi in d. Præsid. hocque jure utimur in hac Provinciâ*. Jean Decullant, *hîc*.

22. M. Louis Semin, sur l'article suivant, fait la même remarque : *Nota*, dit-il, *inventarii confectionem non esse necessariam, ad validitatem renuntiationis : Sic judicatum in hac Consuetudine, aliud Parisiis observatur*, art. 237. Louis Semin.

23. A la vérité, il y a eu des jugemens contraires en cette Sénéchaussée. J'ai été témoin de quelques-uns, & M. François Decullant, sur le présent article, en cite un de l'année 1655, plaidant M. Pierre Blein, avocat : mais depuis quelques années on a repris l'ancienne jurisprudence ; & selon la jurisprudence d'à présent, l'inventaire n'est pas nécessaire pour la validité de la renonciation.

24. Toutefois si la veuve demeure en possession des biens communs, s'il y a des enfans, & que comme leur tutrice elle demeure saisie des biens de son mari, elle est obligée de faire inventaire pour éviter le soupçon de divertissement & de dissipation. C'est l'observation de M. de la Thaumassière, sur la Coutume de Berry, titre 8, article 9.

25. Une veuve qui renonce en minorité, peut s'en faire relever, & sa restitution est de droit commun. Une veuve majeure le peut aussi, quand elle a été portée à renoncer par le dol & fraude de ceux qui avoient intérêt qu'elle ne fût pas commune ; mais hors de semblables circonstances, la restitution n'a pas lieu, & la foiblesse du sexe ne suffit pas. Dumoulin sur Paris, §. 116, n. 3 ; Dargentré, sur l'article 415 de la Coutume de Bretagne, gl. 3, n. 4 ; Lebrun, *de la Communauté*, liv. 3, chap. 2, sect. 2, distinct. 2, n. 47. L'auteur des notes sur Duplessis, page 437, édit. 1709.

26. La renonciation à la communauté, duement faite, décharge la femme & ses héritiers, de toutes les dettes de la communauté, dans lesquelles elle n'a pas parlé ; & à l'égard de celles où elle a parlé, & auxquelles elle s'est obligée autrement que pour son propre fait, elle lui procure un recours contre son mari ou ses héritiers, pour en être acquittée & indemnisée : c'est la disposition de notre Coutume, au présent article, ainsi qu'il

qu'il réfulte de ces mots : *Et ne fera tenue d'aucune dette procédant de ladite communauté.* C'étoit auffi la difpofition de l'ancienne Coutume, titre 6, article 2; & telle eft celle de la Coutume de Nivernois, chapitre 23, article 14; de Sens, article 214; de Senlis, article 147; de Melun, art. 217; de Troyes, article 12, & autres.

27. Autrefois on faifoit une exception des dettes alimentaires & de celles faites pour panfemens & médicamens fournis durant le mariage, & l'on jugeoit que la veuve en étoit tenue, comme il paroît par les arrêts rapportés par M. Louet & Brodeau, lettre C, fommaire 29; & tel étoit le fentiment des anciens avocats de ce fiége, ainfi qu'il paroît par l'obfervation de M. François Decullant fur notre article, où il diftingue les dettes pour alimens & médicamens, d'avec les loyers de la maifon que la femme habite avec fon mari, prétendant que la femme eft tenue, même dans le cas de la renonciation, des premieres dettes, & non des dettes pour loyers. *Si pendente conjugio*, dit M. Decullant, *medicamenta data fuerunt uxori, vel veftimenta quibus ufa fuerit, recte convenietur renuntiatione facta, etiamfi non fit per inftrumentum obligata, quia in rem fuam verfum eft, falvo contrà hæredes recurfu; fecùs de penfionibus domûs conductæ, quibus non tenetur, licèt fuerit conducta à viro, & ab utroque conjuge occupata; etiam poft factam bonorum feparationem, quia tenetur uxor cum viro habitare, & fic judicatum menfe Martio ann.* 1618 *in Præfid. Molin. Relatore Domino du Rouffeau, pro Anna Gairreau du Fauxbourg d'Aillers, confirmando Sententiam Caftellani Molin. pro qua fcripferat D. Joannes Decullant, & fuit dicta Gairreau, bonis à viro feparata, abfoluta à folutione talis penfionis.* M. François Decullant, *hic*.

28. Mais cette jurifprudence n'eft plus d'ufage, & a changé dans l'arrêt de la dame Tartarin, veuve du fieur comte de Barradas, ainfi que l'affure M. Denis Lebrun, traité *de la Communauté*, liv. 3, chap. 2, fect. 2, dift. 2, n. 46: la raifon de cette nouvelle jurifprudence, c'eft que la femme a droit non-feulement d'être logée, mais encore d'être nourrie & entretenue aux dépens de fon mari, qui ne jouit de la communauté & de fa dot, que fous cette charge & à cette condition, & que les créanciers fe doivent imputer la perte de ce qui leur eft dû, puifqu'ils favoient ou devoient favoir que la difpofition de la Cout. leur étoit contraire.

29. Au furplus, l'effet ordinaire de la renonciation de la femme à la communauté, eft que toute la communauté appartient au mari ou à fes héritiers : tellement que la femme renonçant à la communauté, reprend feulement, comme dit notre article, fon héritage & douaire, & encore faut-il que cet héritage n'ait pas été ameubli; car elle ne prend rien de ce qu'elle a mis en la communauté, ou ameubli, ou qui y eft entré de fon chef pendant le mariage, non pas même fon préciput, s'il n'y a ftipulation au contraire : parce que le préciput fe prend par le furvivant fur la communauté, hors part, & fans confufion de la part qu'il y prend; deforte qu'il n'y a pas de préciput, au cas de renonciation.

30. D'où il fe fuit que, quoiqu'une femme ait parlé dans un contrat d'acquifition, & qu'elle ait acheté conjointement avec fon mari, elle n'a point de part à la propriété, quand elle renonce à la communauté, non pas même en offrant de tenir compte de la moitié du prix; parce qu'elle n'a pas acquis pour elle, mais pour la communauté : ce qui n'empêche pas que le vendeur ne puiffe la pourfuivre pour le paiement du prix, fauf fon recours contre fon mari ou fes héritiers pour fon indemnité. Lebrun, *de la Communauté*, liv. 3, ch. 2, fect. 2, dift. 2, n. 46.

31. Dans le cas de la communauté de tous biens, n'y ayant point de convention au contraire, la femme, dit M. Louis Semin, peut renoncer & prendre la moitié de l'immeuble, qui étoit lors du contrat fans charge, foit d'elle, foit de fon mari; mais s'il n'y a que des meubles, elle perd tout. M. Louis Semin, *hic*.

32. M. Jean Decullant a fait la même obfervation : *Si inita fit, dit-il, omnium bonorum focietas, quid reputabitur prædium dotale in cafu renuntiationis? Refpondeo, dimidium bonorum omnium immobilium quæ vir & uxor poffidebant tempore contracti matrimonii : initâ enim focietate generali omnium bonorum, uxor facta fuit domina dimidiæ partis bonorum, ita ut pendente matrimonio non poffit vir folus plus dimidiâ parte alienare; & ita accepi à Domino Rocho Decullant, patruo meo, & communiter vidi refponderi in confulendo Molinis, & fuiffe judicatum in familiâ des Ferrand Molinenfi.* M. Jean Decullant, *hic*.

33. M. François Menudel en dit autant : *Quid verò, dit-il, fi inter conjuges fit contracta omnium bonorum communio, & tempore mortis uxor renuntiet, & nulla fint in communione mobilia, notatur fi ea in communione contulerit, & tunc non integram partem hæreditorum, fed mediam percipiet, mobilia quippè tantùm uxori renuntianti Confuetudo fubtrahit, in cafu renuntiationis.* M. Menudel, *hic*.

34. La veuve qui renonce, ne peut prendre qu'un de fes habits, qui ne foit ni le meilleur, ni le plus méchant, ainfi qu'il eft dit dans notre article, & dans l'article 101 de la Coutume d'Amiens; que fi elle n'en a que deux, elle en aura le choix : mais elle doit être habillée de deuil avec fon train, aux frais de l'héritier du mari, foit qu'elle accepte la communauté ou qu'elle y renonce. C'eft la remarque de M. Jean Decullant fur ces mots de notre article, NI LA MEILLEURE NI LA PIRE : *Recte, dit-il, per Legem* 37, *ff. de legat.* 1°. *Quid fi funt tantùm duæ veftes, hoc cafu puto uxorem poffe eligere meliorem, L.* 20, *Qui duos, ff. ibid. Ultrà hanc veftem præftabit hæres viduæ, five renuntiet, five non, veftimenta lugubria, vulgò de deuil, ut judicatum refert*

Louet, *litt.* V, *cap.* 11, *Arresto dato mense maio* 1600..... *Marito autem ejusmodi vestimenta non præstantur ab hæredibus uxoris, neque de rebus societatis ea potest desumere, ut notat* Bacquet, *des droits de justice, cap.* 21, *n.* 38, *quia vir non tenetur uxorem lugere*.... *Nam, ut ait* Tacitus, *fæminis lugere honestum est, viris autem sufficit meminisse.* M. Jean Decullant, *hic.*

35. Quoique la veuve qui renonce ne puisse, comme il vient d'être dit, prendre qu'un de ses habits, elle a toutefois le droit de retenir pour un prix tous ses habits, conformément à ce qui est porté en l'article 22 de la Cout. de Vermandois: & c'est la remarque de M. le président Duret, & après lui de M. Louis Semin. *De jure romano*, dit M. Semin, *quotidianæ vestes ejus sunt pretiosæ hæredis; sed & benignius est ut omnes vestes uxor auferat, justam æstimationem earum solvendo: præses, hic, ad verb.* de ses robes. M. Louis Semin, *hic.*

36. La veuve qui renonce a encore droit de prendre part à la réparation, & aux intérêts civils qui s'adjugent pour le meurtre de son mari; parce qu'elle la prend comme femme & que cette réparation & ces intérêts civils se donnent à la douleur. C'est la remarque de M. Duret, & de M. Lebrun, *de la communauté*,

liv. 3, chapitre 2, sect. 2, dist. 2, n. 42. Et cette part est la moitié de cette réparation, suivant les dispositions des Coutumes & usage général de la salle & bailliage de Lille, titre des successions, article 47 de la Coutume de Cambray, titre 12, article 16; des Coutumes & usages de la ville, taille, banlieue & échevinage de Lille, chapitre 1, article 23, & des chartres nouvelles du pays & comté de Hainaut, chapitre 19, article 1, & chapitre 20, article 1.

37. La femme, pour éviter la perte qu'elle feroit en renonçant à la communauté, a coutume de stipuler dans son contrat de mariage qu'il lui sera permis d'accepter la communauté ou d'y renoncer, & en y renonçant de reprendre franchement & quittement tout ce qu'elle y aura apporté, ensemble ce qui lui sera échu pendant le mariage par donation, succession, ou autrement; & au moyen de cette clause de reprise, elle reprend en renonçant, tout ce que son mari a reçu d'elle, ou à cause d'elle, comme il sera expliqué sur l'article 247, *infrà.*

38. Notre article porte que la veuve sera nourrie aux dépens de l'héritier, pendant les quarante jours que la Coutume lui donne pour délibérer: c'est ce qui sera expliqué sur l'article suivant.

ARTICLE CCXLVI.

De la veuve qui a recelé des biens. ET s'il est trouvé qu'elle ait soustrait ou recelé aucun desdits biens communs entr'elle & sondit mari, elle est tenue de payer la moitié desdites dettes, nonobstant ladite renonciation; & néanmoins sera tenue à restitution, & dommages & intérêts. Et si dans lesdits quarante jours elle n'a fait ladite renonciation, elle est tenue & réputée personniere, sans ce qu'il soit besoin lui requérir en faire déclaration, ni qu'elle l'ait déclaré, nonobstant qu'il eût été convenu de faire ladite rénonciation dedans plus long-tems que lesdits quarante jours au contrat de mariage ou autrement.

1. L'Une des conditions requises, ainsi qu'il a été dit sur l'art. précédent, pour rendre valable la renonciation de la femme à la communauté, après la dissolution d'icelle, est qu'elle soit faite, les choses entieres, & avant que de s'être immiscée, comme il est dit dans l'article 97 de la Coutume de Valois, & dans l'article 290 de celle de Tours. Or, les choses ne sont plus entieres pour deux causes.

2. La premiere, quand la veuve a payé des dettes de la communauté après le décès de son mari, sans protestation, & avant que d'avoir renoncé à la communauté: auquel cas elle est réputée commune, & n'en peut être relevée que pour cause de minorité; par la raison que c'est une acceptation tacite, après laquelle elle ne peut plus renoncer à la communauté, de même que l'héritier qui fait acte d'héritier, en payant les dettes du défunt.

3. La veuve qui après le décès de son mari, durant le délai de quarante jours que la Cou-

tume lui accorde pour renoncer à la communauté, vit en la maison son fils pour les provisions qui y sont, n'est pas censée faire acte de communé. La raison est qu'en cela elle ne fait qu'user du droit qui lui est accordé par la Coutume; & droit qu'elle a, selon que l'a observé M. Jean Decullant, quand bien même elle ne seroit pas commune avec son mari par une clause de son contrat de mariage, & que par conséquent elle ne seroit pas en état de délibérer: c'est son observation sur l'article précédent, sur ces mots, *pendant lesdits quarante jours.*

4. *Hoc tempus*, dit M. Decullant, *concessum est viduæ ut deliberet de renuntiatione societatis, & ideò pendentibus his induciis debet ali sumptibus hæredis. Nihilominùs curia arresto dato 6 septembris* 1642, *condemnavit hæredes Domini Claudii* Giraudet *solvere hos sumptus quadraginta dierum, licèt nulla fuisset societas inter conjuges per pactum derogatorium, quo casu nullæ erant induciæ deliberandi de renun-*

tiatione : *itaque hi fumptus judicantur concessi viduæ honoris causâ, pendente hac quadragesimâ, propter funus defuncti : hinc infertur quòd si vidua ante diem quadragesimum renuntiet societati, tamen fumptus ei administrabuntur residuo tempore*. M. Jean Decullant, *hic*.

5. Mais la veuve doit vivre avec sa famille après la mort de son mari, pendant lesdits quarante jours, d'une maniere proportionnée & conforme à son état & condition ; & au cas qu'elle ne pût honnêtement demeurer dans la maison du défunt, on lui doit fournir ailleurs un logement convenable. C'est la remarque de M. le président Duret, sur ces mots de l'art. précédent, VIVRE EN BON MÉNAGE : *cum sua*, dit Duret, *familia rationabiliter & pro statu suo, si salvâ honestate in domo defuncti possit commorari, aliàs congruens locus ei assignabitur*.... M. Duret, *hic*.

6. Et elle doit, selon l'observation de M. Menudel, travailler à son ordinaire dans le ménage : *dumque ea præstantur alimenta, solitas operas vidua hæredibus præstabit*, dit M. Menudel.

7. La seconde cause qui fait que les choses ne sont pas entieres, c'est quand la veuve a soustrait, pris & recelé des effets de la communauté après le trépas de son mari, auquel cas tous nos commentateurs, suivant la jurisprudence des arrêts, ont établi la distinction suivante.

8. Ou la soustraction & recelément des effets de la communauté ont précédé la renonciation de la veuve, ou ils l'ont suivie.

9. Dans le premier cas, la veuve ne peut plus renoncer à la communauté, & la renonciation qu'elle fait dans la suite, n'est d'aucune considération ; elle est tenue indéfiniment de la moitié de toutes les dettes de la communauté, & privée du bénéfice de n'être tenue que *pro modo emolumenti*, ainsi qu'il est dit dans notre article ; dans l'article 15 du chapitre 23 de la Coutume de Nivernois ; dans l'art. 217 de celle de Melun ; en l'art. 21 du chapitre 4 de celle du duché de Bourgogne, & autres : & tel est le sentiment de nos commentateurs. *Renuntiationis beneficio*, dit Papon sur notre article, *excluditur vidua, quæ res omnes amovit, & tenetur ac si non renuntiasset*.... *Nec auditur si facere non possit, cùm ejus dolus ex furto pendeat, & jure his beneficiis, scilicèt renuntiationis, & ne conveniatur ultrà quam facere potest, creditorem non repellet*.... Papon, *hic*.

10. La veuve qui a soustrait & recelé les effets de la communauté, outre qu'elle est déclarée commune, est encore obligée à la restitution des choses soustraites, & privée du droit de communauté en icelles, étant juste qu'elle soit privée de sa part dans les choses dont elle a voulu priver les héritiers de son mari ; ce qui a lieu, quoique la veuve lors de la soustraction fût mineure, parce que la minorité n'est pas considérable en matiere de délit, & que *in delictis non datur restitutio*. Telle est la jurisprudence des arrêts rapportés par Brodeau sur M. Louet, lett. R, somm. 1, le sentiment commun des auteurs, & l'observation de nos commentateurs sur notre article. Quoique la veuve, dit M. Jean Fauconnier, qui a soustrait & recelé les effets de la communauté, avant sa renonciation, soit déclarée commune, elle ne laisse pas d'être privée de la moitié qu'elle auroit eue dans les effets soustraits & recelés, ainsi qu'il a été jugé plusieurs fois, & entr'autres par un arrêt du parlement, confirmatif de deux sentences, l'une de la Sénéchaussée de Bourbonnois, & l'autre de la châtellenie de Moulins, contre Gabrielle Perderion, veuve d'Etienne Rémont. M. Fauconnier, *hic*.

11. C'est la même chose, que la veuve ait soustrait & diverti les effets par elle-même, ou par d'autres ; mais c'est aux héritiers ou créanciers à prouver cette soustraction, ou divertissement, & la preuve qui en a été faite par l'un des co-héritiers sert aux autres. *Cæterùm*, dit M. le président Duret, *eam*, en parlant de la veuve, *amovisse accepimus, quæ celaverit, aut interverterit, aut consumpserit, sive ea amoverit, sive amovenda curaverit, & probatio facta ab uno cohæredum cæteris prodest*. M. Duret, *hic*.

12. Dans le second cas, savoir quand la veuve a renoncé à la communauté, & que dans la suite elle recele les effets, les créanciers & les héritiers n'ont qu'une action contr'elle, pour la restitution des choses recelées, avec dépens & dommages-intérêts ; à moins que la veuve par un dessein prémédité, & par une affectation visible, n'eût commencé par renoncer, pour commettre ensuite ses recelés plus impunément : auquel cas elle seroit déclarée commune, si c'étoit l'intérêt des héritiers & des créanciers. C'est l'observation de M. le président Duret, de M. Louis Vincent, de M. Menudel, de M. Genin, pere, de Potier, de M. Jean Fauconnier, & de M. Denis Lebrun, *de la Communauté*, liv. 3, ch. 2, sect. 2, dist. 2, n. 27 & 28.

13. *Si vidua*, dit le président Duret, *postquam se abstinuerit, aliquid amoverit, magis est ut furti actione potiùs teneatur*. M. Duret, *hic*.

14. L'acceptation de la communauté, dit M. Louis Vincent, est semblable à l'adition d'hérédité ; & la veuve ayant pris des meubles avant sa renonciation, elle sera déclarée commune ; si depuis sa renonciation elle prend quelques meubles, elle est seulement condamnée à rendre les meubles mal-pris, & aux dépens, dommages-intérêts. Dargentré, sur l'art. 415 de la Coutume de Bretagne, gl. 3, n. 3. M. Vincent, sur notre article.

15. M^{rs}. Menudel, Genin, pere, & Jean Fauconnier disent de même sur le présent art.

16. Dans le doute, si la soustraction & recelément de la veuve, a précédé ou suivi sa renonciation, c'est, dit M. le président Duret, à elle à prouver que sa renonciation a précédé. *Sanè*, dit M. Duret, *ex quo per substractionem*

fundata est hæredum & creditorum intentio contrà viduam, *proclivius est ut ei onus probandi incumbat*, *quòd renuntiatio subftractionem præceßerit*; *alioquin censebitur priùs fubftraxiße quàm renuntiaße*, *& fic focia erit*. M. Duret, *hìc*.

17. On n'agit pas extraordinairement contre la veuve pour recelés & divertißemens des effets de la communauté; ainfi, fi on procéde par voie d'information, l'affaire après l'interrogatoire demeure civilifée : c'eft ce qui a été jugé par les arrêts rapportés par M. Louet & M. Julien Brodeau, lett. C, fomm. 36; & telle eft la remarque de Papon fur notre article : *Furti autem*, dit-il, *pro rebus fubftractis non agitur*, *fed fingulare Judicium introductum eft rerum amotarum*, *propter matrimonii faciem*, *& perfonarum reverentiam*; *Lex enim civilis matrimonium eo honore dignum putavit*, *ut turpem actionem ex eo proficifci*, *ut injuriam noluerit*, L. 1 & 2, *ff. Rer. amot. lib.* 25, *tit.* 2.

18. Mais les domeftiques & autres, qui ont eu part & aidé aux recelés, peuvent être pourfuivis criminellement comme pour vol, fuivant la loi 53, ff. *de Furtis*, encore que la veuve convienne qu'ils lui ont obéi; car on ne doit point reconnoître de maître en fait de crimes, & il n'y a point de garantie en cette matiere. Lebrun, *de la Communauté*, liv. 3, ch. 2, fect. 2, dift. 2, n. 40, *in fine*.

19. Quand le recelé eft commis par le mari, il n'y a point d'autres peines à l'égard des héritiers de la femme, que de le priver en leur faveur de fa part en les chofes recelées, & le condamner aux intérêts du jour des recelés : il en eft de même des recelés commis par les héritiers du mari; & fi le mari feint des dettes de communauté, il n'y aura que des dommages & intérêts : car nous n'avons rien fur cet art. & les peines dépendent des ordonnances & des arrêts. C'eft l'obfervation de M. Jean Cordier & M. Jean Fauconnier fur notre art. & la doctrine de M. Lebrun, *de la Communauté*, ibid. n. 33.

20. *Si maritus*, dit M. Cordier, *uxori fuperftes*, *quid fubftraxerit*, *vel celaverit*, *aut inventario defcribi non fecerit*, *portione quam in iis habebat privatur*, *& fic res tota accrefcit hæredibus mulieris*, *cùm intereße à die quo res fubftracta eft*, *aut in inventario non defcripta*; *& fic Arrefto 7 Septembris anno* 1672, *judicatum fuit*, contre M. Charles Delorme, médecin du roi, pour demoifelles Françoife & Catherine Dubois, légataires univerfelles de dame Anne Hebert, leur tante, femme dudit fieur Delorme, auxquelles la cour adjugea le total des effets recelés, & entr'autres toute la vaißelle d'argent que ledit fieur Delorme avoit cachée fous les carreaux de la chambre, & il fut privé de fa moitié. M. Jean Cordier, *hìc*; M. Fauconnier a fait la même remarque au fujet du fieur Delorme.

21. Suivant la Coutume, dans le préfent article, non-feulement la veuve qui a fouftrait ou recelé les effets de la communauté eft privée du bénéfice de la renonciation, mais encore celle qui n'a pas renoncé dans le temps de quarante jours, après qu'elle aura fu le trépas de fon mari; ce qui a été expliqué fur l'art. précédent, où il faut avoir recours.

22. Avant que de finir fur le préfent article, il eft bon d'obferver que fi on s'avifoit de proroger dans le contrat de mariage le délai marqué par la Cout. & l'ordonnance pour faire la renonciation, cette paction & convention ne peut pas valoir contre les créanciers, qui n'ont point d'autre loi que l'ordonnance & la Coutume, felon M. Dumoulin, dans fa note fur notre article : *Quæ pactio*, dit-il, *non valet contrà creditores*, *fed benè contrà hæredes*.

23. Mais à l'égard des héritiers, c'eft une difficulté qui partage les fentimens, fi telle convention eft bonne à leur égard : notre art. dit en général que telle convention ne peut valoir, *nonobftant* (porte l'article) *qu'il eût été convenu de faire ladite renonciation dedans plus long-temps que lefdits quarante jours au contrat de mariage ou autrement*; & M. Louis Vincent veut que telle difpofition regarde tant les héritiers, que les créanciers : *Nemo*, dit-il, *in fuis pactis cavere poteft*, *ne legales formæ in fe locum habeant*, L. *Nemo*, *ff. de legat.* 1°. L. *Convenire*, *de pact. dot.* L. *Quidam decedens*, *de adminift. tut*..... *Et generaliter quoties pactum à Jure remotum eft*, *fervari hoc non oportet*, L. *Juris Gentium*, §. *Si pacifcar*, L. *Si unus*, §. *Illud*, *& §. feq. de pactis*.... *Quo jure utimur*, *non folùm refpectu creditorum*, *fed etiam hæredum*, *quia hæredes legis beneficio privari non debent*, L. *Debitorum*, *Cod. de pactis*.... M. Vincent, *hìc*.

24. M. le préfident Duret & M. Louis Semin, d'un fentiment contraire, appliquent (après M. Dumoulin, dans fa note) la difpofition de la Coutume aux créanciers, & veulent qu'elle ne regarde aucunement les héritiers. *Hoc*, dit M. Duret, *creditores*, *& alios ab hæredibus refpicit*, *nimirùm quòd hæredes conventa à defuncto non poßint reprobare*.... *Quo jure utimur*, ajoute-t-il, *quod tamen quidam peritiores ex Noftris non probant*. M. Duret, *hìc*.

25. M. Louis Semin en dit autant : *Multi*, dit-il, *putant hoc jus introductum*, *tam favore hæredum quàm creditorum*, *contrà Molin. hìc*.... *Nos Molinæi opinionem fequimur*, *quæ juftior videtur propter art.* 219, *fuprà*, *& tenet hanc conventionem non valere contrà creditores*, *fed contrà hæredes*. M. Louis Semin, fur ces mots de notre article, *nonobftant qu'il eût été*, &c. C'eft mon fentiment, par la raifon tirée de l'art. 219 de notre Coutume.

ARTICLE CCXLVII.

ARTICLE CCXLVII.

LA PROPRIÉTÉ des biens dotaux retourne à la femme ou à ses héritiers, le mariage dissolu, & en est ladite femme saisie & en possession, ou ses héritiers, sans autre appréhension de fait.

De la reversion des biens dotaux.

1. Quand les biens dotaux sont en essence & en la possession du mari au temps de la dissolution du mariage, la propriété en retourne à la femme ou à ses héritiers le mariage dissolu, dit notre Coutume au présent article; celles d'Auv. tit. 14, art. 10, & de la Marche, art. 307, en disent autant. La femme, disent ces Coutumes, en est saisie & en possession, ou ses héritiers, sans autre appréhension de fait; & cela, selon M. le président Duret : *Quamvis æstimata fuerint, eâ tamen æstimatione, quæ non facit emptionem.... Quædam enim æstimatio reperitur, quâ maritus emptoris loco est.* M. Duret, *hìc.*

2. Notre Coutume, & celles d'Auvergne & de la Marche se servent improprement du mot *retourne*, puisque la femme demeure toujours maîtresse des biens dotaux; & que le mari n'en a que l'usufruit. C'est encore la remarque de M. Duret sur ce mot, *retourne*; & après lui, de M. Louis Semin : *Impropriè*, dit M. Louis Semin, *verbum* RETOURNE, *huic articulo insitum est ; uxor enim dotalium semper remanet domina, & maritus in eis solùm habet usumfructum, ut notat hìc Præses.* M. Semin, *hìc.*

3. Si toutefois le bien dotal de la femme se trouve affermé par le mari sans fraude, dans le temps de la dissolution du mariage, la femme est tenue d'entretenir le bail, comme il est dit dans l'article 275 de la Coutume de Sens. *Conductioni tamen à viro factæ, ubi cessat fraus*, dit M. le président Duret, *stare tenetur....* M. Duret, *hìc.* Voyez ce qui a été dit sur l'article 235, *suprà.*

4. La disposition de notre Coutume, au présent article, ne peut avoir lieu que pour les immeubles ou héritages qui sont en essence, comme il a été dit, & en la possession du mari; car pour ceux qui ont été aliénés, quoique sans son consentement, il faut venir par action, & la femme ne peut se dire saisie des héritages, dont son mari ne jouissoit pas : ainsi il faut qu'elle ou ses héritiers se pourvoient par action en désistement contre le tiers détempteur, lequel ne pourra pas s'en défendre, comme il a été dit sur l'article 235.

5. Il y a plus ; c'est que notre Coutume, au présent article, ne doit être entendue que des immeubles, ainsi que le disent expressément les Coutumes d'Auvergne & de la Marche. C'est l'observation de M. Jean Fauconnier, sur notre article : cet article, dit-il, est conforme au texte de l'article 16 du tit. 14 de la Coutume d'Auv. qui peut même lui servir de glose & d'interprétation, en ce qu'il porte que dans le cas de la dissolution du mariage, la veuve, ou ses héritiers qui la représentent, sont de plein droit saisis de ses immeubles : car, dit toujours M. Fauconnier, si la dot qui lui avoit été constituée, avoit été payée, ou en des dettes actives, ou en des meubles, elle ne pourroit pas s'en saisir ; elle seroit obligée d'en former la demande contre l'héritier du mari, ou ses héritiers contre le mari même, s'il avoit survécu à sa femme. M. Jean Fauconnier, *hìc.*

* Mais il faut, pour pouvoir répéter la dot, & en former la demande en restitution avec validité, qu'il paroisse par quittance valable, que le paiement en a été réellement fait au mari. La simple déclaration du mari faite par testament ne suffiroit pas, non plus qu'une simple quittance sous signature privée, donnée par le mari durant le mariage, si telles déclaration & quittance n'étoient vérifiées d'ailleurs, & appuyées de circonstances qui en fissent connoître la sincérité & bonne foi, comme il a été dit sur l'article 226, *suprà*, nombres 23 & 24, & sur l'article 281, *infrà,* nombres 40 & 41, où il faut avoir recours. Tel est le sentiment commun des auteurs ; c'est celui de de Lhommeau, maximes du droit François, livre 3, article 51 ; de Bacquet, des droits de justice, chap. 15, n. 65 & 66 ; de Potier, sur l'article suivant de cette Coutume, & de Lebrun, traité de la communauté, liv. 3, chap. 2, sect. 2, distinction 5, nombres 47 & suivans, lesquels auteurs conviennent que la femme ou ses héritiers sont reçus, pour valider telles déclarations & quittances, à prouver par témoins le paiement de la dot.

6. La reprise que la femme fait de sa dot, suivant notre article, après la dissolution du mariage, est différente suivant qu'elle accepte ou renonce à la communauté ; car en renonçant à la communauté elle n'a droit de reprendre que la partie de sa dot, qu'elle a stipulé propre, & non l'autre partie, qui est entrée dans la communauté, à moins qu'elle n'ait stipulé dans son contrat de mariage, qu'elle reprendra en renonçant à la communauté tout ce qu'elle y aura apporté ; & comme cette clause de reprise est contre le droit commun, & paroit renfermer quelque chose d'injuste, en ce qu'elle donne la liberté à celle qui auroit profité de la communauté, si elle s'étoit trouvée avantageuse, d'y renoncer lorsqu'elle ne la trouve pas bonne, & en ce faisant de retirer tout ce qu'elle y a apporté ; ce qui est contraire à l'égalité d'une société. Il s'ensuit de-là :

Part. I.

7. 1°. Que quand cette clause a été omise, on ne la supplée jamais, non pas même dans le contrat d'une mineure, & cela sans qu'on puisse faire la distinction que fait Brodeau, d'une fille mineure mariée par ses pere & mere, d'avec une fille mineure mariée par un tuteur ou curateur. Lebrun, *de la Comm.* liv. 3, chap. 2, sect. 2, dist. 5, n. 8.

8. 2°. Que la stipulation de reprise en renonçant, ne comprend que ce qui est exprimé précisément. Ainsi la reprise stipulée de ce qui a été ameubli par le contrat de mariage, & de ce que la femme a apporté en communauté, ne s'étend pas à ce qui est tombé en la communauté de son chef, par succession mobiliaire, par donation ou autrement ; à moins qu'on eût ajouté les termes qui suivent, *ensemble tout ce qui lui sera échu par succession, donation, ou autrement* ; & la raison est que cette stipulation, contraire au droit commun, est de droit rigoureux, & ne s'étend pas *à re ad rem, à casu ad casum.* Lebrun, *de la Communauté*, liv. 3, chap. 2, sect. 2, dist. 5, n. 38.

9. 3°. Il s'ensuit encore que la clause de reprise ne s'étend jamais d'une personne à une autre ; desorte que s'il est simplement dit que la future épouse aura la faculté de renoncer & de reprendre, ses enfans, en cas qu'elle meure avant son mari, ne profiteront pas de cette stipulation, dans laquelle ils ne sont pas compris : ils pourront renoncer, & par-là s'exempter des dettes de la communauté ; mais en renonçant, ils seront obligés d'y laisser tout ce que leur mere y avoit apporté. Car la femme ayant prédécédé son mari, la faculté de reprendre n'a point été ouverte ni acquise, elle s'est évanouie & est devenue caduque par le prédécès de la femme : *Cum persona extinguitur.*

10. *Facultas*, dit M. Jean Decullant, *dotem omnem mobilem & immobilem retinendi renuntiandi, non transit ad hæredes, si hoc non fuerit expressè stipulatum, imò nec ad filios, & ita judicatum Molinis an.* 1608 *in Præsid. Cur. Mol.* contre les enfans de Cofreteau, *& hoc jure utimur* ; *quia cùm lex in contractu matrimonii scripta Statuti dispositionem excedat, & contrà communem contrahendi modum, & jus societatis sit inita, extensionem non partitur* ; *proindè verba istius clausulæ, tantùm valent quantùm sonant, cùm ex contrahentium voluntate dependeant, quibus liberum fuit hanc non favore solius nubentis uxoris, sed & hæredum, admittere* : *secùs verò dum agitur de clausula ordinaria, Statuto firmatâ, cujus facilè fit extensio ad personam hæredis, non tam propter contractum, quàm quòd ex juris communis dispositione fuit concessa* : *& sic pactum de renuntiando, ad liberos vel hæredes quoslibet protenditur* ; *pactum verò de restituenda omni dote, non ultrà nubentem, nisi expressè & nominatim de liberis, aut hæredibus conventum sit.* Jean Decullant, sur l'article 245, *suprà.*

11. S'il est dit que la future épouse & les siens pourront renoncer & reprendre, les enfans seront compris dans la stipulation ; mais les héritiers collatéraux de la femme en seront exclus : car ce mot *de siens*, en matiere de reprise, comprend les enfans seulement. Lebrun, *de la comm.* liv. 3, chapitre 2, sect. 2, dist. 5, n. 19.

12. Que si enfin la stipulation de reprise est faite au profit des enfans qui naîtront du mariage, elle ne s'étend point aux enfans du premier lit ; mais si elle est stipulée au profit des enfans, sans ajouter ces mots, *du futur mariage*, elle comprend les enfans nés d'un précédent mariage. Lebrun, *ibid.* n. 18.

13. Mais, quoique la faculté de reprise ne passe pas, comme il a été dit, d'une personne à l'autre ; quand la personne pour qui elle est stipulée, est décédée avant qu'elle fût ouverte & acquise, elle se peut toutefois exercer du chef de celui pour qui elle a été stipulée, quand le droit en a été ouvert en sa personne. Ainsi, si la femme a survécu son mari de peu de jours, & qu'elle soit décédée sans avoir opté la renonciation ou l'acceptation de la communauté, en ce cas ses héritiers, tant en ligne directe que collatérale, peuvent exercer de son chef la reprise en vertu de la stipulation faite pour elle seulement. La raison est que le droit de reprise stipulé par le contrat en faveur de la femme, lui a été acquis du moment qu'elle a survécu son mari, & que l'action lui en a été ouverte de son vivant ; & que, quoique la faculté de reprise soit une grace attachée à la personne singuliere de la femme, & que ce privilege ne passe pas à ses héritiers, néanmoins les actions qui ont appartenu aux privilégiés en vertu de leurs priviléges, passent incontestablement à leurs héritiers ; & c'est même pour lors, à proprement parler, la femme qui exerce la reprise, puisque ses héritiers l'exercent de son chef ; ce qui est bien différent du cas où l'on suppose la femme prédécédée, auquel cas les héritiers ne pourroient reprendre que de leur chef. Dernusson, traité *des propres*, chapitre 4, sect. 9, n. 28. Lebrun, *de la Comm.* liv. 3, chap. 2, sect. 2, dist. 5, n. 16.

14. Les créanciers peuvent, également que les héritiers, exercer cette faculté de reprise comme un droit de l'hérédité, quand la femme leur débitrice a survécu son mari, & que le droit lui en a été ouvert & acquis ; ils sont même, dit Dernusson, plus favorables que les héritiers : car les héritiers ne peuvent rien prétendre, que les créanciers ne soient payés. Dernusson, traité *des propres*, chap. 4, sect. 9, n. 28 & 29.

* Notre Coutume, au présent article, ne parle de la reversion des biens dotaux, que dans le cas de la dissolution de la communauté, qui se fait par la dissolution du mariage, ce qui suppose le décès de l'un des conjoints ; mais comme la dissolution de la communauté se fait encore par une séparation de biens exécutée, c'est une question, si la faculté de reprise, en

renonçant, doit auſſi avoir ſon exécution dans ce dernier cas ; queſtion dont M. de Renuſſon fait dépendre la déciſion de la maniere que la clauſe de repriſe a été ſtipulée. S'il y a clauſe de ſurvie, & qu'il ſoit dit que la femme, ſurvivant ſon mari, pourra reprendre, la femme ne peut, ſelon lui, reprendre ce qui eſt ameubli, qu'en ſurvivant, même dans le cas de la ſéparation; ſa raiſon eſt que la condition eſt une adjection qui ſuſpend l'effet de la convention, de maniere que tant que le mari eſt vivant, la femme, quoique ſéparée, ne peut reprendre ce qui eſt ameubli, du moins irrévocablement; la condition ſous laquelle la repriſe eſt accordée n'étant pas arrivée, *lex data eſt contractui*, & il faut attendre l'événement de la condition ; *ſecus*, ſi la clauſe ne fait mention que de la diſſolution de la communauté, par la raiſon que la clauſe n'eſt pas limitée au cas de ſurvie, & qu'elle donne la repriſe en termes généraux, arrivant la diſſolution de la communauté. Tel eſt le ſentiment de M. de Renuſſon, traité des propres, chap. 4, ſect. 9, n. 10 & 11.

Suivant ce ſentiment, l'incertitude de l'événement fait bien donner, dans le cas de la diſſipation des biens par le mari, la poſſeſſion de la dot à la femme, parce que c'eſt ſon bien & dont elle eſt en droit d'empêcher la diſſipation ; mais comme on ne peut ôter au mari le droit qu'il a deſſus, cette poſſeſſion n'eſt qu'un titre proviſionnel, qui ne dure que juſqu'à la mort, quand elle n'a pas ſurvécu ; auquel cas le mari eſt en droit de répéter ce qu'il n'a pu refuſer de payer par proviſion à la femme.

D'autres, d'un ſentiment contraire, eſtiment que quoique la faculté de reprendre ce qui entre en communauté, ſoit ſtipulée pour la femme préciſément, en cas de ſurvie, elle ne laiſſe pas de l'exercer en cas de ſéparation, ainſi qu'il a été jugé par arrêt du 7 janvier 1605, & autres rapportés par M. Brodeau ſur M. Louet, lettre C, ſomm. 26 ; la raiſon eſt qu'on préſume qu'on a plus dit & entendu qu'on n'a écrit, & que ſi on s'eſt abſtenu de parler de ſéparation, de crainte de mauvais augure, on a entendu néanmoins que quand la communauté ſera diſſoute, & qu'il ſera permis à la femme de renoncer, ſoit à l'occaſion de la mort du mari, ſoit d'une ſéparation de biens, il lui ſera auſſi permis de reprendre ce qu'elle aura apporté. Tel eſt le raiſonnement de Lebrun, de la communauté, livre 3, chapitre 2, ſection 2, diſtraction 5, nombre 22; de Brodeau au lieu cité : & ainſi a été décidé dans la conſultation 56, rapportée au 2 tome de Dupleſſis, édition de 1728.

Quoique le ſentiment de Renuſſon paroiſſe le plus conforme aux regles, qui ne permettent pas d'étendre la clauſe du contrat de mariage, d'un cas exprimé à un autre qui ne l'eſt pas, & de ſubſtituer le cas non prévu de la ſéparation, au ſeul cas prévu de la renonciation de la femme, par le prédécès du mari : je crois pourtant avec M. Brodeau & le plus grand nombre de nos auteurs, que la ſéparation de biens, dont la cauſe procéde de la part du mari, donne ouverture à l'action de la femme, pour la répétition de tous ſes droits dotaux, remploi de ſes propres aliénés, acquits & indemnités de dettes, auxquelles elle eſt obligée avec ſon mari, comme au cas de la mort naturelle; mais qu'à l'égard des gains nuptiaux, ils ne ſe prennent pas dans le cas de ſéparation, parce qu'ils ſont attachés à la ſurvie ; que par rapport à ceux-ci, la femme ne plaide que pour s'enrichir, au lieu que dans la reſtitution de la dot, elle ne cherche qu'à ſauver ſon bien du naufrage, & éviter ſa ruine.

Dans ce ſentiment, tout ce qui eſt dû à la femme, & qu'elle reprend à l'occaſion de la ſéparation de biens, lui demeure, & à ſes héritiers, ſans retour. Ainſi quoique la repriſe mobiliaire n'ait été ſtipulée dans le contrat que pour la femme, & que s'étant faite ſéparer & ayant exercé cette repriſe, elle vienne à décéder la premiere, ſon mari ſurvivant ne pourra pas obliger ſes héritiers, pour qui la repriſe n'auroit pas eu lieu, de rapporter les meubles qu'elle a repris à l'occaſion de la ſéparation, parce que ce qui a été une fois conſommé à l'occaſion d'une ſéparation, ne ſe retracte point à l'occaſion de la mort; le mari doit s'imputer d'y avoir donné lieu par ſa mauvaiſe conduite, & de s'être attiré toutes les ſuites d'une affaire de cette nature. La ſéparation de la femme & ſa renonciation anéantiſſent la communauté, & l'état de cet anéantiſſement ſubſiſtant au temps du décès de la femme, le mari qui ne peut profiter de la portion de la dot ameublie, qu'à cauſe de la communauté, ne peut y rien prétendre, puiſque lors du décès de la femme il n'y a plus de communauté ; & ſon action qui étoit attachée au titre de commun, devient inutile, & ne peut plus s'exercer contre les héritiers de la femme. Lebrun, *ibid.* nombre 23, & la conſultation cinquante-huitieme ci-deſſus alléguée.

ARTICLE CCXLVIII.

Des deniers non-employés en propre pendant le mariage.

SI deniers de mariage qui doivent sortir nature d'héritage, ne sont employez avant le trépas du mari ou de la femme, ils se prendront premierement sur les meubles, & s'ils ne suffisent sur les conquêts : Et si les biens-meubles & conquêts ne suffisent, sur les propres héritages ; & par faute de payement, (sommations & protestations préalablement faites pardevant Juge compétent) seront les héritiers tenus ès dommages & intérêts de la femme.

1. Dans le cas où la femme ou ses héritiers acceptent la communauté, il y a diverses reprises à faire par les conjoints sur les biens de la communauté, hors part & sans confusion ; & l'une de ces reprises est des deniers stipulés propres & qui ne doivent point entrer dans la communauté des conjoints, ce qu'on appelle propre de communauté; ou autrement, comme porte notre article, des deniers dont on avoit stipulé l'emploi en achat d'héritages qui seroient propres à la femme, lequel emploi n'auroit été fait: car ces deux clauses aboutissent à même effet.

2. Quand ces deniers du mariage, qui doivent sortir nature d'héritages, ne sont employés avant le décès du mari ou de la femme, en ce cas le recouvrement s'en fait premierement sur la communauté hors part & avant tout partage, en commençant par les meubles, & venant ensuite aux conquêts ; & puis subsidiairement sur les propres du mari, ainsi qu'il est porté dans notre article, en l'article 18 du chapitre 23 de la Coutume de Nivern. en l'article 32 de celle de Châlons, & autres. Car, si la communauté ne suffit pas pour les reprises de la femme, alors elle est au cas où elle use du privilége de n'être tenue des dettes au-delà de l'émolument qu'elle tire de la communauté ; desorte qu'elle peut achever de se payer de ses reprises sur les propres du mari : ainsi il n'arrive jamais qu'elle se venge sur les propres du mari, & qu'avec cela elle profite de la communauté.

3. Réciproquement, pour ce qui est des deniers que le mari s'est stipulé propres par le contrat de mariage, lui ou ses héritiers en font la reprise sur toute la masse de la communauté, avant partage : mais il y a cette différence qu'il ne sauroit jamais faire cette reprise que sur les effets de la communauté & non point sur les propres de la femme ; parce que, si la communauté manque, & que ses deniers propres s'y soient consommés, c'est son mauvais ménage.

4. Par cette raison, la reprise des deniers stipulés propres se fait par préférence pour la femme ; c'est-à-dire, que la femme fait la premiere sa reprise, & que le mari fait la sienne ensuite : car, comme il faut toujours que la reprise des deniers stipulés propres à la femme se trouve tant qu'il y a du bien de communauté, ou du bien propre au mari, & que celle n'est pas respectif au profit du mari, il est juste que ceux de la femme se levent par préférence. Lebrun, *de la comm.* liv. 3, ch. 2, sect. 6, dist. 1, n. 4.

5. La veuve, quand sa dot est en deniers, n'est pas obligée de prendre les meubles en paiement de la reprise qu'elle doit faire, & l'héritier du mari doit vendre les meubles, si bon lui semble, pour la payer : ainsi a été jugé en cette Coutume, par sentence confirmée par arrêt. *Huic nostro Statuto*, dit M. Jean Decullant, *conforme est Niv.* tit. 23, art. 18, *quo loco* Coquille *ait, viduâ non posse cogi mobilia accipere pro solutione dotis, sed hæredem ei dotem in numeratâ pecuniâ præstare teneri.... Sic judicatum in Castellania Molinensi pro Margarita Heuillard, viduâ Petri Bernarchier, Procuratoris*, 24 *julii* 1630, *Arresto dato* 6 *Septembris* 1631 *confirmatâ*. Jean Decullant, *hic*.

6. Elle n'est pas non-plus tenue de prendre des conquêts en paiement, quoiqu'ils ayent été faits au temps du paiement de sa dot, ou peu de temps après, par la raison déduite sur l'art. 239, *suprà*, que *nemo invitus emit*, & qu'on ne doit pas nécessiter une pauvre veuve, qui n'a que sa dot, à prendre des fonds qui ne sont pas à sa bienséance, ou assez commodes, & qu'elle ne pourroit pas cultiver & faire valoir ; ce qui ne doit s'entendre que des cas où la femme n'auroit pas consenti à l'emploi : sur quoi voyez ce qui a été dit sur ledit article 239.

7. Il en est de la reprise du remploi ou récompense des propres de la femme aliénés, comme de la reprise de ses deniers stipulés propres, elle se prend avant part sur les effets de la communauté, & on ne la peut prendre que sur les biens du mari subsidiairement, en cas que les biens de la communauté ne soient pas suffisans : mais aussi, si la communauté n'est pas suffisante, le remploi de la femme se prend sur les biens propres du mari ; & la raison est que le mari ayant reçu le prix des propres de la femme, qui ont été vendus, il a eu les deniers en sa disposition, & qu'il en a fait ce que bon lui a semblé : d'où il s'ensuit que, s'il a dissipé les effets de la communauté, & qu'il ait consommé les deniers procédans des propres de sa femme, ensorte que la femme ne trouve pas de quoi s'indemniser & récompenser sur les biens de la communauté, il est

juste

Tit. XXI. DES GENS MARIÉS, DOTS, &c. Art. CCXLVIII.

juste que les biens du mari en répondent.

8. Mais on ne pourroit pas stipuler dans le contrat de mariage, que le remploi des propres aliénés de la femme sera pris sur les propres du mari, ou sur la part qu'il aura dans la communauté, parce que cela donneroit lieu aux avantages indirects : car un mari qui voudroit avantager sa femme, n'auroit qu'à l'obliger de vendre ses propres, le prix en entreroit dans la communauté où la femme a sa part; desorte que, s'il étoit permis de stipuler que le remploi du propre aliéné de la femme seroit payé par le mari seul, à chaque vente qui seroit faite des propres de la femme, elle profiteroit de la moitié de ce qui entreroit dans la communauté, & seroit outre cela remboursée d'ailleurs de la totalité du prix, aux dépens du mari. Dernusson, traité *des Propres*, ch. 4, sect. 4, n. 8.

9. Il ne faut pas raisonner du paiement du douaire préfix en rente ou deniers, & autres avantages faits par le mari à la femme en leur contrat de mariage, comme de la reprise des propres aliénés : le paiement ne s'en fait pas sur la totalité des biens communs, mais sur la part du mari, comme il est dit sur l'article 255, *infrà* ; par la raison que ce n'est pas une dette de la communauté, mais la dette particuliere du mari.

* Quant aux récompenses que les conjoints se doivent pour leurs dettes acquittées, qui n'étoient point de la communauté, pour augmentations, bâtimens faits sur leurs propres, & autres choses semblables, il y a cette différence entre ces récompenses & les reprises de deniers stipulés propres, & de ceux des propres aliénés en rentes rachetées, que ces reprises se prélevent avant tout partage sur les biens de la communauté, & que les récompenses ne se prennent que dans le temps du partage de la communauté, & qu'elles ne consistent proprement qu'en un remboursement de mi-deniers, qui, après la dissolution & partage de la communauté, se prend sur la part de celui qui doit la récompense, & sur ses autres biens. La raison de cette différence, c'est que les deniers stipulés propres, & ceux des propres aliénés, ou rentes rachetées, ne sont pas des effets de la communauté ; mais des propres, qui ayant toutefois été confondus dans la communauté, qui en a été augmentée ou présumée l'avoir été, en doivent être distraits avant tout partage, la communauté n'étant composée que des effets qui restent après ces distractions, au-lieu que les deniers qui occasionnent les récompenses de communauté sont des deniers qui ont été pris & tirés du fonds de la communauté, pour l'intérêt particulier de l'un des conjoints ; de maniere que dans le temps du partage de cette communauté, l'autre conjoint, pour conserver l'égalité, en doit prélever autant pour lui ; ou bien, après le partage de la communauté, il doit être remboursé de la part qu'il avoit dans ces deniers, sur la part du conjoint qui doit la récompense, ou sur les autres biens, si cette part ne suffit pas.

Suivant cette derniere opération, qui paroît la plus réguliere, ou la dette pour laquelle la récompense est due, est une rente qui a été acquittée, ou c'est une dette mobiliaire, qui, au moyen de la séparation de dettes, n'étoit point dette de communauté. Si c'est une rente, la moitié en étant éteinte au profit du conjoint débiteur qui l'a rachetée ; l'autre moitié, suivant l'article 244 de la Coutume de Paris, est un acquêt à l'autre conjoint, qui en peut prétendre la continuation, du jour de la dissolution de la communauté, jusqu'au rachat ; que si c'est une dette mobiliaire, le conjoint à qui la dette est due, prend le remboursement de la moitié du principal sur l'autre. Duplessis sur la Coutume de Paris, traité de la communauté, liv. 2, chap. 4, sect. 3.

L'hypothéque pour les récompenses de dettes acquittées, qui n'est nécessaire, à vrai dire, que quand elle se prend sur les propres de celui des conjoints qui la doit, est, selon que l'a observé M. Duplessis, *ibid.* celle des créanciers qui ont été acquittés. C'est aussi le sentiment de M. Lebrun, dans son traité de la communauté, liv. 3, chap. 2, sect. 1, dist. 5, nombres 15 & 16.

10. Notre article porte en termes positifs, qui ont été ajoutés pour Coutume nouvelle, que si le paiement des deniers du mariage, qui doivent sortir nature d'héritage à la femme, n'est pas fait par les héritiers du mari, ils seront tenus ès dommages-intérêts de la femme, mais sommation & protestation préalablement faites pardevant juge competent. La Coutume de Nivernois, titre 23, art. 18, y est encore précise : de-là nos commentateurs, qui nous ont laissé leurs écrits, ont pris occasion de décider que les intérêts de la dot ne couroient pas de plein droit, & sans demande judiciaire dans cette Coutume, tant contre le mari lorsqu'il doit rendre la dot, que contre ceux qui l'ont promise & qui ne l'ont pas payée. *Consulimus & judicamus*, dit M. Louis Semin notre article, *dote per patrem promissâ, interesse non deberi, si in Judicio non petatur ; quod Parisiis & alibi judicatur aliter.*

11. *Observatur*, dit M. Jean Decullant sur ces mots, par faute de paiement, *in hac Provincia, dum agitur de dote exigenda à parentibus, vel aliis, qui ex merâ liberalitate dotem constituerunt, scilicet quòd usuræ non debeantur citrà stipulationem, nisi ab eâ die quâ in Judicio fuerunt petitæ, quia liberalitatis non sunt usuræ : Ita vidi pluries judicari & responderi Molinis ; & ad hoc possumus ducere argumentum ex hoc paragrapho 248, quo statuitur viduam non consequi usuras in restitutione dotis, etiam quæ sortiebatur naturam immobilis, nisi interpellatione & protestatione priùs factâ coram Judice competenti, hæredi : & ita generum non habere majorem favorem in exigendâ dote, quàm viduam in repetitione ; quia si ille sustinet onera matrimonii, hæc jacet viro,*

Part. I.

Mmmmm

& bonis quibus se alat destituta, & minor est favor hæredis qui debet restituere, quàm ejus qui liberalitates constituit. M. Jean Decullant, *hic.*

12. M. Julien Brodeau, dans sa note sur notre article, rapportée dans le nouveau Coutumier général, est de même sentiment sur ces mots de notre article, *& intérêts de la femme :* de maniere, dit-il, qu'en cette Coutume, les deniers dotaux ne produisent point l'intérêt de plein droit, mais seulement du jour de la demande judiciaire, contre la disposition de droit & des arrêts.

13. Nos commentateurs ne parlent que d'une dot constituée en deniers ; car si elle avoit été constituée en immeubles ou héritages, ils conviennent que les intérêts en sont dus de plein droit sans demande judiciaire, pour tenir lieu des fruits ; & c'est pour cela qu'ils disent que les remplois des propres aliénés sont dus avec intérêts, du jour du décès, ainsi qu'il a été jugé par arrêt dans cette Coutume. *Tamen à die obitûs parentis,* dit M. Jean Decullant, *debentur usuræ sine interpellatione loco fructuum ; pariterque præstantur usuræ sine interpellatione, ab eo qui dotem constituit pro bonis jam quæsitis : quia tunc talis constitutio habet vim venditionis, cujus ratione ei loco fructuum, ipso jure debentur usuræ.* Jean Decullant, *hic.*

14. *Nota,* dit M. Jean Cordier, que du remploi des propres du mari & de la femme, aliénés pendant leur mariage, l'intérêt en est dû de sa nature, du jour du décès du prémourant, au profit du survivant, sans qu'il soit besoin d'aucune sommation, ni interpellation : ainsi jugé pour M. Delorme, contre demoiselles Françoise & Catherine Dubois, par arrêt du avril 1675, au rapport de M. Lebours. M. Jean Cordier.

15. A l'égard de la dot constituée en deniers, quoique la jurisprudence fût telle autrefois dans ce siége que l'assurent M^{rs}. Jean Decullant & Semin, & que la disposition de notre Coutume, au présent article, paroisse claire & précise, toutefois l'on pratique autrement aujourd'hui ; & la jurisprudence de cette Sénéchaussée est telle à présent, que le mari est en droit d'exiger de son beau-pere, sans condamnation, les intérêts de la dot qu'il a promise à sa fille ; qu'il en est de même, quand les deniers dotaux sont dus par les héritiers du mari, qui sont chargés de les restituer à la femme, l'intérêt en est dû du jour de la dissolution du mariage, sans demande en justice. On fait plus ; on étend cette jurisprudence à la reprise des deniers qui devoient entrer dans la communauté, dans le cas où la veuve renonce à la communauté, & qu'elle a droit de reprendre en renonçant, tout ce que son mari a reçu d'elle, ou à cause d'elle.

16. Cette reprise, suivant qu'on l'observe, est due avec intérêts, qui ont lieu du jour de la dissolution de la communauté ; & on considére les deniers que la femme met dans la communauté avec la faculté de les reprendre,

de même que les deniers dotaux ; on leur donne la même faveur, parce qu'ils n'entrent dans la communauté que sous une condition, c'est-à-dire, en cas d'acceptation de la communauté : de maniere que si la femme n'accepte pas la communauté, & qu'elle y renonce, ces deniers lui doivent retourner ; & que tous les deniers qu'une femme apporte en mariage, qui lui doivent retourner, sont également dotaux, & doivent par conséquent produire également intérêt au profit de la femme, du jour de la dissolution de la communauté. Voilà ce que j'ai toujours vu pratiquer, sans qu'on ait mis le contraire en question ; je l'ai même demandé à M^{rs}. nos conseillers, qui me l'ont assuré ainsi.

* Ce qui vient d'être dit des intérêts de la dot qui n'a pas été payée lors du mariage, n'a son application que dans le cas auquel un pere ou une autre personne constitue une dot indéfiniment, promettant de la payer, sans marquer le temps de son paiement ; auquel cas les intérêts en sont dus, à compter du jour de la bénédiction nuptiale, (Brodeau dit du jour du contrat de mariage,) quoique le mari n'en eût pas fait la demande en justice ; & cela pour deux raisons ; la premiere se tire de la faveur, nature & qualité de la dette, qui est destinée pour soutenir les dépenses du mariage, *quia omnia matrimonii onera sustinet, L. si quis pro uxore* 21, §. 1, *de donat. inter vir. & uxor...* La seconde, parce que la dot tient lieu de légitime & de portion héréditaire à la fille, & qu'en termes de droit, *fructus hæreditatem augent.* Brodeau sur Louet, lettre I, sommaire 10 ; & telle est la disposition du droit Canon, *cap. Salubriter de usuris,* qui autorise celle du droit François.

Mais si celui qui constitue la dot ne promet de la payer que dans un temps spécifié dans le contrat, on ne peut pas la lui demander, pas même les intérêts, avant que le terme soit expiré, à moins qu'il ne soit stipulé que les intérêts en seront payés pendant cet intervale de temps, qui doit précéder le paiement du sort principal de cette dot. Il faut s'en tenir à ce qui a été réglé & convenu, soit que la dot fût promise par le pere ou la mere, ou par d'autres personnes, parce que les conventions du contrat acceptées par le mari, sont sa loi : ce qui est conforme à ce qui a été jugé par arrêt du parlement de Paris, du 24 mai 1633, de relevée, prononçant M. le président Bellievre, rapporté par Bardet. Par la sentence dont étoit appel on n'avoit adjugé à l'appellante l'intérêt d'une somme de deux mille livres constituée en dot, que du jour de la demande judiciaire de cette somme ; pour moyen d'appel, on dit qu'on avoit dû adjuger l'intérêt de cette somme dès le jour du terme échu, *propter onera matrimonii,* suivant la jurisprudence des arrêts, conforme à la disposition du droit écrit. La cour mit l'appellation & ce dont étoit appel au néant ; émendant, condamna l'intimé à payer l'intérêt de cette somme promise en dot, dès le jour du terme de payer échu, & aux dépens. C'est ce qui est rapporté par Bardet, tome 2, livre 2, chapitre 32. Tel est aussi le sentiment de Brodeau, au lieu cité, sur Louet, lettre I, sommaire 10, nombre 7, où il dit que les intérêts de la somme promise par contrat de mariage, courent du jour du contrat, aut saltem, du jour que le terme du paiement de la somme promise est échu, quand il n'y auroit eu aucune stipulation, ni interpellation & demande judiciaire.

17. Au reste, la dot n'a pas de privilege parmi nous, mais une simple hypothéque commune; & cette hypothéque dépend du jour de sa constitution; desorte que la femme pour la restitution de sa dot, a hypothéque sur les immeubles du mari, du jour du contrat de mariage; s'il n'y a pas de contrat, elle a hypothéque du jour de la bénédiction nuptiale, & sur les meubles elle n'y a pas plus de privilege que les autres créanciers.

18. Et les intérêts dotaux ne sont dus de plein droit, sans qu'il soit besoin de les demander en jugement, que quand la femme en poursuit la restitution contre le mari ou ses héritiers; car si elle poursuit ses reprises contre un tiers détempteur, elle n'aura ses intérêts que du jour de la demande, n'étant pas raisonnable qu'un tiers détempteur & possesseur de bonne foi, soit tenu de payer les intérêts de quelque chose que ce soit, avant qu'ils lui soient demandés. * Ainsi fut jugé en cette Sénéchaussée, au rapport de M. Pierre de Saint-Cy, le 23 avril 1736, au profit de dame Catherine de Farge, veuve du sieur Jean Loiseau, contre Pierre Besson, Marie-Anne & Magdelaine Grangiers, & ce, conformément à un arrêt du 11 avril 1598, qui a infirmé une sentence du sénéchal de Lyon, rapporté par M. Louët, lettre I, chapitre 10. Et tel est le sentiment de M^e. Brodeau sur M. Louet, ibid. de Bretonnier sur Henrys, tome 1, liv. 4, ch. 3, quest. 10, & de Lebrun, traité de la communauté, liv. 3, ch. 2, dist. 3, n. 36. Il en est de même des intérêts du préciput conventionnel, & autres titres lucratifs, stipulés en faveur de la femme dans son contrat de mariage, les intérêts n'en sont dus que du jour de la demande, comme l'a observé Lebrun, liv. 3 de la communauté, chap. 2, dist. 4, n. 19.

ARTICLE CCXLIX.

DOUAIRE coutumier & conventionnel a lieu, & échet après le trépas du mari, le mariage fait par paroles de présent, & est éteint & fini par le trépas de la femme.

De la naissance & fin du douaire.

1. LE douaire est acquis à la femme par la seule célébration du mariage; ainsi, si le mariage ayant été célébré, le mari est décédé d'une mort subite avant qu'il ait été consommé, le douaire est dû à sa veuve : c'est la disposition de notre Coutume au présent article, ainsi qu'il résulte de ces mots, *le mariage fait par paroles de présent*. C'est aussi la disposition de la Coutume du Grand-Perche, art. 117 ; de celle d'Angoumois, art. 82; de Ponthieu, art. 44, & autres. Tel est le sentiment de nos commentateurs, de Papon, du président Duret, de Jean Decullant, de Louis Semin, de M. Louis Vincent, & de M. Jean Cordier; & ainsi a été jugé en cette Sénéchaussée au mois de juin 1603, en confirmant la sentence du châtelain de Bourbon.

2. *Ex his verbis*, par paroles de présent, *sequitur*, dit M. Jean Decullant, *doarium deberi, statim post conjugium contractum, etiam ante concubitum*, ut notat hic Papon.... *Sic judicatum Molinis pro Joanna Bachelier, sponsâ Antonii* Raymond de Bourbon Larchambaud, *qui fuit occisus ipsâ die nuptiarum ante concubitum, huic enim doarium fuit adjudicatum*. M. Decullant, hic.

3. M. Louis Vincent a fait la même remarque, & rapporte la sentence rendue entre M. Raymond, appellant du châtelain de Bourbon, qui avoit adjugé le douaire à Jeanne Bachelier, veuve d'Antoine Raymond, intimée, lequel Raymond avoit été tué le soir de ses épousailles, avant que d'avoir couché avec ladite Bachelier.

M. le président Duret & M. Louis Semin s'expliquent de même, comme l'a observé M. Jean Cordier. *Itaque concubitus non desideratur*, dit M. Duret, sur ces mots, *par paroles de présent*.

4. Autre chose seroit, si le mariage n'avoit pas été consommé pour cause d'impuissance : auquel cas il s'agit de savoir si le mariage a été déclaré nul, ou s'il ne l'a pas été.

5. Si le mariage n'a pas été cassé, ou plutôt déclaré non-valablement contracté, & que la femme ait demeuré avec son mari, quoique constamment impuissant, d'une impuissance qui ne se pouvoit guérir; en ce cas elle est capable de douaire, & de ses autres conventions matrimoniales, ainsi qu'il a été jugé; par la raison que les héritiers du mari n'auroient pas bonne grace d'alléguer l'impuissance du défunt, pour faire déchoir sa veuve de son douaire & de ses autres conventions matrimoniales, puisqu'elle a bien voulu demeurer dans un mariage qu'elle pouvoit faire casser pour une cause qui la regardoit uniquement : on doit en ce cas louer sa modération, & non la priver des effets d'un véritable mariage, quoique véritablement il ait été nul dans son principe.

6. Mais si le mariage est déclaré nul pour fait d'impuissance, en ce cas il n'est dû aucun douaire à la femme ; car les conventions matrimoniales n'étant que des conséquences du mariage, & ne se pouvant trouver où ce sacrement ne se trouve pas, & où il n'y en a que l'ombre & la figure, il n'est point dû de douaire, quand le mariage est cassé pour fait d'impuissance, mais seulement des dommages & intérêts.

7. Il en est de même si le mariage a été non-valablement contracté, pour cause de quelqu'autre empêchement dirimant : en ce cas il n'est dû aucun douaire à la femme ; parce que, *Quod nullum est, nullum producit effectum*, si ce n'est toutefois que la femme fût dans la bonne foi, n'ayant aucune connoissance de l'empêchement au temps de la célébration du mariage ; comme quand une fille épouse, sans le savoir, un homme dont la femme est vivante, parce que sa bonne foi la rend capable de ses conventions matrimoniales ; & l'on juge tous les jours au palais, que la bonne foi d'un époux soutient son état, & celui de ses enfans. C'est la remarque de M. le président Duret.

8. La femme est douée, dit-il, *etiamsi matrimonium longo tempore non constiterit, sed momento fuerit solutum ; non tamen si minùs legitimè contractum arguatur, quod enim nullum est, aliquem effectum producere non potest : quod rectè macerandum puto, si mulier fuit in bonâ fide, & ignoraverit impedimentum justo errore, & matrimonium aliàs legitimè contractum ostenditur publicè & in facie ecclesiæ, quâ in specie notâ bonam fidem alterius ex conjugibus etiam ad prolem legitimam sufficere*. M. Duret, sur l'article suivant.

9. Douaire est dû à la femme, quoique sans dot, ainsi qu'il est dit dans l'article 190 de la Coutume de Blois, ou que la dot promise par ses parens, ou par elle-même, ou par d'autres, n'ait pas été payée, & même qu'elle l'ait constituée, sachant qu'elle n'en pouvoit pas faire le paiement. M. Charles Dumoulin, dans sa note sur ledit article 190 de la Coutume de Blois, & après lui M. le président Duret sur l'article suivant de notre Coutume, sont d'un sentiment contraire ; mais leur opinion n'est pas suivie, parce qu'il ne faut pas raisonner du douaire, comme les Romains faisoient de la donation *propter nuptias* : le fondement du douaire n'est pas la constitution de dot, mais la simple considération du mariage.

10. Le douaire, tant coutumier que conventionnel, a lieu & est dû après le décès du mari, comme il est dit dans notre article ; dans l'article 6 de la Coutume de Meaux ; en l'art. 70 de celle de Chaumont en Bassiny ; en l'art. 254 de celle de Poitou, & autres : mais il n'est jamais ouvert que par la mort naturelle du mari ; & en cas d'absence, de mort civile, de confiscations de biens du mari sans mort naturelle, la femme ne le peut demander, mais seulement une pension & provision sur les biens du mari. La raison est que la Coutume dit que le douaire ne commence que par le trépas du mari ; lequel mot ne se peut entendre que de la mort naturelle : de-là vient que l'on dit communément, que jamais mari ne paya douaire. Tel est le sentiment commun, tant des commentateurs de notre Coutume, que des autres docteurs ; de M. Louet, lettre D, somm. 36, de Brodeau, *ibid.* de Tournet, sur l'article 255 de la Coutume de Paris, & de la Thaumassiere sur la Coutume de Berry, tit. 8, art. 11 & 16.

11. *Morte civili*, dit M. Louis Semin sur notre article, *matrimonium non dirimitur, & doario in casu mortis convento, morte civili locus non est.... mortis enim nomine, naturalis intelligitur non civilis*. M. Louis Semin, *hic*. Tel est aussi le sentiment de M. Jacques Potier, sur l'article suivant.

12. Le douaire, dit notre article, constitué en contrat de mariage ou coutumier, n'a lieu que durant la vie de la femme, & par la mort d'icelle est fini & éteint ; de maniere qu'il retourne aux enfans du mari après le décès de la femme, comme héritiers de leur pere, & non comme douairiers, ou, au défaut d'enfans, aux héritiers collatéraux : si ce n'est toutefois que ce fût un douaire préfix sans retour ; auquel cas il demeure, suivant qu'il est porté en l'art. 255, *infrà*, & que nous le dirons sur cet article, en pleine propriété à la femme, sans restitution aux héritiers du mari. *Quoniam*, dit M. le président Duret, *textus non meminit de liberis, in Boïa ejusmodi doarium personale est viduæ, & ad liberos non transit, ut in simili notavit Mol. ad Conf. Bles. art.* 189, *etenim morte finitur usufructus*. M. Duret.

13. Le douaire coutumier ou conventionnel n'est éteint & fini que par le trépas de la femme, & elle en doit jouir pendant le cours de sa vie, comme il est dit dans notre article, & dans l'article suivant ; & de-là il suit que le douaire n'est pas éteint par un second mariage, *morte tantùm mulieris finitur*, dit M. le président Duret, *nec cessat per subsequens matrimonium, nisi aliter stipulatum*. M. Duret.

14. Il en est autrement, quand la veuve subit une mort civile par un bannissement perpétuel : elle perd alors son douaire sans ressource, & dès ce moment il demeure éteint & consolidé à la propriété, si c'est un douaire coutumier ; parce que tout usufruit finit, *maximâ & mediâ capitis diminutione*, §. *Finitur, inst. de usufr. L.* 16, *Cod. de usufr. & L.* 1, *ff. Quib. mod. usufr. amitt.* Lebrun, *des Succ.* liv. 2, ch. 5, sect. 1, dist. 2, n. 51. L'auteur des observations sur Henrys, plaid. 15.

15. La question est beaucoup plus difficile à l'égard de la mort civile qui arrive par la profession religieuse ; & il y a sur cela sentiment pour & contre. Mais ceux qui veulent que le douaire finisse par la profession religieuse, par la raison que, selon notre droit, les religieux sont morts au monde, & incapables de tous

Tit. XXI. DES GENS MARIÉS, DOTS, &c. Art. CCL. 417

tous effets civils, conviennent en même temps que la veuve ne pouvant faire plus d'honneur à la mémoire du défunt, & à ses héritiers, qu'en embrassant la vie religieuse, il est juste de lui laisser pendant sa vie son douaire, s'il est modique & qu'elle en ait besoin, ainsi qu'il a été jugé par arrêt du 23 janvier 1629, rapporté dans le journal des audiences, liv. 2, ch. 23 ; que s'il est considérable, il doit être réduit aux termes d'une simple pension ; & qu'enfin, si la veuve avoit d'ailleurs de quoi payer sa pension au couvent, il doit être jugé éteint par sa profession. Tel fut, selon M. François Menudel, le sentiment des avocats de Paris, qui furent consultés par dame Marie-Felix des Ursins, veuve du seigneur de Montmorenci : c'est l'une de ses remarques sur l'art. suivant, sur ces mots, *pour le cours de sa vie.*

16. *Et sic Professione viduæ non finitur usus-fructus*, dit M. Menudel, *attamen Advocati Parisienses consulti in causâ D. Mariæ-Felicis des Ursins, viduæ D. Montmorenci, responderunt doarium librarum passuum diminutionem, si dicta Domina profiteretur cum Monialibus Visitationis Sanctæ Mariæ hujusce Civitatis ; distinguendum enim esse, inter simplicia alimenta, quæ tolli non possunt profitenti, quandiù naturaliter vivit, & quod ei erogatum est ad honorem & manutentionem nominis defuncti, resecandamque fore majorem partem doarii, ubi Domina mundanis honoribus se & defunctum voluntariè spoliaret.* M. Menudel sur l'article suivant. Tel est aussi le sentiment de Lebrun, traité *des Succ.* liv. 2, chap. 5, sect. 1, dist. 2, n. 51 ; & tel est le mien.

ARTICLE CCL.

La femme est douée après le trépas de son mari, de la moitié de tous les héritages que le mari a le jour de son trépas mouvans de son estoc, & autres dont il est mort vêtu & saisi, excepté des conquêts ausquels ladite femme ne prend aucun douaire, parce qu'elle en a la moitié ; & a ledit douaire lieu, jaçoit que par le contrat de mariage ne lui soit aucun douaire constitué, pour d'icelle moitié jouir par le cours de sa vie, par maniere de douaire seulement, sinon qu'en traitant le mariage fût convenu de douaire préfix & conventionnel, auquel cas cesse ledit douaire coutumier ; & est saisie ladite femme & en possession dudit douaire, soit coutumier ou conventionnel après le trépas de son mari ; & si le mari avoit plusieurs Châteaux ou maisons, l'héritier aura & prendra le Châtel ou maison qu'il lui plaira, & la veuve l'autre, sinon qu'autrement fût convenu.

Où douaire a lieu.

1. Le douaire est coutumier, ou conventionnel & préfix, comme il a été dit dans la préface de ce titre, où il faut avoir recours.

2. Le douaire coutumier dans cette Coutume consiste en l'usufruit de la moitié de tous les héritages que le mari a le jour de son décès, mouvans de son estoc, & autres dont il est mort vêtu & saisi, excepté des conquêts esquels la femme ne prend aucun douaire, parce qu'elle en a la moitié. C'est la disposition de cette Coutume, au présent article, c'étoit aussi celle de l'ancienne Coutume, tit. 6, art. 6, & telle est celle de la Coutume du duché de Bourgogne, ch. 4, art. 6.

3. Sous le mot *d'héritages*, on y comprend toutes sortes d'héritages, même les fiefs. C'est la remarque de M. le présid. Duret, sur ces mots, de tous les héritages : *etiam feudalium*, dit-il, *quia moribus Galliæ instar patrimonialium reducta sunt, & horum in appellatione veniunt ea quæ lege, vel statuto, vel consuetudine deputata sunt, ut accedant, ut jurisdictio cohærens castro, & ejus patronatus, & collatio beneficiorum, & similia quæ sunt in fructu beneficii.* M. Duret, *hic.*

4. Il faut toutefois excepter les héritages taillables qui retournent au seigneur taillablier, faute d'héritiers qui ayent les qualités requises pour succéder esdits biens, esquels biens dans ledit cas la veuve ne prend aucun douaire. *Quid in taillabilibus*, dit M. le président Duret, *quæ viro mortuo sine hæredibus ex flatuto per caducitatem Domino acquiruntur, proclivius est ut doarium in his non habeat locum ; nam in generali concessione jura alterius non continentur, sed tantùm ea quæ spectant ad pasciscentem.... Nec movet etsi Dominus marito defuncto hæres extiterit, quia illi ut hæredi taillabilia delata non fuerunt ; nam & hæres non cogitur restituere, id quod ad eum pervenit, non ad hæredem....* M. Duret, *hic.*

5. Au surplus, dans le nombre des immeubles sujets au douaire coutumier, on comprend non-seulement les immeubles réels, mais encore les rentes foncieres & constituées. Tel est le sentiment de Lebrun, *des succes.* liv. 2, chap. 5, sect. 1, dist 1, n. 19 & 20 ; de Bacquet, *des droits de justice*, chap. 15, n. 40 ; de la Thaumassiere sur la Coutume de Berry, tit. 8, art. 11, & de M. Julien Brodeau dans sa note sur le présent article, rapportée dans le nouveau Coutumier général. Le châtelain de

Part. I.

Nnnnn

Moulins, dit Brodeau, ayant jugé par sentence du 7 mars 1644 contre demoiselle Françoise Rougnon, veuve de M. Claude Giraudet, conseiller à Moulins, au profit des héritiers du défunt, qu'elle n'auroit point son douaire coutumier sur les rentes constituées avant le mariage, ni sur l'office de conseiller, se fondant sur ce mot *héritages*; j'ai conseillé l'appel pour ce qui est des rentes seulement, & non point l'office, par les raisons que j'ai déduites sur M. Louet, lettre D, nombre 63, & sur la Coutume de Paris, art. 248 : Huquet, procureur, M. Benoise, rapporteur, en la premiere.

* M. Berroyer, dans sa note manuscrite sur le présent article, observe que l'appel dont parle Brodeau, fut distribué en la troisieme des enquêtes, & non en la premiere; il dit qu'il y intervint un arrêt interlocutoire, par lequel la cour ordonna qu'il seroit informé de l'usage, & qu'il seroit fait enquête par turbes, laquelle ne fut pas faite, parce que survint l'ordonnance de 1667, qui abrogea les enquêtes par turbes; que dans cet état le procès fut distribué en la même chambre à M. l'abbé Pucelle, & qu'il est demeuré indécis. Il ajoute qu'ayant été chargé par Claude Chrétien, sieur de Brialles, devenu héritier de ceux qui avoient succédé immédiatement au sieur Giraudet, conseiller, pour soutenir le bien jugé de la sentence, il avoit écrit pour la confirmation d'icelle.

Mais le sentiment de M. Brodeau me paroît préférable à celui de M. Berroyer; car, comme l'a très-bien observé Brodeau sur M. Louet, lettre I, sommaire 63, il ne faut pas s'attacher au mot d'*héritage*, dont usent presque toutes les Coutumes qui parlent du douaire, & ce, pour deux raisons; la premiere, parce que dans le temps de la premiere rédaction des Coutumes, on ne connoissoit autres biens immeubles que les héritages, les rentes étant biens nouveaux, peu connus & peu en usage dans ces temps-là. La seconde, c'est qu'en remontant à l'origine des douaires, on trouve que la femme est douée de la moitié de tous les biens immeubles que l'homme possede au jour qu'il l'épouse. L'ordonnance du roi Philippes Auguste, de l'an 1214, remarquée par Philippes de Beaumanoir, au titre 13 des douaires, par Chopin, L. 2 *de Mor. Parif.* titre 2, nombre 2, & par Pithou, sur l'article 86 de la Coutume de Troyes, regle le douaire des femmes à la moitié de tout ce que le mari a au jour du mariage. L'auteur du grand Coutumier rédigé du temps du roi Charles VI, au livre 2, chapitre 3, dit que la femme est douée de la moitié des biens du mari, fors des meubles; & l'ancien formulaire du rituel & cérémonial de l'église, porte que le mari doit dire à sa femme, lorsqu'il l'épouse, *De mes biens je te doue, &c.* Ce qui comprend, dit Brodeau, tant les héritages que les autres biens immeubles, comme sont les rentes. Brodeau sur Louet, en l'endroit cité.

6. Quant aux offices, il n'en est pas tout-à-fait de même, & ils ne sont réputés immeubles, (dit M. Denis Lebrun) en cette matiere, que subsidiairement, & au défaut d'autres biens sur lesquels le douaire puisse être assigné : telle est la jurisprudence des arrêts. Lebrun, *des succ. ibid.* Duplessis sur la Coutume de Paris, traité *des droits incorporels*, titre 4, chapitre 2, l'auteur des notes sur Duplessis, *ibid.* & Brodeau sur M. Louet, lettre D, somm. 63.

7. A l'égard des deniers réalisés & stipulés propres au mari dans le contrat de mariage, ils ne sont point sujets au douaire coutumier; parce que la réalisation n'a eu pour objet que l'exclusion de la communauté; qu'elle est toute renfermée dans cet effet, hors duquel les deniers réalisés conservent toujours leur qualité originaire de meubles. Tel est le raisonnement de M. Lebrun, *ibid.* n. 21, & de M. de la Thaumassiere sur la Coutume de Berry, tit. 8, art. 11.

8. Si le mari s'est ameubli des héritages par le contrat de mariage pour les faire entrer en communauté, ils ne sont point non plus sujets au douaire, parce que l'esprit des contractans n'est pas que ce qu'ils ameublissent, soit sujet au douaire; & cela, quoique la femme renonce à la communauté : à plus forte raison quand elle l'accepte, ne pouvant pas avoir deux titres lucratifs sur un même bien, suivant l'esprit de notre Coutume au présent article. Duplessis sur la Coutume de Paris, traité *du douaire*, chap. 2, sect. 1; Lebrun, *des succ.* liv. 2, chap. 5, sect. 1, dist. 1, n. 22.

9. Que si c'est la femme, dit Lebrun, *ibid.* qui ait fait l'ameublissement d'un de ses propres, elle n'aura pas non plus de douaire sur la part du mari; parce que cette part n'est qu'un acquêt au mari, & ne lui est pas propre de communauté; & qu'enfin la clause même d'ameublissement induit que le mari a droit en l'héritage à titre de communauté, & que la femme en est exclusse à titre de propre.

10. Mais tous les biens-immeubles acquis par le mari avant le mariage, ou qui lui sont échus durant icelui, à titre de succession ou donation, & qui lui sont propres, sont sujets au douaire; c'est ce qui résulte de ces termes de notre article, & *autres*, ainsi que l'a observé M. Jean Decullant sur ces mêmes mots : *Id est*, dit-il, *quæsita ante matrimonium, item immobilia quæ viro obvenerint jure successionis pendente matrimonio, & fiunt illi propria,* §. 276, *infrà; item donata per anticipationem successionis, & fiunt propria, item data ab extraneo eâ lege ut sint propria donatario,* §. 246 *stat. Parif. in quibus omnibus vidua capit doarium, quia hæc non communicantur.* M. Decullant, *hic.*

11. Quant à ce qui concerne les acquêts faits durant le mariage, ils ne sont point sujets au douaire de la femme, attendu, dit notre article, qu'elle prend la moitié desdits conquêts en pleine propriété, comme commune : desorte que dans le cas où la femme ne seroit pas commune par une clause du contrat de

Tit. XXI. DES GENS MARIÉS, DOTS, &c. Art. CCL.

mariage, exclusive de la communauté, elle est en droit de prendre son douaire sur lesdits acquêts. C'est l'observation de M. Charles Dumoulin, dans sa note sur le présent article, & après lui de M. le président Duret: *si lege conventionis nuptialis*, dit M. Duret, *in certis non participet, in iis doarium intercipit... Et ideo in acquestibus matrimonium præcedentibus doario locus erit.... Enim verò si non sit communis ab initio, quoniam in contrahendo matrimonio consuetudinariæ societati derogatum fuit, propius est ut in omnibus defuncti immobilibus, etiam quæstibus constante matrimonio ab eo factis, doarium obtineat; aliter atque si non communicet, quoniam vidua renuntiat, quia in specie doarium ab initio limitatum ex sequente renuntiatione augendum non est. Molin. hìc, ad verbum* MOITIÉ. M. Duret, *hìc*.

12. Il y a encore un autre cas dans lequel le douaire de la femme se prend sur la part des meubles & conquêts de la communauté appartenante aux héritiers du mari, c'est celui qui est exprimé dans l'article 256, *infrà*, comme nous le dirons sur cet article.

13. Le douaire n'est dû à la femme que des héritages dont la propriété appartient au mari, au temps de son trépas, comme dit notre article. *Quæ opinione domini possidet*, dit M. le président Duret, *aliter atque, si pignori acceperit, vel precariò rogaverit*. M. Duret, *hìc*.

14. De-là il s'ensuit 1°. que le douaire n'empêche pas que le mari ne puisse aliéner pendant sa vie les héritages sujets au douaire. C'est la remarque de M. Jean Decullant sur ces mots de notre article, DONT IL EST MORT VÊTU ET SAISI: *Itaque*, dit-il, *immobilia subjecta doario, possunt impunè & liberè alienari, pendente conjugio. Secùs est de doario præfixo, quod afficit immobilia, à die quo vir & mulier tabulas matrimonii scripserunt coram notario, quia stipulatio habita coram notario infert hypothecam.* Jean Decullant.

15. Il s'ensuit 2°. Que le douaire coutumier ne se prend pas de plein droit sur les biens du mari, s'ils sont substitués, parce qu'il n'est pas véritablement propriétaire, mais simplement usufruitier; toutefois, suivant la jurisprudence des arrêts, ils peuvent y être sujets subsidiairement au défaut d'autres biens, ainsi qu'il sera expliqué sur l'article 261, *infrà*.

16. Le douaire coutumier a lieu par la force de la disposition de la Coutume, comme il est dit dans notre article; ainsi, quand le douaire n'a pas été réglé entre les mariés, soit parce qu'il n'y a pas eu de contrat, soit parce qu'il a été omis, il est réglé par la Coutume, qui est le contrat public de la Province: c'est ce que le parlement de Paris a décidé par son arrêt rendu en faveur de dame Catherine Dubuisson, pour lors veuve d'Antoine de Chamfeu, écuyer, seigneur, baron du Breuille, contre ses héritiers qui soutenoient qu'elle ne pouvoit ni prendre part dans la communauté, ni avoir aucun douaire; sur ce fondement qu'il n'y avoit point eu de contrat de mariage, ainsi qu'il a été rapporté sur l'article 233, *suprà*, où il faut avoir recours.

17. Mais ce douaire coutumier peut être diminué par une clause du contrat de mariage; la disposition de l'homme fait en ce cas cesser la disposition générale de la loi, avec d'autant plus de raison, que notre Coutume dans le présent article autorise précisément le douaire préfix & conventionnel, & qu'il y est dit que le douaire préfix fait cesser le douaire coutumier: de manière que dès le moment qu'il y a un douaire préfix stipulé par le contrat de mariage, la femme est obligée de s'y tenir, & ne peut plus demander le coutumier.

18. Le douaire préfix stipulé par le contrat de mariage fait cesser le douaire coutumier, non-seulement pour les biens situés dans cette province, mais encore pour ceux situés dans les autres provinces où le douaire préfix a lieu. La raison est que le douaire préfix tient lieu du coutumier, & que la disposition de l'homme fait cesser celle de la loi. C'est la remarque de M. le président Duret, sur ce mot de notre article, CESSE: *Etiam in bonis*, dit-il, *sitis in aliis Provinciis in quibus doarium consuetudinarium habet locum..... Quoniam specialis provisio generalem cessare facit.* M. Jean Decullant a fait la même remarque: *Cessat*, dit Decullant, *doarium statuarium, ubi datur præfixum, etiam in aliis Provinciis in quibus statuarium locum habet, est enim loco consuetudinarii.* Mrs. Duret & Decullant, *hìc*.

19. Il est nécessaire de convenir du douaire préfix *nominatim*, par le contrat de mariage, pour que le douaire coutumier n'ait pas lieu: & il ne suffiroit pas au mari de donner à sa femme une somme pour une fois payée, pour tous droits & avantages; une telle stipulation n'emporte pas l'exclusion du douaire, ainsi qu'il a été jugé par arrêt dans cette Coutume. C'est la remarque de M. Jean Decullant, & après lui de M. Decullant, son fils.

20. *Hæc mota fuit quæstio*, dit M. François Decullant, *inter liberos primi matrimonii domini* Charbonnier, *& secundam ejus uxorem, viduam, cui in tabulis connubialibus vir, pour tous droits & avantages, concesserat mille libras: Curia ei insuper adjudicavit doarium, Arresto dato mense Aprili anni* 1639, *infirmando Sententiam Seneschalli Molinensis. In eadem hipothesi*, dit encore M. Decullant, *Curia eadem idem judicavit Arresto 6 Septembris* 1642, *in favorem viduæ D. Consiliarii* Giraudet, *cui vir, pour tous droits & avantages, concesserat tres mille libras. Et nota in his duabus tabulis nullam fuisse societatem initam, sed expressè societati statuariæ renuntiasse nubentes: quare censebantur dictæ summæ loco emolumenti societatis; & hæc verba, pour tous droits & avantages, intelliguntur de iis quæ à viro procedunt, non quæ à Statuto; & ut Statuto derogetur, & viduæ doarium denegetur, requiritur specialis renuntiatio.... Undè ad exclusionem doarii oportuisset sic fuisse stipu-*

latum, pour tous droits de douaire & avantages. *In utraque causa, pro dictis viduis, fuerat Advocatus D. Joannes* Decullant, *& Arresta vidisse testatur.* M. Decullant, fils.

21. M. Bordel, sur le présent article, a fait la même remarque, & cite l'arrêt rendu contre les héritiers du sieur Giraudet : *Qui contrahit*, ajoute-t-il, *imputare sibi debet, si non diligenter caveat, ne fiat ejus conditio deterior, cùm id omne quod sua privatim interest, in manu sibi sit.*

22. Au-reste la femme peut renoncer au douaire par son contrat de mariage ; car quoique le douaire soit légal, il ne l'est pas plus que la communauté l'on peut néanmoins exclure dans le contrat : joint qu'en tout cela il ne s'agit que d'un intérêt particulier, auquel on peut renoncer ; d'autant plus que dans cette Coutume le douaire n'est point propre aux enfans, & qu'enfin cela se stipule dans un temps où il n'y a pas de droit acquis, & où la femme a eu la liberté de contracter ou de ne pas contracter à cette condition, sachant que le mari ne contracteroit pas autrement : ainsi jugé par arrêt rapporté par M. Lebret, livre 1, décision 4. Et tel est le sentiment de Coquille, quest. 130 ; de la Thaumassiere sur la Coutume de Berry, titre 8, article 11, & de Lebrun, *des Successions*, livre 2, chapitre 5, section 1, distinction 1, n. 1 ; mais il faut pour cela que la renonciation soit expresse.

23. Dans le cas où la femme est douée d'un douaire, soit coutumier ou préfix, notre article & l'art. 7 du titre sixieme de l'ancienne Coutume, portent qu'elle en est saisie & en possession après le trépas de son mari : c'est aussi la disposition de la Coutume d'Auvergne, titre 14, article 11, & celle de la Coutume de Berry, titre 8, article 16. Et de-là se suit que la veuve, dès le moment du décès du mari, gagne non-seulement les revenus des immeubles & les arrérages des rentes qui servent de fonds au douaire, ainsi qu'il est porté en l'article 256 de la Coutume de Paris ; mais encore les intérêts de la somme promise & stipulée pour le douaire préfix au contrat de mariage. C'est la remarque de M. Genin, fils, sur le présent article, le sentiment de M. de la Thaumassiere, sur la Coutume de Berry, audit titre 8, article 16, & de M. Prohet, sur celle d'Auvergne, sur le titre 14, article 11. *Undè igitur mulier*, dit M. Genin, sur ces mots de notre article, ET EST SAISIE, *statim à die mortis facit fructus suos, & currunt usuræ, sine ulla stipulatione, posito quòd non assignetur pensio annua, sed pro ipsa pensione certa summa semel solvenda constituatur.* M. Genin, fils.

24. Ainsi a été jugé le premier février 1726, par sentence rendue au rapport de M. Berault, en cette Sénéchaussée, entre demoiselle Marie Tourret, veuve d'un nommé Desvaux, d'une part ; & Jean Bouquerat, & Jean Taillefert Dozon, héritiers bénéficiaires du fils dudit Desvaux, d'autre part : par laquelle on adjugea à ladite demoiselle Marie Tourret les intérêts d'un douaire préfix d'une somme de douze cents livres, à compter du jour du décès de son mari. Lesdits Taillefert & Bouquerat soutenoient que s'agissant d'un douaire préfix en une somme de deniers pour une fois payée, les intérêts n'en étoient dus que du jour de la demande. La demoiselle Tourret soutenoit au contraire que le douaire préfix tenant lieu du douaire coutumier, & l'un & l'autre saisissant la veuve du jour du décès du mari, les intérêts en étoient dus du jour du décès, sans qu'il fût besoin de demande : & ainsi fut jugé, moi présent au jugement ; & tel est le sentiment de M. Denis Lebrun, traité *des Successions*, liv. 2, chap. 7, sect. 4, n. 1 & 2, où il dit, après Lalande, sur l'article 219 de la Coutume d'Orléans, que tel est aussi l'usage au présidial d'Orléans, de donner les intérêts du douaire préfix du jour du décès du mari.

25. Ce qui est dit au présent article à la fin, par Coutume nouvelle, sur le choix qui est donné à l'héritier par préférence à la veuve, de la maison ou château, est expliqué sur l'article 258, *infrà*.

ARTICLE CCLI.

De douaire sur douaire. DOUAIRE sur douaire n'a point de lieu tant que le premier dure ; toutefois la femme a recours & action pour être récompensée dudit second douaire, contre les héritiers ou détempteurs des biens de ceux qui l'ont constitué.

1. L'Article 9 du titre 6 de l'ancienne Coutume, contient une disposition semblable. Ces deux articles, comme l'a remarqué Dumoulin dans sa note sur le présent article, ne doivent pas être entendus du douaire préfix, constitué en une somme de deniers, mais bien du coutumier ou du douaire constitué en certains héritages. *De præfixo non loquitur*, dit Dumoulin, en parlant du présent article, *sed de consuetudinario, quando secunda uxor fuit decepta ; alioquin non habet recursum, neque pro convento, neque pro consuetudinario.* M. Charles Dumoulin, *hic*.

2. Il ne faut pas non plus appliquer la disposition de notre article à une femme qui a eu successivement plusieurs maris ; car elle peut avoir autant de douaires que de mariages, ainsi qu'il est dit dans l'article 114 de la Coutume d'Amiens, & qu'il a été observé par M. le président Duret : *Mulier*, dit-il, *quæ pluribus*

pluribus successivè nupsit, plura doaria habere potest. M. Duret, *hic*.

3. Mais notre article doit être entendu de différens douaires, assignés sur les mêmes héritages, au profit de différentes femmes ; ce qui peut arriver, selon qu'il est porté en l'article 464 de la Coutume de Bretagne, & 308 de celle d'Anjou, quand il y a deux femmes veuves qui ont été mariées, l'une au pere & l'autre au fils. *Et quod hic textus*, dit M. le président Duret, *de doario super doario loquitur, intelligendum de doariis super eadem re diversis personis assignatis*.

4. Dans ce cas il faut qu'il arrive de deux choses l'une, ou que la femme dont le douaire est postérieur, ait recours & action pour être récompensée de son second douaire, contre les héritiers de ceux qui l'ont constitué, comme le dit notre article, ou que son douaire ne commence que quand le premier finit, conformément à l'article 261, *infrà*. *Attende*, dit M. Louis Semin, *quòd doarium consuetudinarium ususfructus est, quemadmodùm etiam doarium conventum & præfixum in certo corpore : Atqui ususfructus perceptio duobus in solidum competere non potest, ita & doarium in eadem re duabus viduis in solidum, salvo secundæ viduæ in hoc deceptæ recursu contrà hæredes ejus qui doarium constituit. Nec multùm erat necessarius hic paragraphus, quandoquidem prior vidua tempore, potior debet esse jure, & ita secundæ præferri, & hoc est quod Molin. hic sibi vult, dicens secundam viduam non deceptam recursum non habere, sive pro consuetudinario, sive pro convento ; decepta autem videtur, cùm doarium ei assignatum est in re in qua alia mulier doarium habebat.* M. Louis Semin, *hic*.

ARTICLE CCLII.

LA FEMME est tenue d'entretenir son douaire en l'état qu'elle l'a trouvé, & aussi l'entretenir de clôtures, couvertures, huis, planchers, fenêtres, & autres menues réparations, & le propriétaire doit soutenir les fondemens, murs, poutres, chevrons, & autres choses qui sont communément de plus longue durée que la vie d'un homme, & sont les cheminées, & non le contrefeu, comptées pour gros mur ; aussi est ladite Douairiere tenue de payer les charges réelles que doivent les choses sur lesquelles elle a fondit douaire.

Charge de la Douairiere.

1. LA veuve douairiere, comme tout usufruitier, est tenue de conserver les choses dont elle a l'usufruit à titre de douairiere, & d'en avoir le même soin que prend un bon pere de famille, de ce qui est à lui, comme il est dit dans la loi 65, ff. *de usufructu*. *Vidua tenetur*, dit M. le président Duret, & après lui M. Louis Semin, *ad eadem onera, qua ususfructuarius, & si negligat, Prætore autore, ad hoc compelli potest*. M^{rs}. Duret & Semin, sur ces mots de notre article, *est tenue*.

2. Notre Coutume, dans le présent article ; l'ancienne Coutume, en l'article 8 du titre 6, & celle de Nivernois dans l'article 4 du ch. 24, disent que la veuve douairiere doit entretenir son douaire en l'état qu'elle l'a trouvé : ce qui forme un engagement à la veuve douairiere de faire les réparations que la Coutume de Paris, article 262, & celle d'Orléans, article 222, appellent *viageres & d'entretenement*.

3. Notre article & l'article 4 du chapitre 24 de la Coutume de Nivernois expliquent quelles sont ces réparations viageres & d'entretenement, par rapport aux bâtimens, & disent que ce sont celles qui concernent les clôtures, couvertures, huis, planchers, fenêtres, & autres semblables que notre Coutume & celle de Niv. qualifient de menues réparations ; mais qu'elles auroient dû qualifier, dit M. François Menudel, de réparations viageres & d'entretenement. *Meliùs dixissent Statuentes*, dit M. Menudel, ET AUTRES VIAGERES, au lieu de ces mots, ET AUTRES MENUES RÉPARATIONS : *Nam hic paragraphus*, ajoute-t-il, *videtur confundere* LES MENUES ET VIAGERES RÉPARATIONS.... Car, selon que l'a observé Loiseau, *du déguerpissement*, liv. 5, ch. 8, n. 7, il y a trois sortes de réparations : savoir, les menues, dont est tenu le simple locataire par la nature de son bail ; les viageres, dont sont tenus les usufruitiers, & douairieres ; & finalement les perpétuelles qui regardent l'utilité perpétuelle de la chose, desquelles sont chargés les propriétaires. M. Menudel, sur ces mots de notre article, *menues réparations*.

4. La veuve douairiere n'est tenue que d'entretenir les clôtures, couvertures, huis, planchers, & faire les autres réparations viageres, mais non pas de les refaire tout à neuf. C'est l'observation de M. Guy Coquille, sur ledit article 4 du ch. 24 de la Coutume de Nivernois ; de M. le président Duret & de M. Louis Semin, sur notre article, sur ces mots, ENTRETENIR DE CLÔTURES. *Idque*, disent M^{rs}. Duret & Semin, *si doarium clausum, & coopertum sit, quia de novo claudere, & cooperire non tenetur*.

5. La difficulté est de savoir si la douairiere est tenue des réparations viageres & d'entretenement, qui sont à faire lors de l'ouverture

Part. I.

du douaire, ou, s'il faut lui donner le fonds en bon état de ces réparations, afin qu'elle soit tenue de les entretenir & rendre en pareil état. La raison de douter vient du mot *entretenir*, dont notre Coutume, celle de Paris, & autres se servent. M. Claude Dupleffis sur la Cout. de Paris, *traité du douaire*, ch. 3, sect. 4, se propose cette question, reconnoît qu'elle souffre bien de la difficulté, & toutefois estime que la veuve est tenue même de celles-là.

6. La veuve douairiere est tenue non-seulement des réparations viageres & d'entretenement, qui concernent les maisons & bâtimens; mais encore de celles qui regardent les héritages; & elle doit, à l'égard des terres, prés & bois, les entretenir en labeur & valeur, comme dit l'article 38 de la Coutume de Laon, & sans couper les bois & autres que ceux qui sont en coupe ordinaire, ainsi que le dit la Coutume de Normandie, article 375, & que nous le dirons sur l'article 262 & 264, *infrà*; & elle est obligée de restituer tous ces fonds en bon état de ces réparations, sans distinguer de quelle maniere elles sont arrivées.

7. La douairiere n'est tenue que des réparations viageres & d'entretenement, & les grosses réparations, les réparations de rétablissement ne sont pas à sa charge, & regardent le propriétaire, qui (aux termes de notre article) doit soutenir les fondemens, murs, poutres, chevrons, & autres choses qui sont communément de plus longue durée que la vie d'un homme: mais la douairiere est obligée d'avertir le propriétaire, des grosses réparations qu'il y a à faire; car elle doit veiller à ce que les réparations nécessaires se fassent, & ce soin la regarde. *Vidua*, dit M. le président Duret, *proprietario denuntiare debet*; *alias hoc nomine tenetur, quia omnis cura & sollicitudo refectionum ei incumbit*.

8. Si toutefois la douairiere avoit donné lieu à ces grosses réparations par sa faute, & faute de faire les menues réparations & d'entretenement, elle en seroit tenue, ainsi que l'a observé Coquille sur la Coutume de Nivernois, ch. 24, art. 4, & après lui M. Menudel, sur le présent article.

9. Mais si les bâtimens tombent en ruine durant la jouissance du douaire, par vieillesse ou force majeure, c'est une question, si l'héritier du mari est tenu de les rétablir pour faire jouir la veuve de son douaire, & si elle a action contre lui. Tournet, sur l'article 262 de la Coutume de Paris, rapporte un arrêt du 13 mai 1553, par lequel il dit la négative avoir été jugée; & tel est son sentiment: tel est aussi celui de M. Menudel sur le présent article, & de M. Dupleffis; parce que, dit Dupleffis, c'est une perte commune qui tombe également sur l'usufruit & sur la propriété, ce premier étant constamment une portion distraite de la derniere.

10. Il en est de même si lors du décès du mari les maisons sujettes au douaire de la veuve sont en mauvais état, & qu'elles ayent besoin de grosses réparations, qu'il y ait de gros murs abattus, que la coûverture en soit ruinée, & qu'enfin elles soient inhabitables; les héritiers du mari ne sont pas tenus de les rétablir. La loi *Sed cùm fructuarius* 65, au §. 1, ff. *de usufr*. dit qu'ils ne sont pas plus obligés de remettre les lieux en bon état pour le légataire de l'usufruit, que pour les légataires de la propriété: *Non magis hæres reficere debet quod vetustate jam deterius factum reliquisset testator, quàm si proprietatem alicui testator legasset*. La loi *Titius Mævio* 50 du même tit. & la loi 32, §. 5, ff. *de usufr. per legat.* y, sont aussi précises.

11. Outre l'obligation qu'a la veuve douairiere d'entretenir le douaire en l'état qu'elle le trouve, elle est en outre tenue de payer les charges réelles que doivent les choses sur lesquelles elle a son douaire. C'est la disposition de notre Coutume, au présent article; de celle de Nivernois, ch. 24, art. 4; de Melun, art. 242; de Châteauneuf en Thimerais, art. 60; de Meaux, art. 6, & autres: la raison est que *realia onera ad fructuarium pertinent, constante usufructu, secùs personalia*.

12. Par charges réelles on entend les cens & rentes foncieres réelles, comme dit la Coutume de Melun audit article, dus par l'héritage; parce que les fruits sont chargés de payer telles redevances: ainsi la douairiere est tenue de payer les arrérages courans des rentes foncieres. Pour la rente constituée à prix d'argent, quoique spécialement assignée sur l'héritage affecté au douaire, la douairiere n'en est point tenue de payer les arrérages; parce que l'obligation de telles rentes est principalement personnelle, & que l'hypothéque qui emporte réalité est seulement accessoire. C'est la remarque de Coquille, & après lui de M. François Menudel.

13. Les tailles, & autres impositions dues pour raison des héritages, doivent être aussi acquittées par la veuve douairiere, & même les charges d'arriere-ban, quoique casuelles & extraordinaires, parce qu'elles s'imposent à proportion des revenus du fief: *Quin etiam*, dit M. le président Duret, *ad retrobanum tenetur, & ad omnes collectas*. M. Duret sur ces mots, *charges réelles*.

14. En tous les cas dont il vient d'être parlé, la veuve douairiere ne peut pas être tenue des charges au-delà de l'émolument de son douaire, auquel elle peut renoncer, quoiqu'elle l'ait une fois accepté; & elle se libere par ce moyen de toutes les charges du douaire: mais il ne lui est pas permis chaque année de compter les fruits, pour régler les charges sur l'émolument de l'année. C'est l'observation de M. Denis Lebrun, *des Succ*. liv. 2, ch. 5, sect. 1, dist. 2, n. 48.

ARTICLE CCLIII.

ET peuvent lesdits propriétaires, douairieres, & chacun d'eux, faire visiter les choses immeubles tenues en douaire par autorité de Justice, à la conservation de leur droit, pour l'entretenement ou détérioration d'icelui.

1. Tout usufruitier qui reçoit certaines choses à la charge de les rendre, l'usufruit fini, les doit recevoir par autorité de justice, sous inventaire si ce sont des meubles, ou procès verbal, si ce sont des immeubles faits en présence de personnes intéressées, pour marquer en quoi elles consistent & en quel état il les prend, afin de régler ce qu'il devra rendre après l'usufruit fini, & en quel état il devra le rendre. C'est la disposition du droit en la loi 1, §. 4, ff. *usufr. quem. Cav.*

2. Ainsi non-seulement l'héritier du mari & la veuve douairiere peuvent faire visiter les fonds sujets au douaire, selon qu'il est porté en notre article, mais ils le doivent pour l'intérêt & la conservation de leur droit : *Imò & debent*, dit M. le président Duret, *hanc visitationem requirere, ut juri suo consulant, & faciliùs apparere possit per testationem in scripto redactam, quo in statu vidua doario frui incœperit, & ne, si ejusmodi præsens cognitio omittatur, probatio fiat difficilior.* M. Duret, *hic*.

3. Un autre engagement de l'usufruitier est de donner les sûretés nécessaires pour la restitution des choses données en usufruit, soit par sa simple soumission, ou en donnant bonne & suffisante caution. La Coutume de Paris, art. 264, veut que la délivrance du douaire se fasse à la veuve, à sa caution juratoire, au cas qu'elle ne se remarie pas, & qu'en cas de convol, elle soit tenue de donner bonne & valable caution : mais comme notre Coutume, en établissant le douaire de la veuve, ne l'oblige point précisément de donner caution, l'usage n'est point en cette province de la charger d'une obligation que la Coutume ne lui impose pas, sa personne étant favorable, & son état méritant de la protection, outre que les héritiers du mari doivent honorer en la personne de la veuve le souvenir d'un mariage bien concordant; & telle est l'observation de nos commentateurs, de M. le président Duret, de M. Jean Decullant, & de M^{rs}. Semin & F. Decullant.

4. *An vidua*, dit M. François Decullant, *debeat dare cautionem fidejussoriam pro doario, quæ datur ab usufructuario? Videtur primâ facie, quòd sic cùm doarium statuarium sit usufructus immobilium, quibus vidua debet licitè frui, tuta conservare, & satisfacere oneribus realibus, & jure civili usufructuarius debet hanc cautionem,* L. 1, *ff. usufr. quem. Cav.* L. 1, *Cod. de usuf. alioquin vidua minus solvendo posset abuti rebus subjectis doario, & non satisfacere Statuto. Conf. Parif. art.* 264, *non exigit cautionem à vidua quandiu remanet in viduitate, secùs si transeat ad alias nuptias; sententia contraria, scilicèt quòd vidua non teneatur satisdare, magis convenit huic nostro statuto, quia in Statutis omissa habentur pro omissis : Statutum autem cùm tribuerit usumfructum pro doario, non desideravit cautionem, sicut desideravit in donatione mutua, art.* 230 & 231, *suprà; ideòque non debet vidua onerari hac satisdatione, sive maneat in viduitate, sive non, etiamsi pro doario debeat frui certâ summâ in pecunia restituenda post obitum. Ita tenebat* D. *Guillelmus Duret in suis manuscriptis, ad hanc Consuetudinem, cujus verba summatim mox addentur : ita semper vidi practicari..... Leges suprà allatæ loquuntur de usufructu procedente ex dispositione hominis, quo casu cautio exigitur; secùs in usufructu qui Lege debetur, ut & in patre, sup. art.* 174, *nisi expressè requisita fuerit à Statuto, ut suprà §.* 230. *Sic habet* D. Semin *ad hunc paragraphum ; sic* Duret, *cujus hæc sunt verba : Cœterùm receptius est in vidua doarii causam habente, quamvis instar usufructuariæ obtineat, ut satisdare non teneatur, etsi doarium in pecunia numerata, & pecuniâ restituendâ constitutum sit.* M. François Decullant.

ARTICLE CCLIV.

FEMME ne prend pas de douaire sur la chose sur laquelle son héritage ou dot est assigné, sinon que ladite chose excédât sadite dot, auquel cas elle prendra le surplus, pour & en déduction de son douaire.

1. La Coutume de Nivernois, ch. 24, art. 12, & celle du duché de Bourgogne, ch. 4, art. 22, contiennent une disposition semblable; & pour l'intelligence de la disposition de ces Coutumes, il est nécessaire d'observer que dans les Coutumes de Bourgogne & Nivernois, & anciennement en celle-ci, le mari, pour la sûreté des deniers dotaux de sa femme, assignoit au paiement d'iceux, par une clause du contrat de mariage,

certains fonds particuliers, lesquels par cette destination particuliere, que l'on nommoit *assignal*, devoient servir au paiement de la dot: tellement que la femme, après le décès de son mari, dans les Coutumes de Nivernois & de Bourgogne, & même dans celle-ci, quand il y a clause pour cela dans le contrat de mariage, est saisie des assignaux à elle faits en particulier par son mari, pour les deniers de sa dot & de son mariage; & qu'elle fait les fruits desdits assignaux siens, sans le compter & imputer sur le principal; par la raison qu'ils tiennent lieu des intérêts dus pour raison de la dot. C'est ce qui est exprimé dans les articles 12 & 13 du chap. 23 de la Coutume de Nivernois, & dans l'article 17 du chapitre 4 de celle du duché de Bourgogne.

2. L'assignal dans notre Coutume est translatif de propriété, *revocabiliter tamen*, comme nous le dirons sur l'article 467, *infrà*: dans la Coutume de Nivernois, il a aussi l'effet de translation de propriété, & est, pour ainsi dire, une vente, puisque, si les héritiers du mari négligent pendant trente ans d'exercer la faculté qu'ils ont de retirer les héritages assignés, en payant le prix pour lequel ils ont été assignés, & les loyaux frais, comme il est dit dans l'article 12 du ch. 23 de la Coutume de Nivernois, la femme ou ses héritiers en demeurent propriétaires incommutables. Mais dans la Coutume de Bourgogne l'assignal n'est qu'un pur engagement, puisqu'on peut dans cette Coutume toutefois & quantes, même après trente ans, recouvrer l'assignal des deniers du mariage de la femme, en rendant les deniers assignés, comme il est dit dans l'article 18 du ch. 4 de cette Coutume.

3. Cette observation faite, c'est avec beaucoup de justice que notre Coutume, dans le présent article, & les Coutumes de Bourgogne & de Nivernois, dans les articles cités, ont décidé que le douaire ne pouvoit être pris sur l'assignal de la dot, sinon pour le surplus de sa valeur, la dot acquittée; car, comme la veuve, tant & si longuement qu'elle jouit de son assignal, au-lieu de ses deniers dotaux, en peut & doit être regardée comme propriétaire, du-moins jusqu'à concurrence d'iceux; il s'ensuit que si le prix des fonds assignés, c'est-à-dire, la valeur d'iceux, n'excéde pas les biens sujets à restitution, ils ne peuvent pas lui tenir lieu de douaire, mais bien l'excédant du prix, ou de la valeur desdits biens assignés, si aucun il y a; car nul ne peut être en même temps propriétaire & usufruitier d'une même chose. *Uxor autem fundi ejus*, dit Papon, *qui pro dote, aut ejus restitutione, ei assignatus est, dominium habet.... idque maximè cùm fructus suos faciat rei assignatæ, pignoratæ autem non faciat.... Igitur cùm dotalitium sit ususfructus, & sic servitus, assignale verò sit titulus proprietatis licèt revocabilis, quando volet hæres: fieri non potest ut ea simul cumulentur in eadem re, cùm sibi non conveniant.*

4. De cette maniere l'on voit que la disposition du présent article ne peut avoir lieu que dans le cas où la veuve jouit, après le décès de son mari, de certains fonds de sa succession, & qu'elle en fait les fruits siens en vertu d'une clause de son contrat de mariage, jusqu'à la restitution de sa dot. *Hunc articulum intellige*, dit M. Louis Semin sur le présent article, *cum vidua jure pignoris usque ad restitutionem dotis, utitur-fruitur, aliàs doario locus est indistinctè.* M. le président Duret avoit fait la même remarque avant lui: *Quoniam*, dit le président Duret, sur le mot ASSIGNÉ, *jure pignoris utitur-fruitur, ut suprà notavimus*, §. 248. M^{rs}. Duret & Semin, *hic*.

ARTICLE CCLV.

Du douaire qui demeure à la veuve.

DOUAIRE d'une somme de deniers pour une fois promis à une femme en son contrat de mariage, demeure à ladite femme, sans restitution aux héritiers du mari, après le trépas de ladite femme.

1. LE douaire dont il est parlé dans le présent art. est ce qu'on appelle *douaire préfix ou conventionnel*. Le douaire préfix ou conventionnel considéré en général, n'est autre chose que ce que les conjoints ont voulu stipuler par le contrat de mariage; savoir, ou un héritage certain, que le mari a constitué à sa femme pour son douaire, ou une rente, ou une somme de deniers à une fois payer.

2. Le douaire conventionnel & préfix peut excéder le coutumier, & il n'est réductible, qu'au cas de l'édit des secondes noces, ou au cas que la légitime des enfans fût blessée.

3. Le douaire préfix qui n'excéde pas le coutumier, n'est point réputé pour un avantage sujet à la réduction de l'édit des secondes noces, parce qu'il tient lieu du douaire coutumier que la Coutume donne à la femme, & qu'elle ne tient point de cette maniere de la libéralité du mari, mais de la disposition de la Coutume: *Doarium præfixum*, dit M. Jean Decullant, *concessum secundæ uxori, non adnumeratur inter lucra nuptialia quæ subjiciuntur Edicto secundarum nuptiarum, quia non ab homine, sed à Statuto tribuitur uxori, siquidem præfixum est loco consuetudinarii. Quid si hoc præfixum excederet doarii consuetudinarii valorem, quia hic excessus foret liberalitas à viro concessa, ideò talis excessus subjiceretur dicto Edicto secundarum nuptiarum.* Jean Decullant, sur l'art. 250, *suprà*.

* L'excès du douaire préfix qui le rend sujet
à

Tit. XXI. DES GENS MARIÉS, DOTS, &c. Art. CCLV.

à la réserve de l'édit, consiste, selon M. Denis Lebrun, en la quantité stipulée, ou en ce qu'on l'a stipulé sans retour, par la raison que la Coutume le rendant simplement viager à la femme, s'il lui devient propre, en vertu d'une convention particuliere, c'est un effet, comme l'a observé Ricard, de la libéralité du mari. Lebrun, des succ. liv. 2, ch. 6, sect. 2, dist. 1, n. 8; & Ricard, des donat. 3 part. chap. 9, gl. 5, n. 1343.

4. Le douaire préfix, comme il a été dit sur l'art. 250, *suprà*, fait cesser le douaire coutumier; mais peuvent les conjoints convenir dans le contrat de mariage que la femme aura le choix de prendre le douaire coutumier ou préfix, ainsi qu'il est dit dans l'art. 261 de la Coutume de Paris : & quand cela est ainsi stipulé, la femme a l'option du douaire coutumier ou du préfix; mais dès qu'elle a consommé son choix, elle ne peut plus varier, ainsi qu'il a été jugé par arrêt. Duplessis, sur la Coutume de Paris, traité *du douaire*, ch. 2, sect. 2.

5. Le douaire préfix d'une somme de deniers, dit notre article, est propre à la femme, & il lui demeure sans restitution aux héritiers du mari, après son décès. Telle est aussi la disposition de la Coutume de Sens, art 169, & de celle d'Auxerre, art. 214; tellement qu'après le décès de la femme il passe à ses héritiers.

6. Notre art. ne parle que du douaire préfix d'une somme de deniers; mais sa disposition doit s'appliquer au douaire préfix de quelqu'autre chose mobiliaire, suivant que le disent les Coutumes de Sens & d'Auxerre aux articles cités. C'est la remarque de M. le président Duret, sur notre article, sur ces mots, SOMME DE DENIERS, *vel alterius*, dit-il, *rei mobilis*, *Conf. Senon.* §. 169. M. Duret, *hic*.

7. Le douaire préfix, soit en rentes, ou deniers ou autres choses mobiliaires, se prend sur les biens du mari, ou sur sa part de la communauté, hors part & sans confusion de celle qui appartient à la femme, suivant l'art. 260 de la Coutume de Paris. La raison est que le douaire préfix tient lieu du coutumier, qui est assigné par la Coutume sur les biens du mari; de maniere qu'il ne se peut prendre que sur ses propres, ou sur sa part dans la communauté, & non sur la totalité des biens communs, d'autant que ce n'est pas une dette de la communauté, mais la dette particuliere du mari.

8. Le douaire préfix, quand il y a don mutuel, ne se confond point avec le don mutuel; & la veuve qui jouit à titre de don mutuel, de la part de la communauté appartenante aux héritiers du mari defunt, prend son douaire préfix sur les autres biens sans diminution ni confusion, comme il est dit dans l'art. 257 de la Coutume de Paris. La raison est que, comme le douaire coutumier n'est point compris dans le don mutuel, parce qu'il se prend sur les propres du mari, & le don mutuel sur les biens de la communauté, aussi le douaire préfix n'y

doit pas être compris, tenant lieu du coutumier.

9. Quant à la question, quelle Coutume il faut suivre pour juger si un douaire préfix est propre ou viager, & s'il est propre aux enfans ou non; ou celle du domicile du mari qui l'a constitué sur ses biens, qui est aussi le domicile de la femme, ou celle du lieu où le contrat de mariage a été passé, ou celle des héritages qui y sont obligés, il faut distinguer : ou le douaire préfix a été stipulé en corps d'héritage, ou il n'a été stipulé qu'en rente, ou en une somme de deniers à une fois payer.

10. Le douaire convenu en corps d'héritage se régle, dit Duplessis, par la loi du lieu où les héritages sont situés. Duplessis, dans un écrit pour madame Lelievre, imprimé à la fin de ses traités sur la Coutume de Paris.

11. Mais pour celui qui est stipulé en rente, ou somme de deniers à une fois payer, on suit la Coutume du lieu où le contrat de mariage a été passé, quand le mari y a son domicile : ainsi a été jugé par arrêt rapporté par M. Bouguier, lett. D, somm. 16, & par M. Julien Brodeau, sur M. Louet, lett. R, somm. 31; & tel est leur sentiment, celui de M. Bretonnier sur Henrys, tome 1, liv. 4, chap. 6, quest. 105, & des auteurs par lui cités. La raison qu'on en donne, c'est que le douaire étant incommutablement acquis à la femme dès le jour de son contrat de mariage & de la bénédiction nuptiale, il n'est pas au pouvoir du mari ni en sa liberté, de le changer, altérer ni diminuer, par translation de domicile ou autrement, par la raison qu'il tromperoit sa femme & sa famille.

12. Mais, si le mari n'a dans le lieu où il contracte qu'un domicile passager, ou s'il contracte comme forain, c'est-à-dire, étant de présent en ce lieu, & qu'il ait son véritable domicile ailleurs & dans une autre Coutume; c'est en ce cas une question si on doit avoir égard, pour régler la nature du douaire préfix, à la Coutume du lieu où le contrat a été passé, ou à celle du domicile du mari; & cette question partage les sentimens. Toutefois le sentiment de ceux qui disent qu'il faut avoir égard à la Coutume du domicile, me paroît le mieux fondé; par la raison qu'il faut faire la distinction des simples solemnités de l'acte, d'avec sa substance & ses dispositions. A l'égard des solemnités, on suit à la vérité la Coutume du lieu où l'acte est passé; mais quant aux dispositions & à la substance, elles ne se réglent que par la loi du domicile, ou par celle de la situation des biens. Duplessis & Bretonnier, aux endroits cités. * M. Espiard, qui a très-bien traité cette question dans l'adition quarante-huitieme, sur le traité des successions de Lebrun, édition quatrieme, se déclare aussi pour ce sentiment, & il répond à un arrêt rapporté dans le premier tome du journal des audiences, qu'il date du 28 mai 1633, au lieu qu'il est sous la date du 18 mai 1629, dans le journal des audiences, imprimé en 1733, qui a jugé

à ce qu'on prétend, que pour savoir si le douaire devoit être à vie seulement, ou sans retour, on devoit suivre la Cout. du lieu où le contrat avoit été passé, lorsque la femme y avoit alors son domicile, & non celle du lieu où le mari étoit domicilié dans ce temps-là. C'est aussi le sentiment de M. Froland, dans ses mémoires, concernant la qualité des statuts, ch. 14 ; & ainsi fut délibéré dans la consultation trente-unieme de M^{rs}. les avocats du parlement de Paris, rapportée dans le second tome du commentaire de Duplessis, sur la Coutume de Paris, édition de 1728, où l'on rapporte, pour autoriser ce sentiment, deux arrêts du parlement, l'un du 21 mars 1690, rendu en la quatrieme des enquêtes, au rapport de M. Portail ; & l'autre du 21 février 1699, rendu au rapport de M. Godard, en la premiere chambre des enquêtes.

Mais ces décisions ne peuvent avoir lieu que dans le cas où le douaire préfix se trouve accordé, sans en avoir réglé les qualités, & sans soumission à aucune Coutume ; car le douaire préfix supposant nécessairement un contrat de mariage, puisqu'il ne peut être fondé que sur la convention, par laquelle on a déterminé un douaire autre que le coutumier, en le réglant plus fort, ou moindre, d'un corps certain d'héritage, d'une telle terre, d'une somme ou d'une rente à prendre sur tous ses biens, si dans le même temps on a pourvu dans le contrat à en régler les qualités, c'est-à-dire, s'il sera viager à la femme, ou s'il passera aux enfans, & s'il sera sans retour, la convention sur toutes les qualités sert de régle, en quelques pays ou Coutumes que les biens sujets au douaire & qui lui sont affectés & hypothéqués, soient situés ; sur-tout si le douaire préfix n'excéde pas la quotité que certaines Coutumes ne permettent pas d'excéder ; car n'y en ayant aucune qui défende aux contractans de régler ces qualités d'une maniere différente de celle en laquelle elles les ont déterminées, il s'ensuit qu'on y peut facilement déroger dans un contrat de mariage.

Il en est de même quand le contrat de mariage contient une soumission générale à une certaine Coutume pour toutes les conventions qui y sont dirigées, ou une soumission particuliere, dans la clause du douaire : en ce cas, cette Coutume doit servir de régle, & doit être considérée comme transcrite dans le contrat même.

13. Ceci ne regarde que le douaire préfix ; car pour le douaire coutumier, il ne se régle pas par la Coutume du lieu où le contrat de mariage a été passé, ni par la Coutume du domicile des deux conjoints ; mais par celle du lieu où les héritages sont situés : d'où il résulte que le douaire coutumier de la femme peut être différent, suivant les diverses Coutumes, où les héritages du mari sont situés ; que dans les unes il sera de la moitié, dans les autres du tiers. Delhommeau, *max. du droit fran-* *çais*, liv. 3, art. 60 ; Argout, *inst. au droit français*, liv. 3, ch. 10 ; de Ferriere, *inst. Cout.* tome 2, liv. 3, tit. 4, art. 9.

14. Quand le douaire préfix est conditionnel, & que la femme, par exemple, a été douée de 1500 liv. en cas de non enfans, ou iceux défaillans, & de celle de 300 liv. en cas d'enfans ; c'est une question, comment ce douaire doit être réglé, & s'il faut pour que le douaire de 1500 liv. ait lieu, que les enfans soient décédés avant le pere : de maniere que s'il y a eu un enfant qui ait survécu le pere, la femme ne doit être douée que de la somme de 300 liv. quoique l'enfant soit décédé peu de jours après son pere. Cette question s'est présentée en ce siége différentes fois ; & il y a été décidé, que pour donner lieu au douaire de 1500 liv. il étoit nécessaire que l'enfant décédât avant le pere, & que c'étoit au temps du décès du mari que la condition se vérifioit ; parce que c'est le décès du mari qui donne ouverture au douaire, & que dès ce moment la veuve en est saisie : ainsi fut jugé en cette Sénéchaussée, le 7 mars 1720, par sentence confirmée quant à ce par arrêt du 20 juin 1724, & au présidial le 13 juin 1726.

* Quand le douaire est conditionnel, que la femme, par exemple, a été douée d'une somme de 1500 livres en cas de non enfans, ou iceux défaillans, & de celle de 300 livres en cas d'enfans, c'est au temps du décès du mari que la condition se vérifie, parce que c'est le décès du mari qui donne ouverture au douaire : ainsi a été jugé en cette Sénéchaussée, & confirmé par arrêt. Ce fut un des chefs jugés par la sentence de cette Sénéchaussée le 7 mars 1720, confirmée quant à ce par arrêt du 20 Juin 1724, entre les héritiers du nommé Jean Desvaux, sieur du Tel, & demoiselle Rolland, femme en premiere noces dudit Jean Desvaux, & en secondes noces de Nicolas Godard. Le fait étoit que ladite Rolland par son contrat de mariage avec ledit Jean Desvaux avoit été douée d'une somme de 1500 livres en cas de non enfans, ou iceux défaillans & de celle de 300 livres en cas d'enfans, & que de son mariage avec ledit Jean Desvaux il en étoit issu un enfant qui avoit survécu son pere de quelques jours. Ladite Rolland en conséquence du décès de son enfant, demandoit pour douaire la somme de 1500 liv. & elle n'obtint que celle de 300 liv.

La même chose a été jugée en ce présidial le 31 juin 1726, au rapport de M. Perrotin, l'aîné, entre Marie Gomi & Gilbert du Coust; la Marie Gomi avoit été douée d'une somme de 30 livres en cas de non enfans ; ou iceux venant à décéder, & de 3 livres en cas d'enfans. Son mari étant décédé, elle resta enceinte d'une fille posthume qui vécut quelque temps & vint à décéder : sa mere fut son héritiere mobiliaire, & réduite au douaire de 3 livres au lieu de celui de 30 livres qu'elle demandoit

ARTICLE CCLVI.

En contrat de mariage auquel il n'y a convention de douaire préfix, si le mari ne laisse aucun propre héritage par son trépas, la femme aura en usufruit la moitié des meubles & conquêts avenans aux héritiers du trépassé, qui est le quart du total, *deducto ære alieno*, en payant les charges dues, à cause dudit conquêt pour ladite portion.

1. La Coutume d'Orléans, art. 221, contient une disposition à-peu-près semblable; mais afin que la veuve puisse, aux termes du présent article, prendre son douaire sur les conquêts & meubles de la communauté, il faut que le mari ne laisse après son décès aucun propre, ni dans cette province, ni dans une autre qui contienne une même disposition que celle-ci. *Hunc articulum intellige*, dit M. le président Duret, *si vir nulla propria quæsita immobilia ante contractum matrimonium, sive in hac Provincia, sive in alia, quæ iisdem moribus regatur, reliquerit: idem enim Juris est, si relinquat in alia Provincia, quæ iisdem moribus non regatur; verùm si iidem mores ibidem vigeant, proclivius est ut mulier relictis tantùm fruatur.* M. le président Duret, *hìc*.

2. Que si le mari avoit laissé après son décès quelques héritages propres, mais de très-petite valeur, par rapport à la condition & facultés de la veuve, on n'y doit point avoir d'égard, & c'est comme s'il n'avoit rien laissé. C'est encore la remarque de M. le président Duret, sur le mot *aucun*, de notre article: *Vel aliud*, dit-il, *quid vile & minimum, quod doario ex more regionis, pro honestâ familiæ & dote receptâ, mulieri constituendo non respondeat; parùm quippe & nihil æquiparantur*, Argentr. *ad Conf. Britan.* art. 219, gl. 2. Le président Duret, *hìc*.

3. Dans le cas où le mari, qui n'auroit aucun propre, auroit contracté une communauté de tous biens avec sa femme qui possédoit en propres beaucoup d'héritages, la veuve aura pour son douaire, l'usufruit de la moitié de ces héritages, qui par la force de la communauté de tous biens appartenoient à son mari: *Quid igitur, si vir*, dit M. le président Duret, *immobilibus carens, & mulier immobilia habens in contrahendo matrimonio, societatem universorum bonorum inierint? Proclivius est ut supervivens uxor doarii nomine mediâ parte tantùm ejus partis quam defunctus maritus habuit in immobilibus, quæ uxor habebat tempore contractûs, utatur-fruatur; nam in societate omnium bonorum, omnes res coeuntium simul continuò communicantur. ... Et sic matrimonio in præsens contracto, & in ipsius actu, statim media pars immobilium uxoris facta est ipsius mariti; & ideò quæstus post matrimonium, & eo constante factus, argui potest.* M. Duret, *hìc*.

4. La veuve, dans le cas où son défunt mari n'auroit aucun propre, n'aura que le quart au total en usufruit des meubles & conquêts de la communauté, encore qu'elle eût renoncé à la communauté; mais, si par une clause de son contrat de mariage elle n'étoit pas commune, elle aura pour son douaire la jouissance de la moitié desdits meubles & conquêts, conformément à ce qui a été dit sur l'article 250. C'est encore l'observation de M. le président Duret, sur ces mots de notre article, QUI EST LE QUART: *Etiamsi*, dit-il, *societati renuntiaverit, secus si ab initio non fuerit communis, quoniam in contrahendo matrimonium consuetudinariæ societati derogatum fuit; quâ in specie proclivius videtur, ut doarii nomine, mediâ parte omnium mobilium & quæstuum fruatur, ut notavimus suprà*, §. 250. M. Duret.

5. Dans le cas où le mari ne laisse aucun héritage propre, la veuve ne peut avoir en usufruit la moitié des meubles & conquêts qui appartiennent aux héritiers du mari, qu'en payant (dit notre article) les charges dues, à cause desdits conquêts pour ladite portion, par la raison que *bona non intelliguntur nisi deducto ære alieno*.

6. Dans le cas contraire; savoir, quand le mari laisse des propres sujets au douaire, mais qu'il laisse plus de dettes que ne valent ses meubles & ses acquêts, c'est une question, si ce qui reste de dettes, après les meubles & les acquêts épuisés, doit se prendre sur la totalité des héritages propres du mari, avant que la veuve ait pris son douaire, ou seulement sur la part des mêmes héritages qui revient aux héritiers du mari après le douaire de la veuve. M. François Menudel s'est proposé cette question sur notre article, & voici ce qu'il dit:

7. *Dubitatum fuit*, dit-il, *eo casu quo doarium consistit in usufructu dimidiæ partis hærediorum mariti cujus mobilia & quæstus exhausta fuerint ære alieno, & tamen supersit adhuc æs alienum, quod non possit capi nisi super mariti hærediis; an eo casu detrahendum sit æs alienum, antequam mulier doarium capiat. Videtur detrahendum, quia bona non intelliguntur nisi deducto ære alieno, & quia non est diversa ratio, cur in uno potiùs quàm in alio detractio locum habeat. Alii tamen contrà putant æs alienum totum deducendum super eâ parte quæ integra hæredi advenit, & hunc casum ab alio differre; quia mobilia & acquestus ipso jure æri alieno affecta sunt, nec obstat L.*

bona, de verb. significat. Quia mulier non capit doarium in bonis in universitate, sed in parte hæredidorum; & hanc opinionem tuetur Jacobus Duret, & sic consuluit pour Boylard, contrè sa belle-mere; & *sic Arresto judicatum* contre M. l'avocat Charbonnier, pour sa belle-mere, par arrêt de l'an 1642, *contrà stante Præside nostro.* M. François Menudel, *hic.*

ARTICLE CCLVII.

Du profit survenant aux choses où douaire est assis.

SI le douaire est assigné sur Châtel ou maison, ou autre lieu noble, où il y ait Fief, le propriétaire recevra les hommages à cause des choses tenues en Fief: Et si le douaire est assigné & constitué sur des devoirs, droits de Tailles & bourdelages, & aucuns des héritages sur lesquels lesdits devoirs sont dûs, font * commis, c'est au profit dudit propriétaire, mais la Douairiere en doit jouir & prendre les fruits.

* Alias communs.

1. LA foi & hommage n'est due qu'au propriétaire, & non à l'usufruitier, non plus que le dénombrement; ainsi, quand le douaire est assigné sur un château qui soit un fief dominant, auquel soit dû la foi & hommage, c'est le propriétaire, & non la veuve douairiere, qui recevra les hommages dus à cause des choses tenues en fiefs, & qui relevent du fief dominant sujet au douaire. C'est la disposition de cette Coutume au présent article, & de celle de Nivernois, chap. 24, art. 9. *Quæ enim honorifica sunt,* dit M. le président Duret, *tantùm ad proprietarium; quæ verò habent utilitatem, ad fructuarium pertinent: undè penès proprietarium originalia instrumenta esse debent; ita quidem ut fructuarius exemplum ab eo rectè desideret.* M. Duret, sur ces mots de notre article, *le propriétaire recevra.*

2. Si au contraire le douaire est assigné sur le fief servant, & que le propriétaire du fief servant soit en demeure de faire la foi & hommage, la douairiere peut en ce cas, pour éviter la perte des fruits, ou obtenir souffrance, ou faire la foi & hommage. *Quod si è contrario,* dit M. le président Duret, *prædium in doarium datum teneatur in feudum, & sit morosus proprietarius, constante usufructu, se in feudum conferre, & ita Patronus in doarium manus injiciat; benignius est, licèt juris regula contrà simplices fructuarios aliud moveat, ut speciali favore doarii cui non minùs quàm doti tribuendum est, ne id depereat, indiciis hâc tamen gratiâ concessis, viduæ consulatur; nisi eam nomine suo tanquam fructuariam, Patronus in fidem, ut potest, admittere velit. Molin.* ad *Paris. Conf. de mater. feod.* §. 37, glos. 2, num. 3, & seq. M. le président Duret, *ibid.*

3. Quand le douaire est assigné & constitué sur devoirs & droits de taille & bourdelage, la commise, selon notre article, doit appartenir au propriétaire; tellement que la propriété est réunie par le moyen de la commise à la seigneurie directe, mais la douairiere en doit jouir & prendre les fruits. *Commissa,* dit M. Louis Semin, *proprietario quatenùs ad dominium, & fructuario quatenùs ad usufructum tribuuntur: quod intelligendum est in iis quæ ex natura feudi, vel lege conventionis aut contractûs obveniunt.* M. Semin, *hic.*

4. Les collations, présentations & confiscations, sont mises au rang des fruits, & appartiennent à l'usufruitier & à la veuve douairiere, ainsi qu'il est dit dans l'article 10 du ch. 24 de la Coutume de Nivernois, & que l'a remarqué M. le président Duret sur notre art. *Collationes,* dit-il, *præsentationes & confiscationes fructuario & non proprietario cedunt.* M. Duret, sur les mots *prendre les fruits.*

5. Au-reste, la douairiere doit veiller à la conservation de tous les droits attachés & dépendans du douaire; & si elle en laisse perdre quelques-uns par sa faute & négligence, elle en est garante & responsable envers le propriétaire. C'est encore la remarque de M. le président Duret sur l'article 252, *suprà,* sur le mot ENTRETENIR : *Ergò,* dit-il, *& accessiones & servitutes, & alia jura proprietati debita, conservare; proindè si permiserit usucapi, & cùm potuit usucapionem interrumpere neglexerit, in id quod interest tenetur, omnem enim curam suscepit, quippè fructuarius custodiam præstare debet....* M. Duret. Voyez les art. 474 & 475, *infrà.*

ARTICLE CCLVIII.

Quand la maison du défunt est divisée entre l'héritier & la veuve.

LA FEMME, après le décès de son mari, n'est tenue de diviser la maison & héritage de son mari, auquel elle auroit par douaire coutumier ou conventionnel la moitié, jusqu'à quarante jours après le décès; & ladite maison ne se pouvoit convenablement diviser, elle demeurera à l'héritier, en récompensant premierement la veuve d'une autre maison & demeurance.

1. SOus le mot de *maison* dont il est parlé dans le présent article, on y doit comprendre toutes les aisances, appartenances & commodités d'icelle, quoique situées hors de la maison, ainsi qu'il est porté en l'article 97 de la Coutume de Ribemont, & que l'a observé M.

Tit. XXI. Des Gens Mariés, Dots, &c. Art. CCLIX.

M. le président Duret sur le mot *maison* du présent article : *cujus appellatione*, dit-il, *veniunt horti, apothecæ, cœnacula, & alia ei deputata, & connexa*. M. Duret, *hic*.

2. La veuve qui a la moitié en la maison de son mari, pour son douaire coutumier ou conventionnel, peut & est en droit d'en demander le partage, si elle se peut diviser convenablement : c'est ce qui résulte de ces termes de notre article, ET SI LADITE MAISON NE SE POUVOIT CONVENABLEMENT DIVISER. *Ergò*, dit M. le président Duret, sur ce mot CONVENABLEMENT, *si commodè dividi possit, divisio fiet*. Mais elle ne peut valablement en demander le partage, si ce partage n'est pas convenable : c'est la disposition de notre Coutume dans le présent article, & de celle de Nivernois dans l'article 13 du chapitre 24.

3. Le partage de la maison n'est pas convenable, lorsqu'il ne se peut faire sans dommage, & sans grande incommodité, car comme l'a observé Coquille sur la Coutume de Nivernois, & après lui M. François Menudel sur notre Coutume, le mot *convenablement*, dont se servent ces Coutumes, se doit entendre non-seulement pour l'état réel de la maison, mais aussi pour la commodité des personnes ; ensorte que la division ne peut être faite quand la commodité n'y est pas.

4. Il faut raisonner de même de la demeure, que de la division ; de manière qu'il est vrai de dire que la veuve ne peut pas demeurer dans la maison quand elle ne peut pas y faire sa demeure convenablement. C'est la remarque de M. le président Duret sur ce mot de notre article, DIVISER : *vel congruenter*, dit-il, *morari, & ibi honestè vivere, ibi vidua non possit*.

5. Dans l'un & l'autre cas, la maison, selon notre article & l'article 13 du chapitre 24 de la Coutume de Nivernois, demeure à l'héritier, & elle y demeure dans le cas où elle ne se peut diviser convenablement : *etiam*, dit M. Menudel, qu'il fut convenu par le contrat que la femme pourra choisir en douaire telle maison que bon lui semblera. M. Menudel, sur le mot *demeurera*.

6. Mais la veuve doit être récompensée, suivant notre article & celui de la Coutume de Nivernois dont il a été parlé, d'une autre maison : *etiamsi*, dit M. Duret, *de bonis mariti non existat, quamvis regulariter æstimatio ab hærede præstanda sit, quando divisio fieri non potest*. La raison qu'il en donne, c'est parce que *defuncti conjugis multùm interest matrimonium paupertate & mendicitate superstitis non deturpari, nec in publico conspectu ludibrio fieri, ne ex hoc defunctus quoque injuriâ afficiatur, ejusque fama infelicitate viventis obscuretur, quod jura humana, ratione & pietate subnixa contingere nolunt*. M. Duret, *hic*.

7. Mais quelque droit que la femme puisse avoir, ou de diviser la maison, ou de demander une autre demeure, elle n'est pas tenue de consommer son droit jusqu'à quarante jours après le décès de son mari, aux termes de notre article : & la raison qu'en donne Papon, c'est que *iniquum & impium est uxorem viro deperdito, iis statim negotiis tam abruptè occupari, quibus magis debet abduci*. Papon, *hic*.

ARTICLE CCLIX.

QUAND par pere, mere, ou les ascendans en ligne directe, est assigné douaire préfix à la femme de leur fils, ou fils du fils, & ledit fils, ou fils du fils précede le constituant, ledit douaire préfix se prend sur les biens dudit prédécedé, tant qu'ils se pourront étendre, & le surplus sur les biens de celui qui l'auroit constitué.

Du douaire assigné par pere ou mere.

1. La Coutume de Touraine, art. 333 ; celle de Lodunois, chapitre 31, article 6 ; d'Anjou, article 303 ; du Maine, article 317, & de Poitou, article 260, contiennent une disposition à-peu-près semblable.

2. Le mot d'*assigné*, dont se sert la Coutume dans notre article, signifie la même chose que celui de *constitué*, & l'un & l'autre ne veulent dire autre chose que *promis* : aussi les Coutumes de Touraine & de Lodunois se servent-elles indistinctement du mot de PROMIS OU ASSIGNÉ. *Planè in hoc articulo*, dit M. le président Duret, *verbum* ASSIGNÉ *& verbum* CONSTITUÉ, *idem sonant, & nihil quàm* PROMIS *significant*.

3. Selon la disposition de la Coutume au présent article, lorsque le pere du mari (il en est de même de la mere, ou autre ascendant en ligne directe) constitue douaire préfix à sa bru, cette constitution ne doit être considérée que comme une promesse de fournir & faire valoir le douaire ; ensorte que la bru doit épuiser les biens du fils, avant que de s'adresser au pere. Voilà le véritable sens de notre article. M. Denis Lebrun, traité *des successions*. liv. 2, chapitre 5, sect. 1, dist. 1, n. 35, fait à ce sujet plusieurs distinctions ; mais, comme la Coutume ne les fait pas, & qu'elle parle indéfiniment, je ne crois pas que l'on doive distinguer où la Coutume ne distingue pas.

Part. I.

ARTICLE CCLX.

De prendre douaire sur une piece entiere.

SI douaire appartenant à la femme est assigné, ou se doit prendre sur plusieurs choses, elle n'est tenue de prendre la moitié en chacune d'icelles; mais ledit douaire se prendra sur une piece entiere; & si elle n'étoit suffisante, de prochain en prochain.

1. LA Coutume de Nivernois contient une disposition semblable, ch. 24, art. 14, comme aussi celle d'Anjou, article 307, & celle du Maine, art. 320; & cela a été ainsi réglé par ces Coutumes, pour éviter les inconvéniens qui se rencontrent dans la possession d'héritages communs. *Hic articulus*, dit M. le président Duret, *discordiis propinquorum sedandis prospexit, quas materia communis solet excitare, & ne tanquam corrumpendi totius patrimonii occasione captatâ; quilibet rei particulam sibi vindicans, adeò totas dilaceret facultates, ut dùm participibus reliquarum opum nocere cupit, sua quoque jura præcipitet; naturale quippè vitium est negligi quod communiter possidetur, utque si nihil habere, nisi totum habeat, arbitretur, & denique partem suam corrumpi patiatur dùm invidet alienæ: hinc est quòd solutio & exactio partium multa habet incommoda.* M. Duret *hic*.

2. Le partage des héritages sujets au douaire se fait aux dépens de la femme, en cas que les héritiers ne la veuillent empêcher de jouir indivisément; autrement il se fait à frais communs. C'est l'observation de M. Potier sur l'article 250, *suprà*, & avant lui de M. le président Duret, après Dumoulin. *Equidem*, dit M. Duret, *si vidua nolit pro indiviso cum hæredibus frui, sed provocet hæredes ad divisionem, quoniam hæc divisio non est nisi ad ejus vitam, & suâ tantùm gratiâ, justum est ut impensas divisionis, tanquam suâ tantùm gratiâ factas agnoscat, aliàs eæ reales impensæ communes esse debent.* M. Duret sur l'article 250, & Dumoulin dans sa note sur l'article 124 de l'ancienne Cout. d'Artois.

3. Si le douaire consiste en une rente, elle peut être rachetée par le débiteur, par la raison qu'il est de la nature des rentes d'être rachetables; & quoique les rentes soient réduites à un plus bas denier, la veuve douairiere ne peut en prétendre aucun recours ou récompense contre les héritiers de son mari, par la raison que la perte ou la diminution de la chose dans laquelle l'usufruit est constitué, éteint entiérement ou diminue le douaire qui n'est qu'une jouissance pour la veuve; & quand le douaire est stipulé sans retour, & constitué dans une rente, la perte de la rente concerne la femme, sans aucun recours, parce que *res perit Domino*.

ARTICLE CCLXI.

SI le mari a la propriété d'aucune chose, & un autre y a l'usufruit, la femme de celui qui y avoit la propriété y aura douaire, quand l'usufruit sera consolidé avec la propriété, nonobstant que ce soit après la mort de son mari.

1. LE texte de notre article a du rapport à la disposition du droit en la loi 18, *Si convenerit*, §. *Si nuda*, ff. *de pignorantia actione*, où il est décidé que si un débiteur affecte & engage seulement à son créancier la propriété d'un fonds pour la sûreté de sa créance, parce que lors & au temps de cette impignoration, ou engagement, il n'avoit pas l'usufruit de ce même fonds, & qu'il appartenoit à un tiers; que cet usufruit venant à finir, & à être consolidé à la propriété du fonds par la force de cette réunion, il se fera un droit d'accroissement des fruits de ce fonds en faveur du créancier. *Si nuda proprietas*, dit la loi, *pignori data sit, ususfructus qui posteà adcreverit pignori erit.* Car il en est de même, suivant notre article, par rapport aux héritages, dont le mari au temps de son décès n'a que la nue propriété, l'usufruit en appartenant à d'autres, par don, legs ou douaire de ses prédécesseurs; ces héritages sont constamment sujets au douaire; & à mesure que l'usufruit finira, il accroîtra au douaire par moitié, quoique cet usufruit ne finisse que long-temps après le décès du mari & l'ouverture du douaire. *Ut enim in eis*, dit M. le président Duret; *quæ pleno jure obitûs tempore maritus habebat, usumfructum citrà quæstionem percipit vidua, ita si detractus ususfructus posteà nudæ proprietati accedat, consequens est doarii titulo ei cedere.* Ceci ne souffre point de difficulté; & telle est la disposition, comme l'on voit, de la Coutume au présent article.

2. Il n'en est pas de même à l'égard des biens dont le mari n'a que l'usufruit, & non la propriété au temps de son décès; toutefois, si un pere institue son fils, & lui substitue ses enfans, la veuve du fils pourra avoir le douaire sur les biens substitués, & au préjudice de la substitution; parce que dès que le pere a marié son fils, & a appelé à la substitution ses petits-fils, il est présumé avoir voulu pourvoir

au douaire de la femme, & avoir excepté de fa fubftitution l'aſſignal du douaire de ſa brû. M. Brodeau ſur M. Louet, lettre D, ſomm. 21.

Il faut raiſonner de même des biens ſubſtitués en collatérale, que de ceux qui ſont ſubſtitués en ligne directe; & il n'y a pas de diſtinction à faire à cet égard entre la ligne directe, parce que la même raiſon milite; ſavoir, l'intention du diſpoſant qui a eu deſſein en faiſant une ſubſtitution graduelle, que l'héritier par lui inſtitué, & ceux qu'il a appellés à la ſubſtitution ſe mariaſſent: ce qu'ils ne pourroient faire honorablement, s'ils n'avoient pas la liberté d'aſſujettir les biens ſubſtitués aux conventions matrimoniales de leurs femmes, & de leur conſtituer un douaire.

4. Ces raiſons militant, comme l'on voit, pour tous les degrés de ſubſtitutions, il eſt vrai de dire, que non-ſeulement l'héritier inſtitué, qui eſt chargé de reſtituer les biens, peut néanmoins aſſujettir aux conventions matrimoniales, de celle qu'il épouſe, les biens ſujets à reſtitution, mais que ſes petits-enfans & arriere-neveux le peuvent auſſi; & la juriſprudence d'aujourd'hui eſt de donner le douaire à la veuve du ſubſtitué, auſſi-bien qu'à celle de l'inſtitué. Lebrun, des Succ. liv. 2, ch. 5, ſect. 1, diſt. 2; Henrys, tome 1, liv. 5, chap. 4, queſt. 66, & Bretonnier. ibid.

ARTICLE CCLXII.

LA DOUAIRIERE peut en appellant l'héritier, ou en ſon défaut ou abſence, par autorité de Juſtice ordinaire, prendre du bois de haute futaye où elle eſt douée, pour réparer les maiſons & choſes néceſſaires en ſon douaire.

Quand la douairiere prend du bois de haute futaie.

1. LA douairiere, comme tout autre uſufruitier, ne peut pas couper & abattre des bois de haute futaye; parce que la coupe des bois de haute futaye n'eſt pas dans les fruits, & n'en fait pas partie: mais, ſi elle a beſoin d'arbres de haute futaye pour réparer les maiſons & choſes néceſſaires à ſon douaire, elle peut, l'héritier appellé, & ſous la permiſſion de la juſtice, prendre le bois néceſſaire pour ces réparations, ainſi qu'il eſt porté en notre article, en l'article 324 de la Coutume du Maine, 311 de celle d'Anjou, 334 de celle de Touraine, en l'article 9 du chapitre 24 de celle de Nivernois, & en l'article 7 du chapitre 31 de celle de Lodunois.

2. Notre Coutume, au préſent article, parle ſimplement du bois que la veuve peut prendre pour réparer, & ne parle pas du chauffage, mais la Coutume de Nivernois, & celle du Maine, aux articles cités, lui permettent de prendre du bois pour ſon chauffage, à la charge d'en uſer comme feroit un bon pere de famille, qui eſt de prendre bois mort & mort-bois, & ne s'adreſſer à bois vif, ſinon à défaut d'autre bois, & avec modération, ſans en pouvoir vendre, donner ou diſtribuer; & en cas que le vent abatte quelqu'arbre de haute futaye, propre à faire ouvrage, la douairiere, dit M. Guy Coquille, ne le peut prendre. M. le préſident Duret s'explique à-peu-près de la ſorte ſur notre article, ſur le mot, POUR RÉPARER: *Non etiam*, dit-il, *ut cumburet, quâ occaſione poterit tantùm ramos ſine læſione aſſumere, aut etiam infructuoſas arbores, vulgò de mort-bois, ſive etiam caducitate lapſas*, Conſ. Niv. des bois & forêts, art. 15, 19 & ſeq. M. Duret, hic.

3. Si dans le contrat de mariage il y a clauſe que la veuve prendra du bois pour ſe chauffer, elle doit le faire de la maniere qu'on vient de le dire, & la moins nuiſible. *Planè*, dit encore M. Duret, *ſi apertè convenerit, ut pro ſe comburere poſſit, modus ita ſemper eſt adhibendus, ut proprietas non remaneat inutilis.*

4. La veuve douairiere peut jouir de la glandée des bois de haute futaye qui ſont dans ſon douaire, en y mettant telle quantité de bétail que bon lui ſemblera, comme l'a obſervé M. Jacques Potier ſur notre article.

5. A l'égard des bois taillis, elle ne peut couper que ceux qui ſont en coupe ordinaire; mais auſſi elle peut couper ceux qui ſont dans leur coupe. *Planè ſylvas cæduas quæ in hoc habentur*, dit M. Louis Semin, *ut cædantur tempore ſuo, more boni patris-familias cædere poteſt, ſunt enim in fructu*, L. *qui fundum*, §. *cum fundum*, ff. *de contrah. empt.* M. Louis Semin, hic.

ARTICLE CCLXIII.

LA FEMME prend ſon douaire en l'état qu'elle le trouve après le trépas de ſon mari, ſoit garni de fruits, ou non, & auſſi le laiſſe à l'héritier de ſon mari en l'état qu'il eſt à l'heure de ſon trépas, ſans rien récompenſer, tant d'une part que d'autre, des impenſes & labeurs faits pour les fruits dudit douaire: Et s'il y avoit détérioration, l'héritier dudit conſtituant en a action contre l'héritier de ladite Douairiere, pour en être récompenſé.

En quel état la femme prend douaire, & en quel état elle le laiſſe.

1. L'Uſufruitier prend la choſe donnée en uſufruit en l'état qu'elle ſe trouve au moment que ſon droit lui eſt acquis; il prend les meubles donnés en uſufruit en l'état qu'ils ſont, & les rend de même en l'état qu'ils ſe trouvent, l'uſufruit fini, quoiqu'uſés & diminués

par l'effet de l'usage, pourvu qu'il n'ait pas mésusé. L. 9, §. 3, ff. *ususfr. quem. Cav.*

2. Quant aux immeubles, il les prend comme ils se trouvent, garnis de fruits, ou non, & les laisse de même en l'état qu'ils se trouvent au temps de son décès ; ainsi la douairiere, comme tout usufruitier, prend son douaire en l'état qu'elle le trouve après le trépas de son mari, soit garni de fruits, ou non, & aussi le laisse à l'héritier de son mari en l'état qu'il est à l'heure de son décès, quoique les fruits fussent prêts à cueillir ; & qu'il ait été cultivé & ensemencé à ses frais.

3. Ce qui a lieu pour toutes sortes de fruits cohérens & attachés au fonds, sans qu'il faille distinguer s'ils sont annuels & se recueillent tous les ans, ou successifs, comme est la pêche des étangs, les bois taillis, la tondure des saussaies; la douairiere les prend à l'ouverture du douaire, & réciproquement le propriétaire, après l'extinction du douaire, en l'état qu'ils se trouvent, & jouit de la bonne fortune, sans qu'on puisse prétendre de la part des héritiers du mari, lors de l'ouverture du douaire, ou de ceux de la veuve au temps de son décès, partager les coupes de bois taillis, & les autres fruits à proportion du temps.

4. Notre article dit que ces fruits se prennent sans rien récompenser, tant d'une part que d'autre, des impenses & labeurs faits pour les fruits dudit douaire : & c'est aussi la disposition de la Coutume de Chaulny, art. 124 & 125 ; & cette disposition ne renferme rien que de juste, puisque la loi est égale : mais ailleurs on rembourse les frais des labours & semences.

5. Que si les fruits sont en partie coupés, & en partie sur pied, ce qui sera coupé, comme l'a observé M. Jacques Potier, appartiendra à l'héritier, & ce qui sera sur pied appartiendra à la veuve, par la raison tirée de l'article 92 de la Cout. de Paris, ainsi que nous le dirons sur l'article 284, *infrà* : & si le mari de son vivant a vendu les fruits des héritages sujets au douaire, étant encore sur pied, la veuve en ce cas n'y prend rien, mais elle sera récompensée par les héritiers de son mari. M. Jacques Potier, *hic.*

6. Le prix du bail dû pour fruits d'héritages, appartient à l'usufruitier comme les fruits: & l'usufruitier qui a son droit acquis au temps de la récolte, recevra du fermier le prix du bail, de même qu'il auroit recueilli les fruits, s'il n'y avoit point de bail. L. 58, ff. *de usufr.* La raison est que le prix venant des fruits, il doit être de même nature, & que le terme qui est apposé ne change point la nature du prix, qui tient lieu des fruits, & qui les représente.

7. Ainsi, si l'héritage a été donné à ferme par le mari avant son décès, la redevance est due aux héritiers, si le décès du mari est arrivé après la récolte des fruits, quoique avant le temps du paiement échu ; & pareillement, si la douairiere meurt après la récolte des fruits, mais avant le terme du bail fixé pour le paiement, le prix du bail appartiendra à ses héritiers. *Si fundus,* dit M. Jean Decullant, *subjectus doario, foret cuipiam locatus & dies solvendæ pensionis veniret post obitum doariæ, nihilominùs pensio pertineret ad hæredes doariæ, modò fructus fuissent collecti ante illius obitum, quia tempus collectionis inspicitur, & non solvendæ pensionis.* M. Jean Decullant, *hic.*

8. Cette regle souffre une exception à l'égard de l'usufruitier à titre onéreux. Les fruits, quoique pendans par racine, ne suivent pas dans ce cas-là le fonds, mais se divisent par rapport aux charges ; & suivant cette exception, comme les fruits du bénéfice appartiennent au possesseur à cause des charges, ils se partagent entre le nouveau titulaire & les héritiers du prédécédant, à proportion du temps que le prédécédant l'a desservi ; à commencer l'année, comme c'est la regle, au mois de janvier.

9. Ce qui a été dit jusqu'ici sur le présent article, ne regarde que les fruits naturels, lesquels *solâ perceptione acquiruntur, nec pro rata temporis inter hæredem doariæ & hæredem proprietarii dividuntur.* Il n'en est pas tout-à-fait de même des fruits civils, à l'égard desquels il faut distinguer ceux qui s'acquiérent *semel & momento,* comme les lods & ventes, les amendes, les confiscations, &c. & ceux qui s'acquiérent successivement de moment à autre, comme les loyers des maisons & les arrérages des rentes constituées. Les premiers appartiennent à celui qui a droit de jouir dans le moment de leur échéance, & les seconds se partagent entre le propriétaire & l'usufruitier *pro rata temporis,* & appartiennent à l'usufruitier à proportion que son droit a duré : & ce qu'il faut observer, c'est que l'on doit mettre au rang des premiers les cens & rentes foncieres, parce qu'ils ne sont ameublis qu'au moment de l'échéance du terme ; comme nous le dirons sur l'article 281, *infrà* ; ce qui fait qu'ils ne se divisent pas, & qu'ils ne se payent pas à raison de l'encourue, comme les rentes constituées, & les loyers des maisons.

10. *In civilibus verò fructibus distinguendum est,* dit M. Fr. Decullant, *nec enim unius generis sunt, cùm quidam semel & momento temporis debentur, ut sunt laudimia, mulctæ, confiscationes, hæreditates desertæ, quæ ipso momento contractûs, adjudicationis, mortis acquiruntur ; quæ quidem statim atque unum eorum inciderit debentur, & ejus sunt, qui jus fruendi habet ; quo tempore obveniunt, scilicèt doariæ, licèt postridiè hujus diei quo inciderunt moriatur, aut hæredis proprietarii, si pridiè doaria mortua fuerit. Alii verò generis fructuum civilium sunt, ut sunt domorum pensiones, reditus annui, stipendia, salaria, atque alla hujusmodi ; in quibus notanda regula, temporis ratum spectari, & pro rata temporis inter hæredes doariæ & proprietarii dividi, quia quolibet die cedunt : adeò quidem ut quanto quisque tempore fruendi jus habuerit, tanti temporis suos faciat, scilicèt pro unica, si uno mense, si tribus quadrante, si sex semisse, qui supersunt ad proportionem pertinent.* M. Decullant, *hic.*

11. De ce principe, que les fruits civils s'acquièrent *de momento ad momentum*, il s'ensuit que si la veuve, au lieu du douaire coutumier est douée d'un douaire préfix, annuel & viager, payable tant que la femme vivra, les arrérages en font dus à la douairiere & à ses héritiers, jusqu'au jour de son décès, quoique le terme ne fût pas encore échu, & à proportion de ce qu'il y en a de passé. Duplessis, sur la Coutume de Paris, traité *du douaire*, ch. 3, sect. 2.

12. Par cette même raison, les arrérages ou intérêts du douaire préfix & viager n'étant dus à la veuve que jusqu'au jour de son décès, si ce douaire a été payé d'avance, comme cela se doit, de quartier en quartier, parce qu'il tient lieu d'aliment, & que la veuve décede incontinent après avoir reçu un quartier : il s'ensuit que les héritiers ne pourront retenir de ce quartier qu'à proportion du temps que la veuve a vécu, & devront restituer le surplus aux héritiers du mari ; & tel seroit mon sentiment. Toutefois M. Denis Lebrun, traité *des succ*. liv. 2, ch. 5, sect. 1, dist. 1, n. 36, estime que dans ce cas les héritiers de la veuve ne doivent rien rendre aux héritiers collatéraux du mari.

13. Quant à la question, combien on peut demander d'années d'arrérages ou d'intérêts d'un douaire préfix, la réponse est que l'on en peut demander 29 années, nonobstant l'arrêt du 2 juin 1636, rapporté dans Bardet; & ainsi jugé par arrêt du 26 mars 1683, qui est dans le journal du palais, tome 9. La raison est que le douaire préfix est au lieu & place du coutumier, qui consiste en fruits d'héritages, dont la demande dure trente ans. C'est le sentiment de M. Denis Lebrun, *des successions*, liv. 2, ch. 5, sect. 1, dist. 2, n. 54, aux aditions, & de M. Jean Decullant & de M. le président Duret ; & ainsi s'observe dans cette province selon M. Decullant.

14. *Arreragia istius doarii præfixi*, dit M. Jean Decullant, *non præscribuntur quinquennio, sicut arreragia census nummis constituti, de quibus suprà*, §. 18 ; *sed possunt peti usque ad triginta annos, quia hoc doarium est loco consuetudinarii, quod consistit in fructibus fundorum, quorum fructuum petitio durat triginta annos, & ità semper vidi judicari; & peculiare est in Stat. Bitur.* §. 17, tit. *des mariages, ut quinque annis præscribatur*. M. Jean Decullant, sur l'art. 250, *suprà*.

15. M. le président Duret a fait la même remarque sur l'art. 18, *suprà*, sur ces mots, PAR DIX ANS : *Quod locum non habet*, dit-il, *in accessionibus doarii, quæ non nisi triginta annis præscribuntur, Molin. ad Consf. Parif.* art. 58, *de censf. gl.* 1, n. 78 ; *quo jure utimur, quidquid velit Consf. Bitur.* art. 17, *des mariages, & Montisf.* art. 1, *du douaire*. M. Duret, sur l'art. 18, *suprà*.

16. Les intérêts de ces arrérages du douaire préfix en font dus comme d'un capital, du jour de la demande; parce qu'ils sont un capital, & un sort principal à l'égard de la douairiere : ainsi jugé par arrêt rapporté par M. Brodeau sur M. Louet, lettre R, somm. 55 ; & telle est encore la remarque de M. Jean Decullant, au même endroit : *Item usuræ*, dit-il, *arreragiorum peti possunt in Judicio à vidua ; possent enim peti usuræ restitutionis fructuum perceptorum, sicuti conductor tenetur solvere pensionem cum usuris à die moræ, L. Præses Provinciæ, Cod. de locato, L. Cùm quidam*, §. *ex locato, ff. de usuris. Quòd autem dicitur usurarum non esse usuras, non potest adaptari doario, quia doarium non est usura, sed ususfructus*. Jean Decullant, *ibid*.

17. La veuve douairiere, comme tout usufruitier, peut ou jouir par elle-même de son douaire, lorsqu'il consiste en usufruit, ou louer & bailler à ferme ; la disposition qu'elle en fait lui tient lieu de jouissance, *L*. 12, §. 2, *ff. de usufr. L*. 67, *ibid*. & ne peuvent les héritiers du mari la forcer d'en composer avec eux à prix d'argent. *Magis est*, dit M. le président Duret, *ut vidua quasi usufructuaria, per se &, quod aiunt, per manus suas rebus fruatur, adeò ut nec invita æstimationem usufructûs cogatur accipere.... Et ita apud nos obtinuit...* M. Duret, sur l'article 250, *suprà*.

18. Elle peut en sa qualité d'usufruitiere expulser le fermier à qui le défunt auroit fait bail, en le laissant néanmoins exploiter l'année du décès du mari; car ayant le droit de jouir de tout le revenu, elle n'est pas obligée de laisser à un fermier un profit qui est à elle. *L*. 59, §. 1, *ff. de usufr.*

19. Réciproquement si la douairiere, avant son décès, avoit affermé l'héritage sujet au douaire, quoique le bail n'eût été fait que *ad modicum tempus*, pour cinq ou six ans, l'héritier du mari n'est point pour cela obligé de l'entretenir, ainsi qu'il a été jugé en cette Sénéchaussée, au rapport de M. Perrotin l'aîné, par sentence rendue le 31 mars 1724, & par arrêt cité par M. de la Thaumassiere, sur la Coutume de Berry, tit. 8, article 18 ; & tel est son sentiment, & celui de M. le président Duret : *Quid igitur*, dit M. Duret, *si locaverit in quinquennium doaria, & ante conductionis tempus impletum moriatur, an viri hæredes stare locationi teneantur ? Minimè verò, quia nomine doarii inivit locationem, quam ultrà tempus doarii producere non potuit, aliter atque si alio nomine, putà Tutoris contraxisset*. M. Duret, *hic*.

20. Dans le cas où la douairiere a affermé en qualité d'usufruitiere l'héritage sujet au douaire, le fermier ne peut point, quand l'usufruit est éteint, demander aucuns dommages-intérêts aux héritiers de la douairiere, pour la discontinuation du bail, parce qu'il a dû prévoir que l'usufruit pourroit finir avant la fin de son bail, ce seroit autre chose, si la douairiere en faisant le bail, n'y avoit pas exprimé sa qualité d'usufruitiere, parce qu'en ce cas elle auroit

trompé le fermier. C'eſt la diſpoſition de la l. 9, §. 1 , ff. *Locati* , & la remarque de M. le préſident Duret, ſur ces mots de notre article, EN L'ÉTAT QU'IL EST : *Planè*, dit Duret, *defunctæ doariæ hæres ob evictionem rectè convenitur, niſi expreſſâ qualitate uſusfructus locaſſe oſtendatur, ita ut ſit locatio non ſimpliciter facta, ſed limitatim, tanquam ab uſufructuaria facta arguatur ; tametſi ab eadem generaliter ſecuritas contrà evictionem promiſſa ſit , quia generalis illa promiſſio ex natura actûs reſtringitur.* M. Duret, *hîc.*

ARTICLE CCLXIV.

<small>Quand la veuve perd ſon douaire.
* Autrement appellés *marmentaux*.</small>

DOUAIRIERE qui vend ou aliene aucune choſe dudit douaire à perpétuité, qui coupe ou abat les arbres fruitiers ou * marmaux, ou les gros bois qui ne le furent puis trente ans, doit perdre ſon douaire en la choſe en laquelle elle a malverſé, par la maniere devant dite, & outre eſt tenue de l'empirement & détérioration.

1. IL y a pluſieurs cas où la femme eſt privée de ſon douaire, qui ne ſont pas compris dans le préſent article.

2. La femme accuſée d'adultere ſur les pourſuites du mari, ou à la diligence des héritiers du mari qui reprennent les pourſuites, eſt privée de ſon douaire, ſi elle en eſt convaincue; mais on n'écoute pas les héritiers , ſi le mari n'a pas formé de plainte.

3. On prétend qu'il en doit être de même de la femme qui a commencé dans l'an de deuil à vivre dans l'impudicité ; on trouve même des arrêts qui l'ont ainſi anciennement jugé ; & tel eſt le ſentiment d'Henrys, tome 1 , liv. 4, qu. 66, & de Bretonnier ſur Henrys , *ibid.* & plaidoyer 15. Toutefois de pareilles accuſations ne ſe rencontrent plus ; & il faudroit, pour les faire recevoir en juſtice, convaincre la veuve d'une proſtitution ſi honteuſe, qu'elle fît beaucoup de ſcandale.

4. A l'égard de la veuve qui ſe remarie dans l'an de deuil, le douaire lui eſt dû , non-obſtant la diſpoſition du droit écrit. Telle eſt la juriſprudence du parlement de Paris. Si toutefois la précipitation étoit trop grande, & le mariage ſcandaleux, la femme ſeroit privée de ſon douaire : ainſi jugé par arrêt du 10 juin 1664. Une femme fut privée de ſon douaire, pour s'être remariée trois jours après la mort de ſon mari ; la raiſon eſt qu'une ſi grande précipitation eſt une grande préſomption de mauvaiſe conduite, même pendant la vie du défunt. Bretonnier ſur Henrys, tome 1, liv. 4 , chap. 6 , qu. 66 ; de Ferriere, *Inſt. Cout.* tome 2, liv. 3, tit. 4, article 57.

5. La femme qui abandonne mal-à-propos ſon mari, & qui n'eſt point dans la maiſon lorſqu'il décéde, eſt privée de ſon douaire : nous avons pluſieurs Coutumes qui le décident ainſi, entr'autres celle de Normandie, art. 376 , & celle de Bretagne , art. 451, qui eſt le 430 dans le commentaire de M. Dargentré : ſur quoi il obſerve qu'il faut plutôt conſidérer le temps de la maladie, que celui de la mort : *Hoc enim*, dit-il, *ſolùm ſpectat Conſuetudo , ut conquireret medicos, adhiberet remedia, aſſideret decumbenti, ſolaretur, & neceſſaria adminiſtraret.*

6. Que ſi celle qui abandonne mal-à-propos ſans cauſe raiſonnable & par ſa faute, ſon mari dans le temps de ſa maladie & de ſon décès, doit être privée de ſon douaire, à plus forte raiſon celle qui a attenté à ſa vie. Bretonnier ſur Henrys, plaidoyer 15 :

7. La douairiere qui malverſe , qui coupe ou abat les arbres fruitiers & les gros bois qui ne le furent depuis trente ans, perd encore ſon douaire en la choſe en laquelle elle a malverſé , & eſt tenue en outre de la détérioration. C'eſt la diſpoſition de cette Coutume au préſent art. de celle de Niv. ch. 24, art. 11 ; de celle de Tours , art. 334 ; d'Anjou , art. 117, & 311 , & autres.

8. La malverſation & détérioration de la veuve doit être conſidérable , pour donner lieu à la perte de ſon douaire. C'eſt la remarque de M. le préſident Duret, ſur ce mot de notre article, MALVERSÉ: *Notabiliter*, dit-il , *non etiam modicè , quod ſecundùm qualitatem & quantitatem rei deterioratæ conſideratur, causâ cognitâ Judicis officio ; nec auditur* , ajoute-t-il, *vidua ad pœnam commiſſi vitandam, offerens hæredi, quod intereſt ; & licèt dicat paratam eſſe uſumfructum relinquere, nihilominùs debet, quod ſuo facto deterius factum eſt, reficere*; L. 65, ff. *de uſufr.* M. Duret, *hîc.*

9. Si la malverſation avoit été faite par un fermier, la douairiere, dit M. Jacques Potier, ſeroit ſeulement tenue de dédommager l'héritier, ſauf ſon recours contre le fermier. Potier, *hîc.*

20. Elle doit auſſi dédommager l'héritier, ſi par ſa faute & manque de ſoin, elle laiſſe couper & abattre des arbres : *Sed & in id quod intereſt , tenetur, nec prohibuerit, imò & curare debet, & operam dare , ne quis cædat*; L. *in Lege locationis*, ff. *locati*. M. Duret ſur ces mots de notre article , *qui coupe & abat.*

11. La douairiere qui vend ou aliene aucune choſe du douaire à perpétuité , eſt également privée du douaire , que celle qui coupe & abat les arbres fruitiers , ou marmaux. *Uſufructuaria enim*, dit M. le préſident Duret, *ut colonus vendendo, malè verſatur, & vidua privatur doario in re in qua malè verſata eſt quia illi hujuſce rei cura, tuitio , & cuſtodia*

credita est, Molin. ad Parif. de mater. feod. §. 23, gl. 1, n. 39, & §. 1, gl. 1, n. 16. M. Duret, hìc, fur le mot à perpétuité.

12. Papon, dans fes remarques fur notre article, porte la défenfe de vendre & d'aliéner, à l'égard de la veuve, ce qui fait partie de fon douaire ; jufques-là qu'il dit, qu'il ne lui eft pas permis de vendre les arbres abattus par le vent, ou par quelqu'autre accident : *Quòd fi vi tempeftatis*, dit-il, *evulfæ funt, ad fructuarium eatenus pertinent, ut his uti poffit ad ædificandum, aut comburendum, aut ad alios ufus fibi, aut rei fruibili neceffarios, non tamen poteft vendere aut donare.*

13. Mais auffi d'un autre côté, l'héritier du mari, quoique propriétaire, ne peut rien faire dans le douaire, qui empire la condition de l'ufufruitier. *Quid in hærede proprietario*, dit M. le préfident Duret fur l'article 262, *fuprà ; & magis eft*, dit-il, *ut in fylva fua non poffit arbores cædere, in vita viduæ ; doarii titulo fruente nifi præftet indemnitatem viduæ, fi reditus, putà* la glandée, *notabiliter diminueretur.* M. Duret, fur l'article 262, *fuprà*.

14. Que fi la veuve eft troublée dans la jouiffance des héritages fujets à fon douaire, par des créanciers dont les hypothéques font antérieures à fon contrat de mariage, la fucceffion de fon mari eft chargée de l'indemnifer jufqu'à concurrence des fruits qu'elle doit avoir.

ARTICLE CCLXV.

Du droit des enfans mariés en échange.

SI perfonnes marient leurs enfans les uns avec les autres, les enfans ainfi mariez (que l'on appelle par échange) ont droit tant en meubles, héritages que conquêts, tels qu'auroient ceux au lieu defquels ils font fubrogez, & en demeurent faifis & vêtus, & fuccédent aux pere, mere, & afcendans en directe ligne, appellez & confentans audit mariage, ceux aufquels ils font fubrogez, comme s'ils étoient enfans légitimes & naturels ; & font au moyen dudit échange cenfez & réputez dés-lors être appanez, fans préjudice des droits des Seigneurs pour les taillables, mortaillables & bourdelages ; mais par tel échange ou appanage, n'eft le mâle forclos d'autre fucceffion que de pere, mere, & afcendans ; & la fille d'autre fucceffion que de pere, mere, & afcendans, frere & fœur, & autres fucceffions collaterales, étant dedans les termes de repréfentation tant qu'il y ait hoir mâle, ou defcendant de mâle, s'il n'y a convention contraire, & a lieu ladite Coutume feulement entre non-Nobles.

1. ON appelle *échange* la convention par laquelle on donne une chofe, ou une perfonne pour une autre ; l'échange dont il eft parlé dans le préfent article, n'eft pas un échange d'une chofe pour une autre, mais bien d'une perfonne pour une autre. Exemple : Titius & Seja, pere & mere, ont pour enfans Mævius, Stychus & Pamphila ; Scævola & Caïa, auffi pere & mere, ont de leur côté pour enfans Paulus, Tullia & Martha : Titius & Seja marient leur fille Pamphila à Paulus, fils de Scævola & de Caïa, & prennent en échange de leur fille Pamphila, mariée à Paulus, Tullia fille de Scævola & Caïa, qu'ils marient avec Mævius leur fils. Dans cette efpece, Pamphila eft échangée avec Tullia, & Tullia avec Pamphila, & c'eft un mariage fait par échange, qui eft le cas dont parle notre article.

2. Comme l'échange d'un immeuble contre un autre, produit la fubrogation de l'immeuble échangé, fuivant l'article 462, *infrà* ; de même, la fille mariée par échange, eft fubrogée au lieu & place de celle avec laquelle elle a été échangée, de maniere qu'elle fuccede tant en meubles, héritages, que conquêts, aux pere, mere, & afcendans en directe ligne de la fille avec laquelle elle a été échangée, & à laquelle elle a été fubrogée en fon lieu & place, comme elle auroit pû faire elle-même, & comme enfant légitime & naturel defdits pere & mere & afcendans. C'eft la difpofition de cette Coutume au préfent article, & celle de la Coutume de Nivernois, chapitre 23, article 25.

3. Ainfi dans l'efpece propofée Tullia fuccédera à Titius & Seja, comme auroit pû faire Pamphila, & pareillement Pamphila à Scævola & Caïa, comme auroit fait Tullia s'il n'y avoit point eû d'échange. C'eft l'obfervation de M. Jean Decullant, fur notre article.

TITIUS,
SEJA.

MÆVIUS, STYCHUS, PAMPHILA,
TULLIA.

SCÆVOLA,
CAIA.

PAULUS, TULLIA, MARTHA,
PAMPHILA.

4. *Vides*, dit M. Jean Decullant, *confenfu*

parentum, Mævium duxisse Tulliam, & Paulum Pamphilam ; illasque fuisse invicem subrogatas per permutationem ; quare Tullia succedet Titio & Sejæ, pro portione pro qua Pamphila esset successura, & similiter Pamphila succedet Scævolæ & Caïæ. M. J. Decullant, *hìc.*

5. Pour que cet échange ait lieu, & qu'en vertu d'icelui, les enfans échangés puissent succéder aux ascendans en ligne directe, au lieu & place de ceux auxquels ils sont subrogés, il est nécessaire que les ascendans de la succession desquels il s'agit, ayent consenti au mariage. C'est ce qui paroît par ces termes de notre art. *ascendans en directe ligne, appellés & consentans au mariage* ; & c'est la remarque de M. Louis Semin sur ces mêmes mots : *Aliàs,* dit-il, *non succedunt iis qui tali permutationi non consenserunt, sicut si avus aut avia huic permutationi non adsint, eorum successio ad filiam subrogatam non transibit ; secùs in nuptâ, & per art.* 305 *dotatâ, ubi avi consensus non requiritur.* ... M. Semin, *hìc.*

6. Cet échange n'a lieu que pour les successions de meubles & héritages censifs, féodaux, ou allodiaux, & non pour les héritages taillables : c'est ce qui résulte de ces mots de notre article, *sans préjudice du droit des Seigneurs pour les taillables, mortaillables & bourdelages,* & c'est l'observation de M^{rs}. Menudel & Semin. *In taillabilibus enim,* dit Menudel, *subrogata non succedit, quia in generali alienatione, seu transmissione, alienari prohibita non continentur, nec in iisdem permutata, & extrà familiam commorans, similiter post patris & matris decessum admittitur ; undè proximus linearis, & eo deficiente Dominus, ex hoc paragrapho & 490, succedit.* M. Menudel, *hìc.*

Quod hìc infertur, dit M. Semin, *de exceptione & reservatione jurium dominicalium, de Jure communi est, quo in generali concessione jura alterius non continentur, sed ea tantùm quæ pertinent ad concedentem.* ..... Louis Semin, *hìc.*

7. Quoique l'échange paroisse inégal ou que par l'événement il se trouve tel, toutefois les enfans échangés ne peuvent se plaindre, soit à cause de l'événement incertain, soit parce que c'est la disposition des peres & meres, soutenue & favorisée par la Coutume ; ce qui doit s'entendre par rapport aux successions à écheoir : car quant aux successions échues, les mineurs peuvent se faire relever, s'ils sont lésés. C'est la remarque de Coquille sur la Coutume de Nivernois, chap. 31, art. 25, & chap. 8, art. 31, & après lui de M^{rs}. Potier & Menudel sur le présent article.

8. Cet échange dont il est parlé dans notre article, sonne en appanage, & la fille ainsi mariée est exclue des successions de frere, de sœur, & autres successions collaterales, dans les termes de représentation : c'est la disposition précise de notre article ; sur quoi M. Jean Decullant remarque que l'appanage de la fille dont parle notre article, n'est qu'en faveur de ses freres germains : *Nota,* dit-il, *quòd in hoc nostro paragrapho scribitur, filiam per permutationem nuptam haberi pro dotatâ, & sic excludi à successione fratris, sororis, aliorumque collateralium successionibus, quæ sunt intrà metas repræsentationis, tandiù quandiù supersunt masculi, aut descendentes ab eis : hoc intellige de masculo, seu masculis germanis juxtà paragraphos* 305, 306 *&* 307. M. Jean Decullant, *hìc.*

9. Mais comme à l'égard des mâles ce n'est pas proprement appanage, dit M. Menudel, mais permutation d'espérance, c'est la même chose quand l'échange se fait par filles qui se marient elles-mêmes, lesquelles ont droit acquis de pere & de mere, ou autre ascendant, à l'égard desquelles c'est, dit-il, *acquisition & permutation,* comme il a été tenu en la cause de Brys, & jugé par arrêt du 14 août 1653. M. Menudel, *hìc.*

10. Cet échange n'est que pour les successions des ascendans, & ne change rien pour les successions collaterales, si ce n'est à l'égard des filles, en tant qu'à leur égard l'échange sonne en appanage, comme il a été dit, au profit des mâles ou descendans de mâles, s'il n'y a convention contraire ; de maniere que si dans l'espece proposée, Stychus meurt sans enfans, Mævius lui succédera à l'exclusion de Pamphila qui est réputée appanée ; & que si c'est au-contraire Paulus qui décede sans enfans, il aura pour héritieres Tullia & Martha, & non Pamphila. *Si decedat Stychus sine liberis,* dit M. Jean Decullant, *ei succedet Mævius solus, exclusâ Tulliâ & Pamphilâ ; quia Pamphila per hanc permutationem censetur dotata, & excluditur in favorem masculi, & descendentium tantùm quoad successiones collaterales, & non in favorem filiæ in locum illius subrogatæ, cui duntaxat defertur successio ascendentium : hinc fit quòd si in familia Paulus decedat, illis succedet Tullia cum Marthâ, & non admittitur Pamphila.* M. Jean Decullant, *hìc.*

11. M. François Decullant, son fils, a fait la même remarque : *Dicendum,* dit-il, *unum tantùm dari effectum matrimonii per permutationem contracti, nempe ut nupti abstineant hæreditate propriâ ascendentium, tantùm in favorem subrogatorum, aditâ per subrogationem hæreditate parentum & ascendentium eorum in quorum locum fuerant nupti. Quòd si demùm filia abstineat hæreditate collateralium, intrà metas repræsentationis, non abstinet ex eo solo quòd fuit nupta per permutationem, undè possunt hæ successiones collaterales reservari, sed ex eo quòd sic nupta videtur dotata, & appanata : undè non extantibus fratribus germanis in quorum solùm favorem introductum est appanagium, aut iis deficientibus, sequitur filiam non esse appanatam, aut postmodum appanagium evanescere ; sicque filiam succedere fratri suo aut sororibus, aliisque collateralibus, quibus altera filia in ejus locum per permutationem subrogata.*

Tit. XXI. DES GENS MARIÉS, DOTS, &c. Art. CCLXV.

subrogata non potest succedere, quia effectus subrogationis hujus est tantùm respectu successionum ascendentium, non verò collateralium.

12. *Sic ex prædictis*, continue M. Decullant, *facilè concipies rationem decisionis quæstionis propositæ, nempe ut Mævius fratri suo Stycho succedat; quia Pamphila, soror eorum, sic nupta videtur dotata & appanata, ipso jure in favorem Mævii fratris, qui ideò solus Stycho succedet, nec Tullia in locum Pamphilæ maritata ad successionem Stychi admittetur :* 1°. *Quia Pamphila ex cujus capite peteret, hâc exclusa est:* 2°. *Quia talis permutatio respicit, ut dictum est, successiones ascendentium, non collateralium. In familia verò Scevolæ Tullia succedit fratri suo Paulo cum Martha, quia morte fratris sui germani, nullisque extantibus masculis appanagium irritum factum est; secùs si de successione Marthæ ageretur, nam Paulo superstite remaneret appanagium, & eo hærede excluderetur Tullia. Ratio autem cur in proposito themate, Pamphila in locum Tulliæ nupta, Paulo non succedit, hæc est quam attigimus, nempè permutationis effectum non esse, ut permutata succedat collateralibus, sed tantùm ascendentibus.*

13. *Similis verò est effectus matrimonii per permutationem contracti, respectu filiæ, ac respectu filii, in successione patris, matris, aliorumque ascendentium, qui huic matrimonio consenserunt, nempe ut filia pariter & filius debeant abstinere hæreditate proprii patris, matrisve, aliorumve ascendentium, succedendo patri, matrive, & ascendentibus eorum, in quorum locum sunt subrogati: dissimilis autem effectus inter filium & filiam in successione propriorum fratrum, sororum, aliarumve successionum collateralium, intrà metas repræsentationis existentium, adeò ut tali matrimonio contracto filia censetur dotata & appanata, & sic iis successionibus exclusa, in favorem fratris germani si quis extet; aut ex eo descendentium: filius verò ab iis successionibus non excluditur; quia masculorum nullum est appanagium, nisi in consequentiam institutionis hæredis: quod tamen appanagium respectu filiæ tandiu durat, quandiu extat germanus frater, aut ex eo descendentes, qui si sine prole decedunt, aut si non foret ab initio frater germanus, admittitur filia, sicut & filius ad successiones omnes collaterales.* M. François Decullant, *hîc.*

14. Une difficulté sur cet échange en mariage, dont parle notre article, c'est si une fille mariée par échange, après avoir succédé aux pere & mere de celle à laquelle elle est subrogée, peut, en cas de décès de cette fille à laquelle elle est subrogée, recueillir la succession de ses pere & mere à elle propres. Ce cas s'est présenté du temps de M. le préfident Duret, & il y a répondu de la maniere qui suit.

15. *Quid igitur*, dit M. Duret, *in hac specie quæ nuper obtigit Luciæ Titii & Mæviæ filia, & Semproniæ Caii & Aureliæ filia, à parentibus quidem veluti permutatione nuptui tra-*

Part. I.

ditæ fuerunt, juxta hujus paragraphi præscriptam formam. Mox Titius & Mævia pater & mater Luciæ vitâ excedunt, quibus succedit Sempronia, in locum & jus Luciæ subrogata; post moritur Lucia sine liberis, relicto Stycho, ejus hærede ex linea collaterali: Tandem Caius & Aurelia pater & mater Semproniæ obeunt. Stychus petit bona ab eis relicta, ut hæres Luciæ in locum & jus Semproniæ substitutæ; instat Sempronia, objiciens se patris & matris hæredem, nec referre subrogationem quæ respectu Luciæ præmortuæ caduca fuit, nec transferenda est ad Stychum, cui pacto aliena hæreditas acquiri non potuit, cùm nec contraheret matrimonium, nec à contrahentibus processerit. Ego, continue M. Duret, *Stychi desiderium rationi congruere puto, non-obstante caducitate, & certè æquitatis benignitas non patitur, ut Sempronia quæ jam Titii & Mæviæ patris & matris Luciæ ejus vices gerens intercepit hæreditatem, adhuc Caii & Aureliæ patris & matris suæ hæreditatem accipiat, in Stychi Luciæ hæredis stipendium; non enim debet esse inæqualitas inter eos, quos æqualitatis æquitas contingit.* M. Duret, *hîc.*

16. Notre article dit que les enfans mariés en échange succédent aux pere & mere, & afcendans de ceux auxquels ils font fubrogés, comme s'ils étoient enfans légitimes & naturels, ce qui ne doit être entendu que par rapport à cette fucceffion; car fi l'un defdits enfans échangés décede, fa fucceffion appartiendra à fes propres parens, felon qu'il eft dit en l'art. 25 du chap. 23 de la Coutume de Nivernois, & qu'il a été remarqué par M. le préfident Duret fur ces mots de notre article, COMME S'ILS ÉTOIENT ENFANS, *In hoc scilicet*, dit M. Duret, *ut iis succedant; plane si aliquis ex iis vitâ excesserit, hæreditas ejus gentilibus ex necessitudine ei conjunctis defertur*, Consf. Niv. cap. 23, art. 25, *& hoc jure utimur.* M. Duret, *hîc.*

17. Ce que nous venons de dire, fuivant la difpofition de notre article, n'a lieu qu'entre les perfonnes non-nobles, comme il eft dit à la fin de l'article : d'où M. Jean Decullant & M. Menudel concluent qu'une fille noble, mariée par échange, n'eft pas réputée appanée, aux termes de notre article, fi ce n'eft qu'elle ait été dotée & mariée par fes pere & mere; auquel cas elle eft tacitement appanée, fuivant l'article 305, *infrà*. *Ergò*, dit M. Jean Decullant, *filia nobilis per permutationem in matrimonium copulata, non censetur appanata, nec à successione parentum, aliorumve eo ipso abstinebit, nisi expressè renuntiaverit; secùs si nupta & dotata simpliciter à parentibus, quia ipso jure tacitè est appanata: quod non hîc procederet, quia filia hîc nupta per permutationem, nihil videtur à liberalitate parentum in dotem consequi, quæ dos necessaria est ad appanagium, siquidem nupta & non dotata, non est appanata.* Tel eft le raifonnement de M. Decullant. M. Menudel en dit autant: *Et sic filia nobilis, maritata per subrogationem, non est appanata*, dit Menudel; ce qui

n'est pourtant pas sans difficulté : car la fille mariée par échange est censée & présumée recevoir de la libéralité de ses pere & mere, ce qu'elle reçoit des pere & mere de celle à laquelle elle est subrogée ; ce qui fait qu'au moyen d'un tel échange elle est censée & réputée être appanée, dit notre article : mais la derniere clause de notre article favorise le sentiment de M^{rs}. Decullant & Menudel.

ARTICLE CCLXVI.

Confiscation n'a lieu qu'ès biens du délinquant.

SI par délit écheoit confiscation, soit des biens du mari ou de la femme, ladite confiscation n'a lieu que pour la portion des biens du délinquant, & ne perd la femme par ladite confiscation de son mari son douaire, ni son droit de communauté, & autres à elle appartenans sur les biens de son mari, *nec è contrà* ni pareillement les créanciers leurs dettes & devoirs.

1. C'Est une regle générale de notre droit coutumier que le mari ne sauroit confisquer & perdre par délit, dont la condamnation fasse dissoudre la communauté, par mort civile ou naturelle, que sa moitié dans ladite communauté : c'est la disposition de notre Coutume, au présent article ; de celle de Nivernois, chap. 2, art. 3 ; de Poitou, art. 201 ; de Tours, art. 255 ; de Montargis, chap. 5, art. 3 ; de Melun, art. 11 ; du Grand-Perche, art. 118, & autres. Et la raison, c'est que quand il y a une confiscation, il y a dissolution de communauté, auquel cas le droit du mari se réduit à une moitié.

2. De-là il se suit deux choses : la premiere, que si la femme renonce à la communauté, le mari confisque toute la communauté, parce qu'elle lui appartient en ce cas toute entiere ; mais bien entendu que la femme conserve son douaire & les autres droits à elle appartenans sur les biens de son mari, comme il est dit dans notre article. *Quod hic de doario dicitur, extende ad dotem, & ad omnia omninò jura uxori legitimè quæsita,* dit M. Louis Semin, après M. le président Duret, *hìc.*

3. La seconde chose qui suit, c'est que si la faute que le mari a commise n'emporte pas confiscation, mais seulement des amendes & des réparations civiles, alors la communauté en souffre ; parce qu'elle subsiste toujours, & que celui qui la peut augmenter en contractant, la peut diminuer en délinquant : de maniere, dit M. Denis Lebrun, qu'elle peut être absorbée par cette voie, & la femme n'a aucun recours contre le mari ; parce que, comme il est le maître de la communauté, son délit fait une dette de communauté, qu'elle doit même pour sa moitié après la mort de son mari, quand il ne l'a pas payée de son vivant, parce qu'il n'y a pas de distinction entre les dettes de communauté. C'est le raisonnement de Lebrun, *de la Communauté,* liv. 2, chap. 2, sect. 3, n. 2 ; le sentiment de M. Louet, lett. D, somm. 31, & l'observation de Potier sur notre article.

4. Quand le propre de la femme a été ameubli par son contrat de mariage, le fisc toutefois, selon M. Lebrun, n'en profite pas, quoique le mari ait confisqué sa moitié dans la communauté ; parce que l'ameublissement n'est fait que pour le conjoint, & non pour le fisc, & que si le mari a le même pouvoir sur le propre ameubli, que sur le vrai conquêt, c'est par une fiction qui n'a lieu qu'en sa faveur ; de maniere que quand il ne s'agit plus de l'intérêt du mari, le propre ameubli reprend sa qualité d'immeubles. Bien plus, ajoute Lebrun, au cas d'une communauté de tous biens, celui qui a obtenu des réparations civiles contre le mari pour quelque délit qu'il a commis, ne peut pas faire décreter les propres de la femme comme des conquêts. Lebrun, *ibid.* n. 4.

5. Quand c'est la femme qui commet quelque délit, si la peine de ce délit ne consiste qu'en des amendes & des réparations civiles, elles ne s'exécutent point sur la communauté, qui ne peut être altérée ni diminuée par le fait de la femme au préjudice du mari, qui en est le maître absolu, tous les délits étant personnels, & la société n'ayant jamais lieu en fait de crimes ; & même le mari ne perd point son droit d'usufruit par le fait de la femme, tant que la communauté subsiste : de maniere que, quand pour des réparations civiles on se pourvoit sur les propres de la femme, ils doivent être adjugés à la charge de l'usufruit du mari : tous les docteurs, dit Lebrun, en conviennent, & c'est une pratique universelle. Lebrun, *de la Communauté,* livre 2, chapitre 2, section 3, n. 5.

6. Mais quand la peine prononcée contre la femme emporte une mort civile, ou que la femme est condamnée & exécutée à mort, en ce cas c'est une question de savoir si, la communauté finissant en ce moment, 1°. les propres de la femme sont confisqués, de maniere que le mari en perde dès ce moment la jouissance : 2°. Si la part des meubles & conquêts qui appartiennent à la femme, doit être aussi confisquée.

7. Quant à ce qui concerne le premier chef, par arrêt du parlement de Paris, du 14 mai 1703, on a déclaré les biens propres de Catherine Beurrier, femme du sieur de Quercy, pleinement acquis aux seigneurs confiscataires, & on débouta le mari de la

jouissance par lui prétendue d'iceux: l'arrêt est rapporté par M. Bretonnier sur Henrys, tome 2, consultation 7, page 907, édit. 1708. Et ainsi s'observe dans cette Coutume, conformément à notre article; de maniere que la femme confisque ses propres, qui demeurent acquis au fisc, *pleno jure*, sans que le mari en puisse prétendre la jouissance pendant sa vie.

8. Mais quant à ce qui regarde la part qui appartient à la femme dans les meubles & conquêts de la communauté, il y a plus de difficulté. Suivant notre Coutume au présent article, conforme en cela à celle de Tours, article 225, le mari ou la femme ne confisquent, ès cas où il y a confiscation, que leur part & portion de leurs biens, & la femme ne perd pas sa part dans la communauté par le délit du mari, non plus que le mari la sienne par celui de la femme: d'où il reste à conclure que le mari, dans le cas du délit de la femme, ne conserve que la part qu'il a de son chef dans la communauté, & que celle de la femme est confisquée. C'est ainsi que M. Louis Semin a interprété notre article: ce qui a fait que dans son observation sur icelui il trouve que la disposition de notre Coutume est dure, & moins équitable que celle de la Coutume de Nevers, tit. 2, art. 4: *Vide*, dit-il, *Stat. Niv. cap. 2, art. 3, & ibi* Coq. *& junge art. seq. qui videtur æquior hoc articulo, nec permittit mobilia & acquestus confiscari, ut hic....* M. Semin, *hic*.

9. Toutefois M. le président Duret, dans ses remarques sur notre article, soutient conformément aux dispositions des Coutumes de Nevers, de Melun, d'Auxerre, de Sens, de Laon & autres, & au sentiment de Bacquet, que la femme mariée confisque seulement ses héritages & non sa part des meubles & conquêts communs entre son mari & elle: *Bonis*, dit-il, *uxoris confiscatis, non confiscatur dimidia pars mobilium & acquestuum, quia maritus eorum dominus est.* Bacquet, des droits de justice, cap. 15, n. 91; *Conf. Niv. tit.* des Confisc. *art. 4; Senon. art. 27; Veromand. art. 13, Montisl. cap. 5, art. 3.* Telle est l'observation de M. le président Duret, sur notre article, en quoi il me paroît qu'il s'écarte de l'esprit de notre Coutume.

10. Qui prend les biens par confiscation, paye les dettes jusqu'à concurrence, ainsi qu'il est dit en l'art. 350, *infrà*. Tellement que les créanciers sont payés de leurs dettes sur les biens confisqués, comme porte notre article, & la femme de son douaire & conventions matrimoniales, selon qu'il a été déja dit, la femme étant créanciere de son mari pour raison de son douaire, reprises & conventions matrimoniales.

TITRE VINGT-DEUXIEME.

Des Communautés.

1. LE contrat de société ou communauté est une convention faite entre deux ou plusieurs personnes qui mettent ensemble leurs biens, leur argent ou leur travail, à la charge de partager entr'eux le gain, & de supporter les pertes qui arriveront. *Societas est contractus consensu initus, quo inter duos plures ve, res ac opera circa lucrum & damnum communicatur.* L. 1, Cod. pro Socio.

2. Par le droit, la société ou communauté peut se contracter par le seul consentement des parties, sans écriture, *Inst. de obl. ex consens. in princ.* l'usage néanmoins est de la rédiger par écrit, tant pour en avoir la preuve, que pour en régler toutes les conditions.

3. Il y a cependant des sociétés ou communautés tacites, qui ont le même effet que celles qui sont établies par contrat, quoiqu'elles ne soient établies que par un consentement tacite, & par des actes qui en fassent preuve.

4. La société ou communauté peut se contracter de différentes manieres, & on peut dans une société, comme en toutes autres conventions, faire toutes sortes de pactes licites. Ainsi, on peut établir une communauté pure & simple, ou sous de certaines conditions; on peut établir une communauté universelle de toutes sortes de biens, présens & à venir, ou seulement de certains biens ou d'un certain commerce.

5. Les sociétés & communautés sont bornées aux especes de biens, de commerces ou d'autres choses, que les associés veulent mettre en commun, & ne s'étendent pas à ce qu'ils n'ont pas eu intention d'y comprendre.

6. Que si la société ou communauté est contractée simplement de biens entre deux personnes demeurans ensemble, sans s'expliquer davantage, elle ne comprend que les meubles des associés & communs, & les acquêts qu'ils peuvent faire pendant & constant leur société & communauté.

7. Mais si la société & communauté est contractée de tous biens, elle comprend tout ce qui peut appartenir, ou qui pourra être acquis aux associés, par quelque cause que ce puisse être; car l'expression générale de tous les biens n'en exclud aucun.

8. Il y a de cette façon différentes sortes de sociétés, que l'on peut toutefois réduire à deux genres; savoir, aux sociétés de commerce, contractées entre marchands, négocians & gens de commerce; & aux sociétés ou communautés coutumieres, contractées entre mari & femme, & autres communs & personniers.

9. Dans le présent titre, il n'est parlé que

des communautés coutumieres. Il y est traité de la maniere dont ces sortes de communautés se contractent, en l'art. 267; de quoi elles sont composées, des dettes & biens qui y entrent, & de ceux qui en sont exclus, aux articles 269, 274, 275, 276, 277 & 278; du droit ou pouvoir du chef de la communauté, en l'article 268; de la conservation & continuation de la communauté après le décès de l'un des communs, en l'art. 270. On y parle enfin de la maniere dont se doivent partager ces communautés, & des cas où les communs se doivent récompenses, & de ceux auxquels ils ne s'en doivent pas, aux articles 271, 272, 273, 278, 279 & 280.

10. Ce titre est composé de 14 articles, depuis & y compris l'art. 267, jusques & y compris l'art. 280.

11. Il y a un semblable titre dans l'ancienne Coutume, qui est le titre septieme, composé de neuf articles.

ARTICLE CCLXVII.

Tacite communauté de biens. COMMUNAUTÉ de biens ne se contracte taisiblement entre personnes demeurans ensemblement, par quelque tems que ce soit, s'il n'y a convention expresse de société faite entr'eux, fors & excepté entre deux freres, auquel cas est requis qu'ils soient âgez de vingt ans pour le moins, qu'ils soient hors de puissance paternelle, demeurance d'an & jour, & qu'ils ayent fait entr'eux durant ledit tems, mixtion de biens; auquel cas lesdits freres taisiblement ont contracté entr'eux société & communauté de biens, & en icelle sont compris tous les meubles précédens & subséquens ladite communauté, & les conquêts faits durant ladite communauté, & jusques à la dissolution d'icelle.

1. IL y a deux sortes de sociétés ou communautés, l'expresse & la tacite. La premiere se contracte par convention expresse, par contrat en présence de notaires & témoins; & l'autre par voie de fait, par la demeure commune, le mêlange des biens & la dépense commune, sans aucune convention expresse: car il n'importe pas de quelle maniere les hommes déclarent leur volonté, par paroles, ou par faits & actions.

2. Anciennement dans cette province, la communauté coutumiere de meubles & conquêts s'acquéroit entre toutes sortes de personnes, par la mixtion de biens, & demeure commune d'an & jour, pourvu qu'elles fussent âgées; savoir, les mâles de quatorze ans, & les filles de douze ans, & qu'elles fussent *sui juris*: c'est ce qui se justifie par le procès-verbal de la Coutume sur le présent article, & par l'art. 1 du tit. 7 de l'ancienne Coutume; mais dans la rédaction de la nouvelle Coutume, la disposition de l'ancienne a été bornée & limitée aux seuls freres; de maniere que la communauté ou société tacite n'a lieu présentement qu'entre freres: c'est la disposition du présent article, & de la Coutume de Nivernois, ch. 22, art. 1 & 2.

3. Le mot de *freres*, dont la Coutume se sert, doit être interprété selon sa propre signification, sans l'étendre: c'est-pourquoi, dit M. Bordel, ce mot de *freres* ne comprend pas les sœurs. M. Ch. Dumoulin, dans sa note sur le présent article, & après lui M. le président Duret, avoient fait avant M. Bordel la même observation; & selon les uns & les autres, il n'y a pas de communauté ou société tacite entre le frere & la sœur, non plus qu'entre deux sœurs. *Non etiam*, dit M. Duret, *inter sorores, vel fratrem & sororem, quoniam appellatione fratrum sorores non continentur, in Statutis exorbitantibus, vel ubi materia differens est; & utrique regulariter non convenit, ut in hoc paragrapho videre est, quo cavetur non contrahi tacitam societatem, nisi cùm fratres majores censentur post 20 annos; si enim de sorore verba facere voluisset, vel post 16 annos, hanc societatem contrahi dixisset, cùm 16 annorum lapsu ipsa major intelligatur*, art. 173 & 33, *suprà; & multa sunt in quibus masculinum non concipit fœmininum*. M. Duret, *hic*.

4. Mais il n'importe pas pour contracter une communauté tacite, que les deux freres soient freres germains, ou seulement freres consanguins ou uterins, quoique M. Louis Semin ait cru qu'il pouvoit y avoir sujet de douter: *Statutum*, dit-il, *de quibuslibet liberis, sive germanis, sive consanguineis, aut uterinis, intelligendum, dubio non vacat*. La raison de décider, c'est que la Coutume parle des freres indistinctement, & que, où la loi ne distingue pas, on ne doit pas distinguer.

5. Il n'importe pas non plus que les freres soient nobles ou roturiers; c'est la remarque de M. le président Duret, sur ces mots de notre article, LESDITS FRERES, *etiam nobiles*, dit M. Duret.

6. Que si les personnes qui ne sont pas de la qualité de celles entre lesquelles la Coutume a introduit la communauté tacite par an & jour, demeurent si long-temps ensemble, avec une telle communication de biens, gains, pertes & profits, qu'il soit impossible de rapporter à chacun ce qui lui appartient, elles sont nécessairement communes; savoir,

en

en biens, meubles & conquêts, si elles ont communiqué indistinctement tous leurs biens meubles & droits mobiliaires, ou bien en une négociation, si elles ont seulement communiqué les biens & droits de cette négociation : ainsi le tiennent & décident M. Guy Coquille, sur la Coutume de Nivernois, tit. 22, art. 1, M. Jacques Potier, sur le présent article, & M. Jabely, sur l'article 345 de la Coutume de la Marche, qui est le 347 dans le nouveau Coutumier général.

7. La Coutume, dans le présent article, exige plusieurs conditions pour établir la communauté ou société tacite entre deux freres. La premiere, que chacun des communs ou associés soit majeur, du moins de vingt ans; la raison, c'est qu'il y a de l'aliénation dans les communautés ou sociétés : mais il y a plus, c'est que quand la communauté ou société tacite seroit avantageuse au mineur, il ne seroit point réputé commun, attendu qu'il a contre lui la disposition de la Coutume. C'est la remarque de M. le président Duret, sur ces mots, AGÉS DE VINGT ANS : *Licèt*, dit-il, *minor hac societate ditior facturus esset*.

8. La seconde condition requise pour la communauté tacite est que les communs ou associés soient libres, & ne soient pas sous la puissance paternelle; c'est la disposition de notre article, & de l'article 2 du chap. 22 de la Coutume de Nivernois : d'où il suit, selon Coquille, qu'il est nécessaire qu'ils soient émancipés ou mariés, ou prêtres, ou élevés à quelque office public; ou bien, comme l'a observé M. François Decullant, & après lui M. Jean Cordier, que le pere soit décédé, sans quoi (dit-il) il ne peut y avoir de communauté tacite entre freres : c'est son observation sur ces mots, HORS DE PUISSANCE PATERNELLE: *Quæ sicut jure civili*, dit-il, *non tollitur, nisi emancipatione, matrimonio filiorum, aut morte patris, maximè quando non habent separatam habitationem; ita ut filius annis 20 major non maritatus, aut emancipatus maneat in potestate patris, & sic non valeat societatem tacitam cum fratre germano inire. Sic judicatum in Cur. præsid. Molin. die 18 julii, anno 1658, Relatore D. F. Decullant Consiliario, & Præside D. Andreâ Semin.* M. Jean Cordier, *hic*.

9. La troisieme condition requise pour la communauté tacite entre deux freres est qu'ils ayent une demeure & vie commune, avec mélange de biens : notre article exige qu'ils ayent demeuré ensemble an & jour, & qu'ils ayent fait entr'eux durant ledit temps mélange de biens : sur quoi M. Jean Decullant observe que ce mélange de biens doit être entendu non-seulement de leurs biens communs & indivis, qu'ils peuvent avoir eus de leurs parens; mais encore de tous leurs autres biens, au moins quant aux fruits & revenus. *Hæc bonorum mixtio*, dit M. Decullant, *non tantùm intelligitur de bonis parentum quæ forent illis communia & indivisa, quæ mixtio sola non induceret societatem, ut notat hîc Papon; sed requiritur mixtio de omnibus bonis, saltem de omnibus bonorum fructibus, cùm hæc societas sit tantùm mobilium & acquestuum.* M. Jean Decullant, sur ces mots, *mixtion de biens*.

10. La quatrieme condition requise pour la communauté tacite est l'esprit & l'affection de société, car il faut qu'ils ayent volonté entr'eux de communauté; la Coutume de Dreux, art. 52, le requiert : notre Coutume n'en parle pas; mais, selon M. Denis Lebrun, *des Communautés tacites*, chap. 2, n. 11, c'est une des conditions des plus essentielles, & qui doit se suppléer dans les Coutumes qui n'en parlent pas. Cet esprit de société paroît, quand les associés se communiquent respectivement leurs émolumens & leurs pertes, & c'est cette communication de gains, profits & pertes, qui est le fondement de la communauté tacite, & qui la fait présumer.

11. L'affection & l'esprit de communauté, ou ce qui est le même, la volonté de communauté, est tellement reconnue par tous les docteurs pour une condition nécessaire, qu'ils conviennent tous qu'un acte, ou déclaration contraire par écrit, empêche la communauté tacite, en quelque temps qu'elle soit faite; de maniere qu'il n'y a pas de communauté entre deux freres, quand par traité ou acte ils ont déclaré qu'ils n'entendent pas pour leur demeure commune contracter communauté. Lebrun, *des Communautés tacites*, chap. 2, n. 10; la Thaumassiere, sur la Coutume de Berry, titre 8, article 10; Potier, sur le présent article.

12. Mais quand les conditions nécessaires pour la communauté ou société tacite se vérifient, il faut que la protestation contraire soit des deux personnes, entre lesquelles sans cette protestation on pourroit conclure qu'il y auroit communauté ou société; & une protestation clandestine de l'un, sans la connoissance & participation de l'autre, ne suffiroit pas, parce qu'elle seroit en fraude de la société. La raison est qu'inutilement on proteste en faisant le contraire de ce qu'on proteste; & que le protestant marque par un pareil acte, qu'il veut être en société, si elle est bonne, & se servir de sa protestation, si la société ne réussit pas : ce qui est contraire à la bonne foi. Tel est le raisonnement de Lebrun, *ibid.* n. 10.

13. Dans cette communauté de biens sont compris tous les meubles que les associés ont au temps que la communauté commence, & tous ceux qu'ils acquierent durant icelle. En un mot, tous les meubles, comme porte notre article, précédens & subséquens ladite communauté, ensemble les conquêts faits pendant ladite communauté jusqu'à la dissolution d'icelle. C'est la disposition précise de la Coutume, au présent article; de celle de

Nivernois, tit. 22, art. 3, de Berry, tit. 8, art. 10; d'Orléans, art. 214; de Sens, art. 280; de Troyes, art. 101, & autres.

14. Ce qu'il faut obferver, c'eft, comme il a été dit dans la préface de ce titre, toutes & quantes fois que la fociété eft contractée de biens entre perfonnes demeurans enfemble, fi elle n'eft limitée ou augmentée par une convention expreffe, elle comprend les meubles des affociés & communs, & les acquêts qu'ils peuvent faire pendant & conftant leur communauté. *Proclivius eft*, dit M. le préfident Duret, *ut focietate apud nos fimpliciter coïtâ, ea vel univerforum mobilium, & quæftuum, eâ conftante factorum accipiatur.* C'eft l'obfervation de M. Duret, fur ces mots de notre article, *convention expreffe*.

15. Ce qui n'empêche pas que les perfonnes qui contractent enfemble une communauté, ne puiffent la limiter ou l'étendre à tels biens qu'il leur plaît, & qu'ils ne puiffent contracter une communauté de tous biens. *Societas apud nos*, dit M. Louis Semin, *fimpliciter contracta de ftatuaria mobilium & acqueftuum pendente focietate factorum intelligitur, non de communione omnium bonorum; quod fi ita expreffim omnium bonorum fuerit inita, valebit.* M. Louis Semin, *hic*.

16. Le mot de *meubles*, employé dans notre art. & dans les articles des Coutumes que nous venons de citer, eft pris univerfellement, & comprend même les actions & droits mobiliaires. C'eft l'obfervation de Coquille, fur la Coutume de Nivernois, chap. 22, art. 3.

Et l'on n'a point d'égard à l'inégalité qui pourroit fe trouver entre les meubles de l'un, & ceux de l'autre. *Non. habitâ*, dit M. le préfident Duret, *ratione inæqualitatis, quia plerumque pauperis induftria fupplet.* M. Duret, *hic*.

17. Comme la Coutume ne comprend dans cette communauté tacite, ainfi qu'il vient d'être dit, que les conquêts faits durant icelle, M. Louis Semin eftime qu'elle ne doit s'entendre que des conquêts faits après la communauté acquife par la demeure commune d'an & jour. *Contrà Præfidem*, dit M. Semin, *crediderim conqueftus illos in hanc tacitam focietatem venire tantùm, qui poft majoritatem, & cohabitationem per annum & diem facti funt, & hoc fatis innuit verbum illud* DURANT. Tel eft le fentiment de M. Louis Semin, qui ne peut fe foutenir que dans le cas où les conquêts faits avant la communauté acquife n'auroient pas été acquis des deniers communs.

18. M. François Menudel, fur ces mots de notre article, & *en icelle font compris tous les meubles*, obferve que comme tous les meubles précédens ladite communauté y entrent, les dettes mobiliaires y entrent auffi : *Atque etiam*, dit-il, *debita priùs contracta.* M. Menudel, *hic*.

19. Au refte il en eft de cette communauté tacite de meubles & conquêts, dont parle notre article, comme des autres communautés coutumieres de meubles & conquêts; de maniere que tout ce qui entre dans ces communautés coutumieres, ou qui en eft exclus, aux termes de notre Coutume, doit entrer dans cette communauté tacite & coutumiere, ou en être exclus.

20. Quant à la diffolution de cette communauté, elle eft, comme l'a obfervé M. Jacques Potier, fur notre art. entiérement libre; & même, dit Bordel, cette diffolution eft préfumée faite tacitement, fi les communs fe féparent & commencent à faire leurs affaires féparément & à part : car c'eft, ajoute-t-il, fans doute un acte diffolutif de communauté, comme il eft décidé en la loi *Itaque cùm feparatim focii*, ff. *pro focio*; parce que, comme la fociété fe contracte *nudâ voluntate & confenfu*, auffi *ftatim contrario confenfu diffolvitur, Lege* 63. Il y a plus ; c'eft qu'il a été jugé en la châtellenie de cette ville de Moulins, plaidans Mrs. Genin, pere, & Jean Decullant, que Jean Peret, pour avoir demeuré près de deux ans en la maifon commune des affociés, fans travailler dans la communauté, comme il s'y étoit obligé par l'affociation, la communauté étoit diffolue : joint que ce qu'il avoit, il le mettoit à fon profit.

ARTICLE CCLXVIII.

Du Chef de communauté. LE CHEF & Gouverneur d'une communauté peut durant icelle convenir & être convenu, en toutes actions perfonnelles & poffeffoires pour le fait de ladite communauté, fans procuration de fes autres communs.

1. LE maître, ou le chef de la communauté, ainfi qu'il fe pratique dans les communautés de village, s'établit par convention expreffe ou tacite, quand les affociés ou communs fouffrent que l'un d'eux gere & adminiftre les affaires communes : car en ce cas la patience équipolle à un mandement, *L. ult.* ff. *quod cum eo.* C'eft l'obfervation de Coquille fur la Cout. de Niv. chap. 22, art. 5; & après lui de la Thaumaffiere fur la Coutume de Berry, tit. 8, art. 22, & de Jean Decullant fur notre article, fur le mot LE CHEF : *Hic*, dit Decullant, *poteft conftitui à fociis, aut expreffè aut tacitè, dùm patiuntur aliquem ex illis fic agere & res focietatis adminiftrare.* Jean Decullant, *hic*.

Tit. XXII. DES COMMUNAUTÉS. Art. CCLXVIII.

Ce maître, selon que l'a observé Coquille, est chef en l'administration, & non pas propriétaire, sinon de sa portion.

2. Comme chef & maître en l'administration, il peut sans procuration de ses communs agir & être convenu pour le fait de la communauté en actions personnelles & possessoires; c'est la disposition de notre Coutume au présent article, de celle de Nivernois, chap. 22, art. 5, & de Berry, tit. 8, art. 22 : mais non en actions réelles, ni même en actions personnelles qui regardent les immeubles. C'est l'observation de Coquille au lieu cité, & après lui de M. François Menudel, sur ces mots de notre article, EN TOUTES ACTIONS PERSONNELLES : *id est*, dit Menudel, *mobiliaires*, parce qu'il y a plusieurs actions personnelles qui regardent les immeubles, comme la rescision de contrat, l'action de partage, le retrait lignager, & autres semblables, qui ne peuvent être exercées par le maître, Coquille *hoc tit. art. 5. Mixtas ergò & petitorias*, continue Menudel, *exercere non potest, sed à singulis sociis exercentur; sic etiam ut ejus non desideretur auctoritas, neque enim socius est in socii potestate, ut uxor in potestate mariti*. M. Menudel, *hic*.

3. Le chef de la communauté ne peut, aux termes de notre art. sans procuration de ses communs, agir & être convenu que pour le fait de la communauté ; d'où M. le président Duret, après Papon, conclud qu'il ne peut l'être pour les intérêts particuliers de chaque associé ou commun. C'est sa remarque sur ces mots, LE FAIT DE LADITE COMMUNAUTÉ : *Ergò*, dit M. Duret, *ut notat Papo hic, si de singulorum facto quæratur, non recipiendus est societatis auctor, cujus est instar actoris universitatis, aut œconomi, pro societate non pro singulis intervenire*. M. Duret, *hic*.

4. Une seconde conclusion qui se tire encore de cette disposition de notre Coutume au présent article, c'est que le chef de la communauté ne peut point sans procuration obliger les associés ou communs, par des actes qui ne regardent point la société, qui ne sont point faits *in rem societatis, sed extrà societatem*.

5. Mais aussi d'un autre côté, les obligations du chef de la communauté chargent la communauté ou société, quand elles sont contractées pour les affaires de la société, de bonne foi & sans fraude ; & dans le doute on présume pour le maître. La présomption, dit Henrys, que l'obligation du maître & du chef de la communauté est commune, pourvu que l'acte n'y répugne pas, & c'est aux autres associés de faire preuve de la fraude. Henrys, tome 2, liv. 4, quest. 52, & la Thaumassiere sur la Coutume de Berry, tit. 8, art. 22.

6. Ainsi, quand les contrats sont faits par les maîtres de communauté, pour les affaires de la communauté, de bonne foi & sans fraude de la part de ceux qui contractent avec eux, ils obligent les autres communs, quoiqu'il ne paroisse pas qu'ils ayent tourné au profit commun de la société ; tellement que si le chef de la communauté a emprunté une certaine quantité de bled pour semer ou pour la nourriture des communs, son obligation chargera toute la communauté, quoique le créancier ne puisse pas montrer que le bled ait été effectivement employé à semer, ou à nourrir les communs, en un mot au profit de la communauté ; parce que ce n'est pas ceux qui contractent avec les chefs de communauté, à veiller à l'emploi des choses qu'ils prêtent ; que c'est assez qu'ils les reconnoissent pour chefs de la communauté, & comme tels qu'ils contractent avec eux pour choses qui concernent la communauté ; que les associés ou communs se doivent imputer la faute de les avoir choisis pour chefs, & de leur avoir confié le régime de leurs biens communs ; que c'est en ce cas où il faut appliquer la disposition du droit en la loi 14, ff. *de pactis*, où le jurisconsulte dit, *magistri societatis pactum, cæteris sociis prodesse & obesse* ; & ainsi jugé par arrêt du 5 juin 1655, rapporté par Henrys, tome 2, liv. 4, question 52, & tel est son sentiment : tel est aussi celui de Lebrun, *des Communautés tacites*, ch. 4, n. 3.

7. Le chef & maître de la société ou communauté, oblige les communs ou associés non-seulement pour leurs portions viriles, à proportion de la part qu'ils ont dans la communauté, mais même au-delà des forces de la société. Tel est le sentiment de Coquille sur la Coutume de Nivernois, ch. 22, art. 5, & après lui de la Thaumassiere sur celle de Berry, tit. 8, art. 22, qui assure qu'il l'a vu juger ainsi plusieurs fois, & de M. Jean Decullant sur le présent article. *Magister societatis*, dit Decullant, *licitè contrahendo, non solùm mobilia & acquæstus obligat, sed etiam cætera bona cujuslibet sociorum : Secùs in societate connubiali in qua maritus non potest obligare nisi bona societatis, & non proprium fundum uxoris ; ratio differentiæ est, quod socii possunt revocare hunc magistrum & removere ab administratione, uxor autem non potest*. Jean Decullant, *hic*.

8. La question est si dans ce cas le chef & maître de la communauté oblige solidairement ses communs ou personniers, ou s'il ne les oblige que chacun pour leur part & portion ; sur la question, M. Denis Lebrun, dans son traité *des Communautés tacites*, chap. 4, n. 5, estime qu'il les oblige solidairement ; & M. Jean Decullant, d'un sentiment contraire, soutient qu'il ne les oblige que pour leur part & portion : *Sociis*, dit-il, *ex obligatione contractâ à magistro, non tenentur nisi simplici actione personali, quique pro virili, quæ non infert hypothecam in propriis fundis, nisi à die quo fuerint condemnati, aut expressè coram Notario debitum agnoverint, ad instar hæredis, qui à die hæreditatis aditæ creditoribus tenetur personaliter.... Excipe tamen acquæstus factos à magistro, qui æri alieno contracto, ab eodem in solidum pignorantur*. Jean Decullant, *hic*.

9. J'adhere à ce dernier sentiment, avec d'autant plus de raison, que de l'aveu de M.

Lebrun, *ibid.* n. 6, si les communs & personniers s'obligent conjointement, ils ne s'obligent point solidairement, sans une clause formelle & précise de solidité, chacun d'eux ne s'obligeant que pour la part & portion qu'il a dans la communauté ; & que par la même raison, s'ils prêtent à un étranger, ils ne peuvent agir en particulier que pour les parts & portions qu'ils ont dans la communauté.

10. Il n'en est pas d'un simple associé ou commun, comme du chef & maître de la communauté ; il n'oblige pas la communauté par les obligations qu'il contracte seul, à-moins que les autres communs ne lui eussent donné pouvoir de contracter pour eux ; ou que la communauté n'eût profité de son obligation. Coquille sur la Coutume de Nivernois, chap. 22, art. 5.

Il en faut raisonner de même d'un paiement fait à un simple commun, non ayant charge des autres, ou n'administrant les affaires de la société ; il ne libere pas le débiteur, & ne lui produit qu'un recours contre celui qui l'a reçu. La Thaumassiere sur la Coutume de Berry, tit. 8, art. 21.

11. Un simple commun ne peut aliéner & obliger que sa part dans la communauté.

12. Quant au chef de la communauté, il ne peut pas disposer des immeubles de ses communs ou associés, sans leur consentement ; & à l'égard des biens communs & effets de la communauté, il n'en peut faire aucune disposition qui sonne en donation & mauvaise administration ; ses associés ou communs peuvent lui demander raison, du-moins en gros, comme parle Coquille, de son administration ; & s'il a mal géré & administré, le contraindre à supporter sur sa part sa mauvaise gestion & administration, & à en acquitter les communs envers les créanciers. C'est le sentiment de Coquille sur l'art. 5 du tit. 22 de la Cout. de Niv. & l'observation de Jean Decullant, sur notre art. *Animadverte*, dit Decullant, *quòd societatis magister non potest disponere de bonis communibus, nisi licitè administrando, non dando, aut ludendo, aut sidejubeudo pro alio, cùm sit tantùm præpositus administrationi, & teneatur rationes administrationis suæ reddere, non tamen scrupulosè & strictè, sed bonâ fide, id est,* en gros & à plus près.... *Secùs in societate connubiali, quia maritus habet omnimodam & liberam dispositionem rerum societatis, quas etiam potest donare, & perdere, ex §. 236, suprà, quod non licet in societate de quâ noster paragraphus loquitur.* M. Jean Decullant, *hic.*

ARTICLE CCLXIX.

Partage de communauté. CONQUETS & dettes personnelles, actives & passives, se partent entre communs comme les biens-meubles, & sont réputez de même nature que meuble, s'il n'y a convention au contraire.

1. Les biens de la communauté, tant meubles qu'immeubles, se partagent également entre les communs, s'il n'y a pas de convention contraire, comme il a été dit sur l'article 233, *suprà* ; mais s'il y en a, il faut suivre, selon qu'il résulte de ces termes de notre article, *s'il n'y a convention au contraire.*

2. Ainsi, si on a réglé le droit d'un commun à une telle portion, & qu'il ait été stipulé qu'il n'aura qu'une cinquieme ou sixieme portion dans la communauté, il n'en peut pas prétendre davantage.

3. Il en est de même, quand on est convenu des biens qui doivent composer la communauté, & qu'on restreint ou étend la communauté à une certaine qualité de biens : *Ubi enim convenit, Lex conventionis observanda est, & mobili expresso, quid sit immobile satis intelligitur,* dit M. le président Duret sur l'article 233, *suprà*, sur le mot *n'est convenu.*

4. Que si les termes de la convention sont obscurs, & qu'ils ayent un double sens, il faut prendre celui qui est le plus conforme à l'intention commune des contractans, & qui se rapporte le plus au sujet de la convention ; & il ne faut pas tant avoir égard aux paroles, qu'à l'intention des contractans. S'il est dit, par exemple, dans un contrat de mariage, que les parties seront communes en tous leurs biens meubles, acquêts & conquêts immeubles, cette clause ne comprend pas les acquêts faits par chacun des communs avant la communauté ; parce qu'on présume volontiers que les parties se sont conformées à la disposition de la Coutume, qui ne fait entrer que les meubles & conquêts dans la communauté. *Consequens est ut id sequamur, quod in Regione, in quâ actum est, frequentatur,* dit la loi *In stipulationibus, ff. de Reg. Jur.* & ainsi jugé par arrêts. Lebrun, *de la Communauté,* liv. 1, ch. 5, sect. 1, dist. 1, n. 22 & suiv.

5. Mais, si le contrat, ou convention qui établit la communauté, porte que les contractans seront communs en tous leurs biens meubles & immeubles, présens & à venir, & conquêts immeubles faits durant & constant la communauté, conformément à la Coutume de cette Province du Bourbonnois, il y a plus de difficulté, à cause de la généralité des termes ; toutefois il faut réduire en ce cas la communauté au droit commun, & à la disposition de la Coutume, nonobstant la clause générale. Ce qui détermine à prendre ce parti, c'est qu'en ces rencontres, il faut plus s'attacher, comme il a été dit, à l'intention des

des contractans, qu'aux termes du contrat, quand cette intention est visible. *In conventionibus voluntatem potiùs contrahentium, quàm verba spectari placet*, dit la loi 219, ff. *de verb. signif.* Or cette intention paroît ici, en ce que les parties se sont soumises & se sont rapportées à cette Coutume du Bourbonnois; car si en se soumettant ainsi, il leur est échappé d'ailleurs quelques termes ambigus, la Coutume à laquelle elles déclarent qu'elles veulent se conformer, ne doit-elle pas servir à l'expliquer, & ne fixe-t-elle pas l'esprit & le sens de leur stipulation, que leurs paroles avoient laissé incertain ? A la vérité, il y a un arrêt contraire rendu en la troisieme chambre des enquêtes le 19 mai 1683, au rapport de M. Lejay, dans la famille des Trochereaux; mais cet arrêt ne nous doit pas faire changer de sentiment. Lebrun, *de la Comm.* liv. 1, chap. 5, sect. 1, dist. 1, n. 25 & suiv.

6. Quand la convention est claire & intelligible, ou que l'intention des contractans est connue, & qu'il ne s'agit plus que de partager entre les communs les meubles & conquêts de la communauté, on ne doit dans le partage morceler les conquêts que le moins qu'il se peut, & l'on doit plutôt faire des soultes en les adjugeant en leur entier à l'une des parties qui en offre le plus. Nos Coutumes nous font cette indication de récompenser plutôt que de morceler: Niv. chap. 24, art. 14; Bretagne, art. 591. Lebrun, *de la Comm.* liv. 3, chap. 2, sect. 6, dist. 1, n. 9.

7. Les frais du partage sont communs; il ne dépend pas du ménage d'un partageant d'épargner un inventaire, une prisée & un partage en forme, & de rejetter ces frais sur ses copartageans, en soutenant qu'ils ne sont pas nécessaires. Les regles prévalent à cette opinion; & ceux qui ont le plus résisté aux frais en portent leur part comme les autres. Lebrun, *ibid.*

8. Il est dû une garantie pour le partage de communauté, comme pour le partage de succession; mais M. Denis Lebrun estime que la garantie du partage de communauté n'est pas si favorable ni si étendue en fait de rentes constituées, que celle du partage de succession, & que les copartageans ne sont pas tenus de se garantir réciproquement la solvabilité des débiteurs des rentes, même après le partage, comme en matiere de successions.

9. Mais il convient qu'il suffit d'une lésion du tiers au quart, pour être restitué contre un partage de communauté, comme dans les partages de succession; parce qu'il ne s'agit pas dans ce partage, non plus que dans un partage de succession, de trafiquer, ni de commercer, mais de faire ensorte que les copartageans trouvent dans ce qui leur est donné, la juste valeur de ce qui leur appartient. Lebrun, *ibid.* n. 14 & 17.

10. Dans le cas d'un partage d'une veuve avec les héritiers de défunt son mari, si la veuve traite avec un étranger de sa part en la communauté, les héritiers doivent être admis à le rembourser pour éviter qu'une personne étrangere s'ingere dans les affaires de la famille; ce qu'elle pourroit même entreprendre par un mauvais dessein.

11. Mais, si la veuve achete la part d'un des héritiers du mari, en la communauté, les autres héritiers ne seront pas reçus à la rembourser, parce qu'elle n'est pas étrangere à la famille. Lebrun, *ibid.* n. 18, à la fin, & 19.

12. Quant aux dettes passives de la communauté, qui n'ont pas été payées avant le partage d'icelle, elles se payent par chacun des communs, pour telle part & portion qu'ils prennent ès meubles & conquêts de ladite communauté, conformément à la disposition de la Coutume en notre article, & en l'article 241, *suprà*, où il faut avoir recours.

ARTICLE CCLXX.

Si l'un des conjoints par mariage, ou autres communs personniers vont de vie à trépas, & laissent enfans ou autres qui soient leurs héritiers, & le survivant desdits conjoints ne fait aucun inventaire, partage, division ou autre convention équipollant à partage dedans quarante jours, à compter du jour du trépas du prémourant, la communauté des biens se continue & conserve entre ledit survivant & lesdits enfans, pour la portion du défunt, si bon leur semble, & néanmoins sont saisis & en possession de la succession de leurs pere & mere trépassez ou autre desquels ils sont héritiers.

De la conservation de communauté.

1. Toute société se dissout par la mort naturelle ou civile de l'un des associés. C'est la disposition précise de la loi *Actione* 65, au §. *Morte* 9, ff. *pro socio*; mais on a introduit dans notre droit la continuation de communauté en faveur des enfans, ainsi qu'il est dit dans notre article, dans l'article 240 de la Coutume de Paris, en l'article 19 du titre 8 de celle de Berry, en l'art. 183 de celle de Blois; 216 de celle d'Orléans; 221 de celle de Melun, & autres.

2. Cette continuation de communauté en faveur des enfans, a été établie pour deux raisons. La premiere, c'est que la faveur des

contrats de mariages, & des clauses y apposées, ne concerne pas seulement les contractans, mais encore les descendans du mariage. *Ratio est*, dit M. Louis Semin sur notre article, *quia societas in contractu matrimonii, sive expressè coïta, sive tacitè per Statutum quod eam admittit, respicit nonmodò contrahentes, sed etiam ex eo descendentes ; adeò ut sit idem favor descendentium ex eo matrimonio, qui contrahentium, cùm præcipuus nuptiarum finis sit liberorum progenies, quos societas & ferè dispositiones omnes, nuptiali instrumento contentæ respiciunt....*

3. La seconde raison & le second motif est de punir, par la prorogation de la communauté, la négligence du pere & de la mere qui survit, & qui omet de faire inventaire ; ce qui rend sa conduite suspecte, & fait présumer que les acquêts faits dans la suite, sont faits des deniers communs.

4. Cette continuation de communauté a lieu, tant entre nobles que roturiers, parce que la Coutume est générale, & ne distingue pas ; & tel est l'usage.

5. Elle a encore lieu entre le conjoint ou commun survivant, & les héritiers du prédécédé majeurs ou mineurs ; car notre Coutume ne distingue pas non-plus, comme fait celle de Paris, art. 240, qui ne parle que des mineurs. Or quand une Coutume donne aux enfans en général le droit de communauté, il appartient à tous les enfans majeurs ou mineurs ; car ce mot d'*enfans* comprend aussi bien les majeurs que les mineurs. C'est la disposition de la Coutume de Poitou, art. 232 & 234, & l'observation de M. le président Duret, sur notre article, sur ces mots, LAISSENT ENFANS, nec refert, dit M. Duret, *minores sint, aut non*, *Conf. Pict. art. 232 & 234*. M. de la Thaumassiere, sur la Coutume de Berry, tit. 8, art. 19, a fait la même remarque. M. Jacques Potier est de sentiment contraire, mais son sentiment ne doit pas être suivi ; car notre Coutume est bien différente sur le fait de la continuation de communauté, de celle de Paris, en ce qu'elle établit, comme nous le dirons ci-après, cette continuation de communauté, non-seulement en faveur des enfans sans distinction de majeurs ou de mineurs, mais même des autres parens & héritiers collatéraux : différence qui n'a pas échappé à M. Dernusson, traité *des Propres*, chapitre 4, sect. 2, n. 8 à la fin, non plus qu'à M. Lebrun, traité *de la Communauté*, liv. 3, ch. 3, sect. 1, n. 5, & section 2, n. 24, & à M. de Ferriere.

6. On ne peut pas dire dans cette Coutume, que quand les enfans ou héritiers du prédécédé sont majeurs, ils doivent s'imputer, s'ils manquent eux-mêmes à faire inventaire, ou à requérir leur part : car aux termes de notre Coutume au présent article, c'est au survivant à faire faire inventaire ; & cette charge le regarde, quoique les héritiers du prédécédé soient majeurs. L'article, en établissant la continuation de la communauté, pose pour condition que le survivant n'ait fait faire inventaire pour montrer que c'est sa charge particuliere ; & au fond, comme la continuation de la communauté est la peine de la négligence du conjoint qui survit, il doit être en la faculté des héritiers, tels qu'ils soient majeurs ou mineurs, de se prévaloir de cette peine, comme d'une chose établie en leur faveur, & pour s'indemniser des fraudes qui peuvent avoir été commises faute d'inventaire.

7. Mais la continuation de la communauté établie par notre article, ne regarde que les enfans héritiers du prédécédé : c'est ce que dénotent ces termes de notre article, *enfans ou autres qui soient leurs héritiers*. Ainsi la fille mariée du vivant de ses pere & mere, qui a été appanée, & a renoncé aux successions futures de ses pere & mere, n'a pas la continuation de la communauté : car si son appanage est valable, la fille dotée n'a plus de part dans la succession du prédécédé, & par conséquent elle ne peut plus être en continuation de communauté, & il n'y a pas d'inventaire à faire à son égard.

8. Il n'en est pas de même des enfans mâles qui se trouvent mariés lors de la mort du prédécédé. Leur mariage ainsi fait & constitué est bien un avancement d'hoirie ; mais, comme il n'est pas fait pour leur tenir lieu de l'une ou de l'autre succession, ils restent toujours héritiers le cas échéant ; & cela étant, quand l'un ou l'autre des deux conjoints leur pere & mere vient à décéder, on ne peut point leur ôter le droit de continuation de communauté, que par un inventaire, partage, ou autre acte équipollent à partage, comme dit notre article.

9. A l'égard du mariage des enfans, contracté depuis le prédécès du pere ou de la mere, il y a plus de difficulté ; parce que ce mariage est une déclaration de la part du conjoint survivant, de ne vouloir plus demeurer en communauté : aussi c'est une question dans cette Coutume, si ce mariage est un acte suffisant, ou non, pour dissoudre la communauté, & en empêcher la continuation ; sur laquelle il y a diversité de sentimens, & de jugemens rendus en ce siege.

10. Ceux qui prétendent que le mariage n'empêche pas la continuation de la communauté, disent qu'il n'est pas raisonnable que le survivant mariant ses enfans, & leur donnant une portion peut-être beaucoup moindre que ce qui leur appartient, sans faire inventaire ni leur donner aucune connoissance des biens & effets de la communauté qui est entre lui & eux, les prive du bénéfice de la Coutume, pour la continuation de la même communauté ; & il doit, disent-ils, se contenter de ce qu'étant mariés, ils ne sont pas nourris aux dépens de la communauté.

11. On cite pour ce sentiment une sentence rendue en cette Sénéchaussée au rapport de M. Faverot, le 25 janvier 1611, en confirmant la sentence du châtelain de Chantelle ;

par laquelle il fut jugé que la conſtitution de dot faite à Antoinette Mangounet, par ſon pere, d'une ſomme pour les biens acquis, & d'une autre pour appanage de la future ſucceſſion, n'interrompoit point la continuation de communauté, quoiqu'il y eût renonciation de la part de ladite Mangounet : M. Rouſſel, avocat, avoit écrit pour l'appellant, & M. Dubuiſſon, avocat, depuis lieutenant particulier, pour l'intimée. Pour le bien jugé étoient Mrs. Faverot, rapporteur, Dubuiſſon, pere de l'avocat, Chenebrard, Ploton, Barbe, Guillouet, Griſſac, Giraudet & Rougnon, contre Mrs. de Fougerolle, Fouchier & Feydeau. Ceci eſt rapporté par M. Rougnon, dans ſes manuſcrits, lequel cite encore un arrêt rendu en cette Coutume le 17 février 1610, au profit des enfans de M. Antoine Dulac & Françoiſe Dotte, contre M. Michel Dotte, qui a jugé que le mariage de l'enfant n'empêchoit pas la continuation de communauté.

12. M. Charles Dumoulin, d'un ſentiment oppoſé, dans ſa note ſur le préſent article, ſoutient au contraire que quand le ſurvivant des conjoints marie ſa fille, & lui donne dot, cet acte eſt ſuffiſant pour diſſoudre la communauté à l'égard de la fille; & pour confirmer ſon opinion, il fait mention d'un arrêt rendu en l'ancienne Coutume de Paris, ſemblable à celle-ci à cet égard.

13. M. le préſident Duret eſt du même ſentiment, ſur ces mots de notre article, ÉQUIPOLLANT A PARTAGE : *Veluti*, dit-il, *ſi tota res uti adjudicata eſt, cum difficilis eſſet diviſio.... vel ſi filia à ſuperſtite nuptui tradita & dotata ſit, ejus reſpectu actus eſt ſufficiens ut ſocietas diſſolvatur, quamvis expreſſé huic non renuntiaverit ; quo jure utimur, & hoc Arreſto probat Molin. in verb.* SURVIVANT , *hic*. M. Duret, *hic*.

14. M. Jean Decullant, dans ſes remarques ſur notre article, eſt encore du même ſentiment que Dumoulin, & atteſte qu'il l'a toujours vu ainſi pratiquer, qu'on ne conſultoit pas & qu'on ne jugeoit pas autrement de ſon temps : *Ita vidi*, dit-il, *ſemper obſervari in judicando & conſulendo, ſcilicet juxtà notulam Molinæi, qui porte que quand le ſurvivant marie ſa fille, &c... Quæ Molinæi notula non habet ſolùm locum in filia nupta & dotata, ſed etiam in filio, cui in matrimonium quid certum fuerit aſſignatum....* M. Jean Decullant, *hic*. C'eſt auſſi le ſentiment de M. Jean Fauconnier, dans ſes obſervations ſur le préſent article.

15. Pour dire mon ſentiment ſur cette queſtion, ce dernier ſentiment me paroît le plus conforme à l'eſprit de la Coutume ; & il me paroît qu'en s'attachant aux termes de notre article, on ne peut point s'empêcher de dire que le pere ſurvivant, & mariant ſes enfans hors de chez lui, & leur donnant une ſomme pour leur part dans les droits qui leur appartiennent par le décès de leur mere, fait ceſſer à leur égard la continuation de communauté :

car il ne peut pas, à ce qu'il me paroît, mieux marquer la volonté qu'il a de ne plus demeurer en communauté avec ſon enfant, qu'en le mariant hors de chez lui, lui donnant ce qu'il prétend lui appartenir, & ſouffrant qu'il faſſe un commerce & une communauté à part. Notre Coutume, au préſent article, ne demande autre choſe pour arrêter la continuation de la communauté, qu'un inventaire ou partage, diviſion ou autre convention équipollant à partage : or, comment peut-on qualifier le mariage d'un enfant, ſa ſéparation d'avec ſon pere, la dot qu'on lui donne pour ſes droits acquis par le décès de ſa mere, autrement que de partage, ou tout au moins, comme parle la Coutume, de convention équipollant à partage ; & ſi la dot qu'on lui donne ne remplit pas ce qui lui revient pour ſes droits, il a l'action ouverte contre ſon pere, pour ſe faire rendre compte & payer le ſurplus. Et ainſi fut jugé conformément à ce ſentiment, au rapport de M. Michel de Royer, le 14 mars 1727; ce fut un des chefs de ladite ſentence rendue entre les Boucaut, demandeurs, & les Ravet, défendeurs ; & tel eſt le ſentiment de Coquille, ſur la Coutume de Nivernois, ch. 22, art. 4.

* Par l'art. 118 de l'ancienne Coutume de Paris, il n'y avoit point de continuation de communauté, ſi le ſurvivant des conjoints avoit fait faire inventaire, ou autre acte dérogeant à la communauté ; ce qui fut cauſe que pluſieurs auteurs eſtimerent que les enfans dotés par le ſurvivant des conjoints, ne pouvoient plus demander la continuation de communauté ; ils regardoient le contrat de mariage comme une eſpece de partage, l'avantage fait à l'enfant lui tenant lieu de partage & portion, & par conſéquent comme un acte dérogeant à la communauté, ſuffiſant, ſuivant l'art. 118, pour diſſoudre la communauté.

Par la nouvelle Coutume, les réformateurs ont ſupprimé ces termes : *Et autres actes équipolens ;* enſorte que ſuivant l'article 240, qui étoit le 118 de la Coutume, l'inventaire ſeul en bonne forme peut diſſoudre la communauté. Et tel eſt aujourd'hui le ſentiment commun de ceux qui ont écrit dans la Coutume de Paris, à cauſe de la diſpoſition de la nouvelle Coutume.

Mais comme la diſpoſition de notre Coutume au préſent article 270 n'a pas été réformée, il eſt vrai de dire que ſuivant cet article, & eu égard aux termes dans leſquels il eſt conçu, le mariage de l'enfant hors de la maiſon du pere, ſuffit pour diſſoudre la communauté.

** Par la ſentence rendue au rapport de M. Michel de Royer le 14 mars 1727, entre les enfans d'un nommé François Boucaut & Marie Ravet, d'une part ; Jean & Touſſaint Ravet, leurs oncles, d'autre part, on y décida pluſieurs points de Coutume.

Le premier touchant la validité de l'appanage des filles mariées ; ſavoir, ſi l'appanage d'une fille mariée, dont le paiement est renvoyé après le décès de la mere constituante, est valable, & si le cautionnement des freres de la sœur mariée & dotée, qui intervinrent au contrat & s'obligerent solidairement au paiement dudit appanage, est suffisant pour faire valider cet appanage; & enfin, si le paiement de cet appanage, fait avant le décès de la constituante, après la mort de la fille appanée, entre les mains du pere des enfans mineurs, rend l'appanage valable.

Le second, touchant l'institution des enfans faite dans le contrat de mariage de la fille appanée : savoir, si cette institution est valable.

Le troisième, touchant l'inventaire dissolutif de la communauté, si un inventaire fait après le décès du pere par la mere survivante, sans curateur spécial, est dissolutif de la communauté entre la survivante & ses enfans.

Le quatrieme, touchant le mariage de l'un des enfans après le décès du pere, si ce mariage est suffisant pour dissoudre la communauté continuée.

Jean Ravet avoit épousé Marguerite Blanchardet : de leur mariage furent issus plusieurs enfans ; savoir, Jean, Toussaint, Calixte & Marie Ravet. Après le décès de Jean Ravet, pere, Marguerite Blanchardet, sa veuve, fit faire inventaire des biens & effets délaissés par son décès, où assisterent deux parens paternels, oncles des mineurs, mais sans aucun curateur créé en justice, & qui eût prêté serment. Cet inventaire est de l'année 1688.

Marguerite Blanchardet épousa en secondes noces un nommé Ajud (il n'étoit pas dit au procès en quel temps.) Marie Ravet demeura après le décès de son pere toujours avec sa mere, son beau-pere & ses freres, & y rendit ses services jusqu'en l'année 1693 qu'elle fut mariée à François Boucaut. Sa mere, par le contrat de mariage, lui constitua en dot la somme de 50 livres pour sa portion dans la succession échue de son pere; celle de 40 liv. pour sa succession à écheoir, & lui donna en outre plusieurs meubles pour la récompense des services qu'elle avoit rendus. Après le décès de son pere, ses freres Jean & Toussaint Ravet s'obligerent solidairement avec sa mere au paiement de cette constitution dotale ; & moyennant icelle, Marie Ravet renonça & abandonna, tant la succession échue de son pere, que celle à écheoir de sa mere, à ses deux freres Jean & Toussaint Ravet.

Marie Ravet eut de son mariage, avec François Boucaut, plusieurs enfans ; & étant décédée quelques années après son mariage, François Boucaut, son mari, pere, tuteur & légitime administrateur de ses enfans, transigea en cette qualité en 1702, avec Jean & Toussaint Ravet, ses beaux-freres, sur la portion de la succession de Jean Ravet, appartenante à Marie Ravet; & sur ce que ledit Boucaut prétendoit que la somme de 50 livres, donnée à Marie Ravet, sa défunte femme, n'étoit pas suffisante pour remplir sa portion en cette succession, Jean & Toussaint Ravet lui firent un supplément de quatre-vingt-dix livres d'une part, & de deux œuvres de vigne, d'autre ; & dans cette transaction, François Boucaut fit réserve de la somme de 40 livres, pour la succession à écheoir de Marguerite Blanchardet, laquelle somme ne devoit être payée, aux termes du contrat de mariage, d'entre lui & ladite Marie, qu'après la mort de ladite Marguerite, & qui le fut pourtant avant son décès, ainsi que le soutenoient lesdits Jean & Toussaint Ravet, au procès, sans pourtant le prouver.

Philippe Poursaint & Jean Boucaut, enfans dudit François Boucaut & de Marie Ravet, non contens de ce supplément, prirent des lettres de restitution, tant contre ladite transaction de 1702, que contre la renonciation de leur mere, abandon & autres actes par elle faits & consentis en son contrat de mariage, & demanderent à Jean Ravet, & Antoine Renaud & Marie Ravet, sa femme, 1°. l'ouverture du chef de leur mere en la succession des biens de leur aïeul, pour une portion de quatre, 2°. la continuation de la communauté après le décès dudit Jean Ravet, leur aïeul, entre Marguerite Blanchardet, & leur mere & oncles, dans laquelle ils demandoient une portion de huit du chef de leur mere ; & enfin l'ouverture de la succession de ladite Marguerite Blanchardet, dans laquelle ils demandoient du chef de leur mere une portion de quatre.

On leur opposoit l'appanage de leur mere en son contrat de mariage, & sa renonciation, tant à la succession échue de leur pere, qu'à celle à écheoir de ladite Marguerite Blanchardet ; la transaction de 1702, passée avec François Boucaut, leur pere ; & enfin on leur rapportoit l'inventaire fait après le décès de Jean Ravet, auquel avoient assisté les oncles & cousins de ladite Marie Ravet, & de ses freres ; & on soutenoit ledit inventaire suffisant pour empêcher la continuation de la communauté d'entre ladite Marguerite Blanchardet, & les Ravet, ses enfans.

Par sentence rendue au rapport de M. Michel de Royer, le 14 mars 1727, les lettres furent entérinées : ce faisant, Jean Ravet, aïeul, Antoine Renaud & Marie Ravet, sa femme, condamnés à ouvrir partage de la succession de Jean Ravet, aïeul, aux Boucaut pour une portion de quatre. On accorda aussi aux Boucaut une portion de huit dans la communauté d'entre ladite Marguerite Blanchardet & les Ravet, ses enfans, que l'on déclara avoir continué après le décès de Jean Ravet, avec Marie Ravet, mere des Boucaut, jusqu'à son mariage avec François Boucaut ; & on condamna finalement les Ravet & Renaud à ouvrir partage aux Boucaut dans la succession de Marguerite Blanchardet, pour une portion de quatre du chef de leur mere.

De cette maniere, on n'eut point d'égard

Tit. XXII. DES COMMUNAUTÉS. Art. CCLXX.

à la renonciation de Marie Ravet en son contrat de mariage, à la succession échue de son pere, non plus qu'à la transaction de 1702, comme le tout ayant été fait sans reddition de compte, *non visis tabulis, nec dispunctis rationibus.*

On rejetta l'institution de Jean & Toussaint Ravet, comme ayant été faite dans le contrat de mariage de leur sœur, & cela par la raison que l'institution d'héritiers ne vaut qu'en faveur des mariés & des descendans du mariage, & qu'il est nécessaire qu'elle soit faite dans leur contrat de mariage.

A l'égard de l'appanage de Marie Ravet de la succession à écheoir de Marguerite Blanchardet, sa mere, on le déclara nul, sur ce seul fondement que le paiement en avoit été renvoyé après le décès de la constituante, & on n'eut aucunement égard au cautionnement des freres. On avoit allégué au procès que le paiement en avoit été fait du vivant de Marguerite Blanchardet; on n'y eut point d'égard non plus, parce que *contractus nullus ex post facto validari non potest.*

Pour ce qui est de la continuation de communauté, après le décès de Jean Ravet, entre Marguerite Blanchardet & ses enfans, on déclara la communauté continuée, à défaut d'inventaire fait avec légitime contradicteur, & on jugea que les parens n'avoient pas la capacité requise; qu'il falloit un curateur créé en justice, & qui eût prêté serment.

Mais on arrêta cette continuation de communauté au mariage de la Marie Ravet; parce qu'on jugea que ce mariage, avec la constitution de dot de ladite Marie, la nouvelle communauté par elle contractée avec François Boucaut, sa séparation & sortie de l'ancienne communauté, son défaut de collaboration en icelle, doivent être regardés comme un partage ou actes équipollens à partage, dissolutifs par conséquent de communauté, aux termes de l'article 270 de notre Coutume.

Les juges étoient M^{rs}. Revanger, Farjonel, l'aîné, Perrotin, l'aîné, Mercier, Pierre de Saint-Cy, Michel, rapporteur, moi Auroux des Pommiers, Berault de la Mutarée & Farjonel d'Aubigny.

16. Autre chose seroit, si le pere survivant marioit son enfant chez lui, pour vivre & demeurer ensemble.

17. Que si le pere survivant (il en est de même de la mere) pour ne point demeurer en communauté avec ses enfans, ou avec les héritiers du prédécédé, prend le parti de faire inventaire, il faut que l'inventaire soit fait avec personne capable & légitime contradicteur, comme il est dit dans l'article 240 de la Coutume de Paris: c'est-pourquoi il doit être fait avec les héritiers du prédécédé, s'ils sont majeurs; & s'ils sont mineurs, avec le ruteur subrogé ou curateur, créé pour le fait de l'inventaire, & qui ait prêté serment en justice, sans quoi il n'est pas légitime contradicteur, ainsi qu'il a été jugé par arrêt du 12 décembre 1686, cité par Lebrun, *de la Communauté,* liv. 3, chap. 3, sect 1, n. 14; & par autre arrêt du 10 juin 1698, rapporté dans ses notes sur Duplessis, traité *de la Communauté,* liv. 3, chap. 5. La raison est que quand la Coutume parle d'un inventaire, elle entend parler d'un inventaire, cessant lequel il est impossible de justifier l'état & la consistance des biens de la communauté, d'un inventaire par conséquent fait avec un légitime contradicteur de bonne foi, & après estimation faite des meubles par gens à ce connoissans: autrement il seroit très-facile au pere survivant de cacher & omettre une partie des effets de la communauté, d'en faire son profit, & en avantager une seconde femme au préjudice de ses enfans du premier lit; & l'intention de la Coutume n'est point de donner ouverture aux fraudes.

18. C'est l'observation de M. le président Duret sur notre article, mot INVENTAIRE: *Intellige,* dit-il, *de inventario solemniter facto, quoniam vitiose factum societatem non distrahit, idem enim est non fieri, & non recte fieri; quod non legitime fit, pro infecto habetur, L. Quoties, ff. qui satisd. cog. Cæterùm Consf. Paris. art. 240 requirit inventarium factum cum persona capaci, & legitimo contradictore; quod bona pars ex nostris ad intellectum hujus paragraphi transfert, & huic assentior.* M. Duret, *hic.*

19. Ainsi fut jugé, & conformément à ce sentiment en cette Sénéchaussée, dit M. Louis Vincent, le 7 du mois de décembre 1615, au rapport de M. Coifier, en infirmant la sentence du châtelain d'Hériçon du 18 juin 1614, entre Jacqueline de Laloire, femme de Joseph Guilmin, demanderesse en cause principale & appellante, & Antoine Godar, défendeur & intimé: il fut jugé, dit M. Vincent, qu'un inventaire non-solemnel n'empêchoit pas la continuation de communauté entre le mari survivant & ses enfans, pour la portion de défunte leur mere. Vincent, en ses manuscrits.

20. La même chose a été jugée au rapport de M^{rs}. Rochefort & Giraud, par deux sentences insérées dans un manuscrit de M. Laubespin, lieutenant général, selon que l'atteste M. Rougnon en ses manuscrits.

21. Il est vrai que ce sentiment dans ces temps-là avoit beaucoup de contradicteurs, comme l'a observé M. François Decuillant sur le mot *inventaire,* de notre article: *Etiam minùs solemne,* dit-il, *quia hoc nostrum Statutum hoc paragrapho tantùm requirit ad interruptionem societatis,* ou inventaire, partage, division ou autre convention équipollente: *Undè sufficit,* ajoute-t-il, *simplex declaratio contrariæ voluntatis, aut actus societatis derogatorius. Ita semper vidi observari, ita asserit D. Joannes* Decuillant, *cujus opinionis erat D. Ludovicus* Semin, *ad hunc paragraphum, ubi annotando opinionem D. P.* Duret, *contrariam, addit huic non assentiri.* François Decuillant, *hic.*

22. Mais l'opinion de M. Duret a enfin

prévalu, & se trouve autorisée d'un arrêt rendu en cette Coutume en l'année 1670. Par arrêt, dit M. J. Cordier, de l'année 1670 donné au profit de M. Jean Bizot, avocat en la cour, & de demoiselle Constance Fevrier, sa femme, en confirmant la sentence du baillif de Bourges, auquel la cause avoit été renvoyée, l'inventaire fait par M. Jacques Fevrier, pere de ladite Constance, fut déclaré nul, quoique fait pardevant notaires, pour n'avoir pas été fait avec légitime contradicteur, ni clos en justice ; & nonobstant icelui, la communauté contractée entre ledit M. Jacques Fevrier & sa défunte femme, fut déclarée continuée au respect & profit de ladite Constance Fevrier. M. Jean Cordier, *hic*.

23. La même chose a été jugée en cette Sénéchaussée, à ce que m'a assuré M. Perrotin de la Serré, lui étant des juges, au rapport de M. Bolacre, lieutenant général, en l'année 1719 ; savoir, qu'un inventaire qui n'étoit pas fait avec une personne capable & légitime contradicteur, ne faisoit point cesser la continuation de la communauté : les parties au procès étoient Claire Littaud, veuve de Philippe Lignier, & Jean Ragnaud, marchand.

* J'ai vu la sentence du 14 mars 1719, & l'arrêt intervenu sur icelle, en la premiere des enquêtes, le 10 juillet 1728 ; & par ladite sentence, la communauté fut déclarée dissoute par l'inventaire fait le 6 mars 1694, clos & affirmé en justice. Cet inventaire avoit été fait avec un curateur nommé en justice, l'inventaire en faisoit foi. Ce qui formoit la difficulté, c'est que l'acte de nomination n'étoit pas rapporté ; ce qui donna lieu à deux questions. La premiere, s'il étoit nécessaire que l'inventaire fût fait avec un curateur nommé en justice ; & la seconde, qui n'étoit que subsidiaire, si l'inventaire qui faisoit la matiere de la contestation, devoit être regardé fait avec un curateur légitime. Il passa aux opinions, que l'inventaire, pour être dissolutif de communauté, devoit être fait avec un curateur qui ait prêté serment en justice, & l'inventaire dont il étoit question fut réputé fait avec un légitime contradicteur, parce qu'il y étoit fait mention de curateur qui avoit prêté serment en justice, par un acte qui étoit daté, mais non rapporté ; & la sentence, quant à ce chef, fut confirmée par arrêt rendu en la troisieme des enquêtes, le 10 juillet 1728, au rapport de M. Fornier de Montagny.

24. La même chose a été encore jugée en cette Sénéchaussée le 14 mars 1727, & ce fut un des points décidés par la sentence rendue au rapport de M. Michel entre les Boucaut & les Ravet.

25. Notre Coutume, au présent article, limite le temps pour faire l'inventaire à l'effet d'empêcher la continuation de la communauté, comme fait la Cout. de Poitou, art. 232, à quarante jours, à compter du jour du décès du prémourant ; dans lequel temps il n'est pas nécessaire, selon la note de Dumoulin sur le présent article, que l'inventaire soit fait & parachevé, mais seulement qu'il soit commencé : c'est aussi l'observation de M. Potier sur notre article.

26. Quand l'inventaire se fait dans le temps prescrit par la Coutume, il fait absolument manquer la continuation de communauté, & il est vrai de dire qu'il n'y a jamais eu de continuation de communauté : mais s'il se fait après ce terme légal, il ne fait pas manquer la continuation & dissout simplement la communauté pour l'avenir, pourvu qu'il soit fait avec légitime contradicteur. Ainsi la différence qu'il y a de l'un à l'autre cas, c'est que quand l'inventaire a été fait dans le temps réglé par la Coutume, il a un effet rétroactif au temps de décès, & que quand au-contraire il n'a pas été fait dans le temps marqué, il ne produit son effet qu'au moment qu'il est fait. C'est la remarque de Dumoulin dans sa note sur notre article, & après lui de M. le président Duret & de M. François Menudel.

27. Si toutefois le survivant avoit fait des acquisitions dans les quarante jours, & avant de faire inventaire, les effets, selon M. Denis Lebrun, seroient encore censés acquis des deniers de la communauté, parce qu'il a dû faire inventaire avant que d'acquérir. Lebrun, *de la Comm.* liv. 3, ch. 3, sect. 1, n. 31.

28. Les enfans du conjoint prédécédé d'un précédent mariage, peuvent dans cette Coutume, par le défaut d'inventaire, demander la continuation de la communauté pour la portion du défunt, également que les enfans du présent mariage : car cette Coutume ne restreint point le bénéfice de la continuation de la communauté, aux enfans dudit mariage, comme fait celle de Paris, art. 240 ; mais elle l'accorde aux enfans héritiers du défunt, sans distinction.

29. Il y a plus, c'est que le bénéfice de la continuation de la communauté a lieu dans cette Coutume : 1°. Non-seulement à l'égard des enfans, mais encore des autres parens & héritiers collatéraux du conjoint prédécédé : 2°. Non-seulement dans la communauté conjugale, mais encore dans toute autre communauté coutumiere de meubles & acquêts entre les communs & personniers survivans, & les enfans ou autres héritiers de l'associé ou commun décédé, ainsi qu'il résulte de ces mots qui sont au commencement de notre article, *ou autres qui soient leurs héritiers*, & de ceux-ci par lesquels l'article finit, *ou autres desquels ils sont héritiers.*

30. *Hoc Statutum*, dit M. Jean Decullant sur notre art. *loquitur non solùm in favorem liberorum & minorum, sed etiam omnium sociorum, nec de societate tantùm conjugali, sed de quavis alia societate mobilium & acquestuum, etiam inter extraneos aut proximos conventa, quod licebit colligere ex primis & ultimis verbis hujus paragraphi : Unde ad hæc verba textûs, le survivant desdits conjoints, addenda sunt*

sequentia, ou autres communs, *& iterum ad hæc textûs verba*, la communauté se continue entre le survivant & lesdits enfans, *addenda sunt similiter verba sequentia*, ou entre les autres communs & les héritiers du commun décédé ; *& hoc ut continuetur sicut initium & finis hujus paragraphi denotant, quibus medium debet respondere*. Decullant, *hic*.

31. Le même Jean Decullant requiert pour cette continuation de communauté la demeure & collaboration de l'héritier de l'associé ou commun décédé, avec les associés ou communs survivans : *Requiritur*, dit-il, *ad hanc continuationem, ut hæres maneat in illa societate & familia, & collaboretur ; sunt enim duo consideranda, quibus constat societas, nempè bonorum communio & collaboratio, quæ maximè attenditur ; cùm unus operam & alter pecuniam conferat, ne fit locus rescissioni per deceptionem, ex inæqualitate bonorum ; & sola parentum hæreditas non sufficeret ad hanc continuationem. Itaque, si hæres socii non maneat & negotietur cum aliis superstitibus, non continuabitur societas, illius respectu, tamen partem suam cum fructibus repetit* ; Coquille *ad paragraphum 4, tit.* des communautés, *Stat. Niv.* M. Decullant, *hic*.

32. Ce sentiment de M. Jean Decullant, qui est celui de M. Guy Coquille, a bien son fondement dans l'équité ; car quand l'héritier de l'associé ou commun décédé, fait ménage & négocie ailleurs, où les associés ou communs survivans ne prennent rien, il n'est pas juste & raisonnable qu'il ait part dans une société ou communauté où il ne demeure pas, & où il ne fait rien ; & cela avec d'autant plus de raison, que selon le droit, la société & communauté se dissout par le seul fait, quand l'un des associés fait ses affaires à part. *L. Itaque*, ff. *pro socio*.

33. Mais ce sentiment paroît contraire à l'esprit de notre Coutume, qui accorde la continuation de communauté, faute par le commun survivant d'avoir fait inventaire, pour punir par conséquent sa négligence, & afin d'éviter les contestations entre le survivant & les héritiers du défunt dans la recherche des effets de la communauté & empêcher les actions fâcheuses du recelé & divertissement contre le survivant : joint à cela que la présomption est que ce que le survivant acquiert, avant que d'avoir fait inventaire des biens de la communauté, & de l'avoir partagée entre lui & les héritiers du défunt, est acquis des biens & des effets de la communauté, sur lesquels les héritiers du défunt ayant droit pour telle portion que le défunt avoit dans la communauté, il est juste que le profit de ces acquêts soit partagé entr'eux pour cette portion & le survivant : raisons, lesquelles, comme l'on voit, sont également fortes pour les héritiers du commun décédé, soit qu'ils soient séparés de demeure, ou non, d'avec le commun survivant.

34. Cette continuation de communauté, introduite par la Coutume, ne regarde que les communautés coutumieres de meubles & conquêts, & non les communautés générales de tous biens que la Coutume ne reconnoît pas, & qui n'ont lieu que par la force de la convention. Telle est l'observation de M. Louis Semin & de M. Genin, pere, sur notre article, & c'est aussi celle de M. François Menudel, qui dit que cela a été ainsi jugé en ce siége. *Licèt omnium bonorum sit societas*, dit M. Menudel, *tamen continuatio erit duntaxat de mobilibus & acquestibus ; quia continuatio pœnalis est, & pœnis legalibus contenti esse debemus* .... *Adde continuationem à jure discrepare, quo morte solvitur societas*. Ainsi jugé en 1598, confirmant le juge de Souvigny, pour Antoine Parjou contre Jeanne Bourgeois ; & ainsi nous le tenons. M. Menudel, *hic*.

35. La raison est que la continuation de communauté, dont nous parlons, ne se fait pas par un consentement exprès des intéressés, mais parce qu'elle est ordonnée par la Coutume ; & que la Coutume ordonnant une continuation de communauté, est censée la vouloir à l'ordinaire, & que dans le renouvellement d'une société, même dans la reconduction tacite, ce qui est contre le droit commun, a besoin d'une clause formelle, pour être censé repeté : ainsi jugé par arrêt de la troisieme des enquêtes du 23 février 1635, au rapport de M. du Tillet, les chambres ayant été consultées, rapporté dans Auzanet sur l'article 240 de la Coutume de Paris ; & par autre arrêt rendu en cette Coutume entre personnes justiciables de la Forêt-Thomier, en l'année 1724 ou 1725, ainsi que me l'ont assuré M^{rs}. Fevrier & d'Avril, avocats de ce siége, qui ont eu entre leurs mains les piéces du procès.

36. De cette maniere, si plusieurs personnes contractent ensemble une communauté de tous biens, & que l'un d'eux vienne à décéder, cette société universelle sera dissolue ; mais la société ou communauté coutumiere de meubles & acquêts subsistera. *In societate omnium bonorum*, dit M. Louis Semin, *duplex subintelligitur societas ; una statuaria, quæ est mobilium & acquestuum, altera juris civilis, quæ est immobilium : prima quidem solvitur morte unius socii ; sed si socii hæres extiterit, societas sine renovatione continuatur cum hærede. Secunda verò societas more Juris civilis regitur proindè unius socii morte finitur, licèt plures alii supersint qui domicilium commune, & collaborationem continuant ; adeò ut necesse habeant eamdem renovare pacto expresso, maximè dum hæc omnium bonorum societas contrahitur in Statutis, quæ non noverunt mixtionem immobilium*. M. Louis Semin.

37. Dans le cas de la continuation de communauté coutumiere de meubles & acquêts, comme cette continuation de communauté pourroit être quelquefois plus désavantageuse aux enfans que profitable, la Coutume la laisse à leur volonté, par ces mots, *si bon leur*

semble, & telle est la disposition des Coutumes qui admettent la continuation de communauté ; de celle de Poitou, art. 234 ; du Maine, 506 ; de Paris, 240 ; de Blois, 183 ; de Melun, 221, & autres. De manière qu'ils la peuvent demander, s'ils la croient avantageuse, & qu'ils peuvent y renoncer s'ils ne la croient pas telle ; & cette option dans notre Coutume appartient aux héritiers majeurs ou mineurs, puisque la Coutume ne distingue pas ; & que ce choix est nécessaire, dit M. le président Duret, *ad captiones vitandas*. M. Duret, *hic*, sur ces mots, *si bon leur semble*.

38. Mais ils ne peuvent pas la continuer en partie, & y renoncer en partie. Par exemple, si le survivant avoit fait de grandes acquisitions dans les premieres années après la mort du prédécédé, & qu'il eût fait de grandes pertes dans la suite, il n'est pas permis aux enfans d'accepter la continuation de la communauté pour le temps qu'elle a été avantageuse, & de la refuser pour le reste du temps ; il faut qu'ils y renoncent tout-à-fait, en arrêtant la communauté au temps du décès du commun prédécédé ; ou s'ils acceptent la continuation d'icelle, qu'ils la prennent en l'état qu'elle s'est trouvée, quand elle a cessé de droit. Il est vrai qu'ils la peuvent toujours faire cesser quand bon leur semble, & demander que le pere soit tenu de faire inventaire, du moment qu'ils s'apperçoivent de sa dissipation. Bien plus ; de plusieurs enfans, les uns peuvent demander la continuation de communauté, & les autres la rejetter, parce que l'option ne leur est pas accordée collectivement à tous ensemble, mais distributivement à chacun en particulier. Argout, *Inst. au Dr. Franç.* liv. 3, chap. 5.

39. Cette communauté se continue & se conserve au choix des enfans, entr'eux & le survivant, pour la portion du défunt, dit notre article, c'est-à-dire, pour une moitié s'il y avoit une moitié, ou pour un tiers ou un quart, s'il n'y avoit qu'un tiers ou un quart. De manière que dans la supposition que le défunt y eût une moitié, tous les enfans sont appellés à la continuation de la communauté pour une même moitié avec le survivant, & que s'ils sont plusieurs, ils ne prennent pas plus, que prendroit un enfant s'il étoit seul, & qu'un enfant qui est seul prend autant que tous. *Singuli enim solidum rectè petunt, sed concurrentibus in petitionem se mutuò impediunt, ne ampliùs quàm partem habeant*, qui est le cas où entre personnes conjointes, la part de celui qui n'est plus, doit accroître à celui ou à ceux qui restent : *Inter eos qui solidum habent ab initio, sed concursu partes sibi faciunt*. L. 3, ff. *de usufr. accresc.* Tellement que la part & portion de l'enfant décédé, demeure dans la communauté, au profit de celui ou de ceux de ses freres qui lui survivent, qui prennent la moitié entiere de la communauté du chef de leur pere, ou mere, décédé : D'où il s'ensuit que si pendant la continuation de la communauté, l'un des enfans, ou même tous, à l'exception d'un seul, viennent à déceder, celui qui survivra, continuera la communauté pour la portion de son pere, ou mere, décédé, & prendra autant que lui & ses freres auroient eû s'ils avoient vêcu, ainsi qu'il est dit dans l'article 243 de la Coutume de Paris, & dans l'article 237 de celle de Poitou. Et tel est le sentiment de M. le président Duret, de M. Louis Semin, de M. Louis Vincent, de M. François Menudel & de M. Jacques Potier, dans leurs observations sur notre article ; & ainsi a été jugé en cette Sénéchaussée le 18 novembre 1637.

40. Voici comme parle le président Duret, sur ce mot de notre article, POUR LA PORTION : *Et sic*, dit-il, *liberi omnes mediam partem tanquam caput unum, scilicèt illi qui sunt hæredes defuncti, & non alii quorum partes succedentibus accrescunt, & inter se dividuntur in capita.... capiunt jure communionis continuatæ*. M. Duret, *hic*.

41. M. Louis Semin s'explique encore plus clairement : *Quandiu unus superest*, dit-il, *de numero liberorum, qui continuaverint eamdem societatem, continuat, & tantùm capit quantum omnes simul si viverent...... Adeò ut hoc casu deficiat dispositio*, art. 314. Louis Semin, *hic*.

42. La portion de l'enfant qui décede, dit M. Menudel, durant la communauté continuée, appartient aux autres, *potiùs jure non decrescendi quàm accrescendi....* Desorte que l'enfant décédé est censé n'y avoir jamais rien eu, & les enfans survivans n'entrent point au lieu du défunt pour prendre sa part ; mais cette mort fait que tous les biens de la continuation de la communauté ont appartenu au survivant, par un effet rétroactif, *jure non decrescendi*. M. Menudel, *hic*.

43. Le 18 novembre 1637, dit M. Louis Vincent, il fut jugé par M^rs. de ce siége en cette Sénéchaussée, qu'à défaut par un pere d'avoir fait inventaire après le décès de sa femme, la communauté étoit continuée entre lui & ses enfans ; & partant, que les enfans venans à mourir, il n'étoit pas héritier des meubles & acquêts, comme il est porté en l'art. 314 ; mais qu'ils demeurent confondus dans la communauté. M. Vincent, sur notre article.

44. Les enfans représentent leur pere ou mere dans ce droit ; ainsi, si pendant cette continuation l'un des enfans vient à déceder, laissant des enfans de lui ses héritiers, ils le représenteront dans son droit indivis de la portion qui appartient aux enfans dans la communauté continuée.

45. Bien plus, cet accroissement suit l'ordre de la conjonction : de manière que si l'un des petits-enfans décede, sa portion accroît à ses freres & à ses sœurs, qui en profitent préférablement à ses oncles ; parce que les petits-fils sont conjoints entr'eux d'une manière plus particuliere, que chacun d'eux ne l'est à l'égard de ses oncles. Lebrun, *de la Communauté*,

livre

TIT. XXII. DES COMMUNAUTÉS. ART. CCLXX.

livre 3, chapitre 3, section 5, nom. 4.

46. Cet accroissement, (ce qu'il faut observer) selon le sentiment qui me paroît le plus solide, a lieu, non-seulement dans le cas de mort, mais encore dans le cas de renonciation des freres ou sœurs à la continuation de la communauté. Ainsi, si des enfans qui sont en continuation de communauté, l'un y renonce, sa part accroît aux autres; & s'il y renonçoit, non pas *gratis*, mais en prenant sa part de la communauté en l'état qu'elle étoit lors de la dissolution du mariage, sa part accroît encore aux autres enfans, qui en profitent plutôt par droit de non-décroissement que par droit d'accroissement.

47. La question en ce cas est de savoir si la portion dans la premiere communauté, de celui qui refuse la continuation, doit être prélevée sur la moitié qui revient aux enfans qui acceptent la continuation, dans le partage de la communauté continuée, comme une charge du droit d'accroissement ; ou si au-contraire elle se prélève avant tout partage des effets communs, comme une charge de toute la masse de la communauté & de la continuation.

48. M. Berroyer dans deux consultations rapportées chez M. Duplessis, pages 779 & suiv. soutient que cette portion doit être prélevée sur toute la masse avant tout partage : Et M.rs Duplessis & Lebrun estiment au-contraire que les enfans qui acceptent la continuation sont tenus de déduire & de précompter sur leur portion la part que celui qui refuse la continuation, a dans la premiere communauté ; ensorte que, selon eux, cette portion est entiérement à la charge des enfans qui acceptent la continuation : & cela me paroît juste. Duplessis sur Paris, traité *de la Comm.* liv. 3, ch. 4, à la fin, & Lebrun, *de la Comm.* liv. 3, ch. 3, sect. 5, n. 21.

49. Suivant notre article, à la fin, quoique la communauté se continue entre le survivant & les enfans, pour la portion du défunt, les enfans néanmoins sont saisis & en possession de la succession de leur pere & mere trépassés, ou autre, desquels ils sont héritiers : d'où il s'ensuit que la moitié des acquêts immeubles de la premiere communauté échue aux enfans, & dont ils sont saisis (aux termes de notre article) par le décès de leur pere ou mere, est faite propre naissant en leurs personnes, suivant l'art. 275, *infrà*, & que, comme tout ce qui est propre n'entre point en communauté coutumiere de meubles & acquêts, ces acquêts faits pendant la premiere communauté, échus & avenus aux enfans, n'entrent point en la continuation de ladite communauté ; en quoi l'égalité n'est pas blessée, puisque la part desdits conquêts appartenant au conjoint survivant, n'y entre pas non-plus. Ainsi sans blesser l'égalité on conserve ces propres naissans, ensemble le droit de continuation de communauté, aux enfans, & cette continuation de communauté se réduit de cette maniere.

Part. I.

50. 1°. Aux meubles qu'il y avoit dans la communauté, lors de la dissolution du mariage, lesquels entrent dans cette continuation de communauté pour le tout, & pour la propriété, si ce n'est qu'ils ayent été stipulés propres au conjoint & à ses enfans dans le contrat de mariage.

51. 2°. Aux fruits & revenus de tous les immeubles, dont la jouissance étoit dans la communauté du temps du mariage, laquelle jouissance demeure dans cette continuation ; c'est-à-dire, de tous les propres de part & d'autre, & des acquêts faits durant le mariage, devenus propres, comme il vient d'être dit, & dont le survivant prend & recueille les fruits.

52. 3°. A tout ce qui écheoit au survivant durant cette continuation, en quelque maniere que ce soit, qui seroit entré dans la communauté durant le mariage ; car on convient que tout ce qui seroit entré dans la communauté de la part du survivant durant le mariage, entre aussi dans la continuation de communauté.

Sur quoi il est à observer que les réalisations stipulées dans le premier contrat de mariage, s'exécutent dans la continuation de communauté, quoique les ameublissemens ne se gardent pas : ainsi la maxime qui veut que les meubles échus par succession ou donation, entrent en communauté, ou dans la continuation d'icelle, souffre limitation, quand par le contrat de mariage il y a clause de stipulation de propre, de tout ce qui aviendra par succession, donation ou autrement. Lebrun, *de la Communauté*, liv. 1, ch. 5, dist. 3, n. 18, & liv. 3, ch. 3, sect. 3, dist. 1, n. 34, & dist. 2, n. 17 & 18.

53. La difficulté est de savoir s'il en est de même à l'égard des enfans, car il y en a qui prétendent qu'il n'entre rien de la part des enfans dans la continuation, de ce qui leur vient d'ailleurs, que de la communauté principale, *ex aliâ quàm prorogatæ societatis causâ*.

54. Mais, comme notre article porte que la communauté se continue & se conserve entre le survivant & lesdits enfans, ces termes marquent assez que la communauté qui après la mort du conjoint subsiste entre les enfans & le survivant, est la même qui avoit été contractée entre les deux conjoints, laquelle après le décès de l'un se continue & se conserve pour telle part & portion que le prédécédé y avoit, sous les mêmes clauses, charges & conditions par conséquent qu'elle avoit été contractée, & conformément aux mêmes dispositions de notre Coutume, article 233 & 276 : d'où il reste à conclure qu'il en est des enfans à l'égard de cette communauté continuée, comme du conjoint survivant ; que les mêmes biens & dettes y entrent de part & d'autre ; que tout ce qui seroit entré dans la premiere communauté de la part du conjoint défunt, entre également dans la communauté continuée de la part

des enfans; que par conséquent les meubles échus aux enfans par succession, ce qu'ils acquierent pendant cette continuation, & les revenus de tous leurs biens particuliers tombent dans la communauté continuée, & que les dettes mobiliaires ou immobiliaires, faites & créées durant le mariage ou durant la continuation de communauté, sont dettes de la communauté continuée, & en diminuent le profit, conformément aux articles 233, 269 & 276 de cette Coutume.

55. Au fond seroit-il juste que les successions mobiliaires qui écherront au survivant pendant cette continuation, y entrassent, & que celles qui écherront aux enfans n'y entrassent pas; que ce que le survivant acquierera par ses peines soit commun, & que ce que les enfans acquiereront par les mêmes voies ne le soit pas? Ce ne seroit donc plus une communauté, car entre communs *sors debet esse æqua.*

* Je sai bien que les commentateurs de la Coutume de Paris, & les auteurs qui ont écrit dans cette Coutume, sont, pour le plus grand nombre, d'un sentiment opposé; mais c'est parce que l'article 240 de cette Coutume contient une disposition différente de la nôtre au présent article. L'article 240 de la Coutume de Paris, dit seulement qu'à faute d'inventaire les enfans peuvent, si bon leur semble, demander communauté en tous les meubles & conquêts immeubles du survivant, & ne dit pas respectivement que le survivant puisse prendre part dans les biens meubles, & acquêts immeubles des enfans, qu'ils ont acquis de leur chef; d'où l'on conclut que la Coutume de Paris veut seulement que la confusion ne se fasse que de la part du survivant, & de ce qu'il y a de commun entre lui & ses enfans, au lieu que notre Coutume disant que la communauté se continue & conserve entre le survivant & les enfans, pour la portion du défunt, si bon leur semble, elle donne par-là trois choses à entendre: la premiere, que la communauté se continue entre les enfans & le survivant; la seconde, que cette communauté se continue pour telle part & portion que le défunt y avoit, c'est-à-dire, pour une moitié, s'il y avoit une moitié, ou pour un tiers & un quart, s'il n'y avoit qu'un tiers ou un quart; & la troisieme, que cette communauté se regle également que la premiere, suivant la disposition de la Coutume, concernant les communautés coutumieres; & en cela, les enfans ne sont aucunement lésés, puisqu'ils ont la liberté de ne la pas accepter, si elle ne leur est pas avantageuse. On m'a assuré que tel étoit l'usage dans cette province; & M. Gaspard de la Thaumassiere, sur l'article 19 du titre 8 de la Coutume de Berry, qui contient même disposition que la nôtre, observe que dans cette Coutume les meubles échus aux enfans tombent dans la communauté continuée.

56. Ce qu'il y a de particulier sur ce sujet, c'est que le pere survivant n'a pas le même droit sur les effets qui entrent dans la continuation de communauté, qu'il avoit durant le mariage, sur les effets de la communauté. Durant le mariage il n'est pas simple associé, mais il est maître de la communauté, au lieu que durant la continuation de la communauté il n'est qu'associé. Durant le mariage, la femme n'a qu'un droit suspendu, qui ne lui est acquis pleinement que par la mort du mari, qui demeure le maître absolu pendant la vie de sa femme; mais par la mort de la femme, les enfans ont un droit acquis, & la propriété de la moitié des effets communs; ils sont co-seigneurs & associés de leur pere, qui n'a pas plus de droit que le chef d'une communauté entre étrangers, & par conséquent que la seule administration des biens communs, & la disposition d'iceux pour le bien & l'utilité de la communauté. Cette maxime est confirmée par les auteurs & les arrêts de la cour, outre ceux cités par M. de la Thaumassiere, sur la Coutume de Berry, titre 8, article 19: on peut voir M. Lebrun, *de la Communauté*, livre 3, chapitre 3, section 3, distinction 1, n. 40 & suivans.

57. Les enfans qui sont dans cette continuation de communauté, non-seulement ne peuvent en aucune façon disposer des effets d'icelle, parce qu'elle ne peut avoir qu'un chef; mais la communauté ne peut aussi être tenue de leurs dettes, sinon de celles qu'ils feroient pour leurs habits & nourritures, parce que c'en sont des charges. Duplessis, traité *de la Communauté*, livre 3, chapitre 2, à la fin.

58. Lorsque le survivant, soit le pere ou la mere, qui est en continuation de communauté avec ses enfans, se remarie sans faire d'inventaire, la communauté ne se dissout pas pour cela, mais cette communauté qui se continue dans ce second mariage n'est pas entierement la même communauté qui étoit auparavant, & il arrive nécessairement quelque changement dans le droit des associés.

59. Selon la disposition du droit, quand un associé en associe un autre, ce n'est que dans sa part qu'il l'associe, & non dans la société. *Qui admittitur socius, ei tantùm socius est qui admisit*, dit la loi 19, ff. pro socio; & la loi suivante ajoute, *nam socii mei socius, meus socius non est.* Sur ce fondement, le second conjoint ne devroit avoir que sa part dans celle du survivant qu'il épouse. Cependant, suivant la Coutume de Paris, article 242; de Troyes, articles 109 & 110; de Melun, articles 222 & 223; d'Auxerre, articles 205 & 206, & autres, quand le survivant qui est en continuation de communauté avec ses enfans, se remarie, la communauté se continue en telle sorte, que tous les enfans du survivant ne font qu'un chef dans cette continuation de communauté, & n'y prennent qu'un tiers, & le mari & la femme chacun un autre tiers; & si tous les deux ont des

Tit. XXII. DES COMMUNAUTÉS. Art. CCLXXI.

enfans d'un autre mariage précédent, la communauté se continue par quart; & s'il y avoit des enfans d'autres lits, elle se multiplie de la même façon : les enfans des autres lits y prennent une part; & ne font les enfans de chacun mariage, qu'un chef en ladite communauté.

60. Autrefois dans cette Coutume on suivoit la disposition du droit civil, & conformément à icelui on conservoit aux enfans du premier lit leur moitié dans les effets qui composent la communauté continuée nonobstant le second mariage, & l'autre moitié se partageoit entre le conjoint survivant & son autre conjoint : mais on s'est dans la suite conformé à la disposition de la Coutume de Paris; & cette nouvelle pratique a été autorisée par arrêt. C'est ce que nous apprenons de M. le président Duret, dans ses remarques, sur notre article, sur ce mot, *pour la portion*.

61. Et sic liberi omnes, dit le président Duret, *mediam partem, tanquam unum caput, sumunt.... Quid ergò,* ajoute-t-il, *si vitricus vel noverca superinducta fuerit, quotâ ex parte inter eos & liberos primi matrimonii societas continuabitur..... Planè magis à Nostris receptum est, ut distractis iis quæ superveniens in societatem viri vel uxoris contulerit, liberi mediam partem ferant, sic ut pars altera, iisdem denuò collatis quæ distracta fuerant inter superstitem & superinductam, postremò dividatur : etsi non unquam explicandi negotii gratiâ, quidam ita se comparent, ut si vitricus vel noverca ex alio thoro liberos non habeant, pro tertia parte, si habeant atque eos socios, pro quarta, sine aliqua distractione in societatis rationem veniant; & in hac inclinant Consf. Melod. art. 221, Senon. art. 92, Pict. 236, & Parif. art. 242, & hoc nec æquitate nec ratione caret, ad quod pedetentim Nostri accedunt; & ita ex appellatione, à Præside hujus provinciæ inter Nostros, Senatus novissimè decrevit.* M. Duret, *hic.*

62. C'est donc l'usage présentement dans cette province de partager, dans le cas d'un second mariage, la communauté continuée, par tiers ou par quart, conformément à l'article 242, de la Coutume de Paris ; & la raison de ce partage, c'est que le second conjoint n'est pas associé, comme un étranger, par un intérêt de commerce ordinaire, & que c'est la nature qui lui fait prendre la place du prédécédé, & en fait un nouvel associé, outre que souvent le second conjoint apporte des biens considérables dans la communauté.

63. Dans le cas de la communauté continuée à l'occasion d'un second mariage, & quand le survivant passant à de secondes noces, donne un troisieme associé à la communauté continuée, cet associé est obligé de participer aux dettes, comme il fait aux biens de la communauté continuée ; & ces dettes se réduisent, pour ce qui précede son mariage, aux dettes mobiliaires, & aux arrérages des immobiliaires : au surplus il doit sa part des mobiliaires & immobiliaires, créées durant le second mariage.

ARTICLE CCLXXI.

Si aucunes personnes sont communes en biens-meubles & conquêts, & l'un bâtit & édifie de nouveau en son héritage, ou en celui d'un desdits communs, durant ladite communauté, ledit édifice demeurera à celui à qui est le fonds, & n'y ont rien les autres communs.

L'édifice ce. de à la terre.

1. C'est une regle tirée de la disposition des loix, que les bâtimens suivent le fonds, & qu'ils appartiennent à ceux qui sont les maîtres des lieux où ils sont fondés ; qu'il en est de même de ce qui est planté dans un héritage; en un mot, de tout ce qui est uni & incorporé au fonds : d'où il s'ensuit qu'entre communs en biens meubles & conquêts, celui qui bâtit sur le fonds de l'autre, ne peut démolir l'édifice après la dissolution de la communauté, & que l'édifice doit demeurer à celui à qui est le fonds, ainsi qu'il est dit dans notre article, & dans l'article 4 du tit. 7 de l'ancienne Coutume, à la charge toutefois du remboursement, comme nous le dirons sur l'article suivant, & qu'il est porté en l'article 6 du chapitre 22 de la Coutume de Nivernois, & audit article 4 dudit titre 7 de l'ancienne Coutume.

2. Pour les augmentations qui sont simplement continentes & accessoires ; par exemple, les acquisitions unies au fonds de l'un des communs, comme elles se peuvent aisément séparer & subsister par elles-mêmes, on les répute conquêts : toutefois, si elles étoient, dit M. Denis Lebrun, si fort à la bienséance du fonds du commun, la retention & la récompense du mi-denier auroit lieu. Lebrun, *de la Communauté*, liv. 3, ch. 2, sect. 1, dist. 7, n. 8.

ARTICLE CCLXXII.

De l'estimation d'icelui. TOUTEFOIS ledit édifice est estimé selon la valeur d'icelui au tems de la communauté dissolue, & celui à qui est le fonds, est tenu d'en rembourser sondit personnier *pro rata*; autre chose est en réparations d'héritages ausquelles il n'y a aucune récompense.

1. Comme l'édifice construit dans le fonds du commun aux dépens de la Communauté, demeure, selon l'article précédent, propre à celui à qui appartient le fonds, & qu'il n'est pas juste qu'il en profite seul aux dépens de son commun, il faut que lui, ou ses héritiers donnent un remboursement à l'autre commun, ou aux héritiers de l'autre commun. C'est la disposition de la Coutume au présent article, & de l'ancienne Coutume en l'article 4 & 5 du titre 7.

2. Par la même raison, si la maison de la femme ayant été brûlée & incendiée, le mari la rebâtit, il lui est dû récompense; car l'accident n'étant pas arrivé par la faute du mari, on ne peut pas dispenser la femme de lui en faire récompense, ou à ses héritiers, puisque pareille perte tombe sur le propriétaire, que le mari a donné moitié du sien en rebâtissant des deniers de la communauté, & quand l'incendie est une fois arrivée, il est vrai de dire que le bâtiment qui se fait aux dépens d'un tiers enrichit le propriétaire. Lebrun, *de la Comm.* liv. 3, ch. 2, sect. 1, dist. 7, n. 12 & 13.

3. Quoique notre Cout. au présent art. & l'ancienne Cout. en l'art 5 du titre 7, disent qu'autre chose est en réparations d'héritages, auxquelles, disent l'une & l'autre Coutumes, il n'y a point de récompense, il ne s'ensuit pas de-là qu'il n'est dû aucune récompense pour toutes sortes de réparations d'héritages indistinctement ; ce n'est pas là l'esprit de notre Coutume, ni le sentiment de nos commentateurs : la disposition de cette Coutume, en l'article 226, *suprà*, qui défend les avantages entre mari & femme résiste à cette conclusion, car la prohibition d'avantages entre conjoints produit nécessairement cette récompense. Il ne s'agit donc que de distinguer les réparations pour lesquelles la Coutume veut qu'il ne soit point dû de récompense, d'avec celles pour lesquelles il en est dû.

4. 1°. Nous ne faisons point de difficulté de donner la récompense au conjoint pour les impenses & réparations nécessaires, qui sont celles sans lesquelles le fonds eût péri.

5. Pour les utiles qui font que le fonds produit un plus gros revenu, & qui en augmentent la valeur & le prix, si elles servent non-seulement à la jouissance de l'usufruitier, mais encore à l'utilité perpétuelle de la chose, elles se peuvent répéter; mais, si elles ne doivent servir qu'à la jouissance & à la commodité de l'usufruitier, sans que vraisemblablement le propriétaire en doive beaucoup profiter, il n'y a pas de répétition.

6. Quant aux impenses viageres & qui ne sont que de simple exploitation, qui ne sont que pour la jouissance présente des conjoints, elles se confondent dans la communauté & sont des charges des fruits.

7. Pour celles qui ne sont faites que pour l'ornement & le plaisir, le droit permet au mari de les emporter, sans endommager le fonds, si ce n'est que la femme ou ses héritiers soient prêts de lui donner le prix qu'il en peut espérer raisonnablement, en les enlevant, L. *In fundo* 38, ff. *de rei vendicatione.*

8. Ceci est tiré des observations de M. François Decullant sur notre article, sur ces mots AUTRE CHOSE EST EN RÉPARATIONS D'HÉRITAGES AUXQUELLES IL N'Y A RÉCOMPENSE; *Intellige*, dit M. Decullant, *de momentaneis & levibus quarum non est repetitio, quia de iis tenentur omnes socii, cùm fructus percipiant; secus de majoribus quæ habent utilitatem perpetuam, quarum fit æstimatio tempore dissolutæ societatis, ita ut perpendatur quanti melior factus sit fundus impensis societatis, & hunc paragraphum intellige secundùm paragraphum 252; habes alias impensas esse necessarias, quas omnis possessor repetit, alias esse utiles quas possessor bonæ fidei, alias voluptarias quæ difficillimè & rarò restituuntur.* Papon & Potier, sur notre article, font à-peu-près les mêmes distinctions.

9. L'estimation de ces impenses & améliorations se fait eu égard au tems de la dissolution de la communauté, & non au tems qu'elles ont été faites. Telle est la disposition de notre Coutume, au présent article; & la raison est que la récompense n'en doit être due par l'autre conjoint, que *in quantùm factus est locupletior*, & que le profit se considere eu égard au tems de la dissolution de la communauté, auquel tems la valeur & l'estimation des bâtimens peut par le tems être diminuée de la moitié ou plus, joint que la communauté en a profité par la jouissance.

10. Ainsi, si les améliorations, les bâtimens & les impenses nécessaires & utiles périssent avant la dissolution de la communauté, il n'en est dû aucune récompense.

11. La récompense pour les impenses & améliorations consiste en une action de demi-denier ; mais quand la femme renonce à la communauté, on lui fait payer le prix entier des augmentations & réparations qui ont été faites sur son fonds. Duplessis sur Paris, traité

de

de la Comm. liv. 3, ch. 2, sect. 1, dist. 7, n. 10.

* Il en est de même quand on a racheté durant le mariage, la rente due par la femme, & que dans la suite elle renonce à la communauté ; elle doit, dit M. Denis Lebrun, continuer la rente entière aux héritiers du mari, parce que c'est un conquêt, & que la femme, en renonçant, ne doit pas profiter de la communauté. Lebrun, de la communauté, liv. 3, chap. 2, sect. 1, dist. 5, n. 13.

12. Que si le conjoint a partagé la communauté sans répéter les impenses faites sur le propre de l'autre conjoint, il y peut revenir par action de partage, car celui qui a été fait est imparfait : ainsi il peut recouvrer ses impenses, & c'est un parachevement de partage qu'on ne peut lui réfuser. * C'est ainsi que quand on a omis de comprendre quelques biens de la succession dans le partage, il y a action de partage pour les mêmes biens, & il n'est pas même nécessaire, dit Lebrun, de prendre la voie de restitution, parce qu'il est vrai de dire dans l'une & l'autre espece, qu'il reste des effets à partager, ce qui se peut sans toucher au partage déja arrêté. Lebrun, *ibid.* n. 26.

13. Le mi-denier est, suivant le sentiment qui me paroît le mieux établi, une dette mobiliaire qui doit être acquittée par l'héritier mobilier : la raison est qu'en fait de successions on ne considere point l'origine des dettes, mais leur qualité qui dépend de l'objet qu'elles poursuivent, & que celle-ci ne poursuit que des deniers. C'est le raisonnement de Lebrun, *ibid.* n. 21.

14. Pour ce qui est de l'hypotheque pour raison de cette récompense, dans le cas que la femme ou ses héritiers acceptent la communauté, les arrêts ont refusé l'hypotheque au mari sur le propre même, & ne lui ont donné, ou à ses héritiers, qu'une action *pro socio*, contre les héritiers de la femme. Ces arrêts sont l'un du 17 avril 1564, & l'autre du 17 août 1574, rapportés par Chopin sur la Coutume de Paris, liv. 3, tit. 2, nombre 22, & par Bacquet dans son traité *des Droits de Justice*, chap. 21, n. 145. La raison qu'en donne Chopin, c'est que ces réparations doivent entrer dans les compensations qui se font à l'occasion d'un partage de communauté ; qu'elles doivent être déduites & précomptées dans le partage, & que par conséquent l'action pour cette récompense doit être renvoyée au partage de communauté, mais qu'on n'a pas pour icelle d'action hypothécaire contre les tiers possesseurs ou détempteurs. Tel est aussi le sentiment de M. le président Duret & de M. Louis Semin, sur le présent article, sur le mot EST TENU : *Quo nomine,* dit M. Duret, *actio personalis tantùm datur, non etiam hypothecaria ; hinc itaque consequens est ut emptor vel alius singularis successor hæredii instructi, hac gratiâ non rectè conveniatur......*

15. Toutefois M. Denis Lebrun estime que, supposé que la femme ou ses héritiers renoncent à la communauté, le mari a dans ce cas, pour raison de cette récompense, non pas une simple hypotheque sur les propres de sa femme, mais un privilége réel sur les héritages sur lesquels les impenses ont été faites ; par la raison qu'elles tiennent lieu d'une distraction qui se devroit faire au profit du mari pour le tout ; & il soutient que cette hypotheque subsiste & persévere au profit du mari, après que les héritiers de la femme qui ont renoncé à la communauté, ont vendu l'héritage à un étranger, parce qu'il a une révendication de ces impenses utiles & nécessaires, pour lesquelles il a par conséquent une hypotheque privilégiée ; & il cite pour cela un arrêt du 20 mai 1602. M. Denis Lebrun, *de la Comm.* liv. 3, ch. 2, sect. 1, dist. 7, n. 22 & suiv.

ARTICLE CCLXXIII.

QUAND aucun héritage, ou autre chose réelle, mouvant de l'estoc ou branche d'un personnier d'aucune communauté, soit d'entre mari & femme ou autres, est acquis par ceux de ladite communauté, ou l'un d'eux, l'héritage n'est commun entre lesdits personniers, ains demeure à celui ou à ceux qui sont de l'estoc & branche dont meut ledit héritage, si bon lui semble, & en ce cas sont les autres communs personniers remboursez des deniers de ladite acquisition, pour leur portion, dedans un an après ladite communauté dissolue, pendant lequel remboursement les fruits desdites choses sont communs entre lesdits personniers : Et à faute de remboursement, ledit an passé, ladite chose acquise est commune, & n'est plus ledit acquéreur reçu à faire ledit remboursement, mais ledit remboursement fait dans le tems dessusdits, celui dont meut ledit héritage en est saisi.

De l'héritage acheté par communs, qui vient de l'estoc de l'un d'iceux.

1. LA communauté, dont parle la Coutume en cet article, est la simple communauté coutumiere, & non la communauté de tous biens. C'est la remarque de M. François Menudel, sur ces mots de notre article, D'AUCUNE COMMUNAUTÉ : *Scilicèt* COUTU-

MIERE, dit-il, *intelligo enim de focietate quæ Statuti eft: nam fi omnium bonorum effet, quia inde & hinc fiunt permutationes, quæftum ex familia unius omnibus communicaretur, nec audiretur focius, fi pretium offerret; quod probatur evidentiffimè ex eo quòd fi Caius & Titius extranei contrahunt inter fe communionem omnium bonorum, & unus eorum habeat patrem qui non fit confors, immobilia ex fucceffione paternâ illius unius fiunt communia duobus fociis omnium bonorum, & inter eos æqualiter dividuntur, licèt filius non habeat bona paterna titulo lucrativo, nec dicatur acquirere fucceffionem paternam.* M. Menudel, *hic*.

2. Dans une communauté coutumiere l'héritage de l'eftoc de l'un des communs, acquis durant la communauté, demeure propre à celui qui eft de l'eftoc, fi bon lui femble, fuivant notre article, l'article 9 du titre 7 de l'ancienne Coutume, & l'article 7 du chapitre 22 de la Coutume de Nivernois, & il n'importe pas, dit M. le préfident Duret, de quelle maniere l'héritage foit acquis: *Sive rectâ*, dit-il, *emptione, five gentilitiâ redhibitione, ab extraneo priùs emptore, Conf. Niv. cap 23, art. 28. Idem fi poteftate feudali, vel cenfuariâ prædium ab emptore avocetur; tunc enim proprium ejus eft folius, à cujus propriis dependet, quoniam viribus retractus feudalis, vel cenfualis, feudo vel cenfui dominanti confolidatur, nec alii jure focietatis præter fructus eâ conftante participant, fic tamen ut eadem folutâ pro fuis partibus, iis pretium & legales expenfæ intrà præfinitum tempus reftituantur, quo non facto prædium venit dividendum.* M. Duret, fur ce mot de notre article *eft acquis*.

3. Notre Coutume, au préfent article, régle la maniere dont l'héritage de l'eftoc de l'un des communs, acquis durant la communauté, lui demeure propre, & ce qu'il faut qu'il faffe pour cela, & elle eft très-jufte dans toutes fes décifions.

4. 1°. Elle régle qu'il n'importe pas que l'héritage d'eftoc foit acquis par la communauté, ou par l'un des communs & perfonniers, même par celui des communs, dit le préfident Duret, qui n'eft pas parent du vendeur. C'eft fa remarque fur ces mots de notre article, OU L'UN D'EUX: *Etiam fi hic*, dit-il, *non fit gentilis venditoris*.

5. 2°. Elle rend l'héritage propre, fi bon lui femble, au perfonnier, & ne le déclare pas commun fauf le retrait; & de-là M. Jean Decullant forme le raifonnement qui fuit: *Hic focius*, dit-il, *petendo fundum non debet fubjici rigori & formalitati de qua loquitur art. 418, quia non dicitur retrahere fundum, fed retinere tanquam ei foli proprium etiam quæfitum, & non aliis fociis per hæc verba*, l'héritage n'eft commun; *hac ratione, hi plures forent ejufdem ftemmatis quibus hoc jus competeret, non confiderabitur fi unus præcefferit alios petitione, quia fimul omnibus eodem tempore jus fuit quæfitum, nempe in ipfo contractu emptionis, in quo cenfentur omnes emiffe & contraxiffe, fed attenditur quis fit proximior fociorum, ut eo recufante tale hæredium retinere, & pretium reftituere aliis confanguineis, nempe proximiori cognato deferatur; & notâ quòd focius qui vult emptum prædium retinere debet attingere venditorem in feptimo faltem gradu cognationis, ut dicitur in paragrapho 434.* M. Jean Decullant fur notre article, fur le mot, *à celui*.

6. M. le préfident Duret, en ce qui concerne la préférence due au parent le plus proche, eft de même fentiment que M. Decullant. *Si tamen*, dit Duret, *unus ex iis fit proximior venditori, in hoc concurfu aliis præferendus eft*, art. 440, *infrà*. M. Duret, *hic*.

7. 3°. La Coutume ordonne le remboursement & le mi-denier, lequel remboursement eft dû aux autres communs & perfonniers, à moins que le prix n'ait été payé des propres du parent de l'eftoc: *Nifi*, dit M. le préfident Duret, *pretium ex propriis ipfius gentilis venditori folutum fit*. M. Duret, *hic*.

8. Ce remboursement eft dû aux autres communs pour leur portion, dit notre art. ce qui s'entend pour la portion qu'ils ont dans la communauté: d'où il fuit que, fi c'eft la femme ou fes héritiers qui ayent droit de retenue, ils doivent, dans le cas de la renonciation à la communauté, rendre tout le prix; parce que dans le cas de la renonciation de la femme à la communauté, la communauté appartient en entier au mari ou à fes héritiers; & fi elle renonce, dit Menudel, en parlant de la femme, elle rendra tout le prix. M. Menudel, fur le mot *remboursés*.

9. 4°. Notre article limite le temps du remboursement à un an du jour de la communauté diffoute, & ce remboursement, dit M. le préfident Duret, doit être offert volontairement: *Quod fponte*, dit-il, *gentilis intrà annum offerre debet*. M. Duret, *hic*.

10. Ce temps du remboursement, felon Coquille, & après lui M. Jean Decullant, ne fe compte pas du temps de la diffolution de la communauté par le feul confentement des parties, mais du temps du partage des biens. *Hæc diffolutio non intelligitur*, dit M. Decullant, *de ea quæ fit fimplici confenfu, aut morte unius fociorum, fed de ea quæ fit per divifionem bonorum communium, faltem mobilium; quia cum pecunia data pro emptione fundi fuerit defumpta ex bonis communibus, æquum eft ut tempus reftitutionis tantùm numeretur à die divifionis bonorum communium, ex quibus focius retinens refundet pecuniam alteri.* Coquille fur Niv. cap. 22, art. 7. Jean Decullant, *hic*.

11. Dans le cas de la communauté continuée, le temps marqué par la Coutume ne court pas; bien plus, quand même la communauté ne continueroit pas, & auroit été diffolue par la confection d'inventaire, fi toutefois l'affocié ou commun furvivant fe trouve tuteur des parens qui ont droit de retenue, le temps ne court point durant la tutelle. C'eft la remarque de M. Jean Decullant. *Tamen*,

Tit. XXII. DES COMMUNAUTÉS. Art. CCLXXIV.

dit-il, *pendente focietatis continuatione, ob defectum inventarii, non currit tempus retractûs, quia manente focietate neutri competit actio pro focio; quòd fi fuperftes ex fociis fit Tutor eorum cui jus retractûs competebat, licèt inventarium confecerit, & diviferit fortè cum curatore fpeciali minorum non currit tempus, nifi poft adminiftrationem finitam, & titulos exhibitos, quia Tutor debuit à fe exigere.* M. Jean Decullant, *hìc.*

12. Par fentence arbitrale, dit M. Jean Fauconnier, rendue par M^{rs}. Claude Perrin & Gafpard Dofches, il a été jugé que le temps du rembourfement, dont parle notre article, n'avoit pas couru contre un pere en faveur de fes enfans mineurs, à compter du jour de la diffolution de la communauté, pendant le temps qu'ils ont été fous fa tutelle; & on a jugé que les offres du rembourfement, faites par le pere dans la reddition de fon compte, étoient bonnes & valables; & les enfans s'étant pourvus contre cette fentence, après leur majorité accomplie, parce qu'ils n'étoient que majeurs de Coutume dans le temps qu'elle fut rendue, & ayant paffé un nouveau compromis, & choifi pour leur juge arbitre M. le préfident Genin, il confirma la premiere fentence. M. Jean Fauconnier, *hìc.*

* J'ai vu, dit M. Fauconnier, propofer & agiter cette queftion au fujet d'un procès mû dans ma famille.

Un mari pendant fa communauté achete une maifon de fon frere, qu'il fait abattre & détruire jufqu'aux fondemens, & y fait enfuite conftruire un grand corps de logis. Après le décès de fa femme, il fait procéder à la confection d'un inventaire pour diffoudre fa communauté avec fes enfans, paffe enfuite à de fecondes noces; & durant le cours de ce fecond mariage il rend compte à fes enfans du premier lit, pour lors devenus majeurs de Coutume, & il fe charge dans la recette du compte, de la moitié du prix de fon acquifition, & de la moitié des frais de cette nouvelle conftruction, & prétend qu'en conféquence de fes offres, & de la difpofition de l'article 273 de la Coutume, ce grand corps de logis doit être déclaré lui appartenir.

Les enfans, en débattant cet article de recette, foutiennent leur pere non recevable & mal fondé à prétendre s'approprier ce corps de logis, & qu'il doit être partagé comme conquêt de la premiere communauté, & ce à défaut par leur pere de leur avoir fait fes offres de rembourfement du demi-denier dans l'année, à commencer du jour de la diffolution de la communauté.

Le pere replique qu'il n'a jamais été en demeure, & qu'il n'étoit pas en état de faire fes offres, pendant le temps qu'ils ont été fous fa tutelle; qu'autrement il auroit été tenu de faire ces offres à lui-même, ce qui feroit abfurde.

Les enfans lui repartoient, de l'avis de feu M. Louis Vincent, ancien, & habile avocat, que pour le conftituer hors de demeure, il avoit dû avant l'an expiré (qu'il favoit être un terme fatal, qui ne devoit recevoir aucune prorogation) faire créer un curateur fpécial à fes enfans, auquel il auroit pu valablement faire fes offres.

Cependant les parties ayant paffé un compromis entre les mains de M. Claude Perrin & Gafpard Dofches, confreres dudit M. Vincent, ils débouterent les enfans de ce débat, & en conformité des offres du pere ils lui adjugerent le corps de logis. Les enfans s'étant pourvus contre cette fentence, après leur majorité de droit, parce qu'alors ils n'étoient que majeurs de Coutume, & ayant paffé un compromis en la perfonne de M. le préfident Genin, une des plus grandes lumieres qui ait brillé dans cette province, il confirma la premiere fentence arbitrale en tous les chefs. M. Fauconnier fur l'article 273 de la Coutume.

13. 5°. Notre Coutume au préfent article, femblable en cela à celle de Nivernois, chap. 22, art. 7, déclare que jufqu'au rembourfement les fruits de l'héritage acquis appartiendront à tous les communs : d'où M. Coquille conclud que, puifque ces Coutumes font correfpondre les fruits au rembourfement, les fruits fe diftribuent à proportion du temps, & non pas fuivant la difpofition du droit, qui veut que les fruits appartiennent pour le tout à celui qui fe trouve propriétaire lors de la collection. C'eft fon obfervation fur ledit art. 7 dudit chapitre 22 de la Coutume de Nivern.

14. 6°. Notre Coutume & celle de Nivernois prononcent une déchéance contre le commun perfonnier, faute par lui de faire ce rembourfement dans le temps prefcrit; mais d'un autre côté elles le déclarent faifi, ledit rembourfement fait dans ledit temps, *vel eo rite oblato*, dit M. le préfident Duret fur ces mots, *ledit rembourfement fait.*

ARTICLE CCLXXIV.

SI don d'héritage, ou bail à rente, eft fait à l'un des communs, par celui de qui il eft héritier préfomptif, ledit don eft réputé avancement de fucceffion, & non acquêt; & n'y prennent rien les autres communs perfonniers, finon qu'il y eût entrages ou deniers baillez, auquel cas il eft tenu de rembourfer par ferue fefdits communs perfonniers defdits entrages ou deniers baillez.

De don & bail d'héritage fait à un des communs.

1. LA Coutume du Maine, article 507; celle d'Anjou, article 513, & de Nivernois, chapitre 22, article 8, contiennent une difpofition femblable; la difpofition de ces Coutumes peut être entendue, ou d'une donation faite en ligne directe par des

ascendans, ou d'une donation faite par des parens collatéraux. La donation d'un immeuble faite en ligne directe par un ascendant à un descendant, est un propre, non-seulement de communauté, mais encore de succession; car c'est un droit commun de toutes nos Coutumes, & un usage universel dans toute la France coutumiere, que les immeubles donnés par les ascendans aux descendans leur sont propres, de même que s'ils leur étoient échus par succession, comme il est dit dans l'article 468, *infrà*, & qu'il sera expliqué sur cet article, où il faut avoir recours.

2. Quant à l'immeuble donné en collatéral à un héritier présomptif, c'est une question, si cet immeuble est propre ou acquêt : question toutefois qui ne devroit, ce semble, souffrir aucune difficulté dans notre Coutume, vu la disposition précise du présent article, qui parle en termes généraux & sans distinction de la ligne directe & collatérale : cependant quelques-uns de nos commentateurs ont interprété la disposition de cet article, de la ligne directe seulement, à l'exclusion de la ligne collatérale. Tel est le sentiment de M. Louis Semin, & tel paroît être celui de M. François Decullant. Voici comment s'explique M. Louis Semin, sur ces mots de notre article, LEDIT DON EST RÉPUTÉ AVANCEMENT DE SUCCESSION: *Verùm*, dit-il, *in linea directà, in collaterali secus.... quia in directà naturæ debitum est, in collaterali liberalitas, in qua quippè legitima non debetur*. Pour M. Decullant, voici ce qu'il dit sur ce mot, PAR CELUI: *Scilicèt*, dit-il, *per patrem vel matrem in linea directà, & non in collaterali, Stat. Paris. art. 246 & 278. Tamen hoc noftrum Statutum nihil distinguit, sed vidi practicari supradictam distinctionem, quam & veram asserit hoc loco D. A. Semin*; *quia*, *inquit, in directà naturæ debitum est, in collaterali liberalitas, in qua quippè legitima non debetur*.

3. Quant à moi, mon sentiment est que, où la Coutume ne distingue pas, nous ne devons pas distinguer; de maniere que notre article étant conçu en termes généraux, il doit s'entendre tant de la ligne collatérale que de la directe; d'où il suit que donation d'immeuble en collatérale à un héritier présomptif, si elle est faite d'un propre, conserve la qualité de propre ancien en la personne du donataire; & que si elle est d'un acquêt, elle en fait en sa personne un propre naissant de succession, par la raison que le don en ce cas est réputé fait en avancement de succession, comme dit notre article. Tel me paroît être l'esprit de notre Coutume, au présent article, à quoi sont conformes celle de Nivernois, chapitre 22, article 8, & chapitre 26, article 14; celles du Maine & d'Anjou, comme il a été dit ci-dessus, & c'est ce qui est clairement exprimé dans celle de Chaulny, article 25; & tel est le sentiment de M. Louis Vincent, dans ses remarques, sur notre article.

& de Dumoulin, sur l'article 283, *infrà*, où il faut avoir recours.

4. Mais ce qu'il faut observer, c'est que quand bien même il seroit douteux si l'immeuble donné en collatérale à l'un des conjoints ou communs, héritier présomptif du donateur, devroit être regardé comme un propre de succession, il doit demeurer pour constant, selon moi, que c'est un propre de communauté, auquel l'autre conjoint ou commun ne doit rien prendre, & ce à cause de la disposition de l'article 283, *infrà*, & pour les raisons que nous déduirons sur cet article.

5. Au-reste il n'est pas nécessaire pour conserver au don la qualité de propre de succession, que le donataire se porte héritier du donateur après son décès, & il suffit qu'il soit, au temps de la donation, prochain & habile à succéder; c'est l'observation de M. le président Duret: *Nec mutat*, dit-il, *si contentus dono ut potest accipiens, se posteà tradentis hæreditate abstineat*. M. Jean Decullant en dit autant: *Non requiritur*, dit Decullant, *quòd successerit, sed quòd potuerit succedere, & uerit proximior tempore donationis*. M^{rs}. Duret & Decullant, *hìc*.

6. Mais donation faite à un parent collatéral dans un dégré éloigné *& non successuro*, ne fait pas, généralement parlant, d'un acquêt un propre, mais d'un propre fait un acquêt ou conquêt de succession. La raison est que ce qui est donné par un parent, dont on ne doit pas hériter, ne peut pas tenir lieu d'avancement d'hoirie, ni de paiement anticipé d'une dette naturelle, & que la donation en ce cas semble fondée sur le mérite du donataire, & sur le choix que le donateur a fait de sa personne pour lui faire du bien, comme il auroit fait à un étranger. Telle est la jurisprudence des arrêts, & le sentiment des docteurs.

7. Il y a plus; c'est qu'en fait de donation faite à un parent collatéral, prochain & habile à succéder, la chose donnée n'est réputée propre de succession en sa personne, que jusqu'à concurrence de ce dont il eût succédé s'il n'y eût point eu de donation. C'est ce qui se déduit de ces mots de notre article, *ledit don est réputé avancement de succession*, *& non acquêt* : car il s'ensuit de ces mots, selon que l'a observé M. Menudel, que le don est seulement propre au donataire, pour le regard de ce en quoi, cessant la donation, il eût succédé ou pu succéder, comme le disent les Coutumes de Montfort, article 147, & de Mantes, article 144, & que pour le surplus il doit être réputé acquêt, suivant l'article 117 de la Coutume de Châlons; en quoi il y a beaucoup d'équité : *Quod enim partem successionis excedit non jure hæreditarii evenit, sed ex mera liberalitate procedit; ideò inter acquestus computatur, ut reliquæ donationes*. Ainsi, si un parent, dit Menudel, fait donation à un sien présomptif héritier, d'un sien conquêt,

conquêt, ce conquêt donné sans stipulation expresse de propre, ne sera propre au donataire que jusqu'à concurrence de la portion qu'il pouvoit prendre en icelui par succession. M. François Menudel, *hic*.

8. Mais l'acquêt ou propre donné à un parent, *etiam non successuro*, dans un contrat de mariage, à la charge qu'il lui seroit propre de succession, lui est propre pour tous les effets; la raison est qu'il n'y a rien qui ne puisse stipuler dans un contrat de mariage, si ce n'est ce qui est précisément contraire aux bonnes mœurs. Tel est le sentiment de M. Denis Lebrun, *des Successions*, liv. 2, chap. 1, sect. 1, n. 36, & de M. Claude de Ferriere, *Inst. Cout.* liv. 2, tit. 6, art. 22.

9. Autre chose pourtant seroit à l'égard d'un étranger, car à son égard cette stipulation ne produiroit aucun effet, quand même elle seroit faite dans un contrat de mariage; parce que la chose donnée ne pouvant être propre de ligne, ce seroit inutilement qu'elle seroit stipulée propre de succession. Lebrun, *ibid.*

10. Ceci ne regarde que les propres de succession; car quant à ce qui concerne le propre de communauté, l'immeuble donné à l'un des conjoints ou communs d'une communauté ordinaire, qui que ce soit qui l'ait donné, ou parent ou étranger, s'il a été donné avec clause qu'il sera propre au donataire, ou qu'il ait été donné en contemplation du donataire, comme il est dit dans l'article 283, *infrà*, c'est un propre de communauté au donataire, auquel l'autre commun ne prend rien, selon qu'il sera dit & expliqué sur ledit article 283, *infrà*.

11. Il faut excepter le cas où il y a entrages, c'est-à-dire, ou il y a eu des deniers baillés d'entrée & avancés; auquel cas, suivant notre Coutume au présent article, & celle de Nivernois en l'article 8 du chapitre 22, le donataire est tenu de rembourser dudit entrage, ou deniers baillés, ses communs par ferue, *id est pro rata*, comme dit Dumoulin dans sa note sur notre article.

ARTICLE CCLXXV.

CONQUETS immeubles avenus aux héritiers d'un trépassé, sont propres héritages ausdits héritiers, tellement que si tels héritiers vont de vie à trépas, sans hoirs de leurs corps, lesdits conquêts retournent à leurs prochains héritiers du côté & ligne de celui par le trépas duquel ils leur sont avenus.

Quels héritages sont propres.

1. DAns l'ancien droit on ne connoissoit qu'un seul patrimoine dans la succession d'un défunt, & on ne distinguoit point les propres des acquêts. Tel a été le droit Romain, & tel est encore aujourd'hui celui des pays de ce royaume, qui se régissent par le droit écrit; & ce n'est que dans le pays coutumier, où l'on distingue les propres des acquêts, pour conserver les biens dans les familles dont ils sont venus.

2. Les mots *d'acquêts & conquêts*, généralement parlant selon nos mœurs & nos Coutumes, signifient les biens qui viennent de notre industrie, ménage ou économie, pour les distinguer de ceux qui viennent des successions & de nos prédécesseurs, que l'on appelle propres de succession.

3. Les propres de succession se subdivisent en propres naissans & propres anciens.

4. Les propres naissans sont ceux qui sont échus pour une premiere fois en succession, soit en ligne directe, soit en ligne collatérale, & qui ont commencé à faire souche en nos personnes.

5. Les propres anciens sont ceux qui ont fait plusieurs dégrés, & qui ont plusieurs fois souché dans une famille.

6. Notre article ne parle que des propres naissans; & le moyen le plus ordinaire par lequel un acquêt peut devenir propre naissant, est la succession directe & la collatérale, ainsi

Part. I.

qu'il résulte de ces termes de notre art. *conquêts avenus aux héritiers d'un trépassé, sont propres héritages auxdits héritiers*. C'est aussi la disposition de la Cout. du Grand-Perche, art. 203; de Paris, art. 230; d'Orléans, art. 203, & autres.

7. A la vérité notre art. dit simplement *conquêts immeubles avenus aux héritiers d'un trépassé*, sans s'expliquer si c'est par la succession tant collatérale que directe; mais l'art. 435, *infrà*, leve le doute & donne la qualité de propres aux héritages qui viennent par succession, tant en ligne directe que collatérale, comme fait l'article 303 de la Coutume d'Orléans, & l'article 4 du chap. 14 de celle de Berry. Aussi M. le président Duret, dans ses remarques sur notre article, a ajouté à ces mots, *avenus aux héritiers d'un trépassé*, ceux-ci, *sive in linea directa, sive in collaterali*.

8. Il est indifférent pour donner à l'acquêt la qualité de propre, en quel dégré de parenté se trouve l'héritier collatéral; car pourvu qu'il soit héritier immédiat, l'héritage qui lui est arrivé par la succession du défunt, n'est pas moins propre en sa personne. C'est la remarque de M. Menudel, sur ces mots de notre article, AUX HÉRITIERS: *Scilicèt*, dit-il, *immediatè hæredibus acquisitoris, etiam si sint collaterales & remotissimi, quia textus non distinguit..... Et sic unica successio hæreditaria etiam collateralis remotissimè succedentis imme-*

Aaaaaa

diatè, dat qualitatem hæredi prædio, quod erat tantùm conquestus.... M. Menudel, *hic.*

* Ce qui vient d'être dit de la ligne directe & de la collatérale, ne souffre pas de difficulté, par rapport à la ligne directe descendante; mais il n'en est pas de même de la ligne directe ascendante, & c'est une difficulté qui partage les sentimens, si la succession des descendans au profit des ascendans fait un propre, également que les successions qui échéent aux descendans & collatéraux.

Il y a des auteurs qui soutiennent que cette sorte de succession ne fait pas des propres, parce qu'elle est contre le cours ordinaire de la nature, & qu'il n'y a que le cours ordinaire des successions, qui fasse des propres; de maniere que quand les Coutumes disent en général, que les successions font des propres, elles se doivent entendre des successions ordinaires, & non de celles qui sont contre le vœu de la nature, parce que les loix se doivent appliquer à ce qui arrive ordinairement, & non à ce qui est extraordinaire, & en quelque façon imprévu; d'où il faut conclure, disent-ils, que l'immeuble acquis par le fils, & venu au pere par la succession du fils, est acquet dans la personne du pere; tel est le sentiment de M. Denis Lebrun, dans son traité des successions, livre 2, chapitre 1, section 1, n. 4. Lequel sentiment paroit autorisé d'un arrêt du 31 juillet 1675, rapporté dans le second tome du journal du palais, édition 1713, & d'un autre du 19 juillet 1708, rendu en la troisieme des enquêtes, au rapport de M. Palu, & rapporté dans la consultation dixieme, imprimée dans le 2 tome de Duplessis, édition 1728.

Toutefois, comme par le droit universel de la France coutumiere, les ascendans ont droit de succéder à leurs enfans, aux meubles, acquets & conquests immeubles, il est vrai de dire que ces immeubles deviennent propres aux ascendans qui y ont succédé, de même que ceux qui sont échus aux descendans ou collatéraux à titre d'héritiers, & ils ne peuvent pas avoir d'autre qualité que celle de propres, puisqu'ils leur sont échus à même titre, & à droit successif; que c'est une maxime ancienne de notre droit coutumier, que les immeubles échus par succession font propres, que telle est la disposition de notre Coutume, au présent article, que cette disposition est générale & indéfinie, sans que la Coutume y apporte aucune limitation & exception; & que c'est un principe, quand une disposition est générale, & que la loi n'y apporte aucune exception, qu'on ne doit point y en suppléer, qu'il faut prendre ses termes dans toute leur étendue, ne nous appartenant pas de lui donner des bornes & des limites; *flagitium est,* dit M. Dargentré, sur la Coutume de Bretagne, art. 323, n. 5, *ad Legem adjicere, aut exigere quod illa non exigit.*

Ainsi l'acquêt immeuble fait par le fils, & échu au pere, est propre en la personne du pere, tant par rapport à la succession qu'au retrait; cette décision est autorisée d'un arrêt du 20 février 1574, rapporté par le Vest, article 232, qui a précisément jugé la question dans la Coutume de Montfort. Et tel est le sentiment de M. de Renusson, traité des Propres, chapitre, 1, section 5, n. 4. Et c'est aussi celui de M^{rs}. les avocats de Paris, dans la consultation dixieme, imprimée dans le 2 tome de Duplessis, édition 1728; & de M. Espiard, dans sa quatorzieme addition, sur le traité des successions, de Lebrun, édition 4, où il cite avec son érudition ordinaire, les autorités qui favorisent ce sentiment.

On ne peut pas dire, pour autoriser la limitation qu'on voudroit apporter à la disposition générale de la Coutume, que la succession des descendans au profit des ascendans, est une succession inopinée que la Coutume n'a pas prévue, & à laquelle par conséquent la disposition du présent article n'a pas d'application, puisqu'elle se trouve établie par l'article 314, *infrà*; que la Coutume qui défere aux descendans & aux collatéraux une succession, est la même qui la défere aux ascendans; il faut donc rejetter le prétexte de cas imprévu & extraordinaire, qui sert de fondement à l'opinion contraire.

Quant aux arrêts qu'on cite pour cette opinion, on peut voir les réponses à ces arrêts, dans la consultation de M^{rs}. les avocats de Paris, qu'on vient de citer; l'arrêt du 19 juillet 1708, ne décide pas la question, comme il est démontré dans cette consultation; celui du 20 février 1675 n'a été rendu que dans le cas du douaire coutumier, & sur des motifs qui ne concernent que le douaire coutumier, & qui lui sont particuliers: voyez sur l'article 314, *infrà*, l'addition treizieme, manuscrite.

9. Quant à la question, si l'institution d'héritier & la substitution font également des propres, que la succession *ab intestat*, & si l'héritage acquis par l'instituant ou substituant est un propre naissant en la personne de l'héritier institué ou substitué, il faut user de distinction.

10. 1°. A l'égard de l'institution, le sentiment commun est que l'institution faite au profit de l'héritier légitime, fait des propres naissans en sa personne; *secùs* si elle est faite au profit d'un étranger *qui non erat successurus*; auquel cas elle est regardée comme une pure libéralité: ainsi jugé en cette Sénéchaussée en la cause de Duchet, demandeur, contre Louise Sarrasin, au rapport de M. Pierre de Saint-Cy, le 7 septembre 1724.

Quant à ce qui regarde la substitution, il faut distinguer la substitution directe vulgaire, & la substitution oblique, ou fidei-commissaire.

11. A l'égard de la substitution directe vulgaire, comme ce n'est à proprement parler qu'une seconde institution, pour savoir si elle fait des propres, il faut suivre ce qui vient d'être dit; & dire que si c'est l'héritier légitime de l'instituant ou substituant, qui vienne en vertu de la substitution vulgaire, elle fait

Tit. XXII. DES COMMUNAUTÉS. Art. CCLXXV.

un propre; & que si c'est un autre que l'héritier légitime, une personne différente de celui qui devoit succéder, la substitution ne fait qu'un simple acquêt en sa personne.

12. Venant présentement à la substitution fidei-commissaire, sur la question si les biens substitués sont propres en la personne de celui en qui finit la substitution, il faut encore distinguer le cas où l'instituant n'a fait que suivre par sa disposition l'ordre de succéder dans sa famille établi par la loi, d'avec le cas dans lequel l'instituant a disposé de ses immeubles en faveur d'une personne qui n'est point son héritier, ni même son parent; & dans ce dernier cas il faut considérer la qualité de la personne qui est substituée, si c'est le fils ou l'héritier légitime du premier institué, ou bien s'il lui est étranger.

13. Quand les substitutions regardent la famille de l'instituant, & que l'instituant qui n'a point d'enfans n'a fait que suivre l'ordre de succéder établi par la loi; qu'il a d'abord institué héritier son plus proche parent en collatérale, habile à lui succéder, & qu'il a ensuite substitué les héritiers de cet institué, & les héritiers de ces héritiers de dégré en dégré; dans ce cas les biens substitués seront propres à celui en qui finira la substitution; car il sera toujours vrai de dire que c'est un ancien bien de la famille, un ancien patrimoine, & par conséquent un propre en la personne de celui auquel finit la substitution: & au fond pourquoi voudroit-on que ce fût un acquêt, puisqu'il est toujours resté dans la famille, & que même il a fait plusieurs dégrés d'héritiers en héritiers.

14. Quand l'instituant institue une personne qui n'est pas son héritier présomptif, ni même son parent, & qu'il lui substitue la famille de l'héritier institué, ses enfans ou ses héritiers collatéraux, ce cas reçoit plus de difficulté que le premier, & les sentimens sont partagés.

15. M. Denis Lebrun estime que si quelqu'un institue un étranger, & qu'il fasse une institution graduelle dans la famille de cet étranger, dans ce cas, comme le dernier substitué tiendra les biens de la main de l'instituant, non du premier institué, ni des premiers substitués, & que ce dernier substitué est étranger à l'instituant, il est sans difficulté que ces biens ne sont pas propres en sa personne: car, ajoute Lebrun, encore que l'on dise que dans les substitutions obliques & fidei-commissaires, le substitué tienne la chose de la main de l'institué, à la différence de la substitution directe & vulgaire, néanmoins cela ne s'entend que de la possession, & quant à la propriété, il est certain qu'il la tient de l'instituant. Lebrun, *des Successions*, liv. 2, ch. 1, sect. 1, n. 23 & 24.

16. M. Dernusson, d'un sentiment opposé, estime que dans ce cas il y a lieu de dire que les biens substitués sont propres à celui en la personne duquel finit la substitution; parce que l'instituant ayant voulu faire du bien à l'héritier institué, & à sa famille, & ayant gardé dans l'ordre de la substitution, l'ordre de succéder, établi par la loi, il est évident qu'il a voulu que ces biens fussent conservés dans cette famille, & qu'ils en fussent le patrimoine. Dans ce cas, dit Dernusson, l'instituant a regardé principalement la famille de l'héritier institué, & il n'a considéré les personnes qui viendront à la substitution, que parce qu'ils sont de la famille, & qu'ils se trouvent dans l'ordre de succéder établi par la loi.

17. Que si dans le cas où l'instituant n'auroit pas substitué les biens donnés à l'héritier institué, & qu'il les eût donnés simplement sans charge de substitution, il seroit véritable de dire qu'ils seroient acquêts à l'héritier institué & propres à ses enfans; à plus forte raison, conclud M. Dernusson, ils doivent être propres, quand l'instituant a substitué les biens donnés, & qu'il a gardé l'ordre de succéder dans la famille de l'héritier institué : car l'instituant n'a fait la substitution que pour empêcher l'aliénation des biens, & pour les conserver dans la famille ; & cette volonté qu'a eue l'instituant de conserver les biens dans la famille en les substituant, ne déroge pas à la qualité de propre que la loi attribue aux immeubles qui ont passé à l'héritier, puisque la qualité de propre, qui est attribuée par loi, n'a point d'autre effet que de conserver les biens à la famille & aux parens d'où ils sont venus; d'où il s'ensuit que les biens substitués sont propres à celui en la personne duquel finit la substitution, quand dans l'ordre de la substitution l'ordre de succéder, établi par la loi, a été gardé, & que le substitué n'a pris en vertu de la substitution, que les mêmes biens qu'il auroit été fondé de prendre comme héritier, si son prédécesseur n'avoit été chargé de substitution.

18. Mais si dans l'ordre de la substitution, l'ordre de succéder établi par la loi n'a pas été gardé, & si le substitué n'est pas héritier présomptif de l'héritier institué, ou que le substitué ait pris en vertu de la substitution d'autres biens que ceux auxquels il auroit eu droit de succéder, c'est le cas auquel il est véritable de dire que les biens seront acquêts au substitué : car il n'y a rien qui leur puisse attribuer la qualité de propre. Tel est le raisonnement de Dernusson, & tel est son sentiment & le mien aussi.

19. L'effet de la qualité de propre étant, comme il a été déja dit, de conserver les biens dans la famille, il s'ensuit de-là que si une personne décéde sans hoirs descendans de lui, & sans freres germains, ni enfans d'eux, & qu'il y ait dans sa succession des propres naissans, ils appartiendront à ses plus prochains héritiers du côté & ligne de celui par le trépas duquel ils lui sont avenus. Telle est la disposition de notre Coutume dans le présent article, & telle est aussi celle de la Coutume de Montfort, article 129; de Saintonge, art. 101, & de Paris, art. 230.

20. Ainsi les acquêts qui ont été faits par

les pere & mere durant la communauté, qui deviennent propres naiffans en la perfonne du fils, lorfque le fils vient à décéder fans enfans, appartiennent par moitié aux plus proches parens de ce fils décédé du côté de fes pere & mere. *Itaque*, dit M. le préfident Duret, *fi à patre & matre defuncti, conftante focietate acquifita fuerint, hæredes ejus ex cupite patris mediam partem intercipient, & pars quæ fupererit maternis deferetur..... Et hoc jure utimur, quod magis convenit*, §. 315. M. Duret, *hic*.

EXEMPLE.

GUILLAUME BAUDRAN.
JEANNE RIOUSSE, *uxor*.

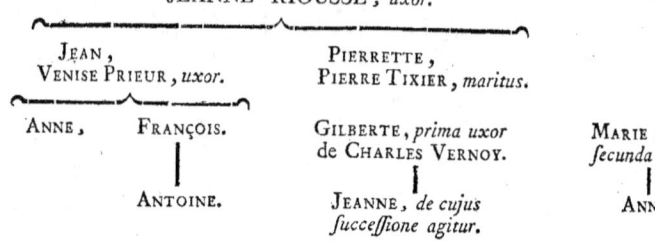

21. *Anno* 1649 *propofita fuit quæftio*, dit M. Jean Decullant, *de fucceffione Joannæ de Vernoy, mortuæ fine defcendentibus aut afcendentibus, quæ proindè ad collaterales fucceffionem reliquit, & quia diverfi funt hæredes, diverfæ occurrunt quæftiones*.

22. *Joanna de Vernoy tres reliquit hæredes, fcilicèt Annam de Vernoy fororem patruelem*, Annam Baudran *cognatam ex familia* des Baudran; *quæ quidem Antonium* Baudran *nepotem excludit, utpotè, quia cùm hæc fucceffio fit extrà terminos repræfentationis proximiori defertur; proindè Anna* Baudran, *Antonium* Baudran, *ut gradu remotiorem excludit: tertius hæres eft Stephanus* Tixier *cognatus defunctæ, ex familia* des Tixier. (Nous n'avons pas parlé de celui-ci, & nous ne l'avons pas placé dans la généalogie ci-deffus, parce qu'il ne s'en agit pas préfentement.)

23. *Verùm nodus quæftionis*, continue Decullant, *eft in diftinctione bonorum fucceffionis, & in quibus bonis quilibet horum trium fuccedunt, quæ quidem bona funt fpeciei feu naturæ quadruplicis*.

24. 1°. *Occurrunt bona mobilia, & acquæftus facti à d. Joanna* de Vernoy, *de qua agitur*. 2°. *Acquæftus facti à Carolo* de Vernoy *& Gilbertâ* Tixier, *patre & matre d. Joannæ, quæ illi facta fuerunt propria*. 3°. *Acquæftus facti à Petro* Tixier *& Pierreta* Baudran, *avo & avia d. Joannæ*. 4°. *Et ultimò antiqua hæredia, quæ extant in familia* des de Vernoy, ou des Tixier, ou des Baudran.

25. Nous ne parlerons que des acquêts faits par Charles Vernoy, devenus propres naiffans en la perfonne d'Anne Vernoy, fa fille, parce qu'il ne s'agit que de ceux-ci maintenant : & voici comment M. Decullant s'explique à l'égard de ces acquêts.

26. *Acquæftus autem facti*, dit-il, *à Carolo* de Vernoy *& Gilbertâ Tixier, patre & matre dictæ Joannæ defunctæ, & quæ illi facta fuerunt propria, dividentur inter hæredes paternos & maternos, quorum media pars ex latere paterno deferetur Annæ* de Vernoy, *forori patrueli defunctæ; alteram verò dimidiam in propofito themate capiet Anna* Baudran, *excludendo Antonium nepotem, cùm defunctum propinquiori gradu attingat*. M. Jean Decullant.

27. Que fi les propres naiffans en la perfonne du fils décédé fans enfans, fe trouvent être des acquêts faits par le pere feul, foit parce que la mere a renoncé à la communauté de fon mari, foit parce qu'ils ont été faits avant ou après la communauté ; en ce cas ils appartiendront au plus prochain héritier du défunt du côté & ligne de fon pere, par le décès duquel ils lui font avenus.

EXEMPLE.

CATHERINE CHAPTUR
mariée.

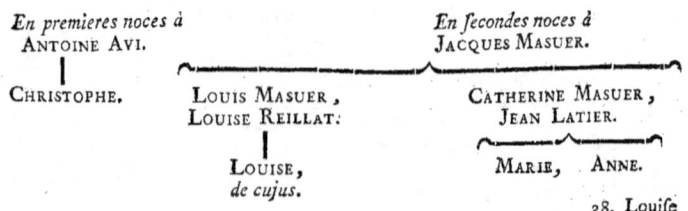

28. Louife

TIT. XXII. DES COMMUNAUTÉS. ART. CCLXXV.

28. Louise meurt: *Quæritur*, dit M. François Menudel, à qui appartiennent les acquêts faits par Louis, son pere, *an Chriſtophoro avunculo, & ſic hæredi proximiori, an verò Annæ & Mariæ, quæ ſunt tantummodò couſines: puto quòd talia propria naſcentia adjudicabuntur Annæ & Mariæ*, parce qu'ils ont fait souche en la personne de ladite Louise, & partant aux termes de cet article leur appartiennent, comme étant du côté & ligne de Maſuer, à cause de leur mere, duquel côté ils sont venus à ladite Louise par le trépas de Louis, son pere.... M. Menudel, *hic*.

29. Je ne peux pas être de ce sentiment, parce que Christophe est le plus proche parent de Louise Masuer, du côté de Louis Masuer, son pere, qui a fait les acquêts, & qu'il n'importe pas, comme nous le dirons sur l'article 315, qu'il soit son plus proche parent, du côté de Catherine Chaptur, sa mere, ou de Jacques Masuer, son pere; parce que le côté paternel n'a aucun avantage sur le côté maternel, pour la succession des propres, & qu'au-dessus de l'acquéreur on ne distingue pas les lignes; de maniere que les parens du côté paternel n'étant pas préférables à ceux du côté maternel, & que la prérogative du dégré devant l'emporter entre les uns & les autres, par la raison que celui qui est parent du côté de la mere de l'acquéreur, n'est pas moins parent du côté & ligne, que celui qui est parent du côté paternel; il s'enſuit que ſi c'est un parent du côté maternel de l'acquéreur, comme il arrive dans l'espece présente, qui soit le plus proche, le propre lui appartient pour le tout, à l'exclusion de ceux de l'autre côté qui ne sont pas si proches en degré. Voyez ce qui sera dit sur ledit article 315 à ce sujet.

* Ainsi a été jugé par sentence rendue à mon rapport en cette Sénéchauſſée, le 17 juin 1735, au profit de Pierre & Jacqueline Regnier, contre Jean Lachaud, appellant de sentence de la châtellenie de cette ville de Moulins: voici quelle étoit l'espece.

THEMA.

Antoinette Regnier, après le décès de Georges Fevre, son mari, avoit acquis, tant en son nom, qu'en qualité de commune de défunt son mari, & tutrice de Simone Fevre, sa fille, une rente de 1850 livres en principal, sous le courant de 92 livres 10 sols d'intérêt, constituée le 12 avril 1692, par Jean-François Feydeau, & autres; la moitié de cette rente qui appartenoit à Antoinette Regnier de son chef, & qui étant acquêt en sa personne, propre naissant en celle de Simone Fevre, & propre ancien en celle de Pierre Decamp, ne formoit point de difficulté au procès; on convenoit qu'elle appartenoit en entier à Pierre & Jacqueline Regnier, conformément à l'article 315 de la Coutume. Quant à la moitié qui appartenoit à Simone Fevre, qui étoit acquêt en sa personne, & propre naiſſant en celle de Pierre Decamp,

Jean Lachaud prétendoit que de cette moitié il lui en appartenoit la moitié, comme parent de Simone Fevre, du côté paternel; & Pierre & Jacqueline Regnier soutenoient qu'il ne falloit point distinguer au-dessus de l'acquéreur le côté paternel & maternel, & que cette moitié leur appartenoit en entier, comme les plus prochains parens de Pierre Decamp, du côté de Simone Fevre, par rapport à Antoinette Regnier, sa mere: & ainsi fut décidé à mon rapport; & tel fut le sentiment unanime de tous les opinans.

C'étoit aussi le sentiment de nos anciens, qui nous ont laissé leurs observations sur la Coutume; on peut voir le sentiment de M. François Decullant, & de M. Louis Semin, sur l'article 315, *infrà*, nomb. 24 & 25. Voici celui de M. Jean Decullant, dans l'espece qui suit.

Part. I.

THEMA.

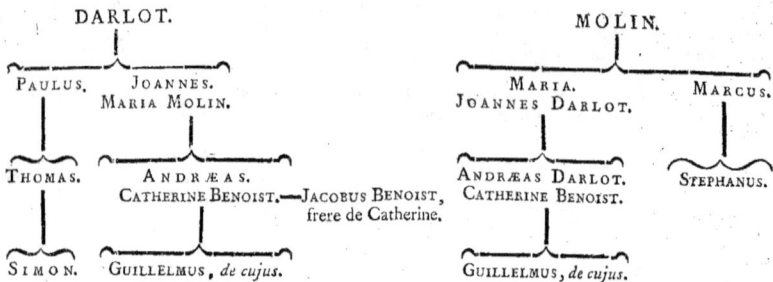

Agitur de successione Guillelmi, dit Jean Decullant ; *Jacobus Benoist, propinquus ex linea materna, feret sine dubio dimidiam partem mobilium & acquestuum, & hæredia omnia, quæ obtigerunt Guillelmo, ex capite matris, juxtà paragraphum* 315. *Ex latere autem paterno, hic duo reperiuntur, Simon Darlot, & Stephanus Molin : ille Stephanus erat quidem propinquus Andrææ Darlot, ex linea materna, & respectu Guillelmi est propinquus ex lineâ paternâ, quia eum attingit, propter patrem.*

In hoc concursu, Stephanus, qui est propinquior, præfertur Simoni, ita ut capiat alteram dimidiam partem mobilium, & acquestuum Guillelmi, etiam omnes acquestus factos ab Andrææ, quia in persona Guillelmi facta fuere hæredia paterna, quæ dicimus, propres naissans......Jean Decullant, traité des successions.

30. Avant que de finir sur le présent article ; il est à propos d'observer que la disposition & contenue souffre un véritable doute, dans le cas d'une donation ou d'un ameublissement faits par les conjoints dans leur contrat de mariage, il en est de même d'une société ou communauté générale de tous biens : car il y en a qui soutiennent qu'un héritage qui est en la succession de la mere, ne laisse pas d'être propre paternel ; & qu'au-contraire un qui se trouve en la succession du pere est propre maternel, au cas que les conjoints par leur contrat de mariage se soient transférés leurs propres par une donation, ou un ameublissement, tellement qu'un héritage trouvé dans la succession de la mere & recueilli par le fils commun, passe, contre la disposition de notre article, au plus prochain héritier paternel, & non au parent du côté de la mere, par le trépas de laquelle l'héritage est avenu ; & *vice versâ*, parce qu'*aliundè obvenit*, & *altiùs descendit*, *nempè à latere paterno, ideoque altiùs regredi oportet, nempè usque ad principalem originem*, à l'estoc du pere dont il est sorti. Tel est le sentiment de M. Genin, fils, sur le présent article, & de quelques autres.

31. Mais il y a sentiment contraire, & j'estime que ce dernier sentiment, par rapport à la donation, doit être suivi, parce qu'il faut se tenir aux principes. Si un conjoint, dit M. Denis Lebrun, a donné son propre à l'autre par contrat de mariage, il est propre au respect de la communauté, & propre naissant du côté du donataire en la personne de son héritier. Car on dit communément que *mutatione personæ mutatur status & conditio rei*; ensorte que le fils commun ayant recueilli cet héritage dans la succession du donataire, si ce fils décede sans enfans, l'héritage appartient à ses héritiers du côté & ligne du même donataire (conformément à ce qui est porté par notre article.) C'est le sentiment de Bacquet, *des droits de justice*, chap. 15, nomb. 7. Lebrun, *des Successions*, liv. 2, chap. 1, sect. 1, n. 13.

32. Et ainsi fut jugé par arrêt rendu en la seconde chambre des enquêtes, au rapport de M. Rullaut, le 19 mars 1727, au profit de demoiselle Marguerite Lebrasseur de Merci, contre demoiselle Gilberte Parchot. Le fait étoit que François Mestrant, décédé en 1696, avoit donné par son testament à Marie Lebrasseur, sa femme, le quart de ses biens, lequel quart fut déclaré propre naissant maternel, en la succession de Marguerite Mestrant, leur fille. J'ai vu & tenu l'arrêt.

33. Quant à ce qui concerne l'ameublissement, il y a plus de difficulté : la raison de douter se tire de ce qu'on prétend que l'ameublissement ne regarde que la communauté ; que tout son effet se renferme au partage de la communauté ; que la clause du contrat de mariage par laquelle le propre de la femme a été ameubli, est une fiction qui n'opere que *inter contrahentes*, & qui ne concerne que l'intérêt des conjoints touchant leur communauté : desorte que l'ameublissement, dit-on, ne change rien dans l'ordre de succession, & que l'immeuble ameubli retient après le partage de la communauté, dans la succession de l'enfant, la nature & la qualité qu'il avoit avant son ameublissement. Tel est le raisonnement de M. Dernusson, traité *des Propres*, chap. 6, sect. 8, n. 27, & suiv. & de M. Jean Decullant, sur l'article 315, *infrà*. *Nec ipsa hærediorum qualitas mutaretur*, dit M. Decullant, *communione omnium bonorum initâ,*

quia focietas omnium bonorum non mutat qualitatem particularem antiquorum hæredhiorum, in fuccefsione quæ collateralibus hæredibus defertur, & nec focietas attenditur, nifi cùm de ejus divifione agitur inter contrahentes aut ejus hæredes. M. Jean Decullant.

34. Pour démêler ce qu'il y a de certain à ce fujet, d'avec ce qui eft douteux, & fe mettre en état de prendre un parti, il eft à propos de faire quelques diftinctions.

35. D'abord il eft conftant que l'héritage ameubli entre dans la communauté comme un meuble; mais que fi le mari n'en a pas difpofé, & que par le partage de la communauté il échet pour le tout, ou pour partie, à celui qui l'avoit ameubli, en ce cas il reprend & conferve fa premiere nature & qualité, qu'il avoit à l'égard de ce conjoint avant le mariage, favoir de propre s'il étoit propre, & d'acquêt s'il étoit acquêt; que s'il vient à déceder fans enfans, il appartiendra à l'héritier des propres fi l'immeuble lui étoit propre, & aux héritiers des acquêts fi c'étoit un acquêt, & qu'en ce dernier cas il deviendra propre naiffant en la perfonne de ces héritiers; & que fuppofé que ces héritiers viennent à déceder fans enfans, il appartiendra à leurs plus prochains héritiers du côté de celui par le décès duquel l'héritage leur eft avenu, ainfi qu'il eft dit dans notre article. Cela ne fouffre point de difficulté; & tel eft le fentiment commun. * Ainfi jugé par arrêt rendu en la feconde des enquêtes, au rapport de M. Baron, & rapporté par M. Louet, let. P, fom. 40.

36. Ce qui fait la difficulté, c'eft quand par le partage de la communauté l'héritage ameubli échet par moitié aux deux conjoints, ou à leurs héritiers, leurs enfans communs : en ce cas, c'eft une queftion fi la part qui appartient au conjoint, au profit duquel l'ameubliffement a été fait, & qui lui eft avenu par le partage, lui eft un vrai conquêt, & fi c'eft un propre naiffant de fon côté & ligne dans la fucceffion de fes enfans. M. Denis Lebrun tient pour l'affirmative; & fa raifon, c'eft que ce conjoint a ce propre à titre de communauté, *qui eft modus acquirendi* : après quoi, dit cet auteur, il ne faut plus confidérer à qui cet héritage avoit appartenu avant cette communauté, le titre de la communauté déterminant le propre ou l'acquêt. C'eft le raifonnement de Lebrun, *de la Communauté*, liv. 1, chap. 5, fect. 1, dift. 2, n. 19 & fuiv. & dans ce fentiment la difpofition de la Ceutume en notre article eft fuivie & exécutée. * C'eft auffi le fentiment de Brodeau fur Louet, let. P, fom. 18, n. 24, fur la fin, édit. 1678. De l'auteur des notes fur Dupleffis, fur la Coutume de Paris, traité de la Commun. liv. 1, chap. 2, page 360, édit. 1709. Et ainfi a été jugé par arrêt du 12 avril 1616, rapporté par Brodeau, *ibid.*

37. Que s'il n'y a pas eu de partage de la communauté, mais que le mari & la femme foient décédés, qu'ils ayent laiffé un enfant qui ait été leur héritier, & qui ait confondu en fa perfonne les fuccefsions de fes pere & mere, & que ledit enfant décede enfuite fans enfans & defcendans de lui, laiffant des héritiers paternels & maternels ; M. Dernuffon foutient qu'en ce cas l'héritage qui auroit été ameubli par la mere, & qui lui auroit été originairement propre, fera propre maternel en la perfonne de l'enfant, nonobftant qu'il ait été réputé conquêt par la claufe du contrat de mariage, & qu'il appartiendra aux héritiers maternels & non pas aux héritiers paternels; & l'une de fes raifons, c'eft qu'on doit, dit-il, préfumer que s'il y avoit eu partage de la communauté des pere & mere entre le furvivant & les héritiers du prédécédé, la mere ou fes héritiers auroient retenu l'héritage entier, & auroient moins pris dans les autres effets de la communauté. Tel eft fon raifonnement dans fon traité *des Propres*, chap. 6, fect. 8, n. 30, & il cite pour fon fentiment un arrêt du 10 avril 1668.

38. J'ai de la peine à me rendre à ce fentiment : car enfin ce qui auroit pu fe faire fuivant la préfomption de M. Dernuffon, n'ayant pas été fait, & y ayant claufe au contrat de mariage, que l'immeuble de la future époufe entrera en la communauté, & qu'il fera réputé conquêt; il eft vrai de dire qu'en ce cas l'héritage eft entré en la communauté comme un meuble, que le mari y a eu fa part en qualité de commun, que cette part a fait partie de fa fucceffion, & que fon fils a dû la recueillir dans fa fucceffion. Or, comme cette part qui appartient au mari eft un vrai conquêt, & doit être regardée comme tel dans fa fucceffion, felon qu'il vient d'être dit après M. Lebrun ; il y a raifon, ce femble, de dire que cette part doit être confidérée comme un propre naiffant en la perfonne du fils du côté & ligne de fon pere, & qu'en cas qu'il décede fans enfans, elle appartient à fes héritiers collatéraux du côté de fon pere; comme il eft dit dans notre article. Quant à l'arrêt du 10 avril 1668, M. Denis Lebrun prétend qu'il ne feroit pas fuivi aujourd'hui : c'eft fon obfervation, liv. 1, *de la Communauté*, chap. 5, fect. 1, dift. 2, n. 21.

* La raifon fondamentale de cette doctrine, qui eft celle, comme il a été dit, de M. Denis Lebrun, dans fes traités de la comm. & fucceff. de Brodeau, & de l'auteur des notes fur Dupleffis, aux endroits cités, c'eft que l'ameubliffement eft une efpece de vente que l'un des conjoints fait à la communauté, du propre qu'il y porte au lieu de deniers; que c'eft *datio in folutum*, pour payer à la communauté la fomme effective qu'il devoit y apporter, deforte qu'il eft vrai de dire que la propriété de cet héritage paffant du conjoint à la communauté, la partie qui échet à l'autre conjoint par la force de la communauté, eft un véritable acquêt en fa perfonne, qui eft fujet aux mêmes regles que les autres acquêts.

ARTICLE CCLXXVI.

Ce qui est sujet à la communauté.

MEUBLES qui échéent par succession, sont communs entre mari & femme, & autres communs personniers de meubles & conquêts ; mais les héritages & choses immeubles qui échéent par succession, ne sont de ladite communauté, & appartiennent à celui qui est héritier, & y succédent comme en l'héritage de son estoc.

1. Nous avons parlé sur l'article 221, *suprà*, des biens dont la communauté est composée dans le temps qu'elle est contractée ; il s'agit présentement d'expliquer quels sont les biens qui y entrent dans le temps qu'elle subsiste.

2. Notre Cout. au présent art. en parlant des meubles qui entrent dans la communauté durant qu'elle subsiste, ne fait mention que des meubles qui échéent par succession à l'un des communs, non plus que celle de Nivernois, chap. 22, art. 9 ; d'Anjou, art. 511, & du Maine, art. 508 : mais, comme l'a observé Coquille sur ledit article de la Coutume de Nivernois, il est vrai de dire que tous les meubles & droits mobiliaires, acquis durant la communauté coutumière à l'un des communs, à quelque titre que ce soit, par achat, donation ou succession, entrent en communauté ; l'article 233, *suprà*, en parlant de la communauté conjugale & des biens dont elle est composée, dit *tous biens meubles*, & cette expression générale, *tous*, n'en exclud aucun.

3. Il faut pourtant excepter le cas où il y auroit clause dans le contrat de mariage, que tout ce qui écherra à la future épouse ou futur époux, par donation, succession ou autrement, leur demeurera propre ; auquel cas il faut exécuter la clause comme elle se trouve conçue : & en ce cas les meubles échus par succession, donation, ou autrement, sont propres de communauté.

4. Il faut encore excepter le meuble ou effet mobiliaire qui auroit été légué ou donné à l'un des conjoints ou communs, à la charge qu'il lui sera propre, & que les autres communs n'y auront aucune part, lequel n'entre pas en la communauté ; par la raison que chacun a la liberté d'imposer telle loi & telle condirion qu'il lui plaît à ce qu'il donne. C'est l'observation de Coquille, sur ledit article 9 du chap. 22 de la Cout. de Nivernois.

5. Sous le mot de *meubles*, employé dans notre article, on comprend une universalité même de meubles, à la différence de la matiere de la restitution des mineurs, où une universalité de meubles est censée immobiliaire ; ensorte qu'une succession mobiliaire échue à l'un des conjoints durant le mariage entre en communauté, suivant notre article.

6. Il en est de même de toute autre communauté de meubles & acquêts entre communs & personniers, ainsi qu'il est dit dans notre article, ce qui toutefois ne doit s'entendre qu'en cas que celui des communs qui se trouve habile à succéder, veuille se porter héritier : car il ne peut pas y être contraint, attendu que la qualité d'héritier entraîne des charges avec elle, & qu'elle peut être plus onéreuse que lucrative. Mais si la succession étant échue durant la communauté, le commun se déclare héritier après la dissolution d'icelle, cette adition d'hérédité aura un effet rétroactif & accroîtra à la communauté, tout de même que s'il s'étoit déclaré héritier dès le temps du décès. C'est la remarque de Coquille sur l'art. 9 du ch. 22 de la Cout. de Niv. & après lui de M. Louis Semin sur notre article.

7. Nos commentateurs, dans leurs observations manuscrites, font ici la distinction des meubles qui échéent par succession à l'un des communs, par le décès d'autre que des associés ou communs ; d'avec ceux qui lui échéent par le décès de l'un des associés ou communs ; & cette distinction faite, ils conviennent qu'à l'égard des premiers ils entrent & demeurent confondus suivant notre article dans la communauté : mais à l'égard des seconds, ils soutiennent qu'il ne s'en fait aucune confusion dans la communauté ; par la raison que dans ce cas il est libre à l'associé ou commun héritier de continuer la communauté, aux termes de l'article 270, *suprà*, pour sa portion & celle du défunt, & de prendre par conséquent deux parts dans le temps de la dissolution d'icelle, savoir, la sienne & celle du défunt. Telle est l'observation de M^{rs}. Jean Decullant, Louis Semin & le président Duret, & après eux de M. François Decullant.

8. Voici comment s'explique M. François Decullant sur ces mots de notre article, MEUBLES QUI ÉCHÉENT PAR SUCCESSION SONT COMMUNS : *Excipe*, dit-il, *si successio unius ex societate obveniat alteri sociorum, quo casu non fit confusio, sed socius qui successit continuat societatem, tum pro sua portione, tum pro portione defuncti, per rationem paragraphi 270, in his verbis :* La communauté se continue & conserve pour la portion du défunt, & sont saisis & en possession de la succession de leurs pere & mere, & autres desquels ils sont héritiers : *Ergò*, conclud ledit Decullant, *non fit confusio portionis, dum societas conservatur & continuatur pro portione defuncti, & acquiritur hæredi...... Ita censet hic D. L. Semin, & putat*

Tit. XXII. DES COMMUNAUTÉS. Art. CCLXXVI.

putat hîc legendum, meubles d'autres que des communs qui échéent, &c. quia cùm succesio eorum qui sunt in societate pertinet ad unum vel plures socios ejusdem societatis, ei vel eis licet per dictum paragraphum 270 societatem continuare pro portionibus defuncti sociï. . . . . Ethunc paragraphum intellige, cùm is cui succeditur extraneus est, id est, non socius hæredis ; ita D. Joannes Decullant. M. François Decullant, hìc.

9. Quòd si maritus, pater & uxor, dit M. le président Duret, quæstuum & mobilium societatem coïerint, ut marito una, patri altera, & uxori alia pars constituta sit, an mortuo patre maritus & uxor pro æqualibus rationibus in rationem societatis venient, sic ut tandem Statuariæ locus detur ; aut veriùs sit, si nihil aliud suadeat ex sequela conventæ societatis, maritum suo & patris capite duas portiones sumere, sic ut uxor non nisi tertiam partem ferat, quod & magis videtur, & convenit §. 270, & hoc jure utimur : Cœterùm Senatus interloquendo decrevit ut de modo utendi inquireretur, & adhuc sub Judice lis est. M. Duret, sur l'article 233, suprà.

10. Ce sentiment de nos commentateurs n'est fondé, comme l'on voit, que sur ce qu'ils veulent, qu'aux termes de l'article 270, suprà, dans le cas de la mort d'un des associés ou communs d'une communauté coutumiere de meubles & conquêts, la communauté se continue faute d'inventaire, entre les autres communs survivans, & les héritiers du commun décédé, & qu'ils accordent ce privilége de continuer la communauté faute d'inventaire, pour la portion du défunt, à toutes sortes d'héritiers indistinctement, aux associés comme aux autres ; en quoi il me paroît qu'ils s'écartent de l'esprit de notre Coutume : car pour entrer dans l'esprit de la Coutume, & concilier l'article 270 avec le présent article, il faut nécessairement distinguer les héritiers du défunt qui sont du nombre des communs, d'avec ceux qui n'en sont pas ; & cette distinction faite, dire que la continuation de la communauté, établie par l'article 270, à défaut d'inventaire, en faveur des héritiers de l'associé défunt, ne regarde que les héritiers qui ne sont pas du nombre des associés, & non ceux qui ont la qualité d'associés & de communs.

11. La raison de cette différence, c'est que l'héritier de l'associé défunt, qui est lui-même associé de son chef & du nombre des communs, est obligé (suivant notre article) en qualité de commun, de communiquer à ses autres communs & associés toute la succession mobiliaire qui lui échet par le décès de l'associé défunt, de la porter & confondre par conséquent dans la communauté ; & qu'au moyen de cet apport & de cette confusion, il n'est plus en état de continuer la communauté pour la portion du défunt : au-lieu que l'héritier qui n'est pas commun, ne confondant rien dans la communauté, il peut continuer la communauté pour la part du défunt.

12. De ceci il suit que, quand une communauté coutumiere de meubles & conquêts est composée de plusieurs communs, dont les uns sont les héritiers des autres, à mesure que quelqu'un des communs décede, les portions de cette communauté, en ce qui concerne les meubles & effets mobiliaires & les conquêts à faire, décroissent & se réduisent au nombre des communs survivans.

13. Ainsi dans l'espece proposée par M. le président Duret, d'une communauté contractée par tiers, entre un mari, un pere & une femme, le pere venant à décéder, la communauté se trouvera réduite au mari & à la femme ; ensorte que dans le partage de cette communauté, la femme & le mari prendront chacun une portion égale dans les meubles & effets mobiliaires, sans que le mari puisse prendre en iceux deux portions, une de son chef, & l'autre du chef de son pere, dont il est héritier ; par la raison que dès que son pere est décédé, il a reçu d'une main sa succession mobiliaire, & que de l'autre il l'a portée & confondue dans la société qu'il continue avec sa femme. Et en ce qui concerne les immeubles acquis dans la communauté du vivant du pere, & subsistans au temps de son décès, le mari en prendra deux portions, l'une de son chef, l'autre du chef de son pere, comme son héritier, & la troisieme appartiendra à la femme comme commune par tiers.

14. C'est ce qui est expliqué par Coquille, sur la Coutume de Nivernois, chapitre 22, article 3 : les meubles, dit-il, qui aviennent à un personnier par succession ou autrement, se communiquent à tous, pourquoi les quotes portions croissent ou décroissent, selon que le nombre des personniers croît ou décroît ; mais pour les quotes portions, ajoute-t-il, des conquêts, on a égard au nombre des personniers, qui étoit lorsque chacun conquêt a été fait ; parce que la quote portion une fois acquise, ne peut *ex post facto* croître ni diminuer par survenance, ou diminution de personniers : & quand une portion de conquêt vient à défaillir, elle n'accroît pas à tous les personniers, mais vient au seul héritier du sang. Coquille.

15. Il n'y a que les meubles, suivant notre article, qui échéent par succession, qui se communiquent entre communs & personniers ; les héritages & choses immeubles qui échéent par succession ne se communiquent pas. Telle est la disposition du présent article & des Coutumes ci-dessus citées, de Nivernois, Maine & Anjou ; & la raison est que les successions faisant, ainsi qu'il a été dit sur l'article précédent, des propres de succession, elles font à plus forte raison des propres de communauté. Ainsi un associé, héritier d'un autre commun décédé, n'est pas tenu de confondre dans la communauté les acquêts ou conquêts qui appartenoient à l'héritier décédé, & qui font partie de sa succession ; ils lui appartiennent

en propre comme son héritier, & sont propres naissans en sa personne.

16. Si pendant le mariage on licite un héritage dont l'un des conjoints ait une portion indivise, & qu'il soit adjudicataire de la totalité, l'héritage est propre de communauté pour le tout sous la charge du mi-denier. Il y a plus; c'est que le conjoint ou commun, lors de la dissolution de la communauté, ne peut refuser de reprendre le total de l'héritage en rendant le mi-denier de la partie acquise, par la raison qu'il possédoit une portion indivise, susceptible par conséquent de cet accroissement forcé, qui arrive par l'événement d'une licitation. Lebrun, *de la Comm.* liv. 1, chap. 5, sect. 2, dist. 3, n. 10.

17. Que si dans le partage d'une succession immobiliaire, échue pendant la communauté à l'un des communs, il lui est constitué une somme ou retour en une somme de deniers à une fois payer, cette soute lui sera encore propre & n'entrera pas en communauté, comme il a été dit sur l'article 240, *suprà*, où il faut avoir recours.

18. Mais, quoique l'associé héritier ne soit pas tenu de communiquer à ses communs les conquêts immeubles qui lui sont échus par succession, il est toutefois obligé d'apporter & confondre dans la communauté les jouissances & revenus de ces immeubles; car les jouissances & revenus de tous les immeubles qui appartiennent aux communs, soit conjoints par mariage, ou non, entrent en communauté; par la raison que ces fruits, à mesure qu'ils se reçoivent, deviennent meubles, & que c'est une maxime que tous meubles entrent en communauté de quelque côté qu'ils viennent, s'il n'y a convention contraire.

19. Les premiers fruits que les propres produisent après la célébration du mariage, entrent dans la communauté, sans déduction des labours & semences; parce que ces labours & semences sont des meubles qui entrent aussi en communauté, s'ils ne sont exceptés. Ainsi les fruits pendans sur l'héritage, quoique leur récolte soit instante, ne suivent pas la réalisation, qui peut être faite de la dot, & ne produisent point de remploi, ni de reprise de meubles réalisés, & ne sont pas non-plus sujets à faire partie de la reprise mobiliaire au cas de la renonciation de la veuve ou des héritiers, s'il n'y a convention contraire. Il en est de même d'une coupe de bois taillis, dont la neuvieme année ou le temps de la coupe finit le jour du mariage; & il en faut dire autant des premiers fruits civils des propres, qui viennent depuis le moment de la célébration, quoique leur moisson faite avant le mariage, parce que ce sont des meubles qui entrent en la communauté, s'ils n'en sont exceptés; cela ne fait point, dit M. Lebrun, de difficulté dans notre usage. Lebrun, *de la Communauté*, liv. 1, chap. 5, sect. 2, dist. 2, n. 1, & liv. 2, ch. 2, sect. 4, n. 7, & encore liv. 3, ch. 2, sect. 1, dist. 1, n. 1, vers la fin.

20. Notre Coutume, au présent article, ne parle que de la communauté de meubles & conquêts, ce sont ses termes : car il en est autrement quand la communauté est contractée de tous biens. Dans une communauté universelle de tous biens, les successions tant immobiliaires, que mobiliaires, les legs, les donations, & toutes autres sortes d'acquisitions tant d'immeubles que meubles y sont compris. *Quòd si*, dit M. Louis Semin, *ad instar Juris civilis coïta fuerit societas, quam licèt Statutum non noverit, tamen eo non reluctante, aut expressè prohibente, inire licet, dicendum in tali societate immobilia undequaque obvenerint, sicut & mobilia, omnibus sociis esse communia, & pro uniuscujusque portione dividi.* M. Semin, *hic*.

21. Mais ce qu'il faut remarquer, c'est qu'à l'égard des successions qui échéent à l'un des communs d'une communauté universelle de tous biens, il faut distinguer les biens qui échéent par succession d'autres que des associés ou communs, d'avec ceux qui échéent par la succession de l'un des communs. Pour les premiers, ils entrent & demeurent confondus, comme il vient d'être dit, dans la communauté générale de tous biens; mais pour les derniers ils appartiennent à celui des communs qui est héritier, lequel en ce cas prend deux parts dans le partage de la communauté, savoir, la sienne & celle du défunt; & cela par la raison que, dans le moment même que la succession échet, la communauté générale se trouve résolue par la mort de l'un des communs : *Morte unius socii solvitur societas*, L. 65, §. 9, ff. *pro socio* : (Sur quoi voyez ce qui a été dit sur l'article 270, *suprà*.) C'est l'observation de M^{rs}. Louis Semin & Louis Vincent, sur le présent article, & ainsi a été jugé en ce présidial, le 18 novembre 1637, dit M. Vincent. *Dicendum*, dit M. Semin, *in societate omnium bonorum, immobilia undequaque obvenerint, sicut & mobilia, omnibus sociis esse communia : quod tamen*, ajoute-t-il, *obtinet, si, ut notavimus ad hunc paragraphum, illa successio immobilium obtigerit socio, aliundè quàm à societate; nam si hæc successio obveniat uni sociorum morte unius socii, tunc ea immobilia per successionem socii quæsita, fiunt socio hæredi propria, sicut & mobilia, proindèque si statim à die obitûs socii, tota actu solveretur societas, socius hæres in hac divisione duas feret portiones, unam ratione societatis, alteram titulo hæredis socii defuncti : hæc observanda in obventione successionis inter socios omnium bonorum.* M. Semin, *hic*.

22. Voici comme s'explique Louis Vincent : *In societate omnium bonorum*, dit-il, *hæreditates veniunt, id est, hæreditates eorum qui non sunt in societate : v. g. Petrus & Paulus inierunt societatem omnium bonorum cum Titio & Mævio; post autem societatem omnium bonorum initam, Sempronia, soror Petri & Pauli, è vita decedit, quæ non erat*

Tit. XXII. DES COMMUNAUTÉS. Art. CCLXXVII. 471

in focietate eorum. Quæritur utrùm bona Semproniæ pertineant tantùm ad fratrem, & dicitur quòd non, fed remanebunt in focietate, ac proindè unufquifque fociorum partem fuam ex ipfis fortietur. Ratio est quòd cùm alicui eorum qui in focietate funt, omnium bonorum aliquod emolumentum evenit, omnes focii exindè pro rata parte emolumentum percipere debent.

23. Secùs autem fi unus ex fociis omnium bonorum moriatur, nam tunc hæres fanguinis habebit totam hæreditatem: Ratio est, quia quo tempore adibitur hæreditas, eo tempore folvitur focietas ; & fic in cafu propofito, moriente Petro, Paulus, frater ejus, totam hæreditatem fortietur, quia, ut jam dixi, morte alicujus focii folvitur focietas, L. Societatem, §. Diffociamur, ff. pro focio, L. Actione, §. Morte, ff. eod. tit. L. Verum, §. Societas, ff. pro focio ; & ainfi jugé par M^{rs}. du préfidial, en la chambre du confeil, pour un nommé Cathelin de la Montagne, le 18 novembre 1637. M. Vincent, hìc.

Voyez fur l'article 283, infrà, ce qui eft dit touchant les donations d'immeubles faites à l'un des communs d'une communauté générale, en contemplation de lui.

ARTICLE CCLXXVII.

L'HÉRITAGE pris à rente perpétuelle ou rachetable, par l'un des mariez ou communs, d'autres que de l'eftoc, eft réputé conquêt aufdits mariez ou communs, ès cas où rentes fe peuvent affeoir.

1. LA Coutume de Nivernois, chap. 22, art. 10, contient une difpofition femblable ; & la raifon de la difpofition de ces Coutumes, dit Coquille, eft parce que tel héritage eft vrai conquêt, l'effet du bail à rente étant de transférer entiérement la propriété de l'héritage à la perfonne du preneur, à la charge de la rente qui tient lieu de prix, laquelle rente eft due à celui qui a aliéné ou tranfporté fon héritage à la charge d'icelle, ou à ceux qui le repréfentent, & qui lui ont fuccédé à quelque titre que ce foit.

2. Afin que l'héritage pris à rente, par l'un des communs, foit réputé conquêt, & faire partie de la communauté, il eft néceffaire, fuivant notre article & l'article 10 du chapitre 22 de la Coutume de Nivernois, qu'il ait été baillé à rente au commun, par une perfonne qui ne foit pas de fon eftoc ; d'où Papon, & après lui M^{rs}. le préfident Duret & Potier concluent que le préfent article eft fuperflu, & que le contenu en icelui fe pouvoit bien inférer de l'article 274, fuprà. Nota, dit M. Duret, hunc paragraphum quafi fuperfluum haberi, cùm fatis demonftretur per argumentum à fenfu contrario, ex §. 274. fup. deductum, quo omne immobile donatum feu traditum uni fociorum ab ea perfona cui focius accipiens erat fucceffurus, ei manebit proprium, nec cenfebitur conqueftum effe, eò quòd datum præfumebatur in anticipationem fucceffionis ; undè fequebatur donatum ab extraneo uni fociorum per eum cui non erat fucceffurus, haberi pro acqueftu & communicari cæteris fociis, fiquidem in hac ultima fpecie donationis ceffat ratio præcedentis, quâ donatum propter futuram fucceffionem proprium erat. M. Duret, hic.

3. Mais il me paroît que nos commentateurs fe trompent, car la difpofition contenue au préfent article eft plus générale & plus étendue que celle de l'article 274 ; l'argument à fens contraire, tiré dudit article 274, conduiroit à conclure, comme a fait M. Duret, que l'héritage donné à rente à l'un des communs, par celui de qui il n'eft pas héritier préfomptif, doit être réputé conquêt, & faire partie de la communauté : ce qui n'eft pas vrai généralement parlant, & qui eft contraire à notre article ; car, fuivant le préfent article, un héritage eft réputé propre de communauté, quand il a été donné à rente à l'un des communs par une perfonne de fon eftoc. C'eft ce qui réfulte de ces mots, d'autre que de l'eftoc, fans qu'il foit néceffaire que ce commun foit fon héritier préfomptif, comme fait l'article 274 ; de manière que le préfent article fe rapporte à l'article 273, fuprà, fuivant lequel l'héritage de l'eftoc d'un des communs, acquis durant la communauté, demeure propre à celui qui eft de l'eftoc, fi bon lui femble.

4. Notre Coutume, à la fin du préfent article, dit, ès cas où rentes fe peuvent affeoir, & elle ufe des mêmes termes ès articles 399, 409, 414, 423, 466, 473 & 478 ; ce qui eft dit à caufe de la difpofition des articles 333 & 493, infrà.

ARTICLE CCLXXVIII.

Quand remboursement n'a lieu entre communs.

SI durant & constant le mariage, l'un des conjoints, ou communs personniers, vendent ou hipotequent leurs propres héritages, & que durant ledit mariage ou communauté, ils les recouvrent ou rachetent, ils ne sont après ledit rachat réputez conquêts, & n'y gît remboursement.

1. LA Coutume de Nivernois, chapitre 22, article 11; celle d'Angoumois, article 67, & de Saintonge, article 66, contiennent une disposition semblable: la raison de cette disposition est que quand l'héritage vendu a été une fois retiré, il est réputé n'avoir jamais été vendu, joint que *quæstus dici non potest, quod emptum est ex pretio patrimonii venditi*, comme l'a observé Papon, sur le présent article.

2. Il en est de même, si l'un des conjoints qui avoit vendu son héritage avant le mariage, sous faculté de réméré, exerce ce réméré durant le mariage; l'héritage retiré lui sera propre, parce que la vente se résout pour cause ancienne inhérente à la premiere aliénation, qui fait que le tout retourne à son premier état. *Si antè matrimonium*, dit M. le président Duret, *vendito prædio sub facultate redimendi, constante matrimonio ex eadem facultate redemptio fiat, redemptum prædium quæstus non censetur, & habetur ratio medietatis pretii*. M. Duret, *hic*.

3. S'il y rentre pendant le mariage par voie de restitution, l'héritage lui sera encore propre; mais dans l'un & l'autre cas, la récompense est due à l'autre conjoint. La raison pour laquelle l'héritage est réputé propre au conjoint qui rentre dans son héritage, c'est qu'il est restitué pour une cause juste & légitime, qui fait que l'aliénation n'a pas été valable; desorte qu'elle est anéantie, comme si elle n'avoit jamais été faite, & la personne restituée est plutôt censée retenir son héritage, que le recevoir. Lebrun, *de la Comm*. liv. 1, ch. 5, sect. 3, n. 13.

4. Mais si l'un des conjoints ayant vendu l'héritage avant le mariage par une vente pure & simple, sans faculté de rachat, la faculté d'y rentrer lui est accordée pendant le mariage, volontairement & sans aucune nécessité; enforte qu'il y rentre sans nécessité ou consé-quence du premier contrat: pour lors c'est un conquêt, & non un propre de communauté, ainsi que l'a observé Coquille, sur la Coutume de Nivernois, chap. 23, article 29, & après lui M. François Menudel, sur le présent article.

5. Quant aux acquêts faits avant le mariage, dont le prix est payé durant la communauté du fonds d'icelle, ils n'entrent point dans la communauté, mais est due seulement récompense à l'autre conjoint ou commun, de la moitié du prix tiré de la communauté. *Item*, dit M. Louis Semin, *commune non sit prædium, nec reputatur acquestus, si ante matrimonium emptum est, licèt pendente matrimonio pretium venditionis solutum sit, sed tantùm habetur ratio medietatis pretii*. M. Semin, *hic*.

6. Dans le cas du présent article; savoir, quand l'héritage a été vendu & racheté durant la communauté, notre Coutume dit qu'il n'y a pas lieu au remboursement: ce qui ne souffre point de difficulté, puisque la même communauté qui a reçu les deniers les débourse; mais M. Jean Decullant tire de-là, & de la disposition du présent article, un argument pour prouver que dans notre Coutume, le remploi ou la récompense est due à celui des conjoints, dont le propre a été vendu durant le mariage; & voici quel est son raisonnement: *Hoc ita statuitur*, dit-il, *quia in societate statuaria, quæ est mobilium & conquestuum, de qua hic paragraphus, non confunditur pretium, ex patrimonio vendito unius sociorum collectum, sed debet repeti è societate..... & ex hoc paragrapho ducitur argumentum quo probatur repetitio pretii patrimonii venditi; nam si non daretur repetitio, aut fieret confusio sine recompensatione, deberet fundus redemptus censeri conquestus, vel saltem pretium redemptionis refundi societati*. M. Jean Decullant, *hìc*. Voyez ce qui a été dit au sujet du remploi, sur l'article 238.

ARTICLE CCLXXIX.

Des héritages achetés à rachat par l'un des communs.

SI aucuns communs & personniers achetent aucuns héritages à titre de rachat, pendant le tems & terme dudit rachat, l'un des communs & personniers va de vie à trépas, les deniers provenans dudit rachat se partent entre lesdits communs personniers, & les héritiers du défunt: Autre chose est des héritages acquis par aucuns desdits personniers, auparavant ladite communauté, à charge de remeré; car si tels héritages, après ladite communauté dissolue, sont rachetez, les deniers appartiennent à l'acquéreur ou à ses héritiers, & ne sont divisez entre lesdits communs & personniers.

1. CEt article contient deux cas: le premier est le cas de l'acquisition faite durant la communauté par les communs, sous faculté de rachat; & l'autre qui en est l'exception, est le cas de l'acquisition faite sous la même faculté de rachat par l'un des communs,

avant

avant son entrée ou son association dans la communauté.

2. Au premier cas, les deniers procédans des fonds rachetés, se partagent entre les communs : ce qui est très-juste ; parce que dans ce cas, la condition des communs devant être égale, on doit partager entr'eux les deniers qui avoient été pris dans la masse des biens de la communauté, pour payer le prix de cette acquisition.

3. La disposition de notre Coutume dans le second cas, qui est bien différent du premier, n'est pas moins juste ; car le commun qui a acheté un héritage sous faculté de réméré, avant la communauté, & qui en a payé le prix, est en droit de se le compter sien & propre jusqu'à ce qu'on ait exercé la faculté de rachat, ce qui peut ne pas arriver ; & comme il n'a pas apporté ce fonds dans la communauté, mais seulement les fruits & revenus, le prix provenant du rachat de cet héritage lui appartient, & lui doit être donné ou à ses héritiers, & ne doit pas être divisé entre les communs personniers.

4. Quelque juste toutefois que soit la disposition de notre Coutume, par rapport à ce second cas, elle est conçue dans des termes qui ont donné lieu à Papon d'en tirer une conclusion fausse & injuste. Il est dit dans notre art. que si les héritages acquis par aucuns desd. personniers, avant la communauté, à la charge de réméré, sont rachetés après la communauté dissoute, les deniers appartiennent à l'acquéreur ou à ses héritiers ; & de-là Papon conclud, par un argument à sens contraire, que si tels héritages étoient rachetés pendant la communauté, le prix entreroit en la communauté ; mais il a mal conclu, comme l'a très-bien remarqué J. Decullant sur notre art.

5. *Prima pars hujus paragraphi*, dit M. Jean Decullant, *nullam recipiebat difficultatem ; quia fundus quæsitus pendente societate, sive purè, sive simpliciter, sive sub conditione redimendus, est acquestus, & ita communis sociis : secunda pars hujus paragraphi autre chose est*, &c. *non admittebat difficultatem ; tamen ex iis quæ dicuntur, oritur objectio & ratio dubitandi : scilicèt à sensu contrario, si pretium sit restitutum pendente societate, quod hic Papon credidit, licèt agnoverit dispositionem paragraphi 278 esse contrariam. Verùm sive fundus redimatur pendente societate, sive post dissolutionem, pretium pertinebit ad emptorem, non communicabitur aliis, & si foret impensum in res societatis, daretur repetitio, quia venditio facta sub facultate redimendi, modò venditor non retinuerit fundi possessionem, est vera venditio, quæ transtulit dominium in emptorem, cui fundus fuit traditus. Hìc igitur posito quòd fundus venditus sub pacto redimendi, sit proprius emptori, non venit communicandus in societate mobilium, nec pariter pretium ; & si fundus ex facultate redimendi, fuerit pendente societate redemptus ; & si fundi pretium fuerit consumptum in res societatis, repetetur, ne propriorum fiat confusio........ Alioquin reditus pecuniâ constitutus, ex natura sua etiam extrà conventionem perpetuò redimibilis, & qui fuisset acquisitus ante societatem, si pendente eâ redimeretur, pretium confunderetur ; quod non observamus, sed admittimus repetitionem.* M. Decullant, *hic.*

6. C'est ainsi, & conformément au sentiment de M. Decullant, qu'il sut décidé par trois des plus célébres avocats de Paris ; ce qui nous est attesté par M. Feydeau, & après lui par M. le président Duret. *Denique, ut nos docuit. Fedeus noster*, dit M. Duret, *Charterius, Barbeus & Minardus, Parisienses Juris periti, ex facto consulti, nummos provenientes ex redemptione prædiorum quæ propria erant uni ex communibus, non intrare in communionem, sed proprios esse ejus, cujus prædia erant propria, licèt redemptio fiat constante matrimonio, responderunt ; & hoc æquius est.* M.Duret, *hic.*

7. Il faut raisonner de même, & par la même raison, d'un immeuble qui auroit été acquis par l'un des conjoints avant le mariage, & dont la vente auroit été cassée pour lésion d'outre moitié durant le mariage, & pareillement des rentes constituées appartenantes aux conjoints au jour de leur mariage, rachetées & amorties pendant le mariage, les deniers du rachat sont sujets à remploi & reprise, & ne tombent point en communauté, suivant l'article 232 de la Coutume de Paris, & le 192 de celle d'Orléans ; & ainsi s'observe parmi nous, selon M. Decullant ci-dessus cité. La raison est que les rentes constituées sont immeubles, & que c'est une regle générale, que tout ce qui est immeuble & propre au temps du mariage, même par fiction, est exclus à jamais de la communauté, & tombe en remploi & reprise, s'il n'y a clause au contraire dans le contrat de mariage.

8. Dans le cas où l'un des conjoints qui auroit fait vente d'un héritage avant le mariage, auroit intenté action contre l'acquéreur en restitution, & ensuite composé avec lui, & en auroit reçu un supplément de juste prix : dans ce cas, dis-je, ce supplément n'entrera pas en communauté, mais appartiendra au conjoint vendeur ; & la raison est qu'il fait partie du prix du propre vendu, que ce n'est pas un nouveau contrat, ni une nouvelle acquisition ; en un mot que ce supplément tient lieu d'un propre, que l'acheteur l'a payé forcément, & pour éviter d'être évincé. Lebrun, *de la Comm.* liv. 1, ch. 5, sect. 3, n. 14.

9. Il faut dire la même chose dans le cas où l'un des conjoints ayant vendu son héritage sous faculté de rachat, l'acheteur auroit acquis, éteint & amorti cette faculté, & en auroit payé le prix durant la communauté, ce prix est sujet à reprise par le conjoint vendeur, & n'entre pas en communauté. La raison est qu'il fait partie du prix du propre vendu ; que ce n'est pas une nouvelle vente, ni une nouvelle acquisition, mais que *prior emptio sub conditione facta, absoluta censetur.*

ARTICLE CCLXXX.

De l'un des communs qui se sert de choses communes. S<small>I</small> l'un des deux ayant aucune chose commune & indivise, s'en sert & en use, il n'est tenu d'en faire profit ni émolument à l'autre, sinon après qu'il est sommé de ce faire ou diviser ladite chose.

1. C<small>Et</small> article doit être entendu de deux personnes qui ne soient point en communauté ou société l'un avec l'autre, mais qui possèdent une chose en commun & par indivis : *Hunc articulum intellige de non sociis*, dit M. Louis Semin, après Dumoulin dans sa note sur le présent article.

2. Quand deux personnes, qui ne sont point communs & associés, ont chose commune & indivise, si l'un des deux s'en sert & en use, il n'est point tenu, suivant notre article, de faire part du profit à l'autre, & de lui en compter, sinon après qu'il est sommé de ce faire, ou de diviser la chose ; & telle est aussi la disposition de la Coutume de Nivernois, chap. 22, art. 14 ; de celle d'Auxerre, art. 203, & de Sens, art. 282. Mais comme c'est une regle générale, que celui qui jouit de la chose commune, dans laquelle il n'a qu'une part indivise, est tenu de rapporter le profit qu'il en a tiré, parce qu'il ne peut par le moyen de l'indivision retenir le bien d'un autre, sans son consentement exprès, cet article doit souffrir tous les tempéramens que l'équité peut suggérer.

3. 1°. La disposition de notre Coutume, & des Coutumes citées, ne doit être entendue que de chose particuliere, dont la jouissance ne reçoit point de soi de division, & laquelle n'aura été employée à d'autre usage qu'à celui de sa destination, comme d'une maison qui aura été habitée par l'un des co-héritiers & co-propriétaires, parce que l'individuité fait que l'usage en appartient à chacun pour le tout. C'est l'observation de Coquille sur la Coutume de Nivernois, ch. 22, art. 14 ; de Jean Decullant, de Louis Semin, de Potier, & après eux de François Decullant, sur le présent article.

4. *Hic paragraphus*, dit M. François Decullant, *loquitur de rebus quarum dumtaxat fructus est in usu, id est*, dont la jouissance & fonction ne reçoit point de soi division, *pro portione, putà habitatio domûs, usus pascuum, servitutes, & id genus ; quia cùm res sit individua, usus est unicuique in solidum.... secùs autem, si socius fundum vel partem alii locasset ; nam in hoc casu, pensionis eorum nummariæ quæstum referre in commune oportet, quod & hìc censet D. Lud. Semin.* M. François Decullant, *hic*.

5. M. Jean Decullant a fait la même observation. *Nota*, dit-il, *hunc paragraphum 280 intelligi debere de fructibus qui pro parte percipi non possunt, ut habitatio ædium communium, & hoc sonant hæc verba hujus paragraphi*, s'en sert & en use, *quæ ad perceptionem fructuum adaptari non possunt, de quibus secùs est dicendum ; adeò ut qui fruitur & percipit fructus naturales in fundo communi, hos tenetur socio communicare......* M. Jean Decullant, *hic*.

6. 2°. Quant à ce qui concerne une maison habitée par l'un des co-propriétaires, il faut voir quelle est l'utilité que le co-propriétaire a tirée de l'habitation, & quel préjudice cette habitation a pu causer aux autres, qui n'ont ni demandé le partage, ni formé d'empêchement à l'occupation.

7. Il est d'abord certain que si celui qui est dans la maison, n'a occupé qu'à-peu-près la portion qui lui doit écheoir, on n'a rien à lui demander, parce que les autres ont eu la liberté d'occuper leurs portions.

Que si la maison a été occupée toute entiere par un seul, il faut voir s'il en a sousloué ou affermé quelque portion, ou non.

8. Dans le premier cas, & quand celui qui seul a joui en a tiré des mains d'un tiers profit en deniers ou autres choses, il est tenu d'en faire raison à son co-héritier ou co-propriétaire, quoiqu'il n'y ait point eu de sommation, selon qu'il a été observé par M. Guy Coquille, & M^{rs}. Louis Semin & François Decullant, dans l'endroit ci-dessus cité.

9. Dans le second cas, qui est proprement celui dont parle la Coutume, on ne peut rien demander au co-propriétaire qui a occupé seul la maison : les autres co-propriétaires ne sont pas recevables à lui opposer qu'il a empêché que la maison n'ait été louée, lorsqu'ils n'ont pas provoqué le partage ni la licitation, & que de sa part il n'a pas empêché les co-propriétaires de l'occuper, ou bien de la partager ou liciter : les co-propriétaires doivent en ce cas s'imputer leur négligence.

9. Les co-propriétaires qui jouissent en commun de la chose commune & indivise, en doivent jouir, chacun conformément au droit qu'ils y ont, par rapport à leur portion ; & par sentence de cette Sénéchaussée du 17 février 1717, il a été jugé qu'un co-propriétaire du domaine des Jay, paroisse de Sorbier, ou S. Leon, qui n'avoit dans le fonds indivis qu'une vingt-cinquieme portion, ne pouvoit y tenir plus grande quantité de bétail, que sadite portion n'en pouvoit porter, si mieux il n'aimoit faire part du surplus aux autres, plaidans M^{rs}. Villardin & Briot. M. Briot, sur le présent article.

* Si de deux propriétaires d'un héritage commun par indivis, l'un des deux est interpellé par l'autre de faire valoir sa part, & qu'il n'en tienne compte, le diligent en pourra prendre une partie par proportion à sa part, & la faire valoir à son profit particulier, sans qu'il soit tenu d'en faire part à l'autre, pourvu qu'en interpellant il ait protesté de cultiver sa part ; c'est l'observation de Coquille, sur l'art. 14 du ch. 22 de la Coutume de Nivernois, & après lui de Potier, sur le présent article ; & ainsi a été jugé en ce présidial, conformément à cette doctrine, au sujet d'une contestation formée dans la famille des sieurs & dames Orgiers de Pringi, par délibéré en la chambre du conseil, le premier juin 1737, moi présent en qualité de juge.

Autre chose seroit dans le cas où le fruit & usage peut recevoir division, si celui qui n'y a qu'une part, un tiers par exemple, prend le tout, en ce cas il est tenu d'en faire raison & restitution à chacun des autres qui y ont part ; parce que, dit Coquille ; *potuit frui pro parte, & cœteras partes non attingere*. Coquille dans ses questions sur les Coutumes de France, question 99.

TITRE VINGT-TROISIEME.

Des choses réputées Meubles, Conquêts ou Héritages.

1. Les biens peuvent être considérés en deux manieres : la premiere, par leur propre nature, & par rapport à ce qu'ils sont en eux-mêmes ; & la seconde, par la maniere par laquelle ils nous sont avenus, & nous appartiennent.

2. Les biens, suivant leur nature & ce qu'ils sont en eux-mêmes, sont meubles ou immeubles.

3. Les biens considérés, par rapport à la maniere par laquelle ils nous appartiennent, se divisent en biens qui ont été par nous acquis, ou qui nous sont venus de succession ; & ceux qui ont été par nous acquis, en ceux qui ont été acquis par nous seuls, & ceux qui ont été acquis par nous durant notre mariage ; & suivant ces divisions, les biens sont considérés comme propres, ou acquêts & conquêts.

4. De cette maniere nous distinguons dans le pays coutumier les biens meubles, les immeubles, les acquêts & conquêts, & les propres.

5. Le mot de *meubles* dans une signification étendue, & suivant les dispositions générales de nos Coutumes, comprend tous meubles & effets mobiliaires, corporels ou incorporels, sans exception ; mais dans une signification étroite & conforme à la maniere ordinaire de parler, il se restreint aux meubles meublans ; & on entend par le mot de *meubles* en général, les choses qui se meuvent d'elles-mêmes, ou qui peuvent être transportées d'un lieu à un autre, *quæ loco moveri possunt*.

6. Sous le nom d'*immeubles*, pris dans sa signification propre, on n'entend que ce que les jurisconsultes appellent *res soli*, comme un fonds de terre, un édifice, une maison, &c.

7. Mais outre cette sorte d'immeubles, qu'on appelle *réels & naturels*, on reconnoît d'autres immeubles qui se nomment *immeubles réputés réels*, qui sont les rentes foncieres, les autres droits fonciers, les rentes constituées à prix d'argent, les offices, &c. toutes choses qui ne sont pas immeubles *re ipsâ & ex natura rei*, & qui n'ont point de corps, qui consistent simplement *in jure & contractu*, mais qui sont réputées immeubles, parce qu'elles produisent un revenu annuel, & qu'elles ont quelque rapport avec les immeubles véritables & naturels.

8. Les mots d'*acquêts & conquêts* signifient, selon qu'il a été dit sur l'art. 275, *suprà*, les biens qui viennent de notre industrie, ménage ou économie ; & on distingue les acquêts des conquêts, en ce que par le mot d'*acquêt*, on entend ce qui est acquis par toutes sortes de personnes hors communauté ; & par celui de *conquêts*, ce qui est acquis pendant & constant la communauté des conjoints par mariage, ou autres communs.

9. Par le mot de *propres*, généralement parlant, & pour distinguer cette sorte de biens d'avec ce qu'on appelle *acquêts & conquêts*, on entend les biens qui viennent de successions, & de nos prédécesseurs.

10. Les propres se divisent en propres de succession, & propres de communauté. Les propres de succession sont les héritages ou immeubles, qui, comme il vient d'être dit, nous sont échus par succession, tant en ligne directe que collatérale ; & par propre de communauté, on entend tout ce qui n'entre point dans la communauté.

11. Notre Coutume dans le présent titre, composé de huit articles, depuis & compris l'art. 281, jusques & y compris l'art. 288, nous enseigne les choses qui sont meubles ou immeubles, celles qui sont propres de communauté, & celles qui ne le sont pas.

12. Elle met au rang des meubles, les noms, dettes, actions pour choses mobiliaires, & les arrérages de rentes, art. 281 ; les moulins sur bateaux, & moulins à vent, art. 282 ; le poisson dans l'étang après la seconde année, & celui qui est mis en réserve pour l'entretien de la maison, art. 286 ; & les cuves, art. 288 ; & au rang des meubles, les pressoirs, audit article 288 ; l'artillerie & tout ce qui regarde la conservation de la place forte,

art. 286; & les chofes attachées à clous & à chevilles, art. 287 : elle déclare propre de communauté l'immeuble donné en contemplation de l'un des communs, art. 283, & tient & répute pour meubles entre communs les fruits induſtriaux encore pendans, comme blés femés, & vignes après la taille ; mais non les fruits naturels, s'ils ne font coupés & féparés du fonds.

Il n'y a point de titre fur cette matiere, dans l'ancienne Coutume.

ARTICLE CCLXXXI.

Quelles chofes font meubles. NOMS, dettes, actions pour chofes mobiliaires & arrérages de cens & rentes font réputez meubles.

1. LA Coutume de Berry, tit. 4, art. 1; celle de la Marche, art. 113, & de Nivernois, ch. 26, art. 7, contiennent une difpofition femblable : & la raifon, c'eft que l'on donne à l'action la qualité de la chofe qu'elle pourfuit ; parce que fuivant la regle de droit, *qui actionem habet, rem ipfam habere videtur*, & que l'action repréfente la chofe : de maniere que les actions prennent la nature des objets qu'elles pourfuivent ; qu'elles font meubles, quand elles tendent à avoir un meuble, & immeubles quand elles pourfuivent un immeuble. *Verùm apud nos*, dit M. le préfident Duret, *fi res mobilis petatur, id nomen inter mobilia, fi res foli, inter immobilia computatur ; & hoc non vi fermonis obtinet, fed interpretatione Legis, quoniam habens actiones, res ipfas habere videtur*, L. *Qui actionem, ff. de Reg. Juris*.... M. Duret, *hic*.

2. De-là il fuit que toutes actions, & obligations pour fommes de deniers à une fois payer, font meubles, fuivant la difpofition de la Coutume de Paris, art. 89 ; & ce, dit M. Dupleffis, fans exception ni différence quelconque de la caufe d'où procéde l'obligation, foit que ce fût un retour de partage, ou le prix d'un héritage vendu qui fût encore entre les mains de l'acheteur, fi ce n'eſt toutefois ; comme il a été dit fur l'article 240, *fuprà*, qu'il fût queſtion de régler un propre de communauté : pourquoi voyez ce qui a été dit fur ledit art. 240.

3. Les arrérages de cens & rentes font encore, aux termes de notre article, réputés meubles, ce qui ne fouffre point de difficulté ; mais c'en eſt une, quand ils doivent être réputés tels, & s'ils ne font cenfés meubles que lorfque le terme eſt échu : fur quoi il faut diſtinguer les arrérages de cens & rentes foncieres, d'avec les arrérages de rentes conſtituées, de penfions, de loyers de maifons, & autres femblables.

4. Les arrérages de cens & rentes foncieres ne font ameublis qu'au moment de l'échéance du terme. C'eſt la difpofition de la Coutume de Berry, titre 5, article 15, à la fin ; & tel eſt le fentiment de M. Jean Decullant : *Arreragia redituum fundiariorum*, dit-il, *non cenfentur mobilia, nifi à tempore quo dies petitionis venit, quia funt loco fructuum, qui ex ipfo fundo percipiuntur*...... C'eſt fon obfervation fur le préfent article. Ainſi, ces arrérages ne fe divifent point, & ne fe payent pas à proportion du temps, & à raifon de l'encourue ; *fed momento cedunt, & in momento deberi incipiunt, & non fucceffivo tempore*.

5. Quant à ce qui concerne les arrérages de rentes conſtituées, des loyers de maifons, de penfions & autres femblables, c'eſt une queſtion qui partage les fentimens, quand ils doivent être réputés meubles.

6. Suivant la Coutume d'Orléans, art. 207, & celle de Châlons, art. 115, ils ne doivent être réputés meubles, que lorſque les termes des paiemens font échus ; & tel eſt le fentiment de Coquille, fur la Coutume de Nivernois, chap. 26, article 7, & de Jean Duret, dans fon *Alliance des Coutumes*, fur le préfent article ; & la raifon que Duret en donne, c'eſt qu'avant que le terme foit échu, il n'eſt rien dû : *Anteà*, dit-il, *neque ceffit, neque venit dies, nihilque incipit deberi*.

7. Mais d'autres, d'un fentiment contraire, foutiennent qu'ils font meubles, avant même que le quartier ou le terme foit échu, *de die in diem*, l'échéance de chaque jour les ameubliffant pour autant. C'eſt le fentiment de Dumoulin, & après lui de M. Jean Decullant. *Sunt verò alii reditus*, dit M. Decullant, dans l'endroit ci-deffus cité, *qui producuntur immediatè à jure, feu obligatione inductâ, five ex Legis vel hominis provifione, qui civiles fructus dicuntur, putà reditus nummis conſtitutus, penfiones, falaria.... & hi fructus quotidiè cedunt : Itaque quod operatur in veris fructibus naturalibus feparatio à fundo, ut dicantur mobiles, hoc operatur in civilibus obligationis ceffio, id eſt, attenditur tempus quo incipiunt deberi ; & pro rata temporis, etiamfi dies non venerit, dividuntur*, Molin. ad Parif. de Mat. feod. §. 1º. gl. 1, *n*. 50, 51 & 52. Tel eſt le raifonnement de M. Jean Decullant ; c'eſt auffi le fentiment de M. Dupleffis, fur la Coutume de Paris, traité des meubles, & de M. Claude de Ferriere, *Inſt. Cout.* tome 1, liv. 2, tit. 1, art. 15 ; & c'eſt mon fentiment : car les arrérages des rentes conſtituées, & les loyers de maifons fe divifent ; les arrérages de ces rentes s'en payent à raifon de l'encourue ; & les loyers de maifons à mefure de la jouiffance, & les uns & les autres *tempus habent fucceffivum, & quotidiè deberi*

TIT. XXIII. DES CHOSES RÉP. MEUBLES. Ar. CCLXXXII. 477

deberi incipiunt. Il en eft de même des arrérages de douaire préfix, & intérêts de fommes de deniers.

8. Notre Coutume, au préfent article, ne met au rang des meubles que les arrérages des cens & rentes; car quant aux rentes foncieres, elles font réputées immeubles, & il en eft de même des rentes conftituées, quoique rachetables, jufqu'à ce qu'elles foient rachetées. C'eft la difpofition de la Coutume de Paris, article 94; de celle de Berry, titre 8, article 25; d'Orléans, article 351, & autres; & ainfi s'obferve dans cette Coutume, felon les remarques de M. le préfident Duret, de M. Jacques Potier, & de M. François Menudel; & je l'ai toujours vu ainfi pratiquer: l'aliénation du principal, & le revenu annuel & perpétuel que ces rentes produifent, les fait confidérer comme de véritables immeubles.

9. La promeffe de paffer contrat de rente, eft immeuble, également que la rente conftituée, parce que le fonds eft aliéné. M. Auzanet, fur l'article 94 de la Coutume de Paris, fait mention d'un arrêt du 27 mai 1638, qui l'a ainfi jugé; & il y en a un autre du 24 mai 1662, rapporté au journal des audiences, tome 2, livre 4, chapitre 55.

10. Quoique le débiteur d'une rente conftituée ait été condamné d'en faire le rachat, comme ftellionataire & faux vendeur, ou par défaut d'emploi promis par le contrat, la rente ne laiffe pas d'être réputée immeuble jufqu'au rachat actuel; parce que jufqu'au rachat, la rente demeure en nature de rente, & que les arrérages en courent toujours au profit du créancier; que la fimple condamnation de racheter n'opere pas la réfolution, & que c'eft feulement une peine prononcée contre le débiteur, à laquelle il a donné feul lieu par fa mauvaife foi. Dernuffon, traité *des Propres*, ch. 5, fect. 2, n. 15 & 16.

11. Mais quand les rentes font rachetées, les deniers de leur rachat font purs meubles; ce qui a lieu, quand même ces deniers fe trouveroient encore étiquetés & en exiftence.

12. Il en faut toutefois excepter les rentes appartenantes aux mineurs; car fi elles font rachetées pendant leur minorité, les deniers du rachat confervent la même nature & qualité d'immeubles & de propres qu'étoient les rentes avant leur rachat, felon qu'il eft dit en l'article 94 de la Coutume de Paris, & en l'article 351 de celle d'Orléans; & il en eft de même des deniers de toutes fortes d'immeubles ou propres appartenans aux mineurs, vendus pendant leur minorité: ils font fubrogés à l'héritage vendu, & en confervent la même qualité, pour aller aux parens héritiers des propres dans la fucceffion du mineur, auxquels l'héritage auroit appartenu, comme il eft porté dans ledit article 351, de la Coutume d'Orléans; c'eft une efpece de fubrogation légale introduite afin qu'il ne dépende pas de la volonté d'un pere ou d'un tuteur de rendre mobiliaire la fucceffion d'un mineur, pour y fuccéder, ou pour la faire parvenir à qui il voudroit.

13. Mais cette fubrogation de deniers ne fubfifte que durant la minorité, ou, pour mieux dire, elle n'a effet que quand le mineur décede en minorité; car auffi-tôt qu'il a atteint la majorité, les deniers retombent dans leur véritable nature de meubles, parce que l'obftacle qui empêchoit le changement eft levé: deforte qu'il fuffit d'un moment de majorité, pour dire que ces deniers font de la fucceffion mobiliaire.

ARTICLE CCLXXXII.

MOULINS affis fur bateaux ès Rivieres, qui fe peuvent mouvoir de place en autre, & pareillement moulins à vent font réputez & cenfez meubles.

1. LA Coutume de Nivernois, chap. 26, art. 8; celle d'Orléans, art. 352; de Tours, article 221, & de Montargis, chap. 15, art. 22, contiennent une difpofition femblable; & de ce que ces Coutumes & la nôtre ne mettent au rang des chofes mobiliaires que les moulins affis fur bateaux, qui fe peuvent mouvoir de place, il s'enfuit deux chofes:

2. La premiere, que les autres efpeces de moulins font de véritables immeubles. *Quòd autem Confuetudo,* dit Dumoulin, *non loquitur de iis quæ molunt torrente, vel rivo, five fubterfluente, five fuper notam cadente, hoc eft vel quia res ipfa qualitatem fatis oftendit, nec folet dubitari, cùm ejufmodi molendina foleant effe inædificata, & fic cum rotis & molis acceffioriis funt immobilia, prout fine deftructione ædificii transferri non poffunt.* Dumoulin, en fes manufcrits, fur le préfent article.

3. La feconde chofe qui fe déduit de la difpofition de notre article, c'eft que les moulins à vent qui ne peuvent pas fe mouvoir de place à autre, font immeubles; c'eft l'obfervation de M. le préfident Duret, fur ces mots, MOULINS A VENT: *Hìc repetenda puto,* dit-il, *fuperiora verba,* qui fe peuvent mouvoir de place en autre; *nam fi moveri non poffunt, ut accidit in molendinis ventofis turri lapideæ impofitis, putarem immobilia; facit ad hoc Conf. Niv. §. 8, cap. 26.* M. Duret, *hic.*

4. Dumoulin avoit fait dans fes obfervations manufcrites, fur le préfent article, la même

Part. I. Eeeeee

remarque : *Si molendinum*, dit Dumoulin, *situm sit super rupis acumine, retinet tota rupes antiquam naturam immobilis. Item limita, si parieti vel domui, superimpositum sit hujusmodi molendinum, quia domus & paries qualitatem immobilis semel adeptam retinent.* Dumoulin, en ses manuscrits, sur notre article.

5. Il y a plus ; c'est que, quoique les moulins soient assis sur bateaux ès rivieres, ou qu'ils soient à vent, & qu'ils puissent se mouvoir de place, si toutefois ils sont placés en un lieu pour y être perpétuellement, ou qu'ils soient tenus à cens ou en taille, ou sous quelqu'autre servitude annuelle & perpétuelle, ou s'ils sont banaux, ils sont réputés immeubles : c'est encore l'observation de M. Ch. Dumoulin, dans ses manuscrits, sur notre article.

6. *Intellige*, dit Dumoulin, *quando tenentur jure facultatis juris communis : Secùs si jure servitutis perpetuæ, ut si quis impetraverit à Principe, ut in certo loco fluvii, quo aliàs non licet, possit in perpetuum tenere molendinum, sive semel quid solverit, sive non ; ipsum enim jus particulare habendi ibi molendinum, est quid immobile, & consequenter ipsum molendinum jure immobile censetur : & tantò magis, si in censum, feudum vel reditum perpetuum teneretur. Item si molendinum illud liberum & factum ex mera facultate, sed posteà acquisita fuit & adjecta servitus, vel prohibendi ne construatur ibid. aliud molendinum, & non ad aliud in perpetuum accedere ; tunc enim cùm hæc servitus vel jus adhærens sit quid immobile, consequenter tale molendinum deinceps inter immobilia censeri debet, etiamsi ab initio fuerit mobile.* Dumoulin, en ses manuscrits, *hìc*.

7. Au-reste, les moulins assis sur bateaux & les moulins à vent, quoique meubles, doivent être saisis & vendus par criées comme immeubles. *Hæc tamen molendina*, dit M. Jean Decullant, *licèt mobilia, tamen quia pretiosa, non possunt publicè distrahi, nisi ad rationem immobilium, ut judicatum Arresto 23 Octobris* 1582, *in Consuet.* d'Orléans, *simili hac in re huic nostræ paragrapho 271 &* 352. Louet, *litt.* M, *cap.* 13. M. Decullant, *hìc.*

ARTICLE CCLXXXIII.

En la propriété de chose immeuble, donnée ou léguée à l'un des personniers par contemplation de lui, le personnier n'y a aucune chose.

1. Une chose peut être donnée à l'un des communs & personniers en contemplation de lui, de deux manieres, ou expressément ou tacitement : la chose est donnée expressément en contemplation de l'un des communs, quand le donateur l'a expressément déclaré, & qu'il n'a donné la chose qu'avec cette clause qu'elle seroit propre au donataire, ou avec quelqu'autre clause équivalente ; & elle est donnée tacitement, quand il n'y a pas de déclaration expresse de la part du donateur. Or, cette distinction posée & établie, la disposition de la Coutume doit être entendue, dit Dumoulin, tant de la contemplation tacite qu'expresse ; c'est sa remarque sur ces mots de notre article, EN CONTEMPLATION DE LUI : *Sive expressa,* ajoute-t-il , *sive tacita, quâ habitâ non curatur à quó, propinquo, vel extraneo, donatur, tametsi proximitas faciat ad præsumptionem.*... M. Ch. Dumoulin, dans ses observations manuscrites, *hìc.*

2. De-là il se suit, 1°. Que si un immeuble a été donné à l'un des communs, avec la clause qu'il sera propre au donataire, qui que ce soit qui l'ait donné, ou parent ou étranger, ce n'est pas un conquêt, mais un propre, auquel l'autre commun n'a aucune chose. C'est la disposition de la Coutume de Paris, article 246, & l'observation de M. le président Duret & de M. Jean Decullant, sur l'article 274, *suprà* ; & la raison est que le donateur peut imposer à sa donation telle condition qu'il lui plaît.

3. Il s'ensuit en second lieu que, quoique l'immeuble n'ait pas été donné au commun avec la clause expresse qu'il lui sera propre, si toutefois il lui a été donné expressément en contemplation de lui, & en sa seule consideration, ce sera encore un propre au commun donataire. *Potest*, dit M. Ch. Dumoulin sur notre article, *extraneus exprimere quòd tali tantùm, vel ejus contemplatione tantùm, quod sufficit, vel ut ei soli, non conjugi, vel socio servetur, quod expressius est, nec necessarium, & hoc generaliter etiam Parisiis & ubique obtinet.* Dumoulin, dans ses observations manuscrites, sur le présent article.

4. Il s'ensuit en troisieme lieu de la disposition du présent article que quand bien même l'immeuble n'auroit pas été donné à l'un des communs, expressément en contemplation de lui, si toutefois il paroit qu'il n'a pas été donné aux deux conjoints, ni pour une cause qui leur fût commune, mais qu'il a été donné à l'un des communs seul, & en sa seule consideration, & que c'est un bienfait qui regarde singulierement la personne du donataire ; l'immeuble en ce cas, qui est celui de la contemplation tacite, est propre au donataire : mais la difficulté est de bien discerner le cas de cette contemplation tacite. *In terminis hujus.* §. dit Dumoulin sur notre art. *labor est in contemplatione tacita, quando videlicèt sufficienter præsumatur ; & dico,* 1°. *quòd donatum vel legatum, cui tunc donatarius vel legatarius erat successurus, eo ipso censetur ejus contemplatione do-*

natum, vel legatum, nec in communionem cadit, nisi quoad fructus ; idque non solùm in linea directa, de qua nemo dubitaturus, sed etiam in linea collaterali.... Quòd si non erat in propinqua causa successionis respectu rei donatæ, vel legatæ, tunc sola cognatio non sufficit ad præsumendum, quòd ejus contemplatione sit donatum, vel legatum, nisi aliæ conjecturæ accedant.... Dumoulin, dans ses observations manuscrites, sur le présent article.

5. Que si l'immeuble a été donné à l'un des conjoints ou communs pour services rendus, il faut en ce cas distinguer, selon Dumoulin, si ces services étoient de nature à produire une action en justice, ou non : dans le premier cas, c'est, selon lui, une vente, & non une donation, & l'immeuble ainsi donné entre en communauté : dans le second cas, c'est une donation faite en contemplation du donataire, qui n'entre pas en communauté. *Aut ea merita*, dit Dumoulin, *non producebant actionem, & tunc cùm remuneratio non esset præcisè debita, non tollit, nec excludit naturam & essentiam veræ donationis aut legati, & sic erit vera donatio; & cùm sit contemplatione personæ facta, satis est ut ad hoc huic Consuetudini locus sit, satisque donatario curatur, licèt non sit expressum; hæc enim acquisitio per hanc Consuetudinem ab ejusmodi communione excipitur. Aut verò merita producebant actionem ad remunerandum, & tunc quatenùs ascendunt, res cadit in communionem, etiamsi donans vel testator contrarium & expressum caverit; quatenùs autem res excedit meritorum æstimationem, non cadit in communionem, etiamsi expressè dictum non sit*. Dumoulin, dans son commentaire, ou observations manuscrites, sur le présent article.

6. De-là il s'ensuit que les charges, offices & autres immeubles donnés par le prince au conjoint ou commun, pour son mérite personnel, n'entrent pas en communauté, & sont propres au donataire; ensorte que si c'est au mari qu'ils soient donnés, & qu'il survive à sa femme, ils lui demeurent propres, à l'exclusion des enfans & autres héritiers de la femme, sans aucun remboursement.

7. Au-reste la disposition du présent article ne doit être entendue que d'une communauté ordinaire & coutumiere de meubles & conquêts, & non d'une communauté universelle de tous biens ; la Coutume de Nivernois, chapitre 26, article 9, qui contient la même disposition que la nôtre, en fait l'exception : s'il n'est (dit cette Coutume) convenu au contraire, ou qu'ils fussent communs en tous biens. M. Charles Dumoulin, dans sa note sur notre article, a fait la même exception : *Nisi*, dit-il, *essent socii omnium bonorum*, *Alex. consil. 66, lib. 4*. Et c'est encore l'observation du président Duret, sur ces mots de notre article, LE PERSONNIER N'Y A : *Nisi*, dit-il, *aliter convenerit, vel societas universo-*

rum sit, Conf. Niv. cap. 26, art. 9, & Molin. hîc. M. Duret, *hîc*.

8. Que si dans le cas d'une communauté de tous biens, meubles & immeubles, présens & à venir, l'immeuble avoit été donné expressément à la charge d'être propre au donataire ; c'est une question si une telle donation entre en communauté, en vertu de la stipulation de communauté, & au préjudice de la condition sous laquelle elle a été faite. M. Denis Lebrun, qui s'est formé cette question, répond que comme le donateur peut excepter les meubles donnés de la communauté ordinaire, il peut aussi excepter les immeubles par lui donnés de la communauté de tous biens; l'une & l'autre espece dépendant du principe commun, qu'on impose telle condition qu'on veut à ses donations. Tel est le sentiment de Lebrun, *de la Communauté*, liv. 1, chap. 5, sect. 2, dist. 4, n. 2 & 27.

9. Mais j'ai de la peine à me rendre à ce sentiment, par la raison qu'il y a bien de la différence entre une communauté ordinaire de meubles & acquêts, & une communauté de tous biens : dans la premiere, les communs ne sont pas tenus de se communiquer tous leurs biens indistinctement; ils peuvent avoir des biens propres, n'étant communs qu'en meubles & acquêts à faire : desorte qu'un donateur peut, par la liberté qu'il a d'imposer à sa donation telle condition qu'il lui plaît, affecter la donation tellement au commun donataire, qu'elle lui soit propre & au rang par conséquent de ses biens propres : au-lieu que dans une communauté de tous biens, les communs étant tenus, en vertu de la stipulation de la communauté de tous biens, de se communiquer tous leurs biens généralement, il n'y a point de biens propres à aucun commun ; de maniere qu'un donateur ne peut pas, au préjudice de la stipulation & convention des communs de se communiquer tous leurs biens présens & à venir, meubles & immeubles, faire que la chose qu'il donne, soit propre au donataire : & quelque condition qu'il impose à la chose donnée, le donataire commun en tous biens, sera tenu, selon moi, en vertu de la convention & stipulation de communauté de tous biens, de communiquer l'immeuble donné à ses communs, & de le confondre dans la communauté.

10. Ce qui a été dit jusqu'ici, ne regarde que les immeubles ; car notre Coutume ne parle que de l'immeuble donné à l'un des communs en contemplation de lui : d'où s'ensuit par un argument tiré *à sensu contrario*, qu'il en est autrement d'un meuble ; à moins toutefois qu'il n'eût été donné avec clause expresse qu'il sera propre au donataire, & n'entrera pas en communauté, selon qu'il a été dit sur l'article 276, *suprà*.

ARTICLE CCLXXXIV.

FRUITS pendans font tenus & réputez meubles entre communs & perfonniers, & s'entend des fruits induftriaux tant feulement, comme vigne après la taille, & les bleds après qu'ils font femez. Autre chofe eft des fruits naturels, comme noix, foin, mayeres, pommes, poires, & autres femblables; car ils ne font réputez meubles, jufques après qu'ils font féparez du fond & cueillis.

1. LA Coutume de Blois, art. 184, & celle de Berry, tit. 8, art. 23, contiennent une difpofition femblable ; & ce qui a donné lieu à cette difpofition, eft la vue de conferver l'égalité entre les communs, & de prévenir les conteftations qui pourroient naître pour la récompenfe des labours & femences. *Porrò*, dit M. le préfident Duret fur notre article, *quod hic traditur, bonâ occafione invafit, ne contrà rationem focietatis, uniufquam alterius focii melior conditio fit ; undè palam eft focietate finitâ, negotium communi nomine geftum communicari, & rerum divifionem fupereffe, nec eft inconveniens aliter fructus & aliter fundum confiderari : & hæc via magis eft expedita, quæ controverfam plerùmque impenfarum reputationem excludit.* M. Duret, *hic*.

2. Cette difpofition de la Coutume en notre article regarde toutes fortes de communs, & n'a de rapport qu'au temps du partage & divifion de la communauté, & non au temps qu'elle commence ; & elle n'a proprement d'application que pour les fonds & héritages qui appartiennent en propre à l'un des communs, mais dont les fruits fe doivent partager en conféquence de la communauté. *Hic articulus*, dit M. Louis Semin, *refpicit omnes communes, nec attendit principium focietatis, fed finem & divifionem ejufdem : & de fructibus agit, qui pendent in propriis hærediis unius vel plurium fociorum ; acqueftus enim per divifionem accipiuntur in eo ftatu in quo funt tempore divifionis.* ... M. Louis Semin, *hic*.

3. La difpofition de notre article ayant fon application à toutes fortes de communs, comme il vient d'être dit, & par conféquent aux mariés, puifqu'elle eft conçue en termes généraux, il eft fans doute (dit M. Louis Vincent) que la femme renonçant à la communauté, ne peut rien prendre ès fruits de fes héritages pendans par les racines ; car par la Coutume les fruits pendans par les racines étant réputés meubles entre communs, & les fictions fe rapportant à quelqu'effet, cette fiction introduite par la Coutume, par laquelle les fruits pendans par les racines font réputés meubles entre communs, ne peut être qu'à l'effet que comme tels ils feroient partagés entr'eux ; & comme ils ne peuvent être partagés entre la veuve & les héritiers du précédé (qu'au cas de l'acceptation de la communauté,) ils appartiennent entiérement auxdits héritiers, dans le cas de la renonciation à la communauté par la veuve : d'où il s'enfuit que les fruits pendans par les racines, réputés meubles, leur doivent être délivrés, fans que la veuve y puiffe rien prétendre. Tel eft le raifonnement de M. Louis Vincent dans fes obfervations fur le préfent article ; tel eft encore le fentiment de M. François Menudel & de M. Galland, avocat de Paris, fuivant l'obfervation de M. Menudel, ci-après rapportée, à l'occafion de la dîme, & fur la queftion fi elle doit être mife au rang des fruits induftriaux.

4. Le contraire a pourtant été jugé en cette Sénéchauffée au mois d'avril 1637, pour demoifelle de Turcy, veuve de fieur de Valiere, contre les héritiers dudit fieur ; à laquelle demoifelle de Turcy les fruits pendans par racines furent adjugés, quoiqu'elle eût renoncé à la communauté, comme faifans partie de fon fonds : mais fur l'appel interjetté par les héritiers, elle accorda que les fruits fuffent déclarés meubles, ne voulant pas fe fervir de la fentence. M. Vincent, *hic*.

5. On a jugé au bailliage de Bourges la même chofe qu'en cette Sénéchauffée, en confirmant la fentence du Prevôt, le 18 octobre 1613, dit M. de la Thaumaffiere fur la Coutume de Berry, tit. 8, art. 23 ; mais, comme l'a obfervé M. Denis Lebrun, *de la Communauté*, liv. 1, chap. 5, fect. 2, dift. 2, n. 6, cette décifion du bailliage & de la prévôté de Bourges auroit befoin d'un arrêt, comme étant contraire au texte de la Coutume, qui dans ledit article 8 ne diftingue pas entre le cas de la renonciation & de l'acceptation ; & contre l'avis de Ragueau.

6. De quelque maniere qu'on ait jugé en cette Sénéchauffée & au bailliage de Bourges, le fentiment de M. Louis Vincent, de M. François Menudel & de M. Galland, eft celui qui doit être fuivi, felon moi, comme conforme au texte de notre article, dans le cas même de la renonciation de la veuve, ou de fes héritiers, à la communauté : ce qui fait plus de difficulté, eft le cas où il y a dans le contrat de mariage une ftipulation de reprife en faveur de la femme de fa dot, tant mobiliaire qu'immobiliaire. M. Jean Decullant eftime que dans ce cas elle eft en droit de prendre tous les fruits induftriaux pendans dans les propres : *Idcircò*, dit-il, fur le préfent article, *vidua renuntians focietati, ut ei permiffum eft*, §. 245, *fuprà, perdit hos fructus pendentes in fuo fundo dotali, quia per renuntiationem perdit mobilia, & hoc jure utimur*,

nifi

Tit. XXIII. DES CHOSES RÉP. MEUBLES. Art. CCLXXXIV.

nisi aliter in contractu matrimonii fuerit conventum ; putà quòd vidua societati renuntians , retinebit omnem dotem seu mobilem , seu immobilem , quo casu non capit mobilia jure societatis , sed jure conventionis. M. Jean Decullant , *hìc*.

7. Il me paroît que M. Jean Decullant n'en dit pas assez , & je croirois , qu'afin que la veuve ou ses héritiers fussent en droit de prendre ces fruits dans le cas de sa renonciation à la communauté , il seroit nécessaire qu'il y eût au contrat une stipulation précise que ces fruits leur appartiendront en cas de renonciation à la communauté : & ma raison est que, dans cette Coutume, les fruits industriaux ne font pas partie de la dot , mais appartiennent à la communauté, comme étant les fruits de l'industrie des conjoints, & des avances de la communauté ; que par conséquent ils ne suivent pas la stipulation de reprise qui peut avoir été faite de la dot, & ne font pas partie de la reprise mobiliaire, au cas de la renonciation de la veuve ou de ses héritiers à la communauté.

8. La dîme est mise au rang des fruits naturels entre communs, & non des industriaux ; c'est l'observation de M. François Menudel sur le présent article , où il dit qu'il a été ainsi répondu par M. Galland, avocat de Paris, & ainsi jugé en cette Sénéchaussée le 8 juin 1633 , entre les héritiers de dame Gilberte de Rollat , femme de Marc-Antoine de Digoine, écuyer , sieur de Saint-Palaix , laquelle mourut au mois de mai de l'année 1633 , & le sieur de Saint-Palaix. Les héritiers renoncerent à la communauté , & demandoient seulement la restitution de la dot, laquelle pour l'immeuble consistoit en la terre de Burgeat ; le sieur de Saint-Palaix soutenoit que tous les fruits industriaux lui appartenoient , & entre ces fruits il y comprenoit les dîmes : mais moi plaidant , dit M. Menudel, il fut jugé en la Sénéchaussée le 8 juin 1633, que les fruits industriaux seroient partagés par moitié , & que les dîmes appartenoient aux héritiers. Appel par ma partie : M. Galland a répondu que les fruits industriaux appartenoient entièrement au mari , & que les dîmes sont censées fruits naturels. M. Menudel , *hìc*.

9. Comme notre Coutume, au présent article , ne déclare meubles entre communs les vignes qu'après la taille , si l'un des communs décede pendant le temps de la taille , il n'y aura que les vignes qui se trouveront taillées , qui seront réputées meubles, les autres ne le seront pas. C'est la remarque de M. Duret , sur ces mots , APRÈS LA TAILLE : *Quòd si incœpta fuerit*, dit-il, *& non perfecta, quatenùs cœpta reperitur, quo tempore finitur societas, eatenùs vineæ fructus mobiles censentur*, Molin. ad Aurel. §. 273 , *ad verbum* LIÉE. Telle est la remarque de M. Duret ; la disposition de notre Coutume est un peu trop générale , comme l'on voit ; il eût mieux valu , pour éviter toute contestation à ce sujet , fixer un temps après lequel les vignes auroient été réputées meubles, comme a fait celle d'Auxerre, article 195 , qui a fixé ce temps au 16 mai.

10. Les dépenses qu'il convient de faire après que la vigne est taillée jusqu'à ce que le vin soit dans les tonneaux, & celles qu'il faut faire après les bleds semés jusqu'à ce qu'ils soient engrangés & battus , sont à la charge de tous les communs, ainsi qu'il est dit dans l'article 69 de la Coutume de Châteauneuf en Thimerais ; car comme ils partagent les fruits , il est juste qu'ils partagent les charges. *Et quod agendum restat*, dit M. le préf. Duret, *fructuum quærendorum & cogendorum gratiâ, communibus impensis fiet.... Sed & onera quæ interim præstanda erunt, ut putà stipendium , vel tributum, communiter agnoscentur*, Conf. Cast. *in Thimer. art.* 69. M. Duret, *hìc*.

11. La disposition de notre Coutume au présent article, dit M. François Menudel, ne regarde que les communs, & n'est pas par conséquent universelle ; de manière, ajoute-t-il , qu'elle n'a pas de lieu en succession , & que l'héritier de l'immeuble emporte tous les fruits pendans , à la charge toutefois de la récompense des semences & labours : la raison est , *quia terræ seu fundo cohærent , quia fundus fructusque unaquædam res est , id est fundus*, L. *Si fraudator* 25 , §. 4 & 6 , ff. *quæ in fraud. creditorum ; quia fructus pendentes pars fundi videntur*, L. *Fructus* 44, ff. *de rei vindicat.* L. *Certum* 22 , Cod. *ibid*. Mais autre chose est du bled & grain , scié ou coupé , du bois coupé & du foin fauché, quand même il seroit encore sur le champ, & non transporté , suivant la Coutume de Paris , art. 92.

12. M. Charles Dumoulin avoit fait , avant M. Menudel, la même observation sur notre article : *Hæc est*, dit-il, *æqua consuetudo, & respicit dumtaxat jus sociorum , & divisionem inter eos faciendam , nec ad alium casum extenditur ; quia se limitat ibi , entre communs, nec respicit societatis principium , sed finem.....* Dumoulin , dans ses observations manuscrites , *hìc*.

ARTICLE CCLXXXV.

Poisson en étang est réputé meuble après les deux premiers ans passez, à compter du tems qu'il a été appoissonné ; aussi est le poisson mis en serve ou réserve, pour usage ou provision de maison : Toutefois avant lesdits deux ans, entre communs & personniers, le Seigneur de l'étang est tenu de rendre & restituer à ses communs personniers *pro rata* le prix qu'aura couté ledit appoissonnement, ou de souffrir qu'ils prennent portion à la pêche dudit étang au choix du Seigneur d'icelui.

1. LA Coutume de Nivernois, ch. 26, art. 5 & 6, contiennent une disposition semblable ; & suivant cette Coutume & la nôtre, le poisson en étang, après les deux premieres années passées, à compter du temps qu'il a été empoissonné, est réputé meuble ; par la raison que c'est l'usage de pêcher les étangs de deux en deux ans, & qu'après le temps ordinaire de la pêche, il semble que l'étang ne sert plus qu'à garder le poisson ; qui est la raison pour laquelle le poisson tenu en serve ou réserve, pour l'usage & provision de la maison, est réputé meuble.

2. Avant les deux ans, le poisson est réputé immeuble ; mais, selon notre Coutume, & celle de Nivernois, le seigneur de l'étang, qui demeure le maître du poisson, est tenu de rendre à ses communs & personniers leur part du prix qu'aura coûté l'empoissonnement, ou de souffrir qu'ils prennent portion à la pêche dudit étang, au choix du seigneur d'icelui : sur quoi c'est une question quand le seigneur doit faire son choix, s'il est tenu de consommer son choix sur le champ, ou s'il peut attendre au temps de la pêche ; & sur cette question il y a différens sentimens : M. Charles Dumoulin, dans ses observations manuscrites, dit qu'il peut attendre au temps de la pêche ; & M. Jean Decullant, selon que le rapporte M. François Decullant, son fils, soutient la négative.

3. *Quæritur*, dit M. François Decullant, *quandiu durat hæc electio, an teneatur statim eligere, vel possit differre electionem, in tempus solitæ & congruæ piscationis : Molinæus in Scriptis censet differri posse electionem in tempus piscationis, & tempore piscandi posse proprietarium, si velit admittere veterem socium, ad veterem partem piscationis, loco refusionis ratæ sumptuum, quia vetus socius non esset plus laturus, si societas duraret, ergo etiam jure communi hanc electionem suspensam & dilatam in tempus piscationis. Contrà dominus Advocatus Decullant, hâc de re consultus, opinionem contrariam æquiorem esse dicebat ; nimirùm quando ante biennium impiscationis societas dissolvitur, stagni proprietarium teneri illicò, & tempore solutæ societatis eligere, & mox aut veteri socio partem sumptuum refundere, aut eum ad piscationis futuræ partem admittere : oportet tamen proprietarium per interpellationem sibi à veteri socio factam esse in mora constitutum, adeò ut tacente, & non eligente proprietario sine interpellatione, non inde sequatur veterem socium ad piscationem admitti, loco suæ portionis sumptuum, sed tantùm post interpellationem ; quâ factâ, si tacuerit proprietarius, & sumptûs partem non obtulerit, videbitur voluisse veterem socium ad piscationem admisisse & hanc electionem suo silentio fecisse.*

4. *Ratio Molinæi non satis urget, cùm in eo casu solus fraudetur socius, nec periclitetur proprietarius, imò non videtur eligere, si quidem eligit tantùm tempore piscationis, quo tempore res non est amplius in incerto, & datâ piscatione si uberior fuerit sumptus refundet, si damnosa socium admittet, quod æquum non est, siquidem in tali dilatione electionis socius fraudatur, qui, si casu deperant pisces in stagno partem sumptuum in fundo proprietarii factorum perdet, & sic damnum rei quæ proprietarium spectat feret, contrà communem regulam Res Domino perit.... Nec refert quòd si durasset societas, socius inutilis piscationis damnum laturus esset ; quia vice versâ, si utilis foret, lucrum sentiret, eâ nempe ratione quâ eum incommoda sequi debent, quem sequuntur commoda.... & damnum ferret ratione societatis....* Telle est l'observation de M. François Decullant ; & je tiens pour le sentiment de M. Jean Decullant, son pere.

5. Il en est de cette disposition de la Coutume dans le présent article, selon M. le président Duret, comme de celle contenue en l'article précédent ; elle est restreinte aux communs & personniers, & ne regarde pas les successions. Nota, dit M. Duret, *hunc paragraphum & præcedentem habere tantùm locum in divisione societatis inter socios, quod probatur per verba ejusdem paragraphi,* entre communs & personniers : *unde in dividendâ hæreditate inter hæredes mobiles & immobiles, immobilia cum fructibus quæ solo inhærent ad hæredem immobilium transeunt, cujus respectu nec post sementem frugis bladum, nec post sectionem vinearum fructus, nec post biennium elapsum à die piscationis pisces pro mobilibus habebuntur, ut ad hæredem mobilium transeant, sed hi omnes fructus solo pendentes & inhærentes, tanquam pars fundi erunt, & immobilium hæredem sequentur, quod aliter se habet in divisione*

societatis inter socios facienda, quorum solùm respectu hi duo ultimi paragraphi nostri Statuti sunt intelligendi. M. le président Duret, *hic.*

6. Pour ce qui est des pigeons, s'ils sont en un colombier à pied, ils sont immeubles, & si c'est une voliere, il sont meubles. *Quid de columbis,* dit M. Duret, *si existant in columbario à calce ad caput extracto, atque in reditum columbarum destinato, instar immob. um obtinent; aliter atque si in aliqua superficie tecti accessoriè continentur, non etiam in ædificio principaliter ac perpetuò ad hoc destinato, Molin. ad Conf. Parif. de mat. feod. qu.* 7, & *seq. gl.* 8, §. 1. M. Duret, *hic.*

7. Les ruches d'abeilles sont immeubles. *Apum examen,* dit M. Jean Decullant, *quod volare & revolare soleat, habetur domûs pars, vel horti cui alvearium insidet, & distractis ædibus cum horto, sequitur novum possessorem, peræquè ac hæredes inter ipsos, familiæ Erciscundæ dividitur, L. Pomponius,* §. 1, *ff. famil. Ercisc. L. Naturalem,* §. *Apum, de acquir. domin.* Telle est l'observation de M. Jean Decullant sur notre article; & c'est aussi le sentiment de M. Duplessis sur la Coutume de Paris, traité *des Meubles;* de Lebrun, *de la Comm.* liv. 1, chap. 5, sect. 2, dist. 1, n. 22 & 23.

8. Les gros & menus bestiaux, quoiqu'afsermés avec le fonds, ou baillés à d'autres qu'au fermier, à titre de cheptel, sont réputés meubles. La raison est que c'est plutôt l'équipage de la ferme, que la ferme même; que l'équipage n'est qu'une destination accidentelle ou momentanée, qu'il se sépare aisément de la ferme, qu'il se change & rechange, & sert à divers usages : ainsi jugé par arrêts cités par M. Bretonnier sur Henrys, tome 2, liv. 4, qu. 45. Tel est le sentiment de Lebrun, *de la Comm. ibid.* n. 24, & tel est l'usage.

ARTICLE CCLXXXVI.

ARTILLERIE & autres choses servans à la tuition d'un Château, Donjon ou autre Forteresse, ne sont réputées meubles, mais demeurent à celui auquel ladite Place doit appartenir.

Artillerie est immeuble.

1. Telle est la disposition de la Coutume de Berry, tit. 4, art. 4; de celle de Nivernois, chap. 26, art. 10; de Laon, art. 102; de Reims, art. 23; de Châlons, art. 109; de Tours, art. 227, & autres. La raison est que le meuble prend la nature de l'immeuble par la destination de l'homme, qui veut qu'encore qu'il soit meuble, il serve néanmoins perpétuellement à l'immeuble : cette raison fait que la disposition de notre Cout. au présent art. selon que l'a observé M. Louis Semin, est générale, & n'est pas restreinte au partage de communauté, comme les articles précédens. *Hic articulus,* dit-il, *generalis est, & non restringitur ad materiam societatis, sicut præcedentes, imò extenditur ad successiones, legata, & alios casus.* M. Semin, *hic.*

2. Si toutefois l'artillerie & autres armes servant à la défense de la maison forte, avoient été acquis pendant la communauté, le commun à qui appartient la place, en doit la récompense ou remboursement à son commun pour sa serue. *Si tamen tempore societatis acquisita sunt,* dit Dumoulin, *& destinata, solutâ societate statim Jure communi debet pars pretii refundi....* M. Dumoulin, observations manuscrites, sur le présent article.

3. Il en est de même des ornemens, paremens & livres de chapelles de châteaux, ainsi qu'il a été jugé par les arrêts, & dans cette Sénéchaussée par sentence du 15 juin 1641, en la cause du sieur de Chandon contre le sieur de Meslon, son pere : c'est ce qui nous est attesté par M. Menudel, *hic,* & tel est le sentiment de M. Duplessis sur la Coutume de Paris, traité *des Meubles,* & de M. Lebrun, *de la Comm.* liv. 1, chap. 5, sect. 2, dist. 1, n. 17 : par la raison que c'est une destination pour perpétuelle demeure, comme nécessaire pour le service qui s'y fait.

4. Pour les foins, pailles & fumiers, ils sont encore censés faire partie de la terre, comme destinés pour la culture & exploitation, à l'exception de ceux de reserve, destinés pour être vendus. Lebrun, *ibid.* n. 14.

5. Les échalas employés dans une vigne sont aussi censés en faire partie, par la raison de la destination.

6. Quant aux matériaux préparés pour la construction d'un nouveau bâtiment, ils conservent leur nature de meubles, jusqu'à ce qu'ils ayent été employés : mais pour ceux d'un édifice démoli, destinés pour la réédification, ils sont réputés immeubles. Ceci est tiré de la disposition de la loi *Fundi,* 17, §. *ea quæ,* 10, ff. *de actione empti;* & c'est le sentiment de M. Duplessis, sur Paris, traité *des meubles,* & de M. Denis Lebrun, *de la Comm.* liv. 1, chap. 5, sect. 2, dist. 1, n. 15.

ARTICLE CCLXXXVII.

Toutes choses de maison tenans à icelle à clous ou cheville, ne sont réputées meubles.

1. La Coutume de Paris, art. 90, dit: si elles tiennent à fer & à clous, ou sont scellées en plâtre, & sont mises pour perpétuelle demeure, & ne peuvent être transportées sans fraction & détérioration. Celle de Melun, article 280, dit de même: toutes choses de maison attachées à clous ou à cheville, & qui ont été mises pour perpétuelle demeure. De même, Orléans, article 356; lesquelles modifications & distinctions de la Coutume de Paris & autres ont été adoptées par nos commentateurs : tellement qu'il ne suffit pas qu'une chose soit attachée dans une maison à fer & à clous, pour être réputée immeuble; mais il est nécessaire qu'elle y ait été attachée pour perpétuelle demeure; & c'est proprement cette destination, qui fait que la chose est regardée comme chose de la maison, ainsi qu'il est dit dans notre article; lesquels mots, *choses de maison*, sont remarquables.

2. *Iste paragraphus*, dit Dumoulin, *sur notre article, sumptus est à dictis imperitorum & vulgarium, & quia demonstrandi & declarandi causâ hic ponitur, nec restringit, nec procedit, sed tantùm jus debet intelligi : Nec oscitanter præterundum, quod Compilatores hic vulgarium dicterio prudenter addiderunt verbum de maison, id est, spectantia ad domum, sive existentia de corpore domûs, ne quis fortè vulgarium dicto ruditer in Lege redacto falleret; tapeta enim aulea, & id genus, sæpe clavis hærent domui, non tamen sunt de corpore domûs, etiamsi non solùm appensa, sed affixa sint, quia non affixa nisi ut firmiùs hæreant, & non tam de facili vento moveantur, vel furentur, non autem verè sunt pars domûs, & sic remanent mobilia separata. Idem dicendum de tabulis pictis, appensis vel affixis parieti, aut camino ; secùs si essent tabulæ incorporatæ ædificio..... Contra quædam nec clavis, nec cavilla hærent, & tamen sunt pars domûs, ut claves.... Summa, ipsa destinatio non præ-parata, sed jam realiter executa, facit judicium seu decisionem: Circumstantiæ verò, Consuetudo Regionis, & usus patrisfamilias arguit perpetuam ad integrandum corpus ipsius domûs destinationem, vel temporariam, seu ad ornandum, seu instruendum; aliud enim est, supellex vel instrumentum patrisfamilias quod mobile remanet, aliud destinatum ut sit perpetuò pars domûs, quod manet immobile.* M. Ch. Dumoulin, observations manuscrites, *hîc*.

3. Du raisonnement de M. Charles Dumoulin, il s'ensuit que, selon qu'il a été ci-dessus observé, c'est la destination qu'il faut principalement considérer ; de manière que tout ce qui est mis dans la maison pour perpétuelle demeure, quoique non attaché, est censé en faire partie, & à plus forte raison s'il y est cloué ou attaché. C'est la remarque de Coquille, sur l'article 21 du chapitre 26 de la Coutume de Nivernois, & après lui de M. Menudel, sur le présent article; & sur ce principe, dit M. Louis Vincent, *hîc*, il a été jugé pour le sieur Gaudon, en l'ordinaire le 22 mai 1635, plaidans M^{rs}. Julien Fouchier, & François Menudel, qu'une pierre, *aliter* auge de puits à tenir l'eau, étoit réputée immeuble, *propter destinationem perpetui usûs*... M. Vincent, *hîc*.

4. Il faut que ce soit le propriétaire qui ait attaché la chose au fonds, pour qu'elle soit censée mise & attachée pour perpétuelle demeure; car si c'étoit le locataire, on ne présumeroit pas qu'il l'eût fait pour perpétuelle demeure, mais seulement pour le temps & la commodité de son habitation, ce qui fait qu'il peut l'emporter & arracher en sortant, pourvu que cela se puisse faire sans détérioration notable de la maison. C'est la disposition de la Coutume de Berry, titre 4, article 5. Duplessis, sur la Coutume de Paris, traité *des meubles*.

ARTICLE CCLXXXVIII.

Pressoir immeuble, & cuves meubles. Un pressoir édifié en une maison, est réputé immeuble, & les cuves réputées meubles.

1. Anciennement avant la rédaction de la Coutume, & de la manière que le présent article fut présenté aux états, non-seulement le pressoir, mais les cuves encore, & autres choses servant au pressoir, & qui avoient été mises dans la maison pour l'usage du

Tit. XXIII. DES CHOSES RÉP. MEUBLES. Art. CCLXXXVIII.

du preſſoir, pour perpétuelle demeure, ſuivoient la nature dudit preſſoir, & étoient réputées immeubles ; mais du conſentement des états, l'article fut changé en la forme qu'il ſe voit, & il fut dit que les cuves ſeroient réputées meubles ; & cela indiſtinctement & ſans exception. Toutefois M. Charles Dumoulin, après être convenu que la diſpoſition de notre Coutume au préſent article eſt ſinguliere, prétend qu'elle ſouffre une exception, quand il y a deſtination contraire, & que cette deſtination eſt claire & notoire. C'eſt ſon obſervation, ſur le préſent article, ſur le mot PRESSOIR : *Intellige*, dit-il, *prælum inædificatum in domo, id eſt defixum, aut aliàs incorporatum.... ita ut ſecundùm morem Regionis intelligatur perpetuò deſtinatum.... idem cæteris paribus, de cuppis, quia ſi taliter ſint defixæ, ut ſecundùm morem Regionis intelligantur perpetuæ moræ, ſunt pars prædii & immobiles, aliàs mobiles, & ita debet intelligi Conſuet. Turon. §. 4, des choſes réputées meubles, & ſimiles Conſuetudines. Sed ſub hac Conſuetudine Borbonenſi, talis eſt mos Regionis, ut cuppæ mobiles, præla verò inædificata immobilia regulariter reputentur ; fallit ſi appareat de deſtinatione contrariâ, ita ut ea ſit nota & manifeſta*. M. Dumoulin, dans ſes obſervations manuſcrites, *hic*.

* La Coutume dans le préſent titre n'a point compris les offices au nombre des biens meubles ou immeubles ; parce que, comme l'a obſervé M. de Renuſſon, traité des propres, en 1520, temps auquel elle fut rédigée, ils n'étoient pas compris au nombre des biens, qu'ils n'étoient pas dans le commerce, & qu'il n'y en avoit point dont la vénalité fût établie ; c'eſt pour cela que la Coutume ne contient aucune diſpoſition à leur égard : mais comme dans la ſuite la vénalité des offices a été introduite, qu'ils ont été dans le commerce, & qu'ils ont compoſé une partie des biens des particuliers, il a fallu régler leur nature, & pour cela on a réduit les offices en trois claſſes.

La premiere claſſe comprend les offices domaniaux, qui ont été démembrés du domaine du roi, par des contrats à faculté de rachat perpétuel, comme les greffes, les tabellionages.

La ſeconde, les offices de finance, de judicature, & autres, qui ſont vénaux & héréditaires.

La troiſieme, les offices de la maiſon du roi, les gouvernemens, les offices de guerre, & autres offices, qui ſont plutôt des commiſſions que des titres d'offices.

Quant à ces derniers, on ne les a jamais conſidérés comme des immeubles qui puiſſent tenir lieu de propres, parce qu'ils ſe perdent avec la perſonne ; ce ne ſont point auſſi des meubles ſujets à entrer en communauté, c'eſt la déciſion de l'édit du mois de janvier 1678, qui eſt dans le troiſieme tome du journal des audiences, livre 4, ch. 50, édit. 1733. Et parce que tels offices ſont perſonnels au mari, *Part. I.*

& attachés à ſa perſonne, dont la communauté par conſéquent ne doit jamais profiter, il ſuit de-là que, pour pareille charge poſſédée avant la communauté, & vendue pendant icelle, il en eſt dû le remploi, ſelon l'arrêt rapporté dans le ſecond tome du journal du palais, page 85, édit. 1713, ſous la date du 24 ſeptembre 1679, & ſuivant la ſentence & l'arrêt rendu pour la charge du ſieur de Boquemarre. Par la même raiſon, quand la charge eſt acquiſe durant le mariage des deniers de la communauté, & que le mari la garde après la diſſolution du mariage, il en devroit être dû récompenſe aux héritiers de la femme ; cela me paroit tout-à-fait juſte ; cependant on pratique autrement ; ce n'eſt point, dit M. Denis Lebrun, l'eſprit de l'édit de 1678, dont on ne s'eſt point éloigné juſqu'à préſent, quoique ſouvent un mari emploie le profit de ſa communauté en acquiſition d'un office chez le roi. Lebrun, de la Comm. livre 1, ch. 5, ſection 1, diſt. 4, n. 22, & diſt. 5, ſect. 2, n. 53.

Pour les offices domaniaux, compris dans la premiere claſſe, ils ſe réglent comme les héritages.

Toute la difficulté reſte donc pour les offices vénaux héréditaires, compris dans la ſeconde claſſe ; quoique la juriſprudence ait varié à leur égard, c'eſt aujourd'hui une maxime conſtante parmi nous, qu'ils ſont immeubles dans les ſucceſſions, & qu'ils ſont ſuſceptibles de la qualité de propres, lorſqu'ils ſont échus par ſucceſſion, ou par les autres voies, par leſquelles ſe forment les biens propres ; les arrêts qui établiſſent cette juriſprudence ſont rapportés par Ricard, traité des donat. part. 3, chapitre 10, ſection 1, n. 1426, & par de Renuſſon, traité des propres, chap. 5, ſect. 4, n. 68 & ſuiv. Ils ſont auſſi propres par rapport à la communauté. L'importance de ces ſortes de biens, dit Lebrun, a fait ainſi décider la queſtion, & l'uſage en eſt conſtant. Lebrun, de la Comm. liv. 1, chapitre 5, ſect. 1, diſt. 4, n. 3.

Pour ſavoir quelle Coutume il faut ſuivre pour régler les offices dans les partages de ſucceſſion, il faut faire une différence des offices anciens domaniaux, d'avec les autres offices ; comme les premiers ont une aſſiette & une ſubſiſtance perpétuelle, un être réel & permanent, & un revenu local, à la perception duquel les propriétaires peuvent commettre, ils ſe réglent ſuivant la Coutume du lieu de l'exercice.

Pour les autres ils ſuivent la Coutume du domicile du titulaire ; la raïſon eſt que les offices ſont tout-à-fait perſonnels, attachés à la perſonne, & qu'ils réſident plus noblement dans les perſonnes qui les rempliſſent, que dans les lieux où s'en font les fonctions ; & ainſi jugé par arrêt du 7 ſeptembre 1634, & autre du 26 février 1643, rendus en l'audience de la grand'chambre, & tel eſt le ſentiment commun des auteurs, de Brodeau, ſur M.

Gggggg

Louet, lett. C, som. 17, & lett. R, som. 31, de l'auteur des notes sur Dupleſſis, sur la Cout. de Paris, traité des droits incorporels, ch. 5; de M. Froland, aux lieux cités, & autres; & ainſi fut décidé dans la conſultation de M^{rs}. Duris, Heuillard & Barraud, ſavans avocats de ce ſiége, dans leur conſultation du 15 juin 1738.

Fin de la premiere Partie.

APPROBATION.

J'Ai examiné par ordre de Monſeigneur le Garde des Sceaux un Manuſcrit intitulé: *Coutumes générales & locales du Pays & Duché de Bourbonnois, avec le Commentaire de M. Auroux des Pommiers, Conſeiller-Clerc en la Sénéchauſſée de Bourbonnois & Siège Préſidial de Moulins*; j'ai trouvé ce Commentaire d'autant plus utile, qu'il contient une eſpece de tradition tirée de pluſieurs bons Manuſcrits ſur l'intelligence de la Coutume de Bourbonnois, depuis ſa rédaction juſqu'à préſent. A Paris ce 2 Juin 1740. RASSICOD.

PERMISSION.

FRANÇOIS-CLAUDE-MICHEL-BENOIT LE CAMUS DE NÉVILLE, Chevalier, Conſeiller du Roi en tous ſes Conſeils, Maître des Requêtes ordinaire de ſon Hôtel, Directeur général de la Librairie & Imprimerie.

VU l'article VII de l'Arrêt du Conſeil du 30 Août 1777, portant *Réglement pour la durée des Priviléges en Librairie*, en vertu des pouvoirs à nous donnés par ledit Arrêt: Nous permettons au ſieur DÉGOUTTE, Imprimeur à Riom, de faire une édition de l'Ouvrage qui a pour titre: *Coutumes générales & locales du Pays & Duché de Bourbonnois*, laquelle édition ſera tirée à ſept cents cinquante exemplaires, en un volume, forma in-folio, & ſera finie dans le délai de   à la charge par ledit ſieur DÉGOUTTE d'avertir l'Inſpecteur de la Chambre ſyndicale de Lyon du jour où l'on commencera l'impreſſion dudit Ouvrage, au deſir de l'article XXI de l'Arrêt du Conſeil du 30 Août 1777, *portant ſuppreſſion & création de différentes Chambres ſyndicales*; de faire ladite édition abſolument conforme à celle de Paris 1732, d'en remettre un exemplaire pour la Bibliotheque du Roi, aux mains des Officiers de la Chambre ſyndicale de Lyon, d'imprimer la préſente Permiſſion à la fin du livre, & de la faire enrégiſtrer dans deux mois pour tout délai, ſur les regiſtres de ladite Chambre ſyndicale de Lyon, le tout à peine de nullité.

DONNÉ à Paris le 15 Avril 1779.

NÉVILLE.

Par Monſieur le Directeur général,
DE SANCY, *Secrétaire général.*

Régiſtré la préſente Permiſſion ſur le regiſtre de la Chambre ſyndicale de Lyon, ſous le numero trois. A Lyon ce 24 Mai 1779.

PERISSE DU LUC, *Syndic.*

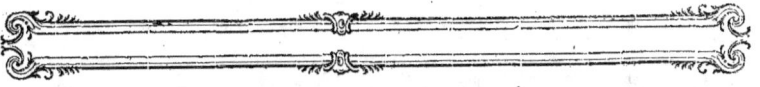

TABLE ALPHABÉTIQUE
DES MATIERES ET QUESTIONS PRINCIPALES
DE DROIT ET DE COUTUME,

Contenues dans la premiere Partie du Commentaire de la Coutume de Bourbonnois.

AVERTISSEMENT.

Ce Commentaire est divisé en deux Parties, chaque Partie est distribuée en Titres, Articles & Nombres; & à la tête de chaque Titre il y a une Préface.

Les lettres Pr. indiquent la Préface; quand ces lettres se trouvent précédées de la lettre t. c'est la Préface du Titre qu'elles indiquent, quand il n'y a pas de t. qui les précéde, c'est la Préface du Commentaire. La lettre t. indique le Titre, la lettre a. l'Article, la lettre n. le Nombre, la lettre p. la Page, & les chiffres marquent tel Titre, tel Article, tel Nombre ou telle Page en particulier.

A.

ABANDONNEMENT de biens, *voyez* Cession.
Abolition, lettres d'abolition, *voyez* Lettres.
Abonnement de dîme, ce que c'est, & si on en peut demander plusieurs années, t. 3, a. 21, n. 102, p. 51.
Si le possesseur de l'héritage doit payer l'abonnement, soit qu'il cultive, ou non, *ibid*. n. 103, *ibid*.
De combien de manieres peuvent se faire les abonnemens de dîme, & qu'elle doit être leur durée, par rapport aux manieres différentes qu'ils sont faits, *ibid*. n. 104 & 105, *ibid*.
Si les abonnemens à perpétuité se peuvent faire sans cause & sans formalités, & qu'elles sont les formalités requises pour ces sortes d'abonnemens, *ibid*. n. 105, *ibid*.
Si les abonnemens en argent sont défendus, *ibid*. n. 106, *ibid*.
Si l'abonnement en espece & en grains, suivi d'une prestation immémoriale, doit subsister, *ibid*. n. 107 & 108, 52.
Si dans le cas de l'abonnement des dîmes par les Vicaires perpétuels aux Curés primitifs, pour raison de portion congrue, les Curés primitifs peuvent disputer les abonnemens faits par les Vicaires, dans un temps non suspect, & dans les formes prescrites, *ibid*. n. 109, *ibid*.
Acceptation expresse est nécessaire dans une donation entre-vifs pour la rendre valable. t. 19, pr. n. 4, 290.
Acceptation de communauté, *voyez* Communauté.
Acceptation de la garde, *voyez* Garde.
Accroissement, s'il se fait & quand il se fait d'une institution à l'autre, *voyez* Institution.
Droit d'accroissement, *jus accrescendi, & non decrescendi*, dans la continuation de communauté entre les enfans d'un même lit, ce que c'est, & sur quoi fondé, t. 22, a. 270, n. 39, 40 & 41, 452.
La portion de l'enfant qui décéde durant la continuation de communauté, appartient & accroît aux autres, *ibid*, n. 42 & 43, *ibid*.
Les enfans représentent leur pere dans le droit d'ac-
Part. I.

croissement, & ce droit suit l'ordre de conjonction, *ibid*. n. 44 & 45, *ibid*.
L'accroissement a lieu dans le cas de renonciation des freres & sœurs à la continuation de communauté, *ibid*. n. 46, 453
Comment doit être prélevée la portion que celui qui refuse la continuation a dans la premiere communauté, *ibid*. n. 47 & 48, *ibid*.
Acquêts, ce que signifie le mot d'*acquêt*, & celui de *conquêt*, & comment on distingue les acquêts des conquêts, t. 23, pr. n. 8, 475
Et t. 22, a. 275, n. 2, 461
Si l'héritage pris à rente rachetable par l'un des communs, d'autres que de l'estoc, est acquêt de communauté, *voyez* Conquêt.
L'héritage de l'un des communs vendu & racheté durant le mariage, n'est point après le rachat réputé acquêt de la communauté, & il n'y a lieu à la récompense, a. 278, n. 1 & 6, 472
Voyez Propre de communauté.
Acte de commune, ce que c'est que faire acte de commune, & si la veuve qui a fait acte de commune est recevable à renoncer à la communauté, *voyez* Renonciation à la communauté.
Action, ce que c'est, t. 13, pr. n. 7, 156
D'où procédent les actions, *ibid*. n. 8, *ibid*.
Comment elles se divisent, *ibid*. n. 9, *ibid*.
Quels sont les effets & les suites des actions, *ibid*. n. 10, *ibid*.
Action, quand mobiliaire, & quand immobiliaire, *voyez* Meuble.
Action rédhibitoire, *voyez* Vente.
Actions possessoires, de combien de sortes, t. 12, a. 95, n. 1 & 7, 154 & 155
Voyez Complainte & Réintégrande.
Actions, combien elles durent, & quand elles sont prescrites, *voyez* Prescription.
Actions que le mari peut intenter du chef de sa femme, *voyez* Mari & Communauté.
Adjudication par décret, quand elle se fait, & quel est son effet, t. 13, a. 150, n. 8 & 9, 230
Voyez Décret.
Adultere, s'il fait perdre le douaire, *voyez* Douaire.

TABLE ALPHABÉTIQUE

Affiches en fait de saisie réelle, quand elles doivent être apposées, & ce qu'elles contiennent, t. 13, a. 143, n. 22, 221
Où elles doivent être apposées, & pourquoi elles sont apposées, *ibid.* n. 23 & 24, 222

Affirmation, si celui qui allégue la fin de non-recevoir, est tenu affirmer avoir payé, *voyez* Prescription.
Si l'affirmation peut être demandée au débiteur pour le paiement d'arrérages de rente constituée, au-dessus de cinq ans, & de rente fonciere au-dessus de dix ans, *voyez* Arrérages.
Voyez Serment.

Age, à quel âge est fixée la majorité coutumiere, soit pour les garçons, soit pour les filles, t. 15, a. 173, n. 1, 255
Voyez Majorité coutumiere.
A quel âge finit la minorité, qui arrête le cours de la prescription, *voyez* Prescription.
A quel âge finit la garde des mineurs mâles & femelles, *voyez* Garde.

Alimens dûs à un bâtard, *voyez* Bâtard.
Si pour alimens fournis par le mari aux dépens de la communauté, à son pere ou autre ascendant, ou à son bâtard, récompense en est due, *voyez* Récompense.

Amende, ce que c'est, & de combien de sortes, t. 14, a. 160, n. 1 & 2, 239
Et t. 14, pr. n. 2, 236
Diversité d'amendes au temps de la rédaction de la Coutume, *ibid.* a. 160, n. 3, 239
Quelles sont les amendes présentement en usage, *ibid.* n. 4, *ibid.*
Amende arbitraire, ce que c'est, & pourquoi ainsi appellée, *ibid.* a. 165, n. 1 & 3, 241 & 242
Amende arbitraire n'est due que quand elle est prononcée, *ibid.* n. 2, 242

Ameublissement, l'héritage ameubli entre dans la communauté comme meuble, t. 22, a. 275, n. 35, 467
Si l'ameublissement est une fiction qui ne concerne que l'intérêt des conjoints touchant leur communauté, *ibid.* n. 33, 466
Comment est considéré l'héritage ameubli, quand il se trouve dans la succession du conjoint qui l'a ameubli, *ibid.* n. 35, 467
Quid, quand il se trouve dans la succession de l'autre conjoint, ou dans celle de l'enfant commun, *ibid.* n. 36, 37 & 38, *ibid.*
Si le fisc en cas de confiscation pour délit du mari, profite du propre de la femme ameubli par le contrat de mariage, *voyez* Mari.
Si les propres ameublis entrent dans le don mutuel, *voyez* Don mutuel.
Si les héritages ameublis sont sujets au douaire, *voyez* Douaire.

Appellations des Sentences des hauts Justiciers, où elles se relevent, tant en matiere civile que criminelle, t. 1, a. 2, n. 28 & 29, 6
Quand l'appel tombe en péremption, & si l'appel péri emporte la confirmation de la Sentence, *voyez* Péremption.
Quelles sont les Sentences qui passent en force jugée, dont l'appel n'est pas recevable, *voyez* Sentence.

Apothicaires, combien dure leur action pour demander le paiement de leurs fournitures, & médicamens, *voyez* Prescription.

Appréciation de fruits, *voyez* Redevances foncieres.

Arbitres, s'il est permis aux Parties de se choisir des Juges & Arbitres, t. 4, a. 38, n. 1, 97
Cas auxquels on est tenu de nommer des Arbitres, *ibid.* n. 2 & 3, 98
Combien il y a de sortes d'Arbitres, & quelles sont leurs fonctions, *ibid.* n. 4, 5 & 6, *ibid.*
Si on est reçu à alléguer le compromis pour empêcher le cours de la procédure d'une cause, *ibid.* n. 7, *ibid.*

Arbres servans de bornes, & faisans limites, à quoi doit être condamné celui qui les abat ou arrache, *voyez* Bornes.

Arrérages de rentes constituées se prescrivent par cinq ans, t. 3, a. 18, n. 1, 27
Il en est autrement quand il y a un commandement de payer, *ibid.* n. 7, 29
Au défaut du commandement, le créancier n'est pas en droit de déférer le serment au débiteur, pour affirmer s'il ne doit que cinq années d'arrérages, *ibid.* n. 8, *ibid.*
Autre chose est, si le débiteur a promis de payer, *ibid.* n. 9, 30
La convention du débiteur de payer les arrérages de la rente, nonobstant la prescription, ne nuit qu'à lui seul, & non aux créanciers, *ibid.* n. 10, *ibid.*
Cette prescription de cinq ans, court contre toutes sortes de personnes, *ibid.* n. 10, *ibid.*
Les rentes constituées, qui ne commencent pas à *numeratione nummi*, & qui ont une autre origine, ne sont pas sujettes à la prescription de cinq ans pour les arrérages, *ibid.* n. 2, 3 & 4, 27 & 28
Il en est de même des rentes dues à l'Eglise pour fondation de Service Divin, *ibid.* n. 5, 29
Si on peut demander vingt-neuf années d'arrérages d'une rente pour fondation de Service Divin, *ibid.* n. 6, *ibid.*
Si dans cette Coutume on peut demander vingt-neuf années de la rente constituée pour le prix d'une maison, *ibid.* n. 2, 3 & 4, 27, 28, 75 & 76
Arrérages de cens se prescrivent par dix ans, t. 3, a. 18, n. 11, 30
Quid des arrérages de simples rentes foncieres, *ibid.* n. 13, 14 & 15, *ibid.*
Quid, des arrérages de rentes créées par don & legs, *ibid.* n. 16, 17, 18, 19 & 20, 31
Si la demande de tout le devoir de cens, faite par le Seigneur contre l'un des détenteurs, interrompt la prescription contre les autres, *ibid.* n. 21, *ibid.*
Si l'un des détenteurs qui a payé au seigneur direct tous les arrérages, peut poursuivre les autres détenteurs pour leurs portions, pour plus de dix années, *ibid.* n. 22 & 23, 32
Si le serment peut être demandé par le seigneur au débiteur pour le paiement des arrérages de cens au-dessus de dix ans, *ibid.* n. 24, *ibid.*
Quid, si le débiteur avoit promis au seigneur de les payer, & que le seigneur le soutînt ainsi, *ibid.* n. 25, *ibid.*

Arrêt, *voyez* Saisie-arrêt.

Arriere-ban, si la veuve douairiere est tenue d'acquitter les charges d'arriere-ban, t. 21, a. 252, n. 13, 422

Artillerie servant à la défense d'un château est immeuble, t. 23, a. 286, n. 1, 483

Artisans, quand doivent demander leurs salaires & paiement, *voyez* Prescription.

Assemblées, si anciennement les habitans des justices qui n'avoient corps commun ni consulat, pouvoient faire assemblées sans permission de leur seigneur; par qui, & comment aujourd'hui ces assemblées doivent être permises, *voyez* Corps commun & Consulat.

Assignat, dont il est parlé dans l'article 254 de cette Coutume, ce que c'est, t. 21, a. 254, 423 & 424
Si l'assignat est translatif de propriété, *ibid.* n. 2, 424
Si le douaire peut être pris sur l'assignat de la dot, *ibid.* n. 3 & 4, *ibid.*
Si une assignation périt par trois ans, *voyez* Exploit d'assignation.

Assises, ce que c'est, t. 1, a. 6, n. 1, 9
Par qui elles étoient anciennement tenues, *ibid.* n. 2, 3, 4 & 5, *ibid.*
Ce qui étoit réglé & décidé dans les assises, *ibid.* n. 6 & 7, *ibid.*

DES MATIERES.

Les aſſiſes ne ſe tiennent plus dans cette province, *ibid.* n. 7, *ibid.*
Aſſurement, ce que c'eſt, t. 7, pr. n. 1, 108
Sur quoi eſt fondé l'aſſurement, *ibid.* n. 2, *ibid.*
Combien il y a de ſortes d'aſſuremens, n. 3 & 4, *ibid.*
Qui peut donner aſſurement, *ibid.* n. 5, *ibid.*
Ce qu'il faut faire pour obtenir aſſurement, & comment il ſe donne, *ibid.* a. 51, n. 1, 2 & 3, 109
Si celui qui eſt ajourné en matiere d'aſſurement doit comparoître en perſonne, & s'il peut demander ſon renvoi, *ibid.* a. 52, n. 1 & 2, 110
Si l'aſſurement peut être réitéré, *ibid.* a. 53, n. 1, *ibid.*
Si on peut être contraint par empriſonnement de ſa perſonne à bailler aſſurement, a. 54, n. 1, *ibid.*
A quel âge on peut être ajourné, ou faire ajourner en cas d'aſſurement, *ibid.* a. 55, n. 1, *ibid.*
Quand, & comment l'aſſurement eſt enfreint, a. 56, n. 1, 2, 3 & 4, 111
Et a. 61, n. 1, 112
Quand aſſurement eſt préſumé enfreint, & quel eſt l'effet de cette préſomption, *ibid.* a. 56, n. 5, 111
Quelle eſt la peine de l'infraction d'aſſurement, a. 57, n. 1, *ibid.*
Et a. 59, n. 2, 112
Si les Sujets peuvent demander aſſurement contre leur Seigneur, a. 58, n. 1 & 2, *ibid.*
De la concurrence d'aſſuremens, *ibid.* a. 60, *ibid.*
Attermoyement, *voyez* Répi.
Avantages, *voyez* Donation.
Aubain, ce que c'eſt, t. 17, pr. n. 6, 277
Combien il y a de ſortes d'Aubains ou Etrangers, *ibid.* n. 7 & 8, *ibid.*
Si les Aubains ſuccédent, & ſi on leur ſuccéde, *ibid.* a. 188, n. 1 & 2, 281
A qui appartient la ſucceſſion de l'Aubain qui meurt ſans enfans regnicoles & légitimes, *ibid.* n. 3 & 4, 281 & 282
Avis de parens pour l'élection d'un Tuteur, *voyez* Tutelle.
Avocats, quand ils doivent demander leurs honoraires, t. 3, a. 13, n. 1, 17
Autoriſation de Tuteur & Curateur à l'égard du mineur, *voyez* Mineur & Majeur de Coutume.
Autoriſation du mari à l'égard de la femme, *voyez* femme mariée & marchande.
Autorité des maris, *voyez* Femme mariée & Mari.
Autorité paternelle, *voyez* Puiſſance paternelle.
Aïeux, ſi le bénéfice de la garde leur eſt accordé, t. 16, a. 174, n. 3 & 4, 258
Si le bénéfice du partage des pere & mere entre leurs enfans, peut être étendu à l'aïeul & aïeule, t. 19, a. 216, n. 3, 4 & 5, 303 & 304

B.

*B*AIL par anticipation, ce que c'eſt, t. 21, a. 235, n. 10 & 11, 379
Bail des biens de la femme fait par anticipation par le mari, *voyez* Mari.
Si le Tuteur doit faire procéder au bail des héritages de ſes mineurs, *voyez* Tutelle.
Bail judiciaire, comment il ſe fait, t. 13, a. 142, n. 1 & 2, 219
Pour quel temps ſe font les baux judiciaires, & combien ils durent, *ibid.* a. 138 & 139, n. 7 & 8, 217
Si c'eſt le Fermier judiciaire qui paye les frais du bail au Commiſſaire, *ibid.* n. 9. *ibid.*
A quoi eſt tenu le Fermier judiciaire, *ibid.* n. 9, *ibid.*
Et a. 141, n. 3, 218
Si le prix du bail judiciaire peut être employé en réparations, & pour quelle partie, *ibid.* a. 138 & 139, n. 10, 11, 12 & 13, 217

Qui ſont ceux qui peuvent être Fermiers judiciaires, & ceux qui ne le peuvent pas, *ibid.* a. 140, n. 1 & 2, 218
Et a. 141, n. 1 & 2, *ibid.*
Si les baux conventionnels peuvent & doivent être convertis en baux judiciaires, *ibid.* a. 142, n. 3 & 4, 219
Si le prix des baux judiciaires ſe diſtribue par ordre d'hypothéque, a. 141, n. 8, 218
Bail à loyer, *voyez* Locataire.
Si la tacite réconduction a lieu dans les baux de ferme, *voyez* Réconduction.
Si la femme eſt obligée d'entretenir le bail fait par le mari, *voyez* Mari.
Si l'acquéreur eſt tenu d'entretenir le bail fait par le vendeur, *voyez* Locataire.
Banniſſement, d'où eſt venu le mot de banniſſement, & ce qu'il ſignifie, t. 1, a. 2, n. 9, 4
Le Juge Royal peut bannir hors le Royaume, & le Juge du Seigneur hors ſa Juriſdiction, *ibid.* n. 10 & 11, *ibid.*
Banqueroute, ce que c'eſt, & de combien de ſortes, t. 10, pr. n. 4, 123
Si les Banqueroutiers frauduleux peuvent être pourſuivis criminellement, *ibid.* n. 4, *ibid.*
Que peuvent faire les créanciers, lorſque la conduite du débiteur eſt exempte de fraude, *ibid.* n. 4, *ibid.*
Bas-juſticier, de quoi il connoît, & quel eſt ſon pouvoir, *voyez* Juſtice.
Bâtard, ce que c'eſt, t. 17, pr. n. 1, 277
Combien de ſortes de bâtards, *ibid.* n. 2, 3, 4 & 5, *ibid.*
Si le bâtard peut diſpoſer de ſes biens par diſpoſition d'entre-vifs, *ibid.* a. 184, n. 1, *ibid.*
S'il peut faire une inſtitution d'héritier par contrat de mariage, *ibid.* n. 2, 278
Si le bâtard peut teſter & diſpoſer de tous ſes biens par teſtament au préjudice du Seigneur, *ibid.* n. 3, *ibid.*
S'il eſt incapable de ſuccéder, a. 185, n. 1, 2 & 3, *ibid.*
Si l'incapacité du bâtard à ſuccéder, s'étend juſqu'à la ſucceſſion de ſes enfans nés en légitime mariage, *ibid.* a. 185, n. 3, *ibid.*
Et a. 187, n. 1, 280
Si le bâtard peut être légataire de quote, a. 185, n. 4 & 5, 278
Quelles ſont les libéralités que le bâtard peut recevoir par donation ou teſtament, *ibid.* n. 6 & 7, 278 & 279
Si les pere & mere du bâtard ſont tenus de lui donner de quoi ſubſiſter, *ibid.* n. 8, 279
Si la légitimation des bâtards les rend habiles à ſuccéder, & combien il y a de ſortes de légitimations, *ibid.* n. 9, 10 & 11, *ibid.*
Si les enfans des bâtards nés en légitime mariage leur ſuccédent, a. 186, n. 1 & 2, *ibid.*
Si le bâtard qui décéde ſans enfans peut avoir un héritier, & ſi ſa ſucceſſion appartient au Seigneur haut Juſticier, *ibid.* n. 3 & 4, 279 & 280
Quelles ſont les conditions requiſes, pour que le Seigneur Juſticier puiſſe avoir la ſucceſſion d'un bâtard, *ibid.* n. 5, 280
Quels ſont les biens du bâtard qui appartiennent au Seigneur Juſticier, *ibid.* n. 6, *ibid.*
Si les freres des enfans des bâtards nés en légitime mariage, ſuccédent à leur frere décédé, conjointement avec les pere & mere, *ibid.* a. 187, n. 1 & 2, *ibid.*
Quels ſont les freres qui ſuccédent, *ibid.* n. 2, *ibid.*
Si les bâtards ſuccédent à leurs enfans nés en légitime mariage, non ſeulement quant aux meubles & acquêts immeubles, mais encore aux biens qu'ils leur ont donnés, *ibid.* n. 3, *ibid.*

TABLE ALPHABÉTIQUE

Donation faite à un bâtard en faveur de mariage ou autrement, avec clause de retour, est valable, *ibid.* n. 4, *ibid.*

Quels sont les héritiers de l'enfant légitime d'un bâtard; quand cet enfant décéde sans enfans, pere, mere, freres ni descendans d'eux, *ibid.* a. 187, n. 5, 6, 7, 8 & 9, 280 & 281

Si l'enfant légitime d'un bâtard succéde à ses parens du côté de la personne de ses pere ou mere qui se trouve légitime, a. 186, n. 2, 279
Et a. 187, n. 10, 281

Si le bâtard peut exercer le retrait lignager, *voyez* Retrait.

Si les peres & meres peuvent par contrat de mariage disposer de tous leurs biens au profit de leurs bâtards, & au préjudice de leurs enfans légitimes, t. 20, a. 219, n. 80 & 81, 327

S'ils le peuvent au préjudice de leurs héritiers collatéraux, *ibid.* n. 82, *ibid.*

Bâtimens suivent le fonds, t. 22, a. 271, n. 1, 455
Récompense due au commun pour raison de bâtimens, *voyez* Récompense.

Bénéficier mineur, s'il peut ester en jugement pour ce qui concerne son bénéfice, sans tuteur ou curateur, t. 15, a. 168, n. 2, 245

Bestiaux gros & menus, quoiqu'affermés avec le fonds ou donnés en cheptel, sont réputés meubles, t. 23, a. 285, n. 8, 483

Bêtes prises en dommage, si celui qui les prend est cru de la prise & suite, t. 14, a. 163, n. 2, 240
Si celui qui en empêche la prise, les enleve & retire de force de ceux qui les menent à justice, est amendable, *ibid.* n. 1 & 2, *ibid.*
Si cette amende est arbitraire, *ibid.* n. 3, *ibid.*

Biens, de combien de manieres ils peuvent être considérés, t. 23, pr. n. 1, 475
Premiere division des biens en meubles & immeubles, *ibid.* n. 2, *ibid.*
Seconde division en acquêts, conquêts & propres, *ibid.* n. 3, *ibid.*
Voyez Meubles, Immeubles & Propres.
Biens qui entrent en communauté durant le mariage, *voyez* Communauté.
Biens d'Eglise, s'ils sont sujets à prescription, *voyez* Prescription.
Biens dotaux & paraphernaux, quels sont les biens dotaux, & quels sont les paraphernaux, t. 21, pr. n. 4, 367
Si en pays coutumier tous les biens de la femme sont biens dotaux, & tombent sous l'administration du mari, *ibid.* n. 5, *ibid.*

Bois de haute futaye, si la douairiere peut prendre du bois de haute futaye pour réparations, *voyez* Douaire.
Bois taillifs, si elle peut, & quand elle peut couper des bois taillifs, *voyez* Douaire.

Bonne-foi, en matiere de possession, *voyez* Possession.
Bonne-foi, en matiere de prescription, *voyez* Prescription.

Bornes, à quoi doit être condamné celui qui enleve ou change les bornes, t. 14, a. 164, n. 1 & 2, 240
Comment se reconnoissent & se règlent les bornes, *ibid.* n. 3 & 4, 241
Si les bornes sont imprescriptibles, ensorte que la prescription de trente ans ne soit d'aucune considération au préjudice des bornes, *ibid.* n. 5, 6, 8 & 9, *ibid.*

Bourbonnois, anciens habitans du Bourbonnois, d'où ils sont sortis, & quel canton de cette province ils habitoient, pr. n. 1.
Etymologie du nom de Bourbonnois, *ibid.* n. 2 & 3.
Anciens ducs de Bourbonnois, d'où descendus, *ibid.* n. 4 & 5.
Ils avoient le titre & qualités de Barons, & cette baronnie a été dans la suite érigée en Duché, *ibid.* n. 6.

C.

*C*ABARETIER, *voyez* Hôte, ou Hôtelier & Tavernier.

Cas fortuit, sur qui doit tomber la perte des deniers consignés & perdus par cas fortuits, t. 13, a. 151, n. 5, 232
Voyez Consignation.
Cas royaux, communs & prévôtaux, *voyez* Crimes.

Caution, ce que c'est, t. 13, a. 115, n. 1 & 2, 181
Combien il y a de sortes de cautionnemens, *ibid.* n. 3 & 4, *ibid.*
Quand la caution peut être poursuivie, & si elle est en droit d'opposer la discussion du principal débiteur, *ibid.* n. 5, *ibid.*
Quels sont les cas auxquels la discussion ne peut être opposée, *ibid.* n. 6, 7, 8 & 9, 181 & 182
Si la discussion s'étend aux biens aliénés par le débiteur, *ibid.* n. 10, 182
Si la caution peut obliger le créancier de faire ses diligences contre le principal débiteur, *ibid.* n. 11, *ibid.*
Si elle peut contraindre le débiteur principal de la faire décharger dans le cas d'une dette exigible, *ibid.* n. 12, *ibid.*
Quid, dans le cas d'une rente, *ibid.* n. 13, 14 & 15, *ibid.*
Quel est l'engagement de la caution, lorsque le créancier a discuté le principal débiteur, *ibid.* n. 16 & 17, 183
Si la caution jouit du bénéfice des lettres de répi, obtenues par le débiteur, *voyez* Répi.
Si la cession de biens judiciaire libère la caution, *voyez* Cessions de biens.
Si l'exception personnelle du débiteur sert à la caution, *voyez* Solidité & Coobligés.
Si le cautionnement est dette de la communauté, & si la femme en est tenue, t. 21, a. 241, n. 6, 394
Voyez Discussion.

Cens & autres devoirs annuels se prescrivent dans la Coutume du Bourbonnois, *tàm activè quàm passivè*, t. 3, a. 22, n. 1, 2, 3 & 4, 53
Ce qui est nécessaire pour produire la prescription active du cens, *ibid.* n. 5, 6, 7 & 8, 53 & 54
Ce qu'il faut pour produire la prescription passive, *ibid.* n. 9, 54
Celui qui a reconnu le cens ne peut prescrire de son temps, *ibid.* n. 10, *ibid.*
Mais le peut son héritier, *ibid.* n. 10, *ibid.*
Si l'héritier a payé le devoir, la prescription ne commence que du temps qu'il a cessé de payer, *ibid.* n. 13, *ibid.*
Quel est le temps qu'il faut déduire d'une prescription opposée, quand on ne justifie pas du décès de celui qui a reconnu, *ibid.* n. 12, *ibid.*
Si les reçus d'un défunt affirmés en justice, sont interruptifs de la prescription du cens, *ibid.* n. 14, 15 & 16, 56 & 57
S'ils sont suffisans pour relever une prescription de cens acquise, *ibid.* n. 18, 19 & 20, 57 & 58
Si à défaut de titres ils peuvent établir un devoir de cens, *ibid.* n. 17, 57
Quotité de cens, comme se prescrit en faveur du censitaire contre le Seigneur, *ibid.* n. 21, 58
Si le Seigneur peut acquérir par prescription le droit de se faire une quantité de cens plus forte que celle portée par son terrier, *ibid.* n. 22, 59
Le cens dû au Roi n'est prescriptible que pour les arrérages, *ibid.* n. 23, *ibid.*
Si le cens dû sur un héritage vendu, ou rente fonciere, se prescrit contre le seigneur, quand le vendeur le paye au seigneur après l'aliénation, t. 3, a. 32, n. 1, 2, 3 & 8, *in fine*, 82 & 83

Si

DES MATIERES.

Si la cenfive d'un Seigneur eft confervée dans fon uniformité, fur la totalité du tenement, par le paiement de tout le cens fait par un feul cenfitaire, *ibid.* n. 4 & 5, 83
Si le Seigneur peut en ce cas fe faire payer de la totalité du devoir par le détenteur qui la toujours fervi, *ibid.* n. 6, *ibid.*
Quid, fi le détenteur n'a payé que fa portion, *ibid.* n. 7 & 8, *ibid.*
Si celui qui a reconnu le cens ou la rente fonciere, mais qui ne poffède plus l'héritage, eft tenu d'indiquer le détenteur, & s'il demeure garand de fon indication, t. 13, a. 103, n. 1, 5, 7 & 8, 163 & 164
S'il en eft de même de celui qui a acheté à la charge du cens, ou de la rente, ou qui a été condamné au paiement d'icelle, *ibid.* n. 2 & 3, *ibid.*
Si l'obligation de nommer le détenteur paffe à l'héritier, *ibid.* n. 4, 164
Si celui qui a reconnu le devoir eft tenu de mettre en caufe le nouveau détenteur, *ibid.* n. 5, *ibid.*
Si le fermier ou métayer eft tenu de faire appeller fon maître, *ibid.* n. 6, *ibid.*
S'il eft garand de fa nomination, *ibid.* n. 7, *ibid.*
Certification de criées, *voyez* Criées.
Ceffion ou tranfport, *voyez* Tranfport.
Ceffion de biens, ce que c'eft, t. 10, pr. n. 1, 123
Quel étoit parmi les Romains le droit des créanciers envers leurs débiteurs, & comment le bénéfice de ceffion s'eft introduit parmi les Romains, *ibid.* n. 1 & 2, *ibid.*
Quel étoit parmi nous le droit des créanciers, à l'égard des débiteurs qui font banqueroute, *ibid.* n. 3 & 4, *ibid.*
Combien il y a de fortes de ceffions de biens, & quelle différence il y a entre la ceffion volontaire, & la ceffion judiciaire, *ibid.* n. 5, 6, 7 & 8, *ibid.*
Que doit faire un débiteur qui veut être reçu au bénéfice de ceffion, & quels font les formalités qu'il doit obferver, *ibid.* a. 71 & 72, n. 1, 2, 3, 4 & 5, 124
Quels débiteurs peuvent être reçus au bénéfice de ceffion, & ceux qui ne le peuvent pas, *ibid.* n. 6 & 7, 124 & 125
Que doivent faire les créanciers après la ceffion des biens faite par un débiteur, *ibid.* n. 12 & 13, 125
Quel eft l'effet de la ceffion de biens, foit par rapport au débiteur qui fait la ceffion, foit par rapport à fes créanciers, *ibid.* n. 9, 10, 11, 14, 15 & 16, 125 & 126
Quel effet la ceffion de biens produit par rapport aux cautions du débiteur, *ibid.* n. 17, 126
Châtelains, comment ils fe font faits Seigneurs Jufticiers, *voyez* Juftice.
Chirurgiens, quand doivent demander leurs falaires, *voyez* Prefcription.
Clame ou clain, ce que c'eft, & par quel temps fe prefcrit, t. 3, a. 16, n. 1, 27
Claufes de contrat de mariage, *voyez* Mariage.
Commandement, s'il interrompt la prefcription, *voyez* Interruption.
Si un commandement fans affignation dure trente ans, t. 3, a. 34, n. 24, 90
Commiffaire établi à la régie des chofes faifies réellement, ce que c'eft, & comment il eft établi, t. 13, a. 138 & 139, n. 1 & 2, 216
Si le Sergent qui a fait la faifie peut choifir un Commiffaire, autre que le Commiffaire aux faifies réelles, *ibid.* n. 4 & 5, 217
Si le Commiffaire doit faire procéder au bail judiciaire, *ibid.* n. 3 & 6, 216 & 217
Si c'eft au Commiffaire à fe faire payer des fermiers judiciaires, a. 141, n. 3, 218
Comment le Commiffaire doit faire fes paiemens, *ibid.* n. 4, *ibid.*

Part. I.

Comment s'exécutent contre le Commiffaire les jugemens rendus pour raifon de quelque paiement, *ibid.* n. 6, 219
Comment il faut procéder pour faire rendre compte au Commiffaire après l'adjudication des chofes faifies, *ibid.* n. 6, *ibid.*
Si le Commiffaire peut être recherché pour le fait de fa commiffion, dix ans après la reddition & clôture de fon compte, *ibid,* *ibid.*
Voyez Bail judiciaire.
Commiffaire gardien, *voyez* Gardien.
Commiffion, anciennement les Sergens avoient befoin de commiffion pour exécuter les débiteurs, en vertu de Sentences & de contrats, t. 13, a. 101, n. 1 & 2, 162
Et a. 111, n. 1, 173
Ils en avoient auffi befoin pour les ajournemens en certaines matieres, a. 101, n. 3, 162
Les Seigneurs jufticiers n'avoient pas befoin de prendre commiffion pour fe faire payer de leurs cens, devoirs feigneuriaux & amendes de Juftice; mais bien les Seigneurs directs, *ibid.* n. 4, 5 & 6, *ibid,*
Et a. 102, n. 1 & 2, 163
Quel eft l'ufage aujourd'hui, a. 101, n. 7, 162
Communauté de biens entre mari & femme, ce que c'eft, t. 21, a. 233, n. 1, 369
De combien de manieres cette communauté fe peut contracter, & ce que c'eft que la communauté conventionnelle, & la communauté légale & tacite, *ibid.* n. 2, 3, 4 & 5, 370
Si dans les Provinces qui fe régiffent par le droit écrit, il y a une communauté légale, *ibid.* n. 3, *ibid.*
Si deux perfonnes qui fe marient dans les Coutumes qui admettent la communauté de biens, fans faire de contrat, ou fans déroger dans leur contrat à la Coutume qui ordonne la communauté, font obligées de vivre en communauté de biens, *ibid.* n. 4, *ibid.*
Si les perfonnes qui fe marient peuvent ftipuler qu'il n'y aura pas de communauté entr'eux, *ibid.* n. 6 & 7, *ibid.*
Comment cette ftipulation peut être conçue, & quels en font les effets par rapport aux différentes manieres dont elle peut être conçue, *ibid.* n. 8, 9, 10 & 11, *ibid.*
Si la convention des conjoints qu'il n'y aura pas de communauté entr'eux, peut être valable par rapport aux créanciers, & ce qu'il faut faire pour la rendre valable, *ibid.* n. 12 & 13, 371
Si on peut réduire la part de la femme dans la communauté à telle portion qu'on veut, *ibid.* n. 14, *ibid.*
Quel eft l'avantage de la femme, à qui on a promis une certaine fomme pour tout droit de communauté, & fi elle eft tenue des dettes de la communauté, *ibid.* n. 16, *ibid.*
Si elle eft préférable pour cette fomme aux créanciers poftérieurs à fon contrat, *ibid.* n. 17, *ibid,*
Si la femme en ce cas eft commune, ou fi n'étant pas commune, elle contribue à une communauté qui profite au mari, *ibid.* n. 18 & 19, *ibid.*
Si on peut ftipuler une communauté de tous biens, *ibid.* n. 20, *ibid.*
Si cette ftipulation eft fujette à la réduction de l'édit des fecondes noces, & en quoi cette communauté différe de la communauté coutumiere, & de la claufe d'exclufion de communauté, *ibid.* n. 21 & 22, 371 & 372
Si une femme mineure qui fe fait relever de la ftipulation d'une communauté de tous biens, doit avoir une communauté à l'ordinaire, *ibid.* n. 23, 24 & 25, 372
On ne déroge point après la célébration du mariage, aux claufes du contrat, & une communauté établie ne fe détruit pas par un changement de domicile, comme un nouveau domicile n'établit pas une communauté, *ibid.* n. 26 & 27, *ibid,*

b

TABLE ALPHABÉTIQUE

Si une communauté établie par convention, s'étend sur les biens situés dans une Coutume contraire, *ibid*. n. 28, 372

Quid, d'une communauté établie par la seule disposition de la Coutume, *ibid*. n. 29, 30, 31 & 32, 373

Si la communauté établie par la Coutume, s'étend sur les biens taillables, *ibid*. n. 33, *ibid*.

Si la femme est privée de la communauté, faute d'y conférer la somme qu'elle doit apporter pour y avoir droit, *ibid*. n. 34, *ibid*.

Si la somme que la femme doit conférer dans la communauté, & qu'elle n'y a pas apportée, se précompte sur sa portion dans le partage de la communauté, & quelles distinctions il faut faire à ce sujet, *ibid*. n. 35 & 36, 373 & 374

La communauté légale se règle suivant la Coutume du domicile au temps du contrat, & la communauté conventionnelle, suivant les clauses du contrat, *ibid*. n. 37, 38 & 39, 374

Quels sont les biens qui composent la communauté au temps du mariage, si tous les meubles, effets mobiliers, & toutes les actions mobiliaires appartenans au mari entrent dans la communauté, t. 20, a. 221, n. 1, 334

Si tous les meubles, & effets mobiliaires qui appartiennent à la femme, y entrent aussi à défaut de réalisation, *voyez* Réalisation de dot.

Biens qui entrent dans la communauté, dans le temps qu'elle subsiste, t. 22, art. 276, n. 1 *& suiv.* 468

Les meubles, droits & effets mobiliaires acquis durant la communauté coutumière, à quelque titre que ce soit, entrent en la communauté, *ibid*. n. 2, *ibid.*

La succession mobiliaire, échue durant la communauté, accroît à icelle, quoique le commun ne se déclare héritier qu'après la dissolution, *ibid*. n. 6, *ibid.*

S'il faut faire distinction des meubles qui échéent par succession à l'un des communs par le décès d'autres que des communs, d'avec ceux qui lui échéent par le décès des associés ou communs, si les premiers entrent en la communauté & les autres en sont exclus, *ibid*. n. 7, 8, 9, 10, 11, 12, 13 & 14, 468 & 469

Les meubles réalisés par une stipulation de propre n'entrent pas en communauté, & cette stipulation s'exécute comme elle est conçue, *ibid*. n. 3, 468

Les meubles donnés à l'un des communs, à la charge qu'ils lui seront propres, n'y entrent pas non plus, *ibid*. n. 4, *ibid.*

Quid, du meuble donné à l'un des communs, en contemplation de lui, t. 23, a. 283, n. 3, 478

Les immeubles qui échéent par succession ne se communiquent pas entre communs de communauté coutumière, *ibid*. art. 276, n. 15, 469

L'héritage avenu à l'un des communs par licitation, lui est propre pour le tout, sous la charge du midernier, *ibid*. n. 16, 470

Somme donnée à l'un des communs pour soute de partage d'une succession immobiliaire n'entre pas en communauté, *ibid*. n. 17, *ibid.*

Les jouissances & revenus des biens immeubles propres des communs entrent en la communauté, *ibid*. n. 18, *ibid.*

Les premiers fruits & revenus que les propres produisent après la célébration du mariage, y entrent sans déduction des labours & sémences, *ibid*. n. 19, *ibid.*

Quand la communauté est contractée de tous biens, toutes sortes de biens, tant immeubles que meubles, acquis à l'un des communs durant icelle, entrent en la communauté, *ibid*. n. 20, *ibid.*

Il en faut excepter ceux qui échéent par la succession de l'un des communs, *ibid*. n. 20, 22 & 23, 470 & 471

L'héritage pris à rente rachetable par l'un des communs, d'autres que de l'estoc, est conquêt de la communauté, a. 277, n. 1, 2 & 3, 471

Si l'héritage de l'estoc de l'un des communs acquis durant la communauté, lui est propre, *voyez* Propre.

Communauté, ou société, entr'autres que mari & femme, ce que c'est, & comment elle se contracte, t. 22, pr. n. 1, 2 & 3, 439

Combien de sortes de communautés, *ibid*. n. 4, 5, 6, 7 & 8, *ibid.*

Communauté tacite n'a lieu qu'entre frères; & sous le mot de *frères*, les sœurs n'y sont pas comprises, a. 267, n. 1, 2 & 3, 440

Pour la communauté tacite entre frères, il n'est pas nécessaire qu'ils soient germains, & il n'importe qu'ils soient nobles ou roturiers, *ibid*. n. 4 & 5, *ibid.*

Il faut qu'ils soient majeurs de Coutume, libres & hors la puissance paternelle, *ibid*. n. 7 & 8, 441

Ils doivent avoir une demeure & vie commune avec mélange de biens, & l'esprit & affection de société, *ibid*. n. 9, 10 & 11, *ibid.*

Quand toutes ces conditions se rencontrent, une protestation contraire de la part de l'un des frères sans la participation de l'autre, ne suffit pas pour empêcher la communauté, *ibid*. n. 12, *ibid.*

Si une mixtion, & communication de biens, telle qu'on ne puisse rapporter à chacun ce qui lui appartient, opère la communauté, *ibid*. n. 6, 440

Quels sont les biens qui entrent dans la communauté tacite d'entre les frères, *ibid*. n. 13, 14, 16, 17, 18 & 19, 441 & 442

Si on peut limiter & étendre une communauté à tels biens que l'on veut, *ibid*. n. 15, 442

Comment se dissout la communauté tacite d'entre deux frères, *ibid*. n. 20, *ibid.*

Communauté de Village, quel en est le maître & le chef, & de quelle manière il s'établit, a. 268, n. 1, *ibid.*

Si le chef d'une communauté peut être convenu & poursuivi pour le fait de la communauté en actions personnelles & possessoires, *ibid*. n. 2, 443

S'il ne peut agir, & être convenu que pour le fait de la société ou communauté, *ibid*. n. 3, *ibid.*

S'il peut obliger ses communs par des actes qui ne regardent pas la société, *ibid*. n. 4, *ibid.*

Si les obligations du chef de la communauté chargent la communauté, & comment, *ibid*. n. 5 & 6, *ibid.*

Si le chef de la communauté peut obliger les communs, non-seulement à proportion de la part qu'ils ont dans la société, mais même au-delà des forces de la société, *ibid*. n. 7, *ibid.*

S'il peut les obliger solidairement, *ibid*. n. 8 & 9, *ibid.*

S'il peut disposer des immeubles des communs sans leur consentement, *ibid*. n. 12, 444

Si un simple associé ou commun peut obliger la communauté, & disposer au-delà de sa part, *ibid*. n. 10 & 11, *ibid.*

Partage de la communauté, les biens de la communauté se partagent également entre les communs, s'il n'y a convention contraire, a. 269, n. 1, *ibid.*

Quand il y a convention contraire, il faut suivre la convention, *ibid*. n. 1, 2 & 3, *ibid.*

Comment se doivent interpréter les clauses de communauté, quand les termes sont obscurs, *ibid*. n. 4 & 5, *ibid.*

Espèce proposée, *ibid.*

Si on peut en partageant morceler les conquêts, *ibid*. n. 6, 445

Si les frais du partage doivent se payer en commun, *ibid* n. 7, *ibid.*
Si la garantie a lieu en partage de communauté, *ibid.* n. 8, *ibid.*
Si la léfion du tiers au quart y donne lieu à la reftitution, *ibid.* n. 9, *ibid.*
Si les héritiers font reçus à rembourfer l'étranger qui a traité avec la veuve de fa part en la communauté, *ibid.* n. 10, *ibid.*
Quid, quand la veuve a acheté la part d'un héritier, *ibid.* n. 11, *ibid.*
Continuation de communauté, *voyez* Continuation.
Rénonciation à la communauté, *voyez* Rénonciation.

Compenfation, ce que c'eft, & fi elle avoit lieu dans l'ancienne Coutume, t. 4, a. 37, n. 1 & 2, 94
Pourquoi la compenfation a été introduite, & fi elle eft de droit commun, *ibid.* n. 3, *ibid.*
Si la compenfation fe fait de plein droit, & comment elle fe fait, *ibid.* n. 4 & 5, 95
Si elle peut être oppofée en tout état de caufe, n. 6, *ibid.*
Quelles font les perfonnes entre lefquelles la compenfation a lieu, *ibid.* n. 7, *ibid.*
Si la compenfation a lieu contre un Procureur conftitué, *ibid.* n. 8, *ibid.*
Contre un Tuteur, *ibid.* n. 9, *ibid.*
Contre un Collecteur, *ibid.* n. 10, *ibid.*
Si l'héritier pur & fimple peut compenfer ce qu'il doit de fon chef, avec ce qui lui eft dû en qualité d'héritier, *ibid.* n. 11, *ibid.*
Si l'héritier par bénéfice d'inventaire le peut, n. 12, *ibid.*
Si la caution peut oppofer la compenfation, de ce que le créancier lui doit, & de ce qu'il doit au débiteur principal, *ibid.* n. 13, 96
Si la compenfation a lieu contre le ceffionnaire, & ce qui eft requis pour cela, *ibid.* n. 14 & 15, *ibid.*
Quelles font les chofes qui fe peuvent compenfer, *ibid.* n. 16, *ibid.*
Si on peut compenfer des dépens, & dommages-intérêts, adjugés avec des fommes liquides, *ibid.* n. 17, *ibid.*
Si la créance du cenfitaire fe compenfe de plein droit, avec la dette du Seigneur direct, *ibid.* n. 18, *ibid.*
Si une rente conftituée fe peut compenfer avec une dette exigible, *ibid.* n. 19, *ibid.*
Si la compenfation a lieu en dépôt & alimens, *ibid.* n. 20 & 21, *ibid.*
Si elle a lieu dans les crimes & délits, *ibid.* n. 22, *ibid.*
Quid, en matiere d'injures verbales & réciproques, *ibid.* n. 23, 97
Si on peut compenfer des dettes refpectivement litigieufes, *ibid.* n. 24 & 25, *ibid.*
Si une condamnation par provifion fe peut compenfer avec une dette certaine, *ibid.* n. 26, *ibid.*
Si une créance dont le terme n'eft pas échu, fe peut compenfer avec une dette exigible, *ibid.* n. 27, 28 & 29, *ibid.*
Si une dette qui peut être annullée par quelque exception, peut être oppofée en compenfation, *ibid.* n. 30, *ibid.*

Compétence, fi l'affignation donnée pardevant un Juge incompétent, interrompt la prefcription, t. 3, a. 34, n. 26, 90
Incompétence du Juge, d'où elle fe tire, *voyez* Exceptions.

Complainte, ce que c'eft, t. 12, a. 89, n. 1, 2 & 3, 147
Sur quoi eft fondée la complainte, *ibid.* n. 4 & 5, 147 & 148
Combien de chofes font requifes pour former demande en complainte, *ibid.* n. 6, 7, 8, 9 & 10, 148
Qui peut former demande en complainte, *ibid.* n. 11 & 12, *ibid.*
Pour quelles chofes on peut former demande en complainte, n. 12 & 13, 148 & 149
Si la complainte peut s'intenter pour raifon d'un Office, *ibid.* n. 14, 149
Si elle peut s'intenter pour une dîme, *ibid.* n. 15, *ibid.*
Si on peut intenter complainte pour chofe mobiliaire particuliere, a. 91, n. 1 & 2, 150 & 151
Si on le peut pour univerfalité de meubles, & pour une fucceffion mobiliaire, *ibid.* n. 3, 151
Quelles font les perfonnes contre lefquelles on ne peut intenter complainte, *ibid.* n. 4, 5 & 6, *ibid.*
Quelle étoit la maniere de procéder en complainte anciennement, & dans le temps de la rédaction de la Coutume, a. 90, n. 1 & 2, 249
Quelle eft celle d'aujourd'hui, *ibid.* n. 3 & 4, 149 & 150
Quelle différence il y a entre la demande en complainte en matiere prophane, & la complainte en matiere bénéficiale, *ibid.* n. 5, 150
Si la demande en complainte peut fe former après le pétitoire intenté, ou être jointe au pétitoire, *ibid.* n. 6 & 7, *ibid.*
Par quel temps périt l'inftance poffeffoire, *ibid.* n. 8, *ibid.*
Si la poffeffion feinte donne la faculté de former demande en complainte, a. 89, n. 7, 148
Et art. 94, n. 5, 154

Complice, s'il eft tenu folidairement du dommage caufé par le crime, t. 13, art. 114, n. 2, 177
Compofition de crime, *voyez* Crime.
Compromis, *voyez* Arbitres.
Compte de Tuteur, *voyez* Tutelle.
Compte de communauté, *voyez* Communauté tacite.
Comtes rendoient anciennement la Juftice, *voyez* Juftice.
Confifcation, ce que le mari ou la femme confifque par leur délit, *voyez* Mari & Femme.
Qui prend les biens par confifcation, paye les dettes jufqu'à concurrence, tit. 22, art. 266, n. 10, 439
Confrairies, fi elles jouiffent du privilége de la prefcription de quarante ans, *voyez* Prefcription.
Congé d'adjuger, *voyez* Criées.
Conjoints, s'ils fe peuvent donner, *voyez* Donations entre conjoints.
Conquêt, ce que c'eft, & comment on diftingue les conquêts, des acquêts, t. 23, pr. n. 8, 475
Confentement du mari, s'il fuffit, ou s'il faut l'autorifation expreffe, *voyez* Femme mariée.
Si le confentement de l'héritier du conjoint donateur, peut rendre valable la donation, *voyez* Donations entre conjoints.
Confignation du prix de l'adjudication par décret, *voyez* Criées.
Confcience, fi la prefcription eft un titre légitime pour la confcience, *voyez* Prefcription.
Conftruction, *voyez* Bâtiment.
Conftitut, *voyez* Poffeffion feinte.
Continuation de communauté, quand, & pourquoi admife, t. 22, a. 270, n. 1, 2 & 3, 445 & 446
La continuation de communauté a lieu, entre le conjoint ou commun furvivant, & les héritiers du prédécédé, majeurs ou mineurs, nobles ou roturiers, *ibid.* n. 4, 5 & 6, 446
Elle ne regarde que les enfans héritiers du prédécédé, *ibid.* n. 7, *ibid.*
Le mariage des enfans au temps de la mort du prédécédé, n'empêche pas la continuation de communauté, *ibid.* n. 8, *ibid.*

Il n'en est pas de même du mariage des enfans, contracté depuis le décès du pere ou de la mere, à moins que le survivant ne marie son enfant chez lui, pour vivre & demeurer ensemble, *ibid.* n. 9, 10, 11, 12, 13, 14, 15 & 16, 446, 447 & 449

Si le bénéfice de la continuation de communauté a lieu en faveur des enfans du premier lit, & des parens héritiers collatéraux du prédécédé, *ibid.* n. 29 & 30, 450

Si la demeure & collaboration de l'héritier du commun, décédé avec les communs survivans, est nécessaire pour la continuation de communauté, *ibid.* n. 31, 32 & 33, 451

Si la continuation de communauté, établie par la Coutume, regarde les communautés générales de tous biens, *ibid.* n. 34, 35 & 36, *ibid.*

Les enfans ont le choix d'accepter la communauté ou d'y renoncer, mais ils ne peuvent pas la continuer en partie, & y renoncer en partie, *ibid.* n. 37 & 38, 451 & 452

La communauté continue en faveur des enfans pour la portion du défunt, *ibid.* n. 31, 451

Si la portion de l'enfant qui décede durant la continuation de communauté, appartient aux autres, *voyez* Accroissement.

Si dans le cas de la continuation de communauté les enfans sont saisis de la portion du défunt, *ibid.* n. 49, 453

Quels biens entrent dans la continuation de la communauté, & quels sont ceux qui en sont exclus, *ibid.* n. 49, 50, 51 & 52, *ibid.*

Si tout ce qui seroit entré dans la communauté de la part du conjoint défunt, entre également dans la communauté continuée de la part des enfans, & si les meubles qui leur échéent par succession y entrent, *ibid.* n. 53, 54 & 55, 453 & 454

Si le pere survivant a le même droit sur les effets de la communauté continuée, qu'il avoit durant le mariage, *ibid.* n. 56, 454

Si les enfans peuvent disposer des biens de la communauté continuée, *ibid.* n. 57, *ibid.*

Si l'inventaire fait par le survivant pour empêcher la continuation de la communauté, doit être fait avec légitime contradicteur, *ibid.* n. 17, 18, 19, 20, 21, 22, 23 & 24, 449 & 450

Quel est le temps prescrit par la Coutume pour faire inventaire, à l'effet d'empêcher la continuation de communauté, *ibid.* n. 25, 450

Quelle différence il y a entre l'inventaire fait dans le temps limité par la Coutume, & l'inventaire fait après, *ibid.* n. 26 & 27, *ibid.*

Comment se continue la communauté, lorsque le survivant se remarie sans faire inventaire, *ibid.* n. 58, 59, 60, 61 & 62, 454 & 455

Quel étoit à ce sujet l'ancien usage de la Province, & quel est celui d'aujourd'hui, *ibid.* n. 60, 455

Quelles dettes entrent dans la communauté continuée, dans le cas d'un second mariage, *ibid.* n. 63, *ibid.*

Si la continuation de la communauté détruit la garde, *voyez* Garde.

Si la communauté se continue pour la portion du défunt entre l'héritier du commun décédé & les communs survivans, quand cet héritier est un des associés ou communs, t. 22, a. 276, n. 7, 8, 9, 10 & 11, 468 & 469

Si une communauté coutumiere, composée de plusieurs communs héritiers les uns des autres, décroît à mesure que quelques-uns des communs décedent, & se réduit au nombre des communs survivans, *ibid.* n. 12, 13 & 14, 469

Contrainte par corps, comment elle se stipuloit autrefois, t. 13, a. 104 & 105, n. 1, 165

Si elle se peut stipuler dans les baux de fermes des héritages de la campagne, t. 13, a. 125, n. 16, 198

Si le Juge la peut prononcer, au cas qu'elle ne soit pas stipulée, *ibid.* n. 17, *ibid.*

Si elle continue dans la réconduction, & si elle a lieu contre les héritiers, & pour le paiement des intérêts adjugés pour arrérages de fermages, *ibid.* n. 18, 19 & 20, *ibid.*

Si les poursuites & contraintes par corps empêchent les saisies & ventes des biens du débiteur, *ibid.* n. 2, 196

Quand est-ce que le débiteur emprisonné peut être élargi, *ibid.* n. 3, *ibid.*

A quoi est tenu le créancier, qui veut retenir son débiteur en prison, *ibid.* n. 4, *ibid.*

Contrat, ce qui est requis pour le rendre valable, *voyez* Notaire.

Contrat de mariage, *voyez* Mariage.

Contrelettres en contrat de mariage, si elles sont nulles, & si la disposition de l'article 258 de la Coutume de Paris, doit être suivie & observée dans la Coutume de Bourbonnois, t. 20, a. 219, n. 9, 314

Contribution, ce que c'est, quand elle a lieu, & comment elle se fait, t. 13, a. 152, n. 17, 234

Conventions matrimoniales, on n'y peut pas déroger, après la célébration du mariage, t. 21, a. 233, n. 26, 372

Coobligés, *voyez* Solidité.

Co-propriétaire, s'il peut se servir de la chose commune & indivise sans faire part du profit à son copropriétaire, t. 22, a. 280, n. 1 & 2, 474

Quels sont les cas auxquels il est tenu de faire raison à son co-propriétaire, & ceux auxquels il n'y est pas tenu, *ibid.* n. 3, 4, 5, 6, 7, 8 & 9, *ibid.*

Les co-propriétaires doivent jouir de la chose commune, chacun conformément à leur droit, *ibid.* n. 9, *ibid.*

Coratiers ou Courtiers, *voyez* Proxenete.

Corps commun & Consulat dont il est parlé dans l'article 9 de la Coutume, ce que c'est, t. 1, a. 9, n. 1, 12

Quelle en est l'origine, *ibid.* n. 2, 3 & 4, *ibid.*

Les habitans des justices ne pouvoient anciennement faire assemblées sans permission de leurs Seigneurs justiciers, ou supérieurs immédiats, s'ils n'avoient corps commun ou Consulat, a. 9, n. 5, & a. 10, n. 1 & 2, 12 & 13

Par qui & comment aujourd'hui ces assemblées doivent être permises, *ibid.* a. 10, n. 3, 13

Coutume ancienne du Bourbonnois, de quoi elle a été composée, quand & comment rédigée, & quelle étoit sa défectuosité, pr. n. 7, 8, 9, 10 & 11.

Nouvelle Coutume du Bourbonnois quand & comment rédigée & de quoi composée, *ibid.* n. 12, 13 & 14.

Pourquoi appellée Coutume générale, *ibid.* n. 15.

Force qu'elle a pour obliger, *ibid.* n. 16 & 17.

Etendue de son obligation par rapport aux personnes & aux biens, *ibid.* n. 18, 19, 20, 21 & 22.

Différentes dispositions de Coutume, *ibid.* n. 21 & 23.

Trois sortes de statuts, le personnel, le réel & le mixte, & comment on les distingue, *ibid.* n. 24, 25, 26, 27, 28, 29 & 30.

Quel statut il faut suivre, & quels sont les effets des différens statuts, *ibid.* n. 32, 33 & 34.

Quand & comment on peut déroger à la Coutume, *ibid.* n. 35, 36, 37 & 38.

La Coutume est bornée dans son territoire, *ibid.* n. 39.

Si au défaut de la Coutume on doit suivre celle de Paris, *ibid.* n. 39 & 40.

Comment il faut interpréter la Coutume, *ibid.* n. 41 & 42.

Créancier, qui a plusieurs obligés solidairement, s'il peut

peut s'adresser à un seul pour le tout, *voyez* Solidité.

Créanciers des conjoints par mariage, contre qui ils peuvent & doivent s'adresser pour le paiement de leurs dettes, *voyez* Dettes de communauté.

Comment se fait dans un ordre la collocation des créanciers opposans, *voyez* Criées & Sentences d'ordre.

Criées, ce que c'est, t. 13, a. 143, n. 25, 222
En quels lieux elles doivent être faites, ibid. n. 26, ibid.
Comment elles doivent être faites, & ce qu'elles doivent contenir, ibid. n. 27, ibid.
Si le Sergent doit dater le jour des criées à mesure qu'il les fait, & en même temps le jour de la prochaine criée, ibid. n. 28, ibid.
Quels jours les criées doivent être faites, & dans quel délai, ibid. a. 145, n. 1, 2, 3, 4, 5, 6 & 7, 225 & 226
Si les criées peuvent être interrompues, & si après les criées commencées le Sergent est tenu de déférer à l'appel interjetté de la saisie réelle, ibid. art. 143, n. 29, 222
S'il y a nullité de criées, quand la discontinuation vient par le fait du débiteur, & ce qu'il faut faire, a. 145, n. 8, 226
Si les criées sont interrompues par la mort des Parties, soit du saisissant, soit du débiteur, a. 147, n. 1, 227
Les criées étant faites, s'il les faut signifier à la Partie saisie, & comment se donne l'assignation pour voir confirmer les criées, a 143, n. 30 & 31, 223
Opposition aux criées, *voyez* Opposition.
Certification de criées, où elle doit être faite, & comment, & ce qu'il faut faire pour y parvenir, a. 150, n. 1, 2, 3, 4 & 5, 229 & 230
Confirmation de criées, & congé d'adjuger, ce que c'est, & si on peut en appeller, ibid. n. 6, 7 & 8, 230
Encheres en matiere de criées, quand est-ce qu'elles sont reçues, a. 148, n. 1, 2 & 3, 228
Comment doivent être faites les encheres pour être valables, ibid. n. 4, 5, 6 & 7, ibid.
Jusqu'à quel temps sont reçues les encheres, ibid. n. 9, ibid.
Si le dernier enchérisseur peut être contraint par corps à consigner en deniers son enchere, & si en cas d'insolvabilité, l'héritage est crié à sa folle enchere, a. 149, n. 1 & 2, 229
Si l'appel du décret excuse l'adjudicataire de la consignation, ibid. n. 3, ibid.
Dans quel temps cet appel peut & doit être interjetté, ibid. n. 4, ibid.
Vente & adjudication par décret, quand elle se fait, a. 150, n. 8, 230
Quel est l'effet de l'adjudication par décret, *voyez* Décret.
Frais ordinaires de criées, qui en est tenu, & par qui ils se payent, a. 150, n. 17, 231
Frais extraordinaires de criées, en quoi ils consistent, & comment ils se payent, a. 150, n. 18, ibid. Et a. 152, n. 7, 233
Adjudicataire, entre les mains de qui il doit consigner le prix de son adjudication, quand & comment se fait cette consignation, & ce qu'il est tenu de consigner, a. 151, n. 1, 2, 3 & 4, 232
Sur qui tombe la perte des deniers consignés, au cas qu'ils soient perdus par accident ou par l'insuffisance du receveur, ibid. n. 5, ibid.
Sentence d'ordre, *voyez* Ordre.
Crime, ce que c'est, & quelle différence il y a entre crime & délit, t. 8. pr. n. 1 & 2, 113
Combien il y a de sortes de crimes, & comment on les divise, ibid. n. 3, 4, 5, 6, 7, 8 & 9, ibid.

Comment les crimes doivent être punis, & quelles sont les vues que les Législateurs ont eues dans les peines qu'ils ont ordonnées pour les crimes, ibid. n. 10, 11 & 12, 113 & 114
A quels juges appartient la connoissance des crimes, & quels sont les lieux où ils doivent être punis, ibid. a. 62, n. 1, 2, 7 & 8, 114 & 115
Et t. 2, a. 11, n. 1 & 2, 14
Quand est-ce que les juges sont obligés de renvoyer les procès & les accusés, & qui est tenu des frais du transport, t. 8, a. 62, n. 3, 4, 5 & 9, 114 & 115
Si tous les juges sont compétens pour informer en matiere de crimes, ibid. n. 10, 115
Le procureur du Roi ou le procureur fiscal, peut seul poursuivre la punition du crime & la vengeance publique, & le particulier offensé demander des réparations ou des intérêts civils, ibid. a. 63, n. 1, 2, 3 & 4, ibid.
Quand & dans quel cas le procureur du Roi ou le procureur fiscal, peuvent & doivent faire les poursuites, ibid. n. 5, 6 & 7, 116
On peut informer d'un fait contre une personne sans conséquence, mais on ne peut décréter sans preuves suffisantes, ibid. n. 8, ibid.
Les accusateurs & dénonciateurs mal-fondés, doivent être condamnés aux dépens, dommages-intérêts de l'accusé, & à plus grande peine, s'il y échet, a. 64 & 65, n. 1 & 2, ibid.
Les procureurs du Roi, & ceux des Seigneurs doivent nommer leurs dénonciateurs, s'ils en sont requis, après que l'accusé a obtenu jugement d'absolution, ibid. n. 4 & 5, 117
Dans quel cas le procureur du Roi ou celui du seigneur peut être pris à-partie, ibid. n. 3, ibid.
S'il est permis à la partie civile de composer du crime, a. 66, n. 1, ibid.
Si l'action de la partie civile est tellement éteinte par la transaction, qu'elle ne puisse revivre par le bénéfice de la restitution, ibid. n. 5, ibid.
Quels sont les cas auxquels la transaction éteint le procès, & ceux auxquels elle ne l'éteint pas, ibid. n. 2, 3 & 4, ibid.
S'il n'y a que la partie civile qui puisse transiger avec l'accusé, si le procureur du Roi, celui du seigneur, & le juge ne se peuvent pas, ibid. n. 6, ibid.
Si la disposition de la Coutume, touchant l'amende qu'elle contient en l'article 66, est en vigueur, ibid. n. 7, 118
Voyez Condamné & Confiscation.
Curateurs, de combien de sortes, t. 15, a. 172, n. 1, 2, 3 & 4, 254 & 255
Quel est leur pouvoir & leur engagement, ibid. n. 5, 6, 7 & 8, 255
Cuves, si elles sont meubles, t. 23, a. 288, n. 1, 484

D.

Date, si elle est nécessaire dans tous les contrats, t. 11, a. 76, n. 1, 134
Si elle est nécessaire dans le partage des peres & meres entre leurs enfans, t. 19, a. 216, n. 20, 306
Déconfiture, comment sont payés les créanciers dans le cas de déconfiture, t. 13, a. 152, n. 17, 234
Décret ne purge point les droits & devoirs seigneuriaux, ni les rentes foncieres, quand elles tiennent lieu de cens, t. 13, a. 150, n. 10 & 12, 230 & 231
Il en est autrement des arrérages de cens, & lods & ventes, même des rentes foncieres, quand elles excédent le cens ou autre redevance due au seigneur, ibid. n. 11 & 13, ibid.
Le décret ne purge point le droit de la dîme inféodée ou ecclésiastique, ibid. n. 14, 231
Il ne purge pas non plus les servitudes visibles, mais

bien les cachées, *ibid.* n. 15, *ibid.*
Il ne purge pas les substitutions, *ibid.* n. 16, *ibid.*
Si en choses vendues par décret, éviction a lieu, & qui est tenu du défaut de formalités & des nullités du décret, a. 153, n. 1 & 2, 235
Degrés de parenté requis pour les récusations des juges, *voyez* Récusation.
Délai qu'a la veuve pour renoncer à la communauté, *voyez* Renonciation à la communauté.
Délit, ce que c'est, & quelle différence il y a entre le délit & le crime, t. 8, pr. n. 2, 113
Deniers dotaux, *voyez* Dot.
Deniers provenans des propres des mineurs vendus ou rachetés pendant leur minorité, s'ils sont subrogés aux propres vendus ou rachetés, *voyez* Rentes.
A qui appartiennent les deniers provenans d'un rachat fait pendant la communauté, d'un héritage acquis avant icelle par l'un des communs sous faculté de rachat, *voyez* Propre de communauté.
Deniers non nombrés, *voyez* Exception de deniers non nombrés.
Dénonciateurs mal-fondés, à quoi doivent être condamnés, *voyez* Crimes.
Denrées destinées pour la nourriture, comment elles se payent, t. 13, a. 132, 210
Dépens, ce que c'est, & s'il y a une différence à faire entre frais & dépens, t. 14, pr. n. 1, 3 & 4, 235 & 236
Quelle différence il y a entre les dépens adjugés en matiere civile, & les dépens adjugés en matiere criminelle, *ibid.* n. 5, 236
Dépens préjudiciaux, ce que c'est, *ibid.* n. 5, *ibid.*
Si toute partie qui succombe doit être condamnée aux dépens, *ibid.* a. 155, n. 1, 2 & 3, *ibid.*
Quels sont les cas auxquels les dépens doivent être compensés ou réservés, *ibid.* n. 4 & 5, *ibid.*
Comment se doivent taxer les dépens, *ibid.* a. 155, r. 6, *ibid.*
Que doit contenir la grosse d'écriture en papier ou parchemin, *ibid.* a. 157, n. 1, 237
Dépens, amendes, & autres peines pécuniaires, prononcées contre la femme mariée; quand le mari en est tenu, & quand il ne l'est pas, t. 21, a. 258, n. 5, 6 & 7, 387
Dépenses pour nourriture, entretien, études, des deniers de la communauté, quand sujettes à récompense, *voyez* Récompense.
Désertion, ce que c'est, & quel est son effet, t. 3, a. 14, n. 15 & 16, 22
Dettes, quelles sont les dettes passives qui entrent dans la communauté des conjoints par mariage, t. 21, a. 241, n. 1, 393
Différentes sortes de dettes des conjoints, *ibid.* n. 4, 394
Quelles sont les dettes immobiliaires par rapport à la communauté, & quelles sont les mobiliaires, *ibid.* n. 8, 9 & 10, *ibid.*
Si la femme qui accepte la communauté, est tenue de payer les dettes d'icelle, & pour quelle part, *ibid.* a. 241, n. 2, 393
Quoique la veuve prenne de grands avantages sur la communauté, elle paye toutefois telle portion de dettes, que pour telle part qu'elle prend dans la communauté, *ibid.* n. 3, 394
La femme ou ses héritiers, en cas d'acceptation de la communauté, sont tenus de payer leur part de toutes les dettes contractées par le mari durant icelle, quoique la communauté n'en ait pas profité, *ibid.* n. 5 & 6, *ibid.*
Le mari est pareillement tenu de payer les dettes que la femme a duement contractées, *ibid.* n. 7, *ibid.*
Si les dettes immobiliaires créées avant le mariage entrent en la communauté, & par qui elles doivent être payées, *ibid.* n. 11, *ibid.*
Si la femme qui possede en vertu d'un partage des conquêts de la communauté, est tenue hypothécairement des dettes immobiliaires de son mari, créées avant le mariage, *ibid.* n. 14 & 15, 394 & 395
Si la communauté est chargée des arrérages des dettes immobiliaires qui courent jusqu'au jour de sa dissolution, *ibid.* n. 12, 394
Si le mari peut être obligé de passer reconnoissance des rentes créées par la femme avant son mariage, & à quoi l'engage cette reconnoissance, *ibid.* n. 13, *ibid.*
Comment & par qui doivent être payées les dettes mobiliaires, contractées par la femme avant le mariage, en cas d'acceptation par la femme, comment & par qui en cas de renonciation, *ibid.* n. 16, 17, 18 & 19, 395
Si la femme en cas d'acceptation de la communauté est tenue de payer la moitié des dettes mobiliaires du mari créées avant le mariage, *ibid.* n. 24, 396
Si les conjoints ou leurs héritiers qui ont des conquêts de la communauté en partage, peuvent être poursuivis hypothécairement pour toute la dette mobiliaire, hypothécaire, créée avant le mariage, *ibid.* n. 20, 21 & 22, 395
Raison de la différence qu'il y a, quant à ce, entre les dettes mobiliaires, créées avant le mariage, & les dettes mobiliaires du mari, aussi créées avant le mariage, *ibid.* n. 23, 396
Comment & par qui les dettes mobiliaires, créées avant le mariage, doivent être payées, quand dans le contrat il y a clause de séparation de dettes avec inventaire, *ibid.* n. 25, *ibid.*
Comment & par qui se payent les dettes passives des successions échues aux conjoints durant le mariage, soit immobiliaires, soit mobiliaires, *ibid.* n. 27, 28, 29 & 30, *ibid.*
Si les frais funéraires sont dettes de communauté, & par qui doivent être payées, *ibid.* n. 31 & 32, *ibid.*
Si les legs sont dettes de communauté, *ibid.* n. 33, 397
Si les médicamens fournis aux conjoints durant leur derniere maladie, sont dettes de communauté, *ibid.* n. 34, *ibid.*
Si les regles établies par rapport aux conjoints pour le paiement & le partage de leurs dettes, doivent être admises par rapport aux créanciers, *ibid.* a. 242, n. 1, *ibid.*
Quelles sont les distinctions qu'il faut faire à ce sujet, *ibid.* n. 2, 3, 4, 5, 6 & 7, 397 & 398
Le créancier de dette immobiliaire du mari, créée avant le mariage, ne peut poursuivre que le mari & non la femme, *ibid.* n. 8, 398
Comment les créanciers des dettes mobiliaires des conjoints, créées avant le mariage, peuvent poursuivre les conjoints, soit que la femme accepte la communauté, ou qu'elle y renonce, *ibid.* n. 9 & 10, *ibid.*
Que peuvent & doivent faire les créanciers, quand il y a clause dans le contrat, que chacun payera ses dettes, & qu'il y a eu inventaire fait avant le mariage, *ibid.* n. 11, *ibid.*
L'inventaire n'est nécessaire que par rapport aux créanciers; & à l'égard des conjoints la simple convention suffit, *ibid.* n. 13, *ibid.*
Quel est l'avantage que tire le mari de la clause de séparation de dettes & de l'inventaire, *ibid.* n. 12, *ibid.*
Si le créancier de dette mobiliaire contractée durant la communauté, peut poursuivre la femme, soit qu'elle soit obligée, ou qu'elle ne le soit pas, qu'elle accepte la communauté, ou qu'elle y renonce, & comment il la peut poursuivre, *ibid.* n. 14, 15 & 16, 399

Comment il peut pourſuivre le mari après la diſſolution de la communauté, & comment les héritiers, *ibid.* n. 17, *ibid.*
Comment les conjoints peuvent être pourſuivis pour dettes mobiliaires, hypothécaires, quand ils poſſédent des conquêts de la communauté, *ibid.* n. 18, 19 & 20, *ibid.*
Si la femme qui dans le cas de l'acceptation de la communauté, a fait un fidele inventaire, peut être tenue des dettes de la communauté, au-delà de l'émolument, *ibid.* n. 21 & 22, 399 & 400
Si dans ce cas elle peut reprendre ce qu'elle a apporté dans la communauté, *ibid.* n. 23, 400
Si ce privilége de la femme eſt accordé aux héritiers, *ibid.* n. 24, *ibid.*
S'il en eſt à-peu-près de même du mari, pour dettes de ſucceſſion échue à la femme, quand il ne l'a pas autoriſée pour ſe porter héritiere, & qu'inventaire a été fait, *ibid.* n. 25, *ibid.*
Quid, ſi le mari qui n'autoriſe pas ſa femme, manque de faire inventaire, *ibid.* n. 26, *ibid.*
Comment peut être pourſuivi le mari, quand il a autoriſé ſa femme, *ibid.* n. 27, *ibid.*
Si le conjoint ou ſes héritiers qui ont été contraints de payer toute la dette, doit être rembourſé de ce qu'il a payé pour l'autre conjoint avec intérêts, *ibid.* a. 243, n. 1 & 2, 400 & 401
Quels ſont les cas auxquels la femme ou ſes héritiers peuvent être pourſuivis pour toute la dette, ſauf le recours, *ibid.* n. 3, 401
Quels ſont ceux auſſi, auxquels le mari peut être pourſuivi pour le tout, & ceux auxquels il peut ou ne peut pas répéter, *ibid.* n. 4 & 5, *ibid.*
Si la femme, qui par ſon contrat a la faculté de reprendre, obligée ou non, eſt tenue de ſouffrir ſur la repriſe la déduction de ſes dettes antérieures au mariage, payées par le mari, *ibid.* n. 6, *ibid.*
Si le créancier qui s'eſt adreſſé à l'un des conjoints, ou à ſes héritiers, peut, en cas d'inſolvabilité, tourner tête contre le ſurvivant, ou ſes héritiers, *ibid.* a. 244, n. 1, *ibid.*
Deuil eſt dû à la veuve par les héritiers du mari, ſoit qu'elle accepte la communauté, ou qu'elle y renonce, t. 21, a. 245, n. 34, 405
Si la veuve qui ſe marie dans l'année du deuil, eſt privée de ſon douaire, *voyez* Douaire.
Diſcuſſion, ce que c'eſt, & ſur quoi fondée, t. 13, a. 136 & 137, n. 1, 213
Si la diſcuſſion peut être oppoſée par le tiers détenteur de l'héritage, au créancier de la rente fonciere, *ibid.* n. 2, *ibid.*
Si elle peut être oppoſée au créancier de rente conſtituée, ou autre créance ſpécialement affectée ſur l'héritage, *ibid.* n. 3, 4, 5, 6, 7, 8, 9 & 10, 213 & 214
Quelle étoit l'ancienne juriſprudence de la ſénéchauſſée de cette Province à ce ſujet, & quelle eſt celle d'aujourd'hui, *ibid.* *ibid.*
S'il faut diſtinguer deux ſortes d'hypothéques ſpéciales, dans l'une deſquelles la diſcuſſion eſt néceſſaire, & non dans l'autre, & quelle eſt cette diſtinction, & en quoi elle conſiſte, *ibid.* n. 11, 12, 13 & 14, 214
Quelles ſont les rentes conſtituées, dont il eſt parlé dans l'article 136 de cette Coutume pour leſquelles la diſcuſſion n'a pas lieu. *ibid.* n. 15, 16, 17 & 18, 214 & 215
Si le détenteur, qui s'eſt ſoumis par ſon contrat d'acquiſition, de payer la rente ou la dette hypothéquée, peut demander la diſcuſſion, *ibid.* n. 19, 215
Si l'héritier du principal obligé qui ſe trouve détenteur de la choſe hypothéquée, peut oppoſer la diſcuſſion, *ibid.* n. 20, *ibid.*
A quoi eſt tenu le tiers détenteur, qui demande la diſcuſſion, *ibid.* n. 20 & 21, *ibid.*
S'il peut demander que la diſcuſſion ſera faite dans un certain temps, *ibid.* n. 22, *ibid.*
S'il eſt libre au créancier, après la diſcuſſion faite, de s'adreſſer à celui des détenteurs & tiers-acquéreurs que bon lui ſemble, *ibid.* n. 23 & 24, *ibid.*
Si le créancier n'étant pas payé après la diſcuſſion faite, le tiers détenteur eſt obligé de rapporter les fruits, depuis la demande en action hypothécaire, *ibid.* n. 25 & 26, 215 & 216
Si nonobſtant la diſcuſſion oppoſée, le créancier peut faire déclarer l'héritage poſſédé par le tiers détenteur hypothéqué à ſa dette, *ibid.* n. 27, 216
Formalités que doit obſerver le créancier avant que de ſaiſir ſur le tiers détenteur, en cas de non diſcuſſion, faute d'indication, *ibid.* n. 28, *ibid.*
Voyez Caution.
Si la diſcuſſion doit être faite des meubles des mineurs, avant celle de leurs immeubles, *voyez* Saiſies réelles.
Divorce, *voyez* Séparation de corps.
Dîme, ce que c'eſt, t. 3, a. 21, n. 2, 37
Si les dîmes ſont dans leur origine eccléſiaſtiques, *ibid.* n. 3, *ibid.*
Premiere diviſion des dîmes en eccléſiaſtiques & laïques ou inféodées, *ibid.* n. 3 & 4, *ibid.*
Seconde diviſion des dîmes, en groſſes & menues dîmes; quelles ſont les groſſes dîmes, & quelles ſont les menues & vertes dîmes, *ibid.* n. 5 & 6, *ibid.*
Troiſieme diviſion des dîmes, en anciennes & novales, quelles ſont les dîmes anciennes, & quelles ſont les novales, *ibid.* n. 7 & 8, *ibid.*
Quatrieme diviſion des dîmes, en prédiales & domeſtiques, ſur quoi fondée cette diviſion, *ibid.* n. 9, 39
Cinquieme diviſion des dîmes, en ſolites & inſolites, quelles ſont les dîmes inſolites, & quelles les ſolites, *ibid.* n. 10, *ibid.*
Le curé eſt fondé de droit commun à percevoir toutes les dîmes de ſa paroiſſe, *ibid.* n. 11, *ibid.*
Si ſous le nom de curé, le vicaire perpétuel eſt compris, *ibid.* n. 12, *ibid.*
A qui ſe payent les dîmes novales, n. 13, 14 & 15, 39 & 40
Si les dîmes vertes & menues ſont affectées d'une maniere particuliere à ceux qui ſont chargés de la conduite des ames, *ibid.* n. 16, 24 & 25, *in fine*, 40 & 41
Différentes ſortes de décimateurs, *ibid.* n. 17, 40
Si le droit de dîme s'acquiert par preſcription, & comment il s'acquiert, *ibid.* n. 18, 19 & 20, *ibid.*
Si la preſcription active de la dîme ſe régle ſur la poſſeſſion, *ibid.* n. 20, *ibid.*
Si un curé qui a preſcrit le droit de lever la dîme dans une autre paroiſſe, peut étendre ſa poſſeſſion aux novales, *ibid.* n. 21 & 22, *ibid.*
Si les décimateurs laïques peuvent acquérir par preſcription les dîmes novales, *ibid.* n. 23 & 26, 40 & 41
Si les décimateurs eccléſiaſtiques & laïques, peuvent acquérir par preſcription les menues dîmes, *ibid.* n. 24 & 25, 41
Si les particuliers peuvent acquérir par preſcription les dîmes eccléſiaſtiques, *ibid.* n. 27, 28, 29 & 30, *ibid.*
Et a. 23, n. 14, 61
S'ils peuvent acquérir l'affranchiſſement de la dîme eccléſiaſtique par preſcription, *ibid.* art. 21, n. 31, 41
Si la dîme laïque & inféodée ſe peut acquérir par preſcription, *ibid.* n. 32, *ibid.*
Si on peut acquérir par preſcription l'affranchiſſement & exemption de la dîme laïque, *ibid.* n. 33, 34, 35, & ſuivans, 42

TABLE ALPHABÉTIQUE

Comment se prescrivent la façon de lever & payer la dîme, & la quotité d'icelle, *ibid.* n. 43 & 44, 43

Et n. 60, 61 & 62, 45

Si la possession nécessaire pour la prescription de la quotité de la dîme, est celle d'un simple particulier, ou celle de la paroisse, ou bien d'un certain canton, *ibid.* n. 63 & 64, 45 & 46

S'il faut que l'usage de la paroisse ou du canton soit uniforme, d'une prestation fixe & égale, *ibid.* n. 65, 46

Quelles sont les dîmes solites & insolites, & comment elles se règlent, *ibid.* n. 45 & 46, 43

Si le seigneur décimateur peut empêcher que le propriétaire ne change la nature de son héritage, & si on doit assujettir à la dîme les terres sur lesquelles on avoit accoutumé de semer des grains décimables, lorsqu'on leur fait porter des grains non-décimables, *ibid.* n. 48, 44

Deux sentimens opposés sur cette question, & quel parti il faut prendre entre ces deux sentimens, *ibid.* n. 48, 49, 50, & suivans, *ibid.*

Si la dîme est due des herbages d'un jardin, *ibid.* n. 57, 45

Quid, de la dîme des enclos, *ibid.* n. 59, *ibid.*

Et des dîmes personnelles, *ibid.* n. 58, *ibid.*

Si la quotité de la dîme est uniforme dans cette province, *ibid.* n. 60, *ibid.*

Quelle est la maniere dont la dîme se leve & se paye, *ibid.* n. 66, 46

Si le seigneur décimateur doit donner à dîner aux laboureurs, *ibid.* n. 67, *ibid.*

Si la dîme doit être payée au choix du curé ou du paroissien, ou comme la gerbe échet, *ibid.* n. 68, *ibid.*

Comment se paye la dîme d'agneaux, & dans quel temps on la doit demander, *ibid.* n. 69, 70 & 71, 47

Comment celle de cochons, *ibid.* n. 70, *ibid.*

Si en fait de dîmes de charnage, on doit payer du plus plus, du moins moins, suivant l'estimation & à proportion, *ibid.* n. 72 & 73, *ibid.*

S'il en doit être de même en fait de dîmes prédiales, des gerbes surnuméraires, *ibid.* n. 73 & 74, *ibid.*

Si la dîme des ceintres est due, *ibid.* n. 75, *ibid.*

Dîme de suite, ce que c'est, & quels sont les lieux où elle peut & doit être levée & perçue, *ibid.* n. 76, 77, 78 & 79, 47 & 48

Comment se paye la dîme de suite, si c'est par rapport à la demeure du laboureur, ou à l'hébergement des bœufs, *ibid.* n. 80, 81, 82, 83 & 84, 48

Si pour raison de la dîme de suite, il se faut conformer à l'usage, *ibid.* n. 85, 49

Si la dîme de suite a lieu, lorsque le labourage est fait avec la bêche & le travail de l'homme, *ibid.* n. 86, *ibid.*

Si elle a lieu, lorsque le laboureur travaille pour autrui, & qu'il ne cultive pas la terre à son profit, *ibid.* n. 87, *ibid.*

Comment se doit payer la dîme de suite, quand la maniere de lever la dîme est différente dans les deux dîmeries, *ibid.* n. 88, *ibid.*

Si le droit de suite est sujet à prescription, & si on y peut déroger par convention, *ibid.* n. 89, *ibid.*

Si toutes les dîmes tant prophanes qu'ecclésiastiques y sont sujettes, *ibid.* n. 90, *ibid.*

Si la dîme novale est sujette au droit de suite, *ibid.* n. 91, *ibid.*

Où se doit payer la dîme d'agneaux & de cochons, *ibid.* n. 92, 50

Quelles sont les obligations des détenteurs d'héritages, par rapport au paiement de la dîme, *ibid.* n. 93, 94, 95 & 96, *ibid.*

Si la dîme, soit ecclésiastique ou inféodée, se leve avant le champart & autres droits seigneuriaux de cette nature, *ibid.* n. 97, 98 & 99, *ibid.*

Combien dure l'action pour le paiement de la dîme, & si la dîme s'arrérage, *ibid.* n. 100, 101 & 102, 51

Si la dîme est mise entre communs au rang des fruits naturels, *voyez* Fruits.

Abonnemens de dîmes, *voyez* Abonnemens.

Dol, s'il donne lieu au bénéfice de rescision & restitution en entier, *voyez* Rescision & restitution en entier.

Domaine, si les biens du domaine du Roi, ou qui y sont incorporés, sont inaliénables & imprescriptibles, *voyez* Prescription.

Dommage causé par la chûte d'un bâtiment, *voyez* Réparations.

Domestiques, dans quel temps ils doivent demander leurs gages & salaires, t. 3, a. 13, n. 7, 17

Combien ils peuvent demander d'années de services, *ibid.* n. 8 & 9, 17 & 18

Donation, ce que c'est, & de combien de sortes, t. 19, pr. n. 1 & 2, 290

Donation entre-vifs, ce que c'est, quelle en est la marque, & ce qui est nécessaire pour la rendre valable, *ibid.* n. 3, 4, 5 & 6, 290 & 291

Qui sont ceux qui peuvent donner par donation entre-vifs, & ceux qui ne le peuvent pas, *ibid.* n. 7, 8 & 9, 291

Quelles sont les personnes capables de recevoir par donation entre-vifs, & celles qui ne le sont pas, *ibid.* n. 10, 11 & 12, *ibid.*

Quels biens on peut donner dans la Coutume de Bourbonnois par donation entre-vifs, *ibid.* a. 209, n. 1 & 2, *ibid.*

Quelles sont les donations entre-vifs qu'on y peut faire, *ibid.* n. 3, 292

Ce qu'on entend par donation universelle, par donation de quote & par donation particuliere, *ibid.* n. 4, 5 & 6, *ibid.*

Si une donation de tous les biens qu'on possede dans cette province, faite par un donateur qui a d'autres biens dans une autre province, doit être regardée comme donation particuliere, *ibid.* n. 7, *ibid.*

Quid d'une donation d'une certaine somme, qui absorbe tous les biens du donateur, *ibid.* n. 8, *ibid.*

Si la donation universelle ou de quote, est valable sans possession, *ibid.* n. 9, 293

Quelle est la possession requise pour les héritages tenus en fief, celle requise pour les héritages censifs, & celle requise pour les héritages allodiaux, *ibid.* n. 9 & 10, *ibid.*

Si la possession réelle & actuelle suffit pour les héritages tenus en fief & en roture, & si elle est équipollente à l'investiture, & réception de foi-hommage, *ibid.* n. 11, 12, 13 & 14, *ibid.*

Si la donation universelle entre-vifs de biens en fief, en roture & en franc-aleu, est nulle pour le tout par le défaut de l'une de ces trois sortes de possession, *ibid.* n. 15, 294

Si une donation universelle de quote, avec rétention d'usufruit, est valable, *ibid.* n. 17, *ibid.*

Si le donataire universel ou de quote, est tenu de payer les dettes du donateur, & quelles sont les dettes dont il est tenu, *ibid.* n. 18, 19 & 20, *ibid.*

Si les créanciers ont une action personnelle contre lui pour les dettes du donateur, *ibid.* n. 21, *ibid.*

Si le donataire universel n'est tenu des dettes du donateur, que jusqu'à concurrence de ce qu'il amende, & ce qu'il doit faire pour cela, *ibid.* n. 22, 23 & 24, 294 & 295

S'il est tenu des dispositions testamentaires ou legs, *ibid.* n. 26, 295

Quand la donation universelle est faite avec réserve d'une certaine somme, qui est tenu des dettes, l'héritier ou le donataire, & de quelles dettes ? *ibid.* n. 25,

DES MATIERES.

25, *ibid.*
Si la donation universelle entre-vifs ou de quote, de biens préfens & à venir, est valable hors contrat de mariage en tout ou partie, *ibid.* a. 210, n. 1, 2, 3 & 4, 295 & 296
Si elle vaut en contrat de mariage, & au profit de qui elle vaut, *ibid.* n, 5, 6, 7 & 8, 296
Et a. 219, n. 2, 314
Si le donateur universel par contrat de mariage, de tous biens préfens & à venir, peut disposer à titre particulier des biens qu'il acquiert postérieurement à la donation, *ibid.* n. 10, 11 & 12, 315
Si le donataire universel de tous biens préfens & à venir, est tenu de toutes les dettes du donateur au temps de son trépas, & s'il n'en est tenu que jusqu'à concurrence de l'émolument, *ibid.* n. 13, *ibid.*
Dans une donation universelle de tous biens préfens, la somme reservée, dont on n'a pas disposé, appartient à l'héritier, si la donation est faite hors contrat de mariage, *ibid.* a. 211, n. 1 & 2, 297
Il en est autrement quand elle est faite par contrat de mariage, la somme reservée appartient en ce cas au donataire, *ibid.* n. 3, *ibid.*
Et a. 212, n. 8, 9 & 10, 299
Si le donateur universel de tous biens préfens avec reserve, peut disposer par testament de la reserve, dans le cas où elle excéderoit le quart des biens, a. 211, n. 4, 5, 6 & 7, 297
A qui appartient la somme que le donateur a déposée entre les mains d'un tiers, à la charge de ne la rendre à d'autres qu'à lui, ou à Titius, en cas de son décès, *ibid.* n. 8, 298
Si donner & retenir vaut hors contrat de mariage, a. 212, n. 1, *ibid.*
Quels sont les cas où le donateur est censé donner & retenir; si c'est donner & retenir, quand le donateur retient la puissance de disposer de la chose donnée, *ibid.* n. 2, *ibid.*
Quand il charge le donataire, de payer toutes les dettes au temps de son décès, *ibid.* n. 3, *ibid.*
Si c'est donner & retenir, quand la donation entre-vifs de biens préfens est faite à la charge de payer les dettes dues au temps de la donation, *ibid.* n. 4, *ibid.*
Quid de la donation entre-vifs, à la charge d'acquitter par le donataire les dispositions testamentaires, *ibid.* n, 5, 299
Si c'est donner & retenir, que de retenir la minute de la donation jusqu'à sa mort, *ibid.* n. 7, *ibid.*
Si c'est donner & retenir, de donner sous des conditions dépendantes de sa volonté, & *quid* quand elles dépendent du hazard, a. 213, n. 2 & 3, 300
Comment se doit entendre cette regle, Que donner & retenir ne fait pas une nullité en contrat de mariage, a. 212, n. 8, 9 & 10, 299
Si pour la validité d'une donation particuliere, il faut une tradition du moins feinte, & par équipollence, *ibid.* a. 213, n. 1 & 2, 300
Ce qui c'est que tradition feinte & par équipollence, & sur quoi fondée, a. 214, n. 1, 2, 3 & 4, 301
Si une donation particuliere de biens à venir, comme des meubles que le donateur aura au jour de son décès, est valable, a. 213, n. 5, 300
Quid, d'une donation d'une somme à prendre sur les biens du donateur, pour en jouir après son décès, *ibid.* n. 6, 301
Si une donation de meubles en doit contenir la description, a. 214, n. 5, 6 & 7, 301 & 302
Comment se fait la tradition en donations de droits incorporels, *ibid.* n. 8, 302
Si le donataire de chose particuliere, est saisi après la mort du donateur, *ibid.* n. 9 & 10, *ibid.*
Si les héritiers du donateur sont obligés envers le donataire à la garantie des choses données, *ibid.* n. 10, *ibid.*
Si le donataire à titre particulier, est tenu des dettes

Part. I.

du donateur, & de quoi il est tenu, *ibid.* n. 11, *ibid.*
Si la clause de retour est valable dans une donation, a 215, n. 1, *ibid.*
Si le donateur peut obliger le donataire de remettre dans certains cas les choses données à une autre personne, *ibid.* n. 2, 303
Comment le donateur qui a donné avec clause de retour en sa faveur, est saisi, le cas de la resolution arrivant, *ibid.* n. 3, *ibid.*
Si les peres & meres peuvent donner par donation entre-vifs à leurs enfans, hors contrat de mariage, a. 217, n. 1 & 2, 308 & 309
Si les peres & meres qui ne peuvent donner directement à leurs enfans, le peuvent indirectement, *ibid.* n. 3, 4, 5 & 6, 309
S'ils peuvent donner aux filles appanées, *ibid.* n. 7, *ibid.*
Quid, d'une donation faite par un pere à un enfant qui renonceroit à sa succession, pour se tenir à son don, *ibid.* n. 8, *ibid.*
Si les peres & meres peuvent donner par testament à leurs enfans, & comment ils le peuvent, *ibid.* n. 9, *ibid.*
S'ils peuvent donner entre-vifs par contrat de mariage à leurs enfans, *ibid.* n. 10, 310
Si les enfans donataires peuvent contester la charge apposée dans la donation qui leur a été faite, de donner une somme à leur frere, *ibid.* n. 11, *ibid.*
La défense de donner entre-vifs aux enfans, ne regarde que les enfans légitimes & non les bâtards, *ibid.* n. 12, *ibid.*
Donations entre-vifs faites aux enfans ne sont pas nulles absolument, mais respectivement aux autres enfans co-héritiers, & il n'y a qu'eux qui puissent s'en plaindre, *ibid.* n. 13, 14, 15 & 16, *ibid.*
Donation faite à l'un des enfans pour son titre clérical, ou pour son entrée en Religion, n'est pas nulle, *ibid.* n. 17, *ibid.*
Insinuation de donation, *voyez* Insinuation.
Si la donation faite à un héritier présomptif, fait un propre, *voyez* Propre.
Si la donation entre-vifs peut être stipulée révocable sous condition, t. 20, a. 225, n. 1. 343
Si toutes donations entre-vifs, de quelque valeur qu'elles soient, même les rémuneratoires, faites hors contrat de mariage, par personnes qui n'ont pas d'enfans, sont révoquées par la survenance d'enfans, *ibid.* n. 2 & 3, 17 & 18, 343, 344 & 345
Voyez les observations premiere & quatrieme sur le présent article, 347
Quid des donations à cause de mort, *ibid.* n. 19, 20, 21 & 22, 345
Si les donations faites par contrat de mariage & en faveur d'icelui, sont sujettes à révocation pour survenance d'enfans, quelles sont celles qui y sont sujettes, & celles qui ne le sont pas, *ibid.* n. 23, *ibid.*
Voyez les observations seconde & troisieme sur le présent article, 347
Si l'enfant du donateur conçu au temps de la donation, empêche la révocation, observation neuvieme sur le présent article, 348
Si c'est la simple survenance d'enfans, ou leur existence au temps du décès du disposant, qui produit la révocation de la donation entre-vifs, *ibid.* art. 225 n. 5, 6 & *suivans*, 343
Voyez l'observation cinquieme sur le présent article, 347
Si sous le nom d'enfans qui donnent lieu à la révocation de la donation, les petits-fils y sont compris, les enfans légitimés par mariage, & ceux qui ne le sont que par Lettres du Prince, *ibid.* n. 13, 14 & 15, 344
Voyez l'observation cinquieme sur le présent article, 347
Si la révocation de la donation est couverte par la mort de l'enfant, par la ratification de la donation,

d

TABLE ALPHABÉTIQUE

ou autre acte confirmatif, *ibid.* n. 11 & 12, 344
Voyez l'observation cinquieme sur le présent article, 347
Si le donateur peut valablement renoncer à la révocation de la donation pour survenance d'enfans, *ibid.*
Observation neuvieme sur le présent article 348
Si le donataire héritier, ou ayans causes, peuvent se servir de la prescription contre la révocation de la donation, & de quel temps court cette prescription, *ibid.* n. 29 & 35, 346
Observation huitieme sur le présent article, 348
Si dans le cas de la donation révoquée, les biens compris dans la donation rentrent dans le patrimoine du donateur, libres de toutes charges du chef du donataire, *ibid.* n. 33, 34 & 36, 346
Voyez l'observation septieme sur le présent article, 347
Si le donataire est obligé à la restitution des fruits, & de quel temps, *ibid.* n. 29, 346
Voyez l'observation sixieme sur le présent article, 347
Si la faveur du contrat de mariage peut empêcher la révocation de la donation pour cause d'ingratitude, *ibid.* n. 24 & 25, 345
Si dans le cas de la révocation de la donation pour cause d'ingratitude, le donateur reprend les choses données avec les charges imposées par le donataire, & s'il peut les revendiquer contre les acquereurs de bonne foi, *ibid.* n. 31, 346
Si dans ce cas le donataire qui a vendu, est tenu de restituer le prix, *ibid.* n. 32, *ibid.*
Si la révocation de la donation entre-vifs, & de l'institution d'héritier pour cause d'ingratitude de l'un des conjoints, peut préjudicier à l'autre, *ibid.* n 27 & 28, *ibid.*
Si quand la donation est révoquée pour cause d'ingratitude, le donateur peut prétendre la restitution des fruits avant son action, *ibid.* n. 30, *ibid.*

Donations & avantages entre conjoints durant le mariage, s'ils sont permis, & si les conjoints par mariage, peuvent durant icelui, le cas du don mutuel excepté, s'avantager & se donner par dispositions entre-vifs, t 20, a. 226, n. 1, 7, 8 & 9, 348 & 349
S'ils peuvent se donner par disposition testamentaire, *ibid.* n. 2, 3, 4, 5 & 6, *ibid.*
S'ils peuvent en mariant un de leurs enfans, lui faire une donation, ou institution, sous la réserve de l'usufruit de leurs biens au survivant de l'un d'eux, sa vie durant, *ibid.* n. 10, 11, 12 & 13, 349 & 350
Si les enfans des conjoints nés d'un précédent mariage, leurs parens, ascendans, ou collateraux, auxquels ils peuvent succéder immediatement *tempore donationis*, sont compris dans la prohibition faite aux conjoints de se donner durant le mariage, *ibid.* n. 14 & 15, 350
Si la déclaration du conjoint, pere ou mere du donataire, qu'il n'entend profiter directement ni indirectement de la donation, peut faire valider la donation, *ibid.* n. 16, *ibid.*
Si dans la Coutume du Bourbonnois, le conjoint qui n'a pas d'enfans peut donner aux enfans de l'autre, *ibid.* n. 17, *ibid.*
Si le conjoint qui ne peut pas donner directement, peut se servir de voie indirecte, ou de personne interposée pour cela, *ibid.* n. 18, 19 & 21, 351
Si la preuve de fidei-commis tacite est admise, & si l'on peut obliger celui à qui on donne par fidei-commis, d'affirmer si la donation est sérieuse, *ibid.* n. 20, *ibid.*
Si on doit mettre au rang des donations prohibées, l'obligation que l'un des conjoints contracte en qualité de caution de l'autre, *ibid.* n. 22, *ibid.*
Quid des quittances & reconnoissances que les conjoints se donnent durant le mariage, *ibid.* n. 23 & 24, *ibid.*
Si le consentement de l'héritier du conjoint donateur, peut rendre valable la donation, *ibid.* n. 25, *ibid.*

Quid, quand le consentement est prêté par l'héritier après le décès du donateur, ou quand l'intérêt de l'héritier se trouve joint à celui du conjoint donataire, *ibid.* n. 26 & 27, 352
Si le conjoint donateur n'ayant point d'héritier peut donner à son conjoint au préjudice du fisc, *ibid.* n. 28, *ibid.*
Les conjoints qui ne peuvent se donner durant leur mariage, le peuvent par leur contrat de mariage, ou par autre acte passé entre fiançailles & noces, en présence des parens qui ont assisté au contrat, *ibid.* n. 30 & 31, *ibid.*
Mais ils ne peuvent se reserver par leur contrat de mariage la faculté de s'avantager durant leur mariage, *ibid.* n. 8, 349
Dès que le mariage est célébré, la séparation de corps & de biens qui survient, ne fait pas qu'ils se puissent donner avec plus d'effet, *ibid.* n. 32, 352
Un conjoint peut donner à l'enfant ou héritier présomptif de son conjoint, par disposition faite dans le contrat de mariage du donataire, *ibid.* n. 36, 37, 38 & 39, 353
Don mutuel, les conjoints durant leur mariage peuvent se donner par don mutuel, *ibid.* n. 35, *ibid.*
Et a. 227, n. 1, 354
Ce que c'est que le don mutuel, & quels sont les biens qui y entrent, *ibid.* a. 227, n. 2 & 3, *ibid.*
Les deniers stipulés propres ne font pas partie du don mutuel, & la reprise de ces deniers, comme celle des remplois, s'en fait sur la masse de la communauté, *ibid.* n. 4 & 5, 355
Il en est de même du préciput stipulé au profit du survivant, *ibid.* n. 6, *ibid.*
Quid de la récompense due pour impenses faites par le mari sur ses propres & pour les rentes par lui dues, & rachetées pendant sa communauté, *ibid.* n. 7, *ibid.*
Si une somme de deniers non stipulée propre, mise en communauté avec clause de reprise par la femme & ses héritiers, en cas de renonciation, fait partie du don mutuel, *ibid.* n. 8, 9 & 10, *ibid.*
Les propres ameublis dans le cas même de la communauté de tous biens, entrent dans le don mutuel, *ibid.* n. 11, 12, 13 & 14, 356
Si la femme qui renonce à la communauté & accepte le don mutuel, jouit de tous les effets de cette communauté, ou de la moitié seulement, *ibid.* n. 15, *ibid.*
Le don mutuel doit être fait par acte d'entre-vifs, passé pardevant Notaire, *ibid.* n. 19 & 20, 357
Pour la validité du don mutuel les conjoints doivent vivre quarante jours après la donation, *ibid.* n. 17 & 18, 356 & 357
Les conjoints peuvent toutefois se donner l'un à l'autre par testament, jusqu'à concurrence de ce qui est permis par la Coutume, *ibid.* n. 21, 357
Pour la validité du don mutuel, il est requis qu'au moment du décès du premier mourant il n'y ait point d'enfans des deux conjoints, ni de leur mariage, ni d'autre précédent de l'un d'eux, *ibid.* n. 22 & 23, *ibid.*
Le don mutuel est valable, quoique fait du vivant des enfans, pourvu qu'au jour du décès du premier mourant des conjoints, il n'y en ait aucuns vivans, *ibid.* n. 24, 25 & 26, *ibid.*
Sous le mot d'enfans, les petits-enfans sont compris & doivent les uns & les autres être capables de succéder, *ibid.* n. 27 & 28, 358
Si le consentement des enfans majeurs & héritiers, donné au don mutuel, peut le faire subsister, *ibid.* n. 29, 30 & 31, *ibid.*
Le don mutuel doit être égal, & ne peuvent les conjoints disposer par don mutuel, que des meubles & conquêts immeubles de la communauté; plusieurs conséquences qui se déduisent de-là, *ibid.* n. 32, 33, & *suiv.* 358 & 359

DES MATIERES.

Le don mutuel ne peut être fait qu'en usufruit, & non en propriété, & cet usufruit n'est que des biens possédés par les conjoints, au jour du décès du premier mourant, *ibid.* n. 38 & 39, 359

Le don mutuel doit être insinué, *ibid.* n. 40, *ibid.*

Il n'est pas nécessaire pour la validité du don mutuel, que les conjoints soient majeurs, ni qu'ils se constituent possesseur les choses données au nom de l'un de l'autre, ou du survivant purement, ou précairement, *ibid.* n. 41 & 42, 359 & 360

L'autorité du mari, non plus que l'expression de l'acceptation ne sont pas non plus nécessaires absolument dans le don mutuel, *ibid.* n. 43 & 44, 360

Si le don mutuel doit être fait par un même acte, ou s'il peut être fait par deux actes séparés, *ibid.* n. 44 & 45, *ibid.*

S'il peut subsister avec le legs fait en testament, *ibid.* n. 46, *ibid.*

Si étant inégal, & ne pouvant subsister pour ce qu'il excede, il est nul pour le tout, *ibid.* n. 47, & *suiv.* 360 & 361

Le survivant des conjoints peut ne pas accepter le don, s'il veut; mais en l'acceptant, il est tenu des charges, *ibid.* a. 228, n. 1 & 2, 361

Quelles sont les charges du don mutuel, si le donataire mutuel est tenu de payer les frais funéraires, sauf la déduction après sa mort, *ibid.* n. 2, 3 & 4, *ibid.*

S'il est tenu de payer les legs mobiliers & dispositions testamentaires, *ibid.* n. 6 & 7, 361 & 362

S'il doit payer les dettes communes, lors du décès du prédécédé, & si la femme qui accepte le don mutuel, y est tenue, quoiqu'elle renonce à la communauté, *ibid.* n. 8, 9 & 10, 362

Si le donataire mutuel est tenu des dettes passives du prédécédé qui ne sont pas de la communauté, *ibid.* n. 11, *ibid.*

Comment se fait la reprise du remploi de la dot & conventions matrimoniales, dans le cas du don mutuel, *ibid.* n. 12, *ibid.*

Si les créanciers peuvent agir indistinctement pour le paiement de leurs créances contre le donataire mutuel & contre les héritiers du prédécédé, *ibid.* n. 13, *ibid.*

Donation mutuelle ne peut être révoquée par l'une des Parties sans le consentement de l'autre, même avant l'insinuation, *ibid.* a. 229, n. 1 & 2, 362 & 363

Il n'en est pas de même des testamens mutuels & réciproques, *ibid.* n. 3 & 4, 363

La donation mutuelle peut être révoquée du consentement mutuel des deux Parties, *ibid.* n. 5, *ibid.*

N'est la révocation valable, si l'un des conjoints est malade de la maladie dont il décéde dans les quarante jours de la révocation, *ibid.* n. 6, *ibid.*

Le mari, nonobstant le don mutuel, reste le maître de la communauté, & peut disposer par forme d'administration des biens qui y sont compris, *ibid.* n. 7, *ibid.*

Le donataire mutuel est obligé, avant que de s'immiscer, de faire inventaire avec estimation, a. 230, n. 1 & 2, 364

S'il est tenu de faire les réparations, & quelles sont les réparations dont il est tenu, *ibid.* n. 6, 7 & 8, 364 & 365

S'il est obligé de payer les arrérages des cens & rentes, & quels sont les arrérages qu'il doit payer, *ibid.* n. 10, 365

S'il doit ou peut racheter les principaux des rentes passives, *ibid.* n. 11, *ibid.*

S'il est obligé de donner caution, & quelle caution il doit donner, *ibid.* n. 12 & 13, *ibid.*

Ce qu'on peut & ce qu'on doit faire au cas que le donataire ne puisse trouver de caution, *ibid.* n. 16 & 17, 366

Si par la donation mutuelle on peut décharger le donataire mutuel de l'obligation de donner caution & de faire inventaire, a. 231, n. 1 & 2, *ibid.*

Quid, quand le don mutuel est fait par contrat de mariage, & quelle différence il y a entre le don mutuel, fait en contrat de mariage, & celui fait pendant le mariage, *ibid.* n. 3, 4 & 5, 366 & 367

De quel temps le donataire commence à gagner les fruits, a. 230, n. 14 & 15, 365

Dans quel temps finit l'usufruit, *ibid.* n. 18 & 19, 366

Si après la mort du donataire mutuel, ses héritiers sont tenus de rendre compte, *ibid.* n. 18, *ibid.*

Si les héritiers du donateur sont obligés de prendre les meubles en l'état qu'ils se trouvent, & pour quelle portion, *ibid.* n. 3 & 4, 364

Dot, ce que c'est, & en quoi differe la dot des Pays de Droit écrit, de celle des Pays Coutumiers, t. 21, pr. n. 1, 2, & *suiv.* 367

Augment de dot en Pays de Droit écrit, si c'est la même chose que le douaire en Pays Coutumier, *ibid.* n. 6, *ibid.*

Si on peut contraindre le pere & la mere de doter leur fille, *ibid.* a. 234, n. 1, 375

Si le devoir de doter les enfans est commun par notre usage au pere & à la mere, *ibid.* n. 2, *ibid.*

La femme acceptant la communauté doit sa part de la dot promise par le pere aux enfans communs, *ibid.* n. 3, *ibid.*

La femme qui n'a pas parlé dans le contrat de mariage, & qui renonce à la communauté, ne doit rien de ce que le mari a promis; *secus*, si elle a parlé dans le contrat, *ibid.* n. 4 & 5, 375 & 376

Comment se fait le paiement de la dot promise, dans le cas où la femme accepte la communauté, & comment quand elle renonce; & si dans l'un & l'autre cas, il y a lieu à la récompense, *ibid.* n. 5, & *suiv.* 376

Si l'héritage propre donné en dot par la mere à la fille, est sujet à remploi; & *quid*, de celui donné par le mari, *ibid.* n. 9, *ibid.*

Quid, quand il y a stipulation que la dot sera imputée sur la succession du premier mourant des conjoints, *ibid.* n. 10, *ibid.*

Si la même imputation a lieu pour la dot d'une fille, pour l'entrée & Profession en Religion, *ibid.* n. 11, *ibid.*

S'il est dû récompense à la femme, quand un pere remarié a doté ses enfans du premier lit aux dépens de la seconde communauté, *ibid.* n. 12 & 13, *ibid.*

Par qui dans ce cas se doit faire le paiement de la dot après la dissolution de la seconde communauté, si elle est encore due, *ibid.* n. 14, 377

Si dans le cas de la communauté de tous biens, il est dû récompense pour mariage d'enfans issus d'autre lit, *ibid.* n. 15, *ibid.*

S'il y a des cas où la récompense n'a pas de lieu, *ibid.* n. 16, 17 & 18, *ibid.*

Si les pere & mere ayant parlé également dans le mariage de leur fille, & ne s'étant pas obligés solidairement, le pere peut être seul contraint au paiement de toute la dot, *ibid.* n. 20, *ibid.*

Quelle partie de la dot de la femme est tacitement réalisée, quand il n'y a pas de réalisation expresse, *voyez* Réalisation.

Si le supplément de dot entre en communauté, *voyez* Réalisation.

Si la propriété des biens dotaux immeubles, se prescrit par un tiers détenteur durant le mariage, & quels sont les cas où la prescription a lieu, t. 3, a. 27, n. 1, 2, 3 & 4, 76

La prescription des biens dotaux alienés par le mari, sans le consentement de la femme, ne court point contre elle durant le mariage, a. 28, n. 2 & 3, 77

Il en est autrement des arrérages & fruits provenans desdits biens dotaux, a. 27, n. 6, *ibid.*

TABLE ALPHABÉTIQUE

Si la prescription des biens dotaux aliénés par le mari, sans le consentement de la femme, court contre la femme séparée, & autorisée à la poursuite de ses droits, a. 28, n. 4, 78

Si elle commence son cours contre la femme majeure dès le décès de son mari, *ibid.* n. 5, *ibid.*

Si la femme majeure a parlé dans la vente, il y a lieu à la prescription, & il en est de même pour les actions qui lui appartiennent contre une tierce personne, *ibid.* n. 6 & 7, *ibid.*

Il n'en est pas ainsi des propres de la femme mineure, quoique vendus de son consentement ; mais autre chose est si le mari n'est intervenu au contrat que pour autoriser sa femme mineure, *ibid.* n. 9 & 10, *ibid.*

Quid, des obligations & contrats de constitutions contractées par la femme en minorité solidairement avec son mari, si le temps de la restitution court contr'elle durant le mariage, *ibid.* n. 11, *ibid.*

Quid, des propres du mari, hypothéqués à la restitution des biens de la femme, & par lui vendus, *ibid.* n. 12, 79

La femme pour les biens & droits prescrits durant le mariage a hypothéque du jour de son contrat sur ceux de son mari, *ibid.* n. 8, 78

Comment les biens dotaux retournent à la femme après la dissolution du mariage, & si elle en est saisie de plein droit, t. 21, a. 247, n. 1, 2, & *suiv.* 409

Quels sont les cas auxquels la femme doit venir par action pour le recouvrement de ses biens dotaux, *ibid.* n. 4, *ibid.*

Si la femme est tenue d'entretenir le bail de son bien dotal, qui se trouve affermé dans le temps de la dissolution du mariage, *ibid.* n. 3, *ibid.*

De quel temps sont dus les intérêts de la dot constituée en deniers, soit par ceux qui l'ont promise & ne l'ont pas payée, soit par le mari, lorsqu'il doit restituer la dot, a. 248, n. 10, 11, 12 & 15, 413 & 414

Quid, quand on poursuit la reprise contre un tiers détenteur, *ibid.* n. 15, 414

Quid, quand la dot est constituée en immeubles ou héritages, *ibid.* n. 13, *ibid.*

La dot n'a pas de privilege parmi nous, mais une simple hypothéque commune, *ibid.* n. 17, 415

Douaire, ce que c'est, & de combien de sortes, t. 21, pr. n. 6 & 7, 367

Le douaire s'acquiert par la seule célébration du mariage, a. 249, n. 1, 2 & 3, 415

Si la femme qui a demeuré avec un mari impuissant, mais dont le mariage n'a pas été déclaré nul, est capable de douaire, *ibid.* n. 5, *ibid.*

Si le douaire est dû quand le mariage a été déclaré nul par fait d'impuissance, *ibid.* n. 6, 416

S'il est dû quand il a été déclaré non-valablement contracté pour quelqu'autre empêchement dirimant, *ibid.* n. 7 & 8, *ibid.*

Le douaire est dû à la femme quoique sans dot, *ibid.* n. 9, *ibid.*

Le douaire est dû après le décès du mari, mais il n'est ouvert que par sa mort naturelle, *ibid.* n. 10 & 11, *ibid.*

Il n'a lieu que durant la vie de la femme, & il est éteint par la mort, *ibid.* n. 12, *ibid.*

Il est aussi éteint quand la veuve subit une mort civile par un bannissement. n. 14, *ibid.*

Quid, de la mort civile qui arrive par la Profession Religieuse, *ibid.* n. 15 & 16, 416 & 417

Le douaire n'est pas éteint par un second mariage, *ibid.* n. 13, 416

Douaire coutumier, en quoi il consiste, & de quoi il est composé, a. 250, n. 1 & 2, 417

Si sous le mot d'*héritages sujets au douaire*, on y comprend toutes sortes d'héritages, même les Fiefs, *ibid.* n. 3, *ibid.*

S'il en faut excepter les héritages taillables, *ibid.* n. 4, *ibid.*

Si on y comprend non-seulement les immeubles réels, mais encore les rentes foncieres & constituées, *ibid.* n. 5, *ibid.*

Si les Offices sont sujets au douaire subsidiairement, & à défaut d'autres biens, *ibid.* n. 6, 418

Les deniers stipulés propres, non plus que les héritages ameublis, n'y sont pas sujets, soit que l'ameublissement ait été fait par le mari, ou qu'il ait été fait par la femme, *ibid.* n. 7, 8 & 9, *ibid.*

Tous les propres du mari, acquis avant le mariage, ou échus durant icelui, y sont sujets, *ibid.* n. 10, *ibid.*

Si les acquêts faits durant le mariage, y sont sujets, cas où ils peuvent l'être, *ibid.* n. 11 & 12, 418 & 419

Le douaire n'est dû à la femme que des héritages qui appartiennent au mari au temps de son décès, deux conséquences qui se déduisent de-là, *ibid.* n. 14 & 15, 419

Le douaire coutumier s'acquiert sans stipulation, par la simple disposition de la Coutume, *ibid.* n. 16, *ibid.*

Le douaire coutumier peut être diminué par clause du contrat, *ibid.* n. 17, *ibid.*

Le douaire préfix stipulé dans le contrat, fait cesser le coutumier pour les biens situés dans cette Province, & autres où le douaire coutumier a lieu, mais il faut convenir du douaire préfix nommément, *ibid.* n. 18, 19, & *suiv.* *ibid.*

La femme peut renoncer au douaire par son contrat de mariage, *ibid.* n. 22, 420

La femme est saisie de son douaire par le trépas de son mari, & gagne dès ce moment les revenus de l'immeuble, arrérages des rentes, & les intérêts de la somme promise, *ibid.* n. 23 & 24, *ibid.*

Les héritages dont le mari n'a que la propriété au temps de son décès, sont sujets au douaire; & à mesure que l'usufruit finit, il accroît au douaire, a. 261, n. 1, 430

Douaire sur douaire n'a pas de lieu, & il ne peut y avoir plusieurs douaires coutumiers sur les mêmes héritages, a. 251, n. 2, & *suiv.* 420 & 421

Une femme qui a eû successivement plusieurs maris, peut avoir plusieurs douaires, *ibid.* n. 2, 420

La douairiere doit entretenir son douaire en l'état qu'elle le trouve, a. 252, n. 1 & 2, 421

Quelles sont les réparations qu'elle doit faire, si elle n'est tenue que des réparations viageres, & ce qu'on entend par réparations viageres, *ibid.* n. 3 & 4, *ibid.*

Si la douairiere est tenue des réparations viageres à faire lors de l'ouverture du douaire, *ibid.* n. 5, *ibid.*

Qui est tenu des grosses réparations, & s'il y a des cas auxquels la douairiere en est tenue, *ibid.* n. 8, 422

Si l'héritier du mari est tenu de rétablir les bâtimens qui tombent en ruine durant le douaire, *ibid.* n. 9, *ibid.*

S'il est tenu de mettre en bon état les bâtimens ruinés au temps de l'ouverture du douaire, *ibid.* n. 10, *ibid.*

Si la douairiere est tenue de payer les charges réelles, & ce qu'on entend par charges réelles, *ibid.* n. 11 & 12, *ibid.*

Si elle doit acquitter les tailles & autres impositions dues pour raison des héritages, même les charges d'arriere-ban, *ibid.* n. 13, *ibid.*

Si la douairiere peut être tenue des charges au-delà de l'émolument, *ibid.* n. 14, *ibid.*

Si la douairiere & l'héritier du mari doivent faire visiter les lieux, & dresser procès-verbal de l'état d'iceux au temps de l'ouverture du douaire, a. 253, n. 1 & 2, 423

Si la douairiere est tenue de donner caution, *ibid.* n. 3 & 4, *ibid.*

Douaire préfix ou conventionnel, ce que c'est, & s'il peut exceder le coutumier, a. 255, n. 1 & 2, 424

Le douaire préfix qui n'excede pas le coutumier, n'est pas un avantage sujet à la réduction de l'Edit des secondes noces ; *secus*, s'il excede, *ibid.* n. 2 & 3, *ibid.*

II

DES MATIERES.

Il peut être stipulé au contrat que la femme aura le choix de prendre le douaire coutumier ou le préfix, *ibid.* n. 4, 425
Le douaire préfix est propre à la femme, *ibid.* n. 5 & 6, *ibid.*
Il se prend sur les biens du mari & ne se confond point avec le don mutuel, *ibid.* n. 7 & 8, *ibid.*
Quelle est la Coutume qu'il faut suivre, pour connoître si le douaire préfix est propre ou viager, *ibid.* n. 9, 10, 11 & 12, *ibid.*
Le douaire coutumier se règle par la Coutume du lieu où les héritages sont situés, *ibid.* n. 13, 426
Comment se règle le douaire préfix quand il est accordé pour une somme en cas d'enfans, & pour une autre en cas de non enfans, ou iceux défaillans, *ibid.* n. 14, *ibid.*
Si la veuve doit épuiser les biens de son mari, avant que de venir à ceux du pere qui lui a constitué douaire préfix, a. 259, n. 1, 2 & 3, 429
Quand le mari n'a laissé aucuns propres, ou qu'il n'en a laissé que de très-petite valeur, le douaire coutumier se prend sur les conquêts & meubles de la communauté, a. 256, n. 1 & 2, 427
Quelle est la portion que la veuve prend pour son douaire dans les meubles & conquêts, au cas qu'elle accepte la communauté, & celle qu'elle prend au cas de renonciation, *ibid.* n. 4 & 5, *ibid.*
Dans le cas auquel le mari a laissé des propres sujets au douaire, si les dettes qui restent après les meubles & conquêts épuisés, doivent se prendre sur les propres avant que la veuve ait pris son douaire, *ibid.* n. 6 & 7, *ibid.*
Comment & sur quels biens la veuve prend son douaire, quand le mari qui n'avoit aucun propre a contracté une communauté de tous biens avec sa femme propriétaire de beaucoup d'héritages, *ibid.* n. 3, *ibid.*

Douairiere, si elle peut recevoir la foi & hommage, a. 257, n. 1, 428
Si elle peut obtenir souffrance, ou faire la foi & hommage, *ibid.* n. 2, *ibid.*
La collation, présentation & confiscation sont mises au rang des fruits, & appartiennent à la douairiere, *ibid.* n. 4, *ibid.*
La douairiere doit veiller à la conservation des droits dépendans du douaire, *ibid.* n. 5, *ibid.*
Sous le mot de *maison*, accordée à la femme pour son douaire, on y doit comprendre les aisances & commodités, quoique situées hors la maison, a. 258, n. 1, *ibid.*
Quand la veuve qui a la moitié de la maison de son mari pour son douaire, peut en demander le partage, & quand elle ne le peut pas, *ibid.* n. 2, 3 & 4, 429
La maison en cas qu'elle ne se puisse diviser doit demeurer à l'héritier, à la charge de la récompense pour la veuve, *ibid.* n. 5 & 6, *ibid.*
Dans quel temps la veuve qui a droit de diviser la maison, ou de demander une autre demeure, est tenue de consommer son choix, *ibid.* n. 7, *ibid.*
Comment se doit faire le partage des héritages sujets au douaire, si on les peut morceler, a. 260, n. 1, 430
Aux dépens de qui doit se faire ce partage, *ibid.* n. 2, *ibid.*
Si en cas que la rente qui compose le douaire soit rachetée ou réduite, il en est dû récompense à la veuve, *ibid.* n. 3, *ibid.*
Si le douaire peut se prendre sur les biens substitués en collatérale ou directe, a. 261, n. 1, 2, 3 & 4, 430 & 431
Si la douairiere peut prendre du bois de haute futaye pour réparations, & ce qu'elle doit faire pour cela, a. 262, n. 1, *ibid.*
Si elle peut prendre du bois pour son chaufage, & quel est le bois qu'elle peut prendre, *ibid.* n. 2 & 3, *ibid.*
Si elle peut couper les bois taillis, & jouir de la glandée des bois de haute futaye, *ibid.* n. 4 & 5, *ibid.*
La douairiere prend son douaire en l'état qu'il se trouve, garni de fruits ou non, & le laisse de même, sans récompense de part & d'autre, des labours & sémences, a. 263, n. 3 & 4, 432
Quid, quand les fruits sont en partie sur pied & en partie coupés, *ibid.* n. 5, *ibid.*
Le prix du bail tient à la douairiere lieu des fruits, & si elle a son droit acquis au temps de la récolte, elle recevra du Fermier le prix du bail, *ibid.* n. 6 & 7, *ibid.*
Si les héritiers de la douairiere décédée avant le terme échu, peuvent retenir les arrérages payés d'avance, *ibid.* n. 11 & 12, 433
Combien on peut demander d'années d'arrérages d'un douaire préfix, *ibid.* n. 13, 14 & 15, *ibid.*
Si les intérêts des arrérages du douaire préfix sont dûs du jour de la demande, *ibid.* n. 16, *ibid.*
La douairiere peut jouir par elle-même de son douaire, ou le donner à ferme, *ibid.* n. 17, *ibid.*
Elle n'est obligée d'entretenir le bail fait par le défunt, ni les héritiers du mari celui qu'elle auroit fait, *ibid.* n. 18 & 19, *ibid.*
Si le Fermier peut demander des dommages-intérêts pour la discontinuation du bail fait par la douairiere avant son décès, *ibid.* n. 20, *ibid.*
Si la femme convaincue d'adultere est privée de son douaire, a. 264, n. 2, 434
Si celle qui a vécu dans son deuil en impudicité, en est privée, n. 3, *ibid.*
Quid, de celle qui se remarie dans l'année du deuil, *ibid.* n. 4, *ibid.*
Si celle qui abandonne son mari dans le temps de sa maladie, & de son décès, est privée de son douaire, *ibid.* n. 5 & 6, *ibid.*
Si la femme qui malverse perd son douaire en la chose en laquelle elle a malversé, & quelle doit être cette malversation, *ibid.* n. 7 & 8, *ibid.*
Quid, de la malversation du Fermier, *ibid.* n. 9 & 10, *ibid.*
Si la veuve qui vend quelque chose du douaire, est privée de son douaire, *ibid.* n. 11, *ibid.*
Si elle peut vendre les arbres abattus par le vent, *ibid.* n. 12, 435
Si l'héritier du mari peut faire quelque chose dans le douaire qui en diminue l'usufruit, *ibid.* n. 13, *ibid.*
S'il est tenu de garantir la douairiere troublée dans la jouissance de son douaire par des créanciers, *ibid.* n. 13, *ibid.*

Droits incorporels, quelle en est la possession, & comment elle se prouve, t. 12, a. 92, n. 2, 151
Droit civil, pourquoi les nullités de droit ne rendent pas les actes & contrats nuls de plein droit, t. 12, a. 86, n. 2, 3 & 4, 144

E

ECCLÉSIASTIQUES peuvent accepter la tutelle de leurs parens, mais ils ne peuvent y être contraints, s'ils ne le veulent, t. 16, a. 181, n. 11 & 12, 272
Si la fin de non-recevoir a lieu pour les honoraires des Ecclésiastiques, *voyez* Prescription.
Echalas employés dans une vigne, s'ils font partie de la vigne, t. 23, a. 286, n. 5, 483
Echange, ce que c'est, t. 21, a. 265, n. 1, 435
Ce que c'est que mariage par échange, & si la fille mariée par échange est subrogée au lieu & place de celle avec laquelle elle est échangée, *ibid.* n. 1 & 2, *ibid.*
Quel est l'effet de cette subrogation, si les enfans échangés succèdent aux ascendans en ligne directe, au lieu & place de ceux auxquels ils ont été subrogés,

e

ibid. n. 2, 3 & 4, *ibid.*
Si le consentement des ascendans est nécessaire pour cela, *ibid.* n. 7, 436
Si cet échange a lieu pour les héritages taillables, *ibid.* n. 6, *ibid.*
Si les enfans échangés peuvent se plaindre de l'inégalité de l'échange, *ibid.* n. 7, *ibid.*
Si cet échange vaut appanage à l'égard des filles, & *quid*, à l'égard des mâles, *ibid.* n. 8 & 9, *ibid.*
Cet échange n'est que pour les successions des ascendans, & ne change rien pour les successions collatérales, si ce n'est à l'égard des filles qui sont censées appanées par l'échange, *ibid.* n. 12, 13 & 16, 437
Si une fille mariée par échange peut, en cas de décès de la fille échangée, recueillir les successions de ses pere & mere d'elle, *ibid.* n. 14 & 15, *ibid.*
Le mariage par échange n'a lieu qu'entre personnes non nobles, *ibid.* n. 17, *ibid.*
Edit des secondes noces, *voyez* Noces.
Effets mobiliers, *voyez* Meubles.
Egalité, si elle est nécessaire dans le don mutuel, *voyez* Don mutuel.
Si les peres & meres doivent garder l'égalité entre leurs enfans dans le partage de leurs biens, t. 19, a. 217, n. 2, 309
Eglise, par quel temps on prescrit contre l'Eglise, *voyez* Prescription.
Emancipation tacite, ce que c'est, & de combien de sortes, t. 15, a. 166, n 3, 4, 5 & 6, 243
Quel est l'effet de l'émancipation tacite, *ibid.* n. 7 & 8, *ibid.*
Si le fils de famille marié, quoique mineur de vingt ans, peut ester en Jugement, *ibid.* n. 9, 244
S'il peut s'obliger pour marchandises à lui vendues, sans l'assistance de Curateur, *ibid.* n. 10, *ibid.*
Si un mineur de vingt ans marié, peut, assisté d'un Curateur, aliéner ses immeubles, sauf la restitution, *ibid.* n. 11, 12, 13 & 14, *ibid.*
Si l'émancipation tacite ne s'étend que *ad actus civiles tantùm*, *ibid.* n. 15, *ibid.*
Si une veuve mineure peut se remarier sans le consentement de son pere, *ibid.* n. 15, *ibid.*
Quid, des veuves majeures & des hommes veufs, mineurs ou majeurs, *ibid.* n. 16 & 17, 244 & 245
Si après le décès du pere les enfans sont *sui juris*, & hors la puissance d'autrui, quoiqu'ils ayent aïeul, ou autre ascendant, *ibid.* a. 167, n. 1, 2 & 3, 245
Voyez Puissance paternelle.
Emplois des deniers dotaux, quand il opere la subrogation, & fait que l'héritage acquis est propre à la femme, t. 21, a 239, n. 7, 390
Emprisonnement, quand un criminel peut être arrêté sur le champ & conduit prisonnier, t. 13, a. 96, n. 5 & 6, 156
Encheres en matiere de criées, *voyez* Criées.
Enquête, publication d'enquête, si elle est en usage, & ce qui s'observe aujourd'hui, t. 5, a. 39, n. 1, 2 & *suiv*. 99 & 100
Voyez Preuves par Témoins.
Enregistrement de saisie réelle, t. 13, a. 138 & 139, n. 5, 217
Epices, ce que c'est, & à qui elles appartiennent, t. 14, a. 158, n. 1 & 2, 237 & 238
Comment se payoient autrefois les épices, & combien duroit l'action pour le paiement, t. 3, a. 17, n. 1 & 2, 27
Comment sont réglées les épices & par qui, t. 14, a. 158, n. 3, *ibid.*
Si les Juges peuvent décerner en leurs noms, ou de leurs Greffiers, des Exécutoires pour le paiement des épices, t. 3, a. 17, n. 3, 27
S'il est permis de refuser aux Parties la communication des Sentences & Arrêts, avant le paiement des épices, *ibid.* n. 4, *ibid.*
Les Sentences ne sont expédiées & délivrées, que les épices ne soient payées, ou consignées, *ibid.* n. 5, *ibid.*

Etang, défense de prendre poisson en étang, t. 14, a. 162, n. 1, 240
Défense de rien mettre ou jetter en étang, qui puisse corrompre l'eau & nuire au poisson, *ibid.* *ibid.*
Poisson en étang, quand réputé meuble, & quand réputé immeuble, *voyez* Poisson.
Etat des personnes, ce que c'est, & quelles sont les qualités qui règlent l'état des personnes, t. 15, pr. n. 1 & 2, 242
Distinction de l'état des personnes, & sur quoi fondées, *ibid.* n. 3, 4 & *suiv*. *ibid.*
Etranger, *voyez* Aubain.
Evocation, ce que c'est, t. 1, a. 8, n. 4, 11
Quand & par qui elle peut être demandée, *ibid.* n. 4 & 5, *ibid.*
Jusqu'à quel degré de parenté on peut évoquer, *ibid.* n. 5, *ibid.*
Exception, ce que c'est & de combien de sortes, t. 4, pr. n. 1 & 2, 92
Exception déclinatoire, ce que c'est, t. 2, pr. n. 2 & 3, 13
Et t. 4, pr. n. 3, 92
Les fins déclinatoires se réduisent à trois chefs, l'incompétence du Juge, la litispendance, & les motifs de récusation, t. 2, pr. n. 4, 5 & *suiv*. 14
Quand est-ce que les exceptions déclinatoires doivent être proposées & jugées, *ibid.* n. 9, 10 & 11, 13 & 14
Exception dilatoire, ce que c'est, & de combien de sortes, t. 4, pr. n. 4 & 7, 92
Quand & comment les exceptions dilatoires doivent être proposées, *ibid.* n. 8, 9 & *suiv*. 92 & 93
Exception péremptoire, ce que c'est & de combien de sortes, *ibid.* n. 5 & 12, *ibid.*
Exception de deniers non nombrés, si elle a lieu, & si le débiteur est recevable à prouver que les deniers n'ont pas été nombrés, ni délivrés, *ibid.* a. 36, n. 1, 2 & *suiv*. 93
Exécution, *voyez* Saisie de meubles.
Expédition de contrat, *voyez* Notaire.
Exploit portant assignation périt par trois ans, t. 3, a. 14, n. 4, 21
Et a. 34, n. 24, 90
Exploit portant commandement sans assignation, combien il dure, *ibid.* n. 24, *ibid.*
Si l'Exploit interrompt la prescription, *voyez* Interruption.

F

*F*ABRIQUES, si elles jouissent de la prescription de quarante ans, t. 3, a. 23, n. 33, 64
Faculté, droit de pure faculté, s'il est prescriptible, t. 3, a. 20, n. 3, 34
Et a. 29, n. 2, 3 & 4, 79
Faculté de rachat de combien de sortes, t. 3, a. 20, n. 1 & 5, 34
Si la faculté de rachat qui est de l'essence du contrat est prescriptible, *ibid.* n. 2, *ibid.*
Si la faculté de racheter *toties quoties*, stipulée dans un contrat, se peut prescrire, *ibid.* n. 4, 5 & 6, 34 & 35
Quid, s'il y a convention apposée au contrat, que cette faculté ne pourra se prescrire, *ibid.* n. 7, 35
Quand il y a de l'usure & que le contrat est pignoratif, il n'y a plus lieu à la prescription, *ibid.* n. 8 & 9, *ibid.*
Si le vendeur est recevable au réméré, après le temps expiré, quand il y a un temps limité pour exercer le réméré, *ibid.* n. 10, 11 & 12, *ibid.*
Quid, quand la faculté de rachat est accordée après le contrat de vente consommée, *ibid.* n. 13 & 14, *ibid.*
Si la faculté stipulée par le vendeur, de rentrer dans l'héritage, au cas que l'acquéreur l'aliene, est sujette à la prescription de trente ans, *ibid.* n. 15 & 16, 36

DES MATIERES.

Faillite, *voyez* Banqueroute.
Faits & articles, si le serment prêté par une Partie interrogée sur faits & articles, est décisif, t. 6, a. 48, n. 18, 106
Femme Marchande publique, *voyez* Marchand.
Femme mariée, si elle est en la puissance de son mari, & sur quoi cette puissance est fondée, t. 15, a. 170, n. 1, 249
Quels sont les effets de cette puissance, *ibid*. n. 2, 3, 4 & 5, *ibid.*
Si la femme mariée peut ester en jugement pour les droits qui la concernent, sans l'autorité de son mari, *ibid.* t. 15, a. 169, n. 3, 248
Quid, si elle est séparée de biens, *ibid.* n. 4 & 5, *ibid.*
Si dans cette Coutume l'autorisation pour ester en Justice est la même que celle pour contracter, & si le simple consentement du mari ne suffit pas, *ibid.* n. 6 & 7, *ibid.*
S'il suffit que l'autorisation du mari intervienne au commencement du procès, *ibid.* n. 8, *ibid.*
Si l'autorisation pour ester en justice, est nécessaire aux femmes en matieres criminelles & d'injures, *ibid.* n. 9 & 10, 248 & 249
Si les jugemens rendus contre la femme en matieres criminelles, peuvent s'exécuter sur les biens de la communauté, *ibid.* n. 10, 11 & *suiv.* 249
Les obligations & contrats passés par les femmes mariées sans l'autorité de leurs maris, sont nuls, a. 271, n. 1, 2, 3 & 4, 251
Le simple consentement du mari ne suffit pas pour les valider, il faut une autorisation expresse, *ibid.* *ibid.*
On n'a pas besoin de Lettres de restitution contre ces sortes d'actes, *ibid.* n. 5, *ibid.*
On n'a aucune action pour ces sortes d'actes contre le mari, ni contre la femme, après la mort du mari, *ibid.* n. 4 & 6, *ibid.*
Secùs, si la femme ou le mari ont profité de l'obligation contractée par la femme sans l'autorité du mari, *ibid.* n. 7 & 8, *ibid.*
La femme ne peut, après le décès de son mari, répéter la somme par elle payée, due par obligation consentie sans autorité, *ibid.* n. 10, 252
Mais le mari le peut, s'il n'en a pas profité, *ibid.* n. 9, 251
Les testamens ne sont pas compris sous le nom de contrats, & les femmes mariées peuvent tester sans l'autorité de leurs maris, *ibid.* n. 24, 253
Le contrat fait par la femme mariée sans autorité, n'est nul qu'à son profit, & ne peut la partie qui a contracté avec elle, se prévaloir de la nullité, *ibid.* n. 25, *ibid.*
L'autorisation & ratification qui survienent, valident ces sortes d'actes, mais ils ne sont pas validés par la dissolution du mariage, *ibid.* n. 26, 27 & 28, *ibid.*
Si un mari majeur peut autoriser sa femme mineure pour s'obliger avec lui, t. 21, a. 232, n. 7, 368
Si un mari mineur peut autoriser sa femme majeure, *ibid.* n. 8 & 9, 369
Si le mari mineur peut autoriser sa femme mineure, *ibid.* n. 10, *ibid.*
Un mari qui a souffert une mort civile, par un bannissement perpétuel, ou par une condamnation aux galeres perpétuelles, ne peut autoriser sa femme, *ibid.* n. 11, *ibid.*
Secùs, de celui qui n'est condamné qu'au bannissement ou aux galeres à temps, *ibid.* n. 12, *ibid.*
Quand commence l'autorité maritale, & si une fiancée est en la puissance de son futur, *ibid.* n. 14, *ibid.*
Si la femme mariée est sous la puissance de son mari, tant que le mariage dure, *ibid.* a. 232, n. 1 & 2, 368
Quel est l'effet de la séparation de biens, par rapport à la puissance maritale, *ibid.* n. 2, 3, 4 & 5, *ibid.*
Si après la dissolution du mariage la femme retourne sous la puissance de son pere, *ibid.* n. 13, 368
Et t. 15, a 166, n. 14, 15 & 16, 244
Droit & puissance de la femme mariée ; la femme mariée peut en plusieurs cas contracter valablement sans l'autorité de son mari, t. 15, a. 170, n. 8, 9 & *suiv.* 250
La femme Marchande publique, le peut pour le fait & dépendance de la marchandise dont elle se mêle, *ibid.* n. 8, *ibid.*
Et a. 268, n. 3 & *suiv.* 246
La femme le peut encore pour la dot de sa fille, en cas d'absence du mari, a. 270, n. 9, 250
Elle le peut aussi pour tirer son mari de prison, mais non pour l'empêcher d'y entrer, *ibid.* n. 10, 11 & 12, *ibid.*
Elle le peut pour la subsistance & vêtement d'elle, de son mari & de ses enfans, faute par le mari de lui fournir les choses nécessaires, *ibid.* n. 13 & 14, *ibid.*
Elle le peut pour réparation & satisfaction du crime par elle commis, *ibid.* n. 15, *ibid.*
Quid, de la femme mariée, dont l'état n'est pas connu, qui contracte sous le faux titre de majeure usant de ses droits, *ibid.* n. 16, *ibid.*
La femme mariée confisque par son délit ses propres, ensorte que son mari en perd dès le moment la jouissance, t. 21, a. 266, n. 6 & 7, 438
Outre ses propres, elle confisque sa part en la communauté, *ibid.* n. 8 & 9, 439
Si la communauté souffre de la peine du délit de la femme, lorsqu'elle ne consiste qu'en amendes & réparations, *ibid.* n. 5, 438
Une femme, quoique commune avec son mari, sur le refus du mari de l'autoriser, peut être autorisée en justice pour la poursuite & défense de ses droits, t. 21, a. 237, n. 1, 384
L'usage en ce siège n'est pas de contraindre le mari d'autoriser sa femme ; mais bien de l'assigner pour l'autoriser, *ibid.* n. 2 & 3, *ibid.*
Un mari qui refuse d'autoriser sa femme, est tenu de veiller à ses intérêts pendant le procès, *ibid.* n. 4, 385
Mari qui autorise sa femme est tenu de payer les dépens auxquels elle succombe, *ibid.* n. 5, *ibid.*
Il en est autrement, quand la femme a été autorisée seulement de justice, si ce n'est dans le cas de la condamnation pour cause dont le mari a profité, ou qui affecte la communauté, *ibid.* n. 6 & 7, *ibid.*
La femme autorisée par son mari, ou le mari du consentement de la femme, peuvent vendre & disposer des biens propres de la femme, a. 238, n. 1 & 2, *ibid.*
La clause du contrat, que les propres de la femme ne pourront être aliénés, n'empêche pas l'aliénation, *ibid.* n. 3, *ibid.*
Une femme résidante dans la Coutume d'Auvergne, qui défend l'aliénation des biens dotaux, peut vendre les fonds situés en Bourbonnois, *ibid.* n. 4, 386
La femme ne doit pas être contrainte à faire cette aliénation, & si elle l'a été, elle peut être relevée, en justifiant de la contrainte, *ibid.* n. 2 & 5, 385 & 386
Si le propre de la femme vendu de son consentement est sujet à remploi, & que veulent dire ces mots de l'art. 237, *sans être récompensée.* *Voyez* Remploi. *Voyez* Mari.
Ferme, si les fermes des héritages sont créances privilégiées sur les fruits qui proviennent des héritages, *voyez* Hypothéque.
Si le fermier jouit du privilege du maître, *voyez* Hypothéque.
Fêtes qui empêchent les criées, t. 13, a. 145, n. 7, 226
Fiançailles, si l'institution d'héritier, faite entre fiançailles & noces est valable, *voyez* Institution d'héritier.
Si les futurs conjoints peuvent se donner par acte passé entre fiançailles & noces, *voyez* Donation entre conjoints.

TABLE ALPHABÉTIQUE

Fidei-Commis, *voyez* Donations entre conjoints durant le mariage, & substitution.

Fidejussion, *voyez* Caution.

Fief, droit de fief, en quoi il consiste, t. 3, a. 31, n. 1, 81

Si le droit de fief se peut prescrire par le vassal contre le seigneur, & quel est le cas auquel il se peut prescrire, n. 2, 3 & 4, *ibid.*

Si la redevance dont le fief seroit chargé, est prescriptible, *ibid.* n. 5, *ibid.*

Quid, des arrérages de fief, dans les endroits où ils sont dus, *ibid.* n. 9, 82

Si un seigneur de fief peut prescrire contre un autre seigneur, & par quel espace de temps, *ibid.* n. 7 & 8, 81 & 82

Fief & justice n'ont rien de commun, *voyez* Justice.

Fils de famille, quand ils sont émancipés, *voyez* Emancipation & puissance paternelle.

Fils de famille, si en matieres criminelles & d'injures, il peut ester en jugement sans l'autorité de son pere, t. 15, a. 169, n. 9, 10 & 15, 248 & 249

Si le fils de famille peut se marier sans le consentement de ses pere & mere, *voyez* Emancipation & exhérédation.

Fils de famille exerçant marchandise publique, *voyez* Marchand.

Fin de non-recevoir, *voyez* Prescription.

Fisc, *voyez* Seigneur justicier.

Foin, paille & fumier, s'ils sont censés faire partie de la terre, *voyez* Métairie.

Foires & marchés publics, ce que c'est, & pourquoi établis, t. 13, a. 133, n. 1, 2 & 3, 210

Privilège des foires & marchés publics, en faveur des débiteurs allans aux foires & marchés, *ibid.* n. 4, 5 & 6, 210 & 211

Cas auquel cesse le privilège des foires & marchés, *ibid.* n. 7, 211

Folle enchere, ce que c'est, t. 13, a. 149, n. 2, 229

Fondation, si les rentes dues à l'Eglise pour fondation de service divin, sont sujettes à la prescription de cinq ans pour les arrérages, *voyez* Arrérages.

Forme exécutoire, quelles sont les conditions requises pour qu'une obligation ou sentence soit en forme exécutoire, *voyez* Saisie & exécution de meubles.

Frais de Justice, *voyez* Dépens.

Frais ordinaires & extraordinaires de criées, *voyez* Criées.

Frais, quels sont les frais dont sont tenus les Accusés, qui ont obtenu lettres de grace, t. 8, a. 67, n. 6 & 7, 118

Frais funéraires, s'ils sont dettes de communauté, & par qui ils doivent être payés, *voyez* Dettes de communauté.

Fraude, disposition faite par le mari en fraude de la communauté, *voyez* Mari.

Fruits civils, qui sont ceux qui s'acquierent, *semel & momento*, & ceux qui s'acquierent successivement, & comment se fait le partage des uns & des autres, entre le propriétaire & l'usufruitier, t. 21, a. 263, n. 9 & 10, 432

Fruits industriaux pendans, comme vigne après la taille, & les bleds, après qu'ils sont semés, sont réputés meubles entre communs, t. 23, a. 284, n. 1 & 2, 480

Si la femme renonçant à la communauté, peut prendre les fruits de ses héritages pendans par racines, *ibid.* n. 3, 4, 5, 6 & 7, 480 & 481

Si la dîme est mise au rang des fruits naturels entre communs, *ibid.* n. 8, 481

Si les dépenses qu'il convient de faire après les bleds semés & la vigne taillée, sont à la charge de tous les communs, *ibid.* n. 10, *ibid.*

Si les fruits pendans sont immeubles en matiere de succession, *ibid.* n. 11 & 12, *ibid.*

Si les collations, présentations & confiscations sont mises au rang des fruits, t. 21, a. 257, n. 4, 428

Furieux doit être pourvu de curateur, t. 15, a. 172, n. 1, 254

G

Gagerie, ce que c'est, & quelle différence il y a entre simple gagerie & exécution, t. 13, a. 117, n. 2, 187

Gages domestiques, si les valets servans au labourage, sont préférés pour le service rendu pendant l'année sur les fruits de la métairie au proprietaire de cette métairie pour le prix de la ferme, t. 13, a. 125, n. 9, 197

Dans quel temps les domestiques sont tenus de demander leurs gages, *voyez* Domestiques.

Gain de survie, s'il est sujet à insinuation, & s'il est annullé par le défaut d'insinuation, t. 19, a. 218, n. 4, 311

Garde, ce que c'est, & sur quoi fondée, t. 16, a. 174, n. 1 & 2, 258

Le bénéfice de la garde n'est accordé qu'au pere; la mere, l'aïeul & l'aïeule en sont privés, *ibid.* n. 3 & 4, *ibid.*

Il est accordé au pere noble, ou roturier, majeur ou mineur, *ibid.* n. 5, *ibid.*

Quel est l'effet de la garde, & son émolument, *ibid.* n. 6 & 15, 258 & 259

Si le revenu des héritages qui échéent aux mineurs depuis l'ouverture de la garde, fait partie de l'émolument de la garde, *ibid.* n. 6, 7 & *suiv.* *ibid.*

Si les fruits reservés aux enfans par la loi, comme les fruits des bénéfices, font partie de cet émolument, *ibid.* n. 11, 259

Si les revenus des immeubles situés dans une autre Coutume, différente de celle-ci pour ce qui concerne la garde, en font partie, *ibid.* n. 12, 13 & 14, *ibid.*

Comment le pere doit accepter la garde, & s'il y a un temps fixé pour cette acceptation, *ibid.* n. 16 & 17, 260

Quelles sont les charges de la garde, si le gardien est tenu de nourrir & entretenir les mineurs tant que la garde dure, *ibid.* n. 18 & 19, *ibid.*

Si le pere gardien est tenu de payer les dettes mobiliaires des mineurs, & si au nombre de ces dettes on y comprend les obséques & funérailles du prédécédé, *ibid.* n. 20, *ibid.*

S'il doit acquitter les charges testamentaires, *ibid.* n. 21, *ibid.*

S'il doit payer les dettes mobiliaires de ses enfans mineurs, sans les pouvoir répéter, l'usufruit fini, *ibid.* n. 22 & 23, 261

S'il doit payer les dettes immobiliaires, *ibid.* n. 24, *ibid.*

S'il confond dans la garde le remploi des propres aliénés ou de ses rentes rachetées & le préciput, *ibid.* n. 24, *ibid.*

Le pere gardien doit payer les arrérages courans des rentes & redevances, *ibid.* n. 25, 262

Il est tenu des réparations viageres des héritages, même de celles qui étoient à faire au temps de l'ouverture de la garde, *ibid.* n. 26 & 27, *ibid.*

Il doit faire inventaire des biens de ses enfans; mais le défaut d'inventaire n'empéche pas l'effet de la garde, sinon en tant qu'il emporte la continuation de la communauté, *ibid.* n. 28 & 29, *ibid.*

Il n'est pas tenu de donner caution; mais ses biens sont hypothéqués à l'obligation qu'il a de satisfaire aux charges, *ibid.* n. 30 & 31, *ibid.*

La garde finit par l'âge des mineurs, qui est celui de 14 ans pour les filles, & de 18 ans pour les mâles, *ibid.* n. 32, *ibid.*

Elle finit par la mort du pere gardien & par celle de tous les enfans qui sont en garde, *ibid.* n. 33, 34 & 35, *ibid.*

Elle

Elle finit encore par le mariage des mineurs, ou par celui du pere, *ibid.* n. 36 & 37, 263
Si le pere en perdant la garde, perd aussi la tutelle, & quelle différence il y a entre la garde & la tutelle, *ibid.* n. 38, 39 & 40, *ibid.*
Gardien, ou Commissaire, comment il doit garder les choses saisies, & s'il peut s'en servir, t. 13, a. 111, n. 26, 176
Sur qui doit tomber la perte des meubles qui périssent entre les mains des gardiens par cas fortuit, *ibid.* n. 24 & 25, *ibid.*
Si le gardien peut être contraint par corps à la représentation des choses saisies, *ibid.* n. 23, *ibid.*
Quand les gardiens sont déchargés de plein droit, *ibid.* n. 19, 175
Si les gardiens sont toujours tenus de rendre compte, *ibid.* n. 21 & 22, 175 & 176
Si le second saisissant est préféré, quand les meubles sont trouvés chez le débiteur deux mois après la premiere exécution, *ibid.* n. 20, 175
Garantie, combien il y a de sortes de garants, raison de leurs différences, t. 13, a. 99, n. 1, 2 & *suiv.* 159 & 160
Le garant peut en garantie formelle, prendre le fait & cause du garanti, & non en garantie simple, *ibid.* n. 6, 160
Que doit faire celui qui a un garant, quand il est troublé ou poursuivi en Justice, *ibid.* n. 8, *ibid.*
En garantie formelle, comment s'exécute le jugement contre le garanti, & à quoi doivent être condamnés les garants qui succombent, *ibid.* n. 7, 9 & 10, *ibid.*
Que peut faire le garanti, si le garant formel est insolvable, *ibid.* n. 11, *ibid.*
Si le garanti peut traduire le garant hors de sa jurisdiction, *ibid.* n. 12, 161
Quand l'acquéreur qui est troublé dans sa possession, peut appeller son vendeur en recours, & quand il ne le peut pas, t. 12, a. 89, n. 11, 148
Si l'action en garantie est prescriptible, *voyez* Prescription.
Si en fait de criées garantie formelle a lieu, quand au débiteur principal ou héritier déclaré, t. 13, a. 146, n. 1, 226
Quid, à l'égard du tiers détenteur, *ibid.* n. 2 & 3, *ibid.*
Quel est l'abus qui se commet par rapport au tiers détenteur, *ibid.* n. 3, *ibid.*
Garnir la main de justice, ce que c'est, & comment cela se pratiquoit anciennement, t. 13, a. 97, n. 16, & a. 98, n. 1, 158
Combien il y avoit de sortes de garnisons, *ibid.* a. 97, n. 16 & 17, & a. 98, n. 2, *ibid.*
Quels étoient les cas dans lesquels le débiteur étoit obligé de garnir la main de justice, *ibid.* a. 98, n. 3, 4 & 5, *ibid.*
Si on ajourne aujourd'hui pour garnir comme autrefois, *ibid.* n. 7 & *suiv.* 159
Grosse, si les notaires peuvent délivrer une seconde grosse, & comment, *voyez* Notaires.

H.

HABITANS des justices ne pouvoient anciennement faire assemblées sans permission de leurs seigneurs justiciers, s'ils n'avoient corps commun ou Consulat, *voyez* Corps commun ou Consulat.
Habits de deuil, *voyez* Deuil.
Hart, quelle est la peine de la hart, t. 7, pr. n. 5, 108
Si suivant l'ancien usage de France, la peine de l'assurement enfreint, étoit celle de la hart, *ibid.* n. 5, *ibid.*
Haute Justice & haut Justicier, *voyez* Justice.
Hérédité, quand doit être appréhendée, & si l'action pour pétition d'hérédité se prescrit par trente ans, t. 3, a. 26, n. 7, 75

Partie I.

Héritage se régle par la Coutume de la situation, *voyez* Coutume.
Héritage présumé acquêt, *voyez* Acquêt.
Héritier, quand il peut être exécuté, t. 13, a. 111, n. 2 & 3, 173 & 174
Hypothéque, meuble n'a pas de suite par hypothéque, t. 13, a. 116, n. 1, 183
Quels effets produit cette maxime, *ibid.* n. 2 & 3, *ibid.*
Quelles sont les conditions requises, pour que ces effets ayent lieu, *ibid.* n. 4, 5, 6 & 7, 184
Exception de la regle, meuble n'a pas de suite par hypothéque, *ibid.* n. 8, 9 & *suiv.* *ibid.*
Quel est le privilége d'une personne qui vend une chose mobiliaire sans jour & sans terme, *voyez* Vendeur sans jour & sans terme.
Privilége du propriétaire sur les meubles du locataire, *voyez* Locataire.
Si le propriétaire d'une métairie ou héritage, & le créancier d'une rente fonciere, ont un privilége sur les fruits des héritages affermés ou donnés à rente pour les fermages & arrérages, t. 13, a. 125, n. 1, 196
Quel est l'effet de ce privilége, & son étendue, *ibid.* n. 2, 3, 7 & 8, 196 & 197
Si le propriétaire d'une métairie peut arrêter & empêcher les fourrages & pailles, *ibid.* n. 4, 196
Si le privilége du propriétaire d'une métairie, a lieu pour les avances par lui faites à son métayer pour semence, nourriture, & paiement d'impositions, *ibid.* n. 5 & 6, 196 & 197
S'il s'étend non-seulement sur les fruits; mais encore sur les meubles morts & vifs, que les fermiers & métayers ont mis dans la ferme, *ibid.* n. 12, 13 & *suiv.* 197 & 198
Quelles restrictions souffre ce privilége, *ibid.* n. 9, 10 & 11, 197
Si le fermier durant la ferme, use du privilége du maître, *ibid.* n. 11, *ibid.*
De quel jour le créancier a hypothéque sur les biens de son débiteur dans le cas de la délivrance d'une seconde grosse, *voyez* Notaire.
Combien il y a de sortes d'hypothéques privilégiées, *voyez* Privilége.
Comment se fait la collocation des créanciers hypothécaires & privilégiés, *voyez* Ordre.
Hôpitaux, s'ils jouissent de la prescription de 40 ans, t. 3, a. 23, n. 32, 64
Hôteliers sont privilégiés pour les dépenses faites en leurs hôtelleries, sur les chevaux, hardes & autres meubles appartenans aux hôtes logés chez eux, t. 13, a. 135, n. 1 & 2, 212
Quel juge doit connoître de la dépense faite dans un logis par un passant étranger, t. 2, a. 12, n. 1 & 2, 14
Jusqu'à quelle somme les Hôteliers, Taverniers & Revendeurs publics, sont crus à leur serment, t. 6, a. 49, n. 1, 2 & 3, 107
Quelles sont les conditions requises, pour qu'ils soient reçus à ce serment décisif, *ibid.* n. 5, 6 & 7, *ibid.*
Si avant le serment prêté le défendeur peut alléguer & prouver le paiement, *ibid.* n. 9, *ibid.*
Voyez Taverniers.
Huissiers, *voyez* Sergens.

I.

IMMEUBLE, ce que c'est, t. 23, pr. n. 6, 475
Comment se divisent les biens immeubles, & de combien de sortes, *ibid.* n. 6 & 7, *ibid.*
Si les rentes sont réputées immeubles, *voyez* Rentes.
Quand choses attachées dans une maison à fer & cloux sont immeubles, & quand elles ne le sont pas, *voyez* Maison.
Si promesse de passer contrat de rente, est immeuble,

f

TABLE ALPHABETIQUE

voyez Promesse.

Impositions de deniers ne se peuvent faire sans permission du Roi, t. 1, a. 10, n. 3, 13

Imprescriptibles, quelles sont les choses imprescriptibles, *voyez* Prescription.

Impuissance, si la femme qui a demeuré avec un mari impuissant est capable de douaire, *voyez* Douaire.

Incompetence du juge, d'où elle se tire, t. 2, pr. n. 5, 13 *Voyez* Exceptions déclinatoires.

Si une assignation donnée pardevant un juge notoirement incompétent, empêche la prescription, t. 3, a. 34, n. 26, 90

Voyez Prescription.

Indirectement, si la prohibition de la Coutume s'entend tant directement qu'indirectement, & s'il est permis de se servir de voie indirecte, pour éluder la défense de la Coutume, t. 20, a. 226, n. 18 & *suiv*, 351

Et t. 19, a. 217, n. 3 & *suiv*. 309

Indivis, si en choses possédées en commun & par indivis, il y a lieu à la prescription contre l'un des copropriétaires, *voyez* Prescription.

Inégalité prohibée dans le don mutuel, *voyez* Don mutuel.

Infamie, reproche d'infamie n'est recevable, s'il n'est justifié, t. 5, a. 42, n. 3, 101

Ingratitude, révocation de donation pour cause d'ingratitude, *voyez* Donation.

Inimitié capitale est un reproche de droit, t. 5, a. 42, n. 1, *ibid*.

Injure, ce que c'est, comment & en combien de sortes elle se commet, t. 3, a. 15, n. 1, 26

Comment s'en poursuit la réparation, & si les injures réciproques se compensent, *ibid*. n. 2 & 3, *ibid*.

Combien de temps dure l'action de la personne injuriée, & quand elle est éteinte, *ibid*. n. 4 & 5, *ibid*.

Insinuation de donation, reçue & autorisée dans le royaume par les ordonnances, t. 19, a. 218, n. 1, 310

Toutes personnes sans exception sont sujettes à la rigueur des ordonnances pour l'insinuation, *ibid*. n. 2, 311

Quelles sont les donations sujettes à insinuation & celles qui ne le sont pas, celles qui sont annullées par le défaut d'insinuation, & celles qui ne le sont pas, *ibid*. n. 3, 4 & 5, *in fine*, 311, 312 & 313

Où se devoit faire l'insinuation des donations, suivant les anciennes ordonnances, & où elle se doit faire suivant les nouvelles, *ibid*. n. 5, 6 & 15 *in fine*, 311, & 312

Quel est le temps auquel la donation entre-vifs doit être insinuée, & quel est l'effet de la donation, par rapport au temps de son insinuation, *ibid*. n. 7, 8 & *suiv*. 311 & 312

Dans quel temps doivent être insinuées les donations à cause de mort, & testamens, *ibid*. n. 12, 312

Qui sont ceux qui peuvent opposer le défaut d'insinuation, & ceux qui ne le peuvent pas, *ibid*. n. 13, 14 & 15, *ibid*.

Instance possessoire, par quel temps elle périt, *voyez* Complainte.

Péremption d'instance, *voyez* Péremption.

Comment se forme l'instance d'appel, & quelle différence il y a entre l'appel relevé & celui qui ne l'est pas, a. 14, n. 15, 22

Institutions d'héritiers sont permises en contrat de mariage, t. 20, a. 219, n. 4, 314

Institution d'héritier doit être faite en contrat de mariage, *ibid*. n. 5, 6, 7 & 8, *ibid*.

Il n'importe qu'elle soit faite dans le même temps que le contrat, pourvu qu'elle soit ajoutée au contrat de mariage avant ou pendant les fiançailles, & ne vaut faite après le mariage, *ibid*. n. 9 & 10, 314 & 315

Quid, quand l'institution est faite en contrat de mariage, en vertu de procuration ratifiée après la célébration du mariage, *ibid*. n. 10, 315

Si l'institution consentie avant le mariage peut être valablement rédigée par écrit après la célébration d'icelui, *ibid*. n. 11, *ibid*.

L'institution faite avant la célébration du mariage est valable, quoique l'instituant décède avant le mariage, *ibid*. n. 12, *ibid*.

Il est nécessaire, pour la validité de l'institution contractuelle, qu'elle soit faite en faveur des mariés, ou de l'un d'eux, ou des descendans de mariage, *ibid*. n. 13, 14 & 15, 315 & 316

Si l'institution faite en contrat de mariage au profit des mariés, & d'une tierce personne, a force de legs au profit du tiers, *ibid*. n. 16, 17 & 18, 316

Si, dans le cas auquel l'institution est faite au profit de celui qui se marie, & de quelqu'autre conjointement, il peut y avoir accroissement de la portion de celui dont l'institution est caduque, au profit du marié dont l'institution est valable, n. 19, 20 & 21, *ibid*.

Différens cas rapportés à ce sujet, *ibid*. n. 22, 23, 24 & 25, 316 & 317

S'il y a accroissement d'une institution à l'autre, quand deux ou plusieurs enfans sont mariés & institués par un même contrat de mariage, *ibid*. n. 26, 317

Quid, quand ils sont institués séparément par deux contrats différens, passés en différens temps, *ibid*. n. 27, *ibid*.

Si dans le cas où les enfans ne sont pas compris dans l'institution, elle profite aux enfans de l'institué qui décède avant l'instituant, *ibid*. n. 29, 30 & *suiv*. 318

Comment les enfans de l'institué succèdent à l'instituant, si c'est parce que le droit de leur pere leur est transmis, ou comme tacitement substitués, *ibid*. n. 34, 35 & *suiv*. *ibid*.

De quelle manière les enfans viennent & prennent part dans les institutions & donations, quand ils y sont expressément compris, *ibid*. n. 40, 41, 42 & 43, 319

Ce n'est qu'aux enfans de l'héritier institué, & non aux parens collateraux, que la succession de l'instituant profite, *ibid*. n. 44, *ibid*.

Les enfans de l'héritier institué prédécédé, qui succèdent à l'instituant, sont ceux-là seulement qui sont issus du mariage, en faveur duquel l'institution a été faite, *ibid*. n. 45 & *suiv*. 320

Les enfans du second degré viennent par représentation à la succession de l'instituant, *ibid*. n. 49 & *suiv*. *ibid*.

L'instituant doit être habile à contracter, *ibid*. n. 52 & *suiv*. 320 & 321

Mais il n'importe qu'il soit sain, ou malade, & même proche de la mort, *ibid*. n. 55 & *suiv*. 321

L'institution doit être faite par un principe de gratification & de bienfait, & non de haine, *ibid*. n. 58 & *suiv*. *ibid*.

Elle doit être aussi faite sans blesser la légitime des enfans, *ibid*. n. 62 & 63, 322

Comment un enfant peut être réduit à la légitime dans le mariage de son frere, *voyez* Légitime.

Si l'héritier institué est saisi du jour du décès de l'instituant, t. 20, a. 219, n. 83, 327

Si les institutions d'héritiers tiennent de la donation entre-vifs, & du testament ou donation à cause de mort, *ibid*. a. 220, n. 1 & *suiv*. 332

Si l'institution peut empêcher l'instituant de faire des aliénations, des donations & des legs, *ibid*. n. 4, *ibid*.

Si elle peut empêcher les donations de quotte, & les legs de quotte, *ibid*. n. 5 & *suivans*, 332 & 333

Si celui qui a fait une institution avec reserve peut disposer au-delà de la somme reservée, *ibid*. n. 14, 334

Si la reserve, en cas que l'instituant n'en ait pas disposé, accroît à l'héritier institué, *ibid*. n. 15, *ibid*.

Si celui qui a fait une inſtitution d'héritier, peut faire un autre héritier, *ibid.* a. 222, n. 1, 337
S'il peut faire des donations particulieres, *ibid.* n. 2 & 3, *ibid.*
Si le conſentement de l'héritier inſtitué, peut valider une ſeconde inſtitution, *ibid.* n. 4, *ibid.*
Si l'héritier inſtitué paſſant en ſecondes noces, & l'inſtituant réitérant l'inſtitution, les enfans du ſecond lit en peuvent profiter, *ibid.* n. 5, *ibid.*
Si un pere inſtitué qui prédécéde l'inſtituant, peut faire que l'inſtitution profite à l'un des enfans au préjudice des autres, *ibid.* n. 6, *ibid.*
S'il faut excepter les filles mariées & appanées, *ibid.* n. 7 & 8, 338
Si l'inſtituant peut avantager ſans fraude, un des enfans ſubſtitués tacitement, *ibid.* n. 9, *ibid.*
Quel eſt le principal effet de l'inſtitution, par rapport à l'héritier inſtitué, *ibid.* a. 223, n. 1, *ibid.*
Si celui qui a été inſtitué héritier peut renoncer à la ſucceſſion de l'inſtituant quand elle eſt échue, *ibid.* n. 2, 3 & 4, 338 & 339
Si l'héritier contractuel eſt tenu de toutes les charges de l'hérédité, *ibid.* n. 5, 6 & 7, 339
L'héritier contractuel peut ſe porter héritier ſous bénéfice d'inventaire, *ibid.* n. 8, *ibid.*
Mais il peut être exclus, quoique parent collatéral de l'inſtituant, par un héritier pur & ſimple, *ibid.* n. 9 & 10, *ibid.*
Il en eſt autrement du fils héritier conventionnel de ſes pere & mere, *ibid.* n. 11 & 12, 339 & 340
Comment ſe partage la ſucceſſion d'un pere entre deux freres, dont l'un eſt héritier inſtitué, & l'autre appané; quand le premier ſe porte héritier ſous bénéfice d'inventaire, & l'autre héritier pur & ſimple, *ibid.* a. 223, n. 13 & 14, 340
Interdits, ſi on leur donne un Curateur, t. 15, a. 172, n. 2, 254
Si on leur ôte l'entiere adminiſtration de leurs biens, *ibid.* n. 2, *ibid.*
Intérêts de dot, de quel temps ils ſont dus, *voyez* Dot.
Interrogatoire ſur faits & articles, *voyez* Faits & Articles.
Interpellation judiciaire, quand eſt requiſe pour empêcher la preſcription, t. 3, a. 13, n. 20 & 21, 19
Interruption, ce que c'eſt qu'interruption en matiere de preſcription, & quel eſt ſon effet, t. 3, a. 34, n. 1, 2 & 3, 87
Combien il y a de ſortes d'interruptions, *ibid.* n. 4, 5, 6 & 12, 88
Si la dépoſſeſſion par voie de fait interrompt la preſcription, quand celui qui a été dépoſſédé, eſt reſtitué, *ibid.* n. 7, *ibid.*
Quid, des intervalles où le poſſeſſeur ceſſe volontairement d'exercer ſa poſſeſſion, *ibid.* n. 8 & 9, *ibid.*
Quid, de la ſaiſie réelle avec établiſſement de commiſſaire, *ibid.* n. 10 & 11, *ibid.*
Si l'interruption civile extrajudiciaire ſuffit pour interrompre la preſcription, *ibid.* n. 13, *ibid.*
Si le paiement d'une partie de la dette eſt une interruption, *ibid.* n. 14, *ibid.*
Quid, de la réſerve faite par un créancier, d'autres ſommes à lui dues, *ibid.* n. 15 & 16, 89
Un ſimple commandement contre perſonne obligée ou condamnée, interrompt la preſcription, *ibid.* n. 17, *ibid.*
Autre choſe eſt d'un ſimple à ſavoir, *ibid.* n. 18, *ibid.*
A l'égard des perſonnes ni obligées ni condamnées, il faut une demande judiciaire, *ibid.* n. 19, *ibid.*
Quand la demande ou l'inſtance eſt périe, la preſcription n'eſt pas interrompue, *ibid.* n. 20 & ſuiv. *ibid.*
Si une aſſignation nulle interrompt la preſcription, *ibid.* n. 25 & 26, 90
L'interruption de preſcription faite contre l'un des communs poſſédans par indivis, nuit aux autres, t. 3, a. 35, n. 1 & 2, *ibid.*
Il en eſt de même des perſonnes obligées ſolidairement, *ibid.* n. 4, 5 & 6, 91
Secus, des détenteurs d'un max, *ibid.* n. 3, *ibid.*
Et des co-héritiers, *ibid.* n. 7 & ſuiv. *ibid.*
La demande pour un droit commun à pluſieurs, faite par un ſeul, interrompt la preſcription pour les autres, quand le droit entier eſt demandé, & non autrement, *ibid.* n. 12 & 13, 92
Si la demande de tout le devoir par le ſeigneur contre un codétenteur interrompt la preſcription de dix ans pour les arrérages contre les autres, *voyez* Arrérages de cens.
Inventaire, ſi la mere Tutrice eſt obligée de faire inventaire, *voyez* Tutelle.
Si le tuteur eſt tenu de faire inventaire, *voyez* Tutelle.
Si le donataire mutuel y eſt tenu, *voyez* Don mutuel.
Inventaire à l'effet d'empêcher la continuation de communauté, *voyez* Continuation de communauté.
Juge, *voyez* Juſtice.
Juriſdiction, ce que c'eſt, t. 1, a. 1, n. 12, 3
Juſtice, ce que c'eſt, t. 1, pr. n. 1, 1
Comment & par qui ſe rendoit anciennement la juſtice en France, *ibid.* n. 2, 3 & 4, *ibid.*
Et a. 6, n. 2, 3 & 4, *ibid.*
Origine des juſtices patrimoniales, t. 1, pr. n. 5 & 6, 1
Et a. 6, n. 2, 3, 4 & 5, 9
Les ſeigneurs juſticiers ont aujourd'hui la juſtice en propriété, comme ſeigneurie, & non en exercice, comme ſimple Office, *ibid.* n. 7, 1
En quoi conſiſte la propriété de la juſtice, *ibid.* n. 8 & 9, 2
La juſtice & le fief n'ont rien de commun, t. 1, a. 1, n. 1 & 6, 2 & 3
Différence qu'il y a entre le fief & la juſtice, *ibid.* n. 2, 3 & 4, 2
Le ſeigneur féodal n'eſt point fondé pour raiſon de ſon fief, d'avoir juſtice, ni le ſeigneur juſticier fondé, à cauſe de ſa juſtice, de ſe dire ſeigneur féodal des choſes ſituées en icelle, & on peut ſéparer la juſtice d'un lieu du fief, *ibid.* n. 6, 7 & 8, 3
Diſtinctions qu'il faut faire dans une terre tenue en fief & juſtice, & quelle différence il y a entre le territoire, la juſtice, la juriſdiction & le reſſort, *ibid.* n. 9, 10 & ſuiv. *ibid.*
Combien il y a de ſortes de juſtices, a. 2, n. 1 & 2, *ibid.*
Et a. 6, n. 2, 3 & 4, 9
Si celui qui a les trois juſtices, peut les démembrer, a. 2, n. 3, 4
Si le ſeigneur juſticier peut établir des officiers nouveaux, *ibid.* n. 4, *ibid.*
S'il peut deſtituer ſes officiers à ſa volonté, t. 1, pr. n. 9, 2
De quels crimes connoît le haut juſticier, & quels ſont les peines qu'il peut impoſer, a. 2, n. 6 & ſuiv. 4
Quels ſont les crimes dont il ne peut pas connoître, *ibid.* n. 13, 14 & 15, *ibid.*
Pouvoir du haut juſticier en matieres civiles, & de quoi il connoît, *ibid.* n. 16, 17, 18, 19 & 25, 4, 5 & 6
Quelles ſont les cauſes dont le haut juſticier ne peut pas connoître, *ibid.* n. 20 & ſuiv. 5
Si le ſujet du haut juſticier, qui eſt appellé pardevant le juge royal, peut demander ſon renvoi, & par qui il doit être revendiqué, *ibid.* n. 26 & 27, 6
Où reſſortiſſent les ſentences rendues par les hauts juſticiers, & comment elles s'exécutent, *ibid.* n. 28, 29 & 30, *ibid.*
Quel eſt le pouvoir du moyen juſticier, & de quoi il connoît, a. 3, n. 1, 2 & ſuiv. 7
De quoi connoît le bas juſticier, & quel eſt ſon pouvoir, a. 4, n. 1 & ſuiv. 7 & 8
Dans quel temps les premiers juges ſont tenus de renvoyer les procès & les accuſés, qui ne ſont pas

TABLE ALPHABÉTIQUE

de leur compétence, aux juges qui en doivent connoître, *ibid.* n. 6, 8
A la charge de qui sont les frais de la translation du prisonnier & du port des informations, *ibid.* n. 7 & 8, *ibid.*
Le seigneur justicier doit avoir prison bonne & sûre, & géolier pour la garder, a. 5, n. 1 & *suiv.* *ibid.*

L.

LAbours & semences, la douairiere prend son douaire en l'état qu'elle le trouve, garni de fruits ou non, & le laisse de même, sans récompense de part & d'autre des labours & semences, *voyez* Douairiere.
Légitime, ce que c'est, t. 20, a. 219, n. 71, 323
Comment se régle la quotité de la légitime dans cette Coutume, *ibid.* n. 68, 69 & 70, 322 & 323
Si la légitime s'estime, eu égard aux biens du disposant, au temps du décès, t. 19, a. 216, n. 34, 308
Si tous les enfans indistinctement peuvent demander leur légitime, *ibid.* a. 219, n. 72, 323
Comment les enfans qui sont au second degré peuvent l'exiger, si c'est par souches ou par têtes, *ibid.* n. 73, 324
La légitime ne se demande régulièrement qu'avec la qualité d'héritier, *ibid.* n. 74, *ibid.*
Le légitimaire est saisi du jour de la mort, *ibid.* n. 75, *ibid.*
Comment un enfant peut être réduit à sa légitime dans le contrat de mariage de son frere, *ibid.* n. 64 & *suiv.* 322
Comment se fait le calcul de la légitime, *ibid.* n. 77 & 78, 324
Lettres d'état, ce que c'est, & pourquoi ainsi appellées, t. 9, pr. n. 2, 3 & 4, 119
A qui il appartient d'accorder des lettres d'état, *ibid.* n. 5, *ibid.*
Sur quoi est fondée la justice de ces lettres, & déclaration du 23 décembre 1702, pour en empêcher l'abus, *ibid.* n. 6 & 7, *ibid.*
Lettres de répi, *voyez* Répi.
Lettres de grace, ce que c'est, & quand elles s'obtiennent, t. 8, a. 67, n. 2, 118
Lettres de rémission, ce que c'est, & quand on les obtient, *ibid.* n. 3, *ibid.*
Lettres de pardon, ce que c'est, & quand obtenues, *ibid.* n. 4, *ibid.*
Lettres d'abolition, ce que c'est, & quand elles s'obtiennent, *ibid.* n. 5, *ibid.*
Quelle est la forme en laquelle les lettres de grace, de rémission, de pardon & d'abolition, doivent être obtenues, présentées & entérinées, *ibid.* n. 6, *ibid.*
Ces lettres ne font pas préjudice à la partie civile, mais bien au seigneur haut justicier, *ibid.* n. 6 & 7, *ibid.*
Levée de deniers défendue sans permission, *voyez* Impositions.
Limites, *voyez* Bornes.
Liquidation de fruits, ou d'arrérages de rentes foncieres, *voyez* Redevances foncieres.
Litispendance, ce que c'est, t. 2, pr. n. 6, 13
Quelles choses sont nécessaires pour établir la litispendance, *ibid.* n. 7, *ibid.*
Locataire, s'il peut user de rétention des loyers pour les réparations nécessaires à faire, t. 13, a. 120, n. 1, 190
Quelles choses sont nécessaires pour donner lieu à cette rétention, *ibid.* n. 2, *ibid.*
Si le locataire peut emporter les réparations non nécessaires qu'il a faites, *ibid.* n. 3, *ibid.*
Si le locataire peut être expulsé, *ibid.* a. 121, n. 1, 191
Et n. 13, 192
S'il peut l'être, quand il ne paye pas le loyer, *ibid.* n. 2, 191
Quand il n'a pas suffisamment garni la maison pour payer une année de loyer, *ibid.* n. 3, *ibid.*
Si le locataire est reçu à donner caution, à défaut de garnir la maison de meubles, *ibid.* n. 4, *ibid.*
Si le locataire peut être expulsé, quand le propriétaire est nécessité de loger dans sa maison, & quelle doit être cette nécessité, *ibid.* n. 4 & 5, *ibid.*
Si le propriétaire peut expulser le locataire, pour occuper une partie de sa maison & louer le reste, *ibid.* n. 7, *ibid.*
Si ce privilége n'est accordé qu'au propriétaire du total de la maison, *ibid.* n. 6, *ibid.*
Si ce privilége appartient à la mere tutrice, pour les maisons de ses enfans, & au mari pour celles de sa femme, *ibid.* n. 8, *ibid.*
S'il est dû dans ce cas des dommages intérêts au locataire, *ibid.* n. 9, *ibid.*
Si le propriétaire peut contraindre le locataire de sortir, pour faire des réparations, *ibid.* n. 11, 192
S'il le peut quand le locataire use mal de la maison, *ibid.* n. 12, *ibid.*
Si les cas pour lesquels le locataire peut être expulsé sont communs au propriétaire & principal locataire, *ibid.* n. 14, *ibid.*
Si l'acquéreur ou autre successeur à titre particulier, peut expulser le locataire, même dans le cas auquel la maison auroit été spécialement affectée à l'entretien du bail, *ibid.* n. 15, 16 & 17, *ibid.*
Si l'acquéreur sous faculté de rachat, peut expulser le locataire, *ibid.* n. 18, *ibid.*
Si les principaux locataires peuvent sous-louer à d'autres; s'il y a des cas auxquels ils ne le peuvent pas, & quels sont ces cas, a. 123, n. 1, 2 & 3, 194
Tacite réconduction, ce que c'est, & quand elle a lieu, *voyez* Réconduction.
Quel est le privilége du propriétaire sur les meubles du locataire étant en sa maison, a. 117, n. 1, 2 & 3, 186 & 187
Et a. 118, n. 1 & 2, 187 & 188
Si ce privilége s'étend sur les biens de toutes sortes de locataires indistinctement, même ecclésiastiques, a. 117, n. 4, 187
Quelle étoit anciennement l'étendue de ce privilége & quelle est celle d'aujourd'hui, *ibid.* n. 5 & 6, *ibid.*
S'il y a lieu au privilége du propriétaire, quand les meubles qui sont dans la maison n'appartiennent pas au locataire, a. 119, n. 3 & *suiv.* 188
Quid, si les meubles du locataire avoient été saisis avant qu'il fût entré dans la maison, *ibid.* n. 7, *ibid.*
Si le locataire est tenu de garnir la maison de meubles exploitables pour la sûreté du paiement du loyer, a. 118, n. 1 & 2, 187 & 188
Si le propriétaire de la maison a droit de suite sur les meubles du locataire, qui garnissent la maison, *ibid.* n. 2, 188
Quelles choses sont nécessaires pour donner lieu à ce droit de suite, s'il y a des cas où il n'a pas lieu, & quels sont ces cas, a. 118, n. 3, *ibid.*
Et a. 119, n. 8, 189
Pour quels termes le privilége du propriétaire doit avoir lieu, a. 119, n. 9 & *suiv.* 189 & 190
Quel rang tient le privilége du propriétaire sur les meubles du locataire dans l'ordre des priviléges, *ibid.* n. 13 & 14, 190
Si le principal locataire a les mêmes priviléges & droits à l'égard des sous-locataires, que le propriétaire a à son égard, a. 122, n. 1 & *suiv.* 193

M.

MAjorité de deux sortes, de droit & de coutume, t. 15, a. 273, n. 1, 255
A quel âge est fixée l'une & l'autre majorité, *ibid.* n. 1, *ibid.*
Quel est l'effet de la majorité coutumiere, *ibid.* n. 2 & 3, *ibid.*

Le majeur de coutume peut sans curateur disposer de ses meubles, des fruits de ses immeubles, & exiger ses dettes actives, *ibid*. n. 4 & 8, 255 & 256
Il ne peut aliéner ses immeubles sans autorité de curateur, *ibid*. n. 5, 255
On ne peut rembourser à un majeur de coutume un contrat de rente sans le secours d'un curateur, *ibid*. n. 6, 256
Un majeur de coutume ne peut ester en jugement sans curateur, a. 169, n. 2, 248
Et a. 173, n. 7 & 9, 256
Si le majeur de coutume peut être restitué contre les actes qu'il a faits sous l'autorité de son curateur, dans lesquels il a été lésé, *ibid*. n. 10, *ibid*.
Si c'est au majeur de coutume à justifier de la lésion, & quels sont les cas où il est présumé de droit avoir été lésé, *ibid*. n. 11 & *suiv*. *ibid*.
Si le majeur de coutume doit se pourvoir par lettres de restitution dans les dix ans de sa majorité, contre les aliénations par lui faites sous l'autorité de son curateur, *ibid*. n. 15, *ibid*.
S'il a besoin de lettres, lorsqu'il a traité d'un immeuble, ou d'une universalité de meubles, sans l'autorité de son curateur, a. 171, n. 14 & *suiv*. 252
Si le majeur de coutume qui est restitué contre l'aliénation qu'il a faite, doit rendre le prix qu'il a reçu, à l'exception de ce qu'il prouve ne lui avoir pas profité, *ibid*. n. 16, *ibid*.
Si l'acquéreur est tenu de lui restituer les fruits depuis son acquisition, *ibid*. n. 17, *ibid*.
Voyez Mineurs.

Maison, quand choses de maison & qui y sont attachées, sont immeubles, s'il suffit qu'elles y soient attachées à fer & à clous, t. 23, a. 287, n. 1 & *suiv*. 484

Main-levée provisoire, si le détenteur saisi faute de paiement de cens, ou rente foncière, peut l'obtenir en consignant les trois dernieres années, *voyez* Cens.

Main-mise, ce que ce mot signifie, & ce que c'est que faire main-mise, t. 1, a. 3, n. 3 & 4, 7

Main-morte, ce qu'on entend par homme de main-morte, & à combien de sortes de personnes ce mot peut s'appliquer, t. 3, a. 25, n. 1 & *suiv*. 74
Si les gens de main-morte de condition servile, peuvent transférer leur domicile hors la terre de leurs seigneurs, & prescrire franchise & liberté, *ibid*. n. 5, 6, 7 & 9, *ibid*.
Quid, des enfans issus d'un homme de main-morte, *ibid*. n. 8, *ibid*.

Marchand, si le fils de famille & la femme mariée, exerçans marchandise publique, peuvent ester en jugement pour raison de leur commerce, sans l'autorité de leur pere & mari, t. 15, a. 168, n. 1 & 2, 245
S'ils peuvent s'obliger valablement pour raison de leur commerce, sans l'autorité de leur pere & mari, *ibid*. n. 3 & 4, 246
S'ils peuvent obliger avec eux leur pere & mari, & quelles sont les conditions requises pour cela, *ibid*. n. 5, 6 & *suiv*. *ibid*.
Si une femme marchande publique, mineure, peut s'obliger & obliger son mari pour le fait de son commerce, *ibid*. n. 10, *ibid*.
Si la femme qui s'est obligée pour fait de marchandises, est contraignable par corps, *ibid*. n. 11, *ibid*.
Si le mari l'est aussi, & si l'un & l'autre peuvent pour cette raison être détenus en prison, *ibid*. n. 12 & 13, 246 & 247
Si l'obligation du mari a lieu, quand il y a exclusion de communauté, ou séparation, *ibid*. n. 14, 247
Quand la femme peut & doit être réputée marchande publique, *ibid*. n. 15, *ibid*.
Si la femme marchande publique, ou ses héritiers renonçans à la communauté, sont déchargés à l'égard du mari & de ses héritiers, des dettes par elle contractées pour le fait de son négoce, *ibid*. n. 16, *ibid*.

Marchands en gros & en détail, quand ils peuvent & doivent demander le paiement de leurs marchandises, *voyez* Prescription.
Si les différends entre marchands doivent être jugés par Arbitres, *voyez* Arbitres.

Marchés publics, en quoi ils sont distingués des foires, & quel est leur usage, t. 13, a. 133, n. 1 & 2, 210
Voyez Foires.

Marguilliers des paroisses, fabriques & confrairies, ne peuvent emprunter sans permission du roi, t. 1, a. 10, n. 2, 13

Mariage, contrats de mariage susceptibles de toutes les clauses qui ne sont pas contre les bonnes mœurs, t. 20, pr. n. 1, 2, 3 & 4, 313
Et a. 219, n. 1, 314
Enfans qui se marient sans le consentement de pere & de mere, peuvent être exhérédés, *voyez* Exhérédation, & émancipation.
Mariage par échange, *voyez* Echange.

Mari, autorité du mari sur la personne de la femme mariée, *voyez* Femme mariée.
Autorité & puissance du mari sur les biens de la femme, en quoi elle consiste, & si le mari durant le mariage fait les fruits siens, des héritages appartenans à sa femme, t. 21, a. 235, n. 1 & 2, 378
Si le mari peut faire des baux des propres de sa femme; & si après la mort du mari, sa veuve est obligée d'entretenir le bail que son mari a fait de ses biens, *ibid*. n. 3, 4 & 5, *ibid*.
Pour quel temps le mari peut faire baux des biens de sa femme, *ibid*. n. 6, *ibid*.
Quand est-ce que le bail fait par le mari, des biens de sa femme, est réputé fait en fraude, & comment s'exécute le bail fait en fraude, & celui qui est excessif, *ibid*. n. 7 & 8, 379
Quel est le cas auquel les héritiers du mari sont garans de l'éviction ou réduction du bail fait en fraude, ou excessif, *ibid*. n. 9, *ibid*.
Quand les baux des biens de la femme sont réputés faits par anticipation, & quel est le cas auquel la femme est tenue d'entretenir le bail fait par anticipation, *ibid*. n. 10 & 11, *ibid*.
Si le mari peut présenter seul aux bénéfices, & pourvoir aux offices dépendans des propres de sa femme, *ibid*. n. 12, *ibid*.
S'il peut exercer le retrait seigneurial & lignager pour sa femme, *voyez* Retrait.
Si le mari est maître des biens meubles & effets mobiliers de la femme; s'il a droit de les demander & poursuivre en justice, & si les actions personnelles & possessoires lui appartiennent, *ibid*. n. 14 & 15, *ibid*.
Si les actions possessoires passives de la femme peuvent être intentées contre le mari, *ibid*. n. 17, *ibid*.
Quelles sont les actions personnelles de la femme qui n'appartiennent pas au mari, & quelles sont celles qui lui appartiennent, *ibid*. n. 16 & 18, 379 & 380
Si le mari peut vendre les propres de la femme sans son consentement, *ibid*. n. 19, 380
Si la femme ou ses héritiers peuvent revendiquer les immeubles vendus par le mari sans le consentement de la femme; quand, comment & contre qui peut se faire cette revendication, *ibid*. n. 20, 21 & 22, *ibid*.
Si la femme peut faire cette revendication dans le cas auquel elle accepte la communauté, & si en ce cas elle doit sa part des dommages-intérêts de l'acquereur, comme dettes de la communauté, *ibid*. n. 23 & 24, *ibid*.
Si le mari majeur peut seul recevoir le rachat de sa rente appartenante à sa femme, ou le paiement de sa dot immobiliaire, *ibid*. n. 25 & 26, 380 & 381
Si le mari mineur le peut, *ibid*. n. 27, 381
Quid, quand le mari est majeur & la femme mineure, *ibid*. n. 28, *ibid*.

TABLE ALPHABÉTIQUE

Si le mari peut faire le déguerpissement du fonds de la femme, *voyez* Déguerpissement.

S'il peut faire tomber en commise l'héritage propre de la femme, *voyez* Commise, *dans la Table de la seconde Partie.*

Le marine peut couper les futayes appartenantes à sa femme sans son consentement, *ibid.* n. 31, 381

Il.ne peut transiger sans sa femme, de son compte de tutelle, ni en fixer le réliquat, *ibid.* n. 32, *ibid.*

Il ne peut aussi, sans la participation de la femme, renoncer à une succession échue, ni l'accepter, poursuivre, intenter l'action d'hérédité, que la femme ne soit en qualité, *ibid.* n. 33, *ibid.*

Que doit faire le mari, dans le cas d'une succession échue à sa femme, pour qu'on ne puisse lui rien imputer, *ibid.* n. 35, *ibid.*

Regle générale, la femme doit être partie avec le mari dans toutes les actions réelles qu'il intente pour ses immeubles, ou réputées réelles, *ibid.* n. 36, 382

Le mari est le maître des meubles de la communauté, & conquêts faits pendant icelle; il en peut disposer à sa volonté, a. 236, n. 1 & 2, *ibid.*

Quand la communauté est non-seulement des acquêts immeubles à faire, mais encore de ceux déja faits, le mari ne peut disposer de ceux faits que pour sa moitié, & non de celle de sa femme, sans son consentement, *ibid.* n. 3 & 4, *ibid.*

Le mari peut disposer de l'héritage ameubli, *ibid.* n. 5 & 6, 383

Le mari ne peut disposer des biens de la communauté que par disposition entre-vifs, & non par disposition ayant trait à mort, *ibid.* n. 7, *ibid.*

Il faut que la disposition entre-vifs soit faite sans fraude, *ibid.* n. 8, *ibid.*

La disposition universelle de tous les effets de la communauté, quoique faite aux enfans communs ou à un fils unique commun, est présumée frauduleuse, *ibid.* n. 9 & 10, *ibid.*

Secùs, de la donation particuliere, faite à un enfant commun, *ibid.* n. 11, *ibid.*

Si c'est donner en fraude, quand le mari profite seul de la donation, qu'il donne aux enfans d'un précédent mariage, ou à ses héritiers présomptifs, *ibid.* n. 12, *ibid.*

Si la donation est frauduleuse, quand elle est faite par le mari la veille de sa mort, ou de celle de sa femme, *ibid.* n. 13, 384

Si la libéralité du mari est frauduleuse, quand il a nourri & entretenu par charité, aux dépens de la communauté, son pere, ou autre ascendant, *ibid.* n. 14, *ibid.*

Si un mari peut, sous prétexte de restitution & par une déclaration *de malè ablatis*, priver sa femme de sa part des conquêts de la communauté, & quelle est en ce cas l'obligation de la femme, par rapport au for intérieur, *ibid.* n. 16, *ibid.*

Marquer, ce que c'est, t. 1, a. 2, n. 8, 4

Matériaux, quand sont réputés meubles, & quand ils ne le sont pas, t. 23, a. 286, n. 6, 483

Médecins, quand ils peuvent & doivent demander leurs honoraires, *voyez* Prescription.

Médicamens fournis aux conjoints dans la derniere maladie, s'ils sont dettes de communauté, *voyez* Communauté.

Mere Tutrice, *voyez* Tutelle.

Métairie, privilége du propriétaire sur les fruits d'une métairie, *voyez* Hypothéque.

Si les foins, pailles & fumiers d'une métairie sont censés faire partie de la terre, *voyez* Foin.

Meubles, ce que c'est, & quels sont les biens compris sous le mot de *meubles*, t. 23, pr. n. 5, 475

Actions pour choses mobiliaires sont meubles, a. 281, n. 1 & 2, 476

Arrérages de cens & rentes sont meubles, *ibid.* n. 3, *ibid.*

Les arrérages de cens & rentes foncieres ne sont ameublis qu'au moment de l'échéance du terme, *ibid.* n. 4, *ibid.*

S'il en est de même des arrérages de rentes constituées, de loyers de maisons, de pensions, & autres semblables, s'ils ne sont réputés meubles que lorsque les termes des paiemens sont échus, ou s'ils le sont *de die in diem*, l'échéance de chaque jour les ameublissant pour autant, *ibid.* n. 5, 6 & 7, *ibid.*

Meuble n'est pas susceptible d'hypothéque, *voyez* Hypothéque.

Voyez Immeuble, & Rente.

Mi-denier, *voyez* Récompense.

Mineurs de Coutume, s'ils sont capables d'ester en jugement, t. 15, a. 169, n. 1, 247

S'ils peuvent ester en matiere criminelle, *ibid.* n. 15, 249

Si les mineurs en puissance de leurs peres, ou tuteurs, peuvent contracter sans l'autorité de leurs peres & tuteurs, a. 171, n. 11, 252

Quelle distinction il y a à faire à ce sujet, entre les majeurs de Coutume, & les mineurs de Coutume, *ibid.* n. 12 & *suiv.* *ibid.*

Si les mineurs qui ont l'âge de puberté, peuvent tester sans être autorisés, *ibid.* n. 24, 253

Si les parties qui contractent avec des mineurs non-autorisés, peuvent opposer la nullité de l'acte, *ibid.* n. 25, *ibid.*

Quand le mineur releve le majeur, t. 3, a. 24, n. 1, 2 & *suiv.* 73

Si les deniers des propres des mineurs, vendus ou rachetés pendant leur minorité, sont subrogés aux propres vendus & rachetés, *voyez* Rente.

Minute, de quels actes les notaires doivent garder minutes, *voyez* Notaires.

Moulins, s'ils sont immeubles, t. 23, a. 282, n. 2, 477

Quand les moulins assis sur bateaux ès rivieres sont meubles, & quand ils sont immeubles, *ibid.* n. 1, 5 & 6, 477 & 478

Quand les moulins à vent sont meubles, & quand ils sont immeubles, *ibid.* n. 3 & *suiv.* *ibid.*

Si les moulins à vent & ceux assis sur bateaux, quoique meubles, doivent être saisis & vendus par criées comme immeubles, *ibid.* n. 7, 478

N.

Naissance illégitime, *voyez* Bâtard.

Naturaliser, quels sont les étrangers naturalisés, t. 17, pr. n. 7 & 8, 277

A qui il appartient de naturaliser les étrangers, *ibid.* n. 8, *ibid.*

Etrangers non-naturalisés, *voyez* Aubains.

Noces, Edit des secondes noces, en quel temps, & pourquoi il a été établi, & si la disposition a été étendue aux hommes comme aux femmes, t. 20, a. 219, n. 84, 85 & 86, 327

Quelles sont les personnes à qui on ne peut donner suivant le premier chef de l'édit, *ibid.* n. 87, 88 & 89, 328

Si les enfans communs issus du nouveau mariage, sont compris dans la prohibition de l'édit, *ibid.* n. 90 & *suiv.* *ibid.*

Si les enfans à naître du nouveau mariage y sont compris, *ibid.* n. 93, 94 & 95, *ibid.*

Si la prohibition de l'édit comprend toutes sortes de moyens, par lesquels on peut directement ou indirectement avantager le second conjoint, *ibid.* n. 96, 329

Quelles sont les personnes en faveur desquelles la prohibition de l'édit a été établie; si les petits-fils de l'aïeul arrêtent le cours de ses libéralités, également que les enfans, *ibid.* n. 97, *ibid.*

Si le retranchement de l'édit se communique aux

enfans des deux lits, *ibid.* n. 98 & 99, 330
Les enfans ne prennent pas ce retranchement en qualité d'héritiers; conséquences qui se déduisent de-là, *ibid.* n. 100 & suiv. *ibid.*
Il faut toutefois pouvoir être héritiers, pour profiter de ce retranchement; ainsi les exhérédés, les indignes, les incapables, & les filles qui ont renoncé en sont exclus, *ibid.* n. 103, 104 & 105, *ibid.*
Comment se fait la réduction des avantages faits au second conjoint, à quoi on doit avoir égard pour cela, & si la portion du moins prenant des enfans qui sert à fixer la réduction, peut être moindre que la légitime, *ibid.* n. 106, 107 & 108, 331
Quelle est la disposition du second chef de l'édit des secondes noces; & quelles sont les conditions de la reserve en faveur des enfans du premier lit, *ibid.* n. 109, *ibid.*
Notaires, pourquoi sont établis, & quelles sont leurs fonctions, t. 11, pr. n. 1 & 2, 131
Quelle différence il y a entre notaire & tabellion, *ibid.* n. 3 & 4, *ibid.*
A qui appartient le droit de créer des notaires, *ibid.* n. 5, 6 & 7, *ibid.*
Combien il y a de sortes de notaires, *ibid.* n. 7, *ibid.*
Le pouvoir des notaires des seigneurs est limité dans l'étendue de la jurisdiction, où ils ont été reçus, a. 174, n. 1 & 2, 132
Quid, des notaires royaux, *ibid.* n. 3 & suiv. *ibid.*
Les contrats reçus par les notaires royaux dans l'étendue de leur territoire, entre personnes qui ne sont pas de leur ressort, sont valables, *ibid.* n. 9, 133
Quid, des notaires des seigneurs, *ibid.* n. 10, *ibid.*
Quels sont les actes que les notaires royaux peuvent recevoir dans l'étendue de leur territoire, *ibid.* n. 11 & 12, *ibid.*
Si les notaires peuvent recevoir des contrats pour leurs parens, *ibid.* n. 15, *ibid.*
Les notaires ne peuvent recevoir aucun contrat, s'il n'y a deux témoins, ou s'il n'y a deux notaires, *ibid.* n. 13 & 14, *ibid.*
Les notaires doivent connoître les personnes qui contractent, & les témoins, *ibid.* a. 75, n. 1 & 2, 134
Quels doivent être les témoins que les notaires mettent présens dans les actes, & ce que doivent marquer les notaires tant par rapport aux témoins, qu'aux contractans, *ibid.* n. 3, 4 & 5, *ibid.*
Autres devoirs des notaires dans la passation des actes, a. 76, n. 1, & a. 77, n. 1, 2, 3, 4, 9, 10 & 11, 134, 135 & 136
Si les notaires sont responsables des fautes qu'ils commettent dans les contrats, *ibid.* a. 76, n. 2 & 3, 134
Si un acte signé des parties & non du notaire qui l'a reçu, est valable, a. 77, n. 5 & suiv. 135
Si les notaires sont tenus de faire protocoles & registres, a. 78, n. 1 & suiv. 136
De quels actes les notaires doivent garder minutes, & à qui ils peuvent communiquer leurs minutes, *ibid.* n. 5 & 6, 136 & 137
Si les notaires peuvent délivrer une seconde grosse, & comment, *ibid.* n. 7 & 8, 137
De quel jour le créancier a hypothèque sur les biens de son débiteur, dans le cas de la délivrance d'une seconde grosse, *ibid.* n. 9, *ibid.*
Déclarations que doivent faire les notaires dans les actes, par rapport aux cens, rentes, & autres devoirs, a. 79, n. 1 & 2, *ibid.*
Celles que doivent faire les contractans, & ce qu'opèrent ces déclarations, a. 80, n. 1, 3, 4 & 7, 138 & 139
Taxe des notaires, par qui & comment elle doit être faite, a. 82, n. 1 & 2, 141
Si les notaires peuvent obliger les parties à payer l'expédition des actes passés pardevant eux, *ibid.* n. 3 & 4, *ibid.*

Si les notaires peuvent passer des actes toutes sortes de jours, *ibid.* n. 5, *ibid.*
L'office de notaire n'est révoqué par la mort du seigneur qui l'a créé; *idem*, des juges des seigneurs & autres offices, a. 83, n. 1 & 2, *ibid.*
A qui appartiennent les minutes des notaires après leur mort; & quelle est la différence entre la pratique & l'office d'un notaire, a. 84, n. 1 & suiv. 142
Expédition par *retulit*, ce que c'est, qui la doit faire, & comment elle se fait, a. 85, n. 1 & suiv. 142 & 143
Notification de transport, *voyez* Transport.
Novales, *voyez* Dîmes.
Nouvelleté, ce que c'est, t. 12, a. 89, n. 2, 147
Nourriture, si nourriture fournie aux dépens de la communauté par le mari à son pere, est une libéralité frauduleuse, *voyez* Mari.
Nul, si une assignation nulle interrompt la prescription, *voyez* Interruption.
Nullités absolues & nullités respectives sont différentes, t. 15, a. 171, n. 25, 253
Nullités des actes consentis par les femmes mariées sans l'autorisation de leurs maris, *voyez* Femmes mariées.
Nullités des actes consentis par les mineurs de droit & de Coutume, sans l'autorisation de leurs tuteurs & curateurs, *voyez* Majeurs & Mineurs de Coutume, & Restitution.

O.

Objets, ce que c'est, & quelle différence il y a entre reproches & objets, t. 5, a. 44, n. 1, 102
Obligation, ce que c'est, & comment elle se divise, t. 13, pr. n. 1 & suiv. 155
Quels sont les effets des obligations, *ibid.* n. 5 & 6, 155 & 156
Comment s'exécutent les obligations, *voyez* Saisie.
Offices, s'ils sont sujets au douaire, *voyez* Douaire.
Official, comment s'exécutent les sentences & jugemens des officiaux, t. 13, a. 97, n. 6 & 7, 157
Oppositions à saisie mobiliaire, dans quel temps le saisissant est tenu de les faire vuider, t. 13, a. 111, n. 17, 18 & 19, 175
Opposant en revendication & distraction de meubles saisis, quand il doit avoir main-levée, a. 129, n. 1, 2 & 3, 208
Si le tiers opposant est reçu à faire preuve que les meubles lui appartiennent, dans le cas auquel le débiteur saisi soutiendroit le contraire, *ibid.* n. 4, *ibid.*
Si le tiers opposant doit avoir les dépens contre le créancier saisissant, *ibid.* n. 2 & 3, *ibid.*
Oppositions aux criées, combien il y en a de sortes, a. 144, n. 1 & suiv. 223
Quand on doit former les oppositions, à fin de charge & de distraire, *ibid.* n. 7 & suiv. 223 & 224
Si l'opposition afin de conserver se peut former en tout temps, *ibid.* n. 11, 12 & 13, 224
Si l'opposition afin d'annuller doit être formée, *ibid.* n. 3, 223
Si le poursuivant criées est obligé de s'opposer, *ibid.* n. 16, 224
Si l'opposition afin de conserver peut être formée par des créanciers conditionnels, *ibid.* n. 15, *ibid.*
Comment & où les oppositions doivent être formées, *ibid.* n. 14, 16, 17, 18 & 19, 224 & 225
Ordre des créanciers, ce que c'est, a. 152, n. 1, 233
Comment se fait la collocation des créanciers opposans, eu égard à leurs priviléges & hypothèques, *ibid.* n. 2 & suiv. *ibid.*
Privilége d'une créance, d'où il se tire, & comment se règle la préférence des créanciers privilégiés, *ibid.* n. 2, 3 & 4, *ibid.*
Comment se règle la préférence des créanciers hypothécaires, *ibid.* n. 5, *ibid.*

Ordre des créanciers privilégiés dans la distribution du prix provenant de la vente des immeubles saisis, *ibid*. n. 7 & *suiv*. 233 & 234

Si la collocation se fait pour les intérêts & dépens, comme pour le principal, *ibid*. n. 19 & 20, 234

Comment se fait la collocation des créanciers du défunt, quand le décret est fait sur un héritier, *ibid*. n. 18, *ibid*.

Comment sont payés les créanciers dans le cas de déconfiture, *ibid*. n. 17, *ibid*.

Voyez Criées.

Ornemens, si les ornemens & livres de chapelle de château sont immeubles, t. 23, a. 286, n. 3, 483

P.

PANNONCEAU, ce que c'est, quand & où il doit être affiché, t. 13, a. 143, n. 22 & 23, 221 & 222

Paraphernaux, quels sont les biens paraphernaux, & en quoi ils different des biens dotaux, t. 21, pr. n. 4, 367

Pardon, lettres de pardon, *voyez* Lettres.

Pareatis, si les jugemens ecclésiastiques peuvent être mis en exécution, sans pareatis ou permission du juge séculier, t. 13, a. 97, n. 6 & 7, 157

Parens, si les différends entre parens, pour partage de succession, compte de tutelle, doivent être jugés par arbitres, *voyez* Arbitres.

Parisis, ce que c'est, & quand il doit être payé, t. 16, a. 183, n. 6, 7 & 8, 275

Voyez Tutelle.

Partus sequitur ventrem, en fait de servitude, t. 18, a. 194, n. 1 & *suiv*. 285

Voyez Servitude.

Partage des pere & mere entre leurs enfans, s'il est favorablement reçu par les Loix & les Coutumes, t. 19, a. 216, n. 1, 303

S'il peut être attaqué par les enfans, & quand il peut l'être, *ibid*. n. 2, *ibid*.

Si le bénéfice de ce partage peut être étendu à l'aïeul ou aïeule, *ibid*. n. 3, 4 & 5, 303 & 304

S'il peut l'être aux collatéraux, *ibid*. n. 6, 304

Si les pere & mere peuvent faire le partage conjointement ou séparément, *ibid*. n. 7, *ibid*.

Si la femme séparée le peut faire, & s'il faut qu'elle soit autorisée pour cela, *ibid*. n. 8, *ibid*.

Comment ce partage doit être fait, & de quels biens, *ibid*. n. 9 & 10, *ibid*.

S'il doit être fait entre tous les enfans & de tous les biens que les pere & mere ont au temps du partage, *ibid*. n. 11, 12 & 13, 305

Si les pere & mere peuvent par le partage donner aux uns leur portion en argent seulement, & aux autres en héritages, *ibid*. n. 14 & *suiv*. *ibid*.

Si ce partage peut être fait en jugement, ou pardevant notaires, ou sous signature privée, *ibid*. n. 18, 306

Temps auquel doit être fait ce partage, & de combien de jours avant la mort, *ibid*. n. 19, *ibid*.

Ce qui doit être observé pour en constater le temps, *ibid*. n. 20, *ibid*.

Quid, des biens que les pere & mere peuvent avoir après le partage, *ibid*. n. 21, *ibid*.

Si un tel partage est révocable, & comment, *ibid*. n. 21 & *suiv*. 306 & 307

Si les enfans après le décès des pere & mere, se peuvent dire saisis des choses à eux avenues par le partage, *ibid*. n. 30 & 31, 308

Si l'égalité doit être gardée dans ce partage, & si on y peut blesser la légitime, *ibid*. n. 32 & 33, *ibid*.

Si un lot est garand de l'autre dans ce partage, *ibid*. n. 36, 37 & 38, *ibid*.

Comment sont tenus les enfans du paiement des dettes, & pour quelle portion, *ibid*. n. 39, *ibid*.

Partage de communauté, *voyez* Communauté.

Partage de dettes de communauté, *voyez* Communauté.

Partie civile, ce que c'est, & ce qu'elle peut demander, t. 8, a. 63, n. 2, 115

Voyez Crimes.

Pension, combien on peut demander d'années d'une pension viagere, t. 3, a. 18, n. 6, 19 & 20, 29 & 31

Quand & comment les arrérages de pensions doivent être réputés meubles, t. 23, a. 281, n. 5, 6 & 7, 476

Pere légitime administrateur des biens de ses enfans, & en fait les fruits siens, *voyez* Garde.

Si les peres & meres peuvent donner à leurs enfans par donation entre-vifs, *voyez* Donation.

S'ils peuvent, mariant leurs enfans, convenir que le survivant aura l'usufruit des biens du prédécédé, sa vie durant, *voyez* Donation entre conjoints.

Péremption d'instance, ce que c'est, & quelle est la disposition de la Coutume, de l'ordonnance & de l'arrêté du Parlement sur ce sujet, t. 3, a. 14, n. 1 & *suiv*. 21

Si l'instance étant périe, l'action du demandeur est éteinte, *ibid*. n. 6, *ibid*.

Si les enquêtes & autres actes probatoires demeurent, *ibid*. n. 7, *ibid*.

Quid, des dépens adjugés au demandeur par sentence interlocutoire & non définitive, *ibid*. n. 8, *ibid*.

Si le défendeur en péremption qui succombe, doit être simplement condamné aux dépens de la péremption & non à ceux de l'instance déclarée périe, *ibid*. n. 9, 10 & *suiv*. 21 & 22

La péremption de l'appel emporte la confirmation de la sentence, *ibid*. n. 14, 22

Ce qu'on entend par instance d'appel, & quelle est la différence entre l'appel relevé & celui qui ne l'est pas, *ibid*. n. 15, *ibid*.

Quand les appellations tombées en péremption, emportent la confirmation de la sentence, *ibid*. n. 17 & 18, *ibid*.

Si un procès par écrit pendant au Parlement est sujet à péremption, après l'appointement de conclusion, *ibid*. n. 19, *ibid*.

Quid, des procès pendans pardevant les Présidiaux en jugement dernier, *ibid*. n. 21, *ibid*.

Pardevant les juges subalternes dont est appel, & les arbitres, *ibid*. n. 20 & 22, 22 & 23

Si la péremption d'instance a lieu aux procès du domaine, *ibid*. n. 23, 23

Si elle a lieu en matieres criminelles, saisies réelles & instances de criées, *ibid*. n. 25 & 26, *ibid*.

Si dans les actions annales, l'instance périt par trois ans, ou par un moindre temps, *ibid*. n. 27 & *suiv*. *ibid*.

Si l'une des parties, ou le Procureur de l'une des parties étant décédé, il y a lieu à la péremption, *ibid*. n. 31, *ibid*.

Quid, quand le Rapporteur est décédé, *ibid*. n. 32, 24

Si la péremption est interrompue quand le mineur sort de tutelle, ou quand on lui donne un autre tuteur, *ibid*. n. 33, *ibid*.

Si elle l'est par le compromis des parties, *ibid*. n. 34, *ibid*.

Si toutes sortes d'actes peuvent arrêter le cours de la péremption, *ibid*. n. 35 & 36, *ibid*.

Comment se comptent les trois ans de la péremption, *ibid*. n. 37, 25

Si la péremption d'instance nuit aux mineurs, aux églises, & aux hôpitaux, *ibid*. n. 38 & *suiv*. *ibid*.

Quand la péremption est couverte, *ibid*. n. 42 & 43, *ibid*.

Si une sentence par défaut tombe en péremption, *ibid*. n. 44, 45 & 46, 26

Personne, état d'une personne, *voyez* Etat.

Pétitoire, si la demande en complainte peut se former après

DES MATIERES.

après le pétitoire intenté, ou être jointe au pétitoire, *voyez* Complainte.

Pigeons, quand ils font meubles, & quand immeubles, t. 23, a. 285, n. 6, 483

Pilorifer, ce que c'est, t. 1, a. 2, n. 7, 4

Plaideurs, quelle est la peine des téméraires plaideurs, t. 14, pr. n. 1, 235

Pleige, *voyez* Caution.

Poisson en étang après deux ans est réputé meuble entre communs, & immeuble avant deux ans, t. 23, a. 285, n. 1 & 2, 482

Le seigneur de l'étang, qui avant les deux ans expirés demeure le maître du poisson, est tenu de rendre à ses communs leur part du prix de l'empoissonnement, ou de souffrir qu'ils prennent portion à la pêche, & ce à son choix, *ibid.* n. 2, *ibid.*

S'il est tenu de consommer son choix sur le champ, ou s'il peut attendre au temps de la pêche, *ibid.* n. 2, 3 & 4, *ibid.*

Si le poisson en étang après deux ans est meuble en matiere de succession, *ibid.* n. 5, *ibid.*

Possession, ce que c'est, & quelles choses sont requises pour une véritable possession, t. 12, pr. n. 3 & *suiv.* 143

Quels sont les effets de la possession, *ibid.* n. 8, 9 & *suiv.* *ibid.*

Quelle est la maniere de posséder les choses qui ne consistent qu'en des droits, a. 92, n. 2, 151

Comment cette sorte de possession est interrompue, *ibid.* n. 3, 4 & 5, 151 & 152

Dans quel temps le possesseur de ces droits peut former complainte, & ce qui est requis pour cela, *ibid.* n. 6, 7 & 8, *ibid.*

Quid, quand ce sont des droits de pure faculté, a. 93, n. 1, 153

Comment la possession est continuée d'un possesseur à l'autre, a. 94, n. 1, 2, 5 & 6, 153 & 154

Possession feinte, ce que c'est, *ibid.* n. 3 & 4, 154

Voyez Tradition feinte.

Précaire, ce que c'est, t. 19, a. 214, n. 2 & 3, 301

Préférence, *voyez* Ordre, & Privilége.

Prescription, ce que c'est, & quel est son effet, t. 3, pr. n. 1, 2 & 3, 15

Combien de sortes de prescriptions, *ibid.* n. 4, *ibid.*

Pourquoi on a introduit les prescriptions, *ibid.* n. 5, *ibid.*

Si la prescription est un titre légitime, même pour la conscience, *ibid.* n. 6, *ibid.*

Si on y peut renoncer, *ibid.* n. 7, *ibid.*

Si elle doit être opposée, *ibid.* n. 8, 16

Par quelle Coutume elle se régle, *ibid.* n. 9, 10 & 11, *ibid.*

Prescription, ou fin de non-recevoir, contre les actions pour façons & ventes d'ouvrages, salaires, denrées, marchandises vendues en détail, &c, *ibid.* a. 13, 17

Combien dure l'action des avocats & procureurs, pour leurs honoraires, salaires, & vacations, a. 13, n. 1, 2, 3 & 4, *ibid.*

Combien dure l'action des huissiers & sergens, n. 5 & 6, *ibid.*

Combien celle des serviteurs, domestiques, *ibid.* n. 7, 8 & 9, 17 & 18

Combien celle des médecins, apothicaires & chirurgiens, *ibid.* n. 10 & 11, 18

Combien celle des marchands en gros, & gros artisans, *ibid.* n. 12 & 13, *ibid.*

Combien celle des marchands de petites denrées en détail, *ibid.* n. 14 & 15, *ibid.*

Combien celle pour nourriture & instruction d'enfans, *ibid.* n. 16, *ibid.*

Si celui qui allégue la fin de non-recevoir, est tenu affirmer avoir payé, *ibid.* n. 17, 18 & 19, 19

Quand la fin de non-recevoir cesse, & n'a pas de lieu, *ibid.* n. 20 & *suiv.* *ibid.*

Partie I.

Si les livres des marchands suffisent pour relever la fin de non-recevoir, & à quoi ils servent, *ibid.* n. 24 & 26, 19 & 20

Si la fin de non-recevoir a lieu de marchand à marchand ou artisan, pour fait de commerce ou de métier dont ils se mêlent, *ibid.* n. 25, 19

Si elle a lieu pour les honoraires des ecclésiastiques, *ibid.* n. 27, 20

Si les ouvriers, quant aux ouvrages parfaits, peuvent, après l'année, opposer la fin de non-recevoir, *ibid.* n. 28, *ibid.*

Si la fin de non-recevoir & toute autre prescription a lieu, entre ceux qui sont réciproquement créanciers & débiteurs l'un de l'autre, *ibid.* n. 30 & *suiv.* *ibid.*

Si celui qui a payé sans opposer la fin de non-recevoir peut répéter ce qu'il a payé, *ibid.* n. 29, *ibid.*

Prescription d'action pour injures, *voyez* Injures.

Prescription de cinq ans pour arrérages de rentes constituées, *voyez* Arrérages de rentes constituées.

Prescription de dix ans pour arrérages de cens & rentes foncieres, *voyez* Arrérages de cens & rentes foncieres.

Prescription d'actions pour rescision de contrats ou restitution en entier, *voyez* Rescision de contrat & Restitution en entier.

Prescription de dix ans contre la demande en paiement de dot; si elle est reçue dans cette Coutume, & sur quoi elle est fondée, t. 3, a. 23, n. 64, 65 & 66, 67 & 68

De quel jour court cette prescription, lorsqu'il y a terme pour payer, *ibid.* n. 67, 68

Si le mariage dure moins de dix ans, cette prescription n'a pas lieu, *ibid.* n. 68, *ibid.*

Elle n'a pas aussi lieu quand une fille majeure se marie elle-même, & qu'elle promet apporter en dot une somme à son mari, *ibid.* n. 69, *ibid.*

Elle n'a pas lieu, quand le pere, la mere ou un étranger ne dote pas la fille *de suo*, & que la dot est composée de droits échus, *ibid.* n. 70, *ibid.*

Elle n'a pas encore lieu, quand le pere a constitué pour dot à sa fille une somme due par un étranger, *ibid.* n. 71, *ibid.*

Elle n'a lieu que pour la dot promise à la femme, & non contre le mari pour la dot qui lui a été promise, *ibid.* n. 72, *ibid.*

Si le mari qui a négligé de se faire payer pendant dix ans de la dot promise à sa femme, en est responsable envers elle ou ses héritiers, *ibid.* n. 73, *ibid.*

La reconnoissance donnée par le pere après dix ans, que la dot n'a pas été payée, n'est pas censée avantage indirect au profit de sa fille, *ibid.* n. 74, *ibid.*

Prescription de trente ans, tant pour acquérir que pour se libérer, si toutes choses se prescrivent par ce temps, a. 23, n. 1, 2 & 3, *voyez* Cens. 60

Si le cens se prescrit par trente ans, *voyez* Cens.

Conditions requises pour la prescription de trente ans, a. 23, n. 4, *ibid.*

Premiere condition, que la chose soit prescriptible, *ibid.* n. 5, 61

Seconde condition, une possession continuée & paisible pendant tout le temps marqué par la Coutume, *ibid.* n. 6, *ibid.*

Troisieme condition, la capacité des personnes contre lesquelles on prescrit, *ibid.* n. 7, *ibid.*

Quelles sont les choses que cette Coutume déclare imprescriptibles, *ibid.* n. 9, *ibid.*

Si les choses qui ne sont pas dans le commerce sont imprescriptibles, *ibid.* n. 10, *ibid.*

Si les biens du domaine, ou qui y sont incorporés le sont, *ibid.* n. 11, *ibid.*

Quid, des biens casuels qui échéent au roi, *ibid.* n. 12, *ibid.*

Le rachat des biens du domaine est imprescriptible, *ibid.* n. 13, *ibid.*

Si la dîme est imprescriptible, *voyez* Dîme.

h

...s substitués, après la publication faite, sont imprescriptibles, si ce n'est du jour de la substitution ouverte, *ibid*. n. 15, 16 & 17, 61 & 62
Si l'action de recours & garantie est perpétuelle contre les obligés à la garantie, *ibid*. n. 18, 62
Quid, contre un tiers acquéreur, *ibid*. n. 19, *ibid*.
Si l'usure ne se prescrit pas, conséquences qui se déduisent de-là, *ibid*. n. 20, 21 & 22, *ibid*.
Si les choses volées sont prescriptibles, & par qui, *ibid*. n. 23, *ibid*.
Choses communes, tenues & possédées en commun, sont perpétuellement sujettes à partage, & le droit de l'un des communs ne se peut prescrire, a. 26, n. 1, 2 & 3, 74 & 75
Quid, quand la chose commune est possédée par un tiers, *ibid*. n. 9, 76
Si après trente ans de silence on peut demander partage à son co-héritier, *ibid*. n. 4 & *suiv*. 75
Personnes contre lesquelles on ne prescrit point, a. 23, n. 24, 63
On ne prescrit point contre les mineurs durant leur minorité, *ibid*. n. 25 & 26, *ibid*.
En choses communes & indivisibles, le mineur fait cesser la prescription pour le majeur, & en empêche le cours contre le majeur, quand même le mineur ne voudroit pas se servir de son privilége, *ibid*. a. 24, n. 3, 73
Il en est autrement en choses communes & divisibles, *ibid*. n. 1, *ibid*.
Comment on connoît que le droit commun à un majeur & mineur est divisible ou non, *ibid*. n. 5, *ibid*.
A quel âge finit la minorité qui arrête le cours de la prescription, a. 33, n. 1 & *suiv*. 85
Si la prescription conventionnelle, commencée contre un majeur, court contre un mineur, *ibid*. n. 8 & 9, 86
S'il y a des cas auxquels le mineur peut être relevé contre le laps de la prescription conventionnelle, *ibid*. n. 10 & 11, *ibid*.
Si la prescription conventionnelle court contre le mineur héritier du majeur, dans le cas où la faculté de racheter est accordée indéfiniment, *toties quoties*, *ibid*. n. 12, 87
Si la prescription court contre la femme pour ses biens dotaux, quand & comment elle court contr'elle durant le mariage, *voyez* Dot.
La prescription ne court point contre les interdits, a. 23, n. 28, 63
La prescription des choses dues sous condition ne court que du jour de l'événement de la condition, ce n'est en faveur du tiers acquéreur, *ibid*. n. 29 & 30, *ibid*.
La prescription ne court point contre l'héritier bénéficiaire, créancier du défunt, *ibid*. n. 31, 64
Quid, à l'égard de l'Ordre de saint Jean de Jérusalem, *ibid*. n. 32, *ibid*.
Prescription de quarante ans contre l'église, est admise dans cette Coutume & non d'un moindre temps, *ibid*. n. 33, *ibid*.
Si les confrairies jouissent de la prescription de quarante ans, *ibid*. n. 34, *ibid*.
Si l'église en jouit pour les droits pour lesquels elle succéde aux particuliers, *ibid*. n. 35 & *suiv*. *ibid*.
Si un particulier en jouit, quand il est subrogé aux droits de l'église, *ibid*. n. 39, *ibid*.
Si un particulier en jouit pour les droits qui sont *in fructu*, & qui lui appartiennent plutôt qu'à l'église, *ibid*. n. 48 & 49, 65
Si on peut acquérir le bien de l'église par prescription, & comment cela se peut, *ibid*. n. 40 & *suiv*. 64 & 65
Si le tiers détenteur peut prescrire par quarante ans les biens de l'église, aliénés sans solemnités, *ibid*. n. 44 & 45, 65
Si dans le cas où la prescription est reçue contre l'église, il faut déduire le temps qui a couru du vivant du mauvais administrateur, *ibid*. n. 45, *ibid*.
S'il faut aussi déduire le temps que l'église a vaqué, & le temps des troubles qui ont mis l'église hors d'état d'agir pour la défense de ses droits, *ibid*. n. 47, *ibid*.
La bonne foi du possesseur est toujours présumée dans la prescription de trente & quarante ans, s'il n'est prouvé qu'il ait possédé de mauvaise foi, *ibid*. n. 50 & 51, 66
Un titre vicieux nuit à la prescription; on ne prescrit point contre son titre, & on est recevable en tout temps d'opposer le vice du titre & la mauvaise foi du possesseur, *ibid*. n. 52, 53 & 54, *ibid*.
Si celui qui a consenti une promesse, obligation ou contrat de constitution de rente, peut prescrire de son temps, a. 22, n. 24 & 25, 60
Si la bonne foi nécessaire pour acquérir la prescription, se considére non-seulement dans la personne de l'auteur, mais encore dans l'acquéreur à titre particulier, a. 23, n. 55 & 56, 66
Quid, à l'égard de l'héritier, & du cas auquel l'acquéreur veut joindre sa possession à celle de l'auteur, *ibid*. n. 57 & 58, 67
La prescription de dix ans entre présens, & de vingt ans entre absens, pour les immeubles, celle de trois ans pour les meubles, & de quarante ans pour les actions hypothécaires, n'ont pas lieu dans cette Coutume, *ibid*. n. 59 & *suiv*. *ibid*.
Interruption de prescription, *voyez* Interruption.
Pressoir est immeuble, t. 23, a. 288, n. 1, 484
S'il en est de même des cuves servans au pressoir, *ibid*. *ibid*.
Preuves, nécessité des preuves dans les affaires civiles & criminelles, t. 5, pr. n. 1, 98
Combien de sortes de preuves, *ibid*. n. 2, 3 & 4, *ibid*.
Comment se fait la preuve par témoins en matière civile & criminelle, *ibid*. n. 5 & 6, 98 & 99
Les témoins doivent être irréprochables, *ibid*. n. 7 & 8, 99
Voyez Reproches.
Prison, seigneur justicier doit avoir prison bonne & sûres, *voyez* Seigneur Justicier, *sous le mot* Justice.
Privilége des allans en cour pour l'expédition de leurs causes, t. 13, a. 133, n. 8, 211
Privilége des foires & marchés publics, *voyez* Foires.
Privilége des taverniers & hôteliers, *voyez* Taverniers & Hôteliers.
Collocation des créanciers privilégiés, eu égard à leurs priviléges, *voyez* Ordre.
Procureur du roi, ou Procureur fiscal, peuvent & doivent poursuivre la punition du crime, *voyez* Crime.
Procureurs, dans quel temps ils peuvent & doivent demander leurs salaires & vacations, t. 3, a. 13, n. 2 & 3, 17
S'ils doivent avoir des registres, *ibid*. n. 4, *ibid*.
Si les procureurs peuvent retenir les titres des parties à défaut de paiement, *ibid*. n. 3, *ibid*.
Voyez Prescription.
Prodigue, s'il doit être pourvu de curateur, t. 15, a. 172, n. 2, 254
Promesse de passer contrat de constitution, est immeuble, t. 23, a. 281, n. 9, 477
Propre, ce que c'est, t. 23, a. 281, pr. n. 9, 475
Premiere division des propres, en propres de succession & propres de communauté, ce que c'est que propres de succession & propres de communauté, *ibid*. n. 10, *ibid*.
Quelle différence il y a entre les propres de communauté, & ceux de succession, t. 21, a. 240, n. 1 & 2, 392
Propres de communauté, si le prix d'un immeuble vendu par l'un des conjoints avant ou durant le mariage, & dû par l'acheteur, est propre de communauté, *ibid*. n. 3, *ibid*.
Quid, d'une maison superbement meublée, vendue avant le mariage, si le prix en est mobilier jusqu'à concurrence des meubles, *ibid*. n. 7, 393

Si l'action de remploi que la femme qui se remarie a contre les héritiers de son premier mari, est immobiliaire & propre de communauté, *ibid.* n. 8, *ibid.*
Quid, d'une soute de partage active, *ibid.* n. 9, *ibid.*
Quid, d'un réliquat de compte de tutelle, dû à l'un des conjoints, *ibid.* n. 10, *ibid.*
Si l'héritage vendu avant le mariage sous faculté de rachat, & racheté durant le mariage, est propre de communauté à la charge de la récompense, t. 22, a. 278, n. 2, 472
Quid, s'il y rentre par voie de restitution, *ibid.* n. 3, *ibid.*
Si c'est volontairement & sans nécessité ou conséquence du premier contrat, *ibid.* n. 4, *ibid.*
Acquêts faits avant le mariage, dont le prix est payé durant la communauté, n'entrent pas dans la communauté, mais est due récompense, *ibid.* n. 5, *ibid.*
Si l'héritage acquis par l'un des communs avant la communauté, sous faculté de rachat, est racheté après la dissolution d'icelle, les deniers provenans du rachat lui appartiennent, ou à ses héritiers, a. 279, n. 3, 473
Secùs, si l'héritage avoit été acquis par l'un des communs durant la communauté, *ibid.* n. 1 & 2, 472 & 473
Si l'immeuble acquis par l'un des communs avant la communauté, sous faculté de rachat, est racheté durant icelle, les deniers provenans du rachat n'entrent pas en communauté, *ibid.* n. 4, 5 & 6, 473
Il en est de même des rentes appartenantes à l'un des communs, rachetées pendant la communauté, ou d'un immeuble acquis par l'un des communs & dont la vente auroit été cassée durant la communauté pour lésion, les deniers n'entrent pas en communauté, & tombent en remploi & reprise, *ibid.* n. 7, *ibid.*
Supplément de prix payé pendant la communauté à l'un des communs, pour héritage vendu avant la communauté, n'entre pas en communauté, *ibid.* n. 8, *ibid.*
Il en est de même, si l'un des communs ayant vendu, sous faculté de rachat, un héritage avant la communauté, l'acquéreur éteint & amortit cette faculté durant la communauté, *ibid.* n. 9, *ibid.*
L'héritage de l'estoc de l'un des communs, acquis pendant la communauté, demeure propre à celui qui est de l'estoc, si bon lui semble, t. 22, a. 273, n. 1 & *suiv.* 457 & 458
Si le remboursement ou mi-denier est dû par le commun qui retient l'héritage, *voyez* Remboursement.
Si la donation d'un immeuble faite en ligne directe par un ascendant à un descendant, est un propre de communauté, t. 22, a. 274, n. 1, 459
Si l'immeuble donné en collatéral à un héritier présomptif, est un propre de communauté, *ibid.* n. 2, 3 & 4, 460
L'immeuble donné à un étranger à condition qu'il lui sera propre, est propre de communauté, *ibid.* n. 10, 461
Si le donataire est tenu de rembourser à son commun les deniers donnés pour entrage, *ibid.* n. 11, *ibid.*
Si un immeuble donné à l'un des communs d'une communauté coutumiere, expressément en contemplation de lui, lui est propre de communauté, t. 23, a. 283, n. 1, 2 & 3, 478
S'il est propre de communauté quand il a été donné en contemplation de lui, non point expressément; mais d'une maniere tacite & présumée, *ibid.* n. 4, *ibid.*
Quand l'immeuble donné à l'un des communs pour services rendus, lui est propre de communauté, & quand il ne l'est pas, *ibid.* n. 5 & 6, 479
Quid, quand la communauté est universelle & de tous biens, *ibid.* n. 7, *ibid.*
Si l'immeuble donné à un commun d'une communauté générale de tous biens, à la charge d'être propre au donataire, entre en la communauté, *ibid.* n.

8 & 9, *ibid.*
Propres de succession se divisent en propres naissans, & propres anciens, t. 22, a. 275, n. 3, 461
Ce que c'est que propre naissant & propre ancien, *ibid.* n. 4 & 5, *ibid.*
Comment un acquêt devient propre naissant, & si un acquêt échu par succession collatérale est propre naissant, *ibid.* n. 6, 7 & 8, *ibid.*
Si l'institution d'héritier fait un propre naissant, & quand elle le fait, *ibid.* n. 9 & 10, 462
Quand la substitution directe vulgaire fait un propre, *ibid.* n. 11, *ibid.*
Quand les biens substitués par substitution fideicommissaire, sont propres en la personne de celui en qui finit la substitution, *ibid.* n. 12 & *suiv.* 463
Si la donation d'un immeuble, faite en ligne directe par un ascendant à un descendant, est propre de succession, a. 274, n. 1, 459
Si l'immeuble donné en collatérale à un héritier présomptif, est propre au donataire, *ibid.* n. 2 & 3, 460
Si pour conserver au don la qualité de propre de succession, il est nécessaire que le donataire se porte héritier du donateur après son décès, *ibid.* n. 5, *ibid.*
Si la donation faite à un parent collatéral & *non successuro*, fait d'un propre un acquêt, *ibid.* n. 6, *ibid.*
Si donation faite à un parent collatéral, héritier présomptif, n'est réputée propre en sa personne, que jusqu'à concurrence de ce qu'il eût succédé, *ibid.* n. 7, *ibid.*
Si un immeuble donné à un parent en contrat de mariage, à la charge qu'il lui seroit propre de succession, lui est propre en tous les effets, *ibid.* n. 8, 461
Quid, si la donation est faite à un étranger, *ibid.* n. 9, *ibid.*
Si le prix d'un immeuble vendu par un commun, est propre de succession, a. 240, n. 4, 5 & 6, 392 & 393
Si l'action de remploi, que la femme qui se remarie a contre les héritiers de son premier mari, est propre de succession, *ibid.* n. 8, 393
A qui appartient le propre naissant, quand le défunt est décédé sans enfans, ni freres germains, *voyez* Succession.
Protocole, ce que c'est, t. 11, a. 78, n. 1, 136
Si les notaires doivent faire protocoles, *voyez* Notaires.
Provision, si une condamnation par provision se peut compenser avec une dette certaine, *voyez* Compensation.
Matieres provisoires, comment doivent être jugées, t. 5, a. 41, n. 1 & 2, 100
Proxenetes ou Courtiers, ce que c'est, & de combien de sortes, t. 13, a. 131, n. 1, 2 & 3, 209
Quel est l'engagement des Proxenetes ou Courtiers, & ce qui leur est défendu, *ibid.* n. 4 & 5, *ibid.*
Puissance paternelle, ce que c'est, & quels en sont les effets, t. 15, a. 166, n. 1 & 2, 243
Il n'y a que les enfans légitimes qui soient sous la puissance de leur pere, les bâtards n'y sont pas, *ibid.* n. 3, *ibid.*
Puissance maritale sur la femme mariée, *voyez* Femme mariée.
Puissance du mari sur les biens de la femme & conquêts de la communauté, *voyez* Mari.

Q.

QUOTITÉ de cens, si elle se prescrit, & comment elle se prescrit, *voyez* Cens.
Si la quotité de la dîme se prescrit, *voyez* Dîme.

R.

RACHAT, si la faculté de rachat, qui est de l'essence du contrat, est prescriptible, *voyez* Faculté de rachat.

TABLE ALPHABETIQUE

Si le rachat d'une rente appartenante à la femme est valablement fait au mari, *voyez* Mari.

Si le rachat d'une rente due à un mineur de droit, mais majeur de Coutume, est valablement fait entre ses mains sans l'assistance d'un curateur, t. 15, a. 173, n. 6, 256

Rapporteur d'un procès, si la péremption est interrompue par la mort du rapporteur, *voyez* Péremption.

Ratification, de quel temps court la prescription de dix ans, quand un contrat est passé à la charge de la ratification, *voyez* Rescision de contrats.

Réalisation de dot se fait ou expressément par une clause expresse, ou tacitement par la disposition de la Coutume, t. 20, a. 221, n. 2 & 3, 335

Quelle partie de la dot de la femme est tacitement réalisée, quand la dot est toute mobiliaire, & quand elle est composée de meubles & d'immeubles, *ibid*. n. 3 & *suiv*. *ibid*.

Quelle est la différence qu'il faut faire par rapport à cette réalisation entre les personnes nobles & celles qui ne le sont pas, *ibid*. n. 4 & *suiv*. *ibid*.

Si la réalisation tacite de la dot ne concerne que la communauté conjugale d'entre mari & femme, & ne change rien dans l'ordre des successions, *ibid*. n. 10, 11 & 12, 335 & 336

Si un supplément de dot fait à la femme mariée pour cause de lésion, entre en communauté, *ibid*. n. 13, 336

Recelé, quelle est la peine contre le mari qui a commis le recelé, t. 21, a. 246, n. 19 & 20, 408

Quelle est la peine contre la femme, si elle ne peut plus renoncer, & perd la part qu'elle avoit dans les choses recelées, *voyez* Renonciation à la communauté.

Récompense, si elle est dûe à la communauté, pour nourriture & autres frais faits pour les enfans du premier lit, quand il n'y a pas de continuation de communauté avec eux, t. 21, a. 234, n. 19, 377

Si récompense est due pour nourriture & entretien donné par le mari à son pere, mere & autre ascendant, aux dépens de la communauté, a. 236, n. 14, 384

Récompenses pour mariages d'enfans, dots promises & payées, *voyez* Dot.

Si récompense est due au commun pour édifice bâti dans le fonds de son commun & pour acquisitions, t. 22, a. 271, n. 1 & 2, 455

Et a. 272, n. 1, 456

Si elle est due pour maison incendiée & rebâtie, a. 272, n. 2, *ibid*.

Si récompense est due pour réparations d'héritages & améliorations, *ibid*. n. 3, *ibid*.

Combien il y a de sortes d'améliorations & réparations, & quelles sont celles pour lesquelles récompense est due, *ibid*. n. 4 & *suiv*. *ibid*.

Dans quel temps se fait l'estimation des bâtimens & réparations, *ibid*. n. 9 & 10, *ibid*.

La récompense pour bâtimens & réparations, consiste en une action de mi-denier, *ibid*. n. 11 & 12, 456 & 457

Cette action de mi-denier est dette mobiliaire, & doit être acquittée par l'héritier des meubles, *ibid*. n. 13, 457

Sur quels biens de la femme le mari a hypothéque pour cette récompense, dans le cas qu'elle accepte ou renonce à la communauté, *ibid*. n. 14 & 15, *ibid*.

Si récompense est due pour héritage vendu avant le mariage sous faculté de rachat, & racheté durant icelui, t. 22, a. 278, n. 2, 472

Si elle est due pour acquet fait avant le mariage, dont le prix est payé durant la communauté, *ibid*. n. 5, *ibid*.

Si récompense est due pour rentes de l'un des communs rachetées durant la communauté, a. 279, n. 7, 473

Voyez Remploi, Remboursement & Propres de communauté.

Récondução tacite, ce que c'est, quand elle a lieu, & pour quel temps, t. 13, a. 124, n. 1, 2 & 3, 194

Entre quelles personnes elle a lieu, *ibid*. n. 6, 195

Quel est l'effet de la tacite réconduction, *ibid*. n. 7, *ibid*.

Si dans le cas de la tacite réconduction, le bail est exécutoire, & de quel temps le propriétaire a hypothéque sur les biens du fermier, *ibid*. n. 7, 8 & 9, *ibid*.

Ce qu'il faut faire pour empêcher la tacite réconduction, *ibid*. n. 4 & 5, 194

Réconvention, ce que c'est, & si elle a lieu, t. 12, a. 88, n. 1 & 2, 147

Reçus, s'ils sont interruptifs de prescription, *voyez* Cens.

Récusation, ce que c'est, t. 1, a. 7, n. 1, 10

Quelles sont les causes de récusation, *ibid*. n. 2 & *suiv*. *ibid*.

Comment se doivent proposer les causes de récusation, comment & par quel nombre de juges elles doivent être jugées, *ibid*. n. 11 & 12, 11

Ce que doit faire le juge quand la récusation est jugée valable, a. 8, n. 2 & 3, *ibid*.

Quand la récusation n'est pas admise, à quoi la partie qui a récusé, doit être condamnée, *ibid*. n. 1, *ibid*.

Redevances foncieres en grains & autres especes, comment elles se payent, & à quel prix, t. 13, a. 128, n. 1, 3 & 4, 207

Rédhibitoire, action rédhibitoire, *voyez* Vente.

Registres des Notaires, *voyez* Notaires.

Registres des Procureurs, *voyez* Procureurs.

Réintégrande, ce que c'est, & comment elle se forme, t. 12, a. 95, n. 1 & 7, 154 & 155

Quel est son effet, *ibid*. n. 8 & 9, 155

Remboursement ou mi-denier est dû par celui des communs qui retient l'héritage de son estoc, acquis durant la communauté, t. 22, a. 273, n. 7 & 8, 458

Quel est le temps réglé par la Coutume pour ce remboursement, *ibid*. n. 9 & 10, *ibid*.

Si le temps du remboursement court pendant la continuation de communauté, *ibid*. n. 11, *ibid*.

S'il court quand le survivant est tuteur des parens qui ont droit de retenue, *ibid*. n. 11, *ibid*.

S'il court contre un pere en faveur de ses enfans mineurs, *ibid*. n. 12, 459

A qui appartiennent les fruits de l'héritage jusqu'au remboursement, *ibid*. n. 13, *ibid*.

Quelle est la peine du commun qui ne fait pas le remboursement dans le temps, *ibid*. n. 14, *ibid*.

Si le commun qui rembourse est saisi, *ibid*. n. 14, *ibid*.

Voyez Remploi & Récompense.

Réméré, *voyez* Faculté de rachat.

Remploi est dû pour héritage de la femme vendu de son consentement, t. 21, a. 238, n. 6, 7 & 8, 387

Explication de ces mots de l'article 238, *sans être récompensée*, *ibid*. n. 9, 10 & 11, *ibid*.

Si la récompense est due également au mari ou à ses héritiers pour ses propres aliénés, *ibid*. n. 13, 388

Si on peut exclure le remploi ou récompense par une clause du contrat de mariage, *ibid*. n. 14, *ibid*.

Comment se fait le remploi des propres de la femme qui ont été aliénés dans le cas de l'acceptation de la communauté, & comment dans le cas de la renonciation, *ibid*. n. 15 & 16, *ibid*.

Comment se fait celui des propres du mari qui ont été aliénés, *ibid*. n. 17, *ibid*.

Si la récompense due à l'un ou l'autre des conjoints, s'entend de toutes sortes d'aliénations volontaires ou par décret, *ibid*. n. 18, *ibid*.

Quid, des donations, contrats d'échange & baux à rente, *ibid*. n. 19, *ibid*.

La femme doit consentir à l'acquisition & l'accepter pour remploi, autrement on ne peut déprendre pour remploi l'héritage acquis, a. 239, n. 11, 12 & 13, 391

Si

Si le mari fait l'acquisition sans la déclaration requise, la femme ne pourra, après la dissolution de la communauté, revendiquer l'héritage comme remploi, *ibid.* n. 14, *ibid.*

Quand le mari auroit fait les déclarations requises, la femme ne peut, après la dissolution de la communauté, obliger les héritiers de lui donner l'héritage pour remploi, si elle n'a pas consenti à l'acquisition, & qu'elle ne l'ait pas dès-lors acceptée pour remploi, *ibid.* n. 15, *ibid.*

L'héritage tenant lieu de remploi, retourne à la femme sans charge d'hypothéques créées par le mari, auxquelles elle n'a pas parlé, *ibid.* n. 16, *ibid.*

Si à défaut de remplacement, on ne peut demander pour remboursement que le prix de la vente du propre aliéné, *ibid.* n. 17 & *suiv.* 391 & 392

De quel temps est dû l'intérêt du remploi, des propres du mari & de la femme, aliénés pendant le mariage, t. 21, a. 248, n. 14, 414

Renonciation à la communauté, si la femme noble ou non-noble a la faculté de renoncer à la communauté, après le décès de son mari, & sur quoi est fondée cette faculté, t. 21, a. 245, n. 1 & 2, 402

Si la femme peut renoncer à la communauté dans toutes les dissolutions d'icelle, autres que celle qui arrive par la mort du mari, *ibid.* n. 3, *ibid.*

Si elle peut renoncer également à la communauté générale qu'à la coutumiere, *ibid.* n. 4, *ibid.*

Si la faculté que la femme a de renoncer à la communauté passe à ses héritiers, *ibid.* n. 4 & 5, 402 & 403

Si les héritiers peuvent se diviser sur le fait de l'acceptation & de la renonciation à la communauté, *ibid.* n. 6, 403

Comment se partage la communauté dans le cas de l'acceptation par un héritier, & de la renonciation par les autres, & à quoi est tenu celui qui accepte, *ibid.* n. 7 & *suiv.* *ibid.*

Conditions requises pour rendre la renonciation valable, qu'elle soit faite les choses entieres, & dans le temps fixé par la loi, *ibid.* n. 11, 12 & 13, *ibid.* Et a. 246, n. 1, 406

Quel est le temps dans lequel se doit faire la renonciation, a. 245, n. 13 & 14, 403

Si les héritiers doivent être appellés à la renonciation, & quel est l'usage d'aujourd'hui, *ibid.* n. 15, 16 & 17, 403 & 404

Si la renonciation se peut faire par procureur, & ce qu'il faut observer pour cela, *ibid.* n. 18 & 19, 404

Si la veuve qui renonce doit faire inventaire, *ibid.* n. 20 & *suiv.* *ibid.*

Cas auquel la veuve est tenue de faire inventaire, *ibid.* n. 24, *ibid.*

Si la veuve qui renonce en minorité, peut se faire relever, & cas auquel la veuve majeure le peut, *ibid.* n. 25, *ibid.*

Si la renonciation à la communauté décharge la veuve de toutes les dettes de cette communauté dans lesquelles elle n'a pas parlé, *ibid.* n. 26, *ibid.*

Si elle la décharge des dettes alimentaires, & de celles faites pour médicamens à elle fournis durant le mariage, *ibid.* n. 27 & 28, 405

Si dans le cas de la renonciation à la communauté par la femme ou ses héritiers, toute la communauté appartient au mari ou à ses héritiers, *ibid.* n. 29 & 30, *ibid.*

Ce que prend la femme dans le cas de la renonciation à la communauté de tous biens, *ibid.* n. 31, 32 & 33, *ibid.*

Ce que doit prendre la veuve qui renonce à la communauté coutumiere, & si elle peut retenir tous ses habits pour un prix, *ibid.* n. 34 & 35, 405 & 406

Si la veuve qui renonce peut prendre part à la réparation & aux intérêts qu'is'adjugent pour le meurtre de son mari, *ibid.* n. 36, 406

Que doit faire la femme pour éviter la perte qu'elle feroit en renonçant, *ibid.* n. 37, *ibid.*

Voyez Dot & Reprise.

La veuve qui a fait acte de commune, n'est pas recevable à renoncer; & c'est faire acte de commune de payer les dettes de la communauté sans protestation, a. 246, n. 1 & 2, *ibid.*

Ce n'est pas faire acte de commune que de vivre dans la maison durant le délai accordé pour renoncer, *ibid.* n. 3 & 4, *ibid.*

La femme doit vivre pendant ce délai d'une maniere conforme à son état, & travailler à son ordinaire, *ibid.* n. 5 & 6, 407

La veuve qui a soustrait & diverti les effets de la communauté par elle-même ou par d'autres, n'est pas recevable à renoncer; mais c'est aux héritiers ou créanciers à prouver cette soustraction, *ibid.* n. 7, 8, 9 & 11, *ibid.*

Quelles sont les peines de cette soustraction, outre celle d'être déclarée commune, *ibid.* n. 10, *ibid.*

Quid, quand la veuve n'a soustrait les effets qu'après sa renonciation, quelle action en ce cas ont contr'elle les créanciers ou héritiers du mari, *ibid.* n. 12 & *suiv.* *ibid.*

Dans le doute si la soustraction a précédé ou suivi la renonciation, c'est à la veuve à prouver que la renonciation a précédé, *ibid.* n. 16, *ibid.*

On n'agit pas extraordinairement contre la veuve pour recelés & divertissemens des effets de la communauté, mais bien contre les domestiques & autres qui ont part aux recelés, *ibid.* n. 17 & 18, 408

Quid, contre le mari qui a commis le recelé, *voyez* Recelé.

Si la clause du contrat de mariage, qui prorogeroit le délai marqué par la Coutume & l'ordonnance pour renoncer, peut valoir contre les créanciers, *ibid.* n. 22, *ibid.*

Si elle peut valoir contre les héritiers, *ibid.* n. 23, 24 & 25, *ibid.*

Rentes constituées à prix d'argent, anciennement de deux sortes, t. 11, a. 80, n. 2, 138

Rentes constituées, quoique rachetables, sont immeubles jusqu'au rachat, t. 23, a. 281, n. 8, 477

La rente dont le débiteur est condamné au rachat, est immeuble jusqu'au rachat actuel, *ibid.* n. 10, *ibid.*

La promesse de passer contrat de rente, est immeuble, également que la rente, *ibid.* n. 9, *ibid.*

Quand les rentes sont rachetées, les deniers du rachat sont meubles, *ibid.* n. 11, *ibid.*

Exception pour les mineurs, les deniers de leurs propres rachetés ou vendus pendant leur minorité, sont subrogés au propre vendu ou racheté, & en conservent la qualité, *ibid.* n. 12, *ibid.*

Cette subrogation de deniers ne subsiste que pendant la minorité, *ibid.* n. 13, *ibid.*

Arrérages de rentes constituées, *voyez* Arrérages.

Rentes foncieres sont réputées immeubles, t. 23, a. 281, n. 8, 477

Arrérages de rentes foncieres, quand ils sont ameublis, *voyez* Meuble.

S'ils se prescrivent, & par quel temps, *voyez* Arrérages.

Rentes créées par don & legs, si les arrérages s'en prescrivent, & par quel temps, *voyez* Arrérages.

Renvoi, ce que c'est, & quand il peut être demandé, t. 2, pr. n. 1, 2, 3 & *suiv.* 13

Voyez Exceptions déclinatoires.

Réparations, de combien de sortes, t. 22, a. 272, n. 4 & *suiv.* 456

Réparations viageres & d'entretenement, quelles elles sont, t. 21, a. 252, n. 2, 3 & 4, 421

Ce qu'on entend par grosses réparations, *ibid.* n. 7, 422

Si le locataire peut emporter les réparations qu'il a faites, *voyez* Locataire.

Répétition, si celui qui a payé sans opposer la fin de

non-recevoir, peut répéter ce qu'il a payé, *voyez* Prescription.

Reprise, que la femme fait de sa dot, est différente, suivant qu'elle accepte ou renonce à la communauté, t. 21, a. 247, n. 6, 409

Comment la reprise doit être stipulée dans le contrat de mariage & quel est son effet, *ibid.* n. 6, *ibid.*

Quand la clause de reprise en renonçant est omise, on ne la supplée pas, *ibid.* n. 7, 410

Elle ne comprend que ce qui y est exprimé précisément, & ne souffre point d'extension, *ibid.* n. 8, *ibid.*

Elle ne s'étend pas d'une chose à l'autre, d'un cas à un autre, ni d'une personne à une autre, *ibid.* n. 8, 9 & 10, *ibid.*

La clause de reprise stipulée par la femme pour les siens, comprend les enfans seulement, & non les héritiers collatéraux, *ibid.* n. 11, *ibid.*

Celle faite aux enfans qui naîtront du mariage, ne s'étend pas aux enfans du premier lit ; *Secùs*, si elle est faite au profit des enfans, sans ajouter *du futur mariage*, *ibid.* n. 12, *ibid.*

Si la reprise peut être exercée du chef de celui pour qui elle a été stipulée, quand le droit en a été ouvert en sa personne, *ibid.* n. 13 & 14, *ibid.*

Sur quels biens se doit faire la reprise des deniers de la femme stipulés propres, & comment elle se doit faire, a. 248, n. 1 & 2, 412

Comment se fait la reprise des deniers du mari stipulés propres, & quelle différence il y a entre la reprise qui se fait par la femme, & celle qui se fait par le mari, *ibid.* n. 3 & 4, *ibid.*

Si la veuve est obligée de prendre des meubles en paiement de sa dot qui étoit en deniers, *ibid.* n. 5, *ibid.*

Si elle est tenue de prendre des conquêts en paiement, *ibid.* n. 6, *ibid.*

Comment & sur quoi se fait la reprise du remploi, ou récompense des propres de la femme aliénés, *ibid.* n. 9, 413

Si on peut stipuler dans le contrat que le remploi des propres aliénés de la femme, sera pris sur les propres du mari, ou sur sa part dans la communauté, *ibid.* n. 8, *ibid.*

Reproches, contre qui ils doivent être proposés, t. 5, a. 40, n. 1, 100

Quand ils doivent être proposés, *ibid.* n. 2 & 3, *ibid.*

Et a. 41, n. 3, *ibid.*

Combien il y a de sortes de reproches, & quels sont les reproches de droit & de fait, a. 42, n. 1 & 2, 101

Quand les reproches doivent être justifiés par écrit, *ibid.* n. 3 & 4, *ibid.*

Si la réhabilitation empêche le reproche, *ibid.* n. 5, *ibid.*

Les reproches contre les témoins sont personnels, *ibid.* n. 6, *ibid.*

Si le reproche de familiarité ou d'inimitié, est recevable, a. 43, n. 1 & 2, *ibid.*

Quid, du reproche de service & de parenté, *ibid.* n. 3 & *suiv.* 101 & 102

Quelle différence il y a entre objets & reproches, *voyez* Objets.

S'il est nécessaire de particulariser le reproche, a. 44, n. 2, 102

Si les reproches doivent être signés de la partie, a. 45, n. 1 & 2, *ibid.*

Quand les juges peuvent appointer les parties à informer sur le fait des reproches, a. 46, n. 1 & 2, 103

Si on peut reprocher les témoins ouis sur le fait des reproches, a. 47, n. 1 & 2, *ibid.*

Répi, ce que c'est que lettres de répi, & sur quoi fondée la justice de ces lettres, t. 9, pr. n. 1 & 8 119

Quels sont les cas dans lesquels les lettres de répi n'ont pas lieu, a. 68, n. 1, 2 & *suiv.* & a. 69 n. 1, 2 & *suiv.* 120 & 121

Que doit faire le débiteur pour obtenir des lettres de répi, a. 70, n. 3 & 4, 122

Comment se doivent entériner les lettres de répi, & ce que doit faire le juge devant lequel elles s'entérinent, *ibid.* n. 5, 6 & 7, *ibid.*

Comment s'exécutent les jugemens préparatoires ou définitifs du juge qui connoît de l'entérinement des lettres de répi ; & que peuvent faire les créanciers, *ibid.* n. 8 & 9, *ibid.*

Si les lettres de répi empêchent le cours des intérêts, *ibid.* n. 10, *ibid.*

Si on peut renoncer à la faculté d'obtenir des lettres de répi, & si celui qui en a obtenu des premieres, peut en obtenir des secondes, *ibid.* n. 11 & 12, *ibid.*

Si les coobligés & cautions jouissent du bénéfice des lettres, *ibid.* n. 13, *ibid.*

Si les juges ne peuvent accorder aucun délai de payer, qu'en conséquence des lettres de répi, *ibid.* n. 1 & 2, 121 & 122

Rescision de contrats & restitution en entier, ce que c'est, t. 3, a. 19, n. 1 & 2, 32

Les actions pour rescisions de contrats & restitutions en entier se prescrivent par dix ans, *ibid.* n. 3, *ibid.*

De quel temps cette prescription court contre les mineurs, & si elle a lieu pour toutes sortes d'actes, *ibid.* n. 4 & 5, 33

Quid, contre la femme mariée, t. 3, a. 28, n. 11, 78

Quid, à l'égard de l'église, *ibid.* a. 19, n. 6, 33

Il faut que l'action soit intentée, & les lettres obtenues avant les dix ans expirés, *ibid.* n. 6 & 7, *ibid.*

Quid, dans les cas de la crainte, dol ou violence, *ibid.* n. 7, *ibid.*

Quid, quand la rescision est fondée sur l'usure, *ibid.* n. 8, *ibid.*

Ou quand il s'agit d'un contrat de vente sous faculté de réméré, *ibid.* n. 9, 10 & 11, 33 & 34

Ressort, ce que c'est, t. 1, a. 1, n. 13 & 14, 3

Tel qui a justice & jurisdiction, n'a pas droit de ressort, *ibid.* n. 15, *ibid.*

La justice peut relever d'un seigneur, & ressortir ailleurs, *ibid.* n. 16, *ibid.*

Restitution en entier ou rescision, quelles sont les nullités qui y donnent ouverture, t. 12, a. 86, n. 1 & *suiv.* 144

Si le bénéfice de la restitution s'accorde à toutes sortes de personnes majeurs & mineurs, *ibid.* n. 5, *ibid.*

Si les majeurs sont restituables en matiere de meubles, & dans quels cas, *ibid.* n. 6, 7, 8, 9, 10 & 18, 144 & 146

S'ils sont restituables en ventes & louages de fruits, faits pour trois ans & au-dessous, *ibid.* n. 10, 11 & 12, 144 & 145

Quid, des mineurs, *ibid.* n. 13, 145

Si la restitution pour lésion d'outre moitié de juste prix, s'accorde aux majeurs pour baux de fermes excédans trois ans, & comment on juge de cette lésion, *ibid.* n. 14 & 15, *ibid.*

Si cette restitution s'accorde tant au preneur qu'au bailleur, *ibid.* n. 17, *ibid.*

Si elle s'accorde pour lésion en vente de bois de haute futaie, *ibid.* n. 16, *ibid.*

Voyez Majeurs de Coutume.

Retention, si le locataire peut retenir les loyers pour les réparations nécessaires, *voyez* Locataire.

Retulit, expédition par *retulit*, ce que c'est, *voyez* Notaire.

Retour, donation avec clause de retour, *voyez* Donation.

Révocation de donation, *voyez* Donation.

Révocation de don mutuel, *voyez* Don mutuel.

Ruches de mouches à miel, si elles sont immeubles, t. 23, a. 185, n. 7, 483

Rue publique, défense de jetter eau, ou autre chose par fenêtre en rue publique sans crier, t. 14, a. 161, n. 1, 2 & 3, 239

Si celui qui habite la maison, est tenu du dommage que peut causer ce qui est jetté ou répandu de quelqu'endroit de la maison, *ibid*. n. 4 & 5, 239 & 240

S.

SAISIE-ARRÊT, quel doit être le titre en vertu duquel on peut saisir & arrêter, t. 13, a. 107, n. 1, 168
Si la saisie-arrêt doit être précédée d'un commandement, *ibid*. n. 2, 169
Quelles choses on peut arrêter, *ibid*. n. 3 & *suiv*. *ibid*.
Quelles sont les formalités qu'il faut observer dans la saisie-arrêt, *ibid*. n. 8, *ibid*.
Dans quel temps il faut notifier la saisie-arrêt au débiteur, & si le défaut de notification dans le temps emporte nullité, a. 108, n. 1 & *suiv*. 170 & 171
Qui peut opposer la nullité, *ibid*. n. 2 & 3, *ibid*.
Quels sont les effets de la saisie-arrêt, *ibid*. n. 4, 5 & 6, 171
Si le débiteur entre les mains duquel on a saisi, comparé & se reconnoît débiteur, que doit-il être ordonné? a. 107, n. 10, 170
Quid, s'il affirme ne rien devoir, *ibid*. n. 9, *ibid*.
Quid, s'il fait défaut & ne compare pas, a. 109, n. 1 & 2, 172
Si le débiteur déclarant doit retenir entre ses mains les frais de sa déclaration, a. 110, n. 1, *ibid*.
Que doit faire l'arrêtant, quand le débiteur refuse de payer, *ibid*. n. 2, *ibid*.
Combien dure une saisie-arrêt avec assignation, & combien sans assignation, *ibid*. n. 3 & *suiv*. 173
Saisie & exécution, quel doit être le titre en vertu duquel on peut saisir & exécuter, a. 96, n. 1, 156
Et a. 111, n. 1, 173
Si on peut saisir en vertu d'une simple promesse sous signature privée, a. 96, n. 2, 156
Si on peut saisir sans titre, *ibid*. n. 3, *ibid*.
Si on peut saisir pour autre chose que pour deniers dus, a. 126, n. 1 & 2, 199
S'il faut que le titre portant exécution soit nommément contre la personne qu'on veut exécuter, a. 111, n. 2, 3 & 4, 173 & 174
Si les biens d'un défunt peuvent être saisis, sans avoir fait déclarer le titre exécutoire contre la veuve & les héritiers, *ibid*. n. 4 & 5, 174
Si on peut exécuter contre un mineur, les condamnations obtenues contre son tuteur, *ibid*. n. 6, *ibid*.
Comment l'obligation passée pardevant notaires royaux, est exécutoire, & comment l'est celle passée pardevant les tabellions des seigneurs, a. 97, n. 1, 2 & 3, 157
Sentence portant condamnation, quand elle est exécutoire, *voyez* Sentence.
Si la saisie mobiliaire doit être précédée d'un commandement, & s'il est nécessaire que ce commandement soit fait trois jours avant la saisie, a. 111, n. 7 & *suiv*. 174
Formalités qu'il faut observer dans les saisies mobiliaires & ventes de meubles, *ibid*. n. 11 & *suiv*. 174 & 175
Opposition à saisie mobiliaire, *voyez* Opposition.
Gardien établi à la saisie des meubles, *voyez* Gardien.
Si le créancier est reçu à enchérir, a. 113, n. 1, 177
Quid, du débiteur, *ibid*. *ibid*.
Quand l'adjudicataire des meubles saisis & vendus, en doit payer le prix, & s'il peut y être contraint par corps, a. 112, n. 1, 176
Ce que doit faire le sergent après la vente des meubles saisis, *ibid*. n. 2 & 3, *ibid*.
Si le débiteur saisi peut recouvrer les biens sur lui vendus, dans la huitaine après la vente, *ibid*. n. 4, & *in fine*, 176 & 177
Saisie sans déplacement, comment regardée; si les meubles saisis, vendus, ou donnés sans déplacement, peuvent être saisis de nouveau, & ce qu'opére la derniere saisie, a. 116, n. 4 & *suiv*. 184
Si saisie sur saisie vaut, & si le débiteur peut être poursuivi par toutes contraintes & accumulations d'icelles, jusqu'à entier paiement, a. 130, n. 1 & *suiv*. 208 & 209
Perte des effets saisis, qui arrive par cas fortuit, sur qui elle tombe, *voyez* Gardien.
Saisie réelle, ce que c'est, & pour quelle somme on peut saisir réellement, t. 13, a. 106, n. 1 & 2, 166
Qui peut faire saisir réellement, & en vertu de quel titre, *ibid*. n. 2 & 3, *ibid*.
Et a. 143, n. 1 & 2, 220
Si la saisie réelle doit être précédée d'un commandement, quel doit être ce commandement, & de quelles formalités il doit être revêtu, a. 106, n. 4, 5 & 6, 166 & 167
Et a. 143, n. 3 & 4, 220
Si la nullité du commandement par le défaut de quelques formalités, emporte la nullité de la saisie, a. 106, n. 7, 167
Si la discussion des biens meubles est nécessaire dans la saisie réelle des immeubles d'un majeur, *ibid*. n. 8, 17, 18 & 21, 167 & 168
Quid, à l'égard des mineurs, *ibid*. n. 9 & *suiv*. 167
Ce qu'il faut observer avant que de saisir sur un héritier, ou sur une veuve, *ibid*. n. 19 & 20, 168
Et a. 111, n. 2 & *suiv*. 173 & 174
Formalités dont doit être revêtu l'exploit de saisie réelle, a. 143, n. 5, 6 & *suiv*. 221
Si l'exploit de saisie réelle doit contenir la déclaration des héritages roturiers, par tenans & aboutissans, *ibid*. n. 14, *ibid*.
Quid, à l'égard des fiefs & terres nobles, *ibid*. n. 16, 17 & 18, *ibid*.
Quid, quand avec les fiefs il y a des rotures exploitées, *ibid*. n. 19, *ibid*.
Où doit être enregistrée la saisie réelle, *voyez* Enregistrement.
Si après la saisie réelle duement faite, il faut, avant que de procéder aux criées, mettre des affiches, *voyez* Affiches.
Voyez Criées.
Saisine, ce que c'est que simple saisine, comment elle se formoit autrefois, & si la simple saisine se pratique aujourd'hui, t. 13, a. 96, n. 1 & *suiv*. 156
Salaires des serviteurs & domestiques, dans quel temps se peuvent demander, *voyez* Domestiques.
Salaires des sergens, huissiers, *voyez* Sergens.
Sauvegarde, *voyez* Assurement.
Secondes noces, Edit des secondes noces, *voyez* Noces.
Seigneur Justicier, *voyez* Justice.
Sentence portant condamnation, quand est-ce qu'elle est exécutoire, t. 13, a. 97, n. 4 & 5, 157
Conditions requises pour qu'une obligation & sentence soient en forme exécutoire, *ibid*. n. 8 & *suiv*. *ibid*.
Si les sentences & obligations emportent garnison de main, & ce que c'est que garnison de main, *voyez* Garnison de main.
Contre l'exécution d'une sentence passée en force jugée, on pouvoit autrefois former opposition après l'année, a. 100, n. 1, 2 & 3, 161
Combien dure aujourd'hui une sentence ; pendant quel temps on peut la mettre à exécution, & quelles sont les sentences qui passent en force jugée, *ibid*. n. 4 & 5, *ibid*.
Quelles sont les sentences contre lesquelles on peut former opposition, & celles contre lesquelles l'opposition n'est pas recevable, *ibid*. n. 4 & 6, *ibid*.
Si les sergens avoient autrefois besoin de commission, pour mettre les sentences & contrats à exécution, *voyez* Commission.
Séparation des conjoints par mariage, de combien de

TABLE ALPHABETIQUE

fortes, t. 10, a. 73, n. 1, 2 & 3, 126
Séparation de corps, comment elle s'accorde, & par qui elle s'accorde, *ibid.* n. 4 & *suiv.* *ibid.*
Si la séparation d'habitation ordonnée par la faute du mari, sur la demande de la femme, emporte séparation de biens, *ibid.* n. 8 & 9, 127
Simple séparation de biens, quel est son effet, & par qui elle peut être demandée, *ibid.* n. 10 & *suiv. ibid.*
Pardevant quel juge elle doit être demandée, *ibid.* n. 15, *ibid.*
Formalités qui doivent être observées dans les séparations de biens, & si les séparations de biens volontaires sont valables, *ibid.* n. 16 & *suiv.* 128
Sentence de séparation doit être exécutée,& le défaut d'exécution peut être opposé de la part de la femme ou de ses héritiers, pour prendre part en la communauté, *ibid.* n. 22 & *suiv.* 128 & 129
Elle doit être publiée & enrégistrée, *ibid.* n. 26, 129
Quels sont les effets de la séparation de biens, *ibid.* n. 27 & 28, *ibid.*
Jusqu'à quel âge la femme séparée doit nourrir ses enfans, *ibid.* n. 30, 130
Si les séparations de biens sont révocables, & comment elles peuvent cesser, *ibid.* n. 31, 32 & 33, *ibid.*
Quel est l'effet du rétablissement de la femme en la communauté, *ibid.* n. 34, 35 & 36, *ibid.*
Serfs, quels étoient les serfs des Romains, quand la servitude a commencé à s'établir en France, & quelle est l'origine des serfs dont il est parlé dans nos Coutumes, t. 18, pr. n. 1 & *suiv.* 282
Comment se faisoit autrefois le partage des serfs communs entre monseigneur le Duc & son vassal, a. 193, n. 1, 284
En fait de servitude, *partus sequitur ventrem*, *voyez* Partus.
Quant aux enfans descendans en mariage d'un homme serf ou femme serve, la pire condition emporte la meilleure, a. 199, n. 1 & 2, 287
L'homme franc ne succède pas au serf, mais le serf succède à ses parens francs, a. 200, n. 1 & 2, *ibid.*
Les serfs succèdent à leurs parens de serve condition; & leurs parens de cette condition leur succèdent aussi, s'ils ont les qualités requises, a. 207, n. 1 & *suiv.* 289 & 290
Le franc peut bien vendre son héritage au serf; mais ne peut le serf vendre son héritage au franc, a. 201, n. 1 & 2, 288
La personne serve & de condition servile peut passer tout contrat, porter témoignage, ester en jugement, poursuivre procès & marier ses enfans, a. 204, 205 & 206, n. 1, 289
Et a. 208, n. 1, 290
Sergens, quand peuvent demander leurs salaires, t. 3, a. 13, n. 5, 17
S'ils doivent donner récépissé des pieces, & s'ils peuvent retenir les titres des parties à défaut de paiement, *ibid.* n. 5 & 6, *ibid.*
Si les sergens donnoient autrefois des assignations verbales, & s'ils le peuvent aujourd'hui, t. 14, a. 159, n. 1 & 4, 238
Quand les sergens devoient relater, & ce que c'étoit que relater, *ibid.* n. 1 & 3, *ibid.*
Serment, ce que c'est, & à quelle fin il peut être employé, t. 6, pr. n. 1 & 2, 103
Combien il y a de sortes de sermens, *ibid.* n. 2, 3, 4 & 5, & a. 48, n. 1, 103 & 104
Quand le serment peut être ordonné par le juge, ou déféré par la partie, a. 48, n. 2, 3 & 21, 104 & 106
Si la partie à qui il est déféré, peut le référer, *ibid.* n. 4, 104
Si celui à qui le serment est déféré, ou référé, est tenu de jurer, *ibid.* n. 5, 6, 7 & 12, 104 & 105
Le serment doit être prêté en la forme en laquelle il a été déféré, *ibid.* n. 13, 14 & 15, 105

Si tous les sermens sont décisoires, *ibid.* n. 7, 16, 17 & 18, 104, 105 & 106
Quelles sont les personnes que la décision du serment regarde, & auxquelles elle peut être opposée, *ibid.* n. 19 & 20, 106
Si l'affirmation de celui à qui le serment est déféré, doit être prise intégralement, & quand il est tenu de proposer ses exceptions & défenses péremptoires, *ibid.* n. 8 & 9, 104 & 105
Si celui qui a déféré le serment peut révoquer sa délation, *ibid.* n. 10, 105
Quid, quand il déchargé du serment celui à qui il l'avoit déféré, *ibid.* n. 11, *ibid.*
Si celui à qui une somme a été adjugée à la charge du serment supplétif, meurt sans l'avoir prêté, il est censé pour non-prêté, a. 49, n. 10, 107
Hôteliers & Taverniers, jusqu'à quelle somme ils sont crus, *voyez* Hôteliers.
Tuteurs, Curateurs, Procureurs de Fabrique, Exécuteurs testamentaires, & autres Comptables, sont crus à leur serment pour causes légeres, a. 50, n. 1, 2 & 3, 108
Serment que les deniers ont été nombrés & délivrés, s'il peut être déféré, t. 4, a. 36, n. 5, 93
Serviteurs, *voyez* Domestiques.
Servitudes, quand le vendeur demeure garant des servitudes cachées, *voyez* Vente.
Solidité, ce que c'est, comment elle s'acquiert & s'établit, t. 13, a. 114, n. 1 & 2, 177
Quels sont les actes & les cas où il y a solidité, & ceux où il n'y en a point, *ibid.* n. 4 & 5, *ibid.*
Quel est l'effet de la solidité, & si les poursuites faites contre l'un des coobligés nuisent aux autres, même pour raison des interets adjugés par sentence rendue contre l'un des coobligés, *ibid.* n. 6, 7, 8 & 9, 177 & 178
Si le coobligé qui a payé le tout, a une action de recours contre ses coobligés, & si cette action est solidaire dans le cas où il a pris cession ou subrogation du créancier, *ibid.* n. 10, 11 & 12, 178
Si le créancier qui devient débiteur de la même dette, peut agir solidairement, sa part confuse, *ibid.* n. 13, 179
Si tous ceux qui ont parlé dans une obligation sont censés en avoir profité, & ce que doit faire le coobligé qui n'est entré dans l'obligation principale, que pour faire plaisir au créancier, *ibid.* n. 14, 15 & 16, *ibid.*
Si l'exception personnelle de l'un des coobligés décharge les autres, *ibid.* n. 17, *ibid.*
Comment se divise l'obligation solidaire, *ibid.* n. 18, 19, 21 & 25, 180 & 181
Si le coobligé qui a été déchargé de la solidité par le créancier, demeure responsable envers ses coobligés de l'insolvabilité de l'un d'eux; & si, pour raison de ce, il a un recours de garantie contre le créancier qui l'a déchargé de la solidité, *ibid.* n. 22, 23 & 24, 180
Soute de partage, si elle entre en communauté, *voyez* Communauté.
Soustraction, *voyez* Recelé.
Stellionat, ce que c'est, & de combien de sortes, t. 11, a. 81, n. 1, 2 & *suiv.* 139 & 140
Auquel des deux acheteurs, dans le cas du stellionat, appartient & doit être délivrée la chose vendue, *ibid.* n. 7, 8 & *suiv.* 140
Si c'est stellionat, quand l'héritage est vendu franc de toutes charges, & qu'il ne le soit pas, a. 80, n. 5, 138
Subrogation, si l'héritage acheté des deniers de la vente d'un propre de l'un des conjoints, est subrogé au lieu du propre vendu, & quelles sont les formalités requises pour que la subrogation s'en fasse, t. 21, a. 239, n. 1, 2 & *suiv.* 389 & 390
Ce qui est requis dans l'emploi des deniers dotaux

qui

qui doivent être convertis en héritage, pour qu'il y ait subrogation, *ibid.* n. 7, 390
Si l'héritage subrogé est de même nature que celui qui a été vendu, *ibid.* n. 8 & 9, *ibid.*
S'il héritage subrogé, quoique de plus grande valeur que celui qui a été vendu, doit appartenir en entier au conjoint à qui appartenoit l'héritage vendu, à la charge de la récompense, *ibid.* n. 10; *ibid.*

Substitution, ce que c'est, & de combien de sortes, t. 20, a. 224, n. 4 & 5, 341
Toutes sortes de substitutions, clauses, reserves & conditions sont permises en contrat de mariage, *ibid.* n. 2 & 3, 340 & 341
Substitutions fidei-commissaires, faites en contrat de mariage au profit des étrangers, valent comme conditions de l'institution, *ibid.* n. 7 & 8, 341
La condition de l'institution est révocable, quoique l'institution ne le soit pas, *ibid.* n. 9, *ibid.*
Institution faite par pere & mere en faveur d'une fille unique, à la charge d'y associer les enfans qui naîtront d'eux ; ce qu'elle comprend, & comment se doit entendre le mot d'*eux*, *ibid.* n. 10 & 11, *ibid.*
Substitutions fidei-commissaires de plusieurs sortes, universelles, ou particulieres, simples, ou sous condition, *ibid.* n. 12 & 13, 342
Quand le fidei-commis est dû, dans le cas de la substitution fidei-commissaire simple, & quand dans le cas de la substitution fidei-commissaire sous condition, *ibid.* n. 14 & 15, *ibid.*
Il suffit, mais il est nécessaire que celui au profit duquel la disposition est faite, soit capable au temps de l'échéance de la condition, *ibid.* n. 16 & 17, *ibid.*
Si le douaire se peut prendre sur les biens substitués, t. 21, a. 261, n. 2, 3 & 4, 430 & 431
Voyez Douaire.

Succession en collaterale du propre naissant.
A qui appartient la succession du propre naissant, quand le défunt est décédé sans enfans ni freres germains, t. 22, a. 275, n. 19, 463
A qui appartient le propre naissant en la personne du fils décédé sans enfans, quand c'est un acquêt fait par les pere & mere, *ibid.* n. 20, 21 & *suiv.* 463 & 464
A qui il appartient, quand c'est un acquêt fait par le pere seul, *ibid.* n. 27, 28 & 29, 464 & 465
Quid, quand le propre naissant en la personne du fils est un propre donné par le pere à la mere, *ibid.* n. 30, 31 & 32, 466
Quid, si c'est un propre ameubli par le pere, *ibid.* n. 33, 34 & *suiv.* 466 & 467
Supplément de dot, s'il entre en communauté, *voyez* Réalisation.
Supplément du prix pour héritage de l'un des communs vendu, s'il entre en communauté, *voyez* Propre de communauté.
Sur-an, d'où nous en est venue la pratique, t. 13, a. 100, n. 2, 161

T.

TABELLION, quelle différence il y a entre notaire & tabellion, *voyez* Notaire.
Taillable, homme taillable & de poursuite, ce que c'est, t. 18, pr. n. 7, 282
Quelle est l'origine des serfs, gens taillables & de poursuite, *ibid.* n. 1, 2, 3 & 4, *ibid.*
S'il y a aujourd'hui dans cette province, des serfs de naissance & de poursuite, *ibid.* n. 8, *ibid.*
Taille, ce que c'est, de combien de sortes; ce que c'est que taille réelle, taille personnelle, taille serve & taille franche, a. 189, n. 1, 2 & *suiv.* 283
A. 197, n. 1, 2 & *suiv.* & a. 198, n. 1 & 2, 286 & 287
Et a. 202 & 203, 288
Taille imposable à volonté, si elle est aujourd'hui en usage, a. 190, n. 1, 2 & 3, 283
Partie I.

Si charrois sont dus pour raison de la taille personnelle, & en quel nombre, a. 191, n. 1, 284
Si les serfs qui payoient les quatre deniers de chantelle, succédoient, a. 192, n. 1, 2 & 3, *ibid.*
Cette servitude ne subsiste plus ; & les habitans des châtellenies de Murat, Heriçon, Mont-Luçon & Chantelle ont été affranchis, a. 195, n. 1, 2, 3 & 4, 185 & 186
Si cet affranchissement avoit lieu à l'égard des seigneurs vassaux, *voyez* Seigneurs vassaux.
Taille ès quatre cas, si les droits de taille ès quatre cas se prescrivent, & comment ils se prescrivent, t. 3, a. 29, n. 1, 2, 3 & 4, 79
Arrérages de taille ès quatre cas se prescrivent par dix ans, a. 30, n. 1 & 2, 80
Taverniers, quel est leur privilege à l'égard des personnes qui ont bû & mangé chez eux, t. 13, a. 134, n. 1, 2, 3 & 4, 212
Voyez Hôteliers.
Taxe des dépens, *voyez* Dépens.
Témoins que les notaires mettent présens dans les actes, *voyez* Notaires.
Reproches contre les témoins, *voyez* Reproches, & Preuves.
Territoire, ce que c'est, t. 1, a. 1, n. 11, 3
Tiers détenteur, s'il peut opposer la discussion, *voyez* Discussion.
Titre vicieux, s'il nuit à la prescription, *voyez* Prescription.
Tradition feinte, ce que c'est, t. 19, a. 214, n. 1, 2, 3 & 4, 301
Tradition de droits incorporels, comment se fait, *ibid.* n. 8, 302
Transactions des mineurs passées avec leurs tuteurs, du réliquat de leur compte, *non visis neque dispunctis rationibus*; si la prescription de dix ans court pour icelles contre les mineurs, à compter de leur majorité, t. 3, a. 19, n. 4, 33
S'il est nécessaire de se pourvoir par lettres contre ces transactions, t. 16, a. 183, n. 17 & 18, 276 & 277
Voyez Tutelle.
Transport, ce que c'est & à quoi il sert, t. 13, a. 125, n. 1, 196
Si le simple transport saisit, & ce que peut faire le débiteur avant la signification du transport, *ibid.* n. 2 & 3, *ibid.*
Ce que peut faire le débiteur avant la signification du transport, & si le cessionnaire peut, avant la signification d'icelui, faire exécuter le débiteur, & dans quel temps doit se faire cette signification, *ibid.* n. 4, 5 & 6, 196 & 197
Tutelle, ce que c'est, sur quoi fondée, t. 16, pr. n. 1 & 2, 257
Si les femmes sont capables de tutelles, & si la mere & l'aïeule peuvent être tutrices, a. 175, n. 1 & 2, 263 & 264
S'il est libre à la mere d'accepter ou refuser la tutelle, *ibid.* n. 3, 264
A quel âge elle peut être tutrice, *ibid.* n. 4 & 5, *ibid.*
Si elle doit faire inventaire, & si ses biens sont obligés & hypothéqués à l'administration de la tutelle & reddition de compte, *ibid.* n. 6 & 7, *ibid.*
Si la mere perd la tutelle par son second mariage, a. 176, n. 1 & 7, 264 & 266
Si la tutelle peut lui être laissée du consentement des parens, & si celui qui l'épouse est tenu solidairement avec elle de son administration pour le passé & l'avenir, *ibid.* n. 3, 4 & 5, 265
Si la mere qui vit impudiquement en viduité perd la tutelle, *ibid.* n. 8, 266
Si le pere perd la tutelle de ses enfans par les secondes noces, *ibid.* n. 9, *ibid.*
Si la mere qui perd la tutelle de ses enfans par son second mariage, perd aussi le soin & l'éducation d'iceux, & si le tuteur est tenu de lui donner pension convek

nable pour leur éducation, *ibid.* n. 9 & *suiv. ibid.*
Si la mere qui ne fait pourvoir de tuteur à ses enfans avant de se marier, est privée de leur succession & des avantages de son contrat de mariage, *ibid.* n. 6, 265

Combien il y a de sortes de tutelles, & si la tutelle testamentaire est préférable à toutes autres, a. 177, n. 1 & *suiv.* 267
Si la tutelle légitime & testamentaire doivent être confirmées par le juge, a. 178, n. 1 & *suiv.* 267 & 268
Si le tuteur légitime & testamentaire peuvent être rejettés & destitués par le juge, a. 177, n. 5, 267
Et a. 178, n. 5, 269
Ce que c'est que la tutelle légitime, & à qui elle est déférée, a. 179, n. 1 & *suiv. ibid.*
Si la tutelle dative doit être confirmée par le juge, & par quel juge, a. 178, n. 6, *ibid.*
Comment se donne la tutelle dative, & quels sont les parens qui doivent être appellés pour l'élection d'un tuteur, a. 180, n. 1 & 2, *ibid.*
En quel nombre les parens doivent être appellés, & si au défaut des parens on peut appeller des voisins, *ibid.* n. 2 & 3, 269 & 270
Si les parens appellés pour l'élection doivent être capables de nommer ou d'être nommés & s'ils peuvent donner leurs suffrages par procureur, *ibid.* n. 4, 270
Qui est tenu de faire élire un tuteur aux mineurs, & faire assigner les parens, a. 181, n. 1 & 2, 271
Si les parens ne doivent s'assembler qu'en conséquence des assignations à eux données à cette fin, *ibid.* n. 3, *ibid.*
Lequel des parens doit être élu tuteur, *ibid.* n. 4 & 5, *ibid.*
Qui sont ceux qui sont incapables de tutelle, *ibid.* n. 9, 272
Qui sont ceux qui s'en peuvent exempter, *ibid.* n. 6, 7, 10, 11, 12, 13 & 14, 271 & 272
Si celui qui a été déclaré tuteur, peut être contraint d'exercer cette charge; & si ayant une excuse légitime pour se faire décharger, il est tenu pour tuteur jusqu'à sa décharge, *ibid.* n. 8 & 15, 272
Si les parens nominateurs d'un tuteur sont responsables de son insolvabilité & mauvaise administration, & si le tuteur est tenu de donner caution, a. 180, n. 6 & 7, 270
Combien dure la tutelle & comment elle finit, soit de la part du mineur, soit de la part du tuteur, *ibid.* n. 8 & *suiv. ibid.*
A quoi est tenu le tuteur avant que de s'immiscer dans l'administration des biens des mineurs, & s'il est tenu de faire inventaire, a. 182, n. 1, 272
S'il y a des cas auxquels l'obligation de faire inventaire peut & doit être remise, & quels sont ces cas, *ibid.* n. 2, *ibid.*
Quelle est la peine du tuteur qui néglige de faire inventaire, *ibid.* n. 6, 273
Par qui, & avec qui doit être fait l'inventaire, *ibid.* n. 7 & 8, *ibid.*
Si dans le cas de tutelles légitimes, le juge est en droit de poser le scellé jusqu'à la nomination d'un curateur, & confection d'inventaire, *ibid.* n. 9 & 10, 273 & 274
Si le tuteur doit faire apprécier les effets inventoriés, a. 183, n. 1, 274
S'il doit les faire vendre, & quels sont ceux qui doivent être vendus, & ceux qui ne le doivent pas, *ibid.* n. 2, 3 & 4, *ibid.*
Comment doit être faite cette vente, *ibid.* n. 5, *ibid.*
Si le tuteur qui n'a pas fait vendre, est comptable du parisis, & sur quels meubles se prend le parisis, *ibid.* n. 6, 7 & 8, 275
S'il doit faire procéder au bail des héritages des mineurs, *ibid.* n. 9, *ibid.*
Si le tuteur peut vendre les biens immeubles des mineurs, *ibid.* n. 10 & 11, *ibid.*
S'il doit poursuivre le paiement des dettes, *ibid.* n. 12, 276
Quel emploi il est tenu de faire des deniers des mineurs, & s'il n'ayant pas fait d'emploi, il en doit l'intérêt, *ibid.* n. 13, 14 & 15, *ibid.*
Compte que doit rendre le tuteur, s'il peut en être déchargé valablement, par quittance ou transaction, *ibid.* n. 16 & 17, *ibid.*
Si le mineur doit se pourvoir par lettres, & dans quel temps, contre la transaction ou autre acte, par lequel il a déchargé son tuteur de la reddition de compte, *ibid.* n. 17 & 18, 276 & 277
Combien dure l'action du mineur pour se faire rendre compte, *ibid.* n. 20, 277

V.

VENDEUR d'une chose mobiliaire sans jour & sans terme, quel est son privilége, t. 13, a. 116, n. 8 & *suiv.* 184
Quels sont les cas où la revendication & la préférence du vendeur, sans jour & sans terme, cessent, *ibid.* n. 13, 14 & 15, 185
Quel est le privilége du vendeur sur le meuble vendu, dans le cas où il y a terme & jour de payer, *ibid.* n. 16 & 17, 185 & 186
Si le vendeur qui a vendu l'héritage comme il se comporte, ou comme il en jouit, est garant des servitudes cachées, a. 80, n. 6, 138
Vente, l'action que l'acheteur a pour obliger le vendeur à reprendre la chose vendue, s'appelle action redhibitoire, t. 12, a. 87, n. 1 & 2, 146
Quand l'action redhibitoire a lieu, & quand elle ne l'a pas, *ibid.* n. 3, 4 & *suiv. ibid.*
Dans quel temps on doit exercer l'action redhibitoire, & quels en sont les effets, *ibid.* n. 10, 11 & 12, *ibid.*
Vente de meubles saisis, *voyez* Saisie mobiliaire.
Vol, si les choses volées sont prescriptibles, *voyez* Prescription.
Usufruitier, s'il prend la chose donnée en usufruit en l'état qu'elle se trouve garnie de fruits ou non, & la laisse de même, t. 21, a. 263, n. 1 & 2, 431 & 432
Si le prix du bail dû pour les fruits, appartient à l'usufruitier comme les fruits, & si ayant son droit acquis au temps de la récolte, il recevra du fermier le prix du bail, *ibid.* n. 6, 432
S'il en est autrement de l'usufruitier à titre onéreux; si à son égard les fruits se divisent par rapport aux charges, *ibid.* n. 8, *ibid.*
Si le fermier peut demander des dommages & intérêts pour la discontinuation du bail fait par l'usufruitier avant son décès, *ibid.* n. 20, 433
Comment se perçoivent les fruits civils, *voyez* Fruits.

Fin de la Table des Matieres de la premiere Partie.

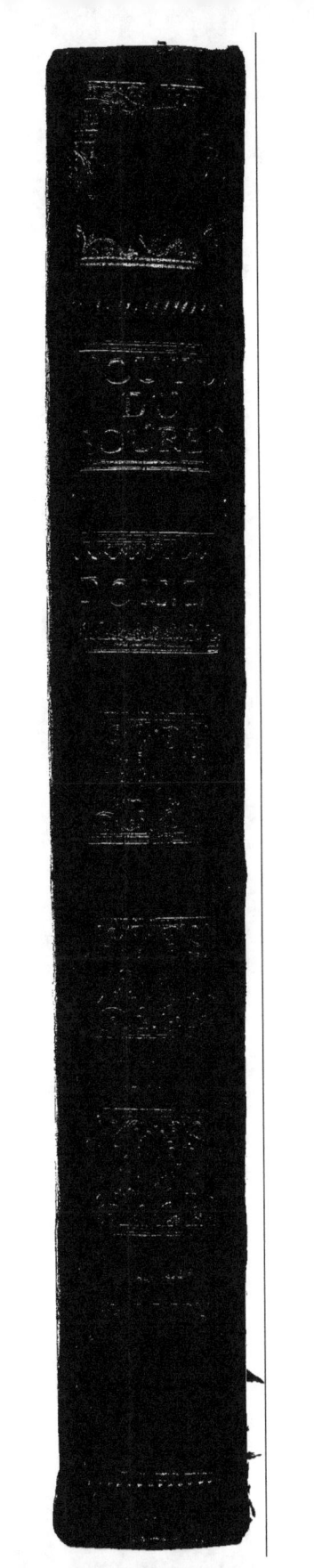